천재이야기꾼 로알드 달

STORYTELLER
THE AUTHORIZED BIOGRAPHY OF ROALD DAHL
By Donald Sturrock

Copyright © Donald Sturrock, 2010
Korean translation copyright © 2012, by Dasan Publishers House, Seoul, Korea
All rights reserved.

This Korean translation published by arrangement with Donald Sturrock c/o United Agents Ltd.
through Milkwood Agency.

이 책의 한국어판 저작권은 밀크우드 에이전시를 통한 Donald Sturrock c/o United Agents Ltd.와의 독점 계약에 의하여 다산기획에 있습니다. 신 저작권법에 의하여 한국 내에서 보호를 받는 저작물이므로 무단 전재와 무단 복제를 금합니다.

천재이야기꾼
로알드 달

로알드 달 재단 공식 전기

도널드 스터록 지음
지혜연 옮김

다산기획

일러두기

– 본문에 나오는, 로알드 달이 지은 책의 이름은 우리나라에서 출간된 경우, 그대로 따랐습니다. 또 여러 출판사에서 출간된 경우, 가장 최근에 번역된 작품의 제목을 따랐습니다. 우리나라에서 출간되지 않은 작품은 원서명 그대로 두었습니다.
– 인명과 지명은 '한글맞춤법' 및 '표준어 규정'과 '외래어표기법'에 따랐습니다.
– 문장 부호로 책과 영화, 잡지, 신문, TV 프로그램의 경우는 겹꺽쇠(《 》)를, 단편이나 시, 노래, 기고문 등은 꺽쇠(〈 〉)를 사용하였습니다.
– 각주와 후주는 저자의 것이며, 옮긴이 주의 경우는 따로 표시했습니다.

부모님께

"전 거짓말을 하지 않습니다. 그저 진실을 조금 흥미 있게 만들 뿐이죠……. 전 한번 한 약속을 깨지 않습니다. 그저 살짝 바꿀 뿐이죠……."

로알드 달, 〈아이디어 책〉(1945~1948)

차례

서문 | 이고리 스트라빈스키와 함께한 점심 9

1장 | 아웃사이더 27

2장 | 태양을 가리다 49

3장 | 소년 67

4장 | 렙턴 학교 101

5장 | 멀고 먼 나라로 145

6장 | 전투기 추락 사고 187

7장 | 다윗과 골리앗 211

8장 | 살아 있지만 지상에 얽매이다 235

9장 | 동화 같은 이야기 261

10장 | 비밀과 거짓말 303

11장 | 학자이며 집시 361

12장 | 밀렵꾼 407

13장 | 섬뜩한 이야기의 거장 451

14장 | 소용돌이치는 사건들 513

15장 | 전환점 555

16장 | 불굴의 의지 595

17장 | 부드럽고 따뜻한 사랑 647

18장 | 신 나는 폭발 695

19장 | 마법사와 놀라운 인물 749

20장 | 이제는 처절한 싸움은 없다 795

부록 | 주 825
출판 도서 목록 및 기타자료 889
작가 후기 901
작품 찾아보기 907

아이들에게 책을 읽어주는 로알드 달.

서문

이고리 스트라빈스키와 함께 한 점심

로알드 달은 다른 사람의 전기가 따분하다고 했다. 바닷가재 집게발을 우적우적 씹어 먹으면서 나에게 그렇게 말했다. 나는 스물네 살이었고, 어느 주말 한적한 버킹엄셔에 있는 작가의 집으로 초대받았다. 만찬이 한창 무르익어갔다. 함께한 가족과 친구들은 접시에 가득 담긴 해산물을 열심히 먹고 있었는데, 금속사슬들이 엉킨 듯한 특이한 물건 하나가 식탁에서 천천히 옮겨 다녔다. 금속사슬은 도저히 풀리지 않을 듯 보였다. 로알드는 손재주가 좋고 공간 개념이 있는 사람이라면 쉽게 풀 수 있을 거라고 했다. 하지만 그때까지 그걸 푼 사람은 없었다. 수수께끼같이 생긴 물건이 한 바퀴 돌아서 나에게 올 동안, 나는 전기를 싫어한다는 로알드에게 반대 의견을 내려고 했다. 리턴 스트레이치Lytto tzachey, 빅토리아 글랜디닝Victoria Glendinning, 마이클 홀로이드Michael Holroyd 등 영국의 전기 작가이자 비평가들에 대해 이야기했다. 로알드는 전혀 듣고 있지 않았다. 그는 긴 소나무 식탁 머리맡에 놓인 높은 일인용 의자에 몸을 뒤로 기대고 앉은 채 커다란 유리잔에 담긴 적포도주를 꿀꺽 마시더니 다시 신이 나는지 전기 이야기로 돌아왔다. 전기 작가들은 따분한 사실수집가들이고 상상력도 없다고 주장하더니, 책도 대부분은 그들이 다룬 인물들의 일생만큼이나 맥

빠지는 내용이라고 했다. 로알드는 눈을 번뜩이며 자기가 살아오면서 만났던 아주 특별한 작가들도 한 인간으로서는 그리 특별하지 않았다고 했다. 노먼 메일러Norman Mailer, 에벌린 워Evelyn Waugh, 토마스 만Thomas Mann, 그리고 닥터 수스Dr. Seuss에 대해서도 그는 커다란 손을 내저으며, 따분하고 우쭐거리기만 하고 지루하고 참기 어려운 사람들이었다고 했다. 그는 내가 음악을 좋아하는 걸 아는지 스트라빈스키Stravinsky 이야기를 했다. 그는 고개를 뒤로 젖히고 껄껄 웃으며 말했다.

"스트라빈스키는 작곡가로서는 누가 뭐래도 천재적이었지만 그것 말고는 지극히 평범한 사람이었지."

그리고는 그와 점심을 같이한 적이 있어 경험으로 아는 거라고 덧붙였다. 나는 예술만큼이나 삶이 극적이었던 예술가를 떠올리려 했다. 모차르트Mozart나 카라바조Caravaggio, 반 고흐Van Gogh 같은. 로알드는 강렬한 파란 눈동자로 나를 똑바로 바라보았다. 그는 요점이 그게 아니라고 했다. 세상에는 너무나 멋진 허구의 이야기가 많은데, 자세한 설명과 사실을 모아놓은 책을 대체 누가 읽고 싶겠냐는 것이 요점이라고 했다. 창작은 언제나 현실보다 훨씬 더 흥미로운 법이라고 단언했다.

유머러스하고 기회만 보이면 달려들 듯한 로알드의 호전적인 눈매와 마주하고 있자니 그가 나랑 스파링하는 권투선수 같은 느낌이었다. 그는 펀치를 한 방 날렸고 내가 맞받아쳐 즐거워했다. 이제 그가 한 방을 더 날렸다. 이번 것은 맞받아치기가 쉽지 않았다. 좀 더 세밀하고 따분하지 않은 대화를 주고받지 않으면 더는 계속하기 어려울 듯싶었다. 나는 망설였다. 그리고는 로알드의 삶이 궁금해졌다. 그는 당시 두 권 분량의 회고록을 끝내고는 그 중 한 원고를 나에게 읽어보라고 주었다. 그래서 나는 그의 첫 스물다섯 해에 대해서는 대강 알고 있었다. 노르웨이 출신의 부모, 웨일스의 어린 시절, 끔찍했던 학교생활, 뉴펀들랜드에서의 모험적인 청년 시절, 그리고 탕가니카*에서 전투기 조종사로서의 삶, 심각했던 비행기 추락사고와 전시 동안 워싱턴에서의 외교관 생활 등. 나는 이미 로알드에게 책이 아주 흥미로웠다고 말한 적이 있었다. 저녁 자리에서 공개적으로 다시 칭찬하길 바라는 걸까? 그의 속마음을 알아차리기가 어려웠다. 바로 그때 금속사슬이 나에게 왔고 대화는 계속되었다. 잠시 후 로알드의 뾰족하고 긴 손가락이 무딘 내 손에 들려 있던 사슬을 휙 채어 가더니 자신 있게 풀었다. 그 후 작은 빨간 플라스틱 상자에 담긴 키트캣 초콜릿과 마스바가 나오면서 만찬은 끝났다. 그는 개 두 마리를 데리고 정원으로 나갔다. 몇 분 후 돌아온 로알드는 마치 무대에 선 연극배우처럼 밤 인사를 하더니 사람들이 모여 있던 널찍한 거실을 떠나 침실로 들어가 버렸다.

30분 후 나는 서리가 내린 오솔길을 걸어 정원에 있는 게스트 하우스로 갔다. 온 사방에는 쥐죽은 듯한 적막이 내려앉아 있었다. 멀리서 여우의 날카로운 울음소리가 들렸다. 잠시 걸음을 멈추고 맑은 겨울밤 하늘을 올려다보았다. 나는 쏟아져 내릴 듯한 수많은 별을 보고 놀랐다. 그레이트미센던은 런던에서 차로 한 시간도 안 걸리는 곳인데, 도시의 불빛이 무척 멀게 느껴졌다. 가까운 들판에선 소가 꿈지럭거리고 있었다. 나는 주위를 둘러보았다. 나지막한 언덕이 온 사방에서 정원을 둘러싸고 있었다. 오솔길 끝에는 거대한 너도밤나무가 무섭게 노려보며 서 있었다. 모든 것이 그늘에 갇힌 채 뿌옇게 환영을 일으켰다. 500년이나 된 주목의 검은 윤곽은 《멋진 여우 씨Fantastic Mr. Fox》가 서서히 일어서고 있는 듯했다. 과수원

---

*아프리카 중동부에 있던 옛 영국령. 1964년에 탄자니아에 합병되었다. ―옮긴이 주

에서는 달빛이 《우리의 챔피언 대니Danny, The Champion of the World》에서 그려낸 화려하게 칠한 집시 마차를 비추고 있었다. 부엉이가 날개를 펄럭이며 주목나무로 날아들었다. 나는 돌아서서 방문을 열었다.

어느새 나는 침대 옆 선반에 놓인 책들을 자세히 살피고 있었다. 확실히 전기는 한 권도 없었다. 대부분의 책은 범죄 소설이었다. 에드 맥베인Ed McBain, 애거사 크리스티Agatha Christie, 엘러리 퀸Ellery Queen, 딕 프랜시스Dick Francis. 한 권 한 권 꺼내다 보니 유령 이야기, 곤충 백과사전, 빅토리아 시대의 한 신부의 일기, D. H. 로렌스Lawrence의 시집도 보였다. 모두 누군가가 한 번쯤은 읽은 책 같았다. 그러다 식사 중에 나누었던 대화를 떠올렸다. 로알드가 정말 스트라빈스키를 만났을까 궁금했다. 그저 나를 당황하게 하려고 만들어낸 이야기는 아닐까? 불을 끄고 잠들기 전에 '내일은 내가 한 방 먹여야지' 하고 생각했다. 어떻게 그런 위대한 작곡가와 식사하게 되었는지 물어봐야지 하고 말이다. 말할 필요도 없겠지만, 나는 정신이 딴 데 팔려서 깜빡 잊고 물어보지 못했다.

1986년 2월이었다. 내가 로알드를 알게 된 지 6개월이 되었을 때였다. BBC방송국의 음악과 미술 담당 풋내기 다큐멘터리감독이었던 나는 주요 문학프로그램인 《북마크Bookmark》에서 로알드 달에 대한 다큐멘터리영화를 만들자는 기획안을 냈다. 성공한 희곡작가이자 소설가이며 제작자이기도 했던 나이절 윌리엄스Nigel Williams가 크리스마스 특집으로 어린이문학을 다루기로 한 후였다. 20년 전인 그때만 해도 영국 문학계에서는 어린이문학을 등한시해서 연륜 있고 경험 많은 담당자들은 그 기획안에 그다지 적극적이지 않았다. 가장 어렸던 나는 무슨 일이 있어도 그 영화를 꼭 만들고 싶었다. 어떤 영화라도 상관없었다. 그래서 내게 주어진 기회를 꽉 잡았다. 주제는 분명했다. 가장 유명하고 성공한 동화작가의 초상화. 하지만 이 계획 뒤에 숨어 있던 동기는 사실 기회주의적이었다. 그때 나는 《찰리와 초콜릿 공장Charlie and the Chocolate Factory》 외에는 로알드의 다른 동화책을 읽어본 적이 없었다. 반면에, 로알드가 쓴 성인 단편들은 이미 열세 살 때 거의 다 읽었다. 수학 시간마다 책 뒤에 숨겨놓고 몰래 읽으며 즐겼던 책이었다. 나는 사춘기 동안 그의 기괴하고 복잡한 이야기 전개와 반전, 간결하지만 우아하고 어딘지 관능적인 글귀에서 기쁨을 만끽했다.

나는 나이절 윌리엄스의 미소를 기억한다. 로알드 달이라고 이름을 꺼내자, 나를 쳐다보던 그의 표정을 말이다. 뭔가 안다는 듯 사악해 보이기까지 했다. 그가 말했다.

"좋아, 자네가 설득할 수 있다면 한번 해봐."

나는 잠시 망설였다. 돈 문제인가? 프로그램 예산이 늘 빠듯해서 참여한 사람들에게 그저 불편을 끼친 것에 대한 최소한의 사례만 지급하고 있었다. 하지만 나이절이 염려했던 것은 돈이 아니었다. 그는 형식적으로 물었다.

"그의 명성은 알고 있나? 믿을 수 없을 정도로 심술궂고 사람을 힘들게 해. 아마 출연하지 않겠다고 할 거야."

처음 듣는 이야기였지만 나는 고개를 끄덕였다. 그때만 해도 로알드 달에 대한 내 인상은 이상하게도 가벼운 사람일 거라는 느낌이었다. 그보다 4년 전쯤 내가 대학생일 때, 로알드가 옥스퍼드 학생회가 개최한 토론에 참석한 적이 있었다. 주제는 '로맨스는 허풍이다'였다. 로알드는 로맨스가

서문 이고르 스트라빈스키와 함께한 점심 13

인간의 성적 충동이라는 단어의 완곡한 표현일 뿐이라고 주장했는데, 그 기억이 남아 있었다. 그는 훌륭한 엔터테이너였다. 재치 있고 반항적이며 가끔은 외설스럽기까지 했다. 갑자기 그는 관중석에 있던 젊은 여성에게 거세된 남자와 로맨틱하게 연애할 수 있겠냐고 묻기도 했다. 또 다른 농담으로 거세된 남자는 엔진 없는 비행기와 같은데, 둘 다 일어설 수 없기 때문이라고 했다. 나이절의 사무실에서 나오면서 이 모든 것이 생생하게 떠올랐다. 어쩌면 로알드는 그렇게 고약하지 않을지도 모른다. 분명히 재미있는 사람일 것이다. 나는 신문기사를 보고 그가 그레이트미센던에 사는 것을 알았다. 전화번호부를 뒤적였다. 전화번호가 있었다. 10분 후, 기획안에 대해 의논하기 위해 그에게 전화를 걸었다. 대화는 간단했다. 요점만 이야기했다. 그가 말했다.

"와서 점심이나 합시다. 메릴본에서 올 때는 기차 편이 좋습니다."

일주일 후, 나는 18세기식으로 회벽칠을 한 단아한 집시풍 저택의 밝은 노란색 문 앞에 서 있었다. 벨을 눌렀다. 귀가 찢어질 듯 요란하게 개 짖는 소리가 나더니 긴 빨간색 카디건을 걸친 거구의 남자가 나타났다. 그는 나를 내려다보았다. 195센티미터의 키에 표정은 굳어 있었고 어깨는 떡 벌어져 있었다. 덩치가 문보다 훨씬 더 커 보였다. 아니, 집에 비해서도 엄청나게 컸다. 그는 나를 벽난로에서 장작이 활활 타오르는 아늑한 응접실로 안내했다. 약간 놀란 듯했다. 나는 혹시 날짜를 잘못 안 거냐고 물었다. 그가 대답했다.

"아니요, 기다리고 있었소."

그는 잠시 기다리라고 하더니 방에서 나갔다. 보폭은 엄청 넓고 무거웠지만, 이상하게 무척 우아했다. 마치 기린의 걸음걸이라고나 할까. 한쪽 벽에는 일그러진 프랜시스 베이컨Francis Bacon의 얼굴이 연속무늬로 그려져 있었는데, 쳐다보는 눈빛이 섬뜩했다. 달의 성인 소설을 담당했던 출판업자가 붙인 '섬뜩한 이야기의 대가'라는 별명이 머릿속에 떠올랐다. 바로 옆 벽에는 초록색과 흰색의 또 다른 베이컨의 일그러진 얼굴이 나를 쳐다보고 있었다. 그 주위로 여러 그림과 작은 소품들이 방을 장식하고 있었다. 화려한 유화 그림, 엄청 큰 노르웨이산 파이프 몇 개, 원시인 가면, 차분한 네덜란드 풍경화, 그리고 기하학적인 멋진 그림들이 있었다. 나는 점심을 먹으면서 그 그림들이 러시아 절대주의 대가들인 포포바Popova, 말레비치Malevich, 곤차로바Goncharova의 작품이라는 사실을 알았다.

5분쯤 후에 달의 부인인 리시Licci*가 들어오더니 달이 식당에서 기다린다고 했다. 우리는 깡통에 든 훈제 굴―포도주가 있었는지는 기억나지 않는다―을 먹으면서 다큐멘터리에 대해 의논했다. 나는 달을 만나기 전 여러 주 동안 로알드 달 전문가가 되려고 그의 모든 작품을 구할 수 있는 대로 모두 구해서 읽었다. 나는 어린 시절과 초기 시절에 대해 몇 가지 질문을 했다. 그는 어린아이의 눈으로 세상을 바라보기가 얼마나 쉬운지 이야기하더니 아마도 그것이 동화작가로 성공한 비결일 거라고 했다. 어린 시절의 회고록인 《발칙하고 유쾌한 학교Boy: Tales of Childhood》가 출간된 지 얼마 지나지 않아서였다. 나는 이 책을 다큐멘터리영화의 토대로 사용하고 싶었고, 그래서 50년 전 그가 십 대를 보냈던 렙턴 학교 이야기를 나누었다. 그는 그곳에서 끔찍한 시간을 보냈다고 했다. 우리는 악명 높은 학교 체벌을 둘러싸고 토론을 벌였다.

*리시는 원래 이름 펠리시티felicity에서 가운데 두 음절만 발음대로 부른 것이다. ―옮긴이 주

나는 다이어리에 촬영날짜를 연필로 적어 넣은 다음, 달에게 주로 글 쓰는 곳인 집필실을 볼 수 있느냐고 물었다. 집필실에 대해 읽은 적이 있어 거기서 촬영하고 싶었다. 어쩌면 촬영팀에게 공개하기에는 사적인 장소라며 거절할지도 모른다고 생각했다. 하지만 그는 눈 한번 깜박하지 않고 나를 데리고 집필실로 갔다. 돌이 깔린 오솔길이 있었고, 오솔길 가장자리에는 아직 잎이 피지 않은 어린 라임나무 묘목이 심었는데, 머리 위로 아치를 그리던 대나무 틀에 묶여 있었다. 그는 시간이 지나면 묘목들이 집필실 주위로 자라나 마법에나 나올 듯한 그늘 통로를 만들어줄 거라고 했다.

달이 집필실 문을 열어주어 안으로 들어갔다. 거실에는 낡은 액자들과 서류함이 가득 들어차 있었고, 글 쓰는 방으로 곧바로 이어졌다. 벽에는 단열을 위해 스티로폼으로 만든 벽돌이 쌓여 있었다. 온 사방이 담배 니코틴 때문에 누런색이었고 담배 냄새를 풍겼다. 낡은 장판 바닥에는 먼지가 양탄자처럼 뽀얗게 내려앉았고, 쓰레기통엔 연필 깎은 것과 담배꽁초가 가득했다. 플라스틱 커튼이 작은 유리창에 힘없이 매달려 있었다. 자연광은 조금도 없었다. 팔걸이가 있는 커다란 일인용 의자가 작은 방을 거의 다 차지하고 있었다. 달은 그곳에 앉아 있는 느낌을 자궁 속이나 전투비행기인 허리케인의 조종실에 들어 있는 느낌에 종종 비유했다. 의자 등받이는 전투하면서 비행기 추락사고로 심하게 다친 아래쪽 척추를 눌러 잘라냈다고 했다. 구부리는 대로 꺾어지는 낡은 스탠드가 마치 먹이를 노리는 사마귀처럼 구부정하게 서 있었고, 쪼개진 팔걸이에는 아주 오래된 골프공 하나가 매달려 있었다. 열선이 하나인 전기히터 코드가 천장에서 바닥 가까이 늘어진 소켓에 연결되어 있었다. 추울 때 낡은 골프채를 히터에 대면 따스함이 손으로 전해져 온다고 했다.

모든 것이 금세 무너져 버릴 듯한 임시방편용 같았다. 물건들 대부분은 위험해 보였다. 그러나 그 모든 것이 매력적이라는 점 역시 부인할 수 없었다. 엄청나게 큰 어린아이가 자기 보물들을 보여주고 있었다. 직접 디자인한 녹색 천을 씌운 글 쓰는 판, 다리를 따뜻하게 해주는 더러운 침낭, 가장 소중하게 여기는 이상한 물건들이 들어 있는 장식장 등이 있었다. 의자 옆 나무 탁자에는 넓적다리뼈(20년 전에 골반 이식 수술을 할 때 떼어 놓았던 뼈였다), 가느다란 힘줄로 연결된 척추 조각이 떠 있는 분홍색 알코올 병, 자수정이 들어 있는 갈라진 돌, 작은 모형 비행기, 바빌로니아에서 나온 도자기 파편, 로알드가 수백 개의 초콜릿 포장지로 만들었다는 커다란 금속 빛깔의 공이 있었다. 마지막으로 그는 반짝이는 쇠로 만든 보철을 가리켰다. 아마드 골반이식 수술이 실패했을 때, 골반 교정을 위해 착용했던 것 같았다. 보철은 망가진 캐비닛의 임시 손잡이로 사용되고 있었다.

촬영은 아무 사고 없이 진행되었다. 작업실로 쓰는 집필실에서 촬영하는 것은 처음이었다. 사실 BBC방송국에서 로알드에 대해 만드는 첫 다큐멘터리였지만, 입씨름도 어려움도 투덜거림도 없었다. 로알드는 모든 사람을 매료시켰다. 왜 그가 화를 잘 내는 사람으로 소문났는지 궁금할 정도였다. 그의 급한 성미를 전혀 볼 수가 없었다. 그러나 몇 년이 지난 다음, 내가 처음으로 달을 방문했던 날, 그런 모습을 미처 보지 못하고 지나친 걸 알게 되었다. 그가 세상을 떠난 지 얼마 지나지 않았을 때, 리시는 내가 왜 응접실에 잠시 버려져 있었는지 이야기해 주었다. 현관문 앞에서 나는 그에게 좋은 인상을 주지 못했던 것이다. 로알드는 곧장 리시의 서재로 가서 끙하며 불평했다고 한다.

"오, 세상에, 리시. 녀석들이 새파랗게 어린 놈을 보냈어."

리시는 그래도 나에게 한 번 기회를 주라고 설득했고, 내 젊음과 열정이 결국은 내 재산이 되었던 것이다. 이틀에 걸친 촬영 후, 나는 그의 친구가 되었다고 느꼈을 정도였다. 찍어온 내용을 편집하다 문득 문학계에서 퍼져 있는 달을 둘러싼 의혹들이 생각났다. 나이절은 달을 지나치게 동정하는 내용으로 비칠까 봐 걱정한 나머지, 달의 어린이문학에 비판적인 비평가들과 인터뷰해 보라고 강력하게 제안하기도 했다. 아마 2년 전 달이 《리터러리 리뷰Literary Review》에 쓴 신랄한 반이스라엘적인 기사 때문이었을 것이다. 그 기사는 대단한 논쟁을 불러일으켰고, 많은 사람에게 그가 반유대적이라는 인상을 심어 주었다. 하지만 나는 사람들의 걱정과 불신 이상의 무엇인가가 있다고 느꼈다. 나 역시 그것이 정확히 무엇인지는 몰랐다. 아마도 그가 인정받지 못하고 거부당하고 거의 버림받은, 아웃사이더라는 느낌이었을 것이다.

그 후 4년 동안 나는 집시하우스를 대여섯 번 더 방문했다. 그러면서 달의 아이들도 알게 되었다. 테사Tessa, 테오Theo, 오필리아Ophelia, 루시Lucy. 아직도 내 머릿속에 남아 있는 추억이 있다. 어느 날 아침 일찍 흥분한 로알드의 목소리가 전화로 들려왔다.

"자네가 다음 주 토요일에 무엇을 할 예정인지 모르지만, 그게 뭐든 다 취소하는 게 좋을 거야. 우리가 멋진 음식을 마련할 계획이니까. 안 오면 후회하게 될걸세."

그날 저녁의 놀라움은 철갑상어 알이었다. 달은 내가 철갑상어 알을 한 번도 먹어보지 못했다는 걸 알고 있었다. 본능 속에 밀렵꾼 근성이 있던 그는 은밀한 거래로 아주 싼 값에 철갑상어 알을 구했다고 했는데, 마치 존

르 카레John Le Carré의 스파이 소설과 저예산 코미디 영화 《캐리 온Carry On》이 만난 것 같았다. 암호는 '당신이 커다란 가슴을 가진 사람입니까?' 였다.

다른 날 저녁에는 수백 병을 사들여서 지하실 여기저기에 쌓아놓았던 1982년산 보르도 포도주 중 몇 상자를 땄다. 1990년이 되어야 비로소 마실 수 있을 정도로 숙성된다고 했지만, 그는 개의치 않았다. 그는 당당하게 말했다.

"쓸데없는 소리. 1990년에 좋을 거면 지금도 좋을 거야."

그건 사실이었다. 나는 저녁 식사 전에 언제나 아주 드라마틱하게 응접실로 들어오던 달의 모습을 기억한다. 요란하고 전염성이 강한 웃음소리까지도. 그가 등장하던 모두가 하던 이야기를 멈췄다. 그와 함께 있으면 늘 활기찼다. 다음에 어떤 일이 벌어질지 절대 알 수 없었다. 그가 무엇을 하든 이야깃거리가 되었다. 어떤 여름날 아침엔 자기 아버지가 쓰던 나무 주머니칼로 굴 까는 법을 가르쳐 주기도 했다. 생전 처음으로 해보는 일이었다. 그는 학창시절부터 칼을 꼭 지니고 다녔다고 했다. 여러 해가 지난 다음 오필리아에게 그 이야기를 했더니 박장대소했다.

"아빠가 당신을 속인 거예요. 그냥 부엌에 있던 낡은 칼이었어요."

로알드의 첫인상은 무척 위협적이었다. 하지만 단둘이 있으면 그는 끊임없는 이야기꾼이 되었다. 나지막한 목소리로 그르렁거리고, 푸른색 눈동자를 반짝이고, 긴 손가락을 신이 나서 꼼지락거리면서 이야기를 시작하기도 했고, 수수께끼를 풀기도 했으며, 아니면 그저 흥미롭게 관찰한 것들을 늘어놓았다. 아이들이 그에게 홀딱 반하는 것도 놀라운 일이 아니었다. 그는 이야기하기를 좋아했다. 하지만 배울 게 있다는 생각이 들면 남의 이야기에 귀를 기울일 줄도 알았다.

우리는 가끔 음악 이야기도 나누었다. 그는 공연보다는 축음기나 CD를 좋아했다. 긴 다리와 여러 번에 걸친 척추수술로 공연장 의자에 앉아 있는 것이 거의 불가능했기 때문이다. 자기가 좋아하는 작품의 여러 다른 해석의 연주를 즐겼지만, 이상하게도 더 훌륭한 연주가 있다고 하면 불편해하는 것 같았다. 어떤 특정한 연주가 가장 월등하다는 결론이 나야 했다. 즉 승리자가 있어야 했다. 이런 태도는 거의 모든 면에서 드러났다. 그것이 음식이건, 포도주이건, 그림이건, 문학이건, 음악이건 간에 '최상'의 것에 늘 관심이 있었다. 그는 분명하고 투명하고 강한 의견을 좋아했다. 나는 그가 미적지근한 태도로 말하는 것을 들은 적이 없다. 여러 사건으로 다사다난했던 인생이었지만, 그는 현재에 충실히 살면서 과거를 회상하는 법이 없었다. 전투비행사였던 시절에 대해 짧게 대화를 나눈 적은 있었지만, 첩보원 시절이나 할리우드의 유명 연예인들과 어울렸던 일, 워싱턴의 정치인들이나 뉴욕의 문학인들과 어울렸던 시절에 대해서는 들은 적이 없다.

이따금 이름을 말하긴 했다. 특별한 이유는 없었지만 로알드는 골프에서 지자 아주 비겁한 모습을 보였던 어떤 유명한 배우 이야기를 했던 적이 있었다. 그리고 믿기 어렵지만 스트라빈스키와 함께한 점심 이야기가 있었다. 그가 호화로운 생활과 유명인들에게 끌렸던 것도 맞지만, 울타리에서 발견한 새 둥지나 1982년산 샤토 라플뢰르나 이언 플레밍Ian Fleming이나 도러시 파커Dorothy Parker의 명언에서도 많은 기쁨을 느꼈다. 그는 영국 사회의 일반적인 관례를 무시하는 걸 즐거워했고 사적인 질문을 즐겼다. 상대방의 대답에 관심이 있기보다는 상대방이 당황스러워하는 반응을 더 즐겼던 것 같다. 그런 면에서 잔인하기도 했다. 급한 성결이 얼마 가지 않는 것도 유명했다. 나는 그가 폭발하는 것을 딱 한 번 본 적이 있었다. 뉴욕에서 개최될 프랜시스 베이컨 전시회를 담당한 큐레이터가 달에게 그림을 빌리고 싶어서 전화한 적이 있었다. 마침 달은 손님들을 초대해 저녁을 먹던 중이었다. 그녀가 기분을 상하게 했는지 달은 그녀에게 무섭게 욕을 해대고는 수화기를 쾅하고 내려놓았다. 다분히 의식적인 행동이었다. 그는 관중 앞에서 연극을 했던 것이다. 그의 분노는 수화기를 내려놓자마자 이미 사라져버리고 없었다.

그때도 나는 희미하게나마 이런 쇼맨십 강한 행동이 그저 얇은 겉치레일 뿐임을 깨달았다. 그 안에 있는 남자, 허약하고 상처받기 쉬운 남자를 방어하기 위한 갑옷이었던 것이다. 그의 건강이 좋지 않아 저녁이 다 되어 초대가 취소된 적이 몇 번 있었다. 한 번은 리시가 전화를 걸어 '늙은 소년'이 거의 하느님을 만날 뻔했다고 전했다. 하지만 그는 늘 회복했다. 그 다음에 만나면 그는 예전처럼 건강하고 기운이 넘쳐 보였다. 늘 담배를 피우고, 늘 술을 마시고, 늘 논쟁을 벌이는 모습은 절대로 꺼지지 않은 생명의 화신 같았다. 그래서 1990년 11월 그의 죽음은 충격으로 다가왔다.

달의 장례식에서 두 눈에 눈물을 가득 머금은 리시는 클래식 음악에 대한 내 열정을 잘 알고 있던 터라 나에게 부탁을 했다. 로알드의 작품에 새로운 오케스트라 음악을 배경으로 깔아서 그가 평생 원하던 바를 이루게 도와줄 수 있느냐고 했다. 프로코피에프Prokofiev의 《피터와 늑대Peter and the Wolf》처럼 어린아이들을 콘서트홀로 모이게 할 수 있느냐고 달이다. 나는 그때 BBC를 떠나 프리랜서로 일했고, 그 제안을 바로 받아들였다. 그 후 2~3년간 나는 로알드의 누이들인 앨필드Alfhild, 엘스Else, 아스타

Asta와 그의 첫 아내인 퍼트리샤 닐Patricia Neal을 만났다. 모두 1998년에 BBC방송국에서 내가 만든 장편영화에 참여했던 사람들이었다. 오필리아가 소개하고, 나와 오필리아가 이 책에 대한 주제를 처음으로 토론하게 되었던 영화였다. 이 책에 인용한 가족 인터뷰는 거의 그 시기로 거슬러 올라간다.

로알드는 죽기 얼마 전에 오필리아를 자신의 전기 작가로 선택했다. 직접 쓰기 싫다면 오필리아가 작가를 선정할 수 있었다. 그건 언니인 테사에게는 충격이었다. 테사는 자기가 선택될 것으로 생각했기 때문이다. 어쨌든 아버지가 글을 쓰던 집필실에 남기고 간 막대한 양의 편지, 원고 초본, 공책, 오려 놓은 기사, 그리고 사진들을 정리하는 힘든 작업을 맡았던 사람은 오필리아였다. 오필리아는 보스턴에 살면서 파트너스인헬스Partners in Health사의 대표였고, 1987년에 공동으로 설립한 제3세계를 위한 의료 자선단체의 회장과 이사직을 맡고 있었다. 무척 바빠서 책을 완성하기 위해 시간을 내는 것이 점점 힘들어져 갔다. 결국 2006년에 임신하게 되자 접어두었던 원고를 나한테 맡기며 아버지의 전기를 부탁했다. 오필리아가 나한테, 그것도 전기를 써본 일이 없는데 그런 부탁을 했다는 것은 나에 대한 엄청난 신뢰를 뜻하는 것이었다. 오필리아는 내가 가족은 아니지만 아버지를 알고 좋아했기 때문에 부탁한다고 했다. 아버지를 만나보지 못한 사람은 복잡하고 엉뚱하며 수수께끼같이 모순된 조각을 맞추는 것이 불가능할 거라고 생각했다. 나는 그레이트미센던에 있는 로알드 달 박물관과 이야기센터에 보관 중이었던 모든 관련 문서들을 마음대로 쓸 수 있었다. 오필리아는 워낙 성품이 너그러워, 자기 회고록에 있는 원고들도 모두 끌다가 쓸 수 있게 허락했다. 심지어 처음에는 나를 경계했던 테사도 기꺼이 시간과 열정을 할애해 주었다. 두 사람은 물론 다른 형제인 테오와 루시의 도움이 없었다면 이 책을 쓰지 못했을 것이다. 나는 그들에게 무한한 감사를 보낸다

책을 쓰는 동안 너무나 많은 놀라운 일과 수수께끼 같은 일들이 나를 기다리고 있었다. 얼마나 많은 모순이 그의 성격을 만들었는지도 알게 되었다. 무한한 능력의 상상가가 냉철한 관찰자와 경쟁하고, 자부심이 대단한 허풍쟁이가 난초를 기르는 은둔자와 경쟁하고, 건방지기 짝이 없는 공립학교 학생이 '매우 영국적인…… 진실로 영국적인……'[1]이라고 자신을 표현하고 싶지만 결코 영국 주류 사회에 적응하지 못했던 이방인과 경쟁하고 있었던 것이다. 아주 소박한 즐거움—원예, 새 관찰, 스누커*, 골프— 속에서 누리는 기쁨은 호화로운 호텔, 사치스러운 휴양지, 우아한 카지노 같은 세련된 환경에서 느끼는 기쁨과 균형을 이루고 있었다. 그림이나 가구, 책과 음악에 대한 취향은 매우 세련되고 명민했지만 그만큼 지식인들에 대한 반감도 깊었다. 약자를 괴롭히는 고약한 사람이 될 때도 있었고, 약자를 보호하는 자신을 아주 자랑스럽게 생각하기도 했다. 의사가 분명한 걸 좋아하는 사람이기에 이런 모순이 이해되지 않는 것도 아니었다.

로알드에게는 회색이라는 면은 거의 없다. 그리고 그가 원고를 고치듯 자기 인생 이야기도 고친 것을 알았다. 자신의 삶도 어느 정도 허구로 꾸미고 싶었던 것이다. 그렇게 해서 삶을 통제하고 싶었던 것 같다. 과거에 일어났던 많은 일들이 자기를 불편하게 만들었기에 그는 이야기를 만들어 상처받기 쉬운 자신을 마음대로 통제할 수 있는 능력을 스스로 부여했던

---

*흰 큐볼 하나로 21개의 공을 포켓에 넣는 당구 게임. —옮긴이 주

것이다.

    2010년쯤 되자 모든 바퀴가 제대로 굴러가게 되었다. 내가 1986년에 처음 로알드와 저녁을 먹으면서 대화를 나누었을 때, 24년이 지난 오늘에 이 책을 씀으로써 그의 도전에 마침내 응답하게 되리라고는 꿈도 꾸지 못했다. 그가 나에게 고마워해 주기를 바라는 것은 참으로 아이러니하다. 전기 작가에게 이렇게 흥미롭고 매혹적인 주제가 주어지는 일도 드물다. 위기에서 승리로 도약하는 드라마틱한 삶을 대하는 일도 드물고, 불안한 허풍과 통제할 수 없는 활기로 비극을 유머로 승화시키는 사람도 드물다. 내게 주어진 새로운 자료―수백 통의 원고와 수천 통의 편지―로 나는 되도록 항상 로알드의 목소리가 우선 들릴 수 있게 했다. 그래서 내가 그랬듯이 모든 독자가 로알드를 그 모습 그대로 만나기를 바랐다. 가끔은 그가 터무니없는 소리를 하면서 껄껄거리던 웃음소리나 반짝이는 눈빛까지 전할 수 있었으면 했다.

    과장과 모순을 즐기고 자기 합리화에 자신을 극화시키려는 경향이 그를 이해하기 어려운 존재로 만들어서, 습관적으로 과거에 대해 자기를 방어하기 위해 두껍게 감아놓은 실타래를 풀어가려는 내 노력이 항상 성공하지는 못했다. 나는 아주 열심히 사실을 찾으려고 노력했다. 그러나 작은 그릇된 판단이나 실수가 있더라도 독자들이 양해해 주기를 바란다. 내가 방대한 지식을 가지고 있다든가 편견이 없었다고 주장하지는 않겠다. 그 두 가지가 가능하다고 자신 있게 말할 수도 없다. 그렇지만 정확하게, 편견에 치우치지 않고 서술하려 애를 썼다. 하지만 사소한 것들에 집착하지는 않았다. 아마 로알드는 그 점을 용서하지 않았을 것이다. 그래서 로알드가 이고리 스트라빈스키와 점심을 같이 했는지는 확신할 수 없지만 더는 상관하지 않는다는 점을 고백해야겠다. 그건 그저 이야기꾼들의 사소한 이야기였을 테니까. 다른 것들에 비해 그 이야기가 사실이다 아니다는 중요한 문제가 아니기 때문이다.

1장

아웃사이더

로알드 달의 할아버지 올라우스 달. 1890년경.

로알드 달의 아버지 하랄드 달. 1895년경.

1822년 웨스트민스터 팔리어먼트 가에 있던 《젠틀맨스 매거진Gentleman's Magazine》은 끔찍한 사고소식을 전했다. 기자는 2~3주 전에 스웨덴 국경에서 그리 멀지 않은 노르웨이의 조그만 마을인 그루에서 일어난 작은 교회의 화재 사건을 자세히 전했다.

성령강림절, 즉 부활절 7일 후 일요일이었고, 예배당은 사람들로 가득했다. 젊은 목사의 성령 강림에 대한 설교로 예배 분위기가 달아오를 때, 늙은 교회 일꾼 하나가 사람들의 눈에 뜨이지 않는 교회의 지랑 아래 구석에 자리 잡고 앉았다. 눈꺼풀이 점점 무거워졌다. 옆에는 폭이 좁은 벽난로가 있었는데, 교회의 촛불을 밝힐 때 사용하는 숯불이 이글거리며 타고 있었다. 따뜻함이 은은하게 온몸에 전해지자 그는 깊은 잠에 빠졌다. 얼마 지나지 않아 환기가 전혀 되지 않던 예배당에 타는 냄새가 퍼졌다. 모여 있던 교인들은 술렁였다. 하지만 목사가 성령이 예수의 제자들 앞에 설 수 없는 불길의 모습으로 나타났다는 설교를 하는 중이라 다들 얌전히 앉아 있었다.

냄새가 점점 심해졌다. 연기가 통로로 새어나오기 시작했다. 일꾼은 아무것도 모르고 여전히 졸고 있었다. 그가 잠에서 깨어났을 때, 오래된 교회의 한쪽 벽이 불타고 있었다. 그는 예배당으로 가서 교인들에게 어서 피하라고 소리를 질렀다. 사람들은 자욱하게 내려앉은 연기에 콜록거리며 불길을 피해 단단한 나무문 쪽으로 필사적으로 달려갔다. 하지만 문은 당겨야 열리는 것이었는데, 공포에 떠는 사람들이 앞으로 몰리는 바람에 그 압력으로 문은 점점 더 열기가 어려워졌다. 10분이 되지 않아 나무와 송진으로 지어진 교회는 화염에 휩싸였다.

잡지의 내용을 그대로 인용하자면, 그날 100명도 넘는 사람이 비참한 최후를 맞이했는데, 그건 지금까지도 노르웨이 역사상 가장 끔찍한 화재 사건으로 남아 있다.

불과 얼마 되지 않은 숫자의 사람들만이 살아남았다. 그들은 목사의 지시를 그대로 따른 사람들이다. 헤셀베르그Hesselberg 목사는 문쪽으로 달려가는 대신 설교단에서 훌쩍 뛰어 내려와 매우 현실적으로 성경책을 제단 위에 있는 높은 유리창까지 닿을 수 있게 쌓았다. 그리고는 주섬주섬 성경책을 밟고 비교적 안전한 창턱까지 올라간 다음 납이 섞인 유리창으로 몸을 날려 불타는 건물 밖으로 안전하게 빠져나갔다. 어떤 사람들은 그의 행동이 이기적이라고 비난할지도 모른다. 하지만 유럽 전역의 신문들은 위기에서 벗어나는 방법을 생각해내고, 무리에 휩쓸리지 않은 진취적인 젊은 목사의 냉철한 판단력을 높이 칭송했다. 그를 시대의 영웅이자 무리에 휩쓸리지 않은 독립적인 인간이며 스스로 생각할 줄 아는 사람이라고 썼다. 그는 두 번째로 주신 생명에 감사하여 박애주의자가 되었고 유명해졌다. 당시 사람들은 그를 '훌륭하게 설교하는 엄격한 분'이라고 기억했다. 그는 원칙을 중요하게 여긴 루터교파이면서도 자유이상주의자였고, 가난한 사람들을 찾아가 계산하는 법과 읽고 쓰는 법을 가르치고, 교구 도서관을 설립하기도 했다.[1]

헤셀베르그는 말년에 뛰어난 신학자가 되었다. 한편 노르웨이 국회의원으로 지내면서 모든 공공기관의 건물 문이 밖으로 똑바로 열리게 하는 건축법을 제정하는 데 도움을 주었다. 그의 아들인 한스 테오도르Hans Theodor는 아버지의 뒤를 따르려 했다. 그는 목사가 되는 수련을 받았고, 노르웨이 명문가 집안의 딸과 결혼했다. 그의 아내는 1720년 전투에서 죽은 노르웨이의 해군 영웅 피터 베셀Peter Wessel의 후손이었다.[2] 그들은 노르웨이의 옛 수도 트론헤임에서 그리 멀지 않은 바에르네스라는 커다란 농장에 정착해서 살았다.* 트론헤임에는 노르웨이의 수호천사인 성 올라브St. Olave를 기리기 위해 1000년 전에 지은 웅장한 로마네스크 성당이 있었는데, 스칸디나비아가 유럽 기독교의 정신적인 중심지였던 이미 잊힌 시대를 상기시켜 주었다.

바에르네스에서 한스 테오도르는 아이 11명을 키웠는데, 그에겐 아버지가 지녔던 냉철한 판단력이나 힘든 일을 해결하는 재능이 부족했다. 술을 너무 많이 마셨으며, 재산 운영에도 무능했고, 한 번도 목사직을 수행하지 않았다. 게다가 절대 고칠 수 없는, 그리고 늘 실패만 거듭하는 도박꾼이었다. 그는 노름빚을 갚기 위해 땅을 조금씩 팔아치웠다. 그러다 어느 날 저녁에 도를 넘고 말았다. 카드게임에서 마을의 창고를 걸었다가 잃어버린 것이다. 마을에 대한 책임감마저 저버린 것에 화가 난 마을 사람들은 남아 있는 농토가저 억지로 팔아치우게 했다. 한스는 트론헤임으로 옮겨 갔다가 1898년에 알거지로 죽었다.³ 하지만 아이들은 성장하여 성공했다. 몇몇 아이는 막 꽃피우기 시작한 노르웨이의 중산층이 되었다. 둘은 상인이 되었고, 하나는 약사가 되었으며, 기상학자가 된 아이도 있었다. 그 중 칼 로리츠Karl Laurits는 과학자가 되기 위해 교육을 받았고 나중에는 법을 공부한 다음 크리스티아니아**로 가서 노르웨이 국민연금 공단의 행정관이 되었다. 1884년에 그는 엘런 월리스Ellen Wallace와 결혼했고, 다음 해에 첫 딸인 소피 마그달레네Sofie Magdalene가 태어났다. 그로부터 31년이 지난 화창한 가을날, 스피는 사우스웨일스에서 유일한 외아들인 로얄드를

---
*현재 바에르네스의 농장 대부분은 트론헤임 공항의 부지가 되었다. 하지만 한스 테오도르의 생가는 여전히 남아 있으며, 한스는 바에르네스 교회 묘지에 묻혔다.
**지금의 오슬로. 노르웨이의 수도 이름은 몇 번 바뀌었다. 현재의 이름은 1925년에 바뀐 것이다.

낳았다.

　로알드 달은 조상이나 상세한 역사 기록에는 큰 관심이 없었다. 노르웨이의 뿌리인 걸 자랑스럽게 생각했지만 서류나 문서 같은 기록들엔 무관심했다. 60대 후반에 두 권의 회고록 《발칙하고 유쾌한 학교》와 《Going Solo》를 썼지만, 고조부였던 헤셀베르그가 교회의 화재사건에서 얼마나 특별한 방법으로 빠져나왔는지, 그의 후손들에게 무모한 도박과 알코올 중독의 피가 흐르고 있는지는 조금도 모르는 것 같았다.[4] 그러나 고조부 이야기는 확실히 로알드를 매료시켰을 것이다. 그는 조상의 풍부한 상상력과 위기 상황에서 융통성 있고 실용적이었던 능력을 높이 평가했을 것이다. 로알드는 그런 능력을 갖춘 사람들을 존경했고, 자기가 쓴 동화의 여자나 남자주인공들에게 그런 특징을 갖게 했다. 자신의 삶 속에서도 달은 많은 위기와 역경을 겪었다. 그렇지만 그의 끈질긴 집념이나 창의력은 한 번도 부족했던 적이 없었다. 그의 심리나 가치관은 언제나 긍정적이었다. '어디 한 번 해보자'가 가장 좋아하던 글귀였고, 가족이나 친구나 동료에게도 권하던 말이었다. 살면서 역경에 부닥쳤을 때 여러 번 실행으로 옮기기도 했다. 사고가 나거나, 전쟁에 나가거나, 몸을 다치거나, 병이 들거나, 우울해지거나, 혹은 죽음에 닥쳐서도 말이다. 고조부처럼 로알드는 뒤를 돌아다보는 법이 거의 없었다. 늘 앞을 내다보는 것을 더 좋아했다.

　하지만 그건 달의 한 면일 뿐이다. 딸 오필리아는 언젠가 아버지를 '타고난 비관주의자'[5]라면서 양쪽 집안에 유전적으로 우울증 증상이 있다고 했다. 그는 소설에서 빙퉁그러지고 냉혹한 인간의 행동을 묘사했는데, 그건 인간이 얼마나 잔인하고 무감각해질 수 있는지를 보여주는 것이었다. 동화들은 그보다는 밝고 긍정적이지만 초기 비평가들은 가끔 비속함과 야만적인 면에 대해 불만을 드러내기도 했다.[6] 그건 로알드 자신이 늘 열심히 방어하려고 했던 부분에 대한 비난이었다. 겉으로는 재치 있고 남을 즐겁게 해주는 사람이었지만, 내면에는 냉혹한 윤리주의자가 숨어 있었다. 하지만 다른 작가들처럼 로알드도 자기 작품이 남에게 분석되는 것을 싫어해 그런 면을 인정하기 힘들어했다. 나는 카메라 앞에서 그에게, 왜 그의 동화 속에 나오는 많은 아이에게 한쪽 부모나 양쪽 부모가 없느냐고 물어봤던 기억이 난다. 그는 그 질문에 당황하여 처음에는 그렇지 않다고 부인했다. 하지만 곰곰이 생각해 보더니 자기가 실수한 것을 알아차리고는 재빨리 빠져나갈 방법을 찾았다. 그는 자신을 디킨스Dickens에 비교했다. 독자의 동정을 얻기 위해 '술수'를 썼다고 말했다. 자기 실수를 인정하는 일이 드물었던 사람이 미소를 지으면서 '들켰다'고 인정했다.[7] 참으로 놀라웠던 것은 달의 실제 삶―그는 세 살 때 아버지를 잃었다―과 이야기 속에서 만든 세계를 의식적으로 연관시키지 못한다는 점이었다. 그건 예상 밖의 순박함과 순진함이었다.

달은 74년간 살면서 작가로서 많은 굴곡과 고통을 겪었다. 이런 소용돌이는 드러나지 않은 곤혹스러운 일과 비밀스러운 일 그리고 걱정거리들로 가득 찬 복잡한 개인의 삶과 아주 밀접하게 관련되어 있었다. 그것들은 섞여서 엄청난 칵테일을 만들었다. 달이 앞뒤가 맞지 않는 모순으로 가득 찬 이유가 그것이다. 그는 글 쓰는 집필실같이 철저하게 사생활을 보호받는 것을 좋아하면서도 대중의 시선을 받는 것도 좋아했다. 자신을 영국의 소박한 마을에 사는 가정적인 남자라고 표현했지만, 오스카상 수상에 빛나는 여배우와 결혼했고, 대통령과 정치가, 외교관과 스파이들까지도 친구로 둔 사람이었다. 그는 부와 화려함에 빠져 살기도 했고 허풍을 즐기기도 했다. 도박도 했다. 위대한 예술품과 장인의 솜씨를 구별할 줄 아는 민첩하고 분별력이 있는 눈을 가지고 있었다. 그는 윤택한 삶을 좋아했다. 하지만 도시의 삶보다는 버킹엄셔의 시골 삶을 더 좋아했다. 그는 집착에 가까울 정도로 열정적으로 과일과 채소와 난을 키웠고, 동물들에 둘러싸여 살았으며, 그레이하운드를 사육하고 경주에 내보내기도 했다. 그리고 장사꾼과 장인을 친구로 두었다. 그는 조용히 드러나지 않게 친절을 베푸는 아주 너그러운 사람이기도 했다. 그의 너그러움은 받는 사람만 알 정도였다. 그렇다고 수줍어하는 성격도 아니었다. 그는 대중들 앞에 나서기를 좋아했고 열띤 논쟁을 즐겼다. 그는 수수께끼 같은 사람이었다. 이기적인 자기과시주의자—여러 사람 앞에서 뻔뻔하기도 하고 멍청하게 보이기도 하는—는 가끔은 자신이 무척이나 좋아했던 여우만큼이나 교활하게 행동할 수도 있었다. 원했다면 자신의 흔적을 없애고 땅속으로 숨어 들어갈 수도 있었을 것이다.

작가로서 로알드는 가장 신뢰하기 어려운 증인이었다. 특히 자기 이야기를 하거나 글을 쓸 때 그렇다. 어린 시절의 기억을 불러낸 흥미로운 책인 《발칙하고 유쾌한 학교》에서도 대부분의 자서전이 따분하기 짝이 없는 세세한 일들로 가득하다는 비난으로 시작한다.[8] 그는 자기 책이 역사가 아니라 자신의 의식에서 살짝 거두어 종이에 써놓은 일련의 추억들이라고 주장한다. 어린 시절의 짧은 일화들은 대담한 색깔로 칠해져 책 속에서 생생하게 튀어나온다. 그런 일화들은 감동적이지만 감정이 배제된 세세한 기록들이다. 각각의 모험이나 일탈 이야기들은 마치 운동장에서 친한 친구에게 듣는 듯하다. 언어는 단순하고 우아하다. 항상 유머가 앞자리를 차지한다. 자기 연민은 거의 찾아볼 수 없다. '어떤 것은 재미있지만 어떤 것들은 고통스럽다. 그리고 때로는 불쾌하다.' 로알드는 자신의 추억을 그렇게 표현하면서 이런 결론을 내렸다. '하지만 모든 것이 사실이다.' 사실, 어떤 면에서는 거의 모든 일이 허구이다. 진실에 가깝게 느껴지는 것은 달의 정확한 관찰자적 눈 때문이다. 그 덕분에 허구의 일이 그럴듯하게 보이는 것이다. 또한 글을 쓸 때 늘 곁에 두었던 917통의 편지 때문에 사실처럼 느껴지기도 한다. 그건 어머니에게 쓴 편지들이었는데, 어머니가 폭풍처럼 몰아치던 전쟁 속에서도 그리고 여러 번 이사하면서도 조심스럽게 모아서 간직했던 것들이었다.

이런 작은 캔버스 위에서 달은 사실과 허구를 잘 짜깁기하는 아주 특이한 재주를 연가하기 시작했다. 《발칙하고 유쾌한 학교》나 후속 작품인 《Going Solo》에 나오는 부정확한 사실들을 지적하는 것은 지나친 태도일 것이다. 그런 것들은 중요하지 않다. 할아버지와 증조부를 헷갈린다거나, 날짜를 과장하거나 시간 배열상의 실수, 셀 수 없이 많은 만들어낸 사실도 마찬가지다. 《발칙하고 유쾌한 학교》는 사실에 근거해서 쓴 책이라서가 아니라 달이 천재적인 이야기꾼이기 때문에 고전이라고 할 수 있다. 하지만 거짓과 생략 그리고 회피가 분명히 보인다. 화려하게 꾸미려는 작가의 의도가 보일 뿐 아니라 겉으로는 보이지 않는 상상력의 뿌리를 보여주고 있다. 그의 상상력의 뿌리인 아버지의 상실, 불확실한 우정, 새로운 것에 대한 탐험심, 인간에 대한 근본적인 염세주의, 그의 혈관 속에 세차게 흐르는 노르웨이 혈통에서 자라난 환상주의 등이 땅속에 숨어 엉켜 있기 때문이다.

노르웨이는 로알드에게 언제나 중요했다. 가끔은 노르웨이 사람들이 따분하기 짝이 없다고 거품을 뿜으며 주장해서 저녁 식사에 초대한 손님들을 놀라게 하기도 했지만, 그는 결코 고향에 대한 깊은 애정과 소속감을 잃지 않았다. 그의 어머니는 영국에서 50년 넘게 살았고, 가끔은 불편한 상황도 있었지만 노르웨이 국적을 버리지 않았다. 특히 두 번의 세계대전을 겪는 동안 외국인들이 영국에 거주하는 일은 쉽지 않았을 것이다. 자녀들에게 영어로 말하고 편지는 영어로 썼지만, 아이들이 영어를 배울 때 노르웨이어도 꼭 배우게 했다. 그리고 매년 여름 휴가철마다 아이들을 데리고 노르웨이로 갔다. 40년이 지난 후 로알드도 아이들을 데리고 똑같은 여름휴가를 갔는데, 그건 나중에 《발칙하고 유쾌한 학교》에서 '완전히 목가적인' 여행이었다고 표현했던 추억을 되짚는 행동이었다.

"그때의 휴가를 언급하기만 해도 온몸에 전율이 느껴진다."9

물론 그 즐거움에는 엄격하기 짝이 없던 기숙사학교에서 도피할 수 있었다는 점도 한 역할을 했을 것이다. 하지만 로알드에게 그 기쁨은 그보다는 심오한 것이었다.

로알드는 《발칙하고 유쾌한 학교》에 이렇게 썼다.

"우리는 모두 노르웨이 말을 썼고, 친척들이 다 그곳에 살고 있었다. 그래서 매년 여름 노르웨이로 가는 것은 마치 고향에 가는 것 같았다."10

'고향'이라는 단어는 로알드에게는 아주 복잡한 개념이었다. 마음속으로는 가끔 노르웨이가 고향이라고 느꼈을지도 모른다. 하지만 꿈에 그리던 고향은 대부분 영국이었다. 2차세계대전 동안 전투기 조종사로서 아프리카와 중동에 근무할 때, 워싱턴에서 외교관 생활을 할 때, 그가 그리워했던 곳은 노르웨이가 아니라 어렸을 때 무척 좋아했던 웨일스 지방의 계곡이었고 영국의 시골 들판이었다. 그와 어머니와 세 누이는 버킹엄서의 한적한 시골에서 함께 살았다. 로알드의 딸 테사는 그곳을 '달의 계곡'이라고 표현하기도 했다. 서로 5~6킬로미터 안에서 집을 사서 살았다. 로알드의 조카의 표현을 빌리자면, '분리되지 못한 채…… 대부분 제대로 된 영국 친구 하나 없이' 살았다.[11] 달은 영국인임을 자랑스럽게 생각하고 영국 사회에서 인정받고 일원으로 받아들여지기를 바랐지만 인생 대부분을 경계에 머물러 살기를 원하기도 했다. 그는 조상이었던 헤셀베르그 목사와 많이 다르지 않은 모습으로 자신만의 규칙과 판단 속에서 살았던 것이다.

결과적으로 영국 사람들은 그를 기이한 사람으로 판단했다. 고등학교 시절 가장 친했던 친구도 로알드에게 끌렸던 이유가 외국인이었기 때문이라고 털어놓았다.[12] 그는 외국인이었다. 비록 영국에서 태어났고 영국 시민이었지만 자신은 이민자라는 생각을 계속 가지고 있었다. 나중에 많은 사람이 그 사실을 잊었다. 사람들은 그의 행동을 '영국인인 채' 했다는 그릇된 관점으로 해석했다. 물론 그가 영국인이 되는 것을 갈망하기도 했지만 본질적으로는 그의 모습이 아니었다. 사람들은 겉모습만 보고 오해했던 것이다. 사실, 로알드는 늘 아웃사이더였고, 노르웨이 이민자의 아들이었다. 그리고 노르웨이는 항상 상상 속 마음의 안식처가 되었고 자신만의 비밀 세계가 되었던 것이다.

다른 이민자들의 아이들처럼 로알드는 개종자와 같은 열정으로 새로운 조국의 관습과 정체성을 받아들였다. 누나인 앨필드는 달이 '가족 안에 스칸디나비아인의 피가 얼마나 강하게 흐르는지' 인정하지 않았다고 불평했다.[13] 역설적으로 그가 사람들 앞에서 공공연히 언급한 조상은 스코틀랜드의 애국자였던 윌리엄 월리스William Wallace였다. 전설에 따르면 키가 195센티미터가 넘었다고 전해지던 반란군의 지도자 월리스가 자신의 직계 조상이라는 점을 달은 대단히 자랑스럽게 생각했다. 월리스는 1297년

스털링대교 전투에서 영국 군대의 침략을 물리쳤는데, 8년 뒤 체포되어 런던으로 이송된 후 끔찍하게 처형당했다. 그의 최후에 관한 야만스러운 사실들은 인간의 잔혹성에 대해 유난히 예민했던 달의 촉각을 벗어나지 않았던 것이다. 월리스는 발가벗겨져서 말에 묶인 채 스미스필드 지역을 끌려다니다 교수형을 당했다. 목이 잘려나갔을 때도 살아 있었다고 하며 많은 사람 앞에서 거세당하고 내장도 꺼내졌다고 한다. 그의 몸뚱이는 네 조각으로 잘리고, 경각심을 높이기 위해 그의 머리는 쇠꼬챙이에 꽂혀 두 동생의 머리와 함께 런던 다리 위에 세워졌다. 영국인들은 월리스의 남은 가족들을 모두 몰살하려 했으며 거의 성공했다. 그러나 소수가 도망쳐서 배를 타고 북해를 건너는 위험한 여정 끝에 노르웨이의 베르겐으로 건너갔는데, 그곳에 정착하여 오늘날까지 내려오는 노르웨이 월리스의 시조가 되었다. 달의 할머니인 엘런 월리스가 바로 용맹했던 14세기 피난민들의 후손이었던 것이다. 할머니는 그루의 교회 화재 참사에서 도망쳤던 용감한 목사의 손자인 칼 로리츠 헤셀베르그와 결혼했던 것이다.

달의 친가는 사뭇 달랐다.[14] 헤셀베르그 집안이 근엄하고 중산층이고 박애 정신이 강한 지식인 집안이었다면, 달의 집안은 땅에 정착하여 농사를 지었다. 교활한 면이 있고 교육을 받지 못해 거칠었지만 아름다움을 식별할 수 있는 눈이 있었다. 로알드의 아버지인 해랄드 달Harald Dahl은 크리스티아니아에서 50킬로미터 떨어진 작은 마을인 사르프스보리에서 태어났는데, 19세기 당시 마을의 주요 산업은 목재와 양조였다. 로알드는 친할아버지인 올라우스Olaus를 '사르프스보리에서 가게를 가지고 치즈에서부터 닭장용 철사까지 온갖 물건을 팔던 부유한 상인'이라고 묘사했다.[15] 하지만 그곳 교회의 교민 기록에는 그저 '푸줏간 주인'이라고 적혀 있다.[16]

다른 공식 기록에는 '돼지고기 도축업자이며 소시지 제조업자'로 나와 있었다. 두 집안은 완전히 다른 혈통이었다. 로알드는 리시에게 외가인 헤셀베르그 집안사람들이 지방색이 강했던 달 집안보다 자신들이 우수하다고 생각하면서 친가를 무시했다고 털어놓은 적이 있었다.[17]

달은 노르웨이에서는 흔한 이름이다. 475만 인구 중 현재 1만 2000명에 달하는 사람들이 달이라는 성을 가지고 있다. 하지만 19세기까지 달이라는 성은 거의 찾아볼 수 없었다. 올라우스 달은 사실 '달'이라는 성으로 태어난 것이 아니었다. 그는 1834년 5월 19일 트럴스 페데르슨Truls Pedersen과 크리스틴 올스도티르Kristine Olsdottir 사이에서 태어나 올라우스 트럴센Olaves Trulsen이란 이름으로 세례를 받았다. 부모들이 지어준 이름 다음, 아버지 이름에 '아들'이라는 뜻의 sen'을 덧붙였는데, 이는 전통적인 스칸디나비아 방식이었다. 이런 식으로 세대를 이어가면서 성이 바뀌게 되었던 것이다. 지금도 많은 아이슬란드 집안에서는 그렇게 하고 있다. 맞춤법 역시 아주 특이하다. 기록에는 올라우스가 올라부스Olavus, 올라베즈 Olaves, 올라브Olav 등으로 다양하게 나타난다. 하지만 20대쯤에 그는 자신을 '유럽인화'하려고 마음먹고는 가족의 성을 하나로 고정했다. 주위의 많은 사람도 그렇게 했는데, 나중에 아내가 된 엘런 안데르센Ellen Andersen도 랑게넨Langenen으로 이름을 바꾸었다. 왜 올라우스가 계곡을 뜻하는 '달'이라는 성을 선택했는지는 명확하지 않다. 산악지방보다 평야지대에서 온 사람들에게는 아마도 인기 있는 이름이었던 것 같다.

친할아버지는 19세기 중반의 아주 전형적인 노르웨이 사람이었다. 그는 작은 농촌에 태어났는데 가족이 근근이 삶을 이어가고 있었다. 짧은 여름도 끝이 없는 허드렛일로 가득했고, 겨울은 어둠과 비참함뿐이었다. 바다에서 안개가 불어와 보잘것없던 집을 휘감았고, 얼마 되지 않는 농토는 축축하고 질식할 듯한 우울 속에 잠겼다. 일 년의 대부분, 삶은 참을 수 없을 정도로 단조로웠다. 당시 상황에 대한 정확한 안내서가 있다면 촛불 두 개로 밝힌 방의 한구석, 쿵쿵거리는 가축들 곁에서 어머니는 아마도 물레질을 하고 있었을 거라고 설명했을 것이다. 한편, 아버지는 곧잘 술에 취했다. 수십 년 동안 시골 사람들은 그렇게 살았다, 살아남기 위해 근근이 연명하는 정도였으며, 그나마 딸이라도 있는 게 감사한 일이었지만 노예처럼 땅에 얽매여 살았다. 문맹이었고 교육도 받지 못했다. 신분상승의 기회도 거의 없었다. 그들은 빨리 늙었고 젊은 나이에 죽어갔다. 자신의 에너지를 고갈시키고 새로운 변화에 대한 욕구마저 좌절시키는 환경에서 도망쳐야 할 필요를 느낀 사람은 올라우스만은 아니었다. 그래서 그는 십 대 후반에 시골을 버리고 20마일 떨어진, 곧 기차역이 들어서게 될 번창하던 산업도시인 사르프스보리로 갔다. 그곳에서 도축업자의 조수로 일하면서 근처의 바테이그에서 엘런과 가정을 꾸렸다. 그리고 몇 년 뒤에 첫 번째 가게인 푸줏간을 열었다.

21세기 초에도 사르프스보리는 아주 암울한 곳이다. 애처로운 모습으로 남아 있는 19세기 마을 옆에 1960년대에 콘크리트와 철로 지은 쇼핑센터가 들어서 있는 잿빛만 가득한 흉물스러운 곳이다. 마을 외곽은 숨 막힐 듯한 공업도시 분위기이다. 고대 영광에 빛나는 트론헤임이나 문명화된 고요함을 간직한 오슬로, 그림같이 아름다운 피오르 해안이나 어촌 마을과는 상당히 거리가 있는 곳이다. 어느 해 11월 무료한 토요일 오후, 쇠약해져 가던 그 지방 축구팀인 스파르타 소속 선수들이 커다란 덩치를 이끌고 술에 취해 휘청거리며 술집으로 들어선다. 이따금 소란스러운 환호는 난폭한 사건을 예기하는 듯하다. 하지만 아무도 그럴 마음은 없다. 경기 침체가 온 거리를 휘감고 있다. 조용한 구석에서 외로운 늙은 주민 하나가 몰래 술을 마시고 있다. 그는 남의 눈에 뜨이지 않기 위해 어두운 카페에서도 가장 어두운 구석을 찾아낸 것이다. 다른 사람들은 삼삼오오 모여 있지만 아무 말이 없다. 올라우스가 열심히 일하던 푸줏간의 자취는 조금도 남아 있지 않다. 그리고 그가 가정을 꾸리고 하인인 아넷트Annette와 조수 라스 닐센Lars Nilssen과 살던 드로닝겐스게이드에 있던 집도 자취가 없다. 사르프스보리의 다른 낡은 건물들과 함께 없어진 지 오래다.

올라우스가 1923년 여든아홉의 나이로 세상을 떴을 때, 토알드는 겨우 여섯 살이었다. 로알드가 직접 할아버지를 만난 적이 있었는지는 확실하지 않지만, 《발칙하고 유쾌한 학교》에서는 친할아버지가 '키가 2미터가 넘는 아주 마음씨 좋은 거인'이라고 자신 있게 표현했다.[18] 할아버지에 대한 다른 설명은 완전히 만든 이야기이다. 예를 들어, 할아버지가 실제보다 14년이나 빠른 1820년에 태어났다고 했다. 어쩌면 할아버지를 그루의 목사 아들이었던 증조부와 혼동했는지도 모른다. 증조부가 실제로 그 해에 태어났을 수도 있고, 어쩌면 아닐 수도 있다. 하지만 달은 세세한 사항에 대한 무관심으로 자기 집안의 이례적인 일을 보지 못하고 그냥 지나쳤다. 할아버지 올라우스와 할머니 엘런은 자식을 여섯 두었다. 13년 동안 3남 3녀가 태어났다. 헤랄드Harald는 1863년, 클라라Clara는 1865년, 라그나Ragna는 1868년, 오스카Oscar는 1870년, 올가Olga는 1873년, 마지막으로 트럴스Truls는 1876년에 태어났다.[19] 그 지방의 세례기록과 결혼기록부를 살펴보면, 아주 놀랍고 어쩌면 아주 중요한 사항이 밝혀진다. 로알드의 아버지가 사생아라는 것이다. 헤랄드는 1863년 12월에 태어났는데, 그의 부모는 다음 해 여름까지 결혼하지 않았다. 해랄드는 태어난 지 6개월이 지난 1864년 6월 26일, 부모가 결혼한 지 5일 후에 세례를 받았다. 해랄드 자신이 사생아로 태어난 사실을 알고 있었는지 아닌지는 불분명하다. 하지만 사르프스보리 같이 작은 마을에서 그 사실이 계속 비밀로 붙여졌을 리는 없었을 것이다. 그로 말미암은 치욕은 어쩌면 다른 곳으로 옮겨가 새롭게 생활하고 싶은 그의 욕망에 불을 붙였을지 모른다.

해랄드가 힘든 어린 시절을 보낸 것은 의심의 여지가 없다. 《발칙하고 유쾌한 학교》에서 로알드는 아버지가 14살 때 느슨해진 기와를 고치려다가 지붕에서 떨어져 팔이 부러진 끔찍한 이야기를 하고 있다. 술 취한 의사는 어깨 관절이 어긋났다고 잘못 진단하고 근처를 지나던 두 남자의 도움을 받아 어깨뼈를 제대로 맞추려고 했다. 사람들이 억지로 어린 해랄드의 팔을 잡아당기는 바람에 뼛조각이 피부를 뚫고 나왔다. 결국 해랄드는 팔꿈치 아랫부분을 잘라내야 했다. 달은 평상시처럼 감정을 배제하고 아버지가 자신의 장애를 대수롭지 않게 생각했다고 이야기한다. 포크의 끝을 날카롭게 갈아서 한쪽 손으로 밥 먹을 수 있었을 뿐 아니라 원하는 거의 모든 일을 할 수 있었지만, 푹 삶은 달걀의 껍데기를 까는 것은 예외였다고 묘사했다. 아주 흥미로운 이야기이다. 의심스러울 정도로 아무렇지 않게 묘사하고 있다. 로알드가 미국 쪽 출판사 중 하나인 패러슈트라우스&지로Farrar, Straus&Giroux의 스티븐 록스버러Stephen Roxburgh에게 아버지 이야긴 자신이 만든 것이며, 특히 포크를 날카롭게 갈아서 사용했다는 이야기를 지어낼 때가 가장 재미있었다고 털어놓았던 것은 그리 놀랍지 않다.[20] 사진으로 아버지의 팔이 실제로 잘린 것을 확인할 수는 있다. 하지만 사고에 관한 이야기는 좀 더 수치스러운 가정사를 숨기려 꾸몄을 가능성이' 있다. 즉, 팔이 잘린 책임이 술 취한 의사에게 있는 것이 아니라 술 취한 부모에게 있을지도 모른다는 말이다. 아버지가 진실을 속였는지 아닌지는 모른다. 실제로 사실을 왜곡한 사람은 달의 어머니였음이 분명하다. 아버지 이야기를 해준 사람이 바로 어머니였기 때문이다. 하지만 해랄드는 탐구적이었고 생각이 깊었으며 아름다움에 대한 열정이 있는 사람이었다. 자기 아버지와 거의 공통점이 없었다. 아버지는 고집스럽고 거칠게 자란 도축업자였으며, 돈을 지방 경마에 탕진한 사람이었다.[21]

1880년대에 노르웨이를 떠나기로 했던 사람은 아버지와 오스카 삼촌이었다. 100년 후 작품을 쓰면서 로알드는 그런 결정을 그답게 아주 간단명료하게 묘사했다.

> 우리 아버지는 동생인 오스카 삼촌보다 한 살 정도 많았다. 둘은 특별히 가까웠다. 학교를 그만둔 다음 둘은 오랫동안 산책을 하면서 미래를 계획했다. 그들은 노르웨이처럼 작은 나라에 있는 사르프스보리 같은 작은 마을에서는 돈을 벌 기회가 없다고 결론을 내렸다. 그래서 돈을 벌 수 있는 기회가 무궁무진한 좀 더 큰 나라인, 즉 영국이나 프랑스로 가야만 한다고 의견을 같이 했다.[22]

두 사람은 프랑스로 갔지만, 떠난 동기는 로알드가 만들어낸 것보다 훨씬 더 복잡했다. 우선, 둘은 비슷한 나이가 아니었다. 둘의 나이는 일곱 살이나 차이가 났다. 그래서 오스카가 학교를 마치고 나서 프랑스로 떠났다면, 해랄드는 이미 20대로 들어섰을 것이다. 할아버지가 두 아들이 떠나지 못하게 '막았고', 그래서 둘은 어쩔 수 없이 가출했다는 로알드의 주장을 보면, 늦된 해랄드가 용기를 내어 아버지를 거역하는 데는 시간이 걸렸음을 암시하고 있다.²³ 다른 두 아이도 그즈음 노르웨이를 떠났다. 클라라는 남아프리카로 갔고, 올가는 덴마크로 갔다. 라그나와 가장 어린 트럴스만 남았다. 트럴스는 결국 수습생으로 푸줏간을 이어받아 아버지와 함께 살았는데, 사람들은 경제적인 이유 때문일 거로 추측한다.

아버지와 삼촌은 배를 타고 노르웨이를 떠났다. 그들은 프랑스에 도착하기까지 꽤 오랜 시간을 배에서 일했을 가능성이 많다. 왜냐하면 둘 다 나중에 해운업에 관한 상세한 지식이 있어야만 할 수 있는 직업을 갖게 되었기 때문이다. 프랑스의 수도로 가서 정확하게 어떤 일을 했는지는 불분명하다. 가족 사이에 내려오는 이야기로는, 둘 다 예술가였으면서 한편으론 사업가였다고 한다. 그런 조화가 가능할 것 같지는 않지만 예술 활동과 돈 버는 일을 자연스럽게 연결하는 로알드의 자질과 관련이 있을지도 모른다. 그건 달의 누나인 앨필드도 마찬가지다. 남동생 네서 엎어지면 코가 닿을 거리에 있던 칠턴힐의 집 정원에 앉아, 70년 전의 아버지와 삼촌을 회상하던 그녀의 주름진 얼굴에는 미소가 지어졌다. 그녀가 말했다. "흠, 그들은 예술가가 되기 위해 노르웨이를 떠났지요. 돈을 벌려고 간 거라고요. 그들은 그렇게 할 수 있다고 생각했어요."²⁴ 마치 동생인 로알드가 말하고 있는 것 같았다. 갈라지는 듯한 목소리에 딱딱 잘라 사실을 나열하면서 비웃는 듯한 너털웃음까지.

크게 그려지는 그림 역시, 가지고 있는 자질들과 세세한 사항들이 잘 정돈되어 아주 생생하고 감동적이다. 그녀에게 아버지나 삼촌은 부귀영화와 자유 그리고 예술적인 에너지를 찾아 파리로 간 전형적인 북유럽 출신 보헤미안이었다. 스칸디나비안 사람들에 대한 허구의 이야기들은 당시 문학 작품 속에도 잘 나타났다. 예를 들어, 입센Ibsen의 《유령Ghost》에 나오는 오즈왈드나 빅토리아 베네딕트손Victoria Benedictsson의 희곡 《매혹The Enchantment》에 나오는 루이스 스트랜드베르그가 그러하다. 그들은 엄격한 분위기의 북쪽 나라를 떠나, '길거리나 카페에서 천재들이 가난한 사람들과 코가 맞닿을 정도로 붙어 앉아 있고, 무정부주의자들이 사회 혁명을 기도하고, 르네상스 시절의 플로렌스 이래로 어느 곳에서도 볼 수 없었던 여러 화풍이 소용돌이치는 위대하고 자유롭고 영광스러운 삶'을 찾아갔던 것이다.[25]

빛바랜 흑백 사진들을 통해 우리는 그들이 살았던, 이제는 잃어버린 세상을 엿볼 수 있다. 경마, 화려한 드레스 차림의 파티, 여름에 콩피에뉴와 뇌이의 잔디밭에서 누리는 점심. 그리고 그들은 그림을 그렸다. 노르웨이 그림의 황금기였다. 파리에 있던 아버지 해럴드는 틀림없이 당시 스칸디나비아의 중요한 화가들과 어울렸을 것이다. 화가 중에는 에드바르 뭉크Edvard Munch와 프리츠 탈로Frits Thaulow도 있었다. 그렇다고 아버지가 모더니스트였던 것은 아니다. 유리와 액자와 벽난로 선반을 조각하고 시골 풍경을 그리던 기술자였다. 그의 작품이 몇 개 남아 있는데, 스칸디나비아 자연주의파의 특징을 나타내며 기교가 돋보이는 뛰어난 작품들이다. 집시하우스에는 초록색, 파란색, 갈색이 어우러진 인상주의적인 파스텔 작품 하나가 아직도 리시의 침대 옆에 걸려 있다. 아버지가 도망쳤던 암울한 시골을 떠올리게 하는 그림이다. 잔잔한 호수 옆에 가문비나무과의 앙상한 나무들이 늘어선 그림이었는데, 마치 뼈만 남은 가족들이 차가운 물로 다가가 덜덜 떨면서 서 있는 듯했다. 풍경 속에는 햇빛이 보이지 않는다. 사람이 살고 있다는 느낌도 없다. 앞쪽에는 갈대들이 바람에 휘날리고 있다. 배경에는 먼 하늘을 향해 벌거벗은 산이 희미하게 솟아 있다.

사람들은 잘 모르지만, 시각 예술은 달의 인생에 아주 중요한 부분을 차지했으며 항상 문학 활동과 균형을 이루고 있었다. 평생 달은 그림과 가구와 보석을 끊임없이 사고팔았다. 가끔은 가계에 도움이 되기도 했다. 심지어 골동품가게를 열기도 했다. 사업과 예술의 조화는 달과 동시대를 살던 많은 문학 작가에게 항상 수수께끼이고 골치 아픈 일이었지만, 로알드에게는 숨 쉬는 일과 같았다. 영국의 작가들은 로알드의 돈 버는 재주를 비판하고 재정적인 성공에 대한 그의 자부심을 혐오했다. 이 때문에 로알드는 자주 작가들의 오해를 사기도 했다. 영국 소설가인 킹즐리 에이미스 Kingsley Amis가 대표적이었다. 그는 회고록에서 달과 단 한 번 만났던 일을 묘사해놓았다. 1970년대 초 톰 스토파드 Tom Stoppard가 주최한 한 파티에서였다. 그곳에서 달은 에이미스에게 '재정 문제'를 겪는다면 어린이를 위한 동화책을 써보는 것이 어떠냐고 제안하고는 어떻게 해야 하는지 설명했던 모양이다. 동화책에 전혀 관심이 없던 에이미스는 달이 자신의 작품은 충분한 돈벌이가 못 된다고 암시하면서 선심을 쓰는 척한다고 느꼈다. 달에게는 바로 그런 부분이 영국 문학계의 혐오스러운 분위기였다. 달은 다른 대부분의 손님처럼 에이미스가 동화를 제대로 된 문학작품이라고 보지 않는다는 것을 알고 있었고, 그런 태도 때문에 상처받고 있었다. 술이 적당히 들어간 뒤 마음이 편안해졌을 때, 아마도 달은 에이미스와 대적할 수 있는 유일한 방법이 돈 이야기라고 느꼈을지도 모른다. 태도가 서로 다른 두 사람의 충돌은 처절했고 원색적이었다. 달이 헬리콥터를 타고 파티장을 떠난 사실을 언급하면서 에이미스는 가차 없이 이렇게 끝을 맺었다. "그날 밤 난 텔레비전 뉴스를 열심히 보았다. 하지만 유명한 동화작

가가 헬리콥터 추락사고로 죽었다는 기사는 없었다."²⁶

재정적인 성공에 대한 필요성은 달의 피 속에 강하게 흐르고 있었다. 그의 아버지와 오스카 삼촌은 아주 능수능란한 사업가로 발전했다. 두 형제가 마침내 파리에서 갈라섰을 때, 오스카 삼촌은 1897년 자선바자에서 발생한 화재에서 영웅적으로 나서서 목숨을 구해주었던 테레즈 빌로트 Thérèse Billotte와 결혼해서 프랑스 서부 해안에 있던 라로셸로 여행했다. 그루의 화재처럼 이 화재에서도 100명 가까운 사람들이 죽음을 당했다.²⁷ 빌로트는 화가 집안 출신이었다. 그녀의 할아버지는 프랑스 작가이자 미술가였던 외진 프로망탱Eugène Fromentin으로 북아프리카의 자연 풍경 묘사로 유명한 분이었고, 테레즈의 삼촌인 르네 빌로트René Billotte는 상업 풍경화 화가였는데 그의 이국적인 벽화 그림은 여전히 프랑스 남부 리옹역으로 가는 파리 기차역의 화려한 식당인 '파란기차'의 벽을 장식하고 있다. 라로셸에서 삼촌은 '대서양의 어부들'이라는 저인망 낚시 회사를 시작했다. 배 위에서 잡은 물고기를 깡통에 넣는 작업까지 하여 큰 성공을 거두었다. 얼마나 성공했는지 로알드가 전쟁이 끝난 다음 자기 삼촌이 '마을에서 가장 부자'였다고 자랑한 것도 틀린 소리는 아니었다.²⁸ 삼촌은 번 돈을 신 나게 썼다. 그는 우아한 18세기 건물인 파스커드 호텔을 사서는 특이한 물건들로 장식했다. 로알드는 그곳이 무척 마음에 들어 나중에 '아름다움에 바친 박물관'이라고 묘사했다.²⁹

오스카 삼촌은 성격이 아주 복잡한 인물이었다. 심미가였으며 동시에 할아버지 올라우스처럼 성격이 고약하기도 했다. 로알드는 삼촌과 항상 껄끄러운 관계였다. 전쟁 동안 삼촌은 독일군에게 점령당한 프랑스에 남아 나치들에게 협력했는데, 삼촌의 아들은 레지스탕스가 되어 독일군과 싸웠다. 전쟁이 끝난 다음 삼촌은 원한이 많았던 사람들에게 공개적으로 조롱당했고, 아들과는 서로 말도 하지 않는 사이였다고 전한다. 그러나 분명한 것은 이 특이한 프랑스 삼촌이 바이킹처럼 생긴 외모와 까다로운 취향으로 어린 조카에게 지워지지 않는 강한 인상을 강하게 남긴 것이다. 특히 얼굴에 난 수염이 그랬다.

  돌아가신 오스카 삼촌은…… 아주 북슬북슬한 턱수염을 가지고 있었다. 밥을 먹을 때마다 주머니에서 작은 손잡이가 달리고 기다란 국자처럼 생긴 은제 도구를 꺼냈다. 수염집게라고 부르는 물건이었는데, 삼촌은 왼손으로 수염을 집게로 잡아 올리고 오른손으로는 숟가락으로 수프를 떠서 입을 넣었다. 집게는 수염의 끝이 바닷가재 크림수프에 젖지 않게 막아주었다. ……하지만 나는 늘 혼자 중얼거렸다. '그냥 수염을 짧게 자르면 안 되는 걸까? 왜 다 잘라버리지 않는 거지?' 하긴 오스카 삼촌은 틀니를 빼서 식탁 가장자리에 두었다가 손을 씻는 그릇에 헹구는 사람이었다.[30]

아버지 해랄드의 성격은 콧수염으로도 알 수 있듯이 동생보다 훨씬 덜 외향적이었다. 그는 동생보다 파리에 좀 더 오래 남았다. 1890년대 보헤미안으로서의 삶에 염증을 느꼈을 때, 그는 라로셀이 아니라 사우스웨일스에 있는 석탄 중심 도시 카디프로 갔는데, 그곳에서 진취적인 노르웨이인들이 엄청난 돈을 벌 수 있다는 소문을 들었기 때문이었다.

2 장

태양을 가리다

로알드 달과 어머니 소피.
1919년경.

이삭을 줍고 있는
로알드 달과 세 누이.

노르웨이와 사우스웨일스 간의 무역 교류의 역사는 1000년이 넘는다. 로마인들의 정착과 노르만 정복 사이, 지금은 글러모건이라 부르지만 당시엔 모거눅이었던 도시의 중세 기록에 따르면, '검은 이단자'[1]였던 데인Dane족*보다는 노르웨이 무역업자들을 환영했다고 한다. 데인 족은 상업 교류보다는 겁탈과 약탈을 일삼았기 때문이었다. 하지만 흥미로운 점은 최근에 밝혀진 증거들에 따르면, 깊은 계곡에서 붙잡혀 노예로 팔린 웨일스 출신의 남자와 여자가 웨일스에서 노르웨이로 수출된 첫 번째 주요 품목이었다는 점이다.[2] 19세기 중반에 이르자 노예수출은 더욱 세련되고 점점 발전하고 훨씬 이득이 되는 목재와 철, 그 무엇보다 석탄에 자리를 내어주었다. 당시 이미 전 세계에서 세 번째로 규모가 컸던 노르웨이 화물운송용 선박들은 목재를 가득 싣고 카디프 항에 도착했는데, 목재들은 대부분 석탄 탄광 갱도의 지주(웨일스 지방의 광부들은 그 지주들을 노르웨이라고 불렀다)로 사용되었다. 그러고 나서 선박은 석탄과 철을 싣고 온 세계를 항해했다. 20년 만에 그 도시의 인구는 배가 되었고, 석탄의 주요 공급지가 되었다. 1900년에 이르자 카디프는 22킬로미터나 길게 뻗은 부두시설을 통해 연간 500만 톤에 달하는 석탄을 수출했다. 이러한 수출의 3분의 2는 노르웨이 소속 선박에 실려서 항구를 떠났다.

결과적으로 도시는 진취적이고 명석한 젊은 이민자, 파리에서의 떠돌이 삶에 지쳐 이제는 돈을 벌어보려는 욕망을 가진 사람에게는 상업적인 기회로 가득 찬 곳이었다. 굴론 카디프에는 이미 엄청난 수의 노르웨이 국적을 가진 사람들로 넘쳐났다. 하지만 대부분은 잠시 머무르는 선원들이었다. 1868년에 뱃사람들을 위해 파견된 노르웨이의 선교회는 동쪽과 서

---

*9~11세기에 영국을 침입한 북유럽인. ─옮긴이 주

쪽 부두 사이에 있던 버트Bute 후작이 기부한 땅에 목재로 작은 교회를 지었다. 그곳은 예배당이었지만 선원들(대부분이 열네 살 정도의 어린 선원)이 배에 실린 화물이 하역되고 선적하는 동안 쉬면서 노르웨이의 책과 신문을 읽을 수 있는 곳이었다. 천장에는 모형 배가 매달려 있었고, 벽에는 스칸디나비아의 풍경 그림과 스웨덴, 덴마크, 노르웨이의 왕가 사진이 걸려 있었다. 심지어 식탁에도 작은 노르웨이 선박모형이 놓여 있었다.

해마다 7만 5000명에 달하는 선원들이 삭막한 산업도시에서 고향의 정취를 느끼고 싶어 이 교회의 문을 두드렸다. 특히 시골 출신들에게는 부두가 시끄럽고 지저분하고 끔찍하게 느껴질 수 있었다. 경험이 많은 한 노르웨이 출신 선장은 처음 항해를 떠나는 어린 조카에게 도시를 이렇게 묘사했다.

"바다에서 카디프를 한눈에 쉽게 알아볼 수 있을 거야. 깜깜한 하늘을 찾기만 하면 되니까. 그게 바로 석탄 먼지란다. 그 먼지 속에 하얀 건물이 보일 거야. 그게 바로 노르웨이 선원들의 교회란다. 그게 보이면 우리는 고향에 왔다는 것을 알 수 있었지."³

당당한 모습의 뾰족탑이 있는 작은 교회는 순식간에 카디프의 노르웨이 주민사회의 상징이 되었지만 그곳에 정착한 노르웨이 인들은 웨일스 사회 속에 잘 섞여서 출생이나 결혼 그리고 사망 시에만 교회를 이용했다.⁴ 오늘날 교회는 재건축되어 재개발된 카디프 만을 내려다보며 그곳에 왔던 사람 중에서 가장 유명한 사람에게 경의를 표하고 있는 것 같다. 그는 1916년 가을에 그곳에서 세례를 받았고, 그의 이름은 이제 교회와 회색 슬레이트와 금색 철로 만든 현대건물 사이의 새로운 웨일스 밀레니엄 광장을 빛내고 있다. 그 사람은 바로 로알드 달이다.*

52

해럴드 달이 사우스웨일스에 언제 왔는지는 정확하지 않다. 1891년에 실시한 인구조사에는 그의 이름이 없다. 하지만 1897년에 말쑥하고 단정한 차림새의 해럴드는 카디프 해변에서 24킬로미터 떨어진 뉴포트에서 사진을 찍기 위해 포즈를 취하고 있다. 길고 납작한 얼굴, 둥근 이마와 자신감에 넘치는 냉소적인 눈빛은 같은 가족 사진첩 맨 앞에 잔뜩 찌푸린 채 멍청해 보이던 그의 아버지와는 전혀 닮은 구석이 없다.[5] 파리에 있던 여동생과 친구들에게 보낸 해럴드의 이 사진은 아마 카디프에 도착해서 해운업을 시작한 지 얼마 되지 않아 찍은 것 같다. 1901년 인구조사에 따르면, 그는 여전히 미혼으로 선박중개업 관리자로 일했고, 은퇴한 토지 관리인인 윌리엄 애덤William Adam이 부인 메리Mary와 성장한 두 딸과 함께 살던 베리 시 찰스 플레이스 3번지의 집에서 살았다고 기록되어 있다. 사우스웨일스로 거주지를 옮겼지만 해럴드의 마음속의 소중한 부분은 여전히 파리에 남아 있었다. 그는 마리 뷰린그레시에Marie Beaurin Gressier라는 이름의 우아하고 사슴 같은 눈을 한 파리 출신의 미인과 사랑에 빠졌다. 1902년 늦은 여름, 해럴드는 파리로 돌아가 그녀와 결혼했다.

마리의 손녀였던 브라이어니Bryony는 그녀를 '예전에는 대단한 명문세도가였지만 당시 가세가 기울어진 집안' 출신이라고 했다.[6] 분명히 뷰린그레시에 집안은 부르주아는 아니었다. 비록 파리와 콩피에뉴 근처의 시골에 집이 있었지만, 그들은 상업보다는 스포츠와 여흥을 더 즐겼다. 주된 관심은 럭비였다. 마리의 오빠 중 기욤Guillaume과 샤를Charles은 파리의 스트라드 프란시스 소속 선수로 뛰었고, 샤를은 두 번이나 국가대표로 영

---

*교회는 1987년에 해체되어 1992년에 재건축되었는데, 달은 교회 재건축위원회의 초대 의장이었다. 교회에서 로알드 달 광장이 내려다보인다.

2장 태양을 가리다 53

국과의 대항전에 출전했으며, 자매 중 하나는 1900년 올림픽에서 금메달을 딴 프랑스 대표단의 주장과 결혼했다. 한편 다른 자매는 알제리로 가서 아랍인과 결혼했다. 또 다른 오빠는 파리에서 유명한 해산물 식당을 운영하기도 했다. 또 한 명은 경매인이었다.

마리가 가장 아름다웠다. 말괄량이 같은 성격에 꼬마 요정 같고 섬세하게 생긴 마리는 창백한 얼굴에 숱이 많은 검은색 머리카락과 슬픔에 젖은 듯한 진지한 눈빛이었다. 그녀보다 15살이나 많았던 해랄드가 따뜻하고 사랑이 넘치는 가정에서 그녀를 훔쳐올 수 있었던 것을 보면 경제적으로 부유하기도 했지만 아마도 확실히 대단히 매력적이었던 모양이다. 결혼식 날 찍은, 어떤 여름날 프랑스 전원을 배경으로 기쁨에 가득 차 환하게 웃으며 사랑하는 사람에 둘러싸여 있는 스냅 사진 속의 모습을 보면, 그녀가 사랑에 푹 빠져 있음을 알 수 있다. 하지만 그건 그녀가 그만큼 순진했음을 뜻하기도 했다. 그녀는 산업 도시인 카디프에서의 삶에 대해 거의 알지 못했던 것이다.

마리는 사우스웨일스로 갈 때 고향에 대한 향수를 달래줄 수 있고 프랑스를 떠올릴 수 있는 물건들을 사갔다. 마리의 혼수품은 보석, 그림, 가구, 장미목으로 만든 침대, 여러 가지 골동품 식탁, 의자, 접는 책상, 서랍장, 천문시계 그리고 아주 정교하게 만든 루이 16세 시대의 시계 등 다양함을 자랑한다. 감격스럽게도 '달 씨가 직접 조각하여 아내에게 바친' 금박 입힌 거울도 포함되어 있었다.[7]

신혼부부가 카디프로 돌아오고 나서 얼마 지나지 않아 해랄드는 자기보다 세 살 어린 또 다른 노르웨이 이민자인 루드비그 오네센Ludvig Aadnesen과 사업을 시작했다. 두 남자는 파리에서 알게 되었는데 오네센은 크라게뢰 근처의 트베데스트란 출신이었다. 그곳은 이미 해랄드와 먼 친척이 된 에드바르 뭉크의 출생지였다. 그 집안 출신의 한 사람이 해랄드의 여동생인 클라라와 결혼해서 함께 남아프리카로 이주했던 것이다.* 평생 독신으로 산 루드비그는 해랄드와 함께 그림에 대한 열정을 나누었고, 해랄드가 신뢰하는 가장 친한 친구가 되었다.

함께 사업한 것은 재정적으로 아주 현명한 선택이었다. 이후 20년 동안 오네센과달Aadnesen&Dahl 선박중개업 회사는 연료와 다른 여러 품목을 싣고 다니는 배를 공급했는데, 뷰트 거리에 있던 작은 사무실에서 시작하여 뉴포트, 스완지, 탤벗 항구에 사무실을 열었고, 한때 노르웨이 공사관이 있던 카디프의 큰 지역을 사들이기도 했다. 점차로 그들은 배만 공급한 것이 아니라 석탄을 수출하기도 했는데, 무역으로 둘은 엄청난 부자가 되었다. 달과 오네센은 사업상 동업자였을 뿐 아니라 대단히 가까운 사이였다. 오네센은 해랄드의 마음속에 '믿을 수 없을 만큼 특별한 의치'[8]를 차지했다. 가족도 그를 '대부'라고 불렀고, 해랄드는 유언장에 '오랜 좋은 친구이자 동업자'에게 유일하게 특별히 명시한 유품을 남겼다. 그건 프리츠 탈로의 《항구 풍경Harbor Scene》이라는 그림이었다. 그 그림은 지금은 없어졌지만, 아마도 두 남자에게 많은 추억을 상징하는 물건이었을 것이다. 그

---

*달과 오네센 집안의 관계는 무척 복잡해 정확히 알기 어렵다. 인구조사에 따르면, 해랄드의 누이인 클라라 달은 오네센과 결혼하여 남아프리카에 가서 살았다. 그녀는 1895년 더반에서 아이를 낳았는데, 그 아이가 바로 해랄드 달 오네센이다. 남편이 죽었거나 아니면 이혼으로 1900년에 클라라는 오슬로로 돌아왔으며, 기술자인 지크프리트 캄메르메위에르와 결혼했다. 오스카 달은 조카인 해랄드가 아들 에릭과 지낼 수 있도록 자상하게 돌봐주었다. 오스카의 가족사진에는 함께 스키를 타고 있는 두 소년 사진과 해랄드가 프랑스에서 결혼한 사진 몇 장이 있다. 그 후 무슨 일이 있었는지는 분명하지 않다. 하지만 해랄드 달 오네센이 루드비그 오네센과 관련이 있었을 가능성은 거의 없다. 1956년 루드비그가 90세의 나이로 세상을 떠났을 때, 조카인 트롤프, 헬가, 엘리자베스에게 유산 대부분을 남겼으며, 남아프리카에서 태어난 해랄드에 대한 언급은 전혀 없었다.

림은 두 남자를 웨일스로 이주하게 한 배와 항구를 보여주기도 하지만, 노르웨이에서 보낸 젊은 시절을 이야기해주기도 했다.

해랄드와 마리의 결혼은 밝은 미래를 약속했다. 그는 하숙하던 곳에서 모퉁이를 돌면 보이는 베리 시의 부두 근처 바닷가에 있던 집인 아트앤드크래프트를 빌렸다. 일 층에서는 항구가 훤히 내다보였다. 그곳에서 1903년 맏딸인 엘런 마거리트Ellen Marguerite가 태어났다. 엘런은 해랄드의 어머니 이름을 따서 지었다. 3년 뒤인 1906년, 루이스Louis가 태어났는데, 이 이름은 마리의 오빠 이름을 딴 것이었다. 기록에 그렇게 남아 있다. 관련된 모든 서류를 조사하면 사라진 일생—출생과 결혼 그리고 사망—을 재조명할 수 있을지 모르지만, 더 많은 개인적이고 특별한 자료 없이 그런 기록을 통해 사람의 성격을 생생하게 전할 수는 없다. 해랄드는 자신의 성격을 알아볼 수 있는 일기, 편지, 그림 그리고 몇 가지 조각품을 남겼다. 그가 죽었을 때 주머니 속에 들어 있던 프랑스산 고급 가죽 지갑은 그레이트미센던에 있는 로알드 달 박물관에 소중히 보관되어 있다. 우편 주문서와 연간 기차 승차권을 보면 그가 고상한 취미를 가지고 있었고 성격이 깔끔했음을 미루어 짐작할 수 있다. 하지만 마리의 물건은 남아 있는 것이 없다. 심지어 금박을 입힌 거울조차 남아 있지 않다.* 그래서 그녀가 베리에서의 새 삶에 얼마나 잘 적응했는지 미루어 짐작하기는 쉽지 않다. 하지만 힘들어했을 거라는 짐작이 설득력이 있다. 가족과 사랑했던 세상에서 멀리 떨

---

*브라이어니 달은 마리의 가구 대부분을 딸 엘런이 애슐리 마일스와 결혼해서 사는 햄스테드의 집으로 옮겼다고 한다. 1988년 엘런과 마일스가 죽은 지 몇 주 만에 모든 가구는 애슐리의 비서이자 간호인이었던 바버라 프리독스에게 남겨졌다. 바버라 역시 얼마 지나지 않아 세상을 떠났는데, 브라이어니는 바버라에게 뷰린그레시에의 초상화 두 점을 받았다. 그 후 브라이어니는 자기 아버지인 루이스에게 남긴 마리의 가구 두 점을 팔았는데, 정교하게 무늬를 새긴 장식장과 엄청 신기하게 도금한 시계로 루이 14세의 결혼 예물로 추측된다. —브라이어니 달과의 대화, 01/17/08.

어진 우울하고 먼지가 가득한 항구도시가 파리의 우아함과 콩피에뉴의 즐거운 여름날을 대신해줄 수는 없었을 것이다. 자신보다 15살이나 많고 고독을 즐기던 노르웨이 출신의 남편과 사는 것이 결코 쉽지만은 않았을 것이다.

  1907년 10월 16일 셋째 아이의 출산을 얼마 남기지 않고 마리는 죽었다. 그때 그녀의 나이는 29살이었다. 기록을 보면 그녀는 전치태반에 따른 엄청난 출혈로 정신을 잃고 사망했다고 한다. 그건 태반이 자궁 아래쪽에 있어서 쉽게 떨어져 나와 치명적인 출혈을 일으키는 병이었다. 메리 헨리히Mary Henrich라는 함께 살던 간호사 혹은 유모였던 사람이 마리와 함께 있었으며, 마리가 사망하자 이를 담당기관에 신고했다. 하지만 마리의 죽음은 이렇게 단순하지 않았을 가능성도 있다. 마리의 손녀인 브라이어니는 가족들 사이에 떠돌던 소문(어쩌면 로알드 달의 어머니 소피에게서 나왔을)에 따르면, 마리는 우울증을 앓고 있어서 어쩌면 유산을 하려다 실패해서 죽었을 거라고 했다.[9] 일부러 유산을 시도하게 되면 태반 이탈로 출혈 증상을 일으킬 수도 있지만, 임신 말기였다면 낙태의 위험성은 엄청났을 것이다. 만약 마리가 일부러 낙태하지 않았다면 공식 기록이 좀 더 그럴듯하다.

  마리의 죽음은 해럴드를 처참하게 했다. 그는 가족을 위해 부두의 소란스러움과 소음에서 멀리 떨어진, 녹음이 우거진 랜다프에 하얀 회벽칠을 한 아주 멋진 새집을 거의 완성해 놓았다. 랜다프는 기차가 들어서면서 카디프의 교외가 된 중세도시였다. 해럴드는 집을 지을 때 많은 세부 사항을 일일이 디자인했고, 새 집을 젊은 부인을 위해 자랑스럽게 '빌라 마리'라고 이름 붙였다. 슬프게도 그녀는 완성된 집을 보지 못했다. 집은 오늘날까지 남아 있지만 이름은 바뀌었다.[10] 가파른 경사를 이루는 지붕과 격자무늬 유리창에 중세 요새의 부벽까지 갖춘 예술적 감각이 엿보이는 그 집은 해랄드가 얼마나 디자인에 정성을 쏟았는지, 그리고 얼마나 그 집에서 행복한 가정을 꾸미고 싶어 했는지 보여준다. 하지만 마흔넷에 갑자기 홀아비가 된 해랄드는 세 살과 갓 돌이 지난 어린 두 자녀를 키워야 했다. 어린 두 아이는 해랄드의 혼을 빼앗을 만큼 아름답고 커다란 검은 눈의 요정 같았던 엄마를 기억하지 못했다.

마리가 죽은 뒤 마리의 어머니인 개노우Ganou가 엘런과 루이스를 돌보기 위해 건너왔다. 해랄드는 슬픔을 이기기 위해 일에 매달려 대부분의 시간을 사무실에서 보냈으며, 빌라 마리의 엄청나게 큰 정원을 가꾸는 일에 집착했다.[11] 4년이 흘렀다. 어느 여름 해랄드는 덴마크에 사는 여동생 올가를 만나러 갔다. 로알드는 회고록인 《발칙하고 유쾌한 학교》에서 그가 외로웠는지 아니면 새 신부를 찾기 위해 떠났는지는 확실하지 않지만 달의 집안과 헤셀베르그 집안이 합쳐지게 된 곳은 노르웨이가 아니라 덴마크였다고 했다.[12] 그때 친구를 찾아왔던 소피 마그달레네 헤셀베르그Sofie Magdalene Hesselberg는 섬세하고 인형처럼 생겼던 마리와는 대조적으로 강했고 거의 남성적인 면까지 가지고 있었다. 수 주 만에 해랄드와 소피는 약혼을 했다.

둘의 결합은 서로의 필요에 의해서였다. 소피는 26살이었고 건강했고 고집도 세고 부모에게서 독립하고 싶은 욕망이 컸다. 해랄드는 부자였고 이미 성공을 거두었으며 소피의 아버지뻘 되는 나이였다. 해랄드는 소피 부모의 강한 반대를 이겨내야 했다. 소피의 부모인 칼 로리츠와 엘런도 당시 어느 정도 부를 축적한 사람들이었다. 칼은 노르웨이 연금공단의 회계

담당자였고 남을 지배하려는 성격을 가진 사람이었다. 외동아들이 어려서 죽자 세 딸이 부모들의 온 관심사였다. 소피는 세 딸 중 가장 못생긴 것 같았고, 자신을 이 집안의 '신데렐라'라고 생각했다.[13] 칼 르리츠는 맏딸이 자신과 열 살밖에 차이 나지 않는 남자와 결혼하겠다고 하자 매우 당황했다. 그보다 더 심각했던 것은 크리스티아니아를 떠나 웨일스에 가서 살겠다는 것이었다. 하지만 소피의 결심은 확고했고, 그녀의 부모는 결국 마지 못해 결혼을 승낙했다.

소피가 고집을 피운 것은 어쩌면 앞날을 제대로 내다본 결정일지도 모른다. 그녀는 여동생들 엘런Ellen과 아스트리Astri에게 닥쳐올 운명을 예견했던 것 같다. 여동생들은 아버지의 속박에서 벗어나지 못하고 평생을 부모님 집에서 살아야 했다. 두 사람은 성격이 점점 이상해져서 어린 친척들 사이에서 호기심과 흥미의 대상이 되었다. 그들은 항상 술과 약에 중독된 채 입센의 희극에 나오는 주인공들처럼 오슬로에 있는 요세피네게이트의 집 베란다에 앉아서 산딸기에 있는 애벌레를 푼으로 능숙하게 잡아냈다고 기억했다.[14]

해랄드는 새로 맞이한 아내를 데리고 파리로 신혼여행을 갔다. 그곳에서 해랄드는 자신이 좋아하는 프랑스식으로 아내를 갖추어 입히고는 검은 비단 망토를 사주었는데, 소피는 죽을 때까지 그 망토를 간직했다. 그들은 라로셀에 살던 동생 오스카 부부를 방문하고는 빌라 마리로 갔다. 소피는 집으로 들어가자마자 곧바로 단호하고 다소 모질게 주도권을 쥐었다. 소피는 외할머니를 내보내고 아이들을 위해 노르웨이 출신의 비르기트Birgit를 유모로 고용했다. 이 때문에 외할머니를 거의 엄마로 여기고 살았던 엘런과 다섯 살이었던 루이스는 심각한 정신적 충격을 받았다. 외할머니가 떠난 뒤 수 주일 동안 루이스는 정원에 서서 페어워터 거리를 불쌍한 눈빛으로 내다보면서 할머니 돌아오세요 하고 소리를 질러댔다. 집에서는 프랑스 말이 다시는 허용되지 않았다. 오직 영어와 노르웨이 말만 사용되었다. 예민했던 루이스는 이런 변화에 잘 적응하지 못해 심리적으로 고통을 겪었다. 한 번은 학교에 갔다가 친구와 함께 돌아온 적이 있었는데, 루이스의 친구는 이해심이라고는 전혀 없었던 소피에게 '불쌍한 친구가 교실에서 실수했다'며 엉덩이를 씻어야 한다고 말했다고 전한다. 시간이 지나면서 루이스가 새엄마를 좋아하게 되기는 했지만, 초기의 이런 경험은 소피와 의붓자식들 사이를 어긋나게 하였고, 나중엔 팽팽한 긴장감으로 이어졌다.

그러나 새 신부는 빌라 마리에서 말할 수 없는 행복을 느꼈다. 50년 후에도 소피는 여전히 그 집을 '꿈의 집'—자신이 살면서 가장 행복했던 곳—이라고 표현했다.[15] 소피는 곧 아기를 가졌고, 다시 활기를 되찾은 해럴드는 기뻐하며 소피에게 주위의 전원을 '우아하게 산책'하라고 권유했다. 그는 그런 태교가 아직 태어나지 않은 아이에게 미적 감각과 자연에 대한 깊은 사랑을 심어줄 수 있을 거라고 믿었기 때문이다. 5년 동안 소피는 아이 넷을 낳았다. 1912년 아스트리, 1914년 앨필드,* 1916년 로알드,[16] 1917년 엘스였다. 네 아이는 부모와 함께 강한 예술적인 자질과 자연에 대한 깊은 사랑을 보여주었다. '우아한 산책'은 아이들의 깊숙한 감정적인 발전에 영향을 끼쳤다. 해럴드는 아스트리를 가장 예뻐했다. 한 살배기 딸이 파이프로 담배를 한 모금 빨자 해럴드가 즐거워하며 박장대소하는 스냅 사진은

---

*앨필드는 스무 살 때 세상을 떠난 소피의 막내 오빠 앨프의 이름을 따서 지은 이름이다. -앨필드의 딸 아스트리 뉴먼과의 대화, 10/15/07.

맨정신의 진중한 표정을 담고 있는 유일한 사진이다. 로알드의 이름은 1911년 남극 탐험에 성공한 노르웨이 탐험가 아문센Amundsen을 따라 지었는데, 아문센의 즈카는 전쟁 동안 오네센과달에서 잠시 일을 하기도 했다.[17] 로알드는 외아들로 소피의 '자랑이자 기쁨'이었고 그래서 특별한 대우를 받았다. 다른 형제들은 그에게 '눈에 넣어도 아프지 않은 소중한 아이'라는 사랑스러운 별명을 지어주었다.[18]

1차세계대전이 발발하자 해랄드와 소피는 주민증을 만들 필요가 있었다. 전쟁 동안 노르웨이가 중립국을 선언하여 영국 내에서 원망의 소리가 있었지만 해랄드와 소피는 이런 사회의 분위기에 전혀 영향받지 않았기 때문이었다. 그건 해랄드가 상업적으로 선박의 항해를 계속할 수 있도록 부단히 노력했기 때문이었다. 전쟁 동안 그의 비서였던 J. 해리 윌리엄스 Harry Williams는 해랄드를 양심적이고 부지런하고 책임감 있는 모범적인 사업주로 기억했다. 그는 로알드에게 '자신의 첫 번째 이상형이며 내가 겪은 사람 중 가장 훌륭한 분'이라고 했다.[19] 앨필드도 아버지가 아주 늦게까지 일했다고 기억했다. 아버지는 저녁 늦게 지친 모습으로 퇴근했고, 그러면 어머니는 노르웨이식 요리로 아버지를 기쁘게 해주려고 했다그 한다. 그의 사업은 전쟁으로 불이익을 당하지 않았다. 사업이 번창하자 해랄드는 1917년에 빌라 마리를 팔고 카디프에서 조금 떨어진, 태프베일 기차로 몇 정거장 가야 하는 라디어의 커다란 빅토리아풍 농가주택인 타이 마이 니드를 샀다. 20만 평(150에이커)에 달하는 토지에 자가 발전시설이 있었고, 세탁장과 사용 가능한 돼지우리를 포함해 여러 농가 건물이 있었다. 로알드는 엄청나게 넓었던 잔디밭과 테라스, 수도 없이 많았던 하인들, 짐마차를 끄는 말, 건초용 수레, 돼지, 닭, 젖소로 가득 찬 주위의 들판에 대한 향수가 있었다. 농지 매입은 그 지방 신문에 기사로 나올 정도였다. 기사는 달 씨를 '수년간 사우스웨일스에서 선박무역업에 종사'하고 '부두 지역에서 명성이 자자한' 그리고 '규모가 큰 회사를 소유한' 사람이라고 썼다. 기사는 이렇게 결론을 내리고 있었다. "특히 전시 내내 이 지역과 무역을 계속해오던 노르웨이 선박업자들과 사업하는 사람이다."[20]

해럴드는 새집을 위해 그림과 고가구를 사고, 직접 나무액자를 조각하기도 했다. 그는 고산식물들을 수집하고, 날씨에 아랑곳하지 않고 찾아온 식물들을 새롭게 마련한 정원에 심었다. 언젠가는 아내를 위해 중고차 드디옹부통을 사서 운전해 보라고 권하기도 했다. 그건 실수였다. 갓 아이를 낳은 친구를 들여다보러 가던 길에 소피는 브레이크 대신에 액셀러레이터를 잘못 밟아 자동차가 계란을 잔뜩 실은 트럭을 들이받는 사고를 냈다. 그녀가 간신히 친구 집에 도착했을 때, 아이가 죽었다는 것을 알게 되었다. 소피는 그 이후 다시는 운전을 하지 않았다.[21] 집 안에서 해럴드는 결코 만만한 남편이 아니었다. 해럴드는 개인의 관심사에 빠져 혼자 구석에 틀어박혀 있을 때도 있었고, 전혀 의사를 표현하지 않아 이따금 아주 냉정해 보이기도 했다. 수 년 후 소피는 손녀딸인 루 펄Lou Pearl에게 가끔은 남편이 무서울 때도 있었다고 말했다.[22]

1920년대가 시작되자 해럴드는 뿌듯한 마음으로 자신의 일생을 되돌아볼 여유가 생겼다. 보헤미안적인 기쁨을 찾아 사르프스보리에 있던 가족을 떠난 이후로 파란만장한 삶을 살았다. 사업은 번창했다. 갑작스러웠던 첫 아내의 죽음도 이겨냈다. 그리고는 기대하지도 않았지만 소피와 행복을 다시 찾기도 했다. 마흔이라는 늦은 나이에 가족을 꾸리기 시작했지만 50대 중반이 된 해럴드는 여섯 명의 행복하고 건강하고 다중언어를 구사할 수 있는 자식들이 있었다.* 자식 중 둘은 이미 기숙사학교에 다녔다. 맏딸인 엘런은 로딘이라는 대단히 규모가 큰 여자사립학교에 다녔다. 수섹스 절벽 위에 높이 서 있던 학교는 영국해협을 내려다보고 있었다. 한편 루이스는 근처 브라이튼 대학을 다녔다. 해럴드는 자신이 원하는 만큼 어린 자식들을 자주 볼 수 없었지만, 가끔 시간을 내어 편안하게 아이들과 시간을 보냈다. 깔깔거리는 앨필드를 쫓아 식탁 주위를 돌기도 했고, 목청 높여 그리그Grieg의 〈트롤 댄스Troll Dance〉를 부르기도 했다.²³

소피가 또다시 임신했다. 모든 것이 참으로 평화롭게 보였다. 하지만 이런 고요함은 오래 계속되지 않았다. 2월 초 소피의 맏딸, 아스트리가 한밤중에 격심한 복통으로 잠이 깼다. 언니와 방을 함께 쓰던 앨필드는 언니가 아프다고 소리를 질러서 잠을 잘 수 없다고 불평하면서 어머니를 부르러 갔다. 급히 의사가 왔다. 의사는 급성맹장염이라는 진단을 내리고는 집에 있는 아이들의 초라한 탁자 위에서 수술했지만, 이미 때가 늦었다. 맹장이 터져서 복막염이 되었던 것이다. 아스트리는 마취에서 깨어나지 못했다. 일주일 후 아스트리는 감염으로 사망했다. 겨우 일곱 살이 되던 해였다.

해럴드는 그 충격에서 결국 벗어나지 못했다. 로알드는 《발칙하고 유쾌한 학교》에서 이렇게 썼다.

"아버지는 아스트리 누나를 가장 예뻐했다. 형용할 수 없을 만큼 누나를 사랑했다. 누나가 갑작스럽게 죽자 아버지는 며칠 동안 말조차 잃었다. 너무 큰 슬픔에 빠진 아버지는 한 달 뒤쯤 폐렴에 걸렸는데, 자신이 살그

---

*두 개 이상의 언어를 배우는 일은 로알드가 말문을 늦게 트이게 된 이유이기도 했다. 가족들의 이야기로는, 로알드가 처음으로 말한 완벽한 문장은 노르웨이어였다.

죽는 문제 따위에는 신경 쓰지 않았다."[24]

 이런 글을 쓰면서 로알드 달은 아버지의 심정을 그 누구보다 잘 알았을 것이다. 참으로 고약한 악순환인지, 40년 후 자신도 겨우 일곱 살 된 큰딸을 잃었기 때문이다. 아버지의 심정에 대한 아들의 이해심은 참으로 예리하다. 하지만 로알드는 어린아이의 관점으로 아버지의 고뇌를 떠올리기도 했다. 아버지가 처음 병을 얻고 나서 가꾸기 시작한 월계수 관목 숲은 로알드에게는 평생 언제나 죽음을 연상시켰다. 로알드는 아버지가 병을 이겨내려는 의지가 없었다고 했다. 아버지가 세상을 떠난 지 60년이 지나 그의 죽음을 묘사하는 로알드의 글에는 어른과 동시에 어린아이의 시점이 뒤섞여 있다.

 "아버지는 이겨내려는 의욕이 없었다. 분명히 머릿속에는 사랑하는 딸 생각뿐이었을 것이다. 천국에서 딸과 만나고 싶은 마음만 간절했던 모양이다. 그러다 아버지는 돌아가셨다. 그때가 쉰일곱이었다."[25]

 폐렴에 걸린 해럴드는 열심히 일만 하느라 죽은 어린 딸의 짧은 인생에 충분히 함께하지 못했던 자신을 자책하고 후회한다는 글을 일기에다 썼다.

 "이 세상에 있는 소중한 것들의 가치를 매기는 일에 우리는 얼마나 무지한가? 우리는 왜 마음의 문을 활짝 열어놓지 않는가? 할 일이 많다는 핑계만 대고 생각하고 일할 때 조용하고 편안해야 한다고 하면서 햇빛을 피한다. 우리는 소중한 것을 잃어야 비로소 무엇을 놓치고 살았는지 깨닫는다."[26]

 역설적으로 이런 깨달음을 얻은 뒤에도 그는 습관을 바꿀 수가 없었다. 기침이 심해지고 열이 치솟았다. 맏아들 루이스가 꽥꽥 소리를 지르며 즐거위하는 다섯 살짜리 이복동생 앨필드를 자전거에 태우고 정원을 돌며 노는 동안, 해럴드는 두 간호사가 지켜보는 가운데 유언장에 아주 사소하지만 까다로운 수정을 했다.[27] 그는 먼 친척에게 유산을 조금 떼어주고는 자신의 다른 유산 상속으로 발생하는 모든 상속세를 수령인이 내게 한 것이다. 이틀 뒤 그는 사망했다. 그는 라디어의 성요한침례교회 묘지에 묻혔는데, 아직 흙도 마르지 않은 딸의 무덤 곁이었다.

소피는 두 사람이 갇든 무덤 위, 천 년 된 주목에서 그리 멀리 떨어지지 않은 곳에 매우 화려한 분홍색 화강암 십자가를 세웠다. 한때는 들판과 농지로 둘러싸여 있었지만, 지금은 1970년대에 주거용으로 지은 흉측한 건물에 둘러싸인 작은 교회 묘지에는 아직도 그 십자가가 서 있다. 주위의 묘비들 사이에 우뚝 솟아 있는 기념비는 켈트 풍의 장식과 둥근 모양의 십자가 때문에 달 가문이 옛날 땅에 뿌리를 내리고 살았음을 증명해 보이는 듯하다. 하지만 소피는 만약을 위해 다른 것도 고려해 두었다. 나중에 노르웨이로 돌아가게 되면 땅을 파서 가져갈 수 있게 두 관을 모두 납으로 단 들었던 것이다.[28]

장례식은 웅장하게 의례를 갖추었다. 아이들은 모두 정장을 입었다. 앨필드는 특별히 주문해 만든 체크무늬 드레스에 검은 리본을 맸다. 앨필드는 집이 엄청난 꽃으로 가득했고 하인들도 다 검은색으로 차려입고 있었으며, 관 위에 쌓여 있던 이른 봄의 수선화 향기가 취할 정도였다고 기억했다. 그리고 너무나 침착했던 어머니의 모습도 기억했다. 소피는 고통을 남에게 절대로 드러내 보이지 않았다. 다른 사람들은 울었지만 소피는 울지 않았다. 그녀의 어깨에 놓인 짐이 많았다. 그녀는 35살이었고 돌보아야 할 아이가 다섯이었다. 열여섯 살인 엘런, 열세 살인 루이스, 다섯 살인 앨필드, 세 살인 로알드, 한 살도 안 된 엘스, 그리고 여섯 번째 아이가 나올 예정이었다. 소피는 이미 앞을 내다보고 있었다. 자신에게 남은 모든 힘을 죽은 자들이 아니라 살아 있는 사람들에게 쏟을 작정이었다.

3 장
———
소년

아스타, 엘스, 앨필드와 로알드 달. 텐비, 1924년경.

에드워드 시대*의 동화작가 이디스 네스빗Edith Nesbit은 좋은 동화작가에게 가장 중요한 자질은 어린 시절을 생생하게 기억해낼 수 있는 능력이라고 보았다. 어른으로서 아이들과 교감할 수 있는 능력은 그다지 중요하지 않다고 보았다. 로알드 달은 그 둘을 다 할 수 있었다. 그의 유혹적인 목소리와 반짝이는 반항적인 눈빛, 유머 감각과 강한 호기심은 만나는 모든 아이를 최면에 빠지게 하는 능력을 발휘했다. 또 놀라울 정도의 예리한 상상력으로 로알드는 자신의 어린 시절을 기억해내고 이를 새롭게 만들어낼 수도 있었다. 세세한 사항들은 정확하지 않을 수 있겠지만, 본능적으로 어린아이의 관점으로 재창조하고 이해하는 능력은 한 번도 그를 떠나지 않았다. 그리고 자신에게 그런 능력이 있는 걸 자랑스러워했다. 자신이 잘해낼 수 있는 걸 알았고 대다수 사람은 그렇게 할 수 없는 것도 알았다. 집시 하우스의 벽난로 옆, 높은 등받이가 달린 빛바랜 초록색 일인용 의자에 앉아 한 손으로는 위스키 잔을 든 채 로알드는 대단한 자부심으로 이렇게 말했다.

"좁고, 어둡고, 따뜻한 나의 글 쓰는 집필실로 내려가면 몇 분도 되지 않아 나는 여섯 일곱 아니 여덟 살의 어린아이가 되지."

그의 또 다른 자아인 윌리 웡카는 《찰리와 초콜릿 공장》의 초고에 쓰여 있듯이 이렇게 말했다.

"나는 공장에서 아이들을 기쁘게 만든 물건들을 만들어낼 수 있단다. 난 어른들에 대해서는 관심이 없어."[1]

달은 정신적인 충격을 받았던 초기의 어린 시절에만 머물러 살지 않았

---

*The Edwardian. 영국의 에드워드 7세가 통치하던 1900년~1910년을 가리키며, 화려한 문화를 자랑한다. —옮긴이 주

다. 비록 많은 동화 속에서 이야기와 자신의 실제 삶과의 연관성을 드러내지 않지만 둘은 아주 미묘하게 얽혀 있다. 예를 들어 그의 동화 속에 나오는 상실감은 결코 감상에만 빠져 있지 않다. 동화의 주인공들은 아버지의 죽음 이후에 달과 누이들이 갖게 된 긍정적인 사고방식을 따르고 있다. 《내 친구 꼬마 거인The BFG》에서 소피는 자신이 기억하는 한 보육원에서 살았지만, 혹시 그렇지 않았으면 하는 생각을 깊이 하지 않는다. 착한 꼬마 거인은 소피에게 엄마아빠가 없는 것을 알고는 이렇게 말한다. "아이고 이 가엾은 녀석! 너무너무 보고 싶지 않아?" 소피가 대답했다. "별로 그렇지도 않아요. 어떤 분들인지도 몰라요."[2]

이런 현실주의가 바로 달의 특징이다. 어쩌면 자신도 아버지에 대해 잘 몰랐기 때문에 아버지가 없어서 불행하다고는 생각하지 않았던 것 같다.

이런 태도는 가족에 대해 감정이 부족하고 파괴적인 관점이 자주 나타나게 했는데, 그건 로알드의 동화 속에서 아주 강하게 드러난다. 아이는 늘 모든 일의 중심에 서 있다. 살아남아야 하는 것이 주인공들의 주된 동기이며, 적은 가족 밖에서만큼 항상 가족 내에도 존재한다.

가끔 부모가 적이 되기도 한다. 특히 따분하고 상상력이 전혀 없는 부모들일 때는 더욱 그렇다. 가끔 좋은 부모들도 나온다. 《우리의 챔피언 대니》에 나오는 기발한 아버지가 아마도 가장 좋은 예일 것이다. 하지만 대부분은 아이들이 참고 피하고 무찔러야만 하는 부정적인 존재인 경우가 많다. 이를 이루기 위해 우리의 주인공들은 예상하지 못했던 친구를 만나야 한다. 그 아이의 특별한 재능을 알아보고 그런 재능이 꽃피울 수 있게 도와주는 친구이다. 《찰리와 초콜릿 공장》에 나오는 찰리 버켓의 정신적인 친구는 엄마, 아빠, 형제나 학교 친구도 아닌 기이한 조 할아버지이다.

궁극적으로는 위대한 초콜릿 제조업자인 윌리 웡카이다. 《마녀를 잡아라 The Witches》에 나오는 고아는 노르웨이 출신의 특이한 할머니와 아주 가까운 사이이다. 《제임스와 슈퍼 복숭아James and The Giant Peach》에 나오는 제임스는 인간이 아닌 친구, 즉 거대해진 괴상한 벌레들에게서 구원을 얻는다. 《내 친구 꼬마 거인》의 소피는 쿵쿵 소리를 내며 걷는 선한 거인에게서 자기와 비슷한 면을 찾는다. 소피와 제임스는 둘 다 고아여서 거부해야 할 부모가 없었다.

반면에 달의 마지막 주요 동화인 《마틸다Matilda》에 나오는 주인공 마틸다 웜우드에게는 지옥에서 온 듯한 끔찍한 부모가 있다. 딸을 무시하고 딸의 책에 대한 사랑을 처참히 뭉개버리는 아주 못되고 속물스런 백치들이다. 그들은 희극적인 캐릭터이지만, 잔인할 정도로 무감각한 인간들이라 '너무나 어리석고 자신들만의 보잘것없는 삶에 빠져서' 딸이 다리가 부러져 들어와도 아마 눈치채지 못했을 거라고 했다.[3] 마틸다가 담임선생님인 호니 양과 갖은 특별한 관계가 이 동화에서 감정의 중심을 이루고 있다. 결국 마틸다는 무능력한 가족을 버리고 새로이 사귄 어른친구와 살겠다고 선택한다. 그건 많은 아이가 참담한 순간에 늘 꿈꾸는 선택일지도 모른다. 어쨌든 달이 중요하게 생각하는 사랑은 부모와 자식 간의 전형적인 사랑이 아니라, 아이가 낯선 환경 속에서도 스스로 선택하고 맺은 친밀한 우정이다.

많은 경우, 달의 책들은 어린이들이 주위의 어른들과 어떻게 살아가느냐에 대한 창의적인 생존전략을 담고 있다. 부모의 통제에서 벗어난 자유로운 삶과 모든 것이 가능한 상상력과 즐거움이 넘치는 세상의 모습을 보여주고 있다. 현실 도피적으로 보일지 몰라도 절대 감상에 빠져들진 않는

다. 달은 어린아이들이 타고난 생존주의자라는 것을 항상 기억하고 있기 때문이다. 나와 대화하면서 달은 몇 번이나 아이들이 끊임없이 이래라저래라 지시하는 어른들과 싸워야 하는 때 묻지 않은 존재들이라고 했다. 한 라디오 인터뷰에서도 로알드는 대부분의 아이는 무의식적으로 부모를 '적'으로 간주하고 있다면서 '부모에 대한 깊은 사랑과 원망 사이의 경계선은 아주 가늘다'라고 했다.[4] 그건 로알드가 아주 어렸을 때부터 가지고 있던 생각으로 죽을 때까지 변함이 없었다. 그런 생각이 말년에 자신을 어린아이들의 대변자라고 확신하게 했으며, 대체로 아이들을 무시하는 세상에서 아이들의 옹호자라고 주장했던 근거이다. 사실 그는 어른들보다는 아이들과 함께 있는 것을 좋아했다.

한편 로알드는 홀몸으로 아이들을 키우면서도 올바르게 키워낸 강인한 의지력을 가진 노르웨이 출신 여인을 어머니로 둔 축복을 받았다. 로알드는 어머니를 '의심할 여지 없이 내 인생에서 가장 큰 영향을 끼친' 사람이라고 했다. '명석한 지식'을 가지고 있으며 '태양 아래 있는 세상 모든 것에 관심이 지대한' 분이라고 표현하면서 그 두 가지 특징이 가장 존경하는 부분이라고 했다. 어머니 때문에 원예, 요리, 포도주, 그림, 가구, 동물에 대해 관심을 갖게 되었다고 했다. 어머니는 집안의 중심이었고 끊임없이 본보기가 되었으며 안내자였다.[5] 앨필드는 어머니를 이렇게 회상했다. "어머니는 자식과 가정에 헌신한 분이었다. 개인적인 사교활동은 없었다. 로알드와 아주 비슷했다. ……조금은 비밀스럽고 조금은 개인주의자였다."[6] 소피는 확실히 놀라운 여자였다. 용감하고, 고집스럽고, 유별나며, 결단력이 대단한 사람이었다. 또한 아주 침착하게 그 어떤 어려움이나 시련도 이겨내는 생존주의자였다. 막내딸은 어머니를 '현실적이고 담대한'[7] 분이라고 했다. 《발칙하고 유쾌한 학교》에서 로알드는 뉴캐슬에서 노르웨이로 가는 이틀간의 배 여행에서 유일하게 멀미를 하지 않은 사람이 어머니라고 하면서, 어머니에게 '겁 없는'[8]이라는 형용사를 사용했다. 어머니의 강인함과 감정의 절제, 모험적인 성향과 아이들을 자유롭게 키운 방식 모두를 존중했다. 로알드는 수영도 못하는 사람이 일곱 명이나 되는 자식을 이끌고 구명조끼도 없이 작은 모터보트를 타고 망망대해의 산더미같이 높은 파도를 헤치고 노르웨이로 갔던 이야기로 어머니를 소개했다. 대부분의 어머니는 무모하다고 했을 이야기를 이렇게 소개했다.

"그때가 우리 어머니가 가장 즐거워했을 때였다 파도가 얼마나 심한지 파도를 타고 내려가면 온 세상이 보이지 않을 때도 있었다. 그러다가 다시 보트가 파도의 가장 높은 꼭대기 부분에 올라가, 다음 파도가 밀려올 때까지 있으면 우리가 마치 거품이 이는 산꼭대기에 서 있는 것 같았다."

달의 표현은 어린아이처럼 과장된 면도 있겠지만, 그 속에 담긴 은유는 어머니에 대한 존경을 보여준다. 글은 이렇게 끝을 맺는다.

"그런 바다에서 작은 배를 몰려면 대단한 기술이 필요하다. 하지만 어머니는 정확하게 모는 방법을 알고 있어 우리는 하나도 겁이 나지 않았다. 매 순간순간 무척 즐거웠다."[9]

어머니는 로알드에게 모험심을 심어준 주요 원천이기도 하지만, 자신도 모르는 사이에 그에게 작가로서의 재능을 심어준 장본인이기도 하다. 로알드의 조카 브라이어니는 소피도 타고난 이야기꾼이었다고 한다. 가끔은 가족들에게 있었던 특이한 일들을 들려주면서 거기에 말도 안 되는 거짓말을 보태어 이야기를 만들어 즐겼다고 했다. 브라이어니는 여기서 소피가 친자식과 의붓자식을 대하는 태도에서 조금 다른 걸 느낄 수 있었다고 했다. 의붓자식들에게도 의무는 다했지만 덜 사랑하는 것 같았다고 한다. 그래서 의붓자식들은 그녀가 들려주는 나쁜 이야기에서 희생양이 되는 일이 잦았다. 브라이어니는 이렇게 기억했다. "할머니는 늘 가족들 꿈을 꾸면서 그들에게 일어날 끔찍한 일들에 대해 이야기를 했어요. 그리고는 소문내는 걸 즐겼어요."

아마도 죽은 남편의 전처인 마리의 유산 이야기도 그렇고, 의붓아들인 루이스의 아내이자 브라이어니의 엄마인 메리엘Meriel이 남편을 굶기고 있다는 소문을 마을에 퍼뜨린 것도 그렇다. 말년에 육중한 몸을 휠체어에 의지해 움직이며 항상 검은 옷을 입었던 소피는 말수가 줄어들었지만, 친손주와 의붓손주 들을 언제나 얼어붙게 하는 사람이었다. '마녀 같은' '끔찍한' '거미 같은' 등의 낱말은 그녀에게 가장 많이 붙는 수식어였다. 하지만 소피가 집안의 유일한 이야기꾼은 아니었다. 앨필드와 로알드도 과장된 이야기를 즐기는 이복누나 엘런의 감독 아래 그 분야에서의 솜씨를 갈고 닦았다. 하지만 소피는 다른 부류였다. 브라이어니는 깔깔 웃으며 옛날을 회상했다. "할머니는 진짜 이야기꾼이셨어요. 로알드 삼촌이 할머니를 닮은 것 같아요."[10] 소피가 자식들을 위해 처음으로 만들어내고 가장 오래 갔던 이야기는 아이들의 아버지에 관한 것이었다.

아버지가 세상을 떠났을 때 로알드는 불과 3살이었다. 아버지의 인간성이나 배경 이야기는 사실이든 허구이든 자식들에게는 아무런 의심 없이 진실로 받아들여졌다. 대부분은 소피에게 책임이 있었다. 세월이 흐르면서 소피는 자연스럽게 달의 친척들과의 만남을 끊고 살면서 자기 이야기가 거의 반박되지 않는 상황을 만들어갔다. 외국에서 성공하기 위해 노르웨이의 가족들에게서 떠난 진취적인 개척자, 팔이 하나밖에 없던 생존주의자, 역경에 굴하지 않고 자신에게 주어진 삶을 살아나가는 법을 배운 사람, 세기말 데카당스 시절에 파리에서 공예가이자 화가로 상류층의 삶을 살던 사람, 자연을 사랑하고 '우아한 산책'을 옹호했던 사람, 그러나 삶의 의지를 상실한 채 슬픔에 빠졌던 아버지. 아버지의 이런 모든 면은 어린 아들에게는 불가사의하게 느껴졌고, 그만의 성격을 형성하는 데 영향을 주었다.

로알드는 나이가 들어 곤경에 처했을 때면 자신이 가끔 이런 이상적인 아버지상을 찾고 있음을 깨달았다. 하지만 아버지에 대한 이야기들이 사실인지는 한 번도 조사해볼 의지가 없었다. 이미 마음속에 깊이 새겼기 때문이었다. 헌신적인 아내 소피가 자식들에게 전한 해럴드의 전설적인 이야기는 그녀가 만든 여러 전설 중에서 가장 먼저 구체화하였고 가장 강력했다. 물론 소피가 해준 이야기 대부분은 사실이다. 나중에 몸이 허약해진 소피는 남편이 같이 살기 쉬운 사람은 아니었다고 털어놓았다. 그러나 어린 자식들에게는 그리고 특히 로알드에게는 가장 이상적인 '아버지' 상으로 남았다.

로알드는 단 한 가지만은 아버지를 비난했다. 그것은 애매하고 복잡하고 구속적인 유언장이었다. 아내에 대한 불신이 담겨 있었고, 가족들이 필요 이상으로 하루하루를 힘들게 살아가게 한 유언장이었다. 유언은 소피가 재혼할지도 모른다는 가정에 따라 쓴 것이어서, 재산 대부분이 아내보다는 자식들 위주로 신탁되어 있었다. 소피는 재혼하지 않았지만 가족 경제의 직접적인 주도권은 잡지 못했다. 물론 그녀도 수혜자이긴 했지만, 돈을 쓸 때마다 다른 두 신탁자인 시아주버니 오스카와 남편 친구 오네센에게 일일이 허락을 받아야 했다. 이것은 시간 낭비였을 뿐 아니라 소피에겐 참으로 수치스러운 일이었다. 재산은 엄청났다. 1920년 당시 가격으로 15만 파운드의 가치가 있었다.[11] 아마 오늘날의 가치로 따져보면 아마 500만 파운드 정도일 것이다. 노르웨이에 있던 해럴드의 가족들도 상속받았지만 아주 적은 양이었다. 해럴드는 누이들에게 100파운드씩만 남겼고, 당시 크리스티아니아의 작은 아파트에서 가난하게 살던 86세의 아버지 올라우스와 돼지고기 도살하고 소시지 제조업을 맡아서 했던 동생 트럴스에게는 아무것도 남기지 않았다. 그의 재산 대부분은 자식들에게 돌아갔다.

오늘날의 가치로 500만 파운드에 달하는 재산은 달의 가족이 라디아에서 살아가기에 충분했을 거라는 생각이 들 것이다. 하지만 1920년 '아기'라고 불리던 아스타가 태어난 후 시골 지주로서의 삶은 갑작스럽게 끝났다. 가축은 경매로 넘어갔고 하인들도 다 떠났다. 뾰족 탑과 들판으로 둘러싸인, 아이들 마음속의 이상향이며 천국으로 기억된 라디아의 집은 어린 나이의 아이들에게서 영원히 사라져버리고 말았던 것이다. 이 상실감은 로알드 달의 여러 책에서 나온다. 특히 《제임스와 슈퍼 복숭아》를 보면 첫 페이지에 '작은 아이에게 더할 나위 없이 멋진 삶'—이 경우에는 말, 들판, 하인이 아니라 해변, 태양, 모래로 나오는데—이 갑자기 사라진다. 제임스의 부모가 런던에 쇼핑하러 갔다가(이건 늘 달의 관점에선 실수로 비추어진다) 끔찍하고 희귀한 일을 당한다. 벌건 대낮에 사람들이 북적거리는 거리에서 런던 동물원에서 도망친 엄청나게 크고 사나운 코뿔소에게 잡아먹히는 것이다. 달의 기억 속의 '그야말로 짓궂은 운명의 장난'은 결국 제임스에게는 '훨씬 더 짓궂은 운명의 장난'이 된다. 제임스의 부모는 눈 깜짝할 사이에 겪어서 고통이 덜했지만, 살아남은 아이는 친숙하고 사랑하던 모든 사람과 떨어져 살아가야만 했기 때문이다. 즉 '이 넓고도 낯선 세상에

두렵게도 홀로 남겨진 신세'가 되었던 것이다.¹²

그렇게 라디아는 팔렸다. 가족들은 유모 비르기트와 하인 몇만 데리고 랜다프로 돌아가 오네센이 살던 집에서 가까운, 컴벌랜드 로지(지금은 하웰 학교 일부분이 되었다)라고 부르는 교외에 자리한 중간 정도 크기의 아득한 주택¹³으로 이사했다. 라디아보다는 덜 웅장했지만 아주 편안한 곳이었다. 또한 어린 소년에게는 위안이 되는 점도 있었다. 가장 매력적인 것은 넓은 마당이었는데, 그네와 허술했지만 크리켓 네트가 있어 운동 신경이 남달리 뛰어났던 로알드는 타격 연습을 할 수 있었다. 마당보다 더 중요했던 것은 그곳에서 일하던 일꾼 아저씨였다. 실제 이름은 존스Jones였지만, 아이들은 조스Joss나 스피비스Spivvis라고 불렀다. 달은 나중에 이렇게 회상했다.

"모두 그를 좋아했다. 그중 내가 가장 좋아했다. 나는 그에게 완전히 빠져 있었다. 나는 그를 숭배했고 학교에 가지 않을 때는 항상 그를 쫓아다니면서 그가 일하는 모습을 지켜봤고 이야기하면 귀를 기울였다."

겨울에는 지방 축구팀 경기가 있는 토요일마다 조스는 어린 로알드와 함께 카디프 시티팀을 보러 경기장으로 갔다. 로알드는 이미 다른 사람들 머리 너머로 경기를 볼 수 있을 정도로 키가 컸으며, 여자들이 득실대는 집에서 벗어나는 즐거움을 만끽했다.

"수천 명이나 되는 남자들 사이에 서서 선수들이 잘하면 환호성을 보내고 볼을 빼앗기면 야유를 보내는 일은 진짜 스릴 넘치는 일이었다."

그런 경험이 로알드에게 '억누를 수 없는 흥분과 기쁨'을 주었는데, 그건 처음 다녔던 학교생활의 경험과 좋은 대조를 이루었다. 느릅나무 집이라고 부르는 그 지방 유치원은 두 자매, 코필드Corfield 부인과 터커Tucker

양이 운영했다. 두 여자의 '다정하고 미소 짓는' 얼굴은 로알드에게는 그다지 좋은 인상을 남기지 못했고, 그곳에 잠시 다녔던 기억도 거의 남아 있지 않았다.[14] 다만 한 가지 일화는 생생하게 남았다. 그건 새로 생긴 세발자전거를 타고 우쭐거리며 유치원까지 타고 가다 모퉁이에서 속력을 내는 바람에 자전거가 기울어지면서 세 바퀴 중 두 바퀴만 땅에 닿았던 일이었다.

그다음으로 다닌 학교는 훨씬 더 기억에 많이 남아 있다. 랜다프 대성당 학교는 중세 시대의 성당을 본떠서 지은 우아한 3층짜리 조지아식 건물이었는데, 9세기까지 거슬러 올라가는 역사를 지닌 교육기관이었다. 로알드의 형인 루이스도 그 학교에 다녔는데, 어머니는 영국으로 이사 갈 계획은 있었지만 웨일스를 떠날 준비가 되어 있지 않았다. 컴벌랜드 로지에서 얼마 떨어져 있지 않았고, 항상 미소 짓던 두 자매와 일 년을 공부했으니, 로알드가 그곳에 진학하는 것은 자연스러운 일이었다. 그가 기억하는 사건 중 하나가 유독 눈길을 끈다. 그건 흥미로울 뿐 아니라 충격적인 사건이었다. 그 사건은 나중에 그의 동화책의 주요 소재가 되는 세 가지를 다 담고 있다. 사탕가게, 끔찍한 늙은 노파 그리고 격렬한 복수.《발칙하고 유쾌한 학교》에서 로알드는 우쭐거리면서 허세를 담아 흥미롭게도 아이러니한 이야기를 들려주고 있다.

"스스로에 대해 글을 쓸 때는 항상 솔직하려고 노력해야 한다. 솔직함이 겸손함보다 중요하다. 그렇기 때문에 여러분에게 이 위대하고 용감했던 생쥐 사건은 오로지 나 혼자서 계획한 일이었다는 점을 밝혀야겠다. 우리 모두에게는 각자 화려한 영광의 순간이 있는데, 이 사건이 바로 나의 영광의 순간이었다."[15]

이야기는 간단하다. 한 소년이 학교 마룻바닥 아래서 죽은 생쥐 한 마리를 발견한다. 로알드는 친구들과 함께 근처 사탕가게 주인인 고약하고 못생긴 프러쳇Pratchett 부인을 놀리기 위한 작전에 생쥐를 사용하기로 했다. 로알드는 가게로 들어가 부인이 보지 않을 때 사탕이 든 유리병 안에 죽은 생쥐를 집어넣는다. 부인은 유리병을 열다가 죽은 쥐가 들어 있는 것을 보고 놀라서 바닥에 떨어뜨렸고, 병은 산산조각이 난다. 몹시 화가 난 부인은 장난친 녀석들을 찾아내어 혹독하게 벌을 줌으로써 복수를 했다. 사람들은 사내아이의 단순한 장난이 좋지 않은 결과로 이어진 것으로 생각할지 모른다. 하지만 로알드에게는 그렇지 않았다. 그건 어린아이의 예민한 촉각으로는 대단한 잠재력이 숨어 있는 모험담이었다. 해적처럼(탐험가처럼) 당당한 태도로 실행에 옮긴 도험이었던 것이다.

배경이 된 사탕가게는 우주의 중심이었다. '술주정뱅이에게는 술집이, 성직자에게는 교회'가 그렇듯 아이들에겐 마을에서 가장 중요한 곳이었다. 맛있고 기다란 감초 젤리는 생쥐의 피로 만들어졌으며, 딱딱한 갈색 사탕인 톤실 티클러에는 클로로폼이 섞여 있고, 유리병과 상자에 든 물건은 경이로움과 놀라운 매력의 대상이었다. 달과 어린 공범자들은 극적한 악당과 피할 수 없는 싸움을 해야 하는 '무법자'였던 것이다. 악당은 프래쳇 부인이었고, 부인은 실제 삶에서 가게를 운영하는 듯 보이지만 두 자매의 희극적인 부분이 하나로 압축된 인물이었다.[16] 부인은 '윗입술 외에는 수염이 났고 입에서는 초록색 구스베리처럼 시큼한 냄새가 나는 키가 작고 마른 할멈'이었다. 다리는 '염소 다리' 같았고 눈은 '돼지 눈같이 작고 심술궂은 눈'이었다. 그리고 손톱에 까맣게 때가 낀 '징그럽게 생긴 손'[17]으로 유리병에서 물건을 후벼 파듯 꺼냈다. 부인은 달이 그리던 적―잔인하고 깡마르고 혐오스러운 여자―이었다. 그녀는 공범자 다섯에게 처절한 복수를 했다. 아이들이 교장에게 매를 맞는 동안 의자에 앉아서 더 세게 때려야 한다고 미친 듯이 보챘다.

매를 들고 아이들을 때리는 어른들의 무정함에 대한 달의 묘사는 기억에 오래 남을 만큼 인상적이다. 다섯 아이는 처음 맞는 매였다. 아이들은 어른들의 세계로 깊이 들어갔다. 아이들은 건물 안쪽에 있던 적의 요새인 교장의 서재로 들어갔는데, 금지된 담배와 가죽 냄새가 진동했고, 엄청난 긴장감을 안겨주었다. 교장인 쿰즈Coombes 씨는 그때까지는 그저 재미있는 사람, 땀을 뻘뻘 흘리고 얼굴이 분홍색인 허풍쟁이로만 보였다. 하지만 이제는 어리석고 만만한 사람이 아니었다. 교장은 이제 오싹할 정도로 무서운 복수의 화신이 되어 있었다. 크고 위험하게 굽은 노란색 지팡이를 휘둘러대는 거인이었던 것이다. 로알드의 친구인 드와이츠Thwaites가 제일 먼저 아픔을 느꼈다. 아이가 몸을 숙여 양탄자에 손을 짚고 엎드렸을 때, 로알드는 '드와이츠의 엉덩이가 얼마나 바싹 긴장했는지 모른다'고 썼다.[18] '총소리'를 내며 회초리를 내리치면 아이가 고무줄 튕기듯 공중으로 펄쩍 뛰어올랐다고 했다. 매 맞는 장면은 과장되게 표현되어 거의 코믹하기까지 했다.

하지만 로알드의 차례가 왔을 때, 글의 분위기는 이제 코믹하지 않았다. 첫 번째 회초리의 위력이 얼마나 대단했던지 '허파에 들어 있던 공기가 다 빠져나간 듯'해서 숨을 몰아쉬어야 했다고 썼다. 회초리로 내려치는 부분이 매번 얼마나 정확했던지 어린 소년들은 신기해했고 심지어는 경이로워했다. 그런 체벌은 야만적인 폭력이었고, 달은 그런 체벌을 비난한다.

"회초리가 맨살을 내리치는 것도 끔찍하지만 멍들고 상처 난 부분을 또 내리칠 때의 고통은 믿을 수 없을 정도였다."[19]

그날 밤 달의 어머니가 매를 맞아서 생긴 선홍색 자국을 발견했을 때, 교장에게 항의하러 학교로 달려간 것도 놀랄 일은 아니었다. 한 학기가 끝난 다음 달에게 학교를 그만두게 한 것 역시 놀랄 일은 아니었다. 하지만 화가 난 어머니가 덜 엄격한 학교로 전학시킨 것은 아니었다. 브리스틀 해협 건너편에 있던 성베드로학교라는 기숙사학교에 보냈는데, 랜다프의 학교보다 아이들에게 훨씬 더 가혹한 곳이었다.

학교까지는 웨일스에서 잉글랜드까지 물길을 따라 '휙휙 철썩철썩' 움직이는 외륜선을 타고 20분쯤 올라간 다음, 작은 배편으로 웨스턴슈퍼메어라는 서미싯 해변 휴양지까지 가는 '조금은 초라한' 여정이었다. 로알드의 말을 빌리면, 그 당시 아주 전형적인 예비기숙사학교였는데, '교장이 순전히 돈을 벌 목적으로' 8세에서 13세까지 70명 정도의 소년을 교육하는 학교였다.* 3층짜리 상아색 고딕풍 건물이었고 운동장과 테니스코트와 농지로 둘러싸여 있었다. 멀리서 볼 때는 학교가 '사립정신병원'[20]을 연상시켰는데, 달의 20년 후배이자 또 다른 유명한 성베드로학교 졸업생이며 작가이자 희극배우였던 존 클리스John Cleese도 같은 의견이었다.[21] 높은 내리닫이 창문으로 밝은 빛이 들어오고, 빳빳하게 풀을 먹인 하얀색 식탁보가 깔린 식탁, 유명 인사들의 초상화가 걸린 벽, 식탁마다 신선한 꽃을 담은 꽃병들이 놓여 있는 학교 식당 사진이 담긴 빛바랜 우편엽서를 보면 아주 멋진 곳이라는 생각이 들 수도 있다.

하지만 덜과 친구들의 말이 사실이라면 이건 끔찍한 착각이었다. 미래의 고객들이 자식과 돈을 보내게 하려고 임시로 만든 허상이었다. 부모들

---

*달은 《발칙하고 유쾌한 학교》에서 150명이라고 기억했지만, 사실고 다르다.

이 아이들을 두고 돌아간 순간 상황은 아주 나빠졌다. 학교에서의 마지막 2년 동안 달과 가장 친했던 친구인 더글러스 하이턴Douglas Highton은 프랜시스Francis 교장을 선반 위에 '끔찍한 회초리를 수집'해두고, '회초리만 있으면 행복한 야만인'이며, '구실만 있으면 어린아이들을 때리는 걸 즐기는' 사람으로 표현했다. 학교는 거의 남자들만 있었다. 교장은 '까다롭고 잔소리가 많은'[22] 부인과 못생긴 두 딸을 아이들의 눈에 띄지 않게 자물쇠로 보호해서 아이들이 유일하게 볼 수 있는 여자는 '표범처럼 복도를 서성이며' '소년들을 매우 싫어한 게 틀림없는' '여자 도깨비' 사감선생뿐이었다.[23]

소년들은 이상한 이름의 기숙사 건물 네 개로 나누어 들어갔다. 덕워스 나비 반, 덕워스 메뚜기 반, 크로퍼드 나비 반, 크로퍼드 메뚜기 반. 달은 덕워스 나비 반이었다. 학년별로 경쟁을 부추겼고, 각 기숙사 아이들은 공부뿐만 아니라 운동 경기에서도 누가 일등을 하는지가 중요했다. 모든 학생은 교실과 운동장에서 잘하고 못하는 것에 따라 별과 막대기 표를 받았고, 학기 말에 총계를 내어 결과를 발표했다. 일 년에 3번, 20페이지에 달하는 잡지를 공식적으로 발간했는데, 학생들의 성취도를 분야별로 순서를 매겨 나타냈다. 학생들은 이 성취도를 심각하게 받아들였다. 1927년 12월호에 덕워스 나비 반 담임인 밸런타인 코라도Valentine Corrado 선생님은 마치 전투 결과를 발표하듯 진지하게 말했다.

"나비 반, 축하한다! 이번 학기에 꼴찌에서 두 번째로 올라갔다. 거의 일등과 막상막하로 겨루었다. 막판까지 덕워스 메뚜기반과 접전을 벌여 누가 이길지 끝까지 확신할 수 없을 정도였다."

사감선생을 좋아했던 코라도 선생님은 라틴어를 가르쳤으며, 다른 과

목을 가르치는 교사가 대여섯 명 있었다.[24] 교사 대부분은 1차세계대전에 참전한 경험이 있었는데, 여전히 자신들의 계급에 집착했으며 몇몇은 전쟁으로 말미암은 정신적 육체적 상처가 있었다. 모두 성격이 특이했다. 두꺼운 트위드 옷을 입고 콧수염은 잘 다듬고 머리카락은 뒤로 단정히 빗어 넘기고 턱은 앞으로 내민 채 앞을 바라보고 있는 사진 속의 선생님들은 자신감이 있어 보였지만 우울해 보이기도 했다. 믿음직스럽지 못하고 어쩐지 버림받은 사람들 같은 느낌도 든다. 전쟁 노이로제 증상이 있고 항상 투덜거리는 심술쟁이 랭커스터Lancaster 대위가 그 예이다. 《발칙하고 유쾌한 학교》에서는 하드캐슬 대위로 등장하는데, 숱이 많은 주황색 콧수염은 항상 움찔거리며 뻣뻣하게 곤두선다. 겁이 많은 S. K. 조프Jopp 선생님은 가장 좋아하는 단어가 '장애'여서 별명이 '장애'였는데, 영국 공군으로 근무하다가 비행기 사고로 손을 하나 잃고 얼굴도 기형이 된 사람이었다.[25] 어머니는 아홉 살 난 아들을 우표수집이나[26] 차를 나르는 수레로 아이들을 잡으러 다니는[27] 특이한 사람들의 집단에 맡긴 것이다. 신기한 점은 그들이 어린 학생들에게 자제력과 자기 방어력을 길러주었다는 것이다. 로알드는 《발칙하고 유쾌한 학교》에서 이렇게 썼다.

"선생님들은 모두 강인했다. 그곳에서 살아남으려면 똑같이 강인해져야 했다."[28]

아이들은 기숙사에서 잤다. 각 방에는 불편하기 짝이 없는 쇠침대가 양쪽 벽에 일렬로 15개에서 20개 정도 놓여 있었다. 로알드는 집으로 보낸 첫 편지에서 애처롭게도 매트리스에 스프링이 없다고 썼다.[29] 매트리스 밑에는 널빤지뿐이었다. 그리고 병에 걸린 게 아니라면 밤에 화장실 가는 것도 허락되지 않았다. 방 한가운데는 차가운 물이 가득 담긴 세면대와 물통이 있었다. 따뜻하고 편안하고 여자로 둘러싸인 곳에서 살았던 어린 소년 로알드에게는 끔찍한 충격이었다. 처음에는 집 생각이 간절했다. 침대에서 거꾸로 누워 자기도 했다. 창문으로 브리스틀 해협을 내다볼 수 있었기 때문이었다. 해협 건너편에는 집과 가족이 있었고, 아주 가까이 있는 듯 눈에 어른거렸지만 결코 닿을 수 없었다. 로알드의 기분은 여전히 비참했다. 그래서 맹장염을 일으킨 듯 속여서(이복누나가 몇 달 전에 집에서 수술을 받아서 증상을 잘 알고 있었다) 집으로 보내졌는데, 랜다프의 의사선생님은 꾀병이라는 것을 금세 알아차렸다. 그는 진취적이고 건설적인 영혼이 되려면 어려운 난관이 반드시 필요하다고 믿는 사람이었다.

"의사선생님이 말했다. '넌 아마도 향수병에 걸린 모양이구나.' 난 고개를 끄덕였다. '다들 처음에는 그렇지. 그래도 견뎌야 한단다. 그런 기숙사 학교에 보냈다고 어머니를 원망해서도 안 된다. 어머니는 네가 너무 어리다고 생각했지만 옳은 결정을 하시라고 설득했던 사람이 바로 나야. 인생은 거친 것이다. 되도록 빨리 적응하면 할수록 너에게 좋은 거야.'"[30]

두 사람은 타협했다. 의사선생님이 로알드가 급성위염에 걸려 집에서 사흘 정도 더 쉬어야 한다고 말해주는 대신, 로알드는 성베드로학교로 돌아가 다시는 이런 장난을 치지 않겠다고 약속한 것이다.

웨스턴슈퍼매어에 돌아온 로알드는 차츰 향수병을 이겨내기 시작했다. 구세주 역할을 해준 것은 운동이었다. 아이들은 매일 운동을 했고, 로알드는 타고난 재능을 보였다. 큰 키와 긴 팔다리 덕분에 훌륭한 럭비 선수가 되었고, 축구에서도 뛰어났으며, 크리켓과 복싱에서도 두각을 나타냈다. 하지만 1926년의 성적표에는 '지나치게 키가 커서 행동이 느리다'고 쓰여 있었다.[31] 로알드가 매주 집으로 보내는 편지에는 잠수해서 갈 수 있는 거리, 승마 수업, 축구에서 넣은 골, 크리켓에서 낸 점수 등 운동 이야기가 대부분이었다. '6점짜리를 2번이나 쳤다'면서 신이 나서 이렇게 덧붙여 설명했다. '공이 힘차게 경계선까지 날아가면 6점을 획득하는 거예요. 한 번은 관중석까지 날아가 하마터면 유리창을 깰 뻔도 했어요.'³² 로알드는 키가 엄청나게 커, 다른 면에서도 그랬지만 특히 복싱에서는 '동작이 너무 무겁다'³³는 평을 받았다. 두통이 자주 생겨 동네 안경사에게도 갔는데, 눈에는 아무 이상이 없고 아마 '너무 빨리 성장하는 바람에 순환이 잘되지 않은 탓'일 거라는 말을 들었다.³⁴

성베드로학교의 교육 수준은 아주 높았다. 처음에 로알드는 자신보다 한 살 반이나 많은 더글러스 하이턴과 같은 반에 들어갔다. 그는 수업을 따라가려고 노력했지만 인문 수업, 특히 언어가 어려웠다. 1927년 부활절 성적표에는 로알드가 '조금 수동적'이라고 쓰여 있으며, 좀 더 '자신감을 가지라'는 충고가 적혀 있었다. "자신이 아주 형편없다고 생각합니다. 그래서 결과가 좋지 않습니다."³⁵ 1927년 9월, 로알드는 한 학기 동안 4학년으로 내려가 자신감을 되찾았고, 별표도 많이 받았다.* 하지만 높은 학년으로 돌아갔을 때, 공부는 힘들어졌고 로알드는 다시 낮은 학년으로 내려갔다. 가족이 소아시아에 살고 있던 더글러스 하이턴은 공부를 가장 잘하던 학생 중 하나였는데, 달을 친구가 거의 없는 아웃사이더로 기억하고 있다.

"로알드는 다른 아이들과 다른 개성이 있었어요. ……그는 노르웨이에서 온 이민자였고, 저는 외가가 200년 전쯤에 터키에서 이주해서 살고 있던 이민자 후손이었죠. 그런 의미에서 우리는 둘 다 외국인이었어요."

두 부적응자는 돈독한 친구가 되어 현장학습을 갔을 때도 나란히 붙어

---

*영국의 현재 학사과정으로 보면 4학년 과정이고, 미국과 캐나다의 5학년 과정과 같다.

다니면서 무분별한 유머를 즐기고, '어리석고 불필요한 규칙'이라고 여기는 것들을 함께 비웃었다. 두 아이는 자신들을 '반항아들'이라 하면서 낱말 게임을 즐기고, 비슷한 유머를 구사하고, '어리석은 영국인들의 특성'에 대한 생각을 서로 나누었다. 내가 하이턴을 만났을 때, 그는 93세의 나이에도 여전히 기운차게 이야기를 했으며, 9살이었던 친구 로알드가 아주 고집 세고 독단적이었다고 기억했다. "하지만 난 개의치 않았어. 녀석을 보자마자 사귀고 싶었으니까."[36]

성베드로학교에서 보내는 로알드의 편지는 항상 영어로 쓰여 있었다. 그는 1920년대에 노르웨이에서 온 유모가 그만둔 후로 '집안 전체가 영어를 쓰기 시작했다'고 기억했다.[37] 첫해에는 편지 끝에 항상 '소년'이라고 썼다. 여자로 가득 한 집안에서 자신을 그렇게 규정했던 것이다. 거의 10살이 되어서야 비로소 자신을 로알드라고 했다. 편지 속에는 로알드가 말년까지 열정적으로 좋아했던 일들이 쓰여 있다. 박물학, 수집(처음에는 우표와 새알), 음식(대부분은 사탕과 초콜릿), 그리고 운동이었다. 어쩌면 그가 가장 훌륭하게 잘했던 운동은 아마 콩커였는지 모른다.* 하이턴은 로알드가 '에이스'였다고 했다. '놀라운 관찰력과 뛰어난 기술'로 밤을 고르고 '거의 매번 이길 수 있게 절대 부서지지 않을 정도로' 단단하게 만드는 방법도 고안했다고 한다.[38] 로알드는 어떤 해인가 학교 챔피언이 되었고, '273점으로 콩커 경기에서 가장 높은 점수를 받았다'고 뿌듯해하며 집으로 편지를 보냈다.[39]

어머니에게 보내는 편지에서 느껴지는 로알드는 늘 자신감이 가득하

---

*콩커conker는 가을에 영국 아이들이 하는 전통놀이이다. 도토리나 밤에 실을 매단 다음, 상대편의 도토리나 밤에 부딪쳐서 깨뜨리면 이기는 경기이다.

고, 우두머리인 듯한 분위기이다. 그의 편지는 언제나 자세하고 구체적인 지시와 요구 사항이 들어 있었다. '제가 토블론 초콜릿에 들어 있던 쿠폰을 보냅니다. 40개를 모으면 회사의 주식을 가질 수 있어요.'⁴⁰라고 쓴 편지도 있고, 어머니가 해로즈 백화점에서 산 장난감 잠수함이 제대로 준수하지 못한다고 투덜거리기도 했다. 그러면서 로알드는 그 백화점 애완동물 파트에서 파는 원숭이 한 마리의 가격은 얼마나 되는지 궁금해하고 있다. 혹시나 하는 기대로 '한 마리 가지면 정말 좋을 텐데'라고 썼다.⁴¹ 어떨 땐 가족들보다 자기가 키우던 애완동물들의 안부가 더 궁금한 듯하기도 했다. 로알드의 애완동물 중에는 거북이와 개, 자라와 도롱뇽도 있었다. 이따금 누이들에게 보내는 편지는 대체로 간단했고 가끔은 선심 쓰듯 무시하기도 했다. 예를 들어, 앨필드가 로딘에 입학했을 때 로알드는 그저 이렇게 토를 달았다.

"앨필드 누나가 합격했다니 정말 기적이네요. ……정말 운이 좋았나 봐요. 저는 누나가 합격하지 못할 줄 알았어요."⁴²

로알드는 영국의 아이들이 자연으로부터 엄청난 자극과 기쁨을 얻던 세대에 속했다. 자라면서 끊임없이 주변의 전원을 관찰했으며, 기이한 현상을 눈여겨보고 흥미로운 것을 수집했다. 그는 작은 굴뚝새에서 독수리와 갈매기, 유럽산 까마귀에 이르기까지 새알 172개를 수집해 10단짜리 유리 선반에 애지중지 보관했다. 새알들은 로알드에겐 대단한 아름다움이었다. 각각의 알은 고유한 색과 무늬가 있었다. 깎아지른 듯한 절벽에서 찾아낸 알도 있었고, 큰 나무 꼭대기에서 찾아낸 것도 있었다. 로알드는 애정 어린 마음으로 다 기억하고 있었다. 로알드는 죽기 몇 달 전에 이렇게 썼다.

"나는 각각의 알들을 모두 어디에서 찾아냈는지 생생하게 기억한다. 알을 수집하는 일은 어린 소년에게는 무척이나 매력적인 취미였다. 내 생각에 그것은 절대 반항적인 행동이 아니었다. 서랍을 열었을 때 30개의 각각 다른 알들이 분홍색 솜에 둥지를 튼 듯 자리 잡은 모습은 정말 멋진 그림이었다."[43]

어린아이였을 때부터 로알드의 세상에 대한 호기심은 채워지지 않았다. 성베드로학교에서 보낸 편지는 자연의 아름다움과 장엄함이 그에게 얼마나 큰 영향을 끼쳤는지 분명히 보여준다. 가까운 멘딥 동굴의[44] '눈처럼 하얀 오솔길'과 '아름다운 화석'은 새의 전설에 관한 강의와 멋진 조화를 이루었고, 아이들은 강의를 통해 도둑질에 능한 검은 새가 깃털은 검은색인데 어떻게 부리는 노란색인지, 그리고—로알드한테 가장 흥미로운 점이었는데—어떻게 작은 굴뚝새가 독수리를 이기고 새의 왕이 되었는지 배웠다. 편지를 보면 로알드는 어머니도 끊임없이 배워야 한다고 생각했던 것 같다. 학교에서 배운 내용을 진심으로 그대로 전달했다. 어떻게 부엉이가 뼈와 깃털까지 한꺼번에 삼켰다가 찌꺼기를 토해내는지,[45] 어떻게 캥거루가 복싱하는지, 나이지리아에서는 어떻게 '흑인들인 진흙으로 움막을 짓고 사는지' 등등.[46] 어린이 신문을 구독하면서 얻은 특별한 안경으로 본 일식은 얼마나 매력적이었는지,[47] 나뭇가지와 노끈으로 불을 지피는 자세한 방법도 전했다.[48] 어머니가 제대로 이해하지 못하면, 로알드는 조심스럽게 그림이나 도표를 그렸다. 그의 모험심과 호기심은 끊임없이 자극받았다. 조종사 알란 코브햄Alan Cobham이 희망봉까지 날아가는 영화,[49] 에베레스트 산을 등정한 모리스Morris 대장의 강의,[50] 티베트에서 인도까지의 자동차 여행 다큐멘터리,[51] 아이들을 뚜껑이 없는 대형 관광버스에 가득 태우고 근처의 유명 관광지 중 하나인 체다 고지 동굴로 간 현장학습 등.⁵² 불 또한 늘 경이롭고 흥미로웠다. 재키점퍼 폭죽 때문에 손에 심한 화상을 입었을 때도 마찬가지였다.⁵³ 학교 근처에 있던 가게 세 채가 화재로 붕괴하였을 때도 선생님들은 아이들이 직접 연기가 나는 폐허 더미를 조사할 수 있게 현장학습을 보냈다.⁵⁴

스파르타식으로 훈련했지만 학교는 아이들에게 고전주의 문학과 음악을 접할 기회도 주었다. 집에 있을 때 로알드는 베아트릭스 포터Beatrix Potter의 이야기를 시작으로 A. A. 밀른Milne과 나중에 '최고의 불후 명작'으로 손꼽았던 프랜시스 호즈슨 버넷Frances Hodgson Burnett의 《비밀의 화원The Secret Garden》을 읽었지만, 한스 크리스천 안데르센Hans Christian Andersen의 동화와 힐레어 벨록Hilaire Belloc의 《교훈을 주는 이야기Cautionary Verses》가 '영원한 감동'을 준 첫 번째 작품이라고 했다.⁵⁵ 그런 책들은 로알드를 웃게 했다. 9살쯤에는 그 작품들을 이미 다 외우고 있었다. 하지만 성베드로학교는 로알드를 더 밀어붙였다. 12살에는 베토벤Beethoven, 모차르트Mozart, 차이코프스키Tchaikovsky, 그리그의 작품에 익숙해졌고⁵⁶ 셰익스피어Shakespeare의 희곡과 디킨스 소설 세 권과 스티븐슨Stevenson의 《보물섬Treasure Island》⁵⁷과 러디아드 키플링Rudyard Kipling 작품도 여럿 읽었다. 로알드는 이미 문학 작품과 익숙했다. 집에도 책이 있었고, 어머니도 엄청난 독서가였다. 호레이스 월폴Horace Walpole, 토머스 하디Thomas Hardy, 그리고 G. K. 체스터턴Chesterton은 어머니가 가장 좋아하던 작가들이었다.

로알드의 성향은 가톨릭이었지만 대체로 액션과 모험, 상상으로 가득한 기이한 이야기들을 좋아했다. 예를 들어 G. A. 헨티Henty와 C. S. 포리스터Forester, 헨리 라이더 해거드Henry Rider Haggard의 모험담이나 T. C. 브리지스Bridges의 《발트의 비밀Secret of the Baltic》이나 오크니를 배경으로 한 1차세계대전에 관한 작품으로 나중에 마이클 파월Michael Powell이나 에머릭 프레스버거Emeric Pressburger가 영화로 만든 J. 스토러 클라우스톤Storer Clouston의 《검은 옷을 입은 스파이The Spy in Black》 같은 첩보 스릴러를 좋아했다. 하이턴과 함께 로알드는 관심 영역을 빅토리아 시대의 유령 이야기와 고딕 환상소설로 넓혀갔다. 그런 관심은 로알드가 죽을 때까지 계속되었다. 두 아이는 M. R. 제임스James와 에드거 앨런 포Edgar Allan Poe를 읽었고, 로알드는 친구에게 앰브로즈 비어스Ambrose Bierce의 1893년 인형극 단편집인 《어떻게 그런 일이?Can Such Things be?》를 생일 선물로 주었다. 달은 나중에 비어스의 유령, 귀신, 정신병자들, 로봇, 그리고 늑대인간들은 '나를 겁나게 했다'고 하면서[58] 책이 얼마나 무서웠던지 밤에 불을 끌 수가 없었다고 털어놓았다.[59] 그는 그런 내용이 '자신의 흥미를 강하게 잡아끌었으며 지대한 영향을 주었다'고 믿었다.[60] 그 책이 얼마나 중요했던지 60년이 지난 후에 친구에게 책을 돌려달라고 했을 정도였다. 하이턴은 친구의 부탁을 들어주었고, 로알드는 보답으로 자신이 서명한 《발칙하고 유쾌한 학교》를 주며, 성베드로학교에 대한 소름 끼칠 정도로 끔찍한 몇몇 묘사에 대해 사과했다. 로알드는 그런 묘사들이 '내 타고난 상상력을 통해 화려하게' 색칠된 거라고 고백했다.[61]

판타지에 대한 사랑은 의학 분야로까지는 발전하지 못했다. 하지만 로알드는 의학 분야에서도 이미 날카로운 관찰력을 연마해둔 상태였다. 자라면서 사고나 질병에 약했던 로알드는 어린 시절부터 끔찍한 의학적인 위기를 많이 당했고, 《발칙하고 유쾌한 학교》에는 머리카락이 쭈뼛 서는

(대부분은 사실이다) 설명으로 가득하다. 로알드의 코는 자동차 추돌사고로 완벽하게 잘려나갔는데, 의사가 집 식탁 위에서 꿰맸다. 노르웨이에 휴가를 갔을 때는 '이마에 둥근 거울을 둘러맨' 의사와 '붉은색 고무 앞치마와 둥근 법랑 대접'을 든 간호사가 마취제도 쓰지 않고 자신의 편도를 잘라냈다고 했다. 달은 끔찍한 일이 닥치는 것을 예고할 때 '휘어진'이라는 수식어를 종종 사용했고, 번쩍이는 금속은 대체로 고통을 예고했다. 여기서도 '아주 작고 날카롭고 번뜩이는 날'이 달린 '길고 번뜩이는 금속기구'가 입천장으로 사라졌다고 썼다. 의사의 손이 '네 번인가 다섯 번 재빨리 뒤틀리더니' 다음 순간, '입에서 살과 핏덩어리가 통째로 쏟아졌다'고 했다.[32] 자기 입에서 쏟아져 나온 '엄청나게 큰 붉은 덩어리'를 보면서 달에게 처음 떠오른 생각은 의사가 자기 머릿속에 있는 것을 잘라냈을지도 모른다는 것이었다.

학교로 들어간 지 얼마 되지 않아 달은 또 한 번 의사와 외과용 개스를 만난다. 이번 것도 '작고 뾰족한 날'에 '긴 쇠 손잡이'가 달려 있다. 하지만 이번 희생자는 달이 아니라 양호실에 같이 있던 친구 엘리스였는데, '넓적다리에 엄청나게 크고 약이 바짝 오른 부스럼'이 나 있는 것을 보았다고 했다. 로알드는 엄청 과장하고 있다. '자두만한 크기에 자두색을 띠고 있었다.' 의사가 환자의 얼굴에 수건을 덮고 칼로 상처를 찌른 다음 깊게 파들어 가자, 엘리스는 귀가 떨어져 나갈 정도로 비명을 질렀고 눈물을 펑펑 쏟았다. 하지만 의사나 '가슴이 산만한' 사감선생은 조금도 불쌍히 여기지 않았다. 사감선생은 이렇게 말했다. '별것도 아닌게 소란 떨지 마.' 달은 조금은 불쌍한 생각이 들었지만 의사선생님이 '아주 깨끗하게 잘 처리했다'고 생각하며 이렇게 결론을 내린다.

"고통이란 우리가 이겨내야 하는 것이다."[63]

이건 로알드에게 깊은 영향을 준 철학이었으며, 자신에겐 다른 식으로 처치해준 것에 무척 고마워했다. 하지만 어떤 부분은 어린 독자들이 받아들이기 어렵다. 예를 들어, 《발칙하고 유쾌한 학교》의 초고에서 엘리스는 진짜 이름인 '포드'로 나온다. 달은 끝 부분에 이 이야기를 덧붙였다가 책을 출판할 때 너무나 암울하고 끔찍하다는 생각으로 빼버렸다. 로알드는 포드가 부스럼을 잘 이겨냈지만 슬프게도 참으로 부질없는 인내였다고 덧붙였다.[64] 왜냐하면 2년 후 학교에 홍역이 돌았을 때 포드가 죽었기 때문이었다. 하지만 그때도 감정을 배제한 채 어린아이의 눈으로 바라보았다. 학교에서 집으로 보낸 편지 속에 친구의 죽음은 거의 언급되지 않았기 때문이다. 승마 훈련이나 모터로 '진짜처럼 움직이는'[65] 자동 노가 달린 장난감 카누 이야기가 훨씬 많았다.

어쩌면 달은 나쁜 소식을 전하지 않음으로써 어머니를 보호하려 했을지도 모른다. 랜다프의 의사선생님과 한 약속을 지키면서 어머니에게 걱정을 끼치지 않으려고 애쓰고 있었을지도 모른다. 자기가 당한 사고나 질병도 회복되고 있을 때만 얘기했다. 한 번도 불평한 적도 없었다. 대신 자신의 불행을 재미있는 오락거리로 이용하는 법을 익혔다. 이런 식이었다.

"브리스틀 기차역에서 호가트Hoggart가 토했어요. 그것을 보고 저도 토했어요. 하지만 지금은 괜찮아요."[66]

사람들을 즐겁게 만들거나 깜짝 놀라게 하고 싶은 마음 뒤에는 민감한 감성이 있었다. 누나 아스트리의 사망 7주기가 되는 날, 로알드는 어머니를 위로하기 위해 편지를 쓰면서 '무덤이 히더로 가득 덮여서 이렇게 멋지게 보였던 적은 없는 것 같아요'라고 했다.[67] 하지만 로알드를 가장 흥분시킨 것은 드라마틱한 사건이다. 새 병원을 개원하기 위해 마을에 온 요크 York 공작 부부(나중에 조지 6세와 엘리자베스 여왕이 된다)를 보기 위해 웨스턴에 갔을 때, 공작이 탄 기차가 누군가를 치었고, 그곳 철물상이 너무 흥분해서 하늘에 공포탄을 여섯 발이나 쏘는 바람에 가뜩이나 긴장했던 공작이 놀랐던 일 등을 생생하게 기억하고 있었다.[68]

1929년 성베드로학교에서의 마지막 학년에는 고약한 흉악범 같은 기질이 드러나기 시작했다. 근처 럭비팀과 시합한 후 로알드는 주심에게 심하게 제재를 받았던 '거친 시합'에 대해 자랑스럽게 썼다. 이제는 자신이 당하기만 하는 것이 아니라 다른 사람에게 상처를 줄 수도 있다는 사실을 즐거워하며 '너 명이나 울렸다'고 편지를 썼다.[69]

12살이 되었을 때, 로알드는 계급과 그들의 특유한 악센트를 알아차리기 시작했다. 어머니에게 구두를 닦는 사람이 하이턴을 '오이턴'이라 하고, 자기 이름 달을 '도올'로 발음한다고 편지에 썼다.[70] 축구 시합할 때도 근로자들이 이웃 경기장에서 심판과 말싸움하는 소리를 들었다고 했다. 그들이 사용하는 언어는 로알드에게 매력적이었다. "이런, 젠장…… 저런 심판 녀석, 가서 녀석에게 귀싸대기나 올려붙이던지!"[71] 그는 대단히 흥미로워했다. 하이턴과 함께 《데일리 텔레그래프Daily Telegraph》에 나오는 낱말 퍼즐을 풀고 서툴지만 기발한 낱말 게임을 만들어보기도 했다. 학교의 복싱 결승전에 나온 선수를 '아주 교만한 놈'으로 묘사하고,[72] 자기 방 아래 있는 음악실에서 노래 연습을 하는 학생을 《내 친구 꼬마 거인》에 나오는 말투로 표현한다. 로알드는 이렇게 썼다.

"소음은 쓰디쓴 미나리아재비에 문질러 대는 파리의 슬개골 소리와 아주 비슷하다. 분명히 둘 다 콩팥에 문제가 있고 요통에 걸린 모양이다."[73]

기이하고 괴상한 것을 찾아내는 그의 눈은 매우 빠르게 발전하였다. '전기에 감전된 개구리'[74]에 대해 쓴 엘런 누나의 편지를 좋아했고, 은 광산에 관한 영화를 보면서 은을 가려내기 위해 뚱뚱한 여자들이 뿌연 진흙을 흔들어대는 것을 보고 큰 소리로 웃기도 했다.[75] 뚱뚱함은 가끔은 즐거움이, 가끔은 비난의 주제가 되었다. 야튼 정거장에서 본 한 승객은 적어도 '배 둘레가 2.7미터가 넘고'[76], 셰익스피어의 《십이야Twelfth Night》를 공연하려고 학교에 온 보라색 드레스를 입은 '나이 많은 두 여자'는 달이 본 '가장 뚱뚱한 여자들'이었는데 대사를 몰라서 책을 내내 손에 들고 있었다고 했다.[77]

어머니도 그의 예리한 관찰력에서 벗어나지 못했다. 1929년 여름, 콘월에서 휴가를 보내는 동안, 로알드는 어머니에게 더블 침대가 있는 큰 방을 남겨놓았다면서 '그래도 어머니 양쪽 엉덩이가 침대 양옆으로 삐져나올 거예요'라고 덧붙였다.[78]

1927년 4월 어머니는 컴벌랜드 로지를 팔고, 가족은 켄트 지방의 벡슬리로 이사했다. 널찍한 새 집인 오크우드는 런던 중심가에서 24킬로미터밖에 떨어져 있지 않았으며, 2500평에 달하는 나무가 무성한 마당도 있었는데, 마틴Martin이라는 정원사가 맡아서 관리했다. 로알드는 딱딱한 테니스 코트가 있어 기뻤다.[79] 로딘으로 가는 기차 편도 좋았다. 앨필드가 다닐 학교가 있는 곳이었다. 그리고 어머니는 엘스와 아스타가 곧 뒤따라 학교에 다니게 될 거라고 기대했다. 취향이 세련되고 자유분방했던 하이턴은 새집이 '아주 호화스럽고 세련된' 곳이었다고 기억했다. 매일 아침 식탁에는 많은 요리가 놓여 있었고, 어머니가 예의 바르고 점잖게 주도하는 저녁 식사 후 가족들이 사용하던 풀사이즈의 당구대가 있는 방도 있었다.[80]

하지만 2~3년 후, 평범한 손님들은 아이들이 버릇없이 자라고 있다는 것을 알게 된다. 어떤 사람은 아이들이 상스러운 말을 사용하는데도 어머니라는 사람은 '전혀 신경 쓰지 않고', 마치 '귀가 먹은 사람처럼' 내버려두었다고 했고, 로알드와 여자아이들은 입만 열면 욕을 해서 놀랐다고 했다.[81] 막내인 아스타도 '자라면서 거의 제재를 받은 적이 없다'고 인정했는데, 평범한 영국 사람의 기준으로 보면 아이들은 완전 고삐 풀린 망아지들이었다.

로알드는 열 살짜리 동생 아스타를 '담요로 둘둘 말아' 정원에 있는 삼나무 꼭대기로 올라가게 했는데, 동생에게 공기 소총을 쏘아 총알이 어느 정도까지 뚫을 수 있나를 알아보기 위해서였다.[82] 동생은 신이 나서 그렇게 하겠다고 했다. 또 한 번은 조립장난감으로 아주 정교하게 공중 '마차'를 만들고, 그 안에 차가운 물이 든 수프 깡통을 넣고는 긴 철삿줄로 매달아 동네 여자들이 개를 산책시키면서 정원 근처를 걸어갈 때 폭탄처럼 투하했다. 로알드는 결과에 무척 만족해했다. '여자들이 머리 위에서 내 마차가 달려가며 내는 소리를 듣자 고개를 들어 올려다보았다. 그때 물이 곧바로 얼굴로 쏟아져 내렸다. ……정말 멋졌다.' 로알드가 한 짓을 알게 된 어머니는 매서운 눈초리로 노려보았지만, '그 이후 며칠 동안 우리는 대단한 승리를 이루고 난 뒤의 따뜻하고 기분 좋은 훈훈함을 누렸다'고 썼다.[83]

집에서 보내는 방학은 어린아이들에게 천국 같았지만, 집을 떠나 다른 곳에서 보내는 방학은 더욱 좋았다. 부활절은 틴비라는 그림같이 아름다운 휴양지가 있는 웨일스의 해변에서 주로 보냈는데, 가족은 오래된 항구 근처에 있던 바닷가 집을 빌렸다. 그곳에서 로알드는 벡슬리에서 함께 온 하인들과 함께 당나귀를 타기도 하고, 웅덩이에서 고동을 줍기도 하고, 절벽까지 강아지를 산책시키기도 했으며, 이따금은 바닷새의 알을 수집하기 위해 배를 타고 가까운 콜디 섬으로 가기도 했다. 로알드는 그 또래답게 장난기가 가득했다. 여동생 엘스는 로알드가 자기에게 유리창 밖으로 몸을 내밀고 지나가는 사람들에게 '한 놈, 두 놈, 세 놈, 네 놈' 하고 소리를 지르게 했는데,[84] 오빠가 왜 마룻바닥에서 데굴데굴 구르면서 깔깔 웃었는지는 잘 몰랐다고 했다.

하지만 텐비는 노르웨이에서 보내는 여름방학에 비하면 아무것도 아니었다. 헤셀베르그 할아버지와 할머니 그리고 괴팍한 두 노처녀 이모가 사는 오슬로의 집에서 촛불을 밝히고 저녁을 먹은 후, 아이들과 용감한 어머니는 셀 수 없이 많은 섬이 있는 피오르 해변으로 나갔다. 아이들은 수영과 낚시, 일광욕을 하고 많은 해산물을 먹을 수 있었으며, 장난칠 기회도 많았다. 아이들은 미래의 가족이 될 사람의 파이프에 들어 있던 담배를 염소 똥으로 바꿔치기하고는, 그가 담배 피울 때 어떻게 반응하는지 보면서 즐거워하기도 했다. 아스타는 루이스의 배인 '하드 블랙 스틴커'를 타고 나갔다가 돌아오면서 갓 잡은 새우를 양동이 가득 건네받던 일을 기억했다. 로알드는 낚시의 서정적인 즐거움을 만끽했다.

"노르웨이에서 방학을 보낼 때, 우리는 초저녁에 낚시하러 피오르 해안을 따라 배를 몰고 나갔다. 닻을 내리고 갈고리에 홍합을 꿰어 바닥에 미끼가 닿을 때까지 줄을 내려보냈다. 집게손가락 뒤로 줄을 둘러 엄지로 누르는 제대로 된 방법으로 줄을 잡고, 넙치 종류를 잡으려고 할 때가 아니면 바닥에서 두 팔 길이 정도 잡아 당겨놓고 기다렸다. 피오르 만은 깊었지만, 혹시 물고기들이 우리 소리를 들을지도 몰라 감히 입도 뻥끗하지 못하고 기다렸다."[85]

저녁이 되면 어머니는 옛날이야기를 들려주었다. 가끔은 책에서 읽은 영국 이야기도 있었지만, 대부분은 좀 더 칙칙한 스칸디나비아 이야기였다. 로알드와 앨펠드가 기억하는 이야기가 바로 그런 이야기였다. 새로 지어낸 이야기도 있었고, 19세기 피터 크리스티안 아스요신Peter Christian Asbjørnsen이나 요르겐 모우Jørgen Moe의 이야기에서 따온 것들도 있었다.[86] 어두운 소나무 숲에 살던 사악한 트롤이나 노르웨이 신화에 나오는 괴물 이야기는 환상적이고 기괴했지만 결코 감상적이지 않았다. 탐욕의 결과에 대한 풍자적인 이야기, 싸우는 거인들, 그름괴물이나 독수리 등에 올라타고 하늘 높이 날아간 아이들, 그리고 '동물들에게도 영혼이 있을까?' 라는 제목을 가진 거대한 크기의 곤충이나 개구리에 관한 이야기였다. 이런 이야기들은 어린 로알드에게 지대한 영향을 끼쳤으며 동화가 어떤 모습으로 발전해야 하는지에 대한 개념을 만들어주었다고 볼 수 있다. '먹기 대회에서 트롤에게 도전장을 낸 소년', '턱이 깨질 때까지 웃었던 토끼' 그리고 '너무 많이 먹은 뚱보 고양이' 같은 우화들은 어릿광대 같은 블랙 유머를 담고 있었다. 그런 이야기들은 로알드의 취향과 들어맞았던 모양이다. 로알드가 그런 주제를 수년 뒤에 자기식으로 재창출해 낸 것을 보면 그렇다.

이런 이야기들은 흐가 테오도르 키텔센Theodor Kittelsen이 그림으로 그렸다. 키텔센은 노르웨이 출신의 신비주의자였다. 달 집안의 아이들이 무척 좋아한 환상적이고 몽환적인 화가였다. 그는 1857년에 노르웨이 서해안의 크라게뢰 마을에서 태어났는데, 그곳은 오네센이 태어난 곳이기도 했다. 동시대를 산 에드바르 뭉크처럼 그의 많은 그림은 심약한 사람들을 위한 그림이 아니었다. 그는 그로테스크한 주제에 사로잡혀 있었다. 예를 들어 중세 노르웨이를 휩쓸었던 선페스트에 대한 그림은 어둡고 거친 풍경 속에서의 죽음과 외로움을 불러일으키는 것으로 유명하다. 그는 또한 속절없이 빠르게 흘러가는 시냇물을 그렸고, 안갯속에 가려진 고요한 가을날의 해돋이를 그렸다. 낯익은 풍경이 무섭게 내린 눈으로 덮여 알아보기 어려운 경이로운 세상으로 변한 모습도 그렸다. 그의 관찰력은 예리했다. 그리고 그의 유머 감각은 거칠었지만 강력해서 달이 유머 감각을 형성하는 데 영향을 미쳤다.

그의 그림 《병적인 사랑Morbid Love》에서는 구겨진 흰색 파티복을 입은 지저분한 초록색 모기와 개구리가 고요한 푸른 호숫가에서 끌어안고 있다. 멀리서 해가 지고 있다. 물가에는 빈 포도주병이 서 있고, 옆에는 빈 유리잔이 뒹굴고 있다. 사랑하는 두 동물은 헤어지고 있다. 둘 다 울고 있다. 하지만 이런 우울한 순간의 감정은 곧 산산이 부서질 참이었다. 왜냐하면 그들은 모르고 있지만 못된 게 한 마리가 물에서 나와 메뚜기 다리를 덥석 물려고 했고, 사랑하는 연인의 머리 위로 드리운 나뭇가지에서는 지저귀던 새 한 마리가 막 속을 비웠기 때문이다. 잠시 후 배설물이 사랑하는 두 동물의 눈물로 범벅된 얼굴에 쏟아져 내릴 참이었다.[87]

이런 아이러니하고 모순이 가득한 그림은 키텔센의 자연에 대한 심오한 매혹을 감추고 있다. 동료 화가인 에릭 워렌스콜드Erik Werenskjold는 눈 덮인 산이나 황량한 언덕, 아주 작고 향기로운 꽃봉오리 같은 숭고하고 깊은 자연의 웅장함과 대조를 이루는 인간의 보잘것없고 부조리한 면과 강한 집념과 질투심을 그린 그의 관점을 칭찬하고 있다.[88] 풍자주의자와 자연주의자의 조합, 환상주의자와 관찰자의 조화는 달의 미학의 중요한 부분을 형성했다. 달의 누이들은, 특히 가장 예리하고 관찰력이 뛰어났던 앨필드는 동생의 이야기와 그들이 늘 들었던 노르웨이 전설 사이에 연관성이 있는 걸 단박에 알아차렸다. 둘 다에 유머와 두려움 그리고 자연의 장엄함이 들어 있음을 인식한 것이다.[89] 사람들에게서 멀리 떨어져서 깊은 자연으로 들어가 오래된 나무 꼭대기 가지에 올라가서 쓴 어린 시절의 일기장을 떠올리며 로알드는 나중에 이렇게 썼다.

"봄이 오면 나는 마로니에 꽃으로 이루어진 수백 개의 하얀 촛불로 둘러싸인 초록색 동굴 속으로 들어갔다. 겨울이 오면 신비로움은 덜했지만 아주 멀리까지 내다볼 수 있어서 신이 나기도 했다. 내가 사는 세상 위에 앉아 어머니나 누이들이 읽고 믿을 수 없다는 듯 눈을 휘둥그렇게 뜰 이야기를 쓰곤 했다. 하긴 그들이 놀랄 리가 없다는 것도 나는 안다."[90]

이런 어린 시절의 황홀감과 고뇌에 대한 정확한 인식을—행복과 불행, 현실과 환상, 성공과 실패처럼—달은 절대로 잊지 않았다. 로알드에게는 항상 친근한 것들이었다. 로알드는 한 어린이가 세상을 어떻게 바라보는지 가족들과 함께 있어도 얼마나 쉽게 외로움을 느끼는지, 얼마나 빨리 새로운 경험을 하게 되는지 그리고 어린아이의 눈에는 어른의 세상이 얼마나 이상하게 보이는지도 금세 알아차렸다. 로알드는 성베드로학교의 사감선생에 대해서도 이렇게 썼다.

"선생님이 28살이었는지 68살이었는지는 그다지 중요하지 않다. 왜냐하면 우리에게 어른은 그저 어른일 뿐이기 때문이다. 그리고 모든 어른은 위험하다."[91]

나중에 몇몇 어른은 로알드의 이런 '어린이 같은' 정서를 신경에 거슬려 했다. 그들은 글로 표현한 것을 상스럽고 거칠다고 비난했고, 직접 대하면 허세와 과장 그리고 호전적이라고 비난했다. 하지만 로알드의 어린이다운 면은 언제나 경이로움과 함께 했다. 활기찬 상상력은 그의 본성이다. 많은 면에서 그의 작품—어른을 위한 글이나 어린이를 위한 글—에 초석이 되었다. 그래서 그의 작품은 그로테스크하고 혐오스러울 수도 있다. 물론 로알드가 그 때문에 유명해지기도 했다. 하지만 그의 글은 부드럽고 애가체적이기도 하고 때로는 어둡고 신비롭기도 하다. 가끔은 시적이기도 한 절제되고 짧은 산문에 표현된 달의 어린이 같은 관찰력을 보면 그 뿌리가 단단하고 확고한 것을 알 수 있다.

"한밤중에 고요한 숲 속의 칠흑 같은 어둠 속에 혼자 서 있는 것이 어떤 느낌인지 여러분에게 표현할 수가 없다."

로알드는 《우리의 챔피언 대니》에서 숲 속에서 길을 잃은 한 어린이에 대해 이렇게 쓰고 있다.

"외로움은 걷잡을 수 없이 밀려온다. 고요함은 죽음과도 같고 들리는 소리는 내가 내는 소리뿐이다……. 나는 세상이 나와 함께 귀를 기울이고 있다는 이상한 느낌이 들었다. 나무도 작은 관목들도 땅속에 숨어 있는 동물들도 그리고 나뭇가지에 있는 새들도. 모든 것들이 귀를 기울여 듣고 있었다. 침묵마저도 귀를 기울이고 있었다. 침묵이 침묵의 소리에 귀를 기울이고 있었다."[92]

4 장

렙턴 학교

프라이어리 하우스의 학생들. 앞줄 가운데 앉은 사람은 교장선생님 S. S. 젠킨스. 1933년 여름.

렙턴 학교의 교장선생님이었던 제프리 피셔. 로알드 달이 찍은 사진.

프라이어리 하우스의 시니어 파이브 팀. 뒷줄 오른쪽이 로알드 달. 1931년.

1930년 으스스한 1월 아침, 로알드는 렙턴 학교에서 첫날을 보내기 위해 출발했다. 집에서 애완용 두 생쥐인 몬터규와 마마듀크에게 인사하고, 벡슬리 기차역에서는 어머니와 누이들에게 작별인사를 하고 런던행 기차에 올라탔다. 채링 크로스에서 내린 로알드는 택시에 짐을 싣고 도시를 가로질러 오래된 신고전주의식 건물인 유스턴 역에 도착했다. 그때까지 지어진 아치 중 가장 큰 아치를 통과해 중앙홀로 들어가니 의자와 벽, 금박을 입힌 천장 그리고 감탄이 저절로 나오는 이중 계단이 보였다. 계단은 일 층에서 사람들로 북적거리는 승강장으로 이어지고 있었다. 렙턴 학생들은 가는 줄무늬 바지와 긴 검은색 연미복 차림 때문에 금방 눈에 띄었는데, 모두 더비 행 기차를 타려고 기다리면서 수다를 떨고 농담을 주고받고 있었다. 짐꾼이 로알드의 이름이 새겨진 트렁크들을 기차에 실었다. 한 시간 후, 기차는 역을 빠져나가 300킬로미터가 넘는 북쪽 여행을 시작했다.

기차에 탄 로알드는 벤 뢰스Ben Reuss와 이야기를 나누었다. 그는 로알드보다 한 살이 많았는데, 이미 한 학기를 먼저 다니고 있었다. 새로 입학하는 학생에게는 좋은 친구가 될 만했다. 첫날이라 긴장했는데도 로알드의 '관습에 얽매이지 않는' 행동과[1] 거침없는 유머 감각에 뢰스는 충격을 받았다. 기차가 더비 역에 들어설 무렵에는 이미 날이 어둑어둑해지고 있었다. 로알드는 다른 소년들과 함께 지저분한 도시에서 습하고 우중충한 교외로 오가는 택시에 짐을 싣고 올라탔다. 16킬로미터쯤 달리니 성 와이스탠 교회가 보였다. 교회의 진노랑 돌들은 희미해져 가는 햇빛에 짙은 회색으로 보였다. 친구의 비유를 인용하자면, '뾰족하게 깎은 가느다란 연필'처럼[2] 생긴 교회의 뾰족탑이 12세기에 지어진 아치 건물을 내려다보고 있었다. 그 건물이 바로 렙턴 학교의 중심이었다. 1, 2분 후 택시는 앞으로 4

년간 로알드가 기숙할 프라이어리 하우스의 문 앞에 멈추어 섰다. 그때 로알드는 13살이었다.

렙턴은 음침한 곳이었다. 피크 지역의 언덕 기슭, 더비와 버턴온트렌트라는 두 공업지대 사이에 자리한 학교는 돌과 빅토리아 시대의 붉은 벽돌로 지은 건물들이 렙턴 시냇물을 따라 옹기종기 모여 서 있었는데, 달리 무어에서 북쪽으로 부는 사나운 바람으로부터 학교를 막아주는 듯했다. 1930년대에는 마을의 중심 여기저기에 흩어져 있던 건물들 때문에 학교가 마을을 지배하는 것처럼 보였다. 렙턴 학교는 1500년이나 거슬러 올라가는 오랜 역사를 지니고 있었다. 한 때는 초기 영국 기독교의 중심이기도 했다. 수도원이 세워졌고 두 앵글로색슨 왕인 에셀발드Ethelbald와 위글라프Wiglaf가 교회의 지하 묘지에 묻혔는데, 그 후 바이킹이 트렌트까지 배를 타고 내려와 873년에 수도원을 파괴해 버렸다. 12세기에 색슨족이 멸망하고 나서 아름다운 수도원이 세워졌지만 이것 역시 종교개혁 당시 광적인 청교도들에 의해 무너졌다. 그러나 오랜 종교는 비밀스럽게 계속 명맥을 유지해오다가 1553년 드디어 교황의 기도가 이루어져 가톨릭 계통의 메리 튜더Mary Tudor가 왕좌에 오르게 되었다.

3년 뒤, 그 지방 출신이며 부유하고 독실했던 가톨릭 신자인 존 포트John Port 경이 세상을 떠나게 되었다. 그는 유언장에 렙턴에 학교를 세우기 위한 기금을 남기면서 교장은 반드시 가톨릭 사제이어야 한다는 단서를 달았다. 유언을 집행하던 담당자는 오래된 수도원 자리의 땅을 사서 학교를 세우는 일에 착수했다. 포트의 자선은 자신을 위한 부분도 있었다. 그는 학교에 작은 예배당을 세우길 바랐는데, 그건 학생들이 그의 영혼이 천국에 갈 수 있게 매일 찬송해주기를 바라는 마음에서였다. 그건 10년 전까지만 해도 불법이었지만, 메리 여왕이 다스리면서 다시 한 번 합법화한 제도였다. 하지만 그의 희망은 좌절되었다. 1558년 메리 여왕이 승하하고 배다른 여동생이자 신교도였던 엘리자베스가 왕위에 올랐기 때문이다. 그리하여 렙턴 학교는 성공회 학교가 되었다. 그 이후 4세기 반 동안 학교는 우여곡절을 겪었다. 18세기 말에는 타락한 교장과 선생들이 단 한 명의 학생만 가르치기도 했다.

50년이 지난 다음 렙턴 학교는 럭비 학교Rugby School의 교장이자 노동, 훈련 그리고 의무를 중시했던 빅토리아 사상의 설립자인 토머스 아널드Thomas Arnold의 가치관에 따라 변하기 시작했다. 아널드는 종교와 윤리 수업을 지식수업보다 중요하게 여겼고, 럭비 학교의 목적이 '진정한 기독교인을 형성하는 것, 진정한 기독교 학생들을 길러 내는 것'이라고 규정했다.[3] 소년들은 난폭한 성격을 가지고 태어나며 제대로 훈련도 되어 있지 않기 때문에, 학교 교육은 그들 안에 확고한 윤리적 가치가 뿌리를 내릴 수 있는 토양을 마련하는 것이라는 그의 주장에 로알드도 한때는 동감했다. 그러나 로알드는 어린아이가 야만 상태로 태어나지만 '문명화되지 않은 어린 녀석'들의 순진투구한 무정부적인 태도 역시 칭송할 만하다고 생각했다.[4] 하지만 아널드와 1930년대의 렙턴 학교 교직원들의 생각은 정반대였다. 그들은 어린아이들의 젊고 자유로운 영혼은 반드시 부숴버려야만 하는 위험한 것으로 여겼다.

어머니 소피는 죽어가는 남편에게 자식들을 모두 영국에서 교육하겠다고 약속했다. 하지만 왜 로알드를 굳이 렙턴에 보냈는지는 지금도 명확하지 않다. 라디어에 살던 친구의 아들이 이미 그곳에 다녔고, 성베드로학교의 주황색 수염이 무시무시했던 랭커스터Lancaster 장군 역시 그 학교 동문을 지칭하는 '늙은 렙토니언'이었다. 어쩌면 이런 이유 때문에 어린 로알드가 그 학교에 가고 싶어하지 않았을 거라고 짐작하는 사람들도 있을 것이다. 하지만 그것도 사실은 아닌 것 같다. 로알드는 요란한 교복 때문에 망설이기는 했다. 나비 모양의 빳빳한 칼라와 단추가 달리고 빳빳하게 풀 먹인 셔츠, 잔 줄무늬의 바지, 단추가 열두 개 달린 조끼, 연미복과 짚으로 만든 밀짚모자는 완전히 우스꽝스럽게만 보였다. 로알드는 나중에 연미복을 '내가 이제껏 본 옷 중에 가장 우스꽝스러운 옷'이라고 묘사했다. 교복 때문에 '장의사 조수'처럼 보인다고 생각했다.[5] 하지만 로알드는 이렇게 입고 비에 젖기 쉬운 밀짚모자를 보호하기 위해 우산을 든 채 마을 여기저기 흩어져 있는 아홉 개의 기숙사 건물 중 하나인 프라이어리에서 첫 밤을 보내기 위해 도착했다. 각각의 기숙사 건물에는 학년마다 열두 명씩 모두 50명 남짓한 남학생들이 기거했다. 학교 전체에서 뽑아서 하는 몇 개의 운동이나 수업을 제외하면 기숙사 건물은 한 아이의 훈련과 충성심 그리고 사교 생활의 중심이 되었다. 그곳에서 학생은 잠자고 공부하고 친구를 사귀었다. 달 자신도 그런 분위기를 '……다른 기숙사 건물에 사는 아이들과는 교실까지 같이 걸어가지도 않는 희한한 제도'라고 했으며, '다른 건물에 사는 아이와는 거의 말도 하지 않고 이름도 모른다'고 썼다.[6]

프라이어리는 뾰족한 박공벽 지붕이 달린 붉은 벽돌 건물이었다. 뾰족탑과 고딕풍의 굴뚝이 있었고, 아치에서 하이 거리를 따라 2~300미터 떨어진 곳에 있었다. 1914년에서 1932년 사이에 교장을 맡았던 제프리 피셔 Geoffrey Fisher가 지은 건물로, 작은 침실과 아이들 대여섯 명이 모여서 공부할 수 있는 작은 서재와 판자로 막은 식당이 있었고, 앞에는 코트 다섯 개가 있는 포장용 아스팔트가 깔린 운동장이, 뒤편에는 사슴 공원이라고 부르는 정원이 있었다. 정원에는 연못이 있었는데 여름에는 물을 채워 아이들이 벌거벗고 수영을 즐겼다. 그리고 교장 J. S. 젠킨스Jenkyns가 가족들과 생활하는 사택도 있었다.

   젠킨스는 양 세계대전 사이에 재임한 전형적인 교장 유형이었다. 대머리에 칫솔처럼 뻣뻣한 콧수염, 트위드 재킷과 반질거릴 정도로 문질러 만든 투박한 가죽신을 신고 다녔다. 교장은 로알드가 학교에 입학했을 때 이미 그곳에서 24년 동안 일을 하고 있었다. 그는 그 이후 16년을 더 교장으로 있었다. 윈체스터와 발리올에서 교육받은 젠킨스는 1차세계대전 동안 참호에서 싸웠고, 그 경험 때문에 우울하고 신경질적이고 조금은 비관적인 성격이 되었다. 사진 속의 그의 모습을 보면 세상의 근심 걱정을 다 떠안은 사람처럼 보였다. 로알드는 집으로 보낸 편지에서 그를 '안절부절'이라고 묘사했다. 젠킨스의 막내딸인 낸시Nancy는 자식들도 가끔은 아빠를 두려워했다고 했다. 낸시는 이렇게 회상했다. "아빠는 상대방의 머리를 뚝 꺾어버릴 수도 있었어요."[7] 그리고 가끔은 '읅적거렸다'고 했다. 하지만 제프리 피셔의 막내아들인 팀 피셔는 젠킨스―아이들은 그를 '빙크스'라고 불렀다―가 많은 학생에게 사랑받았다고 했다.[8] 그는 확실히 180센티미터나 되는 노르웨이 출신의 젊은 친구를 좋아했다. 가끔 로알드와 크리켓 5점내기놀이를 했다. 둘은 운동을 좋아했다. 그리고 5점 내기는 '작고 딱딱한 가죽 공을 장갑 낀 손으로 무서운 속도로 쳐서 마당 주위의 모든 바위 턱이나 버팀목으로 날려 보내는 '가장 섬세한 기술을 요하는 게임'이라고 했다. 성격이 급한 교장은 5점내기를 하는 코트에서 '이리저리 뛰어다니며 자신이 어리석다고 투덜거리면서 자신에게 온갖 욕을 다 하면서' 마음을 달랬다고 로알드는 썼다.[9]

이런 종교적인 지도자의 보살핌이 이루어지는 상황에서 가장 희한했던 점은 교장과 그의 가족이 소년들과 거리를 두고 생활했다는 점일 것이다. 그의 서재는 기숙사 안에 있었지만 생활하는 곳은 전혀 달랐다. 건물 중심에 있는 계단 꼭대기에서 연결된 별채에서 그는 '다소 차가운' 아내와[10] 수다스러운 세 딸 페기Peggie, 레이철Rachel, 낸시와 함께 살았다. 레이철은 로알드를 자기보다 나이도 키도 두 배나 많았던 잘생긴 소년으로 기억했다.

그러나 레이철도 남학생들을 멀리서밖에 볼 수 없어서 로알드가 '스칸디나비아 출신이고 매우 불행했던 어린 시절을 보낸' 아이라는 것 외에는 거의 기억하는 것이 없었다.[11] 가장 어렸고 빗지 않아서 늘 헝클어진 검은 머리에 장난기가 많았던 낸시는 조금 더 많이 기억했다. 낸시는 계단 난간 너머로 큰 남학생들이 식당으로 걸어가거나 아버지 서재로 '푸른색' 공책─체벌의 한 방법으로 같은 글귀를 푸른색 잉크로 240번을 써야 하는 일─을 가져가는 모습을 즐겨 구경했다.

낸시는 기숙사 학생들을 '좋은 사람'과 '나쁜 녀석'으로 나누었다. 달은 좋은 사람 쪽에 속했다. 하지만 그녀도 학생들과 직접 만날 기회는 거의 없었다고 분명하게 이야기하면서 일화 하나를 소개했다. 그건 달과 '좋은 사람'인 피터 애슈턴Peter Ashton이 며칠 동안 자신들이 사는 곳에 가까이 와서 지냈던 적이 있었다고 했다. 두 학생은 '아이들 방과 가까웠던 여분의 방에서 지내게 되었다'. 그래서 낸시는 그들과 함께할 시간이 있었다.[12] 누이들과 사는 것에 익숙했던 로알드는 젠킨스 아이들, 그들이 '빙클릿'이라고[13] 부른 여자아이들을 즐겁게 해주고 싶었을 것이다. 하지만 그렇게 할 기회가 드물었다. 그보다 10년 전, 다른 남학생 기숙사학교에서 소설가인 그레이엄 그린Graham Greene도 비슷한 상황이였던 적이 있었다. 그린은 훨씬 더 힘든 처지였을 것이다. 왜냐하면 그는 학생이었을 뿐 아니라 교장 아들이었기 때문에 다마도 어린아이가 생각할 수 있는 가장 불쾌한 상황이었을지 모른다. 그는 두 세계를 갈라놓는 상징물인 초록색 천으로 감싼 문 때문에 피로워했다. 따뜻하고 문명화한 세계 너머에는 이해할 수 없는 이상한 관습과 설명할 수 없는 잔인함이 있는 '야만적인 세계'가 있었다. 그곳에서 그는 이방인이며 의심받고 괴롭힘을 당하던 존재였다.[14] 킹크스 가족들이 있는 곳에서 프라이어리라는 황량한 환경으로 돌아왔을 때 로알드도 비슷한 느낌을 받았을 것이다. 그리고 이 야만적인 세상—사생활은 전혀 없고, 야외 화장실에는 문조차 없는—에서는 하루하루의 권력을 휘두르는 사람이 어른이 아니라 바로 소년 자신들이었기 때문이다.

군기는 선배들이 잡고 있었다. 특히 반장 4~5명, 렙턴에서 '보저'라고 부르는 아이들이었다. 그들은 막대한 힘을 휘둘렀다. 로알드는 이렇게 썼다.

"각각의 기숙사는 17살이나 18살인 반장들이 사실상 지배했다. 나에게는 3~4명의 반장이 있었다. 기숙사 반장들은 그 건물의 신이었고, 그 중 가장 우두머리는 전지전능하신 신과 같았다."[15]

권력은 새로 들어온 학생이 배워야 하는 계급, 규칙 그리고 의식으로 이루어진 복잡한 시스템으로 성문화되어 있었다. 예를 들어 각각의 서재는 적어도 5명 이상의 학생으로 이루어져야 했다. 서재의 우두머리가 보저일 때가 있었다. 그럴 경우, 그는 후배 학생들에게는 아주 위험한 인물이었는데, 어린 후배들의 삶과 죽음을 관장하는 권력을 가지고 있었기 때문이었다.[16] 우두머리인 보저 아래에는 '이인자'라고 부르는 상급반 학생 두세 명이 있었고, '패그'라고 부르는 저학년 학생들이 있었다. 패그들은 공부방 우두머리의 하인이었고, 로알드는 나중에 그들을 '개인 노예'라고 불렀다.[17] 그 제도는 새로 온 학생들에게 자신의 위치와 질서의식을 심어준다는 논리로 합리화했다. 교장의 막내아들이었던 팀 피셔는 이렇게 설명했다.

"그는 곧장 다섯 명이 있는 서재로 들어갔다. 그리고 가장 어린 패그가 되었다. '빔 패그'가 있었는데, 2학년인 선배 패그로 후배들에게 요령을 일러주고 학교가 어떻게 움직이는지 가르쳐주는 역할을 했다."[18]

패그가 하는 일 중에는 서재 청소, 난로에 석탄 나르기, 불이 꺼지지 않게 지키기 등과 서재 우두머리의 구두와 단추 배지와 버클을 반짝거리게 닦는 일이 포함되어 있었다. 학생들은 학교가 제공하는 음식 외에 집에서 음식물 꾸러미를 정기적으로 받았는데, 패그들은 일주일에 한두 번씩 공동 화장실에서 집에서 가져온 휴대용 파라핀 버너로 서재의 다른 학생들을 위해 요리했다. 10명 이상의 패그들이 동시에 요리했기 때문에 화장실은 짙은 검은 연기로 가득 차곤 했다. 어린 달에게 그 광경은 아주 흥미진진했고 '마녀들의 솥'을 연상시켰다.[19]

권력 구조는 권력 남용으로 이어졌다. 보저들은 그저 목청껏 '패그' 하고 소리치면 그 소리를 들은 모든 패그는 하던 일을 멈추고 필요로 하는 사람에게 달려가야 했다. 꼴찌한 학생은 선배들이 시키는 일은 무엇이든지 해야 했다. 보저가 원하는 일에는 한계가 없었다. 겨우내 어린 후배들에게 주로 요구한 일은 야외 화장실의 나무 변기를 맨 엉덩이로 앉아서 데워서 선배들이 얼음처럼 차가운 변기에 맨살을 댈 필요가 없게 하는 일이었다. 《발칙하고 유쾌한 학교》에서 달은 이 일을 처음 했던 날을 생생하게 묘사했다.

"나는 화장실 변기에서 일어나 바지를 올렸다. 그러자 보저인 월터포스가 바지를 내리고 앉았다. '좋았어, 아주 좋아.' 그는 오래된 포도주의 맛을 감정하는 사람 같았다. 그러더니 '너를 내 목록에 써두겠어.'라고 했다. 나는 남대문 단추를 잠그면서 서 있었는데 대체 무슨 소리를 하는 건지 이해하지 못했다. 그가 말했다. '어떤 패그들은 엉덩이가 차가워. 난 화장실 변기를 덥힐 때는 엉덩이가 뜨뜻한 녀석들만 쓰거든. 너를 잊지 않으마.'"[20]

렙턴 학교에 새로 들어온 학생은 첫 2주 동안 아주 험한 패그 일에서 면제받았다. 하지만 그 이후엔 엄청나게 시달린다. 《발칙하고 유쾌한 학교》의 초기 원고를 보면 달이 그곳에서 보낸 여러 해 동안 쌓였던 울분이 표면으로 넘쳐 나오는 것을 느낄 수 있다. 달은 애써서 그 울분을 자제하려고 했다. 그러다 최종 원고에서는 가장 충격적인 기억들 대부분이 삭제되어 사라졌다. 그런데도 1984년 그 책이 출간되었을 때, 오랜 렙턴 동문 사이에서 대단한 논쟁을 불러일으켰다. 첫 번째 원고는 훨씬 더 적나라했고 더욱 논쟁거리가 많았다. 책은 애정이나 감정이 배제된 불공정한 제도에 의해 기쁨으로 가득해야 할 젊음이 거의 질식당했던 몹시 우울한 소년의 초상화였다. 그래서 그 시절에 대한 기억은 외로움과 두려움뿐이었다. 달은 이렇게 쓰고 있다.

"감옥에서의 4년은 참으로 긴 시간이다. 특히 가장 활기가 왕성했던 시절, 들판에 수선화와 앵초로 가득했던 시절…… 그 시간을 빼앗겼다면 아마 두 배로 길게 느껴질 것이다. ……끝없이 긴 어두운 터널을 손으로 더듬으며 걸어가는 느낌이었다. 저 멀리 끝에서 아주 작은 불빛이 반짝이기는 하지만 그곳에 닿았을 때는 이미 내 나이가 18살이었다."[21]

로알드는 '끝도 없이 긴 학기를 터벅터벅 걸어가고' '잿빛 교실'과 '밑을 수 없을 정도로 따분한 선생님,……걸음을 멈추고 학생들과 대화할 마음이 전혀 없는 선생님……'이라고 묘사했다.[22] 외로움과 비참함은 사정없이 밀려왔다.

"렙턴의 선생님들은 우리에게서 아무런 존경도 받지 못했고 받으려고 하지도 않았다. 선배들은 선배 짓거리에만 정신을 뺏겨 권력을 휘두르기에만 바빴지 후배들과 친해지려는 생각은 전혀 없었다. 그럴 필요가 없었다. 그들은 우리를 두려움으로 다스렸다."[23]

어린 학생들의 독립 정신이나 재치는 '거만함'으로 간주하여 무참히 짓밟혔다. 보저들에게 대든다는 것을 생각조차 할 수 없는 일이었다. "거만하게 굴기는커녕 감히 말을 붙일 수도 없었다."[24]

로알드는 《톰 브라운의 학창시절Tom Brown's School Days》에서 곧장 나온 듯한 일화를 묘사했다.

2학년인 15살이었을 때, 나는 16살이던 W. W. 윌슨이라는 형에게 '건방진 녀석'으로 보인 적이 있었다. 그는 서재의 반장도 아니었다. 그 밑의 이인자였는데 내가 했던 말이 마음에 들지 않았던 모양이다. 그는 자기 또래의 이인자 대여섯 명을 모아 나를 괴롭히기 시작했다. 운동장에서 만난 윌슨은 나를 구석으로 몰더니 내 팔과 다리를 잡고는 '기숙사'로 들고 갔다. 옷을 갈아입는 방에서 그들이 나를 잡고 있는 동안 한 형이 욕조를 얼음처럼 차가운 물로 채우고는 옷을 입은 채로 안에 나를 집어넣고 고통스럽게도 몇 분 동안 꼼짝 못하게 했다. 윌슨이 소리쳤다.

"녀석의 머리까지 처넣어! 그럼 입 다무는 법을 배우겠지!"

녀석들은 몇 번이고 내 머리를 물속으로 집어넣었다. 내가 숨이 막힌 듯 몸부림을 치고 반쯤 죽은 척하자 마침내 풀어주었고, 나는 간신히 기어서 욕실 밖으로 나왔다. 나는 갈아입을 마른 옷도 없었다.[25]

고맙게도 달의 친구인 피터 애슈턴이 이 일화에 반전을 제공했는데, 물에 푹 젖은 로알드에게 남은 옷을 주었던 것이다. 로알드는 외로움과 공포뿐이었던 세상에서 거의 볼 수 없었던 자비로운 행동에 깊은 감명을 받았다.

렙턴은 탈의실에 축구 장비를 제대로 걸어두지 않은 사소한 잘못조차 중벌로 다스리는 제도를 자랑스럽게 여겼다. 팀 피셔Tim Fisher가 표현했던 대로, 1930년대에 회초리나 채찍은 '어른이 되어가는 과정 중 하나로 자연스럽게 간주하였다'.[26] 그건 1950년~60년대의 영국에서 살아남을 수 있도록 어린아이들을 강하게 키우는 문화의 한 부분이었다. 어른이 된 로알드 역시 이따금 엉덩이를 맞는 일이 어린아이들에게 해를 끼친다고 생각하지는 않았다. 한 번은 나에게 '계란을 삶을 때처럼 매도 강·중·약을 조절할 수 있는 장치가 달린' 자동 기계가 있으면 어떻겠냐고 장난스럽게 말한 적이 있었다.[27] 하지만 그는 렙턴에 존재했던 폭력문화에는 몹시 반대했다. 특히 대부분의 매질을 다른 동료 학생들이 했다는 점에 깊은 탄감을 품었다.

"학교에서 우리의 삶은 글자 그대로 회초리에 대한 두려움으로 좌우되었다. 한 발자국만 잘못 내디디면 매를 맞는다는 사실을 염두에 두고 조심스럽게 한 걸음씩 걸었다."[28]

흰색 장갑을 끼고 서재에 먼지가 있는지 검사하는 보저였던 칼턴Carleton은 매로 다스리는 것을 정당화했다. 달의 눈에 그는, 마음대로 남에게 고통을 줘도 된다는 허가증을 갖고 쉬운 먹잇감을 찾는 가학 성향의 변태로 보였다. 칼턴(소년의 진짜 이름은 휴 미들턴Hugh Middleton)은 어쩌면 낸시가 말했던 '나쁜 녀석' 중에서 가장 최악이었으며, 달이 가장 무서워했던 보저였을지도 모른다. 그는 '거만하고 혐오스러운 17살짜리'였고, 성기를 연상시키는 회초리를 들고 다녔다. 그의 '손잡이가 있어야 할 곳에 골프공처럼 생긴 둥근 방울이 달려 있고, 대나무처럼 마디가 있는 120센티미터 정도 길이의 크림색 하얀 괴물'은 페그들에게 공포를 심어주었다.

"다른 보저들은 페그들을 때릴 때 군인들이 사용하는 산책용 지팡이를 사용했지만 미들턴은 아니었다."[29]

매질은 잠자리에 들기 바로 전에 보저의 서재에서 이루어졌다. 희생양은 잠옷을 벗고 덜 맞을 건지 아니면 입은 채로 더 맞을 건지 선택할 수 있었다. 대체로 옷을 입은 채 맞는 것이 덜 고통스럽다고 생각했다. 맞은 학생은 보저에게 때려주어서 감사하다고 인사하고 기숙사 방으로 돌아와 다른 아이들에게 상처를 보여주는 의식을 치러야 했다. 《발칙하고 유쾌한 학교》에서 달은 이런 경우를 묘사했다. 크리켓팀의 주장이었던 잭 멘들 Jack Mendl이 달을 때렸는데, '얼마나 빠른지 4초 만에 네 대를' 다 때렸다.[30] 방으로 돌아오니 친구가 로알드에게 바지를 내리고 상처 난 엉덩이를 보여주어야 한다고 주장했다. 달은 '찢어질 듯 화끈거리는 고통'을 되돌아보지 않는다.[31] 대신 그는 아이들이 멘들의 놀라운 기술에 대해 상세하게 분석하던 일을 써두었다.

"전문가 6명이 나를 둘러싸고는 전문적인 용어를 써가면서 의견을 늘어놓았다. '대단한' 기술이야. '똑같은 자리를 내리쳤어!', '세상에, 윌리엄슨(멘들)의 눈이 진짜 좋은가보다!', '물론 눈이 좋지!', '왜 크리켓팀 주장이 겠냐?'"32

그 장면은 코믹할 정도이다. 마지막에 스스로 흡족해하던 멘들이 기숙사 방으로 몰래 들어와, '내 맨 엉덩이와 자신의 놀라운 기술력을 훔쳐보았다.' 하지만 《발칙하고 유쾌한 학교》 초고에는 달의 작품에서 보기 드문 심리 분석이 들어 있는데, 당시 그의 정신 상태를 많이 보여준다.

"그때는 몰랐지만 지금 생각해보니, 소년들은 희한하게도 미치지 않으려고 사악한 고문자들에 대해 초연한 태도를 보이는 방법을 스스로 발전시킨 것이 틀림없다. 그건 꼭 필요했던 자기 방어기제였다. 아이들이 나를 둘러싸고 동정하면서 위로하려고 했다면 모두 정신분열을 일으켰을 것이다."33

랩턴이 달에게 미친 여러 영향 중에서 이런 일들은, 근본적으로 감정적으로 반응하지 않으려고 자신을 억누르고, 사건과 자신을 분리해 초연한 태도를 보임으로서 위로받게 했다.

멘들의 머질은 정도가 심했지만 냉정하고 감정이 섞이지 않은 것이었다. 하지만 미들턴은 달랐다. 칼턴은 그저 단순히 미들턴이라는 실재 인물을 그렸던 것만은 아니었다. 그는 1953년에 쓴 성인 단편인 〈달리는 폭슬리Galloping Foxley〉에 나오는 못된 브루스 폭슬리의 모델이 되었다. 달이 소설 속에서 학교 시절을 되돌아본 첫 번째 경우였다. 패그들이 했던 일이나 그곳에서 있었던 엄중했던 체벌에 대한 묘사는 놀랍게도 나중에 《발칙하고 유쾌한 학교》에서 쓴 것과 비슷하다. 뾰족한 신사화나 비단 셔츠, '거만한 듯 비웃는 눈초리', '거의 감은 듯한 차가운 눈빛', '잘 섞은 샐러드처럼 약간 기름 친 듯 헝클어지고 살짝 곱슬곱슬한 머리' 등의 묘사로 아주 교묘하게 미들턴이 연상된다. 하지만 사건과 배경은 실제와 같다. 폭슬리의 특기는 복도를 전속력으로 내달려 세게 한 방 날리는 것이었다. '막대기를 하늘 높이 쳐들고' 탈의실로 무섭게 달려오는 모습은 과장일지 모른다. 하지만 소설 속의 서술자가 렙턴의 학창시절 동안 너무나 비참해서 자살을 심각하게 고려했다고 고백한 것을 어떻게 받아들일 것인가?[34] 성베드로학교에서의 경험을 통해 감정적으로 단단해진 로알드는 이미 어디서건 살아남을 수 있는 생존력을 가진 학생이었다. 자살할 아이는 아니었던 것 같다. 그러나 외로움과 심한 괴롭힘은 잠시나마 그런 생각이 들게 했을 가능성이 있다.

무엇보다도 로알드는 자주 몸이 아팠다. 누나 앨필드에 따르면 달은 렙턴에 있을 때 '유행하는' 모든 질병에 걸렸다고 한다.[35] 성장통 때문에 뼈를 강화시키기 위해 칼슘보충제를 먹는 것 말고도 심장 때문에 전문의를 만나야 했고,* 호흡기 쪽도 문제를 잘 일으켰다. 그가 집으로 보낸 편지에선 발가락에 난 티눈부터 두통과 변비에 이르기까지 온갖 종류의 약을 보내달라는 경우가 많았다. 약용허브사탕, 미스톨, 노스트롤라인, 리놀, 캘재너, 오스텔린 래디오스톨리움 등 달의 편지는 가끔 1930년대의 처방전 같다. 편지에 일일이 설명한 질병들은 《발칙하고 유쾌한 학교》에서는 언급되지 않는데, 〈달리는 폭슬리〉에서는 고통스러웠던 일로 그려진다. 자기를 괴롭히는 미들턴을 위해 야생 붓꽃을 꺾기 위해 비를 맞으면서 오렌지 연못을 오랫동안 걷다 걸린 감기로 심하게 앓는다.

달의 성적평가서를 보면 그가 얼마나 힘들어했는지 짐작할 수 있다. '조

---

*1931년 달은 어머니에게, 이미 전문의를 만났는데도 심장 때문에 학교 주치의를 다시 만났다고 했다. 학교 주치의인 호디는 분명히 전문의인 구달의 진단과 같았다. 정확한 병명을 알 수 없었다. ―로알드 달, 어머니에게 보낸 편지, 09/31-RDMSCRD 13/1/7/2.

금 정신이 멍한', '이상하게 답답하고 느린', '어린아이같이 떼를 쓰기도 하고', '퉁명스럽게 구는' 등의 부정적으로 평가한 수식어들이 보인다. 성적도 썩 좋지 않았다. 첫 학기 반이 지났을 때, 영어 교사는 '계속 혼동하면서 자신이 뜻하는 것과 전혀 다른 단어를 말하고 쓴다'고 평가했다. 18개월이 지나도 거의 변화가 없었다. 수학 교사도 그의 능력을 무시했다. '수학 재능이 없고 어린아이 같다.' 그다음 해도 나아지는 것이 없었다. 달은 '게으르고', '무관심하고', '둔청하다'는 평가를 받았다. 그는 '나태하고', '둔하고', '너무 자기 만족적'이었다.

기숙사 사감선생은 로알드에게 '우직한 면'이 있음을 눈치챘는데,[36] 그는 그런 면을 칭찬했지만 학생의 행복이나 불행은 중요한 문제가 아니었다. 부분적으로는 그런 문제를 중요하게 여기지 않았기 때문이기도 하고, 로알드가 주위 사람들에게 자신의 감정을 숨겼기 때문이기도 하다. 무관심하다는 듯 자기방어적인 가면을 쓰고 로알드는 미치지 않고 온전한 정신을 유지했으며, 동시에 남들의 눈에는 잠재적인 희생양으로 보이지 않게 할 수 있었다. 그건 집으로 보낸 편지에서도 마찬가지였다. 그는 《발칙하고 유쾌한 학교》의 초고에서 보이는 우울증 증상을 절대 편지에 암시하지 않았다. 대신 재미있는 일화나 표현들로 편지를 가득 채웠다. 편지를 쓰는 것 자체가 잿빛 같은 학교생활에서의 도피가 되었다. 우울함 속에서 로알드는 현실을 대체할 만한 좀 더 밝은 가상현실을 만들어냈는데, 그렇게 함으로써 벡슬리에 살던 가족들을 안심시켰을 뿐 아니라 동시에 스스로 즐거움을 느꼈다.*

*어머니는 달의 화단에 핀 야생붓꽃을 보면서 그 속에 숨겨진 힘든 학교생활을 거의 알아채지 못했다. 딸 엘스에게 "달이 기대 이상으로 렙턴에서 무척 즐겁게 보내고 있다"고 엽서를 보냈다. ―엘스 달에게 보낸 어머니의 엽서, 06/27/30―RDMSCRD 20/9/2, RD 20/9/3.

15살이 되었을 때 로알드는 아주 세련된 유머를 구사하고 사람들을 즐겁게 했으며 아주 능숙하고 재주 있는 이야기꾼이 되어 있었다. 성베드로 학교에서 풍부했던 상상력은 세상에 대한 비판적이고 편파적인 가치관으로 변했다. 남을 흉보거나 부정적으로 비판하는 걸 즐기게 된 것이다. 로알드는 다른 학생들이 '고약하고 더럽고 보잘것없는 헛간처럼 보는' 프라이어리 건물을 자랑스럽게 '그중 최고로 좋은 곳'이라고 했다.[37] 로알드는 장학사들이 학교 수업을 심사하러 왔을 때, 책임자들이 '엄청나게 초조해하고 당황해' 하는[38] 모습을 예리하게 관찰하고는 즐거움을 느꼈다. 맬파스Malpas 사감이 학교를 떠나고 다른 사람이 왔을 때는 '뽀글뽀글한 머리에 얼굴에는 사마귀가 두 개나 있고…… 아마도 내가 쓰는 티눈약을 드려야 할 것 같다'고 썼다.[39] 그러나 로알드는 감성적이고 동정적이기도 했다. 하키 시합에서 상대편 선수의 모자가 벗겨지면서 '가발이 모자에 붙어버린 바람에 대머리임이 드러났을 때', 달은 동료선수들과 함께 그를 '불쌍한 녀석'이라고 동정했다.[40] 또 읽고 있던 모험 소설에 나오는 단어들을 사용하면서 일탈에 대해 묘사했는데, 가끔은 뜻밖에도 상당히 희극적이고 상세한 설명을 덧붙였다. 썰매 타기, 기차에서 소란 피우기,[41] 방에서 밀가루 싸움,[42] 공기소총에 연필 넣어 쏘기,[43] 그리고 종을 치러 몰래 렙턴 교회의 꼭대기로 올라갔던 일들이[44] 이런 식으로 표현되었다.

하지만 렙턴에서 2학년이 끝나갈 무렵, 로알드는 좀 더 큰 도화지에 자기 삶을 그리고 싶었다. 그는 극적인 상황이 오면 절대 놓치지 않고 기회를 잡았다. 자기 서재를 태워버린 어쩔 수 없었던 화재 사건은 로알드에게 글을 쓰는 근육을 이완시키는 계기가 되었다.

불꽃은 엄청나게 컸고 뜨거운 열기는 기세가 대단했다. 방 전체가 타는 냄새로 가득했다. ……냄새 때문에 목이 메었다. 나는 밤새 기침을 했다. 우리는 방으로 갔다. 소방관들은 안전하다고 했지만 방은 얇은 판자 두 개로 지탱되고 있는 것처럼 보였다. 우리는 조심스럽게 계단을 올라갔다. (어둡고 숯검정 천지였다.) 물론 전기는 오래전에 퓨즈가 나가 있었다. 우리는 갈색으로 변해 버리고 고약한 냄새가 나는 침대로 들어갔다. 어찌 된 일인지 잠이 왔다. 밝은 햇빛에 보니 방은 더 참담해 보였다. 복도는 검게 변해 있었고 서재에는 종이 한 장 남아 있지 않았다.[45]

렙턴에서 두 번째 해에 달은 마이클 아널드Michael Arnold라고, 나이는 한 살 반 많지만 학년으로는 2학년이 높은 중요한 친구를 사귀게 된다. 마이클은 렙턴에서는 유명 인사였다. 그는 재치 있고 반항적이며 머리가 좋았다. 첫 학기에 달은 어머니에게 그가 '아주 머리가 좋은 학생'이며 '진공관 3개로 기숙사 내에서 무선통신'을 가능케 했다고 전했다.[46] 그다음 해에는 자랑스럽다는 듯 '영국에서 가장 똑똑한' 학생이라고 칭송했다.[47] 기숙사 사진 속에서 마이클은 자신감 넘치는 모습으로 젊은 W. H. 오든Auden처럼 머리를 매끄럽게 뒤로 빗어 넘기고 손을 자연스럽게 주머니에 꽂고 앞을 바라보고 있다. 그는 달처럼 학교를 경멸했고, 자기를 아웃사이더로 간주했다. 동료였던 벤 뢰스에 의하면, 아널드는 달이 나타나기 전까지는 친구가 없었다고 했다. 뢰스는 둘의 관계가 '조금은 야릇했다'고 했다.[48] 하지만 달과 아널드는 그저 매우 비슷한 성향이 있었을 뿐이다. 아널드의 아들인 니컬러스Nicholas는 두 사람 다 '독립적이고 극히 개인주의적'인 성향이었다고 했다.⁴⁹ 자연에 대해 깊은 호기심이 있었고 열매를 찾아 시골을 돌아다니는 것을 좋아했고 오렌지 연못에서 가재 잡기를 즐겼으며 희한한 실험을 즐기기도 했다고 기억했다. 한 번은 따지 않은 콩 통조림을 불에 데우다가 과열되었을 때 깡통에 구멍을 냈다. 그리고는 우산을 펼쳐 놓고 그 뒤에 숨어서는 뜨거운 수프가 온 사방으로 튀기는 것을 신 나게 구경했다. 달이 신이 나서 관찰한 결과로는, '수프는 20분 동안 계속 뿜어져 나왔다.'⁵⁰ 둘은 학교 암실 열쇠를 구해서 사진을 인화하기 시작했다.⁵¹ 곧 아널드를 마이클이라고 불렀는데, 로알드가 유일하게 이름을 부르는 아이였다. 로알드는 어머니도 꼭 그렇게 불러 주기를 간곡하게 부탁했다. 로알드는 1932년에 가족과 노르웨이로 여행을 떠날 때 마이클을 초대했다. 마이클이 옥스퍼드 대학 맥댈런 칼리지의 장학금을 타기 위해 시험을 치르기 전 여름이었다. 로알드는 12월에 어머니에게 보낸 편지 속에 '받게 될 거예요' 하고⁵² 자신 있게 썼다. 그는 장학금을 받았다. 그해 크리스마스에 마이클은 벡슬리로 내려와 달의 가족과 보냈다. 마이클은 가족이 되었다.

마이클과 친구가 된 로알드는 더는 패그 노릇을 할 필요가 없게 되었다. 그러자 렙턴은 견딜 만한 곳이 되었다. 그렇게 된 또 다른 이유는 로알드가 몰래 애완용 생쥐를 학교에 들여와 성공적으로 키웠기 때문이다. 그는 깜짝 놀란 벤 뢰스에게 '그 어떤 동물도 이 녀석보다 똑똑하고 깨끗하지 않다'고 했다.⁵³ 사진에 대한 열정도 점점 깊어갔다. 로알드는 암실에서 혼자 보내는 시간이 점점 많아졌다. '진지하게 열심히 하는 사람은 나뿐이에요.' 하고⁵⁴ 편지에 썼는데, 1931년 여름 이후 편지의 주요 내용은 사진에 관한 것이었다. 로알드는 어머니에게 렌즈, 필름, 인화지 등을 끊임없이 요구했고, 인화한 사진들은—주로 건물, 풍경, 이따금은 생물표본—어머니의 의견을 묻기 위해 가끔 편지와 함께 보냈다. 1931년 6월 로알드는 이렇게 썼다.

"멋진 수영장 사진을 찍었어요. 물에 비친 그림자까지요. 아마 어디가 위고 어디가 아래인지 구별하기 어려우실 거예요. 과학 교사인 바톤Barton 박사가 저에게 8실링을 주실 거예요."55

2년 후 달은 사진전에서 상을 받았다. 축음기로 듣는 음악 역시 그의 또 다른 도피처였다. 로알드는 거의 클래식 음악을 들었다. 오스트리아 출신 테너 리처드 토버Richard Tauber를 가장 좋아했고, 미국의 흑인 바리톤인 폴 로버슨Paul Robeson의 팬이었으며, 엔리코 카루소Enrico Caruso와 루이자 테트라치니Luisa Tetrazzini가 부르는 아리아들도 좋아했다. 미술 교사인 아서 노리스Arthur Norris는 달의 프랑스 인상주의 화가들에 대한 관심을 칭찬했다.

야만적일 정도로 가혹했던 학교였지만 희한하게도 렙턴은 1920년도에 예술과 문학에 대한 명성을 드높였다. 소설가인 크리스토퍼 이셔우드 Christopher Isherwood와 에드워드 업워드Edward Upward는 1차세계대전 동안 이 학교에 다녔던 학생이었다. 그리고 이셔우드의 친구인 시인 W. H. 오든Auden은 렙턴 졸업생이었던 아버지에 의해 그곳의 성 와이스탠 교회에서 세례를 받았다. 달은 이런 문학적인 영향을 다 흡수했다. 물론 이셔우드나 오든을 좋아해 본 적이 없었다. 그가 한 번도 인정한 적은 없지만 전시 당시 시인이었고 크리켓 선수였던 존 크로멜린 브라운John Crommelin Brown도 달에게 영향을 끼친 또 한 사람이었다. 그는 달에게 상상력이 풍부한 언어를 사용하되 정확하고 우아하게 표현하라고 가르쳤다. 로알드와 같이 학교에 다녔던 데이비드 앳킨스David Atkins는 '크러머스Crummers'가 학생들에게 짧은 단어로 충분한 곳에는 절대 긴 단어를 쓰지 말라고 반복적으로 가르치면서 항상 '문장에서 거품을 빼라'고 했다고 기억했다.[56] 로알드도 나중에 '자신이 뜻하는 바를 정확하게 전달하는' 짧고 분명한 문장을 쓰도록 '혹독하게 교육받았다'고 기억했다.[57] 가끔 이런 교육은 왜 마침표를 제대로 찍어야 하는가에 대한 예문을 통해 마치 수수께끼를 푸는 방법으로 이루어지기도 했다.

동물원에 가면 코끼리를 보게 될 것이다 색소폰을 연주할 때 우선 숨을 들이마시고 마우스피스를 입술 사이로 단단히 물고 폴란드 사람이 자랑스러워하는 죽느냐 사느냐는 햄릿이 한 말이다 아기를 씻길 때는 주의를 해야 한다 운전을 쉽게 하려면 스파클링 마개를 항상 깨끗하게 유지해야 한다 부인들은 남편을 용서해 줄 수 있다 남편들은 활과 화살을 들고 사과를 쏜다 그리고는 들판을 가로질러 달려가 가울 문명은 여전히 원치 않은 파리를 잡아둘 필요가 있는데 돼지는 치과 의사를 담배를 꺼내는 것은 시합이 끝난 것이다.[58]

로알드는 어머니에게 이 글을 보냈는데, 어머니가 모를까 봐 제대로 마침표를 찍어서 보냈다.

학창시절에 쓴 글들을 보면 로알드의 놀라운 상상력과 기이하고 기발한 것들에 대한 취향을 잘 엿볼 수 있다. 많은 수필은 정확하게 대사를 사용했고 예상치 못한 일들이 일어날 가능성에 대한 기쁨을 보여준다. 어떤 것들은 사오십 년 뒤 그가 동화를 쓰게 되리라고 암시하기도 한다. 동시에서 로알드는 한 어린이가 '잭이 키 큰 콩나무 위에 숨어 있을지도 모른다는 생각에 빠져' 채소밭을 돌아다니고 있다고 썼다. 비슷한 글에선 다른 어린아이 질이 밤에 침대에서 빠져나와 까치발로 유리창까지 걸어가서는 '커튼 사이로 저 아래 들판에 있는 소를 내다본다. 으, 그때, 오 그때, 소가 훌쩍 뛰어 달을 넘어간다······.' 로알드는 어린 질의 환상을 자기중심적이고 창의력도 없고 흥미로운 점이라고 찾아볼 수 없는 '혐오스러운' 핍기라는 사내아이와 대조하며 한탄한다.[59]

렙턴 시절, 로알드의 가장 뛰어난 수필은 꿈에 관한 것이다. 막힘없이 써내려간 시적 회상을 적은 글은 테니슨Tennyson을 연상시키며, 동시에 현대적이며 와일드Wilde 식의 감각을 드러낸다. '딱딱하고 차가우며, 저 먼 북쪽의 거대한 얼음 해변에서 떨어져 나온 듯한 조각 같은' 빙산은 가냘픈 각다귀 위로 수돗물이 똑똑 떨어지는 장면으로 이어진다. 입술에 묻어 있는 물방울이 '힘없이 흘러내려 아래 있던 곤충의 몸에 닿으면서 작은 물보라를 일으킨다.' 그리고 '상처 입은 호랑이같이 생긴' 파도가 '초록과 하얀색이 어우러진 소용돌이' 위로 거품을 내며 몰아치고, 한편 거리 위로는 '검은 구름이 비를 흠뻑 머금고 떠 있다. 마치 기름을 가득 실은 종이비행기 같구나.'[60] 이런 이미지들은 하나하나 만화경 속의 그림들처럼 서로 겹쳐지다가 마침내 사라진다. 그러면서 달은 깨어난다. 네 소년이 침대를 들어올려 달을 기숙사의 차가운 바닥으로 내동댕이치려 하고 있다.

로알드의 예상치 못했던 비유는 데이비스 엣킨스의 기억을 되살렸다. 데이비드가 교내 백일장 대회에서 로알드와 겨루었던 일이었다. 주제는 아마 '저녁 하늘'이었던 것 같다. 엣킨스의 시도 로맨틱하고 형식에 맞는 음운으로 구성되었다. 달의 작품은 겉으로 보기에는 통렬하고 운율에 맞지 않는 자유시였다. 로알드의 시는 이렇게 시작했다.

저녁에 몰려온 구름, 마치 개구리의 알처럼, 하늘을 지저분하게 만들고.

앳킨스는 나중에 로알드와 파이브 카드게임을 하면서 왜 그렇게 적나라하게 표현했는지 물었다. 로알드는 이렇게 털어놓았다.

"인생은 아름답지도 감성적이지도 확실하지도 않아. 인생은 기분 나쁜 일들과 끔찍한 사람들로 가득하지. 그리고 운율은 낡은 모자 같아."[61]

이미 감정이라는 카드를 숨기는 법을 배운 작가가 속에 품은 생각을 털어놓은 아주 드문 경우였다. '기분 나쁜 일들과 끔찍한 사람들'로부터 거리를 둘 수 있는 그의 무기는 퉁명스러움이었고 사악하지만 기발하고 조금은 유치한 유머 감각이었다. 로알드는 나이가 들 때까지 이런 유머 감각을 잘 간직했고 여러 번 자신이 '노인 같은 아이'임을 자랑스럽게 생각했다.[62] 학창시절에 쓴 글에서 '웃음은 일시적으로나마 우울한 생각과 비참한 기분을 막아준다'고 하면서 무정부주의자처럼 끝을 맺었다.

"개가 만약 주인이 사다리에서 굴러떨어지는 것을 보고 소리 내어 웃을 수 있다면 얼마나 멋진 고등동물이겠는가!"[63]

로알드는 유머리스트로서의 능력을 자랑스럽게 생각하면서 어머니에게 보내는 편지에서도 자신의 재주를 자랑했는데, 어머니도 부조리 희극에 대한 취미를 그와 함께 나눈다. 예를 들어 마른 무화과가 발에 밟혀 납작해졌는지에 대해 의견을 나누다, 흥미로운 발견을 했다고 편지를 썼다.

"우리 서재에 있던 한 학생이 아랍 사람의 뒤꿈치를 핥아봤는데, 그게 무화과 표면을 핥는 맛이었다고 했어요. 그래서 제가 '정말?' 하고 물었더니 그가 '아니, 다시 생각해 보니까, 이탈리아 사람의 뒤꿈치였던 것 같아.'

라고 했어요."[64]

운동은 또 다른 돌파구였다. 달은 훌륭한 축구 선수였으며 뛰어난 크리켓 선수였다. 하지만 스쿼시와 카드 게임인 파이브에도 뛰어났는데, 학교에서 가장 훌륭한 선수가 되었다. 그리고 좋은 음식과 아름다운 꽃 같은 호화로운 삶을 즐겼지만 스파르타식 가치관에 대한 매력도 느끼고 있었다. 어머니에게 축구시합 훈련을 하면서 다음과 같은 규칙을 따라야 한다고 자랑스럽게 편지를 썼다.

"끼니 사이에 음식을 먹으면 안 돼요. 과일은 먹고 싶은 만큼 먹어도 되지만 탄산음료는 안 됩니다. 매일 일정양의 '적극적인' 훈련을 하기, 저녁 기도 후 뛰기, 뜨거운 물에 몸을 담그지 말기, 목욕 후 차가운 물로 샤워하기, 운동장에서 놀지 말 것, 일요일 오후 산책하기."[65]

로알드는 키와 덩치―십 대 중반에 키가 이미 195센티미터였다―가 커서 렙턴에서의 마지막 2년 동안 아무도 그를 건드리지 않았다. 다른 기숙사 건물에서 지냈던 앳킨스는 저학년이었을 때부터 달에게는 어딘지 위협적인 분위기가 있었다고 했다.[66] 로알드는 확실히 자신이 남다르다는 사실과 고립을 즐기는 법을 배웠고, 시골 길을 오래 산책하면서 상상의 세계에 빠질 기회가 많았다. 집에 보낸 첫 번째 편지에서 로알드는 '(렙턴 학교에서) 가장 좋은 점은, 별다른 일이 없을 때 어디든 가고 싶은 곳을 마음대로 갈 수 있다는 거예요'라고 썼다.[67] 《발칙하고 유쾌한 학교》 초고에서는 자신을 그저 단순히 '꿈 많은' 사람으로 묘사한다.[68] 혼자서 파이프를 피우거나[69] 낚시를 하거나 새알을 수집하고, 각종 열매와 야생 능금들을 따라 다니는 동안 그는 자연을 바라보는 관찰력을 키웠다. 이러한 시골 길 산책은 렙턴에서 계속된 생활 습관이었다. 그런 생활은 그가 정신을 놓지 않고 살 수 있게 도왔고 관찰하고 꿈을 꿀 수 있는 바탕을 이루어 주었다. 그런 생활은 당시 같이 학교에 다녔던 또 다른 불행한 학생이자 나중에 화가이자 작가가 된 덴턴 웰치Denton Welch에게도 영향을 주었다.

웰치는 1929년 로알드보다 한 학기 앞서 렙턴에 입학했다. 같은 기숙사 건물은 아니어서 친구가 되지는 않았지만 둘은 늘 서로 의식하고 있었다. 둘 다 학교를 싫어했다. 하지만 달이 어려움을 딛고 이겨내는 동안 웰치는 도망쳐서 문제를 일으켰다. 《발칙하고 유쾌한 학교》 초고를 보면, 달은 이 친구를 부러워하는 것 같다.

"같은 시기에 학교를 다니다가 나중에 나처럼 작가가 된 친구가 있었다. 이름은 덴턴 웰치인데 아주 훌륭한 작가가 되었다. 나와 같은 기숙사가 아니어서 서로 아는 사이가 되지는 못했지만 나는 혼자서 교실로 걸어가던 웰치를 쳐다보곤 했다. 큰 키에, 마르고 안경을 쓴 웰치는 아주 불쌍해 보였다. 그래도 나보다는 용기가 많았던 게 틀림없다. 왜냐하면 녀석은 참는 것을 거부했기 때문이다. 어느 날 녀석은 도망쳐서 결코 돌아오지 않았다."[70]

사실 웰치는 3, 4주 만에 돌아왔다. 아버지가 상하이에 같이 가자며 표를 구해 놓았기 때문이었다. 60대가 되었을 때, 로알드는 이런 사실을 잊어버린 모양이다. 50년 전에는 정확하게 무슨 일이 있었는지 편지에 써서 보냈다. 그는 자신도 도망치고 싶다고 인정할 수 없었던 모양이었다. 하긴 랜다프에 있는 의사와 약속한 후였으니. 그래서인지 그의 글은 긍정적이고 활기에 차 있었다.

"부룩하우스에 웰치라는 두 형제가 있어요. 하나는 학교에 돌아오고 싶어 하지 않았어요. 기차역에서 형에게 신문을 사러 간다고 하고는 돌아오지 않았어요. 아무도 그가 어디로 갔는지 몰랐어요. 알고 보니 몰래 솔즈베리로 가는 기차를 타고 63세였던 사촌에게로 가서 거짓말을 잔뜩 늘어놓았다고 하더군요. 다음 날엔 엑서터로 갔대요. 돈을 마련하려고 전당포에 가서 시계를 맡겨야 했지요. 자정 무렵 거리를 어슬렁거리던 녀석을 경찰이 잡고 보니, 주머니에 10센트밖에 없었대요. 그는 감옥에서 하룻밤을 보냈어요. 지금은 학교로 돌아왔는데 아주 행복해 보여요!!!!"[71]

아이러니컬하게도 웰치가 직접 렙턴의 학창시절에 대해 쓴 책인 《처녀항해Maider voyage》에서 이 '도피' 행각으로 학교의 유명인사가 되었던 일화가 나온다. 그는 많은 학생과 선생님들로부터 새로운 선망의 대상이 되었다고 했다.

"한 아이가 감탄해 마지 않으면서 물었다. '세상에, 웰치 돌아온 거야? 난 네가 40파운드를 손에 넣어 프랑스로 갔다고 들었어. 누군가는 나에게 일리프Iliffe가 너를 이탈리아로 데려갔다고 했어.'"

웰치는 일리프가 '자신보다 어린 학생들에게 노골적인 관심을 보였던 나이 많은' 학생이라고 덧붙였다. 웰치의 렙턴에 대한 회상은 여러 면에서 달의 회상과 쌍둥이처럼 닮았다. 둘 다 문이 없는 화장실과 학교에서 가해지는 고통스러운 체벌을 끔찍하게 생각했다. 그중에는 아이들을 발가벗겨 사타구니 털에 껌을 붙이는 일도 있었고, 신입생 신고식에서는 천장의 나무 서까래에 매달려 페인트로 그려놓은 입술에 키스하는 동안 다른 학생들이 젖은 수건으로 맨몸을 때리는 일도 있었다. 웰치는 이렇게 썼.

"나는 그러다 등의 살갗이 벗겨질 수도 있다고 들었다. 그래서 항상 반은 공포에 떨며 살점이 떨어져 나가는 것을 보기 위해 기다렸다."[72]

어린아이들이 가진 불확실성에 대한 불안감, 다음에 어떤 일이 벌어질

까에 대한 두려움을 잘 파악하는 웰치의 능력 또한 달과 닮았다.* 하지만 달과는 달리 웰치는 렙턴에서 성 문제에 탐닉했다. 웰치의 막 시작된 동성애적 성향은 남자아이들만 모여 있던 공립학교라는 환경 속에서 노골적인 유혹을 받았다. 그런 면에서 로알드와는 달랐다. 나중에 성적 도착증에 대해 관심이 많았던 로알드가 학교 시절이 있었던 그런 일들을 한 번도 언급하지 않은 것은 흥미롭다. 렙턴에서의 매질에 대한 웰치의 묘사는 이리저리 날뛰는 가해자, 상세한 설명, 절제된 문체라는 공통점으로 〈달리는 폭슬리〉를 떠올리게 한다. 하지만 그는 이러한 매질이 불러일으키는 사춘기적 성적 혼란에 대해서도 언급한다.

"'책상에 엎드려.' 그 순간이 왔다. 나는 이 사이에 혀를 물고 꽉 깨물었다. 아픔을 느끼기 위해서였다. 그다음 나는 손으로 눈을 가리고는 꼭 눌렀다. 기다리는 동안 내 두 눈은 반짝거리는 어둠의 긴 통로를 가고 있었다. 판자 위에서 질질 끄는 뉴먼의 발걸음 소리가 들리더니 공중에서 회초리의 희미한 신음이 났다. 얼음 속으로 파고드는 두 개의 불 막대기……. 그리고는 아무것도 없었다. 찢어질 듯한 고통 속에서 나는 뉴먼에 대한 존경심이 솟구쳐 오르는 것을 느꼈다. 나는 그를 좋아하는 나 자신이 싫었다. 가슴 한구석에는 그의 얼굴을 강타해 짓이기고 싶은 마음이 일었다. 내 마음은 험한 길을 달려가는 마차처럼 흔들렸다."73

달은 자신의 성적인 경험들을 공개적으로 토론하거나 암시하는 법이 없었다. 그런 말을 꺼낼 때도 보통은 우스갯소리로 끝냈다. 기숙사 사감이 자위의 위험성을 이야기하면서 제한된 동력공급을 가진 회중전등에 비유

---

*존 베체먼이 1961년에 달의 단편집 《Kiss Kiss》의 출간을 축하하는 글을 썼을 때, 흥미롭게도 그 역시 비유를 사용했다. "덴턴 웰치가 H. C. 앤더슨이 되었던 것처럼, 유머와 시와 악당과 예기치 못함의 승리"라고 책을 묘사했다. ㅡ베체먼, 로알드 달에게 보낸 편지, 01/01/61-RDMSC RD 16/1/2.

했는데, '건드리지 마라. 그렇지 않으면 배터리가 완전히 나간다'고 했다고 썼다. 달은 그 이야기를 수년 동안 공개 연설에서 인용하면서 완벽하게 다듬었다. 아마 달이 학교에서 받은 성교육은 그것뿐이었던 것 같다.

프라이어리에서 일 년 동안 함께 지냈고 한 학기 동안 그의 패그였던 찰스 프링글Charles Pringle은 회중전등 이야기는 기억하지 못했지만, 젠킨스가 성 문제를 언급할 때 상당히 불편했다는 달과 비슷한 기억을 하고 있었다.[74] 오크우드의 자유로운 환경 속에서도 어머니는 성교육이 부모가 책임져야 할 부분의 하나라고 생각하지 않았다. 로알드의 누이 엘스는 할머니가 초경 준비도 시켜주지 않았다고 딸 애나Anna에게 말했다. 통증과 출혈에 겁먹은 엘스는 어머니에게 위로받고 싶었지만, 그녀는 건성으로 대답했다. '가서 언니에게 물어봐라'가 어머니의 대답이었다. 앨필드도 전혀 도움이 되지 못했다. 엘스는 이렇게 기억하고 있다.

"인생에 대한 여러 가지를 알려준 것은 유모 비르기트였어요. 하지만 하나도 맞지 않았지요."[75]

1933년 여름이 되었을 때, 로알드는 집안 여자들이 아닌 다른 여자들과 만나고 싶어 했다. 댄스 수업을 들은 16세의 사내아이는 학교에서 일 년에 한 번 학기말에 열리는 댄스파티에 누나들의 노르웨이 출신 친구인 카리Kari를 데려가고 싶었다. 27살인 이복형 루이스도 그 파티에 초대되었는데, 로알드는 혹시 카리가 형을 더 매력적이라고 생각하면 어떻게 하나 하고 걱정을 했다. 로알드는 어머니에게 루이스가 마 빙크Ma Binks하고만 춤을 추어야 한다고 했다.[76]

렙턴의 낙학생들과 우정을 나누던 여자아이들은 마을에도 있었고 더비에도 있었다. 어떤 아이들은 '누구누구의 아내'라고 불리기도 했다.[77] 그러나 달은 사춘기의 성적 욕망을 학교를 떠나서야 이루었다. 달의 큰 덩치와 초연한 태도는 비단 넥타이를 매고 다니던 멋쟁이 미들턴이나 이국적인 잡종 국화를 키우던 심술꾸러기 윌슨 같은 다른 나이 많은 소년들이 성적으로 접근하지 못하도록 막아주었던 것 같다. 또한 어린 소년들과도 가깝게 지낸 증거가 없다. 데이비드 앳킨스는 로알드와 덴턴 웰치의 사이가 그가 말했던 것만큼 멀지 않았다고 기억한다. 앳킨스는 둘이 영어 수업을 같이 들었던 것도 기억했다. 셰익스피어 독해 시간에 키 195센티미터의 로알드가 '이미 변성된 목소리'로 로미오 역을 하고 웰치가 줄리엣을 맡았는데, 두 소년 사이에 '로맨틱한 우정'이 형성되었다고 한다.[78] 앳킨스는 학기 첫날에 로알드가 웰치의 사적인 곳을 일부러 잡았다고 기억했다. 어느 글에선가 이렇게 썼다.[79]

"웰치는 성격 때문에 아이들의 괴롭힘의 대상이 될 만했다. ······달도 가끔은 그를 보호해 주었지만 한편으론 괴롭히는 것을 즐기기도 했다. 웰치는 분명히 자기 학대적인 아이였을 것이고 도망치는 척도 했을 것이다. 달은 그를 잡아서 눈물을 흘릴 때까지 등 뒤로 팔을 비틀기도 했다. 그리고 웰치의 손목에 늘 멍든 상처를 남겼다. 우리는 그저 가만히 서서 구경만 했다. 다들 어느 정도 달을 두려워했다."[80]

달과 웰치가 서로에게 끌렸을지도 모른다는 사실은 그다지 놀라운 일이 아니다. 웰치는 마이클 아널드처럼 아웃사이더였다. 하지만 1932년 여름에는 이미 학교에 없었다. 아널드 역시 렙턴을 끝까지 다니지 못했다. 아널드가 학교를 떠난 상황은 달이 어머니에게 학교생활에 대해 얼마나 많이 숨겼는지를, 또 그의 편지가 얼마나 많이 지어낸 이야기였는지를 알려준다. '빅크스'는 다분히 반항적인 아널드를 자기 기숙사로 받아들여 보저로 만들고는 그에 해당하는 권력을 주었다. 1933년 1월, 사악할 정도로 매서운 추위 동안 로알드는 어머니에게 그와 마이클이 몰래 스케이트를 타러 나갔다고 했다. 덧은 이렇게 덧붙였다.

"하지만 마이클은 구슨 행동을 하든 조심해야 해요. 우리 기숙사 반장이거든요."[81]

아널드는 잘못되어가고 있었다. 로알드가 집에 보낸 편지 속에는 그런 내용이 전혀 없었다. 딘물고기인 파이크 낚시나 여우사냥, 새총으로 까마귀 떨어뜨리기 등 언제나 신 나는 내용으로 가득했다.[82] 5월 7일에 로알드는 어머니에게 이번 학기에 다시 마이클의 서재 그룹으로 들어갔다건서[83] 자기가 확대인화 한 메뚜기 사진에 대해 자세히 설명하고, 댄스 수업을 위해 가죽 신발 한 켤레를 보내줄 수 있느냐고 물었을 뿐이다. 하지만 바로 다음 주에 폭탄 같은 스식을 전했다.

"무슨 일이 있었는지 아세요? 마이클이 심각한 신경쇠약 증상을 일으켰어요. 그래서 옥스퍼드로 진학하기 전까지 남아 있는 학기 동안 떠나야 했어요. 지금은 웨스트모어랜드에 있는 한적한 여관에서 조용히 홀로 지내고 있어요. 아마 그렇게 하는 것이 필요한가 봐요. 온종일 황무지를 걷고 혼자 보내는 것을 즐기니 전혀 개의치 않을 거예요. 그 일 때문에 할 일이 많았어요. 아널드가 빌려 온 책들을 다시 선생님에게 보내드려야 했고, 책을 상자에 넣어 포장하고 나머지를 그의 트렁크에 넣어야 했답니다. 그가 떠나게 돼서 섭섭하지만 요즘은 브롬리 출신의 스미스Smith와 잘 어울리고 있어요. 그가 얼마나 인기가 좋은지 우리 기숙사에 있는 학생들 반 이상이 벌써 그에게 편지를 보냈어요."

일부러 내용을 덜 심각하게 만들려고 우스운 소리를 덧붙였다.

"어젯밤 소등 뒤에 어둠 속에서 면도했어요. 그런데 세면대에서 손만 뻗으면 닿을 만큼 가까이 있던 팰레이레트Palairet가 '성냥불 켜 줄게. 그럼 잘 보일 거야' 하더군요. 저는 그에게서 등을 돌린 채였는데, 녀석이 성냥불을 켜서 손을 뻗다가 그만 제 엉덩이에 그걸 들이민 거예요. 그래서 제 잠옷 엉덩이 쪽에 구멍이 났어요. 제가 난리를 쳤지요."[84]

이런 소동은 사실을 감추려고 꾸며낸 이야기였다. 달이 성베드로학교에서 보낸 첫 번째 편지 이후로 계속 만들어낸 '인물'은 이제 다 거짓임이 드러날 판이었다. 로알드의 편지를 받은 다음 동정심 많은 어머니는 마이클을 벡슬리로 오게 해서 머물게 하면 어떻겠냐고 제안했다. 로알드는 좋은 생각이 아니라고 하면서 이유는 말하지 않았다.[85] 어머니는 아들의 충고를 무시하고는 마이클의 부모에게 편지를 보냈고, 부모에게서인지 아니면 마이클에게 직접 답장을 받았는지는 모르지만 자초지종을 알게 되었다. 즉 어린 학생들과 동성애 문제로 학교에서 퇴학당했다는 사실이었다.

마이클의 행동보다는 로알드가 자신에게 정직하지 못했다는 사실에 더 충격받은 어머니는 아들을 거짓말쟁이라고 비난하면서 아들이 그 사건과 관련된 것이 아니냐는 암시가 담긴 편지를 보냈다. 당황한 로알드는 기숙사 사감에게 조언을 구했다. 빙크스는 어머니에게 다음과 같은 편지를 보냈다.

달 부인에게

로알드가 어젯밤에 몹시 괴로워하며 저를 찾아왔습니다. 아마 부인께서 마이클 아널드가 렙턴을 떠나야 했던 일에 로알드가 관련되어 있다고 생각하실까 봐서인 것 같습니다.

그가 어머님께 말씀드리지 않았던 이유는 걱정을 끼치고 싶지 않아서였습니다. 하지만 상황이 이렇게 되어 버려 제가 부인께 직접 말씀드리는 게 좋을 듯합니다.

이번 학기 초에 아널드가 지난 학기 동안 어린 학생들과 비윤리적인 행동을 했다는 사실이 밝혀졌습니다. 반장이었고 기숙사에서 신뢰받고 있었는데, 그의 행동이 너무나 의도적이어서 우리는 그가 학교를 떠나야 한다고 결정했습니다. 모든 사람에게 참으로 불쾌하기 짝이 없는 일이었는데, 아마 로알드에게는 특히 그랬을 겁니다. 가장 친했던 친구를 잃었을 뿐 아니라 다른 학생들이 로알드도 관련되어 있을 거라고 오해했을 테니까요.

하지만 로알드와 관련된 그 어떤 의혹도 없습니다. 사실 저는 로알드가 아널드를 설득해 나쁜 습관을 버리게 하려고 온 힘을 다해 노력했다고 확신하고 있습니다. 하지만 아널드는 고집스러워 로알드의 말을 들으려 하지 않았습니다.

이런 행동 때문에 학생이 자퇴하게 될 때는 그 이유를 가족에게 털어놓는 일이 쉽지 않습니다. 그 당시 로알드는 뭐라고 해야 할지 의논하기 위해 저에게 상담하러 왔습니다. 저는 부인에게 말씀드릴 필요가 없다고 생각했습니다. 로알드가 관련된 문제가 아니었으니까요. 적어도 그 당시에는 말입니다. 편지로만 전달해야 했으니까요. 그래서 아널드의 아버님이 신경쇠약이라고 표현했기에 저도 로알드가 그렇게 설명하는 게 나을 것 같았습니다.

아마 제가 잘못 생각했을지도 모릅니다. 만약 그렇다면 죄송합니다. 하지만 어떤 경우에도 로알드에 대해서는 안심하셔도 됩니다. 로알드는 아무 일도 없고 그런 성향도 아닙니다. 그리고 아널드의 잘못된 행동과 전혀 관련이 없습니다.

그리고 편지에 관해서는…… 이렇게 영리한 녀석들은 생각이 상당히 비정상적입니다. 아이들은 학교를 원망하기에 다루기가 쉽지 않습니다. 그리고 이번 경우처럼 파국으로 이어지기도 하지요. 아널드는 학교가 자신의 진정한 가치를 인정해 주지 않는다고 확신하고 있었습니다. (이건 확실히 잘못입니다.) 그래서 자신의 독자성을 유지하기 위해 대단히 반항적이고 혁신적인 태도를 보였습니다. 물론 무척 사악하고 이기적인 방법이었지요. 어린 소년들을 나쁜 길로 인도했으니까요. 좋은 자질도 많이 있었던 아이인데…… 정말 안타까운 일입니다. 저는 그 학생이 미래에 자신의 '복잡한 성향'을 잘 통제해 나가기를 희망합니다.

하지만 제가 이 편지를 쓰는 주요 이유는 로알드에 대해 부인께서 안심하셨으면 하는 마음에서입니다. 로알드는 분명히 정상입니다. 부인께서 아들을 믿는다고 말씀해 주시기를 바랍니다. 자기가 어머니에게 신뢰받고 있다고 느끼는 것이 로알드에게는 대단히 중요합니다.

S. S. 젠킨스 올림[86]

이 편지는 어머니를 안심시키기에 충분했다. 같은 날 로알드는 어머니에게 편지를 쓰면서 자신의 생각을 덧붙였다.

예, 저는 마이클이 학교에서 퇴학당한 사실을 알고 있었어요. 그리고 어머니에게 어떻게 말씀드려야 할지 빙크스 선생님께 자문하기도 했어요. 선생님은 신경쇠약이라고 둘러대어 사실을 숨기는 것이 당시로써는 가장 나은 방법이라고 하셨어요. 제발 제가 그 아이와 관련 있다고 생각하지 말아 주세요. 저는 그의 친구였고 비윤리적인 면이 있다는 사실을 알고 있었어요. 빙크스 선생님이 알고 계시듯이 저는 말려 보려고 했어요. 하지만 소용이 없었어요. 그래서 저에 대해 그 누구보다 많이 알고 계신 빙크스 선생님께 어머니에게 제가 그렇지 않다는 점을 확신시켜달라고 부탁했어요. 어머니의 편지를 보니 제 행동이 옳지 않고 조심하지 않으면 퇴학당할 거로 생각하시는 것 같아서요. 하지만 저와 빙크스 선생님은 그의 퇴학 사실을 감추는 것이 다른 아이들을 위해서도 최선일 것으로 생각했습니다. 보스(교장선생님)는 저에게 동성애가 아니라 즈로 아주 머리가 좋은 녀석들이 가진 지나친 성적 충동에서 나온 자연적인 분출이었다고 하셨어요. 일 년 후에 다시 학교로 돌아오라고 하셨답니다.[87]

벤 로스는 로알드가 퇴학당하지 않았던 것은 운이 좋았기 때문이라고 생각했다. 그는 로알드가 '곤란한 문제나 사건에서 빠져나가는 데는 무지하게 머리가 좋은 녀석'이라고 기억했다. "늘 빠져나갔지."[88] 로알드가 연관이 있었는지는 모르겠지만 이 사건으로 그에게 반항적인 성향이 있다는 것이 확실해졌고 무리에 섞이지 않는 것도 분명해졌다. 한편, 마이클 아널드는 옥스퍼드로 진학해 존경받는 산업과학자가 되었으며, 전쟁이 발발하기 전에 결혼해서 아들 셋을 두었다. 그리고 그 중 한 명을 렙턴에 보냈다. 그는 아들들에게 매질이나 퇴학당했다는 이야기는 하지 않았다. 아마 사건을 쉽게 잊었던 모양이다.

하지만 달에게는 복잡한 문제로 남았다. 그 사건은 달의 무의식 속에 계속 남아 있었고 어머니와의 관계를 미묘하게 변화시켰다. 서로를 위해 달이 쓰고 있던 행복한 가면이 손상되어 편지는 사실을 나열하는 쪽으로 변해갔고 애써 보이던 활기찬 모습도 사라졌다. 그가 만들어낸 렙턴 학교의 허상은 이제 더럽혀졌다.

의외긴 하지만 이 사건은 로알드와 마이클 아널드의 우정에 악영향을 미치지는 않았다. 오히려 더 돈독하게 만든 것 같기도 하다. 이후 50년간 두 남자는 꾸준히 연락하는 사이로 남았다. 아이들이 어렸을 때, 달과 아널드는 어린아이들을 데리고 방학 동안에 같이 노르웨이로 여행을 가기도 했다. 그러다 나이가 들어 격렬한 언쟁을 벌이다 관계가 끊어졌던 것이다.[89] 하지만 로알드는 친구가 렙턴에서 끔찍한 취급을 받았다고 믿었다. 그건 학교에서 퇴학을 당해서라기보다는 그전에 야만적일 만큼 심하게 맞았기 때문이었다. 이 벌은 자신이 받았던 어떤 벌보다 그에게 깊은 상처를 남겼다. 그건 보저가 아니라 보스라고 불렀던 교장에게 당한 매질이어서 그랬는지도 모른다. 그가 《발칙하고 유쾌한 학교》를 쓸 때 그때의 기억이 무섭게 밀려왔다. 이 일화는 그가 초고에서 삭제하지 않은 것 중 하나이다. 최종 묘사도 거의 처음에 쓴 내용과 다르지 않다.

"마이클에게 바지를 내리고 교장선생님의 소파에 무릎을 꿇고 엎드려 윗몸을 소파 가장자리 너머로 숙이라고 했다."

그리고 '덜덜 떨고 있는 엉덩이로 내려치는 찢어지는 듯한 채찍 소리' 사이사이에 보스는 파이프에 불을 붙이면서, '무릎 꿇은 아이에게 도덕적인 죄와 잘못에 대한 연설을 늘어놓았다.'[90] 달이 기억하기에 아널드는 10대를 맞았다고 했지만 벤 뢰스는 12대였는데, 6번은 무거운 회초리였고 6번은 채찍처럼 가벼운 것이었다고 했다.[91] 달은 계속 썼다.

"다 끝나자 교장선생님은 세숫대야, 스펀지 그리고 깨끗한 작은 수건을 내밀더니 맞은 학생에게 바지를 올리기 전에 피를 닦으라고 했다."[92]

하지만 벤 뢰스는 그건 피가 흥건했던 '바닥 닦기'였다고 달의 기억을 바로 잡아 주었고, 그때 일은 모든 학생에게 엄청난 영향을 끼쳤다고 했다.[93] 달의 동생들인 엘스와 아스타는 집안 아이들이 종교 없이 자랐다고 주장했지만,[94] 달은 그 사건으로 '종교와 심지어 하느님에 대해 의심하게' 되었다고 했다.[95] 가해자가 나중에 캔터베리의 대주교가 된 제프리 피셔였기에 더 충격적이고 위선적이라고 생각했다.

불행하게도 로알드는 실수를 했다. 물론 처음은 아니었지만 그는 사실을 꼼꼼하게 점검하지 않고 말해 버린 것이다. 가해자는 피셔가 아니라 후임이었던 존 크리스티John Christie였기 때문이다. 달이 집에 보낸 편지에 나와 있듯이, 그 일은 1933년 여름에 일어났는데, 그건 피셔가 체스터의 주교가 되기 위해 학교를 떠난 지 이미 일 년이 지난 후였다.[96] 그러나 50년이 지난 후 달은 그 도진 체벌을 '촌스럽고 오자 다리를' 한 피셔 탓으로 돌리면서 그를 '경건한 체하는 위선자'라고 비난했다.

"희미하게 불을 밝힌 학교 예배 시간에 앉아 하느님의 어린 양과 자비 그리고 용서에 관한 그의 설교를 듣고 있으면 내 어린 마음은 완전히 혼란스러워졌다. 바로 하루 전에 이 신부가 규칙을 어긴 어린 학생에게 매질하면서 그 어떤 용서와 자비심도 보이지 않았음을 알고 있었기 때문이다."[97]

그 대목은 과장된 것이었다. 마이클 아널드에 가한 체벌은 특이한 경우였다. 아널드는 어린 학생도 아니었다. 어린 소년을 성적으로 학대한 18세 청년이었다.* 그리고 가해자를 착각한 놀라운 경우이다. 로알드가 학교에 다닐 때나 졸업한 후에 피셔를 특별히 싫어했다는 증거는 없다.

사실, 많은 편지 속에서 그는 교장에 대한 애정을 보여 주었다. 예를 들어 1931년 여름, 로알드는 크리켓 시합 도중 환하게 웃고 있는 교장의 사진을 찍기도 했다. 30년이 지난 다음, 달은 피셔에게 자신의 단편집인 《Kiss Kiss》를 한 부 보내면서 그때 사진의 복사본 하나도 같이 넣고는 따뜻함이 묻어 있던 그날의 일을 언급했다. 그는 첫 장에 이렇게 썼다.

교장선생님은 환하게 웃었습니다. 선생님 뒤에서 찰칵하는 소리가 났습니다. 돌아다보니 키가 크고 마른 학생이 손에 카메라를 들고 있는 것이 보였습니다. 교장선생님은 엄중한 목소리로 말씀했습니다.

"달, 만약 못생긴 사진이라면 없애야 한다."

32년이 지난 오늘도 그 소년은 교장선생님이 이 이야기를 그렇게 느낄까 봐 두려워하고 있습니다. 그렇지만 그 소년은 감사와 애정으

---

*달은 아마도 아널드의 사생활을 보호하고, 《발칙하고 유쾌한 학교》의 어린 독자를 존중하려다 보니, 사건의 본질을 밝히는 데 실패한 것 같다. 결과적으로 독자들은 친구가 왜 그렇게 잔혹한 벌을 받았는지 그 이유를 알지 못하게 되었다.

로 이 사진을 드립니다.[98]

이 글은 1962년 12월에 쓴 것으로 되어 있다. 로알드가 7살 난 딸인 올리비아의 죽음 후에 교장에게 위로를 구한 지 얼마 되지 않아서였다. 1970년대에 학생들에게 대체로 가볍고 재미있는 연설을 하러 렙턴에 갔을 때, 그는 교장선생님을 '한없이 선했던' 분이라고 묘사하면서도, 어린 학생들에게 가한 체벌 부분에 이르러서는 '죄가 없다고는 할 수 없는' 분이라고 했다.[99] 그와는 대조적으로 후임 교장이었던 크리스티는 기독교 열성 신자라는 사실 밖에는 달의 기억에 남아 있지 않았다. 1932년 여름 로알드는 왜 어머니를 견진성사*에 초대하지 않았는지 설명하면서 자신은 결코 독실한 신자가 될 것 같지 않다고 했다.

"광신도의 예를 들자면, 새로 오신 분이 그런 분이죠. 두려울 정도로 선한 분이지만 종교적으로는 광신자에요. 이런 곳에 계시기에는 지나치게 종교적이죠."[100]

달이 《발칙하고 유쾌한 학교》를 출간했을 때 큰 화제를 일으키려고 일부러 마이클 아널드에 관한 진실을 왜곡했다는 추측이 있었다. 피셔는 캔터베리 대주교가 되어 1953년 엘리자베스 2세의 대관식을 주도했지만, 크리스티는 그저 공립학교의 교장을 하다가 옥스퍼드 예수 칼리지의 총장이 되었기 때문이다. 그러나 그의 실수가 그저 기억의 혼란에서 비롯된 것이 아니라는 증거는 없다. 달은 이미 8년 전인 1975년에 렙턴을 방문하여 친구의 체벌에 대해 언급했을 때도 마이클 아널드의 가해자에 대해 착각했다. 거기서 달은 《발칙하고 유쾌한 학교》에서처럼 집에서 이야기하듯

---

*세례를 받은 신자에게 성령과 그 선물을 주어 신앙을 성숙하게 하는 행사. —옮긴이 주

생생하게 말했다. 그는 매질을, '중세 시대의 종교적인 심문'에 비유했다.[101] 이상하게도 이 일은 아무런 사회 문제를 일으키지 않았다. 나아가 달은 이 이야기의 '흥미로운 후일담'을 이야기한 적이 있었다. 그가 11년 전에 쉐르본에서 작위를 받은 피셔 경을 방문했을 때, 옛 교장이 '놀라운 기억력'을 가졌다면서도 매질에 대해서는 전혀 기억하지 못했다고 이야기했다. 그때 자신의 기억이 뭔가 잘못되었다는 경고로 받아들여야 했을지도 모른다. 어쨌든 이런 경유로 그릇된 기억이 그만 사실로 굳어지고 말았다.

1984년에 《발칙하고 유쾌한 학교》가 출간되었을 때 한바탕 소동이 벌어졌다. 가족과 제자들이 피셔를 두둔하기 위해 나섰다. 달의 마지막 학년 기숙사 반장이었던 존 브래드번John Bradburn은 《타임스The Times》에 보낸 편지에서 이렇게 심정을 밝혔다.

"보스는 현명하시고 엄격하신 교장선생님이었습니다. ……하지만 늘 공평하셨죠. 그리고 언제나 대단한 존경과 칭송과 사랑을 받으신 분입니다."[102]

이상한 점은 당시 사람들은 왜 달이 단순히 사람을 착각했을지도 모른다는 생각은 하지 않았을까 하는 점이다. 어쩌면 마이클 아널드가 사실을 제대로 바로잡을 수도 있었을 것이다. 하지만 그렇게 하지 않았다. 왜 그렇게 하지 않았는지 우리는 영영 알 길이 없다.

그 사건 이후 렙턴에서의 마지막 몇 달 동안 달은 잠정적인 휴가 상태로 지냈다. 그는 자신의 분신이었던 친구를 잃었다. 반장도 되지 못했다. 그래서 그는 점점 안으로 움츠러들었다. 《발칙하고 유쾌한 학교》에서 조금은 원망스러운 듯 말한다.

"학교는 나를 좋아하지 않았다. 믿을 만한 아이가 아닌 모양이었다. 나는 규칙이 싫었다. 난 예측불허였다. …… 어떤 아이들은 태어날 때부터 권력을 휘두르고 권위를 떨칠 수 있는가 보다. 나는 그런 사람이 되지 못했다."[103]

남들은 몰랐지만 달은 마음의 위로를 받을 수 있는 다른 방법이 있었다. 그건 오토바이였다. 1932년 크리스마스에 어머니는 달에게 500시시짜리 아리엘이라는 오토바이를 사주었다. 달은 오토바이를 근처 농가의 헛간에 숨겨놓고 사용했다. 그건 그에게 엄청난 독립심과 자유를 만끽하게 해주었다. 주말이면 달은 오토바이를 타고 나가 더비셔의 시골 길을 달리다가 낡은 코트와 헬멧 그리고 장갑으로 위장하고는 용감하게 렙턴 안까지 쳐들어가 요란한 소리를 내면서 선생님들과 보저들의 신경을 거스르며 질주하기도 했다. 그는 속도위반으로 소환당하기도 했지만 들키지는 않았다.[104]

달은 1933년 여름에 졸업 자격시험을 보았고 성서, 영어, 역사, 프랑스어, 기초 수학과 일반과학에서 통과했다. 달은 대학에 진학하거나 선교활동 같은 어리석은 일을 할 생각이 없었다.[105] 아버지가 남긴 신탁으로 25살의 나이에 이미 적지 않은 수입이 있어 직업을 구해야 하는 스트레스도 없었다. 그가 원하는 것은 모험이었다. 그래서 그는 석유회사에서 일하겠다고 결정하고는 외국으로 나가기로 했다.* 어머니는 아들에게 야심이 부족한 것을 보고는 '다급한' 마음에 점쟁이에게 가서 미래에 대해 물어보았다. 수년 후 어머니는 막내딸 엘스에게 점쟁이가 로알드는 작가가 될 거라고

---

*달은 대부분의 친구처럼 대학에 가지 않았다. 렙턴의 기록에 따르면, 1930년 1월에 달과 함께 입학한 18명의 학생 중 2명만 대학에 입학했다. 1934년에 렙턴을 졸업한 34명 중에서는 10명이 대학에 갔다.

예견했다는 말을 했다.[106]

로알드는 학교에서의 마지막 몇 주일을 휴지와 철사와 파라핀으로 거대한 열기구를 만들면서 보냈다. 가장 크게 만든 기구는 5미터 40센티미터가 넘었다고 한다.[107] 열기구 만드는 일은 로알드가 살아가면서 이따금 즐기는 취미 생활이 되었다. 로알드는 기구가 밤하늘로 올라갈 때 스릴을 느꼈고, 기구가 착지하는 곳까지 수 킬로미터의 들판을 가로질러 달리는 것도 즐겼다. 아마 기구를 자유와 도피의 상징으로 느낀 것이 분명했다. 보저가 되지 않았기에 달은 타락하지 않은 채 렙턴을 떠날 수 있었고, 반항 본능도 제재받지 않았다. 가끔 덴턴 웰치의 팔을 멍들게 하거나 방귀를 많이 뀌는 선배를 '거품'이라고 별명 붙여 놀리기도 했지만[108] 한 번도 권력을 휘두른 적은 없었다. 아무도 때리지 않았다. 직책을 맡았다면 상황은 달랐을지도 모르지만, 딸 오필리아의 말대로 '내가 당했으니 너도 똑같이 당해야 한다'는 '전형적인 영국식 태도'는 달의 사고방식이 아니었다.[109] 친구인 벤 뢰스에게는 그런 확신이 없었다.

"권력을 쥔 자들은 그를 믿지 않았고, 그래서 위계 사회에서 전혀 진급하지 못했다. 그건 대단한 실수였다. 아마 그가 위험한 인물이 될 거라는 두려움이 있었던 게 틀림없었다. 하지만 비유하자면, 밀렵자들이 가장 멋진 사냥터지기가 된다."[110]

그래서 암실에서 사진이 인화되듯 달의 성격은 렙턴에서 형성되었다. 이미 독립적이었던 달은 영국의 관습과 명령에 순응하는 태도와는 점점 더 멀어졌다. 이후 어디서건 가능하다면 자신의 운명을 스스로 개척하리라 마음먹었다. 교장 존 크리스티는 달의 마지막 평가서에 이런 글을 써넣었다.

"그는 야망이 있고 예술적인 감각이 있습니다. ······자기 자신을 다스릴 수 있다면 그는 지도자가 될 것입니다."[11]

5장

멀고 먼 나라로

공립학교탐험대 대원으로 탐험에 참가한 로알드 달. 뉴펀들랜드, 1934년.

공립학교탐험대 탐험단. 앞줄 가운데 서 있는 사람이 탐험대 대장인 머리 레빅. 그의 왼쪽 옆이 신문 기자인 데이스 클라크. 달은 오른쪽에서 세 번째. 뉴펀들랜드, 1934년.

1934년 8월 다른 가족들이 오슬로 피오르 만에서 신 나게 즐기고 있을 때, 로알드는 공립학교탐험대의 일원으로 영국체신공사의 기선인 노바 스코티아에 올랐다. 영국 전역에서 모인 지원자 50명이 35파운드씩 내고 캐나다 북부 해안에서 멀리 떨어진 뉴펀들랜드 섬의 미개척지를 4주 동안 트래킹 하는, 미지의 즐거움이 기다리는 여행을 떠났다. 외형적으로는 여전히 영국령이었지만 아무도 관심 두지 않는 미지의 땅을 지도에 남기기 위함이었다.

이 탐험대를 구성한 더 큰 목적은 가치관 형성에 있었다. 제국을 건설할 청년들에게 문명의 사치에서 벗어나 야생에서 살아남는 법을 가르치기 위함이었다. 달을 포함하여 가장 잘 적응했던 12명도 30~45킬로그램 무게의 짐을 지고, 발이 쑥쑥 빠지고 모기가 들끓는 늪지대를 20일 동안 행군해야 할 때도 있었다. 그들은 텐트에서 자고, 인디언의 휴대용 식품인 페미컨과 삶은 이끼와 진흙 그리고 꽃이끼로 끼니를 때웠다. 아주 힘든 임무였다. 미래의 탐험가들은 무릎까지 잠기는 그레이트 래틀링 시내를 첨벙거리며 건넜다. 식물을 수집하고 곤충을 채집하면서 외진 늪지대를 걸었다. 숭어낚시를 하고 토끼를 잡으려 덫을 놓았지만 아무것도 잡지 못했다. 텐트는 물이 샜고 결국에는 먹을 것도 떨어졌다. 여행 내내 배를 주려야 했고 젖은 몸으로 추위에 떨었다. 로알드는 일기에 슬픈 듯 이렇게 썼다.

"솔직히 우리 중 그 누구도 이처럼 비참해본 적이 없는 것 같다."[1]

리버풀에서 뉴펀들랜드의 수도인 세인트존까지의 일주일간의 바다 여행은 의기양양하게 시작되었다. 로알드와 렙턴에서부터 알고 지낸 친구인, 성격이 활기찬 지키 호럭스Jimmy Horrocks는 술에 취했고, 달은 정신을 잃은 호럭스를 등에 업고 방으로 돌아오기도 했다. 래브라도에 대해 이야기하고 싶어 하던 '어리석기 짝이 없는 선교사'를 피해 다니며, 같은 배에 탄 스무 살 먹은 여배우 루스 로지Ruth Lodge와 놀면서도 로알드는 영국령 기니 출신 선원인 샘Sam과 친구가 되었다. 같은 또래 이외의 사람에게서 마음에 맞는 친구를 찾는 것은 로알드에게서 늘 볼 수 있는 모습이었다. 달은 같이 배를 타고 탐험에 나섰던 대부분의 사람보다 자유로운 카리브 인 같은 샘이 훨씬 더 마음에 들었다. 지미 호럭스를 제외하고는 같이 갔던 대원들의 이름은 로알드의 일기에 거의 나타나지 않았다. 로알드는 어머니에게 보낸 편지에 샘은 '정말 멋져요. 검고 곱슬곱슬한 머리에 파란색 베레모'를 쓴 친구라고 소개하면서, 샘에게 '위에 조금만' 남기고 '머리를 다 밀어달라고 요청했다'고 덧붙였다. 새로운 헤어스타일이 자신에게 아주 '잘 어울린다'고 했다.² 샘은 17살 먹은 친구에게 머리를 따뜻하게 감쌀 수 있는 파란색 베레모를 주었다. 달은 고마운 마음으로 탐험대의 공식 사진사로서 지녔던 카메라와 필름 18개, 담배 14온스, 파이프 2개, 그리고 하모니카가 들어 있던 짐 속에 모자를 챙겨 넣었다.

　탐험은 공립학교탐험대의 설립자이며 실패했던 스코트Scott의 북극 탐험대에서 살아남은 해군위생국 사령관인 57세의 조지 머리 레빅George Murray Levick이 주도했다. 머리 레빅은 성격이 특이한 영국펭귄 전문가였는데, 젊은이들의 교육에 스파르타식 훈련의 중요성을 옹호하던 사람이었다. 세 조수 중 하나인 데니스 클라크Dennis Clarke라는 신문 기자를 비롯해 탐험대의 많은 사람에게는 국가의 영웅 같은 존재였다. 당시 탐험의 공식 기록에서 클라크는 지도자의 금욕주의와 남들이 가보지 않은 곳에 발을 처음으로 들여놓겠다는 레빅의 끊임없는 욕망을 칭송했다. "만약 탐험이 죄라면…… 레빅 사령관은 아마 여러 번 처형당했을 것이다"라고 자랑

삼아 쓸 정도였다.³ 그는 사령관과 함께 얼음처럼 차가운 강물 속에 벌거 벗고 들어가 수영하는 것을 즐겼으며, 미지의 세계로 용감하게 행군해 들 어가는 일과 남자들 사이의 끈끈한 연대감을 즐겼다.

한 예를 들면, 클라크는 세인트존에서 탐험이 시작되는 그랑 팔스까지 400킬로미터를 가야 하는 기차 여행에서 일등석은 역겹다며 애써 삼등석 을 마련해 힘들게 가야 한다고 한 레빅 사령관을 높이 평가했다. 로알드도 혹독한 자연환경에 맞서 도전하는 일을 즐겼을 것이다. 물론 사령관만큼 은 아니었겠지만. 로알드는 일기에 배고픔과 궁핍을 적나라하게 기록했 는데, 이따금 너무 힘들면 상상 속의 세계로 들어갔다.

"그날 밤 우리가 있던 늪지에 물이 스며들었다. ……텐트 안의 수위가 점점 높아갔다. 만약 거대한 거인이 지난밤 비로 감기에 걸려 손수건이 필 요했다면, 어슬렁거리다가 아마 우리 텐트를 집어 들었을 것이다. 그럼 우 리는 침낭 안에 든 채 어디론가로 떠내려갔을 것이다."⁴

달의 타고난 성격은 얼마 지나지 않아 드러났다. 권위에 대한 혐오감이 었다. 그건 사령관인 레빅에 대한 거슬림으로 나타났다. 로알드는 전부터 불필요한 지위나 계급으로 부풀린 사람들을 믿지 않았다. 레빅은 공중위 생국 사령관이기는 했지만 확실히 장군은 아니었다. 그리고 1918년에 이 미 해군에서 제대한 뒤라 달은 신경이 거슬렸다. 어느새 그에게 짜증 나기 시작했다. 그가 엉터리이고 허풍쟁이임을 안 것이다. 그뿐만이 아니었다. '장군'은 주위의 모든 사람이 다 볼 수 있는 공공장소에서 배변을 보았다. 로알드는 일기에 이렇게 적었다.

"아침 6:45 장군은 텐트 한가운데서 똥을 누었다. 전혀 부끄러워하지도 않고 항상 성공했다. 우리는 모두 그가 이런 행동을 하지 않기를 바랐다."

긴 행진이 계속되고 모든 일이 잘못되어가고 있을 때, 그에 대한 못마땅함은 경멸로 바뀌었다. 로알드는 '추잡한 늙은이'가 강인한지는 몰라도 머리가 나쁘다고 생각했다. 무척 화가 나게 된 일이 있었다. 레빅은 호수를 건너가기 위해 임시 뗏목을 만들어야 한다고 주장했다. 하지만 호수를 걸어서 돌아가는 것이 훨씬 안전하고 먹을 것을 구할 기회도 있을 터였다. 당시 젊은 탐험대원들의 몸 상태가 좋지 않았다. 한 명은 볼거리로 심하게 아팠다. 로알드의 신발은 한 짝이 찢어져서 천으로 임시 신발을 만들어야 했다. 가지고 간 식량도 거의 다 떨어져서 텐트 안의 대화는 어느새 '혁명적'이 되어가고 있었다.[5] 결국 로알드는 레빅의 탐험대원 중 두 베테랑인, 마이클 발링Michael Barling과 데니스 펄Dennis Pearl과 함께 사령관을 위협해 베이스캠프로 돌아가도록 설득하기로 했다. 데니스 펄은 이렇게 기억했다. "로알드와 난 반란을 주도했다. 하지만 원하던 결과를 얻어내지는 못했다. 하지만 그 일로 로알드와 나는 가까워졌다."[6]

세 사람은 강한 인상을 남겼다. 클라크도 두 사람이 자신들의 요구사항을 전달할 때 보인 지식과 말솜씨에 놀랐다면서 비록 레빅이 베이스캠프로 돌아가지는 않았지만 뗏목으로 호수를 건너려는 계획은 포기했다고 기록했다. 반란자 중 하나가 남극으로 가는 경주에서 스코트를 이긴 로알드 아문센Roald Amundsen과 이름이 같아서 기분이 나빴는지 아닌지는 언급되어 있지 않다.

기분이 좋지 않았던 마지막 며칠은 배고픔의 고통을 이겨내느라 거의 침묵 속에서 보냈다. 먹는 이야기가 일기의 마지막 페이지를 장식한다.

"알다시피 우리의 모든 생각은 음식, 더 많은 음식 그리고 더 많은 음식으로 가득 차 있었다."

밤이 되면 텐트에서 소년들은 런던의 식당, 심슨스와 예올드체셔치즈 같은 곳에서 상상 속의 음식을 먹는 걸 꿈꾸었다. 달은 "그런 이야기를 하는 것만으로도, 그런 곳이 여전히 존재한다는 사실만 생각해도 너무나 멋졌다"고 썼다.

그러다 대화는 문학이나 음악으로 옮겨갔다고 덧붙였다. 그런 주제들은 "우리에게 더 큰 기쁨을 주었다."[7] 9월에 로알드는 구레나룻과 콧수염을 덥수룩하게 기른 채'[8] 새 친구 데니스 펄과 함께 런던으로 돌아왔다. 영국 기득권 세력의 거만함과 부조리에 대한 의심은 더 강해졌지만 그들과 맞설 수 있다는 자신감 또한 커졌다. 그는 모든 것에 완벽한 준비가 되었다고 믿었다.[9]

며칠 후 로알드는, 나중에 로열 더치 셸Royal Dutch Shell이 된 아시아석유회사의 수습사원으로 취직했다. 그는 런던 중심부에 있는 세인트 헬렌 코트에서 일했다. 연봉은 130파운드였다.* 일하는 데는 몇 가지 어려움이 있었다. 벡슬리의 집에서 매일 출퇴근해야 한다는 점이었다. 하지만 일은 그다지 힘들지 않았고 틀에 박힌 일이라 금방 적응했다. 주달에는 골프를 치고 경주에 가고 축음기로 베토벤 음악을 듣거나 미국의 범죄 소설을 읽으며 쉬었다. 사무실에서 하는 일은 적성에 맞지 않았다. 높은 책상에 등받이도 없는 의자에 앉아 수다를 떠는 직원들로 가득했다.[10] 회계 일에도 싫증 나고 석유를 정제하는 기술에는 전혀 관심이 없던 로알드는 외국으로 여행하는 일만 꿈꾸고 있었다. 라이더 해거드Rider Haggard와 아이작 디네센 Dinesen의 이야기**에서 영감을 받아 로알드는 동아프리카로 파견

---
*2010년 기준으로 환산하면 약 2만 5000파운드이다. ―옮긴이 주
**누이인 앨필드는 달이 데니시 카렌 블릭센Danish Karen Blixen의 영향으로 동아프리카에 가고 싶어 했다고 주장했다. ―저자와의 대화, 08/07/92.

되길 요청했다. 하지만 수개월 동안 책상에서 가장 멀리 갔던 것은 런던 서부에 있는 쉘의 중앙연구소 정도였다. 그곳에서 그는 억지로 석유제품의 성분을 공부해야 했다.[11] 1936년 여름에는 템스 강 하류에 있는 정유소와 기름 선착장이 있는 에식스에 파견되었다. 그곳에도 그의 호기심을 자극할 만한 것은 없었다. 로알드는 어머니에게 이렇게 불평을 했다.

"하루 대부분을 거대한 기름 탱크 위에서 보냈는데, 연기 때문에 너무 덥고 질식할 것만 같았어요. 저녁에는 멕시코에서 온 윤활유를 하역하는 걸 감시했습니다."[12]

그다음 해에는 석유 판매를 위해 서쪽 지방으로 여행 다녔는데, 전의 일보다는 흥미로웠다. 사진을 찍을 기회가 많았기 때문이다.

4년이라는 시간이 지나서야 비로소 아프리카에서의 파견 근무가 가능했다. 이렇게 늦어졌던 이유 중 하나는 로알드가 쉘에 취직했을 당시는 완전한 영국시민권자가 아니어서 외국으로 여행하려면 영국 여권이 필요했기 때문이다.* 어쩌면 100퍼센트 믿을 만한 사람이 아니라고 여겼을지도 모른다. 당시 쉘에서 같이 근무했던 사람은 로알드가 너무 '독립적'이고 '지시받는 것을 엄청 싫어했기 때문에' 수습 기간을 넘기지 못할 거라고 생각했다고 기억했다.[13] 하지만 로알드는 학교라는 감옥을 빠져나와 오랫동안 기다렸던 자유의 햇빛으로 들어가고 싶은 마음이었다. 그래서 참고 기다렸던 것이다.

로알드가 어머니와 누이들과 함께 벡슬리의 시끌벅적한 집에서 별다른

---

*아시아석유회사에서 달에게 보낸 편지, 07/16/34-RDMSC RD 13/1/9/53. 이 편지는 달이 당시 노르웨이 여권을 가지고 있었지만, 영국의 시민권 없이는 쉘의 외국 파견 근무를 할 수 없다고 언급하고 있다. 누이 앨필드는 1934년에도 달에게는 영국 시민권이 없었으며, 노르웨이가 참전한 후에도 자매 중 아무도 영국 군대에 합류할 수 없었다고 한다. 영국에서 태어났지만 여전히 '외국인과 첩자'로 분류되었다. -저자와의 대화, 08/07/92.

사고 없이 지낸 4년은 그가 죽기 전 마지막 10년만큼이나 편안했던 시절로 볼 수 있다. 그곳에서 로알드와 누이들은 천천히 어른으로 자랐다. 1930년 4월 말, 성격이 열정적인 이복누나인 엘런이 병리학자인—나중에 유명한 면역학자가 된—애슐리 마일스Ashley Miles와 결혼했다. 로알드가 노르웨이에서 방학을 보낼 때, 파이프에 염소 똥을 넣어 놀렸던 바로 그 사람이었다. 곧 누나 부부는 안락한 전문직 상류계급이 사는 런던 북쪽의 햄프스티드에 보금자리를 꾸몄다. 성격이 온순했던 루이스는 보헤미안 기질이 있었고 가족이라는 둥지를 벗어나고 싶어 했다. 몇 달은 오네센과달*에서 근무했지만 그 역시 달처럼 사무실에서 하는 일에 흥미가 없었다. 호주의 양 목장에서 카우보이도 해보았지만 역시 실패하고는 런던으로 돌아와 성 마틴 칼리지St. Martins College에서 미술을 공부했다. 그 후 루이스는 광고 일러스트레이터로 일했다.**[14] 성 마틴을 다닐 때 루이스는 집 맨 위층을 스튜디오로 바꾸었다. 그곳에서 그는 여러 시간 동안 그림을 그렸고 축음기로 시벨리우스의 고향곡을 들었다. 이따금 앨필드와 함께 런던 퀸즈홀에서 열리는 음악회에 다녀오기도 했다. 1936년 그는 목사의 딸인 메리엘 롱랜드Meriel Longland와 약혼하고 그 해 말에 케임브리지에서 결혼했다. 신혼부부는 런던으로 올라가 처음에는 메릴본에서 방을 얻어 살다가 나중에는 셰퍼드 부시의 주택으로 이사했다.

화가가 되고 싶었던 앨필드는 어머니가 미술학교에 보낼 여유가 없다

---

*오네센과달은 1950년대 말까지 있었던 회사다. 하지만 1930대에 루드비그 오네센은 대부분 시간을 노르웨이와 프랑스를 여행하며 보냈다. 아이가 없었던 오네센은 달의 아이들에게 대부로서 자비롭고 충분한 지원을 해주었고, 자상하고 따뜻했다.

**아스트리 뉴먼의 앨범에 노트웨이의 바위 해변에 앉아 있는 얼굴이 긴 루이스 사진이 있다. 정교하고 꼭 맞는 트위드 정장을 입고 모자를 쓰고 있어 전통 영국 신사처럼 보인다. 그는 로알드가 뉴펀들랜드로 여행하기 떠나기 전에 달의 어머니에게 편지를 보내, 달에게 자신의 최고급 낚싯대를 주라고 했다. —로알드 달, 어머니에게 보내는 편지, 10/06/34–DMSC RD 13/1/9/44.

5장 멀고 먼 나라로 153

고 하자[15] 좌절하고는 런던에서 '방탕한' 생활로 위안을 받았다. 그는 작곡가인 윌리엄 월튼William Walton과 염문을 뿌렸고, 보수적인 역사학자인 아서 브라이언트Arthur Bryant뿐만 아니라 로알드의 친구였던 데니스 펄Dennis Pearl과도 사귀었다. 아스타는 언니가 아침에 '우유배달 차를 타고 집으로 돌아오는 것'을 종종 보았다고 기억했다.[16] 로알드보다 한 살 어렸던 엘스는 수줍음이 많고 조용한 아이였다. 엘스는 처음부터 언니들이 다닌 로딘에 가지 않겠다며 벡스힐에 있는[17] 린도레스 칼리지Lindores College를 잠시 다녔다. 나중에는 스위스에 있는 '아주 비싼' 학교에 다녔지만 둘 다 한 학기만 다니고는 그만두었다. 엘스가 스위스로 가는 기차역에서 기차를 타지 않으려고 차표를 먹어치우자, 로알드는 어머니에게 재치 있게 표현했다.[18] "제 생각에 엘스는 학교 맛을 보는 미식가 같아요."[19] 엘스는 마침내 1933년에 동생인 아스타와 함께 로딘에 입학했다.

어머니가 쉰으로 접어들 무렵, 가족에 대한 책임이 줄어들기 시작했다. 관절염이 점점 심해져 움직이는 것이 불편했고, 기르던 동물들에 대한 걱정도 많아졌다. 시동생 오스카와는 남편의 유산 집행 문제로 다투었다. 어머니는 시동생이 신탁자로서의 직위를 남용하며, 어머니가 사는 물건마다 영수증을 제출하라고 하면서 굴욕을 주고 있다고 했다. 오스카는 반대로 어머니를 고소하겠다고 협박했다. 목소리 큰 16살짜리 로알드는 누이들과 이복형제들을 한자리에 모았다.

"저는 삼촌을 고소하겠어요. 누가 뭐라든 신경 쓰지 않고 1만 파운드를 받아내겠어요.[20] 엘런과 루이스가 삼촌을 벡슬리까지 오라고 꼬여내서는 다트퍼드로 데리고 가서…… 환자를 가장 잘 보는 오래된 정신병원에 집어넣는 거예요. 다트퍼드 정신병원 말이에요. 그곳에서 두루마리 화장지에 명예훼손이라는 단어를 쓰게 하는 거죠. 명예훼손이 요즘 삼촌의 취미인 것 같으니까요."[21]

아이들이 자라자 어머니는 노르웨이 여행을 하고 싶은 마음이 점점 줄어들었다. 강아지 케언 테리어를 데리고 텐비나 콘월로 가는 것을 더 즐겼다. 그 바람에 할머니는 어머니가 자신들보다 강아지에게 더 신경을 쓴다고 비난하기도 했다. 어머니는 점점 자신만의 공간에서 지내면서 자식들이 스스로 살아가게 두었다.[22] 필요할 때는 늘 곁에 있어 주었지만 그렇지 않으면 혼자 있기를 즐겼다. 그녀의 영어 속에는 노르웨이 억양이 여전히 강하게 남아 있었지만, 태어난 곳으로부터의 거리감은 점점 더해갔다.

벡슬리에서 로알드는 아주 '멋진'[23] 자신만의 암실을 만들었다. 우리창에 셔터를 달아 가렸고 싱크대는 아연으로 도금했다. 그곳에서 시간만 나면 사진을 인화하고 대회에 나갔다. 그리고 이런저런 글을 쓰기 시작했는데, 그중에는 로알드의 첫 번째 단편희극인 〈Double Exposure〉가 있다. 이 소설은 미래의 미국을 배경으로 한 이야기로, 정부는 모든 부부가 결혼한 지 5년 이내에 아이를 낳아야 한다고 포고령을 내린다. 줄거리는 다음과 같다.

불임이라는 뜻의 이름을 가진 배런 부인이 임신에 실패하자 정부에서 파견한 공무원들이 부인을 방문한다. 그들의 임무는 부인을 임신시키는 일이었다. 달의 표현으로는, '규칙에 나와 있는 일상적인 방법'대로 '인류의 진화를 위해'서였다. 유머는 사람을 착각한 데서 비롯된다. 다섯 번째 결혼기념일 날, 배런 부인은 정부에서 파견한 건장한 남자가 아니라 어린아이들의 사진을 찍는 사진사인 리트머스 F. 렌저의 방문을 받는다. 렌저가 '아기 일'이라고 하면서 이중으로 이해될 수 있는 외설적인 낱말들을 나열하자 배런 부인은 그와 벌여야 하는 성적 행동의 방법과 다양성을 상상하면서 점점 더 놀란다. 렌저는 아무렇지 않게 말한다.

"저는 이 일을 과학적으로 줄여놓았습니다. 두 번은 욕조에서, 두 번은 소파에서 그리고 바닥에서 한두 번 정도 하는 것을 추천합니다. 아이들은 자연스러워야 좋지 않겠습니까?"[24]

달은 이런 충동적인 창의력에 대한 다른 배출구도 발견했다. 1935년 노르웨이에 갔을 때 그는 반쯤 벗고 하모니카를 불던 '호놀룰루의 원주민처럼 생긴' 루이스 형의 가슴 사진을 찍었다. 갈색 화강암도 루이스에 비교하니 하얗게 보였다.[25] 1937년 9월 그 사진은 엉뚱한 곳에 실렸다. 《쉘》잡지였다. '채찍과 전갈' 섹션의 사진 속 남자 이름은 디피 더드Dippy Dud라면서, 가상의 마을인 웰링턴온시 출신의 쉘 직원들에게 거리에서 그를 보면 럭비 하듯 태클하라고 지시를 내렸다. 그가 잡지를 들고 있을 때 바닥에 눕히면 상을 받게 될 거라고 쓰여 있었다. 익명의 작가는 계속 이렇게 말했다.

"더드 씨는 아주 능력 있는 음악가인데, 여러분이 보았을 때 그가 하모니카를 불고 있지 않아도 오해하지 마십시오. 그는 하모니카를 아주 잘 부는 연주자로, 하모늄은 물론 유포늄, 팬더모니움, 색소폰, 비브라폰, 딕터폰, 글로켄슈필, 카타르 등도 아주 능숙하게 다룹니다. 더드 씨일지도 모른다고 생각이 들면 주저하지 말고 공격하십시오. 더드 씨라고 오해받아도 아주 흥미로워할 겁니다. 특히 시의원들이나, 주교와 다름없는 성직자, 육군대령들도 마찬가지일 겁니다."

기사를 쓴 사람은 물론 달이었다. 반항적인 어조나 희극적인 어휘 사용은 그가 만들어낸 가장 유명한 인물의 말투를 기대하게 한다. 바로 윌리 윙카이다.

쉘이 다니던 4년 등안이 정상적인 생활이었다고 상상하기는 어렵다. 일주일에 여섯 번, 트릴비 모자와 접은 우산을 들고 똑같이 "근엄하게 정장을 갖춰 입은 사업가들의 무리에 휩쓸려 벡슬리에서 8시 15분 기차를 타고 런던까지 오가는 생활"이었다.[26] 그 4년은 이후의 놀라운 사건들로 가득 찬 삶과 어울리지 않았다. 어쩌면 달 자신도 믿지 못할지도 모른다. 《발칙하고 유쾌한 학교》에서 달은 이 4년의 세월을 2년으로 줄이고는 동아프리카에서 보낸 1년을 훨씬 긴 시간으로 만들었다. 그러나 녹음이 우거진 전원생활은 그를 작가로 만드는 데 중요한 역할을 했다. 그곳에서 지내는 동안 닥치는 대로 책을 읽어댔기 때문이었다.

그가 죽기 1년 전, 선데이 익스프레스 도서상Sunday Express Book Awards에서 이렇게 연설했다. "책을 읽기에 가장 좋았던 시절은 1930년대였다." 달은 연설에서 워Waugh, 그린, 헤밍웨이Hemingway, 포크너Faulkner 그리고 피츠제럴드Fitzgerald는 20대에 자신을 가장 전율하게 한 작가들이라고 했다. 작품이 흥미로울 뿐 아니라 구성이 탄탄하고 우아하며 진지하다고 칭찬하면서 "이브다 더 좋은 작품들은 없을 것"이라고 했다.[27] 데이먼 러니언Damon Runyon의 작품 하나가 특별히 자신을 들뜨게 했는데, 간결함, 즉 현재 시점의 서술자와 '모든 관행을 깨는' 스타일 때문이었다고 했다.[28]

벡슬리에 사는 동안 그는 가족에 대한 생각을 굳혔다. 자유롭고 걱정 근심 없는 오크우드의 분위기—3층이나 되는 커다란 에드워드 풍의 집에 어수선한 정원, 스튜디오, 잘 정리 된 포도즙 창고, 온실, 피서용 동굴과 하인들—는 가족이 사는 집에 대한 일종의 표준이 되었다. 편안했다. 규제가 완전히는 아니지만 거의 없었다. 달이 20년 뒤 자신과 어린 가족들을 위해 버킹엄서의 교외에 짓고 싶었던 집의 모델이 되었다.

암실에 있지 않을 때는 종종 골프를 쳤다. 달은 웨스턴수퍼메어 해변에서 11살 때부터 골프를 쳤다.[29] 1927년 다트퍼드 골프클럽의 주니어부에 가입하고 방학 동안 앨필드와 매일 나갔다.[30] 1936년에는 쉘 챔피언 대회에서 2등을 했다.[31] 그는 핸디캡이 필요하지 않은 스크래치 선수 수준이 되었다.[32] 골프를 치지 않을 때는 말이나 그레이하운드에게 돈을 걸면서 시합을 구경했다. 데니스 펄은 로알드가 딕 울시Dick Wolsey라는 다트퍼드 골프클럽에서 만난 마권업자 때문에 그레이하운드 경주에 관심을 두게 되었다고 기억했다. 울시는 달과는 태생이 전혀 달랐다. 그는 열두 살에 학교를 그만두고 자수성가했는데, 가끔 주머니에 1000파운드씩 현금을 가지고 다녔다. 그리고는 '혹시 세무사에게 들킬까 봐' 롤스로이스를 밤에만 몰고 다녔다.[33] 아마 달이 본능적으로 끌린, 첫 번째 자수성가한 사람이었을 것이다.

울시는 어린 친구를 새로 연 캣퍼드 경기장으로 데려갔다. 경기장은 15킬로미터 떨어져 있었는데, 개 경주를 보러 간 것이었다. 로알드는 곧바로 도박에 중독되었다. 이후부터 쭉 로알드는 토요일 저녁 대부분을 그곳에서 보내면서 주중에 번 수입을 경주에 다 걸었다. 펄은 로알드가 다른 도박자들에게 흠뻑 빠졌으며, '전형적인 도박 방법과 도박이 미치는 영향'에 완전히 매료되었다고 분명하게 기억했다.[34] 그의 삶 내내 계속된 도박에 대한 사랑의 시작이었다. 사실 로알드는 딸 오필리아에게 경마나 블랙잭에서 이기는 것이 책의 인세를 받는 것보다 더 기쁘다고 했다.[35]

쉘은 유급 휴가를 많이 주지 않았지만 로알드는 틈만 나면 여행을 떠났다. 두 번인가는 마이클 아널드, 데니스 펄과 함께 노르웨이로 갔다. 그곳에서 그는 수영, 낚시, 보트타기, 여자들 꽁무니 쫓기 등을 하고, 트루스 삼촌의 아들인 사촌 핀Finn과 다시 만났다. 그곳에서 우연히 한 기계공을 알게 되었는데, 몇 년이 지난 다음 전쟁이 벌어졌던 그리스에서 그를 다시 만나게 되었다. 그 일화를 대충 적어둔 것이 있었는데, 나중에 신랄한 풍자를 담은 소설 〈어제는 아름다웠네Yesterday was beautiful〉의 기초가 되었다.

로알드는 가끔 어리석기 짝이 없는 재미에 빠지기도 했다. 한 번은 데니스 펄과 지미 호럭스와 함께 스노도니아로 등산을 갔다가 펄이 자고 있던 침낭에 불을 지른 적이 있었다. 그걸 보고 무주부주의적인 호럭스는 터져 나온 웃음을 참지 못했다. 펄은 '약에 찌든 약물중독자의 초기 증상'이라고 표현했는데, 호럭스는 그 전에 이미 차로 벽을 박아 무너뜨린 사건도 있었다.[36] 다음 날, 그 지역의 호텔 욕조에 들어앉아 목욕하던 호럭스는 화장실 바닥에 물이 넘치게 했다. 주인이 피해를 보았다며 돈을 요구하자, 로알드는 친구가 이렇게 대답했다며 재미있는 일화를 전했다.

"선생님께서 지금 무슨 말씀을 하시는지 모르겠군요. 방금 제가 당신 대신 바닥을 닦은 거라고요."[37]

펄은 스노도니아로 가는 길에 로알드가 자동차 유리창을 통해 힐끗 본 사람들을 주제로 이야기를 만들어냈다고 기억했다. 사람들의 표정이나 걷는 모습만 가지고 아주 상세한 상황을 만들어 구성했다. 달의 소설을 특징짓는 주요 실마리는, 세세하고 예리한 관찰력과 거침없는 상상력, 불경한 생각과 발명의 기쁨, 원초적이고 어린이다운 유머감각 등이 그의 머릿속에서 미묘하게 조화를 이루는 데 있다. 이야기를 만드는 일 역시 구성의 한 부분이 되었다.[38] 하지만 그것으로 돈을 벌 생각은 고사하고 잘 정리해 두려는 마음도 없었다. 그저 기분 전환용 취미였을 뿐이다. 한동안은 자신의 상태를 만족스러워했다. 월급과 개인 수입이 있는 젊은 직업인, 여가에 골프를 치거나 도박을 하고, 음악을 듣거나 여자를 유혹하는 기술이나 갈고닦는 사람으로 만족해했다.

달은 렙턴 학교 친구인 데이비드 앳킨스와 시내에서 가끔 만나 점심을 하면서 이렇게 말했다. "내가 석유회사에 들어간 건 여자들이 그 회사에 다니는 남자라면 사족을 못 쓰기 때문이야."[39] 하지만 석유회사 쉘이 우아하고 사교적인 삶을 제공해줄 거라고 기대했다면 그는 실망했을 것이다. 그런 생활을 원했다면 달은 다른 곳을 찾았어야 했다. 활기 넘쳤던 누나 앨필드의 뒤를 쫓아야 했을 것이다. 그리고 앨필드의 친구이자 배우였던 레슬리 하워드Leslie Howard의 사업 매니저로 머리가 뛰어나고 유명했던 앨프리드 트레기어 첸홀스Alfred Tregear Chenhalls를 따라야 했다. '체니Chenny'는 달의 무리가 되었던 또 다른 부적응자였다. 앨필드는 나중에 그를 '호기심을 자극하는 사람'이라면서 '여자를 조금 밝히고 또 다른 것들도 밝히는 성격 같기도 하다'고 표현했다.[40]

체니는 달에게 런던 사교계의 재치 넘치는 파티에 참석할 기회를 만들어 주었다. 그는 엘스와 앨필드에게 피아노 이중주를 가르쳤고, 어머니를 콘월에 있는 자기 가족들의 집으로 초대하기도 했는데, 어머니는 그를 아주 좋아했다.[41] 그는 로알드가 쉘에 취직할 수 있게 돕기도 했다.[42] 그는 매우 난잡했고 여자들 꽁무니 쫓기를 좋아했다. 앨필드는 그와 '멋진' 시간을 보냈지만, 엘스와 아스타는 그가 집에 와서 머물 때 복도를 서성거릴까 봐 침실 앞에 덫을 놓기도 했다.[43]

로알드는 섹스 이야기를 좋아했지만 자기의 연애사는 입을 다물었다.

앨필드는 로알드가 '로맨스와 관련해서는 절대 남들과 의논하지 않았다'고 했다.[44] 부모님과 한바탕 싸우고 오크우드에서 살던 데니스 펄도 달의 첫사랑이 매우 비밀스러웠다고 했다. 몇몇은 골프클럽에서 안 사람들이었고, 적어도 그 중 두 번은 부적절한 관계였다.[45] 한 번은 친구 부인이었고, 또 다른 여자는 벡슬리 출신으로 남편이 출장 갔을 때만 만나던 사이였다. 그는 항상 귀족들에게 매력을 느꼈다.[46] 펄은 '로알드가 난관이 예상되는 관계를 좇는 경향이 있었고 신비주의를 좋아했다'고 기억했다.[47] 1938년 9월 아프리카 파견이 확정되었을 때, 로알드는 앨필드의 남편이 될 레슬리 한센Leslie Hansen을 통해 알게 된 도로시 오하라 리브세이Dorothy O'Hara Livesay라는 또래 여자와 데이트를 하고 있었다. 그녀는 벨기에와 아일랜드 후손이었는데,[48] 로알드 가족과 함께 런던 부두에 나와 동아프리카로 떠나는 로알드에게 손을 흔들며 작별인사를 했다. 로알드는 배 SS 만톨라에 오르면서 "돌리를 잘 돌보아줘, 데니스." 하고 친구에게 부탁했다. 친구는 그 부탁을 가슴 깊이 새겼다. 얼마 지나지 않아 돌리는 임신했고, 데니스 펄의 첫 번째 부인이 되었다.[49]

스물두 살의 달에게는 인생의 새로운 장이 시작되고 있었다. 달은 2주 동안 새로운 제국 건설에 혈안이 된 영국 남자들과 성격이 밝은 그들의 빼빼 마른 아내들과[50] 함께 만톨라를 타고 케냐의 몸바사까지 갔다. 그다음 '끔찍이도 작은' 증기선에 올라[51] 아프리카 해안을 따라 다르에스살람으로 갔다. 배에서 보낸 그의 편지에는 회고록 《Going Solo》에 나오는 특이한 승객들 이야기는 없다. 예를 들어 나체주의 운동선수였던 그리피스 대령 부부나 더러움을 병적으로 두려워하는 트레푸시스 양, 심지어 가발을 썼던 U. N. 세이버리 씨 이야기도 없다. 재미있는 인물들은 여행에서 만난 실재 인물들을 흥미롭게 재창조한 결과였다. 어머니에게 보낸 편지에서는 여행에서 만난 사람들이 '매우 따분한' 사람들이라고 쓰여 있다. 로알드는 배에 탄 동물들, 운동이 필요한 강아지들과 돌아설 수도 없는 상자 속에 갇혀 계속 서 있던 말의 안녕에 더 관심이 많았다.[52] 여행 막바지에 이르자 그저 탕가니카에 도착하기만을 고대했다.

인도양과 아프리카의 거대한 세 호수 사이에 있는 56만 제곱킬로미터에 걸친 땅은 1880년부터 1919년까지 독일의 식민지였다. 1차세계대전에서 독일이 패한 후 그곳은 국제연맹의 위임통치령이 되었으며 영국의 식민 통치를 받았다.* 1936년 쉘은 바닷가에 석유 하역장을 건설하였고, 달은 그곳을 운영하는 팀의 세 구성원 중 가장 어렸다. 그곳에서 하는 대부분 작업은 농기구를 위한 연료와 윤활유를 공급하는 일이었다. 하지만 달은 '항공 관련 업무'의 책임을 지게 되어 매우 기뻤다.[53] 그 일은 2~3일 간격으로 항구에 도착하는 비행정을 맞이하는 일이었는데, 다르에스살람에서 몸바사와 나이로비로 가는 항공 서비스를 관장하는 일이 포함되어 있었다. 그 밖의 일은 다 잡일—아이작 디네센의 이야기에 나오는 이국적인 화려함과는 거리가 있는—이었다. 하지만 여가를 즐길 만한 시간은 충분했다. 그는 도착한 후 곧장 어머니에게 편지를 썼다.

"다 괜찮아요. 하루하루가 즐거워요. 일은 무척 힘들어요. 그리고 말도 못하게 더워요. 매일 저녁 골프나 스쿼시를 하는데, 하루에 네 번은 목욕을 해야 해요."[54]

그중 최고는 주위에 볼거리가 많고 출퇴근을 하지 않아도 된다는 점이

---

*독일령 동아프리카로 알려졌던 탕가니카는 1961년에 독립한다. 1964년에 잔지바르 섬을 합병하여 탄자니아 연합공화국이 되었다.

었다. 그는 나중에 이렇게 생각했다.

"난 무척 좋았다. 접는 우산을 들고 다니거나 중절모를 쓰고 우중충한 정장을 입고 기차나 버스를 타고 다닐 필요가 없었다."[55]

달은 그곳에서 동료인 패니 윌리엄슨Panny Williamson과 조지 라이보트George Rybot와 시간 대부분을 보냈다. 그들은 오이스터 해안에서 50미터 정도 떨어져 있고, 정원에 나무가 무성한 쉘 하우스라는 크고 널찍한 빌라에서 같이 살았다. 다르에스살람 중심부에서 남쪽에 있던 곳이었다. 그는 틈날 때마다 백인만 가는 다르에스살람 클럽에서 스쿼시나 다트를 하고 골프를 쳤으며 식민지 풍 칵테일파티에서 사람들과 사귀었다. 그는 조심스럽게 어머니에게 이렇게 썼다.

"지극히 평범한 사람도 ……이곳에서는 적어도 일주일에 2번은 술에 취하는 것 같아요. 그들은 7~8시만 되면 '해거름에 한 잔 마시기'를 시작하는데, 말이 칵테일파티지 칵테일은 없고 위스키나 맥주 혹은 진을 마셔요. ……그렇다고 해가 되지는 않아요. 밤에도 땀을 많이 흘려 숙취가 없기 때문이지요. 정말 더워요! 저는 일주일 한 번씩만 취하는데, 그렇다고 정말 취하는 것도 아니고요. 그저 기분이 좋을 정도만 마신답니다. 그게 좋은 것 같아요."[56]

하지만 다시는 알코올 양이 늘어나면서 로알드는 자기가 술고래가 되었다고 자랑했다. 그러면서 맥주와 체질 때문에 돈이 많이 든다고 투덜거렸다. 술에 취하면 취할수록 그의 행동은 과격해졌다.[57] 부르주아들의 호화로운 취향을 본능적으로 싫어했던 달은 획일적인 가치관을 지닌 동료와 종종 충돌했다. 그는 쉘 동료 대부분을 '배만 부른 무식한 사람들'이라고 무시했고[58] 조국을 떠나 이국에서 생활하는 사람들은 "완전히 멍청하고 매너만 좋아서 여자들이 들어오면 일어서는데, 난 그렇게 안 해. 늘 개의치 않아."라고 했다.[59] 한 번은 관청에서 열린 술 파티에서 아주 수치스러운 일을 한 적이 있는데, 침실에 몰래 들어가 주지사의 요강을 머리에 얹고 거실로 나온 것이었다. 달은 같은 방을 썼던 조지 라이보트에게서 자기와 비슷한 면을 발견했다.

조지와 나는 집으로 술 한잔하러 오라는 윌킨스 부인의 초대를 받았다. 윌킨스 부인은 몸무게가 123킬로그램이나 되었고(부인은 그 점을 자랑스럽게 생각한다), 립스틱과 분을 덕지덕지 바른 기름 덩어리처럼 생겨 보기만 해도 끔찍한 노파였다. 어쨌든 조지는 거실로 갔고 나는 소변을 보려고 지하실로 갔다. 거기서 나는 정말 멋지게 생긴 심홍색 양철로 만든 요강을 보았다. 나는 야호 소리를 지르고는 그것을 집어 들고 조지에게 보여주려고 위로 달려 올라와 머리 위로 요강을 흔들어대며 거실로 들어갔다. 흠, 나는 방 안에 스무 명 남짓한 사람들이 우아하게 앉아 분홍색 진을 마시고 있는 줄 몰랐다. 숨 막힐 듯한 침묵이 흘렀다. 그러자 조지가 낄낄 웃기 시작했다. 그런 다음 우리 둘은 미친 듯이 낄낄거렸다. 그 끔찍한 물건을 가장 가까이 있는 소파 아래 내려놓고는 이렇게 중얼거렸다.

"정말 예쁜 색인데 다들 그렇게 생각하지 않나 보네."[60]

요강과 그 안에 든 내용물도 로알드의 흥미를 끌었다. 그 시대 사람들처럼 로알드는 장운동 횟수와 상태에 몹시 신경을 썼다. 집에 보낸 편지도 소변[61]과 관장[62] 그리고 배변의 규칙과 불규칙성에 대한 상세한 분석 내용으로 가득 차 있다. 한동안 로알드는 어머니가 보내준 당시 베스트셀러인 F. A. 호니브룩Hornibrook 교수의 《복부의 문화Culture of the Abdomen》에 사로잡혀 있었다. 부제는 '비만과 변비 치료법'이었다. 호니브룩은 특정한 운동을 꾸준히 하고 화장실에서 제대로 앉는 자세를 습득하면 장을 깨끗하게 비울 수 있고, 그것이 적당한 몸과 건강을 유지할 수 있는 가장 효과적인 방법이라고 했다. 달은 책에 확 빠졌다. 작가를 '호니블로우'라고 부르면서 같이 살던 동료에게 책에 나와 있는 운동을 다 해보자고 설득했다. 호니블로우는 쉘 하우스에서 장운동과 관련된 모든 것을 지칭하는 말이 되어버렸다. 원주민 댄서들, 코뿔소 똥, 키우던 개 삼카의 기이한 행동 등 모두 치료를 받았다. 로알드는 어머니에게 편지를 썼다.

"우리는 매일 아침 호니블로우를 해요. 이렇게 재미있는 것을 본 적이 없으실 거예요. 조지와 패니와 저는 침실 바닥에 엎드려 신음을 내고 헉헉거리고 땀을 흘리면서 늙은 교수에게 욕을 퍼붓죠. 저한테 도움이 돼요."[63]

그는 죽을 때까지 하루도 빠짐없이 '바람직한 건강 은행에 적금 붓기'[64]에 항상 신경을 썼다.

로알드뿐만 아니라 그의 모든 가족은 애완동물이 없는 집은 상상할 수 없었다. 그래서 쉘 하우스는 순식간에 기이한 동물들의 동물원이 되어갔다. 이런 동물들은 곧 집으로 보내는 편지 속에 웃음거리로 등장했다. 그중 주인공은 진드기가 잔뜩 낀 삼카였다. '이제껏 본 적이 없을 정도로 큰 음경과 항상 흔들어대는 긴 꼬리를 가진 경비견'[65] 과오스카와 톱시퍼스 부인이라는 이름의 고양이 두 마리도 있었다.* 로알드는 어머니에게 이렇

---

*34년 후, 고양이 톱시퍼스 부인은 《찰리와 거대한 유리 엘리베이터》에서 미국 대통령의 고양이로 나온다.

게 썼다.

"삼카는 이 집에서 대단히 중요한 존재예요. 녀석이 아프거나 안색이 안 좋으면 집 전체가 엉망이 되죠."[66]

삼카의 애정행각은 만족이라는 것을 모르는 견공세계의 카사노바처럼 듣기만 해도 그림이 그려질 정도로 상세하게 설명했는데, 녀석은 거의 매일 아침 성교 후의 후유증에 시달려 힘들어했다. 그건 녀석이 '밖으로 나가서 그저 기회만 있으면 난잡하게 구는 성향'이 있었기 때문이었다.[67] 한 번은 녀석이 없어졌는데 아무도 찾을 수가 없었다. 결국 한참 찾은 후에 녀석이 동네 약국에 갇혀 있는 것을 알게 되었다. 로알드는 우스꽝스럽게 묘사했다.

"우리는 녀석이 지금쯤은 화장크림을 잔뜩 먹고 주황색 스킨푸드로 후식을 먹었으며 뉴 드 파리나 블루 그래스 같은 향수를 마셔 넘겼을 거라고 하면서 우리 자신을 위로했지요. ……사람들에 의하면, 녀석이 터벅터벅 걸어 나올 때 입술에는 립스틱이 잔뜩 묻어 있었고 불알에는 분칠이 되어 있었다고 해요. ……나중에 인터뷰했더니 녀석이 이렇게 말했다고 하더군요. '파라핀 액에 튀긴 프랑스 글자가 아주 몸에 좋더군요. 위급한 상황이 일어날지 모르니 앞으로는 항상 지니고 다녀야겠어요.'"[68]

달이 애완동물들의 성생활을 이렇게 낱낱이 기록하는 것에 즐거움을 느낀 이유 중 하나는 자신이 직접 즐길 기회가 없었기 때문이었다. 파리에서 '어슬렁거리며 돌아다니는' 누이들을 부러워하며 쓸쓸하다는 듯 이렇게 덧붙였.

"여기는 같이 어슬렁거릴 사람 하나 없어요."[69]

일주일 후 그의 기분은 조금 나아졌다. 축축한 기후가 모든 것을 썩게 한다면서 어머니에게 이렇게 썼다.

"골프공도 노랗게 변해요. 하지만 그건 아무것도 아니에요. 제 것도 마찬가지예요. 사용하지 않으면 다 그럴거든요."[70]

이런 표현들은 로알드가 즐겨 사용하고 어머니와 세 누이가 신 나게 받아들이던 즉된 표현들이다. 거의 모든 편지 속에 지저분한 농담이 넘쳐났다. 꽤 직접적인 표현들도 있지만 어떤 것들은 이미 초현실적인 수준에 이르기도 했다. 예를 들어 어머니가 치과 수술을 받은 후 회복하고 있을 때, 로알드는 누이들에게 이렇게 썼다.

"어머니에게 이를 다 빼서 음식을 입으로 먹지 못하는 사람에 대한 농담을 해 드려. 의사가 말했다. 항문에 튜브를 끼워 음식을 드시도록 하겠습니다. 처음에 무엇을 드시고 싶습니까?/ 차 한 잔 부탁합니다./ 좋습니다. 자 들어갑니다./ 앗! 잠깐만이요, 선생님?/ 무슨 일이죠? 무슨 일이죠? 너무 뜨겁습니까?/ 아니요. 설탕이 너무 많이 들어갔어요."[71]

누이들은, 특히 앨필드는 농담을 잘 받아쳤다. 로알드도 가끔 그들의 우스갯소리가 클럽에서 얼마나 반응이 좋은지 모른다고 칭찬했다. 우스갯소리 말고도 달이 아프리카에서 머무는 동안 많은 일이 일어났다. 그가 꿈꾸던 《아웃 어브 아프리카Out of Africa》 같은 경험을 갖지는 못했지만, 다르에스살람에서 마주치는 인물들을 통해서 간접 경험을 할 수 있었다. 그런 인물 중에는 브라긴 쉘 직원들, 로알드가 '강철훈련'이라고 이름 붙인 서양란 수집가, 쉘 하우스의 하인들이 있었다.

쉘 하우스에는 요리사와 정원사가 있었고 사람들은 개인 하인이나 '아이'를 둘 수 있었다. 로알드의 하인은 므디쇼Mdisho라고 불렀다. 그는 19살로 주인보다 세 살밖에 어리지 않았다. 그는 그곳에 도착하자마자 얼마 되지 않아 어머니에게 편지를 썼다.

"내 아이가 6시 30분에 저를 깨워요. 아이는 차와 오렌지를 갖다 줘요. 어머니가 맛보신 것과는 전혀 다른 아주 근사하고 멋진 맛이 나요. ······아이가 머리에서 180센티미터 위에 걸려 있던 엄청나게 큰 모기장을 걷은 후에 저는 오렌지와 차를 마셔요."

그런 다음 므디쇼는 차가운 목욕물을 틀어놓고 그 날 로알드가 입을 옷을 꺼내놓았다. 처음에는 달도 원주민을 부릴 수 있는 권력을 즐겼다.[72] 하지만 곧 그는 '놀라운 전투사'[73] 부족 출신의 '키가 크고 우아하고 부드러운 목소리를 가진'[74] 므디쇼에게 반했다. 므디쇼는 로알드가 가는 곳마다 따라다녔고, '젊은 백인 주인'에게[75] '절대적인 충성심'을 보였다. 보답으로 로알드는 재산을 관리하는 법을 알려 주었고, 읽기와 쓰기를 가르쳤으며, 그가 아내를 사기 위해 돈을 저축하는 은행 역할도 해주었다.[76] 가식이 없고 단순하고 정직한 므디쇼의 세계관은 로알드와 비슷한 점이 많았다. 그는 므디쇼가 자기 부족이 모든 사람이 두려워하는 마사이족을 무찌른 유일한 부족이라고 자랑할 때 무척 깊은 인상을 받았다.* 로알드는 《Going Solo》에서 그를 존경과 애정으로 기억하며 둘 사이의 우정을 기쁜 마음으로 그리고 있다.[77] 므디쇼의 순박한 충성심과 강인함은 가장 유명한 달의 동화, 《찰리와 초콜릿 공장》에 나오는 인물에게 영감을 주었을지도 모른다. 처음으로 이야기의 윤곽을 잡을 때 동화 속 주인공을 흑인 아이로 만드는 그림을 그리고는, 그를 '아마 여러분이 본 어떤 7살짜리보다 작고······ 마을에 있는 어떤 아이보다 영리하고 명석하며······ 사자만큼 용감하고 그 누

---

* 《Going Solo》에서 달은 므디쇼를 존재하지 않던 므와눔웨지 부족 출신이라고 썼다. 그곳은 므와쇼가 태어난 북서탄자니아의 주요 부족인 느얌웨지일 가능성이 크다.

구보다 친절하고 착하고 유쾌한 아이'라고 묘사했다.[78]

탕가니카에 살아본 젊은이로서 달은 아프리카 원주민이나 다르에스살람의 전문직 대부분을 차지한 인도 사람들을 지나치게 일반화하는 잘못을 범했다. 고아 출신의 사무원인 카라스코Carrasco와 파텔Patel이 끊임없이 다투는 것을 본 로알드는 '둘 다 똑같아. 저 빌어먹을 힌두교들'이라고 불평하면서 생각 자체가 '정말 저질'이라고 단언했다. 선적 담당 사무원이 그를 자기 집에 초대했을 때, 가족들이 지저분하고 불결한 곳에서 '수많은 친척들과 여덟 명도 넘는 벌거벗은 자식들이 같이 사는 것'을 보고 기가 막혔다고 했다.[79] 주거 환경을 보고 역겨워했지만 달은 백인이 아닌 사람들의 삶에 대해 호기심이 있었고, 그들의 세상을 엿볼 귀한 기회를 적극적으로 잡았다. 한 번은 그와 조지 라이보트가 차가 고장 나서 길거리에 서 있던 사람들을 돕기 위해 자동차를 세웠다. 고장 난 차를 타고 있던 사람은 '교육받은 원주민으로 말쑥하게 차려입고 챙이 좁은 중절모를 썼으며, 두 부인과 4살과 7살 먹은 두 딸과 함께'였다. 그들은 고맙다며 달과 친구를 '이드 위 하지Id Ul Haj'라는 마호메트를 기리는 큰 명절에 벌이는 엄청난 규모의 원주민 축제에 데리고 갔다. 로알드는 어머니에게 '기가 막힐 정도로 흥미로웠다'고 전했다.

수동으로 움직이는 무지하게 낡은 회전목마가 많았어요. ……모두 코코넛 나무로 만든 것이었죠. 코코넛 깔개를 타고 미끄럼틀을 내려오면 고함치는 흑인들의 무리 속으로 들어갔어요. 미끄럼틀, 엄청나게 큰 코코넛 나무 주위를 계속 돌게 한 무시무시한 흔들 보트, 전속력으로 움직이면 거의 땅바닥과 평행을 이루면서 우뚝 서요.(어쩌면 이건 그릇된 표현인지 모르죠). 그리고 원주민 밴드가 있었어요. 연주자들은 폼베라는 화끈한 술을 마시고 점점 취해서 정말 희한한 모습으로 북을 두들겨댔어요. 그중 제일 멋진 것은 원주민 춤이었어요. 우리는 실제로 보았지요. 코코넛 이파리로 엮은 작은 덮개만 두르고 몸에 하얀색과 빨간색 칠을 하고 소리를 지르면서 엉덩이를 흔들어댔는데, 여배우인 메이 웨스트Mae West도 여기에 비하면 4급 초보일 뿐이에요. 춤을 추면서 댄서들은 점점 더 활기차게 고함을 지르고 소리치며 펄쩍펄쩍 뛰었어요. 그러다 더는 계속할 수 없게 되자 다른 부족이 나와서 계속했지요. 그들이 배를 실룩거리는 모습을 호니블로우 교수님이 보았다면 적극적으로 지지했겠죠.[80]

이런 태도는 세련되지 않은 천진난만한 반응이었을지 모른다. 하지만 주변의 다른 백인들에 비해 상당히 너그럽고 관대한 편이었다. 그러나 나이가 들면서 달은 자신의 젊은 날의 태도에 대해 점점 비판적인 생각을 하게 되었다. 1975년 렙턴에서 한 연설에서 다르에스살람에서의 자신은 '우스꽝스러운 젊은 푸카사힙pukka-sahib'*이었다고 했고, 말년에는 탕가니카에 있을 때 영국의 제국주의적인 태도를 아무 말 없이 그대로 받아들였던 자신이 조금은 수치스럽다고 고백했다. 달은 당시 식민지의 모든 상황이 '옳지 않았음'을 제대로 직시하지 않았던 태도를 후회했다. 주변 사람의 가치관을 탓했고, 자신이 독립적으로 생각하는 법을 배우지 못한 사실을 탓했다.

"젊었을 때는 그저 다른 사람들이 헤엄치는 대로 따라가게 마련이다.

---

*식민지 시대 인도인들이 유럽인들을 부를 때 사용한 호칭이다. ―옮긴이 주

흐름을 거슬러 올라갈 수가 없다. 그리고 당시는 제국주의 영국이 얼마 남지 않은 시절이었다."[81]

40년 전, 단편 〈독Poison〉에서 한때 '망할 놈의 바보들'이라고 무시했던 인도 사람들에 대해 솔직하고 놀라울 만큼 동정심을 보이며 있다. 이야기의 배경은 인도였다. 침대에 누워 있던 백인 해리 포프는 우산뱀이라는 맹독성 야행성 독사가 시트 밑으로 기어들어와 자신의 배를 휘감고 있다며 두려워서 진땀을 흘리고 있다. 서술자는 친구가 두려움에 떨고 있는 것을 알고는 근처에 사는 인도인 의사 갠더바이를 불러왔다. 의사는 결국 이 치명적인 녀석을 마취시키기 위해 펌프를 이용해 이불 속으로 클로로포름을 넣었다. 긴장이 고조되는 분위기 속에서 마침내 시트를 벗겼는데 침대에는 아무것도 없었다. 뱀은 포프의 상상에 불과했던 것이다. 창피했던 포프는 의사를 탓하면서 그에게 소리를 지르고 '더러운 힌두 하수구에 사는 쥐새끼', '끔찍한 놈'이라고 부르면서 욕을 했다. 하지만 친구인 서술자는 부끄러워하며 의사에게 여기까지 와주어 고맙다고 인사하고 미안해하면서 자동차가 있는 곳까지 배웅을 나간다. 책이 출간되었을 때 달은(서술자의 위치에서) 완전히 인도인 의사 편이었다. 이 책의 초판본에는 한 문단이 포함되어 있었는데(나중에 삭제되었다), 영국 식민주의의 속물근성에 대한 구체적인 비난이었다.

갠더타이 의사는 자신의 명성이 걱정되었다. 그를 탓할 수는 없다. 한 번도 유럽인을 치료해달라고 부탁받은 적이 없었기 때문일 것이다. 아무도 그를 귀찮게 한 적이 없었을 것이다. 당시에는 그의 직업의 존폐가 달린 영국인은 예외였겠지. 영국인들은 그저 그에게 예의를 갖춰 불쾌함을 표시하기 위해서 그를 인정했을 것이다. 하긴 영국인들은 그 정도밖에 할 수 없었을 것이다. 나는 지금도 클럽 라운지에서 작은 체구의 갠더바이 의사를 헐뜯던 제임스 러셀 의사의 굵고 낭랑한 목소리를 들을 수 있을 것 같다.

"그 젊은 포프? 아, 그래. 불쌍한 젊은이지. 참 안됐어. 하지만 원주민 주술사를 부르면서 뭘 기대했단 말인가?"[82]

달이 맹독성 뱀을 만날 기회는 극히 드물었다. 언젠가 집 밖에서 한 번 본 적은 있었다. 로알드는 어머니에게 이렇게 썼다.

"이 검은색 맘바는 정말 못된 녀석이었어요. 아무런 자극을 받지 않아도 사람을 공격하는 몇 안 되는 녀석 중의 하나일 뿐만 아니라, 일단 녀석에게 물리고 나서 응급처치를 받지 않으면 몇 시간 내에 사망할 가능성이 커요. 이 녀석은 길이가 2.4미터나 되고 제 팔뚝만큼 두껍고 숯처럼 까만색이었답니다."[83]

로알드는 하키 스틱으로 녀석을 죽였다. 또 한 번은 모로고로에서 크리켓 시합을 마치고 운전하며 돌아오는 길에 유리창 밖으로 보았다.[84] 《Going Solo》에서 로알드는 이국적인 아프리카 동물과의 모험을 여러 번 그리고 있다. 그중에는 다르에스살람의 세관원 집에서 맘바를 본 일과 지방 경찰서장 집 정원으로 몰래 들어와 요리사의 부인을 물고 간 식인 사자와의 만남이 있다. 이런 일들은 집으로 보낸 편지 속에는 없는 내용이다. 뱀과 뒤뜰에서 표범을 힐끗 본 일 말고는[85] 그의 편지는 훨씬 더 현실적인 경험들을 담고 있다. 예를 들어, 코코넛을 따기 위해 나무를 올랐다던가,[86] 개 삼카가 수영복을 입고 호주의 여왕을 흉내 냈다던가[87] 아니면 술을 마시러 수도 없이 클럽을 찾아갔던 이야기들이다.[88] 그의 삶은 기쁠 때만큼이나 좌절할 때가 많았으며, 해질 무렵에 천천히 저무는 해를 바라브며 술 마시는 일 이외에 별다른 일이 없는 생활에 분명히 따분함을 느꼈을 것이다.[89] 내륙 쪽으로 들어가는 여행은 매우 드물었고 대부분은 그저 땀을 흘리는 것 말고는 할 일이 없었음을 인정할 수밖에 없었다.[90] 르알드는 자동차(40파운드를 주고 산 포드10)가 있어도 "길이 너무 나빠서 몇 킬로미터밖에 달릴 수가 없다"고 불평했다.[91] 《Going Solo》에 나오는 기이한 이야기들은 다른 사람에게 들은 이야기를 억지로 꾸며낸 것이거나 아니면 그의 영웅인 라이더 해거드나 아이작 디네센처럼 단순히 상상의 날개를 펼쳐서 만든 이야기들이다.

아프리카에서의 경험은 그의 상상력에 불을 지폈고 글을 쓸 수 있는 특별한 경험이 있다는 생각을 하게 했다. 초기 단편 중 〈An Eye for a Tooth〉는 1946년에 〈An African Story〉라는 이름으로 출판되었는데, 맘바 한 마리가 젖소의 젖을 빠는 방법을 배웠다는 이야기가 중심을 이루고 있다. 매우 터무니없고 도저히 일어날 수 없는 이야기였다. 이야기의 개연성이 없다는 걱정 때문에 당시 출판을 담당한 에이전트인 앤 왓킨즈Ann Watkins는 뉴욕자연사박물관의 전문가였던 보거트Bogert 박사에게 연락해서 그런 일이 정말 가능한지 물었다. 보거트 박사가 그렇지 않다고 확인해 주자 출판을 거절했다. 이 일로 달은 몹시 화가 났는데, 책을 출간하지 못했기 때문이기도 하지만, 자신은 확실히 일어날 수 있는 일이라고 믿었기 때문이다. 그는 스스로 아프리카 전문가라고 생각했고, 어떤 경우에도 자신이 틀렸다고 인정하는 것은 그닥지 않았다. 달은 앤 왓킨즈에게 편지를 쓰면서 엄격한 정확성이 문제가 된다면 자신이 실수했을지 모른다고 인정하면서도 이렇게 주장했다.

"그렇지만 보거트 박사나 그의 박식한 동료가 직접 아프리카로 가서 그곳에 있는 원주민들과 이야기를 나눠보면, 그런 일들이 벌어지는 것을 직접 본 사람들이 있다고 말하는 사람이 있을 거라고 나는 믿어요. 하지만 잊어버립시다. 원고를 돌려 보내주십시오. 그럼 제 아이들에게 읽어주겠습니다."[92]

일주일 후 로알드는 어머니에게 원고가 거절되었지만 "윤리적으로 그리고 비유적으로 전 책이 팔렸다고 생각합니다"라고 썼다.[93]

탕가니카에서 보낸 시간은 다른 면으로는 달의 인격을 형성하는 시간이 되었다. 그는 가정을 꾸려가는 법을 배웠다. 집주인으로서 역할을 배우고 매일 아침 요리사인 므피시Mpishi와 수석하인 므위노Mwino와 하루 일정을 논의했다. 월급을 주고, 메뉴를 정하고, 요리법을 결정하고, 사교모임에 대한 계획을 짜는 일들이었다. 그는 가족들에게 장신구, 특이한 모피, 희한한 물건들을 규칙적으로 보내면서 선물을 주고 기쁨을 전달하는 역할에 푹 빠졌다. 그가 찾고 있고 주문한 선물에 관한 이야기가 들어 있지 않은 편지는 거의 없었다.* 클래식 음악에 대한 사랑도 깊어서 레코드를 크게 틀고 들었다. 벡슬리에 있는 가족들에게 자신이 하고 싶은 일들을 길고 자세하게 써 보내면서 음악을 듣고 있으면 정말 기분이 좋아진다고 말했다.[94] 함께 있고 싶은 사람들에 대한 취향도 구체적이 되었다. 달이 다르에스살람으로 떠나기 몇 달 전, 달은 클럽에서 살거나 다른 사람들과 한

---

*1939년 3월, 달은 어머니에게 편지를 보낸다. "보낼 선물을 주문했어요. 킬리만자로 산자락에서만 사는 아주 진귀하고 아름다운 토끼의 커다란 민무늬 토키털이에요. 멋진 코트나 자동차 러그로 사용하세요. 아직 계산은 끝나지 않았지만요. ─로알드 달, 어머니에게 보내는 편지, 05/07/39, RDMSC RD 14/3/36.

집에서 살지 않고 조금 떨어진 곳에 셋집을 구했다.

"그곳에서 혼자 사는 것이 더 재미있어요. 그리고 라디오와 축음기, 개인 하인인 세 아이와 함께요. 우연하게도 집 뒤에는 세 아이를 위해 지은 특별한 곳도 있어요. 세는 무지하게 비싸지만…… 그만큼 같이 살 것들이 많으니까요."[95]

어느 날 저녁, 베토벤 교향곡을 듣고 있던 달은 응접실 천장을 돌아다니는 살갗이 투명한 도마뱀의 기이한 행동들을 관찰했다. 그는 어머니에게 이렇게 썼다.

"정말 흥미로웠어요. 도마뱀들이 불행한 먹잇감—종종 작은 나방인데—을 천면에 걸린 눈으로 쳐다보는 거예요."[96]

그는 두 도마뱀에게 '히틀러'와 '무솔리니'라는 이름을 지어주었다.

그가 동아프리카에 머무는 동안 그 두 이름이 자주 입에 오르내렸다. 당시 정치 상황을 보면 영국과 독일 사이의 전쟁이 점점 확실해지고 있었기 때문이었다. 로알드가 만톨라를 타고 갈 때 독일 군대가 체코슬로바키아와의 국경지대에서 논쟁이 되던 수데테란트를 점령하였다. 그가 다르에스살람에 도착했을 때, 영국 총리이던 네빌 체임벌린Neville Chamberlain은 뮌헨에서 열린 아돌프 히틀러Adolf Hitler와의 회담을 마치고 돌아와 평화를 얻었다고 발표했다. 달은 그 말을 믿지 않았던 많은 사람 중 하나였다. 그는 아웃사이더였던 윈스턴 처칠Winston Churchill 편이었다. 그는 영국이 위협적인 독일 체제에 굴복하여 영락없이 패배할 거라며 곧 체코슬로바키아는 '독일정부에 걱힐 거라'고 했다.[97] 2년 전 무솔리니Mussolini의 파시스트들은 국제적인 반대 없이 지금은 에티오피아가 된 아비시니아를 점령했다. 달은 히틀러가 같은 일을 해도 된다는 허락을 받은 것과 다름없다

5장 멀고 먼 나라로 175

고 느꼈다. 쉘 하우스에 있는 단파 라디오를 통해 BBC방송을 듣던 로알드는 국제적인 위기가 점점 고조되어가는 걸 간파했고, 전쟁이 불가피할 거라는 확신하게 되었다. 가끔은 가볍게 생각하려 했다. 그는 무솔리니가 '나라 대신 새알을 수집하는' 쓸모 있는 취미를 가졌으면 했다. 하지만 로알드는 안타까운 듯 이탈리아 독재자가 '아마도 그건 잔인한 일'이라고 할 것 같다고 했다.[98]

1939년 3월, 독일 군대가 체코슬로바키아를 점령할 것이라는 처칠의 예견이 들어맞았다. 체임벌린의 '영예로운 평화'는 공허한 말이었음이 드러났다. 그 이후 달은 전쟁을 피할 수 없을 거라고 확신했다. 계속해서 그는 어머니에게 벡슬리의 집에서 나와야 한다고 주장했다. 왜냐하면 그 집은 독일 전투기들의 런던 공습 항로 바로 아래 있었기 때문이다. 그는 어머니와 누이들이 텐비의 웰시 해변에 있는 휴양지로 옮기기를 바랐다. 달은 그곳이라면 안심할 수 있을 것 같았다.

"아무도 런던에 남아 있으면 안 돼요. ……잊지 마세요, 전쟁이 일어나면 꼭 그곳으로 가세요."[99]

어머니는 고집스러웠다. 이사하고 싶어 하지 않았다. 그건 누이들도 마찬가지였다. 런던의 사교 생활을 무척 즐기고 있어 멀리 떨어진 웰시의 해안가로 옮겨갈 생각은 전혀 없었다. 어떤 공중폭격이 있어도 오크우드의 큰 지하실이 안전한 피난처가 될 수 있을 거라고 믿어 그대로 남아 있기로 했다.

로알드는 어머니가 자신의 권고를 무시한 것에 몹시 화가 났다. 그는 계속해서 어머니의 마음을 돌려보려고 애를 썼다. 하지만 어머니나 아들이나 똑같이 고집스러웠다. 9월이 저물어갈 무렵, 독일군은 폴란드로 쳐들어갔고 영국은 공식적으로 참전을 선언했다. 로알드는 마음이 급했다. 그는 루프트바페*의 공격이 시작될 거라고 확신했다.

"다시 한 번 말씀 드리는데, 지금 이 순간 세상에서 가장 위험한 곳에 앉아 있을 권리가 없어요. 실제 공격이 시작되면 지하실은 전혀 소용이 없어요. 그리고 틀림없이 공격이 곧 시작될 거라고요."[100]

로알드가 걱정하는 것은 분명히 정당한 이유가 있었지만 조금은 성급한 것이었다. 가족은 일 년 이상 폭격을 받지 않았다. '가짜전쟁'**은 8개월 이상 계속되었고, 마침내 1940년 5월 독일은 프랑스에 침범했으며, 런던 공격은 그보다 4개월 후인 1940년 9월에 본격적으로 시작되었다.

유럽에서 전쟁이 임박했다는 분위기는 수천 마일이나 떨어진 탕가니카에도 곧바로 영향을 미쳤다. 그곳에 있던 백인 대부분은 여전히 독일 국적이었다. 1939년 여름 영국 사람들 사이에서 심각한 긴장감이 맴돌기 시작했다. 결코 외교관 자질이 없었던 달의 고삐 풀린 듯한 장난기는 그를 문제에 빠뜨렸다. 어느 날 짐카나 클럽에서 그와 두 친구는 검은색 칠판에 벌거벗은 히틀러를 그리기 시작했다. 그리고는 한 시간 동안 그 그림에 다트를 던졌다. 그는 상세하게 그 상황을 적었다.

"불알에 맞으면 10점, 성기에 맞으면 15점, 배꼽은 5점, 콧수염은 20점이었다."

클럽에 있던 독일 사람이 불만을 표시했다.

"무시무시했어요. 그 망할 비열한 놈이 휙 하니 독일영사관으로 달려간 거예요. 클럽위원회는 특별총회를 열었고, 그런 말도 안 되는⋯⋯정말 한

---

*Luftwaffe, 나치 시대에 독일 공군을 부르던 말이다. ―옮긴이 주
**Phoney War, 2차·세계대전 초 1939년 9월 영국의 참전 선언 후 1940년 5월까지 유럽대륙에서 주공격이 없던 시기의 전쟁을 말한다. ―옮긴이 주

바탕 소동이 벌어졌죠. 이곳에 독일 사람들이 너무 많아서 사태가 심각했어요."

달은 공식적으로 제재받았지만 전혀 개의치 않았다. 그가 배운 단 하나의 교훈은 "공공연한 장소에서 히틀러의 불알에 다트를 던지지 마라. 극히 개인적인 부분이니까"라는 것뿐이었다.[101]

1939년 늦여름, 영국은 전쟁이 발발하면 탕가니카에 있는 독일 국적의 사람들을 억류할 준비를 하고 있었다. 9월 1일 히틀러가 영국의 동맹국인 폴란드를 침공하자 참전 결정은 불가피했다. 로알드는 특별치안관으로 등록했다. 그는 원주민으로 이루어진 1소대를 할당받았고, 다르에스살람 남부에서 지금은 모잠비크가 된 포르투갈령 동아프리카에 이르는 길을 지키라는 임무를 받았다. 그의 임무는 도망치는 독일 국적의 사람들을 체포해서 억류 장소까지 이송하는 것이었다. 로알드는 8월 27일에 어머니에게 이렇게 썼다. "만약 전쟁이 발발하면 모든 독일인을 체포하는 것이 우리의 임무예요." 그리고는 이렇게 바란다고 덧붙였다. "조용히 저항하지 않고 잡혔으면 좋겠어요."[102]

전쟁이 발발한 지 거의 2주일 후, 탕가니카의 총사였던 마크 영Mark Young 경이 화이트홀로 보낸 보고서에 의하면 상황은 정확하게 그렇게 돌아갔다. 마크 경은 식민지의 총영사였던 맬컴 맥도날드Malcolm MacDonald에게 걱정과 달리 그곳의 나치들은 우두머리였던 헤르 트루스트Herr Troost의 주도 아래 예상 밖으로 협조적이며, 독일 국적의 사람들은 순순히 투항하여 자신의 운명을 위엄 있고 명예롭게 받아들였다고 전했다. 마크 경은 "적국 국적을 가진 사람들은 어떤 저항도 하지 않았고 대부분 기쁘게 기꺼이 굴복했다. 단 한 건의 저항도 보고된 바 없다"고 썼다.[103]

9월 2일 달과 킹즈 아프리카 라이플즈* 출신의 원주민 경호원 여섯 명은 다르에스살람에서 포르투갈령 동아프리카로 가면서 덤불에서 야영했다. 다음 날 오후 한 시가 조금 넘어 야전 전화가 울렸다. 달은 '엄숙한 목소리'로 내리는 지시를 받았다.

"전쟁이 발발했다. ……마을로 들어오거나 나가는 독일인을 모두 체포하라."

며칠 후 보낸 편지에 달이 쓴 당시 상황을 보면, 독일인들이 아무런 저항을 하지 않았다는 총영사의 보고와 일치한다. 하지만 철저한 검열로 편지가 압수될까 봐, 편지에는 상세한 내용은 없었다.[104] 달은 초기 단편인 〈The Sword〉에서 비슷한 그림을 그리고 있다.

"독일인들이 오기 시작했다. ……얼마나 빨리 왔는지 모른다. 어떤 사람들은 트럭을 타고 왔고 어떤 사람들은 자가용을 타고 왔는데, 대부분 포드나 쉐보레였다. 우리는 별다른 어려움 없이 그들을 체포할 수 있었다. 그들은 우리가 들고 있던 기관총을 보고는 재빨리 항복했다."[105]

그 후의 소설 〈행운Lucky Break〉은 좀 더 자세했지만 형식은 간단했다. 그 이야기 속에서 달은 200명이나 되는 독일인들을 다르에스살람까지 행군시켰다고 썼다.

"가시철조망으로 둘러싸인 엄청나게 큰 캠프에 집어넣었다. ……저항은 없었다. 독일인들은 민간인일 뿐이었고 우리의 기관총과 소총을 보고는 재빨리 굴복했다."[106]

일 년도 채 되지 않아, 《Going Solo》에서 달은 그 이야기를 아주 멋들어

---

*King's African Rifles, 1900년대 전기에 동아프리카를 식민 통치하기 위해 만든 영국 군대이다 ―옮긴이 주

지게 꾸몄다. 이제는 행동이 '다분히 위협적인' 화가 난 대머리 독일인이 길가에서 달을 위협했다. 달은 이언 플레밍의 스타일을 떠올리며, 그가 루거 권총을 자신의 가슴에 겨누었는데, 경호원이 그의 얼굴을 먼저 쏘았다고 했다.

"정말 끔찍한 광경이었다. 머리가 산산조각이 나서 회색빛을 띤 흐물거리는 내용물이 온 사방으로 튀었다. 피는 없었다. 그저 회색빛 내용물과 뼛조각들이었다. 회색 덩어리 하나가 내 뺨으로 날아왔다. 내 카키색 셔츠에는 더 많이 묻었다. 루거 권총이 길바닥에 떨어졌다. 그 곁에 대머리 남자가 죽은 채 쓰러졌다."[107]

이 이야기는 《Going Solo》에서 아프리카 모험의 막을 내리는 전혀 개연성이 없는 두 가지 죽음 중 첫 번째 에피소드이다. 두 번째는 그날 밤 착한 하인 므디쇼가 전쟁이 발발했다는 소식에 흥분한 나머지 덤불로 달려가 달이 벽에 걸어두었던 18세기의 의식용 아랍 칼로 돈 많은 독일 지주를 죽인 일이었다. 밤에 수 킬로미터를 달려간 므디쇼는 '불쾌하기 짝이 없는 독신자' 집에 도착했다. 그는 코뿔소 가죽으로 만든 채찍으로 고용인을 때린다는 소문이 있었다. 므디쇼는 뒤뜰에서 종이를 태우던 남자의 머리를 잘랐다. 달은 므디쇼가 자랑스럽게 떠들어대는 끔찍한 이야기를 재미있다는 듯 다시 서술하고 있다.

"브와나, 정말 아름다운 칼입니다. 단 한 번 휘둘렀는데 녀석의 목이 얼마나 깊게 잘렸던지 앞으로 툭 숙여지더니 가슴 쪽으로 늘어지더군요. 그가 앞으로 고꾸라질 때 한 번 휙 하고 칼을 휘둘렀더니 머리는 마치 코코넛 열매처럼 땅으로 떨어졌고 목에서는 피가 엄청나게 솟구쳐 흘렀습니다."

달은 상황을 전혀 이해하지 못하는 젊은이에게 범죄를 저질렀으니 아무 소리도 하지 말라고 하면서 그렇지 않으면 체포될지 모른다고 했다. 달이 용감하다며 그에게 칼을 선물로 주자, 므디쇼는 어안이 벙벙했지만 한편 가슴이 벅차오르는 것도 느꼈다. 달은 한 독일인의 죽음에 함께 연루되었기에 이제 두 남자는 '완전히 동등한'[108] 사이가 되었다고 결론 내렸다.

이 이야기는 근본적으로 〈The Sword〉의 개정판이라고 할 수 있다. 여기서 므디쇼는 조금 나이가 더 많은 살리무로 바뀌었고, 꾸며낸 이야기이다. 하지만 《Going Solo》에서는 사실로 제시되었다. 그러나 두 경우 모두 상징하는 내용은 같다. 성인식이 재현된 것이다. 젊은 마사이 족이 사자를 죽이고 성인이 되듯, 한 남자를 죽임으로써 두 남자는 어린 시절을 뒤로하고 성인이 된다. 그들은 성장한 것이다. 그건 의미가 강한 우화이며 달 자신의 성장과 같이한다. 그 일은 그가 원했던 대로 아프리카와 그를 연결해주었지만, 현실에서 탕가니카에서의 직업은 그의 바람을 들어주지 않았던 것이다. 그가 열망했던 아프리카는 뱀과 사자, 살인적인 부족과 생생한 모험이었지, 저무는 해를 바라보면서 술이나 마시고 추방자들과 저녁을 먹고 탁상공론이나 떠들어대는 삶은 아니었다. 렙턴에서와 똑같이 들은 어려서 읽은 로맨틱한 모험으로 가득한 상상의 세계를 구축해 놓았던 것이다. 시간이 흐르자 이야기 속에서 다시 찾고 음미하고 갈고 닦은 상상의 세계가 현실보다 훨씬 더 현실적이고 생동감이 넘치게 되었다. 1980년대 초기, 영국의 한적한 시골에서 글 쓰는 집필실에 앉아 있으면 그의 관심은 사실이 아니라 마음속의 추억들과 다양한 서술적인 가능성에 있었다. 그래서 그의 아프리카는 대부분 상상 속에 존재하는 곳이 되었지만, 《발칙하고 유쾌한 학교》에서 재창조된 학창시절과는 전혀 다른 방식으로 재창조되었다.

《발칙하고 유쾌한 학교》의 초기 원고와는 달리《Going Solo》의 초기 원고는 수정과 교정의 고통을 받지 않았다.《Going Solo》에 나오는 이야기는 자연스럽게 적당한 속도로 흘러갔다. 이따금 독자들은 달이 엔터테이너의 가면을 벗고 거의 도덕학자가 된 것처럼 느꼈을 것이다. 예를 들어 므디쇼와 칼 이야기는 곧 다가올 전쟁의 폭력과 부조리에 대한 신랄한 서막이 된다. 생각이 바뀌어 므디쇼의 야만적인 독일인 주인 살인처럼 이해할 만한 단 한 번의 살인행위도 비이성적이고 비인간적인 것이 되었다. 이 작은 비유가 우리에게 중요한 것들, 삶과 죽음, 주인과 하인, 백인과 흑인, 순진함과 경험, 젊음과 성숙, 그리고 작가에 대해 알려주는지도 모른다. 비록 꾸며낸 이야기라도 달은 므디쇼의 관점으로 강력하게 끌려 들어갔다. 달 자신도 완벽하게 설명할 수도 이해할 수도 없는 영국의 가치관과 관습에 얽매인 자신을 본 것이다. 베토벤을 듣고 도마뱀을 관찰하는 외로운 사람, 외설적인 유머를 즐기는 사람, 삼카의 호색 행각을 적나라하게 기록하는 사람, 이런 특징들이 사회에 적응하려는 그의 노력에도 다른 사람들과 점점 멀어져 클럽에서 위험한 부적응자라는 악명을 쌓게 한 것이다. 허구 속의 므디쇼의 곤경은 이제 자신과 닮았다.

"나는 그를 보며 미소 지었다. 나는 그가 한 일을 비난하지 않으려고 한다. 야생의 므와눔웨지Mwanumwezi 부족 출신이었던 그를 우리 같은 유럽인들이 집에 필요한 하인이라는 틀에 집어넣었고, 이제 그가 그 틀을 깨고 나온 것뿐이었다."[109]

전쟁이 발발한 지 며칠 되지 않아 다르에스살람은 군인들로 가득 차기 시작했다. 달은 본능적으로 군대를 싫어했으며 그런 감정을 거의 감추지 않고 드러냈다.

"온 사방에 군복과 카케이드 모자를 쓴, 거드름을 피우는 끔찍한 모습이 보인다. 정말 싫다."

달은 이런 카키의 침범에 동조할 마음은 전혀 없었다. 규칙이나 거만함은 학창시절을 떠올릴 뿐이었다. 달은 어머니에게 비꼬는 투로 '군인들이 내뱉은 말이나 글의 허무맹랑한 정도를 재는 '측정기'를 발명했다'고 했다.[110] 그에게는 다른 생각이 있었다. 다르에스살람에서 상업용 비행기를 조종하는 친구인 알렉 눈Alec Noon의 영향으로 달은 마침내 오랫동안 꿈꾸어 왔던 방법으로 아프리카를 보기로 했다. 쉘에서 근무하면서는 할 수 없는 일이었다. 로알드는 영국 공군에 입대하여 조종사가 되리라 마음을 먹었다.

그것은 가장 중요한 운명적인 결정이었을 것이다. 그 해 10월, 눈은 달을 데리고 탕가니카 해안을 따라 마피아 섬까지 이르는 순찰비행에 나섰다. 달은 짜릿한 기쁨을 느꼈다. 달은 그 장관을 서정적으로 표현하며 '야자수가 서 있는 길고 긴 모래사장과 끝도 없이 하얗게 부서지는 파도'에 대해 편지를 썼다.[111] 며칠 후 그는 영국 공군에 입대하기 위한 신체검사를 받으러 나이로비로 갔다. 195센티미터라는 큰 키였지만 '당당히' 합격했다. '비행'이라는 말 때문에 어머니가 놀랄까 봐 그는 그저 '아주 흥미롭다'면서[112] '무더위 속에서 특별히 하는 일도 없이 이리저리 행근하는 육군에 입대하는 것보다 1000파운드의 가치가 있는 비행훈련을 공짜로 받는 일은 멋진 일'이라고 썼다.[113]

달은 다르에스살람으로 돌아와 옷가지들을 좀이 슬지 않는 트렁크에 넣고, 그동안 쓴 비용을 낸 다음 클럽에서 탈퇴했다. 어머니에게는 사치스러운 크리스마스 선물을 보내지 말라고 편지를 보냈다.

"공군들의 지저분한 막사에서 그런 음식을 먹는 일은 힘들 것 같아요. ……만약에 거위 간으로 만든 푸아그라를 먹으면 한 번도 먹어보지 않은 친구들은 아마 훈제청어가 더 낫다고 생각할 테니까요."[114]

2주 후 커다란 3인용 쉐보레를 타고 그는 1500킬로미터를 달려서 북쪽에 있는 나이로비로 갔다. 가는 동안 달은 아프리카의 장대한 풍경을 즐길 수 있었으며, 그와 가족들의 미래를 찬찬히 생각했다. 기린에게 말을 걸기도 했고, 나무 뗏목을 타고 급류를 건너기도 했으며, 마사이 전사들이 활과 화살로 묘기를 보이는 것도 구경했고, 코끼리 가족의 아름다울 정도로 온순한 모습을 보며 철학적인 생각에 빠지기도 했다.

"그들이 나보다 낫다. 그리고 훨씬 더 현명하다. 나는 독일군을 죽이거나 독일군에게 죽임을 당하러 가지만, 저 코끼리들은 머릿속에 살인이라는 생각은 조금도 없겠지."[115]

나이로비에 도착한 달은 기초훈련 학교에 입학한 조종사 16명 중 하나였다. 오직 3명만이 다음 2년을 살아남을 수 있었다. 누군가가 타이거모스 Tiger Moth라는 작은 이인용 경비행기에 올라타고 활주로에서 풀을 뜯는 얼룩말을 쫓아낼 때 달은 죽음에 대한 생각은 전혀 하지 못했다. 하지만 달은 심각한 문제에 부딪혔다. 195센티미터의 키로 조종석에 앉으니 머리가 바람막이 유리창 위로 쑥 올라가서 비행기가 하늘 높이 올라가면 강력한 공기의 흐름 때문에 숨쉬기가 거의 불가능했다. 2~3초마다 숨쉬기 위해 유리창 뒤에서 몸을 숙여야 했다. 달은 그다운 해결책을 곧 생각해냈다. 코와 입을 얇은 면으로 가려서 비행할 때 질식하는 것을 막았다. 그는 이 새로운 일을 곧바로 열렬히 사랑했다. 어머니에게 이렇게 썼다.

"난 이렇게 즐거운 적이 없었어요."[116]

7시간 40분 만에 달은 혼자서 드넓은 아프리카의 사바나를 비행했으며, 그레이트리프트밸리 위로 솟아올라 케냐 산을 한 바퀴 빙 돈 다음 지상 18~20미터까지 내려가기도 했다. 그 바람에 기린들은 놀라서 하늘을 쳐다보았고, 누 무리가 사방으로 흩어졌다. 그는 비행기와 한몸이 된 듯 느꼈고, 홀로 광대하게 펼쳐진 하늘로 올라가 오랫동안 머릿속으로 그려왔던 풍경을 하느님의 위치에서 볼 수 있어 너무나 기뻐했다. 그는 조종하는 법, 원을 그리는 법, 엔진을 끄고 비상 착륙하는 법도 배웠다.

8주가 지났을 때, 일지에 따르면 50시간 정도를 비행한 다음, 젊은 조종사들은 모두 기차를 타고 우간다에 있는 캄팔라로 갔다. '그곳은 힘이나 열정 그리고 자만심으로 넘치는 곳이었다. 우리가 용감한 비행사이며 하늘의 악마였기 때문이다.'[117] 그들은 카이르를 거쳐 이라크에서 비행훈련을 끝마치기 위해 떠났다. 그곳에는 하바니야라는 방대한 기지가 있었다. '세상에서 가장 혹독한 기후인' 사나운 사막의 열기 속에서 '오직 이곳을 떠나는 그 날을 위해'[118] 6개월을 보낸 후, 1940년 9월에 달은 북아프리카 서부 사막에서 벌어질 작전에 참여하기 위해 날아가는 자신을 발견했다. 그는 연합군의 전선 바로 뒤에 감춰진 활주로를 향해 낡고 낯선 구식 복엽기를 몰고 갔다.

6장

전투기 추락 사고

비행훈련을 받기 위해 나이로비로 가려고 와미 강을 건너려는 달과 자동차. 탕가니카, 1939년.

카메라를 든 달. 렙턴 학교, 1932년경.

히틀러의 참모 괴벨스의 포스터를 다트 과녁 삼아 포즈를 취한 달과 데이비드 파월.

하모니카를 불고 있는 달의 이복형제 루이스.

1940년 9월 19일, 작은 비행기 한 대가 이집트 북쪽의 외진 공군기지에 착륙했다. 오후 5시가 막 지나서였다. 해는 이미 서쪽으로 저물고 있어서, 목적지로 다가오는 작은 비행기는 반짝이는 푸른 바다에 일그러진 그림자를 만들어내고 있었다. 북서쪽에서 가벼운 바람이 불어왔다. 시야도 좋았다. 길이가 8미터밖에 되지 않는 복엽기 글로스터 글래디에이터Gloster Gladiator는 아주 구식 활주로에 착륙해서 조금 달린 다음 곧 멈추었다. 조종사가 830마력의 브리스톨 머큐리 성형엔진을 끄자 적막이 흘렀다. 엔지니어 몇 명이 비행기로 다가왔다. 그때 조종석 문이 뒤로 열리면서 키가 크고 호리호리한 남자가 좁은 조종석에서 나왔다. 그는 면으로 만든 밝은색 비행복을 입고 있었다. 무릎에는 항해지도를 달고 있었다. 막 스물네 살에 접어든 공군 소위 로알드 달은 초조해했는데 전투지로 처녀비행을 했으니 충분히 이해할 만했다. 그는 오후 내내 비행기 안에 있었고, 수에즈 해협에 있는 활주로에서부터 새로 나온 글래디에이터를 몰고 북아프리카 사막 어딘가의 비밀장소에 주둔한 80연대로 들어온 것이다. 한 시간 전에는 모래 폭풍 속에서 연료를 공급받기 위해 알렉산드리아 근처 아미리야에 잠깐 착륙했다. 달은 피곤했지만 여전히 최종 목적지를 찾아가야만 했다. 그건 비밀이었다. 몇 분 뒤 공군기지의 지휘관이 그에게 좌표를 가르쳐주면 출발할 예정이었다. 그는 목적지를 물어보기 위해 지휘관의 텐트로 들어가면서 목적지가 그리 멀지 않기를 희망했다.

　포우카의 작은 해안 기지는 옹기종기 텐트가 모여 있었고, 비행기 몇 대가 서 있었다. 주위로는 끝없이 펼쳐진 모래와 물뿐이었다. 최전선은 160킬로미터도 떨어져 있지 않았다. 일주일 전에 리비야로 침공한 이탈리아 군대는 시디 바라니 해안에 주둔해 있었다. 포우카는 마지막으로 남은 안

6장 전투기 추락 사고　189

전지대였다. 그 너머로는 실제 전투가 벌어지고 있었다. 달도 자신이 제대로 준비되어 있지 않다는 사실을 알았다. 다소 익숙하지 않은 비행기를 몰고 있었고, 6개월 동안 상급 훈련을 받았지만 공중전 훈련은 받지 못했다. 모래바람이 불자 천막이 부스럭거리며 요란하게 펄럭였다. 텐트 안에 있던 지휘관이 전화를 걸고 있었다. 그는 조종사에게 지도를 달라고 했다. 지휘관이 말했다.

"80연대가 지금 여기에 있다."

그러면서 지중해 가장자리에 있는 해안가 마을인 메르사 마투르로부터 50킬로미터 떨어진 리비야 고원 한중간의 시디 헤네이시라는 곳을 가리켰다. 달이 물었다.

"쉽게 찾을 수 있을까요?"

달은 활주로를 눈에 띄지 않게 위장해놓은 것을 알고 있었고, 날은 저물어갔다.

"보이지 않을 리 없다."

그가 들은 대답이었다.

오후 6시 15분, 비행기는 포우카의 활주로에서 이륙한 다음 남서부로 향했다. 활주로에 있던 풍향기는 기둥처럼 똑바로 서 있었다. 달은 길어봤자 50분 정도 걸릴 거로 예측했다. 7시 30분까지는 해가 완전히 지지 않으니 어둡지는 않을 터였다. 밤이 드리워지기 전에 도착할 수 있을 것 같았다. 그는 방위를 계산했다. 하지만 사막을 가로질러 날아가는 것은 항상 위험이 따르는 일이었다. 달은 고도 240미터 정도로 낮게 날았으며 이제 해안에서 멀어졌다. 푸른 바다와 모래 사이에서 하얗게 거품이 일던 가이드라인은 이제 보이지 않아 더는 길을 알려주지 않았다. 발아래로 보이는 땅은 완연히 달랐다. 길을 알려줄 만한 눈에 띄는 이정표도 보이지 않았다. 어스름한 땅거미가 내려앉는 시간에 비행하기는 쉽지 않았다. 머리 위로는 구름 한 점 없었지만 바람이 갑자기 방향을 바꾸었다. 가끔은 180도 다른 각도에서 불어왔다. 모래 위의 기온이 치솟았다. 자칫하면 항로에서 벗어날 수 있었다. 1도만 틀려도 목적지에서 수 킬로미터를 벗어나는 것이다. 5도나 10도 이상 틀리면 그건 재앙이었다. 달은 포우카에서 하룻밤을 보내고 다음 날 아침 일찍 연대에 합류할 걸 하는 생각이 들기 시작했다.

  몇 분이 지나자 해가 서쪽 지평선으로 기울고, 날이 어두워지자 발아래 땅은 갈색, 노란색 그리고 붉은색으로 얼룩덜룩해졌다. 사막은 아무런 특징도 없이 삭막하게 끝도 없이 펼쳐져 있는 것 같았다. 그는 외로웠지만 좁은 자궁 같은 조종실 안에서 보호받는 기분도 들었다. 이따금 자신이 이 세상에서 유일하게 살아 있는 사람처럼 느껴지기도 했다. 글래디에이터의 엔진은 앞에서 윙윙 돌아가고 있었지만 엔진의 낮은 소리는 지금은 기쁨으로 들려오지 않았다. 50분이 지났다. 해가 지기 시작하자 젊은 조종사는 진땀이 났다. 그 어디에도 활주로는 보이지 않았다. 그저 바위와 푹 파인 웅덩이 그리고 물이 마른 골짜기만 보였다. 잘못된 좌표를 받은 걸까? 방위를 잘못 계산했나? 갑작스러운 바람의 변화에 희생양이 된 걸까? 그는 주위를 빙빙 돌았다. 그리고는 비행기나 텐트나 사람이 산 흔적이 있는지 찾아보았다. 그는 동서남북을 다 날아가 보았지만 보이는 것은 모래와 바위와 낙타가시나무뿐이었다.

  마지막 빛줄기가 사막을 진한 붉은빛으로 물들이고 있었다. 곧 어두워질 판이었다. 연료도 얼마 남지 않았다. 포우카로 돌아갈 수도 없었다. 할 수 있는 일은 단 한 가지였다. 그건 강제 유도 착륙이었다. 바로 이런 상황에서 할 수 있는 훈련을 받았다. 사막에 착륙해서 밤을 보내야 한다. 내일 아침이면 수색대가 그를 찾기 위해 파견될 것이다. 전투에 참가한 첫날, 이런 식으로 연대에 도착하는 것은 계획에 없었다. 달리 방법이 없었다. 달은 절실한 마음으로 작은 비행기가 착륙할 만한 곳을 찾아보았다. 울퉁불퉁한 땅을 낮게 날아도 적당한 곳을 찾을 수가 없었다. 태양은 지평선 뒤로 사라져버렸다. 그는 시간이 없음을 알았다. 곧바로 비행기를 착륙시켜야 했다.

착륙을 감행했다. 시속 130킬로미터로 속도를 늦추고는 바퀴가 바위에 부딪히지 않기만을 기도했다. 하지만 행운의 여신은 그의 편이 아니었다. 비행기 배 부분이 바위에 부딪혀 충돌한 순간, 비행기는 부서지고 뒤틀린 금속과 고무 덩어리가 된 채 앞부분이 땅에 박혔다. 그의 몸뚱이는 격렬하게 조종석 앞으로 튕겨 나갔다. 그 바람에 코가 얼굴 속으로 함몰되고 두개골을 파열되었으며 달은 그만 의식을 잃고 말았다.*

비행사로서 부푼 기대를 하고 내디딘 첫걸음치고는 대단히 수치스러운 시작이었다. 달은 이라크의 훈련 과정에서 가장 우수한 훈련생 중 하나였다. 하바니야의 기지는 따분하고 활기가 없는 곳이었지만,[1] 달은 비행 훈련에서 '커다란 기쁨'[2]을 찾으며 살았다. 훗날 달은 그곳을 이렇게 묘사했다.

*나는 이 사건을 달의 비행기록과 영국 공군 기록, 다른 조종사와의 인터뷰, 그리고 달이 쓴 많은 작품(《Shot Down Over Libya》(1942), 〈Missing: Believed Killed〉(1944), 〈식은 죽 먹기〉(1942~46), 〈행운〉(1977), 《Going Solo》(1986))을 통해 최대한 정확하게 구성해보려 했다. 80년대의 사고 기록은 무척 짧고 간단하다. "조종사 달은 102기지에서 이 기지로 비행기를 몰고 오는 도중, 불행하게도 비행이 불가능하게 되어 메르사 마트루에서 서쪽으로 2마일 떨어진 사막에 강제 착륙하게 되었다. 그때 비행기가 강한 화염과 함께 폭발하였고, 조종사는 심한 화상을 입어 육군 구급차에 실려 후송되었다." – PRO Air 27, 669.

"혐오스럽고 불결하며 삭막한 곳이었다. ……진흙투성이의 유프라테스 강과 접한 끓는 듯한 사막 한가운데 자리한, 격납고와 둥근 천장의 막사 그리고 붉은 벽돌로 지은 방갈로가 모여 있는 황량한 곳이었다."[3]

처음에는 그곳이 바그다드에서 100킬로미터나 떨어진 모래사막인데도 도시의 규모가 크고 주민 숫자가 1만 명이나 된다는 것에 놀랐다. 교회, 극장, 치과, 미네랄생수공장 등 많은 건물을 일일이 나열하면서 달은 아쉽다는 듯 이렇게 덧붙였다.

"여자들은 이곳에 오지 않아요. 그 밖의 다른 많은 것들도 오지 않지요. 아마 다 잊고 살아야 할 것 같아요. 하지만 그건 어려운 일은 아닐 거예요. 이렇게 열심히 일하고 비행하고 있으니까요."[4]

훈련생들은 거의 매일 아침나절에 비행을 했다. 오후에는 항공학, 기술학, 기상학 수업이 있었다. 교관들은 달의 비행기술이 '평균 이상'이고 곡예비행술은 '뛰어나다'고 칭찬했다.[5] 필기성적도 우수했고 열심히 노력하는 학생이었다. 다만 이따금 시간만 나면 주변을 돌아다니기를 좋아했다. 한 번은 바빌론의 폐허를 보러 가기도 했고, 도둑이 들끓는 바그다드의 노점에서 여러 번 쇼핑하기도 했다. 그리그 칼을 함부로 휘두르고 총을 지니고 다니기로 악명 높은 원주민들과 포커를 치기도 했다. 달은 그들을 '믿지 못할 녀석들'이라고 썼다.[6]

달도 처음에는 그 지방 사람들을 흥미로워했고 경이롭게 바라보았다. 하바니야로 가는 길목의 팔레스타인에서 '엄청나게 큰 양가죽 코트를 입고 털모자를 쓴' 베두인 부족과 마주친 달은 그들의 매력에 푹 빠졌다.[7] 하지만 이라크는 완전히 달랐다. 영국 공군에 대한 사람들의 반응은 거의 적대적이었다. 이라크 사람들은 비행기에 돌을 던졌고 조종사들에게 무차별적으로 사격하기도 했다. 그러나 수도로 외출했을 때, 구리세공업자나 은세공업자와 벌이는 승강이는 그를 흥분시켰다. 그들의 보석 가공과 공예 기술을 높이 평가했다. 하지만 그곳의 불결함에는 치를 떨었고, 그를 졸졸 쫓아다니는 '끔찍한 아이들의 무리'에 불쾌해했다. 그는 바그다드에 대해 이렇게 썼다.

"끔찍하기 짝이 없는 도시이며, 내가 가본 곳 중 가장 더러운 곳이다. 도시 전체가 그야말로 무너지고 있다. 대부분의 거리 양옆에는 진흙 벽돌의 잔해가 가득한데, 사람들이 그 속에서 산다. 문을 통해 참을 수 없을 정도로 고약한 냄새가 풍겨 나온다. 끔찍한 냄새가 펄펄 난다. 길거리에는 별의별 사람들—아랍인, 시리아인, 유대인, 인도인과 대부분은 밀크초콜릿 색의 얼굴에 길게 펄럭이는 더러운 옷을 입은 소속을 알 수 없는 사람—로 가득하다."

자동차를 몰고 도둑들이 들끓는 거리를 달리다, 들개들과 깔깔 웃어대는 베두인 노파와 '총과 칼을 든, 놋쇠로 만든 바지 단추를 빼앗기 위해서라면 두 번도 생각하지 않고 불알을 자르는 놈들'의 추격을 당했으니,[8] 에어컨이 있는 하바니야의 영국 공군 기지로 돌아온 달은 스스로 인정했던 것보다 훨씬 더 안심했을 것이다.

길가에 늘어서 있던 서양협죽도의 아랍명으로 도시 이름을 지어 태양의 맹렬한 열기를 조금 누그러뜨리려다 실패한 듯한 이름의 하바니야는 따분했을지는 몰라도 편리했다. 그래서 달은 모진 사막의 상황을 조금은 견딜 수 있었다. 달이 주둔했을 때 그곳은 예상 밖의 취약점을 드러냈다. 홍수가 잦은 곳에 기지가 세워져 있었던 것이다. 그해 봄, 범람한 유프라테스 강이 강둑을 무너뜨릴 기세를 보이자, 수천 명의 사람은 6주 동안 생활했던 주둔지를 버리고, 가까운 고원지대로 올라가 텐트를 세우고 임시 거처를 마련했다. 무더위, 전갈, 파리 떼와 사막의 독사, 그리고 시속 50킬로미터 이상으로 끊임없이 불어오는 모래폭풍 때문에 정말 힘들었다. 위험을 넘긴 뒤 모든 사람은 상대적으로 호화롭게 여긴 둥근 천장의 막사로 돌아왔고 비행훈련은 다시 시작되었다. 모래 폭풍은 모두의 사기를 떨어뜨렸다. 하지만 그런 상황은 달 속에 숨어 있던 금욕주의적인 면을 끌어냈다. 달은 어머니에게 이렇게 썼다.

"정말 다행스러운 점은 이런 힘든 상황을 견디어냈으니 이보다 더 심한 일은 없을 거라는 확신이 서는 거지요."

언제일지 모르지만 비행훈련이 다시 시작될 즈음에는 자기가 모래 화석이 되어 있을지도 모르겠다고 덧붙였다.[9]

하바니아의 한여름 기온은 그늘에서도 섭씨 50도까지 치솟았고, 조종사들은 새벽 4시에서 9시까지만 훈련할 수 있었다. 나머지 시간에는 실내에 들어앉아서 열기를 피했다. 무료함이 극에 달하자 달은 도망치고 싶은 마음뿐이었다.

"우리가 하는 일이라고는 이른 아침의 비행, 오후의 낮잠과 땀 흘리기, 나머지 시간에는 라디오로 뉴스 듣기뿐이에요. 하지만 요즘 같은 때에 라디오를 듣는 것보다 더 우울한 것은 아마 찾기 어려울 것 같아요."[10]

그는 더위를 터키식 사우나에 비유했다. 전쟁이 끝나면 사우나에서 일할 수 있는 '좋은 자질'을 갖추게 될 것 같다고 농담도 했다.[11] 달은 이제 호커 하트Hawker Harts와 오댁시스Audaxes라는 기관총이 달린 경전투기를 타고 훈련했는데, 처음 받은 수업이 다른 비행기를 격추하는 방법이었다. 그는 이런 경험이 '신나는 일'이라고 생각했다.[12] 1940년 8월 중순, 일지에 의하면 달은 150시간을 비행한 후 어머니에게 자기가 '매우 뛰어난' 성적으로 시험에 통과하고 '훌륭한' 비행 능력을 갖췄다고 평가받으며 공군 소위가 되었다고 알렸다.[13]

마지막 시험에서 달은 40명 중에 3등을 했다. 그보다 더 높은 점수를 받은 두 사람은 전쟁이 시작되기 전부터 민간 조종사였다.[14] 자랑스럽게 영국 공군 RAF배지를 단 달은 이집트 이스마일리아의 공군기지로 돌아가 서부 사막의 80연대에 배치되었다. 하지만 달은 결국 그곳에 도착하지 못했다. 전투비행사가 되는 첫날 전야에, 제대로 총 한 번 쏘아보지 못하고 비행기를 부수면서 사막 한가운데 추락했기 때문이다.

기름 냄새 때문에 달은 의식을 차렸다. 눈을 뜨려고 했지만 아무것도 보이지 않았다. 글래디에이터의 연료탱크 두 개가 모두 폭발하더니 동체가 화염에 휩싸였다. 눈도 안 보이고 감각도 없던 달은 거의 확실하게 다가오는 죽음에 대해 생각해 보았다. 그는 나중에 이렇게 썼다.

"불이 나든지 말든지 난 그저 가만히 잠자고 싶었다."[15]

하지만 무슨 기운이 남아 있었는지 그는 움직였다. 다친 몸으로 낙하산 줄을 풀고 조종석 덮개 문을 열고 아래쪽 모래로 굴러떨어졌다. 그의 옷에도 불이 붙어 있었다. 달은 땅바닥에 몸을 굴려 불을 껐다. 훗날 그의 표현을 빌리자면, 그건 용감해서가 아니라, 그저 '의식을 잃지 않으려고' 했고[16] 그 덕에 불에 타서 죽지 않았다.

"나는 엄청난 열기에서 벗어나 편안하게 쉬고 싶은 마음뿐이었다. 주위 세상이 완전히 둘로 갈라져 있었다. 둘 다 칠흑처럼 깜깜했지만 한쪽은 미치도록 뜨거웠고 한쪽은 그렇지 않았다."[17]

달은 끔찍한 고통을 겪으면서도 불타는 비행기 동체로부터 엉금엉금

기어서 멀리 떨어졌다. 그렇다고 위험에서 완전히 벗어난 것은 아니었다.

얼굴이 가장 아팠다. 한 손으로 천천히 얼굴을 만져 보았다. 끈적끈적했다. 코가 없어진 것 같았다. 이빨이 남아 있는지 만져보았다. 한두 개 없어진 것 같았다. 그때 기관총이 발사되었다. 나는 금방 알아차렸다. 생각해볼 필요도 없었다. 여덟 개의 총에 각각 50발씩의 탄약이 들어 있었다. 불을 피해 멀리 기어 나왔는데 하필 기관총 앞이었다. 뜨거운 열기 속에서 기관총이 발사되고 있었다. 나는 총알이 내 주위의 모래와 바위를 관통하는 소리를 들을 수 있었다. 하지만 일어나서 움직이고 싶지 않았다. 그때 의식을 잃고 말았다.[13]

하지만 총알은 모두 달을 빗겨갔다. 그날 밤 메르사 마투르의 기지에서 서쪽으로 3킬로미터 떨어진 곳에 비행기가 추락하는 것을 본 서포크Suffolk 연대는 잔해를 수색하기 위해 보병 세 명을 보냈는데, 그들은 의식은 없었지만 아직 살아 있는 중상을 입은 조종사를 발견했다. 비행복도 거의 불에 탔고 얼굴도 일그러져서 영국 공군인지 아닌지도 알아보기 힘들었다. 병사들은 그를 싣고 메르사에 있는 지하 야전병원 응급실로 데려갔다. 군의관 중 하나는 처음에는 달이 적군인 이탈리아 사람이라고 착각했다.[19] 마취하고 상처를 꿰맨 뒤 달을 기차로 알렉산드리아에 있는 앵글로 스위스 병원으로 이송했다. 그곳에서 달은 화상과 타박상 그리고 척추 손상 치료를 받았다. 처음에는 얼굴이 너무 부어서 눈도 뜰 수 없어 실명했는지 아닌지도 판단할 수가 없었다. 의사들은 그가 다시 볼 수 있을지 없을지 가늠하지 못했다.

달에게 죽느냐 사느냐가 달린 위급한 시간이었다. 거의 한 달 동안 칠흑 같은 어둠 속에서 시간도 모르고, 장소도 확실히 알 수 없는 뿌연 세상에서 살았다.* 두개골이 파열되고 앞도 보이지 않는 상태로, 가족과 친구들에게서 멀리 떨어진 채 달은 혼란스러웠고 절망했다. 그의 머릿속에는 온갖 생각이 다 떠올랐다. 초기 단편 〈개 조심Beware of the Dog〉에서 그는 이때의 상황을 재현했다.

> 온 세상은 하얗기만 했다. 얼마나 하얀지 가끔은 까맣게 보이기도 했다. 시간이 지나니 하얗다가 까맣게 변했다. 하지만 대부분의 경우는 하얗게 보였다. 그는 하얀 세상이 까맣게 변하다가 다시 하얗게 변하는 것을 가만히 바라다보았다. 하얀색은 오랫동안 머물렀다. 까만색은 아주 잠깐만 나타났다. 그는 세상이 하얗게 변할 때 잠드는 습관이 들었다. 그리고는 세상이 까맣게 보일 때 때맞춰 일어났다. 까만색은 아주 빨리 없어진다. 가끔은 섬광처럼, 까만색 번개처럼 나타났다. 하얀색은 느렸다. 그 느림 속에서 그는 늘 잠이 들었다.[20]

달은 그때 시력을 잃을 가능성이 있었지만 그다지 무섭지도 우울하지도 않았다고 썼다.

"생명은 말할 것도 없고 실명도 더는 중요하지 않았다. ……폭격이 비처럼 쏟아지고 총알이 옆으로 휙휙 날아가는 상황에서 사람이 할 수 있는 일이라고는 그저 차분하게 모든 위험성과 결과를 받아들이는 일뿐이다.

---

*그는 어머니에게 단 한 주 동안만 눈이 보이지 않았다고 했다. 나중에 편집자인 스티븐 록스버러에게는, 어머니를 걱정시키지 않으려고 그렇게 말했던 것이며, 그보다 훨씬 더 오랫동안 보이지 않았다고 말했다. —스티븐 록스버러에게 보낸 편지, FSG.

초조해하며 진땀을 흘리는 것은 아무 도움도 되지 않는다."[21]

달은 침대에 누워 지내면서 벡슬리의 가족들이 독일군의 폭격을 받았다는 사실을 알게 되었다. 어머니와 누이들은 살아남았지만 그곳에서 강제로 철수되었다. 카메라와 사진을 포함한 그의 모든 짐이 있던 이스마일리아의 막사 역시 동습으로 파괴되었다는 사실도 알게 되었다. 정말 힘든 시간이었지만 그 일로 달은—호화로운 삶이 가져다주는 기쁨이 있었지만—모든 물질적인 소유는 다 부질없다는 생각을 확고하게 갖게 되었다. 가족이 살아남았다. 중요한 것은 그뿐이었다.

그는 차츰차츰 회복되기 시작했다. 두개골의 부기도 가라앉았고 시력도 돌아왔다. 그런데도 여전히 하루에 16시간 이상 잠을 잤고, 그 이후에도 한 달 이상 침대에 누워 지내야 했다. 그의 얼굴은 당시 군의관이었던 성형외과 의사 할리 스트리트Harley Street가 복원해주었다. 달은 나중에 의사가 영화배우 루돌프 발렌티노Rudolph Valentino의 코를 모델로 자기 코를 새로 만들었다고 주장했다.[22] 하지만 사고 후 2달이 넘어서 집으로 보낸 첫 편지의 내용이 아마 사실에 가장 가까울 것이다. 달은 귀와 코와 목을 성형한 의사가 '두개골로 함몰되었던 코를 잡아당겨서 모양'을 만들었다고 썼다. 그리고는 새로 생긴 코가 '예전하고 똑같은데 조금 휘었다'고 덧붙였다.[26] 그의 부상이 얼마나 심각했는지 의사들은 달이 다음 호송차로 상병병으로 영국에 이송되어야 한다고 주장했다. 하지만 그는 의사의 충고를 받아들이지 않았다. 왜냐하면 그가 다시 비행기를 몰 수 있을지도 모른다는 소리를 들었고 만약 그렇다면 연대 가까이에 남아 있고 싶었기 때문이다. 쉬운 결정은 아니었을 것이다. 그는 통증이 심했다. 그리고 2년 넘게 가족을 만나지도 못했다. 당시 달은 북아프리카에서 그리스로 옮겨간

80연대의 동료 조종사를 만나야 했다. 80연대는 그곳에 침범해온 이탈리아에 성공적으로 맞서 싸우고 있었다. 달이 합류할 수 있는 연대는 없었다. 하지만 달은 용감했고 고집스러웠으며 전투에 참가하고 싶은 열의가 있었다. 더욱이 영국 공군이 글래디에이터의 추락 사고가 '그의 탓이 아니고, 그 기종에 대한 훈련이 없었던 탓'이라고 결론 내렸지만,[24] 그는 자신의 비행술을 증명해 보이고 싶었고 또한 전투비행사로서의 치욕스러운 시작을 만회하고 싶었다.

달은 나중에 영국 공군의 조사로 포우카에 있던 지휘관이 그릇된 좌표를 주었으며, 사막에 설치했던 80연대의 활주로는 비행기가 추락한 지점에서 80킬로미터 남쪽에 있었다는 사실을 밝혀냈다고 주장했다.[25] 지금은 달의 말을 그대로 믿을 수밖에 없다. 그 공식 기록이 1960년대에 없어졌기 때문이다.[26] 비행기 추락 사고는 영국 공군이 체계적인 작전계획을 짜는 데 실패한 것에 일부 책임이 있다고 암시하기도 했다. 그는 글로스터 글래디에이터 기종에 전혀 익숙하지 않았고, 이스마일리아에서 사막으로 비행하기 24시간 전에 처음 보았다고 주장했다. 그는 훈련이 필요하다고 요청했는데, '거드름을 피우는' 어떤 장교가 조종석이 하나밖에 없으니 스스로 배워야 한다고 말했다고 덧붙였다. 그는 이렇게 결론을 내렸다. "그건 확실히 잘못된 관행이었다."[27]

항공일지 기록자이며 역사학자인 데릭 오코너Derek O'Connor는 달이 출격하기 전 2주 동안 이스마일리아에서 거의 같은 기종인 글로스터 곤틀릿Gloster Gauntlet으로 비행훈련을 받았음을 언급하지 않았다고 밝혔다. 오코너는 글래디에이터가 기본적으로 '업그레이드된 브리스톨 머큐리 엔진과 밀폐된 조종실을 갖춘' 곤틀릿의 개량 모델이라고 했다.[28] 달이 당시 상황을 다시 썼던 이유는 독자를 즐겁게 하려고 진실을 부풀리는 작가의 바람 그 이상이었다. 그건 자신이 무능력하다는 오명에서 벗어나기 위해 추락 사건을 재구성하고 싶은 강한 바람에서 비롯된 일이었다. 영국 공군의 기록으로는 충분하지 않았다. 그는 책임에서 벗어나기 위해 다른 이야기가 필요했다. 그래서 비난의 손가락을 다른 곳으로 돌렸다. 나중에 출간된 책에서는 비행기를 부쉈다고 하지 않고 사막에서 벌어진 전투 중에 적군의 사격을 받고 추락했다고 썼다.

이것이 신화 만들기의 최종판이었다. 그 이후 죽는 날까지 40년 동안, 그는 기회만 있으면 그날 저녁의 비행기 사고 이야기를 되풀이해서 했다. 마치 그 모든 이야기가 자기 혼자만의 이야기인 듯했지만 사실은 또 다른 조종사가 관련되어 있었다. 포우카에서 다른 글래디에이터를 타고 달과 함께 비행한 조종사가 있었다. 그는 달의 비행기가 추락하자 근처에 자기 비행기를 안전하게 착륙시켰다. 그리고는 화상을 입고 피를 흘리던 달을 위로하면서 사막의 길고 추운 밤을 함께 지새웠다. 이 사고에 대한 초기 이야기나 전쟁 당시에 쓰인 작품인 〈Shot Down Over Libya〉나 〈식은 죽 먹기A Piece of Cake〉에서는 그 역시 서술자로 나타난다. 소설 속에서 남자 이름은 '꼬마' 혹은 '피터'였다. 그의 실제 이름은 더글러스 맥도널드였다. 케냐에서 자란 전쟁이 일어나기 전에 동아프리카에 있는 항공클럽에서 비행술을 배운 맥도널드는 친구인 '꺽다리'가 심각한 상태라는 것을—정신이 혼미하고 심한 고통을 느끼고 육체적으로 몹시 위험한 상황—알았다. 달은 그때가 얼마나 위험한 상황이었던지 50년이 지난 후 죽을병에 걸려 생명이 얼마 남지 않았을 때도 그때가 자기 생애에서 가장 심각했던 날이었다고 기억했다.[29] 달은 언제나 강한 사람으로 보이고 싶어 했다. 어린 시절부터 가족에서의 위치, 한 가정의 주도적인 남성으로서 아버지처럼 다른 사람들은 도와주어야 한다고 느꼈다. 이 서술에서 나약함이나 무능력이 들어설 자리는 없었다. '꼬마'나 '피터'는 어느새 사라져 추락 이야기에서는 다시 나타나지 않았다. 하지만 1953년 더글러스 맥도널드의 미망인인 바버라Barbara에게 보낸 놀라운 편지—킬리만자로의 산기슭에 비행기가 추락하여 사망한 지 얼마 되지 않아—에서 로알드는 그날 밤, 자신이 얼마나 미약한지를 느꼈으며 누군가가 곁에 함께 있으면서 따뜻한 위로를 해주는 것이 얼마나 절실히 필요했는지 살짝 보여주고 있다.

맥도널드가 우리 둘이 사막에 착륙했을 때 무슨 일이 벌어졌는지 말해 주었을 겁니다. 저는 추락했습니다. 하지만 남편께서는 그날 밤 나에게 얼마나 놀라운 일들을 해주었는지는 말하지 않았을지도 모르겠습니다. 그는 나를 보살피고 위로해 주려 애를 썼습니다. 몹시 추운 날이었는데 내 곁에 남아 나를 따뜻하게 보살피며 애를 썼지요. 사실입니다. 나는 그가 들려준 이야기까지도 항상 생생하게 기억할 것입니다. (나는 의식이 뚜렷했으니까요). 나에게 달려온 그가 내가 죽지 않았다는 것을 알고는 모래 위에서 기쁨의 춤을 추던 일도 말입니다. 생각할수록 놀라운 일입니다. 이탈리아 인들이 그리 멀지 않은 곳에 있었고 걱정해야 할 일들이 많았는데도 말입니다.[30]

편지는 그날 밤에 어떤 일이 일어났는지 정확하게 알려줄 뿐 아니라 로알드의 나약한 모습을 엿볼 수 있는 아주 드문 기회이다. 그건 세상 사람들에게 감추는 자신의 모습이다. 그는 나약한 모습 대신 강인한 문제 해결사나 원기 왕성한 낙천주의자로 보이기를 더 좋아했다. 물론 그것도 그의 모습이다. 하지만 가끔은 부적응자이고 나약한 면을 감추는 가면이 되기도 했다. 이런 성향은 어렸을 때부터 보였다. 어머니를 위해 윗입술을 꽉 깨물고 애를 써서 고통을 참았다. 그런 태도는 사는 내내 계속되었다. 비행 이야기를 담은 초기 단편들은 이따금 그런 모습 속에서 갈라진 틈새를 보여주고 있다. 추락하자마자 벌어진 상황을 적은 초창기 글 속에는 그런 면이 잘 나타나 있다.

"사막의 매서운 추위 속에서 같이 있으면 조금은 더 따뜻해질 수 있기에 피터는 내 곁 가까이에서 나란히 누워 있다. ……우리가 얼마나 그곳에 있었는지 모른다. ……뜨겁고 걸쭉한 수프가 기억난다. 한 숟가락을 먹었는데 속이 울렁거렸던 것 같다. 그리고 내내 너무나 훌륭한 친구가 되어주고 따뜻하게 배려해주고 결코 그가 내 곁을 떠나지 않을 거라는 안도의 기쁨."[31]

앵글로스위스 병원으로 떠나기 전, 로알드는 은행에 저금해 놓았던 돈을 찾아 그를 돌보아 준 세 간호수녀들에게 줄 금시계를 사는 데 다 썼다. 특유의 너그러움이었다. 남에게 선물하는 것은 그의 심리적인 가면의 중요 부분이었다. 그 이후로도 그랬다. 가족 내에서도 이런 태도는 가끔 주도권을 쥔 성공한 남자로서의 위치를 굳건하게 하려는 것으로 해석될 수 있다. 하지만 다른 사람에 대한 그의 너그러움은 완전히 이타적인 마음에서 나온 것이라 볼 수 있다. 그의 이런 태도는 다른 사람들에게서 보상받았다. 가장 놀라웠던 사람들은 돈이 많았던 영국인 부부 테디 필Teddy Peel 대령과 그의 아내 도로시Dorothy였다. 몇몇 검사를 받은 후 달은 필 부부의 집에서 회복될 때까지 지내도록 알렉산드리아로 이송되었다. 알렉산드리아에 사는 돈 많은 영국인들처럼 필 부부는 병원에 있는 부상당한 장교들을 정기적으로 찾아갔다. 도로시는 매력적이고 허약해 보이는 거인이 특히 마음에 들어서 케냐의 고원지대에서 지내려던 그의 계획을 포기하게 하고 프톨레미스 가에 있는 자기네 넓은 빌라에서 머무르라고 설득했다. 로알드는 어머니에게 대부분의 시간을 '아무것도 하지 않고 그럴 수 없이 편안하고 안락하게' 보내고 있다고 썼다. 물론 달은 돈 걱정 없이 자랐다. 하인들에게 익숙했고 아버지의 신탁에서 나오는 돈도 있었다. 그런데도 알렉산드리아에 있는 이방인들의 호화스러운 생활양식에 적지 않게—어쩌면 조금은 비판적이었을지도 모르지만—놀랐다. 전쟁 중에도 그곳의 모든 사람은 엄청난 '돈뭉치'를 가진 것 같았다.[32]

달은 집주인에게 감탄해서 그 마을에서 '아마도 가장 마음씨 좋고 돈 많은' 사람들일 거라고 묘사했는데, 자동차 5대와 커다란 엔진이 달린 요트와 엔진이 2개 달린 자가용 비행기까지 가지고 있었다.[33] 그곳에서 달은 비단과 리넨 시트가 깔린 침대에서 종종 12시간씩 늘어지게 잠을 잤으며, 축음기로 베토벤과 브람스와 엘가의 작품을 들었고, 가끔 대화를 나누기도 했다. 사고 이후 줄어든 몸무게 13킬로그램을 회복하려고 애썼다. 한 번은 밖으로 나가 한두 홀 정도 골프를 치기도 했지만 회복은 느렸다. 그는 쉽게 지쳤고 머리 회전도 느리기만 했다. 오랜 시간 계속되는 심각한 두통에 시달리기도 했다. 집중할 수가 없어 브리지 카드 게임을 하기도 어려웠고, 가끔 정신을 잃는 적도 있다고—특히 외출할 때— 불평했다.

필 부부와 지낸 지 한 달이 되었을 때, 두통이 생기는 빈도는 점점 줄었다. 1941년 2월, 그는 카이로 근처에 있던 영국 공군의 헬리오폴리스 기지로 보내졌는데, 공군의 월급봉투를 관리하고 기사가 모는 차를 타고 마을 여기저기에 메시지를 전달하는 '가벼운 임무'를 맡았다. 어느 날 카이로로 가는 길에 우연히 앨필드의 친구인 레슬리 패리스Lesley Pares를 만났다. 공군본부에서 일하고 있었다. 그녀는 첫눈에 로알드의 잘생긴 외고와 사람을 끌어당기는 매력에 빠졌다. 레슬리는 달이 카이로에 있던 메트로폴리탄 호텔의 한 바에서 마치 대단한 피아니스트인 양 베토벤의 소곡인 3분짜리 〈엘리제를 위하여〉를 연주한 일을 기억했다. 나중에 그는 연주할 줄 아는 유일한 곡이라고 조용히 말했다고 덧붙였다. 그녀는 달이 어디로 튈지 모르는 아주 매력적이며 사람을 잡아당기는 강한 힘이 있었지만 한편으로는 불안할 정도로 신중하지 못하고 논쟁을 좋아하고 독단적인 면도 있었다고 했다. 레슬리는 '양심적 병역거부자'인 한 친구와 달이 마주치는 일이 없도록 조심했는데, 그가 반전 문제에 '다소 거세게' 반응했기 때문이었다.[34]

달도 레슬리를 보자마자 그녀에게 끌렸다. 달은 어머니에게 레슬리를 '여기서 만나는 어떤 여자보다 훨씬 착해요. 여자들은 대부분 정말 끔찍하거든요'라고 표현했다.[35] 직선적이고 가식이 없고 불필요한 친절을 무시하는 태도는 달에게 가족을 떠올리게 했다.

"저는 레슬리가 좋아요. 제가 집을 떠난 후로 놀라게 하지 않으면서 제 마음대로 욕하거나 말할 수 있는 유일한 여자거든요."

그리고는 우스갯소리로 레슬리가 아마도 누나인 앨필드에게 '잘 훈련받은' 모양이라고 덧붙였다.[36] 레슬리는 로알드와 규칙적으로 만나는 사이가 되었다. 그들은 사막으로 소풍을 가서 가족 이야기도 나누고 정치 토론(레슬리는 달이 사회주의적인 성향이 강한 사람으로 기억했다)도 하고 시를 논하기도 했다.

이집트에선 영국에서 온 망명자들의 사교모임이 늘어났고, 1941년 나치가 그리스로 쳐들어갔을 때, 엘리자베스 데이비드Elizabeth David와 로렌스 더렐Lawrence Durrell 같은 작가들이 들어와 문학적인 토양이 풍요로워지고 있었다. 레슬리 패리스는 두 작가를 알게 되었고 특히 엘리자베스 데이비드와는 매우 가까웠다. 하지만 달은 건강을 회복하는 데만 온 신경을 쏟고 있어서 문학 모임에는 거의 관심이 없었다. 그는 축음기로 음악 듣는 것을 더 좋아했으며, 이따금 골프클럽과 칵테일, 저녁 파티와 브리지 게임으로 이루어진 식민지의 일상을 즐길 때만 활기를 찾는 것 같았다. 이집트 예술인들의 삶에 달이 이바지한 일이라고는 이라크에서 찍은 사진 두 장을 런던에서 온 어머니 친구인 오마르 카이래트Omar Khairat라는 의사가 주최한 카이로의 한 전람회에 전시했던 일뿐이다. 그 중 하나는 2000년의 역사를 자랑하는 웅장한 크테시폰 아치Arch of Ctesiphon를 공중에서 찍은 사진이었는데, 어떤 대회에서 은메달을 받은 것이었다. 하바니야로 비행하는 도중 조종석에서 찍은 사진이었다.

달의 머리 상처는 회복이 더디었고 하늘로 돌아갈 가능성은 점점 더 희박해져 가는 것 같았다. 앞을 볼 수 없을 정도로 심한 두통으로 단순한 작업도 포기하고 방으로 돌아가는 일이 많았다. 끊임없이 무기력증과 가벼운 두통에 시달렸다. 그렇지만 달은 건강이 좋아져서 다시 비행할 수 있게 되는 날이 돌아오기를 기다렸다. 달의 머리 부상에 대한 의사들의 비관적인 진단에도 그의 단 '하나의 집착은 작전 수행을 위해 비행 조종으로 돌아가는' 것이었다.[37]

'역사에 남을 만한 두개골 파열'은 달이 서부 사막에서 당한 사고를 상징하는 구절인데, 그 일이 작가가 되는데 직접적인 영향을 끼쳤기 때문이었다.[38] 그건 처음 출판한 작품이 추락 사고에 대한 반 허구적인 이야기였기 때문이 아니라, 머리 부상으로 그의 성격이 바뀌어 창조적인 작품 활동을 할 수 있게 되었기 때문이다. 딸 오필리아는 달이 심각한 심리적 생리적 변화—뇌에 손상을 입어 시력을 잃거나 회복하는—를 겪은 사람들의 이야기에 상당한 흥미를 느꼈던 것 같다고 회상했다. 달은 딸에게 그런 일이 자신에게 일어난 게 틀림없으며, 그것이 촉망받던 대기업 사원이 특별한 예술적 야망 없이 글을 쓰고 이야기를 들려주고 싶은 욕망에 불타는 사람으로 변한 상황을 설명해준다고 했다.[39]

아마 오늘날의 의사들은 달이 뇌진탕 후유증을 앓았던 거라고 진단했을 것이다.[40] 이런 상태의 첫 번째 증상은 보통 건망증, 짜증, 집중력 부족 그리고 심각한 두통이다. 달은 이 모든 증상에 시달렸다. 이런 증상이 사라지는 환자들도 있지만 지속적으로 행동을 변하게도 하는데, 조울증이 나타나고 자기 통제를 못 했지만 자의식의 근본적인 변화를 가져오기도 한다. 그런 변화는 주관적이었지만 아주 중요했다. 애초에 별로 없었던 수치심에 대한 인식은 점점 줄어들었고, 상상력은 더욱 풍부해졌으며, 주위 사람을 놀래주고 싶은 욕구를 더 노골적으로 드러냈다. 위기를 겪은 달은 자신감이 더 늘어났고, 유명해지겠다고 결심했다. 죽음에 직면했던 경험은 자기 인식을 바꾸는 데 중요한 역할을 했는데, 자신이 나약하다는 점을 더 깊이 느끼게 되었고 동시에 어떠한 운명도 이겨내는 생존자라는 인식도 강해졌다.

높아진 자아 인식은 비행이라는 행동과 아주 밀접한 연관이 있었다. 케냐의 덤불 위로 휙 날아가던 가슴 뛰던 시작에서부터, 낯선 환경에서 홀로 자유롭게 존재한다는 인식은 로알드에게 신비로운 것들을 추구하는 취향을 자극했다. 비행은 고립감을 더욱 강화시켰다. 하늘은 달에게 또 다른 세상이었다. 고요함과 부드러운 아름다움의 세상, 끔찍한 전쟁과 인간들의 잔혹함으로부터 마법처럼 완전히 다른 곳으로 변하면서 심지어 속죄까지 가능한 피난처가 되었던 것이다. 초기의 소설들은 이러한 비행의 영적인 차원과 깊은 연관이 있다. 그건 독자에게 많은 사랑을 받는 동화 속에도 나타난다. 첫 동화책 《제임스와 슈퍼 복숭아》에서 주인공인 어린이는 끔찍한 고모들에게서 도망쳐 엄청나게 큰 복숭아 안에서 피난처를 찾는다. 아이는 한밤중에 자기만큼 커진 벌레들과 함께 과일 위에 서 있다. 갈매기 떼에 의해 복숭아는 하늘로 떠올라 대서양을 건너 높이 날아간다. 그 위에 천국이 있다고 생각한 제임스는 신비감과 경이로움에 가득 찬다.

"머리 위로는 신비롭고 위협적이며 때로는 보는 사람을 압도할 듯이 느껴지는 산 같은 구름들이 사방에 탑처럼 죽죽 솟아 있었다. ······복숭아는 조용하고 은밀한 여행가여서 날아갈 때 아무 소음도 내지 않았다. 그래서 달빛을 받으며 바다 위 높은 하늘을 날아간 그 고요한 밤에 제임스와 친구들은 이제껏 아무도 본 적이 없는 것들을 몇 번이나 보게 되었다."[41]

이 느낌은 동화책인 《찰리와 초콜릿 공장》에서 거대한 유리 엘리베이터를 타고 하늘 높이 날아가며 윌리 웡카가 어린 찰리 버켓에게 자신의 세상을 넘겨줄 때, 주인공인 찰리가 느끼는 초자연주의적인 세상에 대한 인식과도 같다.

비행의 경이로움은 작고 어린 빌리가 백조의 등에 올라타고 독특한 자연의 경이로움으로 가득 한 마법 같은 밤의 세계를 날아가는, 달의 마지막 동화 《민핀The Minpins》에서도 넘쳐난다. 달이 비행기를 마지막으로 조종해서 하늘은 날아본 지 50년이 지난 시점에서, 학창시절에 열기구를 쏘아 올렸을 때나 고독하게 비행할 때 다른 사람들과의 분리되었던 느낌이 강하게 되살아났는데, 그런 느낌은 달이 전투기를 타고 비행할 때 심리의 중심에 자리 잡았던 것이었다. 소년과 새가 한몸이 되어, 그 전까지는 절대 이해하거나 설명하지 못했을 것들을 직접 눈으로 보는 것이다. 그리고 그들이 눈으로 본 것은 온전히 자기들만의 것이다.

"그들은 고요한 마법의 세계를 날아갔다. 저 아래 어둠 속에서 세상 사람들은 침대에 누워 깊은 잠에 빠져 있었다."[42]

소년과 새의 신비로운 관계는 달에게는 아주 익숙한 영역인데, 이미 15년 전에 가장 잔인하고 강력한 인상을 남긴 소설인 〈백조The Swan〉에서 이미 탐험한 곳이었다. 여기서도 어린 소년은 무자비하게 어린이를 학대하는 부부에게 쫓기고 괴롭힘을 당한다. 그들은 아이를 괴롭히고 그가 돌보던 둥지에서 쉬고 있던 백조를 총으로 쏘아 죽인다. 그들은 죽은 새의 날개를 잘라 겁에 질린 아이에게 묶은 다음 가까이 있던 나무 위로 기어 올라가게 한다. 그러고는 아이에게 뛰어내리라고 한다. 아이가 거부하자 아이의 넓적다리를 총으로 쏴서 뛰어내리게 한다. 총에 맞아 피를 흘리던 소년은 날개를 펴고 가지에서 훌쩍 뛰어내린다. 하지만 아이는 땅으로 떨어지지 않는다. 그 대신 안전하게, '하나의 빛······ 너무나 밝고 아름다워 쳐다보지 않을 수 없는 그 불빛을 향해' 날아오른다.[43]

달은 가슴으로 그 상황을 이해했다. 눈이 부실 정도로 반짝이는 항해사의 빛, 삶과 죽음 사이의 가느다란 실, 그는 그것도 경험했다. 1941년 3월, 헬리오폴리스에서 5주를 보낸 달은 놀랍게도 수에즈 운하의 강둑에 있는 영국 공군의 이스마일리아 기지에서 연대에 복귀하기 전에 추가 훈련을 받을 수 있을 정도로 회복되었다는 말을 들었다. 그곳에서 달은 낡은 글로스터 글래디에이터가 이제는 '훨씬 현대적인 전투기'[44]인 마크I 허리케인 Mark I Hurricane으로 대치되었다는 사실을 알게 되어 마음을 놓았다. 하지만 비행 기술을 배우고 공중전에 대비하기 위한 훈련 시간이 너무나 짧아 다시 한 번 놀랐다.*

사고를 당한 지 7개월 후였다. 1941년 4월 초, 달은 또다시 1940년 9월과 똑같은 상황, 익숙하지 않은 비행기를 몰고 낯선 영토로 가야 한다는 걸 알았다. 다만 이번에는 리비야가 아니라 그리스였다. 그리고 한 가지가 더 달랐다. 조종사였다. 그는 더는 무모하게 사막의 밤을 날아가는 초조한 젊은 비행사가 아니었다. 그는 순수와 경험 사이의 경계선을 그리고 마냥 낙천적인 인생관과 조금은 어둡고 비판적인 인생관의 경계선을 넘어선 사람이었다. 그는 분노로 출격한 경험은 없었지만 추락 사고로 병원에 입원해 있는 동안 죽음에 직면했고, 그 때문에 살아야 할 이유를 더욱 곰곰이 생각해보았던 것이다. 그 이후 2주 동안 달은 그런 인식이 더욱 강해졌다. 새 날이 밝을 때마다 자신의 죽음이 가까워졌을지도 모른다는 생각으로 살았기 때문이다.

---

*《Going Solo》에서 달은 자신이 그리스까지 타고 갈 허리케인에 적응하는 데 며칠밖에 시간이 없었다고 한다. 그러나 이스마일리아에서 지내는 동안 그는 마일스 마지스터Miles Magisters와 글로스터 곤틀릿Gloster Gauntlets으로 먼저 비행의 감을 잡은 후, 2주간 허리케인으로 훈련을 받았다. 데릭 오코너는, 그 비행기에 적응할 만한 충분한 시간은 아니었지만, 전시 중이었기에 어쩔 수 없었다고 했다.
—오코너, 〈Roald Dahl's Wartime Adventures〉, p. 47

7 장

다윗과 골리앗

공군에서 조종사로 훈련받는 달. 나이로비, 1939년.

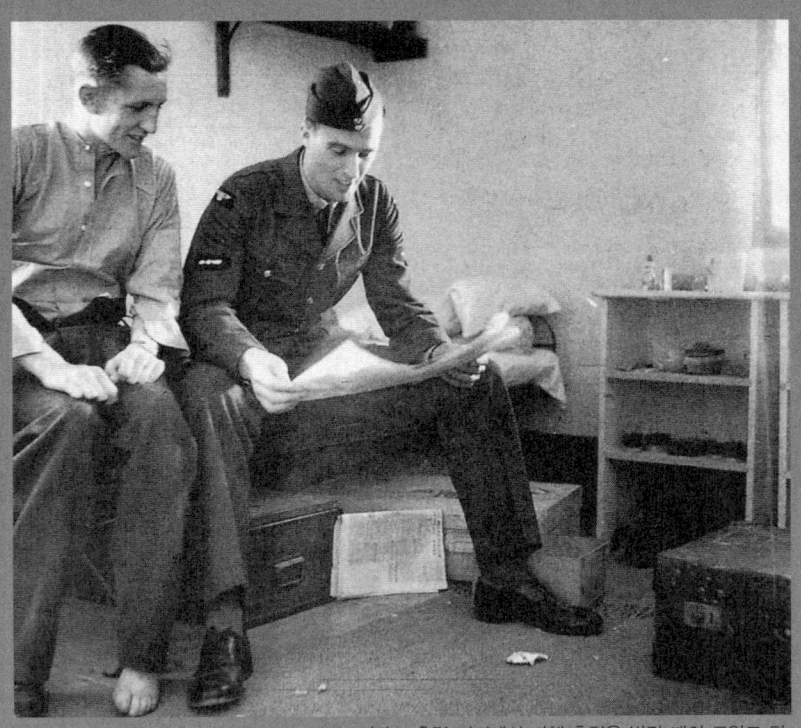
이라크 훈련 기지에서 비행 훈련을 받던 때의 로알드 달.
곁에 있는 사람은 동료 훈련병. 하바니야, 1940년.

달의 집필실에 있던 서랍에는 너덜너덜 닳은 검은색 허큘렉스 수첩이 있었다. 1941년에 사서 30년 이상 사용한 수첩에는 유명한 사람들의 이름이 많이 적혀 있다. 월트 디즈니Walt Disney, 호기 카마이클Hoagy Carmichael, 맥스 비버브룩Max Beaverbrook, 진저 로저스Ginger Rogers, 릴리언 헬먼Lillian Hellman, 벤 트래버스Ben Travers, 이언 플레밍 같은 이름도 있었는데, 달의 인생에 지대한 영향을 끼친 연예계, 정치계, 예술계 인물들이 많다. 수첩에는 그들과의 만남에 대한 상세한 내용이 들어 있다. 낡고 너덜너덜해진 작은 수첩은 그가 사회 저명인사들에게 얼마나 매료되어 있었는지를 보여주는 증거물이 될 것이다. 또한 그의 성격을 이해하는 실마리이며, 1940년대와 1950년대 달의 인생에 대해 미미하게나마 통찰해볼 수 있을 것이다. 한 페이지에는 노엘 카워드Noel Coward와 함께한 점심도 간단히 적혀 있다. 다른 페이지에는 도박에 관한 예상도 적혀 있다.

가장 흥미로운 점은 표지 뒷면에 적은 이름들이다. 오른쪽에 들쑥날쑥 적혀 있는데 관련된 주소나 전화번호는 없다. 주소록 한 모퉁이가 물에 젖어 잉크가 번진 바람에 몇몇 이름은 읽을 수가 없다. 그리고 몇 개는 맞춤법도 엉망이다. 하지만 대부분은 아직도 분명하게 읽을 수 있다. 탭 존스Tap Jones, 우피 스틸Oofy Still, 팀버 우즈Timber Woods, 트롤리 트롤립Trolly Trollip, 팻 패틀Pat Pattle, 빌 베일Bill Vale, 케그 다우딩Keg Dowding, 지미 케틀웰Jimmy Kettlewell, 독 애틀리Doc Astley, 휴 털록Hugh Tulloch, 조지 웨스트레이크George Westlake, 데이비드 코크David Coke 각각의 이름 옆에 숫자 하나가 쓰여 있으며, 몇 개에는 ×표를 했다. 명단 제일 아래, 페이지 맨 아래쪽에 '각 5'라고 덧붙였다. 그리고 모든 이름 위에 밑줄 친 머리 글귀가 쓰여 있다.

"80연대, 그리스"¹

이탈리아 군대가 1940년 10월 그리스 북부에 있는 에피루스로 용감하게 침공해 들어갔을 때 강한 저항을 받을 거라고는 예상하지 못했다. 보잘 것없는 무기와 구식 비행기밖에 없던 그리스 공군이었지만 그리스인들은 뜻밖에도 비장하고 끈기 있게 대항했다. 11월 중순쯤 이탈리아 군대는 할 수 없이 알바니아로 후퇴했다. 그리스의 독립을 보장했던 대영제국은 그리스의 매우 급한 공군 지원 요청에 따라 공군 2연대를 파병했다. 글래디에이터(80연대)와 블렌하임(112연대)의 연합연대였는데, 이 두 연대는 북아프리카에서 상당히 오랫동안 공격에 가담해왔다. 라리사, 트리칼라, 이오안니나 같은 북그리스의 활주로에 주둔했던 80연대의 글로스터 글래디에이터 12대는 그리스의 지상군을 돕기 위해 파견된 것이었으며, 국경선 근처에서 대여섯 대의 적군 비행기를 '추락시켰다.' 이후 겨울비 때문에 풀이 자라던 활주로가 침수되자 연대는 할 수 없이 아테네에서 몇 마일 떨어진 남쪽에 있던 엘레브시스로 옮겼다.

6주 후인 1941년 2월, 주로 호주인과 뉴질랜드인으로 구성된 연합 원정대가 그리스의 저항세력을 지지하기 위해 이집트에서 파견되었다. 그리고 날씨가 좋아지자 80연대—33연대의 막강한 도움 아래—는 또다시 그들을 도우러 북쪽에 있는 알바니아 국경까지 올라갔다. 전쟁 당시 영국 공군의 최고 조종사인 남아프리카공화국 태생의 마마듀크 '팻' 패틀Marmaduke 'Pat' Pattle의 지휘 아래 낡은 복엽비행기로 수없이 많은 승리를 훌륭하게 이루었으며 100대도 넘는 이탈리아 비행기를 격추했는데, 영국 측은 비행기 8대와 조종사 2명만 잃었다. 2월의 마지막 날이자 역사에 남을 만한 날, 영국 공군은 단 한 대도 잃지 않고 27대에 달하는 적군 비행기를 격추했다. 80연대 최고의 순간이었으며 그들의 승리는 그리스 전역에서 칭송받았다. 그 지역 사람들은 고마워하면서 조종사들을 영웅으로 대접했다. 승리는 싱글 엔진에 무척 조종하기 편한 전투기인 마크I 호커 허리케인 Mark I Hawker Hurricanes 6대로 보상받았다. 비록 동체가 기계칠을 한 리넨으로 덮여 있었지만 글래디에이터처럼 나무가 아니라 최신식 고장력 강철로 만든 기종이었다. 전투기마다 날개에 브라우닝기관총이 8대씩 달려 있었는데, 조종사가 버튼을 누르면 동시에 발사되었다. 패틀은 새로운 기종의 첫 번째 희생양이 피아트Fiat G.50이라고 주장했는데, 그가 그리스 상공에서 버튼을 누르자마자 눈앞에서 장관을 이루면서 폭발했다고 했다. 그리스와 유고슬라비아를 가르는 산맥의 동쪽에는 엄청난 숫자의 독일 공군이 숨어 있었다. 그들은 발칸을 통해 남쪽으로 진격하던 중이었다. 독일의 연맹인 이탈리아가 그리스의 게릴라들을 제압하는 데 어려움을 겪자 독일군의 투입은 불가피한 상황이었다.

1941년 4월 6일, 나치의 그리스 침략이 시작되었다. 무자비할 정도로 효과적인 공격이었다. 이틀 만에 독일군은 살로니카 북동쪽에 있던 도시를 점령하였고, 연합군은 즉시 대대적으로 후퇴하게 되었다. 80연대가 남쪽 엘레브시스로 후퇴하여 허리케인을 재정비하는 동안, 두뇌가 뛰어난 팻 패틀은 80연대에서 전방으로 배치되어 33연대를 지휘하라는 명을 받았다. 33연대는 112연대와 함께 독일군과 정면으로 대치했다. 80연대는 아테네를 수호하기 위해 엘레브시스에 남았다. 영국과 그리스는 엄청난 숫자의 전투기를 가진 적군과 맞서 싸워야 했다. 대략 800대의 독일 전투기와 300대의 이탈리아 비행기에 대항해야 하는 영국과 그리스의 비행기 숫자는 잡다한 기종들을 다 포함해도 192대뿐이었다. 어떤 조종사의 표현대로 정말 '말도 안 되는 쇼'였다. 이 세상에 있는 모든 이탈리아 사람과 독일인의 반이 두 남자와 한 소년 그리고 하늘을 나는 영구차와 맞서는 꼴이었다.[2] 산악지형에 두껍게 낀 구름과 몰아치는 비 때문에 전투는 이따금 소강상태를 맞이했다. 한 번은 그런 소강상태가 거의 일주일 동안 계속되었다. 하지만 고요함이란 일시적이었다. 그건 모두가 알고 있는 사실이었다. 달이 1941년 4월 14일에 이집트에서 이쪽으로 파병되었을 때, 바로 이런 우울한 분위기가 지배적이었다. 이런 끔찍한 운명론적 분위기를 초기 단편인 〈카티나Katina〉에서 불러내고 있다.

"빗속에서는 산이 보이지 않았다. 하지만 나는 온 사방에 산이 솟아 있음을 알고 있었다. 산들이 우리를, 우리의 숫자가 얼마나 작은지를, 우리 조종사들의 용기가 얼마나 헛된지를 비웃고 있다는 느낌이 들었다."[3]

아부 수웨어 기지에서 허리케인에 올라타던 달은 군대라는 조직이 인간의 생명과 장비 면에서 얼마나 무모하게 전쟁을 이끌고 있는지 다시 한 번 느꼈다. 그는 나중에 이렇게 썼다.

"나는 적군과 싸우기 위해 비행해 본 경험이 없었다. 작전을 수행하는 연대에 있어 본 적이 없었기 때문이다. 그런데 지금 그들은 내가 한 번도 몰아본 적 없는 비행기에 올라타고 그리스로 날아가 막강한 공군력을 가졌으며 숫자로도 100 대 1인 적국과 맞서 싸우기를 원하고 있다."[4]

달이 숫자를 과장했을지 모르지만 그의 회의감은 충분히 이해할 수 있다. 그는 패배가 뻔한 전투에 참가하고 있었던 것이다. 허리케인 조종실은 특히 달처럼 키가 큰 사람에게는 좁고 불편했다. 연료를 충전할 필요 없이 끝까지 날 수 있도록 여분의 연료탱크가 날개에 줄로 묶여 있었다. 그는 거의 5시간 동안 '마치 자궁 안에 들어 있는 갓난아기의 자세로' 지중해를 넘어 날아갔다.⁵ 텐트, 임시 변소, 세면대, 회색 녹이 슨 철 격납고가 있는 엘레브시스 비행장의 '붉은 땅'에 착륙했을 때,⁶ 달은 '몹시 괴롭게도 쥐가 나서' 비행기에서 내리지 못했다. 지상에 있던 군인들이 그를 끌어내야만 했다.⁷

《Going Solo》에서 달은 그리스 공격의 무모함에 대해 곰곰이 생각한다. 그를 조종석에서 꺼내주던 한 남자는 그의 멋진 새 비행기도 '이런 곳에서는 일주일도 버티지 못할 거'라고 말한다. 그리고는 상대해야 할 적군의 엄청난 군사력에 대해 설명해 준다. 30분 후 한 동료 조종사가 그 사실을 다시 한 번 확인해준다. 그는 아군이 '완전히 절망적'이라고 한다. 하지만 달은 이런 근거 없는 이야기에 겁먹지 않았다고 주장했다.

"나는 어렸고 비현실적이라 그리스에서의 경험을 그저 근사한 모험으로만 보았다. 그 나라에서 살아서 빠져나가지 못할 거라는 생각이 한 번도 들지 않았다. 그렇게 생각하는 게 당연했는데, 지금 돌아보니 절망적인 생각을 하지 않았던 것이 더욱 신기하다."

달은 진실을 말하지 않았다. 심각했던 부상을 이겨내고 전방까지 갔다는 사실에 승리감을 느꼈을지는 모른다. 그렇게 바라던 연대의 대원이 되었기 때문이다. 달의 지휘관이었던 에드워드 '탭' 존스 Edward 'Tap' Jones는 빈정거리듯, 달이 '6개월이나 늦게' 입대 보고를 했다고 썼다.⁸*

달은 추락사고 이후 젊은 조종사들 특유의 자신은 무적이라는 자기방어적인 자신감 또한 잃었다. 무수한 야생화가 '파란색, 노란색, 빨간색' 꽃을 피운 활주로를 건너가며⁹ 그는 틀림없이 자기 앞에 어떤 미래가 펼쳐질

---

*탭 존스의 넓은 어깨와 덥수룩한 수염을 보면, 그는 달의 미출간 단편 〈The Ginger Cat〉에 나오는 편대장인 멍키의 모델임이 분명하다. 달은 그를 '검은 수염의 체구가 큰 멋진 남자'라고 묘사했다. – RDMSC 5/14/1-3

7장 다윗과 골리앗 217

지 생각해 보았을 것이다. 사막에서 그는 죽음을 맛보았고 또 하루를 싸우기 위해 살아남았다. 이제 지중해의 푸른 상공 위에서 다시 한 번 차갑고 조용한 속삭임을 마주해야 했다. 달은 두려움이나 죽음에 대한 감각이 살아 있는 주인공이 되어 초기 단편 속에서 계속 나타난다.

  기분은 점점 더 심하게 나빠진다. 처음에는 천천히 네 몸에서 자라나기 시작해 천천히 네게 다가온다. 뒤에서 살금살금 기어오른다. 아무 소리도 내지 않는다. 그래서 너는 돌아다보지 않고 다가오는 것을 보지 못한다. 만약 오는 것을 보았다면 막을 수도 있겠지만 아무런 경고도 없었다. ……그것은 네 어깨를 살며시 건드리고는 이렇게 속삭인다. 너는 젊으니 할 일도, 할 이야기도 수백만 가지가 넘을 것이다. 만약 조심하지 않으면 속는다. 분명히 그렇게 될 것이다. 그렇게 되면 너는 더는 존재하지 않게 된다. 그저 검게 그을린 시체가 될 것이다. 그것은 너에게 검게 그을리면 네 시체가 어떻게 보일지, 얼마나 검게 보일지, 어떻게 뒤틀어지면서 부서질지, 얼굴과 손가락이 검게 변하고 신발이 발에서 벗겨지는지를 속삭여줄 것이다. 그렇게 죽으면 신발은 자연스레 벗겨지기 마련이다.[10]

젊은 조종사에게 쉬운 상황은 아니었다. 달은 동료 조종사들이 이미 거의 6개월간 참전한 연대에 합류했다. 연대는 무기력해지고 있었다. 그가 엘레브시스에 도착했을 무렵, 112연대에서 살아남은 병사들이 북쪽 기지를 포기하고 80연대가 있던 남쪽으로 후퇴하고 있었다. 다음 날 33연대도 결과가 뻔한 비극적인 전투에 참여하기 위해 날아왔다. 달이 도착한 첫날 저녁, 18명이나 되는 동료 조종사들은 입을 떼지 않았지만 놀라운 일은 아니었다. 그 중 예외는 라이체스터Leicester 백작의 아들인 데이비드 코크이었다. 그는 달을 수하로 거두고 다음 날 달이 마주치게 될 독일군의 비행기 기종을 격추하는 유용한 정보를 일러주었다. 나머지 사람들은 아무 말도 하지 않았다.

"그들은 매우 조용했다. 장난스러운 모습은 전혀 없었다. 그날 살아서 돌아오지 않은 조종사에 대해 몇 마디 오가기는 했지만 그 이외에는 아무 말도 없었다."[11]

다음 날 4월 15일 아침 10시, 달의 일지에 따르면, 그는 첫 번째 순찰비행을 나가서 아테네 외곽에 있는 파레우스 항구로 들어오는 선박을 공격하는 독일군 비행기를 저지했다고 한다. 다음 날 칼키스 근처 활주로에서 65킬로미터 떨어진 북쪽에서 융커스Junkers 88 폭격기 6대를 산악지대까지 쫓아갔고 그 중 하나를 격추했다. 달은 비행기가 땅에 추락하는 것을 실제로 보지는 못했다. 하지만 탑승했던 세 명이 기체를 포기하고 기어 나오는 것은 보았다. 그는 이제 에이스가 되었다. 그는 첫 번째 적기를 격추한 것이다.* 그러나 엘레브시스로 돌아왔을 때 그의 승리는 팀의 일원이었던 조종사 프랭키 홀만Frankie Holman의 사망 소식에 묻혀버렸다. 홀만이 죽은 과정은 특히 달에게는 소름 끼치는 일이었다. 너무나 익숙했다. 착륙할 때 추락한 것이었다. 시속 100마일로 바위에 부딪혀 비행기가 전복했다. 화염에 휩싸이지는 않았다. 눈에 보이는 부상은 없었지만 안전띠에 거

---

*《Going Solo》와 탭 존스가 서명한 달의 비행 일지에 있는 이 기록은 80연대의 공식 작전 기록에서는 보이지 않는다. 당시 공식 기록이 되려면, 다른 조종사 9명의 확인이 있어야 했다. 그러나 달의 일지는 믿을 만하다. 연대의 기록은 그리스를 떠날 때 파기되어, 나중에 기억과 요약된 정보를 바탕으로 재구성한 것이다. 개별 일지는 가장 정확하고 직접적인 증거를 제공했지만 거의 사용되지 않았다.

꾸로 매달린 채 그는 이미 숨이 끊어진 상태였다. 목이 부러졌던 것이다.[12]

4월 17일 패배가 임박했다는 인식은 엘레브시스에 남아 있던 영국 공군 전투기들이 크레타로 후송된다는 소식에 더욱 확실해졌다. 전투기 조종사와 정비사들에겐 자신들만 남기고 모두 후퇴하는 것처럼 보였다. 그리스 인들은 낙담했다. 아테네의 사기를 높이기 위해 영국은 허리케인 16대를 띄워 낮게 도시를 비행하게 했다. 참으로 인상적이었다. 달은 고대 문명의 요람 중 하나인 도시를 이렇게 극적으로 접근할 수 있다는 사실에 기뻐했다. 하지만 멋진 대열을 만들며 비행해도 멀리 북쪽에서 연합군이 도망가고 있다는 사실을 가릴 수는 없었다.

다음 날 칼키스 근처에서 정찰하던 달은 또 한 번 군인으로서 이정표를 그었다. 그는 그리스의 무기 선박을 공격하던 융커스 88을 저지했다. 하늘 위에서부터 칼키스 항의 반짝이는 푸른 바닷물로 하강하면서 적기에 사격했고, 그 바람에 적기는 머리부터 바다로 곤두박질쳤다. 아래 있던 배에서 이 모든 상황이 잘 보였다. 달은 두 번째 희생양을 만들었다. 그러나 이번에는 조종사가 살아서 빠져나오지 못했다. 그저 기체만을 추락시킨 것이 아니었다. 누군가를 죽인 것이다.

달은 그 행동이 이후 얼마나 큰 영향을 끼쳤는지 깨달았을까? 그건 말하기 어렵다. 허리케인의 조종석은 좀 높아서 이상하게도 조종사에게 자궁처럼 편안한 느낌—둘 다 바깥세상으로부터 분리된 안전한 느낌—을 주었다. 조종사와 20밀리미터 총알 사이에는 단지 판장 몇 장밖에 없었지만, 그것만으로도 살인으로부터 초연할 수 있다는 사실이 믿을 수 없다고 썼다.[13] 피비린내 나는 접전이라기보다는 공중비행 기술과 정확한 조준의 결과일 뿐이었다. 그렇지만 생명을 앗아가는, '오늘은 누구를 죽일 것인가?

하는 생각이 항상 그를 괴롭혔다. 똑같은 의문이 1945년 단편 〈당신 같은 사람Someone like you〉에 나오는 주인공인 조종사를 괴롭히고 있다. 하지만 당시 그와 다른 조종사들은 간단하고 현실적인 방법을 취했다. 그 문제는 서로 의논도 하지 않았고 드러내놓고 지나간 일을 뒤돌아보지도 않았다. 특히 죽음에 대해서는 그랬다. 달은 나중에 이렇게 썼다.

"절차는 존재하지 않았다. 조종사들은 왔다가 갔다. 다른 사람들도 내 존재를 거의 인식하지 않았다. 진정한 우정이란 존재하지 않았다."

그저 각자 '자기 자신의 문제라는 고치 속에 들어앉은' 조종사일 뿐이었다.[14] 이런 상황은 달의 성격상 어느 정도 초연함으로 발전하여 타고난 활기찬 성격과 갈등을 일으키기도 했다. 1945년 미국 친구에게 보낸 편지에서 그는 '집으로 돌아가는 일, 엄청난 돈을 잃는 일, ……사람들이 흔히 걱정하는 일'에 대한 냉담함이 어디서 비롯되는지 분석하려고 했다. 고뇌에 찬 편지 속에서 달은 놀라울 정도로 솔직하게 젊은 조종사가 얼마나 쉽게 세상의 모든 일에서 자신을 분리시키는지 설명한다.

"생각해봐. 만약 네가 죽음에 대해, 특히 갑작스러운 죽음에 대해 덤덤해지는 법을 배우려면, 아니, 덤덤한 듯 보이는 법을 배우려면 그보다 덜 중요한 것들에 대해 덤덤해지는 것을 먼저 배워야 해. 젊은이들에게는 그 어느 것도 죽음보다 중요하지 않지. 그건 그들에게는 거의 철학이 없기 때문이야."[15]

달은 나이가 들어 옛날을 뒤돌아보면서 그런 태도를 누그러뜨렸다. 하지만 감정을 분리하는 그의 특이한 습관은 결코 사라지지 않았다.

4월 18일 큰 사고 없이 세 번의 정찰비행을 마치고 들어온 달은 일지에 남부 그리스는 이제 다기능의 위험한 전투기 메서슈미트Messerschmitt 109

의 사정거리 안에 들어갔다고 썼다. 그건 독일 군대가 그리 멀리 있지 않다는 말이었고, 아테네가 곧 그들의 공격을 받게 될 것이 분명하다는 소리였다. 같은 날 80연대는 낙천적이고 머리 색깔이 황갈색인 조종사 우피 스틸을 잃었다. 항상 미소 짓는 주근깨 얼굴의 조종사는 로알드의 문학 속에 빠지지 않고 등장하는 흥미로운 보통사람이 되었다. 그의 첫 번째 단편 〈식은 죽 먹기〉 초고에도 우피 이야기가 있다. 그에 대한 묘사가 얼마나 생생한지 달의 뉴욕 에이전트인 고집 센 해럴드 맷슨Harold Matson은 마치 자기가 우피를 잘 알고 있는 것 같은 느낌이 들었다고 했다.* 달이 그리스를 배경으로 또 다른 이야기를 썼을 때, 그는 맷슨에게 이렇게 말했다.

"우피는 불행하게도 혼자서 30대의 메서슈미트109를 공격하다가 죽었습니다. 저는 그를 무척 사랑했어요."[16]

그의 죽음으로 4월 20일 새벽을 맞이한 엘레브시스의 연합군 조종사 숫자는 15명뿐이었으며, 그날은 80연대의 '그리스 모험'의 클라이맥스를 기록한 날이 되었다.

달은 아테네 전투를 '허리케인 15대가 30분 동안 전투기 150대와 조종사 200명과 격전을 벌인 길고 아름답고 무모한 싸움'이었다고 표현했다.[17] 이 표현은 작전 기록 일지와 들어맞는 유일한 경우이다. 일지에는 산산조각이 난 세 연대가 10배가 넘는 적을 맞이해 '말도 안 되는 승률' 속에서 전투를 벌였다고 상세히 적혀 있다. 30분 넘게 적군은 역사에 남을 만한 공습공격을 했다. 그건 다윗과 골리앗의 싸움이었다. 약자가 강자와 대적한

---

*해럴드 맷슨이 로알드 달에게 보낸 편지, 18/05/42-RDMSC RD 1/1/1/4. 달은 나중에 〈식은 죽 먹기〉에서 우피를 피터라는 완전히 다른 조종사로 바꾸었다. 피터는 더글러스 맥도널드라는 인물의 기초가 되었다. 그의 초기 작품의 주요 인물들인 핀, 스터피, 멍키, 스태그 등은 80연대에 있었던 짧은 기간에 만났던 조종사들을 기초로 하고 있다.

싸움이었다. 하지만 달은 두려워하기는커녕—다른 많은 조종사처럼—그 자신이 처한 드라마 같은 상황에 전율을 느꼈다.

> 내 생애 가장 숨 막히고 짜릿한 순간이었다. 엔진에서 검은 연기가 나는 비행기가 눈에 들어왔다. 동체에서 쇠붙이가 떨어져 나가는 비행기도 보았다. 메서슈미트의 날개에서 붉은색 불빛이 번쩍였다. 놈들이 기관총을 쏜 것이다. 허리케인이 화염에 휩싸이자 한 조종사가 날개로 기어 나와 뛰어내리는 것이 보였다. 나는 기관총 탄약이 다 떨어질 때까지 남아 있었다. 수도 없이 총을 쏘았다. 하지만 누구를 쏘아 죽였는지 아니 맞추기라도 했는지 말할 수 없다. 총을 쏘고 나서 어떻게 되었는지 보려고 잠시 멈출 엄두가 나지 않았다.[18]

피래우스 항구 위, 청명한 푸른 하늘에서, 벌집처럼 구멍 나서 못 쓰게 된, 아마 평상시 같았으면 작동 불가능으로 분류되었을 영국 비행기들이 적기 22대를 '격추'시켰음이 확인되었다. 그중 적어도 하나는 달의 성과였을 것이다. 하지만 인명 피해가 심각했다. 다섯 대가 파괴되었고 조종사 세 명이 목숨을 잃었다. 남아프리카 출신인 해리 스타렛Harry Starrett은 고장 난 허리케인을 엘레브시스까지 몰고 오려고 했지만 착륙하면서 폭발하는 바람에 심한 화상을 입었고 이틀 후 사망했다. '팀버' 우즈라는 캐나다 출신의 동료 버넌 우드워드Vernon Woodward의 표현에 의하면 '메서슈미트 110의 보호를 받는 유88 전투기 무리의 공격'을 받았다.[19] 우즈는 1940년 여름 이후 비행을 계속했던 숙달된 조종사였다. 하지만 기회가 없었다. 세인트 크리스토퍼에서 은메달을 받았을 정도로 유능한 조종사였지만 압

7장 디윗과 골리앗 223

도적으로 많은 수를 감당할 재간이 없었다. 우즈와 화염이 휩싸인 허리케인은 엘레브시스 만의 바닷속으로 사라지고 말았다.[20]

얼마 후 독감에 걸린 채 그날 세 번째 출격을 나갔던 26세의 귀재 팻 패틀도 사라지고 말았다. 그는 우즈를 방어하려 했는데, 메서슈미트 두 대가 동시에 그의 비행기를 맞추었던 것이다. 허리케인은 공중에서 폭발했고 파도 속으로 곤두박질치면서 팀버 우즈와 운명을 같이 했다. 패틀이 자신의 50번째 격추를 기록하는 순간이었다. 뛰어난 기록이며, 그것도 구식 복엽비행기로 이룬 기록이라 더욱 놀라웠다. 달은 동료 장교들과 함께 지휘관을 깊이 존경했다. 《Going Solo》에 그를 '체구가 아주 작고 목소리가 부드러운' 그리고 '아홉 번의 삶을 산 고양이처럼 깊게 주름진 슬픈 얼굴'로 기억했다. 오직 12명만이 땀에 흠뻑 젖은 채 벌집처럼 총알구멍이 난 허리케인을 몰고 무사히 엘레브시스의 비행장으로 돌아왔다. 달도 그중 하나였다. 몇 년 후 달은 그날 목격한 불필요한 인명 손실에 대해 되돌아보며 안타까워했다. 하지만 그에게 가장 강하게 남아 있는 생각은 비록 피루스의 승리*이기는 했지만 아테네 승리 전에서 용감하게 싸웠다는 뿌듯함이었다. 사실 수십 년이 지난 후 달은 오필리아에게 전쟁역사학자인 크리스토퍼 버클리Christopher Buckley가 내린 결론을 알려주었다.

"수적인 열세에 직면했던 영웅이라는 점에서 이 15명의 조종사는 브리튼 전투의 영웅들과 같은 대접을 받을 만하다."[21]

그날 저녁 일찍, 엉망이 된 허리케인들이 엘레브시스 기지로 돌아왔고, 고장 난 곳을 손본 다음 활주로 끝에 있던 격납고 한구석에 세워놓았다. 독일군들은 그전까지 골함석으로 만든 건물을 공격하지 않았다. 그래서 비

---

*Pyrrhic victory, 막대한 희생을 치른 보람 없는 승리라는 뜻이다. —옮긴이 주

행기를 눈에 뜨이는 목표물이 될지도 모르는 사방이 트인 곳에 두기보다는 그 안에 두는 것이 더 안전할 거로 생각했다. 그건 그릇된 판단이었다. 새벽이 밝아오기 바로 전에 엄청난 규모의 독일군 공습이 있었고, 격납고가 바로 그들의 목표물이었다. 허리케인 4대가 파괴되었다. 엘레브시스는 이제 사용할 수 없는 기지가 되었고, 4월 22일 남아 있던 영국과 그리스 공군은 철수했다. 그들은 처음에는 해안가를 따라 수십 킬로미터 떨어져 있던 메가라로 갔다가 하루 뒤에 그리스 본토의 가장 남쪽 펠로폰네스 반도에 있는 아르고스로 갔다. 메가라에서 80연대의 달과 조종사 7명은 후퇴를 책임지고 있던 공군 사령관 그릭슨Grigson을 만났다. 달의 기억으로는 그곳에서 조종사들이 당시의 터무니없던 상황에 대해 불만을 터뜨렸다고 한다. 그들은 그리스를 포기하게 되면 자신들이 앉아 있는 목표물이 될 것이라고 했다. 사방에서 비행기를 요구했다. 그들은 비행기를 몰고 북아프리카로 가서 사막전에서 좀 더 효과적으로 싸우게 허락해 달라고 강력하게 요구했지만 사령관은 말을 듣지 않았다. 그는 조종사들에게 그곳에 남아 선박을 수호하라면서 달에게는 꾸러미를—아마 전투기록이었던 듯하다—건네주고는 엘리브시스에서 기다리는 낯선 사람에게 배달하라고 했다. 그는 어떤 경우에도 꾸러미가 적의 손에 들어가면 안 된다고 했다.*

공군 사령관의 고압적인 태도가 반 권위주의적인 성격인 달의 신경을 건드렸다. 어쩌면 끔찍이도 싫어했던 뉴펀들랜드의 머리 레빅 장군이 생각났는지도 모른다. 하지만 이번에는 반항하지 않았다. 단지 이해할 수 없었을 뿐이다.

---

*달은 흥미롭게도 이 이야기를 단편 〈카티나〉에서 재구성한다. 민간인 옷을 입고 한 손엔 작은 가방을, 다른 손에 권총을 든 남자 이야기로 구성했다. —Collected Stories, p. 42

"나는 그를 빤히 쳐다보았다. 만약 이 사람이 우리의 작전을 지휘하는 두뇌 중 하나라면 우리가 이런 한심한 상황에 부닥친 것도 당연했다."[22]

그는 허리케인으로 돌아가서 이륙한 다음 꾸러미를 전달하고는 다시 동료와 합류했다. 20분 후 그들은 아르고스에 착륙했다.

아르고스의 기지는 엘레브시스보다 더 형편없었다. 달은 그곳을 이렇게 묘사했다. '작은 들판 같고 …… 올리브 관목이 빽빽이 들어찬 곳으로 우리는 비행기를 숨기려 몰고 갔다.'[23] 방어벽도 없었고 조종사들이 착륙했던 활주로 중 '가장 좁고 가장 울퉁불퉁하고 가장 짧은' 활주로였다.[24] 조종사들의 막사는 올리브 관목 사이에 뜨문뜨문 서 있는 하얀 텐트여서 공중에서도 쉽게 보였다. 이런 상황을 더 어이없게 만든 것은 전력 강화를 위해 다음 날 새로운 허리케인 몇 대가 크레타에서 온 것이었다. 몇 시간 내에 독일군 정찰대가 그것을 알아냈고, 그 이후 피할 수 없는 상황이 닥치는 것은 시간문제였다.

루프트바페 공격은 오후 6시 조금 넘어 시작되었다. 달과 다른 조종사 네 명은 존재하지도 않는 연합군 배를 방어하기 위해 순찰을 나가고 없었다. 공격이 끝난 후 두 시간 만에 돌아온 그들은 올리브 관목 숲이 두터운 검은 연기에 휩싸인 것을 발견했다. 활주로의 끝을 알리는 커다란 바위를 이용하여 다섯 대의 비행기는 뿌연 안갯속을 뚫고 착륙을 시도했다. 조종사들은 성공적으로 착륙하더라도 앞을 가로막는 것이 있는 게 아닌지 걱정되었다. 다행히 활주로에는 파편이 없었다. 하지만 비행기에서 내린 달은 독일군이 허리케인 13대를 부수고, 허리케인과 함께 올리브 관목 숲에 세워놓았던 수많은 '이상하게 생긴 구닥다리'[25] 그리스 비행기를 파괴해 버린 것을 알게 되었다. 숨기 위해 깊이 파놓은 참호로 달려가니 지상에 남아 있

던 군인들이 소총으로 맹폭격을 해대는 메서슈미트를 쏘고 있었다.[26]

몇 시간 뒤 그리스에서의 '대참패'는 공식적으로 끝이 났다. 가장 고참 조종사 5명이 남아 있는 쓸 만한 허리케인 5대를 몰고 크레타로 갔다. 달은 일지와 입고 있는 옷 그대로 경전투기를 타고 이집트로 철수했다.

록히드Lockheed 비행기는 아침 일찍 서부 사막의 가장 한적한 곳에 착륙했다. 승객들이 내렸다. 지저분하고 지친 채 이집트 돈 한 푼 없이 달은 알렉산드리아까지 자동차를 얻어 타고는 곧장 필 대령의 집으로 갔다. 《Going Solo》에서는 다른 조종사 8명을 데리고 갔다고 했지만 어머니에게 보낸 편지에 그런 언급은 없다. 그저 '비행복과 카키색 반바지를 입고 완전히 부랑자' 같은 모습으로 현관에 도착했다.[27] 이것이 훨씬 그럴듯한 모습이었을 것 같다. 이따금 다른 모습을 그리려 하지만 달은 다른 많은 훌륭한 조종사들처럼 근본적으로 혼자 다니는 스타일이다. 달은 겨울날의 영광이 다 끝났을 즈음 연대에 늦게 합류했는데, 참패를 직접 겪고 가장 훌륭한 두 선배의 죽음을 목격했다.[28] 무엇보다 달은 계속 고질적인 두통에 시달렸고 힘을 축적하고 살아남기 위해 온 정신을 집중해야만 했다. 달은 필 부부의 정원에서 돌아온 후 며칠 뒤에 어머니에게 그리스에서 벌어졌던 일을 요약해서 편지를 보냈다. 어머니에게는 자신이 아주 건강하게 잘 있다고 안심시켰다. 그는 10년 전, 간웅을 부리던 학생 시절의 낙천주의를 드러내며 모든 상황을 대수롭지 않은 일처럼 보이려 했다. 하지만 그럴 수가 없었다. 달은 이렇게 결론을 내렸다.

"저는 이렇게 나쁜 일은 다시는 일어나지 않을 거라고 생각해요."[29]

80연대가 팔레스타인에서 재정비할 때 달은 거의 한 달을 필 부부 집에서 손님으로 편안하게 지냈다. 어머니는 달에게 돈을 송금했다. 그 돈으로 달은 작은 자동차를 샀고, 6월 초 시나이 반도를 가로질러 하이파(지금의 이스라엘)까지 자동차를 몰고 갔다. 하이파는 그의 연대가 머무르던 곳이었다. 그는 나중에 이렇게 썼다.

"나는 그 여행길이 좋았다. 정말 좋았다. 아마 그전에는 한 번도 하룻밤과 하룻낮 동안 단 한 사람의 그림자조차 보지 않고 지내본 적이 없었기 때문인 것 같다."

사막의 삭막한 웅장함이 달에게 영감을 주었다. 그는 사막이 주는 고독감을 즐겼다. 그건 뒤이은 3주와는 완연히 대조를 이룬 막간 같은 시간이었다. 하이파에서는 시리아와 레바논을 점령하는 것이 목적인 영국과 호주 군대의 원정단에게 도움이 되는 일을 했다. 비시Vichy 프랑스 항공기지에서 출정한 비행기가 규칙적으로 그곳에 있던 연합군 선박을 공격했다. 달은 '구역질 나는 친나치 프랑스놈들'에게 몹시 나쁜 감정을 품었다. 그의 눈에는 프랑스인들이 자신의 조국을 점령한 독일군을 기꺼이 눈감아주었을 뿐 아니라 친독일 비시 정부는 수천 명의 목숨을 불필요하게 앗아갔기 때문이었다.[30]

하이파에 도착하니 익숙한 얼굴들—데이비드 콕을 포함해서 조종사 12명—이 보였다. 공군기지 주변은 성서에 나오는 곳이었다. 달은 흥분했다. 그는 따뜻한 바다가 가까이 있고 울퉁불퉁한 언덕을 가로질러 오렌지와 자몽 그리고 레몬 숲이 있다는 사실이 기뻤다. 달이 가족들에게 말한 것처럼 그 땅은 '젖과 꿀이 흐르는 땅'이었다.[31] 하지만 즐길 시간이 없었다. 6월 초에 시작된 전투는, 결과적으로 성공했지만 비행은 격렬했고 위험했다. 첫 3주 동안 달은 프랑스 비행기 2대를 격추했고, 반면 연대는 조종사 4명을 더 잃었다. 달이 어머니에게 썼다.

"비행이 얼마나 많았던지. 저희는 한 번도 쉬지 못했어요. 아시겠지만 조종사들이 얼마 남지 않았거든요. 지상 폭격, 호송 업무, 차단 임무 등등, 어떤 날은 하루에 7시간을 비행해야 했어요. 그건 여기서는 아주 많은 시간이죠. 조종석에 앉았다가 나오는 순간까지 땀을 뻘뻘 흘려야 하거든요."[32]

사실, 스트레스가 심했다. 편지를 쓰는 동안 그리스부터 괴롭혀왔던 두통이 참을 수 없을 만큼 심했다. 누군가가 칼로 이마를 찌르는 것 같다고 표현했다. 그러다 잠깐 의식을 잃는 증상이 시작되었다. 5일 후 비행임무가 정지되었다. 며칠 뒤 영국 군의관들이 그를 검사했다. 더는 비행에 적합하지 않다는 진단을 내렸다. 그리고는 그를 집으로 돌려보냈다. 그리하여 전투군인으로서 그의 삶은 막을 내렸다.

팔레스타인을 떠나기 전, 달은 또 다른 희한한 일에 휘말리게 되었다. 그는 하이파의 활주로가 폭격당할 경우를 대비해 대체할 만한 착륙 기지를 알아보는 조사에 파견되었다. 가능성을 보인 곳은 라마트 데이비드라는 작은 마을이었다. 이 마을은 초기 키부츠의 한 부분이었던 미로 같이 생긴 들판으로 갈라져 있었다. 그중 하나는 영국 총리였던 데이비드 로이드 조지David Lloyd George의 이름을 따서 지었는데, 그의 정부는 1917년에 밸푸어선언을 했다. 그건 대영제국이 유대인들이 팔레스타인에 조국을 세우는 것에 '긍정적인 견해'라는 선언이었다. 이런 배경에 거의 무지했던 달은 그곳에서 시온 정착민과 유대인 고아들과 마주치자 놀라워했다. 강한 독일식 억양에 턱수염을 기른 정착민은 달의 기억으로는 '예언자 이사야 같은 모습으로 히틀러를 흉내 내며 말하는' 사람이었는데, 영국 공군 조종사에게 유대인의 나라가 필요하다는 것을 설명하려 애썼다. 달은 확신이 없었지만 정착민의 확신과 특히 그의 반짝이는 눈빛에 매료되었다. 그의 눈동자는 그 누구의 눈동자보다 '크고 까맣고 반짝였다.' 허리케인에 올라타던 달에게 그가 말했다.

"당신은 아직도 배울 게 많지만 아주 좋은 사람이군요. 자유를 위해서 싸우니까요. 저도 그렇습니다."[33]

나중에 공개적으로 반시온주의자가 된 달은 하이파로 돌아와 지휘관에게 활주로는 쓸 만하다고 보고하고는 만약 80연대가 그곳에 재배치된다면 조종사들이 데리고 놀아야 할 아이들이 많다고 했다.[34] 그들은 그렇게 했다. 며칠 내에 하이파는 공격을 받았고 80연대는 달의 충고에 따라 키부츠로 주둔지를 옮겼고, 다시 텐트와 올리브관목 사이에서 살았다. 하지만 이번에는 달은 같이 움직이지 않았다.

달은 더는 비행할 수 없어서 무척 안타까워했다. 그는 어머니에게 소식을 전하며 이렇게 덧붙였다.

"정말 안타까워요. 전 정말 잘하고 있었는데 말이에요."[35]

앨필드는 나중에 '전쟁에서 의가사 제대'를 한 것이 동생에게 '무척 충격'이었다고 했다.[36] 그 이후 달은 전쟁에 참전하지 않았다. 비행사가 누리는 고독의 기쁨—휙 날아올랐다가 다이빙하듯 내려오고 하늘에 떠 있는—은 이제 더는 그의 것이 아니었다. 그는 살아가는 내내 그 느낌을 그리워했다. 그러나 전쟁은 그를 바꾸어놓았다. 그는 예전보다 더 사려 깊고 편안하고 삶을 즐길 줄 알게 되었다.

"젊음이라는 이름의 끔찍했던 남성적인 과격함이 다 빠져나갔다."

그 이후 달은 '저속으로' 삶을 살았다.[37]

달은 집으로 돌아갈 예정이었다. 그는 차를 몰고 이집트로 가서 차를 판

다음, 2주 후 군함을 타고 아프리카 해안을 돌아 더반, 케이프타운, 시에라리온의 프리타운을 거쳐 영국으로 갔다. 들르는 곳에서 달은 가족들에게 줄 선물을 열심히 샀다. 주머니 가득 오렌지 속 과일과 초콜릿, 마멀레이드를 샀고, 누이들을 위해 비싼 비단을 샀다. 여행의 마지막 구간에서 그가 탄 호위함이 독일 전투기의 공격을 받아 U보트와 배 3대가 침몰했다. 리버풀에 내린 달은 런던으로 가는 기차를 탔다. 달은 그곳에서 이복누나 엘런과 매형인 애슐리 마일스와 하룻밤을 보냈다. 아침에 달은 기차와 버스를 타고 어머니가 사는 버킹엄셔의 그렌던언더우드로 갔다. 어머니는 길에 나와서 그를 기다리고 있었다.

"내가 버스기사에게 신호를 보내자 그는 집 앞에 내려주었다. 나는 날아갈 듯 버스 계단을 달려 내려와 기다리던 어머니의 품에 안겼다.'[38]

달이 집을 떠난 지 거의 3년이 되던 날이었다.

달은 회고록에서 여기까지 썼다. 하지만 《Going Solo》는 끝나면서 시작된다. 자유롭게 다시 다듬고 붙여가면서. 평범하게 귀가했다는 안도감에 만족하지 않고 달은 독자들에게 그 이상의 긴장감을 주지 않을 수 없었다. 그는 수개월 동안 가족들의 소식을 들은 바가 없다고, 벡슬리에서 이사 갔는지도 몰랐으며 가족들이 산발적인 폭격에 죽었을지도 모른다고 생각했다고 썼다. 살고 있던 집 전화가 끊긴 것은 더 걱정스럽게 만들었고, 한편 고마운 전화교환수는 또 다른 달 성을 가진 사람들이 있는지 전화번호부를 찾아준다. 그렌던언더우드에 사는 S. 달이라는 사람은 무시하는데, 왜냐하면 그런 마을 이름은 들어본 적이 없었기 때문이다. 이 모든 것은 사실이 아니었다. 달은 벡슬리의 집이 폭격으로 파괴된 것을 정확히 알았으며, 가족들이 무사하다는 사실도 알고 있었다. 그리고 어머니가 어디에 사는지도 확실히 알았다. 그는 사막에서 추락한 후에도 계속 어머니와 편지를 주고받았다. 하지만 사막과 뱀의 이야기가 다르에스살람에서 계속 되던 무기력한 삶에 생동감을 불어넣었듯이 전쟁으로 파괴된 런던에서 그는 자신이 만들고 싶었던 분위기를 한층 고조시키기 위해 세세한 사항들을 꾸며 넣었다.

그건 귀향에 관한 것이었다. 누이들에게, 사랑하는 어머니에게 그리고 아직은 맛보지 못한, 하지만 결국 그가 가장 좋아하는 풍경이 될 버킹엄셔 시골로 돌아가는 것이었다. 누이동생 엘스와 아스타는 이런 거짓 엔딩이 '질척하고' '감상주의적'이라고 했다.[39] 하지만 《Going Solo》의 마지막 몇 장은 진실한 감정으로 가득 차 있다. 감정이 얼마나 강하게 북받쳐 올랐는지 달은 쓰고 나서 얼마 지나지 않아, 런던의 국립극장에 모인 청중 앞에서 그 내용을 읽을 때 오필리아는 아버지가 울었다고 기억했다.[40] 어쩌면 공식 자리에서 달이 우는 모습을 보인 유일한 경우였을 것이다. 그의 눈물은 어머니와의 끈끈한 관계를 증명해 보였고, 전쟁이라는 낯설고 폭력적이고 격하고 혼란스러운 3년의 시간을 보내고 집으로 돌아오게 된 벅찬 감정을 보여주는 것이었다. 달은 이런 떠들썩했던 사건에 대해 한 번 쓴 적이 있다.

"이런 경험들은 시간이 흐르면 희석되는 것이 결코 아니다. 얼마나 생생하고 격렬한지 나는 마치 그 모든 것들이 지난달에 일어난 일처럼 생생하다."[41]

실제로 달이 조종사로서 왕성하게 활동한 시기는 한 달 정도였지만, 그 32일 간은 그가 고독을 즐기고 생존력이 뛰어난 사람이라는 점을 각인시켰다. 그런 시간은 달에게 글을 쓸 필요성과 주제를 제공해 주었다. 사실,

달의 첫 번째 이야기들은 조종사 경험이 없었다면 쓸 수 없었을 것이다. 모든 이야기들이 아주 밀접하게 그 경험과 연관되어 있다. 많은 부분은 비행의 짜릿함을 다룬다. 나머지는 그리스에서 보낸 짧고 강렬한 4주 등안 경험한 복잡한 인간 감정에 관한 것이다. 대부분은 강한 운명론자의 경향을 보이는데, 그런 경험들을 쓰는 것이 근본적으로 자신을 치료하는 하나의 방법이었을 거라는 생각이 들 정도이다. 그가 접했던 혼탁한 감정들의 갈등에서 벗어나는 방법인 듯했다. 나중에 글 쓰는 것은 습관이 되었고 또 다른 현실로 도피하는 데 필요한 방법이 되었다. 그다음 사방이 꽉 막히고 어두운 집필실은 전투기 조종석을 대신하는 곳이 되었다. '좁고 따뜻하고 어두운'⁴² 환경에서 달은 전투기 조종사로서 느꼈던, 그리고 이야기를 하고 싶은 욕망을 처음으로 불러일으킨 흥분과 두려움, 아름다움, 공포, 유머, 경이로움, 가슴 벅참을 다시 느낄 수 있었다. 그곳에 들어앉으면 달은 경계심을 내려놓을 수 있었다. 그곳에서 달은 주소록에 조종사들의 이름과 그 옆에 적을 죽인 숫자, 그리고 전투에서 죽은 사람 옆에는 × 표시를 할 수 있었다.

그 이름들은 그의 문학적인 환상 뒤에 놓인 힘들었던 현실을 상기시켜주었다. 무작위적이고 불필요한 방법으로 사라져버린, 어쩌면 공중에서 잘못 돌거나, 자칫 실수로 꽁지 날개를 잘못 돌리는 바람에 사라진 인간들의 삶에 대한 가장 간단한 기록이었다. 이름의 목록은 부적 같은 역할을 해주었는지도 모른다. 작가와 그의 과거 사이의, 그와 그보다 운이 좋지 않았던 사람 사이의 계약 같은 것이다. 이런 면에서 그건 달의 문학적인 상상 세계의 기원을 상징한다고 볼 수 있다.

8 장

살아 있지만 지상에 얽매이다

엘레브시스 기지에서 로알드 달. 그리스, 1940년.

공군 조종사 로알드 달.
팔레스타인, 1941년.

어머니 소피는 못 말리는 낙천주의자였다. 1939년 여름 내내 벡슬리에서 가족들이 여러 번 휴가를 보냈던 멀리 떨어진 바닷가 휴양지 텐비로 이사를 가야 한다고 끊임없이 압력받았다. 하지만 어머니는 독일군의 공격을 피할 수 있을 거라는 믿음으로 어린 두 딸과 여러 동물과 함께 널찍하고 어수선한 집에서 그대로 지내겠다고 결심했다. 한동안 어머니의 고집은 일리가 있어 보였다. 그해 9월 시작된 '가짜전쟁'이 겨울을 지나 봄으로 접어들 때까지 계속되었기 때문이다. 봄에서 초여름으로 접어들 때도 모두가 예고했던 독일군의 공습은 없었다. 식량 배급과 전력 공급 제한 말고는 영국의 보통 사람들은 전쟁 중이라는 것을 거의 실감하지 못했다. 더욱이 네빌 체임벌린이 총리인 한 희박하나마 나치와 평화협상을 맺을 가능성이 여전히 남아 있었다.

달의 가족에게는 아이로니컬하게도 여명의 끝을 예견하는 잇단 사건들은 나치가 노르웨이를 침범한 1940년 4월 10일에 시작되었다. 영국은 새로 동맹을 맺은 노르웨이를 지원하기 위해 그곳에 해외파병단을 보냈다. 하지만 전투는 금세 결판났고, 처음부터 얼마나 형편없이 기획되고 잘못 실행되었던지 결국 한 달 후 체임벌린은 사직하고 말았다. 총리 직을 두고 잠시 핼리팩스Halifax 자작과 갈등을 벌였지만, 체임벌린 정부의 구족 출신 외무장관이며, 국회 반나치 보수당의 강력한 지도자였던 초연한 성격의 윈스턴 처칠이 새로운 총리가 되었다. 그가 여당의 새 당수로 영국 정부로 들어간 바로 그날, 히틀러는 룩셈부르크, 네덜란드 그리고 벨기에로 쳐들어갔다. 48시간 내에 독일의 기갑부대는 프랑스로 진격할 예정이었다. 프랑스의 방어선이 무너지자 거의 25만 명에 달하는 영국 군대가 던커크에서 영국으로 철수해야 했다. 6월 중순에 파리는 점령이 되었고, 며칠 후 프랑스는 굴복했다. 갑자기 영국은 홀로 남았다. 6월 18일 처칠은 국민에게 프랑스에서의 전투가 끝났으니 이제 영국의 전투가 곧 시작될 거라고 우울하게 발표했다. 영국 군대가 유럽 대륙에서 후퇴했지만 처칠은 나치와의 평화 협상에 대한 그 어떤 제안도 거절했다. 처칠이 말했다. "우리는 계속 싸울 것이다." 히틀러는 영국을 공격하는 것 외에 다른 선택이 없었다.

이라크의 훈련기지에서 뉴스를 듣고 있던 달은 초조했다. 6월 8일 누이 엘즈의 약혼자이자 동료 조종사였던 존 록스데일John Logsdail에게 자기는 설득하지 못했지만 어머니에게 웨일스나 콘월로 거처를 옮기는 걸 설득해 달라고 부탁했다. 그의 논리는 분명했다. 벡슬리는 공격의 목표가 될 가능성이 큰 두 곳과 가까웠기 때문이었다. 울위치 화약고와 비커스 병기고가 가까운 크레이퍼드에 있었다. 달은 독일이 공습할 때 잘못 조준될 수도 있으니, 어머니의 집이 거의 확실히 공습당할 거라고 걱정했다. 달이 미래의 제부에게 편지를 썼다.

"자네도 아마 나만큼 걱정될걸세. 실제로 일이 터지기 전에는 아무도 자기나 자기 집에 폭탄이 떨어질 위험이 있다고 깨닫지 못하지. 그래서 느긋하게 뒤로 앉아 이사 갈 필요가 없다고 생각하기가 쉽지."[1]

하지만 로알드나 존 록스데일은 어머니와 어린 여동생, 엘스와 아스타를 설득하지 못했다. 그들은 켄트에 남아 있겠다고 마음을 굳혔다.

7월 초, 달이 비행 훈련을 마칠 즈음 영국 전쟁의 전초전이 시작되었다. 다음 달, 루프트바페는 영국 남부에 있던 전 항공기지를 폭격하기 시작했다. 히틀러가 그해 가을에 영국 본토에 침입하는 '바다사자 작전'을 수행하기 전에 영국의 해안수비대를 무너뜨리려는 의도였다. 하지만 그들은 목적을 달성하지 못했다. 영국의 전투조종사들이 독일의 공격을 물리친 일은 히틀러에게는 물론 영국민들에게도 뜻밖의 충격이었다. 성능이 매우 뛰어난 허리케인과 스핏파이어Spitfires 전투기와 놀라운 레이더의 발명 덕분에 영국 공군이 얼마나 우세해졌던지 9월 2번째 주에 들어설 무렵 히틀러는 어쩔 수 없이 전략을 수정해야만 했다. 전략적인 항공기지에 대한 공격을 포기하고, 10명의 민간인 사상자를 낸 영국군의 베를린 공격에 대한 즉각적인 맞대응으로 히틀러는 의도적으로 민간인을 목표로 공격해서 사기를 저하시키기로 했다. 그렇게 오랫동안 두려움을 주었던 공습이 시작되었다.

9월 7일 토요일, 휴식시간이 끝난 후 얼마 되지 않아 윙윙 울리는 섬뜩한 소리가 이상하게 끊이지 않고 계속 런던 상공을 가득 메웠다. 그러더니 청명했던 늦여름 하늘이 남쪽과 동쪽에서 떼를 지어 날아오는 셀 수 없이 많은 검은 점으로 어두워졌다. 거의 한 시간 동안 300대도 넘는 전투기들이 두 번에 걸쳐 런던 부두의 대부분을 화염에 휩싸이게 해서 결국 부두는 파편으로 가득한 황무지가 되어 버렸다.

그 광경을 직접 본 사람들은 마치 중세시대의 지옥을 보는 것 같았다고 했다. 설탕, 밀가루, 나무, 페인트로 가득 찬 창고에 불이 붙어 불꽃이 하늘 위로 수십 미터씩 튀었다. 기름 창고가 폭발하여 고약한 냄새의 불붙은 타르가 파편이 되어 거리로 쏟아져 내렸다. 수도관과 가스관도 파괴되었으며 전화선도 끊어졌다. 정박해 있던 바지선도 풀려서 템스 강의 조류에 따라 아래위로 흔들리며 모든 것이 파괴된 지옥 속을 떠다니고 있었다. 런던의 모든 소방차가 사고 현장으로 달려갔지만, 소방대원들은 불타는 건물을 바라볼 뿐 아무것도 할 수가 없었다.

저녁 8시경 독일군 폭격기가 돌아왔다. 이번에는 공격이 8시간 이상 계속되었고, 달이 예고했던 대로 울위치 화약고가 공격받았다. 고성능 폭약이 있던 창고가 폭발했기에 영국 남부 전역에서 천둥 치는 소리가 들렸으며, 수십 킬로미터 밖까지 유리창이 산산조각이 났다. 공습해제 경보는 새벽 5시가 되어서야 비로소 울렸다. 아침이 되자 처칠은 런던 동쪽지역으로 직접 찾아와, 피해를 살피고는 처참한 광경에 눈물을 흘렸다. 1400명에 달하는 사람들이 사망했다. 그날 늦게 폭격기가 또다시 날아왔다. 이번에는 200대도 넘는 폭격기가 9시간 동안 공습했다. 그건 57일간 계속된 런던 공습의 시작이었다. 런던 동쪽은 최악의 피해를 보았다. 하지만 다른 곳도 폭격에서 무사하지는 않았다. 사람들의 사랑을 받던 많은 오래된 건물들이 사라졌다. 영국 하원건물도 파괴되었다. 버킹엄 궁전도 폭격을 맞았다. 피해를 보지 않은 사람은 아무도 없었다. 작가인 엘리자베스 보엔Elizabeth Bowen이 기억하듯이, 대부분의 런던 시민에게는 '낙엽을 쓸어 담을 때 항상 유리 파편이 있었던' 가을이었다.[2]

어머니는 20대 초반으로 들어선 엘스, 아스타와 함께 용감하게도 초기 공습을 잘 견디어냈다. 일주일 동안 그들은 벡슬리의 웅장한 빅토리아식 집 지하에 피신해 있었다. 어떤 날은 작은 폭탄 다섯 개가 정원에 떨어져 유리창이 산산조각이 나기도 했다. 다음날, 비를 피하고 불빛이 새어나가는 것을 막기 위해 그들은 부엌 바닥에 깔린 장판을 떼어내어 크기에 맞게 잘라서는 휑한 유리창 틀에 못으로 박았다. 또 어떤 날에는 이동식 침대에서 잠을 자다가 폭탄 파편이 떨어져 천장이 그들 위로 무너져 내린 일도 있었다. 그들이 할 수 있는 일은 거의 없었다. 하지만 지하실은 최상의 샴페인과 코냑으로 가득 차 있었다. 그래서 주위에 폭탄이 떨어지고 런던이 불타서 북쪽 밤하늘이 붉게 빛나도 그들은 많은 알코올을 '바보가 될 정도로'—아스타의 표현에 의하면— 들이키며 용기를 잃지 않고 견디어냈다. 그들은 초조해하고 흥분한 개 일곱 마리를 진정시키기 위해 애를 썼다.

그들은 열흘을 이렇게 살았다. 그 시점에 영국 육군이 집을 몰수하여—분명히 지휘관이 쓰려고—어머니는 할 수 없이 그 집을 접어야 했다.[3] 어머니는 12시간 내에 집을 비우고 다른 거처를 찾아야 했다. (로알드가 좋아했던) 텐비와 콘월은 제외되었다. 대신 그녀는 지난해 이웃이 살던 덴마크 출신의 레슬리 한센과 결혼한 맏딸 앨필드에게 도움을 청했다. 앨필드는 당시 런던에서 40마일 떨어진 러저셜에 살고 있었다. 앨필드는 가까운 쾌인턴의 한 농부에게 돈을 줄 테니 가족이 머물 수 있게 해달라고 요청했다. 남아 있는 그림이나 가구를 근처 창고에 맡긴* 세 여인은 필요한 물건들과 개들을 울시 호넷이라는 작은 자동차에 싣고는 버킹엄셔로 떠났다.[4]

세 여인은 런던을 통과했다. 가장 빠른 직선거리였지만 가장 위험한 길이기도 했다. 그들은 폭격으로 파괴된 거리를 통과해, 터져 버린 수도관을 지나고, 연기에 가득 찬 건물들과 거리를 두면서 터지지 않은 폭탄들을 피해서 조심해서 가야 했다. 가로등은 독일군들이 방향을 찾기 어렵게 없애서, 세 여인은 길을 찾는 데 애를 먹었다. 더욱이 달을 제외한 가족들은 여전히 외국인 신분이었기 때문에 당국의 의심스러운 눈초리를 받기 쉬웠다. 아무도 영국 여권을 가지고 있지 않았다. 또한 가는 길에 공습받을 가능성도 염두에 두어야만 했다. 그 가능성은 사이렌이 울리자 곧 현실이 되었다. 어느 피난처도 동물들을 받아주지 않았고, 그렇다고 동물들을 포기

---

*1934년 3월 22일에 작성된 물품 목록은 현재 아스트리 뉴먼이 소유하고 있다. 물품들의 가치는 6400파운드 이상이다. 여기에는 버체스타인 그랜드피아노와 여러 화가의 그림이 포함되어 있다.

할 생각도 없었던 세 여인은 타고난 배짱으로 차 속에서 공습을 견디어냈다. 그들은 운이 좋았다. 폭탄은 그들 근처에 떨어지지 않았다. 마침내 퀘인턴에 있는 우드랜즈 농장에 도착했을 때, 그들은 완전히 지쳐 있었다. 120킬로미터에 이르렀던 여정은 그나마 다행이었다. 그들의 역경은 끝난 것이 아니었다. 농장 안주인은 여러 마리의 개를 보고 소리를 버럭 질렀고, 며칠 후에 어머니는 또다시 거처를 옮겨야 했다.[5]

설상가상으로 죽은 남편의 유언장은 어머니가 집 사는 것은 고사하고 세 드는 것조차 어렵게 만들었다. 가족 명의로 된 신탁의 제한 조건이 그렇지 않아도 번거로운데다 전쟁 대비책도 없었는데, 이미 그녀는 제일 중요한 자산인 집을 잃었던 것이다. 전쟁이 일어나기 전에 어머니는 다른 두 신탁보증인과 갈등이 있었는데, 그건 그들의 동의가 있어야만 신탁에서 돈을 출금할 수 있었기 때문이다. 오네센은 노인이었고, 노르웨이나 프랑스를 자주 여행했다. 따라서 그와 연락하기가 힘들었다. 한편 시아주버니인 오스카는 거의 도움을 주지 않았고 심지어 비열하기까지 했다. 더욱이 1930년대에 '오네센과달'의 주식 가치가 떨어지는 바람에 가족의 재산 역시 줄어들었다. 어머니는 생활비를 대폭 줄여야 했다. 전쟁이 일어났을 때, 유일하게 남은 하인은 정원사뿐이었다. 이제 주된 재산이 없어지자 어머니에겐 개인 재산도 없고 두 신탁인도 연락되지 않아 심각한 재정의 어려움을 겪게 되었다. 다행스럽게도 앨필드가 결혼해서 가족을 도울 수 있었다. 신탁 중에 자기 몫이 있다는 것을 알고는 러저설의 웨이사이드 농장 건너편에 있던 붉은 벽돌의 초가지붕 집을 앨런 브룩Alan Brooke 장군—얼마 후 처칠의 고참 군사자문위원이 되었다—의 조카에게 사서 어머니에게 드렸다. 700파운드였다.

1940년 말 어머니는 점점 안정을 되찾기 시작했다. 12월 31일, 그녀는 러저설의 한 교회에서 엘스와 존 록스데일의 결혼을 주도했다. 조용한 가족모임이었다. 젊은 부부는 근처 그랜던언더우드에 집을 마련했고, 어머니와 세 딸은 10킬로미터 안에 모여 살게 되었다. 곧 어머니는 마을로 이사 왔다. 노르웨이와 영국이 이제 동맹을 맺었기 때문에, 전시 동안 있었던 노르웨이 시민의 행동 제한이 없어졌고, 로알드의 누이들에게는 '가스실에서 가스마스크를 시험하는' 일보다 훨씬 더 많은 선택의 기회가 생겼다.[6] 앨필드는 '랜드 걸'*이 되어 농작물을 키웠다. 엘스는 금속 기술을 익혀, 군인들을 위한 야전 취사장을 만들었다. 반면 아스타는 오빠를 따라 공군 여성 보조군에 들어갔다. 거기서 낮은 수위의 공습으로부터 런던을 방어하기 위해 두꺼운 철 케이블이 달린 거대한 방공 기구를 세우는 일을 돕다가 나중에는 무전기 교환원으로 일했다. 마침내 달의 세 누이는 영국 여권을 얻었다. 어머니만 외국인으로 남아 매주 그 지역 경찰서에 보고하러 다녔다. 앨필드의 딸인 아스트리 뉴먼Astri Newman은 할머니가 40대 말에 '모습도 외국인이었고 말하는 것도 외국사람' 같았다고 기억했다. 그리고 '아주 활달한 성격인데 주로 버킹엄셔 교외에 있는 집에서만 있었다'고 했다.[7]

1941년 영국으로 돌아온 달은 소속감이 없어 혼란스러워했다. 충분히 이해할 만한 일이었다. 벡슬리의 웅장한 집에서 느꼈던 안정감도 없어지고, 누이들과 떠들썩거리며 뛰어놀던 널찍한 복도와 방 그리고 정원들도 사라지고 없었기 때문이었다. 그 대신 19세기에 지은 초가지붕의 작은 집이, 주민이 200명도 안 되고, 주민 대부분이 하수시설도 없이 사는 마을에

---

*Land Girl, 전시에 부족한 농업 인력을 보충하기 위해 길했던 여자들을 뜻한다. ―옮긴이 주

있었다. 집안에서 그의 역할도 줄어들어 있었다. 어머니는 아들 없이 사는 방법을 터득했으며, 결혼하여 가정을 이룬 앨필드와 엘스도 마찬가지였다. 그보다 어리고 고집스러운 아스타는 집에 잘 붙어 있지 않았다. 로알드는 조종사로서 경험했던 자유, 우아함과 모험을 그리워했다. 어머니의 정원에서 채소를 심고, 그가 특히 자랑스러워하는 라즈베리 밭에서 바쁘게 지내면서도 자신이 쓸모없어졌다는 사실에 적응하기 어려웠던 것이다. 더욱이 전시의 영국은 식량 배급이나 긴축 경제라는 엄격한 제재로, 풍요로웠던 아프리카와 중동의 문화를 겪은 달에게는 충격과 좌절을 안겨 주었다. 그리고 어머니와 사는 집은 방도 좁고 사생활이 보장되지 않아 더욱 힘들었다.[8]

그렌던의 집은 70년 전이나 지금이나 별반 다르지 않다. 두껍고 어두운 초가와 믿을 수 없이 낮은 천장의 기묘하고 어수선한 집이다. 정원은 예전보다 더 작아졌지만 예전만큼 평온하지도 않다. 전쟁이 끝난 후 마을에 새 학교를 짓기 위해 대부분을 팔아치웠기 때문이다. 그렇지만 그곳은 여전히 시골의 정취를 느끼게 하고, 최근에 마을이 많이 커졌지만 여전히 '보잘것없을 정도로 작은 마을'로 남아 있다. 전쟁을 겪은 한 주민은—술집, 교회, 작은 학교, 가게 두세 곳, 그리고 초가지붕 집이 30채 정도 있던 곳이라고 기억했는데, 그중 한 곳에 셰익스피어가 머물렀다고 전해진다.[9] 그건 한적한 영국 마을을 대표할 만한 곳이었으며, 로알드는 그 마을을 좋아했다.

어느 날 저녁, 엘스는 오빠에게 동네에 살던 영국 공군 조종사를 소개했다. 그는 몇 걸음 떨어지지 않은 아주 오래된 초벽으로 된 집에서 부인과 어린 두 아들과 함께 살고 있었다. 그는 가까운 웨스턴온더그린에서 비행

훈련 학원을 운영하고 있었다. 그 남자와 달은 만나자마자 친구가 되었다. 만난 지 2, 3주 지났을 때, 젊은 조종사는 비행장 위 공중에서 충돌사고로 죽었다. 놀랍게도 달은 이런 끔찍한 사고를 겪은 후 슬픔에 젖은 미망인보다는 두 아이들에게 정성을 쏟았다. 매일 오후 달은 마을 주변을 돌면서 두 사내아이에게 현실과 다른 상상 속 환상의 세계를 만들어주며 위로했다. 엄청나게 큰 느릅나무가 드리운 그늘에서 영국 조종사들의 비행기에 기계 결함을 일으킨 장본인인 뿔 달린 사악한 괴물 그렘린 이야기로 아이들을 사로잡았다. 두 아이 중 형인 제레미Jeremy는 거인 이야기꾼과 보낸 오후 시간을 '진짜 마법 같은' 시간이었다고 아직도 기억하고 있다.10 아이들의 이모인 폴린 헌Pauline Hearne도 아이들이 신기하게도 로알드에게 끌렸으며, 로알드가 자기는 어른들보다는 아이들과 이야기할 때 훨씬 더 행복하다고 달했다고 한다. 폴린은 아마도 달을 '피리 부는 사나이' 같다고 표현한 첫 번째 사람이었을 것이다.11

하지만 가족들도 3년 만에 돌아온 로알드가 변했다고 느꼈다. 유머러스함은 사라졌고 자신에 대한 일들도 숨기기 시작했던 것이다. 특히, 앨필드는 동생이 스칸디나비안의 뿌리를 부인하기 시작한 걸 월망했다. 그것을 영국 공군 탓으로 돌렸다. 그녀는 달이 앨필드의 친구에게 이렇게 말했던 것을 기억했다.

"난 그저 평범한 영국 사람이야."

앨필드는 속으로 이렇게 생각했다. '너는 노르웨이 사람이야. 나처럼.' 그것은 바로 살아가는 내내 달을 괴롭혀온 긴장감이었다. 어쩌면 다른 형제와 달리 달에게는 결코 해결되지 않았던 문제였다. 그는 자신에게 노르웨이 피가 흐르는 것을 자랑스럽게 생각했다. 하지만 문화적으로는 자신이 영국인이라고 생각했다. 그리스에서는 자신이 새롭게 받아들인 조국을 위해 여러 번 목숨을 버릴 결심도 했다. 영국 공군의 일원이라는 소속감도 커졌다. 우두머리들의 결정을 비난했지만, 공군은 그를 받아준 첫 번째 영국 기관이었으며, 적어도 전방에서만큼은 자신이 한 부분이라고 생각했다. 그런데 이제 그런 공동체 의식은 사라졌다. 그에게 아주 중요한 의미였던 비행이 주던 정신적인 구원도 사라졌다. 달은 그 두 가지가 다 그리웠다. 다음 해 달은 특유의 과장으로, '조종사에게는 살아 있지만 지상에 묶여 있는 것은 죽는 것보다 더 끔찍한 일'이라고 했다.[12] 그는 자신의 미래에 대해 아주 큰 결심을 해야 했다. 가장 가능성이 높은 두 직업, 영국 공군의 사무직을 맡거나 아니면 비행조교가 되는 것 중 어느 것에도 마음이 끌리지 않았다. 지상에서는 달리 선택의 여지가 없었다.

어쩌다가 달이 홍보 분야와 정보부 계통으로 들어가게 됐는지는 뚜렷한 증거가 없어 확실하게 설명할 수가 없다. 놀랍게도 달은 그 부분에 대해서는 침묵으로 일관했다. 어쩌다 이야기가 나와도 대수롭지 않다는 듯 말했다. 그는 1970년 초에 두 번의 인터뷰와 함께 비행조교 훈련을 받으러 런던 외곽 억스브리지 공군훈련기지에 배치되었는데, 중년의 대머리 동료 장교가 1942년 3월 말에 저녁 식사에 그를 초대했다고 한다. 런던의 가장 작고 배타적인 남성 클럽인 프랫의 은밀한 지하식당이었다.[13] 하인들이 장작불 위에서 양고기를 굽는 동안[14] 달은 1차세계대전의 탑 조종사였던 재치 넘치고 명랑 쾌활한 해럴드 밸푸어Harold Balfour를 만났다. 그는 국회 보수정당의 일원이었고 공군참모총장의 비서—처칠의 전시 내각에서 영국 공군을 책임지던 참모총장을 돕는 내각의 차관급인사—였다. 달은 세련되고 흥미로운 대화와 긴장감 넘치는 전투 이야기, 그리고 브리지 게임

기술로 밸푸어에게 깊은 인상을 심어주었다. 이 관리는 영국 국기를 휘날리며 미국으로 날아갈 카리스마가 있는 사람을 찾고 있었다. 그리하여 달은 워싱턴에 있는 영국 대사관에 공군 무관보로 발령이 났다.[15]

달은 처음에는 그다지 가고 싶은 마음이 없었다. 그의 대답은 "아닙니다, 비서관님, 제발 그것만은"이었다.[16] 하지만 밸푸어는 고집스러웠다. 3일 후 달은 외교관 인장이 찍힌 여권을 가지고 글래스고로 가는 기차를 탔는데, 그곳에서 달은 징발된 폴란드 배인 SS 바토리를 타고[17] 캐나다로 떠났다. 그는 같은 배에 탔던 승객들이 지극히 평범한 '전형적인 영국인들'이며 '정신없이 먹어대고' 그러고 나서는 '고질적인 변비'에 대해 불평하는 사람들이라고 멸시했다.[18] 그러나 어딘지 비범한 두 영국 공군은 달의 마음에 들었다. 하나는 하이파에 있을 때 80연대에 있었던 성격이 괴팍한 정보장교였는데, 항상 상상 속의 강아지 '럭스'를 데리고 다니던 사람이었다. 또 하나는 조종사였으며 용감하고 재치가 넘치는 더글러스 비스굿Douglas Bisgood이었는데, 브룩랜즈에서 자동차 레이스를 했고, 자기 연대의 비공식적인 모토인 '항상 시궁창에서semper in excreta'를 만들어낸 사람으로 유명했다. 비스굿 역시 의가사 제대를 했고, 캐나다에서 비행훈련조교로 일하기 위해 가는 길이었다. 그는 달이 좋아하는 유형이었다. 전투의 베테랑이고 비행능력으로 십자훈장을 받았으며 곤두박질치며 추락하는 허리케인 사고에서 살아남은 사람이었다.

두 사람의 만남은 의미가 있었다. 두 남자는 바다여행을 하는 내내 그렘린 이야기를 주고받았다. 달은 이미 이 작은 괴물들에 관한 전설에 매료되어 이야기를 지어내기 시작했다. 비스굿 역시 그렘린에 대한 자신만의 이야기 배경을 만들어 놓았다. 두 사람은 함께 자유롭게 상상의 날개를 펼쳤다. 여행이 끝날 무렵 두 사람은, 달이 나중에 만든 낱말을 빌리자면, 진정한 '그렘린 전문가'가 되어 있었다.

달은 1942년 4월 14일에 캐나다에 도착했다. 도착하자마자 달은 북아메리카에서 풍요로운 생활을 접하면서 영국에 두고 온 굶주리고 빈약한 삶과의 격차에 크게 당황했다. 많은 것들 중 특히 세 가지, 40쪽이나 되는 지역신문과 눈 속에서 아이스크림을 먹는 사람들, 다 큰 어른이 빨대로 우유를 먹는 모습을 가장 신기하게 생각했다. 할리팩스에서 몬트리올까지 침대기차를 이용한 달은 편안한 침대에 놀랐고 다양한 메뉴와 찬 음료수, 엄청나게 많은 기구―에어컨, 타구, 보온병, 온돌―를 보고 큰 인상을 받았다. 몬트리올의 화려한 숙박 시설인 리츠 칼턴에서 하룻밤을 보낸 달은 직접 두 눈으로 확인한 엄청난 소비생활에 매혹되고 압도당했다. 어머니에게 생일 축전과 그 이후 매달 보내게 될 치즈, 초콜릿, 마멀레이드, 레몬이 든 음식 꾸러미 등을 처음으로 보내면서 그는 호텔 저녁을 이렇게 묘사했다. '근사한 다이아몬드가 박힌 금반지를 끼고' 이가 '피아노 건반처럼 가지런한' 남자가 '커다란 양배추만 한 양상추'와 '현관 깔개만큼 크지만 더 두꺼운 스테이크'를 가져다주었다. 그 주위에는 '어린이 같은 얼굴'로 왁자지껄 떠드는 여자 무리가 '마치 목욕탕에서 침실로 느릿느릿 걷는' 듯한 차림새였는데, 아마 평상시 모습 같다고 수줍게 표현했다.[19] 빠르고 역동적인 삶이 달을 흥분시켰다. 5초 만에 10층까지 올라가는 엘리베이터도 그랬다. 달은 어머니에게 농담처럼 이렇게 썼다.

"움직이나 생각하는데 이미 도착해 있질 않나, 떠날 준비나 할까 했더니 이미 떠나버린 후더라고요."[20]

다음 날 아침, 꽃샘추위가 기승을 부리는 날에 달은 기차를 타고 미국

본토로 들어가 뉴욕, 필라델피아, 볼티모어를 거쳐 워싱턴으로 내려갔다. 그가 아파트를 구하기 전까지 지낼 워싱턴 디시의 윌러드 호텔에 도착했을 무렵, 겨울 추위가 은은한 봄기운에 자리를 내주고 있었다. 달은 기쁨에 겨워 이렇게 썼다.

"도시 전체가 그럴 수 없이 아름다운 겹벚꽃으로 가득 덮여 있어요."[21]

로알드는 워싱턴을 좋아했다. 문화가 있는 곳이었다. 대부분의 사람은 낯선 제복을 입은 키가 크고 잘생긴 조종사와 이야기를 나누고 싶어 안달이었다. 길거리에서도 달을 불러 세우고는 이것저것 물어보기도 했다. 그게 바로 영국 당국이 원하던 바였다. 공군 무관보로서 달의 주된 임무 중 하나는 부상당한 전투기 조종사로서의 경험을, 영국이 수행하는 전쟁에 미국을 좀 더 가까이 끌어들이는 데 도움이 되도록 사용하는 것이었다. 불과 4개월 전에 일본은 진주만에 있던 미국 함대에 공습을 감행하여 전투함 5대를 침몰시켰고, 거의 200대의 비행기와 2000경에 달하는 사상자를 냈다. 이런 도발이 마침내 미국을 전쟁에 참전하게 했는데, 그전까지 많은 미국 시민은 미국이 중립으로 남아 있는 것이 최선의 이익이라고 믿고 되도록 전쟁을 피하려고 했다. 공습이 벌어진 지 수 주일이 지나지 않아 윈스턴 처칠은 워싱턴으로 날아가 단단한 결속력을 보여주고 루스벨트 대통령의 참전 동적이 자신과 똑같다는 점을 확인시켰다. 국회에서의 연설에서 처칠은 자신의 미국 뿌리를 알리며 미국이 고립주의를 버리고 자유세계를 이끌어 나치에 대한 공동 승리를 끌어낼 필요성을 역설했다. 그는 1941년 12월 26일에 국회에서 자신 있게 선언했다. "미국은 자유를 위해 칼을 꺼내 들고 칼집을 버렸다."

강력한 연설이었지만 칼집이 완전히 눈앞에서 사라진 것은 아니었다.

고립주의와 반제국주의 정서는 여전히 미국 정치 속에 주류로 남아 있었다. 달은 영국 대사관의 일원으로 되도록 이런 정서를 중화시키는 임무를 맡았던 것이다.

그의 사무실은 영국의 건축가 에드윈 루텐스Edwin Lutyens 경이 1920년대 중반에 설계한 웅장한 신고전주의 풍 건물인 영국 대사관 내의 눈에 뜨이지 않는 별관에 있던 공군 재외공관에 있었다. 대사의 관저로도 쓰이던 이 건물은 붉은 벽돌과 높은 굴뚝 그리고 정교하게 다듬어진 정원으로 18세기 초의 영국 시골 저택을 떠올렸다. 쇠약하고 항상 입술을 꼭 다문 채 여우사냥을 즐기는 할리팩스 경에게는 완벽한 곳이었다. 인도 총독을 지냈고, 외무장관으로서 영국 정부 내에서 히틀러에 대한 완화 정책의 틀을 만들었던 인물이었다. 처칠은 보수당에서의 그의 세력을 고려해 할 수 없이 9달이나 그를 그 자리에 그대로 두었다가 슬며시 워싱턴으로 보내 버린 것이다. 철학자인 이사야 베를린Isaiah Berlin은 당시에 대사관 정보요원으로 일했는데, 그의 우두머리를 옥스퍼드 학장에 비유하면서 '매우 근엄하고 총독다운' 사람이지만[22] '시대에 맞지 않는' 사람이라고 했다.[23] 할리팩스 경과 가끔 테니스를 했던 달은 성격에서 그와 극과 극이었고, 대사를 그저 '예의 바른 신사'라고만 했다. 그런 이미지는 미국인들 사이에서 더 크게 주목받았다. 당시《타임 매거진Time Magazine》에 나온 그에 대한 표현을 보면 아주 무미건조하게 '분명히 영국식 냉정함을 벗으려는 마음도 그리고 벗을 수도 없는 유형'이라고 쓰여 있다.[24] 편지를 개봉하여 검열하는 터라 달은 근사한 수식어나 단 한 줌의 애정도 없이 단순히 '좋은' '점잖은'이라는 내키지 않는 듯한 칭찬으로 상관을 표현했다.

달은 본격적으로 일을 시작해야 했다. 공군 재외공관에 도착해서 일주일 만에 그리스에서의 경험을 뉴저지 주 웨스트오렌지에 있는 프리메이슨 결사대의 지부에서 연설했다. 그 후에도 열흘 동안 워싱턴과 뉴욕에서 세 번의 연설이 더 잡혀 있었다.[25] 그는 연설하는 것이 즐겁지 않았다. 비행사로서 전혀 예기치 못했던 극단의 경험을 한 후 결국 시시하고 당치도 않은 직업을 얻게 되었다는 결론을 내렸다. 그의 임무는 모순되게도 사실을 말하는 것이 아니라 그럴듯한 이미지를 만들어내는 것이었다. 대단한 상상력을 가진 사람에게도 이런 일은 매우 힘들었다. 달은 나중에 윌리엄 스티븐슨William Stevenson에게 이렇게 털어놓았다.

"전 방금 전쟁을 치르고 온 사람이었습니다. 사람들이 죽어가고 있었죠. 저는 여기저기 비행을 하면서 끔찍한 일들을 목격했습니다. 그런데 어느새 저 자신이 전쟁을 치르기 전의 미국 칵테일파티의 한가운데 와 있는 것을 알았습니다. 저는 끔찍할 정도로 근사하게 차려입어야 했어요. 결과적으로 저는 점점 더 거리낌이 없어지고 뻔뻔해졌습니다."[26]

그건 별로 놀라운 일이 아니었다. 대사관의 분위기는 속물적이었고 유머도 없었고, 계급주의적이고 학자인 체하는 사람들의 집단이었다. 간단히 말해 달이 혐오하는 유형이었다. 본관인 루텐스 관저에서 일하던 동료는 구석진 공군 재외공관에 있는 사람들이 오만하다고 생각했다. 이사야 벌린은 그들이 '마치 사립학교 아이들이 공립학교 아이들을 무시하듯, 적어도 그 당시에는 그렇게 했다'고 기억했다.[27] 이러한 태도가 아마도 달의 심기를 건드렸던 모양이다. 대사관 사람들의 으쓱거리며 잰 체하는 모습, 사치와 안정감, 그리고 난무하는 묘략들이 그리스와 팔레스타인에서 직접 목격한 피비린내 나는 전쟁의 급박함과 혐오스러운 대조를 이루었다. 한편 전쟁을 위해 자신의 목숨을 내걸었다는 그럴듯한 오만함은 더욱 관심을 받았던 80연대에서 죽어간 사람들에 대한 기억을 던져버렸다.

수도에 도착한 지 열흘 후, 키가 작고 안경을 쓴 40대 중반의 남자가 젊은 무관보 사무실로 들어왔다. 영국의 소설가였던 C. S. 포리스터Forester 였는데, 스릴과 모험이 넘치는 바다에서의 모험담으로 사춘기의 로알드를 사로잡았던 작가였다. 포리스터는 당시 워싱턴에 살고 있었고, 영국의 전쟁 수행력을 돕고 있었다. 그는 발행부수가 300만 부를 넘는 유명한 미국의 주간 잡지 《새터데이 이브닝포스트》로부터 달의 비행 경험에 바탕을 둔 이야기를 써달라고 부탁받았던 것이다. 잡지의 편집부는 진주만 공격 전까지는 대체로 고립주의적인 태도를 고수했다. 하지만 이제는 미국의 전쟁 수행력에 헌신하게 되었다. 달은 나중에 소설가의 보잘것없는 외모와 특히 두꺼운 쇠테 안경에 조금은 실망했다고 인정했다.

"나는 그의 머리에서 불꽃이 팍팍 튀고 적어도 긴 초록색 망토에 챙이 넓고 펄럭이는 모자를 쓰고 있을 거라고 기대했다."[28]

그러나 달은 작가에게는 항상 두 면이 있는데, 외모는 평범하지만 내면은 매우 특이한 면이 있다고 썼다. 하지만 사실은 화려하고 허영심이 있던 달이 혼블로어 선장을 만들어낸 이미 은퇴한 작가보다 이 두 면의 갈등을 해결하는 데 더 어려움을 겪었던 거 같다. 포리스터는 젊은 무관보를 근처 프랑스 식당으로 데리고 가서 점심을 먹었다. 맛있는 오리 요리를 즐기는 동안, 달은 밥을 먹으면서 요점을 적는 수고를 덜어 주기 위해 자신이 직접 경험을 써서 다음날 포리스터에게 보내주겠다고 했다.

그날 저녁, 약속을 지키기 위해 달은 글을 쓰기 시작했다. 그의 이야기, 〈행운〉에서 달은 그날의 경험을 신의 계시나 깨달음으로 묘사했다. '계속 깨어 글을 쓰기 위해' 포르투갈산 브랜디 한 잔을 손에 들고, 경험과 관찰한 바를 상상력이 풍부한 산문의 세계로 풀어가는 자신을 발견했다. 미숙한 조종사가 길을 잃고 헤매다 비행기 착륙에 실패해 추락했던 이야기가 적군에 의해 심하게 손상된 비행기를 착륙시키려고 애썼던 노련한 조종사 이야기로 바뀌었다. 그 자신도 어쩔 수 없었다. 그는 이렇게 인정했다.

"살면서 처음으로 나는 하던 일에 완전히 몰두했다."

그는 5시간 만에 끝냈다. 간단한 메모를 쓴 것도 아니었고 기사를 쓴 것도 아니었다. 그는 완벽한 작품 하나를 쓴 것이었다. 그는 작품을 〈식은 죽 먹기〉*라고 불렀다. 다음 날 그는 그것을 포리스터에게 보냈다. 며칠 뒤 포리스터의 비서는 그에게 포리스터의 에이전트인 해럴드 맷슨Harold Matson이 그 글을 《새터데이 이브닝포스트》에 팔았다는 편지를 보냈다. 달은 1000달러를 받았다고 주장했지만[29] 그것은 과장이다. 그는 사실 300달러를 받았는데, 중개료과 세금을 제외하고 실제로 달이 받은 돈은 187.5달러였다.[30] 맷슨은 깊은 인상을 받아 포리스터의 비서에게 '훌륭한 작품'이며, '우수한 자질을 타고난 작가'라고 했다.[31] 달은 잡지에서 자기 글을 토씨 하나 바꾸지 않고 실었다고 했다.[32] 그것 또한 정확한 사실은 아니다. 사실, 그는 편집자가 수없이 많은 세부 사항을 수정해 달라고 해서 격한 승강이를 벌였다. 그들은 무의미한 감탄사를 삭제하고 영국 공군들이 쓰는 속어를 대체할 만한 미국식 표현을 제의했는데, 달은 그것이 매우 부적절하다고 생각했다. 이미 글쓰기에 자신이 넘쳤던 달은 곧 그들의 무감각과 자신의 스타일에 대한 존중이 부족하다고 성난 편지를 쓰기 시작했다.

맷슨은 달을 돕기 위해 최선을 다했지만 그 이야기의 목적은 선전이었

---

*식은 죽 먹기(A Piece of Cake)란 표현은 요즘 '하기 쉬운 일'이라는 뜻으로 쓰여지만, 아이러니하게도 당시 영국 공군 조종사들 사이에서는 '특별히 까다롭고 위험한 임무'를 뜻하는 말로 종종 사용되었다.

다. 결과적으로 1942년 8월 1일 자 《새터데이 이브닝포스트》에 실린 작품은 달이 처음에 제출한 원고와는 현저한 차이가 있었다. 최종 수정본은 〈Shot down over Libya〉였으며, 부제목은 '의가사 제대 후 현재 미국에 거주하는 조종사가 쓴 실제 이야기'로 되어 있었다. 그의 초고는 남아 있지 않다.³³ 그래서 달의 주장처럼 이 글의 시각이 이야기를 좀 더 극적으로 만들려고 당시 편집자들이 덧붙인 것인지³⁴ 아니면 스스로 그렇게 한 것인지는 명확하게 밝혀지지 않았다. 어떤 경우라도 달은 아마도 폭격을 받아 추락했다는 것을 미숙한 착륙 시도로 추락했다는 편보다 좋아했을 것이다. 모든 면에서 젊음, 불안감, 무능력, 그릇된 판단 등의 내용보다는 이탈리아 비행연대에 대한 영국 공군의 성공적인 공습 이야기를 좋아했을 것이다. 그는 신문기사 같은 면이 강조된 쪽으로 제목이 수정되자 짜증을 내며 제목을 수정한 편집장의 결정에 '제기랄'이라는 표현을 썼다. 그는 그 글을 익명으로 출판해야 한다고 고집을 피웠다. 그건 분명히 사실이 허구 속으로 너무 깊이 파묻혔음을 잘 알고 있었기 때문이다. 달이 어머니에게 말했듯이, 그 글은 '미국의 여론에 영향을 주어 궁극적으로 이익이 되는 목적'으로 쓰인 것이다.³⁵ 정확한가 아닌가는 중요하지 않았다. '순전히 의무감'으로 썼기 때문이다.³⁶

〈Shot down over Libya〉가 실린 《새터데이 이브닝포스트》의 주제는 전쟁으로, 그와 관련된 여러 가지 이야기들을 모아놓은 잡지의 전형적인 특징을 보여주었다. 잡지에는 미국 해병대 훈련 방법, 전시 동안의 고무 재고가 부족한 것, 알래스카 종단 철도의 건설, 불라 버니라는 펜싱 하는 여교장선생님, 여성 리벳 기사로 일하는 데 만족하는 소녀 에피 이야기가 있었다. 하지만 맷슨과 포리스터가 예상한 대로 〈식은 죽 먹기〉는 그저 그런 기사 이상이었다. 로알드 달은 문학계에 데뷔했다.

달은 포리스터를 칭찬하는 데는 너그러웠다. 작가로서 '행운의 계기'(〈행운〉은 행운의 계기일 뿐 아니라 달의 작품 이름이다)를 마련해 주었을 뿐 아니라 이야기의 개연성과 배경을 만들어내는 데 정확한 관찰이 얼마나 중요한지를 가르쳐 준 사람이었다고 했다.[37] 그는 그 기술을 〈Shot down over Libya〉에서 사용했으며, 거의 모든 초기 작품의 특징이 되었다. 비행기 동체에서 페인트가 벗겨져 나간 곳 아래로 힐끗 보이는 번쩍이는 금속판이건, 브라우닝 기관총이 발사될 때 들리는 세세하고 정확한 소리—빠르고 한풀 죽인 듯한 갈랑 소리—상황에 맞는 세부 묘사의 분별력 있는 사용은 생생한 효과를 나타냈다. 달은 영국 공군의 속어와 전문 용어들을 단순하고 거의 순박할 정도로 그대로 사용했다. 그건 아마 어니스트 헤밍웨이의 문체에 대한 존경에서 온 것일지도 모르지만 그의 두드러진 점이기도 했다.

밖에서 허리케인이 기다리고 있었다. 사막의 색에 맞게 연한 갈색으로 살짝 위장칠을 해놓았는데, 그래서 그런지 매우 지저분해 보였다. 멀리서 보면 배경에 파묻혀 형태를 알아볼 수가 없었다. 아주 가늘게, 마치 제대로 먹지 못해 가냘픈 듯했지만 우아해 보였다. 각각의 날개 아래 그늘에는 조립공과 정비기사가 뜨거운 모래밭에 앉아 비행기가 이륙하는 것을 도울 일이 생길 때까지 틱택토를 하고 있었다.

"이상 무."

"이상 무."

나는 버튼을 눌렀다. 비행기가 한두 번 기침 소리를 냈다. 마치 목에 들어 있는 모래를 뱉어내는 소리 같았다. 비행기 시동이 걸렸다. 산소를 체크했다. 연료제동 장치를 풀었다. 꼬마 뒤로 활주로를 달려 지정 위치로 이동했다. 날개의 각도를 맞추었다. 연료혼합 장치를 '높음'에 놓았다. 꼬리 날개를 교정했다. 이제 꼬마가 엄지를 치켜세웠다. 그래, 오케이, 오케이. 엄지손가락을 위로. 모두 똑같이 따라 했다.[38]

이렇게 세세한 부분들에까지 날카로운 관찰력을 보여주지만, 사실의 정확성에는 근본적으로 관심이 없다는 점을 숨기지 않았다. 특히 자서전적인 회상 부분에서는 더욱 두드러진다. 그는 〈행운〉에서 이렇게 썼다.

"나는 내 경험을 쓸 때가 가장 재미없다. 나에게 글을 쓰는 즐거움이란 이야기를 만들어낼 때 생기기 때문이다. 가끔 창작의 기쁨은 진실을 가차 없이 무시할 때 찾아온다. 사막에서의 추락이 좋은 본보기다."[39]

달은 거의 일흔이 될 때까지 자신이 적의 사격을 받아 추락했다고 주장했다. 특히 〈행운〉에서 그는 〈Shot down over Libya〉가 100퍼센트 사실이라고 주장했다. 그러면서 포리스터가 자신에게 보낸 편지를 인용했는데, 그건 완전히 꾸민 이야기였다. 이렇게 만들어낸 이야기들은 많은 편지,[40] 인터뷰,[41] 잡지 기사, 그리고 회고록 《발칙하고 유쾌한 학교》에서 다시 한 번 이어졌다.[42] 《Going Solo》를 쓰면서 비로소 사실을 바로 잡으려고 시도하게 되었던 것이다. 하지만 그때조차도 달은 어린아이처럼 응석 부리면서 초기 이야기 속에서 사격을 받고 추락했다는 '암시'만 했을 뿐이라면서 그릇된 이미지를 심은 것은 전시에 편집자들이 잘못한 것이라고 탓했다.[43]

1942년 5월, 달은 월러드 호텔에서 나와 조지타운에 있는 작은 집에 세를 얻었다. 현관문은 옅은 하늘색이었고 유리창에 덧문이 달린 집이었다. 그는 그 집에서 편안한 일상을 즐겼다. 아침 8시에 일어나면 반나절 동안 일하러 오는 흑인 하녀 애니가 전날 미리 짠 신선한 오렌지 주스와 자몽을 먹었다.[44] 그는 주로 시벨리우스나 바흐의 음악을 듣고 나서 이 층으로 올라가 면도를 하고 옷을 입었다. 그런 다음 유일한 사치품인 큰 올리브색 뷰익 자동차를 몰고 직장으로 갔다. 벡슬리에 살면서 사업차 미국을 자주 오가는 담배제조업자인 집안의 친구에게서 550달러를 주고 산 자동차였다.[45] 그는 10시 조금 넘어 사무실에 도착했다. 하루 대부분을 연설을 쓰거나 캐나다 비서에게 편지를 받아 적게 하고 필요한 전화를 걸며 보냈다. 저녁이 되어 공식 업무가 없거나[46] 가장 싫어한 '사교계 여인들의 저녁초대가' 없으면[47] 7시쯤 집으로 돌아와 글을 쓰기 시작했다. 가끔은 친구들을 위해 식사를 준비하기도 했고 몇 번인가는 '정말 훌륭한 요리사'가 되었다고 자랑하기도 했다.[48] 하지만 뒷마무리에는 소질이 없었는지 어느 날 저녁 하녀는 이런 쪽지를 두고 갔다고 한다. "달 씨, 저는 몹시 화가 났습니다. 이런 끔찍한 집은 처음 봤습니다!"

한 번은 크리스마스가 되기 전, 그와 그의 손님은 〈Double Exposure〉 스케치를 실제로 해보기도 했다. 로알드는 표범 무늬 옷을 입고 킵 클린 씨 역을 맡았다.[49] 손님 중에는 영국인이 거의 없었다. 보안팀에서 일하던 희극작가이자 유머작가인 벤 트래버스는 그와 거의 비슷한 세속적인 유머감각이 있었다.[50] 그는 대사관에서는 거의 친구를 사귀지 못했다. 어머니에게 '주된 친구'들은 스위스와 폴란드, 미국 출신들뿐이라고 털어놓았다.[51]

전시의 런던에 비하면 아주 편안한 삶이었다. 로알드는 외교관으로서 많은 특권을 누렸는데, 특히 면세와 불법주차에 대한 면책특권이었다.[52]

그렇지만 워싱턴에 퍼져 있는 가치관들은 그를 불쾌하게 만들었고, 낯선 곳에 고립되어 있음을 더 심하게 느끼게 했다. 그는 미국 라디오방송의 행태를 경멸하기도 했다. 30초마다 '느글느글한 목소리의 남자'가 나와서 껌과 치약, 변비약 노래를 부르면서 가장 중요한 방송을 중단시키는 '몽땅 광고뿐'인 방송이라고 비난했다. 또한 영화배우가 전투기 날개에 사인하는 문화에도 비판적이었다. 탱크를 만드는 제조회사가 '몇몇 기자들'의 활기를 회복시킨다는 명목으로 클라크 게이블 같은 배우에게 돈을 지급하고 '공장 밖으로 트럭을 몰고 나가달라'고 부탁하는 일도 싫었다.[53]

하지만 이것이 달이 몸담은 직업이 필요로 하는 생활이었다. 대사관 안팎의 사람들, 전선에서 싸워본 경험이 없는 사람들, 전쟁이 아주 먼 현실처럼 느껴지는 사람들만이 가득 한 사회였다. 그는 스트레스를 받았다. 그래서 가끔은 진지한 얼굴로 눈을 동그랗게 뜬 미국 청중들 앞에서 연설하기 전에 술의 힘을 빌리기도 했다. 수개월 동안 정기적으로 미국 동부지역을 돌면서 영국 공군에 대해 연설했고, 아주 저명한 연설가가 되었다. 그는 연설을 시작하기 전에 '약간 화가 나야'[54] 더 잘하는 것처럼 느꼈다. 청중들은 한때 조종사였던 달의 퉁명스럽고 직설적인 말투를 대체로 좋아하는 것 같았다. 아마도 영국인 특유의 점잔빼는 태도가 없었기 때문일 것이다. 달은 미국 사람이 조금 특이하게 여겨졌다. 그는 이렇게 단언했다.

"그들은 중국 사람만큼이나 우리와 다르다. 여기서는 무슨 일이든 광고와 돈이라는 개념으로 이루어진다."[55]

워싱턴에서의 처음 몇 달 동안은 달 자신에게 익숙한 상황이었다. 그건 그가 아웃사이더라는 것이었다. 대사관에서 영국 사람들 사이에 있을 때도, 미국 청중 앞에 있을 때도 편안하지 않았다. 홀로 있을 때, 그리고 상상력만이 그에게 편안한 안식처를 제공했다. 저녁에 대사관에서 돌아오면 그는 아담한 정원에 물을 주고 위스키 한 잔을 마시고 음악을 들으며 글을 쓰기 시작했다.⁵⁶ 그는 곧장 그렘린 주제로 들어갔다. 《콜리어스 매거진 Collier's Magazine》의 편집장에게 이렇게 썼다.

"그렘린들은 세상의 모든 영국 공군들의 대화에서 무척 현실적이고 중요한 부분을 차지합니다. ……모든 조종사는 그렘린이 어떤 존재인지 알고 있으며, 살면서 하루도 빼지 않고 그렘린 이야기를 합니다."⁵⁷

이 '뿔과 긴 꼬리가 달린 녀석들은 비행기 날개 위를 이리저리 걸어 다니면서 동체에 구멍을 내고 퓨즈 상자에 오줌을 싼다.'⁵⁸ 그렘린은 달이 작가로서의 삶을 시작하게 한 존재들이었다. 이 기괴한 녀석 때문에 결국 달은 할리우드와 백악관으로 진출하게 되었다.

9 장

동화 같은 이야기

그렘린 인형들을 보면서 이야기를 나누고 있는 달과 월트 디즈니.

달의 연인이었던 프랑스 배우 아나벨라 파우어.
1939년.

공군 대위였던 달과 그의 문학 영웅인
헤밍웨이. 런던, 1944년.

1942년의 습하고 무거운 워싱턴의 여름 내내 달은 비행기 추락 사고로 얻은 후유중인 두통에 시달렸다. 글을 쓰는 것은 유일한 위로였다. 그 속에서 그는 뿔 갈린 상상의 친구인 그렘린들에게 도움을 받아 간신히 버텼다. 그는 자신의 새 이야기를 어머니에게 '동화 같은 이야기'라고 했다. 그해 내내 '마누라는 피피넬라스이고 아이들은 성별에 따라 위제트나 플리퍼티-지벳트'라고 부르는 작은 괴물들이[1] 일상의 고된 일과 고질적인 건강문제에서 벗어나게 해주었다. 달은 깊이 묻혀 있던 노르웨이 전설에 대한 기억을 되살리고 전원생활에 대한 사랑과 영국에서 미국으로 오는 배에서 더글러스 비 스굿과 함께 모은 영국 공군들 사이에 떠돌던 상세한 그렘린 이야기를 참고로 재빨리 이야기를 써내려갔다.

처음에 《그렘린 전집Gremlin Lore》으로 제목 붙인 우화집은 '엄청나게 못생긴 괴물'인 인간들이 그들의 숲을 베어버리고 그곳에 공장과 활주로를 짓기 전까지, '북쪽까지 이르는 아름다운 초록 숲'에서 특별한 빨판이 달린 부츠를 신고 나두를 오르내리던 '아주 흥미로운 작은 사람들'이 대한 연대기였다.[2] 복수를 괴하던 그렘린들은 그들을 괴롭히던 자들과 조종사 그리고 '커다란 양철 새'에게 설명할 수 없는 수많은 비행 사고를 일으키게 했다. 심지어는 영국 공군 조종사들을 속이기 위해 산 전체를 옮겨 비행기가 추락하게 하기도 했다. 이야기는 환상과 비행과 약간의 사악함을 섞어 놓은 것이었다. 그건 달에게는 이상적인 문학 영역이었다. 아마도 작은 괴물들은 그가 리비아 사막에서 글로스터 글래디에이터를 부셔 버린 사고에 대해 여전히 남아 있던 죄의식을 덜어주는 심리적인 위로가 되었을지도 모른다.

달의 이야기에서 영국 전투기 조종사였던 거스—그의 영웅적인 업적은 리비아에 있던 달이나 그리스에 있던 팻 패틀과 비슷했다*―는 그렘린의 사악한 장난에 희생양이 된다. 이 작은 괴물들이 무리지어 허리케인의 날개에 구멍 내어 비행기를 추락시키고, 결국에는 그에게 중상을 입혔다. 결국 거스는 신기하고도 교묘하게 뇌물(대서양을 건너온 이미 사용한 우표를 먹이는 일)과 반감치료법(비행기를 공격할 때마다 기분 나빠지는 장난을 치는 방법)을 잘 섞어서 그렘린들의 파괴 본능을 약화시켰다. 복종 훈련이 된 그렘린들은 지상 근무를 하는 조종사들이 신체검사에 무사히 통과해 다시 비행할 수 있게 도와주었다. 이 책은 결과적으로는 동화로 판매되었지만, 달이 의도적으로 청소년을 위해 썼다는 증거는 거의 없다. 당시로써는 달이 꼭 해야 할 이야기였다. 그는 엄청난 에너지를 쏟아 부었다. 그리고 이야기 속에는 이후 작품들 속에 나타날 요소가 많이 소개되었다. 블랙 코미디에 대한 시각, 사람에 대한 염세적인 관점뿐 아니라 대부분의 사람에게는 보이지 않는 작은 괴물의 탄생 등의 요소들이다. 조종사와 작은 괴물의 관계는 묘한 심리학적 반전이 들어 있다. 거스와 소통하는 그렘린은 자신만의 이름이 있었다. 그는 그렘린 거스였다. 마치 그렘린을 처음 본 조종사의 상상 속의 어두운 자아인 듯하다.

달이 초안을 끝냈을 때, 대서양 양쪽의 승인을 받기 위해 상관들에게 원고를 보냈다. 그건 그가 쓰는 모든 글은 반드시 검열받아야 한다는 공군본부와 맺은 협약 때문이었다. 영국 대사관의 대접견실과 전시 화이트홀의 어두운 복도에서 성실한 영국 공무원들은 작은 글씨로 타이프한 40페이지에 달하는 원고를 찬찬히 살피면서 이것을 어떻게 사용해야 영국에

---

*가장 비슷한 이야기는 달 자신의 것이다. 패틀의 이야기에선 의사가 고열이라며 패틀에게 비행을 금했지만 아테네로 출격했던 이야기가 가장 비슷하다. 독일 비행기에 의해 격추당한 패틀처럼 거스도 그렘린에게 당하지만, 거스는 살아남는다.

이익이 될지 궁금해했다. 많은 사람은 무척 당황스러워했다. 뉴욕 주재 영국 정보부를 담당하던 쾌활한 성격의 오브리 모건Aubrey Morgan은 과감하게 이 괴물들에게서 의미를 찾아보려고 애를 썼다. 그는 근사하게 그들은 '그곳에 없는 작은 사람들' 혹은 '한 신사가 퍼트하지 못하고 멈추게 한 근처 숲에서 들리는 나비들의 소음'과 비교하는 내부 메모를 돌렸다. 그는 '이러한 이야기를 들려주는 목적이 무엇인지 알 수가 없다'고 했다.[3] 하지만 다른 사람들은 그렘린이 영국 공군과 영국의 전쟁 수행력에 관한 미국 여론의 관심을 불러일으킬 만한 잠재력을 가졌음을 깨달았다. 런던에서는 보수 성향의 국회의원인 로널드 트리Ronald Tree가 국가정보국을 위해 일했는데, 그 작품을 '전쟁이 시작된 이후 이곳에서 보인 가장 훌륭한 문학적인 노력'이라고 묘사했다.[4] 한편 1934년에 그라나다영화사Granada group of cinemas를 설립한 젊은 영국 영화 제작자이자 사업자인 시드니 번스타인Sidney Bernstein은 당시 뉴욕에 있는 모건 밑에서 일했는데, 곧바로 그 작품을 월트 디즈니로 보냈다. 디즈니는 그 작품을 영화로 만들고 싶다는 의향을 전보로 보냈다.[5]

디즈니는 이야기가 '대단한 가능성'을 지녔다고 믿어[6] 판권을 사고 싶어했다. 영화사가 작품에 관심을 보여 우쭐한 기분이 들었지만, 달은 작품에 대해 조심스러웠고, 작품을 보호하기 위해 애썼다. 작품이 어떻게 발전할지 자신이 엄격히 통제할 수 있는 권리를 달라고 요구했다. 원래 소유욕이 많기도 했지만 이상하게도 자신이 운명적으로 이 전설적인 존재들의 수호자가 되었다고 느꼈으며, 영국 공군과 동료 조종사들을 위해서라도 악동인 그렘린을 제대로 돌봐야 한다고 생각했기 때문이다. 그런 차원에서 그는 이미 이 이야기로 버는 돈은 영국 공군 자선기금으로 기부하리라 마음먹었다.* 동료이자 아일랜드 작가인 윌리엄 틸링William Teeling에게 말했던 것처럼, 그의 목적은 '디즈니사를 설득하여 영화사의 그 누구도 그렘린을 악용해서는 안 되고, 아주 진지하게 다루어야 하며, 반드시 영국 공군에 관련된 일에만 사용한다는 점을 확실히 하기' 위함이었다.[7]

그렘린의 운명에 대한 이렇듯 조심스럽고 집착에 가까운 통제 욕심은 그를 워싱턴 주재 디즈니 판매 대리인인 체스터 파이텔Chester Feitel과 껄끄러운 사이로 만들었다. 파이텔은 처음에 달이 '자신을 전문작가로 생각하지 않는 젊은이'이며 '기본적으로 합리적인 제안을 받아들일 거'라고 보고하며 호감을 느낀 듯했다.[8] 하지만 그의 판단은 잘못이었다. 곧 파이텔은 작가가 고집스럽고 비협조적이라며 심하게 불만을 드러냈다. 달은 워싱턴 주재 디즈니 사람을 보자마자 싫어했다. 그는 영화사의 중요한 그림 팀장 중 하나였던 짐 보드레로Jim Bodrero에게 '자신은 그렘린을 매우 좋아했다'면서, 파이텔이 온갖 종류의 '복잡한 요구'를 한다며 자신을 비난해서 영화에 대한 열정을 손상시켰다고 했다. 그는 까다롭게 굴었다는 것을 전적으로 부인하면서 이렇게 계속했다.

"파이텔이 방에서 나가자마자 제1 그렘린이 내 어깨로 올라와 이렇게 말했다. '저 사람은 우리를 좋아하지 않는군, 내가 손 좀 볼까?' 하지만 나는 하지 말라고 했다."[9]

이 말은 유머러스하기도 하지만 약간은 위협적인 말이었다. 이 두 가지 특징은 달의 스타일로 자리 잡기 시작했다. 디즈니의 관심으로 한껏 우쭐해진 달은 이야기의 내용을 축약해 잡지에 팔려고 했다. 그는 중개인 없이

---

*영국 공군 자선기금은 임무를 수행하면서 부상당하거나 사망한 공군이나 그의 가족에게 재정적인 도움을 주기 위해 1919년에 설립되었다.

완벽하게 해낼 수 있을 거라는 믿음으로 에이전트를 이용하지 않았다. 그는 첫 번째로 《아메리칸 매거진American Magazine》, 《리버티Liverty》, 《콜리어스 위클리Collier's Weekly》를 선택했다. 그들 모두가 달의 작품에 관심을 보였는데, 이야기가 가진 본래의 장점과 더불어 디즈니가 관여할지도 모른다는 가능성이 있었기 때문이었다. 협상할 때 달은 자신감이 충만해 경계심을 풀었다. 달은 《콜리어스 위클리》의 편집장인 토더스 벡Thomas Beck에게 자랑하는 편지를 보냈다. 디즈니가 자신에게 "예외적으로 유리한 조건"을 제시했는데 ……그중 영화 판권과 다른 잡지에 실릴 때 파생되는 판매수익 대신에 책에 대한 판권 등 상품에 관한 모든 수익을 자신에게 준다고 했다"고 알렸다.[10] 결국 잡지사는 이야기의 기묘함과 제복 입은 젊은이의 비뚤어진 자만심에 당황하여 우물쭈물했다. 달은 막다른 골목에 처한 데다 경험이 전혀 없었지만 자신이 모든 일을 결정하리라 마음먹었다. 벡은 이야기를 반으로 자르자고 제안했다. 달은 이 제안을 거절했다. 《아메리칸 매거진》의 소설 편집장인 버넌 매켄지Vernon MacKenzie는 좀 더 경험 있는 작가의 힘을 빌려 수정하고 싶었다. 매켄지는 오브리 코건에게 이런 제안을 달에게 하기가 겁난다고 했는데, 그건 달이 '능력에 대한 지나친 자만심'이 있어서 '공동 작업을 싫어할지' 모르기 때문이었다. 그는 이야기를 놓칠 것 같아 걱정스러웠다.[11]

달의 직속상관인 외교부 공군 무관 윌리엄 손턴William Thornton 사령관은 결국 난항에 빠진 상황을 알게 되었다. 욕심스러운 젊은 무관보에게서 일을 빼앗아 다른 사람에게 넘길까? 달은 그렘린을 처음 창조한 사람도 아니었다. 그저 처음으로 그렘린에 대한 일관성 있는 이야기를 시도하고 만들어낸 사람이었다. 조금 더 능력 있는 작가가 더 재미있게 만들 수도 있고 소란도 덜 피울 거 같았다. 아마도 틀림없이 뿌리치기 어려운 유혹이었을 것이다. 하지만 달에게는 다행스럽게도 손턴은 그렘린에 대해서는 거의 관심이 없었고 중요한 문제로 생각하지도 않았다. 어떻게 해야 할지 몰라 손턴은 주저했다. 바로 그때 로알드는 현명하게도 자기가 곤란한 상황에 빠졌음을 깨달았다. 디즈니가 보인 관심이 가장 중요한 카드임을 깨달은 달은 수화기를 들고 유일하게 도움을 받을 만한 포리스터의 에이전트인 해럴드 맷슨에게 전화를 걸었다.

맷슨은 발 빠르게 움직였다. 《콜리어스 위클리》와 《아메리칸 매거진》을 완전히 떼어내고, 일반적인 관심사를 다루는 잡지인 《코스모폴리탄 Cosmopolitan》과 계약을 성사시켰다. 그 잡지사는 비록 페가수스라는 익명으로 하겠지만 달을 유일한 작가로 한다고 약속했다.[12] 마침내 손턴이 젊은 무관보에게 상황을 물었을 때, 달은 자신 있게 출판권은 다 해결되었고 영국 공군의 자선기금에 2000달러가 기부될 거라고 보고했다. 디즈니와의 계약 문제가 남아 있었다. 그러나 달은 그 부분에선 맷슨의 도움을 청하지 않았다. 맷슨은 거슬렸다. 달은 다시 한 번 홀로 결정했다. 그건 부분적으로는 에이전트에게 줄 10퍼센트의 중개료를 아껴서 최대한 자선기금에 기부하려는 생각이었다. 또 혼자서도 원하는 조건을 그대로 보장받을 수 있을 거라는 생각이 들어서였다. 그는 아주 교활한 협상가였다. 열정도 있었고 매력도 있었다. 때로는 작가가 아니라 그렘린을 대표하는 에이전트 역할을 했다. 그는 디즈니의 변호사인 존 로즈John Rose에게 이렇게 썼다.

"내 그렘린들은 계약서를 받은 날부터 둘러앉아 의논했습니다. 그들은 이맛살을 찌푸리고 민머리를 긁적이며 말을 나누었죠. '주다, 부여하다, 매매하다, 팔다, 분배하다, 판매하다, 양도하다 등등' 이따금 그런 단어를 언급하면서 '너무 복잡해'라고 하더군요."[13]

달은 원하는 권리를 얻기 위해 열심히 싸웠지만, 로즈의 말을 빌리면 '큰일은 소홀히 하고 작은 일에만 집착한'[14] 계약을 성사시켰다. 마지막 단계에서 유명한 변호사인 솔 로젠블랫Sol Rosenblatt의 도움을 받았는데, 달은 뿌듯해하며 그를 '미국에서 가장 훌륭한 변호사'라고 했다. 모든 인세가 영국 공군에게 간다는 말을 듣고 변호사가 무료로 돕겠다고 제의한 사실을 알고 달은 무척 기뻐했다. 주변 사람들에 대한 달의 태도는 대단히 분명했다. 좋다, 나쁘다. 긍정적이다, 부정적이다는 식의 흑백 논리였다. 어중간한 잿빛에 대한 구분은 없었다. 로젠블랫은 좋은 사람이었다. 그는 '엄청난 수임료'를 덜어주었다.[15] 반면 디즈니의 뉴욕 주재 저작권 변호사인 프랭크 발트하임Frank Waldheim은 악당 중의 악당이었다. 집으로 보낸 편지에서 달은 조롱하듯 '발트슈타인Waldstein'—그가 가장 좋아하는 베토벤 피아노 소나타—이라고 부르면서 그를 '아주 음흉하고 교활한 유대인'이라고 단적으로 묘사하기도 했다.[16] 디즈니 영화사도 무자비할 정도로 가차 없이 상업적이라고 표현했다. 어머니가 그들도 자선단체에 이익을 기부하지 않겠냐는 추측에 달은 딱 잘라서 말했다. "어림 반 푼어치도 없죠."[17]

이 특이한 싸움에서 선한 사람이 이겼다. 최종 계약을 하면서 영국 공군은 이후 모든 프로젝트가 나아갈 방향에 대해 주요한 결정권을 가지게 되었고, 달을 대리인으로 임명하여 "영국 공군 사령부가 영화의 최종 안을 승인하는 데 필요한 적절한 충고와 제안을 할 수 있게 했다."[18] 달은 승리로 가슴이 벅찼다. 2주일에 한 번 어머니에게 보내는 편지에서 이 '놀라운 조항'을 언급하면서 '어떤 단계에서도 어느 부분에서도 반대할 수 있는 권한'을 가지게 되었다고 했다. 그리고는 디즈니가 '영화 제작에 몇백만 달러를 사용했는지 몰라도 제가 싫으면 다시 하라고 말할 수 있고 그럼 그는 당연히 그렇게 해야 하지요'라고 자랑했다.[19] 이런 의기양양한 태도는 로젠블랫의 공격적인 태도 때문에 디즈니가 계획을 포기할지도 모른다고 걱정했던 몇 주 전과는 아주 다른 상황이었다. 그는 변호사의 도움에 무척 고마워하면서 '그들이 화가 나서 모든 일을 접지 않게만' 해달라고 간곡하게 부탁했다.[20]

그러나 월트 디즈니는 영화사의 재정 상태와 애국심의 잘 균형을 맞추어야 했다. 당시 영화사는 100만 달러 정도의 부채가 있었다.[21] 전쟁 전에는 한 해에 제작하는 데 사용하는 필름이 1만 1000미터 정도였다. 1942~43년 사이에는 6만 1200미터를 사용했다. 대부분은 미 군부의 위탁을 받고 한 일이었다. 그 가운데는 《공군의 승리Victory Through Air Power》라는 영화, 만화 도널드 덕 《히틀러의 얼굴Der Fuehrer's Face》, 평형 맞추는 나사 조이는 법과 점화 플러그에 대한 교육영화, 그리고 미국 시민에게 제때 세금을 내라는 짧은 홍보 영화와 말라리아와 성병에 걸리지 않은 방법을 알려주는 프로그램 등이 있었다. 이런 영화들은 전쟁의 노고를 위해 이익을 생각하지 않고 만든 것들이었다. 월트와 회사의 경영을 맡고 있던 동생 로이Roy는 조금 더 상업적인 주제가 필요했다.[22] 그렘린은 아주 기대되었다. 하지만 두 형제는 그 괴물에 대한 지적 재산권이 걱정되었다. 그들의 조사팀에 의하면 괴물은 1차세계대전으로 거슬러 올라갔다. 로이와 월트가 로알드를 처음 만난 후 체스터 파이텔에게 보낸 메모에서 그렘린의 창시자가 달이 아닌 것을 확인해주었다. "그렘린은 영국 공군 사이에서는 '잘 알려진' 이야기이고, 한 개인이 권리를 주장할 수 없다고 판단된다"고 말했다.²³ 월트와 로이는 좀 더 분명하고 간단한 내용을 원했다. 월트는 즈슴스럽게 7페이지에 달하는 《코스모폴리탄》에 나온 이야기를 사용하기로 했는데, 그림의 기본 틀을 시도해볼 기회일 뿐만 아니라 저작권에 대한 권리 주장을 근절할 기회로 사용해 보기로 했다.

스스로 모든 일을 주도해 나가고 싶은 고집이 있었지만, 닽은 이야기의 발전에 관련된 모든 사람의 역할을 인정하는 면에서는 너그러웠다. 특히 더글러스 비스굿의 역할에는 드러내놓고 칭찬했다.* 10월에 어머니에게 보낸 편지에 이렇게 썼다.

"더글러스 비스굿이라는 아주 좋은 친구가 있어요. 언제든지 스스럼없이 나에게 전화를 걸어 나오라고 하지요. 저는 지금 이 친구와 배를 타러 나왔어요. ……이 친구는 그렘린에 대해 아주 잘 알아요."²⁴

달은 순진하게 비스굿에게 월트와 직접 영화에 대해 의논해 보라고 부추겼다. 이것이 부작용을 일으켰다. 비스굿은 이야기의 저작권을 주장하면서 자신이 '그렘린의 원조'라고 나섰다. 디즈니에게 피피넬라스와 위제트는 '우리 조상의 성'이라면서 자신이 그들 이야기를 쓸 계획이라고 덧붙였다.²⁵ 디즈니는 이 일로 저작권에 대한 우려가 더욱 커졌다. 월트는 달에게 '그가 말썽을 일으킬 만한 친구'인지 궁금하다고 물었다. 그리고는 이런 식의 복잡한 문제 때문에 가능하면 '모든 사전 조치'를 취해 '자신을 방어할 필요를 느낀다'고 했다.²⁶ 달은 '비씨Bissie'를 잘 알고 있다며, '그의 말을 심각하게 받아들일 필요가 없다'고 월트를 안심시켰다. 그는 '우리가 어떻게 이 문제를 다루고 어떤 과정으로 나아갈지' 알게 되면 절대 방해할 친구가

*〈행운〉에서 로알드 달은 처음으로 그렘린이란 단어를 사용한 사람이 자신이라고 주장했다. 나중에는 기억이 희미해져서, 1989년 테리 래인과 한 라디오 인터뷰에서 '그렘린을 창조한 것은…… 누구였는지 알 수 없다'고 했다.

9장 동화 같은 이야기 271

아니라고 확신했다.²⁷

　그가 옳았다. 1942년 겨울, 《코스모폴리탄》이 〈그렘린을 소개합니다 Introducing the Gremlins〉라는 기사를 실었을 때, 수없이 많은 그렘린 프로젝트가 나올 가능성이 있었지만, 진지하게 글을 써보려는 작가는 없었다. 아마도 그 기사의 작가가 익명이었고, 모든 것이 영국 공군의 주도로 이루어지고 있음이 분명했기 때문이었다. 잡지는 매우 교묘하게 이 주제를 다르면서 대담하게도 그 이야기가 '의심의 여지 없이 100년 만에 나올까 말까 한 살아 있는 가장 위대한 전설'이라고 떠벌였다. 작가에 대해서는 '유명한 그렘린 연구가'라면서 그렘린을 창시한 사람이라고는 하지 않았다. 잡지는 이렇게 말했다. "전설이 어떻게 시작되었는지는 아무도 모른다."

　계약이 마무리되자 달은 비판적인 시각을 조금 더 흥미로운 분야로 돌렸다. 그건 잡지에 들어갈 그림이었다. 놀라운 일은 아니지만 달은 예술 작품에 대해 솔직한 의견을 피력했다. 잡지에 실릴 이야기에 맞게 디즈니의 그림작가들이 그려 보낸 그림에 대해 어떤 것은 아주 '정확하지만' 작은 세부 사항들 때문에 화가 난다고 했다. 가장 충격적이었던 부분은 디즈니가 그렘린의 '특징이라고 할 수 있는 초록색 중절모'를 그리지 않겠다고 한 것이었다.²⁸ 그는 월트에게 사적으로 이런 불만을 전달했고, 그의 등 뒤에서는 훨씬 과격한 태도로—특히 《코스모폴리탄》의 편집부 사람들에게—디즈니가 '그렘린을 제대로 파악하지 못했다'고 투덜거렸다.

　"그렘린의 표정은 더 풍부해야 하고 거의 사람 같아야 한다. 내가 보기에 그는 가장 중요한 부분을 뺐다. 그건 바로 중절모이다. 그렘린들이 하늘을 날아다니지 않을 때는 꼭 쓰고 다니는 모자이다. 레프리콘 혹은 우플레디짓이라고 부르는 그렘린을 다리가 여섯 개 달린 꼬마도깨비 같은 모습으로 표현했는데, 나는 분명히 이야기에서 늑대처럼 생겼다고 신중하게 밝혔다."29

이런 불경이 지금은 우스울 정도로 아는 체하는 것으로 보이지만, 한편으로는 그가 자신이 만든 상상 세계에 얼마나 깊은 애정을 가졌는지를 보여준다. 그는 다시 한 번 중요한 그렘린 전문가 역할을 맡았다. 디즈니와 그림작가들에게 자신만이 이야기의 주제를 올바로 이해하고 있다고 주장했다.

"작은 친구들을 여러 각도에서 그린 시안을 볼 수 있게 해주시면 좋겠습니다. 저는 그들이 어떻게 생겼는지 정확하게 알고 여러 번 본 적도 있으니까요."30

만약 로알드가 할리우드에서 자신을 초대할 것을 알고 한 제안이라면 결과는 성공적이었다. 디즈니는 2주 동안 버뱅크의 스튜디오에서 함께 작업하자는 제안을 했다. 런던의 공군사령부는 잠시 논의한 후 달에게 가는 것을 허락했다. 1942년 11월 추운 가을날, 달은 로스앤젤레스로 가는 아메리칸 항공에 몸을 실었다.

그곳에서 보낸 2주는 놀라웠다. 그는 호화로운 베벌리 힐스 호텔에 묵었고 머무는 동안 자동차도 받았다. 그리고는 여러 유명 인사들을 소개받았다. 틴셀타운에서의 첫날 밤, 디즈니는 그를 위해 파티를 열었는데 스펜서 트레이시Spencer Tracy, 빌 파월Bill Powell, 도러시 라모어Dorothy Lamour, 그리어 가슨Greer Garson이 각각 다른 그렘린 역을 맡아 연기를 보여주었고, 찰리 채플린Charlie Chaplin이 위제트 역을 맡아 모인 사람들을 즐겁게 했다. 그날 로알드는 '아주 아름다운 여인'과 사랑에 빠졌다. 유명한 배우 필리스 브룩스Phyllis Brooks로, 캐리 그랜트Cary Grant와 하워드 휴즈

Howard Hughes가 그녀의 옛 애인들이었다. 그는 자랑스럽게 '머무는 동안' '필리스에게 작업 거는 일을 주업'으로 삼겠다고 했다.³¹ 그리고 해냈다. 그녀는 달이 사귄 첫 번째 할리우드 여인이었다. 하지만 둘의 헤어짐은 그다지 편하지 않았다. 6개월 후 로스앤젤레스로 떠나는 동료에게 보내는 편지에서 달은 그녀가 '브룩키Brooksie로 더 잘 알려진 유명한 배우인데, 나를 총으로 쏘고 싶어 하거든. 아마 그녀가 자네를 보게 되면 총으로 쏠지도 몰라'라고 썼다.³²

젊고 잘생긴 외모와 영국 공군 제복 덕택으로 로알드는 아주 멋진 인물로 두각을 드러냈다. 그림작가였던 빌 저스티스Bill Justice는 달이 '여자들에게 인기 많은' '호남형' 청년이었다고 기억했다. "모든 여자가 그를 보면 거의 정신이 나갔지요. 그와 함께 파티에 가면 나는 투명인간이 되었습니다."³³ 배우들에게 작업을 걸지 않을 때, 《로스앤젤레스 타임스Los Angeles Times》와 인터뷰를 하지 않을 때, 혹은 리글리 저택—새로 사귄 친구이자 작곡가인 호기 카마이클Hoagy Carmichael의 집—에서 추잡한 노래를 부르지 않을 때, 그는 스튜디오에 나와 소파나 일인용 의자나 그랜드 피아노가 있던 월트의 '웅장한' 사무실에서 편하게 앉아 시간을 보냈다. 그곳에서 디즈니와 달은 그림작가 여섯 명과 함께 영화 작업 이전에 발행할 계획이었던 그림집에 매달렸다. 그는 그런 우아한 일에 푹 빠졌다. 그래서 어머니에게 '디즈니가 제작한 영화 중에서 가장 위대한 작품이 될 것이며, 실제 움직임과 만화를 적당히 섞을 작정'이라고 했다. 그는 그림작가들과 작업하는 걸 특히 즐겼다. 이후 1960년대에 어린이문학으로 돌아가기 전까지는 그런 즐거움은 없었다. 달은 이렇게 기억했다.

"나는 글을 쓰고 그들은 그림을 그렸다. 내가 한 페이지를 끝내면, 그들은 원하는 모양으로 타이프를 쳤는데, 가끔은 페이지를 가로질러 대각선으로 치기도 했고 가끔은 구불구불거리는 글자로 쓰기도 했다. 그다음 그들은 글 주위에 그림을 그렸다. 그리고 가끔은 반대편 페이지에 컬러로 그림을 그렸다."[34]

일주일 내에 책의 초본이 완성되었다.

디즈니는 엄격하기는 했지만 호의적으로 전 과정을 주도했다. 달은 거드름 피우는 그를 '완전 초짜'*라고 묘사했지만 점점 그를 존경하게 되었다. 하지만 그가 거의 그림을 그릴 줄 모른다는 것을 알고는 충격을 받기도 했다. 그가 영화사를 운영하는 방식에 깊은 인상을 받았고, 문법에서 실수가 잦고 성격이 급한데도 직원들이 그를 '숭배'한다는 사실에 더욱더 놀랐다. 로알드는 어머니에게 한 그림작가가 표지 그림을 그렸을 때 마음에 들지 않자 디즈니가 폭발했던 상황을 미국과 영국식 표현 방법을 섞어 우스꽝스럽게 써 보냈다.

"이런 제기랄, 메르. 내가 이야기 판권도 사야 하고, 영화도 감독해야 하고, 제작도 해야 하는데, 이런 망할, 그림까지 그리라면 내가 미쳐 돌아가지 않겠어?"[35]

디즈니는 매력적인 젊은 공군에게 호감을 느끼고, 'Roald' 발음이 제대로 되지 않아 그를 '껵다리'라고 불렀다. 하지만 달은 버뱅크에서 받는 관심에는 우쭐했지만 작품에 관한 일이라면 어떤 경우에도 좀코 굽히지 않았다. 그는 호전적이었고 독단적이었다. 무슨 일이 생겨도 자기 입장을 고수했다. 그리고 초록색 중절모의 경우처럼 글과 그림이 다를 때, 그가 쓴

---

*erk, 영국 공군의 속어로 'erk'는 비행경험이 없는 군인을 뜻하며, 보통은 지상에서 일하는 스태프들이다.

9장 동화 같은 이야기 275

내용은 절대 수정하면 안 된다고 주장했다.³⁶

그는 크리스마스가 되기 전에 워싱턴으로 돌아왔는데, 사인받은 책 네 권과 짐 보드레로가 그린 멕시코 사람을 태운 노새 두 마리가 뛰어가는 수채화를 가지고 왔다. 어머니에게 자기 책에 그림을 그리는 작가들은 그림 한 장에 1000달러나 받는다며 자랑스럽게 전했다.³⁷ 하지만 그는 받은 선물을 아직은 팔 생각은 없다고 했다. 그는 월트에게도 그렇게 즐거웠던 시간은 정말 오랜만이고 한 지붕 아래 그렇게 '훌륭한 사람들'이 한꺼번에 많이 모인 것도 처음 보았다고 활기차게 전했다.³⁸

여행에서 활기도 얻고 영화사에서 맘껏 즐겼던 환상적인 분위기에 용기를 얻은 달은 《코스모폴리탄》 잡지사를 설득해 영국 공군에서 펴내는 크리스마스 회보에 그 이야기를 다시 실을 수 있게 했다. 그는 이름을 밝히지 않고 마치 디즈니가 말하듯이 재미있는 소개말을 써넣었는데, 혹시 그렘린을 잡으면 '우리에 넣어서 캘리포니아로 부쳐 주십시오. 그럼 제가 최선을 다해 조심스럽고 신중하게 다루겠다는 것을 약속드립니다'라고 덧붙인 것이다.³⁹

디즈니의 계획이 신속하게 꾸려지기 시작했다. 1942년 11월 시험 촬영을 하고, 모든 관계자가 호의적인 반응을 보이자 그는 실제 움직임과 만화를 섞을 생각을 포기하고, 100퍼센트 직접 그린 그림으로 밀고 나가기로 했다. 하지만 이야기가 못마땅하게 전개되자 달의 시나리오를 포기하고 몇 가지 다른 대안들을 시험 삼아 해보기도 했다. 하나는 무솔리니와 히틀러가 카메오로 등장하고 그렘린들이 영국 공군을 도와 나치를 물리치는 이야기였는데, 디즈니의 소속 변호사가 '완전히 전쟁광고'라고 하자 취소되었다.⁴⁰ 달에게는 복사본을 보내지 않았다. 고려 대상이 되었던 제목 중에는 '명랑한 그렘린', '고마운 그렘린', '전설의 그렘린', '골칫덩이 그렘린', 그리고 '야! 그렘린이다' 등이 있었다. 결국 사오십 명의 의견을 물어보고 나서야 디즈니는 달이 로스앤젤레스로 가는 동안에 대략 윤곽을 잡았던 책으로 가닥을 잡았다.

그즈음 런던의 출판계에 디즈니 프로젝트에 관한 소문이 돌았고, 달은 이미 해미시 해밀턴Hamish Hamilton에게서 자신이 디즈니의 그림과 함께 출판해도 되겠느냐는 직접 쓴 메모를 받은 후였다.[41] 미국에서는 '그렘린 마니아들'이 나오기 시작했다. 《타임》과 《뉴스위크》는 단어의 어원에 관한 논쟁을 널리면서 '화나게 하는'이라는 뜻을 가진 고대 영어 'Greme'으로 거슬러 올라간다고도 했다. 한편 사악한 요정들이 여기저기서 나타나기 시작했는데, 스포츠 경기에서부터 커피 배달에 이르기까지 엉망이 된 일들을 모두 그렘린 탓으로 돌리고 있었다. 심지어 밥 호프Bob Hope는 그렘린들이 자신의 최근 책을 망쳐 버렸다고 농담하기도 했다.

달은 자신이 창조해낸 환상의 세계에 의해 활력을 얻어 기분이 아주 좋았다. 이제는 자신이 유명해진 것 같아 기뻤다. 공군 준장이며 공군 참모장의 제1보좌관인 리처드 펙Richard Peck에게 편지를 쓰면서 그는 할리우드에서 보낸 시간을 아주 멋지게 극화시켰다. 원고를 디즈니 영화사에 어렵게 집어넣었던 것도 자신이라며 곧 발간될 책을 자랑했다. 책이 50만 부 정도 팔릴 것 같다면서 영국공군재단에 대단한 도움이 될 거라고 했다. 그래서 촬영이 시작되면 영화사가 '내용을 올바르게' 진행하는지 살펴러 반드시 로스앤젤레스에 가야 한다고 덧붙였다.[42] 부하 직원의 거만한 말투에 신경이 거슬린 펙은 돈지를 PR부 국장인 스탠스게이트Stansgate 자작에게 보였는데, 그는 편지를 부하인 윌리엄 틸링에게 주었다. 능력 있는 작가이자 여행가였던 틸링은 20대에 미국에서 실직자나 노숙자들과 같이 부랑자 생활을 하면서 더스트 볼까지 화물 열차를 타고 여행했던 경험을 《타임스》에 기고하기도 했는데, 이야기를 듣고는 이 일과 달에게 관심을 갖게 되었다. 그는 달에게 친근감을 느끼고 공군본부에서 '자네처럼 이렇게 높이 칭찬받는 사람은 한 번도 본 적이 없네'라고 하면서 그렘린은 확실히 '사악한 괴물이라기보다는 친절한 꼬마도깨비' 같다고 했다.[43]

틸링의 판단이 100퍼센트 옳은 것은 아니었다. 런던에 있는 달의 직속 상관인 J. B. 호건Hogan 같은 사람은 달의 열정과 끓어오르는 희극적인 에너지를 잘 받아주었다. "이렇게 비참하고 암울한 시대에 자네처럼 균형감을 가질 수 있다면 인생은 훨씬 더 유쾌해질 수 있을걸세."[44] 그러나 이사야 베를린을 비롯한 많은 사람은 달의 머리에 성공했다는 자신감이 가득 차서 거만하고 우쭐거리기 시작했다고 느꼈다. 베를린은 달이 '매우 거만하다'고 표현했다. 그는 달이 '대단한 지위를 가진 창의력이 뛰어난 예술가'이기 때문에 그에 합당한 존경과 특별대우를 받아야 한다는 태도로 대사관 주위를 어슬렁거렸다고 기억했다.[45] 베를린은 자만심에 빠진 동료를 임마누엘 칸트Immanuel Kant의 표현을 빌려 '휘어진 재목*'일 뿐이라면서 그런 인간성으로는 아무것도 똑바르게 할 수 없다고 했다.

그런 달의 태도 때문에 계급의 꼭대기인 상부에서도 적이 생겼다. 1943년 2월, 틸링은 달이 공군 사령관인 펙의 권한을 침범한 것 같다면서 조심하라고 경고했다. 그는 펙이 다른 상관들에게 개인적으로 직접 연락받는 것을 좋아하지 않는다고 공공연히 말했다면서 달에게 '조금 격식에 맞춰 행동해야' 할 것 같다고 했다. 달의 지나치게 친근한 행동은 사령관의 주의

*crooked timber of humanity, 뒤틀린 인간성을 뜻한다. ─옮긴이 주

를 받았고, 워싱턴에서도 달에 대해 '조금은 냉랭해'졌다.[46] 틸링은 달에게 몸가짐을 조심하라고 충고했다. 하지만 달은 그런 충고를 귀담아들을 생각이 없었다. 이미 그에게 익숙해져 버린 이런 태도는 스스로를 좋게 보이려다가 오히려 짜증스러운 존재로 비치게 만들고 있었던 것이다.

이미 달은 공군 사령부 측에서 자신을 과소평가한다고 느꼈다. 디즈니와의 협상에서 좋은 조건을 받아냈는데도 자신을 인정해주지 않고, 저작권료를 영국 공군 자선기금에 기부하겠다는 결정도 높이 평가하지 않는 것 같았다. 하지만 할리우드에서의 멋진 시간에는 고마운 마음이었다. 영국 공군이 자신을 대표자로 내세워준 사실도 고마웠다. 그렇지만 그는 여가를 이용해서 글을 썼으며, 일을 진척시키기 위해 귀중한 휴가도 다 쓴 상태였다. 그런데도 화이트홀의 기관원들은 그의 그렘린을 원망과 짜증의 원인이며, 더 끔찍하게는 바로 잡아야 하는 변칙 행정의 원인으로 여기는 것이 분명했다.

1943년 1월 공군 참모총장의 보좌관인 61세의 클레멘트 케인스Clement Caines는 공군 무관인 윌리엄 손턴에게 달과 영국 공군 사이의 계약서 초안을 만들어 보내라고 했다. 이렇게 하면 달이 '영국 공군의 대리인'인 점을 확실히 할 수 있으며,[47] 그가 사망할 때도 영국 공군이 책과 영화에서 나오는 수익을 계속 받을 수 있을 거라고 했다. 달은 케인스의 관료 같은 어투에 화가 났다. 그건 형편이 어려운 공군과 가족에게 돈을 나누어줄 수 있는 기쁨을 앗아가겠다는 협박과 다름이 없었기 때문이다. 달은 용감하게 저항했다. 결국 영국 공군은 20퍼센트를 달이 판단하여 필요한 곳에 사용할 수 있게 했다. 그런 일 가운데는 미국에 주둔한 영국 공군들을 위한 라디오 구매, 잡지 구독, 운동기구 구매 등이 있었고, 임무 수행 중에 사망

한 독수리연대의 어머니를 돕기도 했다.[48]

하지만 달은 공군 본부의 냉랭한 태도에 짜증이 났다. 그와 그의 상관 사이에는 점점 틈새가 벌어지기 시작했다. 그는 어머니에게 그들이 '정도를 넘어섰다'며, 원망하는 마음으로 이렇게 썼다. "누군가에게 무엇인가를 주면 그들은 점점 더 많은 것을 요구해요."[49] 한 달 후 달은 자신이 처한 상황을 곰곰이 생각하면서 윌리엄 틸링에게 이렇게 편지를 보냈다.

"살아서나 죽어서나 돈을 가로채지 못하게 나를 묶어 놓으려는 케인스의 욕망을 알게 되어 충격을 받았습니다. 어차피 제 돈이고 제가 기부하겠다고 약속한 것인데 말입니다."[50]

케인스는 디즈니가 영화에 '공군 위원회나 공군 본부의 도움을 받았다 거나 승인을 받았다'고 표현하지 않기를 바란다고 달에게 말했다. 달은 영국 공군이 프로젝트와 거리를 두려는 점에 기분이 상했다. 케인스는 결국 그렘린이 다 '웃기는 소리'라며 최후의 일격을 가했다.[51] 로알드는 그 말을 개인적인 모욕으로 받아들였다. 그에게는 작은 괴물이 여전히 무의식 속에서 순식간에 위로 끓어오르고 가끔은 도저히 통제되지 않는 그런 감정과 아주 밀접하게 연결되어 있었기 때문이다. 한편 뿔 달린 친구들의 이야기는 사람들 사이에서 점점 더 멀리 퍼져 나갔다. 그렘린 이야기가 여기저기서 난무했다. 로알드는 이 사악한 요정들이 '우스꽝스러운 존재'가 되어가는 것 같아 괴로웠다.[52] 그는 디즈니에게 이런 사태를 막을 방법이 없는지 안타까워하면서 이렇게 썼다. 사람들이 '페퍼민트를 가지고 놀고 자전거를 망치고 치약으로 장난치는' 그렘린을 보면 '그들의 전설이 손상될 것 같습니다' 하고 불편한 심기를 드러냈다.[53] 그들을 수호하기 위해 달은 《디스 위크This Week》에 기사를 싣고 독자들에게 '그들을 존중해 달라'

고 간절히 부탁했다. 그리고는 다른 모든 영국 공군의 이야기는 다 가짜라고 단호하게 말했다. 오직 선택받은 몇 명만이 그렘린을 볼 수 있다고 했다.

"전 세계의 연합군 조종사, 항법사, 기관총병, 무전연락병 그리고 폭격수는 다 볼 수 있습니다. 하지만 그 밖에는 볼 수 없습니다. 하늘을 비행하는 사람을 제외한 그 누구도 안 됩니다……"[54]

《그렘린》이 마침내 1943년 4월에 책으로 출간되었다. 이번에는 '페가수스'라는 이름으로는 아니었다. 이제는 할리팩스 자작의 공식적인 허락으로[55] 지은이는 로알드 달 대위라고 분명히 쓰여 있었다. 거기에 '월트 디즈니 제작'이라고 덧붙였다. 그리고 1942년에 히트 친 영화 《밤비Bambi》에 나오는 트기 섬퍼를 그렸던, 당시엔 잘 알려지지 않았던 신인 빌 저스티스Bill Justice의 그림이 들어갔다. 표지는 고약한 그렘린 세 마리가 전투기 동체에 구멍을 내고 기관총 포탑을 톱으로 자르는 그림이었다. 랜덤하우스는 달이 말한 50만 부와는 큰 차이가 있는 5만 부를 찍어냈다. 달은 자신을 위해 50권을 주문해 중요하다고 생각하는 모든 사람에게 열심히 보냈다. 그중에는 할리팩스도 있었다. 그는 작가에게 고맙다고 쪽지를 보내면서 '아이들에게 건네주기 전에 자신이 그렘린의 습성에 미리 익숙해져야겠다'고 전했다.[56] 달은 영부인인 엘리너 루스벨트Eleanor Roosevelt에게도 한 부를 보냈는데, 영부인은 멋진 젊은 작가에게 열렬하게 답장을 보내 이야기가 '아주 재미있다'면서 조만간 한 번 찾아와주기를 바란다고 했다.[57] 책은 6개월 만에 매진되었지만, 2만 5000부를 더 찍어낼 계획은 전시의 종이 부족 사태로 포기되었다.[58]

책은 성공했지만, 특히 3만 부가 팔린 호주에서는[59] 디즈니가 몇몇 캐릭터를―피피넬라스와 위제트가 특히 인기가 있었다―상업화시키기 시작했지만 영화 작업에 대한 열정은 점점 식었다.[60] 이야기가 어려워서 대본을 망치고 있었다. 더욱이 최초에 그린 주인공의 그림조차 그렘린의 내면의 삶을 그럴듯하게 부각하지 못했다. 어쩌면 너무 사악해서인지도 모른다. 어쩌면 디즈니와 그림작가들이 달의 이야기를 충분히 그림으로 나타내지 못했기 때문일지도 모른다. 어쩌면 이 모든 작업이 지나치게 전쟁 쪽에 치우쳤기 때문일지도 몰랐다. 어쩌면 이 모든 요인이 영화에 대한 영화사의 열정을 질식시켰는지도 몰랐다. 언급되지는 않았지만 달의 관점에서는 디즈니가 그린 그렘린은 온화함과 인간미가 부족했는데, 그 점이 주요 원인이었을지도 모른다. 그림은 다른 디즈니 영화의 주인공인 덤보나 밤비, 혹은 달이 어린 시절부터 알았고 항상 동경해 왔던 키텔센의 괴물 같은 매력이나 재치가 부족했다. 디즈니가 위험을 무릅쓰고 이 영화에 집중하고 싶은 욕망은 재정 압박으로 제지당했다. 최근 제작했던 《피노키오Pinocchio》나 《판타지아Fantasia》가 이익을 내지 못했기 때문이었다.

그런데도 디즈니는 계속해서 달에게 캘리포니아로 와서 대본에 조언해 달라고 요청했다. '적어도 2달 정도 머물며 함께 이야기를 최종적으로 다듬어가자'고 애걸하다시피 했다.[61] 그의 참여 없이 디즈니는 최종 결과물을 놓고 영국 공군 당국에 '책임질 수 있을 것' 같지 않았다. 달은 그렇게 오랫동안 로스앤젤레스에 가 있을 수 없었다. 설상가상으로 열정을 보이던 달이 갑자기 따분해 하는 것은 누구라도 쉽게 알 수 있었다. 그건 그의 전형적인 행동 유형이었다. 관심을 갖다가 거의 집착에 가까울 정도로 몰두하면서 모든 것을 쏟아 붓는다. 그러다가 갑자기 열정이 식고 그는 또 다른 관심사를 찾아 나선다. 결국 달은 1943년 4월에 마지못해 무급휴가를 받아 열흘 동안 할리우드로 갔다. 영화사 측에서 그에게 따로 돈을 주지는 않았지만 비벌리 힐스 호텔의 '대궐 같은 스위트 룸'에 거처를 마련하고 모든 비용을 다 대주었다. 로스앤젤레스에서의 일정은 아주 빡빡했다. 매일 아침 7시 30분에 영화사에 출근하여 저녁 7시 전에 퇴근하는 법이 거의 없었다. 하지만 그는 무슨 일이 있어도 여가를 마련했다. 한 번은, 아마 한 번 이상, 저녁에 '바다가 내려다보이는 언덕 위에' 있는 진저 로저스Ginger Rogers의 집에서 진저와 저녁을 하기도 했다. 어떤 날은 도러시 라모어의 결혼피로연에 가서 스펜서 트레이시와 다시 만났고, 게리 쿠퍼와 마를레네 디트리히Marlene Dietrich도 보았는데 달은 '그녀가 가장 인상 깊었다'고 했다.[62] 햇빛이 쨍쨍한 어느 날, 유리창도 없는 사무실에 갇혀 갑갑해하던 달은 그림작가들을 억지로 끌고 할리우드 언덕에 있는 호기 카마이클의 집 수영장 옆에서 회의했다.

그림작가들이 떠나고 달은 카마이클의 두 아이, 호기 빅스Hoagy Bix와 랜비 법Rancy Bub을 위해 재치 넘치는 짧은 시를 써주었다. 이 시는 존 길레스피 머기John Gillespie Magee의 〈고공비행High Flight〉이라는 시구를 따서 지었으며, 더는 비행사가 아니라는 후회와 미련에 대한 노래였다. 그러나 시 구절은 그를 둘러싼 세상으로부터 계속되는 분리감과 자신을 슈퍼맨으로 생각하는 걸 암시하고 있다.

> 나는 늙어 허리가 구부정하고 얼굴은 쭈글쭈글하지만
> 너는 건장하고 힘이 세고 근육이 탱탱하니
> 분명히 너는 비행하는 법을 배우겠지.
> 9킬로미터 상공의 얼어붙을 듯한 차가운 구름

너는 그 맛을 보고 정말 좋아할 거야.
우박과 얼음과 진눈깨비도 좋아하겠지.

그러나 땅으로 내려오게 되면 값을 치러야 해
사소한 것들만 떠들어대는 사람들이 가득한데
그런데도 그들을 웃겨야 하거든.
그런 사람들은 이렇게 말하겠지
'천사들만 날개가 달린 게 아니군요.'

사람들이 그렇게 말해도 절대 넘어가면 안 돼
천천히 걸어 나와 절대 뛰지 말고.
양귀비 밭 한가운데 서서
까치발을 하고 태양을 향해 손을 뻗어보게

누군가 가장 아픈 곳을 치면서
'오후에 보자' 하고 말하면
가장 비싼 셔츠를 벗어버리고는
손을 뻗어 살며시 달을 만져봐.[63]

    1943년 여름 내내 디즈니는 주위의 식어버린 열정에도 영화를 계속 만지작거렸다. 최근의 여론 조사도 고무적은 아니었다. 여론 조사를 따르면 당시 관객들은 점점 전쟁 영화에 싫증을 냈고, 연합통신의 기사에는 그렘린이 이제 '지겨워져 간다'면서 일반 관객들도 '싫증 났다'고 했다.[64] 그리고 영화 제작이 끝날 무렵이면 전쟁도 확실히 끝날 거라는 예측이 지배적이었다. 7월에 디즈니는 달에게 영화를 짧게 만들어야 할 것 같다고 했다. 그 이유는 영국 공군의 가혹한 통제 때문이라고 했다. "이런 종류의 영화를 찍는 데 써야 하는 돈으로는 당신은 물론이고 변덕스러운 관객을 만족하게 할 수 없다"고 했다.[65] 8월에 디즈니의 창작 기획부 책임자는 줄거리 회의에서 이런 '작은 괴물들은' 많은 면에서 조종사의 '어리석음과 임무 태만 그리고 나태함'에 대한 알리바이일 거라고 가슴 아프게도 정곡을 찌르는 발언한 일이 있었다.[66] 그러나 디즈니는 이 작업을 완전히 포기할 생각이 없었다. 그림작가인 빌 저스티스도 '계속 끌고 또 끄는' 일이었다고 기억했다.[67] 마침내 12월 월트는 5만 달러의 투자를 취소하고는 껵다리에게 영화가 잠정적으로 보류되었다고 알렸다. 공식 이유는 배급사들이 '일반 관객이 이제 전쟁 영화에 싫증 났다고' 했기 때문이었다.[68] 하지만 달은 디즈니가 중요한 점을 놓쳤다고 생각했다. 한참 뒤인 1984년에 그는 디즈니 영화사의 역사학자인 로빈 앨런Robin Allan에게 이렇게 말했다.

"성공할 수 있었습니다. 월트는 영국에 아무 애정이 없었어요. 유럽에도 마찬가지고요. 영화가 너무나 영국적이었던 거죠. ······그래서 쥐어들지 않았던 겁니다. 그는 100퍼센트 미국인이었으니까요. 뼛속까지요."[69]

그런 이유로 그렘린은 묻혀버렸다. 하지만 그렘린은 늘 달의 상상 속에 머물렀다. 2년 뒤 그렘린이 첫 번째 소설에서 다시 나타났다. 그때 달은 다시 한 번 영화사에 연락해서 자신이 영화 저작권을 살 수 있느냐고 물었다. 로이 디즈니는 2만 달러를 제의했다. 젊은 작가로서는 도저히 지급할 수 없는 금액이었다. 디즈니는 영화사가 '뭇 먹는 감 찔러나 본다' 식으로 절대 행동하지 않겠다고 약속했지만,[70] 미래에 그렘린이 어쩌면 '아주 유용

한 영화 소재'가 될지도 모른다는 통찰력이 있었다.[71]

달은 글을 써서 생긴 저작료를 자선 단체로 가게 했지만 〈Shot Down over Libya〉에서 나온 판매와 배당 수익으로 중요한 사치 한 가지를 누렸다. 그건 할리팩스 경의 담당 치과의사가 직접 금과 백금을 혼합해 만든 380달러짜리 새 틀니였다. 달이 재미있게 이름 붙인 '딸가닥거리는 새 세트'는 영국 공군에게는 아주 미미한 액수였지만[72] 새로 틀니를 장만한 사람에게는, 특히 진짜 이가 나중에 더 큰 문제가 될 거라고 믿었던 사람에게는 대단한 기쁨이었다. 이를 다 뽑는 것은 달에게는 혁신적인 일이기도 했지만 누가 뭐라 해도 감염이나 치통 그리고 비싼 치과 치료에 대한 틀림없는 예방책이었다.

이상하게 들리겠지만, 머리 부상 때문에 어쩔 수 없는 선택한 것은 아니었다. 쉘에서 인턴으로 일할 때 든 생각이었다. 21살 때 탕가니카로 떠나기 전에 그는 할리 거리의 최고 치과의사인 레슬리 라이트Leslie Wright를 찾아가 이를 다 뽑고 인공치아를 해 넣었다. 달은 어머니를 거의 위협하다시피 해 어머니의 이도 다 뽑게 했다. 누이들에게도 자기주장을 강력하게 밀어붙였다. 하지만 누이들은 강하게 저항했다. 그는 계속 설득했고 뜻대로 되지 않자 참을성을 잃었다. 앨필드가 거절했을 때는 상스러운 소리까지 하면서 비이성적으로 굴었다. 1950년대에 제부인 레슬리 한센이 미국 치과의사를 찾아가 이를 다 뽑았을 때 너무나 기뻐했다. 그러나 한센이 새로 이를 해 넣지 않고 잇몸으로 씹으면서 살겠다고 하자 너무나 놀라워했다. 하지만 그것도 잠시였다. 곧 그것은 그가 즐기는 괴벽이 되었다.

로알드 달은 자신의 의견을 강하고 분명하고 열정적으로 피력하는 젊은이였다. 그는 이상주의자였고 고상함을 추구했다. 그의 견해는 고집스러울 수도 있고 특이할 수도 있지만 결코 뻔뻔하지는 않았다. 그는 주도권을 쥐고 싶어 했는데, 그런 성향 때문에 자신의 권위를 행사할 때 구모하고 건방지게 보일 수도 있었다. 워싱턴으로 옮긴 것은 그에게는 대단한 도약이었고, 대사관은 그가 그때까지 살아왔던 환경과는 판이했다. 누가 뭐라고 해도 그는 타고난 외교관이었다. 그는 월트 디즈니 같은 진취적인 사업가나 짐 노드레로 같은 예술가와 지내는 것을 펙 사령관 같은 사람과 있는 것보다 좋아했다. 펙 사령관은 내부 메모조차 형식에 맞지 않으면 화를 내고 사람도 이름이 아니라 축약된 직책으로 불렀다. 달은 대력적이고 잘생긴 외모 덕분에 여기까지 오게 되었다. 그는 직업의 특성상 사람들과 사교를 즐겨야 했다. 하지만 사교계 여자들과의 모임이 끔찍해서 초대를 받아도 답을 잘 하지 않는다고 어머니에게 전했다.[73]

그는 위스킨 한 잔이나 포도주 한 병을 곁에 두고 작지만 자기 집에서 이야기를 만들어내면서 혼자 있을 때가 훨씬 행복했다. 또 다른 세계인 소설과 영화 대본과 집으로 보내는 편지는 그가 새로운 경험을 하는 동안 도피처를 제공해 주고 개인적인 감정을 잃지 않고 살게 해주었다. 그는 친한 친구를 사귀는 게 힘이 들었고, 여자들과 깊은 관계를 갖는 것에도 큰 관심이 없었다. 그래서 아웃사이더이며, 자유로운 영혼에 장난기 많은 아이라는 익숙한 모습으로 돌아갔다. 이러한 행동 유형은 예측 불허에 가끔은 불합리할 수도 있었다. 매력적이지만 공격적이고, 허풍을 떨지만 무관심했고, 자신감이 있지단 반면에 수줍기도 한 그를 한마디로 정의하기는 불가능했다. 영국의 가족들도 이런 모순을 느꼈다. 어떤 때는 지나치게 독단적으로 어떤 문제나 사건에 대해 상대방을 호되게 비난하며 꾸짖다가도 어느새 애정이 넘치는 보호막 같은 역할을 하기도 했다. 달은 정기적으로

9장 동화 같은 이야기 287

치즈, 설탕, 속옷, 립스틱 같은 소포를 집에 부쳤다. 워싱턴에서 달은 자신의 모순적인 면을 이해하고 진심으로 마음이 맞는 사람을 열심히 찾아보았다.

달이 할리우드에서 돌아온 지 얼마 안 되어 이런 모든 면이 변하기 시작했다. 이런 변화를 일으킨 사람은 가브리엘 파스칼Gabriel Pascal이었다. 파스칼은 트란실바니아(루마니아의 옛 이름) 출신인 도시의 악동이었다. 달은 그에게 반해서 그를 '멋쟁이 깡패'[74], '위대한 악당'[75]이라고 하고, 부통령에게 보내는 편지에 '대단한 사람, 아주 무분별하지만 대단한 사람'이라고 썼다.[76] 파스칼의 어린 시절은 베일에 가려져 있다. 그는 집시에게 키워졌고 곡예사로 훈련받았는데, 헝가리의 어느 시골에 차려놓은 영화 세트장에 우연히 벌거벗은 채 말을 타고 지나가다 영화계에 발을 들여놓게 된 사람이었다. 아마 감독의 눈에 멋지게 보였던 모양이다. 감독은 그 젊은이에게 반해서 카메라 앞에서 몇 번이고 말을 타고 지나가 보라고 요청했다.[77] 그렇게 파스칼은 영화에 데뷔하게 되었다.

그러던 어느 날, 20대였던 그는 남부 프랑스에서 휴가를 보내다가 늙은 희곡작가인 조지 버나드 쇼George Bernard Shaw가 바다에서 벌거벗고 헤엄치고 있는 것을 보았다. 파스칼은 수염을 기른 나체주의자에게 인사하러 헤엄쳐 갔다. 쇼는 커다란 붉은 부표 가까이에서 하늘을 바라보고 누운 채 '기분 좋게 파도에 몸을 맡기고 둥둥 떠 있었다.' 파스칼이 나타나자 쇼는 방해받은 기분이 들었지만, 이 아일랜드 인은 그 역시 벌거벗고 수영하는 것을 알아차렸다. 쇼는 '젖은 채 황갈색으로' 빛나는 피부의 파스칼 엉덩이를 보고는 혹시 집시냐고 물었다. 대화를 트기에는 그럴 수 없이 적절한 첫 마디였다. 파스칼은 쇼에게 자기가 살아온 이야기를 했고, 물속에서 거의 한 시간 동안 같이 있던 두 사람은 해변으로 헤엄쳐 나왔다. 늙은이는 젊은이에게 재정적인 문제가 생기면 찾아오라고 했다.[78]

2년 후 무일푼이 된 파스칼은 극작가의 현관문 앞에 나타났다. 자신의 희곡에 대한 영화 저작권을 판 적이 없었던 쇼는 본인이 말한 대로 파스칼에게 《피그말리온Pygmalion》의 저작권을 반 크라운(25펜스)을 받고 팔았다. 파스칼이 제작하고 레슬리 하워드Leslie Howard가 주인공 역할을 맡았던 이 영화가 얼마나 만족스러웠던지 쇼는 제작자를 '천재'라고 불렀다.[79] 그리고 스크린 대본 부분 오스카상을 받았을 때, 쇼는 파스칼에게 또 다른 희곡의 저작권을 제의했다. 《바버라 소령Major Barbara》. 파스칼은 이번 극본은 직접 감독을 맡기로 했다. 그는 런던 대공습(1940~1941) 동안 런던에서 촬영했는데, 달 가족이 좋아했던 또 다른 악동인 앨프리드 첸홀스의 도움을 받았다. 앨프리드는 레슬리 하워드와의 친분으로 정부의 전시 선전 활동에 관여했고 파스칼이 세운 영화사의 감독이었다.*

파스칼은 당시 새 영화에 대한 야심 찬 아이디어를 가지고 뉴욕에 머물고 있었다. 선과 악의 본성을 수 세기에 걸쳐 빛의 아이들과 어둠의 아이들 싸움을 통해서 전하는 멋진 우화적인 이야기였다.[80] 그는 작품에 열정적이었는데 그건 인도 출신 구루 메허 바바Meher Baba에게 바치는 신비주의에 대한 헌정 작품이기 때문이었다. 그는 이 작품으로 이상주의자이며 진보 성향이 있는 부통령 헨리 월리스Henry Wallace의 마음을 사로잡았다. 아이오와 출신의 유명한 농경학자였던 월리스 역시 신비주의 성향이 강했다. 디모인에서 농업 담당 기자였던 그는 공산주의적인 정서가 있었고, 러

---

*실제로는 《피그말리온》을 편집한 젊은 데이비드 린David Lean이 《바버라 소령》의 대부분을 감독한 것으로 보인다. 하지만 파스칼은 자신의 이름을 단독으로 올리는 조건으로 그에게 1000달러를 주었다.

시아 미술과 신비주의자 니컬러스 로리치Nicholas Roerich에 사로잡혔다. 로리치는 1913년 스트라빈스키의 발레《봄의 제전The Rite Of Spring》프랑스 데뷔 무대의 악명 높았던 세트를 디자인했던 사람이었다. 또 그는 카리스마 넘치는 진보주의자였으며, 더 좋은 세상을 만들려던 철학자였다. 잿빛을 띤 흰 콧수염과 턱수염 위에 있는 날카롭고 지적이며 꿰뚫어보는 듯한 검은 두 눈은 동양의 종교 지도자나 러시아의 혁명가 같은 인상을 풍겼다. 그는 모든 예술과 종교와 문명이 서로 혼합되어 하나의 장대하고 평화로운 문명을 이룰 거라고 믿었다. 로리치의 미래관은 시카고예술학교에서 전시회를 열고, 시카고 오페라단을 위해 무대 디자인을 했던 1920년대 초기에 많은 사람에게 영향을 끼쳤다. 월리스도 그의 추종자 중 하나였다. 두 남자는 성배와 '다른 세상의 향기'에 대해 암호로 된 편지를 주고받았다. 월리스는 심지어 로리치에게 돈을 주기 시작했고, 그를 '구루'라고 불렀다.[81]

1940년대에 인도에서 살던 로리치가 탈세 혐의로 미연방국세청에 시달릴 때는 이미 둘의 관계가 소원했다. 하지만 이상주의자였던 부통령은 여전히 러시아 신비주의와 접촉하면서 영향을 받았고, 그의 침착하고 철학적인 초연함은 주변에 난무했던 정치 속임수와 놀라운 대조를 이루었다. 그의 보좌관이었으며 세상 물정에 밝았던 스튜어트 애플비Stewart Appleby는 이렇게 기억했다. "그를 보고 정신이 나갔다고 하는 사람은 거의 없었지요. 다들 기이한 사람이라 했습니다."[82] 파스칼의 의도는 월리스가 자신의 영화를 위해 비전을—그건 돈이었지만—제시해주는 것이었다.

두 남자는 완벽한 조화였다. 이상향이나 동양의 관념론에 대한 감흥은 그들을 동지로 만들었다. 하지만 둘 다 작가는 아니었다. 파스칼은 자기와 생각을 교환할 수 있으며, 부통령이 편안하게 생각할 수 있는 사람을 원했다. 그는 〈그렘린을 소개합니다〉를 읽고는 달의 상상 속에 월리스와 일치하는 점이 있음을 감지했다. 환상적인 이야기를 좋아해서였을까? 그가 디즈니와 연결이 돼서였을까? 그보다는 순박하고 어린이다운 감각을 가진 영국인이라는 점이 더 그럴듯했을 것이다. 이유가 어찌 되었든 파스칼은 적임자를 찾았다고 다음의 결정을 내렸다.

달은 그의 제안에 떨 듯이 기뻤다. 그는 거의 숨넘어갈 듯 기뻐하며 어머니에게 편지를 보냈다.

> 저는 그저 '흠' 하고 대답했어요. 그런데 다음날 제가 부통령이랑 점심을 먹고 있는 거예요. 1시부터 6시까지 이야기를 나누었지요. 그분이 저에게 석 달 동안 하던 일을 그만두고 산속에서 지내면서 대본을 쓰라는 거예요. 저는 그럴 수 없다고 했어요. 그렇게는 못하겠다고요. 하지만 원하신다면 여유시간에 써보겠다고 했어요. 그분은 좋다고 하더니 할리팩스 경에서 전화를 걸었고, 저는 그 문제로 아주 긴 통화를 했습니다. 그분이 '해 봐라' 하시더군요. 그래서 저도 한 번 해볼까 해요. 왜 그들이 저를 뽑았는지는, 아무도, 심지어 저 자신도 모르겠어요. 돈은 문제가 아닌 것 같아요. 부통령이 모든 문제를 재무부와 협의하고 계시거든요.[83]

곧 달은 영화의 내용과 줄거리 전개를 위해 월리스와 거의 매일 만났다. 얼마 지나지 않아 '늙은 루스벨트' 대통령이 이 토론에 참석하게 되었다. 어느 날 갑자기 젊은 공군 무관보가 워싱턴의 최상류층으로 굴러 들어가게 된 것이다. 영국 공군 상부에게 그렇게 멸시받았던 위제트와 피피넬라스가 미국에서는 가장 영향력 있는 정치인들의 관심을 얻게 된 것이었다. 달이 어머니에게 '상류층으로 올라왔어요, 얼마나 높은지 바닥을 내려다보기도 힘들어요'라고 한 것은 절대 과장이 아니었다.[84]

곧 모든 사람이 이 프로젝트에 관해서 알게 되었다. 《뉴욕 타임스The New York Times》는 새로운 영화가 부통령의 철학에 기반을 둔 것이며 '미국적인 시각으로 모든 사람에게 영감을 전달할 것'이라고 전했다.[85] 《워싱턴 타임스 헤럴드The Washington Times Herald》는 파스칼을 인터뷰했는데, 파스칼은 '영화는 땅에 뿌리를 내리고 전후의 세상을 재건하는 데 있어서 모든 인류가 당면한 문제들을 다룰 거'라고 했다. 신문은 달이 '위대하고 참신한 창작 능력'을 가졌다면서 '수백 명의 어린아이와 젊은이'가 이 영화에 참여할 거라고 밝혔다.

냉소적인 시각을 가진 한 기자는 대단한 작품이 되겠느냐고 의문을 가지면서 이 프로젝트는 그저 '정치 선전'[86]—월리스가 1944년 대권에 도전하는 데 도움이 되는—일 뿐이라고 했다. 하지만 그 역시 영국 공군 무관보인 달의 참여와 그 어느 장면도 영화사 내에서 촬영되지 않을 거라는 사실에 흥미를 느꼈다. 그는 모든 촬영을 영국과 미국에서 할 거라고 했다. 주요 촬영지는 거의 100만 평에 이르는 찰스 마시Charles Marsh의 사유지가 있는 버지니아 롱리가 될 거라고 했다. 찰스 마시는 민주당 파의 신문사 사장이었고, 파스칼을 월리스에게 소개한 사람이었다. 당시 마시는 이 프로젝트의 젊은 작가를 만나보지 않은 상태였다. 하지만 두 사람의 첫 만남은 곧 이루어질 예정이었다. 그 만남은 아주 행운이었다. 기이한 성격의 신문왕이 젊은 달에게 친구이자 아버지가 되어 그의 인생에 엄청난 영향을 미치게 되었기 때문이었다.

처음에 달은 이런 상황에 너무 압도당해서 무슨 일이 일어나고 있는지 제대로 깨닫지 못했다. 그의 공식 임무와 그렘린 영화 그리고 윌리스 프로젝트 말고도 파스칼은 그에게 폴 갈리코Paul Gallico의 소설 《흰기러기The Snow Goose》의 영화관 시나리오를 부탁했다. 속죄의 내용을 담은 감상적인 우화로, 버려진 앵글로 지방의 등대를 배경으로 던커크 철수기간* 동안 일어난 일을 그리고 있다. 이야기는 장애를 가진 예술가 친구와 야생의 신비한 어린 소녀의 우정을 그렸으며, 두 사람이 함께 다친 흰기러기를 회복시켜 나가는 과정을 담고 있다. 현실과 상징 사이를 오가는 관계의 묘사와 사람과 흰기러기의 관계가 달에게 깊은 감명을 주었다. 수 년 후 달은 자신의 단편인 〈백조〉와 마지막 작품인 《민핀》에서 그 이야기의 분위기와 주제를 다시 불러일으켰다. 도시에 눈이 내리기 시작할 즈음 그는 대본을 쓰기 시작했다. 가능하면 사교 모임이나 초대를 피했고, 저녁 8시부터 12시까지 집에서 축음기로 교향곡을 듣거나 프랑스나 캘리포니아 산 브랜디를 마시면서 일에 몰두했다.⁸⁷

글 쓰는 책상에 앉아 상상의 세계에 빠져 있던 달은 분명히 운명이 그를 부르는 것을 느꼈을 것이다. 작가로 발을 들여 놓은 지 얼마 되지 않아 할리우드까지 오게 되었다. 이제 그는 영화배우와 정치인들과 교류하고 있었다. 프로젝트들이 끊임없이 이어졌다. 처음에는 디즈니사, 이제는 파스칼. 곧 하워드 호크스Howard Hawks 감독이 그에게 또 다른 대본을 써달라고 할 예정이었다.⁸⁸ 달은 엄청난 속도로 단편들을 쏟아냈다. 달은 두 번째

---

*던커크는 도버 하협에 접한 프랑스 도시로 1940년에 영국군이 독일 포위 아래 필사의 철수를 감행했다.

9장 동화 같은 이야기 293

이야기인 돈 많은 독일 농장주를 죽인 탕가니카의 소년에 대한 글 〈The Sword〉를 아주 유명한 《애틀랜틱 먼슬리Atlantic Monthly》로 보냈는데, 잡지사는 원고를 받자마자 출간하기로 했다. 다음 책은 역시 탕가니카를 배경으로 젖소의 젖을 빨아 먹는 뱀 이야기인데, 달이 뉴욕에서 워싱턴으로 가는 5시간의 기차여행 동안 끼적인 것이었다. 그 책은 팔기가 조금 어려웠다.[89] 하지만 얼마 지나지 않아 앨프리드 A. 크노프Alpfred A. Knopf와 사이먼&슈스터Simon & Schuster 같은 출판사들이 그의 문을 두드리며 혹시 긴 소설도 있느냐고 물어올 정도였다. 하지만 당시의 대답은 '없다'였다. 그는 영화 대본과 단편밖에 쓸 시간이 없었다.

두 아프리카 이야기를 제외하면 대부분의 초기 단편들은 전쟁과 비행에 관련된 이야기였다. 어떤 이야기는 구성이 아주 창의적이었다. 어떤 것들은 죽고 죽이는 문제에 관한 슬프고 정신적인 명상이었다. 많은 이야기가 두려움과 걱정과 공포를 다루었는데, 대부분은 비행사의 시각에서 본 내용이었지만 가끔은 민간인으로서 바라다본 내용도 있었다. 대부분은 반자서전적이라 일인칭으로 썼다. 모든 책은 간결하고 단순하며 철저히 통제된 산문이었다. 〈오직 이뿐Only This〉이 아주 전형적인 예이다. 간결성, 풍부한 상상력 그리고 격렬한 감정 면에서 가장 눈이 뜨이는 작품이다. 주제는 달의 마음과 가장 가깝다. 외동아들이 폭격기 조종사인 어머니 이야기이다. 어느 겨울날 켄트의 시골 마을에 홀로 있던 어머니는 집 위로 엄청난 규모의 비행 연대가 날아가는 소리를 듣는다. 어머니는 침대에서 기어 나와 담요를 두르고 유리창 옆에 앉아 밤하늘을 날아가는 검은 비행기 떼를 쳐다본다.

"유리창을 열어놓고 그 앞에 앉아 있었지만 추운 줄도 몰랐다. 그녀는 외로움과 크나큰 두려움만 느꼈다. ……그녀는 들판이나 울타리나 서리가 양탄자처럼 내려앉은 바닥도 보지 않았다. 그녀는 깊은 하늘과 그곳에 도사리고 있는 위험만 보았다."[90]

어머니는 마음의 눈으로 아들 옆으로 올라갔다. 그곳에서 어머니는 폭격이 시작되기 전까지 서너 시간을 행복하게 머물렀다. 그러다 비행기가 폭격에 맞았다. 아들이 비행기를 제대로 통제해 보려고 했지만, 어머니는 그를 도와줄 힘이 없었다. 결국 어머니는 아들이 죽는 것을 보아야 했다. 하지만 거기에 반전이 있었다. 이야기 끝에서 우리는 죽은 사람이 조종사가 아니라는 것을 알게 된다. 죽은 사람은 괴로워하던 어머니였다. 어머니의 상상력이 자신을 죽인 것이었다.

달은 이후 어머니와 아들의 관계가 이렇게 두드러지게 나타난 작품은 두 번 다시 쓰지 않았다. 또 다른 초기 소설인 〈카티나〉*에 다시 등장한 고아가 된 아이는 그의 미래 소설에 나오는 친숙한 인물이 되었다.

〈카티나〉는 어린 그리스 소녀의 이야기로, 소녀는 독일 폭격 동안 고아가 되어 한 영국 공군에게 입양되고, 아르고스에 있는 올리브 관목 숲의 파괴를 포함한 그리스 전쟁의 최후를 보게 된다. 이야기의 배경 자체가 의인화하여 나타난다. 무자비한 산악지방과 고대의 신들이 역사의 무게로 짓누르는 듯 영국 공군에게 몰래 살며시 다가가고 있다. '암울하고 근접하기 어려운' 산 정상의 하나인 펜텔리콘은 달이 그곳에서 알게 된 삭막하고 염세적인 진실을 말해주고 있다. "사람들은 어리석고 결국은 죽을 운명이다." 단편은 순박한 어린 소녀 카티나가 영국과 그리스 비행기를 폭격한 독일 전투기를 향해 화가 나서 싸울 듯이 주먹을 흔들어 보이는 이미지로

---

*처음에는 《레이디스 홈 저널Ladies' Home Journal》(1944년)에 실렸다.

9장 동화 같은 이야기 | 295

끝맺고 있다.

올려다보니 밝은 빛이 퍼지며 햇살처럼 부드럽고 노랗게 변했다. 빛을 통해 그 너머로 한 아이가 들판 한가운데 서 있는 것이 보였다. 햇빛이 아이의 머리카락을 비추고 있었다. 잠시 아이는 서서 하늘을 올려다보았다. 하늘은 구름 한 점 없이 맑고 파랬다. 아이가 돌아서서 나를 쳐다보았다. 그 순간 나는 아이의 하얀 드레스 앞자락이 진한 붉은색으로, 진한 핏빛으로 물들어 있는 것을 보았다.[91]

멜로드라마, 간단한 어휘, 거의 시적인 느낌이 드는 반복되는 리듬, 정확하지만 신비로운 배경이나 분위기 그리고 섬세한 뉘앙스를 가진 감정들은 모두 초기 달의 작품 소재들이다. 가장 마음을 사로잡는 것은 숨어 있는 마법이다. 실제 드라마가 초현실적인, 거의 유령의 세계에서 일어나고 있다. 출판되지 않은 또 하나의 이야기 역시, 그리스가 배경인데 그 속에서 달은 환상의 차원을 좀 더 풍부하게 넓혀가고 있다. 〈The Ginger Cat〉에서 독일 전투기 도르니에Dornier는 뜻하지 않게 엘레브시스 공항에 착륙한다. '검은 콧수염을 기른 덩치가 크고 착한' 사령관인 몽키—달의 실제 사령관 탭 존스와 흡사한데—는 조심스럽게 기체의 '유리로 된 거울 면'으로 다가간다. 주위에서 100명쯤 되는 조종사들이 초조하게 총을 겨누고 있다. 몽키는 조종석을 올려다보고는 문을 열었다. 고양이가 뛰어나와 그를 놀라게 한다. 고양이는 아무렇지 않다는 듯 활주로를 가로질러 '그를 본체만체 하더니 천천히 발을 사뿐히 내디디며 아주 위엄 있게 꼬리를 하늘을 향해 세우고 눈은 바닥을 응시하며 유유히 걸어간다.'

몽키와 서술자는 초조하게 전투기로 들어간다. '마치 교회에서처럼 달달한 먼지 냄새가 난다.' 무전기사, 조종사, 기관총 조준사가 다 죽어 있다. 하지만 뒤쪽의 사격병은 살아 있다. 그들은 그를 도르니에에서 꺼내 바닥에 눕힌다. 갑자기 그가 신음을 낸다. 그의 울음소리를 듣고 고양이가 걸음을 멈춘다. 고양이는 돌아서더니 되들어온다. '다리를 사뿐히 올렸다 내렸다 하면서 천천히' 걸어온다. 무척 불안한 분위기가 감돈다. 고양이가 다가오자 사격병은 몸을 비틀면서 비명을 지른다. 고양이는 그에게서 눈을 떼지 않는다. 60센티미터쯤 다가왔을 때 고양이는 다시 멈춘다. 거기서 가만히 '네 발을 몸뚱이 아래로 구부리고 꼬리를 가볍게 흔들며 땅바닥에 웅크리고 앉아' 독일군을 쳐다본다. 초자연적인 힘을 가진 집행자처럼 고양이는 겁에 질린 사격병에게 죽음을 가져다준다. 달은 이렇게 썼다.

"나는 그의 얼굴을 보았다. 하얗게 변하고 있었다. 마치 다른 세 사람의 얼굴처럼 하얗게 질렸다. 눈을 뜬 상태로 하늘을 올려다보았다. ······한순간 이 남자는 몸을 비틀더니 미친 사람처럼 비명을 질렀다. 다음 순간 하얗게 굳어지는가 싶더니 죽어서 돌처럼 딱딱하게 되었다."[92]

초기의 전쟁 이야기는 나중에 달을 아주 유명하게 만든 많은 요소를 담고 있는데, 그중 환상과 현실을 잘 배치하는 점이 가장 뛰어난 능력이다. 이것은 그가 어린이 책을 쓰기 전 성인 소설에서 20년간 고집해오던 스타일의 특징이다. 이러한 이야기들에 대한 동시대 사람들의 즉각적인 반응은 거의 긍정적이었다. 해럴드 맷슨 같은 전문가들도 표현의 세련됨과 자신감에 충격받았다. 사람들은 곧바로 독특한 목소리를 감지했지만 맷슨은 달이 오래갈지 어떨지 궁금해했다. 그는 〈식은 죽 먹기〉를 '훌륭하다'고 했지만, 뛰어난 스타일은 아마 강력한 주제와 밀접하게 연결되어 있었던 것 같다. 1940년대 초 미국에는 달만큼 비행전투 경험이 있는 작가는 거의 없었는데, 그의 간결하고 우아한 서정시체가 그런 주제와 완벽하게 들어맞았던 것이다.

1938년부터 1966년까지 거의 30년 동안 《애틀랜틱 먼슬리》에서 편집을 맡았고 달의 초기 이야기 몇 편을 출간한 에드워드 위크스Edward Weeks는 이야기 전개를 '생생하고 아름답다'고 하면서[93] 언어를 조심스럽게 사용하는 달을 칭찬했다. "조화와 절제, 그리고 선택은 정말 적절합니다. 문장에는 색깔이 들어 있고 누가 봐도 '자연스러움'이 묻어 있습니다. 그건 당신의 능력입니다. 노련한 몸Maugham도 만족했을 겁니다."[94] 노엘 카워드도 깊은 감명을 받았다. 그는 《개 조심Over to You》을 읽고 나서 일기에 '겹겹이 쌓인 내 의식을 뚫고 들어와 전쟁 동안 그리고 그 이후 다분히 의도적으로 잃어버릴 뻔했던 깊은 감정을 흔들어놓았다'고 썼다.[95]

달은 처음에 글을 쓰고 돈 받는 것을 주저했다. 돈을 받으면 틀니 비용을 제외하고는 곧장 영국 공군 자선기금이나 동료 비행사를 위한 자선단체로 달려갔다. 파스칼은 계속 돈을 받으라고 제안했지만 달은 영화와 관련된 일에선 받으려 하지 않았다. 본래 점잖은 성격이기도 했지만 혹시 돈을 벌다가 화이트홀의 상관이 글을 못 쓰게 할까 봐 두려웠을 수도 있다. 하지만 금전의 이득을 보지 않았다는 사실이 초기 작품에 이상하게도 순수한 힘을 더해 주었다. 1943년 11월 그는 《레이디스 홈 저널》에 〈Bedtime〉이라는 이야기를 팔아 번 돈 1000달러를 그전 주에 자동차 사고로 죽은 워싱턴 동료의 미망인에게 주었다.[96] 그러나 그때부터 전쟁이 끝난 후 직업 작가가 되어야겠다는 생각이 커졌고, 자신의 상황도 변해야 한다고 생각하기 시작했다. 그달 말, 달은 상관에게 '어느 날 공군 무관보가 파산

하거나 아니면 돈을 전부 기부하기 싫어졌을' 상황에 대해 물었다.[97] 그러고 나서 다른 대리인을 찾기 시작했다. 해럴드 멋슨은 수정해야 할 《코스모폴리탄》의 교정쇄를 제대로 전달해주지 않았다. 달은 그가 '작가의 이익을' 제대로 관리하지 못하는 사람이라고 비난했다.[98] 맷슨도 내키지는 않았지만 달의 마음을 돌려 1943년 9월까지 이야기 판매를 비공식적이나마 맡고 싶었다. 하지만 달의 마음속에 그는 이미 지나간 역사였다. 보수적인 국회의원이었던 빅터 카잘렛Victor Cazalet은 당시 할리팩스 경과 함께 머물고 있었는데, 대사관의 젊은 작가에게 반해서 그에게 능력 있는 에이전트를 소개해주었다. 결국 달은 솜털 같은 회색 머리카락에 거친 웃음소리를 가진 한 여인의 품으로 갔다. 그 여인의 이름은 언 왓킨스Ann Watkins였다.[99] 달은 30년간 왓킨스를 에이전트로 두었다.

왓킨스는 1910년에 에이전트를 설립했으며, 1940년에 프랜시스 호지슨 버넷Frances Hodgson Burnett, 시어도어 드라이저Theodore Dreiser, 카슨 매컬러스Carson McCullers, 에즈라 파운드Ezra Pound, 에인 랜드Ayn Rand, 도러시 세이어스Dorothy Sayers, 거트루드 스타인Gertrude Stein 그리고 달의 두 문학 영웅인 어니스트 헤밍웨이Ernest Hemingway와 딜런 토머스Dylan Thomas같이 수는 많지 않았지만, 최고의 일류 작가들을 관리했다. 왓킨스는 도시에서나 시골집에서는 조끼에 커다란 모자를 쓰고 아주 현란한 옷을 입었고, 직장에 나올 때는 커다란 에어데일 개 두 마리와 함께했다. 왓킨스는 예리하고 번뜩이는 유머 감각이 있었고, 고객들에게 때로는 활기차게, 때로는 엄마 같은 태도를 보였다. 왓킨스는 그다지 성공을 거두지 못하는 작가들에게 필요하다면 구두를 사주기도 했다. 조수였던 실라 세인트 로렌스Sheila St. Lawrence는 왓킨스가 '다른 사람들의 감정을 잘 이해하고 배려심이 많았으며…… 새로 일을 시작한 젊은이(달)에게 관심을 보였는데 장래가 촉망되는 청년이라고 했다'고 기억했다.[100]

달이 고객이 되었을 때, 왓킨스는 이미 60세였고 코네티컷 대리엔에 있는 집에서 일주일에 이틀이나 사흘만 뉴욕으로 출근해 파트타임으로 근무했다. 하지만 달에게 미친 영향력은 대단했다. 왓킨스와 후임자인 실라 로렌스는 달이 직업 작가가 될 수 있게 발판이 될 만한 도움과 충고와 우정을 베풀면서 단단한 버팀목이 되어 주었다. 처음부터 달은 자신이 옳은 결정을 했다는 것을 확신했다. 어머니에게 자랑스러운 듯 새 에이전트에 대해 이렇게 묘사했다.

"아주 유명한 회사예요. ……그녀를 만나게 되어 다들 행운이라고 하더군요."[101]

달은 왓킨스의 에너지와 유머 감각, 게다가 뱀 이야기의 타당성을 확인하게 위해 미국자연사박물관에 직접 전화를 걸었다는 사실도 마음에 들었다. 결과적으로 왓킨스와 로렌스는 영화계약 협상을 하기도 하고, 잡지사에 달의 글을 팔기도 하고, 필요하면 달과 출판사 간의 중개역할을 했다. 왓킨스와 스테프—거의 전부 여자였는데—들은 달의 뉴욕 가족이 되었다. 달은 문학적인 충고부터 쇼핑에 이르기까지 그들에게 의존했다. 언젠가는 회사를 자신이 수입하는 예술 작품의 창고로 이용하기도 했다. 그는 파크 대로에 있는 안락한 전문가들의 분위기를 즐겼고, 도시에 만연한 속물근성이 없다는 점을 기뻐했다. 가장 특이했던 것은 가끔 달이 스태프들에게 편지를 쓸 때 '사랑하는 달 올림'이라고 썼던 것이다.

달이 왓킨스의 고객이 되었을 때, 영화와 관련된 모든 일은 거의 고갈되었다. 파스칼이 추진하던 일은 취소되었고, 부분적으로는 두 제작자인 앨프리드 첸홀스와 레슬리 하워드가 1943년 6월 1일 여덟 대의 독일 공군 전투기 연대가 비스케이 만을 공격했을 때 사망했기 때문이었다. 두 사람은 '이비스Ibis' 기를 타고 있었는데, 그 비행기는 전쟁에서 폭격을 받아 추락한 몇 안 되는 상업용 비행기 중 하나였다. 어쩌면 두 사람이 탑승했기에 비행기가 도표물이 되었는지도 모른다. 처음에는 유쾌한 성격의 첸홀스가 윈스턴 처칠로 오해받았다는 소문이 돌았는데, 처칠은 그게 사실이라고 믿었다. 그는 그답게 그 상황을 독일군 정보요원들의 어리석음과 불가사의한 운명의 장난이라고 묘사했다.[102] 그러나 최근 조사로는, 그 공격은 유대인이었던 하워드를 겨냥한 것일지 모른다는 주장이 제기되었다. 하워드는 나치를 맹렬히 비난하던 요주의 인물이었고, 특히 히틀러의 선전 담당 요제프 괴벨스Joseph Goebbels에게는 눈엣가시였기 때문이다.[103] 하워드와 첸홀스는 영국 정보원으로, 학생들을 위해 셰익스피어 세미나를 연다고 가장하여 스페인에서의 임무를 마치고 영국 학교로 돌아가는 길이었을지도 모른다. 실제로 하워드는 스페인의 리더인 프랑코Franco 장군에게 중립으로 남아주기 바란다는 처칠의 비밀 메시지를 전달했다.[104]

다시 뉴욕으로 돌아온 파스칼은 그들의 죽음을 아주 침착하게 받아들였다. 그는 이제 관심을 쇼의 새로운 영화 《시저와 클레오파트라Caesar and Cleopatra》로 돌렸다. 그는 87살 먹은 희곡 작가를 대본가로 영입할 생각이었다. 달은 그의 인생에서 이미 떠난 사람이었고 다시 만나게 될지 아닐지는 불투명했다. 하지만 이 기이한 트란실바니아 인은 이미 젊은 작가의 인생에 지대한 역할을 했다. 그는 달을 미국 권력 세계의 통로로 안내해주었고, 달은 그 기회를 두 손으로 잡았다. 1943년 중반 당시 부통령이었던 월리스와 달의 관계는 우정으로 발전했다. 데이비드 맥컬러David McCullough가 묘사했듯이, '국가의 모든 공인 가운데 가장 진지하고 매력적인 인물'[105]인 월리스가 달의 정기적인 테니스 파트너가 되었던 것이다. 달과 모든 분야에 뛰어난 부통령은 보통 일주일에 두 번은 테니스를 했다. 로알드는 어머니에게 이렇게 말했다.

"테니스를 아주 잘 하십니다. 다행스럽게 저도 예전보다는 실력이 늘었어요. 둘이 치면 운동도 많이 됩니다. 덥기도 하고요. 하긴 제가 하는 운동은 이것밖에 없거든요."[106]

영화 프로젝트가 사장되기는 했지만 월리스는 젊은 영국 공군 무관보에게 아버지 같은 관심이 있었다. 그는 달과 정치적인 이상을 의논하기도 하고 요통과 두통을 위해 비타민을 권하기도 했다. 《그렘린》에 반했던 루스벨트 부인도 달의 팬이 되어 그를 백악관 만찬에 초대하기도 했다.

이런 모든 행동은 기자회견이나 비공개 브리핑 같은 방법보다 덜 공식적인 방법으로 영국의 이익을 위해 일하던 워싱턴 사람들의 눈을 빗겨가지 않았다. 영국 공군 사령부의 우두머리들은 달의 자신감과 뻔뻔한 매력이 못마땅해 그를 제거하려 했지만, 다른 사람들은 지금 상황에서 이 젊은이가 영국의 전쟁 수행력에 대단히 유용한 일들을 보고 들을 수 있을지 모른다는 것을 재빨리 알아차렸다. 그런 이유로 1943년 내내 달은 신문, 선전, 파티, 공식 모임, 정보와 첩보활동 사이의 은밀한 장소로 점점 깊이 들어갔다. 곧 달은 뿌옇게 휘감아 도는 안갯속으로 거의 모습을 감추고 말았다.

10장

비밀과 거짓말

테니스를 하고 있는 미국 부통령 헨리 월리스, 1940년.

영화 제작자이자 감독이었던 가브리엘 파스칼, 1945년.

하이드파크에서 휴식하고 있는 루스벨트 대통령 일가. 로알드 달이 찍은 사진. 1943년.

달은 반항적인 청소년이었다. 하지만 그의 반항은 대체로 개인적인 행동이었다. 렙컨에 있을 때 방수복과 헬멧, 바람막이 잠바에 고글을 쓰고 당시에는 불법이었던 오토바이를 타고 마을을 요란하게 달렸다. 그는 선생님들을 괴롭히는 일을 즐거워했으며 학교에서 아무도 자신을 알아보지 못한다는 사실에 희열을 느꼈다. 나이가 들어서도 여전히, 만약 발각되었다면 퇴학당하거나 적어도 엉덩이에서 피가 날 정도의 '무자비한 매질'을 당했을지도 모르는 그런 행동들을 떠올리며 즐거워했다. 내면의 강인함을 말해주는 일화이다. 그는 나중에 이렇게 썼다.

"나는 그 누구에게도, 가장 친한 친구에게도 말하지 않았다. 상처받기 쉬운 어린 나이였지만, 혼자 간직하지 않으면 비밀이라는 것이 절대 없다는 사실을 깨달았다. 그건 지금까지 혼자 간직했던 제일 큰 비밀이었다."[1]

그러나 그를 잘 아는 사람들 사이에서 달은 입이 가볍기로 악명이 높았다. 오랜 미국인 친구인 마리안 굿맨Marian Goodman은 깔깔 웃으면서 로알드가 통제 불가능할 정도로 경박하게 굴어서 결혼식을 망쳤고 으정도 저버렸던 일화를 전했다. "그는 툭하면 신뢰를 저버렸어요.' 굿맨 부인은 1954년에 뉴욕에서 달을 처음 만났다. 달이 어리석게도 저녁에 모인 사람들 앞에서 달에게 털어놓았던 자신의 열정을 너무도 상세하게 불어버렸다고 했다.[2] 간신히 달의 입을 막기는 했지만 무척 힘들었다고 했다. 딸 루시도 같은 의견이었다. '아빠는 결코 말을 참지 못해요. 아빠는 여자아이들처럼 수다 떠는 걸 좋아했어요." 루시는 아빠가 전쟁 동안에 스파이 일을 했다는 것을 상상할 수도 없다고 했다.[3] 하지만 달은 해냈다. 그리고 대부분의 경우에 그는 아주 조심스럽고 신중했다.

달은 워싱턴으로 돌아와 주로 기자들을 상대하는 홍보 관련 일을 했다.

하지만 그곳에 도착한 순간, 달은 복잡한 영국의 비밀첩보망을 뉴욕에 있는 아주 비범하고 기이한 인물이며 모험적인 사업가인 캐나다 출신의 윌리엄 스티븐슨이 주도하고 있다는 사실을 알게 되었다. 전 복싱 챔피언이며 1차세계대전 당시 초기 비행사였고, 20대 중반에는 기술 혁신에 대한 사업 통찰력과 재능으로 여러 번 백만장자가 된 인물이었다. 체구는 비록 작았지만 스티븐슨의 자아와 잠재 에너지는 엄청났으며 다른 사람에게 대단한 충성심을 강요했다. 언젠가 노엘 카워드는 달에게 스티븐슨이라는 인물은 '물불을 가리지 말고 만나야 할' 사람이라고 했다.⁴ 그는 날카로웠고 무자비했으며 일을 처리하는 능력에 대한 자부심이 강했다. 처칠도 그런 자질을 가진 스티븐슨을 존경하고는—아마도 동료였던 캐나다 출신 맥스 에이킨Max Aitken이 추천했기 때문이겠지만—그가 미국 내 BSC*라고 부르는 전시 비밀 정보망을 운영하게 했다. 미국 내에서 영국의 이익을 위해 일하고 나치의 선전을 저지하기 위해 세운 BSC는 곧 특별한 첩보활동에 관여하게 되었다. 그건 온타리오 호숫가에 한적한 캠프를 만들어 스파이들을 훈련하는 일부터 곧 다가올 독재자의 죽음을 예언한 히틀러의 전점성술가가 쓴 운세집을 출간하는 일까지 포함되었다.

  BSC는 미국 내에서의 영국정보국의 두 분야를 다 대표했다. 그중 하나는 M16이라는 이름의 SIS**인데, 그곳은 외국 정보와 암호해독을 맡았다. 그보다 더 매력적인 것은 SOE***였는데, 셜록 홈스가 수많은 소설 속에서 수수께끼를 풀었던 집과 그리 멀지 않은 베이커 가에 본부가 있었다. SOE는 '처칠의 비밀부대' 혹은 '베이커 가의 비정규병'이라는 별명이 있었다. 임무는 엄격히 말하면 군사 방법보다는 다른 수단을 동원하여, 특히 첩보활동이나 방해활동으로 전쟁을 수행하는 것이었다. BSC와 OSS****의 연락

책으로 활동하던 어니스트 쿠네오Ernest Cuneo오 루스벨트 행정부는 스티븐슨의 틀이 그런 식으로 굳어졌다고 생각했다. 왜냐하면 목적을 성취하기 위해 '법이나 윤리나 적법 절차까지 무시할 각오가 되어 있었기 때문이었다. 달과 좋은 친구가 된 쿠네오는 여러 활동 중에서 BSC가 다음과 같은 활동을 했다고 주장했다. "첩보원들을 관리하고, 우편물을 검열하고, 전화를 도청하고, 나라에 선전물을 들여오고, 대중의 모임을 분산시키고, 은밀히 신문사와 라디오와 일반 단체를 매수하고 위조도 서슴지 않으며, 심지어 미국 대통령을 속이기까지 했고, 외국인 등록법을 위반하고, 수차례 사람들을 납치해 선원으로 만들고, 이 나라에서 아마도 한 명 이상의 사람을 살인하는 일도 있었다."[5]

달은 BSC에 흥미를 느꼈다. 처음에는 암호명이 '무적자'로 알려진 베일에 싸인 우두머리를 '뉴욕 어딘가의 어두운 방에 숨어 있는, 신분이 알려지지 않은 작은 체구의 남자'라고 상상했다.[6] 그러나 그곳은 록펠러센터의 국제빌딩 35층에 사무실이 있었다. 그곳에서 스티븐슨은 거의 1000명도 넘는 요원들을 관리했는데, 그들의 활동은 미국 정치와 사회에서 노골적으로 중립을 주장하는 사람이나 단순히 영국과 제국주의에 강하게 반발하는 사람 같은 주요 원인을 제거하는 일이었다. 그곳의 많은 요원은 대사관의 직원들보다 훨씬 더 화려한 인물들이었다. 무모하기 짝이 없었던 이바르 브라이스Ivar Bryce도 그런 사람이었다. 그는 사무실 장부에 악의없이 한 낙서를 지도라고 제출했는데, 스티븐슨은 그것을 루스벨트에게 독일군들

*BSC(British Security Coordination, 영국안보조정기구)
**SIS(Secret Intelligence Service, 비밀정보국)
***SOE(Special Operations Executive, 특수작전수행대)
****OSS(Office of Strategic Service, 미국전략사무국, 옛 CIA))

이 남미를 쳐들어올 계획의 증거라고 제출한 적이 있었다.[7] 브라이스의 첩보활동에 대한 열정은 가히 전설적이었다. 한 번은 아무 혐의도 없는 조카 버니 필립스Bunny Phillips에게 진실을 말하게 하는 약을 시험 삼아 먹이는 바람에 그를 죽일 뻔한 일도 있었다. 여론조사가이며 광고계의 거물인 데이비드 오글비David Ogilvy도 독자적으로 활동하던 비밀요원이었다. 스스로 '타협을 모르는 반항아'이며 '부적응자'라던 그는[8] 옥스퍼드 대학에서 낙제한 후 집에서 가출하여 파리의 식당에서 요리사로 일했고, 에든버러 빈민가에서 사회복지사로도 일했고, 난로를 방문판매하는 영업사원을 거쳐, 미국 여론가인 조지 갤럽George Gallup 밑에서 일하다 결국은 BSC를 위해 일하게 된 사람이었다. 마지막으로 브라이스의 사촌인 잘생긴 바람둥이 이언 플레밍이 있었다. 플레밍은 첩보활동에 사용되는 온갖 장치들을 아주 좋아했고, 제임스 본드 시리즈를 쓸 때 BSC에서의 경험을 많이 끌어다 활용하였다. 형식에 구애받지 않는 이 삼총사는 모두 스티븐슨의 부하들이었고 달은 그들과 아주 절친하게 지내게 되었다.

그가 어쩌다가 이런 세계에 발을 들여놓게 되었는지는 확실하지 않다. 좋은 이야깃거리를 두고 동생과 늘 경쟁하던 누나 앨필드는 로알드가 첩보활동과 연관된 것은 부상을 당해 1941년에 영국으로 돌아오자마자 시작되었다고 믿었다. 그녀는 그해 겨울에 그가 '많은 흥미로운 사람들과' 접촉했고, 그건 주로 앨프리드 첸홀스와 총기 제조업자인 퍼디Purdey 형제를 통해서였다고 했다. 그녀는 로알드가 1941년 이집트에서 집으로 오는 배 안에서 만난 한 영국인과 반은 독일인이고 반은 일본인인 부인에 대한 아주 묘한 이야기를 들려주었다. 런던에서 앨필드와 여동생 엘스는 그 부부의 사교계에 발을 들여놓게 되었는데, 둘은 그들이 프랑스 비시 정부의 스파이라는 의심이 들었다고 한다. 앨필드는 그런 의심을 로알드에게 말했는데, 그는 즉시 당국에 신고하라고 했다. 결과적으로 그녀는 달이 비밀요원들에게 '미행당하고 감시당하다'가 런던 외곽의 어느 곳으로 보내져 훈련받았다고 믿었다.[3] 하지만 달은 이 이야기를 인정하지 않았으며, 공식기록도 워싱턴에 주재한 지 수 개월 후부터 비로소 정보부 일에 관여하기 시작했다고 되어 있다. 그러나 두 가지 상황 증거는 누나의 기억이 처음 들었을 때만큼 허무맹랑한 것만은 아님을 암시해 준다.

   1942년 초에 어머니와 로알드는 러거설에서 그렌던언더우드로 이사했다. 이건 아주 중요한 이사였다. SOE의 53부서가 그렌던홀이라는 커다란 건물에 있었다.* 부서에는 400명이나 되는 신호와 암호 전문가가 있었는데, 재외 요원에게서 오는 메시지는 거의 이곳에서 처리되었다. 이곳은 또한 프랑스와 노르웨이에 있는 비밀요원들의 훈련캠프였다. 앨필드는 마을버스에 탄 두 훈련원이 노르웨이어로 말하는 것을 들었던 기억을 떠올렸다. 그녀가 노르웨이어로 말하자 두 사람이 깜짝 놀랐다고 기억했다. 이 일이 있은 다음 그녀는 달 가족 전체가 '비밀요원' 같은 사람들에게 감시당했다고 주장했다.[10] 또 달이 미국으로 가기 전에 이미 스티븐슨과 관계가 있었다고 암시하는 물질적인 증거가 있다. 'VW'라는 사람이 '무적자'에게 보낸 메모로, 달이 워싱턴에 도착하기 6주 전인 1942년 2월 10일로 되어 있는데, 스티븐슨의 첫 번째 전기 작가인 H. 몽고메리 하이드Montgomery Hyde의 서류 속에 남아 있다. 그 메모에는 '강인하고 활력 넘치는 인물'을 미국 수도에 있는 영국 기자단에 급히 파견할 필요가 있다는 내용이었다. 그곳의 '거의 은둔자처럼 고립'된 분위기와 현저히 대조될 만한 인물이어

---

*그렌던홀과 별채는 아직 남아 있는데, 현재는 감옥으로 사용되고 있다.

10장 비밀과 거짓말

야 한다고 쓰여 있었다.¹¹ 메모를 작성한 사람은 BSC 관계자이며 범죄 스릴러 작가인 밸런타인 윌리엄스Valentine Williams가 거의 확실하다. 그는 스티븐슨에게 선전과 관련된 조언을 하기 위해 1941년 미국에 도착했는데, 새로이 임명할 인물은 '정부 요원'이 아니라 '좀 더 평범한 인물'이어야 한다고 덧붙였다.¹²

만약 이 메모가 해럴드 밸푸어Harold Balfour에게 전달되었다면 그랬을 가능성이 많지만, 며칠 뒤 밸푸어가 프랫의 로비에서 키가 크고 직설적이고 신경을 건드릴 정도로 우상타파주의적인 조종사 출신의 달의 옆에 앉아 있다가 그가 바로 윌리엄스가 찾던 '평범한 인물'이라는 것을 깨달았을 가능성이 있다. 만약 그렇다면 워싱턴에 파견되기 전에 막연하게나마 달은 BSC와 연관되어 있었을 것이다. 그건 달이 1974년 캐나다 텔레비전 방송국과 인터뷰할 때 스티븐슨을 직접 만나기 일 년 전부터 그를 위해 일했다고 자신도 모르게 인정하여 확인시켜준 셈이다.¹³

달이 워싱턴에 도착했을 때 이미 정보부와 연관되어 있었는지, 아니면 단순한 대사관 말단 직원이었는지 간에 공군 무관보로서의 임무는 여전히 같았다. 영국 공군을 미국 여론에 가능하면 가장 호감 있게 보이게 하는 일이었다. 쉬운 일은 아니었다. 그건 반 영국 로비가 여러 방면에서 강하게 추진되고 있었기 때문이다. 주요 인물 중에는 전 비행사이자 친 파시스트인 찰스 린드버그Charles Lindbergh를 비롯한 다양한 반전 자유주의자들뿐만 아니라 루스벨트 대통령이 영국인과 도모해서 미국 함대가 진주만에서 폭격당하게 눈감아주었다고 믿는 공화당 의원 제럴드 니예Gerald Nye 같은 사람도 있었다. 할리팩스 경의 보좌관인 렉스 벤슨Rex Benson은 1942년에도 여전히 반영 감정이 미국 장교훈련학교에 보편적으로 퍼져 있다는

사실에 충격을 받았다.¹⁴

부통령인 월리스도 루스벨트만큼 이런 상황을 잘 알고 있었다. 하지만 친공산주의적이고 러시아 말도 가능했던 월리스는 반제국주의적인 태도에서 더 비밀스럽고 예측 불허인 그의 상관보다는 솔직하고 개방적이었다. 그래서 그는 영국 당국의 요주의인물이 되었다. 특히 대통령의 건강에 대한 걱정이 잦아지면서부터는 더욱 그러했다. 할리팩스 경은 독특한 성격의 아이오와 출신 농경제학자가 하룻밤 새에 백악관 집무실의 주인이 될지도 모르는 일은 '끔찍하다'고 표현했다.¹⁵ 한편, 스티븐슨은 BSC의 자유로운 작전 수행에는 루스벨트와의 밀접한 관계가 필요하다는 사실을 잘 알고 있었다. 그에게 백악관 내에 개혁론자가 있다는 것은 큰 재앙과도 같았다. 결과적으로 두 사람은 활력 넘치는 새 공군 무관보가 적절한 공작원이 될 수 있음을 알고는 매우 기뻐했다. 로알드 달은 부통령과 테니스를 할 뿐만 아니라 가끔은 밤 깊도록 정치도 논하고 심지어 조상이 노르웨이인인 월리스와 먼 친척뻘이었다. 이런 이유로 스티븐슨이 달을 워싱턴에 파견하는 데는 아무런 역할을 하지 않았다 하더라도, 달의 뜻하지 않은 부통령과의 친분은 이 비밀스러운 캐나다인의 첩보 활동에 달을 끌어들이지 않을 수 없게 만들었을 것이다.

월리스의 최측근 중 하나는 또 다른 해적 성향이 있는 찰스 마시였다. 마시는 자수성가한 신문왕이었는데 1887년 아이오와 주 신시내티에서 태어났다. 1909년 오클라호마의 무스코기에서 신참기자로 일을 시작한 마시는 노스다코타 주 파고에서 동쪽으로는 매사추세츠, 남쪽으로는 플로리다에 이르는 거대한 신문왕국을 설립했다. 전성기였을 때는 그의 회사인 《제너럴 뉴스페이퍼스General Newspapers》 지부가 들어서지 않은 주가 하나도 없었다. 하지만 그의 사업의 중심은 텍사스였다. 열정적인 민주당원이었고 유명인사 대열에 오르고 싶은 그의 욕구는 오만한 성격과 성실치 못한 생활 때문에 좌절되었는데, 마시는 정계의 숨은 실력자라는 역할로 만족했다. 그러나 그는 눈에 띄지 않는 존재가 아니었다. 키가 컸고 어깨도 떡 벌어졌으며 어리석을 정도로 고집이 셌다. 동업자는 그를 이렇게 표현했다.[16] "곰처럼 걸으며[17] 푸른 눈동자를 잠시도 가만히 두지 않았고 강인한 인상을 주는 대머리 때문에, 버드 존슨Bird Johnson 부인에게는 로마황제를 연상시켰다."[18] 그는 목소리가 크고 불손하며 이기적이고 거칠었다. 달의 눈에는 '이상주의자'였고,[19] 포커 칠 때는 야비하게 굴었으며, 사업적인 협상에는 능하지만 방탕하게 생활했고 대단히 불합리한 시각을 가지고 있었다. 재능과 따뜻한 마음을 알아보는 눈은 예리했고, 자신의 직감을 지지해줄 만한 상대방의 특성을 잘 찾아냈다. 마시는 린던 존슨Lyndon Johnson이 정치에 입문하는 걸 가장 먼저 지지한 사람이었다. 가끔 존슨이 자신의 멘토를 속이고 딴짓을 했지만, 나중에 두 친구는 마시가 존슨을 계속 '아들'처럼 사랑했다고 썼다.[20] 마시는 자기와 비슷한 불손한 젊은 공군 무관보에게 끌렸다. 순식간에 로알드 달은 그의 의붓아들이 되어 있었다.

처음에 마시의 관심은 단순히 직업적인 것이었다. 간섭하기 좋아하는 그는 달을 훈련할 좋은 이유를 찾아냈다. 로알드가 나중에 회상했듯이 두 사람을 가깝게 만든 것은 정치였다.

찰스 마시는 텍사스 출신의 신문사 사장이었다. 그는 담배카드(예전에는 담뱃갑에 그림이 그려진 카드가 들어 있었다)처럼 신문사를 사고팔샀다. 그는 열성적인 FDR 민주당원이었고, 민주당은 그의 생각이나 충고는 높게 평가해도 그와는 거리를 두었다. 그건 사람들이 그를 두려워하기 때문이었다. 다만 헨리 월리스는 예외였는데, 부통령이었을 때 거의 매일 저녁 워싱턴에 있는 마시의 집을 방문했다. 마시는 월리스의 좌익 성향에는 동조하지 않았지만 그를 백악관과의 통로로 사용했다."[21]

마시는 대통령의 측근그룹에 들어가고 싶어 했다. 하지만 루스벨트는 그를 종잡을 수 없는 사람으로 여겨 거리를 두었다. 달도 한번은 친구에게 '위대한 백인 인디언 추장'—달이 루스벨트에게 붙인 별명이다—은 그를 그저 '신문사 몇 개를 소유한 사람' 정도로만 취급한다고 말했다.[22] 결국 마시는 루스벨트의 생각이 어떻게 변하는지 대해 다른 사람들에게 의존해야 했다. 달도 그중 하나였다.

두 사람을 가깝게 만든 또 다른 일이 있었다. 마시가 달보다 거의 서른이나 많지만 둘 사이의 교감은 거의 즉각적이었고 너무나 쉬웠다. 마시의 딸인 앙투아네트 하스켈Antoinette Haskell의 기억으로는 로알드는 아주 빨리 '가족'이 되었다고 한다.[23] 처음에는 아버지가 달에게 영국 친구가 거의 없다며 불쌍하게 생각했지만 그런 동정심은 곧 대사관 친구들과는 차원이 다른 자질 즉, 상상력과 사려 깊은 생각, 창의력과 충동적인 유머 감각이 있다는 깊은 이해로 변했다고 했다. 달 역시 강한 남성 롤 모델을 찾고 있었는데, 자기 아버지가 딱 들어맞았다고 했다. 무척이나 놀라운 우정이었다. 달은 어느새 마시가 '가장 좋아하는 궁전 광대'가 되었고,[24] 곧 '아버지와 아들'처럼 가까워졌다. 한편 앙투아네트 자신도 비쩍 마른 노르웨이 출신 전 비행사를 한 형제로 보게 되었다.[25] 40년이 지난 후 달은 애처로워하며 마시를 '가장 친한 친구'로 묘사했다.[26]

마시와 함께 달은 농담을 즐기고 상상의 날개를 펴고 환상의 세계로 날아갔다. 점잖게 말할 필요도 없었고 수완을 부릴 필요도 없었다. 앙투아네트의 표현을 빌리면 두 사람 다 '허풍쟁이'에 '인습타파주의자'이며, '몽상가'이자 '아주 교묘한' 가끔은 거의 '잔인하기까지 한' 장난을 즐겼다.[27] 예를 들어 두 남자는 로알드 고든Roald Gordon과 C. 벨 볼Bell Ball이라는 이름으로, '정신물리학교의 명예교장이라고 자칭하는 에드먼드 J. 딩글Edmund Dingle 박사라는 허무맹랑한 캘리포니아 신비주의자에게 장황한 편지를 써 보냈다. 그의 철학을 아주 진지하게 다루는 척하면서 딩글 박사가 티베트의 고산지대에서 배워 특허를 낸 호흡법이 생명을 40년 정도 연장할 수 있다는 말도 안 되는 주장을 터무니없을 정도로 밀어붙였다. 하지만 두 사람의 농담에 가장 자주 오르내린 사람은 할리팩스 경이었다. 2년 동안 로알드는 마시의 집으로 존재하지도 않은 마시의 동생 스탠리에게 편지를 보냈다. 편지들은 대사관 편지지로 썼고 겉으로 보기에는 대사 자신이 직접 사인한 듯한 정교하고 공식적인 붉은색 왁스로 봉인되어 있었다. 편지에서 처칠이 '위대한 여우'라고 불렀던 엄격한 성격의 할리팩스는 마시의 위험한 정견에 대해 우려하면서 다양한 요원들을 통해 그에 관한 정보를 얻어내는 데 몰두하고 있다고 털어놓았다. 요원들 가운데는 위장에 능한 헤르만 호스트베셀Hermann Horstwessel, 불가사의한 히루토 히로토토 히로토Hiruto Hirototo Hiroto, 마틴 '블림프' 레비Martin 'The Blimp' Levy, '클린턴 씨로 알려졌지만 실제 이름은 앰브로즈 치킨루퍼Ambrose Chickenlooper이고 엄청난 정보와 지식을 가진 흑인 하인' 등이 있다. 특별요원 치킨루퍼는 마시와 급진적인 성향의 부통령 슈바인호거Schweinhogger와의 관계를 조사했다는 혐의를 받았다. 달은 할리팩스의 거만함을 놀리면서 이렇게 썼다.

"그의 피부색에도, 또한 그가 귀족이나 왕족 출신이 아님에도 저는 여전히 그를 은밀히 서재에서 맞이합니다. 제가 그의 정보를 얼마나 중요하게 생각하는지 이해가 가실 겁니다."[28]

이 편지의 어투는 지나치게 예의가 없고 그들이 속한 사회계층에 있는 거의 모든 사람에 대한—친구이건 적이건—상스럽고 추잡한 가십들이다. 어떤 편지에서는 할리팩스의 상상 속 성적인 정복을 열광적으로 나열하고, 어떤 편지에서는 마시가 자신의 비서이자 미래에 부인이 된 클라우디아 헤인스Claudia Haines는 '몹시 까다로운 사람'이라며 잔인하고 단호한 성격을 가진 여자라고 했다.[29] 클라우디아 역시 그들의 장난에 참여했다. 마시의 모든 편지를 타이프했다. 순진하고 터무니없는 장난이었다. 두 남자는 서로에게 가슴 속에 쌓인 울분을 풀고 있었다. 하지만 로알드에게는 오토바이를 타고 렙튼을 휘젓고 다녔을 때처럼 이 일에도 위험한 요소가 있었다. 만약 발각된다면 그는 직업을 잃을지도 몰랐다. 어쩌면 이런 위기감 때문에 마시와의 우정이 더 돈독해졌을지도 모른다. 앙투아네트는 이렇게 설명했다. "두 사람은 함께 있으면 치명적이었어요. 두 사람 다 위험했어요."[30] 어느 날 로알드는 그의 멘토를 데리고 영국 대사관을 방문했다. 로알드는 한 친구에게 이렇게 말했다.

"마시가 처음에는 문에 있는 사환하고 악수하려고 했지. 그런데 그가 거절하더라고. 아마 마시가 미쳤다고 생각해서였을 거야. 그런 다음 마시는 복도를 돌아다니면서 방마다 머리를 들이밀고 기웃거리면서 재미나 하더라고. 다시는 마시를 데리고 30분 이상 대사관을 돌아다니지 않을걸세. 엄청난 소동을 일으킬 테니 말이야."³¹

불합리한 것에 대한 다채로운 감각과 노골적인 허풍을 좋아하던 마시는 '노인아이'―이후 달의 모습이 된―에게 모델이 되었을 것이다.

마시는 달에게 박애주의자라는 인상을 남겼다. 1947년 그는 많은 신문사의 소유권을 팔아서, 사람들의 생활여건 향상에 이바지하는 비영리단체인 공공복지재단Public Welfare Foundation을 설립했다. 이 재단은 지금까지 미국에 있는 이런 부류의 재단 중에서 가장 활발하게 활동하는 단체로 남아 있다. 마시는 익명으로 기부하는 것이 가치 있다고 생각했다. 가진 돈을 다 기부하고 죽을 때는 무일푼이 될 거라고 자랑삼아 이야기했다. 그의 자선 기부형태는 대단히 포괄적이고, 세계적이었지만 가끔은 아주 인간적인 얼굴을 가졌다. 1937년 잘츠부르크 페스티벌 때 마시는 오스트리아 출신의 젊은 피아니스트이자 작곡자인 에리히 라인스도르프Erich Leinsdorf와 친구가 되었다. 다음 해 라인스도르프는 뉴욕에서 메트로폴리탄 오페라의 지휘를 하고 있었다. 그때 마시는 그의 비자 갱신 신청서류가 거절된 것을 알게 되었다. 유대인이었던 라인스도르프는 이제 열렬하게 나치를 끌어안은 조국으로 돌아가야 할 판이었다. 마시는 텍사스 국회의원인 린든 존슨에게 라인스도르프를 위해 손을 써보라고 압력을 넣었고, 그의 비자는 연장되었다. 그는 미국에 귀화했고, 당시 가장 주요한 지휘자 중 한 사람이 되었다. 다른 사람의 이익을 위해 돈을 써야 한다고 믿는 사람에게는 아주 전형적인 선행의 하나였다.

마시는 가끔 달 이상으로 환상과 현실을 구분하는 선이 모호한 사람이었다. 1930년 후반에 그가 텍사스의 작은 마을 출신인 스무 살짜리 앨리스 글래스Alice Glass와 관계를 갖고 첫 번째 부인인 레오나와 이혼하겠다고 했을 때 그런 성격이 가장 두드러지게 나타났다. 친구인 랠프 잉거솔Ralph Ingersoll에 따르면, 그는 우선 만Mann 법안에 따라 자신을 고소하려 했던 분노한 아내의 계획을 변호사 사무실로 직접 찾아가 자신의 죄를 인정하겠다고 하여 무산시켰다. 그러나 법정에서는 그가 아내를 떠나려는 이유에 대해 '그녀와 잠자리를 하려 하면' '발기되지 않기' 때문이라고 공개적으로 밝혔다.³⁰ 재판이 진행되는 동안 앨리스가 임신했다. 반드시 앨리스가 아이를 낳아야 한다고 생각을 굳힌 마시는 아이가 사생아가 아닌 합법적인 출생으로 인정받을 수 있게 교묘한 계획을 세웠다. 몇 주 후 앨리스가 합당한 나이가 되었을 때 '휴가차' 영국으로 보내, 부모에게 매너스Manners 라는 소령과 사랑에 빠졌는데, 그가 인도로 곧 발령 날 예정이라 당장 그와 결혼한다는 편지를 보내게 했다. 매너스는 용감하게도 히말라야로부터 남부 텍사스까지의 먼 여행 끝에 신부의 가족과 친구들 앞에 직접 모습을 드러냈다.

2~3주 후 앨리스의 부모는 또 편지를 받았다. 좋은 소식과 나쁜 소식이 둘 다 들어 있는 편지였다. 좋은 소식은 딸이 임신했다는 것이고, 나쁜 소식은 딸의 남편이 죽었다는 내용이었다. 국경 근처에서 벌어진 작은 충돌로 신랑이 강도들에게 죽임을 당했다고 했다. 18개월 후 법적으로 미망인이 된 앨리스는 작은 아이를 안고 미국으로 돌아왔고, 이혼한 지 얼마 안 된 마시에게 홀딱 반해서 둘은 결혼했고, 마시는 앨리스의 아이 다이애나를 자기 자식으로 입양했다. 이 모든 사건은 사실 정교하게 계획한 속임수였다. 마시가 자기 아이를 합법적으로 출생한 아이로 만들려고 직접 감독하고 대본을 써서 만든 날조극이었던 것이다. '매너스 소령'은 모델이었다.

의류광고에서 그를 보고 필요한 역할을 맡기려고 고용했던 것이다.[33]

달이 1943년에 마시를 만났을 때는 그와 앨리스는 결혼한 지 2년이 된 시점이었고 결혼생활이 무너지고 있었다. 50대 후반인 마시는 철학과 정치 그리고 자선활동에 조금 더 시간을 보내기 위해 신문사의 소유권들을 팔아치우기 시작했다. 그는 워싱턴과 거기서 60마일 떨어진 웨스트버지니아의 블루리지 산기슭 컬페퍼 근처의 튜더 식 벽돌저택인 롱리에서 왕 노릇을 하고 있었다. 헤이즐 강이 내려다보이는 높은 언덕 위에 자리한 롱리는 수돗물을 사용하는 호화로운 수영장과 훌륭한 포도주 창고가 있었고, 일류요리사도 있었다. 달은 어머니에게 '이렇게 멋진 집은 본 적이 없었다'고 썼다.[34] 텍사스 출신의 젊은 변호사이며 마시의 수호 아래 있던 또 다른 백악관 내부 인사인 크릭모어 패스Creekmore Fath는 그 집을 '마을에서 가장 훌륭한 레스토랑'이라고 회상하면서 '모든 사람이 수다를 떨기 위해 모이는 곳'이라고 했다.[35] 그러나 마시의 딸 다이애나는 집이 '노엘 카워드' 같은 곳이 아니었다고 했다. 손님들은 '대부분 텍사스 친구들이나 연고자들이었고 그다지 멋진 사람들은 아니었다'고 했다.[36]

로알드는 '온갖 말도 안 되는 장난을 치던' 그곳도 좋았지만[37] 대사관과 같은 거리에 있던 마시의 워싱턴 집에서도 행복했다. 앙투아네트 하스켈은 그 집의 분위기가 '신문사 사람들과 정치인들이 넘쳐나고…… 아주 우아하고 비밀스러웠다'고 했다.[38] 영국 공군 군복을 입은 채 로알드는 소파에 누워서 집주인과 월리스와 함께 밤늦게까지 불을 밝히고, 랠프 잉거솔의 표현대로, '건방진 영국식 우아함'[39]을 이야기 속으로 끌어들여 대화를 나누었다. 패스도 이렇게 회상했다. "마시의 집에 모인 사람들의 이야기를 들으면 세상이 어떻게 돌아가는지 그 어느 곳에서보다 더 많이 알 수 있었다."⁴⁰ 달은 그곳에서 주고받는 이야기에 대해 좀 더 현실적이었다. 그는 이렇게 회상했다.

"우리는 비밀을 지키는 방법을 제대로 배우지 못했다. 마시는 가십을 들을 수 있고 FDR과 가까워지는 기분이어서 그곳을 좋아했다. 물론 FDR에게 가까워지지는 못했다. 하지만 월리스와 아주 가까워졌다."⁴¹

마시는 월리스와 대화를 나눈 후 달에게 읽어보라며 서류 한 뭉치를 건넸다. 《태평양에서의 우리의 임무Our Job in the Pacific》라는 제목이 붙어 있었는데, 월리스가 작성하고 마시에게 읽어보라고 건네준, 전후 미국의 외교정책을 논의한 문서였다. 마시에게는 전혀 악의없는 내용으로 느껴졌지만, 달에게는 대영제국의 지배를 받는 나라 대부분을 독립시켜 미국이 민간항공을 독점하려는 계획으로 비추어졌다. 달은 '머리카락이 쭈뼛 서는' 정보라는 것을 알았고⁴² 그건 스티븐슨도 마찬가지였다.

월리스는 타이프로 친 서류를 마시에게 주고 갔다. 정치적으로 순진했던 마시는 의견을 물어보려고 나에게 그 서류를 건넸다. 나는 영국의 관점에서 이 서류가 상당히 중요한 것임을 바로 눈치챘다. 나는 아래층에 내려가서 읽겠다며 자리를 떴다. 내가 아는 BSC의 유일한 연락책에게 재빨리 전화를 걸어 마시의 집 밖에서 당장 만나자고 했다. 나는 자동차 창으로 서류를 건네고는 15분 안에 돌려달라고 했다. 남자는 BSC 워싱턴 지부로 달려갔다가 약속한 시간에 서류를 내게 돌려주러 왔다. 나는 아무런 의견도 말하지 않고 마시에게 서류를 돌려주었다.⁴³

월리스가 적어둔 것처럼 달은 자신이 읽은 내용에 '무척 흥분했다'.⁴⁴ 달은 이미 월리스의 '공산주의적 편향'에 대해 '대단히 세심하게 감시'하고 있었고, 적절하다고 생각될 때 BSC에 보고했다.⁴⁵ 하지만 그 서류는 월리스의 사회주의 성향과는 아무 관련이 없었다. 그건 미국 분석가들에게는 너무나 자명한 사실들을 열거한 서류였지만, 영국에게는 무시할 수 없는 내용이었다. 말하자면 아시아 국가들이 '지배받는 식민지' 상태에서 벗어나 좀 더 자유롭고 독립적인 국가로 '점진적인 변화과정'을 겪게 하는 것이 미국에 이익이라는 내용이었기 때문이다.⁴⁶ 하지만 달은 좀 더 멜로드라마틱하게 생각했다. 그에게 그건 반역의 증거였다. 전쟁이 끝난 후, 상대방을 무너뜨리려는 연합군의 음모라고 생각했다. 그렇게 느낀 사람은 달뿐만이 아니었다. 서류를 복사하게 한 시의적절한 조치로 달은 처음으로 윌리엄 스티븐슨과 직접 편지를 주고받게 되었을 뿐 아니라, 그 복사본을 건네받고 분명히 '엄청나게 분노'한 처칠의 관심을 받게 되었던 것이다.⁴⁷*

《태평양에서의 우리의 임무》가 1944년에 출간되었을 때, 할리팩스 경은 국무장관인 코델 헐Cordell Hull에게 월리스의 '유감스러운' 성명에 대해 공식적으로 불만을 표시했다. 월리스와 그의 이상주의적인 선언에 대해 거의 신경 쓰지 않았던 헐은 그 문건을 '엉터리'이자 '쓰레기'라며 무시했다.⁴⁸ 그러나 분개한 달은 마시에게 이 상황이 '매우 심각하다'면서 처칠이 '대통령에게 새로운 부통령을 뽑으라고' 압력을 넣을지도 모른다고 생각한다고 했다. 마시는 젊은 친구가 과민반응을 보인다고 생각했다. 그는

---

*비록 이 건에 대해 달이 과장하지 않았다는 증거는 없지만, 화를 잘 내는 성격은 처칠의 특징이 되었다. 처칠은 달을 개인적으로 알고 있었을 것이다. 달이 간직한 메모 하나가 있는데, 1949년 총리가 직접 손으로 써서 보낸 것이다. 이렇게 쓰여 있었다. "당신은 나에게 많은 즐거움을 주었습니다. 정말 감사합니다. 윈스턴 S. 처칠" —RDMSC 16/1/2.

로알드에게 말했다. "어린아이같이 굴지 말게. 철 좀 들어. 월리스가 계속 부통령으로 남아 있을 수 있는 확실한 방법은 처칠이 그를 싫어해야 한다는 것을 모르겠나?"라고 했다.[49] 하지만 월리스의 위치는 계속 위태로워졌다. 그의 정치 기반은 노동자들과 노동조합에 있었지만 영향력은 계속 위축되고 있었다. 그보다 일 년 전인 1943년 7월, 로알드는 어머니에게 월리스와 대통령 사이에 큰 소란이 있었다고 전했다.

"월리스는 일시적으로 특권을 잃었어요. 하지만 그는 계속 올라가고 있어요. 내려가는 게 아니고요. 많은 사람이 그렇게 생각해요."[50]

하지만 달의 생각은 잘못이었다. 월리스와 행정부에 있는 고위공직자 사이의 두 논쟁에서—1942년 코델 헐과 1943년 상공부장관 제시 존스Jesse Jones—루스벨트는 부통령과 맞선 사람의 편을 들었다. 1943년 9월 이사야 베를린은 흐름을 정확하게 읽고 월리스가 '확실히 대통령에게 정치적인 수치감을 주는' 사람이라고 표현했다.[51]

월리스 자신은 흔들리지 않고 루스벨트 대통령에게 충성했다. 하지만 윌리엄 스티븐슨에게는 손쉬운 표적물이 되었다. 윌리엄 스티븐슨은 달의 중재로 부통령이 '골칫거리'라는 확신을 주고는[52] 루스벨트로 하여금 그를 재선 후보자 명단에서 빼도록 설득하기 위해 애로 노력했다. 1944년 그의 노력은 결실을 거두었다. 루스벨트는 월리스를 51일 동안의 러시아·중국 순방길로 보냈고, 그가 없는 동안 재선 후보 명단에서 떨어뜨렸다. 대통령이 결심을 굳히는 과정에서 교활한 스티븐슨의 영향을 받았다기보다는 민주당 내의 월리스의 정적들에게 영향을 받았다는 게 더 신빙성이 있을 것이다. 《태평양에서 우리의 임무》의 유출은 그 결정에 거의 영향을 미치지 않았다. 하지만 월리스의 일기를 보면, 달은 이 모든 일이 일어나는 동안 건강이 허락하면 그와 테니스를 하고, 정치와 음악 그리고 예술을 논하면서 가까이 지냈다. 마시나 윌리스에게 자신이 BSC와 연관 있다는 사실을 털어놓지 않았던 달은 매우 힘들었을 것이다. 두 사람은 여러 문제에서 의견이 달랐지만 달은 여전히 윌리스의 이상주의를 존경했고, 자신의 행동이 남몰래 그를 상하게 만드는 걸 알고 있었다. 친구와의 우정과 조국에 대한 애국심의 갈등 사이에서 달은 후자의 편에 섰다. 그 덕택에 달은 BSC 주요 부서로 배치되었다.[53] 그리고 곧이어 공군 소령으로 진급했다.

1943년 여름, 달은 전후 민간항공 협약에서 윌리스의 정치적인 판단보다 영국 관리들이 영국의 이익을 보호하는 데 실패했다는 사실이 더 걱정되었다. 사실 그는 개인적으로 항공에 대한 정치적인 문제에는 관심이 없었다. 달은 마지못해 미국 비행사 출신 작가협회에서 연설하는 것에 동의했다. 몇몇 참석자들은 붙임성이 좋았지만 대다수가 '심술궂은 성격'이었다면서 달은 어머니에게 '각각 따로따로 마음껏 배불리 먹고 마셨으면' 좋겠다고 했다.[54] 그러나 미국이 민간항공의 주도권을 세우는 일에 영국이 부적절하게 묵인했다는 사실에 무척 노여워했다. 자신이 보관했던 〈Post War Airlines〉라는 글에서, 그는 이 지구에서 미국의 한 비행사가 '가장 크고 가장 중요한 항공회사'라는 전후 시나리오를 상상해 보았다. 그는 약자로 회사 이름 LAMPA(Largest and most important airline)를 만들고, 이 회사가 결국 지구의 모든 민간항공을 완전히 독점한다는 가설을 세웠다. 그다음 달은 LAMPA의 사장이자 우두머리가 "세계의 운명을 통제한다……"고 결론을 내렸다.[55] 이 글은 민심을 술렁이게 했다. 노골적으로 당시 영국의 정책을 비난하는 글로, 그의 상관들을 매우 화나게 했다.

영국 공군의 수뇌부는 책략 면에서는 거의 무능력했다. 미국은 전쟁에 참전하자마자 영국에 히틀러가 패하기 전까지는 어떤 새로운 화물용 비행기도 만들지 않겠다는 약속을 받아내는 대신 영국 항공운송에 필요한 모든 물자를 공급하겠다는 협약에 동의했던 것이다.[56] 당시에는 아주 좋은 생각인 것 같았다. 영국은 폭격기와 전투기가 절실히 필요했다. 일 년 후 영국의 항공 전략팀은 그 협약을 좀 더 비판적인 시각으로 보기 시작했다. 당시 영국은 기술로는 민간 항공을 혁신적으로 발전시킬 수 있는 최전선에 있었다. 바로 제트엔진이었다. 하지만 협약은 영국이 이 기술을 이용할 수 있는 능력을 막고, 미국에게 기술의 차이를 극복할 수 있는 시간적 여유를 주었던 것이다. 영국은 루스벨트를 설득하여 이런 조건을 완화하려고 열심히 로비했지만 항공협약 계획을 관장했던 국무차관 아돌프 벌Adolf Berle은 대서양 건너편의 동맹국을 올가미에서 벗어나지 못하게 했다. 달은 미국의 항공수송기 제작 대수가 하늘을 찌를 듯 치솟자, 보통 미국사람에게도 쉽게 비행기를 타고 여행할 수 있는 미래가 온다는 이미지가 가득 심어져 있음을 알았다. 뉴욕의 현대미술관에 있는 《평화를 향한 항로Airways to Peace》 같은 벽화와 설치미술은 자비로운 미국 항공기들의 주도권 아래 이 지구가 이제 하나의 글로벌 사회로 변하는 것을 보여주고 있었다. LAMPA가 빠르게 현실이 되어갔고, 그의 두려움이 확실해지는 것 같았다.[57]

달은 상관들의 두 손이 꽉 묶여 아무것도 할 수 없다는 사실을 알지 못했던 것 같다. 만약 알았다면 영국 수뇌부의 대처 능력 부족에 대해 더욱 심하게 좌절했을 것이다. 설상가상으로 1943년에 예상치도 못하게 집주인이 워싱턴으로 돌아오게 되어 갑자기 계약을 파기하는 바람에 집에서 쫓겨나게 된 달은 걱정이 늘었다. 주거용 숙박시설이 무척 부족한 때라 달은 적당한 곳을 찾지 못해 어려움을 겪었다. 그때 한 아파트가 마침 비었다는 소문을 들었다. 이유는 섬뜩했다. 질투심에 불탄 남자가 여자친구를 그녀의 아파트에서 총으로 쏘고는 그 총으로 자신도 자살한 사건이었다. 두 사람 모두 영국과 미국의 연합정보국인 미국전략사무국에서 일했다. 이 이야기는 워싱턴에서는 대단한 가십거리였는데, 살인이 벌어진 다음 날 죽은 여자의 아파트에 세를 들기 위해 알아보러 왔던 사람도 같은 계통에 있던 사람이었다는 것이 알려져서였다.[58]

달은 어머니에게 차분하게 말했다. "여기서는 이것저것 까다롭게 굴 수가 없어요. 계약서에 사인하고 보지도 않고 집을 계약했어요."[59] 하지만 며칠 만에 미신을 즐기는 성향이 발동한 달은 얄궂은 장난을 치기 시작했다. 그는 워싱턴에 있던 사회주의자인 매리-루이즈 패턴Mary-Louise Patten에게 동틀 때쯤 집으로 갔다가 유령을 보았다며 창의적인 작가로 매일 새벽 6시에 일어나 '전후 문제들을 생각해야 하는 사람으로서' 살기가 어렵다고 고백했다.[60] 달은 어머니에게도 아파트에 대한 소름 끼치는 이야기를 써 보냈다.

"마지막으로 집을 보았을 때도 피가 아직 많이 남아 있었어요. 천장에는 총알구멍도 있었고요. 이런저런 이유로 저녁에 혼자 그곳에 있지 않으려고 합니다."[61]

결국 그는 실용주의자인 베를린에게 재임대했는데, 베를린은 '싼 회반죽과 짙은 색의 싼 양탄자'를 어디 가면 구할 수 있느냐고 묻기만 했다.[62]

로알드는 결국 대사관에 있던 다른 동료와 함께 집을 구했다. 하지만 집에 다른 사람과 함께 있으니 글쓰기가 불가능하다는 것을 알았다. 개인적인 문제들도 점점 심해졌다. 허리 통증도 심해졌다. 달은 하워드 호크스 감독의 《댐 버스터스Dam Busters》* 영화 대본과 씨름하고 있었다. 긍정적으로 보면 달은 공습 사령관인 가이 깁슨Guy Gibson과 함께 보낼 시간이 생겼고, 그를 위해 칵테일파티를 열어 주었더니 도시에 있는 '모든 아름다운 여자를 초대해 마음대로 고를 기회'를 주었다.63 하지만 그런 경우는 달이 대사관 일에서 느끼는 혼란에서 벗어날 수 있는 아주 드문 기회였다. 달은 점점 더 외로웠고 점점 더 남에게 거슬리는 반대 목소리를 내고 있었다. 기회주의자들과 게으르고 이기적인 사무직원들 사이에 둘러싸인 남성적인 애국주의자 같았다. 그는 주위의 모든 사람에게 비판적이었다. 예를 들어 윌리엄 틸링에게 영국 공군이 '물마루를 타고 있는데' 항상 미국 전쟁사령부가 영국보다 먼저 기자들에게 이야기를 흘린다고 투덜거렸다. 영국 공군이 독일에 가한 공습을 증명할 만한 폭격 피해 사진을 달라면서, 달은 '기자들에게 속기만 하던 국민, 그리고 기자들에게 속고 있다는 걸 아는 국민에게는 밧문이 불여일견'이라고 했다. 달은 어쩌면 자신이 비난의 대상이 되었다는 것을 알고 있었을지 모른다. 하지만 달만큼이나 달을 언짢아하던 상관들도 공공연히 비난하지 못하는 이유가 있었다. 이단자였지만 영국 공군 소령인 달이 놀랍게도 미국 정치의 중심부에 접근할 수 있는 연줄이었기 때문이다.64

1943년 여름, 달이 루스벨트에게서 가족들과 허드슨 강 상류에 있는 대통령 별장인 하이드파크에서 주말을 보내자는 정말 귀한 초대를 받자 그들은 더 초조했을 것이다. 초대받은 손님 중에는 노르웨이 황태자 하랄

---

*달의 대본은 영화화되지 않았다. 개봉된 영화는 1955년에 마이클 앤더슨 감독이 깁슨의 대본으로 만든 것이다. 영국의 독일 공격에 관한 내용이다.

Harald과 그의 누이, 그리고 재무장관 헨리 모건도Henry Morgenthau 등이 있었다. 달은 초대가 대수롭지 않다는 듯 가족들에게 '대통령이 손으로 코를 푸는지…… 입을 벌리고 음식을 먹는지…… 지저분한 농담에도 웃는지' 알려주겠다고 했다.[65] 그러나 그곳에서 일어난 일에 대한 타이프로 친 보고서는 대통령의 생각이 궁금했던 대사관의 정세 분석가들에게는 무척 흥미로운 문서였다.

10페이지에 달하는 보고서는 그곳에서의 자신의 경험으로 가득했다. 손님용 객실의 작은 욕실, 수돗물에서 나는 황산 냄새, 루스벨트가 키우는 애버딘 테리어 종자인 팔라의 특이한 행동들 등 흥미로운 것을 찾아내는 달의 눈은 예리했다. 루스벨트 대통령이 죽은 사람들에 대한 상스러운 이야기로 손님들을 웃기려고 했던 일과[66] 대통령이 휠체어를 탄 채 경호원들보다 빠르게 달리던 일까지 세세하게 다 나와 있었다.

달의 매력은 이런 환경에서 더욱 효과적으로 발휘되었다. 그는 의도적으로 상대방을 즐겁게 해주는 사람으로 각인되었는데, 훗날 자신이 '광대'처럼 행동했다고 회상했다.[67] 하지만 광대 짓은 그동안 파악하기 어려웠던, 경계심을 푼 편안한 상태에서의 루스벨트 대통령의 모습을 엿볼 기회를 주었다. 이런 일화가 전형적이다.

루스벨트 부인이 말했다.

"흠, 프랭클린은 젊었을 때 항상 몽유병 환자처럼 잠을 자다 걸어 다녔어요. 한번은 자동차가 보편화된 지 얼마 지나지 않아서였는데, 우리에게 포드 자동차가 한 대 있었어요. 어느 날 잠을 자다 깨어보니 그가 침대 아래 서서 상상 속의 핸들을 열심히 돌리면서 이렇게 말하는 거예요. '이 망할 놈의 것이 시동이 안 걸리네' 하고 말이에요. 그래서 제가 말했죠. '프랭클린, 자동차를 타면 내가 시동이 걸리게 도와줄게요.' 그는 다시 침대로 돌아와 상상 속의 핸들을 꼭 쥐었고, 내가 나가서 앞에 달린 축을 돌리는 시늉을 했어요. 그랬더니 그가 다시 잠이 들었죠. 아침에는 아무것도 기억하지 못하더라고요."[68]

가끔은 대화가 심각해지기도 했다. 하지만 그런 때조차도 세세한 사항에 대해 달이 관찰해서 적은 내용은 명확했고 자세했다. 그가 가장 좋아하는 주제인 항공정책을 루스벨트와 모건도 장관이 논의할 때도 달은 장관이 바지 단추를 다 채우지 않았다는 것을 놓치지 않고 보았다.[69] 중세 궁전의 광대들처럼 조커 탈을 쓰고 달은 고위층 정치가들에게 아주 순진하고 스스럼없이 질문할 수 있었다. 대사관의 고관들은 절대 할 수 없는 질문이었을 것이다. 예를 들어 달은 4번의 연임 가능성에 대해 말하면서 만약 그렇게 하신다면 선출될 가능성이 있을지 의문이라며 대통령에게 직접 자기 의견을 내세웠다. FDR은 그의 말이 영국의 전략가들, 그리고 아마도 처칠에게 보고될 거라는 사실을 분명히 알았을 것이다. 그래서 그는 초대한 손님들에게 1940년에 미국 여론을 무시하고 자신의 정치 생명을 걸고 무기대여법*에 서명했는데도 처칠이 그다지 고마워하지 않았다고 말하면서 속으로는 재미있어 했을 것이다. 루스벨트 대통령은 만약 자신이 서명해주지 않았다면 영국은 전쟁을 계속할 수 없었을 거라고 했다. 이런 상황에서 FDR은 놀라울 정도로 아무런 경계심 없이 미국에 팽배하던 인종 분열 문제에 관해 자신의 의견을 내놓기도 했다.

*Lend-Lease agreement, 랜드리스협약

이야기는 다시 윈스턴 처칠로 흘러갔다. 대통령이 말했다.

"우리가 전투기 기지에 관한 협약을 매듭짓자마자 내가 윈스턴 처칠에게 이야기했지. '우리에게 뉴펀들랜드, 트리니다드, 영국령 기아나 등에 있는 기지를 빌려주는 협약 말일세.' 그랬더니 윈스턴이 이렇게 말했지. '이제 돌아가서 영국 국민에게 뭐라고 설명하지? 미국인들이 우리 영토를 잠식하는 게 아니냐고 할 텐데.' 그래서 내가 말했지. '내 말을 잘 듣게, 윈스턴. 그런 곳은 자네 나라에 골칫거리일 뿐일세. 자네도 알고 있지 않나. 다 합치면 일 년에 500만 파운드, 2500만 달러의 재정 손실을 줄 뿐이야. 그러니 두통거리일 뿐이지. 내가 자네 나라의 두통거리를 가지고 싶겠나? 난 그럴 생각 없네. 자네가 그냥 가지게. 더욱이 그곳은 800만이나 되는 검은 피부 신사들이 살고 있는데, 나는 그들이 이 나라로 들어오는 것이 싫네. 이미 1300만이나 되는 흑인들로 골치 아픈 이 나라에 문제를 보태고 싶지 않네. 내가 장담하건대 윈스턴, 이건 그저 골칫거리일 뿐이니 자네가 가지게나.'"[70]

찰스 마시는 로알드가 보고서의 복사본을 자신에게 보내줬을 때 아주 놀라워했다. 며칠 뒤, 1943년 8월 초 로알드는 마시에게 어떻게 해야 대통령이 그의 말에 귀를 기울일 수 있는지 충고하는 편지를 썼다. 편지에는 경박함이나 장난기는 전혀 찾아볼 수가 없었고, 친구의 인간성을 얼마나 높이 평가하는지 잘 보여준다. 그는 마시의 따뜻함, 너그러움, 상상력과 독립성을 칭송했다. 윌리스와의 관계를 끝내고 '자신과의 관계 개선'에 힘쓰라고 하면서 로알드는 마시에게 대통령은 '자기가 제공하는 것에 대한 보답으로 아무것도 원하는 않는, 개인적인 야심이 없는 진지한 사람'들에게 익숙하지 않다면서 '그의 강력한 장점인 인간성'을 내세워 접근해 보라고 충고했다. 과장의 장점을 대단히 높이 생각하는 달이 마시에게 "너무 선명하거나 생생한' 색깔을 사용하지 말고 대통령과 만나라그 충고했던 것이다. 달은 이렇게 제안했다.

"당신의 그림을 빠르고 아름답게, 부드럽게 그리도록 하십시오. 분명히 잘하실 수 있을 겁니다. 주제를 돌려서 말하지 말고, 경우에 따라 하던 말을 중단하고 그분이 하는 말에 귀를 기울이세요.'71

하지만 이런 충고는 결국 도움이 되지 않았다. 루스벨트는 여전히 성격이 특이한 신문왕과는 일정한 거리를 유지했다. 하지만 마시는 달의 충고를 대단히 존중했다. 그는 로알드에게 말했다. "나이에 비해 자네의 현명함은 그 누구보다 뛰어나네."72

하이드파크 보고서를 쓴 지 얼마 되지 않아 화이트홀의 동료인 윌리엄 틸링은 달이 연대 우두머리로 승진되었다고 알려주면서 축하 편지를 보냈다. "오래전에 승진도 있어야 했는데, 내가 듣기에 다른 어느 곳보다 자네 사무실에서 이루어지는 일이 많다고 하더군."73 하면서 달을 칭찬했다. 브라이튼에서 보수당 국회의원으로 선출된 틸링은 달의 활동에 칭찬을 아끼지 않았던 유일한 사람이었다. 하지만 공군 사령부 우두머리 대부분은 달을 조금 억누를 필요가 있다고 생각했다. 이런 생각이 가장 강했던 사람은 공군 사령관 윌리엄 월시William Welsh였는데, 1943년 초 영국 공군 대표로 런던에서 워싱턴으로 파견된 인물이었다. 달에 대한 그의 적대감은 바로 거세게 표현되었다. 달을 보자마자 그는 달의 '변칙적인' 외부 활동을 비난하면서 끌어내릴 생각부터 했고, 할리팩스 경에게 젊은 무관에게 엄격한 '군사 훈련'이 필요하다고 했다. 그는 달이 워싱턴에서 멀리 이송되어야 한다는 의견을 냈다.[74] 이런 적대적인 보고에는 웰시 자신의 사적인 이유가 있었을 가능성이 있다. 그가 옷을 벗을 시간이 다가왔고, 미국 내 민간항공 분야에서 자신을 고용할 미래의 보스와 접촉할 기회를 찾고 있었던 것이다. 전후 상황에 대한 달의 솔직한 태도는 웰시 자신의 위치를 확보하는 데 도움이 되지 않을 거라고 보았던 것이다. 7월 14일 로알드를 존중하던 '신중한 성격'의[75] 호건은 하이드파크의 주말에 관한 유용한 메모가 '자네도 알 만한 곳에서' 쏟아져 나오는 비난들과 마주할 때, '자네를 대신하여 균형 잡힌 의견을 낼 수 있게' 해주어 고맙다고 했다.[76] 하지만 호건의 호의적인 의견으로는 충분하지 않았다. 결국 웰시는 대사보다 더 큰 영향력을 발휘했다. 1943년 10월 로알드는, 자신의 말에 따르면, '대사관에서 쫓겨나' 런던으로 소환되었다.[77]

정확히 무슨 일이 벌어졌는지는 알 수 없다. 달은 나중에 영국 공군이 '그를 저버렸다'고 했지만, 스티븐슨이 '일주일 만에 나를 다시 워싱턴으로 복귀시켰고 대대 지휘관으로 승진시켰다'고 했다.[78] 이건 과장이었다. 그의 서류를 살펴보니, 그는 9월 27일에 워싱턴을 떠났다가 11월 21일에 되돌아온 것으로 되어 있다. 런던으로 떠나기 전 열흘 동안 그의 행적은 불확실했다. 그는 어머니에게 새로운 보직을 찾고 있으며, 이미 BSC와 직접 소통하고 있다고 암시했다.

"나는 요 전날 상급자 교육과정을 들으라는 제의를 받았어요. 하지만 하지 않겠다고 했어요. (제 생각으로는) 좀 더 흥미로운 일거리가 생길 것 같아요. 하지만 지금으로서는 말씀드릴 수가 없어요."[79]

그가 워싱턴으로 돌아왔을 때, 달라진 것은 거의 없는 것처럼 보였.

그는 불확실한 상태였다. 영국 공군이나 BSC에 공식적으로 고용된 것이 아니었기 때문이다. 12월에 동료인 호건은 한때 친근하게 미스터 그렘린이라 불렀던 친구에게[80] 새해 인사 편지를 보내면서 "자네가 우리를 떠나 다른 곳으로 가게 되었으니 행운을 비네. 민간항공협약에 관한 자네의 비난이 어떤 곳에서는 환영받지 못할 거라는 우리의 생각이 옳았네"라고 씁쓸하게 덧붙였다.[81] 달은 호건에게 '그의 은밀한 메모'를 고마워하며 이렇게 썼다. "개인적으로 이런 정보를 받게 되어 큰 도움이 되었다."[82]

로알드는 자신의 솔직함이 친구뿐만 아니라 적을 만들기도 한다고 생각했을지도 모른다. 조국을 위해서 옳은 일을 하려는 시도였지만 자제력 부족과 주장을 강하게 밀어붙이는 성격, 드러내지 않고 팀플레이를 하는 능력의 부족이 그에게 아킬레스건으로 작용했던 것이다. 그가 훗날 인정했듯이 '책략이 부족했는데 그건 외교관답지 못한' 것이었다.[83] 그리고 그런 성격은 다른 나라 사람보다는 영국 사람과의 관계에서 더 많은 부작용을 일으켰다. 스티븐슨이나 이제는 비버브룩Beaverbrook 경이 된 맥스 앳킨스 같은 캐나다인은 달의 직설적인 대화나 스스로 생각하는 능력을 긍정적인 시선으로 바라보았다. 그건 헨리 월리스나 찰스 마시 같은 미국인도 마찬가지였다. 자신이 존중받기를 가장 원했던 나라에서 제대로 된 소속감을 갖지 못한 달은 아마 무척 혼란스럽고 고통스러웠을 것이다. 에이전트인 앤 왓킨스의 남편 로저 버링게임Roger Burlingame에게 보낸 편지에서 달은 영국인의 '모든 것에 무관심'한 특성에 대해 곰곰이 생각하면서 그런 성격 때문에 아마 영국 조종사와 미국 조종사가 서로 다른 것 같다고 했다. 미국인의 초연함은 갑작스러운 죽음이라는 현실에서 가장 강하게 나타나는데, 영국인의 무관심과는 다르다면서, 영국인은 '항상 그런 태도라

서 특별히 강하게 나타나지 않는다'고 했다.[84]

달이 무관심한 태도를 보인 적은 거의 없었다. 1944년 첫 몇 주 동안 그의 운명이 저울질당하고 있을 때도 상관에게 기탄없이 말했고 조심성이 없었다. 그는 자신이 영국 민간항공기 제조업자인 페리 항공의 우두머리인 리처드 페리Richard Fairey 경이 특별기로 대서양을 운항할 수 있는 불법 허가를 개인 용도로 받았다고 폭로했기 때문에 '큰 인물들에게 쫓겨났다'고 주장했다.[85] 그는 공군 사령관인 웰시가 그해 말에 전역한 후 영국 민간항공회사인 BOAC에 들어갔는데, 그가 아마 이런 부패를 눈감아주었을 거라는 암시를 했을지도 모른다.

달은 아마도 1944년 처음 넉 달 동안은 BSC에서 허드렛일만 했을 것이다. 공식적인 역할의 변화는 4월이 되어서야 비로소 이루어졌다. 달은 공군 무관보로 '근무기간'을 마치고 워싱턴을 떠났다.[86] 그는 비버브룩과 스티븐슨의 요청으로 '그들에게 개인적으로 미국의 정치 상황을 보고하기 위해' 두 달 동안 런던으로 돌아갔다.[87] 런던에 있는 동안 달은 노르망디 상륙작전의 디데이에 종군기자로 떠나기로 한 어니스트 헤밍웨이 홍보담당 비서로 일했다. 달은 자신의 영웅이었던 헤밍웨이를 몇 주 전 뉴욕에서 만났는데, 그의 복싱 스파링 상대가 되기도 했다. 두 남자와 복싱코치인 조지 브라운George Brown, 헤밍웨이의 아내 마사 겔혼Martha Gellhorn은 글래드스톤 호텔에서 만나 샴페인을 마시고 2킬로그램이나 되는 캐비아를 먹었다. 결과적으로 보면 달이 교묘하게 헤밍웨이를 영국 공군의 종군기자 직에 앉혀 미국에서 건너오게 하였던 것이다.[88] 그러나 런던에 온 늙은 헤밍웨이의 광채는 빛을 잃기 시작했다. 달은 폭음을 즐기는 모험가, 자신이 넘치는 사랑과 존경심을 보내는 '기이하고 비밀스러운 남자'가 예기치 못하게 허영심이 있음을 알게 된 것이다. 어느 날 도체스터 호텔에 있는 헤밍웨이의 방으로 들어갔을 때, 달은 그가 조심스럽게 안약을 넣는 기구로 숱이 적은 머리에 발모제를 뿌리는 모습을 보았다. 달은 이 위대한 작가가 약을 머리에 문질러 흡수시킬 때까지 기다려야 했다.

7월에 달은 미국으로 돌아왔다. 달은 마침내 대사관과 영국 공군의 관료주의적인 세세한 제약에서 자유로워졌다. 그는 모험심이 많은 새로운 동료와 함께 하게 되어 기뻤다. 특히 그가 나중에 '초인간적인 지적 능력을 갖춘' '세상에서 가장 다이내믹한 인물'이라고 부른 맥스 비버브룩이 있어서 더욱 그랬다.[89]

달은 이제 공식적으로 BSC소속이었지만 공식 직책은 '영국 공군 무관보' 그대로였다. 비버브룩의 사무실에서 보낸 메모에 '뉴욕 시 W. L. 스티븐슨 경 대대 소속 지휘관 R 달'이라는 수신자 이름과 '여전히 혼란 속에 있는 전후 항공정책에 관한 충고와 도움에 감사한다'고 쓰여 있었는데, 그의 실제 직책은 공식적인 영국 공군 기록에는 나와 있지 않다.[90] 달이 워싱턴으로 돌아왔을 때 크릭모어 패스는 친구가 이전보다도 더 '태평해'졌다고 보았다.[91] 확실히 그는 자신을 비방하는 사람들을 맞받아치는 것을 즐기고 있었다.

나는 파티에 갔다. 방 건너편 구석에 나를 쫓아냈던 공군 사령관이 있었다. 그는 성큼성큼 걸어오더니 말을 걸었다. "아니, 자네 여기서 무엇을 하고 있나?" 내가 대답했다. "죄송한데 그건 스티븐슨 씨에게 물어보셔야 할 것 같습니다." 그랬더니 그의 얼굴이 짙은 보라색으로 변해 걸어가 버렸다. 스티븐슨의 권력이 어느 정도인지 보였다. 공군 사령관은 얼이 빠진 것 같았다. 아무 말도 하지 못했다. 아무 짓도 할 수 없었다.

바로 그 순간을 달은 이렇게 회상하고 있다.

"난 오로지 스티븐슨만을 위해 일하고 있었다."[92]

처음에 달은 대사관에서 나와 워싱턴 중심가인 코네티컷 가 1106번지에 따로 있던 BSC 사무실로 옮겼다. 몇 달 뒤, 그는 록펠러센터에 BSC 본부가 있는 뉴욕으로 옮겼다. 그는 아마도 그곳에서 처음으로 스티븐슨을 개인적으로 만났을 것이다. 그 건물에 있던 빠르게 움직이는 엘리베이터에 깊은 인상을 받아 아마 달은 20년 뒤에 쓸 윌리 웡카의 초콜릿 공장 엘리베이터를 미리 그려두었던 것 같다. 그는 어머니에게 이렇게 썼다.

"비행기를 탔을 때보다도 더 빨리 오르락내리락해요. 올라갈 때나 내려갈 때 귀가 터질 것 같고 속이 울렁거릴 정도예요."[93]

맨해튼에 근무할 때 달은 스티븐슨에게서 처세법을 배웠다. 달은 조용히 뒤에서 권력을 행사하는 법, 결단력, 사업과 과학적인 문제를 다루는 능력,[94] 그리고 놀라운 정신적인 민첩성을 보고 감탄해 마지않았다. 그는 달이 상상했던 그대로, '아주 비밀스럽고' '매우 개인적'인 인물이었다.[95] 의도적으로 수수께끼 같은 이미지를 보인 것은 사실은 자기 과시 욕망을 감춘 것이었다. 스티븐슨은 BSC를 '미로 같은 장치······ 모든 영국 정보망의 중추'로 자랑하면서[96] 자신의 전기 작가에게 그를 스파이 세계의 마키아벨리 같은 천재로 그려달라고 했다. 역사학자인 휴 트레버로퍼Hugh Trevor-Roper는 그 점에서는 회의적이었다. 그는 스티븐슨이 개인적인 목적으로 신화를 만든 사람이라고 무시했다. 두 번째 유아기로 접어든 외로운 노인의 위험한 망상과 다를 바 없는 철없는 관료 정도로 보았던 것이다.[97] 이런 판단은 가혹한 것이었다. 하지만 그에 대한 존경심이 흔들린 적이 없었고 과장을 즐기면서 상관의 이야기를 그대로 전하던 달도 가끔은 트레버로퍼와 같은 의견이기도 했다.[98] 분명한 것은 달은 스티븐슨과 함께 있는 것을 좋아하지 않았다. 스티븐슨의 전기 작가인 빌 맥도널드에게 '전혀 교양이 없고…… 대화가 즐겁지 않은…… 아마 당신이 그를 사교 모임에서 만났다면 그는 아무 말도 하지 않았을 겁니다'라고 했다.[99] 달은 그에게 이사야 베를린에게 붙였던 별명을 똑같이 붙였다. 바로 '흰 달팽이'였다.[100]

하지만 스티븐슨은 달의 장점을 잘 이해했고, 사무실 내에서의 태도가 달의 전부가 아니라는 것도 이해했다. 대신 그의 의도는 미국 상류사회의 내부에 그들을 현혹할 능력 있는 새 부흥를 심어놓는 것이었다. 달은 자신에게 카리스마가 있다는 것을 몰랐을지도 모른다. 자기 능력을 경시하는 경향이 있었고, 매력적인 사람이기보다는 광대처럼 보이는 것을 좋아했다. 루스벨트와의 관계를 회상하면서 달은 이렇게 썼다.

나는 정곡을 찌르는 날카로운 질문을 할 수도 있었고 따라서 그런 답을 들을 수도 있었다. 그건 이론적으로 내가 그다지 중요한 사람이 아니었기 때문이다. 예를 들어 런던과 워싱턴 사이에는 미래의 작전에 대해 공식적으로 논쟁이 오갔다. 나는 점심을 먹으면서 루스벨트 대통령에게 어떤 생각을 하고 있는지 물었다. 형식적인 대답보다는 솔직한 답을 줄 수 있느냐고 물었다. 미국의 최고위층에서 나온 정보를 흘리는 것은 결코 나쁜 의도가 아니었다. 그건 전쟁 수행력 대문이었다. 바로 그런 이유로 빌 같은 인물이 나를 이곳에 심어놓았을 것이다. ……하이드파크에서 일요일 아침에, 나는 FDR의 작은 방으로 걸어 들어갔고 대통령은 늘 그러하듯이 나에게 마티니를 만들어주었다. 그러면 나는 이렇게 인사를 건넸다. "안녕히 주무셨습니까? 대통령 각하!" 그리고는 하루를 보냈다. 그는 나를 엘리너의 친구로 대했다. 그러면서 순진하게 내가 그다지 중요한 인물이 아니라는 듯 대수롭지 않게 가십을 말했다. "오늘 윈스턴하고 아주 흥미로운 이야기를 나누었는데……."[101]

정치인들과 허물없이 지내는 일 말고도 달은 BSC에서의 자신의 주요 임무를 영국과 미국의 전쟁 수행력 사이에서 이따금 제대로 돌아가지 않는 '바퀴에 기름칠하기'라고 표현했다.[102] 이런 일 대부분은 기자들을 다루는 일과 관련이 있었다. 달은 이미 그 분야에 능력이 있었다. 그는 주로 콧수염을 기른 정치계 가십 기자인 앤드루 피어슨Andrew Pearson과 접촉했는데, 그의 칼럼 〈워싱턴의 회전목마Washington Merry-Go-Round〉는 그 분야에서 미국에서 가장 중요한 위치를 차지했다. 달은 어머니에게 피어슨의 글은 430개의 신문에 실리고 '그의 앞에서는 감히 누구도 입도 열지 못하는' 그런 거물이라고 자랑했다.[103] 달이 나중에 이름을 밝히지 않고 쓴 BSC의 공식 기록에는 편견으로 가득 차고 종종 무자비한 모습을 보였던 신문기자에 대한 날카로운 묘사가 있다. 이 글을 쓴 사람이 누군지는 의심할 여지가 없다.

앤드루 러셀 피어슨은 키가 크고 입을 꽉 다문 사람이었는데, 말할 때 킁킁거리는 것이 꼭 어디 불편한 말처럼 보였다. 그에게 유머 감각이라그는 거의 찾아볼 수가 없으며 …… 그는 다른 사람들의 기분에 대해서는 건방질 정도로 무관심했고 기사를 함부로 써서 그 때문에 친구나 지인이 일자리를 잃어도 눈 하나 꿈쩍하지 않았다.[104]

달은 피어슨의 '입에 정보를 넣어주었고'[105] 피어슨은 보답으로 달에게 루스벨트의 신랄한 환경쟁이 내무부 장관인 해럴드 L. 익스Harold Ickes의 비밀 문건들을 주기도 했다. 달은 "피어슨이 익스에 대해 뭔가 알고 있는 것 같았다"고 회상하면서 스티븐슨이 '고위층 각료에 대한 정보를 얻어내기 위해 피어슨에게 줄 정보를 신중히 골라주기도 했다'고 덧붙였다. 달의 보고서는 스티븐슨이 의해 곧바로 C에게* 전달되었다.[106] 달이 수집한 정보는 다양했고 특이했으며 일찍이 1944년부터 미국이 달에 사람을 착륙시키려는 계획이 있다는 내용도 포함되어 있다.[107] 정보 대부분은 달이 스스로 은밀한 방법으로 취득한 것이었다. 특히 헨리 월리스는 BSC의 불필요한 비밀작전이나 야바위식의 책략에 대해 경멸했다. "아니 영국 놈들은 왜 미국의 생각을 우리 요원과 접촉하지 않고 뒤로 취하려고 온갖 노력을 하는 거지?" 하고 그의 일기에서 회상했다. 그는 전쟁 수행력을 높이기 위해 '함께' 하기로 한 게 아니었냐고 묻고 있었다.[108]

스티븐슨이 기름칠하려고 했던 또 다른 바퀴는 여론을 조성하는데 도움을 주던 워싱턴과 뉴욕의 여주인들이었다. 달은 정보나 선전에선 초보자였지만 브석과 칵테일파티의 세계에서는 전문가로서 빠르게 자리 잡고 있었다. 전쟁 때문에 두 도시에는 쓸 만한 젊은이들이 부족했다. 27살의 멋진 영국 공군 장교이자 작가인 달은 계속 뭇 여인들의 초대를 받았다. 그

---

*스튜어트 멘지Stewart Menzies 경, 영국 정보국 국장

는 이미 작업에 능숙했다. 《레이디스 홈 저널》의 공동 편집자인 비어트리스 굴드Beatrice Gould는 달의 초기 작품들을 출간했는데, 달의 '남자다운 아름다움'에 기꺼이 희생양이 되었고, 그와 외설적인 서신을 살짝 즐겼다.[109] 앤 왓킨스나 심지어 엘리너 루스벨트도 나름 달과의 친분을 즐겼다. 달이 어울렸던 여자들은 모두 한 종류였다. 돈 많고, 연상이며, 세련되고, 유부녀였다. 찰스 마시의 딸인 앙투아네트 하스켈은 로알드에게 기꺼이 시중들겠다고 자청하는 여인들이 '마구간 한가득'이었다고 기억했다. 앙투아네트는 달에게 누이동생 같았지만 아버지의 새 부하가 '껌뻑 넘어갈 정도로 멋졌다'고 고백했다. 앙투아네트는 깔깔 웃으면서 이렇게 회상했다. "그는 여자들에게 아주 건방지게 굴었지만 항상 문제없이 잘 넘어갔어요. 게다가 제복은 조금도 나쁠 게 없었지요. 그리고 그는 최고였어요. 제 생각에 동쪽 해안과 서쪽 해안에 있는 일 년에 5만 달러 이상을 버는 모든 여자와 잠자리를 했을걸요."[110] 달의 친구 크릭모어 패스도 부러운 듯, 달을 '워싱턴에서 제일 잘 나가던 플레이보이'라고 불렀다.[111]

달이 자주 찾았던 살롱은 '멋지고 약간 늘 술에 취한 듯한 여인'인 에벌린 월시 맥클린Evalyn Walsh McLean의 집이었다. 미망인이며 50대 초반이었던 에벌린은 콜로라도에서 금광으로 돈을 번 아버지에게서 막대한 유산을 상속받았다. 그녀는 저속하고 수다스러웠으며 커다랗고 둥근 검은 테 안경을 쓰고 있어서인지 깜짝 놀란 부엉이 같은 모습이었다. 지니게 되면 불행이 온다는 커다란 푸른색 호프 다이아몬드를 가진 걸 자랑스럽게 생각했으며 조금도 두려워하지 않았다. 로알드는 그녀의 집에 가는 것을 '서커스에 가서 무료 식사하는 것' 같다고 썼다.[112]

그 여인은 멋지지만 어쩐지 어리석기도 하다. ……머리부터 발끝까지 엄청나게 큰 다이아몬드를 걸치고 아침 8시 반에 계단을 비틀거리면서 내려온다. 겨드랑이에는 끔찍하게 생긴 작은 강아지를 끼고 있다. 이 나라에 '단지 여섯 마리밖에 없다'는 강아지라는데 녀석은 기회만 있으면 아무나 문다. ……나는 그녀와 이야기할 대면 계속 낄낄 웃음이 나온다. 그건 그녀 옆에 서서 내려다보면 조심스럽게 모양을 잡은 가슴의 숨겨진 비밀을 볼 수 있기 때문이다. 가슴에 뽕을 엄청 집어넣었는데, 키가 190센티미터 이하의 사람들에게는 효과가 아주 좋았을 것이다.[113]

철두철미한 고립주의자인 에벌린은 이제 태도를 바꾸어 전쟁 수행력을 위해 헌신하고 있었다. 하지만 그녀의 사교모임은 여전히 반영국적인 분위기로 가득했다. 그중에는 가장 친한 친구인 씨시 패터슨Cissie Patterson도 있었는데, 그는 《워싱턴 타임스 해럴드Washington Times-Harald》를 가지고 있었다. 달의 임무는 여론에 귀를 기울이면서 가장 효과적인 방법으로 영국의 대의명분을 밀고 나가는 것이었다. 하지만 주변의 희극적인 분위기는 끊임없이 그의 의도를 전복시키려고 위협했다. 에벌린도 끊임없이 그를 '사랑스러운 청년'이라든가 '이런 못된 사람'이라고 부르면서 계속 새롱거렸다.[114] 그녀는 달이 영국으로 돌아가 가족을 즐겁게 만들어줄 수 있을 정도로 많은 일화를 제공했다. 저녁 식사에 대한 묘사, 굵직한 금 나이프와 포크 같은 내용이 전형적이다. 그는 스테이크를 자르는 척하면서 칼을 거의 반으로 접힐 정도로 구부러뜨리고는 소로 된 것으로 바꿔달라고 하면서 손님들—그의 눈에는 다 멍청하게 보이는—을 놀라게 한 다음

금으로 된 것은 기념품 삼아 몰래 집으로 가져왔다.[115]

에벌린은 달이 아주 매력적이라고 생각했다. 저녁 식탁에서 정치적이고 사회적인 논란이 될 문제를 꺼내는 그의 습관을 좋아했다. 어느 날 저녁에 달은 《타임스 해럴드》의 편집주간인 프랭크 월드럽Frank Waldrup과 열띤 논쟁을 벌였다. 달은 공개적으로 그를 괴벨스와 비교했다. 여주인의 '원숭이 개'에게 이미 손가락을 물려 그렇지 않아도 기분이 좋지 않았던 월드럽은 미끼를 덥석 물고는, 영국인은 본능적으로 음흉하기 때문에 '워니(처칠을 말함)-프랭클린' 같은 문제에는 신경 쓰지 않는다고 했다.[116] 달은 월드럽을 히틀러에게 비유하며 맞받아쳤다. 두 사람이 욕을 퍼부으며 싸우는 바람에 식탁에 있던 거의 모든 사람은 할 말을 잃었다. 그중에는 부통령인 월리스도 있었는데, 나중에 이 일을 일기에 적어놓았다.

그것이 달이 유명한 특성이 된 첫 번째 일화였다. 저녁 식사 시간의 의견 충돌이 치열한 싸움으로 이어지는 것. 나중에 이런 폭발은 거의 폭력을 가져오기도 했지만 그날은, 적어도 에벌린이 기억하는 한, 로알드가 우아하게 넘겼다. 그녀의 저녁 식사 파티는 유명한 사건이 되었다. 열띤 논쟁에 신 난 부인은 달에게 다음 주에 또 오라고 초대했다. 로알드는 기뻤다. 우쭐해진 마음으로 집을 떠나면서 달은 부인의 가슴에 달려 있던 값을 매길 수 없이 귀한 호프 다이아몬드를 빼더니 다시 올 때까지 행운의 부적처럼 달고 다니겠다고 했다. 에벌린 맥클린의 사교모임은 달이 자신의 능력을 마음껏 발휘할 수 있는 장소였다. 그의 우상타파주의적인 성격이나 다른 사람에게 충격을 주고 싶어 하는 열정을 환영하는 곳이었기 때문이다. 그런 사회에 스며드는 것이 바로 BSC가 달에게 원했던 임무였다. 로알드가 에벌린 맥클린에 대해 말했듯이, "그녀는 아주 멋진 모임을 운영하고 있습니다. ……만나볼 사람도 많은데 그게 바로 제 일이거든요."117

다른 여인들도 여러 방면에서 로알드의 삶에 큰 역할을 했다. 뉴욕에 있을 때 달은 《뉴욕 트리뷴New York Tribune》과 《뉴욕 헤럴드 트리뷴New York Herald Tribune》의 주인인 오그던 밀스 리드Ogden Mills Reid와 60세 먹은 헬렌 로저스 리드Helen Rogers Reid의 아파트에 손님으로 머물렀다. 달은 어머니에게 그녀를 '매력적인 작은 체구의 회색 머리 부인'이라고 했지만,118 그녀가 늘 거들떠보지도 않았던 찰스 마시에게는 리드 부인이 '채찍을 휘두르는 헬렌'이었다.119 그녀는 수도에서 막강한 권력을 휘둘렀고 신문 편집에도 정기적으로 영향력을 미쳤다. 마시는 한때 그녀를 '대영제국의 위대한 미국 여성 에이전트'라고 표현했다.120 그녀는 로알드 달을 무척 좋아하는 팬이었다. 로알드는 진주만 공격 이전에 영국 공군을 위해 자발적으로 싸웠던 미국 비행사의 이야기이자 C. S. 포리스터와 공동집필했던 정치 선전 영화 《이글 스쿼드론Eagle Squadron》 시사회가 뉴욕에 열렸을 때 그녀의 아파트에서 머물렀다. 그날 밤 달의 파트너는 39살의 이혼녀 낸시 캐롤Nancy Carroll이었다. 하지만 파티에서 달의 눈을 사로잡은 것은 국회의원이자 《타임 앤드 라이프Time and Life》 소유주의 부인이고, 헨리 월리스를 혹독하게 비난했던 클레어 부스 루스Clare Booth Luce였다.

루스 부인은 마지못한 친영파였는데, 자기보다 13살이나 어린 우아한 젊은 공군 무관보를 유혹하기 시작했다. 달은 그날 밤 집으로 돌아가지 않았다. 그는 어머니에게 이렇게 말했다.

"다음 날 아침 9시에 머무는 집으로 들어갔어요. 들키지 않게 침대를 어수선하게 만들어야 했는데, 그만 그렇지 하지 못해서 창피하지 않게 둘러대느라고 애를 먹었습니다."121

나중에 크릭모어 패스는 대사관에서 루스 부인을 달이 가장 좋아하는 주제인, 전후 자유항권 같은 문제에서 좀 더 친영국적으로 바뀔 수 있게 두 사람의 관계를 부추겼다. 그녀가 최근에 국회에서 반대의 뜻을 표명했기 때문이다. 2달 후 달은 어머니에게 이렇게 썼다.

"요즘 부인에게 아주 공을 들이고 있어요. 부인의 생각이 조금은 바뀌기를 희망해요 그래서 다음번에 연설할 때 조금 호의적인 이야기가 나올 수 있게요."[122]

결국 이 '임무'는 달이 감당하기에는 너무 큰 일이었다. 패스에 따르면 (이 이야기를 열심히 받아들였던) 달은 할리팩스에게 '루스가 3일 밤 내내 방 여기저기서 괴롭히는 바람에' 완전히 '나가떨어졌다'고 했다. 할리팩스는 그녀의 침대로 돌아가는 것이 그의 애국적인 의무라고 했다. 이사야 벌린은 나중에 이 이야기가 달의 특징인 '엉뚱한 상상의 날개'였다고 무시했다. 할리팩스가 그런 식으로 이야기했다는 것은 '상상할 수도 없는 일'이라고 했다.[123] 베를린의 말이 옳았다. 하지만 그는 중요한 점을 놓쳤다. 이 이야기가 이렇게 재미있었던 것은 바로 개연성이 없었기 때문이다.

달은 임무 수행 중에 돈 많고 우아한 나이 많은 여자들을 많이 만났다. 하지만 대부분은 깊은 인상을 심어주지 못했다. 기자들이 '불쌍한 부자 소녀'라고 별명을 지었던 바버라 허턴Barbara Hutton에 대해 달은 '아주 유쾌하지만 그녀의 보석만큼 아름답지는 않다고' 무시했다.[124] 예술 분야의 사람들이 달의 취향에 맞았다. 찰스 마시의 딸인 앙투아네트는 달이 낸시 캐럴 외에도 그보다 8살이 많았던 여배우 레오노라 코르벳Leonora Corbett과 잠시 사귀었고, 또 그보다 8살 연상이고 헤밍웨이와의 결혼생활이 파국으로 치닫던 작가인 마사 겔혼과도 사귀었다고 기억했다. 겔혼은 로알드가

'아주 매력적이고 살짝 정신 나간 것 같았다'고 생각했다.[125]

1944년 로알드가 거둔 가장 중요한 작업의 승리는 석유 상속녀인 밀리센트 로저스Millicent Rogers였다. 로저스가 달을 만났을 때는 마흔하나였다. 그녀는 재치 있고 인맥이 좋았으며 달이 저항할 수 없는 것 하나를 가지고 있었다. 바로 위대한 명화를 수집하고 있었다. 버지니아의 그녀 집에서 머문 첫 주에 대한 달의 묘사는 마치 경매업자의 목록을 읽는 것 같다.

나는 부활절 동안 처음으로 아주 긴 휴가를 보냈다. 나는 가장 멋지고 아름다운 집으로 갔다. 주인은 밀리센트 로저스이다. 보통 볼 수 있는 석유재벌이다. 모든 것이 아주 세련된 곳이었다. 사우스버지니아에 있는 오래된 식민지 풍의 저택이었는데, 뒤 베란다에서 보면 푹신한 긴 잔디밭이 제임스 강까지 이어져 있었다. 벚꽃과 수선화가 핀 정원 사이로 제임스 강이 흐르고 있었다. 밀리센트는 닥스훈트 열 마리, 그레이트데인 한 마리 이외에 다른 것들도 많았다. 작은 서재에는 다음과 같은 물건들이 있었다.

드가의 파스텔 5′×3′ 매우 아름답다
드가의 또 다른 파스텔 조금 작은 사이즈
고갱 5′×2′
드가가 만든 르누아르 두상
르누아르 두 작품
코로 두 작품
모네 한 작품

마네 한 작품[126]

로저스는 여러 면에서 달에게는 이상적인 연인이었다. 그녀는 결혼이나 정절에는 관심이 없었다. 실제로 달과 관계할 때, 달의 친구인 이언 플레밍과도 관계하고 있었다. 그녀가 중요하게 생각하는 것은 스타일과 풍요로운 삶이었다. 버지니아의 저택 외에도 맨해튼, 워싱턴에도 집이 있었고 롱아일랜드 사우샘프턴에는 아버지에게서 물려받은 여름 별장이 있었다. 로알드는 그녀의 집을 좋아했지만 그녀의 친구들은 불쾌하고 따분해 했다. 그는 사우샘프턴에서 주말을 보내고는 이렇게 썼다.

"루비와 사파이어 목걸이를 한 여자들 ……저 아래 끝도 없이 긴 복도에선 무엇이 왔다 갔다 하는지 알 수가 없다. 수영장, 터키식 사우나, 장세척실, 열치료실 등이 조숙하게 나이 먹어가는 플레이보이와 더 빨리 나이 먹어가는 플레이걸들을 위한 시설이었다. 나는 그곳이 마음에 들지 않았다."[127]

하지만 밀리센트는 로알드에게 홀딱 빠져 있었다. 그녀는 잘생긴 공군 무관보에게 금으로 만든 현관문 열쇠와 금 담배케이스와 라이터와 같은 선물을 쏟아 부었다. 로알드는 그녀가 유명한 상표인 스키아파렐리의 옷을 입고 마리 앙투아네트처럼 차리고 있어도 별로 관심이 없었다. 로알드는 어린 시절에 류머티즘을 앓아서 약간 등이 굽은 밀리센트에게 '굴곡'이라는 별명을 붙였다.[128] 반면 그녀가 수집해놓은 미술품들은 달에게는 말할 수 없는 매력이었다. 1944년 여름, 달의 아파트를 새로 페인트칠해야 했을 때, 밀리센트는 롱아일랜드에 머물면서 로알드에게 워싱턴 집을 빌려주었다. 로알드는 보물 같은 소중한 예술품의 목록을 나열했다. 인상파 그림이 제일 많았고, 후기 인상파, 라파엘 이전의 작품들도 있었다. 그의 방에는 '이제껏 본 중 가장 아름답고 큰 르누아르의 붉은 장미와 피카소, 시슬리Sisley, 번 존스Burne-Jones'의 작품도 하나씩 있었다.[129] 로알드는 스타인웨이 피아노도 즐겼는데, 저녁에는 느긋하게 바흐의 전주곡을 쳐보기도 했다.

하지만 이런 만남에서도 달은 심각하게 감정에 빠져들지 않았다. 조금은 가벼운 관계들이었다. 이언 플레밍은 여자들과 어울릴 수가 없어서 여자를 데리고 도망친다는 말을 들었는데 달은 달랐다. 달은 여자들과 함께 있는 것을 즐거워했다. 예를 들어 오데트 테럴 드 센Odette Terrel ces Chenes은 18살 때 달을 만났다. 그녀는 뉴욕의 파슨스 디자인 학교에 다니고 있었다. 그녀의 어머니는 밀리센트 로저스의 친구였으며, 뉴욕에서 엘리자베스 살롱을 운영했다. 두 사람은 사우샘프턴에 있던 로저스의 집에 정기적으로 오는 손님이었다. 오데트는 어느 날 저녁 달과 저녁을 먹었다. 그녀는 그가 아주 '사근사근했다'고 기억했다. 달은 아주 세련되고 우아한 여자들과 있는 것을 즐겼지만 쉽게 사랑에 빠지지는 않았다. 1944년 《레이디스 홈 저널》에 실린 욕망의 본질에 대한 이야기에서, 달은 관계의 지속성을 분석하면서 70퍼센트는 성적 끌림이고 단지 30퍼센트가 상호 존경심이라고 분석했다. 결과적으로 달은 결혼이 아니라 단기간의 관계가 '그런 행동의 최적 바탕'을 이룬다고 주장했다.[130] 이렇게 인간관계를 비하하는 달의 냉정한 태도는 비난받기도 했다. 친구인 데이비드 오글비는 달이 침대에 기록을 세우는 일을 즐겼을지 모르지만 파트너들은 아마 상처를 받았을 거라고 했다. "많은 여자가 달과 사랑에 빠졌지만, 달은 여자들에게 친절하지 않았다."[13]

단 한 사람이 달의 유쾌하고 자신만만한 외관을 꿰뚫어보고 그의 애정을 얻어냈다. 프랑스 배우 아나벨라Annabella였다. 돈 많고 세련되고 성적 경험이 많았던 아나벨라는 또 다른 성취 정도로 보였을지도 모른다. 하지만 수잰 샤르팡티에Suzanne Charpentier라는 세례명을 가진 이 여인은 달랐다. 1910년대에 태어난 그녀는 프랑스에 소년단을 창설한 남자의 딸이었다. 그녀는 우아함만큼이나 용기와 충성심을 중요하게 생각했다. 그렇다고 유명인사가 아닌 것은 아니었다. 그녀는 10대 스타였다. 16세에 아벨 강스Abel Gance의 유명한 무성영화 《나폴레옹Napoleon》에 출연했고, 파리와 런던과 뉴욕에서 영화계에 본격적으로 뛰어들었다. 1939년 뉴욕에서 미국 배우 타이론 파워Tyrone Power와 세 번째로 결혼했다. 그녀는 미국 시민이 되었고 애국심을 발휘해 전국을 돌면서 전쟁을 홍보하는 연설로 연합군의 전쟁 수행력을 북돋웠다. 그녀의 결혼은 인습에 얽매이지 않았다. 양쪽 다 자유롭게 혼외 관계에 열중했다. 파워는 이미 주디 갈런드Judy Garland와 사랑에 빠져 있었고, 그가 죽고 나서는 양성론자였다는 이야기가 많이 돌았다. 아나벨라도 로알드와 관계를 갖는 데 전혀 주저하지 않았다.

둘은 에블린 월시 맥클린의 파티에서 처음 만났다. 아나벨라는 강한 첫인상을 남겼다. 그는 어머니에게 이렇게 전했다.

"아나벨라는 멋진 것 같아요. 그 방면에서 아주 대단한 사람이더군요. 나중에도 여러 번 만났어요. 아주 지적이고 흥미로운 사람이에요."[132]

아나벨라는 로알드를 만난 첫날 밤을 떠올리며 달이 해준 무시무시한 내기를 좋아하던 한 부자의 으스스한 이야기를 기억했다. 부자는 자신의 비싼 캐딜락을 가난하고 불쌍한 젊은 남자와 여자의 작은 손가락에 걸고 싶어 했다는 이야기였다. 이야기를 끝냈을 때, 달은 자신의 창의력이나 끔찍한 주제에 대해 칭찬하는 대신 그녀가 이렇게 물어주어 기뻤다. "그다음에 어떻게 되었는데요?" 그 이후 곧바로 두 사람의 관계는 시작되었다. 그녀는 '서로의 품에 안기면 이따금 미친 짓이 시작되었다'고 회상했다. 그녀의 결론은 이러했다. "마치 우리는 쌍둥이 형제 같았어요. 로맨틱했느냐고요? 그렇지는 않았어요. 육체적이었느냐고요? 가끔은요. 하지만 가장 중요한 것은 우리가 서로에 대해 완전히 이해하고 그는 나를 믿었다는 점이었죠."[133]

로알드가 둘째 아내인 리시에게 털어놓았듯이, 달이 섹스에 대해 많은 걸 배웠던 아주 강렬하고 열정적인 관계였다.[134] 하지만 아나벨라는 그와 결혼하는 걸 고려해본 적이 있었을까? "물론 없죠"가 그녀가 달의 첫 번째 전기 작가인 제러미 트레글론Jeremy Treglown에게 한 대답이었다. "왜냐하면 그는 구제불능이었거든요."[135]

아이러니하게도 1944년 전쟁이 승리로 곧 끝날 거라는 의견이 팽대해지자 달에게 권태로움과 환멸이 다시 찾아왔다. 집으로 보내는 편지에도 활력이 없었다. 글 쓰는 일 말고는 그 어떤 것에서도 만족이나 즐거움을 느끼지 못했다. 부분적으로는 다시 나빠지는 건강 탓이었다. 어떤 사람은 그가 이중생활을 해야 하는 직업 때문에 정서적으로 피폐해졌다고 보았다. 처음에는 그를 사로잡았던 스파이 일과 합법적인 배신이 점점 혐오스럽게 느껴지기 시작했다. 1944년 선거에서 루스벨트가 월리스를 낙오시킨 교활한 책략을 지켜보는 것이 고통스러웠음이 틀림없다. 달은 월리스를 좋아했다. 많은 문제에서 의견이 달랐지만, 그의 이상주의와 농업에 대한 애정과 정직함을 존경했다. 그는 월리스가 할 연설의 초안을 잡아주기도 했다.[136] 달은 월리스를 진정한 미국 민주주의의 선구자라고 칭송했다. 하지만 달은 '사랑스러운 남자', '세상을 살아가기에는 너무나 순수하고 이상적인' 사람에게 해가 되는 책략에 동조했던 것이다.[137] 달은 틀림없이 최고위층에서 극적으로 몰락하는 월리스에게 연민을 느꼈을 것이다.[138]

월리스가 놓친 것은 부통령 자리뿐만이 아니었다. 영국 당국은 루스벨트가 재선에 성공해도 월리스에게는 어떤 위로 명목으로도 아무 보상도 할 수 없도록, 즉 국방부에 자리를 얻지 못하게 하려고 온갖 수단을 쓸 생각이었다.[139] 그때까지만 해도 그건 달에게는 너무나 낯선 종류의 배신이었다. 아마도 달은 그 부분에 무척 환멸을 느꼈을 것이다. 9월, 28번째 생일이 지난 며칠 뒤, 달은 월리스를 찾아가 자신이 그를 무너뜨리는데 일조했다고 고백하고는 영국은 월리스가 국방부에서 자리를 잡을까 봐 무척 두려워하고 있다고 전했다. 월리스는 그답게 잘 참아내고는 일기에 '달은 정말 좋은 청년이다. 나는 그를 좋아한다'고 썼다.[140] 그 일은 어쩌면 찰스 마시에게는 커다란 충격이었을 것이다. 월리스가 후보에서 탈락했을 때, 마시의 딸 앙투아네트는 '아빠의 가슴이 무너졌다'고 기억했다.[141]

속임수나 음모로 받은 정신적인 고통이 달의 허리 통증을 악화시켰다고 말하기는 어렵겠지만, 1944년 8월에 달은 어머니에게 이렇게 말했다. "노인처럼 절뚝거리면서 걷고 있어요."[142] 달은 온갖 접골사와 의사를 찾아다니면서 도움을 구했다. 그다음 주에는 어떤 척추 전문가가 '수술'을 권했다고 썼다. 하지만 "수술을 허락하면 제가 바보죠. 그래도 여전히 절뚝거리면서 천천히 걸어 다니는 게 너무 고통스러워요."라고 썼다.[143] 한두 달 정도 달은 고통과 싸우면서 의사에게 자신은 원래 '한쪽으로 기울어져 있다'고 농담하기도 했다.[144] 하지만 그는 좋아질 거라는 희망을 버리지 않았다. 그러다 워싱턴에 허리케인이 들이닥쳤다. 달은 지하실에 찬 물을 삽으로 퍼냈다.[145] 허리 통증은 복수하듯 되돌아왔고, 10월에는 뉴욕 병원에 입원하여 요추천자를 받고는 엑스레이를 찍었다. 그 과정은 순조롭게 진행되지 못했다.

"불행하게도 심각한 부작용을 일으켰다. 두통부터 온몸에 통증이 느껴졌는데 특히 목 뒤의 통증이 심했다. ……한순간 손가락이 뻣뻣해지더니 움직일 수가 없었다.'[146]

그는 책을 읽지도 쓰지도 못할 정도로 엉망인 상태가 되었다.[147]

11월에 사태가 호전되었다. 루스벨트는 선거에 승리했고, 월리스도 상공부 장관으로서 '아주 멋지고 강인한 모습으로'[148] 잘 지내는 것처럼 보였다. 로알드의 건강도 회복되어서 11월 18일에 그는 재선을 축하하는 백악관 파티에 초대되었다. 파티에서 달은 루스벨트 역시 '아주 건강하고 원기왕성해 보인다'고 했지만[149] 사실 그는 거의 음식을 먹지 못했다. 12월 들어 로알드는 다시 건강이 나빠졌다. 그는 끔찍한 크리스마스를 마시 가족과 함께 버지니아의 통리어에서 보냈다. 앙투아네트는 그가 매일 아침 고통을 줄이기 위해 브랜디를 반병씩 마셨다고 했다. 다음 해에 마시는 달에게 텍사스의 템플로 가서 마시의 아주 친한 친구이자 의사인 아서 스콧 Arthur Scott에게 진찰을 받아보라고 했다. 2주 후 달은 스콧&화이트 병원으로 갔다. 그곳은 '카우보이와 소목장주, 시골뜨기들과 수송아지, 수소, 암소 그리고 말을 하도 오래 타서 치질이 생긴 카우보이, 끝도 없이 펼쳐진 초원에 또 카우보이, 소목장주, 시골뜨기와 수소, 암소 등이 가득한' 시골에 있는 엄청나게 큰 병원이었다.[150]

1945년 1월 중반에 달은 그곳에서 디스크를 제거하는 척추수술을 받았다. 달은 4주 동안 꼼짝없이 침대에 누워 있어야 했다. 마시는 모든 의료비를 내주고는 반드시 버지니아에 와서 요양해야 한다고 했다. 그는 2월의 대부분을 단편집인 《개 조심》의 증거자료들을 조사하면서 롱리어에서 '외롭고 우아한' 시간을 보냈다. 하지만 수술은 일부분만 성공이었다. 그는 걸을 때 여전히 심각한 통증을 느꼈고, 어머니에게 회복이 '정말 짜증 날 정도로 더디다'고 불평했다.[151]

 3월에 그는 다시 수술을 받기 위해 텍사스로 돌아갔다. 엑스레이를 찍기 전에 척추에 6인치짜리 바늘을 꽂았다. 이후 달은 또다시 침대에 누워 있어야만 했는데, 이번에는 다리에 5킬로그램짜리 추를 달아놓았다. 그는 그곳에서 18일 동안 '왕처럼 대우를 받았는데'[152] 그때까지 읽어보지 못했던 아주 오래된 책들인 디킨스와 셰익스피어, 브론테의 작품들을 읽었다.[153] 의사들은 수술이 성공적이라고 했지만, 달은 여전히 극심한 고통에 시달렸다. 별다른 치료 효과를 보이지 않자 의사들은 엑스레이 영상을 잘 보이게 하려고 척추에 넣은 기름에 이상 반응을 보이는 것 같다는 결론을 내렸다. 의사들은 기름을 제거할 필요가 있다고 했다. 수술 과정은 끔찍했다.

 수술은 엑스레이실의 형광경 아래에서 이루어져야 했다. 그래야 무엇을 하는지 정확히 알 수 있었기 때문이다. 국부마취를 하고 처음 시도했을 때, 그들은 바늘을 제대로 넣을 수 없었다. 기름의 농도가 너무 진해서 아주 굵은 바늘을 사용해야 했다. 의사 세 명이 한 시간 반 동안 시도했지만 성공하지 못했다. 나도 개인적으로 썩 즐거운 시간은 아니었다. 그러다 엊그제 그들은 다시 시도했다. 이번에는 펜타

솔이라는 정맥을 이용한 마취제를 놓았다. 나를 두 시간 재워놓고 수술했다. 의사들에게도 힘든 시술이었을 것이다. 내 몸을 처음에는 한쪽으로 기울였다가 척추 속에 들어 있는 기름이 주삿바늘의 끝에 닿을 수 있게 반대쪽으로 기울였어야 했다. 어쨌든 그들은 기름을 빼냈고 나는 힘든 밤을 보냈다. 내가 입원실로 돌아왔을 때 내 호흡은 일분에 6번이었다. 나는 정맥 영양주사를 많이 맞았고 밤새 페니실린 주사를 맞았다. 그다음 날, 그러니까 어제 나는 의식을 차렸다. 다리와 허리를 살폈더니 모든 것이 다 고쳐져 있었다. 하루 이틀만 지나면 나는 일어날 수 있을 것이고, 아마 열흘 뒤면 건강한 상태로 워싱턴에 돌아가 있을 것이다. 그 병원에서 척추에 넣었던 기름을 제거해본 것은 처음이라 했다. 척추에 기름을 넣었을 때 나처럼 이런 반응을 보인 사람은 아주 드물다고 했다.[154]

달은 롱리어에서 알 카포네가 입었던 것 같은 방탄조끼처럼 생긴 옷을 입고 있었다. 누가 총을 쏴도 끄떡없을 듯했다.[155] 일주일의 회복시간을 가진 뒤, 로알드는 워싱턴으로 돌아왔다. 그리고는 얼마 지나지 않아 앤드루 피어슨의 집으로 저녁을 먹으러 갔다. 피어슨의 특이한 성격 중 하나는 개인적으로 쓰려고 소 몇 마리를 따로 키우고 있다는 점이었다. 소들의 이름은 그 시대의 저명한 정치인 이름을 따서 지었다. 그날 저녁 로알드에겐 다행스럽게도 윌리스의 정적인 코델 헐이 요리되어 나왔다. 밥을 먹는 도중 로알드는 상태가 좋지 않아 일찍 자리를 떠야 했다. 집에 돌아왔을 때, 상태는 더욱 심각해졌다. 토하고 설사하고 복통을 일으켰다. 그는 두세 시간 동안 반쯤 소화된 전 국무장관이 변기 속으로 사라지는 것을 보다 조지

타운 대학병원 응급실로 갔다. 그는 급성 맹장염이라는 진단을 받고 바로 수술을 받았다. 마취에서 깨어나니 그는 '온종일 방귀 뀌고 관장하고 쓸데없는 소리를 지껄이고 또 방귀를 뀌기만 하는' 두 노인과 같은 병동에 있는 것을 알았다.[156] 그는 병원에서 프랭클린 루스벨트가 죽고 해리 트루먼 Harry Truman이 새 대통령이 되었다는 것을 알았다.

로알드는 퇴원했다. 마시는 다시 보호자 역할을 맡아 양아들을 데리고 3주 동안 요양을 위해 캘리포니아로 갔다. 라호이아와 팜스프링스에서 로알드는 수영장 옆에 앉아 일광욕을 하고 그다음 자동차로 애리조나에 갔다. 영국 공군은 달이 로스앤젤레스까지 타고 올 수 있게 비행기를 보냈다. 그는 유럽이 승리한 날을 비행기 승무원들과 함께 축하했고, 로키 산맥을 넘어가면서 비행기 안에 있는 헤드폰으로 왕의 연설을 들었다. 로스앤젤레스의 베벌리 힐스 호텔에서 월트 디즈니와 그렘린에 대한 권리를 의논하면서 이틀을 보낸 다음, 그는 호기 카마이클과 함께 지내러 갔다. 그곳 수영장에서 시간을 보내다 다시 팜스프링스로 돌아가 며칠 동안 하워드 호크스와 보냈다. 그는 '구릿빛 피부에 건강해진 상태로' 워싱턴으로 돌아갔다.[157] 달은 영국으로 돌아갈 마음의 준비가 되어 있었다.

달의 인생에서 한 챕터가 막을 내리고 있었다. 루스벨트가 죽었다. 월리스는 여전히 상공부 장관이었다. 그러나 달은 매파 성격의 해리 트루먼과 대학 클럽에서 몇 번 포커를 친 적이 있었다. 온순한 월리스가 행정부에 오래 있을 것 같지 않았다. 마시 역시 새로운 정부를 신뢰하지 않았다. 그는 루스벨트의 계승자가 이류이며 '정치적인 하수구'에서 성장했다고 비난하면서 '보잘것없는 정신 상태와 책략으로 이루어진 정치적 삶과 매력 없는 인간성'이라 혹평했다.[158] 1946년 월리스가 '단지 정치적으로 순진했다는 것 외에는 전혀 큰 범죄 없이' 해고되었을 때 그는 놀라지 않았다.[159] 달은 이제 글쓰기에 집중하고 싶은 마음이 간절했다. 1945년 6월, 달은 마침내 커티스 히치콕Curtice Hitchcock이라는 출판업자와 단편집 《개 조심》의 출판계약을 했다. 그리고 영국에 있는 가족과 다시 만나기를 바랐다. 이복형 루이스에게 아이가 생겼고, 어린 여동생 엘스 또한 임신—달은 재미있게 '벌어내려는'이라고 표현했다—중이었다. 로알드는 자신만 떨어져 나온 기분이었다. 그해 여름, 만약 스티븐슨이 그에게 마지막으로 충격적인 제안을 하면서 BSC의 공식 역사를 서술하는 것을 도와달라고 부탁하지 않았다면 그는 아마 집으로 돌아갔을 것이다. 그 일을 위해 달은 캐나다로 가야 했다. 온타리오 호숫가에 있는 한적한 기지였는데, 이름은 드라마에나 나올 법한 '캠프 X'였다.

한때는 비옥한 농트였던 곳을 차지하고 들어선 특징 없는 공단의 미로 속 캠프 X는 오늘날에는 알아보기도 어려운 두 개의 표지판만 달랑 세워져 있다. 캠프가 있던 자리임을 알리고 윌리엄 스티븐슨의 업적을 기리기 위해 둥근 콘크리트 기념비를 세웠는데, 기념비는 '용감한 공원' 잔디 위에 불안정하게 서 있으며, 온타리오 주류관리위원회가 소유한 포도주 상자 300만 개가 들어 있는 창고의 그늘에 가려져 있다. 전례 없던 전쟁의 역사를 기리는 깃발 네 개가 외롭게 펄럭이고 있었다. 1941년 12월에 세워진 이 요상한 주둔지는 첩보활동으로 활발했고, 고도의 송신센터 역할을 했다. 그뿐 아니라 더 악명 높게는 북미에 처음으로 발을 내딛는 스파이들을 위한 훈련학교 역할도 맡았다. 태업하는 방법, 칼로 단번에 살인하는 방법, 성냥갑으로 눈을 멀게 하는 법이 캠프 X의 훈련 시간표에 들어 있었고, 암호 사용법, 비밀 잉크 사용법, 죄수를 심문하는 법도 가르쳤다.[160] 소문으로는 이언 플레밍도 많은 기법을 배워 나중에 제임스 본드 책에서 사용했다고 한다.

달이 도착했을 때는 폭발용 쥐나 청산가리 같은 약은 이미 없어진 지 오래였는데, 여전히 송신센터이기는 했지만 더는 첩보 훈련을 하지는 않았기 때문이다. 이제는 BSC 기록을 안전하게 보관하는 창고 정도였다. 유럽의 전쟁이 막바지에 이르자, 스티븐슨은 미국 내에서 영국이 벌인 불법적인 활동에 대한 죄를 뒤집어쓸까 봐 두려워했다. 그는 서류가 미국 영토에 남아 있는 것이 무척 위험하다고 판단하고, 1944년에 모든 서류를 한밤중에 무장 호위하여 록펠러센터에서 오샤와로 옮겼다. 달은 '호위병들을 붙여 아주 멋진 비밀 트럭에 싣고'[161] 옮겼다고 기록했다.

처음에 스티븐슨은 역사학자에게 책을 써달라고 부탁했지만, 그러면 책이 너무 현학적이 될 것 같았다. 그는 자신의 업적이 후손에게 훌륭하게 보이길 바라는 마음으로 다른 두 고용인—달과 신문기자인 톰 힐Tom Hill—에게 좀 더 발랄하고 읽을 만하게 써달라고 부탁했다. 그건 쉬운 일은 아니었다. 달은 그다지 당기지 않았다. 그는 3개월 동안 일을 팽개치고 가끔 골프를 치고 호숫가를 거닐면서 '일광욕'만 했다.[162] 암호와 축약문들 사이에서 허우적거리는 것은 달이 생각했던 독일의 패배를 축하하는 방법이 아니었다. 오샤와에 있던 낡은 제노샤 호텔은 할리우드나 뉴욕, 워싱턴의 화려함과는 거리가 멀었다. 이따금 캐나다의 제너럴 모터스 초대 사장이자 그 지방 유지인 로버트 새뮤얼 매클로플린Robert Samuel McLaughlin의 손님으로 호화로운 파크우드에서 저녁을 보내면 무료함이나 불안감이 조금은 덜어졌지만, 달은 오샤와가 너무나 한적하고, 캠프 X는 과도하게 비밀스러운 분위기여서 몹시 신경에 거슬렸다. 그런 느낌을 받은 사람은 그뿐만이 아니었다. 사무실 비서 중 하나였던 에벌린 데이비스Evelyn Davis는 남편인 레스Les가 망가진 타이프라이터를 고치러 갔을 때, 작가들이 하던 일을 다 감추고 입도 다물었다고 기억했다.[163] 달은 술을 한 달에 한 병밖에 살 수 없는 온타리오의 주류법에도 화가 났다. 달은 어머니에게 이렇게 불평했다. "정말 실망이에요. 그리고 건강에도 좋지 않고요."[164]

1945년 8월 히로시마와 나가사키에 원자폭탄이 투하되었다. 곧바로 일본은 항복했고 태평양에서의 전쟁은 끝이 났다. 온타리오 호수에 고립되어 있던 달은 계속 BSC 역사 기록에 매달렸다. 날씨도 좋고 갈색—그 어떤 때보다 많이 타서 마치 땅콩처럼 그을린—이 될 정도로 일광욕을 즐겼지만 달은 대도시로 돌아가고 싶은 마음이 간절했다. 몇 달 후면 책이 나올 예정이었고, 새로운 도전을 하고 싶었다. 누이 아스타는 WAAF(공군여자보조부대)와 함께 노르웨이에 파견되었다고 편지를 보냈는데, 달은 누이에게 갈까도 고려해보았다. 마침 달은 오슬로에서 공군 무관보를 구한다는 구인광고를 보았다. 하지만 '평생 제복만 입고 살 수는 없다'는 생각에[165] 지원하지 않기로 했다.[166] 그는 캠프 X를 그만두고 뉴욕으로 돌아왔다. 달은 나중에 오샤와에 있었던 3달을 거의 경멸적인 말투로 표현했다. 달은 빌 맥도널드에게 이렇게 말했다.

"조금 쓰다가 생각했어. '젠장, 난 하지 않을 거야. 이건 역사학자들의 일이다'라고. 그리고는 빌(스티븐슨)에게 전화를 걸어, '전 이 일을 접겠어요. 쓸 수가 없습니다'라고 말했지. 그랬더니 그가 '알았네, 돌아오게' 하더군. 그렇게 된 거야."[167]

그럴까? 달이 캐나다에서 일을 그만두기로 한 것은 다른 이유 때문일 가능성도 있다. 1993년 초, 달의 딸인 오필리아는 전 캐나다 군인의 부인인 리즈 드레이크Liz Drake의 연락을 받았다. 그녀는 스코틀랜드에서 BSC가 저지른 끔찍한 활동에 관한 증거가 있다고 말했다. 점령되었던 프랑스에서 근무하다 돌아온 캐나다 특공대원의 고문과 관련된 일이었다. 그녀는 고문이 영국 해병대에 의해 자행되었는데, '독일이 영국을 점령할 경우 군인들을 강하게 훈련시키기 위함'이라고 주장했다. 드레이크는 '역사를 쓰는 동안' 달이 이런 '검은 전쟁'에 대해 우연히 알게 되었는데, 내용을 알고는 '놀라고 분노하여'[168] 그만두겠다고 요청했을 거라고 믿었다. 그녀는 이런 만행이 사실이고 BSC와 관련 있다는 상황적 세부사항까지도 제출할 수 있었지만, 그래서 달이 캠프 X의 역사기록 일에서 손을 뗐다는 사실과 직접적인 연관성을 나타내는 증거를 보여주지는 못했다. 그렇지만 아주 흥미로운 추측이었다. BSC의 목적은 규칙을 어기고 '지저분한 전쟁'을 치르는 일이었다. 그리고 그들은 그렇게 했다. 문서는 유쾌하지 못하고 절망스러운 내용이 대부분이었을 것이고, 그 때문에 로알드가 임무를 다하고 싶지 않았을 것이다. 한편 《개 조심》 이후에 달이 쓴 작품들은 이전 작품들보다 더 어둡고 신랄해졌으며 서정적인 면은 훨씬 줄어들었다.

또한 달이 '그만둔 것이 아닐지'도 모를 가능성도 있다. 1998년 비공식적으로 출판된 BSC 기록 서문에서, 역사학자 나이절 웨스트Nigel West는 '1945년 늦여름'에 책이 완성되었다고 결론을 내렸다.[169] 달은 9월 4일까지 캐나다에 있었다. 캠프 X에서 보낸 편지를 보면 그보다 일찍 떠났을지도 모르지만, 그래 봤자 1~2주 정도였을 것이다. 달은 거의 3개월이나 그곳에 머물렀다. 웨스트가 제시한 대로 책을 읽으면서, 정말 수수께끼 같은 점은 그가 이 일에 무엇을 쏟아 부었을까 하는 점이다. 한두 개의 예를 제외하면—드루 피어슨의 묘사—삭막한 페이지들에서 아무도 흉내 낼 수 없는 그의 문학적인 터치의 증거를 찾기가 어렵다. 책에는 캐나다 의용군에게 자행한 잔혹성에 대한 어두운 비밀은 들어 있지 않으며, 제임스 본드에게 영감을 준 이야기들도 없다. 책은 그저 사소한 내용을 집대성해놓은 것뿐이며, 전문 역사학자들에게만 흥미로울 내용이다. 짧게 말하면 로알드가 혐오할 만한 책이다.

달은 전쟁 당시의 첩보 활동에 대해서는 그답지 않게 항상 신중했다. 어쩌면 그가 비밀을 무덤까지 가져갔을지도 모른다. 앨필드는 동생이 스티븐슨과 보낸 시간에 대해서는 항상 '조심스러워했다'며 말했다. "우리에게는 전혀 말해주지 않았어요."[170] 이러한 태도는 호기심을 보이는 이방인들을 대하는 달의 반응에서도 볼 수 있다. 스티븐슨의 초기 전기 작가도 '달은 말하기 전에 먼저 해당 담당자와 상의했다'고 기억했다.[171] '무적자'라고 불리는 스티븐슨의 전기 작가인 빌 맥도널드는 1990년 달이 죽기 전에 자신을 찾아왔는데, BSC에 대해 많은 사람이 공개적으로 떠들고 있다는 사실에 매우 놀라워했다고 전했다. 그는 맥도널드에게 자신이 아는 비밀을 털어놓을 생각이 없다는 점을 분명히 했다. 유명한 동화작가가 단호하게 이렇게 말했다고 한다. "당신도 나에게서 아무것도 알아내지 못할 거야!" 그러더니 잠시 멈추었다가 조금은 누그러져서 이렇게 덧붙였다고 했다. "이건 사실 명예의 문제니까."[172]

1945년 6월 20일 유럽이 승리한 지 6주 후, 스티븐슨은 달에게 BSC를 위해 일해준 것과 자신의 업적을 기록해주어 고맙다는 편지를 보냈다. 그는 이렇게 썼다.

"나는 1944년 7월 자네가 우리에게 들어오기 이전부터 자네 덕을 보았다는 점을 잊지 않고 있다네. 자네가 영국 대사관 소속이었을 때였지. 자

10장 비밀과 거짓말 357

네의 도움이 정말 유용할 때—자네는 늘 무조건 도왔지—가 많았다네. 자네의 능력을 인정하고 소중하게 여길 이유가 얼마나 많은지 잘 알고 있다네. 작년 한 해 자네가 해낸 일은 정말 훌륭했고 우리는 놀라지 않았네."

그는 계속 BSC 활동에 대한 달의 기여도는 '대단히 중요하고 가치 있었다'고 칭찬하면서 달의 '대단한 추진력', '미묘한 상황을 다루는 능력', '간결한 보고 능력'과 그의 미국 동료에게 받은 '존경심과 자신감' 등으로 달의 업적은 '시간이 흐르면 그 가치를 증명해 보일 거라고' 확신했다.[173]

그 편지는 당시 스티븐슨이 쓴 비슷한 편지 중 하나였다. 달이 캐나다 첩보원 지도자에게 중요한 인상을 남겼고, 전쟁이 끝난 다음에도 계속 접촉하면서 달을 자메이카와 버뮤다에 있는 집으로 초대했다는 것도 거의 의심할 바 없는 사실이다. 그러나 1945년 말, 달은 이 거대한 '흰 달팽이'에게 정말 싫증이 났다. 뉴욕도 매력을 잃어가고 있었다. 그는 어머니에게 이제 도시가 '번쩍이고 크롬으로 도금된 듯하며 빠르고 효율적이며 재미가 없다'고 했다.[174] 일주일 후, 달은 비록 반 고흐, 고갱, 세잔의 작품이 있는 밀리센트 로저스의 호화로운 아파트에서 지냈고, 뉴욕시 발레단의 안무가인 레오니드 마시니Leonide Massine가 그렘린을 발레극으로 무대에 올리는 일로 만나고 싶어 했지만, 또다시 이 같은 심정을 토로했다.

"저는 뉴욕을 별로 좋아하지 않습니다. ……거지가 너무 많고 사람도 너무 많아요. 특히 택시 운전사들은 몹시 불쾌하고요."[175]

달은 마침내 4년 동안의 워싱턴과 뉴욕에서의 성장세월을 보내고 1946년 2월 초에 퀸엘리자베스 호에 올랐다. 달은 그곳에서 정치가, 영화배우, 작가, 사업가와 어울리면서 극도의 부와 사치를 누렸다. 그는 유명인사가 되었고 많은 우아한 연상녀들과 교제했다. 외교관 생활에서 그는 성공과 실패를 맛보았다. 직설적인 대화와 추진력으로 북미인들의 존경심을 받았고 동시에 그의 경솔함과 예측불허한 면 때문에 영국 행정당국으로부터는 경멸을 받았다. 무엇보다 중요한 것은 달 자신이 해적 성향이 있는 사람들을 좋아한다는 사실을 알게 되었다. 결정 내리기 좋아하고, 권력자 뒤에 숨을 필요가 없는 사람들, 비난을 두려워하지 않는 사람들을 좋아했다. 그 중 하나가 찰스 마시였는데, 찰스는 달의 후원자이며 가장 친한 친구였다. 그리고 달도 변했다. 물론 6년 전에 SS 만톨라를 타고 탕가니카로 떠났던 젊은이의 열정, 삶의 기쁨, 기발한 상상력, 남을 즐겁게 해주고 싶은 욕망을 잃지는 않았다. 하지만 더는 똑같은 마음으로 모험을 갈망하지 않았다. 그는 평생 하지 않아도 될 만큼 자극적인 경험을 했다. 한편 전쟁이라는 현실은 그를 조금 더 냉소적이고 염세적이며 굴질적 쾌락에 염증 내는 성격으로 만들었다.

나이가 든 다음 달은 자주 전쟁이 스릴 있는 위험에 대한 욕구를 다 태워 없애버렸다고 회상했다. 단편 〈당신 같은 사람〉에서 그는 젊은 전투비행사의 성격에 영향을 미친 전쟁에 대해 이렇게 쓰고 있다.

"펄펄 날뛰던 젊은이가 이제는 나이를 먹어 현명하고 부드러워졌다. ……그는 일흔 살의 지친 노인처럼 변했다. 많이 변했다. 얼마나 변했는지 처음에는 당황스러울 정도였다. ……무슨 말을 해야 할지 쉽지 않았다."[176]

하지만 달은 어깨를 짓누르는 경험의 무게를 느끼고는 있었지만 정치의 매력은 완전히 사라진 것이 아니었다. 이제 배가 대서양을 가로질러 가고 있었고, 달은 자신과 가족들의 미래에 불길한 새로운 위협의 그림자가 드리워지는 것을 보았다. 금방이라도 닥칠 핵 재난의 버섯구름 같은.

1945년 9월 헨리 월리스가 트루먼 대통령에게 러시아와 원자폭탄에 대한 비밀을 공유해야 한다는 공개서한을 보내기 바로 전에, 달과 예전의 부통령은 다가올 공포에 대한 이야기를 나누었다. 월리스는 그의 친구가 러시아 두려움증에 걸렸지만, 지금 영국의 정책은 '미국과 러시아 사이의 불신을 최대화하여 3차세계대전의 발판을 만들려고 한다'고 썼다.[177] 로알드는 그의 의견에 동의할 수밖에 없었다. 인간이 언젠가는 스스로 파괴될지도 모른다는 생각이 계속 그를 괴롭혔고, 마음속에 있는 이상주의자와 냉소주의자의 갈등은 더욱 깊어갔다. 그런 갈등 속에서 그릇된 정보와 양면성을 나타내는 BSC의 불가해한 세계가 이미 씁쓸하게 작용하고 있었다. 어떤 것도 그 점을 바꿀 수는 없었다. 조국을 위해 아무리 입을 굳게 다물고 충성해도 은밀한 첩보활동은 항상 더러운 짓거리로 남아 있을 터였다. 결과가 어떻게 되든 정직하고 솔직한 것이 항상 좋은 선택이었다. 달은 죽기 몇 주 전, 빌 스티븐슨에 대한 인터뷰에서 그와 일했던 모든 경험으로부터 '내가 찬성하지 않는…… 비밀 유지 기술' 이외에는 가치 있는 일은 하나도 배운 것이 없다고 했다.[178]

11장

학자이며 집시

달의 친구이자 멘토였던 찰스 마시.
달이 처음으로 만났을 즈음이다. 1942년.

《개 조심》에 실린 달의 공식 사진. 1945년.

1946년 달이 영국으로 돌아갔을 때, 그곳은 1938년에 떠날 때와는 완전히 다른 곳이 되어 있었다. 대부분의 도시는 황량했으며 폭격으로 엉망이 되어 있었고 시민은 비탄에 빠져 환멸을 느끼고 있었다. 한때는 자부심이 대단했던 대영제국이 파산과 관료주의라는 진공 속으로 빨려 들어가 있었으며, 이제는 속임수와 묘략이 사회 규범이 되어갔다. 처칠의 '해가 빛나는 고지'나 클레멘트 애틀리Clement Attlee의 새로운 사회주의 영국이라는 '뉴예루살렘' 이상도 보이지 않았다. 달의 미래에 대한 두려움은 전쟁이 끝나자마자 구체적으로 그 모습을 드러내기 시작했다. 미국은 급작스럽게 대서양 건너편에 있는 동맹국에 대한 재정 원조를 중단했다. 영국 경제는 완전히 파산 상태에 이르렀다. 결국 새 노동당 정부는 가능한 한 모든 물건을 수출하면서 수입물품은 끔찍하게 통제했다. 곧 식량과 연료가 부족해졌고 모든 것을 규제하기 시작했다. 식량 배급은 점점 줄어들었다. 실업률은 치솟았다. 범죄가 나라 전체를 휩쓸었다. 어디서나 줄을 서는 모습이 보였다.

작가 존 리만John Lehmann은 '궁핍과 긴축의 가치'를 믿는 청교도적 관료 조직에 대해 영국의 영혼이 짓밟혔다고 회상했다.[1] 주요 식품도 부족했다. 사치도 함께 사라져버렸다. 엘리자베스 데이비드Elizabeth David에게 이런 상황은 '악몽'이었다.[2] 살구, 올리브, 레몬, 아몬드, 심지어 버터나 쌀도, 더는 구할 수 없는 물건이 되어 더러운 단어로 느껴졌다고 회상했다. 전력 공급 제한으로 도시의 대부분 지역이 암흑으로 변했고 추위에 시달렸다. 런던 시내에 있는 은행원들은 촛불을 켜고 일해야 했다. 미국에서 영국을 방문하러 왔던 크리스토퍼 이셔우드Christopher Isherwood는 눈으로 직접 사태를 보고는 충격을 받았다. 그는 암울하게 무너지던 런던이 '너무나도 끊임없이 비참했다'라고 썼다. 그의 친구 중 하나는 이제는 '죽어가는 도시'라고 말했다. 또 다른 친구는 전후의 영국은 지옥이나 다름없다고 말했다.³

세련된 메트로폴리탄에서 거의 4년을 살았던 달은 '젖소와 양 그리고 머리에 밀짚모자를 쓰고 느릿느릿 말하는 사람들'과 시골에서 살고 싶었다.⁴ 달의 두 번째 아내인 리시는 그가 '뼛속까지 시골 사람'이며, 그의 자연 사랑은 '성격의 중심을 이룬다'고 표현했는데, 그건 가족 모두의 생각을 반영한 것이다. 그런 성격은 달의 어린 시절, 어쩌면 라디어의 농장에 대한 향수 가득한 추억으로 거슬러 올라갔다. 렙턴에 있을 때 그 지방의 시골 길을 걷거나 달리던 일은 암흑 시절 동안 그를 지켜주었다. 그곳에서 달은 영감을 얻고 기쁨도 얻었다. 어쩌면 매슈 아널드Matthew Arnold의 시, 〈학자-집시The Scholar-Gypsy〉에서 삶의 패턴을 얻었는지도 모른다. 시의 서술자는 '가난한 옥스퍼드 학자가, 풍부한 상상력과 번뜩이는 기지가 돋보이는 창의력을 가진 이가, 성공의 문을 두드리기 지쳐', 지식의 세상을 등지고 집시들과 함께 살러 떠났다고 하고 있다. 그는 '야생의 형제들과' 세상을 돌아다니며 재치로 살아남고 언제나 흙에 가까이 남아 있었다고 한다.

로알드는 음악에 그러했듯이 이 시에 본능적으로 반응했다. 어머니에게 바흐의 협주곡이나 브람스의 교향곡처럼 그 시를 읽으면 '배가 꿈틀거린다'고 했다. 소박한 목가적인 이상—'게으른 소년'의 맑고 '투명한 기쁨'—을 위해 '현대적인 생활이라는 이상한 질병'을 거부하는 것은 어린아이일 때 나무에 올라가 일기를 쓰고 새알을 수집하던 시절부터 줄곧 그의 마음속에서 진정으로 우러나는 선택이었다. 그가 이집트에서 머리에 상처를 입고 회복하고 있을 때에도 그에게 힘을 준 것은 바로 그것이었다. 이제 정신적으로나 육체적으로나 전쟁의 상처를 입은 로알드에게 250줄의 시는 그의 마음을 강력하게 끌어당겼다. 할리우드의 가식적인 우아함, 런던 문학계의 불분명한 유혹, 그리고 배반이 판을 치는 정치 모략을 대신할 만한 시의 자유로운 목가적인 글귀가, 베토벤의 《전원교향곡》과 같은 감흥을 준다고 어머니에게 털어놓았다.[5] 그 시는 달에게 나머지 인생을 그려나갈 마음의 캔버스를 제공했다.

그는 영국 공군 상해연금으로 60퍼센트를, 쉘의 연금에서 1000파운드,[6] 아버지가 남긴 신탁 5000파운드의 반에 의존해 살면서 직업 작가가 되기로 하고 돌아왔다. 그렌던언드우드의 어머니 집이 딸린 넓은 정원에다 나라에서 주는 배급의 부족함을 채우기 위해 가족들이 먹을 채소를 기르고 싶었다. 앤 왓킨스에게 보낸 첫 편지는 그곳에서의 새로운 생활에 대한 흥분으로 가득 차 있었다. 그는 '초가지붕 집과 주위 들판, 젖소와 어린 양을 밴 어미 양, 진공청소기처럼 요란하게 불어대는 바람'에 열광하고 있었다.[7] '나무 사이를 오가며 장난치는 까마귀',[8] '눈송이 같은' 사과나무 꽃과[9] '올드 피저' 같은 술에 취한 듯 마을 이름에 대한 황홀한 묘사가 그다음 줄을 채웠다.[10] 곧 그는 경주용 그레이하운드를 한 마리 샀다. 달팽이상자 숙녀라는 이름의 경주견이었는데, 녀석은 30초 안에 480미터를 달렸다. 달은 녀석을 통해 경주견 한 무리를 키워낼 셈이었다. 그레이하운드 말고도 새끼오리 철리 니커보커, 곡스훈트 해리스 부인, 네 마리의 이런저런 강아지, 앵무새, 전 독일 정보국장인 카나리스Canaris 장군의 이름을 딴 카나리[11], 달이 전쟁 당시 여러 번 만났던 미국의 가십 칼럼니스트인 월터 윈첼Walter Winchell의 이름을 딴 못된 어린 까치가 집 안 동물원을 이루고 있었다. 그리고 달은 '타이프를 칠 줄 아는 여자친구'도 생겼는데[12] 그녀의 이름은 언급하지 않았다.

하지만 이 특별한 이상향도 나라 전체에 퍼져 있던 환멸감에서 결코 벗어날 수 없었다. 달은 좋은 기분을 유지하고 초기 작품에 두드러지게 나타났던 가벼움과 변덕스러움을 간직하려고 애를 썼다. 그런데도 슬픔과 절망감이 그의 소설 속에서 모습을 드러내기 시작했다. 그의 첫 번째 단편집 《개 조심》이 그가 뉴욕을 떠나던 1946년 1월에 뉴욕에서 출판되었다. 책은 사실 한 달 전에 나왔어야 했지만, 짜증스럽게도 달의 출판업자인 레이널&히치콕Reynal & Hitchcock—찰스 마시가 붙인 별명에 의하면 오줌과 요강[13]—이 출간을 늦추었고, 그건 책이 나온 며칠 후에 그가 영국으로 돌아가야만 한다는 뜻이었다.*

논평은 좋았다. 하지만 다양했다. 《뉴욕 타임스 북리뷰New York Times Book Review》의 노나 발라키언Nona Balakian은 이야기의 몽상적인 분위기를 칭찬했고, 달이 '지구에 있는 존재들하고는 거의 상관이 없는…… 그런 감정'들을 소통할 수 있다고 칭찬했다. 또한 '실제와 그림자 사이의 그 좁은 공간'에 살 수 있는 능력을 높이 평가했다.[14] 《뉴요커The New Yorker》 비평가는 요즘 독자들이 '너무나 많은 비행사 출신 작가'들의 이야기를 접한다고 불평했지만** 달의 '독창적인 생각'에는 호의를 보였다. 특히, 단편집에서 두 이야기에 '꽤 괜찮은 저속한 코미디 요소가 가미되어' 있다고 했

---

*이 책은 비행 이야기로 받은 인세를 영국 공군 기금으로 돌린 마지막 책이다. 달은 지금까지 충분히 기부한 것 같다고 커티스 히치콕에게 이야기했고, 이제는 자신이 돈을 벌기 위해 작품을 발표하겠다고 했다. —로알드 달, 커티스 히치콕에게 보낸 편지, 04/20/45–RDMSC RD 1/1/1/191.

**그는 아마도 미국에 사는 프랑스 작가인 생텍쥐페리를 떠올린 듯하다. 생텍쥐페리는 《전투조종사Pilote de Guerre》와 《어린 왕자Le Petit Prince》를 1942년과 1943년에 발표했다. 흥미롭게도 《어린 왕자》는 비행기가 아프리카 사막에 추락하면서 시작한다.

다.¹⁵ 또 다른 비평가도 그의 '난폭하면서도 동정심이 깃든' 유머에 박수를 보냈다.¹⁶

그러나 달에게 가장 큰 기쁨을 준 것은 스크리브너Scribner에 있는 맥스웰 퍼킨스Maxwell Perkins에게 받은 축하 편지였다. 퍼킨스는, 달이 나중에 표현했듯이, 미국 출판업계에서는 신화적인 존재이자 '모든 편집장 중의 왕'이었다. '항상 예외 없이 사무실에서도 챙이 좁은 중절모를 쓰고 다니던' 작은 체구의¹⁷ 퍼킨스는 그가 출판하는 작가들에게 존경을 받았는데, 작가 중에는 헤밍웨이와 스콧 피츠제럴드도 있었다. 그의 편지는 달의 가장 서정적인 이야기인 〈어느 늙디 늙은 남자의 죽음The Death of an Old, Old Man〉에 집중되어 있었는데, 고도의 비행 전투에 참전했다가 죽음을 당한 젊은 비행사 이야기였다.

퍼킨스는 그의 간결함과 정확함을 존경하면서 전투에 관한 한, 전투가 어떻게 진행되고 어떤 모습인지 이보다 더 잘 알려주는 책은 읽어본 적이 없다'고 단언했다.¹⁸ 그는 만약 달이 장편 소설을 쓰게 된다면 출판할 용의가 있다고 의견을 밝혔다.

미국을 떠나기 전에 달은 이미 다음번 작품은 장편소설이 될 것이며, 그가 아끼는 그렘린을 주제로 쓰려고 마음먹었다. 하지만 아이들을 위한 책은 아니었다. '아주 다른' 내용이 될 예정이었다.¹⁹ 훨씬 어둡고 더 묵시론적인 내용으로 인간의 잔혹한 본성에 대한 비평과 원자폭탄의 파괴력에 대한 첫 번째 소설이 될 것이었다. 그의 반전사상은 1944년과 1945년 사이에 점점 커지고 있었다. 두 단편 〈어느 늙디 늙은 남자의 죽음〉과 〈그들은 늙지 않으리They Shall Not Grow Old〉는 상당히 부정적이어서, 전쟁이 공식적으로 끝난 다음에야 출판될 수 있었다. 반면 그의 마지막 비행 이야기인 〈당신 같은 사람〉은 살인이라는 행위가 비행사의 심리에 미친 결과에 대한 통렬한 숙고였다. 갑자기 늙어가는 주인공이 이렇게 말한다.

"나는 계속 생각한다, 조금 피할까? 약간 옆으로 피하면 내 폭탄이 다른 사람에게 떨어질까? 나는 폭탄을 누구에게 떨어뜨릴까에 대해 계속 생각한다. 오늘 밤은 누구를 죽일까?"[20]

죄의식에 사로잡힌 주인공에 대한 해결책은 우울하게도 알코올로 잊는 것이었다. 달은 자신을 전쟁의 악마들과 상대해야 하는 매개체로 여겼다. 이제 달은 다른 주제를 시도했다. 왓킨스가 점점 '멜로드라마 같고, 피비린내 난다'[21]던 자신의 고뇌를 분노와 풍자로 바꾸었다.

그렘린은 변했다. 이제는 변덕스러운 존재가 아니라 재난을 몰고 오는 사악한 존재로 변했다. 달이 어린 시절부터 알았던 비틀리고 흉한 모습의 트롤이 되어갔다. 지하에 살고 '눈꺼풀이 없는 작고 까만 눈, 교활하고 뒤틀어진 미소를 짓는 작고 두꺼운 입술을 가진 기이하고 무시무시하게 생긴 얼굴'의 괴물이 되었다. 암컷 그렘린인 피피넬라스는 디즈니가 묘사했던 재미없고 덤덤한 인물에서 자유롭게 풀려나 도도한 암사슴 같은 눈의 왈가닥 같은 인물에서 무시무시한 악마, '대머리에 그럴 수 없이 흉하게 생기고······수컷 그렘린보다 훨씬 더 악한 존재이다. 어느 종이나 암컷이 수컷보다 계산적이고 교활하고 질투심 많고 무자비한 존재가 되었다.'[22] 그렘린들은 신이 나서 지구를 점령하기 위해 인간들이 자신을 파괴해 버리게 유도한다. 달은 에이전트에게 그가 만들어낸 세상은 '끔찍한 어른들' 세상이라고 고백했다.[23]

3차세계대전은 이전의 두 대전보다 빠르고 갑작스러웠다. 전쟁은 두세 달밖에 계속되지 않았다. 하지만 새로운 무기의 효력은 대단했고 파괴력 또한 엄청났다. ……전 세계 인구는 짧은 시간 동안에 엄청나게 줄어들었다. 그리고 깊은 땅속에 있던 그렘린들은 멀리서 꽈광하는 요란한 폭발 소리를 들었다. ……그렘린 사회에 흥분의 파도가 일었다. 그들은 멀리 머리 위에서 들려오는 폭발 소리에 흥분해서 서로에게 소리쳤다. '자, 녀석들이 또 시작했구나! 하지만 이번에는 더 괜찮은데. 아주 빨라. 빠르면 더 좋고 빠, 빠르면 훨씬 더 좋다고…….' 그렘린들은 파괴력이 얼마나 대단한지 그리고 살상이 얼마나 완벽하게 이루어졌는지 보고 싶어 안달이 났다.[24]

달이 책을 쓰는 동안, 염세주의적인 생각은 점점 더 가파르게 자랐다. 끔찍한 파괴력을 지닌 원자폭탄에 대한 달의 견해는 1946년 8월에 더욱더 강해졌는데, 그건 그가 《뉴요커》의 지면 대부분을 차지했던 존 허쉬John Hersey의 히로시마에 대한 기사를 읽고 나서였다. 허쉬의 원자폭탄에 대한 축약된 사실 묘사―전부 10만 명의 목숨을 앗아간―중에서 여섯 명의 삶에 대한 이야기가 달에게 깊은 인상을 심어주었다.[25] 달은 단편에서 보여주었던 냉정하게 거리감을 둔 신중한 태도 대신에 보통 사람들과 지상에 사는 사람들 그리고 그가 뒹굴고 있는 이 쓰레기 같은 곳을 비난하는 장황하고 수사학적인 열변을 토로했다.[26] 그건 위험한 영역이었다. 달이 자신을 초연한, 신 같은 존재로 생각하는 능력, 하늘에 있는 상상 속의 영역을 방황하는 능력, 자신보다 생각이 자유롭지 못한 사람들을 비난할 수 있는 능력…… 이런 능력은 자신이 겪었던 추락사고와 조종사로서의 경험에 의해 더 심해졌다. 두 사건으로 달의 감정은 죽을 운명의 다른 인간들로부터 자신을 자유롭게 떼어놓았다. 1945년 출판되지 않았던 단편, 〈World Leaders〉에서 달은 하느님이 죽은 비행사를 다시 지구로 보내 대통령과 수상에게 그들이 얼마나 시시한 존재들인지를 일깨우게 했다. 비행사는 체포되어 우두머리 앞에 끌려왔다.

바로 그때 그들은 그의 눈을 보았다. 그들은 눈 이외에 다른 곳을 볼 수가 없었다. 그건 거의 불가능했다. 깊고 푸른색은 마치 여름날의 하늘 색깔이었고 눈 속에는 작고 하얀 불꽃이 끊임없이 이글거리며 눈이 부실 정도로 밝게 타고 있었다. 그건 그가 공중에서 죽인 천명이나 되는 사람들의 눈이었다. 그들의 용기, 진실, 고통이 보이고 있었다. ……그들은 그의 눈에서 자신들이 도저히 이해할 수 없는 그런 힘을 보았다. 쳐다보고 있을 때 자일이 서 있는 주위로 희미한 불빛이 비쳤다. 그의 얼굴은 마치 천사의 얼굴 같았다.

자일은 세상의 지도자들을 '완전히 유리로 만들어진' 초자연적인 비행기에 태웠다.[27] 비행기에서는 소리가 나지 않았다. 그들은 점점 높이 날아올라갔다. 그들 아래 있는 세상이 점점 작아져, 우주에서 아주 하찮은 존재로 보이는 곳까지 갔다. 자신을 '슈퍼맨'으로 여기는 것은 달을 작가로 만든 원동력 중 하나였다. 초기 작품에서도 이러한 초월성이 나오지만 단편적이고 간접적이었다. 그의 눈으로 관찰한 아주 상세하고 작은 일들에 대해서는 거의 언급하지 않고 지나갔다. 이제는 카메오에서 나와 이야기를 좀 더 큰 도화지에 그리기 시작했다. 감성과 판단이 조금은 노골적이고, 감정을 쉽게 조절할 수 없는, 그래서 독자들이 덜 용서하게 되는 그런 도화지였다.

당시 달의 정치관은 복잡했다. 같은 배경을 가진 많은 사람처럼, 전쟁의 경험은 천성적으로 보수적이었던 그를, 정의롭고 변화된 평화가 반드시 필요하다고 생각하는 사람으로 만들었다. 그가 어떤 식으로 투표했는지, 아니 투표 자체를 했는지도 명확하지 않다. 윈스턴 처칠의 보수당을 몰아내고 클레멘트 애틀리가 이끄는 개혁파 사회당이 권력을 잡은 1945년 5월 총선 후, 달은 아마도 처음에는 새 정부를 지지했을 것이다. 친구인 데니스 펄은 모든 학생이 보수당을 지지했던 렙턴의 학창시절,[28] 그리고 달이 어머니에게 '학교에서 끔찍한 노동당 인물'을 연례 연설에 초대했다고 투덜거리던 편지를 보냈던 시절과 비교해 보면 얼마나 많이 변했는지 기억했다.[29] 헨리 윌리스와 찰스 마시와 보낸 시간이 그를 변화시켰던 것이다. 달은 그들이 권한 이상주의 개혁이라는 술을 깊이 들이마셨고 이제 새로운 세계 질서가 필요한 시기라고 믿었다. 1943년 《Post War Air Lines》라는 보고서를 쓸 때 달은 이렇게 결론을 내렸다.

"전쟁이 끝난 다음에 국제적인 차원에서 일을 많이 하면 할수록 오래 지속될 평화가 가능할지도 모른다."[30]

이런 국제주의화가 그를 좌파 성향으로 이끌어, 그의 친구인 레슬리 파레스Lesley Pares(결혼과 함께 성이 오말리O'Malley로 변했다)는 당시 달의 견해가 '대단히 사회주의적'이었다고 했다.[31] 하지만 현실에서 달은 윌리스나 아인슈타인, 그리고 그의 영웅 윈스턴 처칠과 함께 세계 정부를 옹호하는 개혁파였다. 처칠은 철의 장막이 유럽에 드리워질 거라는 비전을 예견했는데 그게 현실이 되었던 것이다. 소비에트 연방에 대한 달의 태도는 강경했다. 달이 소름 끼치도록 두려워했던 것은 마르크스의 이상이 아니라 폭력적이고 야만적인 현실이었다. 그는 이렇게 단언했다.

"나는 공산주의가 두렵지 않다. 전쟁이 두려울 뿐이다. 하긴 두려운 것도 아니야. 다만 언젠가 닥칠 거라는 생각에 소름 돋을 뿐이지."[32]

버킹엄셔의 집에서 국제정세가 돌아가는 것을 바라보던 달은 핵전쟁으로 인류가 망할 거라는 생각에 거의 집착했다. 달은 데니스 펄이 휴가를 얻어 집에 찾아왔을 때, 그와 오랫동안 그 문제를 논의했다. 그는 찰스 마시에게도 그 문제에 대해 자주 편지했다. 하지만 그는 집으로 돌아갈 결심을 버릴 생각은 없었다. 클라우디아 헤인스에게 이렇게 말했다.

"아직은 미국으로 돌아갈 만큼 초조하지는 않아요. 지금은 유럽에 있어야 할 것 같습니다. 사회가 혼란해서 무척 당황스럽지만 이 모든 소용돌이에는 분명히 중심이 있을 것이고 자세히 들여다보면 어디로 흘러갈지 알 수 있을 것 같습니다."[33]

3개월 후 마시에게 보낸 편지에서 피할 수 없는 적대감이 표출되는 것은 시간문제라고 썼다. '믿을 만한 정보에 의하면, 런던의 견해는 올해가 아니라 1949년이나 1950년 봄에 전쟁이 발발할 거라고 합니다.'[34] 운명론자적인 세계관은 인류에 대한 비관주의로 발전해갔다. 달은 이렇게 슬퍼했다.

"오, 이런, 세상은 너무 혼탁하다. 세상이 있기도 전에 전쟁이 있었고 아마도 계속 그럴 것 같다. 많은 나라 중 한 나라가 주기적으로 그릇된 행동을 하지 못하게 막으려는 시도는, 한 나라 안에서 벌어지는 범죄를 막는 것처럼 힘든 일이다. 늘 경찰관이 있고, 감옥도 있고, 전기사형도 있지만 그래도 범죄는 여전히 일어날 것이다."[35]

찰스 마시는 달을 안심시키려 했다. 찰스는 '자네가 이렇게 슬퍼해서 안타깝네'라고 쓰면서 로알드에게 분노하거나 비판적인 태도를 버리고 '전 세계의 하모니를 위해 싸우라'고 했다. 마시는 전 세계의 정치인들이 양손에 원자폭탄을 쥐고 그림 앞으로 걸어가고 있다는 사실을 한탄했다. 하지만 그는 가장 좋은 정책은 '지적인 즐거움'으로 다가올 폭풍을 맞이하는 일이라 했다.[36] 마시는 그것이 바로 헨리 월리스의 접근 방식이라고 했다. 로알드는 최근에 클라우디아와 찰스에게 그 역시 '우울해할지 즐거워할지' 모르겠다고 말했다.[37] 하지만 이번 반응은 극단적으로 냉혹했다. 그는 월리스를 '똑같이 좋은 성격과 호감 가는 영국 동지이며, 뮌헨에 갈 때 우산을 들고 간' 네빌 체임벌린에 비유했다.[38] 그리고는 마시에게 전 부통령 월리스가 자신을 '바보로 만들고 있어서' 최근에 영국을 방문했을 때 그와 연락할 생각도 하지 않았다고 말했다.[39] 로알드는 만약 찰스도 월리스처럼 러시아 놈들의 발에 키스한다면 조만간 그들이 찰스의 혀를 물어뜯을 거라고 했다.[40]

이런 냉소주의가 그에게 예지력을 갖게 했다. 그는 단편 〈Nineteen Fifty What?〉에서 도시 내에서 벌어진 테러를 예견했다. 정체를 알 수 없는 두 외교관이 워싱턴에 도착해 대통령에게 미국이 당장 일본에서 군대를 철수시키지 않으면, 미국의 도시 53군데에 설치해놓은 원자폭탄을 터뜨려버릴 거라고 알렸다.[41] 하지만 그가 분노한 진짜 이유는 당면한 전후 상황의 불공평 때문이었다. 마시에게 보낸 편지에서 달은 '공산주의가 러시아―미국이나 영국은 아니지만―사람들에게는 궁극적으로 유리할지도 모른다'고 인정하건서 '고귀한 인물들'인 마시와 월리스를 '무자비한' 사람들과 대조적으로 그리고 있는데, 후자는 항상 전자의 뒤통수를 친다고 했다.[42] 최근에 있었던 인명 살상이 너무나 처절해서 곧 털이 사랑하는 모든 것이

11장 학자이며 집시 373

파괴되어 버릴 것만 같았다. 달은 마시에게 핵전쟁을 피할 수 없다는 사실은 '빌어먹을' 가장 슬픈, 제일 슬픈, '생각할 수 있는 가장 미친 짓'이라고 했다.[43]

그렘린 이야기의 최종 제목인 《Some Time Never》는 이 상황에 대한 달의 반응이었다. 달은 시대를 뜨겁게 달군 주제에 대해 장대하고 중요한 풍자뿐만 아니라 자신의 존재를 위한 투쟁 이야기를 쓰려고 했다. 부제목인 '슈퍼맨을 위한 우화'도 친숙한 곳에서 시작되고 있다. 1940년 영국의 전쟁과 영국 대공습을 서정적으로 묘사한 이야기이다. 달의 많은 초기 작품들처럼 조종사의 두려움에 대한 절제된 묘사로 시작한다. 두려움은 '차가운 바늘 끝이…… 명치 위로 서서히 넘어가더니' '깊고 끔찍한…… 마치 배에서 그 모든 것, 따듯함, 피 그리고 내장까지 꺼내버려 속이 텅 비고 얼음처럼 차가워진' 그런 불안감이 된다.[44] 그러나 이번에는 그런 두려움이 처참한 전투나 폭격에 앞서 생기는 막연한 불안감이 아니다. 그 정도가 아니라 비행 자체가 조종사의 영혼에 새겨놓은 치유될 수 없는 질병의 증상이다. 그건 애정과 무관심, 연관과 분리, 접촉과 고립 사이의 갈등에서 나타나고 있다. 달이 표현했듯이 '아끼고 사랑하고 싶은 소원과 믿고 싶지 않고 다 잊고 싶은 욕구 사이'의 갈등이었다. 승자도 패자도 없는 싸움, 텅 빈 머릿속에서 싸우고 부서진 두 대립하는 힘의 갈등은 소설 속에서 계속 나타나는 주제였다. 달의 소설은 초기부터 허무주의가 팽대했다.[45]

그리고 안전띠에 매인 몸을 앞으로 당기고 조종실 안에서 펄쩍 뛰어 목청껏 저 아래에 있는 세상에게 네가 알고 느끼는 것, 그들에 대한 백 개나 되는 진실과 끔찍한 일들을 소리쳐 말해주고 싶었다. 그들에게 제일 먼저, 네가 그들을 얼마나 사랑하는지, 그 대문에 또 얼마나 미워하는지를 말해주고 싶었다. 그들 하나하나, 특히 지하에서 창백한 얼굴로 빽빽이 들어서 있는 사람들, 줄을 서 있는 참을성 있고 슬픔에 잠긴 여인들, 거리에 서 있는 멍한 표정의 군인들, 그들 모두에게 갑작스럽게 닥친 듯 보이는 일들을 말해주고 싶었다. 그들에게 이 일은 너의 노래의 짐이 된다고 하지만 아무것도 문제 될 것이 없다고 말이다. 그 어느 것도, 아무것도, 화염도 질병도 살인이나 그들의 삶을 규정짓는 수백만 가지의 작은 일들도 다 마찬가지라 말해주고 싶다. 그래서 앞으로 그들은 술값이 얼마인지, 양파 냄새, 죽어가는 부인, 뺨에 난 여드름, 폭탄과 갑작스러운 죽음도 그들은 상관할 필요가 없다. ……그런 일들이 이제 더는 중요하지 않기 때문이다 …… 아무것도 중요하지 않다. ……그것이 단순한 진실이다. 그 모든 것들을 합쳐놓아도, 살아가고, 또 사랑하고, 미워하고, 죽어가는, 그 모든 것을 조심스럽게 다 더해도 결국 아무것도 아니다. 정확히 아무것도…….[46]

이 책 첫 번째 부분의 고통 받는 주인공 피터닙은 달과 공통점이 많다. 조종사이며, '길고 뾰족한 계란형에, 위는 둥글고 아래는 뾰족한' 얼굴이고, '제대로 맞추지 않아 흔들리는 추'처럼 절뚝거리며 걷고, 바흐와 팔레스트리나Palestrina에 대한 열정을 가지고 있다.[47] 전쟁 동안 겪은 일들은 달 자신의 경험을 그대로 보여주었다. 둘의 심리적인 상처의 특징도 같았다. 둘 다 실제보다 빨리 나이를 먹었다. 둘 다 감정적으로 둔했다. 둘 다 더는 비행할 수가 없기에 장애인이라고 느꼈다. 로알드는 이런 걱정을 작가이자 왓킨스의 남편인 로저 버링게임Roger Burlingame에게 보낸 편지에 썼다. 달은 자신의 냉정함(그가 절실하게 극복하려고 노력하기는 하지만)은 아마도 '비행, 비행 속도, 위험을 맡긴 좁은 공간, 비행 높이, 움직임, 특히 그 움직임과 관련이 있을 것⋯⋯'이라고 했다.[48] 이제 삶에 활력소를 주던 황홀한 움직임을 빼앗긴 피터닙은 점점 더 슬펐고 점점 더 말이 없어졌다. 밖으로 보이는 그의 이성적인 모습은 '검은 절망, 깊고 확실한 운명론을 가렸는데, 모든 사람이 자신만의 삶에 매여 있다는 운명론을 참을 수가 없었다.' 정치가와 숨 막힐 듯한 진지함을 가진 이상주의자들을 혐오하던 달은 이제 자기 자신을 포함해 모든 사람을 경멸했다. 그리고 기쁨과 환상을 영원히 잃어버렸다는 절망감은 치유되지 않고 남아 있었다. 민첩하고 멀리 내다볼 수 있는 눈으로 멀리 떨어진 이국적인 곳을 넘나드는 사람의 마음도 이야기해줄 수 있었던[49] 과묵한 피터닙은 갑자기 책 중간에 3차세계대전의 시발이었던 폭탄이 런던 중심부에 떨어지는 바람에 브람스의 바이올린 협주곡을 듣고 퀸즈홀 밖으로 나오다 죽는다.

첫 번째 원자폭탄 전쟁은 빠르게 끝나버리고 책은 인류의 파괴에 대한 미래적인 우화로 변한다. 독자는 인류의 멸망을 오직 그렘린의 시각으로만 본다. 특히 그들의 '우두머리'—전쟁 당시의 독재자를 코믹하게 왜곡했는데, 연설에 대한 열정으로 윈스턴 처칠과 에이브러햄 링컨Abraham Lincoln의 연설집을 공부하고, 그런 책들과 함께 새뮤얼 버틀러Samuel Butler의 《에리휜Erewhon》도 한 권 가지고 있었다. 그 책에 나오는 기능이 엉망인 유토피아는 달의 그렘린 왕국과 유사성이 있다—에게서 가장 눈에 뜨이는 것은 기계를 혐오한다는 점이다. 여기서 풍자가 시작된다. 책의 후반부는 자기 위에 있는 인간 세계의 객관적인 도덕적 상황에 대한 우두머리의 연설문으로 이루어져 있다. 그가(틀림없이 달이) 경멸하는 주요 대상은 정치 체제가 아니라 인간 그 자체였다. 인간들이 상황을 이렇게 만들어 버렸기 때문이다. 우두머리는 이렇게 선언한다.

"지구에 평화가 계속되지 못하게 한 책임은 한 무리에 국한되는 것이 아니다. 그건 인간의 본성 탓이다."[50]

분노에 대한 스위프트식의 장황하고 희극적인 연설로 우두머리는 신이 나서 인간의 어리석음과 사악함을 조목조목 늘어놓는다. 인간들은 "자만심과 이기심이 산처럼 쌓인 존재이고…… 그 어떤 생물보다 더 많은 지혜를 가졌지만 또한 그 어떤 생물보다 더 많은 탐욕과 허영과 권력에 대한 애착이 있다"고 했다. 인간이 가진 문제의 중심에는 돈에 대한 집착―그렘린들이 동전 수집이라고 부르는―이 있고, 우두머리가 국민에게 퍼뜨리고 싶어 하는 국가적인 이익에 대한 애착이 있다. 그가 우스꽝스럽게 '자국애증'이라고 별명 붙인 이 병은 '인간이 겪는 가장 심각하고 불쾌한 질병'이라고 했다. 질병에 걸리지 않기 위해서는 모든 나라 어린아이의 눈을 멀게 하고 귀를 멀게 해야 하는데, 그렇게 해야만 '균이 몸 안으로 들어가는 통로를 막을 수 있기 때문이라고 했다.' 인간의 행동 방식도 살피고 제한해야 했다. 심지어 의사도 병에 걸려 경건한 체하는 악마가 되어 책에서 튀어나오는데, '허영심이 가득하고 생색내기에 바쁘고…… 입가에서 자화자찬이 뚝뚝 흐르는 것을 거의 모든 사람이 볼 수 있다…… 시대를 통틀어 가장 큰 위선자'일 것이다.'[51]

《Some Time Never》의 전체 분위기를 짓누르려고 위협하는 분노와 쓰라림의 깊은 숲을 뚫고 잔잔한 희극적인 요소가 나타난다. 특히 달이 원한을 풀려고 할 때 그렇다. "많은 지식인은 직업을 택할 때 군대에서 평생직을 구하지는 않는다"고 단언하면서 그렘린의 사악함으로부터 인간을 보호하는 책임을 진 여섯 명의 무능한 공군 사령관들을 비아냥거린다. 그러면서 아주 교묘히 그 이유를 보여준다.

　　공군 총사령관이 다시 말했다.
　　"상황은 심각하다. 대체 우리가 어떻게 해야 하지?"
　　그의 귀를 파고 있던 사람이 물었다.
　　"뭐에 대해서 말입니까?"
　　"그거야 당연히 그렘린들에 대해서지."
　　그의 등을 긁어주던 남자가 대답했다.
　　"우리가 손을 봐야지요."
　　그의 손톱을 깨끗이 다듬던 남자가 끼어들었다.
　　"즉각 조치를 하셔야만 합니다."
　　감기약을 들고 만지작거리던 남자가 말했다.
　　"필요한 명령을 내려야 합니다."
　　유리창 밖을 내다보며 점심 생각을 하던 남자가 말했다.
　　"저도 같은 의견입니다."
　　총사령관이 말했다.
　　"그럼 의견이 일치했군."
　　그는 다른 사람들보다 조금 똑똑했다. 그는 부관을 엄한 눈빛으로 바라다보면서 말했다.
　　"하지만 우리가 제일 먼저 할 일이 무엇이라고 생각하나, 허버트 경? 자네는 첫 번째 조치로 어떤 제안을 하겠나?"

항상 즉석 결정으로 유명한 허버트 경이 대답했다.

"우선 점심을 드셔야죠."

그 말과 함께 회의는 끝이 났다.⁵²

소설은 그리스의 연설가인 이소크라테스Isocrates가 정치 개혁, '우리의 적개심을 영원히 잠재우고 상호 간의 애정과 의리로 계속 뭉치게 할 수 있는 그런 방법'을 호소하는 말로 시작했다. 하지만 원자폭탄의 폭발과 생물학 무기로 인류가 완전히 멸망하는 것으로 끝이 난다.

그는 상상의 눈으로 하늘에서 '번쩍'하는 하얀색 섬광을 보았다. 그리고 그 빛이 일정하게 퍼져 나가더니 대륙을 덮고 대륙 전체를 까맣게 그을리는 것을 보았다. 그는 대륙의 표면이 검게 그을리고 다 타버려 그 위에 아무것도 살지도 자라지도 않는 것을 보았다. 그는 뜨거운 열기에 뒤이어 도시에 막강한 바람이 불어와 모든 것을 땅바닥에 무너뜨리고, 마을을 부수어 마을 전체를 돌무더기로 만들어버리는 것도 보았다. 그는 동반구에서 키가 큰 나무처럼 생긴 엄청나게 크고 가는 미사일들이 연이어 일제히 쏘아 올려져 성층권을 뚫고 올라갔다가 한 시간에 8만 킬로미터의 속도로 가로질러 날아가는 것을 보았다. 그는 그 미사일들이 직각을 그리며 유럽이 있는 모든 나라에 떨어지는 것을 보았다. 그는 미사일이 폭발되는 것도 보았다. 그리고 치명적인 바이러스 안개구름이 일더니 잠시 공중에 떠 있다가 천천히 사람들의 머리 위로 내려앉는 것을 보았다.⁵³

마지막으로 단 하나의 변덕스러운 최후의 계시록이 있다. 수백만에 달하는 그렘린들이 지하 구멍에서 지구를 차지하기 위해 나타나자 새벽녘의 어슴푸레한 환상처럼 구름이 사라지기 시작했다. 지구는 오염되고 황량한 상태가 되었다. 하지만 삶은 계속된다. '수백만 가지의 미세한 생물 유기체'가 살아남아 미래를 위한 작은 희망을 던져준다. 그러나 여자도 남자도 없는 미래가 될 것이다. '무시무시하고 끔찍한 괴물들의 지구', 그 지구에서 인간은 '한낱 쓸모없는 성가신 존재가 되어…… 도저히 파괴할 수 없는 괴물들의 지구…… 얼마 전까지만 해도 자다 일어나 얼굴을 밟고 지나가는 수백만 발자국을 느끼기는 했지만 그저 얼굴을 찡그리며 곧 없어지겠지' 하고 말했던, 그런 괴물들의 지구를,[54] 달은 지구 스스로 활발하게 자기 규제시스템으로 움직인다는 제임스 러브록James Lovelock의 '가이아' 이론보다 30년 앞서 내다본 것이었다. 바로 이렇게 독창적이고 끔찍한 이미지들이 이 독특하고 제대로 평가받지 못한 공상소설에 담겨 있다. 달의 딸 오필리아는 그 책이 아버지의 가장 깊고 어두운 감정들을 보여준다고 믿는다.

"아빠는 인간이 대단히 끔찍한 일을 할 수 있는 존재라는 생각에는 흔들림이 없었어요. 그리고 《Some Time Never》에서는 인간이 자신을 얼마만큼 파괴할 수 있는지 그 능력에 대해 쓰고 있었어요. 아빠가 직접 본 전쟁의 무상함에 대해 무슨 말인가 하려고 했다고 생각해요."[55]

글 쓰는 작업은 달을 지치게 했다. 요통으로 우울증이 심해졌고 영국으로 돌아온 후 한 달 만에 달은 앤 왓킨스에게 '침울함을 느낀다'고 편지를 보내면서 뉴욕에 있는 모든 사람이 그립다고 했다.[56] 1946년 달과 어머니, 그리고 노르웨이 파견 근무에서 막 돌아온 아스타는 그레이트미센던 근처 언덕 위에 있던 커다란 저택인 그랜지 농장으로 이사했다. 달은 그곳에 있던 오두막을 글 쓰는 작업실로 바꿨다. 노동 제한 때문에 모든 걸 스스로 다 손봐야 했다. 애완용 까치인 무어 부인은 페인트 통에 발이 빠져 '하얀 부츠'를 신은 채 달을 졸졸 쫓아다녀서 분위기를 밝게 만들어 주었다. 그렇지만 '거의 죽을 뻔'할 정도로 힘든 일이었다.[57] 종종 책 쓰는 일도 그를 완전히 부숴 버리는 것 같았다. 10월에 그는 우울한 마음으로 앤 왓킨스에게 이 '거지 같은 세상'에 '아무 애정'도 느끼지 못하고 있다고 썼다. 그리고 이게 다 누구 책임인지 알고 있다고 했다. "나는 망할 놈의 그렘린과 관계된 모든 것을 혐오하고 경멸하고 증오합니다"라고 썼다.[58] 그는 또 다른 자아이며 불가능하고 환상적인 생각에 뇌가 푹 젖어 있는 피터닙이 되어갔다.[59] 그보다도 친구나 가족에게서도 책에 대한 지지를 거의 받지 못하고 있었다. 예를 들어 원고를 타이프하기 위해 고용된 아스타는 별생각 없이 이 이야기가 '잘 될 것 같지 않다'며 로알드가 완전히 '쓸데없는 것'을 쓰고 있다고 했다.[60] 앤 왓킨스와 맥스웰 퍼킨스 그리고 다른 여러 사람이 믿어 주는 책을 끝내려고 애를 쓰면서, 달은 아마 틀림없이 깊은 수렁 속을 들여다보며 주인공 피터닙처럼 '자신감과 믿음을 다 잃어버리면 자신의 모든 것을 잃는 것과 같은 것인지'를 궁금해했을 것이다.[61] 그는 스스로 서야 했다. 그를 믿어주었던 사람들은 5000킬로미터나 떨어져 있었다. 그가 정신을 잃지 않고 살아남을 수 있게 도와주는 것은 두 가지였다. 음악 감상과 그가 키우는 개들이었다.

1946년 12월, 달은 '그 망할 놈의 책'을 끝냈다.[62] 그날 저녁 그는 그레이하운드 암컷 한 마리를 짝짓기 위해 데리고 나가면서, 견공의 삶에 대해 상상해보았다. '몸값이 엄청 나가고 훌륭한 보살핌을 받는 종견의 생활은 얼마나 멋질까?"라고 앤 왓킨스에게 썼다. 그리고는 농담 삼아 암컷을 선택할 수 있으면 더 좋았을 거라고 덧붙였다.⁶³ 이 시기 동안의 그의 애정 생활에 대해서는 분명한 그림이 그려지지 않지만 그 누구와도 심각한 관계를 맺지 않은 것만은 확실하다. '타이프를 쳐주던 여자친구' 외에 대서양 건너에 있는 친구인 찰스 마시, 클라우디아 헤인스 그리고 앤 왓킨스에게도 아무것도 말하지 않았다.* 앨필드는 동생이 정기적으로 런던으로 가서 '콜걸'들을 만났고, 앤 다시Ann Darcy라는 예쁜 여배우와 데이트를 했고, 전쟁 당시 VC(군인에게 주는 최고 훈장)을 받았던 남자의 미망인과는 '상당히 심각한 관계'였다고 했다. 달은 밀리센트 로저스가 준 팔찌를 그녀에게 주기도 했다.⁶⁴ 종종 진지한 관계에서 그러하듯이 달은 자신의 감정 카드를 가슴에 꼭 감추었다.

그러나 책에서는 한두 번 관심을 끌 만한 이야기를 내비쳤다. 《Some Time Never》 이후의 소설에서는 그답지 않게 여러 번 아주 생생한 성적 관계를 묘사했다. 〈Fifty Thousand Frogskins〉에 나오는 주요 인물인 사기꾼 고든 허즈는 전후의 동 쥐앙이며 그의 여자관은 냉담하고 그저 욕구충족용일 뿐이다.

허즈는 멍청하지만 마음 착한 친구인 시드니 커비지의 태도와 두드러지게 대조를 이룬다. 섹스에 굶주려 애인인 클라리스와 어떻게 좀 해보려는 마음이 간절한 커비지는 여자가 좀 더 높은 차원에 존재하는 사람이라고 생각한다. 하지만 그보다 복잡한 허즈는 그 의견에 반대다. 그는 여자에게는 '존경할 만한' 점이 없다며 덤덤하게 말한다. "모든 여자는 속으로

---

*1947년에 달이 앤 왓킨스에게 보낸 편지들은 불행하게도 달 컬렉션에서 빠져 있다. 현재 컬럼비아대학교에 소장되어 있다.

는 다 창녀다." 허즈는 '섹스 일'과 '여자 일'에 대해 이야기하고 서랍에 자기가 정복한 여자들의 체모를 '마치 새알 수집가처럼 각각 셀로판 봉투에 넣어서' 보관한다. 그는 돈 버는 일에 들리듯 '여자 사냥을 즐거움으로 생각하고' 유혹하기를 좋아한다. 과장이나 성도착증에 관한 면만 제외하면 이런 관점은 로알드 자신의 섹스에 대한 태도를 반영한다. 적어도 그 시기에는 그랬다. 허즈는 커비지가 '성교를 미화하는 것'을 비난했는데, 아마 달 자신도 현실 속에서 그런 행위가 '지저분하고 약간의 곡예가 필요하며 아주 우아하지 못하다'고 반박했을 것이다. 그는 이렇게 덧붙였다. "그건 주교와 그의 아내 사이에서도······ 상스러운 일이다. 공원에서 아나 와 해봐라. 그럼 곧 이것이 상스러운지 아닌지 알 게 될 것이다."[65]

《Some Time Never》의 원고를 끝낸 며칠 후, 달은 1946년이 크리스마스를 보냈던 위틀리의 국군통합병원에 입원했다. 요통이 너무나 심해서 걸을 수가 없었기 때문이다. 의사는 그에게 또 한 번 척추수술을 권했다. 그는 원래 불평하는 환자는 아니었지만 영국 국군통합병원의 궁핍한 환경은 텍사스에 있던 스코트&화이트 병원의 호화로움과는 충격적일 만큼 차이가 났다. 개인병실과 최신식 치료를 받는 행운아가 이제는 아닌, 그저 새로운 사회주의 의료체제의 한 환자일 뿐이었다. 물론 무료이기는 했지만 호화로움과는 거리가 아주 멀었다. 더욱이 영국은 역사상 가장 끔찍한 겨울을 맞고 있었다. 극심한 추위에 심각한 연료 부족으로 병원조차 보일러에 충분한 석탄을 공급받을 수가 없었다.

로알드는 클라우디아 헤인스에게 휘갈겨 쓴 쪽지를 보내면서 글 쓰는 일이 얼마나 고통스러워졌는지 전했다. "여기 상황은 그렇게 밝지 않아요. ······그동안 많이 아팠습니다." 병원은 우중충했다. '한적한 곳이고 몹시 덥고 몹시 춥고 그리고 미친 사람들이 너무 가까이 있고 그리고 너무 조용해요.'[66] 앤 왓킨스에게는 상황을 더욱 가볍게 이야기했다.

"하늘이 버린 곳이 있다면 여기가 바로 그곳일 겁니다. ……연료가 없어서 난방이 들어오지 않습니다. 방은 에스키모의 연장 끝처럼 차가워요. 나는 등을 대고 납작하게 드러누워 모르핀 효과로 몽롱한 상태가 되어 고통 위를 둥둥 떠다니고 있어요. 다음 주에는 척추수술을 받아볼까 합니다. 내가 멀쩡한 정신으로 앉아서 일만 할 수 있다면 그들이 무슨 짓을 하든지 상관없습니다. ……엉망으로 써서 읽기도 불가능할 것 같은 이 휘갈겨 쓴 편지, 죄송합니다. 아실지 모르겠지만 저는 천장에다 대고 글을 쓰는 것과 같거든요."[67]

3일 뒤 '화가 나고' '통증으로 거의 반은 미친'[68] 달은 자신의 첫 번째 이야기를 출판한 잡지사 편집장과 싸웠다.

병원으로 가기 전, 《Some Time Never》의 마지막 작업을 하는 동안 달은 막간을 이용하여[69] 짧은 기사를 하나 썼다. 그건 고든 버처라는 한 순박한 농부에 관한 세련된 르포르타주였다. 농부는 우연히 밀덴홀이라는 서포크의 어느 마을에서 땅을 일구다 엄청나게 묻혀 있던 로마시대의 은을 캐냈다. 그런데 교활한 사기꾼인 땅주인이 몰래 은을 빼돌리고는 버처에게 은이 아니라 주석이라고 했다. 신문에서 이야기를 접하고 다리에서 발끝까지 전율을 느꼈던, 탐욕과 순진무구함에 관한 이야기였다.[70] 달은 서포크까지 올라가서 장본인을 만났다. 며칠 뒤 이 이야기가 완성되었다. 왓킨스는 이 이야기를 《새터데이 이브닝 포스트Saturday Evening Post》에 1000달러를 받고 팔았다. 하지만 종종 그렇듯이 잡지는 이야기가 너무 길다고 생각해서 삭제와 수정을 많이 요구했다.

달은 화가 나서 '서투른 편집용 소시지 기계'가 자신이 '신중하게 생각하고 매만진 부분'들을 모두 없애버리고 '개인적 스타일'을 일반적인 기사로 가치를 하락시키고 있다고 반박하는 편지를 썼다.[71] 달에게 얼마나 돈이 필요한지 잘 알던 앤 왓킨스는 상황을 잘 마무리하려고 애를 썼다. 그녀는 이렇게 썼다. "이 사람아, 아니 무엇 때문에 말을 듣지 않고 편집장들을 모두 적으로 만들려고 하는가?"[72] 하지만 그를 설득할 수가 없었다. 일은 난관에 부딪혔다. 《새터데이 이브닝 포스트》의 편집장인 스튜어트 로즈Stuart Rose는 삭제하지 않고는 그 이야기를 기사로 내보낼 수 없다고 거절했다. 달은 고통과 빈곤 속에서도 허락하지 않았다. 로즈는 결국 달에게 미리 받은 돈을 돌려달라고 했다. 왓킨스는 다른 곳에 그 기사를 팔고 싶었다. 하지만 아무도 사려 하지 않았다. 그러다 또 한 번 타격을 입었다. 영국에서 출판된 《개 조심》이 실망스러운 논평을 받았던 것이다. 적어도 미국에서 받은 서평에 비하면 그랬다. 점점 로알드의 미래는 그의 야심 찬 새 소설에 운명이 달린 것 같았다. 병원에서 퇴원하면서 그는 떨리는 마음으로 왓킨스의 의견을 구했다.

일 년 전, 달은 《개 조심》의 출판업자인 레이널&히치콕 출판사와 관계를 끊었다. 출판이 지연되어 결과적으로 이익을 볼 수 있는 크리스마스 시장을 놓쳐서 짜증이 났던 달은 앤 왓킨스에게 커티스 히치콕을 '망할 놈의 거짓말쟁이'라고 생각한다면서—그답지 않은 예의를 차려—회사와는 끝이 났지만 '그렇다고 이 시기에 무례할 필요는 없다'고 덧붙였다.[73] 히치콕은 갑작스럽게 5개월 후 54세라는 젊은 나이에 죽었다.* 달은 이미 정했던

---

*달은 앨프리드 크노프에게 이 사건을 이야기하면서 사실을 섞어버렸다. 그는 레이널&히치콕을 떠난 이유가 "히치콕이 죽었고, 회사가 해체되었기 때문"이라고 했다. —로알드 달, 앨프리드 크노프에게 보낸 편지, 5/13/81-HRCH KNOPF 553.1.

결심을 더 굳혔다. 맥스웰 퍼킨스나 스크리브너에게 출판을 맡기기로 했다. 그는 피츠제럴드, 헤밍웨이, 토머스 울프Thomas Wolfe를 발굴한 소설 분야 편집자의 관심을 받아 대단히 기분이 좋았다. 그리고 열의 넘치는 퍼킨스가 자신의 능력을 믿어주었다는 것은 달이 자신감을 되찾는 데 큰 도움이 되었다.

로알드가 퇴원한 지 얼마 지나지 않은 1947년 1월, 퍼킨스는 회복 중인 작가에게 길고 애정이 넘치는 편지를 보냈다. 그는 척추수술이 잘되었는지도 묻고, 서로 잘 아는 친구인 '늙은 헴'에 관한 소문을 말해주기도 하고, 거의 끝나간다는 소설에 대해서도 물었다.[74] 달은 여전히 육체의 고통에 시달렸고 〈밀덴홀의 보물The Mildenhall Treasure〉을 거절당해 괴로웠지만, 왓킨스가 의도한 쪽으로 원고를 천천히 수정하면서 마음에 들기 전까지는 스크리브너에게 건네주고 싶지 않았다. 수정하는 데 5개월이 더 걸렸다. 스크리브너에서 제일 먼저 글을 읽은 사람은 퍼킨스의 가장 친한 동료이고 동년배인 시인 존 홀 윌록John Hall Wheelock이었다. 그는 달에게 퍼킨스처럼 보호자이자 아버지 같은 태도를 보였다. 윌록은 글을 보자마자 열의를 보였다. 그리고 이 이야기가 '가장 중요한 작품'이라는 점에서 앤 왓킨스와 생각이 같았고[75] 조너선 스위프트Jonathan Swift 식의 시대적인 풍자라고 표현했다. 그는 달에게 소설이 얼마나 깊은 '감명'을 주었는지 모른다고 열변을 토하면서 '어려운 내용을 아주 아름답게 잘 썼다'고 했다.[76] 윌록은 복사본을 코네티컷의 뉴캐넌New Canaan에 있는 퍼킨스의 집으로 보냈다면서 위대하신 분이 지금 읽는 중이라고 덧붙였다. 달은 초조하게 그의 판결을 기다렸다.

하지만 그의 판결은 결코 오지 않았다. 원고를 받은 지 이틀 후 퍼킨스는 바이러스성 폐렴에 걸려 죽었던 것이다. 62세였다. 《Some Time Never》 원고―아마도 그가 읽은 마지막 원고였을 것이다―는 메모가 적힌 그대로 책상에 놓여 있었다. 달은 소식을 듣고 망연자실했다. 일주일 후, 윌록은 위로의 편지를 보내주어 고맙다면서 퍼킨스가 얼마나 달의 능력을 믿었는지 모른다고 했다. 퍼킨스가 '그렘린 책에 대해 존경한다'고 했을 것이라고 전했다. 윌록 자신도 달의 능력에 대해 '대단한 믿음'을 가지고 있다고 덧붙이고는 '스크리브너가 달의 출판사가 되어 행운이라고' 안심시켰다.[77] 소설의 '놀라운 환상력과 재치'를 칭송하면서 윌록은 한두 가지를 수정하자고 제안했다. 대부분은 독자들이 신뢰성을 갖기에는 힘이 부칠 부분이었다. 그는 환상적인 풍자와 세속적인 현실 사이의 복잡한 균형을 마치 풍선을 터지기 바로 직전까지 불어댄 것에 비유했다. 또한 윌록은 이 책을 출판하는 것이 도박이라는 점도 인정했다. 지금까지 스크리브너가 출판했던 '평범한 종류'에 맞지 않았고, 아마도 팔리기 쉽지 않을 거라는 예상 때문이었다. 그는 이렇게 계속했다. "분명히 엄청난 파문을 일으킬 것이며 최고를 알아보는 사람에게서 인정받지 않을 리가 없습니다. 하지만 끔찍스러울 만큼 확신을 주는 결말 때문에 널리 읽히지는 못할 겁니다."[78]

달은 머빈 피크Mervyn Peake가 삽화를 그려주었으면 했지만 삽화 없이 출판해야 한다는 의견을 받아들였다. 윌록은 소설과 달의 '신선함과 힘'을 믿었지만[79] 그의 세심하고 사려 깊은 배려는 퍼킨스가 보여주었던 자유로운 에너지와 낙관주의에 비하면 아무것도 아니었다. 더욱이 윌록 자신도 하버드 시절부터 40년 동안 가장 친하게 지냈던 친구를 잃은 슬픔뿐만 아니라 퍼킨스의 죽음으로 자기에게 쏟아진 엄청난 양의 책을 감당하기 어려웠다. 그는 원고를 철두철미하게 편집해줄 시간이 없었다. 달은 어쩌면 이런 상황을 눈치챘을지도 모른다. 그가 〈밀텐홀의 보물〉을 다룰 때 보였던 자신감은 《Some Time Never》에 관한 서신을 주고받을 때는 완전히 사라지고 보이지 않았기 때문이다. 편지 여기저기서 불확실성과 초조함이 보였다. 사실 소설에 대해 윌록이나 앤 왓킨스에게 보낸 편지 대부분은 양측이 줄 수 없는 의견이나 비평을 원하는 것처럼 보였다. 수익 면에서 《개 조심》이 비교적 성공했고, 그 덕분에 영국에서 제의를 받기도 했지만 아깝게 존 루엘린 리스상John Llewellyn Rhys Prize을 놓쳐서인지* 해미시 해밀턴도 이야기가 '실망'스럽다면서[80] 영국에서는 출판하고 싶지 않다는 뜻을 전했다. 달은 점점 초조해졌다.

이런 반응은 어쩌면 전혀 예측하지 못했던 것이 아니었다. 런던에선 자신을 강하게 밀어주는 사람이 없다는 사실을 달은 예리하게 파악하고 있었다. 런던 출판업자들은 히치콕이나 퍼킨스 혹은 윌록처럼 달을 따뜻하게 지지해주지 않았다. 달을 믿고 영국에 뿌리를 내릴 수 있게 도와줄 에이전트도 없었다. 달은 첫 번째 에이전트였던 데이비드 하이엄David Higham을 '추하고 늙은 나쁜 놈'이라고 생각했고,[81] 미국에서 돌아온 후 몇 주 만에 해고했다. 앤 왓킨스의 추천으로 고용했던 피터 와트Peter Watt 역시 비슷하게 실망스러웠다. 와트는 늘 너무 바빠서 그를 만날 시간이 없었고, 달은 계속해서 자신이 출판업계 서열에서 얼마나 낮은 위치에 있는지를 들어야 했다. 그는 왓킨스에게 이렇게 말했다.

"아세요? 내가 피터 와트에게 원고(《Some Time Never》)를 보냈는데 읽지도 않았더군요. 그는 나에게 답장하면서 이렇게 말했어요. '내 독자들의

---

*처음에 《개 조심》은 수상작으로 선정되었지만, 미국에서 먼저 출간되었다는 이유로 상에서 제외되었다. 상의 공정성을 위해 영국 작가가 영국에서 처음 출간한 작품으로 제한되었다.

보고에 의하면……' 그래서 나는 화가 나서 이렇게 대들었죠. '아니 세상에, 당신은 받은 원고를 직접 읽지도 않소?' 그랬더니 '예, 그럴 시간이 없습니다'라고 하는 겁니다. 이런 망할 녀석, 피터 와트."

와트와 '늙어빠진 중요한' 측근들은 티파티어 온 여자들만큼이나 달에게는 아무 소용이 없는 사람들이라고 결론을 내렸다.[82]

왓킨스와 그녀의 팀에게 받은 대접과는 천지 차이였다. 그들은 갈을 위해 무엇이든지 할 준비가 되어 있던 사람들이었다. 수년 동안 그들은 달을 위해 비공식적인 구매 담당자가 되어, 그가 원하는 것은 무엇이든지 보내주었다. 달의 어린 조카 니컬러스를 위한 비행기 모형이건, 가족을 위한 초콜릿이건, 키가 180센티미터를 넘는 누이동생 아스타를 위한 구두이건, 달이 가장 좋아하던 딕슨타이콘데로가 연필이건, 줄이 쳐진 노란색 공책이건 간에 말이다. 오래 계속된 이 전통은 1946년에 시작되었다. 달이 전후에 나온 기능성 연필로 글을 써야 하는 점을 불평했다. 그 연필로 쓰면 '자갈 위에다 석탄으로 쓰는 것 같다'고 했다.[83] 연필과 노란색 공책은 어느새 그에게는 부적의 힘을 지닌 물건이 되었다. 물건값과 배송비는 편리하게 다음번 인세를 지급할 때 빠져나갔다.

미국에서처럼 달을 직업적으로 믿어주는 사람을 런던에서 만나기까지는 수십 년이 걸렸다. 부상당한 조종사였고, 민간인으로서 일했던 경험은 셸에서의 부지배인이 전부였지만, 뉴욕과 워싱턴의 문학 사회에서는 그를 금방 한 부분으로 받아주었다. 그는 헤밍웨이나 릴리언 헬먼Lillian Hellman과도 스스럼없이 지내는 사이였다. 그는 C. S. 포리스터, 벤 트래버스Ben Travers, 노엘 카워드도 알게 되었다. 그리고 워싱턴과 맨해튼 사회에서 환영받았다. 미국은 잘생기고 제복을 입은 자기주장이 분명한 아웃사이더를 잘 받아주었다. 획일적인 영국에서는 제복을 벗은 후의 상황이 전혀 달랐다. 그곳에서 달은 이국적이라기보다는 변방인이었고, 조카인 애나 코리Anna Corrie가 표현한 대로 '부적응자'였다.[84] 그는 대학도 다니지 않았다. 그렇다고 노동자계급도, 뛰어난 귀족도 아니었다. 그는 계급이 없었다. 특정 정당에 소속되지는 않았지만 정치적이었다. 좋은 포도주와 우아한 사람들과 교제하기를 즐겼지만 시골에서 어머니와 동물들에 둘러싸여 살았다. 그 무엇보다 그는 문학적인 세련미가 부족했다. 달 자신도 그 사실을 알고 있었다. 겉으로 보기에는 자신감이 넘쳐 보였지만, 에이전트인 앤 왓킨스와 후임인 실라 세인트 로렌스에게 은밀히 털어놓았듯이 자신이 수년 동안 이 분야의 실습생에 불과한 것처럼 느꼈다고 했다. 달은 편안하게 자신의 약점을 그들에게 털어놓았다. 그리고 그 보답으로 두 여인은 그의 재능을 따뜻함과 애정으로 키워주었다. 달은 그들에게 크게 보답했다. 그는 나중에 출판사는 정기적으로 바꾸었지만, 에이전트사에는 충성했다. 왓킨스와 세인트 로렌스가 그만두고 나서 회사의 경영이 엉망이었을 때도 마찬가지였다. 그는 부스스한 흰머리의 할머니, 힘든 시기 동안 자신을 지지해주고, '아무리 바빠도 그를 만나주었던' 그녀를 결코 잊지 않았던 것이다.[85]

솔직하고 거리낌 없이 자기 의견을 내세우던 달이 다른 사람의 작품에 대해 거의 논평하지 않고 문학 논쟁에도 참여하지 않은 이유는 아마도 비평의 예민함 때문일 것이다. 워싱턴에서 《새터데이 리뷰The Saturday Review》가 그에게 북아프리카에서 벌어졌던 전쟁에 관한 조지 그린필드 George Greenfield의 소설, 《사막 이야기Desert Episode》에 대해 서평을 써 달라고 했을 때, 살짝 이 계통에 발을 담글 뻔도 했지만 달은 하고 싶지 않왔다. 그는 편집자에게 책이 형편없어서 '사실상 그 어떤 논평'도 하지 않겠다고 했다. 대신 자신이 생각하는 작가가 되기 위한 조건을 밝혔다.

"책을 펼치면서 나는 작가가 앞부분에 자신에 대해 쓴 글, 교내 대회에서 모든 종류의 상을 다 받았고, 나중에 영국백일장에서 공동 1위를 했다는 사실을 잊어버리려고 애를 썼다. 특히 나는 영국백일장에서 공동 1위를 했다는 점을 잊으려고 했는데, 그 이후에 소설을 쓰는 것이 얼마나 힘들었을까 상상이 되기 때문이었다."[86]*

매슈 아널드Matthew Arnold가 주장했던 소박한 이상은 대학교육이 감성을 무디게 하며 독자적인 '집시'풍 교육이 대학이 제공하는 그 어떤 교육보다 낫다는 달의 믿음을 더욱 강하게 해주었다. 기구를 만들고, 철로에 1페니짜리 동전을 놓아 기차가 동전을 납작하게 밟고 지나가게 하며, 소방차를 끝까지 쫓아가 어떤 일이 벌어졌는지 구경하던 일이 그를 더욱 생동감 있고 예리하게 만들었다. 그는 학교라는 테두리를 벗어난 삶 때문에, 자신의 반응이 훨씬 신선하고, 귀가 빠르고, 눈도 예리하다고 느꼈다. 그리고 그는 이런 가치관을 아이들에게 그대로 실행했다. 하지만 적어도 두 아이는 이 점을 원망했다. 예를 들어 1990년 아버지가 죽고 나서 얼마 안 되었을 때, 26살이었던 오필리아는 학위를 받기 위해 공부를 시작했다. 그리고 아버지의 죽음이 임박했을 무렵 작가로서 슬럼프를 겪고 있던 언니 테사도 아버지가 자신을 좀 더 학문적으로 부추겨주었으면 좋았을 것 같다고 말했다.[37]

달이 충분히 인식하지 못했던 것은 이 '집시'풍 교육이 그를 강하게도 했

---

* 《사막 이야기Desert Episode》는 큰 성공을 거두었다. 양장본으로 3만 5000부를, 무선본으로 45만 부를 팔았다. 조지 그린필드는 유명한 문학 에이전트가 되었다.

지만 쉽게 상처받는 사람으로 만들기도 했다는 점이다. 두 극단적인 면 사이의 긴장감은 아마도 문학계에서 아웃사이더가 되고 싶어 하는 그의 전투적이고 가끔은 자기 파괴적인 욕구에 대한 설명이 될 것이다. 점심이나 저녁을 먹으면서 그와 이야기를 나누어보면, 그가 읽은 소설보다는 음악, 정치, 포도주, 의학, 농업, 페인트칠에 대한 이야기가 많았다. 음악은 항상 생활의 중요한 부분을 차지했다. 1947년 기자회견에서 주된 취미는 '집에 설치한 음향장치로 좋아하는 교향곡을 듣는 일'이라고 했다.[88] 전쟁이 끝난 직후 그는 직업적으로 음악에 대한 글을 써볼 생각도 했다. 《Some Time Never》에 나오는 그의 또 다른 자아 피터닙은 제대한 후 음악비평가가 된다. 달이 가지고 있던 전시에 나온 세실 그레이Cecil Gray의 《음악의 역사 History of Music》의 복사본에는 피터닙이 썼을 법한 메모들로 가득 차 있다. 예술, 영혼, 지식, 서양 음악의 미래에 대한 생각과, 학교 선생님이 써 넣은 듯한, '허튼소리', '아니지', '틀렸어…… 너무 선정적이다' 식의 메모가 적혀 있다. 그건 살아가는 내내 그의 소중한 취미였다. 1980년대에 점심이나 저녁을 먹으러 오는 손님들은 종종 집시하우스에서 베토벤, 브람스, 차이코프스키, 바흐 혹은 모차르트의 음악이 흐르는 것을 경험했다. 로알드는 행복해하면서 왜 자기가 이 작곡가보다 저 작곡가를 선호하는지 열심히 설명하기도 했다. 막판에 그를 돌보던 혈액학 전공의사 데이비드 웨더롤David Weatherall 경은 모차르트의 오페라에 대한 달의 방대한 지식에 놀라워했다.[89] 하지만 책에 대해서는 전혀 경우가 달랐다.

다른 사람들의 작품에 대한 달의 관심은 주로 냉담한 편이었다. 한번은 그에게 존경하는 작가에 대해 물어봤다. 그랬더니 그는 신중하게 그저 일반적인 대답을 했다. 그의 영웅인 찰스 디킨스, 어니스트 헤밍웨이, 그레이엄 그린의 우아함과 서술적인 재능을 칭송했다. 존 르 카레의 스타일은 복잡하다면서 자신은 표현의 명확성과 간결성을 중요하게 생각한다고 했다.* 하지만 더는 자세하게 들어가기를 주저했다. 나는 그가 대답을 회피해서 실망했지만 당시의 소설과 얼마나 거리를 두었는지를 보고 또 한 번 놀랐다. 달은 자기만의 생각에 골똘한 나머지, 당당하게 저명한 상의 후보로 올라간 책들보다는 엘모어 레너드Elmore Leonard의 새 추리 소설을 더 읽고 싶다고 말했다. 나이가 들어 로알드는 의외의 행동을 하기도 했다. 예를 들어 그가 유명해지기 전에 로알드는 토머스 해리스Thomas Harris의 추리소설, 《양들의 침묵The Silence of the Lambs》을 칭송했다. 섬득한 독창성과 기교가 그를 끌어당겼다. 그는 금기를 깨고 서평을 썼다. 그건 해리스의 출판사를 위해 일하는 테사의 오랜 친구 어맨다 콘키Amanda Conquy에 대한 호의였고, 콘키는 그가 추천해 줄지도 모른다는 생각에 책을 보낸 것이다. 또한 그는 살만 루슈디Salman Rushdie와 《악마의 시The Satanic Verse》를 두고 열띤 논쟁을 벌이기도 했지만, 그건 어디까지나 예외적이었다. 보통은 문학계에 목소리를 높여 나서는 편이 절대 아니었다.

마침내 1948년 4월 미국에서 《Some Time Never》가 출판되었지만, 큰 호응은 받지 못했다. 로알드는 곧바로 그 책과 거리를 두고는 앤 왓킨스에게 '형편없는 책'이라고 말했다. 그는 이 책을 영국에서 출판하면 득보다 실이 많을 것 같다면서 불평했다. "지금까지 내가 책을 준 사람 중에 이 책을 좋아한 사람이 없습니다."⁹⁰ 5월에 그는 다시 책에 대한 모든 서평이, '고약하

---

*달은 학교친구인 더글러스 하이턴에게 보낸 편지에서 존 르 카레가 "엄청나게 과대평가를 받았다. 모호함은 결코 미덕이 아니다. 그는 게으를 뿐만 아니라 이야기의 흐름을 만드는 데도 무능하다. 명확함은 장점이다…… 그는 갈등을 만들지만, 문제를 건너뛰어 버린다." —로알드 달, 더글러스 하이턴에게 보낸 편지, 날짜를 알 수 없음, 1984년경.

기 짝이 없다'고 했고, '글 쓰는 일 자체에 회의가 온다'고 썼다.[91] 그는 과장하고 있었다. 《뉴욕 타임스New York Times》가 반복적이고 장황하다고 비난하는 동안 베르겐 에번스Bergen Evans 같은 평론가—나중에 텔레비전의 6만 4000달러 퀴즈에 질문 감수자로 명성을 얻었다—는 '초현실적인 구성이 부담스럽기는 하지만' 윤리적인 면이나 서정적인 면과 유머는 칭찬할 만하다고 했다. 에번스는 특히 묘사가 뛰어난 구절에 나오는 '낯설지 않은 현실'을 아주 높이 평가했다.[92]

하지만 《Some Time Never》가 멋진 폭죽이라기보다는 젖은 시시한 폭죽이었다는 사실을 숨길 수는 없었다. 팔리지도 않았고 논란을 불러일으키지도 않았다. 헤밍웨이나 피츠제럴드 같은 부류에 들어가리라는 꿈은 이루어지지 않았다. 가슴 아픈 실망이었다. 달은 작가로서의 명성을 걸었다. 그는 멋진 생각이 담긴 소설을 써보려고 했다. 그는 자신의 심리와 신경 속으로 깊이 파고들어 풍자적인 근육을 힘껏 풀고 원자폭탄에 대한 소설을 처음으로 출판한 것이다. 하지만 아무도 관심을 기울여주지 않았다. 다음 해에 콜린스가 영국에서 그 책을 출판하는 데 동의했다. 그곳에서 편집자인 피터 와일드Peter Wyld는 우연히 원고의 여백에 '신랄한 비평'을 남겼는데, 달은 그것을 보고 기분이 상했다. 와일드는 '장황하게 쓰인 부분'이 있으니 '간결하게 편집하자'고 제안했다.[93]

와일드의 의견은 정확했지만 적극적으로 원고를 수정하도록 젊은 작가를 도왔다는 증거는 거의 없다. 책이 영국에 출간되었을 때도 별로 주목받지 못했다. 1949년 3월 12일 《타임스 리터러리 서플리먼트The Times Literary Supplement》의 평론가는 동료의 반응을 이렇게 한마디로 요약했다. "달 씨는 아주 생생하게 잘 묘사했지만 변덕스러운 그렘린 신화는…… 신경을 거슬릴 정도로 부담스럽다." 로알드는 이 비평이 책의 운명을 결정지었다고 생각했다. 그는 그래도 계속 글을 쓰리라 마음을 먹었다. 하지만 《Some Time Never》는 되도록 잊고 싶었다. 형편없는 서평으로 받은 상처는 회복되고 난 뒤에도 조직이 치밀해져서 그 어느 것도 꿰뚫고 들어올 수 없었다. 1960년 세 번째 단편집 《Kiss Kiss》가 성공을 거둔 후, 문고판으로 《Some Time Never》를 출판하자는 제의를 받은 적이 있었다. 실라 로렌스에게 보낸 그의 대답은 상당히 의기소침했다. "아니, 대체 누가 나도 모르는 그 형편없는 책을 문고판으로 내고 싶다는 거죠?"[94] 나중에 딸은 오필리아에게 '상처받기 싫어서' 다시는 그 책을 절대로 읽고 싶지 않았다고 털어놓았다.[95] 리시가 한번 읽어도 되겠느냐고 물었을 때, 그는 그러지 않는 게 좋겠다고 대답했다. 1971년 미시간에 사는 딸의 팬인 J. 골드스타인 Goldstein 부인이 복사본을 어디서 구할 수 있느냐고 그에게 물었을 때도 무뚝뚝하게 '읽을 가치가 없다'고 대답했다.[96]

《Some Time Never》에 대한 비평가들의 혹평은 그에게 전환점을 마련해주었다. 그 이후 작가의 초기 작품에서 전면에 등장했던 예민한 작가/서술자는 점점 책략이나 구성 뒤로 숨어들었고, 한편 풍자적인 환상에 대한 넘치는 감각은 배경 속으로 스며들었다. 10년 동안 그의 이야기는 어렵고 모질고 거의 잔인하기까지 했다. 초기 독자들에게 감명을 주었던 감각적인 젊은 목소리는 영원히 없어져 버린 것 같았다.

《Some Time Never》는 달의 소설 속에 존재하던 글쓰기와 비행의 연관성을 잘라버렸다. 1945년 초 앤 왓킨스에게 〈당신 같은 사람〉의 원고를 보내면서, 달은 이렇게 사과했다.

"여전히 어느 정도 옛 주제가 남아 있는데…… 조금 인내심을 가져준다

면 곧 다 없애버리겠다."⁹⁷

3년이 걸렸지만 마침내 그는 그 주제에서 벗어났다. 하지만 새로운 목소리를 찾기는 쉽지 않았다. 돈이 필요했던 달은 기사 쓰는 일을 생각해보았다. 달은 여러 번 왓킨스에게 외신기자나 혹은 세상 어디든 상관없으니 상근기자를 할 수 있는지 알아봐 달라고 부탁했다.⁹⁸ 1949년 10월, 그는 그리스 내란 기사를 쓰면 어떻겠냐고 제안했다. '전투, 파괴된 마을, 파괴된 삶, 그리고 소녀군인 들을 비롯한 여러 가지 인간적인 흥미를 끌 만한 이야기'를 써보고 싶다고 했다.⁹⁹ 하지만 왓킨스는 소설가로서의 그의 능력을 믿었기에 그 제안에 협조하지 않았다. 〈밀텐홀의 보물〉을 제외하면, 달이 기사를 쓴 것은 눈을 사용하지 않고 볼 수 있었던 힌두교 신비주의자 쿠다 벅스Kuda Bux에 관한 이야기와¹⁰⁰ 가이 버지스Guy Burgess와 도널드 매클레인Donald Maclean이라는 두 영국 외교관이 1951년 5월에 갑자기 사라졌던 이야기뿐이었다. 나중에 그 두 사람은 러시아를 위해 스파이로 활동했고 비밀리에 소련으로 망명한 것으로 밝혀졌다. 그 기사는 대단히 흥미로웠는데, 그건 달이 자기 재능을 발휘하면서 영국의 사회 풍토를 진지하게 파고들었던 몇 안 되는 분야의 하나였기 때문이다. 이상하게도 달은 두 스파이가 '약점'을 잡혔던 것 같다고 비난하기도 했지만 그들이 처한 곤경에 어느 정도 동정심을 느끼기도 했다.

로알드는 워싱턴의 영국 대사관에서 매클레인과 함께 일한 적이 있었다. 다른 사람들은 몰랐지만 달은 그가 조금은 불안해했다고 생각했다. 습관적인 음주가였고, 달의 표현을 빌리면, '동성애와 정상인 사이의 문제를 해결하지 못했던' 사람이었다. 성적 취향만이 비정상적이었던 것은 아니다. 로알드는 자신의 경험에 비추어볼 때 스파이 활동이 그를 타락시켰다고 느꼈다.

"그는 어떤 대가를 치르고서도 스파이 활동을 그만두려했을 것이다. 하지만 스파이라는 직업은 한번 시작하면 멈출 수 없다."

그것을 가장 잘 보여주는 장면이 외교관 사무실에 있는 매클레인의 동료 묘사이다. 매클레인이 소호에 있는 가고일 클럽에서 술을 마시다 자기가 소련의 스파이라고 공공연히 떠들었는데도 아무도 그게 사실이라고 생각하지 않았다는 사실을 높이 평가했다.

"그 일은 마녀 사냥꾼들의 울음짖음, 매카시McCarthy 상원의원의 게슈타포, 그리고 온갖 종류의 파시스트로부터 신선한 기분 전환이었다. 하느님, 이들로부터 우리를 구원하소서."

한편 달은 나약하고 지나치게 많은 교육을 받은 사람들의 빈곤한 상상력을 개탄했다.

"긴 구레나룻을 기른 절반의 성공을 거둔 화가들, 지적 작가들, 형편없는 음악가들, 기이한 외무성 사람들…… 정상적인 것을 경멸하며 서로 뭉쳐 스스로 강하다고 느끼려 하지만 결코 강인한 사람들은 아니었다."[101]

달은 이미 스스로 강하다고 느꼈으며 대학교육을 받은 지식인들 가운데선 늘 아웃사이더로 남아 있게 될 것임을 이미 느꼈다. 달은 그들의 나약함을 경멸했고, 상상력 빈곤과 그들이 살고 있는 환경 너머 그 이상을 볼 수 없는 사실을 경멸했다.

외무성 사람 같은 유형들은 바다 건너 국방부에 있는 동료처럼 종잡을 수 없는 녀석들이다. 열심히 일하지만 형편없는 돈을 받는다. 지나치다 싶을 만큼 대사에 조심한다. 자신의 위치를 살피고 진급에 피해가 갈 만한 행동은 절대 하지 않는다. 상관에게는 비굴하고 아웃사이더를 경멸한다. 라틴어도 잘한다. 하지만 그 이외에는, 아마도 가장 중요한 점은 현실감이 전혀 없다는 것이다. 그래도 마음속 깊이 두 공모자가 러시아로 가지 않고 외인부대에 들어갔거나 프랑스에 있는 수도원으로 들어갔기를 진심으로 바라고 있다.[102]

기사 외에도 달은 인간의 사악함과 허약함을 파헤치는 무시무시한 단편을 쓰기 시작했다. 그중 가장 고민해서 썼고 어떤 면에서는 가장 극단적인 이야기는 〈Foreign Intellegence〉였다. 베일에 싸인 이민 온 의사는 서술자에게 자신이 인간의 중요한 지식을 분리해 쥐의 뇌에 심는 데 성공했다고 말한다. 그는 당황한 서술자에게 적개심에 불타는 정부는 이런 쥐들이 영국으로 쳐들어가 침대에서 잠든 사람 수천 명의 목정맥을 단번에 물어 죽일 수 있게 대량으로 배양하고 있다고 한다. 이 개연성이 없을 것 같은 이야기가 아주 끔찍하게 느껴지는 것은, 달이 의사를 쥐의 특징을 가진 듯 그렸기 때문이다. 머리는 '크고, 길며…… 거칠고 검은 털이 잔뜩 나 있고' '입은 자그마하고 오목'했는데, 입이 끊임없이 '마치 가위처럼' 움직였다고 했다. 마지막에 서술자는 그가 밤의 어둠 속으로 사라질 때 '빠르게 사삭사삭' 거리는 발걸음 소리를 듣는다.[103]

이러한 으스스한 암시는 달 작품의 새로운 특징이 되었다. 그가 뉴욕에서 아나벨라에게 들려준 이야기 속에 잘 나타나 있었다. 낯선 가난한 젊은 이와 내기를 즐기는 한 부자 노인에 관한 이야기였다. 비싼 차를 가난한 이들의 새끼손가락에 거는 이야기이다. 제목이 처음에는 〈The Menace〉였다가, 〈The Slasher〉라고 바꾸었고 또 〈Colletor's Item〉이 되었다가 결국에는 〈남쪽 남자The Man from The South〉가 되었다. 하지만 이런 이야기 중에서 가장 훌륭한 작품은 〈The Dog child〉였다. 삭막한 전시 동안에 보여준 인간의 잔인성에 대한 우화라고 할 수 있다. 전쟁이 벌어지자 복수심에 불타는 독일 가족이 버려진 러시아 아이를 마치 강아지처럼 기른 이야기이다. 《Some Time Never》의 염세적인 영역을 소우주적으로 파헤쳐 나가고 있다. 하지만 이번에는 환상이 아니었다. 상황은 진짜 같았고, 작가는 그 어떤 결정적 판단도 내리지 않았다. 그런 판단 대신 비행 소설의 특징을 이루었던 냉정한 시각으로 본 세세한 묘사가 있었고, 묘사하는 악에 대한 담담하지만 확고한 인식이 있었다. 독자로 하여금 가장 사악한 세상을 그대로 볼 수 있게 한 것이다. 개집에 넣어서 기르는 아이와 강아지만이 따뜻한 존엄성을 가지고 행동한다. 이 이야기는 어둡고 씁쓸하고 뛰어났지만 여전히 출간되지 않았다.

이 모든 이야기는 새로운 목소리를 찾기 위한 시도였다. 그중 가장 좋은 작품은 인간 행동의 가장 어두운 면을 보여준 작품이었다. 나머지 작품들은 구성의 짜임새가 좀 더 돋보였다. 하지만 모든 작품은 인간의 허점에 대한 날카로운 인식이었고, 의도적으로 충격을 주기 위해 쓴 것이었다. 피터 와트는 드디어 로알드의 원고를 직접 읽었는데—작가는 그건 '키플링Kipling, 휴 월폴Hugh Walpole, 골즈워디Galsworthy, 그리고 여성작가 허마이어니 혼스워글러Hermione Hornswoggler에게만 부여되는 영예'였다고 냉소적으로 말했다.[104]—원고를 읽고 불편해했다. 그는 자신이 읽었던 책 중에서 '가장 극찍한 내용'이라면서 '의식이 깨지 못한 편집자들'이 결코 출판하려 하지 않을 거라고 했다.[105] 앤 왓킨스 역시 난처해하면서 달에게 '훌륭하게 썼지만' 결코 '의사가 주문한 내용은 아니다'라고 말했다. 왓킨스는 오직 '괴기 잡지'에서만 팔릴 만한 이야기라고 생각하고는 거절당할 것이 분명한 주요 잡지에는 보내지 않을 생각이었다. 그녀는 《굿 하우스키핑 Good Housekeeping》 독자들이 공포에 질려 죽지 않게 내용을 좀 밝게 바꿔보라고 충고를 하기도 했다. 결론으로 이렇게 말했다. "내가 말할 수 있는 것은 이것뿐이네. 나가서 기분 전환을 해봐. 세상이 그렇게 끔찍하다고 생각하지 말고. 삶은 살 만한 가치가 있고 세상에는 좋은 사람들도 있다고. 정말이야."[106]

달은 강한 어조로 만약 《굿 하우스키핑》 독자들이 그들 앞에 쏟아지는 '현실 도피적인 난센스'만 계속 읽는다면 앞으로 벌어질 일을 '더욱 끔찍스럽게 두려워하다 죽을지도 모른다'고 했다.[107]

슬프게도 시골 생활의 기쁨도 점점 줄어들기 시작했다. 나중에 테사의 표현대로 '달의 계곡'에서 가족에게 둘러싸여 살았지만, 그는 우울증 증상을 보이면서 괴로워하고 있었다. 아이들과 지내면서 우울증이 조금 누그러졌다. 모형 비행기를 들고 조카들과 숲과 들판을 누비고 다녔지만, 60대로 접어든 어머니와의 관계가 아주 나빠지고 있다는 사실을 감출 수는 없었다. 로알드는 아스타와는 '아주 좋은 관계'였지만[108] 조카인 루는 삼촌이 그랜지 농장에 있을 때 할머니에게 '공손하지 못했고' 마치 집주인 대하듯 했다고 엄마가 했던 말을 기억했다.[109] 루의 쌍둥이 여동생 애나도 똑같이 말했는데, 할머니 모르모르—노르웨이 말로 어머니의 어머니—도 자기 속에 있던 악마들과 싸우고 있는 것 같았다고 했다.[110] 두 조카의 아버지인 존 록스데일은 해랄드의 신탁 제약을 풀어 어머니에게 수입이 들어오게 했지만, 그녀는 고질적인 류머티즘에 시달리며 자신만의 세계에 빠져 있었다. 어머니는 동물들에게 보이는 태도와는 달리 자식들에게 점점 거리

를 두었으며 '말수가 없어지고', '자신을 내보이지 않았으며', '애정도 보이지 않았다.'¹¹¹

어머니와 아들이 서로 이해하지 못했던 아주 힘든 시간이었다. 둘 다 과도하게 술을 마셨다. 로알드는 자신이 전쟁에서 겪은 일을 어머니가 이해하지 못해서 자기가 왜 변했는지 알 수 없을 거라고 느꼈다. 어쩌면 어머니도 제일 아꼈던 '아이'가 30대가 되었으니 이제는 결혼해서 적절한 직업을 가져야 한다고 느꼈을 것이다. 그녀의 속마음이 어떠했는지는 남아 있는 증거도 없고, 달도 어머니가 보낸 편지를 가지고 있지 않아 알 길이 없다. 1946년에서 1951년까지 함께 살았던 내내, 그녀가 랜드언즈 근처 프라샌드에 있던 그레이스톤을 빌렸던 상황을 보면 아들에게서 이따금 피해 있고 싶었던 것 같다. 기르던 개들만 데리고 혼자 있고 싶을 때 사라지던 곳이었다. 우울증의 증상, 홀로 있어야 하는 필요성은 달의 유전자에도 깊이 흐르고 있었다. 모르모르에게도 마찬가지였다. 딸인 엘스에게도 영향을 미쳤다. 토알드도 마찬가지였다. 달의 막내딸인 루시는 '우울증'이 정확한 단어가 아니라고 했다. 그건 '어두운 그늘, 어두운 곳에서 홀로 있고 싶은' 노르딕의 본능이었다고 했다. 그런 성향이 요즘에는 우울증의 증상으로 여겨진다며 덧붙였다. "하지만 우울증의 다른 증상은 뭐죠? 잠자는 것이고 사람을 만나기 싫어하고 술을 많이 마시는 거군요. 아빠의 증상이 여기에 다 들어맞네요."¹¹²

이런 긴장감이 감도는 밀실공포증을 일으키는 어머니와의 삶은 달의 '개인적인' 이야기인 〈People Nowadays〉—나중에 〈군인The Soldier〉로 바꾸었다—같은 이야기어 가장 잘 드러난다. 그건 비행 소설에 대한 우울한 종결편이었다. 이야기의 주인공인 참전했던 퇴역 군인은 냉담하고 기쁨이 전혀 없는 결혼생활에 갇혀 있다. 아내는 남편이 겪은 일을 전혀 이해하지 못한다. 배경은 그랜지 농장 같은 곳이고, '불행한 부부는 열린 유리창으로 물방앗간 물줄기가 댐을 넘어 계곡으로 흘러가는 소리'를 듣는다. 남편은 계속 나타나는 악몽과 환상에 시달리며 정신을 잃기 시작한다. 그는 어린 시절 '바닷가에서 보낸 여름 방학, 젖은 모래, 붉은 벽돌, 그물망과 맑은 웅덩이, 말미잘과 달팽이, 홍합, 아름다운 초록색 물 깊은 곳에 숨어 있던 속이 훤히 들여다보이던 회색새우' 같은 행복한 기억을 떠올려 나쁜 생각을 없애버리려고 한다. 하지만 '음흉하고 비밀스러운 파랗고 하얀 차가운 눈'을 가진 아내는 그를 경멸하고 그의 행동을 이해하지 못한다. 아내는 남편에게 눈곱만큼의 동정심도 없이 그를 점점 미친 사람으로 몰아가기 위해 머리를 굴린다. 그들은 '낯설고 힘든' 관계를 맺고 있다. 달은 독자들에게 둘의 관계가 예전에는 이렇지 않았다면서 이제 그녀가 낯설고 어려운 사람이 되어간다고 했다. 남편은 그녀가 '끔찍하고 잔인한 여자'임에도 불구하고, 또한 너무 화가 나 가끔 그녀에게 폭력을 휘두르지만 그녀를 사랑한다. 결국 그를 공격한 것은 그녀였다. 그녀는 '재빠른 오른손으로' 남편의 얼굴을 후려친다. 그리고는 우는 남편을 침대에 두고 떠난다.[113]

　물론 이것은 소설이다. 하지만 9페이지에 걸쳐 달이 어머니와의 악화된 관계를 그렸을 가능성도 있다. 처절했던 전쟁의 경험을 함께할 수 없기에 우울할 수밖에 없는 마음, 변질된 사랑의 느낌이 담긴 톤은 그가 지금까지 썼던 다른 환상적인 이야기들과는 아주 달랐다. 앤 왓킨스도 요점을 파악하지 못하고 그를 감싸면서 말했다. "정말 아주 이상한 이야기군. 이야기가 무슨 의미인지 알면 나에게도 말해주겠어?"[114]

　달은 1948년 초 한 달 동안 자메이카로 피신해 있었다. 그는 세네갈과 브라질을 경유해서 자메이카로 날아가 몬테고 간의 힐로우턴에 있는 윌리엄 스티븐슨 경의 저택에서 헤밍웨이와 함께 머물렀다. 맥스 비버브룩의 개인 해변으로 매일 수영을 하던 '꿈의 장소'였다. 그리고는 오초 리오스에 있던 찰스 마시와 며칠을 보내기 위해 섬의 북쪽 해안을 따라 동쪽으로 갔다. 하지만 그는 헌틀리의 여후작인 패밀라 베티Pamela Berry의 집에서 손님으로 머물게 되었다. 그리고는 그곳을 달과 그녀의 자메이카 '본부'로 만들었다.[115] 세네갈에서 출발한 비행기 안에서 만난 두 사람은 친구가 되었다. 그녀는 어린 두 아이와 여행 중이었는데, 헌틀리의 12번째 후작인 남편 더글러스 고든Douglas Gordon은 없었다. 7살이었던 딸 레미나는 '비행기가 너무 시끄러워서 대화할 수 없었다'면서 '건너편에 앉았던 남자'가 쪽지를 보내 카드게임인 진 러미를 하겠냐고 물었던 일을 기억했다.[116] 부인은 그렇게 했다. 로알드와 팸은 6시간 반 동안 카드를 했다. 나중에 달은 그녀에게서 5파운드를 땄다고 자랑했다.[117]

영국으로 돌아온 후 지겨운 일상의 하루하루가 어느새 그를 또 지치게 했다. 그는 절실할 정도로 돈이 부족했다. 아침 10시부터 1시까지 그리고 8시부터 자정까지, 항상 '블라인드를 내리고 전깃불을 켜놓고'[118] 그 어느 때보다 빨리 원고를 썼다. 하지만 소용이 없었다. 그는 '끔찍한 쓰레기'인 애정소설까지 쓰려고 했다. 왓킨스에게 '뒤집어서 수세미로 문질러 닦고, 탈수기에 넣고, 물로 씻고, 다리고, 산딸기 잼 색깔로 염색해서라도 팔리기만 한다면 쓸 거'라고 했다.[119] 그렇게까지 해도 책을 살 사람이 없었다.[120] 6월에 그는 왓킨스에게 '문학적으로도 그야말로' 무일푼이 되었다면서 이제 다 포기하고 돈 많은 여자랑 결혼해야겠다고 했다.[121] 그는 심지어 2년 동안 엄청난 돈을 벌었다는 증권회사의 망할 녀석들과 함께 일할까 하는 생각도 했다. '그렇게 되면 평생 글을 쓸 수 있을 테니까' 말이다. 그러나 그는 여전히 반항적이었다. 이렇게 결론을 내렸다.

"나는 아직 환상에서 벗어나지 않았습니다. 계속 글을 쓸 것이고, 언젠가는 일류 소설을 쓰게 될 거라고 진심으로 믿습니다. 지금 쓰는 책이 팔리지 않을지도 모르지만 그건 아주 좋은 연습이 될 것이고 그러면서 조금씩 배워나갈 테니 말입니다."[122]

그러다 아주 뜻밖에도 판세가 바뀌었다. 손가락을 모으는 남자 이야기를 《콜리어스 매거진》이 산 것이다. 달은 받은 원고료 대부분을 파리 여행에 썼다. 한 달 뒤에 또 좋은 소식이 들려왔다. 잡지사에서 그 이야기에 대해 1000달러의 보너스를 주었다. 올해 최고의 이야기로 뽑혔기 때문이다. 그 소식은 자신감을 북돋는 계기가 되었다. 달은 그 일을 '섹스를 밝히는 피곤하고 지친 운동선수에게 주는 최음제' 같았다고 표현했다.[123] 몇 달 후, 그는 사랑에 대한 글을 써달라는 부탁과 함께 2500달러를 받았다. 그는 믿을 수가 없었다. "작가의 눈앞에 그렇게 많은 돈을 흔들어대는 것은…… 이깟 몇 페이지도 안 되는 쓰레기 같은 글에…… 비열한 범죄"라고 단언했다. 덧붙여 "그렇지만 모든 창녀도 나름의 가격이 있다"고 말했다. 이번 경우에는 2500달러가 그를 움직였다. 그는 왓킨스에게 원고를 보내면서 이렇게 썼다.

"이 일을 하려니 구토가 나옵니다. 당신도 알다시피, 한때 창녀는 영원한 창녀니까요. ……그들에게 당장 보내 삭제하고 싶은 대로 삭제하라고 하세요. 그리고 돈을 챙기세요."[124]

이 두 이야기로 들어온 돈은 달에게 다시 생활능력을 주었다. 달은 계속 글을 쓸 수 있게 되었고, 주요한 취미 생활도 계속할 수 있었다. 그것은 그레이하운드 경주였다. 도박에 관한 열정은 아버지에게 물려받은 성향 중 하나였다. 한때 로알드는 토미라는 전문 조련사까지 두고 16마리나 되는 개를 길렀다. 토미는 아일랜드 사람으로, '이는 다 빠지고 왼쪽 눈만 두 개에 그레이하운드 경주에 관한 온갖 더럽고 추잡한 계략을 다 알고' 있는 사람이었다.[125] 달은 컬리턴 근처에 집을 얻어주고 그에게 월급을 주었지만, 달이 처음으로 사들인 달팽이상자 부인이나 후손들—달팽이상자 부인의 형제와의 사이에서 태어난—은 그가 희망했던 챔피언이 되지는 못했다. 대부분은 어머니의 애완견이 되었다. 그러나 토미의 제안대로 달은 아일랜드까지 가서 베이타운 라크라는 개를 샀고, 그 개는 옥스퍼드에서 대단한 성공을 거두었다. 개들이 달의 시간을 많이 잡아먹지는 않았지만—일주일에 한 번 토미에게 돈을 주러 올라갔을 뿐이다—개들과 그들 주위의 교활하고 사악한 인간들은 달의 호기심을 자극했으며 문학적인 상상력을 제공했다. 앨필드는 베이타운 라크가 처음으로 우승했을 때 우승상금이 엄청났고, 동생이 개경주 클럽을 얼마나 좋아했는지[126] 생생히 기억했다. 아스타의 딸인 알렉산드라Alexandra도 동네 푸줏간 조수였던 '칠피에 가까울 정도로 까만색 머리카락의' 클로드 테일러Claud Taylor를 기억했는데,[127] 그는 그랜지 농장의 과수원 근처에서 수소에게 풀을 뜯게 했다. 그는 달에게 많은 비법과 시골에서의 불법적인 일탈 행위들을 가르쳐주었던 인물로, 다음 소설의 영감을 주었다.

12장

밀렵꾼

달. 1948년경.

달. 1951년경.

1975년 로알드 달은 렙턴에서 연설하게 되었다. 거의 예순이 되었을 때였다. 그는 옛 학교에 대해 신랄하게 비판하다가, 작가가 되는 데 필요한 자질을 장황하게 이야기했다. 소설 쓰기는 '아주 조심스럽게, 보통은 옆문을 통해 들어가는 일'이라고 했다. 오로지 정신 나간 사람들만이 훌륭하게 성공할 때까지 그 일을 주요 생계 수단으로 삼는다고 했다.[1] 흥미로운 단언이었다. 왜냐하면 마치 달이 영국에 도착한 지 얼마 되지 않았을 때, 전업 작가가 되기 전에 '정직한 출판일'을 하라고 했던 찰스 마시의 충고를 그대로 받아들였던 것처럼 말했기 때문이다.[2] 사실, 달은 정반대로 행동했다. 사무실에서 하는 일 종류는 되도록 피하면서, 글을 써서 번 돈에 아버지 신탁에서 나오는 얼마 안 되는 돈(곧 고갈될)을 보태면서 한편으로는 아마추어 미술품 딜러로서 초보적인 기술을 익혔다. 그는 앤 왓킨스에게 글 쓰는 일이 부침이 심하다며 투덜거리고 엄살을 부렸지만, 자신의 능력을 펼쳐 보이겠다는 생각은 한 번도 흔들리지 않았다. 그는 글을 쓰고 싶은 욕망에 사로잡혀 있었고, 그런 충동을 그대로 실천에 옮겼다. 자신이 말한 대로 정신 나간 사람이 되었던 것이다. 그건 《Some Time Never》가 실패한 후 곧바로 새로운 소설을 쓰기 시작했을 때 분명하게 드러났다.

그는 처음부터 이번 책이 이전 책―'꽤 직설적인 책'―들과는 전혀 다를 거라는 것을 알았다.[5] 이제 배경은 미래가 아니었다. 비행에 관한 이야기도 사라졌다. 핵 재난과 인간의 파괴력에 대한 불길한 목소리도 사라졌다. 현란한 풍자도 사라졌다. 단지 인간의 교활함에 대한 날카로운 시각과 전후 영국 시골에서 대처로 느껴지는 우울한 분위기만 남았다. 거기에 달은 그레이하운드 경주, 밀렵, 도박과 속임수를 짜 넣어 영국 시골의 일상에서 짜릿한 희극을 만들어 내려고 했다. 책은 주제가 '반쯤 비어 있던 머릿속에서 서서히 성숙해가던' 1948년 5월에 형태를 잡아가기 시작했다. 아주 긴 발효과정을 겪었다.[4] 그는 거의 2년 동안 단편 대여섯 개와 겨우 두 챕터만을 완성했을 뿐이다.[5] 부분적이지만 그 이유 중 하나는 '상상력의 변비'―'아무것도, 어떤 일도, 어떤 이야기도, 아무것도 생각나지 않는 시간'―에 걸려서였다.[6] 또 스스로 인정했듯이 게으름 때문이었다. 또 다른 이유도 있었는데, 고질적인 요통에 시달리자 척추를 강화시키기 위해 불편한 장치를 끼고 있었기 때문이다. 그래도 그는 늘 긍정적이었다. 앤 왓킨스에게 이렇게 말했다.

"제대로 되면 이번(책)에 아주 괜찮은 녀석이 나올 것 같습니다. 그렘린처럼 풍자적이지도 않고 초자연주의적이지도 않습니다. 지극히 평범하지만 아주 좋은 소재예요."[7]

이 '평범'하다고 한 소설은, 1946년부터 1950년 사이 그레이트미센던과 올드애머샴에서 보낸 4년 동안의 뒤틀리고 희극적인 자화상으로, 그가 쓴 책 중에서 가장 이상한 책일지도 모른다. 그 시기는 베일에 싸여 있는데, 관련된 문건이 거의 남아 있지 않다. 어머니와 함께 살던 때라 편지도 외국 여행을 하면서 보낸 것뿐이었고, 그나마도 아주 드물었다. 다행스럽게도, 뉴욕에 있던 앤 왓킨스와 찰스 마시 그리고 클라우디아 헤인스와 주고받은 편지로 사고의 변화과정을 들여다볼 수 있다. 늘 그래 왔듯이 이런 편지들도 대체로 자신의 한 면만 보여준다. 연예인들처럼 말이다. 그는 거의 속을 내보이지 않았다. 편지에 갖가지 소문과 농담, 자기 작품에 대한 이야기는 가득 들어 있었지만, 그가 분명히 느꼈을 깊은 두려움과 좌절은 거의 언급하지 않았다. 결국 1950년에 그의 글쓰기 경력에서 커다란 위기로 나타났다.

앤 왓킨스는 달이 워싱턴 시절에 보여주었던 에너지가 점점 줄어들고 있다고 의심하기 시작했다. 그가 게을러지고 있는 걸 알게 된 것이다. 1949년에 찰스 마시는 비용은 걱정하지 말고 휴가차 놀러 오라고 초대했지만 달은 '자신이 이미 너무나 게을러졌다'면서 거절했다.[8] 전해에는 마시에게 이렇게 털어 놓았다.

"전 엉망이에요. 돈 한 푼 벌지 못하고 있어요. 그건 정말 바람직하지 못한데 말이어요. 저한테는 격려가 필요합니다."[9]

낯선 곳에서 작은 전투기를 몰며 하늘을 날던 생활, 삶과 죽음을 오가며 겪었던 투쟁, 워싱턴과 로스앤젤레스와 뉴욕에서 유명인으로 살던 삶 대신에 그레이하운드와 고가구 그리고 원예가 그 자리를 차지했다. 심지어 자기만의 작업실도 없었다. 1948년에 로알드와 관절염이 점점 심해지던 어머니는 그랜지 농장을 떠나 남동쪽으로 4마일 정도 떨어진 올드애머샴의 하이 가에 있는 '초기 조지안 시대의 작고 하얀' 타운하우스로 옮겼다.[10] 그곳은 덜 한적했고 가게들이 가까웠다. 아스타드 새집에서 잠시 같이 살다가 그 지방 수의사인 앨릭스 앤더슨Alex Anderson과 결혼했다. 그래서 어머니와 아들, 둘만 살았다. 애머샴은 1950년대 후반에는 런던까지 오가는 전철이 생기면서 주거형 도시가 되었지만 당시에는 그렇지 않았다. 하지만 재래시장이 번성한 마을이라 그림 같은 거리에는 푸줏간과 식료품점과 채소가게가 뜨문뜨문 서 있었다.

달이 살았던 위스태리아의 집은 겉으로 보면 보잘것없었지만 안으로 들어가면 크고 휑할 정도로 넓었다. 양쪽에 통로가 있었고, 한쪽 통로에서 곧장 독립된 이 층 방으로 드나드는 것도 가능했다. 달은 그곳에서 살았다. 어머니는 집의 위치를 무척 마음에 들어 했다. 검은 옷을 입고 강한 노르웨이 어투로 말하던 달 부인은 그 지방의 주요 인물—이야기를 잘하고, 가십을 즐기고, 거의 본 적도 없는 사람들의 미래를 예언하면서—이 되어갔다. 그녀는 특이하게도 '스캔들을 다루던' 주간지 《뉴스 오브 더 월드News of The World》와 자연에 관한 월간지 《헬스 앤드 이피션시Health and Efficiency》를 구독했는데, 그 잡지는 스칸디나비아에서는 아주 유명했지만 1950년대의 영국에서는 반포르노 잡지라고 여겼다. 손자인 니키 록스데일은 젖꼭지와 사타구니 부분을 희게 가린 잡지 속 사진들을 생생하게 기억했고, 잡지가 배달되면 친구들 사이에서 전율이 일었다고 했다.[11] 새로 들어오는 돈으로 어머니는 초창기의 흑백텔레비전을 샀다. 손자들은 나무로 만든 웅장한 진열장에 올려놓은 텔레비전 앞에 모여 함께 시청했다.

집에는 그럴듯한 정원도 있었다. 로알드와 어머니는 오랜 시간 과실수를 심고 정교한 암석정원을 만들었다. 집의 정원과 공원의 경계를 이루는 미스본이라는 작은 시냇물이 흘렀고, 정원 아래쪽에는 시냇물을 가로지르는 허술한 손잡이가 달린 나무다리가 무너질 듯이 놓여 있었다. 다리를 건너면 공원 한가운데 엄청나게 큰 느릅나무가 서 있었다. 가끔 로알드는 어린 조카 니컬러스와 함께 들판에서 모형 비행기를 날렸는데, 니컬러스는 동네 아이들이 텅 빈 나무줄기 안에서 불을 피워 나무를 심하게 훼손한 것을 보고 삼촌이 충격을 받았다고 했다. 로알드는 이러한 행위에 분노했지만, 호기심을 참지 못하고 조카를 데리고 안으로 들어가 냄새가 어떤지, 소리와 울림은 어떻게 다른지 알아보기도 했다. 또 어떤 때는 주문 개조해서 반짝거리는 복스홀 크레스타 자동차에 조카를 태우고 드라이브를 하기도 했다. 니컬러스는 동네 대장장이가 자동차의 앞좌석을 차대 위까지 늘려

'3자리 반'으로 만들어서 삼촌이 편하게 앉을 수 있게 한 일을 흐뭇한 마음으로 기억했다. 니컬러스는 할머니가 삼촌에게 왜 결혼하지 않느냐고 잔소리를 하면서 결혼할 여자가 갖추어야 할 자질에 대해 이야기했던 것도 기억했다. 토알드는 어머니의 말을 무시했다. 니컬러스는 삼촌의 여성 편력이 아주 심하고 비밀스러울 거라고 느꼈다.[12] 달의 누이들도 달이 어떻게 하고 다녔는지 전혀 몰랐다. 소문이나 추측만 무성했다. 예를 들어 로알드가 누이네 아이들을 돌보던 노르웨이 출신의 유모와 잤다는 의심은 그녀를 '관광차' 런던으로 데려갔을 때 확실시되었다. 유모가 돌아왔을 때 한 이야기는 사보이 호텔의 욕실이 얼마나 컸던가에 관한 것뿐이었기 때문이다.[13]

위스태리아의 집에 자주 들렀던 사람은 그 집 동쪽 골목길에 있던 사설 빈민국 옆의 '어둡고 지저분한' 집에 살던[14] 클로드 테일러였다. 클로드는 '이야기꾼이었고 부랑자 같은 사람'이었다.[15] 그는 가끔 어머니를 위해 집안의 허드렛일을 해주었다. 그는 결혼해서 자식 셋을 두었는데, 비록 달은 그가 '네 단어 이상 되는 문장을 만들기 힘들어했다'고 주장했지만 두 남자는 아주 돈독한 친구가 되었다. 그들을 가깝게 만든 것은 자연에 대한 사랑과 도박에 대한 매혹, 그리고 달의 표현으로는, '돈을 내지 않고 훔쳐서 물건을 가지고 싶은 욕구'였다.[16] 클로드는 로알드가 가장 규칙적으로 만나는 친구가 됐다. 배경과 재산이 서로 크게 달랐지만, 두 남자와 그들의 가족은 서로 이름을 부를 정도로 가까워졌으며 많은 시간을 함께 보냈다. 클로드의 딸 수Sue와 제니Jenny는, 위스캐리아의 집에서 그레이하운드 두 마리가 바닥 가운데 누워 있고, 아버지와 달이 난로를 사이에 두고 마주 앉아 끊임없이 돈 벌 궁리를 하던 것을 기억했다.[17]

클로드는 실용적인 사람이었다. 그는 로알드가 이동식 글 쓰는 책상—널빤지에 당구대에 깔렸던 초록색 천을 뒤집어씌운 다음 일인용 의자의 팔걸이 위에 걸치게 했다—을 디자인하고 만들 때 도와주었다. 그 책상은 로알드가 고통 없이 글을 쓸 수 있게 해주었고, 노란 줄 친 공책과 뾰족한 딕슨타이콘데로가 연필(이건 꼭 짝수여야 했다, 홀수는 불행을 가져다준다고 생각했다)과 함께 글을 쓸 때 꼭 있어야 하는 물건이 되었다. 그는 죽을 때까지 이 책상을 사용했다. 클로드는 로알드가 무척 존경했던 집시의 영혼을 가지고 있었고, 동물이나 시골에 관한 한 전문가이기도 했다. 성품이 좋기로 유명했지만—그의 맏딸은 20살이 될 때까지 아버지가 욕하는 것을 듣지 못했다고 했다—클로드는 로알드와 함께 법적으로 모호한 영역을 넘나드는 즐거움을 공유했고, 그에게 경마와 그레이하운드 경주와 커내스터 카드게임, 그리고 (그중 최고였던) 밀렵에 관해서 가르쳐주었다.[18] 한밤중에 젖소 한 마리를 숲과 들판을 가로질러 몰고 가 훌륭한 종자 소와 몰래 교배시킨 일이건, 클로드의 상관인 조지 브라질George Brazil의 숲에서 꿩을 훔쳐내는 일이건 간에 이 '훔치는 스포츠'와 '스릴 만점의 신 나는 일'[19]은 로알드를 즐겁게 했다.

브라질은 그 지역 유지였는데, 몇 년에 한 번씩 바꾸는 커다란 롤스로이스를 타고 마을을 돌아다니던 땅이 많은 '벼락부자'였다.[20] 그는 수면제를 넣은 건포도를 꿩에게 먹여 밀렵하는 눈부신 계략의 희생양이 되었다. 클로드의 딸들은 새벽에 아빠와 달이 신이 나서 건포도를 반으로 갈라 가루 수면제를 넣은 다음 다시 붙여 자루에 담고 일을 벌이러 나가던 때를 기억했다. 이상하게도 두 딸은 그 계략이 성공했는지 아닌지는 기억하지 못했다. 하지만 제니는 그해 겨울에 온 가족이 엄청나게 많은 꿩을 먹었다고 했다. 달은 이 놀라운 계획이 너무나 자랑스러워 몇몇 소설 속에서 여러 번 인용했는데, 가장 기억할 만한 책은 1975년에 나온 《우리의 챔피언 대니》이다. 1949년 그가 처음으로 이 계획을 알게 되었을 때, 무척이나 흥분해서 앤 왓킨스에게 바로 편지를 보냈다.

"녀석들이 건포도를 먹는 거죠. 그럼 졸음이 오게 됩니다. 녀석들은 횃대로 올라가죠. 그리고는 아주 깊은 잠이 들어 자다가 떨어져요. 그럼 우리는 떨어진 녀석들을 주어오기만 하면 되는 거죠."

그는 이렇게 끝마쳤다.

"저는 이렇게 생각해요. 만약 누가 나를 밀렵해갈 생각이라면 꼭 이렇게 해주었으면 좋겠어요."[21]

달은 새 소설에 이 장난을 집어넣었다. 〈Fifty Thousand Frogskins〉—'frogskins'란 그린백greenback처럼 달러 지폐를 뜻하는 속어—에서 주인공은 번뜩일 정도로 기발한 생각으로 돈을 버는 데 혈안이 된 코믹한 시골 사기꾼들이다. 그중 하나는 교활한 성격에 콧수염을 기른 자동차 판매상 고든 허즈Gordon Hawes로, 그랜지 농장 근처 딥밀레인 끝에서 주유소를 하던 실재 인물 진저 헨더슨Ginger Henderson을 근거로 만든 인물이다. 진저는 달과 테일러와 함께 그레이하운드 경주에 다녔던 사람이다. 니컬러스 록스데일은 이렇게 기억했다.

"진저는 삼촌과 아주 친한 친구였어요. 황갈색 거리와 황갈색 콧수염에 속이 시커먼 암시장 장사꾼이었고…… 완전 건달에다가…… 삼촌은 가끔 그의 부정직한 행동을 보고 대단하다고 칭찬하기도 했지요."[22]

이런 나쁜 면은 달의 작품에서 가장 악명 높은 자동차 판매상인으로, 1988년의 동화 《마틸다》에 나오는 웜우드라는 인물을 만들어내는 데 많은 정보를 제공했다. 하지만 웜우드의 문학적인 모태는 분명히 고든 허즈였다. 전문가처럼 보이려고 청진기를 목에 걸고 마치 '할리 가의 의사인 듯' 그가 사려는 자동차 엔진 소리를 듣는다. 그리고는 자신에게 차를 팔려는 아무것도 모르는 운전자에게 차가 결함이 많아서 사실상 아무 가치가 없다고 조용히 알린다. '뱀처럼 번뜩이는 눈으로 쳐다보며' 사기꾼 허즈는 영국식 속물근성을 경멸하지만, 한편 그것을 자신에게 유리하게 사용하는 방법을 알고 있다. 예를 들어 이튼 학교 근처에는 한 번도 가본 적이 없지만, 그는 학교 타이를 매고 다닌다. 그것이 어떤 손님들에게는 '놀라운 친근감'을 불러일으킨다는 사실을 알고 있었기 때문이다. 그는 교활하고, 이기적이며, 돈에 사로잡혀 있다. 그가 꿈꾸는 영광스러운 삶은 뒷주머니에 '빳빳한 돈뭉치'[23]가 두둑이 들어오게 할 사기와 기만으로 이루어진 것이다.

허즈는 공범인 시드니 커비지Sidney Cubbage를 전쟁 당시에 만난다. 두 사람 다 안전하게 내부 조리반에서 나라를 위해 일했다. '약간 백치인 듯'한 인상에 '아무런 표정 없는 멍한 소의 눈' 같은 커비지는 수줍음이 많다. 하지만 그의 사악함은 모든 힘든 일 처리에서 '충실하고, 활력이 넘치고, 조심스럽고 그리고 희극적이기까지 한…… 완전히 얼간이라는 사실 때문에' 용서가 된다. 커비지는 클로드―캐나다 캘거리의 내부 조리반에서 일했던―를 모델로 삼았다. 달은 나중에 이 책에서 4가지 이야기를 끄집어낸다. 그리고 시드니라는 이름은 클로드로 바뀐다. 커비지는 두 남자 중에 독자들에게 더 동정받는 인물이었다. 동물을 학대하는 걸 경멸하고, 전통적인 시골의 가치관이 사라지는 걸 한탄하며, 그를 둘러싼 사회 속에서 신뢰가 사라지는 것에 대해 불평한다. 달은 따뜻함과 인간미를 가지고 그에 대해 썼다. 달은 책의 배경을 쓸 때 '사람들이 변한다'며 '슬픔이 그의 얼굴에 구름처럼 드리워지기 시작했다'고 한다.[24] 앤 왓킨스는 커비지가 소설 속에서 가장 성공한 인물이라고 여기며 그를 '사랑스럽고 이해할 만한 남자'라고 열렬하게 반겼다.[25] 그러나 악역인 허즈는 그다지 성공적이지 못했다. 부분적으로는 그와 제대로 거리를 두지 못했기 때문이었다. 허즈는 그를 만든 사람의 성격을 그대로 보여주었다. 생존주의자이며 아웃사이더이고 재치로 살아가며 무능력하고 비효율적인 정부의 적이었다.[26] 그는 불필요한 관료나 규칙을 비난했다. 그는 독창성이 뛰어났다. 그리고 도박을 좋아했다.

쉘에서 일할 때, 로알드는 캣퍼드에서 벌어진 개 경주에 갔던 적이 있다. 그때 로알드는 처음으로 스릴을 느꼈다. 그러나 도박의 마력에 깊이 빠져들기 시작한 것은 워싱턴에서였다. 대사관의 한 직원이 그를 포커 사회로 끌어들였다. 브렛Brett이라는 '조금 수줍은 성격'의 남자가 그에게 100달러 지폐로 가득 찬 개인용 금고를 보여주었다. 1975년 달은 렙턴에서 당시 이야기를 하면서 처음에는 브렛이 대사관의 공금을 훔치는 방법을 알아냈다고 생각하고는 자신도 끼워줄 수 있느냐고 물었다고 했다. 브렛은 회원 대부분이 판사, 상원의원, 심지어 당시 미주리 상원의원이었고 나중에 대통령이 된 해리 트루먼도 끼어 있던 워싱턴의 특별 유니버시티 클럽에서 브리지와 포커 게임으로 번 돈이라고 했다. 달은 그 클럽에 들어가고 싶었다. 하지만 경험이 부족해서 대체로 돈을 잃는 편이었다. 그는 강연장에 온 청중들에게 이렇게 말했다.

"그래서 일주일에 이틀 밤, 저는 적어도 보통 판돈이 500달러인 게임을 했습니다. 결국 저는 글을 써서 번 돈의 대부분을 브렛에게 잃었어요.'[27]

하지만 그렇게 돈을 잃었어도 달의 열의는 식지 않았다.

비록 버킹엄서의 그레이하운드 경주는 워싱턴 엘리트들의 포커 규모와는 현저한 차이가 났지만, 그래도 도박과 비슷한 쾌감을 주었다. 초라하고 허가도 받지 않은 일이라 사람들의 눈이 뜨이지 않는 들판에서 벌어졌다. 시간과 장소도 입에서 입으로만 전달되었다. 들판 끝에서 '감는 사람'이 줄 끝에 달린 하얀 토끼인형을 '거꾸로 세워놓은 자전거 페달을 미친 듯이 손으로 돌려' 잡아당기면, 그레이하운드 여섯 마리가 인형을 쫓으며 달리는 경주였다. 부정이 판을 쳤다. 어떤 개는 주둥이에 씌우는 입마개를 너무 세게 조여 제대로 숨을 못 쉬게 했고, 또 다른 녀석은 발가락을 얇고 검은 무명실로 묶어 놓기도 했으며, 어떤 녀석의 항문에는 생강 한 조각을 끼워서 찌르는 고통을 피해 미친 듯이 달려가게 했다. 로알드는 죽기 일 년 전에 그레이하운드와 그 경기장에서 보냈던 '달콤한 날들'에 대한 기억은 '가슴 찡한 향수'로 가득하다고 고백했다.[28]

'개 경주'를 사랑했던 사람은 달만이 아니었다. 얼마나 인기가 있었던지 심각한 중독성 도박이 되는 지경에 이르렀고, 사람들이 직장에도 나가지 않는 상황이 되자 정부는 주중에 벌어지는 시합을 단속해야만 했다.[29] 달에게 이 일은 무척 열망하던 '학자-집시'적인 생활방식이었고, 과도한 정부 규제에 대해 반항을 표현할 수 있다는 점에서 아주 매력적이었다. 경주장에서는 모든 사람이 아웃사이더가 되었다. 소설의 막바지에 이르면 커비지는 번스라는 쥐처럼 생긴 —⟨Foreign Intelligence⟩의 기이한 의사 같은 인물—쥐 잡는 사람을 만난다. 그 사람은 쥐의 머리를 이빨로 물어뜯어 죽인다. 그는 '마르고 뾰족한 갈색 얼굴로 위턱에서 삐죽이 나온 날카롭고 긴 두 개의 유황색처럼 누런 이빨이 아랫입술을 덮으며 안으로 구부러진 남자였는데 그는 나중에 〈클로드의 개Claud's Dogs〉에 나온다.

쥐 잡는 사람은 정말 괴상망측하지만 클로드—달에게도—에게는 삶의 기쁨을 전혀 모르는 대학을 나온 지성인이면서 보통 사람의 소박한 즐거움을 부정하는 관료들이나 공무원들에 비하면 그리 불쾌한 인물도 아니었다. 달은 이렇게 썼다.

"커비지와 쥐 잡는 남자와의 관계는—잔인함을 혐오하는 만큼 경멸하기도 하지만—아주 가까웠다. 같은 땅에서 태어나 지식인 계급과 영원히 투쟁을 벌이고, 관료주의와 편협한 독재에 대해 반감이 있다는 점에서 두 사람은 가까워졌다."

《Fifth Thousand Frogskins》은 이러한 시시한 악당들, 암거래 시장에서 물건 파는 건달, 마권업자들, '두꺼운 외투에 허리띠를 매고 중절모를 쓰고는 얼굴을 잔뜩 찌푸린 도망자, 작은 눈에 무표정하며 항상 주위를 살피고 먹잇감을 찾아 헤매는 인물들'이 살고 있다. '교활하고 아는 것이 많은 유대인'과 '세상과 동떨어진 냉담하고 씻지도 않고 비밀이 많은' 집시도 있다. 탐욕스럽고 사기 치는 사람들의 세상에서, '크고 작은 마을의 시궁창 밑바닥 하수구와 찌꺼기 속에서' 허즈와 커비지는 돈 벌 계획을 세운다. 두 사람은 똑같이 생긴 그레이하운드를 구할 수 있었기 때문이다. '한 녀석은 질 수밖에 없는 놈이었고, 다른 녀석은 타고난 일등 경주견'이었다. 그들은 강한 녀석을 약한 놈으로 속여 내보낸 다음 큰돈을 딸 생각이었다.

적들—대부분은 악랄한 농부, 정부관리 그리고 마권업자들인데—이 그들의 계획을 망치려고 온갖 시도를 했지만 허즈와 커비지는 승리를 거둔다. '엄청난 지폐' 더미는 '진흙탕 속에서 법석을 떨고, 소리치고 침을 흘리고 미끄러지면서' 달이 그렇게도 좋아했던 '지저분하고 치사하고 비뚤어진 인간성'으로 벌어들인 돈이다.[31] 그들의 성공은 달과 완연하게 비교된다. 달은 나중에 찰스 마시에게 아버지가 남긴 신탁 유산―아마도 5000파운드 정도―을 '개 경주와 그 세계에서 함께 어울렸던 친구들'에게 다 날렸다고 말했다.[32]*

열심히 소설을 쓰는 동안에도 달은, 그의 표현대로 하면, 기발한 단편 쓰는 '훈련'을 계속했다. 〈소리 잡는 기계The Sound Machine〉가 전형적인 예이다. 그건 10살 때 다닌 컴벌랜드 로지의 초등학교 시절 '처음으로 진지한 단편 쓰기를 시도'했던 이야기와 어느 면에서는 흡사하다.[33] 〈The Kumbak II〉에서 한 어린이는 삼촌 아리스토틀이 과거의 대화를 들을 수 있는 기계를 발명했음을 알게 된다. 그 기계는 벤저민 블루보틀이 제미마 레드버텀 양을 살해했다는 사실을 증명하는 데 사용된다. 40년 후 〈소리 잡는 기계〉에서 비슷한 남자가 식물이 내는 소리를 탐지하는 장치를 발명해, 식물이 고통스러워 비명을 지르는 소리를 듣는다. 인간이 얼마나 잔인할 수 있는가에 대한 또 다른 이야기였다. 그건 '아이디어 책'―달이 이야기에 영감을 주거나 책이 될 만한 인물, 상황 그리고 아이디어를 모아놓은 책―에 모아놓은 간단한 관찰이나 생각에서 비롯된 이야기였다. 달은 1945년부터 이런 소설적인 '싹'을 모으기 시작해서 죽을 때까지 계속했다. 이 이야기는 단순히 '이야기―나무가 지르는 소리를 들을 수 있는 소리장치'라고 쓰여 있었다. 가끔은 마침표도 전혀 없이 한두 개의 단락으로 요약되어 있기도 했다. 대부분은 이야기가 될 만한 간단한 생각, 가정 혹은 정보일 뿐이었다. 덴마크에 있는 강아지 면허, 비뇨기과 병동의 묘사, 인간의 뇌 중심에 있는 '지식저장고'들에 관한 생각이었다. 기발한 책략에 관한 상세한

*달이 그레이하운드 경주로 유산을 탕진했다고 첫아내인 퍼트리샤 닐도 나에게 확인해 주었다.

설명도 있었는데, 들키지 않고 살인을 저지르는 법, 즉 심장이 약한 사람을 간질이거나 당뇨환자에게 인슐린을 과다하게 투여하는 법 등이다.[34]

어떤 아이디어는 황당무계하고—실수로 아주머니의 유골 재를 먹는 남자 이야기—, 어떤 이야기는 공상적이어서 미래의 동화책 등장을 예견하기도 한다. '생각, 농담, 지식'을 잡아서 유리병에 보관하는 남자, 유리로 만든 눈을 유리잔에 넣어 보관하는 남자, 벽으로 X-광선을 쏘아서 옆집 남자를 불임으로 만드는 남자와 어깨를 나란히 하고 있다. 또 하나의 생각은 이렇게 쓰여 있다. 체리를 자몽 크기로 기르는 남자, 신문기사를 오려 붙여놓기도 했고, 눈에 대한 묘사가 첨부된 살인자의 사진, 혹은 엉뚱한 비유나 별난 연관성이 쓰여 있기도 하다.

> 사람들
> 죽 같은 뿌연 잿빛 얼굴
> 의자 다리처럼 생긴 다리
> 구겨진 갈색 종이 같이 생긴 얼굴
> 화장실 수도꼭지처럼 생긴 코
> 열쇠 구멍처럼 생긴 작고 삐뚤어진 입술
> 바흐의 프랑스 모음곡 4, E단조 "대체 무엇이 문제인가."[35]

많은 아이디어가 나중에 단편들의 청사진이 되었다. 예를 들어 '러시아 아이를 강아지같이 걷게 키운 독일인'과 '등에 그림을 문신한 남자' 등이다.* 또 '국수주의의 저주'나 동물에 대한 인간의 잔인함 같은 그가 거부할

---

*이 아이디어들은 《The Dogchild》(미출간), 〈피부〉와 같은 작품이 되었다.

수 없는 주제들을 적어놓은 것도 있었다.

살아 있는 생선의 비늘을 벗기는 프랑스 여인, 돋보기로 개미를 태우는 사내아이들, 두꺼비에게 돌멩이를 던지는 아이, 살아 있는 가재를 반으로 자르거나 간을 빼기 위해 거위를 자르는 훌륭한 요리사. 판자에 발을 못으로 박는 일—불 앞에서. 음식을 억지로 먹이는 일. 프랑스 시장에서—산 개구리의 껍질을 벗기는 일. 그들은 펄쩍 뛴다.

요리법.

상하이에서는 결박한 원숭이를 들고 온다. 피가 계속 돌게 하려고 아래에 불을 피워 놓았다. 좋아. 머리를 자르고 별미로 먹기 위해 뇌를 꺼낸다.

미국. 뉴욕 주의 커다란 칠면조 농장에서 살아 있는 칠면조를 끓는 물에 담근다.

프랑스. 코르동 블루에서 송어를 삶았을 때 살이 '푸른색'이 되는 법을 가르친다. 삶기 전에 손을 생선 입에 넣고 내장을 잡아 꺼낸다.

여자들은 살아 있는 닭의 깃털을 뽑는다.[36]

1949년 《뉴요커》는 〈소리 잡는 기계〉를 1000달러에 샀다. 로알드는 기뻤다. 그는 오랫동안 잡지사가 자기 단편을 출간해주기를 기대했는데, 마침내 수많은 거절 뒤에 그 바람이 실현된 것이었다. 하지만 기쁨은 곧 고뇌로 바뀌었다. 그건 편집장인 해럴드 로스Harold Ross가 일관성이 없는 부분을 발견하고는 과감히 삭제하고 대대적으로 다시 써주기를 바랐기 때문이다. 그의 편지를 받은 달은 '분노로 아우성'을 쳤다. 그는 로스에게 자신이 조심스럽게 만든 문장을 '뭉개 버리고' 있다고 비난하면서 작가로서는 도저히 빠져나올 수 없는 딜레마를 제시했다고 했다. 글 쓰는 일을 그만두든지 아니면 '아무리 못생겼더라도 편집장과 번번이 잠을 자야 하는 문학적인 창녀'가 되던지 둘 중 하나라고 했다.37 앤 왓킨스는 자신도 모르게 달이 직접 보낸 편지를 읽고 깜짝 놀랐다. 그녀는 감탄하며 달에게 편지를 보냈다. "대단한 사람! 대단한 사람!"38 그의 답변은 신속하고 본능적이었으며 위험했다. 그는 왓킨스에게 잡지사의 스테프들이 '대단히 이성적인 사람들이라' 자신이 '자기 방식만 고집하는 교만한 놈이' 아니라 단지 두 발로 디딜 곳을 찾고 있으니 발아래 놓인 양탄자를 빼는 것만은 거절하고 있음'을 알 거라 믿는다고 했다.39 도박은 효과가 있었다. 로스가 뒤로 물러섰다. 왓킨스는 놀라워했다. 왓킨스는 달에게 로스가 '잘못을 인정했다'고 말했다.40

로알드는 그 이야기를 여러 개의 다른 단편들과 합하고 영국으로 돌아와 썼던 다른 기사들을 더해 출판하면 어떻겠냐고 제안했다. 제일 먼저 콜린스Collins에게 보냈다. 그곳의 편집장인 피터 와일드는 《Some Time Never》에 비해 떨어진다고 생각하여 그중 한 이야기를 '실패한 도러시 파커'라고 묘사했고, 다른 하나는 '실패한 러니언'이라고 했다.41 오직 단 하나의 이야기만 《개 조심》 수준이라 했는데, 그건 달이 7년 전에 쓴 〈The Sword〉였다. 스크리브너에 있던 존 윌록이 달에게 편지를 보냈다. 그의 어조는 좀 더 부드러웠고 조금은 비위를 맞추려 했지만 내용은 같았다. 그 뒤로 거절의 편지가 줄을 이었다. 대부분은 아무 설명도 없었고, 다만 랜덤하우스의 해리 모울Harry Maule은 작가의 '악마 같은 상상력'을 칭찬하면서, 이야기가 '매우 섬뜩한 내용을 풀어가는 연습' 같다고 했다.42 그렇지만 아무도 그의 단편집이 출판할 만큼 충분한 문학적 장점이 있거나 일반 독자들에게 호소력이 있을 거라고 생각하지 않았다. 그건 엄청난 타격이었다. 이야기를 판 지 일 년이 넘어가고 있었고, 스스로 인정한 대로 어린아이로 돌아가 자신을 보호하려고 했다. '모형 비행기를 날리거나 그레이하운드랑 놀거나.'[43] 어린 조카들은 그의 에너지를 받아주던 아주 고마운 대상들이었다. 조카들은 그럴 수 없이 '완벽한 삼촌'과 함께 숲을 거닐거나 자동차를 타고 비행기를 쫓아 무작정 달리기도 했다. 모든 어린 조카들은 삼촌과 보낸 시간을 축복이라고 생각했다. 40년이 지난 후에도 스트레스가 많거나 걱정거리가 있고 거절당했거나 실패했을 때, 달이 향수에 젖어 늘 회상하는 마음 편한 도피처가 바로 그 시절이었다.[44]

물론 달은 '정신없이 놀러다니는 일'을 즐기기도 했지만 때로는 좌절도 느꼈는데 그건 자신이 윤택한 삶을 좋아했기 때문이다. 그는 돈 많고 유명한 사람들과 어울리는 것을 좋아했다. 또 가족에게 특이하고 이국적인 것들을 맛보게 해주고 싶었다. 그가 미국에서 돌아왔을 때, 어머니는 '모든 사람을 위해 엄청난 선물을 가지고 온 산타클로스' 같다고 달을 묘사했다.[45] 앨필드도 달이 영국에 있을 때에도 '항상 즐거운 시간을 갖는 것을 좋아했고 늘 누이들을 데리고 나가고…… 가족들이 좋은 시간을 즐길 수 있게 돈이 충분히 있어야 하는 것이 그에게는 중요했다'고 기억했다.[46] 당시 그의 재정 상태는 그런 역할을 불가능하게 만들었다. 그래서 1949년 여름, 달은 직업을 바꿀 생각도 했다. 물론 글 쓰는 일을 병행할 수 있어야 했다. 그는 8월에 왓킨스에게 《뉴요커》와 싸움한 게 후회스럽다고 인정했다.

"저는 글을 많이 쓰지 못하고 있습니다. ……그리고 콜린스에서 지난번

제 책의 단편들이 형편없다고 하니 무척 속상합니다."

그래서 그는 다른 생각을 했다.

"런던에서 마권영업을 시작할까 하는 계획으로 바쁩니다. 한 2~3년간 말에 돈을 걸면서 보낼까 하고요. 항상 제가 매력을 느끼는 일이었어요. 아시다시피 저는 돈이 다 떨어졌습니다. 만약 이 방면에서 제대로 사업하게 되면 제가 원하는 작품을 쓸 수 있을 겁니다. 편집장과 출판사들에게 제가 원하는 대로 하라고 할 수 있을 테니까요. 하긴 지금도 이미 그렇게 하고 있지만 말입니다. 물론 계속 글을 쓸 생각입니다. 낮에는 마권업을 하고…… 밭을 가로질러 이리저리 뛰어다니면서 자동으로 나오는 테이프를 살피고 수화기를 붙잡고 엄청난 돈을 걸면서 말이지요. 간단히 말해서 재미와 스릴을 다 맛보는 거죠."47

마권업자가 되겠다는 생각은 어느새 사라졌다. 하지만 짬짬이 하던 골동품과 미술품 딜러 일은 한동안 계속했다. 그가 완전히 거지가 된 것은 아니었다. 주식시장에 투자해 놓은 유산이 있었고, 그의 몸에는 예술가의 피가 흘렀다. 그건 어린 시절부터 달이 관심이 있었던 분야였으며, 전쟁 때 알게 된 밀리센트 로저스와의 친분으로 미술품 시장이 어떻게 움직이는지 눈을 뜨기 시작했다. 곧 그는 찰스 마시를 대신해 예술품을 사기 시작했다. 그리고 그의 상상을 사로잡는 그림을 보고 느끼는 흥분은 그야말로 압도적이었다. 눈부신 색깔과 야만적인 풍자가 있는 프랑스 인상주의 화가 조르주 루오Georges Rouault의 그림은 마치 전기충격을 주는 듯했다. 달은 1946년에 그의 그림 4점을 샀다. 세잔Cézanne도 같은 효과를 주었다. 어쩌면 비슷한 성향을 알아챘는지 달은 기교와 표현의 야심을 존중했으며, 마시에게 세잔을 "가장 위대한…… 섬세하고 미묘한 거인…… 그 어떤 다른 분야의 예술가도 도저히 이룰 수 없는 완벽함을 추구한……' 사람이라고 묘사했다.[48] 달은 이런 눈을 스스로 얻은 것은 아니었다. 그는 훌륭한 스승이 있었다. 바로 20세기 영국 화가 중 가장 중요한 인물의 하나인 매슈 스미스Matthew Smith였다.

두 사람은 1941년 가을에 처음으로 만났다. 그건 달이 팔레스타인에서 부상당해 집으로 돌아온 후였다. 공습이 소강상태였을 때였다. 로알드는 런던으로 올라가서 본드 가에 있는 갤러리를 돌아보기 시작했다. 처음에 달은 그저 유리창으로 훔쳐보기만 했다. 그러다 스미스의 그림에 '매혹되어', 아마도 관능적이고 풍만한 여인의 초상에 빠졌을지도 모르지만, 달은 용기를 내어 투스 갤러리로 들어갔다. 그는 갤러리 주인에게 스미스의 더 많은 작품을 볼 수 있는 곳이 어디느냐고 물었다. 달은 화가가 '사라졌다'는 소리를 들었다. 달은 화가가 옮긴 주소마다 찾아다니다가 마침내 하이드파크 근처, 피커딜리의 한 허름한 호텔에 묵고 있는 그를 찾아냈다. 달은 연락도 하지 않고 무작정 문을 두드렸다. 안에서 바흐의 《브란덴부르크협주곡》이 작은 축음기에서 흘러나오고 있었다. 몇 분 후 문이 열리고 스미스가 내다보았다. 달은 이렇게 기억했다. 그는 '마치 겁먹은 작은 동물이 구멍에서 밖을 엿보듯' 내다보았다. 그야말로 멋진 첫 만남이었다.

"스미스 씨?"

"예."

"매슈 스미스 씨?"

"예."

"전…… 흠…… 전 그저 제가 얼마나 당신 그림을 좋아하는지 직접 말씀드리고 싶어서 찾아왔습니다."

나는 그렇게 말했다. 할 말이 그것밖에 없었다. 화가가 영국 공군에 입대했던 두 아들을 잃은 지 얼마 되지 않았다는 것을 알지 못했다. 그런데 영국 공군 제복을 완벽하게 갖추어 입고 가슴에 날개 모양의 배지를 단 한 젊은 남자가 갑자기 나타났으니, 충격은 그야말로 엄청났음이 틀림없었다. 그는 무척 당황해서 말했다.

"들어와요. 어서 들어와요."

그는 양말만 신고 있었다. 양 발꿈치에 모두 구멍이 나 있었다. 그는 아주 빠르게 이야기를 시작했다. 손이 떨리고 있었다. 낱말들이 초조하게 흘러나왔다.

"방이 엉망이라서 죄송합니다. 모든 게 엉망입니다. 오, 정말 끔찍하군요. 어디 앉으시겠소? 난 아무것도 제대로 할 수가 없어요. 요즘은 아무것도 할 수가 없답니다. 나한테 무슨 문제가 있는지 모르겠어요. 정말 만나서 반갑습니다. 이렇게 찾아주시다니 정말……."[49]

스미스는 마흔 살이나 많았지만 두 사람 사이에는 곧바로 통하는 것이 있었다. 달이 워싱턴으로 발령 났을 무렵에는, 두 남자는 이미 아주 친한 친구 사이가 되어 있었다. 스미스의 정부이자 상속녀였던 메리 킨Mary Keene의 딸 앨리스 카델Alice Kadel이 1959년 화가가 죽은 뒤 인터뷰를 하러 왔을 때 '그 둘이 전혀 동성애적인 관계는 아니었다'고 말했다. 카델은 그런 생각을 전혀 해본 적이 없어서 그 말이 오히려 이상하게 들렸다고 했다. 하지만 그녀는 달이 그날 기분이 좋지 않았고, 이따금 '공격적이고' '불쾌하고' '차갑게' 굴었다고 기억했다. 그녀는 로알드와 어머니의 애인에게

12장 밀렵꾼 427

비슷한 점이 많다는 것을 알고는 따뜻하게 다가갔다. 그녀는 이렇게 말했다. "둘 다 걱정이 많은 것 같았어요. 그래서 그런지 둘 다 아주 매력적이었죠. ……둘 다 보살핌을 필요로 하는 듯했어요. 아마 여러분도 어머니같이 보호해 주고 싶은 생각이 들었을 거예요. 어쩐지 그들은 사람의 마음을 움직이는 것 같았어요."⁵⁰

1944년 여름, 달이 런던으로 돌아와 두서너 달 머무르고 있을 때, 스미스는 달에게 초상화 모델이 되어 달라고 요청했다. 세실 비튼Cecil Beaton이 '육감적인 누드와 관능적인 정물화'라고 묘사했던 그림에 이미 익숙했던 그에게,⁵¹ 그 그림은 스미스가 시도했던 몇 안 되는 남성 초상화 중 하나였다.* 색깔이 얼마나 화려했던지 달의 푸른색 영국 공군 제복이 붉은색과 주황색 배경 때문에 오히려 죽은 느낌이 들 정도였다. 워싱턴에서 앙투아네트 하스켈에게 충격을 주었던 '나른함'과 초연한 내세주의 감각─현재의 사진에서는 거의 나타나지 않는─까지 잘 표현하고 있었다. 25세였던 로알드는 신탁에 있는 5000파운드─현재로 따지면 17만 5000파운드에 달하고 당시 그의 연봉의 38배였던 금액─을 쓸 수 있었는데, 매슈 스미스의 작품 두 점과 스미스의 여자친구였던 제이컵 엡스타인Jacob Epstein의 수채화 몇 점과 인상파와 후기 인상파의 작은 화첩을 샀다. 그는 그림을 모두 워싱턴으로 가져갔고 그곳에서, 어머니에게 말했듯이, '대단히 환영을 받았다'.⁵² 그는 밀리센트 로저스에게 엡스타인 그림을 한 점 주었고, 하나는 상당한 이익을 남기고 팔았다. 이익을 남겨서 파는 일도 즐거웠지만 보통은 그림을 즐기기 위해서 샀다. 그는 나중에 이렇게 썼다.

*달은 어머니에게 그 초상화가 '스미스가 그린 유일한 초상화'라고 자랑했지만, 꼭 그런 것은 아니다. 스미스는 자신의 친구인 아우구스투스 존과 소설가인 헨리 그린의 유명한 초상화도 그렸다. ─로알드 달, 어머니에게 보낸 편지, 04/18/45─RDMSC RD 14/5/4/20.

"단편을 하나씩 팔 때마다, 나는 그림을 한 점씩 샀다. 그러나 또 다른 작품을 완성하기까지 시간이 오래 걸려, 늘 6개월 전에 산 그림을 팔아야만 했다. 당시엔 아주 훌륭한 그림도 가격이 비싸지 않았다. 1940년대 후반에 잠시 내 벽을 장식했던 그림들은 오늘날엔 백만장자들만이 살 수 있을 것이다. 마티스Matisses, 엄청난 크기의 야수파 루오, 수틴Soutines, 세잔의 수채화, 보나르Bonnards, 부댕Boudins, 르누아르, 시슬리, 드가Degas의 바다풍경, 그리고 또 얼마나 많았는지 모른다."[53]

그레이하운드 경주와 관련된 부정한 속임수에 흠뻑 빠졌던 것처럼 로알드는 예술계에 만연한 속임수와 책략의 매력에 빠졌다. 예를 들면, 달은 복구하는 방법을 배워 스스로 해보기도 했다. 그는 이렇게 회상했다.

"1946년에 제일 처음으로 깨끗하게 닦으려고 했던 제품은 제부(존 록스데일)가 가지고 있던 므어랜드Morland 작품이었는데, 끝내고 나니 다 지워져서 다시 색칠해야 했다. 어두운 광택제를 없앴더니 안타깝게도 그림의 질이 형편없어졌다고 했는데도 그는 아주 만족스러워했다."

'가장 초라하고 황폐한 곳이었던' 억스브리지에서 산 검게 변한 장식거울은 대단한 성공이었다. 벗기고 보니 '화려하게 석칠된 틀에 기이한 머리와 조개와 물고기들이 그려져 있었다. ……분명히 거의 마타이아스 록Mathias Lock의 작품이었다.'[54] 모조하는 것도 그에게는 커다란 즐거움이었다. 앨필드는 달이 '정원용 페인트로 자신만의 마티스를 5분 만에 그려내려고 시도했다'고 기억했다.[55] 한편 조카 니컬러스—지금은 런던에서 현대 미술품을 다루는 가장 존경받는 딜러 중 한 사람—는 지금도 삼촌이 그린 모네를 침대에 걸어두고 있다.

이런 모든 지식은 찰스 마시를 위해 비공식적으로 그림과 골동품 구매 대리인 역할을 할 때 엄청난 도움을 주었다. 전쟁이 끝난 직후에 달이 생계를 유지할 수 있을 정도로 아주 많은 이익이 남는 즐거운 부업이었다. 그가 개 경주에서 배운, 일단 남을 의심하는 태도와 냉소주의도 도움이 되었다. 그는 나중에 이렇게 썼다.

"골동품 판매인은 결코 기술자들이 아니다. 그는 흔한 놋쇠 손잡이를 서랍에 제대로 쑤셔 박는 일도 할 수 없다. 그가 쑤셔댈 수 있는 것은 고객뿐이다."[56]

매슈 스미스는 그림에 대한 달의 열정을 북돋워 주었다. 1946년 두 남자는 함께 파리로 첫 여행을 떠났으며 이후에도 여러 번 함께 갔다. 파괴된 도시는 로알드에게 깊은 인상을 남겼다. 로알드는 자유분방한 보헤미안 생활에 흥분하기도 했지만, 동시에 그곳에서 직접 본 가난과 궁핍에 충격받기도 했다. 스미스도 그 도시를 사랑했다. 그는 로알드에게 자신이 가장 좋아하는 곳을 보여주었다. 앨리스 카델은 둘의 관계가 '아버지와 아들' 같다고 했던[57] 레슬리 오말리Lesley O'Malley의 의견에는 동의하지 않았다. 매슈를 잘 알았던 앨리스는 반대로 둘이 '아주 철없는 사내아이들' 같았다고 생각했다.[58] 프랑스에 간 매슈는 틀림없이 달에게 화가뿐만 아니라 창녀도 소개했을 것이고, 전후의 궁핍한 생활이었지만 아마도 달의 아버지인 해럴드가 즐겼던 그런 세상맛을 보여주었을 터였다. 달은 스미스의 걷잡을 수 없는 성적 에너지를 놀라워했고, 클라우디아 마시에게 동네를 어슬렁거리는 노인을 보는 것이 얼마나 즐거운지 모른다고 전했다. 로알드는 새로 작위를 받은 그의 친구가 거의 여든이 되어 이제는 '일주일에 5번밖에 관계를 갖지 못함'을 안타까워했다.[59] 한편 로알드는 찰스 마시에게 두 사람이 런던에서 저녁을 함께한 후 '베이스워터 가를 창녀들과 이야기하면서 내내' 걸었다고 했다.

    매슈가 한 흑인을 여섯 블록이나 쫓아가 따라잡자, 그녀가 이렇게 말했다. "저랑 같이 우리 집에 가실래요?" 그러자 매슈가 말했다. "담배나 피우지." 여자가 말했다. "승강이 벌이지 말자고요. 저랑 같이 집에 가실래요, 안 가실래요? 2파운드예요." 유명한 화가가 어둠 속에서 그녀를 자세히 살핀 다음 성냥에 불을 붙여 얼굴에 가까이 갖다 대고는 놀라서 말했다. "이런, 세상에, 싫어!" 우리는 열한 명 이상 되는 여자들과 이야기했다. 내가 그를 떠났을 때 그는 머리가 노란 엄청난 덩치의 여인을 향해 빠르게 걸어가고 있었다. 그는 두 손을 주머니에 넣은 채였다.[60]

    영국으로 돌아온 로알드는 매슈의 중개업자가 되어 '가족을 돌보듯 그를 돌보았다.' 달은 그에게 위스태리아의 집 근처에 화실을 얻게 하여 한동안 화가는 달의 무리 속에서 생활했다. 그리고는 화실을 고쳐 짓는 동안 달이 그의 그림들을 보관했다. 달은 찰스 마시에게 54점이나 되는 작품들을 "여분의 침실에 재어놓았습니다. 그리고는 몇 시간이고 그림을 보면서 보냈지요."[61] 하지만 스미스는 '중개'를 반겼지만[62] 근본적으로 자기를 드러내지 않고 혼자 있기를 즐기는 사람이라 남에게 조종받는 것을 싫어했다. 그리고 통제력을 잃었다는 생각에 과대망상증에 걸렸다. 이사하는 동안 로알드가 찰스 마시에게 팔려고 자기 그림 하나를 훔쳤다고 확신하고는 그를 도둑으로 몰았다. 없어진 그림은 새로운 액자에 넣으려고 보냈던 것뿐이라고 친구를 안심시켰지만, 그래도 그런 비난은 너무나 충격적이었다. 달은 큰 충격을 받았다. 그는 화가 나서 매슈에게 말했다.

"나는 한 번도 돈이나 물건에 대해 야비하거나 교활하거나 탐욕스럽다는 말을 들어본 적이 없습니다. 지금까지 내가 가진 것을 남에게 나눠주었습니다. 아실지 모르겠지만, 그래서 지금 내가 무일푼인 겁니다."[63]

자신이 받은 비난이 '너무나 끔찍해서'[64] 로알드는 그 충격으로 사흘 동안 설사하고 병원까지 갔다고 주장했다. 결국 스미스는 '오해'에 대해 사과했고, 갈등은 금방 해결되었다. 그런데도 그의 경건한 체하는 말투에 계속 화가 나서 '망할 놈의 아주 나쁜 심리' 라고 표현했다. 하지만 그건 똥 묻은 개가 겨 묻은 개를 나무라는 꼴이었다. 스미스도 역시 그 일로 기분이 몹시 좋지 않았다고—그저 3일뿐이 아니라—했다. 그는 로알드에게 6주 이상 몸이 좋지 않았다고 했다.[65] 당연한 결과겠지만, 곧바로 그는 화실을 다시 런던으로 옮겼다.

이 시기에 쓴 달의 가장 유명한 단편 두 개는 그림과 직접 관련된 이야기였고 매슈 스미스와의 우정에서 비롯된 것이었다. 〈고별Nunc Dimittis〉은 유명한 초상화 화가가 벌거벗은 모델을 그린 다음 옷을 하나씩 하나씩 그려 넣어 그림을 완성했다는 환상적인 이야기였다. 서술자는, 돈 많고 건방진 성격의 멋쟁이인데, 자기를 멸시했다는 이유로 한 뚱뚱한 여인의 초상화를 이 화가에게 맡겨 복수한다. 일단 그는 그림을 받은 다음, 마치 복구하는 사람처럼 아주 힘들게 유화를 한 겹씩 벗겨나간다.

"조심스럽게 물감을 실험하고, 만지작거리면서, 섞어놓은 물감에 알코올을 한 방울씩 떨어뜨려 '대단한 기술력과 과학으로 현수교를 지탱하는 케이블처럼'[66] 여성의 몸을 떠받치고 있는 엄청난 코르셋과 브래지어의 끈이 보일 때까지 벗긴다."

그리고는 그 초상화를 일반 사람들에게 보임으로서 그녀에게 창피를 준다. 하지간 더 극단적인 복수를 하는 쪽은 결국 여자였다.

다른 작품인 〈피부Skin〉는 1946년 파리가 배경이다. 이 단편은 가난한 문신 화가에 대한 이야기이다. 그는 수년 전에 러시아 화가인 샤임 수틴 Chaim Soutine을 설득해 자신의 등에 부인의 초상화를 문신으로 그려 넣게 했다. 수틴은 한때 마슈 스미스와 한집에 살았던 화가인데, 로알드가 이 이야기를 실감 나게 꾸밀 수 있게 놀랍고 자세한 사항을 말해 주었을 것이다. 이야기 속의 늙은 문신 화가는 저음의 목소리를 가진 베일에 싸인 미술품 판매상의 손아귀에 잡힌다. 그는 문신 화가의 살아 있는 예술 작품을 얻고 싶어 혈안이 되어 있다. '샛노란 장갑을 낀' 무시무시한 손이 문신 화가의 어깨에 놓인다. 그는 문신 화가가 죽은 뒤 등가죽을 내놓는 조건으로 편안한 삶을 약속한다. 독자들은 문신 화가의 죽음이 예기치 않게 일찍 찾아올 거라는 사실을 의심치 않는다. 1943년 프랑스에서 세상을 떠난 수틴의 그림은 로알드를 매료시켰다. 수틴은 고통 속에서 살다 간 화가의 전형적인 타입이었다. 그는 결코 씻는 법이 없었다. 그의 화실은 그가 즐겨 그리던 썩은 시체의 고약한 냄새가 가득했다. 그의 귀에는 빈대가 떼를 지어 살았다.

그와 매슈 스미스는 몽파르나스의 한 건물에서 작업했던 적이 있었다. 스미스는 분명히 달에게 〈피부〉에 나오는 세세한 사항들을 제공해주었을 것이다. '단 하나의 의자가 있던 화실…… 지저분한 붉은색 소파…… 술에 빠진 파티…… 값싼 백포도주와 처절한 싸움, 그리고 항상 작품 앞에서 곰곰이 생각하는 잔뜩 찡그린 뚱한 얼굴.'[67] 하지만 수틴의 작품에 대한 달의 느낌은 라루쉬나 시테 팔기에르의 극단적인 보헤미안 생활에서 느끼는 즐거움 이상이었다. 성가대 소년들과 제빵사의 위축된 관능미, 피가 홍건한 동물들의 시체 탐구 그리고 피부 아래 있는 살덩이에 대한 집착이 달 작품에서 넘쳐나던 염세적인 면과 일맥상통했다. 로알드는 스미스 작품의 강렬한 쾌락주의에도 강한 반응을 보였지만, 수틴의 더 끈끈하고 밝은 색감의 유화물감에서 좀 더 암울한 관능미를 느꼈다. 10년 후 달은 수틴의 타락한 비전을 한 걸음 더 어둡게 파고 들어간 한 작가의 작품을 존경하고 모으게 되었는데, 바로 프랜시스 베이컨Francis Bacon이었다.

그림에 대한 두 단편은 잡지사에게 모두 거절당했는데, 로알드는 비록 미국에서는 여전히 고개를 빳빳이 들고 다닐 수 있었지만 런던의 문학계에는 파고들 수 없을 거라는 생각이 더 확고해졌다.

그 당시 런던에서 그에게 가장 영향력을 미친 동료는 아마도 노엘 카워드였을 것이다. 달은 그를 뉴욕과 워싱턴의 사교 모임에서 만났는데, 그때 그는 잠시 윌리엄 스티븐슨과 BSC에서 일한 적이 있었다. 카워드는 달의 비행에 관한 이야기의 열렬한 팬이었고 달을 함께 하기 좋은 친구이자 '매우 지적인' 친구라고 생각했다.[68] 하지만 달은 그가 스파이 활동에 대해 과장하는 것을 싫어했다. 달은 그가 스티븐슨이 부탁한 '사소하고 작은 것'에 관련된 일에 '흥분하는' 사람이었다고 주장했다.[69] 그래도 그는 카워드와 함께 있으면 즐거웠고, 영국 주류 중 달의 유일한 팬이었기 때문에 그와의 친분을 쌓아나갔다. 예를 들면 1946년 여름, 해미시 해밀턴이 《개 조심》의 출판을 준비하고 있을 때, 카워드는 출판업자 앞에서 달의 자존심을 한껏 부추겨주었다. 해밀턴은 로알드를 데리고 아이비로 점심을 먹으러 갔는데, 마침 그들을 본 카워드가 그들에게 달려가 5분 동안 그의 책을 얼마나 좋아하는지에 대해 열변을 쏟아냈다. 로알드는 앤 왓킨스에게 이렇게 말했다. "그는 책의 내용을 거의 외우고 있었어요. 햄은 대단한 감명을 받았죠."[70]

하지만 카워드는 속으로 로알드가 사회 부적응자―문학적인 성향이 밖으로 드러난 인간성과 맞물리지 못하는―라고 생각했다. 몇 년 뒤 다음 단편집인 《당신을 닮은 사람》이 출판되었을 때, 카워드는 일기장에 이야기 자체는 '뛰어나고' 친구의 상상력은 '놀랍지만' 모든 이야기 속에 숨겨진 잔인성과 섬뜩할 정도의 불쾌감, 그리고 신기할 정도로 섹스에 대한 사춘기적인 인식이 들어 있어서, '예민하고 온순한' 로알드의 본성을 생각하면 참으로 이상하다고 썼다. 카워드는 어쩌면 '로알드가 미국에 너무 오래 살아서 섹스 히스테리에 걸린 것은 아닌지' 궁금하다고 했다.[71]

가족과 들로드 테일러만 빼면 로알드와 가까운 사람들은 대부분 미국 사람이었다. 그중에서도 가장 가까운 사람은 찰스 마시였다. 비록 5000킬로미터나 떨어져 있었지만 두 남자는 거의 끊임 없이 계속 편지를 주고받았다. 로알드가 미국을 떠난 지 얼마 되지 않아 마시는 그들의 우정의 깊이를 확인시키는 편지를 보냈다. 마시는 이렇게 썼다.

"나는 자네를 아주 좋아하기 때문에 자네의 아버지가 되는 것을 거절하네. R가에 있던 집 거실로 자네가 처음 걸어 들어온 날, 자네의 모습이 나에게는 정말 큰 충격이었지. 자네가 보았듯이 나도 지치고 찢어진 자네의 상처를 보았다네. 난 지금도 자네의 영혼이 지금 나와 함께 있다고…… 생각하네, 어제도 그랬듯이 내일도."[72]

찰스 자신의 상황도 변했다. 전쟁이 끝난 후 얼마 되지 않아 그는 얼음처럼 차가웠던 아내 앨리스―앙투아네트 하스켈이 '얼음조각 같은 모성애'를 가졌다고 했던[73]―가 자신이 아끼던 수하였던 린던 존슨을 비롯해 여러 남자와 관계를 맺었다는 사실을 알고는 이혼했다. 앨리스는 이혼 소송으로 롱리의 집을 차지했고, 찰스는 라파핸녹 구 근처에 새로운 집을 구했다. 그는 비서였던 클라우디아 헤인스에게 점점 의존하게 되었고, 그녀와 친구로 지내다가 1953년에 그녀는 그의 세 번째이자 마지막 마시 부인이 되었다.

찰스와 로알드와의 관계는 항상 어릿광대와 멘토의 조화였다. 1946년 로알드가 영국으로 돌아간 뒤 일주일도 되지 않았을 때 그는 이렇게 충고를 했다. "열심히 일하고, 말은 적게 하게. 시간을 알뜰하게 사용하고."[74] 언제나 마시는 친구가 대단한 재능을 가졌으며 그의 목적을 위해 뛰어난 우상타파적인 행보를 계속할 필요가 있다고 확신했다. 그래서 로알드를 보살펴주었고, 언제나 자기 집을 개방해주었다. 돈도 빌려주었다. 작가가 되려는 그의 야망을 북돋워 주었고 정치 쪽으로 빠지는 것을 막았다. 그에 대한 보답으로 로알드는 찰스에게 항상 숨김없이 솔직하게 그리고 친근하게 말할 특별한 자유를 주었다. 찰스의 충고는 불길하기도 하고 심지어 과장된 것도 있었지만 항상 사려 깊고 애정이 담겨 있었다. 1943년 그는 친구에게 '평온함'을 찾아 그의 운명을 따르라고 강력하게 말했다. '자신이나…… 혹은 다른 사람들 때문에 자신의 행동의 무게를 저울질하지 마라'고 하면서, '다른 특정한 일과 전혀 상관없는 자네 영혼이 서서히 평온해지면 그러한 무게는 줄어들 거라' 확신시키면서 자신의 문제를 통해 자기 길을 찾아야만 한다고 주장했다. 그 당시에도 마시는 로알드의 영혼을 살아 움직이게 하는 강인함과 부드러움의 묘한 갈등을 이해하고 있었던 것이다. 거의 모든 사람이 감지하지 못했던 부분이었다. 찰스는 이렇게 말했다.

"오늘날까지 자네는 대단한 섬세함으로 삶에 다가갔지. 사람들의 마음을 다치지 않게 하려는 것은 너그럽고 섬세한 사람들의 첫 번째 본능이지. 하지만 너무나 상처를 주지 않으려고만 하면—모질지 않으면—인생은 복잡해진다네."

그는 위기가 다가오고 있음을 감지하고는 로알드에게 '그 어느 때건, 그 어느 곳에서건…… 내가 필요하면 나를 이용하도록 하라'고 했다.[75] 그건 젊은 작가에게는 잊을 수 없는 제안이었다.

1940년대 후반, 로알드는 찰스와 클라우디아에게 일주일에 한 번씩 편지를 썼다. 보통은 핵 전쟁이나 식량부족 같은 정치적인 문제였지만, 친한 친구 사이의 익살맞은 농담도 빠지지 않았다. 닮은 마시에거 마시의 친한 친구이자 민주당 상원의원이었던 클로드 페퍼Claude Peppe의 이름을 따서 지은, 배가 불뚝 나온 염소의 기이한 행동을 이야기해주면 마시는 그에게 '암탉 경주'를 시작했다고 말하곤 했다. 영국의 망할 놈의 엉터리국의 '찰스 수에트'라는 가명으로 로알드는 '다리의 기쁨' 위원회 조사의 한 분야로 여자들과 기수들의 오자로 굽은 다리의 원인에 대한 조사 결과를 보고서처럼 보내기도 했다.[76] 찰스는 《개 조심》 책 뒷장에 작가의 이력에 관해 비아냥거리는 글을 써넣기도 했고, 상스러운 인용구를 만들어내기도 했는데, 나중에 친구가 써먹기도 했다. 어느 것도 금기는 없었다. 한 번은 엄청나게 털이 많은 여왕의 제1시녀인 에우리디케 히슬럽 폼프렛 여사에 대한 여러 이야기를 로알드가 다시 써먹기도 했다. '안짱다리에 배가 툭 튀어나온 대단히 나이 많은' 여인이라고 하면서 여왕님의 침대가 '탄력이 좋고 공기가 빵빵한지' 알아보기 위해 두 사람이 버킹엄 궁전에서 사랑을 나누는 이야기를 소름 끼치도록 외설스럽게 묘사한 이야기였다.[77] 또 한 번은 마시가 '고무줄 헨리'라는 '사악하고 악명 높은' 강간범이라고 주장하기도 했다. 당시 마시는 뉴욕의 탐정 핑거퍼커와 영국 경찰청의 스룹고블린과 웜즈 형사에게서 엄청난 양의 편지를 받고 있었다.[78] 또 마시가 음식이 들어 있는 소포를 정기적으로 보내던 스테프니 유대인 소년단의 총무였던 시드니 로스만에게 걸치레 후원자를 조심하라고 경고하는 편지를 보냈다. 그는 마시가 '뉴욕에 있던 한 식당에서 샐러드를 시켰는데 살라미를 갖다 주었다는 이유로 웨이터의 두 번째 손가락을 물어뜯은 사람'이며, 이디시 미혼모들의 이스트사이드 클럽을 아랍 선원들을 위한 호스텔로 바꾼 사람이라고 경고했다.[79] 그들은 변기처럼 디자인한 원자폭탄이나 스칸디나비아 출신 첩보원 소냐와 옛 소파에 대해 농담을 하기도 했고, 남미와 그리스 그리고 스페인으로의 이국적인 여행 계획도 세웠다. 모르는 독자들이 읽으면 지루하고 이해할 수 없는 농담과 조롱뿐이라고 느끼겠지만 그 안에는 찰스, 로알드 그리고 클라우디아 사이의 아주 깊은 따뜻함—마시가 '관계'라고 부른—이 현저하게 눈이 뜨인다. "우리는 자네를 사랑하네…… 우리는 자네 생각을 아주 많이 하고 있어…… 자네가 여기 있을 때보다 자네 생각을 더 많이 하는 것 같네."[80] 이런 모습들이 모든 편지에 들어 있다.

클라우디아는 로알드를 아주 아꼈고 전후의 힘든 시간 동안 달 가족에게 정기적으로 음식과 의복을 보냈다. 전기 믹서나 압력솥 같은 가전도구들도 보내주었다. 그들의 도움을 받은 가족은 달 가족만이 아니었다. 전쟁이 끝난 해, 겨울 동안 찰스는 '비참하고 굶주리는 상황에 놓인 유럽'이라는[81] 로알드의 간곡한 청원에 따라 가난하고 영양실조에 걸린 로더하이스와 클레멘트 애틀리의 라임하우스 지역에 사는 런던 사람들에게 식량을 보내주었는데, 그 안에는 비타민과 재스민힐의 새로 가꾼 과수원에서 기른 사과도 있었다. 로알드는 이런 일에도 복잡한 서류가 필요한 걸 못마땅하게 여기면서 그 일에 책임이 있는 '무능력하고 이기적이고 변명에만 급급하고 유머도 없고 자기 만족적이고 끔찍한' 정부 관료들에게 욕을 퍼부었다. 그는 마시에게 이렇게 말했다. "저는 그들이 죽었으면 좋겠어요."[82] 하지만 그는 '뚱뚱하지만 열의가 넘치는 총리 부인'에게 '애틀리 부인이 시골 사람들도 사과를 받을 수 있게 필요한 조치를 해주길 바라는 마음'이라며 편지를 보냈다. 왜냐하면 '결국 남편의 선거구에 사는 사람들의 입으로 들어갈 사과였기 때문이었다.' 매슈 스미스와 파리에 갔을 때 궁핍한 상황을 직접 본 탓에 분노를 느꼈고, 대부분의 미국사람은 유럽이 겪는 고통에 무관심하다는 사실에 충격받았다. 그는 마시에게 이렇게 말했다.

"유럽 대륙의 굶주림에 대한 미국인들의 전반적인 태도(제 생각에는 정말 끔찍하고 무시무시한)는 정말 이해할 수 없습니다."[83]

그는 뉴욕 일류 호텔의 식당 메뉴를 전쟁으로 폐허가 된 유럽의 수도에 비행기로 뿌리는 상상을 했다. '배고픈 동지'들이 미국의 무절제를 어떻게 생각할지, 그리고 사태를 알게 된다면 '미국인들이 이런 수치스러운 행동을 할까?' 생각하니 씁쓸했다.[84]

마시와 달은 천성적으로 남에게 베푸는 것을 좋아하는 사람들이었다. 마시는 친구에게 냉소적인 태도를 버리고, '시무룩해하지 말고', 되도록 '현재만' 보라고 다독였으며[35] 달은 그 말을 들었다. 그의 간절한 바람은 달의 반향을 불러일으켰는데, 일정 정도는 마시 자신이 말한 것은 적극적으로 실천하는 사람이었기 때문이다. 1947년에 마시는 공공복지재단을 설립했다. 다음 해에 제일 먼저 마시가 오초 리오스에 사들인 호텔 근처의 자메이카여인협회에 재봉틀 28대를 기증했다. 그건 아이들이 옷을 입고 학교에 다닐 수 있게 하려는 것이었다. 로알드는 자신을 마시의 '영국 에이전트이며 행동가'라고 했다.[86] 그의 임무는 곤란을 겪고, 고통을 받는 경우들을 찾아내는 일이었다. 노엘 카워드는 이 재단의 자메이카 에이전트였으며, 재단의 인도 에이전트는 젊은 인디라 간디였고, 캘커타에는 테레사 수녀가 있었다. 찰스는 달 가족과 친구들까지 '부에이전트'로 영입하여 100달러씩 주면서 자신보다 어려운 사람들을 위해 쓰라고 했다. 레슬리 한센과 클로드 테일러도 그 중 하나였다. 찰스는 매슈 스미스의 가난한 친구인 조각가 제이컵 엡스타인에게 새로운 작품을 주문하기도 했다. 그는 로알드와 삼촌 트룰스의 아들인 사촌 핀Finn을 위해 2만 5000달러의 신탁을 만들었다. 핀은 가족 대대로 내려오는 오슬로에 있는 푸줏간을 물려받았는데, 전쟁 동안 노르웨이 공군을 영국으로 도망치게 도와주었다는 이유로 감옥에 갇혔다.[87] 핀은 재단의 노르웨이 지부를 등에 업고 훗날 산림관리회사를 세워서 미국 시장에 목재를 수출해 엄청난 재산을 만들었다.[88] 로알드는 농담 삼아 이 거래를 성사시켜준 답례로 축음기관 1만 장을 요구했다.[89] 1949년 말에 마시는 로알드를 뉴욕 재단에서 일할 수 있게 비자를 만들어주려고 신청서를 냈다. 찰스와 클라우디아는 로알드가 어머니랑 살고 있을 때 유럽을 몇 번 여행했고, 애머샴에 사는 두 사람을 두 번이나 찾아갔다. 하지만 그들의 너그러움에도 다른 가족들은 대단한 재력을 과시하는 마시를 달가워하지 않았다. 어쩌면 너무 자존심이 강해서 그의 선물을 편안한 마음으로 받기 어려웠을지도 모른다. 어쩌면 달을 훔쳐가려는 위험한 이방인으로 여겼을지도 모른다. 40년이 지난 다음 앨필드는 마시를 '생색내기를 좋아하고 독단적인' 사람이라고 표현했다. 아스타도 그를 좋아하지 않았다고 했다. 엘스는 그저 고개를 가로저으며 그에 대해 이야기하고 싶지 않다고 했다. 딸인 애나는 엄마가 마시라는 인물이 자신을 마치 '예수'인 듯 행동한다고 불평했던 것을 기억했고,[90] 한편 레슬리 오말리는 그를 그저 '약한 자를 못살게 구는 끔찍한 사람'이라고 했다.[91] 미국에서 로알드를 그렇게 극진히 보살펴주고, 식량 배급에 의존해 살던 가난한 시절에 끊임없이 선물을 보내주었던 사람에 대한 태도치고는 참으로 이상했다. 하지만 그들의 적대감에는 충분한 이유가 있었다. 1950년에 마시가 영국에 왔을 때, 앨필드의 남편을 너무 몰아붙여 거의 정신이 나갈 뻔한 적이 있었기 때문이었다.

로알드의 매형인 레슬리 한센은 학식이 높았고 구습에 얽매이지 않았다. 그는 만화와 풍자화를 그렸는데, 정신적으로 안정된 사람은 아니었다. 그는 벡슬리에 살았기 때문에 로알드는 전쟁 전부터 그와 알고 지냈다. 로알드가 나중에 표현했듯이 그는 앨필드보다 '더 특이한' 사람이었고 '그다지 매력이 없는 사람'이었다. 그리고 절대로 직업을 가질 생각이 없는 사람이었다. 부부는 결혼 생활 내내 앨필드가 전쟁 초기에 어머니를 위해 샀던 러저셜의 집에서 생활했다. 두 사람은 딸 아스트리와 함께 '얼마 안 되는 돈으로 알뜰살뜰' 살았다.[92] 그는 성격이 특이했지만, 어쩌면 그런 성격 때문에 한 식구가 되었으며 모두 레슬리를 보호해주었다. 레슬리는 마시의 모호한 종교 철학이나 지나친 관대함에 어떻게 대처해야 할지 몰랐다. 로알드의 표현을 빌리면, 마시는 '이미 뒤뚱거리던 사람을 절벽 너머로 밀어 버렸다'.[93] 레슬리는 마시가 이 땅에 재림한 예수라고 생각했고, 자신이 그의 제자라고 믿었다. 로알드는 어쩔 수 없이 그를 보호해야만 했다.

매일 그는 정신을 잃고 알 수 없는 말을 중얼거리면서 성경책을 찾았습니다. 그리고는 어떤 증거나 우연의 일치를 보고는 자신이 죽을 거라고 했지요. ……찰스는 예수가 되고 레슬리는 바울이 되는 것이 나쁠 것은 없었지만, 그 생각으로 그는 완전히 정신을 놓고 있어요. ……저는 그저 그를 다독거리면서 어떻게든 정신병원에 보내지 않으려고 애를 썼답니다. ……저는 되도록 그와 많은 시간을 보내면서 마시는 예수가 아니라는 사실을 어떻게든 깨닫게 해주려고 노력합니다. 마시는 그저 평범한 사람이고, 아주 선한 보통 사람이며, 다른 사람과 똑같이 간음하고 농담하고 즐거워하는 사람이라고 말입니다. ……그러다가 저는 그에게 찰스를 만화로 그려보라고 부추겼습니다. (그전에는 아주 성스러운 일로 여겼던 것이었죠.) 그러자 그는 조금 기분이 좋아졌습니다. ……사실, 클라우디아, 이건 정말 끔찍한 일이에요. 그중 가장 끔찍한 일은 어린 아스트리드가 계속, '아빠 울지 마세요, 우리는 아빠를 떠나지 않을 거예요' 하고 말하는 것을 들어야 하는 일이지요. 이렇게 애처로운 소리는 처음입니다. 물론 아무도 레슬리를 크게 걱정하지 않아요. 하지만 앨필드와 아스트리드에게 주는 공포감은 정말 너무 큽니다.[94]

'끔찍한 시간'을 보낸 후[95] 레슬리는 예전의 모습으로 돌아갔다. 하지만 달이 이 편지를 쓴 지 한 달이 지난 후, 그는 클라우디아에게 매형의 상태가 여전히 '아주 나쁘다'고 하면서 모두 그를 병원으로 데려가 진료를 받아보게 하고 싶다고 했다. 로알드도 어떤 면에서는 이 모든 상황이 자기 탓이라고 느꼈다. 그는 이렇게 털어놓았다. "다른 누구보다 제 탓이 큽니다. 찰스에게 계속 그를 만나라고 종용했던 사람이 바로 저니까요."[96] 그는 찰스에게 애더섐으로 돌아오지 말고 쓸데없이 '신비주의적인 행동'도 하지 말라고 부탁했다.[97] 레슬리의 신경쇠약은 책을 끝내야 하는 달의 스트레스를 가중시켰고, 당시 그를 괴롭히던 고질적인 복통을 다시 일으켰다. 그는 자신의 걱정을 클라우디아에게 털어놓았다.

"저처럼 글을 조금밖에 써보지 못한 사람은 책 한 권을 쓰면서 처음 시작했을 때도다 끝낼 때 두 배나 더 많은 것을 배운답니다. ……더 많이 알게 되죠. 그럼 더 향상될 수는 있습니다."[98]

달의 성격은 점점 급해졌다. 1950년에 쓴 서류 가운데 손으로 직접 쓴 이런 제목의 목록이 있었다.

"내가 싫어하는 일"
허접하고 부실한 식탁, 특히 서로서로 겹치는 종류-전부 여섯 개
'무슨 생각을 하십니까?' 하고 묻는 여자들
읽지 않은 책들이 꽂혀 있는 선반
절대 평범하지 않은 반지를 낀 남자들
반지가 크면 클수록 더 나쁘다. 그중 가장 나쁜 건 다이아몬드다.
나비넥타이, 뾰족한 구두, 두 개의 다른 가죽으로 만든 구두, 넥타이 핀, 양말 대님을 하고 다니는 남자들
머리카락이 네다섯 개밖에 남지 않았는데 그것을 길게 길러서 머리를 덮는 남자들
엄지와 검지로 담배를 잡는 여자나 남자들[99]

사악하고 신랄한 분위기는 확실히 《Fifty Thousand Frogskins》의 그로테

스크한 이야기 속에 넘쳐났다. 커비지와 허즈에게 링어(뺑뺑 돌며 달아나는 여우)를 팔아먹은 두 유대인 악당은 특히 극단적인 면을 보여주고 있다. 그 두 인물은 책에서 가장 잔인한 인물이지만, 그들에 대한 묘사—'자그마한 검은 눈', 큰 코, '치폴라타 소시지같이 생긴 축축하고 번지르르한 두 입술'—는 원고를 읽던 침착한 앤 왓킨스마저 불편하게 했다.[100] 왓킨스는 두 인물이 아주 거칠다면서 반유대인적이고 반종교적인 분위기를 조금 부드럽게 완화해야 한다고 했다.[101] 하지만 말이 쉽지 바꾸기는 어려웠다. 왜냐하면 달은 이런 의도적인 불쾌함이 종종 좋은 이야깃거리가 된다는 것을 깨닫기 시작했기 때문이다. 1951년 이야기인 〈나의 사랑스러운 아내여, 나의 비둘기여My Lady Love, My Dove〉는 남편에게 자기가 '아주 못된 여자'라고 고백하는 한 여인 이야기이다. 그건 남편도 마찬가지라며 아내의 못된 성격에 대해 편안하게 생각하자고 설득한다. 그건 자신의 어두운 면도 편안하게 생각하는 달의 문학적인 천재성의 특징이다. 그는 한번은 이렇게 주장했다.

"가끔 생각나는 아이디어는 내 못된 본능을 나타내는 경우가 많다. 고약한 일들은 모든 사람에게 일어난다. 그건 나도 어쩔 수 없다. 그냥 그렇게 일어나는 일이다. 하지만 실생활에서 나는 지극히 평범한 사람이고 다른 사람들에게 못된 짓을 하지 않는다. 나는 여우에게 상처를 입히거나 동물을 총으로 쏘지 않는다. 나는 집에 쥐덫도 놓지 않는다."[102]

달은 그저 동물에게만 친절한 게 아니었다. 전쟁 동안 영국 공군의 자선단체는 그가 베푼 너그러움의 수혜자였다. 1946년 가족과 잘 알던 친구가 캐나다의 한 가난한 여인을 형편상 당분간 도와줄 수 없게 되어 달에게 사정 이야기를 하자 그는 바로 앤 왓킨스에게 편지를 보내 뉴욕에 있는 자기 계좌에서 그녀에게 65달러를 보내주라고 부탁했다.[103] 또한, 비록 가난한 사람들이 '비타민에는 관심도 없고 이해도 못 한다'고 생각했지만, 달은 마시의 런던 식량원조기구의 충직한 후원자였다.[104] 그가 렙턴에서 사춘기 청년들에게 강의할 때 농담처럼 고백했듯이, 1930년대부터 냉소주의의 화신이었고 그의 반응도 냉소로 가득했다. 40년 전에 달의 친구였던 '사랑스럽고 온순한 성격'의 덴턴 웰치는 그에게 이런 이야기를 했다. 웰치의 기숙사 사감이며 달에게 영어를 가르친 스네이프Snape 선생이 기숙사에서 연극을 무대에 오르게 도와주었다. 한 소년이 커다란 널빤지 두 개를 지탱할 수 있는 바이스vise를 어디서 구할 수 있느냐고 물었다. 아무런 망설임 없이 스네이프 선생은 프라이어리로 가서 로알드 달을 찾아보라며 이렇게 말했다. "그 녀석은 세상의 온갖 바이스*를 가지고 있으니까."[105]

《Fifty Thousand Frogskins》가 거의 완성되어갈 무렵, 달이 느끼는 영국 기존 문학계로부터의 소외감은 BBC와의 관계에서 더욱더 깊어갔다. 앨필드 친구인 방송인 아치 고든Archie Gordon의 후원에 힘입어, 로알드는 1948년 개 경주에 대해 '가장 BBC답지 않은'[106] 연설을 했다. 그 이후 BBC 방송은 그가 새로 쓴 세 단편, 〈군인The Soldier〉, 〈피부〉, 〈남쪽 남자〉의 초고를 소개했다. 《Some Time Never》의 실패 후 그의 새 작품들은 계속 거절당했고, 그는 BBC 제3프로그램의 '차별주의적인 문학계의 신사들'에게 비난을 퍼붓기 시작했다. 찰스 마시와 히틀러의 독수리 둥지를 둘러보고 '눈으로 덮인 주위 산들을 보았던' 중유럽 여행을 마치고 돌아온 후, 그는 고든에게 빈정거리듯 이렇게 말했다.

"나는 영광과 승리의 꿈을 꾸었습니다. 말도 안 되는, 이루어질 수 없는

---

*바이스vise와 사악함이라는 뜻의 바이스vice는 같은 소리를 낸다. —옮긴이 주

꿈이죠. 영국 공영 방송에 제 이야기를 파는 꿈이었습니다. 그건 낙타의 눈에 바늘을 찔러 넣는 것이죠."[107]

달은 애머샴에 있는 그를 찾아온 마사 겔혼에게도 똑같이 불평했다. 그녀는 달이 위스태리아의 집에서 '질식할 듯 숭배하는 사람들에게 둘러싸여' 있어서 놀랐다. 달의 누이들은 그녀가 달을 미국으로 데려갈까 봐 두려워서 자기를 미워했다고 기억했다. 달이 뉴욕 문학계에 얼마나 잘 적응했는지 알던 겔혼은 런던에서 달의 소외에 충격을 받았다. 그녀는 달 가족과 만난 경험을 '매우 피곤하고 아주 부담스러웠다'고 했다.[108]

대서양 건너편에서는 상황이 점점 나아지고 있었다. 달이 애정 어린 마음으로 '이 분야에서 유일하게 제정신을 가진 사람'이라고 표현한 앤 왓킨스[109] 그의 최근 작품, 〈독〉—인도 의사와 뱀 이야기—을 콜리어스에 팔았다. 3개월 만에 CBS가 라디오와 텔레비전 저작권도 사갔다. 한편 〈소리 잡는 기계〉는 그 해의 최고 작품 중 하나로 올라가 있었다. 하지만 새 단편집은 거의 모든 곳에서 거절당한 상태였다. 심지어 앤 왓킨스조차 '너무 느리고 불규칙한'[110] 글 쓰는 속도에 짜증 내기 시작했다. 앤 왓킨스는 달에게 실화 세 편을 빼고 좀 더 좋은 소설로 바꾸지 않으면 그의 책을 팔 수 없다고 총대를 메고 솔직하게 말했다.[111] 그리고 딱 잘라서 콜리어스도 다음 번 소설을 출판할 의향이 있었지만 작품을 너무 불규칙하게 내놓기 때문에 연기했다는 말도 전했다. 왓킨스는 그녀만의 어조로 말했다. "이번이 좋은 교훈이 되어 자네가 좀 더 많은 작품을 쓸 수 있기를 바라."[112] 두 달 후 왓킨스의 조수는 '우울한' 소식을 다시 한 번 확실히 전했다. "우리는 이번 단편집을 오랜 시간을 두고 지켜보기로 했습니다. 일단 당신의 장편소설을 기다렸다가 그다음 다시 단편집을 내놓는 것이 최선의 방법이라고 생각합니다."[113]

1950년 크리스마스 즈음에 새로운 소설의 초안이 완성되었다. 크리스마스 다음 날, 로알드는 앤 왓킨스에게 지금 보완하는 중인데, 책이 만족스럽다고 했다. 내용은 '제가 잘 아는 것이고, 실제 사실이며, 지저분하고 슬프지만 흥미로운데, 제가 직접 체험한 일들로' 가득 차 있다고 말했다. 하지만 '이전과는 아주 다른 내용'일 거라고 알렸다.[114] 한 달 후, 책은 '거의 끝났습니다. ……타이프치는 여자만 제외하고는 아무도 단 한 글자도 보지 않았습니다'라고 했다. 타이프를 쳐준 여자는 구역질하고 섬뜩 놀라기도 하고 재미있어하다가 또다시 구역질했다고 했다.[115] 달은 왓킨스에게 책이 마음에 들기는 하지만 '클래식하지 못하다'면서 원고를 보내려니 떨린다고 고백했다. 그래서 달은 앤 왓킨스에게 보내지 않았다. 대신 달은 콜린스의 피터 와일드에게 직접 보냈다. 그건 와일드가 영국적인 주제를 그녀보다 더 잘 이해해줄 거라는 생각에서였다. 그건 실수였다. 일주일 후 그는 와일드와 동료인 밀턴 월드먼Milton Waldman이 책을 출판하지 않겠다고 알리는 '짧고 딱딱한 어투의 끔찍한' 편지를 받았다. 달은 그 후 왓킨스에게 원고를 보내 의견을 구했다. 달은 독실한 기독교인인 와일드와 유대인 월드먼은 책의 내용에 기분이 상했을지도 모른다고 했다. 그는 그녀에게 간곡하게 부탁했다.

"제발 읽고 난 다음 바로 전보를 보내주겠습니까? 좋은지 나쁜지 지극히 평범한지, 아무튼 저를 이 비참한 속에서 꺼내 줘요."[116]

왓킨스는 그의 말대로 간단하고 명료하게 보냈다. 《Frogskins》는 출판 부적합. 구성이 부적절. 결말이 너무 느슨함. 항공우편 곧 발송.[117]

모성애가 있었지만 철저한 전문가였던 왓킨스는 다음 날 상세하게 의

건을 적은 편지를 보냈다. 그녀는 책이 '지저분한 것이 아니라…… 무미건조하고…… 당신 작품치고는 그리 훌륭하지 않다'고 설명했다. 적절히 삭제하고 수정하면 원고를 살릴 수 있을 거라고 했다.[118] 그러나 달은 그녀의 편지를 읽지 않았다. 열어보지도 않았다. 너무나 겁이 났다. 그래서 덴턴 웰치가 렙턴에서 그랬듯이, 편지를 '병 속'에 넣어버렸다. 그는 비행기를 타고 레바논으로 건너가 베이루트에서 그답게 파란색 잉크로 그녀에게 우편엽서를 보냈다.

사랑하는 앤에게

전보를 받았습니다. 그런 다음 얼른 도망쳤어요. 당신 편지는 읽지 않았습니다. 감히 읽을 엄두가 나지 않아서요. 어쩌면 나를 쫓아오고 있을지 모르지요. 하지만 제가 빨리 도망치고 있으니 따라잡지는 못할 겁니다.

로알드[119]

직업작가로서 달에게 가장 커다란 위기였다. 이 중요한 시기에 그의 구원자는 베이루트에 있던 친구이자 어떤 소리라도 들어주던 아버지 같은 인물인 찰스 마시였다. 찰스는 친구를 영국에서 데리고 나와 긴 여행을 했다. 그는 공공복지재단 뉴욕 지부에서 월급을 받으며 일하라고 제의하면서 무기한 워킹비자를 확보해주겠다고 했다. 그리고 달을 자기 아파트의 손님방에 묵게 했다.

그건 로알드에 대한 사랑의 표시였고, 둘이 주고받는 막대한 양의 편지만큼이나 확실한 증거였다. 찰스와 클라우디아는 달이 힘든 시간을 겪고 있음을 누구보다도 확실하게 이해했고, 그에 대한 대처 방안도 신속했다. 그건 상황을 변화시키는 방법이기도 했다. 그들은 달이 자신을 추스를 수 있는 안전하고 도움이 되는 확실한 환경을 제의했고, 신속하고 결정적인 조치는 달을 심각한 신경쇠약에서 구해 주었다. 로알드가 그 이후 나온 단편집을 찰스에게 바친 것은 놀라운 일이 아니다.* 그 조치가 얼마나 긍정적인 효과를 나타냈는지 가족과 친구 심지어 자기 자신으로부터도 크나큰 불행의 재난을 감출 수 있었다. 그는 후손들에게도 감추었다. 자기가 소장했던 서류철에서도 《Frogskins》를 거절했던 왓킨스나 피터 와일드에게서 온 편지를 없애버렸다. 복사본이 남아 있지만 그 이외는 아무것도 남지 않았다. 그가 재빨리 베일로 가린 실패와 수치스러움의 순간이었다. 왓킨스의 개인 문서 기록이 없었다면, 거절되었던 증거가 아마도 영원히 사라져 버렸을 것이다. 아주 중대한 시기였다. 달은 그 책에 작별을 고했을 뿐 아니라 그레이하운드와 어머니와의 생활, 소설가가 되고 싶다는 확신에도 작별을 고한 시기였다. 그의 삶의 한 장이 닫혔다. 한가롭고 느긋했던, '집시-학자'의 삶이 끝난 것이다.

---

*퍼트리샤 닐의 자서전에 따르면, 달은 처음에는 그 단편집을 자신에게 헌정했지만, 자신이 그의 마음을 돌려놓았다고 주장한다.

13장

섬뜩한 이야기의 거장

달과 퍼트리샤 닐의 신혼여행. 로마,
1953년.

새와 새장을 보고 있는 팻과 올리비아.
집시하우스.

뉴욕은 달에게 모든 문제에서 도망칠 수 있는 피난처를 제공했다. 뉴욕은 재정의 안정을 주었고, 달은 자기를 믿어주는 친구들과 함께 있어 좋았다. 그는 성공과 유명세를 준 도시로 돌아와 있었다. 하지만 사랑하는 가족과 영국의 시골 삶에서 소외되었다는 기분도 들었다. 그는 그레이하운드, 밀랍, 정원, 어머니, 누이들과 아이들을 그리워했다. 조카인 니컬러스와 모형비행기를 날리고 싶었고, 클로드 테일러랑 손으로 송어를 잡으러 다니고 싶었다. 특히 스스로 독립된 개체이자 한집안의 가장이었던 시절이 무척 그리웠다. 그는 이제 36살이 되었는데, 또다시 너그러운 찰스 마시에게 의존하여 살아간다는 생각에 마음이 불편했다. 《Fifty Thousand Frogskins》가 계속 거절당했다는 사실은 정신적으로 엄청난 충격을 주었고, 회복하는 데 수개월이 걸렸다. 앤 왓킨스의 조수인 실라 세인트 로렌스는 당시 로알드의 첫인상이 거만하거나 논쟁을 좋아하고 남을 즐겁게 해주는 사람이라기보다는 안경을 끼고 말수가 적은 '오히려 수줍고 소심한' 사람이었다고 기억했다.[1] 찰스 마시와 클라우디아 헤인스는 친구에게 그 무엇보다 필요한 것은 아내라고 생각했다.

곧 달은 수잰 호르바트Suzanne Horvath라는 헝가리 출신의 미국인 이혼녀와 데이트를 시작했다. 그녀는 영리하고 세련되었고, 첫 결혼에서 얻은 아이가 하나 있었다. 호르바트는 체스에서 달을 이길 수도 있었다. 달은 나중에 그것이 매력적이기도 했고 짜증스럽기도 했다고 고백했다.[2] 1951년 가을, 그는 그녀에게 200달러짜리 파텍 필립 시계를 사주었다. 찰스 마시와 취리히에서 산 그림 두 개를 되팔아 번 돈이었다. 벌거벗은 소년을 그린 르동Redon의 유화와 우드로 윌슨Woodrow Wilson 대통령을 만화로 그린 루오의 그림이었다.[3] 얼마 후 그는 그녀에게 청혼했다. 감정 관계에서 여전히 비밀스러웠던 달은 편지에다 그녀가 누군지 밝히지 않아 달의 어머니는 기분이 많이 상했는데, 그건 수잰 때문에 달이 맨해튼에 머물고 있다고 믿었기 때문이기도 했다. 어머니는 그해 12월 클라우디아 헤인스에게 하소연하는 편지를 썼다. "오랫동안 달에게서 소식을 듣지 못했어요. 우리는 달이 수잰하고 결혼했는지 궁금해하고 있답니다."[4] 이틀 뒤 달은 어머니에게 답장을 썼다.

"수잰은 좋은 사람입니다. 하지만 결혼을 서두르지는 않아요. 그럴 필요가 없으니까요. 매일 만나니 아마도 결혼은 내년 봄이나 여름에 하지 않을까 싶습니다. 형편상 그게 나을 것 같아서요."[5]

두 달이 지났지만 어머니는 여전히 수잰에 대해서 아무 이야기도 듣지 못했다. 그러다 1952년 2월, 어머니는 달에게서 최종 결정을 하기 전까지 '아주 오랜 시간'을 기다릴 생각이라는 내용의 편지를 받았다.[6]

만약 달이 자신의 사생활을 누군가에게 털어놓는다면 그건 아마 찰스와 클라우디아에게일 것이다. 하지만 달은 심지어 그들에게도 굳게 입을 다물었다. 자기 아들이 겁을 내고 도망가려는 걸 눈치챈 어머니는 클라우디아에게 편지를 보내 정확히 무슨 일이 벌어지고 있는지 알아보려고 했다. "당분간 달의 결혼이 연기된 것은 알겠어요. 서로 행복하게 해줄 수 있는 자신감이 생길 때까지 결혼하지 않겠다고 해서 기쁘기는 합니다. 달은 이혼녀를 부양할 정도로 돈이 많지 않으니까요. 결혼하게 될 거라고 기대하지 않아서 놀랍지도 않아요. 저도 그 이유는 모르겠어요."[7]

1952년 즈음 관계는 끝났다. 정확한 이유는 알려지지 않았다. 하지만 결정을 내린 쪽은 수잰인 듯하다. 소식을 듣자마자 어머니는 궁금해서 클라우디아에게 편지를 썼다. 어머니는 불평하고 있었다.

"아들 녀석은 어떤 기분인지 절대 말을 하지 않아요. 우리는 왜 수잰이 포기했는지 모르겠어요. 단지 수잰이 끝냈다는 것 말고는요. ……어쩌면 이게 최선일지도 모르지요."

어머니는 안타깝다는 듯 끝맺었다.[8] 클라우디아는 답장에서—항상 현명하고 침착하게—'수잰과의 이별'에 대해 흥미로운 소식을 전하면서, 수잰이 어쩌면 달에게는 좋은 배필이 되지 않았을 거라는 조심스러운 의견을 덧붙였다. 클라우디아는 이렇게 썼다. "어쩌면 달이 항상 그녀를 돌봐주어야 했을 것 같아요. 감정적이건 물질적이건 수잰은 주기보다는 받기만 했을 거예요."[9] 그러나 누군가를 '보살펴주고 싶은' 달의 욕구를 잘 이해했던 리시는 아마도 그런 이유라면 그녀가 아주 좋은 짝이 되었을지도 모른다고 했다.[10]

수잰과의 관계가 흐지부지되어가고 있을 때* 달은 우연히 맨해튼에서 도피처를 구하던 또 다른 사람을 만나게 되었다. 1952년 9월 테네시 출신의 26살 여배우인 퍼트리샤 닐Patricia Neal은 3년 동안 사귀던 할리우드의 영화배우 게리 쿠퍼Gary Cooper와 헤어지고 뉴욕에 돌아와 있었다. 검은 머리에 아주 독특하고 진한 초콜릿 목소리를 가진 남부 출신의 미인 퍼트리샤는 서울에서 섹스에 굶주린 한 군인에게 강간당할 뻔한 일 때문에, 한국에 주둔한 미군을 위한 생방송 시리즈를 막 끝낸 참이었다. 그녀는 많이 지쳐 있었다. 영화계에서 촉망받던 미래가 이미 여러 번의 '실망'과 '심적 고통'으로 무너져 내리던 참이었다.[11] 그녀는 20살에 토니상을 받아 유명세를 누렸던 뉴욕으로 돌아왔다. 퍼트리샤는 상을 받은 후 로스앤젤레스

---

*수잰은 로알드와 헤어진 후 그의 삶에서 곧바로 사라진 것처럼 보인다. 내가 찾아낸 수잰에 대한 마지막 기록은 그의 수첩에 적힌 네바다의 주소였다.

에 있던 워너브로스Warner Bros 영화사와 계약했는데, 그 후 계속 찍은 영화 13편 중 그 어디서도 자신의 재능을 발휘하지 못했던 것이다. 로널드 레이건Ronald Reagan과 함께 찍은 영화 두 편에서 그녀는 '촌스럽다', '수치스럽다', '고통스럽다', '불편하다'는 평을 받았다. 비평가들은 경험이 없고 신비감이 부족하다고 했다. 한 비평가는 그녀를 '고양이 쇼의 암컷호랑이'라고 표현했다.[12] 나중에 컬트영화의 고전이 된 세 편—《마천루The Fountainhead》, 《브레이킹 포인트The Breaking Point》, 공상과학 영화 《지구가 멈추는 날The Day the Earth Stood Still》—에 출현하기도 했지만 닐의 자신감은 완전히 부서지고 말았다. 워너브로스와의 계약도 갱신되지 않았다.

배우로서의 실망은 쿠퍼와의 관계 실패로 더 악화되었다. 닐보다 나이가 거의 두 배나 많고, 과소평가되었던 쿠퍼는 그녀를 버리고 부인에게 돌아갔고, 닐은 두 사람 사이의 아이를 유산했다고 주장했다. 결국 닐은 심각한 정신쇠약 증세를 보였고, 억울하게도 가십 기자들 사이에서 '가정파괴범'이라는 악명을 얻었다.[13] 뉴욕으로 돌아온 닐은 자신감을 되찾고 일을 다시 시작하고 싶었다.

돌아온 지 얼마 되지 않아 닐은 오랜 친구인 릴리언 헬먼을 찾아가 오디션을 보았다. 헬먼의 연극 《숲의 또 다른 부분Another Part of the Forest》은 6년 전에 닐에게 토니상을 안겨준 작품이었다. 의욕이 넘치고 엄격했던 헬먼은 당시 40대 후반이었는데, 이 어린 여배우를 자신의 특별한 제자로 여기고 있었다. 닐이 《아이들의 시간The Children's Hour》 리바이벌 오디션장에 나타났을 때, 관중석 뒤편에서 헬먼의 목소리가 쩌렁쩌렁 울려 퍼졌다. "안녕! 퍼트리샤 닐! 뉴욕으로 돌아와 반갑다. 여기가 네가 있어야 할 곳이야!"[14] 몸무게가 무척 줄어 '꽹'하게 보였던 닐은[15] 멋지게 오디션을 해냈다. 헬먼은 바로 주인공이자 동성대자처럼 보이는 두 여선생 중 하나를 선택하라고 제의했다. 그리고는 저녁 식사에 초대했는데, 손님 중에는 레너드 번스타인Leonard Bernstein과 헬컨의 오랜 친구이며 논쟁을 즐기던 로알드 달이 있었다.*

달은 몇 년 후 그대 자신과 팻은 둘 다 '결혼하고 싶어 안달 난' 상태였고, 그래서 헬먼이 둘을 나란히 앉혔던 것 같다고 털어놓았다. 둘 다 매력적이었고 사귀는 사람이 없었다. 둘 다 우아함과 유명인들에게 끌렸다. 둘 다 직설적이었다. 그리고 둘 다 상처가 있었다. 팻도 로알드처럼 종종 우울해했다. 쿠퍼는 그녀를 아프게 했고, 그녀는 열여덟 살 때 갑자기 돌아가신 아버지를 그리워하고 있었다. 로알드는 이렇게 기억했다.

"닐은 밝은 성격이 아니었어요. 과묵하고 속을 드러내지 않았어요. 분명히 상처를 많이 받은 것 같았지요. ····· 내 생각에는 그녀가 개인적인 불행을 잊으려고 열심히 일하려 한 것 같아요. ······내가 만난 닐은 행복한 여자가 아니었어요."[16]

그렇지만 둘 다 꿋꿋하게 역경을 이겨내는 타입이었다. 둘 다 겉으로는 편안한 모습이었고 자기 문제를 속으로 삭이는 스타일이었다.

둘의 시작은 그리 좋지 않았다. 팻은 방으로 들어서던, 남들보다 월등히 키가 크고 '늘씬하고 잘생긴' 남자를 보고 한눈에 반했다. 하지만 로알드는 그날 밤 여자와 희롱할 생각이 없었다. 그는 옆에 앉은 젊은 여배우

---

*달은 헬먼과의 우정이 전후 영국에서 지낼 때부터 계속된 것이라고 주장한다. 그녀는 애머샴에 살던 그를 방문했고, 런던에서도 그녀의 애인인 대실 해미트Dashiell Hammett가 정치범으로 감옥에 갇혔을 때 만나기도 했다. 로알드는 클라우디아 마시에게 "헬먼은 지금 무척 불행하고, 쉽게 상처받는 여자가 되었어요"라고 편지를 보내면서 "헬먼은 정말 괜찮은 여자라서 더 안타까워요. 내내 대실 걱정을 하지만, 감옥에 갇힌 이야기는 하고 싶어 하지 않아요. 그가 감옥에 계속 있게 되면 헬먼이 미국으로 돌아가게 될까 두려워요." -로알드 달, 클라우디아 마시에게 보낸 편지, 10/09/51-CMP.

를 무시하고 대신 건너편에 있던 미국의 '젊은 음악 천재'인 번스타인을 독점했다.[17] 팻은 로알드의 태도에 '무척 화가 났고' 헬먼의 아파트를 떠날 즈음에는 '로알드를 혐오하리라 마음먹었다'고 했다.[18] 달도 자신이 형편없이 행동한 점을 인정했다. 변명은 그다웠다. 일단 번스타인하고 논쟁을 벌이자, '물러설 수 없었다'는 것이다.[19] 어떤 경우에도 여배우보다는 작곡가가 달의 관심사였다. 그는 헬먼의 아파트를 떠나기 전 팻의 전화번호를 받았고, 다음 날 아침에 팻에게 전화를 걸어 데이트 신청을 했다. 닐은 처음에 '저녁을 같이한 끔찍했던 남자'를 거절했다.[20] 하지만 그가 이틀 후 다시 전화를 걸었을 때, 마음이 누그러져 초대를 받아들였다.

로알드는 팻을 존 휴스턴John Huston의 장인이 소유한 식당으로 데려갔다. 그리고는 그녀에게 좋은 인상을 주기 위해 최선을 다했다. 팻은 나중에 이렇게 썼다.

"그는 모든 일에 관심이 많았어요. 그림과 고가구 그리고 영국의 시골 생활에 대해 이야기했지요. 그는 우리가 처음 만난 저녁에 무례했던 것만큼이나 매력적이었어요. 나는 홀딱 반했어요. 나는 그가 포도주를 한 입 마시고는 촛불 너머로 나를 오랫동안 쳐다보았던 일을 기억해요. 그가 '살이 찌느니 차라리 죽는 게 낫습니다' 하고 말했어요."[21]

그녀도 같은 생각이었다. 그날 저녁에 또 한 번 오디션이 있었다. 로알드가 그녀를 데리고 찰스 마시를 만나러 갔던 것이다. 찰스 마시는 살던 곳을 리모델링하던 중이라 근처 호텔의 펜트하우스에 머물고 있었다. 닐은 확실히 이 테스트를 통과한 모양이다. 그것도 아주 멋지게. 로알드와 팻이 떠날 때, 마시는 그를 옆으로 불러내 귀에 이렇게 속삭였다. "딴 손에 들려 있던 가방은 버리게. 난 이쪽이 좋아."[22]

달은 친구의 충고를 진지하게 받아들였다. 하지만 가족에게는 수잰과 마찬가지로 팻에 대해서 아무 말도 하지 않았다. 그녀의 이름은 《아이들의 시간》이 개막하는 날 처음으로 편지에 언급되었다. 로알드는 이웃에 살던 앤서니 이든Anthony Eden의 전 부인 비어트리스 베킷Beatrice Beckett을 쇼에 데리고 갔다. 로알드와 찰스는 각각 1000달러씩 투자했던 터였다. 베킷은 달이 가장 좋아하는 여성상―세련되고, 인맥 좋고, 당분간 매인 사람이나 착한 남편도 없었고, 보통은 자신보다 10살은 많은―이었고, 찰스의 친구였던 랠프 잉거솔Ralph Ingersol이 '즐거운 젊은 사내'라고 표현했던 달과 애정 행각을 즐기던 여인이었다.[23] 로알드는 클라우디아에게 베킷이 '착하지만 바나나처럼 생긴 매우 긴 코를 가지고 있다'고 말했다.[24]

그 이후, 달은 어머니에게 헬먼을 비롯한 다른 배우들과 함께 조간신문의 논평을 읽기 위해 자지 않고 기다렸다고 썼다. 그리고 논평은 거의 만장일치로 호의적이었다고 했다.[25] 하지만 로맨틱한 일이 꽃피우고 있다는 낌새는 거의 내비치지 않았다. 몇 주 후 그는 어머니에게 뉴욕 신문의 한 가십 기사를 오려서 보냈는데, '퍼트리샤 닐, 이지 로알드 달의 사랑을 받고 있다'는 기사였다. 그는 어머니에게 아무런 언급 없이 보냈지만, 클라우디아에게는 '대단히 과장되었다'는 메모를 덧붙였다.[26]

버킹엄서에서는 이런저런 말이 많았지만 모두 자세한 내용은 로알드에게 물어보아야 한다고 생각했다. 엘스는 자메이카에서 휴가를 보내던 찰스와 클라우디아에게 무슨 일이 벌어지는지 아느냐고 묻는 편지를 보냈다. 그녀는 기사 때문에 '모두들 궁금해하고 있으며 이번에는 진짜냐?'고 물었다.[27] 클라우디아는 시간을 끌다가 결국 그렇다고 답장을 보냈다. 어머니는 흥분해서 편지를 보냈다.

"당신이 팻을 마음에 들어 하고, 드디어 로알드가 어울리는 짝을 만났다는 소식에 얼마나 기쁜지 모릅니다. 그녀가 우리 가족을 좋아했으면 좋겠네요. 우리 가족이 평범하지는 않으니까 말입니다. 서로 아주 좋아하고 대부분의 형제자매보다 더 끈끈한 사이거든요. 결코 싸우는 법이 없어요! 분명히 로알드는 가정을 꾸미고 싶어 할 거예요. 달은 정말 아이들을 좋아하고 아주 잘 다루잖아요. 하긴 저희가 알아서 할 일이지 제가 뭐라 할 처지는 아닙니다만…….."[28]

팻을 향한 로알드의 구애가 딱히 로맨틱했다고 할 수는 없다. 닐은 나중에 로알드에 대해 '섬세하다'고 표현한 적이 있다. "그는 자신이 원하는 것이 무엇인지 정확하게 알고 있었고, 원하는 것을 얻기 위해 조용히 노력했죠."[29] 두 사람은 성적으로 맞았다. 팻은 로알드가 아주 매력적이고 그의 조카들 사진을 보았을 때 '아주 아름다운 아이들을 낳게 될 것'이라는 확신이 들었다고 했다.[30] 팻은 로알드의 개인주의와 재치, 그리고 세상을 멸시하는 듯 '능숙하게 주도권을 잡는 면'에 대해서도 긍정적으로 생각했다. 그녀는 이렇게 회상했다. "그가 '잘 했어' 하고 말하면, 그건 마치 '하느님이 인정해주는 것 같은' 느낌이 들었어요."[31] 그리고 팻은 달이 친구들하고 잘 지내는 것에 크게 감동했다. 그는 에드먼드 굿맨Edmund Goodman과는 의학을 이야기하고, 그녀의 친구인 에들라 쿠식Edla Cusick과는 연극 이야기를 하고, 에들라의 남편인 피터Peter와는 주식 이야기를 했다. 가십 기자인 루엘라 파슨스Louella Parsons는 퍼트리샤 닐이 다시 '행복한 소녀'가 되었고, 새 애인은 다시 한 번 그녀를 빛나게 하고 있다고 했다.[32] 닐도 친구이자 여배우인 진 발렌티노Jean Valentino와 클로에 카터Chloe Carter에게 날이 갈수록 로알드가 좋아진다고 썼다. 그녀는 조금은 망설이면서 이렇게 결론을 내렸다. "누가 알아? 잘 될지. 하지만 그도 조심스러워하고 있어. 편안한 사람이야. 너도 그가 마음에 들 거야. 아주 영국적인 사람이거든."33 아주 실용적인 관계였다. 열 살이라는 나이 차이가 있었지만 둘 다 순결하지는 않았다. 둘 다 자식을 갖고 싶은 마음이 강했다. 하지만 둘 다 본능적으로 결혼 문제에서는 뒷걸음질쳤던 사람들이었다. 팻이 주저했던 점은 자신이 여전히 쿠퍼를 사랑하고 있을지도 모른다는 스스로에 대한 의심 때문이었다. 사실 찰스 마시가 개입하지 않았다면 로알드에 대한 애정은 그대로 식었을지도 모른다.

팻은 달의 멘토에 대해 이렇게 말했다. "그가 나를 아주 좋아했어요. 그는 우리가 결혼하기를 아주 절실하게 원했지요."34 이 목적을 위해 팻은 마시가 그녀를 만나자마자 은행에 돈이 얼마나 있느냐고 물어보면서 결혼을 아주 강하게 밀어붙였다고 기억했다. 그녀가 얼버무리며 대답을 회피하려 했지만, 그는 결국 팻이 영화를 찍어 2만 달러를 저축했다고 털어놓게 했다. 팻은 그 숫자를 말하면서 뿌듯했지만 마시의 예기치 않은 대답에 놀랐다. 마시가 이렇게 중얼거렸기 때문이다. "아, 그렇군, 너무 가난한데."35 팻은 마시가 자기가 보살피는 사람의 미래 배우자의 경제력을 아주 중요하게 생각한다는 사실에 아주 놀랐다. 하지만 찰스는 로알드를 너무나 잘 알고 있었다. 이 집시-학자 유형은 사치와 방탕을 일삼는 스타일이었다. 난방이 된 실내풀장, 걸쭉한 실내 크로켓 잔디, 집사, 훌륭한 포도주, 운전기사, 그리고 자가용 비행정이 달에게 도든 것은 아니었지만 그런 사치스러움은 그를 매혹했다. 그가 언젠가 실라 세인트 로렌스에게 인정했듯이, '부자들은 늘 흥미로웠다'고 생각했다.36

팻은 비교적 돈이 많지 않았지만 찰스가 여전히 로알드에게 아주 좋은 아내가 될 거라고 믿어 주어서 기뻤다. 로알드가 어느 날 저녁, 분장실에서 예기치 않게 그녀에게 청혼했을 때 그녀는 깜짝 놀랐다. 하지만 실망스럽게도 그는 거절당했다. 그녀는 이렇게 기억했다. "내가 거절하자 그는 완전히 얼빠진 모습이었어요." 그러나 자신이 그를 사랑하는지 여전히 확신하지 못했고, 정말 결혼을 하고 싶어 하는지도 확신이 없었다. 동시에 그녀는 자신의 반응 자체도 혼란스러웠다. "저도 정말 결혼하고 싶었어요. 그리고 가정도요. 로알드와 예쁜 아이들을 가질 수 있을 것 같았어요. 왜 망설였느냐고요? 위대한 사랑? 그런 사랑은 다시는 오지 않을 테니까요. 제가 언제쯤 현실을 직시할 거냐고요?"[37] 그녀는 처음에는 거절했지만 몇 주 후에 마음을 바꾸었다.

어쩌면 이러한 불확실성 때문에 로알드는 되도록 말을 아꼈는지도 모른다. 1953년 5월 16일, 그는 어머니에게 여름에 영국에 갈 예정이라고 편지를 보냈다. 팻을 데리고 가려고 결정했기 때문에 날짜가 조금 바뀌었다고 했다. 그때도 어머니에게는 아무 말도 하지 않았다. 다만 그녀의 가족 관계와 그녀가 얼마나 벌고 있는지만 이야기했다. 그녀가 뉴욕에서 공연 중인 《아이들의 시간》으로 일주일에 1000달러씩 받고 있으며, 9월에 5개월간 순회공연을 하기로 계약했는데 그때는 1250달러씩 받기로 했다고 자랑스럽게 알렸다. 그것은 대단한 액수라고 했다. 그가 버는 것에 비하면 엄청난 액수였다. 그는 계속 이어서 말했다.

"저희는 결혼을 생각하고 있습니다. 하지만 서두를 필요는 없어요. 닐은 이제 겨우 26살이고 한 번도 결혼한 적이 없어요. 그러니 저만큼이나 조심스러워 하고 있지요. 그리고 저희는 뉴욕에서 자동차를 하나 장만하기로 했습니다. 1951년 4인용 재규어 중고 컨버터블을 사서 직접 로마에 부치려고요. 그런 다음 로마로 비행기를 타고 날아가…… 자동차를 찾은 다음 천천히 이탈리아에서 프랑스로 몰고 올라가 아마 8월 초에 영국에 도착할 것 같습니다."[38]

달은 어머니에게 여행경비는 둘이 같이 부담하고 자동차 부분도 나누기로 했다고 말했다. 그런 다음 대수롭지 않게 거의 추신을 쓰듯 어머니에게 새 여자친구의 사진을 하나 찾아―구할 수 있으면―보내겠다고 했다. 며칠 뒤 그는 대여섯 장의 사진을 보냈다. 매슈 스미스에게는 신이 나서 그의 그림 한 점을 '여자친구의 침실'에 걸었다고 편지를 보내면서 프랑스를 여행하는 동안 같이할 수 있겠냐고 제의했다. "당신이 팻을 보면 아주 반할 겁니다"라고 덧붙였다.[39]

그 여행은 신혼여행이 되었다. 팻과 달은 어머니에게 편지를 보낸 지 6주가 지난 7월 2일에, 뉴욕 월스트리트 근처의 작은 교회에서 결혼했다. 헬먼의 애인인 대실 해미트Dashiell Hammett를 비롯한 몇몇 친구는 달이 '아주 어리석고, 재미없는 친구'라고 했고,[40] 레너드 번스타인은 '인생에서 가장 큰 실수를 하는 것'이라며 반대했지만[41] 팻은 밀고 나갔다. 물러설 만큼 강하지 못한 부분도 있었지만, 게리 쿠퍼와의 실패한 사랑에 머물러 살기보다는 미래로 나아가야 할 필요가 있었기 때문이었다.

로알드는 결혼에 대해 그렇게 적극적이지는 않았다. 그 주에 집으로 보낸 편지에서도 얼마 남지 않은 결혼보다는 자기 일에 더 사로잡혀 있는 걸 엿볼 수 있다. 찰스 마시는 또 한 번 중대한 추진력이 되어주었다. 신부에게 줄 '엄청나게 큰 노란색 사파이어 반지'[42]를 로알드에게 보여주면서* 자

---

* 달은 닐에게 반지를 주었지만, 나중에 마시가 반지값을 돌려주길 바랐다고 닐은 말했다. 반지의 보석도 사파이어가 아니라 마르퀴즈 모양의 다이아몬드라고 기억했다.

신이 결혼식 피로연을 맡아서 하겠다고 제의했다. 2주 후에 찰스 마시와 결혼하기로 한 클라우디아 헤인스는 달의 어머니에게 결혼 열흘 전에 편지를 보내면서, 달의 약혼에 자신이 얼마나 기뻐하는지 알렸다. 로알드와 팻이 '그럴 수 없이 행복하다'면서 그녀와 찰스가 조심스럽게 '중매인처럼 보이지 않으면서 열심히' 노력했다고 털어놓았는데, 그건 솔직한 말이 아니었다.[43]

결혼하기도 전에 이미 갈등이 시작되고 있었다. 어느 날 저녁, 달이 닐의 친구들을 고압적으로 대하자 싸움이 일어났다. 그녀는 그에게 '무례하고, 거만하고, 심술궂다'[44]며 결혼을 취소했으면 좋겠다고 했다. 달은 사과하지 않았다. 결국 누그러져서 뒤로 물러선 쪽은 팻이었다. 그녀가 결혼식을 교회에서 하자고 설득하자 로알드는 작고 소박하게 하겠다는 약속을 받아냈다. 그는 팻에게 그 어떤 경우에도 절대 '쇼 비즈니스'가 되어서는 안 된다고 했다. 그는 팻의 어머니인 유라Eura에게 예를 갖추어 '비밀로 했으면 좋겠다'고 편지로 설명했다.[45] 그리고 양쪽 가족이 참석하지 않을 거라고 알렸다. 찰스가 신랑 들러리를 서주었고 결혼식장에는 친구 몇몇만 참석했다. 그는 자기 가족에게도 똑같이 소란스럽지 않게 식을 치르고 싶다며, 한 달 후면 신부를 만날 수 있다고 안심시켰다. 그러나 영국의 버킹엄셔 신문은, 5000킬로미터 떨어진 곳에서 바람둥이 아들이 할리우드의 멋진 여배우와 결혼하는데 60살 먹은 어머니 소피가 오두막에 홀로 앉아 있는 우울한 모습을 싣는 기회를 놓치지 않았다.[46]

결혼식은 기온이 37도가 넘는 혹서 속에서 치러졌다. 얼마나 더웠는지 교회에 갈 준비를 하던 로알드는 마지못해 샀던 새 양복의 비단 안감을 뜯어버렸다. 그건 실용적인 면을 중시하는 달의 전형적인 모습이었지만, 팻은 과격한 행동에 충격을 받았다. 그날 밤 달이 불을 끄고 그녀에게 사랑한다고 했을 때, 팻은 울기 시작했다고 털어놓았다. 그건 기쁨이나 안도의 눈물이 아니었다. 고통의 눈물이었다. 팻은 여전히 게리 쿠퍼와 결혼하고 싶었던 것이다.

팻은 훗날 원망 섞인 어조로 결혼 후에 집안을 먹여 살린 사람은 자신이었다고 말했다. 2007년 봄에 그녀를 만났을 때, 그녀는 강한 어조로 나에게 이렇게 말했다. "우리가 결혼할 때는 제 돈밖에 없었어요. 로알드는 한 푼도 없었죠."⁴⁷ 그건 100퍼센트 맞는 소리가 아니었다. 그녀가 결혼한 작가는 찰스 마시가 2년 전에 만났을 때처럼 바닥을 헤매는 가난한 실패자가 결코 아니었다. 마시의 예상대로 미국으로 돌아온 로알드는 작품 활동을 힘차게 시작했다. 그는 《Fifth Thousand Frogskins》을 포기했지만, 왓킨스와 실라 세인트 로렌스는 몇 가지를 살려서 네 편의 〈클로드의 개Claud's Dog〉로 바꾸라고 설득했다. 그 작품은 다음 단편집인 《당신을 닮은 사람 Someone Like You》에 등장했다. 주위의 에너지에 부응하여 그의 작품 활동은 놀랄 만큼 활발해졌다. 《뉴요커》는 또 다른 그의 이야기를 샀다. 그건 나중에 고전이 된 〈맛Taste〉이었는데, 탐욕스러운 아버지가 18살 먹은 딸의 결혼을 걸고 호색한인 중년의 포도주 감식가와 내기한 이야기였다. 그녀의 운명은 포도주 감식가가 보르도 포도주의 맛만 보고 정확한 포도원과 연도를 알아맞히는지 아닌지에 달려 있었다. 감식가는 내기에서 이겼지만 사기꾼임이 드러난다.

《뉴요커》가 〈소리 잡는 기계〉를 출간한 지 2년이 지난 다음이었다. 로알드는 새 이야기가 팔렸다는 소식에 '감출 수 없는 기쁨'을 느꼈다.⁴⁸ 곧이어 잡지사는 다른 새 이야기, 〈나의 사랑스러운 아내여, 나의 비둘기여〉를 사들였다. 시골에 사는 '못된' 부부가 손님방을 도청해 엿듣는다는 이야기였다. 잡지사는 〈피부〉도 출간했다. 그건 〈A Picture for Drioli〉의 최종판인데, 등에 수틴의 걸작을 문신한 남자의 이야기였다. 둘 다 1950년대에 달에게 명성을 가져다준 전형적인 단편들이었다. 미묘한 암시와 긴장감과 속임수가 있으며, 환상적이고 어쩐지 섬뜩한 느낌이 드는 소설이다. 《뉴요커》의 새 소설 담당 편집주간인 거스 로브라노Gus Lobrano는 '일반 독자들에게는 너무 불쾌할 수 있다'는 이유로 출간을 거절하기도 했다.[49]

그러나 〈맛〉은 앨프리드 크노프Alfred Knopf에서 아주 열렬한 팬 하나를 얻었다. 크노프는 자아가 강했던 이단자였다. 훗날 그의 동료가 된 밥 고틀립Bob Gottlieb은 그를 이렇게 표현했다. "괴물입니다. ······정말 무시무시한 사람이죠. 어린아이가 생떼 쓰듯 성질을 부리고, 사무실에서는 악명 높은 독불장군이었습니다."[50] 그런 크노프는 달이 '천사처럼' 글을 쓴다고 생각했고[51] 이야기가 '기발하다'고 했다. 그는 편집국장인 해럴드 슈트라우스Harold Straus에게 이렇게 쪽지를 보냈다. "그를 한 번 찾아봐요. 그가 어떤 사람인지 그리고 어떤 일을 했는지 알아보고. 우리가 왜 이런 사람을 놓쳤는지 모르겠네."[52]

어느 날 밤, 앨프리드는 빈틈없고 의견이 분명한 아내 블랑슈Blanche에게 큰 소리로 소설을 읽어주었다. 실라 세인트 로렌스는 그녀가 '강인한 여인이며 남편의 사업을 좌지우지하던 사람'이라고 표현했다. 한편 달은 그녀를 마치 1934년산 생베르탱 포도주로 가득 찬 '작고 가는 보라색 다리'라고 장난스럽게 놀리기도 했다. 그녀 역시 이야기가 대성공을 거둘 거로 생각했다.

아내의 격려를 받은 크노프는 왓킨스에게 연락해서 개인적으로 자기

회사가 달의 새 단편집을 출판할 수 있는지 물었다. 그 일로 두 남자 사이에 강한 상호 간의 존경이 시작되었다. 로알드는 출판사의 칭찬에 기분이 으쓱했고, 계약이 성사되었을 때 크노프는 왓킨스에게 편지를 써서 달을 자신의 목록에 넣게 되어 '얼굴이 화끈거릴 만큼 흥분된다'고 전했다.[53] 그해 말 《뉴요커》는 달에게 다음 해에 그가 쓸 어떤 이야기라도 '우선 검토권'을 자기들에게 달라고 제의했다. 단편작가로서의 길이 다시 궤도에 오른 것이다. 그래서 달이 자기보다 돈을 많이 버는 부인을 얻은 것이 '조금은 이상하지만' '항상 그녀를 먹여 살릴 수' 있는 능력이 있다고 장모에게 자신 있게 말한 것은 과언이 아니었다.[54]

당시 그가 집으로 보낸 편지는 그 어느 때보다 산문적이고 장황했는데, 당시 그의 창의력을 글쓰기에 완전히 쏟고 있었기 때문이었다. 영국에서 6년 동안 상대적인 실패를 겪은 뒤라 미국에서 거둔 상업적인 성공을 가족에게 자세히 알리고 싶었을 것이다. 달은 돈 문제에도 어느 정도 집착하기 시작했다. 그의 편지는 이제 흥미로운 사건이나 일화로 가득 차지 않았고, 대신 단편집의 판매량이나 점점 늘어나는 라디오, 텔레비전, 영화 개작률 이야기가 많았다. 로알드는 어머니에게 미국에 온 지 몇 달 만에 거의 2000파운드에 가까운 돈을 저금했다면서 "오로지 글을 써서 번 돈입니다"라고 자랑했다.[55] 여기엔 어린아이 같은 마음도 있었지만, 자신이 이제 더는 찰스 마시의 프들이 아니라는 점을 증명하고 싶었던 면도 있었다. 마시는 달에게 주식이나 배당에 대해 충고도 해주었고, 달은 어머니와 누이들에게 그런 투자법과 제안을 편지로 전했다.

달은 늘 찰스가 그에게 안정을 느끼게 해주어 고마워했다. 하지만 재정적으로 독립할 수 있게 되자 마시의 아파트에서 나와 이스트 62번가에 있던 랠프 잉거솔의 아파트 위층인 5층에 방 두 개짜리의 작지만 편안한[56] 아파트에 세를 들었다. 잉거솔도 찰스의 보살핌을 받던 사람이었다. 그 역시 멘토를 위해 일하며 돈을 벌었는데, 달과 상황이 아주 비슷했다. 클라우디아는 달이 '아무런 방해 없이 혼자서 일할 수 있는 곳을 좋아했는데, 이런 곳에서는 그런 방해가 어쩔 수 없이 생기는 법'이라고 했다.[57] 두 아파트 다 찰스의 소유였는데, 처음에는 달에게 시세의 60퍼센트만 내라고 했지만, 달은 다 내겠다고 고집을 피웠다. 그는 2년 전에도 친구에게 이렇게 말했다. "내 몫은 제대로 다 내고 싶습니다."[58]

그는 영국에서처럼 다시 지내기 시작했다. 아침에 일하고, 점심—주로 찰스와 클라우디아와 함께—을 먹은 다음 쉬다가—주로 여흥을 즐기거나 오후에 경마장을 가거나—저녁 식사 전에 몇 시간 더 글을 썼다. 단편 작가로 만족한 달은 장편소설에 대한 열망은 완전히 뒤로 젖혔다. 라인하트 출판사Rinehart Publishers의 존 셀비John Selby가 1952년 5월에 그에게 편지로 〈피부〉를 칭찬하면서 공손하게 혹시 '염두에 둔 소설'이 있는지 물어봤을 때,[59] 로알드는 편지 위에다 대문자로 'NO'라고 갈겨썼다. 자신만의 현관문이 따로 생겼다는 것이 그가 다시 음악을 들을 수 있게 되었다는 말이었다. 그는 '없으면 살 수 없어서' 축음기를 새로 샀다. 새로 산 축음기는 레코드판이라 로알드는 '교향곡 한 곡이 다 들어 있는' 판을 가지게 되었다.[60] 로알드의 어머니는 아들이 떠나버려 마음의 고통을 겪고 있었고, 그는 어떻게 지내는지도 거의 알리지 않았다. 이걸 알게 된 클라우디아는 가끔 달의 어머니에게 편지를 써서 아들의 삶과 아들이 '아마도 말해줄 생각도 하지 않을' 그런 소소한 이야기들을 전했다.[61] 한 편지에서 클라우디아는 어머니에게 달의 자율성이 정신과 육체의 건강을 회복하는데 아주 중요하다면서 이렇게 적었다. "달은 아무런 방해도 받지 않고 독립적으로 생활할 수 있는 자신만의 아파트를 갖게 되어 아주 좋아하는 것 같아요. 멀지 않은 곳이라 저희는 거의 매일 달을 만납니다. 건강도 아주 좋은 것 같아요. 활력이 넘쳐요. 그의 작품들도 매우 훌륭하답니다. 그건 그에게 당연히 대단한 만족감을 주었고, 그런 만족감은, 제 생각에는, 아마 육체의 건강에도 확실히 도움이 될 거라고 생각해요."[62]

어머니에게도 문제가 있었다. 관절염은 점점 심해졌고 시력도 나빠졌다. 위스테리아의 집을 팔고 그레이트미센던에 있는 엘스의 별채로 들어가려 했지만, 가격을 계속 낮추어도 거의 일 년 동안 매입자를 구하지 못했다. 로알드는 돈 걱정은 하지 말고, 어머니가 안전하고 행복하고 더 좋은 보살핌을 받을 수 있는 록스데일의 집으로 들어가라고 했다. 하지만 어머니는 고집스러웠다. 밤에 심심치 않게 침입자들이 정원으로 들어와 겁이 났으면서도 계속 애머샴에 머물렀다. 시력이 나빠지자 계속 무언가에 부딪히고 넘어졌다. 나중 이야기이지만, 가족들은 그녀가 당시 알코올중독자였다고 확신했다. 하지만 그녀는 외롭지 않았다. 개들이 있었고, 정원 울타리 너머에는 클로드 테일러와 그의 가족이 살았고, 딸들은 모두 자동차로 30분 거리에 살았다. 웨일스로 오면서 노르웨이의 가족을 버리고 떠났던 용감한 어린 소녀, 젊은 나이에 남편과 맏자식을 잃고 이국에서 가정을 꾸려나간 여인은 이제 '모르모르'—아주 나이가 많고 특이한 성격의 용감한 할머니—가 되었던 것이다.

마침내 위스테리아에서 이사해서 록스데일의 별채로 들어가는 날, 그녀는 개들에게 둘러싸여 이삿짐 운반차 뒷좌석에 놓인 커다란 일인용 의자에 앉은 상태로 도착했다.[63] 그 후 마지막 13년 동안 어머니는 이 새로운 특징을 그대로 간직했다. 여전히 고집스러웠으며 인습에 얽매이지 않았다. 여전히 할 이야기가 많은(대부분은 노르웨이와 과거에 대한 이야기) 사람. 하지만 이제는 낯설고 등이 굽고 트롤처럼 생긴 은둔자로 늘 검은 옷을 입었고, 살면서 단 두 번밖에 자르지 않은 긴 회색 머리를 둘둘 말아서 추레하게 올린 머리였다. 처음에는 지팡이 두 개를 짚고 걸었다. 그 모습은 마치 검은 투구벌레 같았다. 하지만 그 후 넓적다리관절 이식 수술이 실패하자 휠체어에서 벗어나지 못했고, 가정부인 뉴랜드 부인의 보살핌을 받았다. 손녀딸인 루Lou는 '모두 할머니를 무서워했다'고 기억했다.[64] 장애가 있었지만 어머니의 정신은 활발히 움직였다. 별채 뒤에 있던 유리 온실 속에서 여왕 행세를 했고, 화초를 돌보고 돋보기로 책이나 신문을 읽었다. 어머니는 점점 신비주의자가 되어 가족이나 친구들의 미래에 대해 예견했는데, 많은 일이 말한 그대로 이루어졌다. 의자에 갇혀 있었지만 어머니는 쉴 새 없이 엄청난 에너지를 방출했다. 손자 테오는 나중에 뼈밖에 남지 않은 할머니의 커다란 손이 '항상 꿈틀거렸고 길고 가느다란 손가락은 늘 무엇인가를 두들겨댔다'고 기억했다.[65]

아들의 신혼여행은 성공하지 못했다. 앨프리드 크노프는 신혼여행 경비를 위해 적어도 3000달러를 빌려주었다. 하지만 로알드가 엄청난 비용을 치르면서 미국에서 배로 보낸 자동차는 제대로 움직이지 않고 자주 고장이 났다. 신부에게 이탈리아와 프랑스의 멋진 문화를 관광시켜 주려던 그의 의도는 좋았지만, 신부는 전혀 고마워하지 않았다. 그는 나중에 두 번째 아내인 리시에게 팻은 대부분의 시간 동안 자동차에서 잠을 잤고, 그녀에게 보여주려고 목록까지 만들었던 그림, 건축, 고대 기념물에는 전혀 관심이 없었다고 말했다.[66] 오히려 포시타노의 한 호화스러운 호텔에 머물

때 화장실 욕조 끝에 있던 유리어항 속 열대 물고기에 더 매료되었다고 했다. 팻은 나중에 신혼여행 동안 자신이 정말 '못되게 굴었고' 속으로 결혼을 후회하면서 보냈다고 인정했다.[67] 그러나 영국에 도착했을 때 상황은 좋아지기 시작했다. 달의 식구들은 그녀를 보자마자 진심으로 한 가족으로 받아들였다. 엘스의 5살배기 딸 애나에게 팻은 '멋진 향수 냄새가 나는 아름다운' 요정처럼 보였다.[68] 쌍둥이 동생 루도 같은 생각이었다. 팻은 감정을 잘 드러내지 않는 달의 가족에게는 낯설게도 아이들을 끌어안고 몸으로 애정을 쏟아 부었다. 모두 그녀에게 '매료되었다'.[69] 그녀와 달이 뉴욕으로 돌아간 다음, 어머니는 클라우디아에게 자신 있게 말했다. "우리 모두 그녀를 사랑해요. 더없이 좋은 사람인 것 같습니다. 그녀와 달이 아주 행복해 보여요. 둘이 떠나자 우리는 벌써 그들이 그립답니다. 니키는 로알드가 얼마나 그리운지 다음 날 아침 내내 그의 자동차에 앉아 있었고, 쌍둥이는 이제 팻 아줌마가 없다고 아주 의기소침해 있답니다. 팻이 아이들의 버릇을 다 망쳤어요."[70]

하지만 현실은 그렇게 단순하지 않다. 쌍둥이는 왕할머니가 처음에는 팻을 전혀 마음에 들어 하지 않았다고 기억했다. 새로 들어온 며느리가 거의 점심때가 되어서야 분홍색 시폰 속옷에 세트인 깃털 달린 가운을 입고 침실에서 나와 부엌으로 내려오는 것이 마음에 들지 않았던 것이다. 어머니는 며느리가 남편을 위해 요리도 하고 가정을 제대로 꾸려나가기를 기대했는데, 팻이 달걀도 제대로 삶지 못하는 것을 알고는 두시했다. 며칠 동안 못마땅해하다가 그녀는 그만 성질을 못 이겼고, 급기야 로알드는 며느리에게 좀 더 친절하게 대하지 않으면 다시는 아들을 못 볼 줄 알라고 어머니에게 으름장을 놓는 지경에 이르렀다.[71] 팻은 로알드가 어머니를 너무나 심하게 다그쳐 어머니가 울었던 기억을 떠올리며 못마땅해했다. 그 직후 신혼부부는 어머니가 사용하려고 했던 록스데일의 별채로 짐을 옮겼다. 팻과 왕할머니는 곧 화해했고, 그들이 떠나고 난 뒤 몇 주 후에 클라우디아 마시에게 보낸 편지에 어머니가 걱정한 것은 팻의 안녕이었지 아들의 안부가 아니었다. "달이 팻에게 잘 해주기를 바라요. 달은 같이 살기 쉬운 사람이 아니니까요. 나조차 적응을 잘하고 있다고 생각하지 않으니까요. 팻은 우리를 만나서 좋았다고 하네요. 달을 이해하는 데 도움이 될 것 같다고요. ……곧 자식을 낳았으면 좋겠어요. 둘 다 원하니까요." 어머니가 편지 끝에 '마마Mama'라고 사인한 것을 보면 클라우디아를 얼마나 가깝게 생각했는지 알 수 있다.[72]

팻은 왜 달의 가족이 '평범하지 않은지' 맛볼 수 있었다. 그녀는 그들이 가까이 다가와 따뜻해지기도 했고 시도 때도 없이 불끈하는 성질에 상처를 받기도 했다. 달의 가족들이 서로 '심술을 부리고 불평하는 것'도 보았지만 또 얼마나 서로 깊은 유대감을 느끼는지도 보았다. 니컬러스 록스데일이 '이상하게 섹스를 암시하는 일화와 화장실 유머'라고 표현했던 그들의 독특한 대화에 익숙해지기도 했다.[73] 그리고 팻은 도착한 날 그녀를 위해 레슬리 한센이 보여준 '공연'을 잊지 않았다. 저녁을 먹고 나서 얼마 지나지 않아, 레슬리는 식탁에 내려앉아 주머니에서 성냥갑을 꺼냈다. 그리고는 불을 낮추었다. 방은 조용해졌다. 그러더니 바닥에 누워 성냥을 켰다. 조심스럽게 다리를 위로 올리고는 성냥불을 엉덩이 근처에 대더니 요란하게 방귀를 뀌었다. 성냥은 엄청나게 폭발적인 불꽃을 내며 피어올랐다. 그러자 방에 있던 모든 사람이 손뼉을 치며 즐거워했다. 팻은 '놀라기도' 하고 '실망하기도' 했다. 하지만 팻을 놀라게 한 사람은 레슬리뿐만이 아니었다. 로알드의 성격 또한 여전히 그녀에게는 미스터리였다. 팻은 달이 어둠 속에서 섹스하기를 원했고, 그녀가 벌거벗고 돌아다니는 걸 싫어하는 것을 알고는 놀라워했다. 그녀는 이유를 알 수 없었다. 또 달의 지나친 자신감과 주변 사람에게서 끊임없이 존경받기를 원하는 태도가 가끔은 신경에 거슬렸고 가끔은 겁이 날 정도였다.[74] 이러한 성향은 달 부부가 조지아를 거쳐 미국으로 돌아오는 여행 동안 상당히 두드러졌다. 신혼부부는 사흘 동안 조지아에서 팻의 가족과 보냈다. 로알드는 닐의 가족들이 따분하고 편협하다는 것을 알았다. 그는 어머니에게 보고했다.

"그들은 아주 상냥한 사람이에요. ……하지만 너무 따분합니다. ……일찍 떠나온 게 하나도 아쉽지 않았어요."[75]

팻에게도 아주 끔찍한 방문이었다. 한두 시간 만에 달은 책을 읽는다고 방으로 들어가 버렸고 나중에는 식사할 때만 나타났다고 했다. 그는 남부 요리가 마음에 들지 않는다고 내뱉고, 장모에게 하나밖에 없는 아들인 피트Pete에게 학교를 그만두고 대학 갈 계획도 포기하고 대신 주유소를 경영하라고 부추겨 장모를 화나게 했다. 물론 달에게는 그것이 아주 멋지고 괜찮은 생각이었다. 하지만 닐의 가족들은 기가 막혔다. "어머니와 피트의 여동생 니니Nini는 그가 세상에서 가장 무례한 사람이라고 생각했어요."[76] 팻은 로알드가 그들의 비난에 전혀 신경 쓰지 않았다고 했다. 그는 마음속에 다른 생각이 있었기 때문이었다. 그는 센트럴파크와 자연사박물관에서 가까운, 조금 크지만 값싼 웨스트 77번가에 있는 아파트로 이사 갈 계획을 짜고 있었다. 그리고 달은 66살 먹은 찰스 마시의 건강이 몹시 걱정되었다. 그는 클라우디아와 결혼하는 날 쓰러졌는데, 뇌출혈이라는 진단을 받은 것이다.

로알드는 뉴욕에서 찰스를 보고는 큰 충격을 받았다. 그는 어머니에게 의사의 말을 덧붙이면서 이렇게 전했다. "찰스의 얼굴 한쪽이 찌그러졌어요. ……만약 흥분하게 되면 큰일이 생길 거라고 했어요."[77] 마시는 사실 예상 밖으로 빠른 회복을 보였으며, 그저 '눈가와 입가가 살짝 찌그러지기'만 했다.[78] 뇌졸중이 아니라 안면신경마비였다. 그건 바이러스가 일시적으로 얼굴 신경에 침투한 경우였다. 그렇지만 그의 활기와 기력이 눈에 띄게 줄었다. 그동안 팻은 《아이들의 시간》 순회공연 리허설로 바빴다. 팻은 시어머니에게 오리지널 팀에서 순회 재공연에 남게 된 유일한 주인공이라서 '지겨워 죽을 것 같다'고 전했다.[79] 연극은 10월 초 윌밍턴에서 시작하여 볼티모어, 피츠버그, 디트로이트, 클리블랜드, 시카고로 이어졌다. 시카고에선 관객의 숫자가 실망스러울 정도로 적어 일찍 막을 내렸지만, 팻에게는 아주 중요한 성공이었다. 로알드는 순회공연 동안 여러 번 팻을 보러 갔다. 갈 때마다 며칠씩 같이 머물렀다. 달이 처음으로 찾아간 날, 팻은 달에게 너무 그리웠다면서 자신이 호텔 방에 외로이 있게 됐을 때 '끔찍한 충격'을 받았다고 인정했다.[80] 한 번은 윌밍턴에서 밤새 울면서 지새웠다고도 털어놓았다. 하지만 공연 끝자락에 시카고로 찾아간 로알드는 그럴 수 없이 기쁜 상태였다. 앨프리드 크노프가 그의 새 단편집, 《당신을 닮은 사람》을 출간했는데, 책이 빠른 시기에 엄청난 성공을 거둘 것처럼 보였기 때문이다.

크노프는 1953년 3월, 달에게 새로운 단편집이 '그가 다룬 책 중에서 가장 좋은 작품'이라고 하면서[81] 아주 특별히 취급하겠다고 했다. 그는 한 번 뱉은 말은 꼭 지키는 사람이었다. 그는 책을 밀어붙여 《뉴요커》와 《뉴욕타임스》에 광고를 크게 냈다. 그렇다고 해도 판매량은 놀라운 숫자였다.

첫 판은 일주일 만에 5000부가 팔렸다. 크노프는 서둘러 재판을 찍었다. 논평도 거의 만장일치로 긍정적이었다. 가장 열의를 덜 보인 곳이 잡지 《타임Time》이었는데, 《타임》은 달을 '재주 많은 기술가'라고 하건서 이야기가 '구성에 비하건 길고' '등장인물에 대해서는 너무 짧다'고 논평했다. 달을 '섬뜩한 상상력, 남다른 엉뚱한 유머감각—하지만 '대단한 동정심을 가진'—을 가진 사람이라고 본[82] 《뉴욕 헤럴드 트리뷴》이 가장 호평하고 있었다. 논평가는 아주 재치 있게 달이 '자신만의 독특한 신뢰성을 쌓아갈 수 있는' 능력을 갖춘 사람이라고 결론을 내렸다.[33] 그건 그가 쓴 모든 작품에서 엿볼 수 있는 자질이었고, 종종 비평가와 출판사를 어리둥절하게 만드는 특징이었다.

하지만 일반 독자들은 호의적인 반응을 보였고 입에서 입으로 전달된 인기 때문에 텔레비전과 영화에서도 제의를 받았다. 얼마 되지 않아 책은 네 번째 인쇄에 들어갔고 2만 부를 팔았다. '이 달의 책'은 달의 책을 선택했고, 그건 이후 2만 5000부의 판매를 보장했다. 얼마 되지 않아 달은 미국의 추리작가협회에서 주는 에드거 앨런 포 상Edgar Allan Poe Award을 받았다. 달은 에드거 앨런 포 상의 트로피를 이렇게 묘사했다.

"아주 끔찍하게 생겼어요. ······내가 우리 집 도우미 아주머니에게 주었더니, 아주머니가 부엌 문설주로 쓰면 될 것 같다고 하더군요."[84]

그의 작품 활동은 왕성했지만, 이미 폭풍에 뒤흔들리던 짧은 결혼 생활은 암초를 향해 나아가고 있었다. 그는 팻과 함께 지내는 것이 쉽지 않음을 알았다. 그는 공통의 관심사가 거의 없는 아내와 사는 것이 불편했으며, 끊임없는 칭찬이 필요한 그녀를 경멸했다. 달은 그녀의 가족, 특히 장모가 속이 좁고 둔하다고 생각했다. 그건 좋은 징조가 아니었다. 여러 해가 지나서, 아이들이 관계를 맺을지 확신하지 못하면 달은 이렇게 말했다. "번식용 암말을 봐. 어머니를 보면 모든 걸 알 수 있어." 1955년 로알드는 거의 마흔이 되었다. 그는 스스로 결정을 내리는 것에 익숙했다. 그리고 어머니와 아스타와 한 지붕 아래에서 어른으로 살았지만, 그는 항상 다른 사람과는 떨어진 자신 만의 공간이 있었다. 자신의 생활공간을 남들과 공유하는 데 익숙하지 않았고 누구라도 곁에 있으면 글을 쓸 수가 없었다.

팻도 이 점을 이해했다. 그녀는 달에게 글을 쓸 수 있는 '사적 공간과 자유'를 주기 위해 되도록 아파트에서 나가 있으려고 하지만, '적당히 균형 잡는 것'이 어렵다고 시어머니에게 털어놓았다.[85] 달은 점점 좌절감을 느꼈다. 홀로 있을 수 있는 시간이 부족하고 또한 팻이 임신하지 못했기 때문이었다. 그는 자신보다 유명한 사람하고 사는 것이 힘들다는 걸 알았고, 신문에 자기 이름이 나올 때 가끔 스펠링이 잘못된 것에도 짜증이 났다. 로널드Ronald, 라울Raoul, 심지어 로저 달Roger Dahl이라고 할 때도 정말 기분이 나빴다. 그보다 더 심각했던 것은 그저 '퍼트리샤 닐의 남편'으로 나올 때였다. 달의 눈은 다른 여자를 향해 방황하기 시작했으며—가장 잘 알려진 여인은 상속녀인 글로리아 밴더빌트Gloria Vanderbilt였다—, 또한 그레이트미센던으로 돌아갔을 때 그가 얼마나 영국의 시골을 그리워하는지 알게 되었다. 그래서 팻이 시카고에서 돌아온 후 얼마 되지 않은 크리스마스 직후, 달은 그녀에게 돌아눕더니 '아주 태연하게' 결혼 생활은 끝났으니 이혼을 원한다고 말했다고 팻은 기억했다. 그리고는 이렇게 덧붙였다고 했다. "이제 걱정하지 말고 잠이나 자요."[86]

팻은 절망했다. 하지만 이 상황을 말로 풀 수가 없었다. 왜냐하면 신경쇠약에 걸린 달의 제부 레슬리가 당시 텍사스 주 템플의 스콧&화이트 병원에서 치료를 받으러 가는 길에 손님으로 집에 머물고 있었기 때문이었다. 레슬리의 정신 상태는 로알드가 영국을 떠난 다음에 조금 좋아지는 듯했지만, 한집안의 독재자처럼 굴다가 집을 떠나와서는 초조해하고 상처를 입기 쉬운 상태가 되어 있었다. 그가 대서양을 건너오게끔 설득하는 데는 엄청난 노력이 필요했다. 하지만 로알드는 자신의 보호 아래 훌륭한 미국 의사들이 레슬리를 치료해 줄 거라는, 아니면 적어도 증상을 완화해줄 거라는 확신이 있었다. 그답게 달은 비행기 삯을 모두 일등석으로 부담했고, 레슬리를 집에서 지내게 하면서 의료비용―뉴욕에서의 치과 비용은 물론 텍사스에서 받은 셀 수 없이 많은 검사와 조사 비용―까지 다 내주었다. 자기의 선물을 즐겁게 받는 사람에게 하는 일만큼 달에게 더한 기쁨을 주는 일은 없었다. 그는 가족들에게 신 나서 이렇게 편지를 썼다. "레슬리는 그 어느 때보다 잘 지내고 있어요."[87]

그러나 버은망덕은 로알드에게 가장 끔찍한 죄였다. 달의 이복누나인 엘런의 남편인 애슐리 마일스는 그 사실을 몇 주 후에 알게 되었다. 마일스는 1952년에 처음으로 미국을 방문했는데, 로알드는 그를 자기 아파트에서 재워주고, 돈도 빌려주고, 릴리언 헬먼을 비롯한 많은 친구에게 소개했다. 2년 후 그가 다시 왔을 때, 로알드가 아니라 헬먼의 집에서 머물겠다고 하자 로알드는 그를 윽박질렀다. 애슐리가 자기 아파트에서 15분밖에 머물지 않았고, 팻의 일이나 책에 대해서도 한마디도 묻지 않아 무시당했다고 화를 내고는 어머니에게 애슐리는 '속이 좁은 너절한 놈'이라며 투덜거렸다.[88] 그는 애슐리와 헬먼이 사랑하는 사이라는 암시까지 했다.

레슬리는 완전히 달랐다. 그는 로알드의 너그러움을 진심으로 고마워했고 그의 다정다감한 면과 문제를 해결하는 본능뿐 아니라 남을 통제하려는 그의 필요성을 다 이끌어냈다. 로알드는 앨필드에게 레슬리를 직접 템플까지 데리고 갈 생각이고, 필요한 만큼 같이 머무를 거라고 했다. 하지만 팻은 같이 가는 걸 거부했다. 그 일로 달은 화가 났고, 팻의 제멋대로인 점이 침대에서 폭탄선언을 하게끔 만든 직접 원인이었던 것이다. 다음 날 팻은 마시에게 전화를 걸어 간단하게 상황을 설명했다. 그러자 마시는 곧바로 클라우디아와 함께 자메이카로 떠나자고 제안했다. 팻은 조금도 망설이지 않고 그의 제안을 받아들였다. 템플에서는 레슬리의 정신 불안정의 원인을 신진대사에서 찾아내려던 연구가 별다른 성과를 내지 못하고 있었다. 로알드는 긍정적인 발전이 없자 인내심을 잃었다. 그러나 기쁘게도 레슬리가 이를 다 뽑겠다고 했다. 달은 어머니에게 이렇게 전했다. "이가 모두 고름 위에 간신히 붙어 있었어요. 당장 뽑아야 했답니다."[89] 결국 로알드는 다시 뉴욕으로 도망쳐왔다. 그는 어머니에게 매형이 '혼자서도 아주 잘 지낸다'고 안심시키면서 '그저 그곳에서 영원히 기다릴 수는 없었다'고 했다. 의사들이 레슬리가 혼자서 충분히 뉴욕까지 여행할 수 있다고 하자, 로알드는 레슬리를 데리고 자메이카에 있는 팻에게 가려고 계획을 세웠다.

자메이카에 도착한 팻은 마시와 클라우디아가 자신의 결혼생활의 문제점을 얼마나 알고 있는지 확실히 알 수가 없었다. 그런데 두 사람은 상황을 너무나 잘 알고 있었다. 텍사스에서 달은 자기들에게 무엇이 잘못되었는지, 왜 결혼생활이 제대로 유지되지 못할 거로 생각하는지에 대해 긴 편지를 보낸 것이다. 그와 팻의 성격 차이에 대한 사려 깊고 냉정한 분석을 보면 로알드의 자기 분석력이 얼마나 강한지 알 수 있다.

이곳에 내려와 보니, 생각할 시간이 많습니다. 지난 엿새 동안 제가 한 일은 바로 그것뿐입니다. 어느 쪽으로 생각하건 그리고 얼마나 생각을 바꾸려고 노력하건 간에 여전히 같은 결론에 도달합니다. 그건 우리가 화목하게 함께 사는 것이 불가능하다는 겁니다. 그녀는 여전히 내가 알았던 가장 좋은 여자와는 너무나 거리가 있고, 그저 두 가지 특징만 가지고 있습니다. 용기와 정직함. 하지만 그것만으로는 우리가 서로에게 편안함을 느낄 수도 없고 둘의 관계에도 충분하지 않습니다. 저녁에 둘만 있게 되면 저는 몹시 불편해지는 것을 느낍니다. 그녀가 어디서 즐거움을 찾으려고 하는지 늘 궁금하기 때문이죠. 저는 책을 읽습니다. 그녀는 읽지 않아요. 우리는 잠시 이야기를 나눕니다. 연극계 사람들과 무대에 대해서요. 하지만 그 이상은 아닙니다. 저는 그녀가 연극과 관련한 친구들과 함께 있고 싶어 하는 것을 잘 압니다. 하지만 (물론 무던히 노력을 해봤지만) 제가 참을 수 없는 사람들이지요. 제가 떠나고 팻이 뉴욕에 있던 이틀 동안 그녀는 그 친구들과 내내 함께 지냈습니다. 그렇다고 절대 그녀 탓을 하는 것은 아닙니다. 저에게도 책임이 있으니까요. 하지만 걱정스럽게도 우리가 너무나 다른 사람들을 그리고 다른 일들을 좋아한다는 점이 분명해졌습니다.

물론 누군가의 어머니 문제도 있습니다. 여러 해 동안 나는 그녀가 (사실 클라우디아뿐만 아니라 어떤 좋은 부인이라도) 살림도 하고, 청소도 하고, 어느 정도는 남편을 보필하는 것을 보아왔습니다. 제가 아무리 스스로 알아서 사는 남자(제가 그렇습니다)라도 집안에 여자를 들이면 어느 정도는 내조받게 될 거라고 기대하는 것이 당연합니다.

팻은 그렇게 할 능력이 없습니다. 지난 5주 동안 모든 살림은 제가 맡아서 했습니다. 그녀는 아무것도 하지 않았고요. 아침에 커피도 제가 탑니다. 그녀는 침대에 누워 있지요. 저는 점심때까지 일합니다. 그리고는 깡통에 든 수프로 점심을 먹지요. 그녀는 그때까지도 종종 침대에 누워 전화합니다.

이런 세세한 일들을 나열하는 것 자체가 끔찍합니다. 하지만 그런 일들이 내 안에서 원망이 쌓이게 한 원인이죠. 그녀는 훌륭하고 성공한 여배우이기 때문에 당연히 자신에게만 빠져 있습니다. 물론 저도 아주 똑똑하지 않으면 성공적인 주부이면서 동시에 자신의 직업 세계에 빠져 있기가 가능하다고 믿지는 않습니다.

직업을 갖고 동시에 주부 역할을 하는 것은 정말 힘든 일이고, 두 가지를 성공적으로 해내는 극히 소수(물론 가능하겠지만)는 남보다 두 배로 노력하는 것 같습니다. 여자라면 '나는 성공한 전문 직업인이기 때문에 정상적인 주부가 될 필요가 없다. 신경 써야 할 직업이 있기 때문에 내 남편은 내가 정상적인 주부가 되리라 기대하지 않는다'고 할 수는 없습니다. 그렇게 말할 수는 없어요. 왜냐하면 불행하게도, 물론 가끔 허용하겠지만, 남편은 아내가 여전히 어느 정도는 평범한 주부가 되어주기를—그녀가 일하지 않을 때는 당연히—기대하기 때문입니다.

자, 찰스, 나는 당신이 팻을 말로 설득해 바꾸려는 것은 잘못이라고 생각합니다. 제가 당신에게 이런 이야기를 했다는 것을 팻이 아는 걸 바라지 않습니다. 저는 그저 당신의 충고가 필요해서 얘기하는 것뿐이니까요. 제가 지금 그녀에게 돌아가는 것이 실수라고 생각하는지 알고 싶습니다. 저는 그렇게 생각합니다. 우리는 대여섯 달, 아니 일 년 정도는 더 유지할 수 있을 겁니다. 하지만 정말 편할 것 같지는 않습니다. 결국은 실패할 거라고 생각하니까요. 예를 들어 저는 지금에 와서 아이를 가지려고 시도하는 것조차 잘못이라 생각합니다. (제가 얼마나 아이를 원하는지는 잘 아실 겁니다.) 어린 젖먹이들이 어차피 갈라설 부모 밑에, 아니 태어나기 전에 이미 갈라설지도 모르는 부모 밑에서 태어나는 그런 위험을 감수할 수는 없습니다. 그건 잘못이지요. 팻도, 그녀가 옳을지도 모르지만, 이런 조건에서는 저랑 살려고 하지 않을 겁니다, 임시라도 말입니다. 적어도 그녀가 그렇게 말했습니다. 그녀가 우리와 함께 템플에 가지 않겠다고 했을 때, 저는 마음의 결정을 내렸습니다. 저는 그녀와 다시 한 번 노력해볼 마음이 있었습니다. 지금은 제가 그런 생각을 했다는 것이 너무나 화가 나고 창피하고 죄책감이 듭니다. 심리적으로 우리가 다시 함께 할 수 있는 순간이었으니까요. 하지만 그녀는 원하지 않았어요. 이제 그런 느낌은 다 지나갔습니다.

제발 그녀에게 제가 이런 이야기를 했다는 것을 알리지 말아주세요. 이런 마당에 템플에서 일을 마치고 나서 제가 자메이카로 가야 할까요? 그녀에게 되도록 상처를 주고 싶지는 않습니다. 그럴 수 있다면 전 어디든 갈 생각입니다. 하지만 결국 실패로 끝날 일을 속이거나 늦추는 것이 오히려 잔인하고 어리석을 것 같기도 합니다. 아마도 다 제 잘못이겠지요.[90]

특이할 정도로 모든 윤리 문제를 일반화하는 찰스 마시의 특성에 가려져 있지만, 찰스의 대답은 통찰력이 있고 핵심을 찌르고 있었다. 그는 모든 문제를 '지레짐작한 성격 차이' 탓으로 돌렸다.

    자네의 마지막 글귀, '아마도 다 제 잘못이겠지요'는 정확하지가 않네. 자네가 원하는 것은 완전한 성실함이고, 자네 부부는 둘 다 그 점을 가지고 있다네. 그녀가 원하는 것은 완전한 편안함, 적어도 지난 몇 주 동안 자네 부부에게 없던 것이지. 그러니 이 편안함이 무엇이며 어디에서 시작되고 어떻게 유지할 수 있을까? 그건 두 사람이 서로에게 해주어야 하는걸세. 하지만 결혼에서 상대방이 서로에게 엄청나게 봉사하지 않으면 놀라운 속도로 망하고 말걸세.
    자네가 아내로 원하는 사람을 나는 지금 데리고 있다네. 자네는 여인이 항상 80퍼센트 자네 생각만 해주기를 바라며, 자네가 아무 말 하지 않아도 그 80퍼센트에 매진해 주기를 바라는 거지. 자네나 나 같은 남자들은 우리끼리는 솔직히 무엇을 원하는지 털어놓지만 여자들에게는 절대 말하지 않지. 우리는 아내들이 아주 우아하게 온 힘을 다해 내조해주기를 바라지만, 그것을 이야기하는 것은 어리석다고 할 것까지는 없지만 상스럽다고 생각하니까.[91]

    찰스는 로알드에게 자메이카로 오라고 부추겼다. 그리고 친구의 '멋진' 충고가 무척 마음에 들었던 달은 레슬리의 치료가 끝나면 4~5일 후에 가겠다고 했다. 그는 간절히 부탁했다. "제발 팻에게 남아 있으라고 설득해 주세요."[92] 한편 찰스는 팻의 생각도 듣고 이미 그녀와 의논했던 문제—돈과 지위—에 집중했는데, 찰스는 그들의 결혼 문제의 핵심이 그 두 가지라고 느꼈기 때문이다 그는 이미 문제가 무엇인지 확실히 파악했다. 팻이 로알드보다 더 많은 돈을 번다는 점이었다. 아이러니하게도 당시 새로 출판된 책에서 나오는 수입과 책과 관련된 영화와 텔레비전 판권으로 그들의 재정 상태는 거의 동등했다. 그렇지만 그의 요점은 잘 전달되었다. 그는 팻에게 이렇게 말했다. "열심히 일해요. 요리도 하고…… 침대에 누워 있기만 하면 안 됩니다." 그리고는 두 사람이 모은 돈으로 공동계좌를 만들라고 권했다. 그는 팻에게 말했다. "가정 내에서 당신이 주도권을 잡을 수는 없어요. 공동 계좌를 만들어 달이 수표를 쓰게 해요." 찰스는 단약 팻이 이런 간단한 규칙을 따른다면 결혼 생활을 잘 유지해 나갈 수 있을 거라 확신한다고 했다.[93]

팻은 그의 충고를 그대로 받아들였다. 로알드가 도착했을 때, 팻은 곧바로 새로운 계획을 이야기했고, 거의 동시에 그녀에 대한 달의 태도가 누그러지는 것을 느꼈다. 그날 저녁 마시오 달 부부는 노엘 카워드의 저택인 파이어플라이에 저녁초대를 받았다. 다음 날 아침 로알드와 팻은 당뇨를 앓던 찰스가[94] 모기에게 물려 뇌중 말라리아에 걸렸다는 것을 알게 되었다. 24시간 치료받았지만 열은 더 심해졌고, 뇌에 손상을 입어 말을 하지 못하게 되었고 움직임도 상당히 둔해졌다. 그는 다시 예전으로 회복되지 못했다. 달이 의지했던 강인한 마시, 팻이 '로알드의 실질적인 아버지'라고 여겼던 그는[95] 절대 회복될 수 없는 상태가 되었던 것이다.

로알드와 팻은 찰스를 자메이카에 두고 뉴욕으로 돌아왔다. 계속 상태가 매우 좋지 않아 미국으로 돌아올 수가 없었다. 든든했던 친구가 갑작스럽고 예기치 못하게 나약해지자 로알드는 자기 삶을 돌아보게 되었고, 일생 중 가장 심오하고 자신을 잘 드러낸 편지를 쓰게 된다. 슬픔을 당한 멘토를 위로하기 위하여 그는 끊임없이 찾아오는 자신의 육체적인 고통을 하나하나 나열했을 뿐 아니라 어떻게 정신적으로 그런 고통을 이겨내고 작가가 되기로 했는지 설명했다.

저는 그저 이 말이 하고 싶었습니다. 병들어 침대에 누워 있어야만 하는 일에는 제가 전문가이니까요. 당신은 아니지요. 이번 병을 이겨내고 회복된 후에라도 당신은 우리 같은 프로에 비하면 아마추어에 불과합니다. 어떤 사업에서건, 그 어떤 특이한 직업에서건 이건 참으로 배우기 어려운 일입니다. 하지만 당신도 알다시피 그래도 그만큼 가치는 있다고 확신합니다. 저에게는 그랬습니다.
아마 몇 가지 소소한 비극적인 일들이 제 마음을 정상적인 상태에서 벗어나게 하지 않았다면, 제가 한 줄이라도 제대로 쓸 수 있었을지, 아니 한 줄이라도 쓸 수 있는 능력이 생겼을지 의심스럽습니다. 물론 당신은 병이 들기 이전부터 철학자다우셨죠. 하지만 제 생각에 이번 일이 지나가면 두 배는 훌륭한 철학자가, 최고의 철학자가 되실 거라고 예견합니다. 저는 아무것도 아니었지만 조금이나마 철학자다워졌으니, 이미 철학자다웠던 당신은 훌륭한 철학자가 될 거라고 판단됩니다.
제가 하고 싶은 말은 이겁니다. 심각한 병은 정신적으로는 좋다는 거죠. 나중에 보면 항상 그럴 가치가 있었습니다. 자기 훈련이나 고통을 겪는 요가 수행자 같은 면이 있습니다. 당신이 지금까지 해보지 못한 몇 가지 경험 중 하나일 겁니다. 그러니 제 말을 믿고 이런 병이 찾아왔음을 고맙게 생각하세요. 만약 지나간 후에라도 고통이 남거나, 돈에 작은 장애가 생겨도 전혀 문제 될 게 없습니다. 적어도 다른 누군가에게는 말입니다. 그리고 당신이 저에게 가르쳐 주셨듯이, 이 세상에 오로지 중요한 사람은 바로 자신이니까 말입니다.⁹⁶

찰스의 역경은 생활 태도를 바꾸려는 팻의 결심을 굳건하게 만들었고, 로알드에게는 문제가 생긴 결혼생활에 긍정적인 활력소 주사를 놓았다. 팻이 자메이카로 여행을 떠나 있는 동안 로알드는 글로리아 밴더빌트와 불장난을 계속했다. 다른 사람들처럼 그녀도 처음에는 그를 오만하고 편견이 심하고 생색내는 사람이라고 생각했다. 하지만 그의 매력은 강력했다. 곧 그녀는 그가 자신에게 보이는 관심만으로도 뿌듯했고, 그가 손으로 직접 쓴 원고를 엮어서 금으로 만든 작은 그레이하운드 모양의 '회중시계를 감는 골동품 열쇠'를 달아주었을 때는 흥분하기도 했다.⁶⁷ 로알드의 '빳빳이 선 막대기(음경)는 양심이 없었다'. 찰스에게 결혼 생활의 위기에 대해 편지를 쓸 때도 밴더빌트를 유혹하려고 노력하던 중이었다는 사실은 그리 놀라운 일은 아닐지도 모른다. 사실 그의 회고록에 의하면, 자메이카로 떠나기 전에 이미 관계의 절정에 이르렀던 것이다. 로알드는 이 애정행각을 그만두었다. 이제 공동계좌를 가지고 좀 더 나긋나긋하고 가정적인 아내와 함께 결혼 생활에 방해된다고 생각하는 다른 두 가지 일을 처리하려고 했다. 첫 번째는 팻을 전문가에게 보내 무슨 이유로 결혼한 지 9개월이나 되었는데 '임신 소식'이 없는지 알아보는 일이었다.⁹⁸ 산부인과 의사는 불임의 이유가 나팔관이 막혔기 때문이라고 진단했다. 그리고는 공기를 불어넣어 깨끗하게 만들어주었다. 두 번째는 버킹엄셔의 가족에게 편지를 보내 그레이트기센던에 있는 록스데일 가족 가까이에 로알드와 팻이 세를 들 만한―구매도 좋고―집을 하나 알아봐 달라고 했다.

　뉴욕에서 성공했지만 달은 항상 영국으로 돌아가려는 생각을 버리지 않았다. 달은 점점 도시 생활에 흥미를 잃었고, 친구인 마리안 굿맨에게 말했듯이 맨해튼을 그저 '돈 버는 곳'으로 밖에 생각하지 않았다.[99] 1952년 초 어머니에게도 같은 말을 했다. 그가 그곳에 남아 있는 유일한 이유는 '재산을 늘리기 위해서'라고 인정했다.[100] 그런 면에서 도시는 달에게 약속을 지켰다. 이제 돈도 벌고 성공하자 도시의 삶이 스트레스가 되어갔다. 그는 '아이디어 책'에 있는 자서전적인 메모에서 그런 감정을 희극적인 용어로 써내려갔다.

　　만약 당신이, 나처럼 자영업자이고, 그리고 나처럼 남다르게 게으르다면, 아마 뉴욕에 가서 한동안 머무는 것보다 더 좋은 치료법은 없을 것이다. 그곳에 산다는 것 자체가 얼마나 많은 돈이 있어야 하는지, 끊임없이 허둥거리며 사는 자신을 발견할 테니까. 미친 듯이 일하기 시작하고 생활비를 벌려고 노력하게 된다. 감히 멈출 수가 없다. 하루도 쉴 수 없는데 그건 일요일도 마찬가지다. 어제 나는 아침을 먹고 난 뒤 잠시 조간신문을 읽고 있었다. 그때 갑자기 나는 의자에서 벌떡 일어나 소리쳤다. "이런, 세상에! 내가 무슨 짓을 하고 있는 거지? 이제 망하겠구나."[101]

　영국 시골의 유혹은 다시 한 번 뿌리칠 수 없을 정도로 강하게 다가왔다. 그래서 '아주 천천히 그리고 눈치채지 못하게'[102] 로알드는 일 년의 반은 영국에서 살자고 팻을 설득하기 시작했다. 결국 팻은 맨해튼에서 겨울을(8개월) 보내고 영국에서 여름을 보내는 데 동의했다. 1954년 3월 중순, 어머니는 아들에게 그레이트미센던 교외에 팔려고 내놓은 작은 집에 대한 상세한 정보를 편지로 보냈다. 런던에서 기차로 한 시간도 걸리지 않는 곳이었고, 록스데일 집에서 엎어지면 코 닿을 거리였다. 7000평이 넘는 사과와 배나무로 가득한 과수원에, 사용할 수 있는 우물도 두 개나 있는 집이었다. 리젠트 거리에서 리버티 가게를 운영하던 스튜어트 리버티Stewart-Liberty 가문의 집이었는데, 주로 소작농들이 살았고 나중에는 젊은 변호사와 그의 가족이 살다가 힘들어졌던 모양이었다.[103] 언덕 위의 오래된 수도원에서 거대한 너도밤나무까지 이어진 길가에 서 있던 집은 4월 8일에 경매될 예정이었다. 로알드와 팻 둘 다 화이트필드 저택에 '홀딱 반해서' 바로 그 집을 사고 싶다고 결정했다. 어머니는—신탁을 관리하는 사람에게 아주 좋은 투자라고 설득해야 했지만—반을 내겠다고 제의했다.* 엘스와 존도 그녀와 함께 경매에 나서보기로 했다. 경매에 성공했다. 로알드와 팻은 한 번도 본 적 없는 집의 주인이 된 것이다. 4000파운드 이상 나가는 집이었다.

거의 6주 후 그들은 영국에 도착해 오래된 저택의 상태를 확인하고는 '구조를 변경하고, 장식도 새로 해서 완전히 다시 꾸미기로' 했다.[104] 전기도 설치해야 했고 벽은 부셔야 했으며 문턱은 올려야 했기에 로알드와 팻은 왕할머니가 사는 록스데일 별채로 들어가 일이 끝날 때까지 머물렀다. 두 사람은 버킹엄셔 시골 길로 자주 멋진 산책을 했고, 근처 들판에서 섹스를 여섯 번 했는데—한 번은 팻이 개미집 위에 드러눕는 바람에 엉덩이를 심하게 물렸던 적도 있었다— 팻은 그러다 '임신했다'고 확신했다. 자

---

*신탁 관리자인 애슐리 마일스는 이의를 제기했지만, 다른 사람들 때문에 취소했다.

연이 '풍요로움의 암시'를 보여주는 것 같았다고 기억했다. '청명한 푸른 하늘 가장자리에 낮게 드리운 하얀 구름이' 이상하게도 그녀에게는 '팬티를 벗은 여인들'처럼 보였다고 했다.[105] 며칠 뒤인 1954년 7월 27일, 달 부부는 록스데일의 집인 화이트필드와 혼동하지 않기 위해 '리틀 화이트필드'로 이름 붙인 집으로 이사 갔다. 로알드는 다시 이상향으로 돌아가게 된 것이다.

골짜기 건너편 숲에는 밀렵할 만한 꿩들이 있다. 그리고 집 근처, 무너질 듯 낡고 커다란 시골집에서는 흥미로운 가구 경매가 열린다. 런던으로 올라가면 포도주 경매도 있다. 내기를 걸 경마장도 있고, 들판으로 나가면 비밀스럽게 열리는 작은 그레이하운드 경주도 있다. 과수원 울타리에는 꽃망울을 터뜨리려는 장미들이 있다. 별채를 페인트칠해야 하고, 체리도 따야 한다. 당나귀의 발굽도 잘라야 하고, 조각된 낡은 액자는 새로 도금해야 한다. 나무집도 지어야 하고, 아주 이른 아침에 누군가의 목장에서 풀밭에 피어난 이슬을 머금은 버섯도 따야 한다. 항상 할 일이 많아서 4월과 9월 사이에는 단 하루도 출판업자들이 심각한 일이라고 부르는 일을 하기가 불가능하다.[106]

로알드와 영국 출판사의 관계는 여전히 문제가 있었다. 로알드가 영국에 오기 바로 전 조지 오웰의 책을 출판했던 세커&워버그Secker & Warburg가 《당신을 닮은 사람》을 출판했다. 논평은 대부분 호평이었고, 첫 판을 찍자마자 곧 재판에 들어갔다. 하지만 프레드릭 워버그Fredric Warburg를 일 년에 책을 여덟 권만 읽는 '지식이 고갈되고 앞뒤가 꽉 막힌 늙고 몹쓸 녀석'이라고 묘사했던 로알드는[107] 만족하지 못했다. 또다시 달은 런던을 뉴욕과 비교하며 못마땅하게 여겼다. 그는 화가 나서 실라 세인트 로렌스에게 이렇게 썼다. "이곳에서 제 책은 별 볼 일이 없습니다. 워버그는 연락도 없고 광고도 해주지 않아요. 책방에도 책이 없어요."[108] 그는 영국 에이전트인 피터 와트도 못마땅하게 생각했다. '매력적'이기는 하지만 '죽마를 타는 것 정도의 추진력밖에 없는' 사람이라고 보았다.[109] 하지만 언론은 책 칭찬에 너그러웠다. 있을 법 하지는 않지만, 재치 있고, 사악하고, 세련되고, 신선하고, 무시무시하고, 엉뚱하고, 잔인하지만 선견지명이 있다는 수식어들이 오르내렸고, 그 중 가장 인기 있었던 말은 '섬뜩하다'라는 형용사였다. 《펀치Punch》는 '껄껄 웃는 소리가 비명과 완전히 구분되지 않을 정도'라고 하면서 '아주 개력적으로 무시무시한' 최그의 이야기라고 했으며, 한편 《맨체스터 이브닝 뉴스Manchester Evening News》는 달이 인간을 바라보는 시각이 친절하지도 다정다감하지도 않지만 그의 '그로테스크한 희극적인 창의력은 놀라운 능력'이라고 높이 샀다. 《타임스 리터러리 서플먼트The Times Literary Supplement》는 '그의 작품의 일반적인 느낌은 불쾌하다'면서 좀 더 자제하는 태도였다. 달 씨가 '작품 속에서 아이들을 위한 정신 나간 발명가처럼 행동하고 있다'고 본 《타임 앤드 타이드Time and Tide》의 논평가가 아마도 가장 정확한 눈을 가졌다고 볼 수 있다.[110]

로알드는 여러 면에서 이미 아이들과 소통할 수 있는 놀라운 능력을 보여주었다. 가족 내에서는 조카 니컬러스와의 관계에서 그 능력이 두드러지게 나타났다. 그는 달을 '어린아이가 가질 수 있는 최고의 삼촌'이라고 표현했다.[111] 니키는 뉴욕의 삼촌에게서 쉴 새 없이 날아오는 선물—장난감 총, 모형 비행기, 기차세트—을 받았다. 로알드 자신이 무척 좋아했던 종류의 장난감이었다. 그는 조카에게 2~3주에 한 번씩 학교로 편지를 보냈다. 그는 또한 미술을 좋아하는 조카의 재능을 적극적으로 밀어주었고 불타는 느릅나무를 그린 그림을 10실링에 사서는 액자에 넣어 서재에 걸어두기도 했다. 조카를 데리고 밀렵을 나가기도 했고, 골동품 구매 여행에 데리고 가기도 했다. 조카가 정원에 커다란 나무집을 지을 수 있게 도왔고, 그 안에서 살겠다는 그의 결심을 지지해주었다. 또 조카가 위대한 화가와 그림을 그릴 수 있게 매슈 스미스의 화실에 일주일 동안 혼자 두기도 했다. 달은 조카의 학교 성적에 대해서는 전혀 관심이 없었다.

이런 이유로 니컬러스가 아버지보다 삼촌과 더 가까운 사이라고 느끼는 상황이 벌어졌는데, 달의 유모의 표현으로는, 니컬러스의 아빠에게는 '딸들인 애나와 루이스와 아내만이 눈에 넣어도 아프지 않을 예쁜 사과였다.'[112] 니컬러스의 누이인 애나의 말을 빌리면, "로알드 삼촌은 니컬러스를 독점했어요. 그에게 지대한 영향을 미쳤지요." 그리고 애나는 아빠가 그 때문에 짜증 내며 아들과 아버지 사이에 끼어든 게으르고 성공도 못 한 놈이라고 했던 것을 기억했다.[113] 그는 뒤에서 달을 '멍청한 놈'이라고 했다. 로알드는 니키의 섹스에 대한 호기심도 부추겼다. 그는 조카에게 축음기를 주면서 클래식 음악을 소개하기도 했으며, 예술가의 존재를 그가 나중에 작가에 대해 그랬듯이 열정적으로 각인시키기도 했다. 니키는 삼촌이 이렇게 이야기했던 것을 기억했다. "그는 일하는 게 아니야. 그(매슈 스미스)는 일어나고 싶을 때 일어나고, 자고 싶을 때 잔단다. 그는 그 누구에게도 의무가 없어."[114] 또다시 달의 이상향인 집시 성향이 나타났다. 그건 분명히 즐거운 어린 시절의 연장이라고 할 수 있는, 따분한 일상적인 책임에서의 회피였던 것이다.

달이 어린아이의 마음속으로 얼마나 쉽게 들어갈 수 있었는지는 당시에 새로 쓴 〈소원The Wish〉에서도 잘 나타난다. 이야기 속에서 다양한 색깔의 양탄자가 깔린 방에 홀로 남겨진 어린 소년이 노란색만 밟고 양탄자를 건너가고 마음먹는다. 만약 다른 색깔을 밟으면 깜깜한 허공으로 사라지거나 아니면 독사에 물려 죽는 것이다. 아이가 상상의 세계에 얼마나 푹 빠져 있었는지 실수로 발을 잘못 디뎌 위험한 곳으로 들어갔을 때 아이의 운명이 어떻게 되었는지는 독자들이 확실히 알 수가 없다. 놀랄 만큼 효과적인 글이었기에 실라 세인트 로렌스는 로알드에게 아이들을 위한 이야기를 써보면 어떻겠냐고 제안했다. 달의 문학적인 반석이 되어 준 여인이 할 만한 선견지명이 있는 제안이었다. 달보다 열 살이나 어렸던 실라는 강인하고 영리하며, 가끔 기이한 행동을 보이는 고객에게도 절대 주눅이 들지 않았다. 그녀는 의사 집안 출신이었다. 아버지는 의사였고 어머니는 세계대전 때 적십자 간호사로 일했다. 뉴욕 시 컬럼비아 대학교에서 수학을 전공했고, 교과서를 출판하는 회사에서 일하면서 수학 공식을 검사하다가 1947년에 앤 왓킨스의 조수로 일하게 되었다. 그녀는 1950년에 처음으로 로알드에게 편지를 보냈다. 달은 이렇게 답장했다.

"친애하는 실라 세인트 로렌스 양에게. 이렇게 말해도 괜찮으시다면, 제가 들어본 이름 중에 제일 이상한 이름이군요. 아주 멋진 영화배우 이름이나 혹은 흑인 전도사 이름 같습니다. 그렇지만 저는 전자로 당신을 그려 보겠습니다……."[115]

그녀는 그의 장난에 친절하고 능숙하게 대처했고, 그들의 서신은 곧 가십거리와 재치 있는 농담으로 가득 찼다. 로알드가 1951년 뉴욕으로 돌아왔을 때, 로알드는 실라에게 실내 테니스 시합을 구경하러 가자고 했다.

그녀는 씩 웃으면서 그날의 데이트는 더는 진전되지 않았다고 회상했다. 점점 늙어가던 앤 왓킨스가 사무실로 출근하는 날이 줄어들자 세인트 로렌스가 점차 달의 문학적인 문제를 맡아서 다루게 되었다. 자존심이 강하고 실용적이고 독창적으로 생각하던 실라는 로알드와 잘 맞았다. 직설적인 표현 역시 마찬가지였다. 나중에 로알드는 왓킨스에게 의존했던 것만큼 실라의 판단에 많이 의존했다. 하지만 아이들을 위한 이야기를 써보라는 그녀의 적절한 제안을 받아들인 것은 여러 해가 지나서였다.

1954년 여름, 로알드는 두 가지 새로운 일에 매달렸다. 헤르만 멜빌Herman Melville의 《모비 딕Moby Dick》 영화 대본과 《당신을 닮은 사람》 중 가장 섬뜩한 세 이야기에 기초한 극본이었다. 영화 일은 짧고, 강하고, 불만족스러웠다. 초고는 이미 레이 브래드버리Ray Bradbury가 썼지만, 존 휴스턴John Huston 감독은 마음에 들지 않아서 로알드에게 대사에 '멜빌의 감정과 철학'을 담아보라고 부탁했던 것이다.[116] 영화 일을 하며 가브리엘 파스칼Gabriel Pascal과의 불만족스러웠던 경험을 떠올리며 로알드는 그 제안을 받아들일지 말지 고민했지만, 들어오는 돈으로 리틀 화이트필드를 다시 꾸미고 가구를 새로 살 수 있을 것 같아 결국 제안을 받아들였다. 그러나 로알드는 휴스턴이 마음에 들지 않았다. 감독의 번지르르한 뱀장어 가죽 재킷도, 사람을 다루는 방식도 마음에 들지 않았던 달은 그를 '이상한 사람'이라고 단정하고는 속을 알 수 없는 사람이라고 했다. 달은 실라 세인트 로렌스에게 이렇게 말했다.

"H가 내가 한 일을 마음에 들어 하는지 아닌지 알 수가 없어요. 나는 사실 그 사람이 내 아이디어와 대사를 훔쳐서 마음대로 장난치는 것 같습니다. 최종 버전이 어떤지 알려주지도 않고 보여주려고 하지도 않습니다. 정말 병적으로 자기만족만 추구하는 이상한 사람입니다. 조심하지 않으면 잡아먹으려 할 사람이에요."[117]

달의 생각은 크게 틀리지 않았다. 휴스턴은 달이 한 일에 대해 지급하기를 거부하고는 그를 브래드버리와 긍지로 만들었다. 이 경험으로 로알드는 '영화 관계인'들에 대한 불신이 점점 커졌다.

다행스럽게도 《모비 딕》 일로 짜증스러웠던 마음은 아버지가 된다는 부푼 생각에 싹 가시고 말았다. 팻은 몸이 불기 시작하자 로알드가 자기를 '늙은 소녀', '늙은 소시지'라고 부르기 시작한 것을 알아채고는 안심했다. 결혼 초기에는 이런 애칭이 무척 싫었다. 애정 어린 애칭도 아니고 매력이 있지도 않아서였다. 하지만 시간이 지날수록 서로 지나치게 조심하는 것이 오히려 고통을 주었다. 그런 애칭을 다시 듣게 된 것이 위안이 되었다. 로알드는 아내가 임신하자마자 아이가 태어나기만을 손꼽아 기다렸다. 임신 6주가 되었을 때, 그는 기쁜 마음으로 아버지 역할을 머릿속으로 그려보기도 했다. 그는 이렇게 말했다.

"부모가 되는 것은 상당히 정신적으로 중압감을 준다. 이제 알 것 같다. 크노프를 위한 유아 책. 옛날 옛날에 사랑스러운 아기 토끼가 있었습니다……"[118]

실라가 어린아이를 위한 이야기를 써보라고 제안한 지 일 년이 되었다. 또 한 번 달은 운명의 물가에 가까이 다가가 있었다. 하지만 그는 멈추어 서서 그 물을 들이켜지 않았다.

그다음 2년 동안의 작품 활동은 그의 일생에 유일한 연극 대본인 《The Honeys》에 집중되어 있었다. 《당신을 닮은 사람》에 실린 세 단편에 바탕을 둔 대본은 처음에는 아주 좋은 생각인 것 같았다. 이야기 중 많은 것들이 이미 텔레비전에서 방영되었기에 무대에서도 성공을 거두지 못하리라는 법은 없었다. 하지만 연극 제작 현실은 여러 어려움과 문제로 가득 차 있었다. 1954년 8월, 달은 줄거리를 요약해서 실라에게 보냈다. 그건 섬뜩하고 윤리적이고 희극적인 요소들이 혼합된 달의 전형적인 작품이었다.

중심을 이루는 아이디어는 한 여인을 중심으로 이루어진다. (3막에 걸쳐) 3명의 다른 남자와 3번 결혼하는 여자 이야기이다. ……남자들은 다 살해당한다. 당할 만하기 때문이다. ……여인은 살인자 타입이 아니지만 화를 참지 못하고 일을 벌인다. 사실 그녀는 오히려 아주 상냥한 성격의 여자이다. 작고 친절하고 온순하고, 그저 안락한 집과 좋은 남편 그리고 가정을 꾸미려는 마음이 강할 뿐이다. 그저 제대로 된 남자를 찾고 있을 뿐이다. 이혼하지 않고 죽여 버리는 것은 이 연극의 윤리 원칙을 분명하게 하고 있다. 나쁜 남편들은 마땅히 벌을 받아야 한다. 이 세상의 많은 여인이 걸리지만 않는다면 기꺼이 남편을 죽이려고 할 것이다. (반대의 경우도 마찬가지이고.) 하지만 그들은 두렵다. 죄(살인이라는 형태)는 결국 그 값을 치르기 때문이다. 행운을 빈다. 왜냐하면 다른 죄(심술궂고 불성실한 형태)는 그 값을 치르지 않는다. 흥미로운 것은 누가 그 둘 중에 어떤 죄가 더 나쁘다고 할 수 있겠는가? 경찰, 사회, 교회의 생각과 우리의 불쌍한 여인의 생각이 다르다.[119]

새로운 장르를 정복한다는 흥분—그리고 특히 아내의 직업이었던—은 로알드가 그 일에 그렇게 많은 시간을 쏟은 주요 동기였을 것이다. 전쟁

전 벡슬리에서 쓴 짧은 스케치였던 〈Double Expcsure〉가 그대까지 도전한 유일한 연극 대본이었다. 어쩌면 그는 연극 대본을 쓰면 팻과 가까워질 거라고 희망했을지도 모른다. 그는 분명히 《아이들의 시간》 리허설을 즐겼다. 그리고 그 과정의 총체적인 본질을 좋아했다. 어머니에게 말했다.

"이전까지는 전문적인 리허설을 한 번도 보지 못했어요. 정말 다음에 들어요. 다시 갈 예정됩니다."[120]

불행히도 1954년 7을, 그가 뉴욕으로 돌아왔을 때, 연극은 관계자 모두에게 아주 끔찍한 경험이 되었다. 로알드는 미국의 제작자 세릴 크로퍼드Cheryl Crawford와 카멜 마이어스Carmel Myers와 싸웠다. 캐스팅이 못마땅했다. 특히 주연인 지시카 탠디Jessica Tandy가 싫었다. 그는 감독인 프랭크 코르사로Frank Corsaro와 끊임없이 싸웠다. 1955년 봄, 그의 '어릿광대 코미디'가 브로드웨이에서 무대에 올랐을 때 혹평을 받았다. 《뉴요커》는 '지루하고' '불쾌하다'고 표현했다. 연극은 일찍 막을 내렸다. 크로퍼드는 이상하게도 연극의 내용이 무엇인지도 제대로 파악하지 못해서, 회상록에 블랙 코미디다기보다는 '교활한 사악함의 이야기'라고 표현했다.[121] 그리고 로알드에게는 직접 군대에서 겪은 '가장 비참한 경험'이라고 했다.[122] 로알드도 같은 생각이었다. 이 일이 '정말 끔찍한 시간'이었고[123] 깊은 환멸을 느꼈다고 했다.[124] 그는 실라 세인트 로렌스에게 혹시 카멜 마이어스가 집으로 찾아올지 모르니 막기 위해 그레이트 미센던 지붕에 기관총을 설치할까 생각 중이라고 했다.[125] 하지만 연극 대본은 결코 사라지지 않았다. 뉴욕에서 실패했지만, 영국의 제작자인 에밀 리틀러Emile Littler는 로알드를 설득해 영국 공연을 위해 다시 써달라고 부탁했다.

뉴욕에서 대실패를 한 후 일 년이 지나 《사랑하는 아내Your Lcving

Wife》라는 새 제목으로 올린 연극으로, 로알드는 다시 한 번 굴욕을 당해야만 했다. 1956년은 꽉 짜인 구성에 근본적으로 부자연스러운 드라마를 공연하기에는 불길할 수밖에 없는 해였다. 런던은 방금 존 오즈번John Osborne의 《성난 얼굴로 돌아보라Look Back in Anger》을 막 경험했는데, 그건 영국 연극계의 '새로운 파도'의 시작이라고 칭송받았다. 그리티 리얼리즘*이 대유행이었고, 심지어 시골에서도 달의 독창적이고 현실 도피적인 풍자는 시대의 중요한 맥락에 부응하지 못했다. 로알드는 성공하지 못한 원인을 재빨리 남의 탓으로 돌렸다. 옥스퍼드에서 오프닝을 한 후 실라 세인트 로렌스에게 이렇게 썼다.

"첫날밤은 정말 형편없었어요. 연극 자체에는 큰 문제가 없었는데, 연기가 정말 끔찍했지요. 스타일도 없고 속도감도 없고 재미도 없고. 더욱이 주연 남자 배우는, 제 생각에는 정말 형편없었어요. ……전반적으로 대단히 지루해요, 그렇죠?"[126]

막 꽃을 피우기 시작한 시인이자 희곡작가인 아드리안 미첼Adrian Mitchell은 극의 구성을 비평하면서 《옥스퍼드 메일Oxford Mail》에 논평을 냈다. 본머스의 관객들은 뻔뻔하고 재치 있고 무분별한 유머를 즐겼지만, 전체적으로 '날림공사' 같았다고 평했다. 그러나 실라 세인트 로렌스는 일이 흘러가는 방향과 자신의 고객이 쏟아 붓는 엄청난 시간이 안타까웠다. 결국 그녀는 로알드에게 포기하는 게 어떻겠냐고 제의했다. "당신은 엄청난 손해를 보면서 거의 2년 동안 매달려 있어요. 이제 그 일과 결별해야 할 때가 온 것 같습니다. 이제는 새로운 마음으로 우리와 당신의 독자가 몹시 원하는 이야기를 시작하는 게 좋을 것 같아요."[127]

*Gritty Realism, 왜곡이나 꾸밈없이 현실보다도 더 현실다운 사실주의. —옮긴이 주

달 자신도 처음에는 무엇을 해야 할지 몰랐다. 그는 연극에 싫증이 났지만 이미 쏟아 부은 시간을 헛되게 만들고 싶지 않은 마음 또한 절실했다. 하지만 에밀 리틀러는 런던 공연을 취소하고 더 많은 수정을 요구했다.

어제 잘난 척하는 리틀러와 회의. 이번 공연을 끝으로 막을 내리려고 한다. 극본도 수정하고 배우도 다시 캐스팅하고…… 나는 당장은 아무것도 하고 싶지 않다고 말했다. 그가 극본을 사들인 후 나는 6달 동안 한 푼도 받지 않고 일했다. 그는 다른 사람에게 수정을 맡기고 싶다고 말했다. "누구요?" 그는 아무 생각도 없었다. "그 남자에게 누가 돈을 지급하고요?" "당신이죠" 하고 그가 대답했다. 내가 말했다. "내가요? 미쳤어요?" "저도 지급하지 않을 겁니다" 하고 그가 대답했다. "난 할 수 없어요"라고 내가 말했다. 그게 끝이었다. 그다음 조치는 그에게 달려 있다. 나는 모든 것을 그에게 맡겼다. 런던으로 가져가지 않으면 연극을 다 잃어버리는 걸까? 나는 그가 잃어버리고 싶어 하지 않는 걸 알고 있다. 그는 곧 나를 잃게 될 것이다. 나는 유모의 비자만 나오면 곧바로 뉴욕으로 갈 생각이다.[128]

달은 될 수 있는 한 빨리 영국을 떠났고, 그가 없는 동안에 연극은 마침내 문혔다. 한두 번 아마추어 극단이 리카이벌해보기는 했지만 다시는 전문 극단의 무대에는 오르지 못했다.

달은 1956년 10월에 18개월 된 딸 올리비아를 데리고 뉴욕으로 돌아왔다. 하지만 팻과 함께는 아니었다. 팻은 엘리아 카잔Elia Kazan이 감독하고 제작하는 영화의 주인공으로 출연하기 위해 떠나 있었다. 올리비아 트웬티Olivia Twenty는 1955년 4월 20일에 뉴욕에서 태어났다. 엄마인 팻이 가장 좋아하는 셰익스피어의 여주인공 이름과, 태어난 날짜와 로알드가 병원에 있는 팻을 보러 왔을 때 주머니에 있던 20달러를 따서 이름이 지었다. 그는 《The Honeys》 공연 팀과 보스턴에 있었고, 아기가 태어났을 때는 곁에 없어 팻은 실망했다. 그녀는 아기에 대해 클라우디아에게 이렇게 말했다. "이렇게 예쁜 아이는 아마 보기 어려울 거예요. 이 아이를 사랑하지만 무섭기도 해요." 팻은 로알드가 이 아기를 안고 다른 아기인 연극을 끝내 버렸으면 했다. 팻은 클라우디아에게 후회스럽다는 듯 이렇게 말했다. "저는 연극에서 손을 싹 털고 돌아온 단편작가와 결혼한 상태이고 싶어요."[129] 다음 달, 그들은 여름을 보내기 위해 영국으로 여행을 갔다. 그레이트미센던에서 팻은 엄마 역할이 엄청나게 힘들다는 것을 알게 되었다. 조카인 앤 코리는 팻이 '가장 좋은 아줌마'라고 인정했지만, 한편으론 '가장 엉망인 엄마'라고 표현했다.[130] 팻은 올리비아가 자신과 거의 '전쟁'을 치르려 한다며 힘든 씨름을 하고 있었다. 팻은 올리비아가 엄마가 오기를 '누워서 기다리다가' 가까이 다가갈 때마다 요란하게 소리를 지른다고 생각했다.[131] 절박한 마음에 팻은 아이를 시누이인 엘스에게 맡겼는데, 몇 주 만에 돌아온 올리비아는 완전히 달라져 있었다.[132]

팻은 자기와는 달리 로알드가 '매우 엄마 같은 아빠'라는 걸 알게 되었다.[133] 팻이 영화촬영 때문에 집을 떠나 있을 때, 아이를 돌보는 일을 아주 행복하게 받아들였으며 아빠의 의무 때문에 상대적으로 글을 쓸 시간이 줄어들어도 아주 행복하게 생각했다. 로알드는 실라에게 이렇게 썼다.

"갓난아기들은 정말 예쁩니다. 하지만 일을 해야 하는 조용한 일상을 엉망으로 만들어버리죠."[134]

클라우디아 마시에게는 이렇게 말했다.

"당신과 나 사이에 하는 말인데, 6개월이나 될 때까지는 아무것도 할 수가 없어요. 그때까지는 기저귀를 적시고, 토하고, 먹이고, 트림하고, 방귀 뀌는 것밖에는 하는 게 없더라고요."[135]

그는 그 문제를 해결할 방법을 찾았다. 그건 도와줄 유모를 구하고 과수원 한가운데 방해받지 않고 일을 할 수 있는 독립된 작업실을 만드는 것이었다. 그래도 힘든 일이었다. 특히 엘스와 아이들이 없을 때는 더욱 그랬다. 다음 해 여름, 그는 당시 첫아기를 낳은 지 얼마 되지 않은 실라 세인트 로렌스와 쪽지를 주고받았다.

난 이런 정신없는 생활이 정말 마음에 들지 않아요. 휴가 동안 누이들이 외출하거나 유모가 휴가 받은 날은 정말 힘든 날이지요. 아침 8시부터 자정까지 아기와 내가 먹을 것을 만들고, 유모차로 산책시키고, 목욕시키는 일까지, 정신이 하나도 없어요. 그리고 오 하느님, 유모가 주말 동안 휴가 내어 어머니를 보러 가야 한답니다. 이제 끝이에요. 분명히 아무것도 끝내지 못할 겁니다. 예를 들어 이야기 말입니다. ……이제 과수원으로 나가 사과나 먹어야겠어요.[136]

아이 문제는 그렇다 쳐도 로알드는 리틀 화이트필드에서 사는 게 축복받은 듯 행복했다. 그는 새로 만든 집필실을 무척 마음에 들어 했다. 그는 찰스와 클라우디아에게 이렇게 말했다.

"정말 멋져요. ……다만 가끔 클로드의 어린 암소가 유리창 턱을 핥기는 합니다. 유리창을 열어두면 커튼을 먹어치워요."[137]

팻이 집에 있을 때는 영국에 들른 배우나 작가들과 함께 저녁 먹는 날도 있었다. 팻이 없으면 달은 그 지역에 사는 사람들과 포커를 치기도 했고, 클로드 테일러와 한밤중에 신 나는 모험을 즐기기도 했다. 이제 작지만 가축을 기르게 된 클로드는 자기 암소를 가까운 들판에 사는 엄청난 크기의 블랙 잉거스와 불법으로 교배시키고 싶었다. 이 일을 성사시키기 위해서는 비밀스럽고 가끔은 웃기지도 않는 달밤 줄행랑이 필요했다. 로알드는 그 일을 나중에 소설 《나의 삼촌 오스왈드My Uncle Oswald》에서 재현했다. 언젠가 찰스와 클라우디아에게 클로드의 불알이 전기가 흐르는 철망에 걸리는 바람에 '2초마다 불알에 짜릿한 전기 충격이 가해졌다'고 전한 적도 있었다. 어떤 날 밤에는 클로드가 교배 중인 동물들에게 회전등을 비추다가 희열을 느껴 미친 듯이 빙빙 돌았다는 이야기도 했다. 클로드는 이렇게 소리쳤다. "저 녀석의 거시기를 보라고! 막대기만큼 길구나. 자 어서! 집어넣어라! 그래, 그거! 이제 들어갔다!" 한 번은 소를 더 멀리 떨어진 다른 수소에게 데려간 일에 대해서는 훨씬 더 자세하게 묘사해주었다.

그러더니 진짜 재미가 시작되었다. 수소는 이 놈 저 놈 급하게 돌아가면서 날뛰기 시작했다. 암소들도 얼마나 흥분했는지 수소와 함께 날뛰기 시작했다. 클로드는 회전등을 들고 눈부시게 밝은 노란색 불을 암소의 몸으로 집어넣는 수소의 음경을 비추면서 말했다. "저 놈을 봐! 꼬리가 말려 올라가는 것을 보라고! 제대로 들어간 거야! 와, 이번에는 진짜 사정을 제대로 했구먼! 뚝뚝 떨어지는 것을 보라고." 나중에 우리는 수소를 자신의 무리로 성공적으로 돌려보냈다. 그리고는 들판을 가로질러 먼 길을 걸어 집으로 왔다. 걸어올 때 클로드가 뿌듯한지 계속 떠들었다. "녀석들이 얼마나 지쳤는지 제대로 서지도 못하네."[138]

로알드는 또다시 임신한 팻이 엘리아 카잔의 영화 《군중 속의 얼굴A Face in the Crowd》에서 배역을 맡아 한적한 전원생활을 떠나게 되자 실망했다. 하지만 그는 철학적으로 받아들였다. 로알드는 클라우디아 마시에게 이렇게 편지를 보냈다.

"자기 일과 엄마 역할(주부 역할도 마찬가지고)을 병행하기는 어렵지요. 팻이 돈을 얼마나 벌어들이건 다 필요 없습니다. 누가 원한다고요? 하지만 영화를 하지 못하게 하면 제가 정신이 나간 거겠죠. 카잔의 영화에 출연하는 것은 그녀의 열망이었으니까요. 만약 못 하게 되면 팻은 나를 용서하지 않을 겁니다. 저는 팻에게 모든 여배우가 가진 독과 앞뒤 안 가리고 돌진하는 야망을 없애버릴 수 있는 마법의 약을 먹이고 싶어요."[139]

그는 버킹엄셔에 자리 잡고 그들의 삶에서 뉴욕을 다 포기하고 싶었다. 1955년부터 1960년까지, 5년 동안 로알드와 팻은 그레이트미센던과 뉴욕 사이를 오가며 살았다. 팻이 로스앤젤레스에서 일할 때는 잠깐씩 그곳에 머물기도 했다. 맨해튼에서는 매디슨 대로와 5번가에 있는 메트로폴리탄 박물관 사이, 어퍼이스트사이드의 커다란 아파트를 얻었다. 팻은 두 번의 임신과 연극무대, 텔레비전 그리고 영화 일을 병행했다. 1957년 4월 옥스퍼드에서 둘째 딸인 섄털 소피아Chantal Sophia를 낳았고, 1960년 7월에 아들인 테오Theo를 낳았다. 섄털은 태어나 며칠 후 세례를 받았고, 로알드는 아기 이름이 자기 이름인 달과 운이 같은 것을 알고는 테사Tessa라고 다시 이름을 지었다. 팻은 클라우디아 마시에게 둘째 딸을 이렇게 설명했다.

13장 섬뜩한 이야기의 거장 501

"정말 약아요. ……올리비아는 얼굴이 동그랗지만 테사는 턱이 길고 좁아요. ……얼마나 총명한지 아주 영리한 작은 새 같답니다."[140]

어린아이들과 입주한 유모들 때문에 어쩔 수 없이 벌어지는 소란스러움을 피하려고 로알드는 위층에 사는 희곡작가 클리퍼드 오데츠Clifford Odets의 집에 방 하나를 세냈다. 아파트에서 내다보면 캠벨의 장례식장이 보였고, 로알드는 밤에 실려 오는 시체들 이야기를 해주면서 아이들을 사로잡았다. 한 번은 아이들에게 가끔은 시체가 움찔거리는 것을 보았다고 했다.[141] 하지만 도시 자체가 못마땅했다. "상인들은 불친절하고, 버스 기사들은 거칠고, 택시 기사들은 제정신들이 아니고, 경찰들은 함부로 건드리면 안 된다."[142] 그는 아이들을 그곳에서 키우는 게 겁이 났고, 택시들이 거리를 무서운 속도로 질주하는 것도 걱정스러웠다. 그는 이제 떠날 때가 되었다고 느꼈다.

하지만 뉴욕을 떠나는 것을 선택하기란 재정적으로 불가능했다. 팻은 이제 가족 내에서 주요 수입원이었고, 그녀의 일 대부분은 미국 영화와 텔레비전에 관련된 일이었다. 《군중 속의 얼굴》에서 주연으로 영화에 복귀한 것은 대단한 성공이었다. 영화는 텔레비전에 빠져 있던 미국 사람들의 감성을 자극했고, 유명인들의 공허감을 알려주는 내용이었다. 가망 없는 젊은이를 발굴하여 텔레비전 스타로 만드는 라디오 캐스터 역할을 맡은 그녀를 영화의 주류 속으로 다시 돌려놓았다. 팻의 일이 점점 중요해졌다. 한편 로알드의 작품 활동은 《The Honeys》 이후로 슬럼프에 빠지는 바람에 놀라울 정도로 줄었고, 달은 점점 아이를 돌보는 일에 더 많은 시간을 할애했다.

《뉴요커》로부터 계속 작품을 거절당하자 달은 점점 절망에 빠졌다. 계속 똑같은 과정이 반복되었다. 처음에는 관심을 보이다 삭제와 수정을 요구하고, 그다음 새로 온 소설 편집주간인 로저 에인절Roger Angell과 '기분 나쁜 편지 교환'[143] 그리고는 결국 거절로 이어졌다. 실라 세인트 로렌스는 달의 이야기를 《플레이보이Playboys》 잡지에 파는 데 성공했다. 하지만 앨프리드 크노프는 그 잡지를 인정하지 않고 로알드에게 '그 어떤 경우라도 그런 잡지에 글을 올리면 안 된다'고 해서 그와의 관계가 얼어붙었다.[144] 달은 퉁명스럽게 잡지가 마음에 들지 않는다는 이유로 그렇게 간단하게 《플레이보이》를 거절할 만큼 돈이 충분하지 않다고 했다.[145] 실라 세인트 로렌스가 히치콕 사와 유리한 계약을 이루어내 앨프리드 히치콕의 초기 이야기를 인기 있는 텔레비전극으로 바꾼 일로 같은 많은 수입을 얻었다. 앤 왓킨스의 아들인 마이크는 나중에 런던에 있던 머리 폴린저Murray Pollinger에게 이렇게 말했다. "그때까지 히치는 그 누구에게도 우리가 받아낸 돈의 반도 주어본 일이 없었죠. 그리고 그때까지 연극 공연이나 리메이크에 대해 우리가 받아낸 가격에 동의한 적도 없었고요."[146]

　달은 단편들을 끝내는 데 점점 더 오랜 시간이 걸렸다. 다음번 단편집인 《Kiss Kiss》는 끝맺는 데 6년이나 걸렸다. 내용은 점점 더 기이하고 끔찍해졌다. 앨프리드 크노프는 대부분의 이야기가 몹시 무자비해지는 걸 알았다. 특히 〈윌리엄과 메리William and Mary〉는 죽은 뒤에 의사에 의해 뇌와 한쪽 눈이 살아 있게 된 남자 이야기이다. 의사가 뇌와 눈을 액체가 든 병에 떠 있게 하고는 생명 연장기계로 산소가 든 피를 계속 뇌에 공급하는 이야기이다. 앨프리드는 읽다 보니 자신이 '아픈 것 같다'고 했다. 그는 가장 좋아하는 〈맛〉처럼 세련된 이야기를 좋아했다. 그리고는 새 이야기들이 《당신을 닮은 사람》에 있는 작품 수준에 미치지 못한다고 길게 편지를 썼다. 그는 로알드에게 경고했다. "당신의 수도 없이 많은 찬미자 대부분이 실망할 겁니다."[147]

로알드는 점점 지쳤고 불만이 많아졌으며 단편작가 일을 그만둘까 심각하게 고려하기 시작했다. 그는 실라 세인트 로렌스에게 편지를 썼다. "일이 너무 느리게 진행됩니다. 늘 그렇듯이 책이 팔리지 않을 때는 더 그렇습니다."[148] 5개월 후 그는 이런 상황이 '실망스럽기보다는 당황스럽다'고 했다. 그러더니 이렇게 결론을 냈다. "이제 더는 글을 쓰지 않을 겁니다."[149] 실라는 다시 한 번 로알드에게 어린이를 위한 책을 써보는 게 어떻겠냐고 부추겼다.

"생각하면 생각할수록 미련이 생겨요. 지금이 단편소설 형식에서 벗어날 기회라고 생각돼서요. 단편소설은 당신을 구속하고 있거든요. 아주 뛰어난 환상의 세계로 다시 한 번 빠져보는 거예요. 어른은 물론 아이들에게 엄청난 매력을 지닌 책을 쓸 수 있을 거예요."[150]

정말 선견지명이 있는 제안이었고 세 번째이자 마지막이었는데, 달은 미끼를 물었다.

달은 어른이 되어서도 항상 아이들에게 이야기를 들려주는 일을 즐겼다. 전쟁 당시에도 그렌던언더우드에서 그렘린 이야기로 어린 제러미 랭 Jeremy Lang을 매혹시켰다. 신혼여행 때도 달은 프랑스 남부에 있는 친구를 방문해서는 두 사내아이의 마음을 휘어잡았었다. 팻은 달이 피리 부는 사나이라도 된 듯,[151] 아이들이 그의 뒤를 줄줄 쫓아다녔다고 기억했다. 달은 굵은 목소리와 반짝이는 눈으로, 유머 감각과 걷잡을 수 없이 위험한 상상력으로 아이들을 사로잡았던 것이다. 이제 달은 자기 아이들과 많은 시간을 보냈다. 특히 팻이 영화 촬영으로 집을 떠나 있을 때는 더욱 그랬다.

마리안 굿맨은 이렇게 회상했다. "그는 머리가 터지도록 일했어요. 저 아이들을 다 키웠죠. 그는 엄마이기도 했고 아빠이기도 했어요. ……팻도 아이들과 함께 있을 때면 아주 좋은 엄마였어요. ……하지만 일상적이고 힘든 일은, 제 생각에는 달이 그녀보다는 더 많이 했어요."[152]

그런 일들이 다 힘들기만 한 것은 아니었다. 이야기는 한 번도 멀리 있지 않았다. 로알드는 노르웨이의 전래동화나 그림 형제Brothers Grimm, 베아트릭스 포터의 동화책을 읽어주었고 힐레어 벨록이 쓴 동시집 《교훈을 주는 이야기》의 기상천외한 우화들도 읽어주었다. 달은 스스로 이야기를 만들어내기 시작했다.

천천히 그리고 자신도 모르게 로알드는 동화작가로서의 자신의 운명에 조금씩 다가갔다. 새로 발표한 세 이야기도 중심인물이 어린아이들이었다. 세 이야기 중 두 개 〈로열 젤리Royal Jelly〉와 〈탄생과 재앙Genesis the Catastrophe〉은 달의 아이디어 책에 적혀 있던 한 줄 생각에서 나온 것이었다. 세 번째인 〈Pig〉는 도시 생활에 대한 달의 가장 어두운 두려움들을 반영하고 있었다. 1959년 중반, 새 단편집이 완성되자 달은 어린아이를 위한 이야기를 진지하게 생각해보고는 몇 가지 생각을 적었다. '거북이 소년', '감기를 치료하는 발명가(흙에 있는 작은 곤충)', '마법의 테이프 리코더', '사물을 움직일 수 있는 아이', '속이 빈 나무 기둥 안의 작은 인간들', '항상 꿈이 현실로 되는 아이' 등은 처음에 그를 매료시켰던 생각들이다.[153] 하지만 그 어느 것도 딱 마음에 들지 않았다. 달은 다른 분명한 대안이 없었지만 망설였다. 성인소설을 더 쓸 수 있다는 자신감은 점점 심각하게 위축되었다. 그는 크노프에게 이렇게 말했다.

"책과 책 사이의 6년이라는 시간은 저처럼 느린 작가에게도 너무 긴 시간입니다. 저는 짧은 소설을 써볼 생각입니다. 하지만 머릿속에 아무 생각이 없어요."[154]

점점 한두 개의 잠재성이 있는 동화가 그의 상상 속에서 점점 구체화하기 시작했다. 곤충을 주인공으로 하는 이야기가 특히 그를 사로잡았다. 그는 아이들이 항상 동물에게 빠져 있는 걸 알았지만 베아트릭스 포터와 다른 작가들이 개, 고양이, 토끼, 쥐, 오리들을 가지고 독창적인 작품을 시도할 능력을 이미 망쳐놓았다고 느꼈다. 그는 이렇게 회상했다. "여기저기 찾아보았지만 다루지 않았던 주제들이 거의 없는 것 같아요. 지렁이나 지네 그리고 거미 정도는 예외였죠."[155] 달은 아주 작고 하잘것없는 절지동물들에게 초점을 맞추었다. 그는 정원에 있는 과일이 왜 끝없이 자라지 못하는 걸까 곰곰이 생각하기 시작했다. 천천히 두 가지 생각이 구체화하기 시작했다. 동물들을 어린이 주인공과 연관시키기 위해서는 아이가 아주 작아지거나 아니면 곤충들이 아주 커져야 한다는 것을 깨달았다. 그들의 모험이 일어날 수 있는 곳으로 엄청난 크기의 사과나 배, 거대한 체리를 고려해본 후에 로알드는 복숭아로 결정했는데, 그건 복숭아의 살이나 향이 가장 흥미롭고 감각적이기 때문이었다.[156]

1959년 8월, 전 가족이 유모인 수전 덴슨Susan Denson과 함께 노르웨이에 있는 한커로 휴가를 갔다. 그리고 그곳에서 《제임스와 슈퍼 복숭아 James and The Giant Peach》가 싹트기 시작했다. 덴슨은 19살이었다. 미들랜드의 농사짓는 집 출신이었다. 1년 전에 팻이 덴슨을 고용했을 때는 그녀는 경험이 거의 없었다. 하지만 두 여자는 금세 가까워졌고, 고용된 지 몇 시간도 되지 않아 달의 가족과 함께 와이트 섬에 가게 되었다. 뉴욕과 리틀 화이트필드에서 일 년을 보낸 후, 그녀는 마치 집안의 가구처럼 익숙한 한 식구가 되었다. 한커에서 로알드는 '(사 이야기를) 이리저리 둘러보고' 살피고 냄새를 맡았다. '왜냐하면 일단 시작하면 일 년 동안 몰두해야 할 일이기 때문이었다.'[157] 냄새를 맡으면 맡을수록 점점 더 마음에 들었다.

그는 영국으로 돌아온 지 얼마 되지 않아 초본을 시작했다. 그런데 갑자기 앨프리드 크노프가 1959년 가을 출판 목록에서 《Kiss, Kiss》를 빼버렸다. 크노프는 달의 원고가 너무나 뻔한 이야기라며 실망을 표시했고, 로알드는 출판사가 자신에 대해 믿음이 부족해서 출판을 연기한 거라고 느꼈다. 로알드는 배신감을 느꼈다. 그 결과 새로 책을 쓰는 일에 대한 열의가 사라져버렸다. 그는 실라 세인트 로렌스에게 이렇게 말했다.

"그의 행등은 정말 심했어요. 특히 일 년 내내 그렇게 친한 척하더니 말입니다. 그리고 동화책에 관한 건 엿이나 먹으라 하세요."[158]

달은 동화책을 제쳐놓고 여름 내내 골동품을 샀고, 계속되던 미국 텔레비전 제안을 고려해보았다. 유령이 나오는 유명한 고전소설로 드라마 시리즈를 만드는 일이었는데, 로알드가 제일 먼저 해야 할 일은 이야기를 골라내는 일이었다. 우선 즐겁게 책을 읽을 수 있었고, 앨프리드의 이복동생이자 제작자인 에드윈에게 훌륭하다고 생각한 이야기 24편을 제시했을 때, 조종사가 얽힌 이야기가 그에게 주어져서 큰 기대감으로 시작했다. 이 선구적인 일이 뽑힌 이야기는 E. F. 벤슨Benson의 《아서 워드험의 처형The Hanging of Arthur Wadham》이었다. 달이 직접 개조했고 촬영과 편집도 적절히 이루어졌다. 모든 면에서 아주 훌륭한 작품이었다. 그러나 줄거리가 문제였다. 신부가 고해성사의 신성을 깨뜨릴 것인가 아니면 죄 없는 젊은이가 교수형을 당하게 둘 것인가 하는 내용이었는데, 아무도 가톨릭 측에서 압력이 들어올 거라고 전혀 예상하지 못했다. 가톨릭 시청자의 부정적인 반응에 대한 걱정으로 어떤 방송국도 극을 받아들이지 못했다. 결국은 시리즈 자체가 무산되었다. 로알드에게 그 일은 또 한 번 실망을 안겨주었다. 하지만 그 때문에 로알드는 할 수 없이 《제임스와 슈퍼 복숭아》로 돌아가게 되었다.

이야기는 어떤 면에서는 성인소설에서 실험했던 주제를 조금 가볍고 더 환상적으로 재구성하는 것이었다. 막 고아가 된 한 소년이 시골에 있는 친척에게 보내졌다. 다만 이 경우에는 우화 〈Pig〉에 나오는 마음씨 좋은 글로스팬 아줌마가 고약한 성격의 괴물인 스펀지 아줌마와 스파이크 아줌마*로 대치되었다. 처음 등장부터 기존의 동화책에 나오는 인물들과는 전혀 다른 모습의 악당임이 분명했다. 그들은 잔인하고, 이기적이고, 욕심 사납고, 게으르고 폭력적이었다. 코믹하지만 그로테스크했는데, 두 사람의 사악함은 달의 특징이 된 속되고 구역질이 날 듯한 세세한 설명으로 재미있게 묘사되었다.

물컹이 고모는 무시무시하게 뚱뚱하고 땅딸막한 여자였다. 돼지 눈처럼 조그만 눈에 입은 합죽하게 들어갔고 삶아서 건져 낸 듯한 푸석푸석한 얼굴이었다. 너무 오래 삶아 물컹물컹해진 허연 양배추 같은 꼴이었다. 꼬챙이 고모는 정반대로 홀쭉하게 큰 키에 뼈만 앙상했다. 꼬챙이 고모는 쇠테 안경을 걸쳤는데, 그 안경은 클립으로 코끝에 고정되어 있었다. 목소리는 째지는 듯했고, 쭉 찢어진 입에는 언제나 침이 고여 있었는데 화를 내거나 흥분하면 침이 마구 튀었다.[159]

*국내에서 출간된 《제임스와 슈퍼 복숭아》에서는 물컹이 고모와 꼬챙이 고모로 나온다. ─옮긴이 주

두 고모는 제임스를 굶기고, 무자비하게 때리고, 지쳐 쓰러질 때까지 일을 시켰다. 성인소설에서는 이 '무시무시한 노파'들이 대부분의 경우 젊고 순진한 사람들보다 우세했지만, 로알드는 이제 자유롭게 염세주의적인 생각을 버리고 대신 정의감과 공정함을 이야기 속에 넣으려고 했다. 마법의 힘으로 엄청나게 부푼 거대한 복숭아는 제임스와 거대해진 곤충 친구들을 태우고 나무에서 떨어져 언덕을 굴러 내려오면서, 상징적으로 '다리미로 다린 것처럼 잔디밭에 엎어져 있었다. 가치 책에서 오려낸 종이인형처럼 납작하고 얄팍하게' 뭉개졌다.[160] 사람들은 짓누르던 압박감이 줄어든 것을, 단편의 어두운 에너지를 포기했음을 느꼈다. 달이 《Some Time Never》의 실패 이후 꽁꽁 싸두었던 서정적인 감각을 풀어놓았기 때문이었다. 이제 더는 어린아이가 희생자가 아니었다. 이제 아이는 꾀가 많고 재치 있는 문제 해결자이며, 자기 운명을 스스로 개척하고 새로운 친구들과 아주 멋지고 환상적인 모험들을 하게 된다. 한순간 복숭아는 절벽에서 굴러 바다로 떨어진다. 거대한 누에가 짜낸 실을 갈매기 떼에 묶어 상어의 공격에서 복숭아를 구한다. 복숭아는 바다에서 떠올라 안전하게 하늘로 올라간다. 비행이라는 주제로 돌아간 로알드는 서사시적인 영감을 자유롭게 펼친다. 바다 위를 건너는 복숭아의 비행은 구름, 자연, 고요함이라는 행복한 감흥을 불러일으킨다. 대서양을 건넌 후 복숭아가 엠파이어스테이트 빌딩의 바늘처럼 뾰족한 꼭대기에 착륙하게 되어 심지어 뉴욕도 구제를 받는다. 영광스러운 측하가 이어진다.

1960년 봄에 달이 영국으로 돌아왔을 때, 《제임스와 슈퍼 복숭아》는 이미 재판에 들어갔다. 로알드는 책을 제일 먼저 팻에게 보인 다음 실라 세인트 로렌스에게 보였다. 두 사람 다 엄청나게 열광했다. 하지만 실라는 개인적인 문제가 있었다. 어린아이를 셋이나 둔 젊은 어머니였다. 남편은 사업차 자주 집을 비웠다. 전해 여름엔 아버지가 병들어서 보살펴야 했다. 결국 재택근무를 해야 했고, 왓킨스 에이전트 일에서 손을 반은 뗀 상태였다. 그렇다 보니 그녀는 대부분의 고객을 포기했다. 하지만 로알드는 아니었다. 앤 왓킨스의 아들인 아미티지(마이크) 왓킨스Armitage(Mike) Watkins는 런던 에이전트인 로렌스 폴린저Laurence Pollinger에게 이렇게 썼다. "달은 늘 그녀의 친구였습니다. 그리고 가장 특별한 고객이지요. ······그녀는 달의 복잡한 성격—정말 복잡합니다—의 세세한 부분까지 누구보다도 잘 알고 있습니다."[161] 그녀가 지대한 영향을 끼친 《제임스와 슈퍼 복숭아》는 그녀의 주된 관심사였다. 그녀는 달이 동화를 쓸 수 있게 자극을 주었고 격려했다. 이제는 작품에 대해 같은 감정을 가진 창의력 넘치는 편집자이며 비평가였다. 그녀의 제안에 로알드는 열정을 가지고 임했다. 예를 들어, 복숭아가 하얀 수염을 기른 무시무시한 구름동네 사람들*을 만나는 장면에 실라는 부가적으로 세세한 사항을 많이 제안했다. 털북숭이 괴물들이 엄청난 크기의 우박으로 복숭아를 공격하는 아이디어가 그랬다. 그녀의 편지 여백에다 달은 신이 나서 '맞아요, 맞아!' 하면서 이런저런 아이디어를 끄적거리고는 다시 글을 고쳐 쓸 때 집어넣었다.

실라는 로알드에게 비판적이지만 건설적인 반응이 얼마나 필요한지 이해했다. 그건 《뉴요커》가 구문 면에서 꼬치꼬치 짜증스럽게 흠을 잡는 태도와는 달랐다. 그녀는 달이 스타일을 소중하게 생각하고 글의 품격에 자신감이 있음을 잘 알았다. 그리고 산문의 운율과 형식을 중요하게 생각하

---

*이 구름동네 사람들은 1942년 그의 그렘린 스팬둘스(그렘린의 사촌 격인 괴물)를 재구성한 것이다. — 옮긴이 주

는지도 알았다. 만족스러울 때까지 얼마나 오랫동안 그런 부분을 갈고 닦는 것도 잘 알고 있었다. 그녀는 나에게 이렇게 말해주었다.

"달은 자신에게 아주 만족했어요. 그렇다고 자만하거나 오만하지는 않았어요. 하지만 아주 영리한 사람이었죠. ……그래서 논평할 때는 아주 조심해야 해요."[162] 다행히 그녀는 달의 능력을 굳게 믿었고, 달만큼이나 열의에 불타올라 새 책에 대한 자신의 열정을 숨기지 않았다. 실라는 아주 능숙하게 로알드와 앨프리드 크노프의 동화책 담당 편집주간이었던 다소 구식이며 과민한 성격의 버지니아 파울러Virginie Fowler 사이를 오가며 틀림없이 성공할 거라는 확신을 계속 심었다. 달의 작품이, 당시 최고의 성공을 거둔 E. B. 화이트White의 《샬롯의 거미줄Charlotte's Web》과 《스튜어트 리틀Stuart Little》보다도 훌륭하다고 확신한 실라는 로알드에게 《제임스와 슈퍼 복숭아》는 '독보적인 베스트셀러'가 될 거라고 장담했다. 두 번째 원고를 받은 뒤 실라는 이렇게 썼다.

"사실, 솔직히, 진실로, 믿을 수 없을 정도로 그 어떤 것보다, 제가 상상했던 것보다도 훌륭합니다. 성인과 어린이 사이의 경계를 넘나드는 그 누구도 할 수 없는 일을 해내신 것 같습니다."[163]

14장

소용돌이치는 사건들

달과 올리비아. 1958년.

팻과 테샤, 유모인 수전 덴슨과 올리비아, 아기는 테오. 집시하우스, 1961년.

1960년은 차분하게 시작되었지만 로알드에게는 여러 면에서 격동의 해가 되었다. 3월에 미국에서 《Kiss, Kiss》가 출간되었고, 앨프리드 크노프의 걱정에도 책은 《뉴욕 타임스》의 베스트셀러 목록으로 무섭게 돌진해 들어갔다. 로알드와 임신 5개월이었던 팻은 4월 초에 뉴욕에서 영국으로 오는 배에 올랐다. 로알드는 같은 배를 탄 많은 승객이 자기 책을 읽고 있어서 흡족해했는데, 그중에는 C. S. 포리스터―20년 전에 자신에게 처음으로 글을 써보라고 격려해 주었던―도 있었다. 그리고 퀸메리호를 타고 대서양을 건너던 출판 사업과 관련된 두 사람―런던의 에이전트인 로렌스 폴린저와 출판업자 찰스 픽―도 이 광경을 놓치지 않았다. 58살이었던 폴린저는 데이비드 하이엄과 헤어져 자기 회사를 차리려는 생각에 적극적으로 새로운 고객을 찾고 있었다. 친구인 찰스 픽은 그보다 5살 어렸는데, 마이클 조지프Michael Joseph의 책임 편집국장이었고, 폴린저의 아들인 머리가 '교활하고, 잔인했으며, 뼛속까지 세일즈맨'이라고 표현한 카리스마 넘치는 쾌락주의자였다. 둘 다 출판업계에서 자수성가한 사람들이었다. 둘 다 야망 있는 사업가이자 가까운 동료였고 '직업적으로 서로에게 먹을 것을 주는' 관계였다.[1] 그리고 그들은 눈앞에 있는 로알드를 보았던 것이다.

이 모든 것 뒤에는 베일에 싸인 아미티지 왓킨스가 있었다. 그는 1957년 어머니인 앤 왓킨스가 공식적으로 은퇴한 뒤에 사업을 물려받은 인물이었다. 1960년에 로알드가 맨해튼을 떠나기 전날, 왓킨스는 픽과 점심을 먹으며 달이 아직 영국의 출판사와 《Kiss, Kiss》의 계약을 체결하지 않았다고 알려주었다. 그리고 로알드가 6년 전《당신을 닮은 사람》출판 직후 영국의 에이전트 피터 와트와 결별하고 레이먼드 챈들러Raymond Chandler의 에이전트인 헬가 그린Helga Greene과 계약했다는 사실도 알려주었다.

4장 소용돌이치는 사건들 515

또한 영국에서의 낮은 인기도가 여전히 달의 신경을 거스르고 있어, 조용히 영국 에이전트를 찾는 중이라고 암시했다.

이런 정보를 가진 픽과 폴린저는 달에게 자신들이 영국에서 그의 작품들을 활성화할 수 있을 거라고 설득할 기회를 잡았다. '생각 없는 추종자들에게 심하게 시달리던' 달 부부는 방에 있었다. 팻은 비싼 다이아몬드를 어디에 두었는지 찾고 있었다. 한편 로알드는 그만 찾으라고 했다.[2] 픽은 아첨하기 위해 융숭하게 대접했다. 영국에 도착하자마자 로알드는 들떠서 실라에게 이런 편지를 보냈다.

"나하고 팻은 찰스 픽과 로렌스 폴린저라는 분들에게 대접받았는데, 배 위에서 그렇게 적극적으로 또 그렇게 기쁘게 구애를 받아본 적도 포도주를 마셔본 적도 밥을 먹어본 적도 없습니다."[3]

그리고는 이제부터 폴린저가 영국에서 자신을 대신해서 일해주고 마이클 조지프에서 《Kiss, Kiss》와 《제임스와 슈퍼 복숭아》를 출판하기로 했다고 알렸다. 그는 새로운 계약에 사인했지만, 아직 헬가 그린에게 알리지 않았다고 털어놓으면서, 그녀가 이미 하이네만앤드케이프Heinemann and Cape와 《Kiss, Kiss》 출간을 논의 중이어서 조금은 '당황스럽다'고 했다. 달은 실라에게 지저분한 일을 처리해 달라고 부탁하면서 그린과의 계약을 파기해 달라고 했다. 그는 이렇게 결론을 내렸다. "제발 저를 잘 이끌어줘요. 혼선을 빚고 싶지는 않으니까요."[4]

로알드는 세인트 로렌스를 곤란하게 했다. 픽과 폴린저의 열성이 왜 매력적인지는 이해했다. 달이 영국에서 작가로 받아들여지기를 얼마나 원하는지 잘 알았기 때문이었다. 그리고 어린 자식들하고 영국에서 더 많은 시간을 보내고 싶어 했지만, 그곳에서 일이 정체되는 것을 바라지는 않았다. 그런 상황이기에 그의 행동은 이해할 만했다. 하지만 너무나 잔인한 일이었다. 로알드는 그녀에게 '조용히 그리고 부드럽게 헬가를 빼버리기'를 부탁했던 것이다.5 말처럼 쉬운 일도 결코 아니었다. 그린은 확실히 반대할 터였다. 그녀는 영국에서 《Kiss, Kiss》를 출판하기 위해 부단히 노력해왔고, 어떤 보상을 기대할 것이다. 이런 상황에서 그린에게 보낸 세인트 로렌스의 편지는 정직한 외교의 모범 사례를 보여주었다. 그녀는 이렇게 시작했다. "로알드는 한동안 영국에서 자신을 대표해 주는 에이전트에 대해 불안해했습니다."

당신도 잘 알다시피, 그는 미국에서처럼 모국인 영국에서도 자신의 입지를 세우고 싶어 했습니다. 그래서 영국에서 자신의 작품을 좀 더 적극적으로 내세울 필요를 느끼기 시작한 것 같습니다. 지난달 영국으로 떠나기 전에 우리는 당신과 남아 있는 계약에 대해 의논했습니다. 사실 우리 둘 다 잘 알듯이 당신이 작품의 내용에 관한 한 모든 것을 감수하고 열심히 매달렸다는 것은 압니다. 그리고 《Kiss, Kiss》의 출판을 위한 준비 단계로 다른 사람들이 뒤엉켜놓은 매듭을 풀기 위해 당신이 얼마나 많은 시간과 노력을 해왔는지도 잘 압니다. …… 하지만 확실히 잘못되어 가고 있습니다. 오늘 아침, 저는 로알드에게서 당장 에이전트와의 계약에서 풀어달라는 성난 전보와 편지를 받았습니다.6

그린은 아주 점잖게 반응했다. 세인트 로렌스의 편지를 받고 '화가 나지도 않았고 놀라지도 않았다'고 했다. 그녀는 이렇게 결론을 내렸다. "저는 항상 그와 그의 작품을 다룰 수 있는 사람은 당신밖에 없다고 생각합니다."⁷ 그 일은 놀라울 정도로 별다른 실랑이 없이 해결되었다. 원하는 것을 얻어 무척 기뻤던 로알드는 픽과 폴린저와의 밀월여행에서 따뜻한 햇볕을 받으면서 그들이 영국에서 자신의 작품을 위해 '본격적으로 행동'할 거라고 실라에게 열변을 토했다.⁸ 1960년 5월 펭귄Penguin은 《Kiss, Kiss》의 문고판권을 사들였고, 런던의 《선데이 타임스Sunday Times》는 단편집의 모든 작품을 전부 출판했다.

한편 로알드는 가족과 편안한 시간을 보내면서 《제임스와 슈퍼 복숭아》를 손보고 어떤 그림작가에게 그림을 맡길 것인지 고민하며 정원 일도 하고 골동품을 사러 다니기도 했다. 수전 덴슨의 기억으로는 팻이 올리비아와 테사에게 푹 빠져 있었고, 로알드는 아주 만족하고 편안해했던 황금기였다. 두 사람이 '멋진 팀'을 이루었던 시기였다.⁹ 그의 조카들, 특히 애나와 루 록스데일은 아이들을 돌보는 일을 도와주었고, 한편 70대 중반에 접어든 왕할머니는 여전히 5분 떨어진 록스데일 별채에 살고 있었다. 할머니가 집에서 좀 더 쉽게 돌아다닐 수 있게 집 안에 엘리베이터를 설치했고, 로알드는 거의 매일 어머니를 방문했다. 수 덴슨은 할머니가 주로 이야기를 하기보다는 '시무룩하게 말없이' 듣기만 했는데, 개들에게 둘러싸여 앉아 있는 모습이 '어쩐지 트롤' 같았다고 회상했다. 리틀 화이트필드에서도 동물들이 이리저리 돌아다녀 라디어와 컴벌랜드 로지 그리고 벡슬리에서의 즐거웠던 어린 시절의 기억을 떠올려 주었다. 로알드는 그다음 달에 실라에게 이렇게 편지를 썼다.

"잔디밭에선 오리 두 마리가 돌아다니고, 태어난 지 9주 된 강아지 녀석은 계속 양탄자에 오줌을 싸대고 있습니다."¹⁰

1950년대 말이 되자 로알드는 집필실에서 혼자 있는 시간이 반드시 필요하다고 강력하게 주장하면서 중요한 일이 아니면 절대 방해하지 말라고 확실하게 말했다. 하지만 초기에는 좀 느슨한 모습이었다. 특히 팻이 집을 떠나 있을 때는 그랬다. 그는 그 지방 출신의 10대였던 앨런 히긴Alan Higgin과 좋은 친구가 되었는데, 히긴은 로알드의 과수원에 고물 자동차 두 대를 맡겨놓았다. 로알드는 앨런이 자기 자동차를 몰고 들판을 달리게 해주었을 뿐 아니라 그와 함께 사과도 따고 오리도 해주고 가끔은 집필실에 앉아서 담소도 나누었다. 히긴은 달을 '커다란 아이'로 기억했다.[11]

근처 숲에는 요란하게 페인트를 칠한 집시들의 전통 이동마차가 나뒹굴고 있었다. 근처에 살던 이웃이며 집시였던 버트 에드먼즈Bert Edmonds가 곤란해져서 살 곳이 없어지자 앨필드와 레슬리가 찰스 마시의 사회기금으로 사주었던 마차였다.[12] 에드먼즈가 죽자 두 사람은 마차를 로알드에게 팔았다. 그리하여 이동마차는 길고 긴 여름날에 벌거벗고 다니던 아이들을 위한 놀이터였을 뿐 아니라 로알드에게 영감을 준 집시 정신을 위한 개인적인 헌정이었다. 해마다 집시 일행이 마을 어귀로 찾아와 정기적으로 머물렀다. 앨런 히긴은 그들을 '자신들의 살 곳을 마음대로 선택하는 친절하고 자연을 사랑하는 사람들. ……두려워할 필요가 없는 사람들'이라고 기억했다.[13] 로알드는 히긴의 바로 그런 점을 좋아했다. 얼마 지나지 않아 로알드는 리틀 화이트필드를 '집시하우스'라고 이름 붙였다.[14]

아이들을 키우면서 로알드는 팻과 가까워졌다. 집시하우스는 그가 꿈에서 그리던 안식처가 되어갔다. 시골로 돌아와 가족의 품 안에 있게 되었을 뿐 아니라 한 시간 떨어진 런던에는 자신의 인생에 반석이 되어준 뉴욕의 실라 세인트 로렌스를 보완할 에너지 넘치는 긍정적인 에이전트가 생겼던 것이다. 하지만 폭풍우를 몰고 올 구름도 끼기 시작했다. 로렌스 폴린저는 정체된 상황에 만족하지 못했다. 그는 세인트 로렌스의 몫까지 훔치고 싶어했다. 로알드가 영원히 영국에 정착할 생각이라면 언젠가는 자신이 제1 에이전트가 될 수 있을 거로 생각하기 시작했다. 이 문제에 대한 로알드의 판단력은 여러 해 동안 런던 문학계의 칭찬에 굶주린 나머지 찰스 픽과 폴린거의 계속되는 찬사에 잔뜩 부푼 자아 때문에 흐려졌다. 폴린저는 매일 전화했고, 통화를 마칠 때마다 일을 생각하고, 계획하고, 못살게 굴면서 앞으로 나아가야 한다고 다그쳤다. 한편 실라는 5000킬로미터나 떨어져 있었고, 개인적으로도 가정 문제로 힘든 시기였다. 10년 동안 같이 일해 오면서 두 사람 사이에는 단 한 번도 논쟁이 오간 적이 없었다. 그런데 이제 달이 배를 흔들기 시작했던 것이다. 파멸에 이르는 불화가 싹트기 시작했다.

시작은 누가 달의 번역권을 맡을 것이냐 하는 문제였다. 폴린저는 유럽 지역의 근접성 때문에 자기가 훨씬 더 유리한 상황이라고 로알드를 설득했다. 로알드는 실라에게 단순하게 지리적인 이점만으로 설명했다. 하지만 실라가 헬가 그린처럼 싸워보지도 않고 간단히 자기 권리를 포기할 거로 생각했다면 그건 로알드의 착각이었다. 실라의 몸에는 아일랜드의 피가 흘렀다. 실라는 전투적이고 공격적인 타협가였다. 실라는 자신이 폴린저만큼 능숙하게 번역권을 다룰 수 있다고 믿었고, 이 일과 관련된 수입과 영향력의 잠정적인 손실을 안타까워했다. 실라는 폴린저가 그녀보다 더 능력 있음을 믿는다는 로알드의 암시에 상처를 받았다. 실라는 반대했다. 그녀는 외국어 번역권 문제에서도 자신이 에이전트가 되기를 바란다고 하면서, 로알드에게 이 문제에서는 빠져달라고 공손하게 부탁했다. 실라는 작가가 이런 문제에 직접 관여해서는 안 된다고 주장했고, 이런 문제는 자신과 영국 부에이전트인 폴린저가 직접 해결할 사항이라고 했다.

로알드는 어떻게 반응해야 할지 확실히 몰랐다. 처음에는 어떻게 해결되든 관심 없는 척했다. 그는 실라에게 이렇게 말했다. "나랑은 상관없는 일이니 알아서 해요. 모든 것은 당신에게 달려 있으니 원하는 대로 해요."15 이틀 후 그는 그 말을 번복했다. '그(폴린저)와 해결하도록 해요. 당신에게서 어떤 것도 빼앗는 일은 없을 겁니다."16 그는 솔직하지 못했다. 정말 그런 뜻이었다면 문제는 거기서 끝났을 것이다. 하지만 그는 이러지도 저러지도 못하는 상황이었다. 폴린저가 국외관 판매를 극대화할 수 있는 적임자라고 믿었고, 한편 실라에게도 상처를 주고 싶지 않았다.

이 모든 불확실한 상황 속에서 실라의 아버지가 돌아가셨고, 그 바람에 그녀는 장례식 준비로 며칠 떠나 있어야 했다. 그녀가 뉴욕을 비운 동안, 로알드는 빠져나와야겠다고 결심하고는 그녀에게 직접 이 상황에 대한 자신의 심정을 말하기로 했다. 실라가 지칠 대로 지치고 감정이 복잡한 상태로, 남편과 가족과 그리스에서 보낼 휴가까지 취소하고 뉴욕으로 들어왔을 때 자신을 기다리던 로알드의 편지를 발견했다. 권리를 포기하라고 협박하는 내용이었다. 위협하기도 하고, 애원하기도 하고, 으름장 놓기도 하고 어린아이를 다루는 듯하기도 했다. 하지만 로알드가 원하는 결과를 성취할 수는 없었다.

"물론 로런스 폴린저가 무엇에든 달려드는 주저넘은 사업가인 것도 잘 알지만 이번 경우에서 밀어붙이는 쪽이 그가 아니라 납니다. ······제발 ······유럽 건은 폴린저에게 넘겨요. 그리고 늘 하듯이 중개료를 나누도록 해요. 어쨌든 그렇게 많은 돈도 아닐 겁니다. 당신 아이의 입에 든 햄버거를 빼앗겠다는 뜻이 아니에요. 당장 폴린저에게 일을 진척시키도록 내가 당신에게 부탁했다는 편지를 했다고 알려주겠소?"[17]

실라에게는 청천벽력이었다. 실라는 달이 자기 정당화를 위해 못된 심술을 부리기로 유명한 것을 익히 알고 있었다. 여러 번 그런 경우를 본 적도 있었다. 로알드를 상대할 때 '불쾌한 언쟁'이 생기는 것을 두려워한 사람은 《뉴요커》에 있는 로저 에인절만은 아니었다. 하지만 달이 그녀에게 이런 태도를 보였던 적은 없었다. 실라가 가장 상처받기 쉬운 시기에 그가 그런 식으로 나왔다. 아마도 그녀가 무너질 거라는 희망이 있었던 것 같다. 하지만 그녀는 무너지지 않았다. 피가 솟구쳤다. 몹시 억울했고 거의 배신감을 느꼈다. 그녀의 마음속에선 그가 끼어들지 않을 것이고, 그녀에게서 그 어느 것도 빼앗아 가지 않을 거라 확신했다. 하지만 로알드는 이제 번역 저작권을 서로 알게 된 지 3개월도 채 안 된 사람에게 넘겨주고 싶다는 의견을 분명히 밝힌 셈이었다.

실라는 답장을 보냈다. 우선 신사처럼 행동하지 않은 로렌스 폴린저를 비난했다. 하지만 그녀가 상처받은 것은 분명한 사실이었다. 우선 그녀의 본능은 완전히 손을 떼는 것이었다. 그녀는 로알드에게 이렇게 말했다. "더 이상의 불쾌함을 피하고자 즉시 당신의 에이전트로서 손을 뗍니다." 하지만 그녀는 무슨 일이든 정정당당하게 해야 한다는 의식이 강했기에 그렇게 쉽게 물러서지는 않았다.

로알드. 무엇을 해야 할지, 어디서 시작해야 할지 모르겠네요. 로렌스와는 달리 저는 당신을 설득하거나, 영향을 미치거나, 혹은 감쪽같이 속일 수 있게 당신 곁에 있지 않으니까요.

당신은 저를 이런 끔찍한 상황에 놓이게 했군요. ……내 능력에 대한 믿음이 없어진 것인지, 새로운 목소리의 칭찬 노래가 당신의 머릿속으로 들어가서인지…… 조용히 해결하려면 폴린저가 바라는 대로 굴복하는 수밖에 없겠죠. ……하지만 저는 저항도 하지 않고 짓밟힐 생각은 없습니다. 당신이 이런 야만적인 행동에 믿음을 가지고 있건 말건 말입니다.

이런 태도라면 아마 많은 것을 잃을 것이고, 아무것도 얻지 못할 거라는 사실도 잘 알고 있습니다. 고객으로서 당신, 친구로서 당신, 그리고 13년 동안 당신과 당신 가족의 따뜻함과 가깝게 지냈던 날들도 다 잃겠지요. 모두 제게는 소중합니다. 저에게는 아주 큰 의미였고, 무척이나 소중하게 생각했던 것들입니다. 저는 그것들을 잃고 싶지 않습니다. 하지만 저는 윤리와 정정당당함도 중요하게 생각합니다. 달면 삼키고 쓰면 뱉는 식의 취급을 받을 만한 짓은 아무것도 하지 않았다고 믿고 있습니다.

저는 이 편지를 다시 읽지 않을 겁니다. 그럴 수가 없어요. ……머리가 깨지는 듯한 두통과 잠을 이룰 수 없는 밤을 가져온 원인이니까요.

사랑을 보내며
실라[18]

자신이 실라의 가슴에 '소용돌이치는 문제들'을 일으켰다는 점에 충격받은[19] 로알드는 어쩌면 실라에게 전화를 걸어 이성적으로 해결하려고 해야 했다. 하지만 그는 그녀가 과민 반응을 보인다고 생각했다. 어쩌면 그랬을지도 모른다. 어쩌면 최근에 사랑하는 가족을 잃은 실라에게 필요했던 것은 확신과 동정이었을지도 모른다. 비록 팻과 의논하기는 했지만, 그는 그녀를 감언이설로 속인 다음 논쟁을 벌이다 결과적으로는 냉정하게 처리했다.

실라에게

……이제 당신도 아기를 가졌으니 내가 모든 것을 이해해야 하겠지요. 하지만 이 골치만 아프고 수입도 시원치 않은 일을 다른 사람에게 넘긴 것은 사실 당신에게 호의를 베푸는 거로 생각했소. 하지만 벌어진 일을 보시오. 팻은 당신이 여자인데 나보고 무엇을 기대하느냐고 했소. 내 에이전트 일을 그만두겠다고? 정신이 나갔나 보군요. 폴린저는 나에게 아무런 의미가 없는 사람이오. 그는 활기차고 매끄럽기는 하지만 가끔은 머리에 비듬도 보이던데 어떻게 그런 사람에게 모든 것을 넘긴단 말이오?

하지만 나는 그 문제를 조금 더 의논하고 싶소. (당신이 흥분을 가라앉혔다면 말이오.) 지금은 저녁 7시이고, 집에는 완전히 정신 나간 여인과 두 아이가 있고(오늘 아침 집주인에게 쫓겨났고 남편은 도망가고 없는 여인이오), 나는 내려가서 집안일을 도와야 하오.

사랑하는
로알드[20]

로알드와 팻은 사실, 당시 특유의 너그러움으로 곤경에 처한 낯선 가족을 받아들이고, 앨런 히긴의 표현대로, '형편이 나아질 때'까지 집에 머무를 수 있게 허락했다.[21] 이런 예상치 못했던 번거로움 속에서도, 로알드는 바로 다음 날 다시 실라에게 편지를 보냈다. 그의 편지는 화해 분위기로 시작되었다. 다시 한 번 그녀가 자신에게 얼마나 중요한 사람인지 말했고, 그와 팻 둘 다 얼마나 그녀를 소중하게 생각하는지 말했다. 하지단 몇 줄 뒤부터는 거슬리고, 자기를 정당화하는 톤으로 바뀌었다. 그 결과, 편지는 그의 고집스러운 면을 보여줄 뿐 아니라 으름장 뒤에 숨어 있는 나약함도 보여준다. 실라가 그에게 얼마나 중요한 존재인지, 그가 그녀에게 얼마나 충성하는지 그녀의 우정과 판단력을 얼마나 중요하게 생각하는지 보여주는, 일과 관련된 유난히 감정적인 편지였다.

실라에게

번역 저작권에 대한 내 작은 요청이 당신 가슴을 이렇게나 상하게 했다니 대단히 걱정스럽소. 당신이 지난번 편지에서 암시했듯이, 내가 당신에 대한 신뢰감을 잃고 천천히 그리고 교활하게 폴린저 쪽으로 기울고 있다고 느꼈소? 그 편지를 보면 누구라도 당신이 그렇게 생각한다고 느낄 것이오. 너무 말도 안 되는 소리라 언급하고 싶지도 않소. 다만 그 누구도 나보다 더 좋고, 더 성공적이며 더 지혜롭고 또한 더 멋진 에이전트이며 친구를 가진 사람은 없다는 말밖에. 이런 중요한 일을 다른 사람과 하라면 나는 완전히 길을 잃어버릴 것 같소.

나는 처음부터 직업적으로 또한 개인적으로 당신에게 얼마나 의존하는지 분명히 알기에 걱정스럽소. 내 유언장에 당신 이름이 언급되어 있을 정도인데…… 내 문학적인 저산과 관련된 모든 문제는 당신의 조언을 참고하라고 할 정도고, 또 앞으로도 당신이 맡아서 하라고 등…… 당신의 신뢰성에 대해서는 나나 당신이나 더 말할 필요가 없소. 그건 어리석기 짝이 없는 짓이니까……. 너무 감정적으로 행동하지 마요. 나도 바보가 아니고, 당신도 마찬가지지 않소. 찰스 픽도 바보가 아니고. 폴린저는 약간 그런 면도 없지 않지만…….

만약 당신에게 심각한 중개료 손실이 있다면 나는 절대 이렇게 처리하지 않았을 거요. 물론 당신이 걱정하는 게 이 부분이 아니라는 것도 알고 있지. 당신에게도 고집스러운 면이 있소. 하긴 그래서 훌륭한 거래자일지 모르지. 나 역시 고집스럽소. 하지만 당신만큼은 아니오. 나는 항복할 준비가 되어 있소. 하지만 그러고 싶지 않아요. 당신에게 그러고 싶지 않다고 말해야 할 것 같았소. 우리 둘 다 한 번 해봅시다…….

하느님의 뜻이 아니라면 제발 핸들을 놓지 마요. 당신만큼이나 나에게도 슬픈 일이니까요. 나만큼 팻도 가슴 아파해요. 만약 한 번 더 이런 반응을 보이면 팻이 부엌에서 아기를 낳게 되는 책임을 당신이 져야 할 거요. 물론 흥미로운 이야깃거리가 되겠지만 그럴 가치는 없지 않겠소.

우리는 당신을 사랑하오.
로알드[22]

실라는 결국 한 걸음 물러서서 《Kiss, Kiss》의 번역 저작권과 문고판권을 가지고 폴린저에게 《제임스와 슈퍼 복숭아》의 번역권을 넘겼다. 그래도 가슴은 아팠다. 그녀는 로알드에게 제임스를 잃는 것은 더 가슴 아픈 일이라고 했는데, 그건 자신이 그 이야기의 '양어머니' 같은 기분이었기 때문이었다. 그녀는 꼭 집어 이렇게 물었다.

"1950년, 1951년, 1952년에 당신에게 그 일을 해야 한다고 종용했던 내 편지들을 기억하나요? 내 아일랜드 기질에 대해 사과합니다. 이번에 처음 보신 것은 아니죠?"[23]

그녀의 태도가 과열되었던 분위기를 가라앉혔고, 로알드로 하여금 익살스러운 사과를 하게끔 했다.

친애하는 실라

이제 우리 둘이 찝찝한 기분을 떨쳐 버리고 상처를 입었다는 생각도 버릴 시간이 된 것 같군요. 이제는 본격적으로 일해야지요. 나는 '이 대단한 번역권 사건'이 일어난 이후로 단 한 줄도 쓰지 못했다오. 난 정말 이 일 때문에 너무나 불행했소. (그렇다고 죄지은 기분은 아니었지만.) 당신도 불행했을 겁니다. 그리고 화가 났겠지요. 하지만 이제 모든 것이 끝이 났고 이제 잊어버릴 시간이 되었어요. 난 내가 옳았다고 생각하오. 당신은 내가 틀렸다고 하겠지만. 그리고 이런 일이 또 벌어지게 되면 최선의 해결책은 한동안 그냥 두고 과연 누가 틀렸는지 밝혀지게 해야 할 거요. 하긴 누가 신경을 쓰겠습니까마는…….

제발 잊어요! 하지만 제임스는 뭐요? 내가 또 동화책을 써야 한다는 말인가요? 아니면 희곡을? 아니면 단편을?

사랑하는
로알드[24]

폭발은 끝이 났지만 독성을 가진 분진은 남아 있었다. 남편이 사업상 아일랜드로 출장 가는 일이 잦아지자, 실라는 문학 에이전트 일을 그만두고 미국을 떠나 아일랜드로 가면 어떨까 하는 생각이 들기 시작했다. 일 년 안에 실라는 그렇게 하기로 했다. 거기서 영원히 눌러살 계획이었다. 그 결정은 달에게는 가장 일관성 있고 지혜롭고 충직한 조언자―그 누구도 대신할 수 없는 사람―를 잃는다는 뜻이었다. 로알드와의 논쟁이 뉴욕을 떠나겠다는 결심에 영향을 미쳤을까? 나는 2008년에 그녀에게 이 질문을 했다. 그녀는 84살이었고 나는 스트랭퍼드 호수의 한적한 교외에 아늑하게 자리 잡은 집까지 간신히 찾아갔다. 그녀는 전혀 그렇지 않다고 확인해주었다. 오로지 가족 문제였다고 했다. 그 싸움 때문에 관계가 서먹해졌는지 물었지만, 그녀는 재치 있고 세세한 사항에 대한 기억력에도 시간이 훌륭하게 치유했는지 거의 50년 전에 무섭게 소용돌이쳤던 '태풍'처럼 강렬했던 사건을 거의 기억하지 못했다. 내가 50년 전에 그녀가 쓴 편지를 읽어주자 눈을 반짝이며 놀라워했다. "와, 이런 세상에. 제가 이렇게 할 수 있었는지 몰랐네요. 정말 대단해, 이런 세상에! 그 사람이 저에게 하듯 그에게 퍼부었군요. 아마 대단히 화가 났던 모양이네요." 그러더니 손님에게 확실히 하겠다는 듯 이렇게 끝을 맺었다. "전 보통 때는 전혀 그런 사람이 아니거든요!"

놀랍게도 그녀의 상관인 마이크 왓킨스는 이 사건에 대해 공식적으로 아무 역할도 하지 않았다. 그는 실라를 지지해주지 않았고, 오히려 몰래 폴린저의 편을 들었던 것 같다. 그녀가 떠나기를 바랐던 것처럼 보였다. 폴린저에게 보낸 은밀한 편지에서 왓킨스는 그에게 번역권을 제의했고, 시끄러워지는 것을 다 실라 탓으로 돌렸다. 그는 경멸하듯 이렇게 표현했다. "어쩐지 사나운 폭풍 같았습니다. 허영이라는 작은 냄비가 자만이라는 조금 더 큰 그릇이 되었다가, 지금은 더 큰 '원칙'이라는 그릇으로 변한 거죠."[25] 그의 태도는 수수께끼이다. 그녀는 여전히 그를 위해 일하고 있었기 때문이었다. 그녀가 싸우는 것은 두 사람이 나누게 될 몫이었다. 그는 런던의 경쟁자들을 상대하는 그녀를 지지할 수도 있었다. 그런데 왜 조용히 폴린저를 지지했을까? 어쩌면 그는 실라가 고객과 아주 친근한 관계라는 사실에 위협받았을지도 모른다. 어쩌면 그녀가 회사와 약간의 거리를 둔 상황이 결국 그녀의 독립으로 이어지면 달이 그녀를 따라가게 될 거라고 짐작하고는 그녀와 로알드 사이를 갈라놓으려고 했는지도 모른다.

폭풍우가 불어 닥쳤는데도 소중한 권리까지 양보하면서 달과 그녀 사이를 중재할 그 어떤 시도도 하지 않았던 것을 보면 왓킨스가 픽과 폴린저를 내세웠음이 분명해진다. 실라가 아일랜드로 갈 결심을 했을 때, 그녀를 설득해서 붙잡는 노력도 거의 하지 않았다. 심지어 로알드에게 그녀와 통화하지 말라고 부추기기도 했다. 왓킨스는 자기를 유명하게 만들어 준 에이전트에 대한 로알드의 충직함을 과소평가했을 것이다. 한편 로알드는 점점 왓킨스를 경멸하기 시작했다. 그는 1969년 크노프의 편집자에게 《멋진 여우 씨》에 대한 에이전트의 행동에 사과하면서 이렇게 편지를 썼다.

"한낮에도 마티니를 너무 마셔서 머리가 피클이 될 정도로 절었어요. 하긴 처음부터 머리에 든 게 많지도 않았지만, 그의 어머니는 훌륭한 에이전트였고 좋은 친구였지요. 26년 동안 지낸 에이전트를 떠날 엄두는 내지 못하고 있습니다. 나는 형편없는 인간을 참고 있습니다. 당신은 그럴 필요가 없어요. 가능하면 앞으로는 그를 피해 일을 처리할 생각입니다."[26]

12년 후 그의 어조는 더 단호했다. 그는 앤 매코믹Anne McCormick에게 이렇게 말했다.

"이 신사와의 39년의 경험으로 나는 그가 아무것도 이해하지 못한다는 것을 확신합니다."[27]

실라와의 갈등이 가라앉기 시작하자, 로알드는 팔려고 내놓은 집을 보러 다녔다. 그중에는 로렌스 올리비에Laurence Olivier와 비비안 리Vivien Leigh의 집도 있었다. 겉으로는 가구를 보러 다닌다고 했지만, 수 덴슨이 느끼기에는 그저 호기심으로 돌아다닌 것 같았다. 로알드는 커다란 고물 거울을 사들여 복원하기 시작했다. 로알드는 실라에게 이렇게 전했다.

"진정한 아름다움의 극치라오, 길이가 2미터나 되고 다람쥐와 섬세한 나뭇잎, 가지와 새들이 조각되어 있어요. 나는 지금 인내심을 가지고 0.25센티미터의 석고를 긁어내고 있다오. 그 아래 금색 나뭇잎이 숨어 있거든. 500시간이 걸린 일이오. 하지만 가치 있는 일이지. 사실 요즘 내가 하는 일 전부라오."[28]

로알드는 새로운 저작권을 직접 소유하여 영국에 내는 소득세를 최소화하기 위해 포르투갈에 회사를 세우는 계획을 검토 중이었다. 그도 인정했듯이 '말도 안 되는 생각'이기는 했지만 '훌륭한 전문가'의 조언을 따라 그렇게 하기로 했다. 가장 중요했던 것은 그가 몸집이 큰 아들의 아버지가 되었기 때문이었다. 테오 매슈 로알드Theo Matthew Roald는 1960년 7월 30일에 태어났다. 여자들이 대부분인 가정에 신기한 사내아이가 태어나 모두 흥분하고 기뻐했다. 로알드는 그가 태어난 지 2주 후 실라에게 편지를 썼다. "녀석은 호두 크기만한 불알을 가졌고 아주 날카롭고 고약한 고추를 가졌다오."[29] 3일 후에 또 다른 성장 보고가 뒤따랐다. "젖도 잘 빨고

포경 수술 부위도(이제는 다 나았지만) 꽃망울을 아직 터뜨리지 않은 이국적인 꽃봉오리처럼 아주 잘 아물고 있소."[30]

6주 후 달 가족의 한적한 여름은 끝이 났다. 10월 1일에 그들은 '무시무시한 보잉 제트기'를 타고 뉴욕에서 겨울을 보내기 위해 날아갔다. 로알드의 맨해튼에 대한 사랑은 오래전에 식었다. 그는 이제 뉴욕을 위험과 위협이 곳곳에 도사리고 폭력이 난무하는 곳으로 생각했다. 택시 운전기사들을 보면 몸이 오싹했다. 그들은 사람들의 '적'이었다. 어느 날 유리창으로 로알드는 키 큰 사내아이가 '하얗게 질린 얼굴로 잔뜩 긴장한 채' 자동차 사이를 지나가는 것을 보았다. 로알드는 자신이 그 아이가 된 듯했다. 그는 마치 예언자처럼 보였다. 마치 그에게 끔찍한 재난이 닥칠 거라고 계시해 주는 것 같았다.[31] 〈소원〉에 나오는 어린아이처럼 보도 위의 금이 간 곳을 디디거나 양탄자의 잘못된 색깔을 밟던 아이처럼 로알드는 재난에 대해 막연한 불안감을 느꼈다. 나쁜 징조를 보았다. 스스로 고백했듯이 '우리 같이 불안해하는 사람들은 항상 나쁜 징조를 눈치챈다.'[32]

그의 단편 〈Pig〉—《Kiss, Kiss》 중 걸작이며 아마도 그가 쓴 단편 중 최고의 작품—은 도시에 대한 환멸을 보여내고 있다. 볼테르Voltaire의 《캉디드Candide》에서 프문은 모자를 벗어 던지듯 로알드는 마음씨 좋은 채식주의자 친척인 글로스팬 아주머니의 보살핌 속에서 버지니아 시골에서 자라난 순진한 고아 렉싱턴 이야기를 하고 있다. 그녀가 죽자 암울한 지옥인 맨해튼—소년의 죄 없는 부모를 죽인 아일랜드 출신 얼간이 경찰과 소년에게 들어가야 할 정당한 상속 몫을 횡령한 유대인 변호사가 사는 곳—으로 할 수 없이 돌아온다. 이야기의 씁쓸한 결말에 도달하면 살육장이 기다리고 있다. 아무런 의심도 하지 않던 소년은 그곳에서 이제 그야말로 인간의 진정한 야만적인 모습을 마주하게 된다. 사슬에 발목이 묶인 채 매달려 어리둥절한 렉싱턴의 최후가 고무장화를 신은 '자비롭고⋯⋯ 생각에 잠긴 듯한⋯⋯ 명랑한' 멧돼지 살육자의 손에 달려 있다. 그는 '소년의 귀를 살짝 잡고는' 목정맥을 기술 좋게 칼로 잘라 '이 세상에서 가장 좋은' 곳에서 그다음 세상으로 건너가게 한다.[33] 렉싱턴은 달이 유리창 너머로 본 바로 그 '하얗게 질린 사내아이'였던 것이다. 로알드는 인생의 위험한 틈새를 피하려고 노력했지만 실패했다. 곧 뉴욕이 어린아이들을 키울 만한 곳이 못 된다고 느꼈던 본능적인 예감은 잔인하게도 들어맞았다. 1960년 12월 5일 〈Pig〉가 출간된 지 2~3달 뒤, 잠이 든 4개월짜리 테오가 탄 유모차가 뉴욕의 한 모퉁이에서 택시에 받혀 버스와 충돌하는 사고가 일어났던 것이다.

수전 덴슨은 유아원에서 테사를 데리고 나와서 점심을 먹으러 집으로 가던 중이었다. 그녀는 테오가 탄 유모차를 미는 동시에 이바르 브라이스 Ivar Bryce의 강아지인 스토미를 끌고 가던 중이었다. 그녀는 뉴욕에서 달의 가족과 3번째 겨울을 보내고 있었다. 가족들과 잘 맞았고 달 부부는 그녀를 테오의 대모 중 하나로 삼았다. 로알드는 나중에 그녀를 '선하고 젊고 자존심이 센' 소녀라고 묘사했다. 날씨가 무척 추웠다. 그들은 매디슨 대로를 따라 걷다가 85번가에 도착했을 때 신호등이 바뀌기를 기다리며 서 있었다. 신호등이 바뀌자 수는 테오의 유모차를 보도에서 건널목으로 밀었다. 바로 그 순간 택시가 모퉁이를 돌다가 유모차를 박았다. 운전기사는 당황했다. 브레이크를 밟는다는 것이 그만 액셀러레이터를 밟았던 것이다. 유모차는 12미터나 날아가 정차되어 있던 버스의 옆면에 부딪혔다. 테오는 충격으로 두개골이 산산조각이 났다.*

로알드와 팻은 사고 소리가 들릴 정도로 가까운 거리에 있었다. 하지만 둘 다 사고를 직접 보지는 못했다. 로알드는 클리퍼드 오데츠의 아파트에서 글을 쓰고 있었다. 《티파니에서 아침을Breakfast at Tiffany》의 촬영을 막 끝내고 돌아온 팻은 근처 가게에 있었다. 그녀는 경찰차 사이렌 소리를 들었지만, 자기 아들이 사고를 당했을 거라고는 상상도 하지 못했다. 구급차는 아기를 근처 레녹스힐 병원으로 싣고 갔다. 수전, 테사, 강아지도 함께 갔다. 마리안 굿맨의 남편이자 의사인 에드가 소식을 듣고 달려왔고, 테오는 '중대한 신경손상'이라는 진단을 받았다.[34] 그의 모든 사람이 테오가 죽을 거로 생각했다.

로알드와 팻이 응급실에 도착했을 때 상황은 끔찍했다. 어린 아기가 끔찍한 사고를 당했을 뿐 아니라, 어떤 조치를 해야 하는지 의사들의 의견이 분분했기 때문이다. 로알드가 냉철하게 대처해야 할 힘든 상황이었다. 다시 한 번 그루의 교회 화재 사건 당시 조상인 헤셀베르그 목사가 한 행동을 상기해야 할 순간이었다. 며칠 후 그는 모든 상황을 아이디어 공책에 적었다. 변호사나 보험 청구를 위해서가 아니라 자신을 위해 기록했던 것이다. 그건 모든 트라우마를 기록할 필요를 느끼는 관찰자이며 작가로서의 반사적인 행동이었고 극히 개인적인 일이었다. 이건 과장을 좋아하던 환상주의자의 다른 견이었다. 이제 관찰자의 분석적인 눈이 행동을 개시할 때였다. 나는 이 기록을 그대로 길게 담는다. 간단히 메모한 형태이지만 점점 강렬한 감정이 쌓여가는 것은 놀랍다. 그는 그저 간단하게 '테오의 사고 메모'라고 제목을 붙여놓았다.

*이 사건은 퍼트리샤 닐과 로알드 달이 들려준 사고 후 2년 동안의 일과 여러 가지 기록을 가지고 재구성한 것이다. 여기에는 닐기 《롱아일랜드 선데이Long Island Sunday》와 했던 긴 인터뷰 자료도 포함하였다.

14장 소용돌이치는 사건들 533

나는 7층에서 일하고 있었다. 전화는 꺼두었다. 수전에게 걸려온 전화를 받지 못했다. 하지만 경찰차의 사이렌 소리는 들었다. 그때 팻이 아파트로 들어오며 나를 불렀다. 우리는 밖으로 나가 택시를 잡아타고 레녹스힐 병원 응급실로 갔다. 택시 운전기사는 입구를 몰라 우리를 한 블록 떨어진 곳에 내려주고 갔다. 테오는 의사 두 명과 함께 검사실에 있었다. 수전, 테사, 스토미는 순찰차를 몰던 경찰과 학교 앞 건널목을 책임지던 경찰과 함께 좁은 대기실에 있었다. 사태는 암담해 보였다. 그들은 테오에게 수혈하고 있었다. 팻은 집서Zipser 박사에게 전화를 걸었다. 그가 곧 도착했다. 그들은 테오를 소아병동이 있는 이 층에 입원시켰다. 소아과 과장인 오리건O'Regan이 테오를 맡았다. 그들은 정형외과 과장인 에셜린Echelin도 불렀다. 그는 수술 도중에 내려와 테오를 살폈다. 테오는 중상을 입어 핏기도 없었으며 맥박이 빨랐고 열은 39도였다. 그들은 테오를 엑스레이 실로 옮길 엄두도 내지 못했다. 나는 이동식 엑스레이를 제안했다. 그들은 그렇게 했다. 그리고 24시간 동안 지킬 간호사를 두었다. 하지만 그곳은 일반 소아과 병동이었다. 간호사들이나 병동 의사들도 신경외과 훈련은 받지 않았다.

이제 거의 오후 3시이다. 우리는 조언을 얻으려고 에드 굿맨Ed Goodman과 빌 왓슨Bill Watson에게 전화를 걸었다. ……두 사람 다 아기를 검사했다. 에드는 에셜린과 함께 들어갔다. 엑스레이 상으로 복합성 두개골 파열이 보였다. 하지만 몸에 다른 상해는 없었다. 밤 8시경 테오는 쇼크에서 깨어나기 시작했다. 얼굴색도 돌아왔다. 열도 가라앉았다. 빌 왓슨은 전화를 걸어 밀턴 싱어Milton Singer 박사에게 조언을 구하는 게 어떻겠냐고 제안했다. 나는 오리건과 상의했고, 그는 마지못해 찬성했다. 밀턴의 집으로 오후 9~10시 사이에 전화. 그는 바로 달려왔다. 침대에 둘러서서 오리건, 에셜린, 싱어(그리그 왓슨) 의사들이 한 시간 정도 논쟁을 벌였다. 싱어는 경막하*를 열어 뇌압을 낮추는 것이 우선이라고 했다. 에셜린과 오리건은 안 된다고 했다. 두개골을 열기는 너무 이르다고 했다. 싱어는 끼어들고 싶어 하지 않았다. 마지막에 그들은 두개골을 열어 뇌수액과 피를 10시씨, 8시씨 빼냈다. 오리건이 달려와서 나에게 이렇게 말했다. "난 이 방법에 찬성하지 않았어요. 결과가 어떨지 모르겠습니다." 에셜린도 똑같이 말했다. 그래서 내가 물었다. "그런데 왜 허락했습니까?" 그들은 싱어가 고집을 피웠다고 말했다.

나는 병원에 머물며 밤새 아기를 지켰다. 새벽 1시경 체온이 1도 내려갔다. 2시가 되자 37.2도가 되더니 그 상태로 계속되었다. 여전히 수혈과 정맥 급식은 이어졌다. 혈구 수가 낮았다. 어딘가에서 출혈이 심하다는 소리였다. 여전히 중환자용 산소 텐트 안에 있다. 도뇨관을 제대로 끼우는 문제로 간호사와 논쟁을 벌였다. 처음에 간호사는 발길질하는 아기의 다리에 줄을 묶었다. 그러더니 어린이 침대 외로 묶었다. 그래서 내가 "그냥 매트리스에 놓아두요!"라고 했다. 결국 그녀는 그렇게 했다.

다음 날 아침, 오리건이 들어와 나를 옆으로 불렀다. 그는 굿갠이나 왓슨 같은 외부인이 아기의 치료에 참견하고 검사하는 것을 받아들일 수 없다고 했다. 그는 몹시 불쾌해했다. 나는 그들에게 그 달을 전

---

*뇌를 보호해주는 보호막인 뇌막 사이의 공간. —옮긴이 주

하겠다고 했고 그렇게 했다.

테오는 상태가 약간 나아지고 있었다. 그들은 테오의 엑스레이를 찍었다. 목 척추에는 골절이 없었다. 나는 오리건에게 싱어의 동의 없이는 아무 결정도 내리지 말라고 요청했다. 에셜린은 이렇게 말했다. "내가 하는 일에 대해 싱어 박사의 동의를 구할 생각은 없습니다." 그래서 내가 말했다. "다들 함께 일하셔야 합니다." 그날이 화요일이었다. 나는 거의 하루를 병원에서 보냈다. 팻도 마찬가지였다. 의사들이 오고 갔다. ……나는 화요일 밤에도 머물며 간호사들의 서투른 처치를 감시하고 그들에게 최선의 방법으로 조언하려고 애를 썼다.

수요일 아침. 싱어가 들어왔다. 오후에 테오가 두 번 발작을 일으켰다고 한다. 싱어는 진정제로 딜라틴 2분의 1시시를 투여하라고 처방을 내렸다. 에셜린과 의논했다. 나는 간호사가 점적기로 투약하는 것을 주의 깊게 보았다. 그녀는 약이 가득 든 작은 종이컵을 가지고 들어와서 반을 투약했다. 나는 이의를 제기했다. 처방을 다시 살펴보라고 했다. 그녀는 맞다고 우겼다. (그녀는 인정하지 않았고, 약은 병원 간호사만이 줄 수 있었다.) 10분 후 오리건이 들어왔다. 간호사가 약의 양을 체크했다. 오리건은 그녀가 2분의 1시시가 아니라 2분의 1온스를 주었다고 했다. 그는 바로 튜브로 약을 흡입해 빼냈다. 그건 15배가 많은 양이었다. 그러더니 후닥닥 밖으로 나가 나에게 싱어 박사 탓을 했다. 나는 팻에게 들어와서 이야기를 들어보라고 했다. 우리는 이의를 제기했다. 그가 말했다. "내가 처방을 썼다면 이런 일은 없었을 겁니다." 우리가 물었다. "그런데 왜 안 했어요?" 이건 간호사의 잘못이었다. 그의 태도는 참기 어려울 정도였다. 나는 싱어에게 전화를 걸었다. 그는 즉시 아기를 프레즈비테리언 병원의 신경과 병동으로 옮기게 해주었다. 빌 왓슨이 돕기 위해 달려왔다. 마침내(1시간 뒤) 오리건이 나타나 할 수 없이 퇴원증을 써주었다. 나는 사인했다. 빌은 아기를 싸갈 담요를 가지고 왔다. 오리건이 물었다. "이봐요! 기다려요! 당신은 누굽니까?" 그러더니 그는 다른 두 의사 앞에서 테오를 철저히 검사한답시고 자꾸 시간을 지체했다. 에설린이 들어왔다. 그는 점잖게 행동했다. 나는 그에게 옮겨야 하는 이유를 설명했다. 빌 왓슨이 테오를 품에 안고 갔다. 하비는 빌의 자동차에서 기다리고 있다. 빌과 테오, 팻과 내가 올라탄다. 하비가 프레즈비테리안 병원으로 달린다. 싱어와 랜샤호프Ransahoff 박사가 기다리고 있다. 그리그 효율적으로 움직인다. 지금은 수요일 저녁 9시다.[35]

이것이 가족에게 끔찍했던 불확실한 5~6주의 시작이었다. 뉴욕이 얼어붙을 듯한 우난히 추운 겨울이 닥쳤다. 눈이 와서 다니기가 쉽지 않았다. 로알드는 미끄러지는 바람에 발목이 부러졌다. 팻은 독감에 걸려 꼼짝없이 침대에 누워 지내야 했다. 수전 덴슨은 집으로 돌아가야 하는 것은 아닐까 걱정하면서 여러 시간 동안 다음 블록의 벽돌벽과 마주한 '끔찍한 침실'에 앉아 있었다.[36] 하지만 적어도 프레즈비테리언 병원의 싱어와 굿맨 박사의 보호 아래 테오의 의학적인 치료는 일관성 있게 진행되었다. 2주 동안 산소 텐트 안에서 테오는 머리에 있는 수액을 빼내기 위해 여러 번 수술을 받았다. 수술은 성공적이었고 의사들은 점점 그가 회복될 거라는 자신감을 가지게 되었다. 하지만 그 누구도 테오의 뇌 손상이 얼마나 심각한지는 알지 못했다. 심각한 장기 손상은 없었고, 머리 외상도 낫고 있어, 테오는 크리스마스 전에 집에 와 요양을 했다. 그러다 일주일 후, 테오의 상태는 걱정스러워졌다. 그는 조용했다. 더는 웃지 않았다. 반응은 더뎠다. 팻과 로알드는 송년의 밤을 이웃인 정신과 의사 소니아 오스트리안Sonia Austrian과 그녀의 남편 제프리Jeffrey와 보냈다. 테오에게 무슨 일이 벌어지는지 깨달은 사람들은 바로 그들이었다.[37] 뇌척수가 테오의 두개강에 모여 뇌를 누르는 바람에 실명할 위기였던 것이다.

로알드는 아기를 데리고 병원으로 돌아갔다. 에드 굿맨은 아기를 살펴보고 머리가 마치 공깃돌로 가득한 주머니 같다고 했다.[38] 그는 뇌 주위에 고인 척수의 압력으로 실명뿐만 아니라 정신지체나 심하면 사망에도 이를 수 있다고 로알드에게 말해주었다. 의사들은 곧바로 척수를 뽑아냈다. 그리고는 밸브를 삽입해서 척수가 심장으로 곧장 들어가게 했다. 심장에서는 척수를 바로 흡수할 수 있기 때문이었다. 처음에 의사들은 아기의 시력이 돌아올 수 있을지 장담하지 못했다. 하지만 시력은 돌아왔다. 테오는 1961년 1월 14일 집으로 돌아갈 수 있을 정도로 회복되었다. 하지만 집으로 돌아가자마자 또다시 시력이 나빠지기 시작했다. 션트—심장에 삽입한 관—가 막혔던 것이다. 다시 한 번 의사들은 수술로 막힌 부분을 뚫었다. 테오의 시력은 다시 돌아왔다. 하지만 '무척 손상된' 후였다.[39] 그야말로 끔찍하고 불확실한 시간이었다. 그럴 때마다 로알드와 팻은 테오의 몸이 자연적으로 척수를 흡수하여 삽입한 밸브가 필요 없게 되기를 바랐다. 하지만 번번이 그들의 희망은 산산이 조각났다. 괜찮아진 듯하여 집으로 돌아오면, 또다시 관이 막히는 바람에 시력을 잃었다. 그럼 수술을 받기 위해 병원으로 옮겨야 했고 회복되었지만, 그럴 때마다 응급실에서 깨어나는 아들의 '커다랗고 초점 잃은 멍한 눈'을 마주해야 했다.[40] 그다음 9개월 동안 같은 일이 6번 반복되었다. 그럴 때마다 테오의 시력은 회복되지 않고 뇌가 점점 손상될 가능성이 있었다. 두 번째 응급 수술 뒤 밸브는 그의 늑막—혀파를 둘러싼 얇은 막—에 삽입되었다. 그건 특별히 깊이 삽입할 필요가 있는 수술이었다. 로알드가 그답지 않게 솔직하게 어머니에게 말했듯이 '그 모든 일이 너무 비참한' 일이었다.[41]

물론 달은 뒤로 물러앉아 손 놓고 보고만 있을 성격은 아니었다. 단점이 많은 밸브가 문제라는 것을 깨달은 달은 글 쓰는 일을 접고 어떻게 하면 밸브를 향상할 수 있을까 연구하기 시작했다. 그는 어느새 전문가가 다 되어 있었다. 2월 18일에 어머니에게 이렇게 편지를 썼다.

"오늘 작업 중에 얼마나 많은 밸브를 사용했는지 모르겠어요. 특히 아래쪽 끝이 수주압 40~80밀리미터 사이에서 열리는 밸브 말입니다. 이 밸브는 글자 그대로 플라스틱 밸브에 얇고 가는 구멍을 낸 것뿐 아무것도 아니에요. …… 영국에 이보다 더 나은 것이 있을까요? 흐름이 막히지 않을 밸브 말이에요?"[42]

어머니 소피는 전동 휠체어에 의지해 살고 있었지만 여전히 한집안의 여장부였다. 소피는 의붓딸인 엘런의 남편이자 당시 리스터 연구소 소장이었던 애슐리 마일스에게 조언을 구했다. 마일스는 스코틀랜드 출신의 신경외과의였던 와일리 매키석Wylie McKissock과 접촉했다. 그는 영국에서 비슷한 수술을 집도했지만 다른 밸브를 사용했다. 가족들이 5월에 영국으로 돌아왔을 때, 테오는 그레이트미션던에서 또 한 번 재발했고, 매키석은 대체할 만한 밸브를 삽입해 보았다. 하지만 그것 역시 제대로 기능하지 못했다. 그러다 그는 션트를 전부 제거했다. 뇌수종이 더는 일어나지 않기를 바라는 마음이었다. 하지만 그 방법도 효과가 없었다. 낡은 션트를 다시 집어넣었다. 정말 끔찍했던 상황이었다.

하지만 로알드는 션트의 단점을 보강하는 기술적인 해결책을 찾아내리라 굳게 결심했다. 그리고는 조용히 필요한 행동에 들어갔다. 기지가 뛰어났던 로알드는 조카인 니컬러스에게 선물로 모형 증기기차를 사주고 싶어 1950년에 편지를 주고받던 스탠리 웨이드Stanley Wade에게 연락해보았다.[43] 그는 평범한 장난감 제조업자가 아니었다. 전문 기술자였으며 겸손하지만 완벽주의자였다. 오필리아는 그를 '키가 작고, 조용하고 끊임없이 입을 오므렸다가 피면서 움찔거리던' 남자로 기억했다.[44] 로알드는 웨이드를 '명석한 금속 기술자로 아주 세밀한 금속 부품을 1밀리미터의 1만 분의 1까지 정확하게 맞추는 사람'이라고 표현한 적이 있었다.[45] 그의 전문 분야는 모형 비행기 엔진, 특히 작은 비행기에 연료를 공급하는 아주 작은 수압펌프였다. 이 펌프는 한 번도 막히지 않았다. 로알드는 아들의 문제를 알리면서 테오에게 필요한 특정한 부품을 만들어줄 수 있느냐고 물었다. 웨이드는 할 수 있을 것 같다고 답했다.

이번에도 달은 매키석의 수제자이며 개척 정신이 있던 소아신경외과 전문의 케네스 틸Kenneth Till에게서 자기와 비슷한 면을 발견했다. 그는 그레이트오스먼드 가의 런던 제일 어린이병원 컨설턴트였고, 테오의 컨설턴트도 되어 주었다. 틸은 인내심을 가지고 로알드의 새로운 밸브 디자인 제안서를 들었다. 그리고는 달과 스탠리 웨이드를 초대했다. 그가 수술하는 모습을 보여주기 위해서였다. 그렇게 하면 그들이 필요로 하는 것이 무엇인지 정확하게 볼 수 있기 때문이었다. 틸은 달의 지식에 깊은 인상을 받았고, 문제 이해력과 고집스러움, 심리적인 초연함에 깊은 인상을 받았다. 그는 이렇게 회상했다. "그는 냉정함이 있었다. 아마도 그 단어가 맞는 말일 것이다. 좋은 점, 나쁜 점, 이유와 방법에 대한 냉정함이었다. 그는 자신을 억제할 필요가 없었다."[46]

로알드는 그해 여름, 글을 계속 써보려고 애를 썼다. 그와 팻은 집과 집필실 사이에 아주 원시적인 소통 시스템을 만들었다. 집에서 회전등을 반짝이면 집필실에서 전구를 껐다 켜는 방법이었다. 한 번 반짝이면 사소한 일이고 두 번이면 응급상황이었다. 종종 불은 두 번씩 반짝였다. 1961년 10월, 테오는 또 한 번 죽음의 위기를 맞이했다. 폐가 멈추는 바람에 런던의 병원으로 긴급 후송되었다. 곧바로 밸브를 제거하고 폐에 찬 물을 빼내는 이중 수술을 받았다. 아흐레 동안의 '끔찍한 시간'이 이어졌고, 로알드와 팻은 '병원 병동과 병원 근처 어둡고 칙칙한 호텔 방'에서 악몽같이 불안한 나날들을 견디어냈다. 테오는 계속 고통에 시달려 울고 토하고 침대 누운 채 몸부림을 쳤다. 의사들은 테오에게서 척수를 빼내는 션트를 제거할 수도 있다는 것, 8번째 개두술을 할 필요 없이 회복할지도 모른다는 희망에 희망을 거듭 품었다. 하지만 일은 그렇게 되지 않았다. 테오의 머리는 다시 한 번 부풀어 올랐고 새로운 밸브가 삽입되었다. 하지만 달-웨이드-틸의 새 밸브는 준비되지 않았고 구형 밸브였다. 테오의 회복은 확실하지 않았다. 그러나 '비록 붕대에 싸인 채 밸브와 주사기에 둘러싸여 있었지만 불굴의 정신력과 엄청난 체력을 가진 핏기 없는 작은 아기는 또 한 번 이겨냈다.'[47] 1962년 1월 테오는 집으로 돌아왔지만 달과 팻은 '항상 바쁘게 뛰어야만' 하는 상황에 놓였다.[48]

일 년 안에 달-웨이드-틸(DWT)이 완성되었다. "2센티미터도 안 되는 길이에 작지만 움직이는 쇠 부품 6개가 들어 있었다."[49] 틸은 처음으로 1962년 5월에 한 살배기에게 삽입시켜 보았다. 완벽하게 작동했다. 《랜싯

The Lancet》에 보고한 대로, 이 발명품은 '저항이 낮고 위생 관리가 쉽고 역류가 없고 구조가 튼튼하며 사소한 막히는 증상도 없었다.'[50] 그전 것에 비하면 엄청난 발전이었고, 달의 실용적인 진취성과 현상에 안주하지 않겠다는 의지력으로 실현된 것이었다. DWT 밸브는 비슷한 증상을 치료하는 데 엄청난 발전을 가져왔다. 게다가 달, 웨이드, 틸이 그 제품으로 돈을 벌지 않겠다고 뜻을 같이하여 그보다 못한 전 모델보다 값이 3분의 1이 쌌다. 결국 그보다 훨씬 좋은 모델이 나오기 전까지 이 밸브는 전 세계의 3000명이나 되는 아이들에게 성공적으로 삽입되어 혜택을 주었다. 어떤 사람들은 오늘날까지 아직도 머리에 이 밸브가 있기도 하다.

부분적으로는 발명품에 대한 매력 때문에 로알드는 의학의 세계에 끌렸다. 《Going Solo》에서 그는 살면서 '모든 형태의 의학에 강렬하고 탐구적인 관심'이 있다고 썼다.[51] 그리고 자주 자신을 '좌절된 의사'로 묘사했다.[52] 놀라울 정도로 자기 몸에 거리를 두고 바라다보며, 의학 실험에 사용하는 데도 망설이지 않았다. 예를 들어 1952년 자신을 프레즈비테리언 병원의 위내시경 임상을 위한 실험용 '기니피그'로 제공했다. 그는 어머니에게 이렇게 썼다.

"그들은 위에서 어떤 일이 벌어지는지 전기적으로 단면을 보여주는 새로운 기계를 시도했어요. 그들은 내 코로 관을 삽입하여 배에 집어넣고는 두 시간 동안 그대로 두었어요. 불쾌한 기분이었지만 아마 그건 코가 부러진 탓이었을 거예요. 하지만 그렇게 나쁘지는 않았고 오히려 흥미로웠어요. 기계는 위에 잘못된 것이 없다고 했어요. 하지만 할 때마다 기계 결함을 많이 발견하여 또 가볼 예정입니다."[53]

에드 굿맨은 팻 닐은 이미 알았지만 로알드는 당시에 처음 만났는데, 그의 '채워지지 않는 호기심'을 존경한다면서 그가 다시 태어난다면 아마 훌륭한 의사가 될 거라고 했다.[54] 환상이 지나친 탓에 로알드는 가끔 자신을 의사로 믿는 것처럼 보였다. 두 번째 아내인 리시는 언젠가 장거리여행을 하는 동안 응급 상황이 벌어졌는데, 승무원이 혹시 비행기 안에 의사 선생님 계시냐는 질문에 로알드가 일어서려고 하여 간신히 붙잡아 앉힌 일이 있었다고 말해 주었다.

의학 전문가가 된다는 것은 로알드가 '영광스러운 꿈'이라고 부르던 일 중 하나였다. 필요한 상황이 생기면 나서서 전문가를 능가하는 엄청난 일을 하는 놀라운 아마추어에 대한 어린이다운 꿈같은 환상이었다. 보통 이러한 환상은 원래 모험적인 생각이다. 물론 다양한 면이 나타나기도 한다. 승객이 아프다고 하자 일어나 병을 진단하고 멋지게 치료해주는 아마추어 의사는 무척이나 매력적이다. 그는 의사들을 무척 존경했다. 특히 새로운 치료를 시도하는 사람들을 더욱 존경했다. 하지만 그들을 놀리기도 했다. 《조지, 마법의 약을 만들다George's Marvellous medicine》에서 어린 소년은 심술궂은 할머니의 모든 병을 고치기 위해 복잡한 약을 짓는다. 조지는 집에 있는 물건을 정신 없이 섞어서 '약'을 만든다. 광택 페인트, 면도용 크림, 엔진 오일, 부동액, 구두약 그리고 강아지 벼룩퇴치제. 달은 그 약을 세상 모든 의사에게 헌정 했다.[55]

하지만 이런 과학적인 성향과 함께, 달에게는 좀 비논리적인 면도 있었다. 그건 어머니의 미신 성향에 뿌리를 두고 있었다. 실용적인 이성주의자가 운명과 숙명을 강하게 믿는 경향이 있었던 것이다. 그는 맨해튼 이웃인 소니아 오스트리안에게 테오의 사고는 뉴욕이라는 도시 탓이 분명하다고 말했다.[56] 반면에 팻은 사고의 탓을 사람에게 돌리고 싶은 마음이 간절했고, 그래서 유모에게 '속이 뒤집어질 것 같은 미움'을 느꼈다. 그녀는 유모를 죽이고 싶었다. 모퉁이에서 무슨 일이 있었는지 전혀 알 수 없다는 생각이 머리를 떠나지 않았다. 수전이 테오의 사고에 책임이 없다는 점을 믿을 수가 없었다. 반면 로알드는 그 점은 걱정하지 않는 것 같았다. 팻에게 수전을 해고하는 것은 잔인하고 무의미할 수 있다고 했다.[57] 그는 어떤 법적인 조치도 하지 않았다. 대신 딸인 테사에게 최근에 산 공작 그림 탓인 것 같다고 했다. 새가 불행을 가져다주었다고 생각한 것이다. 새는 매력이 시들고 로알드가 도망치고 싶은 도시를 상징했다. 그는 영원히 영국으로 이사 가고 싶었다.

1961년 5월에 달 가족이 그레이트미센던으로 돌아왔을 때, 화이트필드의 집은 다시 한 번 모습이 변했다. 그 지역 건축가였던 월리 손더스Wally Saunders는 집 동쪽에 새로운 별채를 지었다. 손님방으로 지은 별채였지만, 곧 로알드가 골동품 복원 작업실로 사용하기 시작했다. 수전 덴슨은 로알드가 엄청나게 큰 칩펜데일의 거울 틀을 복원하는 데 얼마나 많은 에너지를 쏟았는지 기억했고, 앨런 히긴은 로알드가 재도금하는 법을 가르쳐 주었다고 했다. 그는 이미 정원도 새로 단장했고, 채소를 심고, 200그루 이상의 장미나무를 심었다. 많은 동물이 정원으로 가는 길에 서성였는데, 그중에는 거북이, 밴텀 닭, 과수원에 살던 '망할 놈의 거만하기 짝이 없는 거대한 몸집의 검은 토끼'도 있었다.[58] 로알드는 녀석이 자꾸 그의 채소를 먹어 치워서 올리비아의 세발자전거로 무자비하게 치어 버리려 했지만 성공하지는 못했다. 가장 멋진 것은 아마도 매형인 레슬리가 디자인한 아주 정교하게 만든 새집이었을 것이다. 낮에는 근처 시골을 날아다니다가 밤이면 집으로 돌아오는 400마리의 잉꼬로 새집은 가득 찼다. 새들은 그에게 끊임없는 즐거움과 매력이었다. 로알드는 1959년 실라 세인트 로렌스에게 보낸 편지에서 이렇게 농담했다.

"팻이 지금—한 시간 전부터—새집에 있는 등받이 없는 의자에 앉아 있소. 잉꼬들이 싸우고 짝짓기하는 모습을 보느라 정신이 없나 보오. 안에는 25개의 둥지 상자가 있고, 40마리의 새가 있는데 한창 짝짓기 시절이라오. 그들은 끊임없이 교미하지. 9~10분마다 말이오. 난 더 쳐다볼 수가 없소. 끔찍한 열등감을 느끼게 하니까."[59]

로알드는 집필실에서 방해받지 않을 때 가장 글이 잘 써진다는 것을 알았다. 집필실은 벽돌을 한 겹으로 쌓아올리고 스티로폼으로 단열하여 방 두 개로 나뉘었는데, 두 방 다 폭이 2미터가 되지 않았다. 앞쪽 방에는 서류, 편지, 원고를 보관하는 오래된 나무 캐비닛 두 개가 있었고, 그 위에 떡갈나무 프로펠러와 옻약을 바른 비단으로 만든 길고 날렵한 날개가 달린 작은 모형 비행기 두 대가 놓여 있었다. 반대편 구석에는 고무로 간든 운동 매트가 있었고, 아령 몇 개가 놓여 있었다.[60] 뒷방은 그가 글 쓰는 방이었다. 그곳에서 하루에 4시간 동안 본가와 분리된 채 유모, 간호사, 학교, 쇼핑을 다 젖히고 살았다. 부드러운 가죽 의자에 앉아—어머니가 돌아가신 다음에는 어머니의 의자로 바꾸었다—다리를 위로 올리고 따뜻한 담요를 덮고는 상상력이 자유롭게 날개를 펴는 세상을 만들어냈다. 그건 비행기 조종석과 크게 다르지 않았다. 커튼을 드리우면 이따금 들리는 클로드의 젖소들이 잔디 밟는 소리만이 그를 방해하는 유일한 소리였다. 그는 초록색 천으로 덮어씌워 만든 글쓰기 판에 줄이 처진 노란색 공책을 앞에 두고, 뾰족하게 깎은 딕슨타이콘데로가 연필을 손에 들고, 탁자 위에 가득 놓인 작은 보물들을 옆에 두고, 현실에서 또 다른 자아로 도피하여 농땡이

치는 소년'이 된다.

그는 실라 세인트 로렌스와의 관계를 그리워했다. 하지만 관계를 바로 세우기에는 머릿속이 복잡해 여유가 없었다. 실라는 이제 아일랜드로 가서 에이전트 일을 다 그만둔 상태였다. 로알드와 실라는 13년 동안 아주 가까운 사이였다. 비슷한 또래의 아이들이 있었고, 테오의 사고가 난 저녁, 레녹스 힐 병원에서 그와 함께 밤을 지새운 사람도 실라였다. 로알드는 그녀의 조언을 아주 소중하게 여겼으며, 다음 책 《찰리와 초콜릿 공장 Charlie and the Chocolate Factory》의 편집자로서 지대한 영향을 주었지만, 그들이 주고받는 편지는 점점 줄어들었고, 1962년 이후에는 전혀 없었다. 어쩌면 로알드의 삶에 다른 심각한 문제들이 없었다면 아마도 벌어졌던 틈새가 메워졌을 것이다.

그런 식의 관계 변화도 달에게 하나의 유형이 되었다. 가까운 관계가 갑자기 사나운 자기 합리화 싸움으로 끊어지는 것이 이제는 익숙한 일상이 되어갔던 것이다. 그 희생자들은 일과 관련된 전문가들이었다. 밥 번스타인Bob Bernstein, 밥 고틀립, 스티븐 록스버러에게도 처음에는 따뜻하게 맞아 칭찬을 늘어놓았다가 갑자기 화를 내고 원망 섞인 서신이 오가면서 실망하는 것이다. 그런 갈등이 가족이나 친구하고는 주로 저녁을 먹으면서 일어난다. 위스키나 포도주 몇 잔을 마신 후 로알드가 말이 많아지고 남에게 상처 주는 사람이 되어갈 때 그런 일이 벌어졌다. 렙턴 시절 친구인 마이클 아널드와의 우정도 이런 식으로 끝났다. 조카 니컬러스와의 관계도 로알드가 그의 어린 신부를 '모욕하고' '창피 준' 어느 저녁 식사 후에 냉랭해졌다. 록스데일은 이런 일의 주요 원인은 술이라고 믿었다.[61] 딸인 테사도 같은 의견이었다. 그녀는 여러 번 격렬하게 벌어진 집 안 싸움을 떠올

리며 '아빠는 술을 마시면 아주 비열해졌죠'라고 말했다.[62]

하지만 실라 세인트 로렌스와는 조금 달랐다. 우선 그는 화해하기 위해 애를 썼고, 갈라선 뒤에는 마음의 상처를 받았다는 점이었다. 그녀가 아일랜드로 이사 간 다음, 가끔 마이크 왓킨스에게 왜 그녀가 자신에게 편지를 쓰지 않느냐고 물었다. 달은 시원한 답을 얻지 못했다. 실라는 20년간 어떤 '편지도, 어떤 소통도 전혀 없었다'고 기억했다. 그러다 그가 죽기 몇 년 전, 사인회가 열리는 더블린으로 그녀를 초대했다. 하지만 무척이나 유감스럽게도 달이 아일랜드로 온 그 시기에 그녀는 미국에 있었고, 결국 사인회에 가지 못했다. 그들은 다시 연락하지 못했다.

아이러니하게도 픽-폴린저의 에너지를 합해도 영국에서 달의 입지를 세우는 일은 기대했던 것보다 무척 느렸다. 《Kiss, Kiss》가 마침내 1960년 가을에 출간되었다. 호평을 받았지만, 미국에서의 인기에 비하면 영국에서의 성공은 보잘것없었다. 존 베처먼John Betjeman은 달에게 축하하는 편지를 보냈다.[63] 그 이후 그는 팬이 되어 애정 어린 마음으로 항상 달에게 '세상에서 가장 훌륭한 단편작가'이며[64] 가장 훌륭한 이야기꾼'이라는[65] 수식어를 붙였다. 다른 비평가들은 좀 더 신중했다. H. B. 베이츠Bates는 1960년 10월 9일 《선데이 타임스The Sunday Times》에서 달을 묘사하면서 간단히 '섬뜩한 이야기가 주특기인 유머리스트이며, 주제 대부분은 거부감을 일으킨다. 어떤 주제는 독창적이지만 사악하고, 어떤 주제들은 그저 심술궂은 장난 같다. 하지만 거의 모든 이야기가 흥미롭다'고 썼다. 영국에서의 실망스러운 판매량 때문에 마이클 제이콥의 《제임스와 슈퍼 복숭아》에 대한 열의는 식어갔지만, 뉴욕에 있는 앨프리드 크노프는 계속 책에 열광하면서 언젠가 꼭 출판하고 싶었던 종류의 동화책이자[66] '작은 고전'이라고 했다.⁶⁷ 로알드는 이제 찰스 픽이 자신에게 전화하지 않는 것을 알게 되었다. 곧 회사는 책을 출판하겠다던 계약을 취소하고, 픽은 회사를 떠나 하이네만에 들어갔다. 로알드는 그 사실을 알게 되자 화를 냈다. 그는 마이크 왓킨스에게 말했다. "이런 망할 놈의 녀석들. 난 괜찮소. '어서 와요, 내가 돌봐줄게요……' 하며 그렇게 열정적으로 구애하던 작가들은 어떻게 하고?"⁶⁸ 왓킨스는 그 어떤 대답도 해줄 수가 없었다.

1961년 내내 로알드는 성인소설 중 몇 개를 새로운 뮤지컬로 바꾸는 일과 《제임스와 슈퍼 복숭아》의 그림과 디자인에 열중했다. 얼마간 망설이다가 마침내 덴마크 출신의 환상적인 그림을 그리는 화가인 라르스 보Lars Bo보다는 미국인인 낸시 버커트Nancy Burkert가 그 일을 맡아야 한다는 말에 동의했다. 그답게 그림의 전체 느낌에 분명한 의견을 가지고 있었다. 어쩌면 뜻밖일지는 모르지만, 그의 취향은 섬뜩하지도 환상적이지도 않았다. 예를 들어 제임스의 모델은 《곰돌이 푸Winnie-the-Pooh》였다. 로알드는 크노프의 편집장에게 셰퍼드의 크리스토퍼 로빈은 '지금도 그렇지만 늘 완벽한 소년의 모습'이라고 말했다.

"비슷하게 가야 할 것 같습니다. ……성격이 드러나는 얼굴은 매력적인 얼굴만큼 중요하지 않아요. 누구든 보기만 하면 그 아이와 사랑에 빠져야 해요."⁶⁹

1961년 11월, 그는 《제임스와 슈퍼 복숭아》의 출판을 위해 뉴욕에 날아갔다. 그리고는 멋진 평을 듣고 3주 만에 돌아왔다. 《뉴욕 헤럴드 트리뷴》은 이 책을 "풍부한 상상력이 돋보이는 판타지, 이야기를 아주 잘 풀어가고, 그림도 설득력이 있다. 간단히 결론을 내리자면 '우리는 이 이야기를 사랑합니다'"라고 했다. 《뉴욕 타임스》도 마찬가지로 긍정적이었고 '살아 있는 판타지…… 끔찍한 재료로 마법을 만들어낸…… 한순간도 지루하지 않았다'고 했다. 비평가들은 책이 '미쳐 날뛰는 듯한 환호'를 받을 것이라고 자신했다.[70] 그러나 판매는 느리고 그다지 대단하지 않았다. 적어도 달의 눈에는 그러했다. 하지만 크노프의 동화 담당자는 출판사의 가장 성공적인 책들이 처음에는 다 서서히 시작되었다고 안심시켰다.

달이 영국으로 돌아갔을 때, 매서운 겨울이 돌아닥쳤다. 그는 집필실에 가려면 과수원을 통해 거의 90미터나 되는 길을 간신히 파헤치고 가야 했다.[71] 그곳에서 달은 새로운 동화, 《Charlie's Chocolate Boy》의 원고를 가다듬기 시작했다. 하지만 그는 조언에 굶주렸다. 마이크 왓킨스는 첫 번째 원고의 줄거리가 훌륭하지만 《제임스와 슈퍼 복숭아》의 수준에는 미치지 못하는 것 같다고 꽉 잘라 말하며 별 반응을 보이지 않았다.[72] 그리고는 어떤 조언도, 제안도, 열정적인 격려도 거의 없었다. 로렌스 폴린저도 이제 편집자가 아니었다. 거래를 성사시키고 타협하는 사람이었다. 실라 세인트 로렌스의 표현을 빌리면 '그는 사업가였다'.[73] 달은 그에게 원고를 보낼 생각도 없었다. 간절한 마음에 달은 마이크 왓킨스에게 실라가 아일랜드 어디에 살고 있는지 알려달라고 부탁하고는 새 동화를 그녀에게 보내달라고 했다.

설상가상으로 달이 의견을 구하고 신뢰하던 팻 또한 멀리 떠나 있었다. 그녀는 텍사스에서 새 영화를 찍고 있었다. 그 해 초 그녀는 《허드 배넌 Hud Bannon》 대본을 받았다. 마틴 리트Martin Ritt 감독은 그녀에게 앨마 브라운Alma Brown 역을 해줄 수 있느냐고 물었다. 큰 역할이 아니라 영화에 25분 정도 등장하는 것이었지만, 팻은 그 역을 마음에 들어 했다. '키가 크고 몸매가 좋고 편안하고 아름다운…… 그리고 세상사에 통달한' 그런 여자였다.[74] 상대 배우가 폴 뉴먼Paul Newman이고, 리트 감독이 할리우드에서 텍사스로 촬영지를 옮길 때 며칠 동안 아이들을 보러 집으로 갈 기회도 허락한다는 조건을 제시했기에 팻은 망설이지 않고 제안을 받아들였다. 촬영 내내 그녀는 자신과 폴 뉴먼 사이의 특별한 화학 작용을 느꼈다. 폴 뉴먼도 그녀와의 작업은 '기쁨'이었다고 말했다.[75] 그녀는 7월 말에 집으로 날아왔고 며칠 동안 가족은 연례행사인 노르웨이로 여름휴가를 떠났다.

가족들은 테오의 일로 충격이 컸지만 그래도 강인하게 버텨냈다. 테오는 걸음걸이도 빠르게 좋아졌고 놀랍게도 그런 트라우마 후에도 정신적으로 거의 손상을 입지 않았다. 테오를 돌보는 일은 팻과 로알드를 가깝게 만들었다. 팻은 한 기자에게 로알드와 맞서거나 '신 나게 싸우고 침대에서 화해'하고 싶은 마음이 더는 없다고 말했다. 그녀는 의견 충돌로 불화가 계속되면 신뢰감이 자꾸 줄어든다면서, 논쟁을 벌이면 남편이 '여러 날 동안 자기를 싫어한다'는 것을 깨달았다고 했다.[76] 테오는 가족이 영국에 정착할 수 있게 도와주는 '구심력'이 되었다.[77] 하지만 팻은 여전히 81번가의 뉴욕 생활—'정신 나간 주민이 사는 지저분한 낡은 건물'—을 그리워했다.[78] 테사가 일부러 몇 번인가 밤에 오줌을 싸고[79] 학교 가기를 거부했지만, 그녀와 올리비아는 그레이트미센던의 생활에 곧 적응했다. 로알드는 올리비아에게 소중한 물건들을 보관할 수 있는 유리 장식장을 사주었고, 올리비아는 장식장 앞에 깔아놓은 양탄자에서 인형을 가지고 놀았다. 가끔 그는 아이들과 장난감을 가지고 놀았고, 모험을 찾아 소방차를 따라 시골 길을 질주하기도 했으며, 여름 하늘에 기구를 쏘아 올리기도 하고 정원 가장자리에서 나무와 관련한 마녀 이야기를 만들기도 했다. 한 번은 한밤중에 제초제를 뿌려 아침에 올리비아와 테사의 이름이 신기하게 풀밭에 나타나게 하기도 했다. 아이들에게는 요정들이 한 짓이라고 했다.

점점, 심지어 팻까지도 영국의 전원생활에 잘 적응해갔다. 리틀 화이트필드를 그녀의 '영원한 집'이라고 했고, 다음 해인 1963년에는 미국에 갈 계획도 세우지 않았다. 팻은 《하우스와이프Housewife》에서 나온 기자에게 이렇게 말했다. "이 한적하고 나뭇잎이 우거진 곳의 고요함은 정말 거부할 수가 없어요. 일은 그렇지 않죠."[80] 로알드와의 관계는 힘든 역경으로 약해지지도 그렇다고 더 단단해지지도 않았지만, 깊은 동반자 관계로 자리를 잡은 것같이 보였다. 팻은 기자에게 자신을 좋은 아내—남편의 가장 친하고 진실한 친구—라고 했다. 얼굴에 주름이 생기기 시작하고 머리카락이 심하게 빠지기 시작한 로알드와 세 아이에 둘러싸인 팻은 테오의 사고 후 2년 동안이 가장 아름다웠던 시절이라고 회상했다. 수 덴슨도 같은 생각이었다. 그녀에게 달 가족은 그 어떤 가족보다 결속력이 대단했고 무엇이든 이겨낼 수 있는 가족처럼 보였다.

아이들의 성격은 각자 달랐다. 7살 먹은 올리비아는 맏딸로 아빠의 다양한 취미에 매료되었다. 그녀는 그림과 만들기를 좋아했다. 테사에게 언니는 너무나 멋졌다. '예쁘고 하늘하늘하고 투명하며 빛이 났다.'[81] 올리비아의 호기심, 상냥함, 식물과 동물을 좋아하는 성격까지 모든 것이 달의 기쁨이었다. 그녀는 새장에 앉아 몇 시간이고 새들의 움직임을 바라보았다. 갓난아기였을 때는 '종잡을 수 없는 녀석'이었고[82] 나쁜 행동을 했을 때는 매를 맞기도 했지만, 이제 어린 숙녀가 된 올리비아는 로알드에게는 '매력덩어리'였다.[83] 실라 세인트 로렌스도 똑같이 올리비아에게 빠졌다. 태어난 직후 실라는 로알드에게 이렇게 썼다. "우리는 모두 올리비아에게 홀딱 반했어요. 정말 눈부셔요. 너무나 예쁘고 섬세해서 질투가 날 정도예요."[84]

올리비아는 집시하우스를 빛나게 하는 존재였다. 로알드는 1956년에 실라에게 이렇게 썼다.

"잔디밭에서 아침을 먹었소. 올리비아가 벌거벗고 잔디밭을 돌아다니는군요. 과수원에 있는 모든 과실수가 이제 하얀 꽃망울을 피워 분홍색 바다를 이루고 있소. 우리는 막 어리고 연한 시금치를 따왔다오."[85]

올리비아는 이미 모든 장미 이름과 라틴 학명을 아빠에게 알려주고 종류마다 다른 특징을 나열해 말해줄 수 있었다.[86] 로알드는 그녀와 함께 보내는 시간에 큰 기쁨을 느꼈다.

마이클 아널드의 아들인 니컬러스도 '올리비아에게는 천사 같은 면'이 있었다고 했다.[87] 앨필드는 흐뭇한 표정으로 올리비아가 땅에 조심스럽게 책을 놓아 테오가 하나하나 살며시 밟으며 걸을 수 있게 가르쳤던 일을 회상했다.[88] 반면에 테사는 '작은 호랑이'[89]–'고양이'였다.[90] 테사는 발끈하는 성질에 고집도 셌다. 유머가 있었고, 재치 발랄하며 늘 환한 미소를 지었다.[91] 팻은 테사가 여름 초원을 우아하게 걸으면서 잉태된 것이 아니라 '고양이 걸음'으로 걷고 《군중 속의 얼굴》을 촬영하던 뜨거운 스튜디오에서 생겼다고 생각했다.[92] 그리고 테오? 그는 미스터리였다. 갓난아기 때 당한 사고가 크면서 그에게 어떤 영향을 미칠지는 아무도 확실히 알 수가 없었다. 로알드는 그저 테오가 살아 있다는 것만으로도 행복했다.

1962년 내내 삶은 로알드가 오랫동안 갈망해왔던 모습과 비슷하게 자리 잡아가는 것처럼 보였다. 팻은 《허드 배년》을 찍기 위해 11주나 떠나 있었지만, 로알드는 집에 있으면서 글을 쓰고, 정원을 돌보고, 필요하면 아이들을 학교로 데려가고 데려오면서 이야기를 나누는 하루하루가 축복인 듯 만족스러워했다. 그는 계속 《Charlie's Chocolate Boy》를 고쳐 쓰고 있었고, 심지어 새 동화를 쓰기 시작했다. 그러던 1962년 11월 어느 날, 올리비아가 학교에서 고드스토Godstowe 교장선생님이 보낸 안내문을 들고 왔다. 모든 부모에게 홍역이 돌고 있다고 알리는 쪽지였다. 팻과 로알드는 테오가 제일 걱정이었다. 그는 여전히 병에 잘 걸렸고, 그때는 홍역예방접종도 없었다. 미국에서 처음으로 홍역 예방주사가 허가된 것도 1963년이었다. 그러나 달은 감마글로불린이 어린아이들에게 질병에 대한 면역성을 길러준다는 사실을 알고 있었으며, 영국에서는 흔하지 않았지만 미국에서는 상당히 보편화한 질병예방책이라는 점도 알고 있었다. 팻은 시누이 남편인 애슐리 마일스에게 전화를 걸어 도와줄 수 있는지 물었다. 마일스는 보내주겠다고 했다. 하지만 테오에게 줄 양만 보냈다. 그는 그녀에게 이렇게 말했다. "여자아이들은 홍역을 앓게 두세요. 나중에 더 좋을 수 있어요."[93] 3일 후 올리비아의 몸 전체에 발진이 돋았다.

로알드와 팻은 올리비아를 다른 아이들에게서 떨어뜨린 후 그녀를 앓게 두었다. 미열이 났지만 며칠이 지나자, 모든 것이 정상으로 돌아온 것 같았다. 3일째 되는 날 아침에 일어났을 때, 올리비아는 열이 내리고 로알드가 체스를 가르쳐도 될 정도로 멀쩡했다. 그녀는 배우자마자 아빠를 이겼다. 점심을 잘 먹은 후 올리비아는 오후 5시에 잠이 들었다. 하지만 다음 날 아침 늦게까지 깨지 않았다. 잠에서 깬 올리비아는 체스를 하고 싶어 하지 않았다. 대신 머리가 아프다고 투덜거렸다. 로알드는 정신을 딴 데로 돌리려고 노력했다. 그는 화려한 색깔의 파이프 청소도구로 원숭이를 만들어 보자고 설득했다. 하지만 올리비아는 관심이 없었다. 로알드는 평상시에는 아주 손재주가 좋았던 손가락의 움직임이 서툴고 어눌한 것을 눈치챘다. 올리비아는 잠만 자고 싶어 했다. 로알드와 팻은 가정의였던 머빈

14장 소용돌이치는 사건들 553

브릭스톡Mervyn Brigstock에게 전화를 걸었다. 그가 오후에 집으로 왔다. 그는 올리비아를 자세히 살폈지만, 유난히 기운이 없어 하는 것 외에는 특별히 이상한 점은 발견하지 못했다. 그는 30분 후에 떠났다. 로알드는 집필실로 돌아갔다. 그때가 4시경이었다.

얼마 지나지 않아 로알드의 누이 엘스가 자신의 대녀가 잘 견디는지 살피러 들렀다. 그녀는 올리비아를 들여다보았다. 올리비아는 잠을 자는 것처럼 보였다. 유모였던 수 덴슨은 테사와 테오에게 차를 만들어주려고 내려와 있었다. 5시가 되어 어둠이 내리자, 팻이 올리비아의 침실로 올라갔는데, 딸이 발작을 일으키고 있는 것을 발견했다. 올리비아는 '죽어가는 눈길로'[94] 엄마를 빤히 쳐다보았다. 그러더니 갑자기 움직이지 않았다. '입을 힘없이 벌리고 침을 질질 흘렸다.'[95] 팻은 본가와 집필실을 연결하는 스위치로 달려가 절실한 마음으로 스위치를 눌렀다. 4번 반짝였다. 로알드가 달려나왔다. 그는 바로 브릭스톡에게 전화를 걸었다. 그가 도착하기를 기다리는 동안 팻과 로알드는 올리비아의 이마를 차가운 천으로 식혔다. 하지만 그녀는 아무런 반응도 보이지 않았다. 곧 올리비아는 의식을 잃었다. 브릭스톡은 그녀를 보자마자 구급차를 불렀다. 올리비아의 호흡이 희미했고 불규칙했다. 산소가 필요했다. 로알드는 힘없이 늘어진 딸을 물오리 털로 감싸 안고 나가 구급차에 실었다. 구급차는 근처에 있던 스톡 맨더빌 병원으로 달려갔다. 그들은 병원이 올리비아를 소생시켜줄 거라고 희망했다. 팻은 다른 아이들과 집에 남아 있었다. 브릭스톡은 올리비아와 함께 구급차를 타고 갔다. 로알드는 자동차로 그 뒤를 따라갔다.[96]

15장

전환점

노르웨이에서 휴가를 즐기고 있는 팻, 올리비아, 달, 테사. 1958년.

집시 이동마차 앞에 서 있는 달과 올리비아. 이 마차는 지금도 집시하우스 정원에 있다.

끔찍한 교통상황. 트럭들 때문에 자동차는 자꾸 서야 했다. 병원에 도착했다. 구급차가 입구를 잘못 찾아 들어갔다. 후진했다. 도착했다. 젊은 의사가 당직이었다. 머빈과 그는 올리비아에게 질산암모늄 3밀리그램을 투여했다. 나는 복도에 앉아 있었다. 담배를 피웠다. 몸이 얼어붙는 듯했다. 벽에 작은 막대기 모양의 전깃불이 켜져 있었다. 옆방에는 노인이 있었다. 여의사가 전화기로 갔다. 다른 의사를 급하게 찾는 모양이었다. 의사가 도착했다. 나도 안으로 들어갔다. 올리비아는 조용히 누워 있었다. 여전히 의식이 없었다. 의사는 살 가망이 50퍼센트라고 했다. 그들은 척수를 뽑았다. 뇌막염은 아니었다. 유행성 뇌염이었다. 머빈은 내 차를 타고 떠났다. 나는 그대로 있었다. 팻이 엘스와 존과 함께 도착했다. 존은 위스키를 사러 나갔다. 팻은 올리비아를 보러 안으로 들어갔다. 그녀에게 입을 맞추었다. 그녀에게 말을 걸었다. 여전히 의식이 없었다. 나도 들어갔다. 내가 말했다. "올리비아…… 올리비아." 그녀는 베개에서 살짝 머리를 들었다. 누이가 '하지 마' 하고 말했다. 나는 밖으로 나갔다. 우리는 위스키를 마셨다. 나는 의사에게 전문가와 상담해보라고 했다. 아무한테나 전화를 걸어 봐요. 그는 옥스퍼드에 있는 의사에게 전화를 걸었다. 나도 귀를 기울였다. 지시가 내려졌다. 할 수 있는 조치가 없었다. 처음에 나는 계속 있겠다고 했다. 그다음 팻, 엘스와 존과 함께 가겠다고 했다. 난 갔다. 집에 도착했다. 필립(레인퍼드) 에번스에게 전화를 걸었다. 그가 병원에 전화를 걸었다. 다시 나에게 전화를 주었다. '제가 갈까요?' 내가 대답했다. "예, 부탁합니다." 나는 병원에 전화를 걸어 그가 갈 거라고 말하겠다고 했다. 전화를 걸었다. 의사는 내가 에번스라고 생각했다. 상태가 나빠져서 걱정이라고 했다. 나는 자동차에 올라탔다. 병원으로 갔다. 걸어 들어갔다. 대기실에 있던 의사 두 명이 나에게 다가왔다. 어떻습니까? 너무 늦은 것 같습니다. 나는 방으로 들어갔다. 아이의 몸 위에 천이 덮여 있었다. 의사가 간호사에게 나가 있으라고 했다. 그를 혼자 두라고 했다. 나는 아이에게 입을 맞추었다. 따뜻했다. 나는 밖으로 나왔다. 나는 복도에 있던 의사에게 말했다. "아직 따뜻한데요. 왜 이렇게 따뜻하죠?" 그는 '당연합니다'라고 했다. 나는 자리를 떴다.[1]

달이 정확히 언제 딸의 죽음에 대해 이토록 비통할 정도로 침착하게 병원 진료 기록을 적었는지는 아무도 모른다. 로알드는 학교에서 쓰는 연습장의 초록색 겉표지에 대문자로 올리비아라고 제목을 쓰고는 마지막 날에 대한 묘사를 꼼꼼하게 메모 형식으로 적었다. 그리고는 집필실에서 특히 눈에 잘 뜨이지 않는 서랍 뒤에 보관했다. 아무에게도 말하지 않았다. 가족들도 28년 후, 그가 죽은 뒤에야 발견했다. 테오의 사고 당시 적었던 메모처럼 이런 상세한 묘사, 스냅 샷 같은 기록은 아마도 사고가 난 지 얼마 되지 않았을 때, 끔찍한 사고가 그의 마음속에 생생하게 남아 있을 때 적었음을 암시한다. 어쩌면 타고난 작가의 반사적인 반응이었을지도 모른다. 어쩌면 즉흥적인 치료방법 중의 하나였을지도 모른다. 그전까지는 위기의 순간에도 항상 앞으로 나아갈 힘을 낼 수 있었는데, 딸의 죽음으로 그런 힘마저 잃었다는 사실을 받아들이려는 노력의 하나로 말이다. 하지만 그 기록은 딸을 잃었다는 상실감이 결코 치유되지 않았음을 확실히 보여주는 고통스러운 것이었다. 딸의 갑작스러운 죽음에 대한 처참한 기록은,

시간이 흐르면서 기억이 뿌옇게 흐려져 고통은 줄어들었지만, 가슴 속 깊이 가장 비밀스러운 장소에 영원히 숨어 있었음을 보여준다.

누구라도 달의 상실감이 얼마나 컸는지 금방 알아차렸을 것이다. 올리비아의 죽음은 테오의 사고와는 너무나 달랐기 때문이었다. 테오는 아빠의 적극적인 보살핌과 관심을 필요로 했다. 로알드는 남아 있던 모든 긍정 에너지를 아들이 다시 정상적인 삶을 살 수 있게 해줄 수 있는 밸브의 디자인 같은 실용적인 일에 쏟을 수 있었다. 하지만 올리비아에게는 로알드가 할 수 있는 일이 아무것도 없었다. 이미 가버렸고 다시 살릴 수 없었다. 아이의 죽음으로 달은 '절망으로 무기력'했다. 상실감 뒤에는 '가장 예뻐하던 아이'를 실망하게 했다는 죄책감이 숨어 있었다. 딸이 죽은 지 며칠 뒤, 달은 마이크 왓킨스에게 이렇게 말했다. "딸을 위해 싸워볼 기회라도 있었으면 좋았을 걸 하는 마음입니다."[2] 가족의 수호자로서 실패했고, 잔인한 세상에서 딸을 보호하기 위해 자신이 할 일을 충분히 못 했다는 생각이 수년 동안 그를 괴롭혔다.

팻은 그가 집으로 돌아오기를 기다렸다. 그녀는 이미 최악의 소식을 알고 있었다. 병원에 있던 의사가 전화를 걸어 끔찍한 소식을 전했다. 로알드는 절박한 마음으로 그녀를 안고 그녀의 어깨가 푹 젖도록 '펑펑' 울었다. 팻은 그가 홀로 있고 싶어 하는 걸 이해했다. 달이 이미 무너졌음을 알았다.[3] 소아과 의사인 에번스는 다음 날 아침 일찍 집시하우스로 왔다. 그는 올리비아가 죽은 뒤에 도착했고, 그 아이가 홍역으로 말미암은 유행성 뇌염의 희생자라고 했다. 아주 드물게 홍역 때문에 생기는 뇌염의 일종인데, 걸릴 확률이 1000분의 1이라고 했다. 감마글로불린을 많이 섭취했다면 질병에 걸리지 않았을지도 모른다고 확신했다. 팻의 기억으로는 그 이후 산사태처럼 밀려오는 '분노와 좌절'[4]이 온 가족을 거의 묻어 버리기 시작했다고 했다.

아이들은 꿋꿋하게 견디어냈다. 테오는 너무 어려서 무슨 일이 일어났는지 이해하지 못했고, 5살이었던 테사는 엄마한테 유리 장식장에 있던 올리비아의 인형들을 자기가 가져도 되느냐고 물어보며 그저 아이다운 천진난만한 반응을 보였다. 팻은 기막혀했지만, 그건 40년 전 언니 아스트리가 죽었을 때 앨필드가 보였던 반응과 똑같았다. 시간이 흐른 뒤에야 비로소 언니의 죽음이 미친 심리적 영향이 나타나기 시작했던 것이다. 지금까지도 올리비아에 대한 많은 기억이 '봉쇄되어' 있을 정도였다.[5] 팻은 놀랍게도 시어머니에게서 위로를 찾았다. 그녀의 노르웨이적인 신비주의나 '크리스털처럼 분명한 비전'은 죽음이 결코 끝이 아니라는 위안을 주었던 것이다. 더욱이 팻은 77살의 시어머니가 1920년에 자기와 똑같은 고통을 겪었음을 알게 되었다. 아스트리와 올리비아의 죽음 사이의 평행선은 정말 무시무시했다. 둘 다 맏이였고, 아버지에게 특별한 사랑을 받았으며, 의학적으로 응급상황이 벌어져 어린 삶을 마감했으며, 그때 나이가 둘 다 7살이었던 것이다.

장례식은 가까운 마을의 리틀 미센던이라는 작은 교회에서 치러졌다. 교회는 거의 천 년이나 된 곳이었고, 주춧돌은 고대 영국의 색슨 시대로 거슬러 올라갈 정도였다. 앨필드에 따르면, 가족과 몇몇 친구만 참석했던 아주 소박하고 '평화로운' 의식이었다.[6] 올리비아를 묻을 때 눈이 내렸다. 영감을 받은 엘스는 청결한 겨울의 덮개를, 그녀의 무덤을 사랑으로 덮는 하얀 담요로 비유하는 시를 지었다. 하지만 로알드에게는 전혀 위로가 되지 못했다. 소니아 오스트리안은 크리스마스 후에 가족을 방문했을 때, 로알드가 딸을 위해 살아 있는 기념물을 만드는 데 열중하고 있음을 알게 되었다. 로알드는 공원묘지에 두 구획을 사놓았다. 딸의 무덤에 로알드와 팻은 W. B. 예이츠Yeats의 '그녀는 내 앞에 사랑스러운 아이로 서 있다'라는 구절을 새겨 놓았다. 그 주위로 로알드는 섬세한 암석으로 이루어진 식물원을 만들었는데, 각기 다른 채석장에서 골라온 돌과 200가지 종류의 식물—작은 일본 소나무, 아프가니스탄의 시네라리아, 그리고는 셀 수 없이 많은 종류의 아네모네—들을 심었다. 근처의 워터페리 여자원예학교에서 일하는 고산식물 전문가 발레리 피니스Valerie Finnis의 도움으로 그는 이국적인 미니어처 세상을 만들어냈다. 요란하지는 않지만 암담한 우울함을 본질적으로 강하게 드러내는—그래서 항상 끊임없는 관심과 주의를 필요로 하는—기념물이었다. 테사는 '엄청나게 큰 손으로 작은 쇠스랑을 들고 조심스럽게 잡초를 뽑아내며 식물들이 절대 죽지 못하게 하는 아빠의 모습'을 바라보며, 아빠가 정원에 온 기력을 다 빼앗기는 것같이 보였다. 그건 '마치 올리비아의 마지막 생명을 놓기 두려워하는 것'처럼 보였다.[7]

하지만 정원은 로알드 안에 숨어 있는 악마를 가두기에는 충분하지 않았다. 그는 자기 생각에만 빠져서 점점 가족과 멀어져갔다. 팻은 잃어버린 아이에 대해 울 수도 있었고 다른 사람들과 이야기를 할 수도 있었지만 로알드는 혼자서만 지내면서 아내의 고통을 알아주지 못했다. 그는 올리비아의 장난감과 책을 반지르르하게 윤을 낸 떡갈나무 함에 넣어 자기 침실에 보관했다. 그는 테사에게 자신이 절대 언니를 대신할 수 없다고 느끼게 했다. 그는 말이 없었다. 팻은 점점 거리감을 느꼈다. "그는 자기감정에 대해 아무 말도 하지 않았어요. ……올리비아에 대해 이야기하고 싶어 하지 않았어요. 그는 아무 내색도 하지 않았어요. 전혀."[8] 그가 매일 마시는 알코올 양은 점점 늘어갔고 요통 때문에 먹는 진통제도 정상적인 양을 넘어섰다. 소니아 오스트리안은 그곳에 머무는 동안 '그에게 다가갈 수가 없었고…… 말을 붙일 수도 없었고 아무것도 할 수 없었다. 그는 완전히 은둔생활을 했다'고 기억했다. 말이 많고 논쟁을 좋아하던 성격은 완전히 사라지고 없었다. 그는 집필실과 묘지에서, 때때로 어머니와 둘만 시간을 보냈다. 딸을 잃은 것은 삶의 의욕을 파괴해 버렸다. 테사와 테오와의 관계도 많이 무너졌는데, 두 아이는 아버지를 잃은 기분이었다. 오스트리안은 이렇게 기억했다. "그런 상황에서 벗어나기까지 오랜 시간이 걸렸어요. 내 생각에는 그는 항상 올리비아를 그리워했던 것 같아요. 아이의 죽음을 결코 극복하지 못했습니다."[9]

로알드는 어떻게든 마음의 위로를 찾아보려고 했다. 무자비한 무신론자가 되어 사후의 삶에 대한 팻의 나약한 믿음조차 갈기갈기 찢어 버리면서 분노에 차서 '쓰레기 같은 감정'이라고 무시하기도 하다가 다음 순간에는 그런 확신이 사라진 듯 보이기도 했다. 올리비아가 떠난 지 한 달이 채 되지 않았을 때, 친구인 마이클 아널드를 괴롭혔던 예전의 교장선생님 제프리 피셔에게 자신을 정신적으로 인도해줄 수 있느냐고 묻는 편지를 보냈다.

천국에서 딸을 만날 수 있을 거라고 믿던, '신비주의자' 같은 팻이 그 방문을 마련했을지도 모른다.[10] 어쨌든 로알드는 그녀를 따라갔고, 예전 프랑스어 선생님이었고 당시 랩턴동문회의 처장을 맡았던 헨리 데이비슨(피하드)Henry Davidson(Peehard)에게 자기 대신 피셔에게 연락해달라고 부탁했다.[11] 회의주의자로서는 놀라운 전환점이었다. 팻의 기억으로는, 로알드가 전해까지 캔터베리 주교를 맡았던 분에게 믿음을 가질 마음의 준비가 되었다고 했다. 1962년 12월 18일 로알드와 팻은 자동차를 몰고 도르셋 시골의 한적한 곳에 있던 트렌트 목사관을 찾아갔다. 피셔가 은퇴해서 살던 곳이었다. 영국 교회를 이끌던 전 지도자는 상실을 극복하기 위해서 반드시 걸어가야 하는 '힘든 길'에 대해 달 부부와 토론을 벌였다.[12] 나중에, 두 사람은 피셔에게 도움을 주어서 고맙다고 편지를 보냈고 《Kiss, Kiss》와 《당신을 닮은 사람》을 함께 보냈다.

겉으로는 그런 만남이 진심에서 우러나온 것처럼 보였다. 하지만 달은 항상 종교에 관해서는 예민했고, 나중에 그 대화가 결국 기독교는 거짓이라는 점만 확신시켜주었다고 주장했다. 결정적인 것은 '보스(피셔)'가 달의 가족이 키우던 개 로울리에 관해 말했던 부분이다. 9년 흑인 1970년 크리스마스에 달은 두 어린아이, 각각 여섯 살과 다섯 살이었던 오필리아와 루시에게 자기 생각을 말했다. 모두 리틀 미센던의 교회를 다녀와 여러 색깔의 호랑가시나무 가지로 올리비아의 무덤에 장식하러 갔던 날이었다. 오필리아는 아빠에게 왜 하느님이 언니를 데려갔느냐고 물었다. 로알드는 모른다고 대답하고는 딸에게 피셔와 만났던 이야기를 했다. '보스'는 비록 올리비아가 지금 천국에 있지만, 올리비아가 사랑하던 로울리는 결코 함께 있을 수 없다고 믿더라는 이야기를 해주었다. 로알드가 말했다.

"그분 얼굴이 굳어지더구나. 아빠는 그분에게 다른 동물이 사람 같은 대접을 받지 못한다는 것을 어떻게 그렇게 확신할 수 있냐고 물어보고 싶었거든. 그런데 못마땅해하는 표정이 입가에 지어지더라. 그래서 그만뒀단다. 나는 그곳에 앉아서 이 위대하고 유명한 종교지도자가 정말 무슨 소리를 하고 있는지 자신은 알고 있을까, 그가 하느님과 천국에 대해서 정말 아는 것이 있을까 궁금해지더구나. 만약 그렇지 않다면 대체 이 세상에 누가 알고 있단 말인가? 그래서 그때 이후로, 사랑하는 아이들아, 나는 정말 하느님이 실제로 있는지 아닌지 궁금해지기 시작했단다."[13]

달의 기독교적인 신앙은 항상 미약했다. 하지만 그의 신비주의 성향은 놀랍게도 강했다. 그 무엇보다 고약한 운명이 가족들 위에 드리워져 있는 것 같아 두려워했다. 2년 전에 맨해튼에서 일어났던 테오의 사고에 대해서도 달은 공작새처럼 하얗게 질린 얼굴의 사내아이 탓을 했다. 그는 끔찍한 사고에 대한 불길한 징조였던 것 같았다. 그는 그런 끔찍한 힘으로부터 안전하다고 생각한 버킹엄서로 이사했다. 그러나 다시 두려움을 느꼈다. 아버지의 운명과 자신의 운명이 비슷한 것이 그의 마음을 무겁게 짓눌렀다. 한 번은 퇴마사를 집으로 불러 사악한 기운을 집에서 쫓아낼까 심각하게 고려해본 적도 있었다. 그는 《라이프》의 기자였던 배리 파렐Barry Farrell에게 이렇게 말했다.

"저는 제정신이 아니었습니다. 끔찍한 생각에 사로잡혀 있었죠. 뭔가 꽉 막힌 듯했어요. 운명이나 모든 일의 의미를 생각하다 보면 정말 이상하거든요."[14]

앨필드는 남동생의 우울한 증상이 무척 신경 쓰였다. 한번은 달을 만나러 갔더니, 죽은 딸의 그림을 골똘히 들여다보고 있었다. 아무 말 없이 한동안 그림을 들여다보다가 누나를 쳐다보더니 나지막하게, '죽음의 얼굴'이라고 했다고 한다.[15] 그림은 그가 죽는 날까지 집필실에 걸려 있었다.

우울증—달의 인생 대부분의 시간 동안 숨어 있던 적, 보통 때는 그만의 특유한 긍정의 힘으로 이겨 싸웠던—은 이제 그를 잡고 놓아주지 않았다. 그는 우울증을 '대단한 방종'으로 보는 경향이 있었고,[16] 그것을 다루는 유일한 방법은 '깊이 묻어버리고 소매에 달고 다니지 말고 소매를 걷어 올리고는 일에 몰두하는 것'이라고 했다.[17] 하지만 이번에는 그가 할 수 있는 일이 없었다. 그는 심장질환을 앓기 시작했다. 침대에 누워 지냈다. 삶이 덧없다는 생각이 그를 무겁게 짓눌렀다. 16살 먹은 학생이었을 때, 그는 부정적인 생각을 속으로만 간직하려고 무던히 애를 썼다. 가족과 잘 아는 집에 아이가 태어났다는 소식에 그는 어머니에게 이렇게 말했다. "어머니가 선물을 사주셔야 할 것 같아요. 흠, 목욕할 때 목에 거는 방벽이 나와 있는 맷돌을 주도록 하세요."[18]* 그런 십 대의 허무주의에는 적어도 희미하게나마 미소가 숨어 있었다. 하지만 1963년 처음 몇 달 동안 집시하우스에선 거의 웃음소리가 들리지 않았다. 몇 년 만에 가장 추운 겨울이었다. 기온이 얼마나 낮았는지 집필실에 놓아둔 잉크 병의 잉크가 얼어붙을 정도였다. 간헐적인 돌출 행동이 우울한 분위기에 숨통을 트여 주기도 했다. 로알드는 올리비아와 티사의 학교 친구이며 홍역을 앓던 사라Sarah와 어맨다 콘키에게 감마글로불린을 줘야 한다고 의사를 못살게 굴었다. 로알드는 왜 올리비아의 홍역이 치명적인 유행성 뇌막염으로 진행되었는지 알아보려고 했다. 올리비아가 왜 그렇게 허약해졌는지를 알아내면 다른 아이들이 같은 운명을 겪지 않게 해줄 수 있기 때문이었다. 하지만 그건 그의 능력 밖의 일이었다. 그는 은둔생활을 하며, 자신의 고통을 아무에게도, 심지어 팻에게도 말하지 않으려고 했다. 팻은 '대단한 억제력을 가진 노르딕 성향'에 좌절감을 느꼈다.[19] 그녀는 친구인 진 발렌티노Jean Valentino와 클로에 카터Chloe Carter에게 로알드가 '정말 죽고 싶어 하는 것 같다'고 썼다.[20] 사라와 어맨다의 어머니인 프랭키 콘키Frankie Conquy는 로알드가

---

*마태복음 18장 6절이나 누가복음 17장 2절에 나오는, 어린아이로 하여금 죄를 짓게 하는 자는 차라리 연자맷돌을 목에 걸어 바다에 빠뜨리는 게 낫다는 구절을 빗대어 말한 듯하다. ―옮긴이 주

1도장 전환점 565

올리비아의 그림과 시를 액자에 넣어 온 집 안에 걸어두었지만, 아이의 이름을 꺼낸 적은 없었다고 기억했다. 몇 년 후 테사는 자전적인 소설인 《Working for Love》에서 이 상황을 다시 그려냈다. "우리 아빠는 전혀 아무 일도 하지 못하고 있었다. 엄마는 굳건하게 버틸 필요가 있다고 느껴서 스스로 힘을 냈다. 일 년 동안 우리 가정을 지탱해 온 사람은 엄마였다."[21] 딸 이야기를 너무나 하고 싶었지만 팻은 남편의 침묵을 잘 참아냈다. 그녀는 칼럼니스트인 루엘라 파슨스에게 가족들이 《욥기》에 나오는 내용대로 살고 있는 것 같다고 말했다.[22]

테사는 아빠의 행동을 이해할 수도, 설명할 수도 없었다. 아무리 아빠를 도우려고 해도, 위로하려고 해도 그는 딸을 거부했다. 《Working For Love》는 소설이지만 당시의 감정을 정확하게 반영한다는 점에서 현실을 보여준 이야기였다. 책에서 테사는 이렇게 말한다.

"아빠는 그 누구도 도와줄 수 없는 상태였다. 아빠는 슬픔을 소리 내어 말할 수 없었다. 아빠의 아름다운 푸른색 눈이 눈물로 가득 차오르는 것을 본 기억이 난다. 아빠가 침실에서 훌쩍이는 것을 보았다. 아빠는 나를 보더니 나가라고 했다."

또 다른 장면에서 서술자인 몰리(테사)는 아빠가 차로 학교에 데려다주면서 죽은 언니가 불렀던 노래를 부르라는 장면을 묘사했다. 아빠는 결국 소리를 지른다.

"아니, 왜 언니같이 못하니? 왜 언니처럼 노래를 못 부르는 거야? 소리 통도, 걸음걸이도, 생기발랄함도, 넌 없지? 왜 언니 같지 않느냐고?"[23]

팻은 상황이 나빠질까 염려하면서 그의 행동에 절망했다. 친구에게 이렇게 말했다.

"나아지는 것이 아니라 점점 더 나빠지는 것 같아. 나는 남편이 어쩔 수 없이 사람을 만나고 같이 일해야 하는 직업을 가졌으면 좋겠어."[24]

그러다 겨울에서 봄으로 들어서자 어린이를 위한 세계기구(IHC)라는 협회 일에서 희망이 보이기 시작했다. 가족에게 버림받은 이탈리아 남부에 있는 사생아들을 돕는 단체였다. 이웃이었던 마저리 클립스톤Marjorie Clipstone이 마리오 보렐리Mario Borrelli 신부의 개척적인 일을 로알드와 팻에게 소개했다. 자선단체 설립을 도왔던 보렐리는 나폴리의 부랑자 아이들 틈에서 부랑자처럼 몇 달을 보냈다. 그리고는 그런 스쿠구니찌(거리의 아이들)을 위해 호스텔을 지었다. 그의 자서전이 출간된 지 얼마 되지 않았고,[25] 그에 대한 다큐멘터리가 영국 텔레비전을 통해 방송되었다. 어린아이들의 절망스러운 상황이 로알드의 마음을 움직였다. 그의 본성인 너그러움을 자극하고 자신을 사회의 약자와 동일시하는 마음뿐 아니라 긍정적인 행동을 실천하게 하는 동기를 부여했다. 찰스 마시가 몇 년 전부터 일단 접어두라고 충고했던 대로 로알드와 팻은 올리비아 돈의 신탁을 IHC에 넣고 로알드 자신은 그레이트미센던 지부의 활동적인 지부장이 되었는데, 이 지부는 나중에 300명이 넘는 회원을 자랑하게 되었다. 살면서 처음으로 로알드는 공식적인 운동가가 되어, 주변에서 느끼는 인간의 잔인함과 부당함에 대한 분노를 잘 표현한 신실한 보고서를 쓰게 되었다.

알비로벨로는 이탈리아 남부의 높은 산악지대에 있는 작은 마을이다. ……그곳 주민은 가난하고 여러 면에서 뒤처져 있다. 그들은 충격적일 만큼 편협하다. 예를 들어 이곳에서는 기형을 안고 태어난 아이들은 가족의 치욕이라 여겨져 일생을 지하실에 갇혀 살게 된다. 혼

전에 임신한 여인은 그 즉시 추방을 당한다. 교회나 가족들도 전혀 도와줄 생각이 없다. 그리고 이렇듯 알베로벨로라는 사랑스러운 이름을 가진 이 마을에서 최근에 12살 반짜리 여자아이가 무자비하게 강간당하는 일이 발생했다. 아이의 가족은 곧바로 아이를 내쫓았다. 아이는 거의 정신 나간 상태로 도움을 구하기 위해 수녀원으로 달려갔다. 수녀들은 아이의 눈앞에서 문을 닫아 버렸다. 아무도 아이를 만지려고도 하지 않았다. 아이는 버려진 것이다. 이제 여러분도 이곳에 문제가 있다는 것을 알 것이다.[26]

로알드가 자선 사업에 뛰어들자 팻은 안도감을 느꼈다. 그녀와 온 가족은 2주 동안 로스앤젤레스로 갔다. 그녀는 인기 있는 의학 드라마인 《벤 케이시Ben Casey》를 찍고 있었다. 그들이 영국으로 돌아왔을 때, 테오의 발작이 다시 시작되었다. 또다시 그의 션트가 다시 제대로 작동하지 않는 듯했다. 늦여름에 그는 의식을 잃었고, 병원으로 긴급 호송되었다. 로알드는 이제—마침내—아들에게 그가 디자인을 도왔던 대체 밸브를 넣을 수 있게 되었다고 생각했다. 하지만 케니스 틸은 장치를 다 제거해보자고 제안했다. 18개월 전에도 시도했지만 성공하지 못했던 것이었다. 하지만 이제 다시 시도해보고 싶었다. 그건 도박이었다. 겨우 3살인 테오가 밸브 없이 30일을 버틸 수 있다면, 틸은 테오가 앞으로 밸브 없이 살아갈 수 있을 거라고 믿었다. 로알드와 팻은 그렇게 하라고 허락했다. 그래서 9월 8일, 테오의 짧은 인생에서 8번째로 의사는 머리를 열고 밸브를 제거했다. 이번에는 좋은 소식이 있었다. 테오가 재발하지 않고 30일을 견딘 것이다. 뇌수종은 재발하지 않았고, 아이러니하게도 테오는 아버지가 발명한 밸브가 필요하지 않았다. 달 가족의 의학적인 위기가 행복한 결말이 된 순간이었다. 그리고 또 하나의 좋은 소식이 있었다. 달은 10월 마이크 왓킨스에게 편지를 썼다. "옥스퍼드 개구리 실험실에서 보내는 따끈따끈한 뉴스입니다."[27] 팻이 다시 읍신한 것이다.

마침내 달의 기분은 3년 전 그가 만들어내기 시작한 또 하나의 현실로 돌아갈 수 있을 정도로 좋아져 있었다. 올리비아가 죽기 얼마 전, 그는 쓰고 있던 이야기를 《찰리와 초콜릿 공장》이라는 이름으로 바꾸고 중심인물인 윌리 웡카―세상 사람들이 본 적 없던 대단히 놀랍고 멋진 사탕을 만들어낼 수 있는 능력을 갖춘 초인간적인 천재―를 만들어냈다. 이 엉뚱한 마법사―달은 이복형인 루이스가 그를 위해 만들어주었던 실키 웡카라는 부메랑에서 이름을 따왔다―는 그를 만들어낸 창조자의 성격을 가지고 있었다. 그는 변덕스럽고, 남을 즐겁게 해주며, 명석했다. 그는 어른이었지만 어린아이의 감각이 있었다. 그에게는 감상적인 면은 없었다. 그는 재미있었다. 그리고 비밀스럽다. 도무지 알 수 없는 사람이었다. 그러면서도 어두운 면도 가지고 있었다. 나쁜 아이들은 뭉개지고 늘려지고 커다란 블루베리로 바뀌고, 발명실에서 선을 넘어가면 삶아서 퍼지가 된다. 겉으로 보면 냉정한 사람 같지만 속에는 착한 마음씨를 가지고 있었다. 그가 만들어낸 인물 중에서 가장 기억될 만한 인물―자신이 정한 규칙에 따라, 자신만의 영역 안에서, 공장 담 밖 세상으로부터 안전하게 살고 있는―이었다. 로알드가 마침내 집필실 문을 닫고 커튼을 단단히 치고, 의자에 앉아 다리에 침낭을 두르고 각이 진 스탠드에 불을 켜면 그 역시 스스로 완전하게 통제하는 세상에 들어앉는 것이었다. 그곳에서는 그 어떤 끔찍한 놀라운 일도 그를 방해할 수 없었다. 또 하나 위안이 되었던 것은 이 상상 속의 우주가 그가 가장 좋아하는 물건에 초점을 맞추고 있다는 것이었다. 초콜릿.

어렸을 때부터 로알드는 단 음식에 푹 빠져 살았다. 특히 초콜릿을 좋아했다. 랜다프 프래쳇 부인의 사탕가게 벽에 줄줄이 늘어서 있던 리커리스 부틀레이스(감초를 넣어 만든 찐득이 과자)와 화려한 색깔의 고브스타퍼(크고 둥근 단단한 사탕) 사이에서 소년 시절의 환희를 넘어 로알드는 렙턴에서 초콜릿 맛 감별법을 연마했다. 기숙사 반장은 프라이어리 반에 있는 모든 학생이 해마다 보네빌의 캐드베리 사로부터 새로 나온 캐드베리 초콜릿 12개가 든 상자를 받을 수 있게 영업부와 협정을 맺었다. 상자 안에는 새 제품에 의견과 점수를 매길 수 있는 표가 들어 있었다. 적절하고 과학적인 검사가 될 수 있게 그들은 항상 '제어' 용 커피 크림을 같이 보냈다. 로알드는 학생 미식가로서의 역할을 즐겼다. 《발칙하고 유쾌한 학교》에서 그는 새로운 초콜릿 제품이 '보통 사람의 미각에는 지나치게 미묘하다'라는 평을 내린 것이 있었다.[28] 그리고는 새로운 조제법이 고안되는 특별한 곳에 대해 상상의 날개를 펼쳐보기도 했다. 이런 열정은 어른이 되어서도 계속되었다. 로알드가 글을 쓰면서 옆에 늘 간직한 불가사의한 물건 중의 하나는, 1930년대에 런던의 쉘 사무실에서 일할 때 매일 점심마다 먹은 초콜릿 바의 포장지로 만든 커다란 은색 공이었다. 골프공과 테니스공의 중간 크기였고, 보기보다 무거워서 그가 가지고 나와 손님들에게 보여주면 거의 모든 사람이 무엇인지 알아맞추지 못했다. 대부분은 대포알이라고 생각했다.

로알드의 초콜릿 취향은 하나에 얽매이지 않고 다양했다. 가끔은 아주 고급스러웠다. 전쟁 동안 그는 뉴욕의 최고급 초콜릿 제조업자인 로즈메리 드 파리에서 밀크 초콜릿과 씁쓸한 맛의 초콜릿을 상자에 넣어 대서양 건너에 있는 어머니와 누이들에게 정기적으로 보냈다. 이런 작은 사치는 식량 배급으로 인한 비참함을 덜어주었다. 하지만 그의 진정한 열정은 거대한 슈퍼마켓에서 파는 전통 초콜릿에 있었다. 집시하우스의 식사가 근사하든 아니든 늘 자그마한 빨간색 플라스틱 상자에 들어 있는 친숙한 상표의 초콜릿으로 끝을 맺었다. 그가 죽기 전해에 쓴 수필 《The Roald Dahl Cookbook》은 사후에 《Memories with Food at Gypsy House》라는 이름으로 출간되었는데, 이런 위대한 초콜릿─마즈, 킷캣, 에어로, 몰티저스, 롤로, 스마티즈 등 여러 가지─들이 만들어진 1930년에서 1937년, 7년의 기적 같은 시절에 대해 서정적으로 표현하고 있다. 그는 학교에서 영국 아이들이 왕과 여왕에 대한 역사뿐만 아니라 이런 날짜들도 배워야 한다고 생각했다. 그는 미소를 지으며 그 시기를 예술의 세계에서, 음악에서는 베토벤과 모차르트를, 그림에서는 프랑스 인상주의를, 문학에서는 디킨스, 발자크Balzac, 톨스토이를 배출해낸 황금기와 비교했다.

마법 같은 발명을 통해 느끼는 열광적인 기쁨은 《찰리와 초콜릿 공장》이 담고 있는 위대한 내용 중 하나였다. 그런 면에서 책은 테오의 사고 이후 달 자신의 삶의 위기를 비추어주기도 하지만 다른 면에서는 넘치는 에너지와 거드름 피우던서 올리비아의 죽음으로 말미암은 고통과 테오에 대한 계속되던 걱정에서 멀리 떨어져 있는 것처럼 보였다. 이 책은 테오에게 바친 책이었다. 이 두 가지 큰 사건은 이 이야기를 왜 6번이나 수정했는지 부분적으로는 설명해준다. 하지만 오랜 숙고의 과정을 겪어야 했던 이유를 전부 설명해주지는 못한다. 달은 거의 집착에 가까울 정도로 이야기 전개를 명확하게 하고 싶은 필요성을 느꼈다. 서술 대부분은 일관성이 있었다. 두 주인공의 근본 성격은 변하지 않았다. 예를 들어 변덕스러운 윌리 윙카와 가난하지만 용기 있고 마음씨 착한 아이인 찰리 버켓은 절대 변하지 않았다. 모든 수정본에서 찰리는 가장 인기 있는 초콜릿 바 포장지 안에 숨어 있는 '황금빛 초대장'을 찾게 되고, 월리 윙카의 놀라운 공장을 둘러볼 수 있는 여행에 초대된다. 같이 초대된 아이들—처음에는 열 명이었다—은 쉽게 볼 수 있는 아이들의 나쁜 성격, 즉 탐욕, 이기심, 자만심, 텔레비전 중독, 혹은 버릇없음 같은 면에 대한 기괴한 패러디였다. 하지만 유사성은 거기서 끝난다.

처음에는 움파룸파 공장 일꾼들도, 찰리를 돌보아주던 조 할아버지도 없었다. 최종판에 나온 아이들도 없었다. 책의 내용에서 궁극적으로 빠지거나 크게 변한 인물 중에는 엘비라 엔트휘슬(버루카 솔트의 모델), 미란다 글룹(초콜릿 강에 빠진), 토미 트라우트백(윙카를 배신하고 두들기고 자르는 방에서 최후를 맞이하는), 버티 업사이드(몸을 따뜻하게 만드는 사탕을 과도하게 섭취하여 심하게 몸이 뜨거워진), 머빈 푸룬, 바이올렛 스트레비스머스, 그리고 허피스 트라우트가 있었다. 이야기 구성도 많이 달랐다. 찰리가 윙카의 감시에서 오래 벗어나 있다가 우연히 빨리 마르는 초콜릿을 뒤집어썼다는 탐정소설 같은 이야기였다. 윙카가 만든 거대한 '초콜릿 소년'이라 오인되어 윙카의 아들인 프레디에게 부활절 선물로 배달된다. 초콜릿 코팅이 되어 윙카의 집에서 밤을 보낸 찰리는 강도 사건을 목격한다. 다음 날 아침, 초콜릿 감옥에서 풀려난 찰리는 도둑이 누구인지 알려주어 윙카에게 엄청나게 큰 사탕가게를 받는다. 가게는 "시내 중심의 한 블록을 다 차지할 만큼 넓었고 9층이나 되는 건물이었다."[29] 가장 놀라웠던 것은 초기 원고였다. 달은 찰리를 '작은 깜둥이 소년'이라고 묘사했는데, 아이는 많은 부모나 교육자들이 미래에 고민하게 될 문제를 놓고 대담하게도 윙카에게 맞선다. 주스로 짜지고, 갈리고, 고무로 된 관을 통해 아래로 떨어지고 퍼지를 만드는 통에 빠져 익혀지는 아이들은 어떻게 되는 걸까? 어쩌면 누군가 그곳에서 다친 것은 아닐까 걱정하는 찰리에게 웡카는 천진난만한 대답을 한다. 웡카는 화를 내며 말했다. "나는 초콜릿 공장을 운영하고 있어, 너도 알겠지만. 정육점이 아니라고."[30]

두 번째 원고는(달이 다른 사람에게 보여준 첫 번째 수정본) 1961년에 완성되었다. 비록 실라 세인트 로렌스는 공식적으로 에이전트에서 물러났지만, 로알드는 그녀의 중요한 의견을 이야기 속에 넣고 싶은 마음이 간절했다. 그래서 마이크 왓킨스에게 원고를 실라에게 전달해달라고 부탁했다.[31] 같은 날 실라에게도 편지를 보냈다. 달은 자신이 그녀의 논평을 '너무나 소중하게 여기겨', 그녀의 논평을 듣지 못하면 '다 잃은 기분'이라고 전했다.[32] 그녀가 답장하기까지는 한 달이 걸렸고, 답장을 보냈을 때도 그녀의 반응은 일단 주저하는 듯한 느낌이었다. 그녀는 솔직하게 이렇게 시작했다. "《Charlie's Chocolate Boy》를 읽었어요. 아이들을 위해 또 읽었어요. 그리고는 스스로 한 번 검토했죠. 어쩐지 제가 뭐라고 할 처지가 아닌 것 같아 답장하기가 망설여졌습니다. ……저는 주제넘게 뒤에 앉아 이래라저래라 하고 싶지는 않아요." 하지만 곧 책을 얼마나 좋아했는지 늘어놓았다. "이 책의 주제를 듣고 얼마나 흥분했는지 몰라요. 정말 대단해요. 당신이 어떻게 이야기를 끌고 나갈지 파악되자, 저 머릿속에는 이야기에 집어넣을 만한 온갖 종류의 사탕들로 가득했어요. 냄새며 느낌 그리고 색깔, 사탕을 만들 때 집어 넣을 만한 놀라운 것들로 말이에요." 하지만 세세한 사항 때문에 줄거리의 흐름이 막힌 것 같다고 했다. "어쩐지, 어디에선지, 무엇 때문인지 처음에 느껴졌던 마법과 같은 흥분이 길을 잃었어요……."³³ 그녀는 많은 수정을 제안했다. 욕심이 많은 아우구스투스 포틀(나중에는 굴룹)이 초콜릿 강에 빠졌다가 유리 파이프 속에 낀다, 낄낄 웃는 힐레어 벨록 같은 아이들에게는 속삭이는 작은 목소리가 아니라 노래에서 나오는 것처럼 하얀색 코트를 입은 노동자들이 적절한 디저트를 갖다 준다…….³⁴ 결론적으로 조심스럽게 이렇게 썼다.

"저는 더 많은 유머와 달만의 터치를 볼 수 있었으면 좋겠어요. 제 의견에 당신의 또 다른 의견이 만나 환상의 비행을 하여 책이 훨훨 날아갔으면 좋겠어요. 분명히 그렇게 되겠지만 말입니다."³⁵

그녀의 의견은 로알드가 필요로 했던 바로 그런 조언이었다. 그는 그녀의 의견에 전적으로 동의한다며 답장을 보냈다.

"당신의 편지는 내가 기다리고 기다리던 바로 그런 편지라오. 당신이 말해준 그 모든 의견에 전적으로 동의하오. 맞소, 전부 맞는 말이오."

예상했지만 그는 참지 못하고 실라에게 그녀의 여러 가지 제안을 이미 다 고려해보았다가 접었다고 했다. 잘못 생각한 것을 깨달았다고 했다. 그렇지만 그는 그녀의 도움에 '그럴 수 없이 감사한 마음'이라고 했다.³⁶ 그러나 일 년 뒤에도 책은 아직 완성되지 못했다. 달은 마이크 왓킨스에게 실라의 열성적인 지지—실라는 당시 책이 '정말 탁월하다'고 말했다*—에도 불구하고, 아이들을 위한 책을 쓰는 일에 지쳤다고 했다. 그는 앨프리드 크노프에게 자신은 어른을 위한 책을 쓰고 싶다고 편지를 보냈다.³⁷《제임

---

*이 편지는 아마도 25년 후 실라가 아일랜드에서 달에게 초대받기 전까지, 마지막으로 주고받은 편지일 것이다. 달의 그녀에 대해 마지막으로 언급한 것은 1963년 2월 마이크 왓킨스에게 보낸 편지에서였는데, 실라가 올리비아의 죽음에 대해 아무 대답이 없는 것이 놀랍다고 썼다. "그런데, 실라에게 편지를 받지 못한 것은, 내가 올리비아에 대해 썼고, 아마도 그녀는 아무 말도 할 수 없었을 것"이라고 후회하듯이 말했다. ―로알드 달, 마이크 왓킨스에게 보낸 편지, 02/13/63-WLC Box 25.

스와 슈퍼 복숭아》의 미국 판매량(첫해에는 2600부) 때문에 달은 끔찍한 기분이었다. 그는 왓킨스에게 화를 내며 말했다. "아니 대체 내가 누구를 위해서 이런 형편없는 책을 쓰고 있는 건가요?"[38] 1962년 여름, 새 책은 4번의 수정을 겪었다. 다섯 번째 수정본은, 《찰리와 초콜릿 공장》이라는 이름으로 크노프에 있는 버지니 파울러Virginie Fowler에게 보냈다. 로알드는 툴툴거리며 왓킨스에게 이렇게 말했다.

"만약 그녀가 마음에 들지 않는다고 하면 버릴 겁니다. 이 책으로 돈을 벌고 싶다고요."[39]

아이러니하게도 여러 해 동안 자신단만하던 달은 자기 작품의 위력을 제대로 보지 못했다. 재정적으로도 예술적으로도. 마침내 1964년 미국에서 이 책이 출판되었을 때, 그는 《뉴욕 타임스》에 기사 하나를 썼다. 그건 짧고 비싼 그림책이 시장을 지배하는 추세라 잘 짜인 이야기는 피해를 입는다는 내용이었다. 하지만 그 역시 자신이 쓴 책의 가치에 대해 확신이 없음을 인정하면서—내가 아는 것은 그런 책들이 가치가 없다는 것뿐이다— 그런 책을 쓰는 것은 '에너지가 크게 새어나가는 것'이고 '비경제적인 전환'이라고 인정하기도 했다.[40]

경험이 많고 전통적인 동화책의 편집자였던 버지니 파울러도 고전이 될 만한 책이 자신의 무릎에 놓인 걸 전혀 알지 못했다. 그녀는 책이 마음에 들었다. 하지만 문학적인 관습을 깬 부분은 조심스러웠고, 몇몇 부분에서는 상스럽고 이상하게 언짢은 기분이 들었다. 그녀는 달에게 이렇게 썼다. "어린이들을 위한 동화의 세계에는 나름의 규칙이 있어요. 이런 규칙을 무시하면 불필요한 어려움을 겪게 된답니다."[41] 하지만 그녀의 새 상관인, 적극적이고 상업적인 밥 번스타인은 생각이 달랐다. 그는 새로 병합한 랜덤하우스-크노프-판테온그룹Random House-Knopf-Pantheon group의 청소년 문학 책임자로 임명되었는데, 자신이 범상치 않은 작품을 다루고 있음을 곧바로 느꼈다. 이야기 속에서 놀라운 상업적인 성공 잠재력을 감지했을 뿐 아니라, 새로운 아이디어와 그 아이디어를 제대로 펼친 방법 또한 마음에 들었다. 그는 달에게 자신의 세 아들이 책을 얼마나 좋아했는지 모른다며 열렬히 지지를 보냈다. "그야말로 너무나 훌륭한 동화책입니다."[42] 앨프리드 크노프는 '거의 경이롭다'면서 어린이뿐만 아니라 어른들에게도 흥미를 자아내는 고전이 될 거라고 말했다.[43] 부인인 블랑쉬도 같은 생각이었다. 그녀는 로알드에게 이렇게 말했다. "어린아이들은 정말 좋아할 거예요. 그리고 나를 보면 늙은 아줌마들도 마찬가지고요."[44]

존경스러운 크노프 부부와 밥 번스타인의 아이들은 거친 유머와 충동적이고 폭력이 가미된 도덕성 너머에 강력한 감정 재료로 뒷받침된 환상의 세계가 있음을 처음으로 감지한 사람들이다. 기회도 없고 자기를 표현할 방법도 없는 한 아이가 예기치 못하게 특별한 친구(영혼의 친구)를 만난다. 그는 아이를 믿어주고 성공하는 힘을 부여한다. 그건 아주 중요한 비법이었다. 윌리 윙카는 사탕계의 귀재일지 모르지만 또한 모든 아이가 갈망하는 '특별한 친구'이다. 아이들의 가치, 재능을 알아봐주고 그들의 나약함과 함께할 수 있는 사람이다. 여러 해가 지난 다음, 달은 농담 삼아 자신의 어린이 주인공들이 항상 '어느 정도는 따분한 녀석'들이라고 인정하면서 '이야기를 끌고 나가는' 사람은 사실 윙카라고 했다.[45] 하지만 찰리의 덤덤함 때문에 어린 독자가 자신을 이야기 속에 투영시켜 윙카와 특별한 관계를 스스로 만들어갈 수 있었을지도 모른다.

예상치 못하게 모습이 변하는 우정이라는 주제는 달의 가장 성공한 책들에서 나타난다. 달 자신이 가장 깊게 공감할 수 있는 주저였다. 아마도 달은 인정하기 싫었을 것이다. 자신의 나약한 부분을 직접 말로 표현하는 것을 불편해 했기 때문이다 《찰리와 초콜릿 공장》의 경우에는 유달리 더 직접적으로 비슷함이 느껴진다. 많은 비평가는 모자를 쓴 초콜릿 거물과 창조자의 유사성을 지적했다. 둘 다 끝없는 자신감을 가졌으며 공개적으로 '반박 하지 마!'하고 말하는 스타일이다. 둘 다 당당하고, 재치 있고 변덕스럽다. 둘 다 자신을 신비로움으로 가렸다. 둘 다 오해받는 스타일이다. 이런 모든 면에서 웡카는 자신을 창조해낸 사람을 그대로 비추고 있다. 그러나 달은 또한 찰리이기도 하다. 경이로움을 바라다보는 아이의 시각, 상처받기 쉬운 나약함, 상상력으로 가득한 풍요로운 내적인 삶, 힘 있는 특이한 사람이 인정해 주는 그런 모든 점이 로알드의 개인적인 이야기와 평행선을 이루고 있다. 그는 그저 그림자가 아니었다. 그는 외로운 십대였고, 렙턴의 암실에서 있을 때 가장 행복했고, 사막에서 동료 비행사에게 밤새도록 위안을 받은 만신창이가 되었던 비행사, —어쩌면 가장 중요한— 억누를 수 없는 특이한 성격의 말 많은 해적이 실의에 빠진 작가가 된 것이다. 그런 점에서 웡카는 분명히 몸져누워 죽을 날만 기다리는 찰스 마시에게 말없이 바친 헌정이었다. 두 사람 다 못 말리는 낙천주의자들이었다. 웡카가 찰리에게 힘을 주는 말, "너는 절망해서는 안 된다. 불가능한 것은 아무것도 없어"[46]는 10년 전에 찰스가 달에게 보여준 자신감의 메아리였다. 달은 자신의 어린 주인공처럼 자신감 없는 상태로 위기를 맞이했고, 자신이 거부되고 무시당했다고 생각했다. 그전 10년 동안 마시는 로알드에게 글을 써보라고 격려했고, 병원 문제를 해결해주고 재정적으로 구해주었다. 찰스는 결혼 문제의 비공식 중개인이었으며 치료사였다. 어떤 경우에도 그는 자기가 돌보는 젊은이에게 자신을 믿고 운명을 따르라고 충고해주었다. 달은 친구이자 아버지 같은 찰스를 의지했다. 하지만 두 사람은 더 이상 그럴 수 없었다.

책을 끝마칠 즈음, 로알드의 정신적인 지도자들이 모두가 죽거나 죽어가고 있었다. 매슈 스미스는 1959년에 죽었다. 헨리 월리스는 루게릭병에 걸려 마비된 채 코네티컷에 누워 있었다. 그는 1965년에 죽었다. 그중에서도 가장 중요한 사람인 찰스 마시는 워싱턴에서 24시간 간호를 받고 있었다. 그는 1964년 《찰리와 초콜릿 공장》이 출판된 지 얼마 되지 않아 죽었고, 곧 세상 사람들에게 잊혔다. 로알드는 찰스의 비참했던 마지막 몇 년 동안 거의 그를 보지 못했다. 쇠약해져 가는 찰스를 지켜보는 것은 달에게 너무 큰 고통이었다. 마시의 추종자 중에는 린든 존슨도 있었는데, 그는 미국 대통령직을 인수받고도 시간을 내서 공적인 임무를 내려놓고 쇠약하고 말도 못하게 된 노인의 77번째 생일에 그를 방문했다.[47]

20년 전에 공군 대위인 로알드 달은 마시라는 이름의 웡카의 찰리였다. 전쟁 당시 로알드는 여러 시간 동안 찰스의 소파에 누워 그가 사람들과 정치와 박애주의에 대해 이야기하는 것을 귀 기울여 들었다. 달은 그에게서 많은 것을 배웠다. 《찰리와 초콜릿 공장》은 어린이 세계와 어른 세계 사이의 특별한 곳—그곳을 탐구하기에 달은 가장 이상적인 조건을 갖춘—에 존재한다. 이 책의 최종판에서 웡카(결혼도 하지 않고 아이도 없는)는 이제 상처받기도 쉽고 상속자가 필요하다는 것을 깨닫고 공장을 찰리에게 준다. 웡카는 소년에게 자신의 왕국을 지혜로운 어른에게 줄 수도 있다고 말한다. 하지만 그렇게 하고 싶지 않다.

"어른은 내 말을 듣지 않을 테니까. 그리고 배우려고 들지도 않고. 내 마음대로가 아니라 자기 마음대로 하려고 들 테니까. 그래서 아이를 후계자로 가져야 해."

'노인아이'이고 가끔은 어른보다는 아이들과 더 소통을 잘하는 달은 늘 윙카 같은 인물—말 많고, 이국적이고, 사납게 날뛰는—로 기억될 것이다. 하지만 그의 상처 받기 쉬운 나약한 면과 숨겨진 부분은 아이로 남아 있었다. 그는 뿜어대는 만큼 흡수하는 아이, 허세를 부리고, 우상 타파적인 텍사스 출신 멘토와 함께 하면서 자신의 성격을 이룬 젊은이였던 것이다. 한 아버지가 자식에게 영향을 끼치듯 그는 작가가 되어 그런 모습을 세상에 전달했다.

로알드 자신의 윤리적인 견해는 《찰리와 초콜릿 공장》에서 아주 강하게 나타났다. 그런 점은 올리비아가 죽었을 때 막 시작한 새로운 동화책—'이 나라에 있는 모든 용감한 사슴과 오리 사냥꾼'을 겨냥한 우화—에 확실하게 나타났다.[48] 주어진 250개의 단어로 쓴 것인데, 유명한 성인작가들도 참여한 프로젝트였다. 작가 중에는 존 업다이크John Updike와 아서 밀러 Arthur Miller도 있었는데, 달의 표현에 의하면 '소위 문학계의 거장들'[49]이 각각 2000달러를 받고 제한된 어휘를 사용하여 어린이를 위한 이야기를 써보는 일이었다. 르버트 그레이브스Robert Graves의 《커다란 초록색 마술책The Big Green Book》이라는 마법 이야기를 제외하면, 로알드는 대부분의 작품이 '졸작'이라고 생각했다.[50] 나머지 이야기들은 '운 없는 아이가 읽기 시작하면 2분 만에 곯아떨어질 게 분명할' 것들이었다.[51] 하지만 그는 출판사가 제시한 '엄청난 뇌물액수'[52]를 거절할 형편이 아니었다.

매서운 추위가 기승을 떨던 1962년에서 1963년 사이에 완성된 달의 이야기는 오리 사냥꾼들을 오리로 바꾸고, 오리들이 그들을 사냥하게 한다는, 처지를 바꾸어 본 이야기였다. 자신이 생각하는 것을 기탄없이 말하는 아주 독창적이고 재치 넘치는 우화였다. 8살짜리 소녀가 서술자이다. 아이는 부당함을 인식하고 잔인함을 해결하려고 스스로 마법의 능력을 갈고 닦는다. 그녀는 덤덤하게 독자에게 이렇게 말한다. "난 사냥을 참을 수 없다. 정말 참을 수 없어. 남자들과 사내아이들이 그저 재미삼아 동물을 죽이는 것은 옳지 않아."[53] 달의 출판업자인 크로웰 콜리어Crowell Collier는 막강한 세력을 가진 미국 총기업자들의 신경을 건드리기가 겁이 나서 원고를 깔고 앉아 출판 날짜의 마감기한이 만료될 때까지 기다렸다. 결국 출판사는 출판하지 않기로 했고 저작권을 작가에게 주었다.

달은 《The Almost ducks》라는 이름을 내내 사용했던 이 글을 버지니 파울러에게 보냈다. 그녀도 거절했다. 완성된 지 3년이 지난 다음, 책은 하퍼&로Harper&Row에서 《요술 손가락The Magic Finger》이라는 이름으로 출판되었다. 파울러의 결정은 보스였던 크노프와 문제를 일으켰다. 그는 그녀가 그렇게 독단적으로 일을 처리한 것을 믿을 수가 없었다. 그는 메모에 이렇게 불만을 표시했다.

> 마이크 왓킨스가 달의 작품을 5000달러에 하퍼에 팔았다고 이야기했을 때…… 당신은 이 특별한 이야기가 너무 형편없어서 출판된다는 자체가 참으로 안타까운 일이라고 자신 있게 밝혔지. 우리 회사의 이름과 거의 동일시되는 작가, 앞으로도 우리 회사에서 아주 중요한 부분을 차지할 작가의 작품이 적어도 한 번은 다른 출판사 이름으로 출판된다는 사실을 전혀 걱정하지 않는 듯 보이는군……. 로알드 달의 이야기를 출판하지 않겠다는 결정은 크노프와 랜덤하우스의 최고

위층과 의논하거나 승인받지 않고 결정해서는 안 되는 문제이네. ……유감스럽게도 당신이 죽어도 깨닫지 못할 정도로 우리가 얼마나 걱정스럽고 당황스러운 상황에 놓였는지…….[54]

그 이후로 로알드는 다시는 그녀와 상대할 필요가 없게 되었다.

1963년 여름, 로알드와 팻은 '자선 사업 일로 꼼짝할 수가 없었다'. 《허드Hud》라는 간단한 제목의 팻의 새 영화가 엄청난 호평 속에서 개봉되었다.[55] 에일즈베리에서 있었던 영국의 자선 시사회에서는 달이 선택한 아이들을 위한 자선기금으로 거의 1000파운드를 모금할 수 있었다. 모금액은 보렐리 신부가 돌보는 5살에서 11살에 이르는 20명의 나폴리 '길거리 아이들'과 '덕망 있는' 롱고 교수가 돌보는 사생아로 태어난 여자아이 10명을 바리에서 영국으로 데려와 3달 동안 여러 가족과 생활하는 데 사용되었다. 달은 빅토리아 역으로 아이들을 마중 나갔다. 그는 도착한 아이들의 모습을 '놀라운 광경'이라며 다음과 같이 묘사했다.

아이들이 입은 옷은 잘 맞지 않았지만 깨끗했다. 하지만 구두는, 몇몇은 앞꿈치에서 뒤꿈치까지 구멍 난 멋진 브로그 스타일이었지만, 아이들 발에는 너무 커 보였다. 아이들 몇몇은 손잡이를 줄이나 철삿줄로 이은 낡고 작은 가방을 들고 있었다. 한 아이는 자기 소지품을 천 주머니에 넣어 왔다. 어떤 아이는 두꺼운 마분지로 만든 엄청나게 큰 여행가방을 질질 끌고 왔다. 그리고 아주 작은 한 아이는 들고 온 가방이 없었고 두 손으로 빨간 플라스틱 통을 들고 있었는데, 보렐리 신부에게 오기 전에 나폴리의 한 창고에서 위험을 무릅쓰고 훔친 보

물인 게 틀림없을 것이다.[56]

그해 늦여름, 수전 덴슨은 결혼해서 집시하우스를 떠나기로 했다. 헤어지는 건 쉽지 않았다. 달의 입주 유모로 4년 이상을 지냈고, 그들과 끔찍한 사고 두 번을 같이 겪었다. 그녀는 이미 한가족이었다. 올리비아가 죽은 뒤 얼마 되지 않아, 로알드와 팻은 그녀한테서 절대 떠나지 않겠다는 약속을 받아내려고 별채를 집으로 주겠다고 제의했다. 그녀가 대답하기 전에, 가정부였던 나이 든 잉그램 여사는 그 제안을 엿듣고는 큰 소리로 부당하다고 화를 냈다. 어린 소녀에게 너무 많은 것을 요구한다는 것이었다. 수는 가정부 아줌마가 나서주어 무척 고마웠다. 몇 달 뒤에 사직서를 내자 로알드와 팻의 태도는 급격하게 차가워졌다. 그녀는 테사한테 결혼식 들러리로 서달라고 부탁하지 않으면서 그런 냉정함에 대응했다. 그녀는 올리비아와 테사가 들러리가 되어주기를 원했다. 그녀는 눈물을 흘리며 나에게 이렇게 말했다. "꼭 내 아기들 같았어요. 올리비아가 죽은 다음에는 저도 마찬가지였지만, 로알드와 팻에게도 두 딸 중 하나만 걸어나가는 것을 보는 게 고통스러울 거로 생각했어요. ……어쩌면 잘못 생각했는지도 모르죠." 그녀의 남편도 그런 결정을 되돌아보니 분명히 실수였던 것 같다고 인정했다.[57] 그래서인지 달의 가족을 떠난 후 수전은 그들과 멀어졌다.

팻은 영화 촬영으로 여름 내내 떠나 있었다. 1963년 8월, 로알드는 수전을 대신할 20명의 후보자를 면접하러 스코틀랜드로 올라갔다. 로알드는 코믹한 본성을 회복했음이 분명했다. 로알드는 마이크 왓킨스에게 그가 결정해야 할 일에 대해 이렇게 썼다.

"아주 희한한 경험입니다. 그들 중 하나는 계란도 삶아 본 적이 없더군요. 어떤 이는 내가 전화한 11시까지 침대에서 잠을 자고 있고요. 어떤 사람은 '런던을 보고 싶은 마음에' 광고를 보고 지원했다고 했습니다. 클라크매넌에 사는 소녀는 발에 물갈퀴가 달려 수영을 잘한다고 하더군요. 하지만 3명은 아주 괜찮았습니다. 그들은 우리가 비용을 부담하여 좀 더 심도 있는 면접을 위해 내려오기로 했습니다. 사는 게 참 바쁘군요."[58]

그들은 마침내 시나 버트Sheena Burt라는 소녀를 뽑았다. 팻은 '아주 사랑스러운 21살의 스코틀랜드 소녀'라고 표현했다.[59]

팻이 영화 《프시케 59Psyche 59》를 찍고 집으로 돌아왔을 때, 《허드》를 둘러싸고 좋은 소식이 있을 거라는 소문이 나도는 걸 알았다. 뉴욕의 영화 비평가들이 투표로 그녀를 1963년 최고의 조연 여배우로 뽑았고, 국립평가협회도 마찬가지였다. 2~3주 후 그녀는 오스카상 후보가 되었지만, 시상식은 그녀가 임신 9개월이었던 1964년 4월에 로스앤젤레스에게 열렸기 때문에 참석하지 않기로 했다. 그녀는 자신이 시상식의 하찮은 들러리일 거로 생각했다. 그런데 4월 13일 새벽 5시 전화가 울리더니 그녀가 수상했다고 알렸다. 로알드의 전 애인이었던 아나벨르 파우어가 그녀를 대신해 상을 받았다. 팻과 가족 모두에게 승리의 순간이었다. 그녀의 재능은 드디어 인정받았고, 배우로서의 미래가 이제 보장되는 것 같았다. 그녀는 이렇게 썼다. "영화계 전체에서 내가 능력 있다고 인정했을 뿐 아니라 이제부터 마침내 멋진 새로운 일들이 일어날 것 같았으니까요. 그리고 우리는 돈을 많이 벌게 되었어요."[60]

오필리아 마그달레네 달Ophelia Magdalene Dahl은 5월에 태어났다. 그녀의 이름은 아마도 올리비아를 떠올릴 수 있게 의도적으로 지어진 듯하다. 2~3주 뒤 가족 전체가 호놀룰루에서 여름을 보내러 떠났다. 그곳에서 팻은 존 웨인과 함께 《위험한 길In Harms' Way》—오토 프레민저Otto Preminger가 감독한 전쟁 드라마—의 주연을 맡은 것이다. 로알드는 그곳에서 행복하지 않았다. 그는 그들의 '금으로 만든 수도꼭지' 스타일이 싫었다. 그런 분위기가 로알드 안에 숨어 있는 검소하고 엄격한 스파르타 정신을 일깨웠다. 그는 마이크 왓킨스에게 이렇게 말했다.

"난 정말 이곳이 싫습니다. 8개의 방에 4개의 욕실, 3개의 부엌이 달린 스위트룸에서 아가 칸*처럼 사는 것은 정말 마음에 들지 않아요. 다행히 비용은 늙은 프레민저가 다 지급하지만 말입니다. 나는 그 어떤 호화로운 삶도 싫습니다. 영혼을 못 쓰게 만들거든요."

말은 그렇게 했지만 달은 솔직하지 못했다. 그는 탕가니카에서 있었던 '철의 훈련' 기억을 떠올리고는 양란의 섬을 찾으면서 위안을 찾았다. 그리고는 당시의 취미대로 난 온실을 그대로 가져가 집시하우스에 세울 계획이었다. 또한 달은 젊고 그때까지 잘 알려지지 않았던 로버트 올트먼Robert Altman이라는 감독과 친구가 되었는데, 그는 달에게 영화 대본을 써달라고 '압력'을 넣었다.[61]

로알드는 그런 관심을 받아 기분이 좋았고 올트먼이 제안한 아이디어도 마음에 들었지만 영화에 관여하는 문제에는 주저했다. 전쟁 당시의 경험 때문에 영화라는 장르를 의심했고, 히치콕이 1955년 로열 앨버트 홀에서 자신의 단편을 찍는 것을 보면서 너무나 따분했기 때문이다. 이제 영화와 텔레비전 일은 돈이 필요할 때만 고려했다. 예를 들어 테오의 사건 이후, 30분짜리 텔레비전 시리즈인 《웨이 아웃Way Out》에서 그랑기뇰**을

---

*Aga Khan, 엄청난 부를 가진 사람을 상징한다. —옮긴이 주
**grand guignol, 공포 괴기극이나 무시무시하고 엽기적인 소재의 구경거리. —옮긴이 주

신랄하게 소개하면서 '자신을 완전히 우스꽝스럽게 만들었던' 일이 있었다.[62] 그는 병원비를 내기 위해 그 일을 했다. 이따금 돈이 떨어지면 '할리우드의 끔찍한 영화 일'[63]이 그를 항상 유혹했다. 보통은 그런 유혹을 이겨냈다.

하지만 이상하게도 살면서 그가 가장 돈을 많이 받았던 일은 MGM영화사에게서였다. 그는 대사를 단 한 줄도 쓰지 않고 받았다. 1964년 초, 팻은 그에게 《36시간36Hours》이라는 영화의 대본을 보여주었다. 로알드가 1944년에 쓴 〈개 조심〉이라는 단편과 매우 비슷하다고 생각했기 때문이었다. 영화는 사실 영국 공군 조종사가 비행기에서 간신히 탈출하여 의식을 잃었다가 깨어났는데, 그가 입원한 병원이 영국이 아니라 점령된 프랑스에 있다고 들었다. 의사들은 완벽한 영어를 구사했다. 하지만 그를 극진히 보살피는 의사들은 사실 그에게서 정보를 캐내려는 독일인이었던 것이다. 조지 시튼George Seaton 감독이 직접 대본을 쓴 MGM 개정관은, 공격 날짜를 알고 있는 미국의 외교관(제임스 가드너James Garner)이 납치당해 강제로 약을 투여받으며 정신병원에 갇힌다. 그곳에서 독일 의사들은 미국인 체하면서 그럴듯하게 연기한다. 그들은 그가 오랜 혼수상태에서 깨어났다면서 전쟁은 이미 끝났다고 한다. 환자 자신을 위해 의사들은 트라우마 직전의 마지막 생각들을 기억해내는 것이 좋다고 설득한다. 그래서 공격계획을 자세히 알아내려고 한다. 그들은 그저 의학적인 관심 이외에는 아무것도 아닌 듯 행동한다. 시튼은 달의 오리지널 이야기를 알고 있었다고 인정하지는 않았지만, 달은 영화사로부터 상당한 돈을 뜯어낼 기회라는 것을 알았다. 그는 주저하던 에이전트를 종용해서 MGM과 싸우게 했다.

싸움은 길지 않았다. 왓킨스는 고객에게 1만 2500달러에 타협하라고 했지만,[64] 달은 자신이 유리하다고 판단해 적어도 2만 5000달러를 원한다고 했다. 그는 이렇게 반박했다. "우리가 원하면 영화 전체를 방해할 수 있어요. 아니면 촬영하게 두었다가 고소할 수도 있지요."[65] 하지만 영화사는 제시한 더 많은 금액을 거절했다. 달은 조용히 요구액을 정했다. 그는 초조해하는 왓킨스에게 가족에 대한 책임에서 비롯된 자신의 굳은 결심을 설명해주었다.

"당신도 알다시피 난 돈에 욕심내는 사람이 아닙니다. 하지만 이 돈은 제 것이 아닙니다. 이건 테오를 위한 신탁입니다. 만약 간질이 발병하면 테오는 살면서 이 돈이 필요하게 될 테니까요. 확률은 반반입니다."[66]

MGM은 여전히 얼버무리며 넘어가려고 했다. 하지만 달은 정당하다고 확신했기에 흔들리지 않았다. 그는 왓킨스에게 이렇게 말했다.

"이건 나에게는 중대한 일입니다. 그래서 내가 이렇게 날뛰는 겁니다. 한 작가의 이야기가 영화로 만들어지는 것은 살면서 흔치 않은 일입니다. 그렇기 때문에(아이들을 위해서라도) 가능하면 뽑아낼 수 있는 것은 다 뽑아내야 합니다. 한 푼이라도 더……. 당신은 그들에게 내가 완전히 싸울 태세(전 분명히 그렇습니다)라고 해도 좋을 듯합니다. 그리고 수용하지 않으면 내가 그들이나 작가를 가만두지 않을 거라고 전해주십시오."[67]

결국 그의 고집스러운 태도가 이겼다. MGM은 달을 원작자로 인정해주었을 뿐 아니라 아이들의 신탁에 곧장 3만 달러를 입금해주었다. 달은 초창기의 경험으로 영화사 경영진과의 싸움에서 강인하고 냉소적일 수 있었던 것이다. 그는 마이크 왓킨스의 조수였던 페기 콜필드Peggy Caulfield에게 이렇게 말했다.

"이런 사람들에게서 권리를 찾기 위해 싸우지 않으면 결국 나중에는 그들이 당신을 뭉개버리거든요."[68]

로알드는 《찰리와 초콜릿 공장》이 출판되기 전에 런던으로 돌아왔다. 그는 처음에는 로버트 그레이브스의 동화 《커다란 초록색 마술창》의 그림을 그린 젊은 모리스 샌닥Maurice Sendak이 그림을 그려주기를 원했다.[69] 하지만 그는 조금 더 경험이 있는 조지프 쉰델만Joseph Schindelman을 선택하라는 설득에 넘어갔다.

1964년 9월, 책이 출판되자마자 성공을 거두었다. 나중에 영화화하면서 일어났던 갈등 같은 문제는 없었다. 《뉴욕 타임스》 북 리뷰는 1964년 10월 25일에 '어른들을 위해 등골이 오싹한 이야기를 썼던 작가는 《제임스와 슈퍼 복숭아》에서 어린이를 매혹할 수 있음을 증명했다. 그리고 이제 그는 또 한 번 우아하게 아이들을 사로잡았다'고 썼다. 비평가들은 그의 풍부한 창작성, 넘치는 유머, 예리한 관찰력을 칭찬하면서 윙카를 '디킨스적'인 인물이라고 하면서 줄거리 자체가 '사랑스러운 책'이라고 했다. 《뉴욕 타임스》는 그 책을 올해의 책으로 선정했다. 미국 전역에서 어른이나 아이나 모두 이 책을 따뜻하고 열렬하게 받아들였다. 《털사 월드Tulsa World》는 이렇게 단언했다. "이 책은 한 번만 읽게 되지 않을 것이다. 또 읽고 또 읽게 될 것이다." 패서디나에 있는 《스타 뉴스The Star News》는 책이 아이들을 위해 쓰였지만 '어른들에게도 매력적인' 책이라고 했다. 《보스턴 글로브Boston Globe》의 비평가는 찬성하지 않았다. 그는 묘사들이 '(윙카의 쓰레기관의 내용물에 관한 움파룸파들의 노래) 성인 독자들에게는 소화불량을 줄지 모르지만, 스테인리스 스틸 같은 소화기관을 가진 젊은이들은 신나게 받아들였을 거'라고 했다. 오직 단 하나의 무리에겐 그런 확신이 없었다. 도서관 사서들이었다. 《라이브러리 저널The Library Journal》은 꼿꼿한 자세로 달 씨의 '글 쓰는 재능은 의심할 바 없지만, 그의 취향이나 언어 선택은 전혀 바람직하지 못하다'고 평했다.[70]

크리스마스 이후에 달의 가족 모두와 새 유모인 시나, 그리고 이웃집 딸인 22살 먹은 활달한 성격의 앤절라 커원Angela Kirwan은 로알드가 한때 '고모라, 파괴, 사자 우리' 같은 곳이며 '우리 중 그 누구도 다니엘이 아닌'* 로스앤젤레스로 갔다.[71] 그곳에서 팻은 존 포드John Ford의 마지막 영화가 될 《일곱 여인들Seven Women》의 주연으로 촬영할 예정이었다. 그녀의 역은 중국에 파견된 전도사였고, 전도를 나갔던 다른 수녀들의 목숨을 구하기 위해 약탈을 일삼는 야만인들에게 자신을 내주는 역이었다. 《허드》의 감독이었던 마틴 리트는 존 르 카레의 《추운 곳에서 온 스파이The Spy Who Came in from the Cold》를 찍기 위해 부인과 함께 유럽에 가 있어서 달 가족은 로매니 가의 퍼시픽 팰리사이드에 있는 그들의 집에 세를 들었다. 분홍색 대리석으로 지은 크고 널찍한 전형적인 할리우드 저택이었다. 콩팥 모양의 히터가 달린 수영장과 사우나도 있었다. 여러 주 동안 집—거리의 이름이 달에게는 집시하우스를 연상시켰던—은 행운처럼 느껴졌다.

팻은 이제 스타였다. 오스카상을 받은 후 그녀의 출연료는 엄청나게 올랐고, 점점 높아지는 유명세에 따라오는 '특전'을 즐겼다. 영국의 한 잡지사는 가족이 없는 동안에 집시하우스를 무료로 고쳐주겠다고 제안했고, 팻은 한 기자에게 '너무나 많은 돈을 받아서…… 거의 어이 없다고'까지 자랑할 정도였다.[72] 그러나 그녀는 아무리 성공해도 그들이 살아온 스타일을

---

*모함으로 사자의 우리에 던져졌지만 독실한 다니엘을 위해 하느님이 천사를 보내 사자의 입을 밤새 막아주었다는 성서에 나오는 이야기. —옮긴이 주

바꾸지는 않을 것이고 새로 들어오는 돈은 모두 아이들의 신탁으로 들어갈 것이라고 확실히 밝혔다. 달도 그 기자에게 아내가 얼마나 영국을 좋아하는지, 그리고 아내가 일에 그다지 집착하지 않는다며—셰익스피어의 《말괄량이 길들이기The Taming of the Shrewd》를 인용하여—자신이 그녀 안에 들어 있는 미국적인 독립심을 성공적으로 가라앉혀 그녀를 고분고분한 영국식 부인으로 훈련했다고 밝혔다. 촬영이 시작되었지만 달 부부는 둘 다—존 프드에게도—그녀가 임신 3개월이라는 말을 하지 않았다.

1965년 2월 17일 촬영이 시작된 지 4일째 되는 날, 그녀는 너무 오랫동안 당나귀를 탔다. 포드는 팻에게 똑같은 장면을 여러 번 반복하게 시켰다. 감독이 촬영을 끝냈을 때 팻은 지쳐 있었다. 팻의 친구이자 같이 출연했던 여배우 밀리 던녹Millie Dunnock이 5시 30분에 그녀를 집에 내려주었다. 오필리아는 잠들어 있었지만, 테사와 테오는 그날 촬영과 당나귀 이야기를 더 해달라고 팻에게 매달렸다.[73] 로알드는 6시쯤 그녀에게 마티니를 갖다 주었다. 그다음 시나가 아이들을 목욕시키려 데려갔다. 팻이 그들을 따라갔다. 그녀는 테사를 직접 씻겨주고 싶었다. 아래층에서 달은 그녀를 위해 또 한 잔의 마티니를 만들고 있었다. 그녀가 변기에 앉는 찰나, 머리가 찢어질 듯한 고통이 왔다. 테사가 소리쳤다. "엄마, 왜 그래?" 시나가 비틀거리는 팻을 부축해 침실로 데려다 주었다. 음료수를 들고 이 층으로 올라온 로알드는 그녀가 침대에 앉아 있는 것을 보았다. 그녀는 왼쪽 관자놀이를 손으로 누르면서 말했다. "여기가 이렇게 심하게 아파 본 적이 없는 것 같아요." 그녀는 물체가 두 개로 보였고, 훗날 그녀의 진료기록에 적었던 '기괴한 환영'과 '이상한 생각'들을 경험했다.[74] 갑자기 그녀의 머리가 뒤로 툭 젖혀지더니 의식을 잃었다. 로알드는 곧바로 그녀가 뇌졸중이라는 것을 알았다. 그는 서재로 달려가 로스앤젤레스 최고의 신경외과 의사인 찰스 카턴Charles Carton에게 전화를 걸었다. 최근에 달-웨이드-틸 밸브를 미국으로 들여오는 문제를 의논하려고 그를 만났기 때문에 그의 번호가 벽에 붙어 있었다.

그는 달의 전화를 받고는 처음에는 테오에게 무슨 일이 일어났다고 추측했다. 하지만 팻의 증상을 듣고 구급차를 보냈다. 침대로 돌아와 보니 팻이 막 의식을 회복하고 있었다. 그녀는 잔뜩 토한 상태였고 아이들을 알아보지 못했다. 여전히 벌거벗고 있던 테사는 '완전히 황망한 표정'으로 엄마를 빤히 쳐다보았다.[75] 5분 뒤 사이렌 소리가 울렸다. 테오가 물었다. "무슨 소리죠?" 시나는 자동차 소리라고 했다. 하지만 테사는 올리비아가 죽은 날을 기억해 내고는 금세 무슨 소리인지 알았다. 그녀가 말했다. "엄마를 태우러 오는 구급차 소리야."

응급요원들은 팻에게 산소마스크를 씌우고 들것에 실어 집 밖으로 나왔다. 로알드는 구급차에 타고 그녀 옆에 앉아 운전기사에게 집에서 멀어질 때까지 사이렌을 울리지 말아달라고 부탁했다. 6시 20분이었다. UCLA 의학센터 응급실로 간 팻은 다시 말을 할 수 있었다. 처음에 카턴은 그녀가 그저 발작을 일으켰다고 생각했다. 그러나 갑자기 팻은 또다시 의식을 잃었다. 척수를 뽑아보니 로알드의 진단이 맞았다. 척수는 '피가 섞인 주홍색'이었다.[76] 태아를 보호하기 위해 배에 납판을 대고 의사는 2시간 반에 걸쳐 상세한 엑스레이 검사를 했다. 의사들은 이미 출혈이 두 번이나 있었던 것을 알아냈다. 카턴이 결과를 검사하고 어떤 조치를 할지 결정하는 동안 팻은 가장 심각한 세 번째 출혈을 일으켰다. 그는 곧바로 수술해야 한다고 로알드의 동의를 구하면서 부인이 수술을 이겨낼 수 있을지 확실하지 않다고 경고했다. 로알드는 만약 동의하지 않으면 어떻게 되냐고 물었다. 카턴은 그의 아내가 '분명히 사망할 것'이라고 대답했다.[77]

수술은 자정에 시작해서 다음 날 아침 7시까지 계속되었다. 의사는 팻의 머리를 면도했다. 두개골 10×15센티미터를 톱으로 잘라냈다. 그들은 엉겨 붙은 핏덩어리를 제거하고 출혈이 주변의 뇌조직에 손상을 입혔는지 살폈다. 출혈이 동맥류에서 즉 유전적으로 약한 동맥벽 때문에 일어난 것을 알아냈다. 어쩌면 임신과 힘든 촬영으로 말미암은 스트레스 때문에 한순간 터져 버렸던 도양이었다. 언젠가 터질 일이었다. 카턴은 조심스럽게 손상을 입은 부분—언어와 몸의 오른쪽을 조정하는 부분에 있었다—을 제거했다. 그다음 동맥에 쇠로 만든 클립을 끼우고, 동맥벽을 강화시키기 위해 플라스틱 코팅 스프레이를 뿌렸다.

로알드는 내내 병원에 머물렀다. 이른 아침에 그는 밀리 던녹에게 전화를 걸었다. 그녀는 10분 거리에 있는 선셋 대로의 샤토 마몽 호텔에 머물고 있었다. 로알드는 그녀에게 퍼시픽 팰리사이드에 가서 아이들에게 무슨 일이 벌어졌는지 알려주라고 부탁했다. 로알드는 팻의 어머니에게 전화를 걸었다. 딸이 앞으로 열흘 정도 견디면 어느 정도 정상 기능을 회복할 수 있을 거라고 말렸다. 그는 낙관적이었다. 카턴은 수술실에서 나와 로알드를 데려가더니, 아내가 살아나도 장애가 심각해서 어쩌면 살아난 것을 후회하게 될지도 모른다고 했다.

팻은 거의 3주 동안 의식불명상태였다. 부기를 최소화하려고 얼음 매트리스에 누인 채 온갖 튜브에 휩싸여 있었다. 염증을 막기 위한 항생제와 더 이상의 뇌 손상이 없도록 항경련제가 계속 몸에 투여되었다. 정맥주사와 배에 직접 꽂은 튜브로 영양을 공급받았다. 의사들은 호흡을 돕기 위해 기관절제술을 했다. 그래서 또 다른 튜브가 목에 꽂혔다.[78] 그녀는 스스로 움직일 수 없었다. 그녀를 보려고 맨해튼에서 날아온 에드 굿맨은 '애처로웠다'고 했다.[79] 그는 로알드가 하염없이 팻 옆에 앉아 쉬지 않고 반복해서 이렇게 말했다고 기억했다. "팻, 나, 로알드야." 그리고 가끔은 큰 소리로 귀에다 이렇게 소리쳤다. "테사가 안부를 전해 달래. 테오도 잘 있느냐고 물었어. 그리고 돈 미니(테오가 오필리아에게 붙인 별명)도 안부 전해 달래." 가끔 로알드는 한쪽 눈꺼풀을 들어 올리고 반응이 있는지 살폈다. 던 녹은 로알드가 팻이 반응하는지 보려고 뺨을 때린 적도 있다고 기억했다.[80] 하지만 로알드는 더크 보가드Dirk Bogarde에게 그 기억은 사실이 아니라고 말했다. 여러 날 동안 팻의 상황은 나아지지 않았다. 2월 20일 《로스앤젤레스 헤럴드 이그재미터Los Angeles Herald Examiner》는 '거의 희망이 없다'고 기사를 썼다. 이틀 후 《버라이어티Variety》는 '여배우 퍼트리샤 닐이 39세에 사망하다'라는 표제를 내보냈다.

하지만 3월 10일, 팻을 거의 죽일 뻔한 뇌출혈이 일어난 지 거의 3주가 지난 날, 팻의 의식이 돌아오기 시작했다. 팻이 간신히 한쪽 눈을 떴을 때 로알드가 옆에 있었다. 그녀는 몸을 움직이지는 못했다. 말도 할 수 없었다. 자신이 어디에 있는지 왜 그곳에 있는지 전혀 몰랐다. 그녀의 눈에 보이는 세상은 혼란스러울 정도로 희미하고 뿌옇게 흐렸다. 무슨 일이 일어났는지 생각하려 하자 분노와 두려움이 엄습했다. 모든 사람이 돌아가고 병실에 홀로 남았을 때, 그녀가 들을 수 있던 소리는 머릿속에서 계속 맴도는 이상한 소리였다. 워블-워블-워블-워블.[81]

로알드는 사악한 신경학적 저주가 가족에 드리워져 있는 것은 아닌가 하는 생각에 자신을 용서할 수가 없었다. 1940년 머리 부상으로 자신의 성격이 완전히 변했고, 그 이후 끊임없는 고통 속에서 살아왔다. 결혼하자마자 가장 친한 친구인 찰스 마시가 뇌염에 걸렸다. 그러더니 아들의 두개골이 뉴욕의 한 모퉁이에서 산산조각이 났다. 2년이 지난 다음, 또 한 번 뇌염이 사랑하는 딸을 앗아갔다. 이제 아내가 병원 침대에 누워 말도 못하고 움직일 수도 없게 되었다. 엄청난 두개골 수술을 받은 뒤 머리가 붕대에 휘감겨 있었다. 그녀에게 어떤 미래가 놓여 있을까? 앞에 있는 '엄청난 크기의 분홍색 양배추'를 보고,[82] 한순간 윌리엄 펄William Pearl의 가상의 뇌―그의 단편 〈윌리엄과 메리〉에서 상상했던―를 떠올린 것도 늘랄 만한 일은 아니었을 것이다. 골이 파이고 '예민하고, 투명하고 결절성이 있는 기관'[83]이 몸에서 분리되어 표현이나 대화는 할 수 없었지만, 링거 수액이 담긴 그릇에서 둥둥 떠다니는 한쪽 눈이 달린 그런 뇌가 충격적이게도 조롱하듯 아내의 현재 상태를 예언한 듯했기 때문이다.

하지만 나중에 달은 자신이 운명론자는 아니었다고 주장했다. '저주나 멜로드라마처럼 생각하지는 않았지만, 모든 사건의 우연의 일치에 대해서는 생각해보았다고 했다. 그는 배리 파렐 기자에게 이렇게 말했다.

"그 이상 생각할 수 있는 능력은 없으니까요. 미신은 스스로 생기는 것 같아요. 보도 위에 난 틈새를 피하고 울타리에 있는 모든 우편함을 건져보죠. 하지만 나중에 조혀 도움이 되지 않았다는 걸 깨닫게 될 겁니다. 갈라진 틈을 밟건 말건 전혀 달라질 게 없다는 걸 알기 됩니다. 나는 이제 무의식적으로 불행한 운단 생각하면 자꾸 나약해진다는 것을 깨닫게 된 것 같습니다. 중요한 것은 무슨 일이 생기건 계속 나아가야 한다는 점입니다."[84]

16장

불굴의 의지

자신이 복원한 고풍스러운 거울 앞에 선 달.

텔레비전 시리즈 《웨이 아웃》에 실린 달.

꽃으로 가득한 올리비아의 무덤에서 달, 테오와 테오의 친구.

팻의 뇌출혈 이후 로알드는 며칠 동안 대부분의 시간을 병원 침대 옆에서 보냈다. 매일 아침 6시에 도착해서 지니다가 잠잘 때만 집으로 돌아갔다. 그의 책임은 막중했다. 의학적인 문제 외에도 병원 구석구석에 기자와 사진기자들이 숨어 있었다. 그들은 죽음의 문턱에 누워 있는 오스카상 수상에 빛나는 여배우 소식, 인용, 이야기, 그리고 작은 정보라도 캐어내려고 혈안이 되어 있었다. 친구들과 회복을 바라는 사람들의 편지가 매일 100통 이상 도착했다. 어쩌면 너무나 힘든 상황이라 버거울 수도 있었지만, 로알드는 이런 위기를 이겨낼 수 있는 사람이었다. 이런 위기는 그가 상황을 완전히 자기 통제 하에 둘 기회를 주기 때문이었다. 또한 로알드는 긍정적인 결과가 있을 가능성을 보았다. 가족을 살리기 위해 역경을 이겨내는 외로운 전사로서의 자신의 모습이 머릿속에 깊이 새겨져 있었다. 그 모습은 위기 때마다 오히려 점점 더 강해졌다.

다시 한 번 상황은 그에게 불리하게 돌아가는 것처럼 보였다. 나중에 달이 표현했던 것처럼 아내는 '엄청난 크기의 식물처럼'[1] 3주 동안 생명연장 기계에 의지해 의식불명 상태로 누워 있었다. 뇌가 얼마나 손상되었을지 짐작도 할 수 없었다. 환자의 모습이 얼마나 끔찍한지 팻의 형부는 자기 아내에게 상황이 너무나 절망스러우니 병원에 가지 말라고 충고했을 정도였다.[2] 처음에 테오와 테사도 완전히 격리시켰다. 팻이 혼수상태에서 깨어나 조금씩 정신을 차리자, 로알드는 아이들이 엄마를 보아야 한다고 결정했다. 그때의 경험은 아이들에게는 엄청난 충격이었다. 4살인 테오는 당황했다. 7살인 테사도 잔뜩 겁을 먹었다. 당시를 떠올리며 테사는 이렇게 말했다.

"캑캑거리고 끙끙 신음하는 끔찍한 괴물을 보고 있자니 공포와 두려움과 역겨움이 속에서 차올랐다. 아니, 이 사람이 우리 엄마라니……. 침대에 간신히 앉혀져 있던 여인은 몸에 있는 구멍마다 튜브가 꽂혀 있었다……. 머리카락도 하나도 없었다. 검은색 안대를 하고 있었다. 그리고 한쪽으로 찌그러진 입술에는 립스틱이 뭉개져 있었다."[3]

여러 날 동안 팻은 아무것도 알지 못했다. 사람을 알아보는 것도 힘들어했다. 말하는 능력이 심각하게 손상되었고 오른쪽이 마비된 상태였다. 거의 모든 주변 사람에게서 비관적인 말을 들었지만, 로알드는 찰스 카턴의 충고를 받아들였다. 그는 곧바로 강력한 자극을 주는 것이 아내의 회복에 가장 최선의 희망을 줄 수 있을지 모른다는 말이었다. 그는 아내를 훈련하기 시작했다. 가장 단순한 일을 새로 배울 수 있게 언어치료사와 물리치료사를 고용했다. 동정은 우선 목록에서 제외되었다. 아내가 자기 연민의 늪에 빠져 회복을 방해할지 모른다며, 위험 요소인 응석을 받아주지 않기 위해 방문객 수를 제한했다. 방에 있던 꽃도 다 없앴으며, 잔뜩 쌓여 있던 안부 편지들도 치웠다. 며칠 지나지 않아 그의 가혹한 조치는 효과를 보이기 시작했다. 팻의 움직임이 좋아지기 시작했다. 의사들은 그녀가 문장을 만들어 말하려는 것을 보고 회복 속도에 놀라움을 감추지 못했다. 의식을 되찾은 지 며칠 뒤, 로알드는 어머니에게 그녀의 상태에 대해 보고했다. 간결하고 사무적이며 다분히 낙관적인 태도는 야만스러울 정도로 긍정적인 그의 특징을 잘 보여주었다.

사랑하는 어머니에게
팻은 정말 잘하고 있습니다. 지금 도움을 받아 침대에서 내려와 휠체어를 타고 식사합니다. 화장실에 가고 싶어 할 때도 마찬가지고요.

그녀는 남들이 하는 얘기의 50퍼센트는 알아듣는 듯합니다. 말하는 능력은 형편없습니다. 하지만 그 부분도 치료사를 고용했습니다. 천천히 돌아오고 있습니다. 다른 사람들의 입술을 유심히 쳐다보고 아주 잘 따라 합니다. 그녀에게 '테사' 하고 시키면, 시도했다가 실패한 다음에 다시 해보고 성공합니다. 부탁할 게 있어도 보통은 '원하는……' 혹은 '나는……'까지 밖에 못하지만 시간이 지나면 다 돌아올 거예요. 아직 오른쪽 팔은 사용하지 못합니다. 오른쪽 다리는 움직이기 시작했어요. 건강하고 기분도 쾌활합니다. 그리고 아주 많이 웃어요. 그녀는 테사와 테오를 다 알아봤어요. ……제 생각에는 4일 후면 이곳에 있는 집으로 돌아갈 것 같습니다. 24시간 입주하는 간호사와 함께요. 그렇게 하면 모든 사람이 편할 것 같습니다. 그녀에게도 그게 좋을 듯하고요. ……의사들이 걷는 것을 돕기 위해 오른쪽에 쇠로 만든 지지대를 단다고 합니다. ……아이들은 다 잘 지내고 다들 팻의 상태를 잘 받아들이고 있습니다.

모두에게 사랑을 보내며
로알드[4]

팻은 기적적으로 의식을 회복한 지 일주일 만에, 뇌출혈을 일으킨 지 한 달 만에 병원에서 퇴원하여 퍼시픽 팰리사이드로 돌아왔다. 한쪽에 안대를 하고, 한쪽 다리에 버팀대를 낀 채였다. 머리에는 스카프를 둘러 상처를 감추었다. 팻이 차에 오르게 도와준 뒤 로알드는 기자들에게 아내가 이제 '의식을 회복했고 생각도 완전하다고…… 놀라운 전사'라고 뿌듯해하며 말했다.[5] 하지만 집에 도착했을 때도 이런 용기백배한 모습을 유지하기는 힘들었다. 회복을 비는 사람들의 꽃바구니와 과일 바구니가 거의 매일 집으로 배달되었다. 프랭크 시나트라Frank Sinatra는 운전기사를 시켜 이동식 축음기와 판을 잔뜩 보냈다. 팻은 거의 관심을 보이지 않았다. 로알드는 매일 물리치료와 언어치료를 받게 했다. 그리고는 애니라는 '엄청난 덩치의 흑인'[6] 간호사를 고용했다. 하지만 팻은 생각을 말로 표현하고, 기본적인 색의 이름을 배우고, 스스로 오른손으로 밥을 먹으려고 애를 쓰다 자신이 무엇을 잃었는지 절실히 깨닫고는 좌절했다. 임신한 상태라서 걷는 것을 다시 배우는 것은 특히 힘들었다. 간호사 중 하나였던 진 알렉산더Jean Alexander는 그녀에게 운동하게 하는 일은 '이를 뽑는 일' 같았다고 기억했다.[7] 로알드는 나중에 아내의 상태를 병원 밖에 있던 기자들에게 보였던 모습과 완전히 상반된 것으로 묘사했다. 현실 속의 팻은 '의욕'이 없었다.

"혼자 두면 그저 멍하니 앉아서 허공을 바라보았고, 30분이 지나면 우울증이라는 시꺼먼 구름이 그녀의 마음을 휘감았다. 나는 어떻게든 불행해지려고 발버둥을 치는 고약한 성질의 멍청이를 데리고 살 생각이 아니라면, 극단의 엄중한 조치를 해야만 했다."[8]

찰스 카턴의 격려로 힘을 낸 로알드는 끊임없이 정신과 육체에 자극을 주는 혁신적인 체제를 도입했다. 스파르타식 방법이었다. 그가 학교 다닐 때 경험했던 훈련이 떠오를 정도였다. 자기 연민, 아프다는 응석은 있을 수 없었다. 모든 장애를 이겨내겠다는 결심만이 있을 뿐이었다. 팻의 기억에 따르면, 로알드의 접근 방법은 '뭐든 스스로 할 것'이었다. 힘든 훈련이 열쇠였다. 언어치료사는 팻이 처음에는 하루에 한 시간 정도만 감당할 수 있으며 그 이상은 오히려 해가 될지도 모른다고 했지만, 로알드는 그보다

4~5배는 더 하게 만들었다. 그녀는 나중에 이렇게 회상했다. "그는 나태함이 피곤함보다 훨씬 더 위험하다고 느꼈던 것 같아요. 식물처럼 가만히 있는 것보다는 뭐든 하는 게 더 나을 거로 생각했죠."⁹ 좌절하고, 지치고, 치료의 결과에 대해 확신이 없던 팻은 종종 할 수 있는 행동도 일부러 하지 않았다. 병원에서 퇴원한 지 일주일도 채 되지 않아 감독인 멜 브룩스Mel Brooks과 《일곱 여인들》에서 팻의 역을 대신 맡게 된 그의 아내 앤 밴크로프트Anne Bancroft가 달 부부를 집으로 저녁초대를 했다. 브룩은 팻이 휠체어를 타고 오리라고 추측했지만 다른 사람의 도움 없이 걷는 것을 보고 깜짝 놀랐다.¹⁰ 팻도 그날을 '멋진 밤'이었다고 기억했지만, 사실 '뭐라고들 하는지 하나도 알아듣지 못했다'고 했다.¹¹

카턴의 부인인 클레어Claire도 로알드의 방식이 회복 속도에서는 '놀라울 만큼 효과적'¹²이라는 데는 동의했다. 하지만 그 밖의 다른 사람들에게는 로알드의 엄격한 방침이 불필요할 정도로 통제가 심하고, 이상하게도 인간적인 따뜻함이 부족한 것처럼 보였다. 팻의 어머니 닐 부인은 플로리다에서 바이러스성 쿠비강염을 앓고 회복 중이었는데, 무척이나 달을 만나고 싶었다. 하지만 의사는 여행을 허락하지 않았다. 로알드는 장모와 거의 의사소통이 없었다. 닐 부인은 달의 누이 엘스에게 편지를 보내면서 어쩐지 장애인이 된 딸에게서 의도적으로 격리당하는 느낌이라고 불만을 토로했다. 엘스는 오빠가 정해놓은 목적을 성취하고 싶어서 그런 것 같다고 설명했다. 그녀의 편지는 로알드가 가장 상처받기 쉬울 때 가장 두드러지게 나타나고 그래서 그를 잘 모르는 사람들에게는 당혹스러운, 냉정하고 폐쇄적인 면을 정확하게 표현했다. 이런 위기에서, 즉 가족의 생명이 달린 위기에서 오빠가 필요로 하는 것은 동정하는 친척이 아니라 전문적인 외

부인이라고 했다. 그는 감정을 그대로 표현하지 않으려 하는데, 그러면 자기 임무를 다하지 못하게 방해받을 것 같고, 또한 팻의 회복에도 도움이 되지 않기 때문일 거라고 했다. 그녀는 이렇게 결론을 내렸다. "지나친 감정적 접근은 해가 될 거라고 생각하니까요." 엘스는 닐 부인에게 참아보시라고 달래면서 팻이 아픈 이후로 로알드와 팻의 서로에 대한 이해심은 '남들은 끼어들 수 없을 정도'이며 '둘이 많은 일을 함께 겪어 아마 그들의 사랑과 신뢰는 점점 더 강해질 거라고' 위로했다.[13] 어쩌면 그 말은 사실일지도 몰랐다. 하지만 그렇게 이해해도 뚜렷한 애정이 보이지 않는 것은 두 사람을 지켜보는 거의 모든 사람에게는 참으로 괴로운 일이었다.

　로알드는 전투를 지휘하는 사령관처럼 행동했다. 그는 집에 있는 모든 사람에게 자신의 규칙을 무조건 따르라고 요구했다. 어느 날 오후에 방문한 팻의 친구 글로리아 스턴Gloria Stern은 로알드가 무대 연출가와 교통순경을 연상시켰다고 했다. 그녀는 그의 '사납고 무자비한' 접근 방법을 존경하면서도 '강아지 훈련하듯' 한다는 생각에 마음이 불편했다.[14] 그레이트 미센던에 사는 이웃이며 마침 미국으로 여행 온 마저리 클립스톤Marjorie Clipstone도 팻을 보러 들렀다. 그녀는 퍼시픽 팰리사이드 집에서 이틀을 머물 계획이었지만, 한 달을 머물렀다. 앨필드에게 보낸 편지에서 그녀도 로매니 거리에서의 불편했던 생활을 자세히 써서 보냈다. 7살짜리 테사가 특히 불행해했던 시기였다. 클립스톤은 로알드가 여러 시간 동안 딸의 '활기를 북돋워주려고' 노력하는 걸 알아차렸다. 하지만 그녀는 '로알드가 자제력이 대단했고 독립적인 성격이라 다른 사람에게 부탁하지도 쉽게 받아들이지도 않았겠지만, 정작 활기를 북돋워야 할 사람은 로알드였다'고 생각했다. 로알드의 금욕적인 성격도 자신이 끔찍한 문제에 부딪혔다고 인정할 만큼 풀어져 있었다. 끔찍한 문제란[15] 팻의 어머니가 결국 집에 와 머물면서 팻을 다루는 방법에서 번번이 그와 부딪혔기 때문이었다. 어느 날 저녁, 장모는 딸에게 저녁으로 특별히 스테이크를 구워주었다. 로알드는 기가 막혔다. 그는 접시를 들고 가서 스테이크를 조각조각 자른 다음 다른 사람에게 나눠주어 모두가 조금씩 먹게 했다. 팻은 그가 이렇게 말했다고 기억했다. "다 같이 나눠 먹어야 해요. 특별 취급을 받아서는 안 됩니다."[16] 장모는 자기가 환영받지 못하는 걸 느끼고 빨리 집에 돌아가리라 마음먹었다.

닐 부인은 도움을 주려다가 멸시받은 사람이 자신만은 아니라는 사실에 위로받았다. 최근에 남편을 잃은 클라우디아 마시 역시 집으로 가서 로알드를 돕겠다고 제안했다. 그녀 역시 거절당했다. 하지만 클라우디아는 그 마음을 이해했다. 그녀도 엘스처럼 로알드가 원하는 것이 '목표한 일에 집중할 수 있도록' '모든 사람이 자신을 내버려두었으면' 하는 점임을 알았기 때문이었다.[17] 그는 거의 온 정신을 팻의 치료에 쏟았다. 그를 돕던 사람들은 스템 6명이었다. 시나 버트, 앤절라 커원, 언어치료사, 물리치료사, 간호사 애니, 그리고 청소하는 아주머니였다. 시나는 달의 어머니에게 달을 존경한다며 이렇게 썼다. "여자들 사이의 유일한 남자······ 강인한 분이라, 우리 모두 그의 영감과 지침을 따르면 계속할 수 있다는 느낌이 듭니다."[18] 하지만 시나는 다행스럽게도 로알드의 이런 태도에 재정적인 요인도 있다는 것을 몰랐다. 리트 부부가 자기 집을 빌려주면서도 세를 받지 않았고, 팻의 의료보험이 수술비의 반과 입원비의 80퍼센트를 대주었지만, 로스앤젤레스에서 가족이 생활하는 데는 일주일에 800달러(지금으로 따지면 4500달러)가 들었다. 가족은 저금해 놓은 돈을 쓰고 있었다. 그리고 팻의 회복 예후는 여전히 매우 불확실했다. 카턴은 퇴원서의 '예상되는 장애 기간' 항목에 '지금으로서는 판단할 수 없음'이라고 적었다.[19] 팻이 여행해도 된다는 진단이 떨어지자마자 로알드는 영국으로 돌아갔다. 집시하우스는 캘리포니아보다 생활비가 적게 들었다. 그는 어머니에게 이렇게 말했다. "돌아가게 되면 정말 행복할 것 같습니다."[20]

가족들은 워싱턴에 들러 클라우디아 마시와 이틀을 보낸 다음 5월 17일에 그레이트미센던으로 돌아왔다. 캐리 그랜트Cary Grant는 그들을 로스앤젤레스 공항까지 데려다 주었고, 달은 기다리던 기자들에게 아내가 다른 사람의 도움 없이도 걸어서 비행기에 탑승할 수 있을 거라고 했다. 그녀는 그렇게 했다. 비록 모든 사람이 언어에 문제가 있는 걸 확실히 알 수 있었지만, 팻은 침착하게 15분 동안의 기자회견을 다 해냈다. 런던의 기자들에게는 조심스럽게 언젠가는 무대로 돌아갈 수 있을 거라고 내비치기도 했다. 그날 벌어졌던 상황에 대해 로알드는 두 가지 사건을 최대한 효과나게 연결해 팻의 회복에 대한 자신의 역할을 강조하면서 이렇게 썼다.

"팻은 그들의 질문에 한 음절로만 답할 수 있었다. 내가 그들에게 아내가 언젠가는 다시 연기하게 될 거라고 말하자 방에선 침묵이 흘렀다. 기자들은 멀뚱멀뚱 쳐다보기만 했다. 아마 이 여인에게 날개가 돋아 달로 날아갈 거라고 말하는 게 더 나았을지도 모른다."

같은 맥락에서 그는 아내의 치료가 직접적인 의료인들의 참여 없이 이루어지는 것도 밝혔다. 그는 이렇게 말했다. "저는 의사를 부르지 않았습니다. 가족들끼리 해결해야 할 문제였으니까요."[21] 위기에 대처하는 그의 반응은 무모하고 용감했다. 이런 생존 메커니즘의 일부분은 모호한 면 없이 사실들을 일관성 있게 서술하는 것을 포함한다. 도전과 영웅, 전문가의 예측을 뒤엎는 긍정적인 결과가 있는 이야기. 그것은 거의 그의 '영광스러운 꿈' 중 하나였다.

달 가족이 집시하우스로 돌아왔을 때, 달갑지 않은 일이 기다리고 있었다. 집의 내부가 거의 알아볼 수도 없을 정도로 바뀌어 있었다. 실내장식 전문가가 나무문과 오래된 바닥 타일을 뜯어내고 거실의 선반에 가짜 책을 꽂아놓고는 원래 있던 골동품 가구들을 당시 유행하던 대나무 가구로 바꾸어 버린 것이다. 마지막 호사로움은 거실을 짙은 갈색으로 칠하고 그 색과 같은 양탄자를 깔아놓은 것인데, 로알드는 '코끼리 똥색'이라고 표현했다.[22] 몇 주 전에 조심성 많은 어머니는 아들에게 모든 것이 엉망이라고 경고하면서 이 작업을 맡아서 하던 잡지사 기자인 린다 블랜퍼드Linda Blandford를 비난했다 로알드의 대답은 그답게 긍정적이었다.

"저는 초콜릿색 벽이나 천장은 걱정하지 않아요. 팻이 떠나기 전에 다 동의했던 일이에요. 린다 블랜퍼드에 대해서는 어머니의 의견에 동의하지 않아요. 그녀가 전문가예요. 자기 잡지사를 위해 일을 하는 거고요. 팻이 원하는 것을 확실하게 말하면 그녀와 실내장식 전문가가 모든 일을 알아서 하는 게 계약의 일부였으니까요. ……놀랍게도 잡지사를 통해 모든 가전제품을 싸게 구해주었답니다. ……결과가 마음에 들지 않아도 그건 사실 우리 잘못이지 그녀의 잘못은 아니거든요. 우리가 보자마자 취소하는 일은 분명히 없을 거예요. 한 번 참아보세요. 급격한 변화는 다 적응하기 어려운 거죠."[23]

하지만 돌아오자마자 그는 어머니의 말이 맞았다는 것을 깨달았다. 곧바로 그는 일을 시작했다. 선반을 뜯어내고 벽을 다시 칠했으며 문을 바꾸고 새 바닥도 넣었다.

이 모든 일이 진행되는 동안에도, 그는 팻의 회복 전략을 다시 짰다. 그는 '상식' 선에서 일을 진행했고, 환자의 '무력함, 지루함, 좌절감, 우울함'을 피하는 데 기본을 두었다.[24] 그건 로스앤젤레스에서 팻에게 주던 자극 수준보다 더 높은 것이었다. 그는 근처에 있는 영국 공군 병원에서 물리치료를 받게 했다. 팻은 자신이 신병훈련소에 온 것 같은 기분이었다.[25] 그리고 매일 아침 9시에서 12시까지 그리고 오후 2시에서 5시 사이에 친구와 이웃이 그녀를 방문하게 했다. 이러한 아마추어 치료사들—달은 그들을 '학식 있고, 평범하고, 많은 수가 은퇴했거나 남편들이 일하는 주부들'이었다고 묘사했다[26]—은 팻에게 동화책을 읽어주고 초등학생 낱말 게임을 같이 했다. 어떤 사람들은 팻에게 그림을 그려보라고 시키기도 했고 쟁반에 물건들을 놓고 기억하게 하기도 했다. 다른 사람들은 간단한 십자말풀이, 퍼즐, 산수 문제로 그녀의 두뇌 활동을 도왔다. 많은 사람은 처음에 그녀의 겉모습을 보고 충격을 받았다. 달의 이웃이었던 팸 론디즈Pam Lowndes는 팻의 안대와 다리 버팀목을 보았을 때의 인상을 이렇게 말해주었다. "당황스러웠어요. 활기 넘치고 사랑스러웠던 여인이 그런 끔찍한 모습이 되다니." 팸은 달이 아내의 '비상식적인 행동'을 그대로 넘기지 말라고 했던 단호한 태도를 기억했다. 그는 되도록 팻을 밀어붙이라고 부탁했다. 하지만 팸의 기억으로는 로알드가 없을 때는 치료사들이 환자를 그렇게 단호하게 대하지는 않았다.[27] 달이 아마도 그 점을 눈치챘는지, 뇌졸중 환자를 다루는 안내글 소개말에 '오락과 재미'도 '치료과정에 아주 중요한 부분'이라고 적었다.[28]

9월에, 로스앤젤레스에서 팻을 돌보았던 간호사인 진 알렉산더와 글로리아 카루가티Gloria Carugati가 런던 외곽 윔블던에 있는 앳킨슨 몰리 신경과병원에서 일하기 위해 영국으로 건너왔다. 앤 밴크로프트가 그들의 비행기 삯을 댔고, 두 사람은 병원 당직이 아닌 날에는 집시하우스의 도우미 무리에 합류했다. 집 안에선 종종 긴장감이 맴돌았다. 자신의 능력 이상을 발휘하라고 강요받는 것에 수치심을 느낀 팻은 큰 소리로 불만을 나타냈다. 종종 조카인 애나 코리가 도와주려고 하면 집어치우라고 소리를 질렀는데, 가끔은 뭐라고 하는지 알아들을 수도 없었다. 담배cigarette라고 했는데 'oblogon'이라고 튀어나오고, 설탕 한 숟가락spoonful of sugar은 'soap driver'로 들렸다. 마티니martini는 'sooty swatch'라고 했다. 팻은 무엇인가 잊어버리면 '주사를 놓아 주세요'라고 했다.[29] 테사는 《Working for Love》에서 그 상황을 이렇게 묘사했다.

"엄마는 고래고래 소리를 질렀다. 우리가 이해할 수 없는 단어들을 만들어 사용했다. 그리고는 히스테리컬하게 웃었다. 매일매일 많은 손님이 와서 엄마와 함께 앉아 있다 갔다. 아빠의 지시대로 그들은 유치원 아이들을 가르치듯이 엄마에게 읽기와 쓰기 그리고 산수를 가르쳤다. 매슈(테오)가 엄마보다 훨씬 더 잘했다."[30]

팻은 배우이며 친구였던 케네스 헤이그Kenneth Haigh, 시어머니 친구인 뉴랜드Newland 부인, 커원 부부와 어맨다의 어머니인 프랭키 콘키가 이제는 친구가 아니라 선생님 같아 더욱더 좌절했다. 그들과 함께하는 시간은 눈물로 끝날 때가 잦았지만, 로알드는 계속하기를 고집했다. 팻의 몇몇 친구는 로알드의 윽박지르는 태도가 팻을 지치게 하는 건 아닌지 걱정하기도 했다. 하지만 팻의 선생님들은 팸 론디즈처럼 로알드가 '희망찬 미래'를 보여주었다는데 동의했고, 팻의 회복 정도에 놀라움을 감추지 못했다. 론디즈는 '로알드는 끔찍한 사람이 아니었다'고 하면서 팻이 쉽게 의기소침해지고 자기 연민에 빠졌다고 회상했다. "달이 퉁명스럽기는 했어요. 하지만 그가 소리치면 팻은 금방 정신을 차렸어요."[31]

얼마 지나지 않아, 아마추어 치료사 중 한 사람이 팻의 재활에 좀 더 구체적인 방법을 도입했다. 발레리 이튼 그리피스Valerie Eaton Griffith는 40대 초반이었다. 런던 엘리자베스 살롱의 매니저였던 발레리는 자신도 얼마 전에 병을 앓아서 일을 그만두고는 나이 많은 아버지 근처로 옮겨와 살았다. 그녀는 시간이 많았다. 집시하우스에 처음 왔을 때, 달이 그녀에게 한 이야기는 '자극을 많이 주라는 것'이었다.[32] 이튼 그리피스는 로알드의 자극 요법에 부응할 만한 팻의 심리 문제를 해결하기 위해서는 일관성 있는 전략이 부족한 것을 금방 알아차렸다. 그녀는 점진적으로 환자의 자존심을 북돋워 주는 방법이 무엇인지, 어떤 활동이 최선의 효과를 내는지에 대한 체계적인 데이터를 정리하기 시작했다. 로알드는 기뻤다. 그는 엄격하게 치료를 시작했지만, 치료 자체에는 직접 참여하지는 않았다. 그저 도우미들에게 할 일을 나누어주고, 자기 에너지는 축적하여, 그의 표현으로는, '집을 돌보고 돈을 벌고 무엇보다 집안 분위기를 밝게 하는 데' 사용했던 것이다.[33] 이제 그는 팻의 재활 문제를 이튼 그리피스에게 완전히 넘겼고, 그녀는 하루에 6시간씩 일주일에 2~3번 일했다. 팻이 나중에 말했듯이, '천천히 하지만 영리하게' 발은 자신의 환자를 조금씩 앞으로 나아가게 도왔다.[34]

《뇌졸중의 가족치료A Stroke in the Family》─발 이튼 그리피스가 팻과의 경험을 바탕으로 나중에 집필한 최초의 자립지침서─소개말에서 로알드가 아내의 재활 운동에 직접 관여하지는 않았던 이유는 결혼 생활에 해가 되지 않을까 싶어서였다고 했다. 나중에 그는 그저 '옆에 서서 머리를 건드리며 아침 9시에 일을 시작할 준비가 되었는지 살폈다'고 농담했다. 그리고는 그녀의 강인함과 유머를 칭찬했지만, 회복에 대한 그의 동기는 어쩌면 그녀 자신보다 더 강했을 거라고 했다. 그는 1971년 언어재활기구에서 이렇게 연설을 했다.

"저는 환자를 너무 몰아세운다고 자주 비난받았습니다. 하지만 식물인간 같은 삶과 정상적인 삶을 이야기한다면, 이미 당신은 위기에 처한 겁니다. 그런 상황에서는 환자가 편안하냐 아니냐는 묻지 않습니다. ……그 어느 것도 매끄럽게 넘어가거나 수월하지 않습니다. 사실 한 번은 제가 그녀를 정신과의사에게 데려가야 했습니다. 그녀가 자살하겠다는 위협을 실행하지 않게 하려고 말입니다."[35]

그러나 그렇게 모든 노력을 다했지만, 동맥류가 아내를 2월 17일 촬영을 끝내고 집으로 돌아온 사람과는 전혀 다른 사람으로 바꾸었다는 생각이 점점 분명해졌다. 두 사람은 처음부터 이상적인 부부는 아니었다. 처음부터 위태로웠고 찰스 마시가 돕지 않았다면 6개월 안에 파탄이 났을지도 모른다. 하지만 아이들이 태어나 활기차졌고 올리비아의 죽음과 테오의 사고라는 두 가지 커다란 역경을 통해 단단해졌다. 같이 겪어낸 크나큰 위기 때문에 팻과 로알드는 가까워졌다. 이제 팻이 세 번째 비운의 주인공이 되었다. 테사는 한 때 우아하고 외향적인 성격이었던 엄마가 이제는 한쪽 눈에 안대를 하고 다리에는 버팀대를 하고 가족들이 고통스럽게 인내해야 하는 '끔찍한 부담'으로 변한 걸 느꼈다. 로알드에게 아내는 이제 동반자가 아니었다. 그녀는 피부양자였고 어떤 면에서는 이방인이었다.[36]

팻도 그런 분위기를 느꼈고 점점 더 불행해졌다. 나중에 팻이 자신을 '우아한 부인…… 침대 정리도 하고 요리도 했던'[37] 여자라고 주장했지만,

스스로 고백했듯이 '여전히 시원치 않은 가정주부였고 엄마였다'.[38] 조카 애니 코리도 처음에는 팻이 '형편없는…… 못 말리는…… 전혀 엄마답지 않았다'고 했다. 하지만 그 이후로 자신의 역할을 열심히 해냈고, 수전 덴슨은 달 가족을 위해 일하는 동안 팻이 따뜻하고 사랑스럽고 모범적인 어머니였다고 기억했다. 이제 모든 것이 또 변했다. 이제 팻은 '파파'(남편을 이렇게 불렀다)가 집안일을 완전히 도맡아 했기 때문에 자신은 '아무 권위'가 없음을 알게 되었다. 그녀는 나중에 이렇게 썼다. "아이들은 항상 나를 무척 사랑했어요. 하지만 이제는 아빠의 관심을 받으려고 경쟁하는 존재로 여겼지요. 아니면 저를 완전히 무시했어요."[39] 당시 10살밖에 되지 않았던 테사는 아빠처럼 책임자 흉내를 내면서 엄마 자리를 차지하려고 한 적도 있었다.[40] 그러면 팻은 기분이 언짢아서 적대감을 나타내기도 했다. 특히 남편의 지칠 줄 모르는 낙천주의가 그녀의 신경을 건드렸다.

"그는 내가 어제보다는 42퍼센트 좋아졌고 지난주보다는 51퍼센트 좋아졌다고 했어요. 세상에! 퍼센트 따지는 건 정말 짜증 나는 일이었어요. 그의 계획, 프로그램, 그의 세계가 다 짜증 났어요. 이제는 파파의 세상이었거든요. 그는 영웅이었고 전 그를 미워했어요."[41]

하지만 기쁜 마음으로 축하할 일도 있었다. 우선, 팻이 안대를 풀었다. 그리고 1965년 8월 4일 옥스퍼드에서 막내인 루시 닐 달Lucy Neal Dahl이 태어났다. 출산한 지 몇 시간도 안 돼 침대에 앉아 맥주를 마시고 도미노 게임을 하는 그녀의 모습이 사진기자들에게 찍혔다. 출산을 축하하기 위해 로알드는 기원전 4세기에 만들어진 고대 그리스 반지를 그녀에게 선물했다. 며칠 후 그는, 가족의 생활에 대한 기사를 쓰려고 함께 살던 《라이프》의 배리 파렐에게 팻은 다시 연기를 할 수 있을 거라고 했다. 얼마 후 로알드는 기자들에게 비슷한 발표를 했다. 마치 동물사육사를 연상시키는 자신 있는 어투였다.

"팻 자신도 제가 세워놓은 도전 목표까지 도달해야 한다는 것을 깨달았고, 그래서 그렇게 하고 있습니다."[42]

이런 식의 단언에 팻은 가슴이 철렁했다. 다시 배우로 일할 수 있을 정도로 회복할 수 있을지 자신이 없었기 때문이다. 그녀는 자신의 장애 정도를 너무나 잘 알고 있었다. 여전히 제대로 걸을 수도 없었고 대사를 외우는 것은 거의 불가능했다. 재활치료 동안에 가끔 시를 외우기도 했다. 혼란스러웠고, 기억이 중간 중간 끊기고 입에선 이해할 수 없는 말들이 튀어나왔지만 스스로는 깨닫지 못했다. 하지만 로알드는 에너지 넘치는 지도자 역할을 계속하면서 그녀를 원하는 이상으로 밀어붙여야만 재활에서 성공할 거라고 믿었다. 달의 가족과 잘 아는 한 친구는 할리우드 기자에게 이렇게 말했다. "그는 팻이 절대 자기 연민을 갖지 못하게 했어요. 아무리 작은 일이라도 무엇인가 성취하는 것이었으니까요. 그녀는 실제로 회복하기 시작했고, 성취감에 대한 자신감도 갖게 되었답니다. 그런 면에서 로알드가 잔인한 것만은 아니었죠."[43] 하지만 파렐은 이런 태도가 영 불편했다. 그는 달을 무척 존경했지만, 팻이 루시를 낳고 퇴원하자마자 몇 시간 만에 정원에 나와 있는 것을 보고는 불안한 마음이 들었다. 팻은 처음으로 다리 버팀대를 빼고 걸어보려고 노력하는 중이었다. 로알드는 그녀에게 '마치 훈련조교'처럼 큰소리를 쳤다.

"절뚝거리지 마! 똑바로 걸어! 하나둘, 세넷, 하나둘, 세넷이 아니라고. 하나, 둘, 셋, 넷이라니까!"[44]

1966년 12월 31일, 로알드는 또다시 공개적으로 아내의 회복에 대해 도

16장 불굴의 의지 611

박하듯 위험한 발언을 했다. 기자들에게 그녀가 '일 년 안에 다시 일할 수 있을 것'이라고 발표했던 것이다.[45] 결과적으로 영화 제의가 서서히 들어오기 시작했다. 마이크 니컬스Mike Nichols는 그녀에게 《졸업The graduate》의 로빈슨 부인 역을 제안했다. 팻은 준비가 아직 안 된 것을 알고 있었다. 그 역은 결국 친구인 앤 밴크로프트에게 돌아갔다. 피터 셀러스Peter Sellers는 《고양이What's New Pussycat?》에 카메오 출연을 제안했다. 에드거 랜스버리Edgar Lansbury(여배우 앤절라의 오빠)는 그녀에게 토니상을 받게 했던 프랭크 길로이Frank Gilroy의 《주제는 장미The Subject Was Roses》를 영화화할 작품에 주연 역을 제안했다. 팻은 네티Nettie 역을 좋아했다. 뉴욕 노동자층의 강인한 어머니 역이었다. 2차 세계대전에 참전했다가 돌아온 아들(마틴 쉰Martin Sheen이 맡음)은 부모의 결혼생활이 무너지고 있는 것을 알게 된다. 거칠고, 적나라했지만 팻의 당시 기분에 맞았다. 그리고 두 가지 마음에 드는 면이 있었다. 영화는 1968년이 되어야 촬영을 시작할 예정이었고, 대부분의 촬영은 뉴욕에서 이루어질 계획이었다. 발 이튼 그리피스는 역을 받아들이라고 설득했다. 하지만 팻은 자신이 그때까지 준비되지 않을 것 같아 걱정이었다.

그러나 발은 그녀에게 1967년 3월에 뉴욕에서 연설을 하라고 설득했다. 로알드가 연설문을 써주었다. 그리고 발은 그녀와 함께 비행기를 타고 가서 유명인들의 만찬에 참석하기 전에 한 달 동안 매일 그녀를 지도했다. '퍼트리샤 닐과의 정찬'은 월도프 아스토리아에서 열리는 뇌 손상 아이들을 위한 모금행사였다. 참석하는 유명인 중에는, 폴 뉴먼, 앨리스터 쿡Alistair Cooke, 멜 브룩스, 앤 밴크로프트 등이 있었다. 뇌출혈 이후 첫 공식행사였다. 팻의 연설—극적 효과를 위해 '테네시 촌놈은 그렇게 쉽게 죽지 않는

다'는 소냐 오스트리안의 말을 인용하면서까지—은 기립박수를 받았다. 그리고 9만 달러를 모금했다. 이런 보수는 팻에게 회복하고 싶은 열정을 부추겼다. 언젠가 영화로 돌아올 수 있을 거라는 믿음이 생기기 시작했다. 그날 밤, 그녀는 남편을 '위대한 남자'라고 칭찬하면서 자신을 이런 자리까지 나올 수 있게 이끌어준 남편에게 공을 돌렸다. 나중에는 고마운 마음을 좀 더 감동적으로 달했다.

"그때는 저를 절망의 깊은 구덩이에 빠뜨렸던 로알드를 여러 번 노예 감독이니, 무자비하고 무모한 나쁜 놈이니, 썩을 놈이니 하고 불렀어요. 저는 그곳에 있는 게 마땅했어요."[46]

팻이 새롭게 찾은 자신감은 《주제는 장미》의 대한 도전이 얼마나 힘든 것인지 깨닫자 다시 시들기 시작했다. 그녀는 빠져나가기 위해 변명을 늘어놓았다. 신디 애덤스Cindy Adams에게 이렇게 말했다.

"사실 저는 일하고 싶은 마음이 없어요. 남편이 억지로 끌어들인 거죠. 그는 제가 일로 돌아가야 재활이 완성되는 거라고 믿거든요. ……저는 이제 북적거리고 바삐 돌아치고 옷 입고 화장하고 기자회견 하는 일에 익숙하지 않아요."[47]

그중에서도 가장 힘든 점은 5페이지나 되는 독백 부분을 감독이 여러 각도에서, 단 한 번에 찍고 싶어 하는 것이었다. 생각만 해도 팻은 겁이 났다. 그렇지만 발 이튼 그리피스의 집중 도움으로 그녀는 촬영 대부분을 소화했다. 드디어 독백을 찍어야 하는 저녁이 되었다. 세트장 출입은 통제되었고 텔레프롬프터와 혹시 필요할 때를 대비하여 힌트카드가 곳곳에 숨겨져 있었다. 로알드는 그녀에게 정신적인 도움을 주기 위해 비행기를 타고 날아왔다. 조금은 힘들게 촬영했지만, 지금껏 거의 받아본 적이 없던 로알드의 쏟아지는 칭찬에 팻은 기쁨으로 가슴이 박찼다.

영화가 1968년에 개봉되었을 때 팻의 연기는 대단한 호평을 받았다. 《뉴욕New York》 잡지 비평가들은 '뭐라고 해야 최고의 찬사를 표현할 수 있을지' 모르겠다고 했으며, 《타임Time》은 그녀의 '엄청난 힘의 원동력과 지식' 그리고 '우울함이 깃든 근엄함'을 칭찬했다. 비평가는 이렇게 결론을 내렸다. "그녀가 고통을 받았다는 흔적은 찾아볼 수 없었다. 그녀는 그 점을 명확하게 보여주었다."[48] 이 영화로 그녀는 다시 오스카상 후보가 되었다. 모든 역경을 이겨낸 후 기적적으로 또하나의 스타가 탄생한 것처럼 보였다.

퍼트리샤의 명석하고 결단력 있는 남편이 모든 의학적인 전례를 다 무너뜨리고 그녀를 '죽음으로부터 소생'하게 이끌었다는 이야기는 곧 놀라운 전설이 되었다. 아내의 재활을 위해 '목적을 위해서라면 비정하게 몰아쳐서라도'라는 로알드의 접근 방식은, 팻의 이야기에 관심 있는 대중매체를 통해, 이후 뇌출혈 환자들의 재활치료에 혁신을 가져왔다. 하지만 그들의 이야기에는 의도적인 신화 만들기 요소가 있었고, 한편으론 팻이 사람들에게 나서기 전에 육체적으로 정신적으로 참아내야 했던 모든 어려움을 과소평가한 면도 있었다. 이웃이었던 앨런 히긴에게는 명백하게 보였던 사실이 베일에 가려졌던 것이다. 팻은 이미 다른 사람이었다. 《주제는 장미》를 끝낸 후, 전 주인이었던 팻과 차를 마셨던 수 덴슨도 같은 생각이었다. 그녀는 팻이 다른 사람이 되어 있었다고 했다. 팻은 맺힌 게 많았는데, 특히 가정부였던 잉그램 여사—덴슨은 그녀가 집시하우스를 꾸려가는 중심인물이라고 생각했는데, 당시 사직하겠다고 했다—에게 앙심을 품고 있었다.[49] 루 펄Lou Pearl도 '모범적이고 사랑스러웠던' 숙모가 집착이 강하고 속을 드러내지 않는 사람으로 변했다고 생각했다.

로알드는 이런 면을 보려 하지 않았다. 재활의 한계를 보여주는 이런 예들을 무시했다. 머릿속으로 팻이 회복된 것을 상상하고 현실을 거기에 꿰맞추고 싶어 했다. 그 밖의 다른 의견들은 인정할 수 없었다. 설사 가족의 생각이라 해도 마찬가지였다. 장모는 사위인 로알드에게 《케이디스 홈 저널》에 쓴 팻에 대한 기사가 자기도취적이고 부정확하다고 했다.[50] 그는 장모의 비난과 가족에게 주는 감정적 스트레스에 기가 막혔다. 그는 이렇게 되물었다.

"제발! 무엇이 불만이십니까? 제가 기분 나쁘게 해 드린 적이 있습니까? 이런 상황에서 팻의 친정에서는 단 한 가지 의무, 그러니까 아내를 어떻게든 치료하려는 남편을 돕는 일밖에는 없습니다. 어떤 비난이나 요구, 부탁은 아무 소용이 없습니다. 그러니 제발, 그만두십시오. 제가 장모님을 오해했다는 말은 받아들이지 않을 겁니다."[51]

이런 신화는 배리 파렐이 잡지 《라이프》에 기사를 쓰기 위해 가족과 함께 살았던 1965년 여름 동안에 오히려 더 그럴듯해졌다. 여러 달 동안 서른 살의 파렐은 가족의 일원이 되었다. 심지어 가족과 휴가도 같이 갔다. 거의 여자들에게만 둘러싸여 지내서인지 남자 동료에 굶주렸던 로알드는 젊은 기자에게 속마음을 털어놓았다. 그들은 오래 산책하고 종종 밤늦게까지 이야기를 나누었다. 파렐은 달에게 반했고, '다양하고 사소한 일들을 가지고 함께 이야기를 나누는 것'에 큰 기쁨을 느꼈다. '내가 아는 가장 훌륭한 이야기꾼'이라고 로알드를 치켜세우며 '그의 이야기를 들으면 가끔 마법에 걸린 듯했다'고 털어놓았다. 파렐은 팻이 사고 이전 상태로 돌아갈 수 있으리라는 점에는 회의적이었다. 하지만 그도 생각을 바꾸고 이렇게 썼다. "집시하우스에서 보낸 여러 달 동안, 나는 항상 로알드의 '100퍼센트 회복'이라는 말에 반신반의했다. 하지만 팻의 명랑하고 환한 모습은 그의 주장을 기적으로 증명해 보였다. 로알드의 낙천주의는 전염성이 있었다. 모든 사람은 6개월 만에 이루어진 팻의 변화를 보고 완전히 회복되리라는 생각에 결국은 동의했다."[52] 4년 후 파렐은 자신이 쓴 기사를 정리하여 《팻과 달Pat and Roald》이라는 책으로 출판했다. 여러 해 동안 그 책은 아내의 회복에 기여한 로알드의 전설적인 역할을 중심으로 쓴 유일한 전기로 남아 있었다.

로알드와 파렐의 관계는 마지막 20년 동안 그가 젊은 전문인들과 맺었던 관계의 전형적인 사례이다. 파렐은 맨 처음 달의 매력과 카리스마에 빠져들었다. 로알드와 둘만 만나면, 그는 상대방이 특별하다고 느끼게 하는 놀라운 능력이 있었다. 하지만 로알드의 모순된 성격 때문에 결국 갈등을 겪는다. 파렐의 경우, 로알드가 자기 이야기를 얼마나 통제하려고 하는지, 또 가족의 프라이버시를 얼마나 중요하게 여기는지 잘 몰랐다. 파렐의 착각은 이해할 만했다. 파렐을 집시하우스로 환영하며 받아들였을 때는 아마도 진심이었을 것이다. 그의 집은 늘 방문객으로 넘쳐났다. 하지만 한편으로 침입자들은 항상 그의 신경을 건드렸다. 로알드의 친구인 마리안 굿맨은 이런 일관성 없는 태도를 여러 번 목격했다. 학교에 다니는 테사에게 신문에 난 자기 사진이나 기사를 오려 보내는 팻을 비난하면서, 정작 자신은 가십난 편집자에게 전화를 걸어 아이들 이야기를 '신 나게 풀어내곤' 했다. 굿맨 부인은 이렇게 회상했다. "오래된 이야기예요. 저도 부인이 너무 불만이 많다고 생각했죠. 그는 사람들이 알게 되는 걸 싫어했어요. 알려지면 남 탓을 했지요. 하지만 결국 정보를 흘리는 쪽은 그였어요. ……그는 인터뷰하는 것도 좋아했지요."⁵³ 하지만 파렐은 자신의 주인공의 칼날이 이중적이라는 것을 한참 후에야 이해하게 되었다. 얼굴을 맞대고 밤새 이야기를 나누는 것을 즐기는 한편, 친구가 등 뒤에서 '끝도 없이 떠들고 캐내려 한다'고 비난하는 것을 몰랐다. 달은 마이크 왓킨스에게 기사와 책이 자신에게 10만 달러를 가져다준다는 생각 하나로 참고 있다고 말했던 것이다.⁵⁴

드디어 1968년에 로알드와 팻이 파렐의 원고를 읽었을 때, 둘은 그의 관찰—특히 팻의 성격이 병을 앓고 나서 달라졌다는 부분과 알코올 중독자가 되었다는 부분—에 충격을 받았다. 그녀가 말이 많고 예측 불허이며 참을성 없다는—심지어 발 이튼 그리피스에게조차—묘사에 그들은 상처를 받았다. 팻은 나중에 자신이 발에게 '무례하고' '밉살스럽게 굴었다'고 인정했고,⁵⁵ 알코올 중독자였다는 사실도 털어놓았다. 그러나 당시에는 상처가 아물지 않아, 웬만해서 놀라지 않던 달 부부도 가족에 대한 파렐의 묘사에 충격을 받았다.

로알드는 파렐에게 직접 대놓고 말하지는 않았다. 대신 파렐의 편집장에게 전화를 걸어 잔인하다면서 명예훼손으로 고발하겠다고 했다. 그리고는 수정하지 않으면 출판하지 못하게 하겠다고 위협했다.⁵⁶ 파렐은 할 수 없이 원고를 검열받았고, 여러 가지 자세한 일들을 삭제했다. 그중에는, 그의 주장을 따르면, 팻이 갓난아기인 오필리아를 심하게 다루는 바람에 유모였던 시나 버트가 기가 막혀 팻의 뺨을 때렸고, 그 일로 유도가 나가게 된 이야기도 포함되어 있었다. 팻은 직접 파렐에게 편지를 보내 자신에 대해 '쓰레기 같은 이야기'들을 썼다고 불평하면서, 로알드는 '영웅'으로 그리고 자기는 '빌어먹을 여편네'로 그렸다고 주장했다. 특히 자신을 '음주

광'인 듯 암시하는 부분에 대해 원망했다. 팻은 이렇게 욕을 퍼부었다. "난 술고래가 아니라고요! 난 알코올 중독자가 아니라고! 아니란 말이에요! 적어도 난 그렇게 생각해요!"[57] 하지만 팻의 조카인 록스데일 부부도 집시하우스가 항상 술에 찌들어 있었고, 싸움이 벌어졌다는 기자의 말에 동의했다. 그건 수전 덴슨이 1958년에서 1962년까지 달 가족과 지내면서 느낀 단란함과는 상당히 거리가 있는 모습이었다.

망연자실한 파렐은 가족의 요구대로 수정했다. 하지만 로알드와 팻에게 원고를 이렇게 삭제하고 보니 자신이 '창녀'가 된 기분이라고 말했다. "이건 잔인한 내용의 책이 아니었어요. 그리고 당신의 기분과 프라이버시를 위해 상당 부분을 이미 뺐던 상황입니다. 그런데도 내 작품뿐 아니라 우정까지도 경멸하는 인신공격을 했습니다. ······무척 가슴 아프고 배신당한 기분입니다. 저는 이제 제 이름으로 출간되는 이 헛되고 거짓으로 가득 찬 책을 쓰면서 시간을 낭비했다는 사실을 매일 후회하고 있습니다."[58]

로알드는 이 편지가 '고약하고 철없다'고 생각했다. 그리고는 파렐에게 집으로 와서 얼굴을 보며 해결하자고 제안했다. 이미 상처를 받은 파렐은 그 제안을 받아들일 수가 없었다.[59] 아이러니하게도 책에 담긴 잘못된 사실 대부분은 그가 만들어낸 이야기들이었다. 작가로서 파렐은—1984년에 마흔아홉의 나이로 세상을 떠났다—진실을 알아보려는 노력이 부족했고, 조사가 부족해 로알드의 삶에 대한 많은 허구의 사실들을 독자들에게는 진실처럼 느껴지게 한 부분이 있었다. 비행기 조종사였던 로알드가 리비아 상공에서 적의 총격으로 추락했다, 로알드가 그렘린의 유일한 창시자이다, '느긋한 성격의 성공적인 작가'인 로알드는 글을 쓰자마자 《뉴요커》에 개재되었다는 등 이런 이야기들과 이런 유형의 잘못된 이야기들이 《팻과 달》에 나온다. 20년 넘게 기자들은 이런 이야기들을 반복해서 인용했고, 종종 달 자신도 인용했다. 1994년에 이르러서야 비로소 제러미 트레글로운Jeremy Treglown이 잘못된 많은 부분을 바로 잡았고, 로알드도 자신 주위로 복잡한 거미줄처럼 엉켜놓았던 허구의 이야기들을 체계적으로 풀어내기 시작했다.

파렐의 책은 《퍼트리샤 닐 이야기The Patricia Neal Story》이라는 제목으로 팻의 뇌졸중에 관한 영화로 만들어졌는데, 글렌다 잭슨Glenda Jackson이 팻 역할을 맡았고, 달의 이웃이었던 덕 보가드Dirk Bogarde가 로알드 역을 맡았다. 영화는 가족 전체가 무너지는 위기 상황에서, 카리스마 넘치고 결단력이 있는 가장이 이끄는 불굴의 의지를 갖춘 가족을 그려냈다. 뇌졸중 환자를 극한 상황까지 밀고 나가면서 로알드가 성취해낸 것은 그야말로 놀라웠다. 유명인이었던 퍼트리샤 닐의 위치는 새로운 치료법에 대한 효과를 더욱 높였다. 한편, 가족 내의 뇌졸중 환자를 다루는 법에 대한 발이튼 그리피스 책은 비슷한 위기를 겪는 많은 사람에게 도움이 되었다. 그리고 전 세계적으로 '뇌졸중 클럽'이 확산되는 결과까지 낳았다. 책과 영화 모두 팻이 완전히 회복되었고, 달 가족이 특별히 강인하고 단단하다고 믿게 하였다. 하지만 그건 사실이 아니었다. 가족은 심각한 스트레스에 시달렸지만, 달이 만들어낸 강력한 이야기 속에 가려져 버린 것이다. 그는 자신이 무엇을 하는지 잘 알고 있었을지도 모른다. 그는 자기 모습이 스크린 속에서 어떻게 표현되어야 하는지 보가드에게 알려주면서 이렇게 말했다.

"난 감정을 드러내지 않아요. 감정들이 속에서 미친 듯이 소용돌이칠지는 모르지만 언제나 속으로 감추지요. 무덤덤하게요. 나는 위기를 당하면 냉정해지고 오히려 감당할 자신이 생깁니다. 재빨리 대응하고 절대 흥분한 모습을 보이지 않습니다."

팻이 뇌졸중을 앓고 있을 때 보여준 불굴의 의지를 책을 완성하는 과정에 비유했을 때, 그의 이런 모습이 가장 잘 나타난다.

"모든 훌륭한 작가들은 불굴의 의지와 인내심을 가지고 있습니다. 그들은 절대 포기하지 않지요. ……팻을 재활시키는 것은 아주 길고 어려운 책을 쓰는 것과 같았습니다."[60]

배리 파렐은 뇌졸중 이전에는 팻을 알지 못했다. 하지만 팻이 얼마나 많이 변했는지는 알 수 있었다. 그녀가 예전에는 보이지 않았던 모습이라고 가족들이 가르쳐준 특징을 이렇게 묘사했다. 아주 사소한 일에 집착하는 점, 미친 듯이 쓰레기를 줍는 점, 사람이 없을 때 집에 불이 켜져 있으면 큰 소리로 투덜거리는 점 등이 그랬다.[61] 굿맨 부인은 이렇게 말했다. "팻은 뇌졸중을 앓고 난 뒤 점점 더 팻다워졌어요. 팻은 항상 같은 사람이었어요. ……하지만 이기적이고 자기중심적인 면이 더 두드러졌지요. 그녀는 요구가 많아졌어요." 오늘날까지도 굿맨 부인은 팻의 좋은 친구지만 이런 면은 실망스럽다고 말한다. "가끔은 친구의 이를 흔들릴 정도로 잡고 싶을 때가 있어요. 하지만 그녀가 겪은 일을 생각하면 끝없이 불쌍하기도 해요."[62] 로알드 역시 팻의 의지에 큰 감명을 받았다. 그녀가 끙끙거리는 소리밖에 내지 못하던 '백치'에서[63] 3년 만에 오스카상 후보가 되는 과정을 보았기 때문이다. 그러나 1967년, 그런 감동은 그가 '나의 소녀, 팻'이라고 자랑스럽게 불렀던 여인에게 남아 있는 유일한 감정이었다. 마리아 투시 Maria Tucci가 기억하던 '야성적이고 멋진' 여인은 남편에게 '길들여졌고', 병 때문에 바닥으로 떨어졌다. 투시는 뇌졸중 이후 팻에게 이야기하는 것은 '사랑스럽기는 하지만 10살짜리'에게 말하는 느낌이었다고 회상했다.[64]

로알드의 팻에 대한 육체의 욕구는 줄어들었고, 팻에게 섹스란 '고통'이었다.[65] 발 이튿 그리피스도 그녀가 '요란하고 인내심도 없고 여배우처럼 거드름을 피우기' 시작했다면서 가정의 평화는 거의 불가능함을 알아차렸다. 팻은 이렇게 말했다. "나는 모두에게 힘들게 굴었어요. 특히 토알드에게는요."[66]

그래서 팻의 회복에 대한 복잡한 진실은 점점 대중의 눈에 감추어졌다. 이따금 비밀이 새어나갔다. 한 번은 로알드가 어떤 인터뷰에서 팻이 《주제는 장미》를 하도록 발로 찼다고 했다. 그러고는 이렇게 덧붙였다. "팻은 의욕이 없었습니다. 다른 영화를 하라고 억지로 밀어붙여야 했지요. 그녀는 하고 싶어 하지 않았어요."[67] 팻은 1971년 5월 9일 《내셔널 인콰이어러 National Enquirer》에 자신의 불완전한 기억력과 절뚝거리는 걸음걸이에 대해 솔직히 털어놓았다. 《주제는 장미》는 성공했지만 제작자들이 자신을 '피한다'는 것을 잘 알고 있다고 했다. 하지만 다시 미래의 성공이 기다리고 있었다. 1972년 필더 쿡Fielder Cook의 《홈커밍The Homecoming》 연기로 골든 글로브상을 받았다. 하지만 텔레비전 시리즈 《월튼네 사람들 The Waltons》의 배역을 맡지 못해 실망하기도 했다. 하지만 1970년에서 1980년대에, 텔레비전과 영화 출연은 점점 줄어들었지만 오히려 많은 돈을 받으며 자신의 인생에 대해 이야기할 기회가 많았다. 가끔은 혼자였고 가끔은 발 이튿 그리피스와 함께했다. 그리고 로알드와의 관계도 급격하게 변했다. 그는 '파파' 달이었다. 그녀는 그에게 의존하며 살아가는 사람이었다. 테사는 그런 변화가 싫었다. 그녀는 《Working for Love》에서 이렇게 썼다. "마치 둥지에서 먹이를 달라고 꽥꽥대는 두 마리의 어린 새 같았어요. 우리는 입을 벌리고 앉아서 아빠의 관심을 받으려고 몸부림쳤어요."⁶⁸ 결국 테사는 감당할 수 없는 상황이 되자, 기숙사 학교로 보내달라고 했다. 테사는 엄마에게 이 집에는 '아기가 너무 많다'고 퉁명스럽게 내뱉고는 집에서 벗어나고 싶다고 했다.⁶⁹ 로알드도 당분간은 자기 혼자서 돈을 벌어 가정을 꾸려 나가야만 한다는 사실을 분명히 알았다. 그렇게 하려면 자기 재주를 본능적으로 싫어하고 신뢰하지 않는 세상에서 펼쳐야 한다고 마음먹었다. 바로 영화계였다.

팻이 뇌졸중을 일으키기 전 가족이 하와이에 있을 때, 로알드는 젊은 감독인 로버트 올트먼Robert Altman을 위해 별생각 없이 장난삼아 코믹 판타지 대본을 써보았다. 그는 올트먼을 좋아했다. 그가 쓴 1차세계대전에 참전한 전투비행사와 프리드리히스하펜의 체펠린 기지 공습에 관한 이야기를 좋아했다. 특히 그가 그 작품에 붙인 제목—《오, 죽음아, 너의 쿡쿡쿡 날카로운 칼은 어디에?Oh, Death, Where is Thy Sting-a-Ling-a-Ling?》는 오래된 영국 공군의 노래인 《지옥의 종The Bells of Hell》의 후렴에서 따온—이 마음에 들었다.

> 지옥의 종소리가 땡땡땡 울린다
> 지옥의 종소리가 땡땡땡
> 내가 아니라 너를 위해서 울리는 소리다
> 나에게는 천사의 노랫소리가 랄랄랄
> 오, 죽음아, 너의 쿡쿡쿡 날카로운 칼은 어디에?
> 무덤이 너의 승리이냐?
> 지옥의 종소리가 땡땡땡
> 내가 아니라 너를 위해 울린다

로알드는 하와이에 있을 때 대본에 착수했다. 하지만 그는 양란 같은 다른 것들에도 관심이 많았고, 여러 달 동안 서두를 생각은 없었다. 그저 '재미'로 했던 것이다.[70] 그는 그레이트미센던으로 돌아와 가을 동안 초고를 마무리 지었다. 그는 단 한 푼도 받지 않았다. 그는 올트먼과 수익을 배분하기로 했다. 올트먼이 자신을 감독으로 받아준 영화사에 대본을 넘기면 로알드에게 지급될 예정이었다.

쉬운 작업은 아니었다. 비록 텔레비전으로 명성을 쌓았지만 올트먼은 영화를 한 번도 해본 적이 없었다. 달이 1965년 로스앤젤레스로 돌아왔을 때도 그 일은 불확실했다. 팻이 뇌졸중을 일으키기 며칠 전에 로알드는 마이크 왓킨스에게 캐리 그랜트가 주연을 맡고 싶어 한다고 편지로 알렸다. 그는 '캐리와의 문제'는 그에게 올트먼이 '역량 있는 감독'인지 확신이 필요하다는 것이었다.[71] 캐리는 확신이 서지 않았다. 하지만 로알드와 올트먼은 서로 신뢰하고 편안해하며 우정으로 맺어진 관계였다. 왓킨스가 우려했던 점은 둘이 너무 친해서 둘 사이의 계약이 '너무 애매모호'하다는 점이었다. 제대로 된 계약서가 도착했을 때, 그는 로알드에게 둘 사이의 특별한 관계 때문에 동의했다고 말했다.[72] 하지만 팻이 돈을 잘 벌고 있어서 로알드는 올트먼이 적당한 영화사를 찾을 때까지 기꺼이 기다렸다. 하지만 뇌졸중으로 하룻밤 사이에 상황은 급격하게 변했다. 로알드의 눈에는 경험은 없지만 젊고 매력적인 감독이었던 올트먼이 갑작스럽게 고집스러운 적으로, 이기심 때문에 당장 달의 가족을 위해 필요한 돈을 손에 넣을 수 없게 만드는 사람으로 보였던 것이다.

1965년 4월, 상황은 막막했다. 그들은 로스앤젤레스에 있었고 팻이 막 병원에서 퇴원한 후였다. 달은 대본에 15만 달러를 제시한 유나이티드 아티스트United Artists에 팔고 싶은 마음이 간절했다. 영화사는 올트먼이 감독을 포기해야 한다는 조건이었다. 올트먼은 거절했다. 결국 두 사람은 멀어졌다. 로알드는 나중에 이렇게 회상했다.

"나는 작은 텔레비전 방송국의 감독이었던 밥에게 전화를 걸었어요. 그리고는 '이봐, 난 돈이 필요하다고.' 하고 말했어요. 그랬더니 그는 '내가 감독을 못하게 되면 대본을 다 찢어버려' 하고 소리를 버럭 지르더군요."[73]

갈등은 달이 할리우드의 전설적인 에이전트이자 타협가인 어빙 '스위프티' 라자Irving 'Swifty' Lazar에게 도움을 청한 다음 해결되었다. 그달 말에 로알드는 왓킨스에게 이렇게 말했다.

"난 올트먼을 만나지 않아요. 우리 사이의 감정이 격해졌거든요. 모든 일이 엉망이고 안타까울 따름입니다. 그는 점잖게 행동하지 않습니다. 지금 대본을 팔 수만 있으면 영화사로부터 수정 작업에 대한 돈을 바로 받아서 필요한 경비로 쓸 수 있을 텐데 말입니다. 대가족을 이끌며 살려니 돈이 물 새듯 흘러나갑니다."[74]

달 가족이 그다음 달에 영국으로 돌아갔을 때도 문제는 해결되지 않았다. 6주 후 라자는 올트먼을 설득해 포기하게 했다. 그들은 중간에서 타협했다. 올트먼은 7만 5000달러를 갖고, 로알드는 라자에게 준 10퍼센트의 중개료를 떼고 6만 7500달러를 받았다. 로알드는 받자마자 테오와 테사의 신탁에 넣었다. 그는 앨프리드 크노프에게 '조금 안심이 된다'고 말했다.[75] 그러나 올트먼은 친구의 배신에 마음이 무너졌다. 수년 후 그는 로알드의 막내딸인 루시에게 오래전에 로알드를 용서했지만, 로알드에게 당한 배신은 그 누구에게 당한 것보다 컸다고 말했다.[76]

로알드는 새로운 감독인 데이비드 밀러David Miller와 함께 대본을 수정하는 대가로 2만 5000달러를 받았다. 밀러는 1930년대부터 영화를 찍어 온 50대 중반의 미국인이었다. 그는 존 웨인John Wayne과 마르크스 브라더스Marx Brothers와 함께 일했지만 올트먼 같은 색다른 매력은 없었다. 로알드는 대단히 실망해서 그를 '능력은 있지만…… 너무 무지하다'고 표현했다. 그는 앤 왓킨스 에이전트에 있는 페기 콜필드Peggy Caulfield에게 밀러는 '절대 멋진' 영화를 만들어낼 수 없을 거라고 했지만—영화에 투자된 600만 달러를 보고는—의심할 바 없이 안전하다고 결론을 내렸다.[77] 하지만 그건 아니었다. 두 사람은 직접 만난 적이 없었다. 은행에 돈이 들어오자 로알드는 순식간에 그 작품에 대한 흥미를 잃었다. 그의 편지는 그가 영화보다는 전 가족이 영화를 촬영하는 스위스로 여행갈 수 있는 충분한 돈을 받았다는 사실에 더 관심이 많았음을 보여준다.

영화는 다 실패였다. 촬영지에서 한 달을 보낸 다음 영화사는 포기했다. 그들의 투자는 취소되었다. 로알드는 1966년 왓킨스에게 이렇게 말했다.

"《Sting-a-ing-a-ling》은 아시겠지만 취소되었습니다. 로버트 알란 아서 Robert Alan Arthur라는 작가를 투입했다고 들었습니다. ……그 사람이 얼마나 대본을 엉망으로 만들었는지, 감독도 자기가 무슨 짓을 하고 있는지 모를 지경까지 되었다고 하더군요. 그들은 촬영지에서 5주를 보내면서 3분 분량밖에 찍지 못했습니다."[78]

그래도 무엇인가는 남았다. 적어도 로버트 올트먼의 기억에는. 2006년 그가 죽기 얼마 전, 80대였던 감독에게 한 기자가 얼마 남지 않은 삶에 대해 질문했다. 그는 기자에게 이렇게 대답했다. "얼마 남지 않았음을 잘 압니다. 매일 아침 일어날 때마다 죽음을 맞이하니까요." 그러더니 잠시 멈추었다가 미소를 짓고는 간단하게 이렇게 말했다. "오, 죽음아, 너의 쿡쿡

쿡 날카로운 칼은 어디에?'⁷⁹

로알드의 영화 대본은 완전히 헛된 것은 아니었다. 대본은 해리 살츠만 Harry Saltzman과 앨버트 '커비' 브로콜리Albert 'Cubby' Broccoli에게 깊은 인상을 심었다. 유나이티드 아티스트와 거래하던 제작자들이었다. 그들은 제임스 본드 영화의 독점저작권을 갖고 있었고, 새로운 007 시리즈의 영화, 《두 번 산다You Only Live Twice》의 대본작가를 찾고 있었다. 로알드는 자기 이름이 대본작가 후보 목록 중 맨 위에 놓여 있음을 알게 되었다. 그는 여러 면에서 분명한 선택이었다. 그는 이언 플레밍도 잘 알고 있었다. 두 남자는 전쟁 당시 윌리엄 스티븐슨 밑에서 스파이 작업을 했다. 그리고 두 사람은 폭음, 도박, 화려한 바람둥이라는 공통점이 있었다. 그리고 판타지에 대한 비슷한 감각이 있었고, 돈에 대한 태도도 같았다. 플레밍은 언젠가 달에게 이렇게 말했다. "아주 비열한 물건이지. 하지만 르누아르를 살 수 있잖아."⁸⁰ 로알드도 당장 돈이 필요했다. 르누아르보다는 학비와 병원비 때문이었다. 그래서 로알드는 자신을 찾아준 게 기뻤다. 그는 플레밍을 존경했다. 그는 만날 가치가 있는 몇 안 되는 작가라고 생각했고, '톡톡 튀고 재치 있고 독설을 가진 친구이며 풍부한 유머에 희한한 지식으로 가득 찬 녀석'이라고 덧붙였다.⁸¹ 그는 플레밍의 전기 작가에게 그가 방으로 들어오면 '엄청난 붉은빛'이 방을 비추었다고 말했다.⁸² 하지만 그는 친구의 글 쓰는 재주에 대해서는 그다지 매력을 느끼지 못했다. 《두 번 산다》는 '따분하고' '형편없고' '이안의 최악의 작품'이라고 평했다.⁸³ 브로콜리와 살츠만이라는 뚱뚱한 두 거물과 로알드의 첫 만남은 '엄청나게 큰 방'에서 이루어졌다. 로알드는 두 사람이 플레밍의 소설을 그다지 좋아하지 않는 것도 알았다. 그들은 로알드에게 일본이라는 배경만 빼고는 마음껏 대본을 바꿔도 좋다고 했다. 본드라는 인물도 '마음대로 주물러도 좋고', 유명한 '여성 공식'을 가지고 장난을 쳐도 좋다고 했다.[84]

영화의 줄거리는 플레밍의 책과는 전혀 달랐다. 하지만 전부 로알드가 한 일은 아니었다. 그는 이미 기반을 잡고 있던 로스앤젤레스의 텔레비전 작가 해럴드 잭 블룸Harold Jack Bloom에게서 여러 제안을 받았는데, 그는 영화 최종단에 나올 이야기의 아이디어를 제안한 사람이었다. 그중에는 러시아인을 위협하는 블로펠트Blofeld의 계획과 미국의 우주 프로그램, 그리고 영화의 시작 부분에 본드의 죽음을 거짓으로 꾸미는 아이디어가 포함되어 있었다.[85] 그렇지만 대부분의 상세한 사항—거대한 자석, 모형 비행기들의 전투, '제비'라는 이름의 우주선—은 모두 달의 순수한 생각이었다. 달이 가장 좋아하는 새 중 하나인 교활한 까치처럼, 달은 블룸의 줄거리에서 원하는 것을 뽑아내 자기 것으로 만들었다. 첫 번째 원고는 8주가 걸렸는데, 그 사이 일주일 동안은 텐비의 바닷가에서 가족과 휴가를 보내기도 했다. 그는 원고를 전달하고 마이크 왓킨스에게 '보스들'이 초고를 보고 아주 흡족해했다고 전하고는, '대본은 자기가 손댄 것 중에 가장 쓰레기 같은 것'이었다고 특유의 자기 경시적인 표현을 했다.[86]

영화에서 '추가적인 자료에 도움을 준'이라는 이름으로 소개된 블룸은 부당한 취급을 받았다고 느꼈다. 제러미 트레글로운과의 인터뷰에서 '스크린에 나온 대부분'은 자기 아이디어였으며, 그와 달은 대본 작업에서 똑같은 권리를 나누어야 한다고 주장했다.[87] 작가들에 대한 부당한 취급으로 유명한 이 분야에서 늘 듣던 낯익은 소리였다. 과거에 로알드도 당했던 부당함이었다. 하지만 나쁜 경험을 여러 번 겪은 후 로알드는 마침내 대성공을 거두었다. 그는 정기적으로 로스앤젤레스의 베벌리 힐스 호텔로 가는 여행도 즐겼고, 대본을 운전기사가 딸린 롤스로이스에 실어 런던으로 보내는 사치스러움도 즐겼다.[88] 그는 또 루이스 길버트Lewis Gilbert와 함께 일하는 것도 좋아했는데, 한 라디오 인터뷰에서 그를 '함께 일해 본 감독 중에서 유일하게 멋지고 마음이 가는 사람', 자기 대본을 '절대로 단 한 단어도 고치지 않는' 사람이라고 말했다.[89] 하지만 그 무엇보다도 중요한 것은 돈이었다. 16만 5500달러![90]

달의 재정 상황은 완전히 바뀌었다. 이웃인 앨런 히긴에게 '영화로 많은 돈을 벌어' 다시는 일을 하지 않아도 될 것 같다고 자랑했다.[91] 그렇지만 커비 브로콜리가 그에게 플레밍의 동화책 《치티치티 뱅뱅Chitty Chitty Bang Bang》을 영화대본으로 수정해주면 12만 5000달러와 수익 분배를 포함한 모든 돈을, 달이 91퍼센트라는 영국의 소득세를 절감할 수 있게 국외계좌로 넣어주겠다고 제안했을 때,[92] 그는 거절할 수가 없었다. 하지만 그 일은 그다지 흥미롭지 않았다. 그는 그때의 일을 '단순하고 유치한' 작업이었으며, 대본은 '쓰레기' 같았다고 표현했다. 그는 앨프리드 크노프에게 자기가 그 일을 하는 이유는 보험이라는 것을 믿을 수가 없어서, 혹시 그가 죽게 되면[93] 아이들을 돌보아줄 수 있는 충분한 돈을 모으기 위해서라고 했다. 마이크 왓킨스에게는 팻이 다시 일하게 되기를 간절히 바란다고 털어놓았다. 그건 그가 영화 일을 그만두고 다시 소설 쓰는 일에 전념할 수 있기를 바라는 마음이었다. 그는 '나는 이 영화 일이 싫습니다'라고 털어놓으며, 낙천적인 마음으로 팻이 잘 회복되어 18개월 만에 '자유인'이 되기를 희망한다고 덧붙였다.[94]

본드 영화가 만족스러웠다면, 《치티치티 뱅뱅》은 암울했다. 로알드는 감독인 켄 휴스Ken Hughes와 급격하게 사이가 나빠졌다. 켄 휴스는 늘 자기가 대본을 쓰던 사람이었고, 브로콜리도 로알드의 대본이 '쓰레기' 같다고 했다면서, 초본을 쓴 로알드에게서 대본 빼앗을 궁리를 했다.[95] 나중에 휴스는 이동식 타이프라이터로 최종 대본의 '망할 놈의 한 글자 한 글자'를[96] 다 자기가 썼다고 주장했다. 그건 거의 과장이었다. 달이 새 인물이나 이야기 구성에 직접 참여하지 않았다는 것은 믿기 어렵다. 특히 'Kingdom of Vulgaris(상스러운 왕국)'의 터무니없이 'Truly Scrumptious(정말 멋진)'이라든가 순식간에 사탕공장 주변에 있는 모든 강아지를 불러 모으는 '뚜뚜 나팔사탕toot sweets' 같은 것들이 그렇다. 영화에서 가장 기억에 남는 등장인물에도 그의 터치가 아주 뚜렷하게 보인다. 끔찍한 '어린이 납치범'도 마찬가지다. 삐쩍 마른 긴 코의 괴물은 사탕으로 아이들을 유인하고, 예민한 코로 냄새를 맡아 숨어 있는 아이들을 찾아내기도 한다. 그는 바로 윌리 윙카의 사악한 도플갱어인데, 이미 무시무시함과 코믹함의 경계선을 걸어가는 인물이었다. 《제임스와 슈퍼 복숭아》의 스펀지 아줌마와 스파이크 아줌마도 이미 걸었던 그런 경계선이었다. 《마틸다》의 트런치볼 양과 《마녀를 잡아라Witches》의 여왕마녀도 20년 뒤에 그 선을 걸어가게 된다. 하지만 그중에서는 어린이 납치범이 가장 사악한 인물이라고 할 수 있다. 당연하겠지만 영화에 등장하는 인물 중에서 가끔 가장 사악한 인물로 묘사되기도 한다.

    달은 《치티치티 뱅뱅》의 최종 대본을 끔찍이 싫어했다. 그리고 영국 여왕이 참석하는 자선 시사회에 자신을 초대하지 않은 이유를 놓고 브로콜리와 심하게 다투다 관계를 끝내고 말았다. 이 또한 그의 모순된 성격을 보여주는 전형적인 예다. 달은 왕족과 악수하는 일 따위에는 관심이 없다며 공공연히 떠들던 우상타파주의자였다. 하지만 최고의 자리에서 제외된 것에는 무척 화를 냈다. 그는 스위프티 라자에게 이렇게 말했다.

"내가 개인적으로 왕족을 만나든지 아닌지는 크게 상관하지 않는 사람이라는 점은 당신도 잘 알 겁니다. 내가 화가 나는 것은 커비의 태도와 내내 나를 취급하는 방식입니다."

달의 명성과 부와 위치는 점점 올라갔지만, 주목받을 수 있던 자리에서 제외된 일은 브로콜리같이 자수성가한 사람들도 결국은 자신을 피하려 한다는 사실을 일깨워주었다. 그는 라자에게 이렇게 말했다.

"저는 지금까지 커비를 위해 아주 쓸 만한 대본 두 편을 써주었고, 제가 아는 한 아무 잘못도 한 게 없습니다. 이건 진짜 화가 나는 일입니다."[97]

자신의 성미가 급하고 예측불허라는 사실이 널리 퍼져서 왕족을 모신 따뜻한 환영식에서 제외되었다는 생각은 들지 않았던 모양이다. 하지만 영화를 싫어한다던 호언장담에도 그의 재정적인 성공은 영화에 대한 관심에 다시 불을 지폈고 그는 스스로 일을 찾아 나섰다. 병 때문에 할 수 없이 올더스 헉슬리Aldous Huxley의 《멋진 신세계Brave New World》의 영화대본을 포기해야 했다. 그리고는 한동안 심각하게 루도빅 케네디Ludovic Kennedy의 《릴링턴 가의 살인10 Rillington Place》의 대본을 써볼까 고려했다. 그건 존 크리스티John Christie라는 실제 연쇄살인범을 둘러싼 그릇된 정의의 실현에 관한 이야기였다.

《릴링턴 가의 살인》을 거절한 이유에서 달의 미학에 관한 통찰력을 보여준다. 1970년 로스앤젤레스에서 있었던 인터뷰에서 그는 작가가 '남을 즐겁게 해주는 연예인'이며, '판타지'란 그러한 기능을 제대로 보여줄 수 있는 가장 좋은 방법이라고 했다. 그는 관객들을 '멋지고 재미있고 믿을 수 없는' 세계로 데려가고 싶어 했다. 그건 그가 '완전히 창조하거나 만들어낸 것이' 아닌 내용은 결코 쓰고 싶지 않다는 말이었다.[98] 온순한 성격의 한 런던 사람이 여자 일곱을 죽여 자기 아파트 벽에 감추었다는 이야기는 달에게 역겨움만 주었다. 그건 너무 현실적이라 위트가 부족하다는 이유에서였다. 그는 영화를 제작할 윌리엄 도지어William Dozier에게 이렇게 말했다.

"죄송하지만 전 마음에 들지 않습니다. 이 크리스티라는 남자의 이야기는 너무 지저분하고 유머가 없어서 흥미롭게 느껴지지 않습니다. 섬뜩한 이야기는, 성공적으로 풀어만 간다면 움찔하게 하는 동시에 미소 짓게도 할 수 있어야 합니다. 그게 비결이죠. ……크리스티의 이야기는 조심스럽게 사전 계획된 일곱 번의 성범죄 살인입니다. 너무 끔찍해서 생각할 수도 없습니다. 저는 할 수가 없습니다. 죄송합니다. 큰 성공을 거두시기 바랍니다. 하지만 제 스타일은 아닌 듯싶습니다."[99]

앰브로즈 비어스Ambrose Bierce의 어른을 위한 그랑기뇰 판타지나 토머스 해리스의 《양들의 침묵》이 훨씬 그의 취향에 가깝다. 그의 관심을 끈 유일한 일은 《찰리와 초콜릿 공장》을 뮤지컬로 만드는 일이었지만, 그는 다시 한 번 영화 일이 지겹다고 선언했다. 그는 소설과 동화 쓰기로 돌아가고 싶었다.[100]

그렇다고 로알드가 영화 일을 완전히 끊은 것은 아니었다. 그는 《찰리와 초콜릿 공장》의 대본을 썼고, 다음 해 팻을 위한 영화를 만들려고 조이 카울리Joy Cowley라는 젊은 뉴질랜드 작가의 심리 스릴러인 《추락하는 나무의 둥지Nest in a Falling Tree》의 저작권을 샀다. 박식하고 예민한 마우라 프린스라는 노처녀가 연쇄강간살인범이라는 사실을 모르고 베일에 싸인 잘생긴 젊은이를 사랑하게 된다는 이야기였다. 마우라는 팻에게는 멋진 역할이었다. 그는 대본에서 그녀를 뇌졸중에서 회복한 희생자로 바꾸기도 했다. 하지만 최종적으로 《나이트 디거The Night Digger》라는 제목으로 결정된 대본은 《릴링턴 가의 살인》처럼 내재된 유머가 부족해서 로알드의 절대적인 관심을 끌지 못했다. 카울리는 로알드가 몇 가지 유머를 집어넣어 기쁘게 생각했다.[101] 하지만 그래도 줄거리는 서스펜스에 의존하고 미묘한 심리 묘사에 근거를 두었는데, 그건 달의 주특기가 아니었다. 다만 꿋꿋하게 아내를 위해서 무엇인가 하겠다는 그의 결단력을 보여주는 증거였다.

스위프티 라자는 확신이 서지 않았다. 이야기가 너무 평범하고, 뻔하고 거의 '빅토리안' 스타일이라고 생각했다.[102] 하지만 로알드는 고집을 피웠다. 한밤중에 라자에게 편지를 쓰면서—5살짜리 루시는 밤에 화장실을 가다 아빠의 집필실에 불이 켜져 있는 것을 자주 보았다—그가 끝낸 최종 대본이 자기가 지금까지 쓴 대본 중 최고로 생각한다고 말했다.[103]

그는 윌리엄 프리드킨William Friedkin, 린지 앤더슨Lindsay Anderson 그리고 젊은 켄 러셀Ken Russell을 비롯한 여러 감독에게 대본을 보냈다. 켄 러셀은 이야기는 마음에 들지만, 자신이 좋은 동업자가 될 것 같지 않다는 뜻을 전했다.[104] 로알드는 성격이 온순한 영국 제작자인 앨런 진 호드셔 Allen Zinn Hodshire와 팀을 이루었는데, 그는 로버트 올트먼에게 감독을 부탁하려 했다. 로알드는 낙관적으로 자신만만하게 말했다. "나하고 팻이 원한다고 하면, 특히 팻이 원한다고 하면, 아마 당장 당신을 만나 줄 겁니다."[105] 놀랄 일은 아니었지만 4년 전에 달이 자기를 소외시켰던 일 때문에 몹시 기분이 상했던 올트먼은 아무런 답도 주지 않았다. 결국 젊은 스코틀랜드 출신 감독인 앨러스테어 리드Alastair Reid를 선택했다.

비록 로알드가 이야기의 저작권을 가지고는 있었지만, 영화사에서 제작에 들어가는 비용을 받아내기 위해서는 경험 있는 제작사와 타협할 필요가 있었다. 그는 그 과정이 매우 힘든 것을 알게 되었다. 그는 영화제작사들과 관련된 속임수나 허풍에 마음의 준비가 되어 있지 않아서 곧 끝도 없이 이어지는 결론 없는 회의에 짜증 나기 시작했다. 그는 일을 맡게 될지도 모르는 한 제작자를 이렇게 표현했다. "그는 통통한 손을 흔들면서 작은 젤리처럼 둥둥 떠다니는 것 같았다. 그는 아무것도 결정한 사항이 없을 때만 현장에 나타났다."[106] 마침내 그는 영스트리트 제작사Youngstreet Productions와 계약을 맺었다. 그 회사는 MGM을 설득하여 이 일에 돈을 투자하게 하였다. 새로운 제작자는 알고 보니 무자비한 사람이었다. 그들은 달에게 재수 없는 호드셔를 자기네 두 스텝으로 바꾸라고 요구했다. 달은 그들의 요구를 즉시 받아들였다. 이 결정은 그가 얼마나 힘든 역경 속에 있었는지를 보여준다. 이제 달은 가족 이외는 누구든 상황에 따라 얼마든지 버릴 수 있다고 믿는 사람처럼 보였다. 이런 갑작스러운 결별은 호드셔에게는 잔인하고 뜻밖이고 휘청거릴 정도의 타격이었다.[107] 그는 지금까지 로알드와 일하면서 돈 한 푼 받지 않고 이 일에 많은 시간과 에너지를 쏟았다. 영화가 투자를 받으면 언젠가는 제작비를 받을 수 있을 거라는 기대감에서였다.

달은 뒤를 돌아다보는 사람은 아니었다. 하지만 이번엔 곧 자신이 한 일을 후회했다.[108] 영화가 끝난 후 그는 호드셔에게 편지를 써서 자신이 실수를 저질렀고 계약 때문에 영화의 운명에 아무런 힘도 쓰지 못했다고 털어놓았다. 편지는 대부분 감독에 대한 장황한 불평이었다. 그렇지 않아도 미약한 아내의 자신감을 가라앉힌 '아주 고약한 녀석'이라고 했다.[109] 팻 역시 이 일로 몹시 상처를 받았다고 했다.¹¹⁰ 촬영이 끝난 다음 그녀는 한 기자에게 이제 연기에 싫증 난다고 말했다. 그녀는 이렇게 털어놓았다. "저는 이제 영화를 만드는 일에 그다지 흥미가 없어요. 한때는 너무나 열정적이었는데……. 하지만 이제는 일하고 싶은 생각이 없네요. 영화를 다시 못하게 되어도 별로 아쉬울 게 없을 것 같아요."¹¹¹ 그녀는 '하지만 남편 같은 사람과 결혼해서 너무 다행이에요' 하고 감동적으로 덧붙였다.

달은 영화는 만드는 세세한 과정에는 전혀 관심이 없던 터라 어느새 그 일에 싫증이 났다. 촬영지에 모습을 나타내는 일은 거의 없었고, 그래서 촬영 중간 편집용 프린터도 보지 못했다. 나중에 대략적인 편집을 끝낸 영화를 보고는 리드가 그의 대본을 마음대로 수정한 것을 알게 되었다. 하지만 그때는 이미 늦은 후였다. 그는 호드서에게 말했다.

"믿을 수가 없네. 팻이 나오는 중요한 장면이 다 삭제되었어. 영화는 남자와 여자가 여기저기서 섹스하는 포르노 쓰레기가 되었다네. 우리는 기가 막혔지."¹¹²

《나이트 디거》가 미국에서 개봉되었을 때 끔찍한 평을 받았다. 《할리우드 리포트The Hollywood Reports》는 '지루하다'고 했고, 《버라이어티》는 '진부하다'고 했다. 영화는 영국에서 개봉되지 않았다. 로알드와 팻은 아이로니컬하게도 앨런 호드서와 같은 처지가 되었다. 영화가 이익을 내면 수익금을 분배하는 것으로 계약했기 때문이었다. 연기나 대본 계약금도 없었고, 영화가 개봉된 후에도 단 한 푼도 받지 못했다. 하지만 달이 정말로 원한 것은 팻이 연기할 수 있는 역할을 만드는 것이었기에, 그는 이후에도 두 작품의 저작권을 사들였다. 도널드 해링턴Donald Harington의 스릴러인 《반딧불이The Lightning Bug》와 상을 받은 동화책으로 집시 고아 소녀에 대한 이야기인 루머 고든Rumer Godden의 《디다코이The Diddakoi》였다. 그는 두 책의 대본을 썼다. 그러고는 한동안 대본을 팔아보려고 했지만 둘 다 제작되지 못했다. 그는 결국 실패를 인정했다.

5년 만에 로알드는 동화를 쓰는 일로 돌아왔다. 1968년 봄에 《멋진 여우씨》를 쓰기 시작한 로알드 달은 4년 전에 《찰리와 초콜릿 공장》을 썼던 사람과는 다른 사람이었다. 더 거칠고, 더 강인하고, 전보다 훨씬 더 능력 있고 결단력도 강했다. 그는 '긴 투병시간'으로 '조금은 피곤한' 상태였지만[113] 이전보다 부자가 되어 있었고 성공도 거둔 뒤였다. 아이들의 신탁 잔액은 아주 든든했고 프랜시스 베이컨과 러시아 전위 미술인 절대주의 화가의 그림들이, 달에게는 '시대의 거물'이었던 매슈 스미스의 그림들과 나란히 벽에 걸려 있었다.[114] 그는 나중에 의붓딸인 니이샤 크로슬랜드Neisha Crosland에게 그림의 '간결함과 깊은 감정의 뒤엉킴'에 얼마나 감탄하는지 모른다고 말했다.[115] 1964년과 1967년 사이에 달은 베이컨의 그림 4점—그림들은 각각 6000파운드를 넘지 않았다—을 샀다.* 같은 시기에 그레이트 미센던에 있는 가게도 사들였다. 언젠가는 그곳에서 골동품을 팔고 싶었기 때문이었다.[116] 그림과 가게는 그가 역경을 이겨내고 성공을 거두었다는 구체적인 증거가 되었고 그에게 뿌듯함을 주었다.

1965년 서리가 내린 한겨울 저녁, 로알드는 새집이 제대로 잠겼는지 알아보러 나갔는데, 그때 버리 파렐은 그가 계속 지탱해 나갈 수 있는 원동력이 무엇인지에 대한 통찰력이 생겼다. 로알드는 레이철 맥로버트Rachel MacRobert 부인 이야기를 해주었다. 스코틀랜드 준남작의 미망인이었던

---

*⟨Landscape at Malabata⟩(1963), ⟨Three Studies for a Portrait of George Dyer⟩(1963), ⟨Study for a Portrait of Henrietta Moraes⟩(1964), ⟨Head of Lucian Freud⟩(1967)이다.

부인은 세 아들이 모두 비행사였다. 1938년 맏아들이 비행기 충돌사고로 사망했다. 1942년 둘째가 이라크에서 총격으로 추락해 사망했다. 셋째는 웰링턴 폭격기가 북해에 불시착하는 바람에 목숨을 잃었다. 맥로버트 부인은 슬픔의 충격에 빠졌지만 슬퍼하지만은 않았다. 대신 침착하게 펜을 꺼내 2만 5000파운드의 수표를 공군 사령부에 보내 새 폭격기를 구매하라고 했다. 그녀는 사령관에게 이렇게 말했다. "맥로버트 이름표를 달거나 그 이름표를 달고 전투에 나갈 아들이 남지 않았습니다. 하지만 나에게 아들이 열 명 있다고 해도 나는 그들 모두가 같은 길을 걸었을 것임을 알고 있습니다." 영국 공군은 폭격기를 사들여 몸체 옆에 페인트로 두 단어를 썼다. '맥로버트의 답장.' 계속 싸우겠다는 결심, 절대 굽히지 않겠다는 마음가짐은 모든 어려운 역경 속에서도 강인함을 가질 수 있게 영감을 주었다고 했다. 그는 이렇게 표현했다.

"나는 그 이야기를 듣고 감동했던 순간을 기억하고 있다네. 정말 용감하고 불굴의 의지를 보여준 이야기지. 그런 사람은 절대 이길 수가 없어."[117]

1970년이 되자 극도로 힘들었던 상황들은 거의 끝이 나고 있었다. 하지만 한 가지 슬픔이 남았다. 성인작가로서의 그의 일은 사양길로 접어들었다는 것이다. 최신작인 두 단편 〈손님The Visitor〉과 〈The Last Act〉가 《뉴요커》에서 거절당한 것이다. 로저 에인절Roger Angell은 마이크 왓킨스에게 달 씨가 '거절을 너무 심각하게 받아들이는 사람'이라서 아주 신중하게 생각하고 망설이다 거절했다고 했다.[118] 그러자 달은 잡지사에서 그가 쓴 모든 성인용 단편을 먼저 읽어볼 기회를 주는 조건으로 일 년에 100달러씩 받던 돈을 돌려주었다. 그는 에인절에게 자기 작품들이 그의 취향에 맞지 않는 상황에서 계속 해마다 돈을 받는 일은 잘못인 것 같다고 했다. 그리고는 옛날을 그리워하며 잡지사에서 자기 작품을 사주던 시간을 무한한 기쁨으로 회상한다고 덧붙였다.[119] 《플레이보이》가 마침내 〈손님〉을 사들였다. 하지만 허락도 없이 멋대로 삭제해서 화가 난 달은 문학 부문 편집자인 A. C. 스펙토스키Spectorsky를 '살인자'라고 비난하면서 분노에 찬 편지를 보냈다.[120] 성인작가로서의 일이 서서히 끝나고 있다는 사실은 20년 전에 소설가가 되고 싶은 꿈을 포기하려 했을 때만큼이나 고통스러웠다. 시간이 흐르면서 그는 성인을 위한 좋은 이야깃거리를 점점 찾기가 어렵다고 인정했다. 그의 단편이 점점 쇠퇴하는 것이 자존심에는 흠이 되었는지 모르지만 그의 지갑은 아니었다. 그에게 돈을 벌어다 주는 것은 영화 대본뿐만이 아니었다. 그의 동화가 인기 있는 베스트셀러가 되었던 것이다. 1968년 3월, 《찰리와 초콜릿 공장》은 미국에서 60만 부가 팔렸고 《제임스와 슈퍼 복숭아》는 25만 부가 팔렸다. 크노프는 작가에게 거의 100만 달러에 가까운 인세를 지급해야 하는 것을 깨달았다.[121]

지금 생각하면 달이 영국에서 그 두 동화책을 출판해줄 출판사를 찾는 데 7년이나 걸렸다는 사실은 믿기 어렵다. 하지만 미국에서 성공했지만 적어도 11개의 유명한 영국 출판사들은 두 책의 출판을 거절했고, 달은 어쩔 수 없이 스스로 해결해야 했다.[122] 그는 마이크 왓킨스에게 1964년 12월에 이렇게 썼다.

"나는 이 좋은 동화책을 무작위로 런던에서 팔러 다니는 일은 거절합니다. 계속 거절당하고 있으니 말입니다. 모든 영국 출판사에서 거절당할 때까지 책을 무분별하게 팔러 다니는 일은 어리석기 짝이 없습니다."[123]

달은 블랑쉬 크노프에게 그저 덮어놓고 거절만 하는 기존의 출판업자들에게 비굴하게 고개를 숙이지는 않을 작정이라고 말했다. 그는 건방지고 멍청하고 답답한 태도를 자신이 타파해 버리고 싶다고 했다.[124] 당시 런던에서 로알드의 일을 맡아 했으며, 고객의 책을 이름 있는 출판사에 팔아야 한다고 생각했던 로렌스 폴린저의 아들 머리Murray의 충고를 무시하고 로알드는 스스로 출판 계획을 세우기 시작했다. 일주일 후 그는 마이크 왓킨스에게 이렇게 썼다.

전 여기서 찰리와 제임스를 위해 열심히 버티고 있습니다. 하지만 이제 더는 유명 출판사에 보여줄 생각이 없습니다. 저는 체코슬로바키아에서 인쇄한 다음 머리가 상대하고 싶어 하지 않는 '이류' 출판업자들을 통해 싼값에 팔아보려고 합니다. 하지만 '이류'라는 사람들도, 야생화와 곰팡이, 나비, 새 들에 관한 아주 훌륭한 책을 만들고 있습니다. 50개의 인쇄판은 15(아마도 파운드를 이야기하는 듯)에 아주 잘 팔리고, 모두 체코슬로바키아에서 인쇄됩니다. 저도 그렇게 하고 싶습니다. 머리는 고리타분해서 내 생각을 싫어합니다. 그는 이렇게 말하더군요. "이류를 찾아가면 당신 책이 이류가 되는 겁니다." 그 말에 저는 "웃기지 마시오. 모든 어머니는 출판사와 관계없이 책을 사는 거라오. 일류가 필요한 부분은 배급, 마케팅 그리고 인쇄뿐이오."라고 했습니다.[125]

팻의 뇌졸중 때문에 달은 생각을 접었다. 그러다 어느 날 갑자기 그에게 행운이 찾아왔다. 테사가 《제임스와 슈퍼 복숭아》를 학교 친구인 커밀라 언윈Camilla Unwin에게 주었다. 그 아이는 영국 출판계의 거물인 레이너 언윈Rayner Unwin의 딸이었다. 레이너 언윈은 10살 때 J. R. 톨킨Tolkien의 《호빗The Hobbits》 원고를 조지 앨런&언윈George Allen & Unwin의 대주주였던 아버지 스탠리 언윈Stanley Unwin 경에게 출판해 보라고 추천했다. 역사가 되풀이되고 있었다. 리틀 미센던 마을 가까이에 살던 레이너 언윈은 딸이 책에 완전히 사로잡혀 있는 것을 눈치챘다. 그리고 영국에서 출판된 책이 아니라는 것도 알았다. 며칠 뒤 그는 마이크 왓킨스에게 전화를 걸었다. 공식적으로 제임스와 찰리의 검토용 사본을 보내달라고 부탁했다.[126] 책을 받은 다음 그는 달에게 계약할 생각이 있는지 묻는 편지를 보냈다. 그는 '로알드의 가장 단도직입적이고 썩 내켜 하지 않는 뜻이 담긴 편지'를 받았다. 달은 퉁명스럽게 아직은 그 어떤 영국 출판업자도 이런 책에 '제대로 참여'할 준비가 되어 있지 않을 거라고 했다.[127]

그러나 로알드는 머리 폴린저에게 이야기했고, 폴린저는 앨런&언윈의 출판 목록은 '심리학, 사회학, 인류학 같은 제목들이 주를 이루고 있다'고 확인해 주었다. 언윈이라는 사람은 '이 업계에서는 최고'라고 했다.[128] 두 남자가 만났다. 로알드는 자신의 생각을 제안했다. 언윈은 달이 싼 비용으로 책을 인쇄하려는 계획에 열렬한 관심을 보였다. 그리고는 두 책을 한꺼번에 체코슬로바키아가 아닌, 또 다른 철의 장막의 나라인 동독에서 인쇄하면 어떻겠냐고 제안했다. 두 남자는 함께 특별한 계약을 체결했다. 그건 회사가 출판 비용을 회수할 때까지는 달이 한 푼도 받지 않으며, 그 후 모든 판매의 50퍼센트를 갖는 계약이었다.[129] 그건 도박이었다. 책의 판매가 저조하면 로알드는 한 푼도 받지 못할 수 있었다. 하지만 잘만 되면 그는 10~20퍼센트를 받는 대부분의 작가보다 훨씬 더 많이 받을 수 있었다.

로알드는 도박을 좋아했다. 수없이 거절당한 뒤였지만, 자기 책들이 성공을 거둘 거라고 믿었다. 그리고 그의 믿음은 보람이 있었다. 두 책이 1967년에 영국에서 출판되었다. 그리고 수 주일 만에 그들은 모두 다 팔렸다. 책은 재판에 들어갔고 재판마저 다 팔렸다. 다음 해 조지 앨런&언윈은 《요술 손가락》을 출판했다. 넘치는 자신감 속에서 달은 동화 중에서 가장 자서전적인 내용을 담은 '유아용 책'에 몰두하기 시작했다. 《멋진 여우 씨》였다.

사악한 세 농부, 보기스와 번스와 빈에게 쫓기고, 굶주림에 시달리던 가족과 친구를 위험에서 구해내는 교활하고 제멋대로 날뛰는 여우 이야기는 여러 면에서 작가가 겪은 일들에 대한 우화로 보인다. 여우 씨는 강인하고 기지가 뛰어나고 결코 시련 앞에 굴복하지 않는다. 얼마나 대단한지 아내는 그저 남편의 눈을 바라다보며 팻이 그러듯이 이렇게 말할 뿐이다. "사랑하는 당신……, 당신은 정말 멋진 여우예요."[130] 다른 면에서도 중심인물은 그를 창조해낸 사람과 공통 특징을 가지고 있다. 가장 두드러진 면은 밀렵꾼 기질이다. 책의 초고에서 여우 씨는 간단한 도둑질로 역경을 이기고 승리한다. 그는 동네 슈퍼마켓까지 몰래 비밀 통로를 뚫어서 문제를 해결한다. 그의 가족은 원하는 것을 마음대로 먹을 수 있다.

여우 씨는 말했다.
"이제부터 우리는 해낼 수 있다. 매일 밤 우리는 메인 가로 쇼핑을 갈 수 있다! 우리는 원하는 것은 뭐든 가질 수 있어."
그리고 그들을 그렇게 했다. 그들은 오늘도 그렇게 하고 있다. 매일 밤 여우 씨는 쇼핑 목록을 적는다. 매일 밤 그들은 모두 메인 가로 쇼핑을 나간다. 그들은 원하는 것은 무엇이든 손에 넣는다. 그리고 가

게 주인은 여전히 물건들이 어디로 갔는지 궁금해한다. 경찰들은 아직도 도둑을 찾고 있다.[131]

원고를 출판업자이며 지금은 랜덤하우스Random House―1960년에 크노프 인수―의 회장이 된 밥 번스타인Bob Bernstein에게 보냈을 때, 그는 딜레마에 부딪혔다. 밥과 편집장들은 책이 좀 약하다는 느낌이었다. '글은 보잘것없고, 판타지는 개연성이 없으며 줄거리도 짜임새가 허술하다'는 것이 내부의 판단이었다. 또한 도둑질은 충분히 기지가 넘치고 교활하기에, 달은 이 작은 절도를 찬양할 준비가 되어 있었지만, 랜덤하우스의 편집자들은 조금은 불안했다. 도둑질을 미화하는 책을 '선생님과 도서관 사서들과 부모님'들이 넘어가 주지 않을 것 같아서였다.[132] 또 다른 문제도 있었다. 원고에는 여우 씨가 동물과 농부들 사이의 갈등을 인간들의 전쟁에 비교하는 부분이 나오는데, 달은 그 점을 비난했고, 그건 거의 《Some Time Never》를 연상시켰다. 미국의 베트남 전쟁 참여도는 점점 높아갔고, 이 책은 4살 어린이까지 읽을 수 있는 책이라 크노프사의 몇몇 편집자는 무척 불안해했다.

보기스와 번스와 빈은 우리를 죽이려고 한단다. 너도 그 정도는 알지? 그들은 우리와 전쟁을 선포했어. 전쟁이 일어나면 도둑질이라는 것은 없어. 한 나라가 다른 나라와 싸움을 벌이면, 늘 벌이는 일이지만, 장군이 군인들에게, '적에게서 훔치면 안 된다'라고 말하더냐?
오소리가 대답했다.
'물론 아니죠.'

'그들이 하는 짓은 도둑질보다 더 나쁜 일이야.' 하고 여우 씨가 말했다. 그리고는 '그들은 폭탄을 떨어뜨려 폭발시키고 죽이고 또한 적이 가진 것을 파괴하려고 오만 짓을 다 한다. 하지만 너와 나는 그 정도까지는 하지 않을 것이다. 우리는 보기스 닭장에 불을 지를 것도 아니고 번스의 창고도 마찬가지. 물론 원한다면 할 수는 있어. 하지만 하지 않을 것이다. 우리는 꿈에도 그럴 생각이 없다…….[133]

번스타인은 이 문제를 예민하기로 악명 높지만 회사에 엄청난 돈을 벌어다 주는 작가에게 어떻게 꺼내야 할지 자신이 없었다. 달은 《요술 손가락》의 경우에도 거절당하는 느낌이 들면 얼마든지 다른 출판사를 찾아갈 준비가 되어 있음을 보여주었다. 번스타인은 동화책 편집자라는 낯선 자리가 불편했고, 로알드는 불리한 평을 들으면 예민하게 반응한다는 사실을 잘 알고 있어 마음이 불편했다. 그래서 극도로 조심스러웠다. 원고에 대한 답변을 보내면서 편집자로서 걱정되는 바를 조심스럽게 전달하는데 한 달이라는 시간이 걸렸다. 그는 도둑질 문제에 대해, '제가 너무 까다로운가요?' 하고 물었다. 그리고는 '만약 수정할 의향이 없다면 결국 선생님 방식대로 해야겠지요'라고 덧붙였다.[134]

답변할 때까지 시간이 오래 지체되자 달은 그의 답장에 신경질적인 전보를 보냈다. 그는 원고를 받았다는 답장이 늦어진 것 자체가 실망스럽고 '예의도 없는' 행동 같다고 불평했다.[135] 그리고 답장에서 번스타인의 답변이 놀라울 정도로 조심스러운 건 알았지만, 도둑질 문제는 꿈쩍도 하지 않았다. 그는 이렇게 반론을 제기했다. "우선 여우들은 훔쳐 먹으면서 사는 녀석들입니다." 그리고는 만약 베아트릭스 포터가 이런 문제들을 걱정했다면 그녀의 이야기 중 절반은 출판되지 못했을 거라고 덧붙였다. 그는 번스타인에게 답장이 찬물을 끼얹는 짓이었다고 하면서 그것 때문에 자신이 '약간 의기소침'해졌다고 말했다.[136]

거의 4개월 동안 아무 일도 일어나지 않았다. 온 사방이 꽉 막힌 듯했다. 그러다 원고가 랜덤하우스의 진취적인 성격의 젊은 편집자인 파비오 코엔Fabio Coen의 책상에 놓이게 되었다. 그는 자진해서 어려운 일을 맡았다. 우선 문제가 되는 부분에 타협안을 제시했다. 여우들은 계속 도둑질을 해야 한다. 하지만 슈퍼마켓을 공격대상으로 하기보다는 그들을 괴롭히는 농부들의 들판에서 훔쳐야 한다. 그는 이렇게 설명했다. "만약 농부들에게서 훔친다면 어느 정도는 윤리적인 면이 유지될 수 있기 때문입니다. 즉 생계유지 때문에 어쩔 수 없이 훔치는 자들을 막을 수 없지만 벌을 받지 않을 수도 있기 때문이죠."[137] 그건 현명한 대안이었다. 수정할 부분도 많지 않았다. 로알드는 기뻤고 막다른 길과 마주친 문제에 이런 훌륭한 대안이 나온 것에 열렬한 찬사를 보냈다.

"너무나 좋은 대안을 내놓아서 받아들이면서 마치 표절하는 것 같은 기분마저 듭니다. 그래서 저는 덥석 받지는 않겠습니다. 두 손으로 공손히 받아들이겠습니다. ……제가 같이 일했던 어떤 편집자도 이렇게 건설적이고 수용할 만한 아이디어를 제시한 적이 없습니다. 감사합니다."[138]

그에게 고맙다고 표시하기 위해 코엔이 '부적절한 전쟁에 대한 비유'를 언급했을 때 로알드는 논쟁이 되는 문단을 수정하는 데 동의했다. 또한 제목을 《The Fantastic Fox》에서 《Fantastic Mr. Fox》로 바꾸는 데도 찬성했다.[139] 책은 1970년에 출간되었다. 크노프의 아동팀 전문가들이 암울할 거로 예견했지만 또다시 책은 순식간에 베스트셀러가 되었다.

1960년대는 달에게 불행한 시기이기도 했고 승리의 시기이기도 했다. 무명작가에서 주목받는 유명작가로 탈바꿈할 수 있던 10년이었다. 그는 두 번의 끔찍한 의학적인 위기를 극복했고, 아내와 아들이 신경에 손상을 입어 후유증이 남아 있긴 했지만 의사들의 예상보다는 훨씬 잘 이겨냈던 것이다. 테사는 여전히 괴로워하고 마음의 안정을 찾지 못했다. 하지만 다른 두 아이, 오필리아와 루시는 다행스럽게도 잘 자라고 있었다. 올리비아를 잃은 것은 결코 치유될 수 없는 상처였고, 《멋진 여우 씨》는 올리비아에 대한 기억에 헌정되었다. 용기와 힘든 노력이 적어도 고통을 어느 정도는 둔화시키기 시작했다. 1966년에 출판된 〈The Last Act〉―복수심에 가득 찬 산부인과 의사의 충격적인 이야기로, 달은 '섹스를 통한 살인'이라고 표현한 적이 있다―는 달의 마지막 성인 단편이 되었다.* 하지만 이야기 속의 불쌍한 주인공인 안나 쿠퍼는 그녀를 만든 창조자와 큰 공통점이 하나 있었다. 그녀는 가족의 죽음으로 고통받고 있었다. 이 경우에는 그녀가 사랑했던 남편이었다. 그녀는 입양사무소에서 불행한 아이들을 돌보는 일을 하면서 마음의 구원을 얻는다. 올리비아의 사망 후 이탈리아의 고아들을 돌보는 일에 몰두했던 달의 감수성이 쉽게 보이는 대목이다. 그는 남편에 대한 안나의 기억이 흐려지는 것을 이렇게 묘사했다.

"그의 목소리를 기억해내는 것이 점점 어려워지고 있다. 심지어 얼굴조차도 그렇다. 사진을 들여다보지 않으면 기억나지 않는다. 남편의 얼굴도 이제 더는 기억 속에 뚜렷하게 남아 있지 않다. 그녀는 여전히 끊임없이

---

* " '섹스를 통한 살인'은 수년 동안 써보고 싶었던 주제입니다. 하지만 시도해볼 용기가 나지 않았어요." 달은 《뉴요커》가 〈The Last Act〉를 거부했을 때, 왓킨스에게 이렇게 썼다. "하지만 대충 표현하고 싶지 않아요. 그렇게 하면 칼날이 무디어지겠죠." ―로알드 달, 마이크 왓킨스에게 보낸 편지, 04/09/65―WLC Box 26.

그를 생각한다. 하지만 이제는 그를 생각해도 눈물이 터져 나오지 않는다는 것을 알았다……."

달은 안나에게 필요한 것은 '열심히 몰두할 수 있는 선한 일'이며, 해결해야 하는 갖은 문제—자신의 문제보다는 다른 사람들의 문제—를 찾는 일이었다고 덧붙였다.[140]

재능, 행운, 계속되던 거절을 다 이겨낸 달은 부자가 되었다. 팻도 '자기가 남편을 여러 해 동안 먹여 살렸지만' 이제는 들이 '상당한 돈'을 벌어들이기 시작했다고 인정했다.[141] 그의 지하실은 좋은 보르도와 부르고뉴 포도주로 가득 찼으며, 14살짜리 딸인 테사가 친구인 어맨다 콘키와 함께 파티하려고 은박지로 포도주를 싸서 훔쳐내는 것도 묵인해 주었다. 그는 정원에 덮개가 있는 수영장을 만들어 친구나 이웃들이 자유롭게 사용할 수 있게 했다. 달과 집시하우스는 아주 아름답고 특이한 모습을 가진 마을의 볼거리가 되었다. 대가족의 우두머리로서 달의 모습은 갓난아기 때 아버지를 잃은 콘키에게는 대단한 존재처럼 보였다. 그녀는 달이 늘 집에 있는 것이 '이상하기는' 했지만 그가 옆에 있을 때 대단한 존재처럼 느꼈다. 그녀는 이렇게 회상했다.

"아저씨는 완전히 달랐어요. 다른 아빠들은 아이들을 자동차로 학교에 데려다 주지 않았어요. ……일주일 내내 점심시간에 집에 있는 아빠도 없었어요. 지극히 전형적인 사회 속에서 참으로 특별한 모습이었지요."[142]

《멋진 여우 씨》는 한 가족의 생활과 거의 천재에 가까운 놀라운 가부장에 대한 찬미였다. 거기엔 달 자신에게 심리적인 보상을 해주는 가장 중요한 두 중심 요소가 있었다. 그래서 달은 뜻밖의 재난 속에서 가족이 끈끈하게 뭉쳐 위기를 극복한 여우 씨 가족의 우화에서 위로를 찾았던 것이다. 하지만 달의 가족은 그의 노력에도 무너지기 시작했다. 그건 위에서부터 무너져 내리고 있었다. 퍼트리샤 닐은 여우 씨 부인이 아니었다. 마음이 복잡하고 요구가 많고 특이한 성격의 여자였다. 남편은 되도록 그녀와 거리를 두려고 했다. 그런 긴장감을 말로 거의 표현하지 않았던 것이 문제였다. 조만간 일이 터지게 되어 있었다. 로알드는 많은 것을 이루어냈다. 그는 죽음의 가장자리에서 싸워 이겼다. 그는 총격으로 사람을 죽이기도 했다. 허리케인을 타고 지중해를 날아가며 신의 얼굴과 마주치기를 갈망했다. 그는 대통령과 영화배우들과도 어울렸다. 세상에서 가장 아름다운 여성들과 잠자리도 해보았다. 그는 글 쓰는 일을 직업으로 삼았다. 그리고는 연이어 일어난 개인적인 끔찍한 사고에서도 가족을 보호했다. 하지만 그는 한 번도 제대로 사랑에 빠져본 적이 없었던 것이다.

17장

부드럽고 따뜻한 사랑

집시하우스의 정원에서 놀고 있는 달과 테오와 오필리아.

팻의 회복을 위해 애쓰고 있는 달과 팻.

로알드와 팻의 결혼생활에는 성적인 긴장감이 어느 정도는 항상 있었지만, 뇌졸중 이후 급격히 줄어들었다. 배리 파렐은 1965년에 팻이 루시를 임신했을 때, 로알드가 팻에게 '이제 늙었네!' 하고 농담을 건넸다고 썼다. 그는 아내에게 이렇게 말했다. "아기를 낳으러 병원에 들어간 동안, 나는 런던에 가서 여자를 찾아봐야겠어. 너무 딱딱한 화석처럼 된 여자 빼고 말이야."[1] 팻은 로알드에게 당신이나 조심하라고 맞받아쳤다. 너무 늙어서 불장난하다가 심장마비에 걸릴지도 모른다고 했다. 그러나 이런 농담 속에는 뼈가 있었다. 결혼생활 동안 로알드가 항상 아내에게 성실했던 것은 아니었다. 하지만 늘 그저 한때의 바람이었고 마음이 흔들린 적은 없었다. 그건 전쟁 당시 40살이나 많은 화장품업계의 거장 엘리자베스 아덴과의 만남처럼 짧은 불장난 같은 것들이었다. 이따금 달은 그녀를 '첫 번째 연상의 여인'이라고 했다. 그는 여드름 때문에 고민했는데, 그곳에서 일하던 오데트 테렐 데 쉐니스Odette Terrel des Chenes의 어머니가 특별 치료를 받아보라고 권해서 뉴욕에 있는 그녀의 살롱에 들렀다. 마침 크림이 다 떨어져 의논하던 중 아덴이 나타났다. 그녀는 조수에게 당장 공장에서 제품을 새로 가져오라고 지시하고는, 잘생긴 젊은 공군 장교와 점심을 먹고 경마장에도 데리고 갔다. 니키 록스데일은 삼촌이 이렇게 말했던 것을 기억했다. "오래 지속된 관계는 아니었지. 하지만 여드름은 다 나았어."[2]

다른 불장난은 조금 더 오래갔다. 신문계의 거물인 켐슬리Kemsley 경의 딸 파멜라 베리Pamela Berry도 그 중 하나였다. 두 사람은 1948년 자메이카로 가는 비행기 안에서 만났다. 그는 오초 리오스에 있는 그녀의 집에 머물렀다. 찰스 마시가 더물던 자메이카 호텔에서 불과 5킬로미터도 떨어지지 않은 곳이었다. 그는 그녀의 독립적인 태도와 실용적인 성격과 모험심―그녀는 나중에 유능한 조종사가 되었다―이 마음에 들었다. 그녀의 7살짜리 딸 레미나Lemina는 로알드를 아이들과 많은 시간을 함께 한 '멋진 아저씨'로 기억했다. 로알드가 자기를 바다로 데려가 등에 태우고는 깊은 물 속까지 헤엄쳐 갔다고 했다. 그녀는 수영을 못했기 때문에 무섭기도 하고 한편으론 아주 신이 났다고 했다.³ 로알드가 적나라하게 '아주 겁 많고 좀스런 중고차 딜러'라고⁴ 표현한 그녀의 남편과 떨어져 지내던 1948년에서 1952년 사이에 두 사람은 종종 만났다. 그는 팸의 남편의 성이 있던 스코틀랜드까지 찾아가 그녀를 만나기도 했고, 찰스와 클라우디아와 함께 스칸디나비아로 여행하기도 했다. 10대였던 니키 록스데일은 삼촌을 따라 웨일스에 있던 켐슬리 경의 '엄청나게 크고 장엄한 저택'에 가본 적이 있었는데, 삼촌은 앞마당의 잔디밭에서 새로 산 텐트를 치고 자보라고 권했다. 그러고는 자기는 집 안에서 편안하게 잠을 잤다.⁵ 로알드와 팸은 로알드가 결혼한 후엔 자주 만나지 않았지만, 그때는 이미 그가 그녀의 시누이인 '아주 매력적인' 메리 베리Mary Berry와 좋은 친구가 되어 있었다. 수 덴슨의 기억으로는 그가 가끔 그녀와 런던에서 포커를 쳤다고 기억했다. 덴슨은 이렇게 떠올렸다. "팻이 집에 없을 때는 기차를 타고 내려왔어요. 로알드에게 눈독을 들였죠."⁶

이런 여자관계는 달의 가족의 활기를 뒤흔들었다. 하지만 1966년에 팻이 뇌졸중을 일으킨 지 일 년 정도 지났을 때, 이미 달은 결혼생활에 종지부를 찍을 생각을 했을지도 모른다. 팀 피셔Tim Fisher는 로알드가 트렌트 목사관으로 전 교장선생님을 찾아와 확실한 답을 얻으려 했다고 기억했다. 당시 제프리 피셔는 거의 여든이었고, 그와 피셔의 관계는 모순으로 가득 차 있었다. '보스'는 로알드가 정신적으로 강인할 때는 멸시하던 기존 세력을 상징하는 인물이었다. 하지만 위기의 순간에는 끌리는 존재였던 것이다. 피셔는 또 다른 아버지 같은 인물이었다. 로알드가 반항적이고 상처받기 쉬운 10대일 때부터 그를 알던 강인한 노인이었다. 팀 피셔는 이렇게 말했다. "나는 달이 딜레마에 빠진 것을 이해했습니다. 그렇게 많은 도움이 필요할 때 그녀(아내)를 떠날 수 없다고 느끼는 그의 마음을 말입니다."7 예전에 추기경을 지냈던 분에게 조언을 받았지만 로알드는 결혼에 대한 마음이 더 불확실해졌다. 근본적으로 그에게는 낯선 감정이라 어떻게 다루어야 하는지 알지 못했던 것이다. 그는 독선적이고 지배하고 결정하는 가부장적인 사람이었다. 다른 사람을 비난하지만 자신은 절대 비난받을 사람이 아니라고 느끼는 그런 종류였다. 딸들도 이 부분에선 생각이 같았다. 아버지는 '나쁜 남자'처럼 행동하거나 그런 이미지로 보이는 것을 대단히 불편해했다. 그러나 이제 딜레마에 빠진 것이다. 그는 의식적으로 자신의 결혼생활이 단단하며 그 무엇보다 가족을 우선 생각한다는 신화를 만들어놓았다. 하지만 이제는 심각한 의기였던 팻의 회복에 대한 도전 정신도 점점 희미해졌고, 스스로 만든 이미지가 조금씩 점점 표면으로 올라오는 자신의 불만을 간신히 누르고 있었다. 그 틈만은 팻의 상태가 변하자 점점 강해졌다. 그에게는 가족이 전부였다. 가족을 유지하려고 힘들게 싸우고 애쓰던 한 가정의 우두머리인 로알드는 점점 고립되었고 불행하다고 느끼기 시작했다.

1967년 가을로 접어들 때쯤, 여러 가지 진통제를 복잡하게 처방받아 복용해도 요통과 좌골신경통은 점점 심해지고 가라앉지 않았다. 오른팔도 심각하게 아파 글쓰기가 어려울 정도였다. 손가락은 마비되어 갔다. 건축업자였던 월리 손더스Wally Saunders는 침대를 좀 더 딱딱하게 만들어 등을 제대로 지탱할 수 있게 해주었다. 하지만 그의 상태는 좋아지지 않았다. 결국 의사는 그에게 통증을 완화하는 척추수술을 권했다. 그의 척추수술은 21년 전에 그를 치료해준 외과의사에 의해 옥스퍼드에 있는 레드클리프 병원에서 이루어졌다. 하지만 수술 후 무척 심각한 문제가 생겼다. 상처가 감염되어 엄청난 수혈과 항생제 투여에도 출혈이 멈추지 않았다.[8] 그러다 창자가 잘못되었다. 아래쪽 창자에 고통스러운 관상기관이 생겼다. 입원한 지 2주일 후, 달은 첫 수술의 부작용으로 생긴 문제를 해결하기 위해 두 번째 수술을 받아야 했다.

여든둘인 로알드의 어머니는 보통은 그가 병원에 입원할 때마다 아들을 보러왔다. 하지만 그녀도 여러 번 가벼운 뇌졸중을 일으켜 병원에 입원 중이었다. 나중에 팻은 시어머니 대신 자기가 로알드의 병상을 지키려 했지만, 그는 눈을 감고 '말없이 고통을 감수'하려고 결심한 듯했다고 썼다.[9] 어머니는 규칙적으로 전화를 걸었다. 11월 17일 아침, 그녀는 그날도 안부를 물었다. 올리비아가 죽은 지 5주년이 되는 날이었다. 어머니와 아들은 간단하게 대화를 나누었다. 그것이 두 사람의 마지막 대화였다. 어머니는 몇 시간 후에 숨을 거두었다. 로알드는 절망에 빠졌다. 어머니의 죽음이 그렇게 임박했는지 전혀 몰랐다.[10] 〈오직 이뿐〉—전쟁 동안 어머니와 전투기 조종사였던 아들의 아주 밀접한 정신적인 교감에 대한 이야기—과 고약하게도 평행선을 그리고 있었다. 모든 사람의 관심이 아들의 건강에 쏠려 있을 때, 정작 죽어간 사람은 어머니였던 것이다. 어머니는 불편한 몸이었지만 자식을 끝까지 염려하고 돌보았던 것이다. 로알드가 세 번의 위기를 이겨내게 도와주고, 그의 이야기 속 영웅처럼 '이것밖에는 살 목적이 없다는 것을 깊이 인식하며' 살아가게 도왔던 것이다.[11] 그녀를 잃은 것은 한 시대의 종지부를 찍은 것이다.

로알드는 몸이 무척 약해져 장례식에 참석할 수가 없었다. 그녀의 재는 웨일스로 가져갔다. 거기서 레이더 교회 묘지에 있던 남편 해럴드의 무덤가에 뿌려졌다. 그가 죽은 지 거의 47년 만이었다. 어머니를 잃은 것은 로알드에게 엄청난 상실이었다. 그녀는 그가 가장 소중하게 생각한 많은 것들의 표상이었다. 회의주의, 불굴의 의지, 명석함, 결코 채워지지 않는 호기심, 기존 관습을 따르지 않는 실용주의와 즐거운 판타지에 대한 감각. 끝까지 그는 어머니의 의견을 구하고 충고를 참고했다. 그녀의 강인함과 감정의 절제는 그를 강한 사람으로 키웠다. 그의 정신적이고 신비주의에 대한 감각은 어머니를 닮았고, 무서운 표정 속에 숨어 있는 타고난 선함도 마찬가지다. 무엇보다도 그녀는 그에게 놀라운 이야기 재능을 물려주었다. 달의 1983년 동화 《마녀를 잡아라》에 나오는 노르웨이 할머니, '훌륭한 이야기꾼…… 무척 나이가 많고 잔뜩 주름진…… 엄청난 체격…… 회색 레이스에 둘러싸인'[12] 모습은 바로 어머니에 대한 문학적인 헌정이었다.

하지만 로알드는 고통에 시달리느라 어머니의 죽음을 제대로 애도할 수 없을 정도였다. 배트 파렐은 로알드가 '생존하는 일조차 심각해서' 다른 일을 할 수 없었고 했다. 관상기관에 관련된 두 번째 수술은 4일 후인 11월 21일에 이루어졌다. 파렐은 수술 직후 병원으로 찾아갔다. 로알드는 홀로 외로이 누워 있었다. 머리 위에 있는 도르래에 5킬로그램 정도의 추가 달린 빨랫줄 길이의 범포견인줄을 걸어 그의 몸을 잡아당기고 있었다. 그는 절망적이었다. "살이 듬뿍 빠져서 얼굴에 죽음의 가면을 쓰고 있는 듯했다. 견인줄 때문에 그의 턱에는 붉은 줄이 가 있었고, 얼마나 세게 당겼는지 눈 밑에 작은 잿빛 주머니가 생길 정도였다. 이런 상태로 며칠을 보낸 후 로알드는 '지치고 매우 풀이 죽은 상태'로 집으로 돌아왔다.[13] 2주 후, 그는 앨프리드 크노프에게 아직 '몸이 성치 않고' 몇 주 동안은 계속 이런 상태일 것 같다고 했다.[14] 그는 육체의 나약한 면을 보이고 싶어 하지 않았지만 적나라하게 알려주는 꼴이 되었다. 어쩌면 그때 이후로 자신의 힘만으로는 상처받은 가족을 이끌고 나갈 수 없을 것 같다고 깨달았을지 모른다.

팻은 달에게 필요한 도움이나 정신적인 위로를 조금도 주지 못했다. 그건 누이들도 마찬가지였다. 가장 정이 많은 엘스는 돌봐야 할 가족도 있었고, 쉽게 우울증에 빠졌다. 10살 먹은 테사는 엄마의 발병 후 동생들을 돌봐야 한다는 책임감에 버거워했으며, 엄마를 '난감하고' 같이 살기 어려운 사람이며…… 말도 안 되는 억지를 부리고 늘 자기한테만 빠져 있어요. 여전히 자기가 영화배우인지 알아요'라고 표현했다.[15] 그녀가 텔레비전이나 연설, 혹은 순회강의를 하러 가서 집에 없을 때 온 집안이 훨씬 더 행복하고 편안했다. 1969년 해마다 가는 노르웨이 여행에서 로알드는 다시 입원하게 되었다. 이번에는 코 수술 이후의 심각한 출혈 때문이었다. 그는 양쪽 콧구멍에 소시지만 한 헝겊 마개를 꽂고 있어야 했다. 절망적이었다. 그는 밥 번스타인에게 씁쓸한 농담을 했다.

"난 새로운 '유아용 책'을 쓸 준비가 다 되었어요. '병원에서의 악몽'이라는 제목을 붙일 거예요. 시작은…… '여러분이 자랄 때 여러분에게 일어날 수 있는 정말 끔찍한 일들에 대해 말씀드리겠습니다……' 하고요."[16]

팻은 병원에 있는 그를 보러오면서 위로한답시고 포도를 가지고 왔다. 그는 유리창 밖으로 포도를 던졌다. 나중에 그녀는 그때 이미 로알드가 자기에게 싫증 내고 있었음을 깨달았어야 했다고 썼다.[17]

3년 후인 1972년, 팻은 맥심 커피 광고를 찍고 있었다. 회사에서 팻의 의상 담당자로 33살의 펠리시티 '리시' 크로슬랜드Felicity 'Lizzy' Crosland라는 스타일리스트를 고용했다. 리시는 그때도, 그리고 지금도 대단한 미인이다. 인도인인 아버지의 혈통이 까만색 머리카락과 올리브색 눈동자, 지중해식 얼굴색에 나타났다. 그녀는 영국의 로마 가톨릭 귀족이었고, 어머니인 엘리자베스 트록모튼Elizabeth Throckmorton은 월터 롤리Walter Raleigh 경과 결혼했던 엘리자베스 1세의 제1 시녀의 후손이었다. 엘리자베스는 집안의 풍습을 어기고 인도 망갈로르 출신 집안의 의사—나중에 유명한 흉부외과 의사가 된—와 결혼했다. 그의 이름은 알폰서스 리구오리 다브레우Alphonsus Liguori d'Abreu였다. 리시는 21살에 결혼했고 25살에 이미 세 아이의 어머니가 되었다. 하지만 결혼생활은 행복하지 않았다. 별거하다 1973년에 세 딸, 12살인 네이샤와 11살인 샬럿Charlotte과 10살인 로리나Lorina의 양육권을 잃고 이혼했다. 그녀는 영화 광고 일을 하면서 자립해서 살아가고 있었다.

　　리시는 편안한 매력과 우아함 그리고 현실적인 낙천주의로 이 분야에서 널리 사랑받고 있었다. 감독인 아드리안 린Adrian Lyne은 '힘든' 스타에게 특별히 신경 써서, 특히 의상 고르는 걸 도우라고 리시에게 부탁했다. 자동차를 몰고 집시하우스로 내려가던 리시는 앞으로 어떤 일이 자신을 기다리고 있는지 전혀 알지 못했다. 그녀는 로알드 달이 누군지도 전혀 몰랐다. 물론 광고 대사의 첫 줄에서 그가 이미 어떤 면에서 유명한지는 짐작할 수 있었다. "제 남편은 아주 까다로운 사람이에요." 카메라가 줌인할 때 부엌에서 커피를 준비하는 팻이 그렇게 말한다. 리시가 도착한 시간은 아침 11시였는데, 팻은 이미 블러디 메리를 마시고 있었다. 그녀와 리시는 옷에 대해 의논했다. 그리고 한 시간 뒤에 로알드는 점심을 먹으러 집필실에서 나왔다. 로알드는 리시를 보자마자 벼락에 맞은 듯 마치 영화에서처럼 첫눈에 반해 버렸다. 아무 말도 할 수 없었고, 거의 눈도 마주칠 수가 없었다. 그건 리시도 마찬가지였다. 그녀도 그가 나타나자 전기에 감전된 것 같았다. 산전수전을 다 겪은 강인한 56세의 작가에게 그건 '첫눈에 반한 사랑'이었다.[18]

팻은 자기 코앞에서 불붙고 있는 것을 전혀 눈치채지 못했다. 그녀는 리시가 아름답고 열심히 일하는 전문직 여성이며, 촬영하는 동안 한시도 자기 곁을 떠나지 않았던 것으로 기억했다. 팻은 젊은 여인의 유머와 온화함 그리고 장신구와 옷에 대한 특별한 감각을 순순히 받아들였고 함께 있는 것을 즐거워했다. 리시는 촬영하기 전날, 가봉하기 위해 팻의 호텔로 갔던 일을 기억했다. 일이 끝나자 로알드는 엘리베이터까지 리시의 가방을 들어다주었다. 예의를 갖추기 위해 리시는 그의 책을 몇 권 읽은 척하고는 특히 《Someone You Like》*를 좋아했다고 했다. 그는 그녀의 실수를 고쳐주지 않았다. 대신 그날 저녁에 부부와 함께 저녁을 하겠냐고 물었다. 리시는 바빠서 초대를 받아들일 수 없다고 했다. 몇 주 후 그녀는 집시하우스로 저녁을 먹으러 오라는 로알드의 전화를 받았다. 프랜시스 베이컨을 태우고 올 수 있느냐고 물었다. 리시는 흔쾌히 초대를 받아들였다. 하지만 예정에 없었던 영화 일이 생겨서 할 수 없이 취소해야 했다. 리시는 무척 실망했다. 그녀는 영화를 찍고 돌아와 로알드와 팻을 자기가 사는 배터시 아파트로 저녁 초대를 했다. 손님 중에는 휴 허드슨Hugh Hudson, 리들리 스콧Ridley Scott과 그녀의 아버지가 있었다.[19] 저녁을 먹으면서 로알드는

*원제목은 《Someone Like You》이다. ―옮긴이 주

팻에게 촬영하러 간 동안, 리시와 나중에 저녁을 먹어도 되느냐고 허락을 구했다.

팻은 나중에 리시가 그들의 '환심을 사려고 애썼으며' 또한 '사람들을 즐겁게 하는 방법을 잘 아는'[20] 사람이라 로알드를 훔칠 수 있었다고 주장했다. "그녀는 로알드를 원했고, 그를 가지는 방법도 알고 있었어요."[21] 사실 일을 벌인 쪽은 로알드였다. 리시도 두 사람 사이에 불꽃이 튄 것을 감지했다. '그의 눈이 반짝이는 것'을 보고 가슴이 떨리기도 했다. 하지만 그녀는 휴 허드슨과 파리로 촬영하러 가기 전까지는 자신이 그에게 얼마만큼 깊은 인상을 주었는지는 몰랐다. 로알드는 뻔뻔하지만 천진난만하게도 그곳에 가면 오랜 친구인, 아나벨라 파우어의 집에 두고 온 자기 우산을 가져다줄 수 있느냐고 부탁했다. 아나벨라는 로알드와 유일하게 교감을 나눈 전쟁 당시의 애인이었다. 아나벨라는 전쟁 중에 그를 만났고, 이후에도 계속 그가 속을 털어놓는 막역한 친구였으며, 뉴욕이나 로스앤젤레스, 파리나 런던이건 함께 있으면 즐겁게 지냈다. 로알드는 맨해튼에 살 때 밴더빌트가 집을 비우면 그녀를 몰래 그곳으로 부르기도 했으며, 둘 다 '장난꾸러기 남학생들'처럼 행동했다.[22] 오랜 세월 동안 그녀는 여자들이 그에게 달려들다 대부분 거절당하는 모습을 비웃으며 지켜보았다. 그녀는 로알드가 결혼생활의 문제점을 털어놓으면 동정 어린 마음으로 들어주었다. 그러나 리시는 이런 지나간 역사를 알지 못했다. 그녀는 단순히 로알드를 위해 심부름하는 것으로 알았다. 그래서 촬영이 끝난 어느 날 오후, 그녀는 아나벨라에게 전화를 걸어 우산을 찾으러 가겠다고 했다.

그녀는 이미 만들어놓은 덫으로 걸어 들어가고 있었는데, 하마터면 다 망칠 뻔했다. 그건 리시가 아나벨라의 팬이자 그녀를 궁금해하던 후 허드슨을 데리고 가려 했기 때문이었다. 하지만 결국 그녀는 혼자 갔다. 아나벨라는 문을 열었다. 리시가 그녀에게 말했다. "우산을 가지러 왔어요." 아나벨라는 이렇게 말했다. "우산은 잊어버려요. 따로 의논할 일이 있어요." 집 안으로 들어가자 그녀는 로알드가 리시에 대한 감정을 편지로 써서 보냈다고 했다. 아나벨라는 솔직히 털어놓았다. "그는 당신 생각을 머릿속에서 지울 수가 없다고 했어요. 그는 당신을 사랑하게 되었나 봐요. 그는 당신이 이 세상에서 가장 멋진 여자라고 생각하고 있어요."[23] 70살이 넘은 지금도 20살 먹은 젊은이도 놀라게 할 만큼 에너지와 활기를 보여주던 리시는 나에게 당시에는 아무 일도 없었다고 굳이 설명하려고 애를 썼다. "우리는 키스한 적도 없었어요." 그녀가 런던으로 돌아왔을 때, 로알드는 우산을 가지러 그녀의 집에 들렀다. 그때 그는 그녀와 커즌 하우스 클럽으로 저녁을 먹으러 갔다. 나중에 차에서 그들은 처음으로 키스했고, 로알드는 그녀에게 자고 싶다고 했다. 그것이 10년이나 계속되었던 밀애의 시작이었다. 결국 로알드는 팻과 이혼하고 리시와 결혼하게 된 것이다.

로알드와 리시의 만남은 철저하게 비밀에 부쳐졌다. 둘 다 그렇게 하기를 원했다. 로알드는 이런 열정의 끝이 어디일지 알지 못했고, 리시도 힘든 이혼 과정을 겪고 1974년 11월이 되어서야 비로소 이혼이 확정된 상태여서 또 다른 이혼 문제에 끼어들고 싶지 않았다. 두 사람은 그저 함께 할 수 있는 기쁨을 누리고 싶었을 뿐이었다. 학기 중에는 정기적으로 시간을 짜서 만났다. 로알드는 지하실에서 좋은 포도주를 꺼내 런던으로 자동차를 몰고 올라가서, 생선가게에 들러 싱싱한 도브 해협산 넙치를 사고, 커즌 하우스 클럽의 폴란드 출신 주방장인 스테판Stefan에게서 클로드니크―바닷가재 살이 들어 있는 비트 수프로 얼음처럼 차갑게 식혀 크림화

한 음식—를 주문했다. 스테판이 수프를 만드는 동안 그는 블랙잭 테이블에 앉아 잠시 도박을 즐겼다. 그런 다음 그는 저녁을 먹으러 리시의 집으로 갔다.

그런 관계가 로알드를 얼마나 변화시켰는지 절대 과소평가할 수 없을 정도였다. 마침내 로알드는 골동품과 그림, 음식과 좋은 포도주에 대한 사랑을 함께할 수 있는 친구를 찾은 것이다. 리시는 젊고 아름답고 의지가 강했으며 경험도 있었다. 그녀는 매력적이고 지식도 갖추었다. 귀족 출신이었지만 규칙을 어기기 좋아하는 반항적인 면도 있었다. 그녀는 돌볼 필요가 없는 사람이었다. 그녀가 랜다프—그가 세상에 태어나 처음으로 숨을 쉬었던 빌라 마리아에서 몇 블록 떨어지지 않은 곳—에서 태어났다는 사실을 알고 로알드는 짓궂은 운명이 그녀를 자기에게서 떼어놓은 것처럼 느껴졌다. 리시에 대한 사랑은 그의 성격에도 영향을 미쳤다. '절대 감정을 드러내지 않고 이성적으로만 보이던' 사람이 감각적이고 사랑스러운 사람으로 변해 모두가 놀라워했다. 리시에게 보낸 편지에도 전혀 예상치 못했던 달의 따뜻함과 나약한 면이 넘쳐났다.

내 사랑, 거의 일 년 반 동안 나는 당신을 꽤 자주 만나고 있어요. 하지만 매달 그리고 매주 당신을 보고 싶은 이 욕망은 점점 더 강해지고 커져만 갈 뿐이오. 그러니 이번 주는 너무나 힘드오. 당신에게서 50분밖에 떨어지지 않은 거리에 있으면서 갈 수가 없으니 말이오. 며칠에 한 번이라도 당신을 보고 만지고 이야기를 나누지 않고는 지낼 수가 없소. 나는 이것이 진정한 사랑인 것 같소. 잠자리하는 것은 또 다른 영역이지만 그것 역시 필요는 하오. 하지단 없어서는 안 될, 내가 제일 바라는 것은, 그리고 그 무엇보다 중요하고 기본이 되어야 하는 것은 바로 '접촉'이요. 한 방에서 서로 만나고 앉아 이야기를 나누고 따뜻함이 서로에게 전해지는 이 놀라운 사랑의 부드러움과 따뜻함.

R[25]

리시가 집시하우스를 방문하는 일이 잦아지자 달의 아이들과 크로슬랜드의 아이들은 자연히 서로 알게 되고 친구가 되었다. 오필리아는 크로슬랜드 아이들의 우아함과 세련미가 마음에 들었고 '말괄량이 같은 면에서⋯⋯ 아주 비슷한 성향이 있는' 샬럿과 친한 친구가 되었다.[26] 리시의 맏딸인 네이샤는 화가가 되고 싶은 꿈을 로알드가 지지해줘서 많은 위로를 받았다. 두 사람이 함께 그림에 관한 책을 열심히 들여다보기도 했고, 로알드는 그녀에게 그림을 빌려주기도 했다. 그녀는 일요일마다 리시의 노란색 미니를 타고 점심 메뉴로 빠지지 않고 나오는 맛있는 닭고기구이와 크림과 개사철쑥 소스를 먹는 집시하우스로 놀러 갔던 일을 좋은 추억으로 간직하고 있었다. 그녀는 팻도 항상 따뜻하고 친절했다고 기억했다. '정말 다정하고 자연스럽고⋯⋯ 외모도 전혀 할리우드 배우 같지 않고 오히려 보헤미안' 같았다고 했다. 하지만 샬럿과 로리나는 처음에 로알드가 무서웠다. 항상 옳고 그름을 따지기 좋아하고 대화 중에 호전적인 태도를 보이는 로알드를 어떻게 대해야 할지 어려워했다. 그렇지만 두 가족은 아주 가까워졌다. 오후에 여자아이들은 풀장에서 수영을 즐겼고, 테오는 샬럿에게 홀딱 반했다. 그는 가끔 런던으로 내려가 세 아이에게 선물을 주기도 했고, 그들을 데리고 뮤지컬을 보러 가기도 했다. 나중에는 집시하우스로 놀러 가는 것이 정기적인 일이 되자 크로슬랜드 아이들은 너무 자주 가는 게 못마땅했다. 네이샤는 이렇게 말했다.

"가끔은 내가 거저 숙식을 제공받고 가사 일을 돕는 외국인 노동자가 된 기분이었어요. 오필리아와 루시는 그때 우리보다 한참 어렸어요. 아이들은 깡통이나 차면서 놀고 싶어 했지만, 가끔 우리는 또래 친구들과 어울리거나 집에 있기를 원했으니까요."[27]

《Working for Love》에서 테사는 리시에게 '그레이스'라는 이름을 지어주고는 엄마가 새로운 친구와 외출했다가 '램프 갓, 잠옷, 새롭게 알게 된 지식'을 가득 안고 돌아오던 일을 기억했다.[28] 곧 리시는 로알드와 팻과 함께 커즌 하우스 클럽에서 저녁을 함께하기 시작했다. 그곳은 달이 메이페어에서 가장 자주 들르던 도박 장소였다. 클럽은 '런던에서 가장 아름다운 조지아 시대 건물'에 있었다. 실내장식은 갈 때마다 달에게 '스릴감'을 주었다.[29] 팻은 도박을 즐기지 않았다. 하지만 리시는 물 만난 고기처럼 신나 했다. 팻은 나중에 이렇게 썼다. "로알드는 필리시티에서 자기만큼 도박 테이블을 좋아하는 사람을 보게 될 것이죠. 그녀는 주로 돈을 땄어요."[30] 리시의 긍정 에너지는 달의 가족에게 활기를 주었다. 특히 어린아이들은 그녀를 보자마자 마음에 들어 했다. 오필리아는 이렇게 말했다. "우리는 모두 리시를 좋아했어요." 그녀는 달의 무너져 버린 세계에 너무나 필요했던 '멋진' 눈부심 그 자체였다고 기억했다. "그녀는 젊었고 우리 부모보다 십 대를 더 잘 이해하는 것 같았어요. 그녀의 친구가 이층 버스를 운전했어요. 당시 나는 아빠가 그녀를 사랑하고 있다는 것을 눈치채지 못했어요······. 다만 그녀가 가까이 있으면 밝아지기는 했지요."[31] 테사도 리시에게 반했다. 그녀는 리시가 가족을 '부활시켰다'고 생각했다.[32]

팻은 두 사람의 밀애에 대해서는 전혀 몰랐다. 한편 아이들도 리시가 그저 가족의 멋진 친구 정도라 믿었다. 그저 아빠가 평상시와는 다르게 편안해하고 행복해하는 그런 친구인 줄 알았다. 팻이 점점 집시하우스에 없는 날이 잦아졌다. 연설하러 집을 떠나게 되자, 로알드는 아이들의 신탁에 넣어두었던 돈으로 런던 배터시에 아파트 하나를 샀다. 리시에게서 멀리 떨어지지 않은 곳이었다. 테사와 팻은 그곳에서 점점 많은 시간을 보냈다. 팻이 집을 비우고 아이들이 기숙사에 있을 때는, 로알드는 집시하우스에게 리시에게 마음대로 전화를 했다. 하지만 팻이 그레이트미센던에 있을 때는 마을로 나가서 그곳에 있는 공중전화를 이용했다. 그는 둘 사이를 비밀로 하기 위해 무척 조심했다.

그러나 한 사람이 무슨 일이 벌어지고 있는지 우연히 알게 되었다. 그건 테사였다. 정서가 불안정하고 반항기가 다분했던 테사는 고모가 다녔던 로딘 기숙학교에서 행복하지 못했다. 그래서 근처 켄트의 다운하우스로 전학했는데, 그곳도 여자들만 다니던 기숙학교였다. 그곳에서도 결국 테사는 16살 때 '자퇴'했다. 그것이 그녀의 공식적인 교육의 끝이었다. 아빠가 리시와 막 교제를 시작했을 때, 그녀는 집으로 돌아와 있었다. 집에 오면 테사는 아빠를 도울 수 있을 거로 생각했다. 자신이 애타게 바라던 아빠의 인정이 필요했고, 아빠와 엄마 사이에서 완충 노릇을 할 수 있을 거라고 생각했다.[33] 불행하게도 그녀의 행동은 역효과만 가져왔다. 로알드는 아빠를 즐겁게 하려고 애쓰는 아이가 거북했다. 그건 응석 부리는 행동으로 보였고, 루시의 판단으로는, '아빠가 싫어하는 일이 하나 있다면, 그건 누가 아빠에게 조르는 일이었어요. 아빠는 주는 것을 좋아했지만 누가 달라고 조르는 것은 싫어했죠.'[34] 그는 딸과 거리를 두었고 테사는 점점 더 과민해졌다. 로알드의 새 편집자인 밥 고틀립의 아내인 마리아 투시가 손님으로 집에 머물렀던 적이 있었는데, 그녀는 테사가 '정말 제멋대로이고 신경과민이며…… 정신 나간 듯하고 이기적이고 버르장머리가 없으며…… 잘못 자란 듯이 같다'고 했다.[35] 그러나 로알드는 테사를 고쳐볼 시도는 거의 하지 않았다. 나중에 마리언 굿맨에게 점점 아이가 무서워진다고 했다.[36]

테사는 자신의 부적응을 어린 시절 탓으로 돌렸다. 막 걸음마를 시작했을 때부터 테사는 자신에게는 없던 매력과 빛을 끊임없이 발하던 언니의 그늘 속에서 자랐다고 생각했다. 사촌들은 달이 아이들을 편애하지 않았다고 확인시켜주었고, 심지어 수 덴슨은 달이 가장 예뻐했던 아이가 테사라고 했지만, 대체로 올리비아에게서는 특별한 빛이 났다고 생각했다. 너무나 일찍 찾아온 그녀의 죽음으로 테사는 언니의 그림자에서 벗어날 기회조차 얻지 못했다. 이런 상황이 계속되다가 1964년에 태어난 오필리아는, 갓난아기 때부터 죽은 언니의 외모를 물려받은 것처럼 보였다. 심지어 이름조차 올리비아와 비슷했다. 그녀의 성품은 아주 단순했고, 비슷한 관심사와 버릇이 있었다. 테사에게는 죽은 올리비아가 어린 동생으로 다시 태어난 것 같이 느껴졌다. 아빠도 분명히 그런 식으로 행동했다고 느꼈다. 또다시 그녀에게는 경쟁해야 할 '편애 대상'이 생긴 것이었다. 더욱이 달은 본능적으로 정신과 의사를 믿지 못했기 때문에 테사를 정신분석학자에게 데려가지 않았다. 대신, 이건 테사의 주장이지만, 그녀에게 진정제를 먹였다.

어느 날 밤, 그녀는 런던에 갔던 아빠가 돌아오는 소리를 들었다. 아주 늦은 시간이었다. 그날 낮에 아빠는 새롭게 처방받은 '아주 훌륭한 새 수면제'를 먹는 게 어떠냐고 제안했다. 그녀는 이상하게 생각하지 않았다. 아빠가 가끔 약을 주었기 때문이었다. 그녀는 잠자리에 들기 전에 약을 먹었다. 하지만 효과가 없었다. 그녀는 아빠가 돌아왔을 때까지 깨어 있었다. 그녀는 아빠가 전화 거는 소리를 들었다. 이상하게 생각한 테사는 계단 꼭대기에서 전화 소리를 엿들었다. 곧 그녀는 아빠가 리시에게 전화하고 있는 것을 알았다.

"나는 아빠가 전화하는 소리를 들었다. 아빠가 '마담 크로슬랜드, 부탁합니다'라고 했다. 아빠는 나에게 적당히 약을 먹였으니 들을 리 없다고 생각한 모양이었다. ……나는 이상하리만큼 애정이 듬뿍 담긴 전화 대화를 들었다. 아빠가 누군가와 저렇게 다정하게 말하는 것은 처음이었다. 엄마에게는 당연히 그런 적이 없었다."37

그녀는 침대로 돌아갔다. 다음 날 그녀는 엘스 고모에게 전화하고, 고모를 만나러 갔다. 그녀는 엿들었던 이야기를 고모에게 했다. 엘스는 조카를 진정시키려고 했다. 무슨 일이 있어도 아빠에게는 말하지 말라고 했다. 하지만 고모의 충고를 들을 생각은 없었다. 다음 날 저녁, 테사는 아빠에게 다짜고짜 이혼할 거냐고 물었다. 로알드가 이유를 묻자 그녀는 증거를 들이대며 따졌다. 바로 들킨 로알드는 왜 남의 사생활을 엿듣고 참견 하냐며, '쓸데없이 참견하는 아주 못된 계집애'라고 버럭 화를 냈다. 그는 테사에게 이렇게 말했다. "이제 더는 못 참겠다. 정말 너라는 아이는 더는 못 참겠어! 내 집에서 당장 나가. 너 같은 못된 계집애한테는 이제 쓸 기운도 없다."38 테사는 기가 막혔다. 집을 떠나려고 짐을 싸는데 로알드가 들어왔다. 로알드는 테사가 집에 그대로 있어도 되지만, 엄마에게 말하기 전에 리시와 먼저 이야기를 나누겠다는 약속을 받아냈다.

이틀 후 그녀는 런던으로 가서 리시와 의논했다. 리시는 테사에게 힘든 선택권을 주었다. 로알드나 리시는 둘 다 팻에게 상처를 주고 싶지 않았다. 테사가 아빠의 관계를 억지로 끊게 해서 아빠를 '처참하게 하던지' 아니면 비밀에 부쳐서 기대로 내버려두던지 양자택일을 하라는 것이었다. 아빠의 사랑을 받고, 아빠 '인생의 한 부분'이 되고 싶었던 테사는 후자를 택했고, 엄마에게 아무 소리도 하지 않겠다고 약속했다.[39]

팻은 전혀 의심하지 않았다. 팻과 로알드는 1974년 토바고로, 팻의 표현을 빌리면, '제2의 신혼여행'을 떠났다.[40] 그곳에서 그녀는 로알드가 '놀라울 정도로 재치를 발휘해, 나를 포함한 모든 사람을 매료시켰다'고 기억했다. 그녀는 뇌졸중으로 상한 얼굴에 성형수술을 받고 집으로 돌아왔다. 하지만 얼마 지나지 않아 로알드가 '이상하리만큼 냉랭해'진 것 같았다.[41] 그해 여름, 가족들은 갑자기 여행 계획을 바꾸었다. 로알드는 노르웨이로 가지 않고 리시와 그녀의 딸들과 포이베 베런스Phoebe Berens라는 친구와 함께 미노르카로 가자고 결정했다. 네이샤는 크로슬랜드 가족이 방파제 끝에 있던 그림처럼 아름다운 독특한 집에서 지냈지만, 마지막 순간에 결정한 달 가족은 개발한 지 얼마 되지 않아 사람들로 북적거리는 해변에 거처를 잡았다고 기억했다. 그녀는 깔깔 웃으면서 이렇게 말했다. "분명히 엄마와 로알드가 함께 있으려고 계획했던 휴가였을 거예요.'[42] 로알드의 결혼생활에 금 간 것이 점점 표면에 나타나기 시작했다. 리시는 친구인 포이베에게 속을 털어놓았다. 팻이 로알드와 얼마나 행복하게 살며 부부 사이의 섹스가 얼마나 근사한지 '허풍'을 떨었을 때, 포이베는 믿을 수 없다는 표정을 지었고, 팻은 로알드의 성실함에 불안해지기 시작했다. 하지만 그녀는 '심술궂고 의심 많고 고집불통'인 자신을 탓했다.[43] 사실 테사는 아빠와 엄마의 잠자리는 바람직하지 않았다고 했다. "아빠는 나에게 털어놓

앉어요." 하더니 엄마와의 육체적인 관계는 '암울하고 부적절'하다고 말했다고 했다.[44]

두 가족이 점점 더 친밀해지자 의심하기 시작한 사람은 팻뿐만이 아니었다. 루시도 미노르카에서 휴가를 보내고 돌아온 뒤 아빠가 리시와 '침대에서 뒹굴었다'고 생각했을 뿐 아니라 모든 사진에 리시가 있는 것을 보았다.[45] 그러다 리시가 편도선 수술을 받고 뜻밖에도 집시하우스에 와서 요양한 일이 있었다. 팻은 나중에 루시에게 한밤중에 침실에서 나가는 로알드를 본 적이 있었다고 했다. 루시가 그 이야기를 들려주었다. "엄마가 눈을 뜨는 바람에 아빠는 그 자리에 얼어붙은 듯 섰다고 해요. 두 사람은 서로 눈이 마주쳤대요. 둘 다 무슨 일이 일어나고 있는지 그때 알았죠." 하지만 팻은 '그냥 돌아누워 잠을 청했다'. 오필리아는 리시 아주머니의 아파트에 집시하우스의 지하에 있는 포도주병들이 있는 것을 눈치챘고, 네이샤는 왜 식탁에 그렇게 많은 양란이 있고, 찬장에 로알드가 제일 좋아하는 벤딕스 민트가 왜 여러 상자 있는지 궁금했다고 말했다. 그녀는 엄마가 저녁을 먹으러 갈 때 왜 이전보다 점점 '더 진하게 화장하고' 머리를 아주 정교하게 말아 올리는지도 궁금했다. 샬럿은 침대 옆 서랍에서 엄마와 로알드의 비행기 표와 여행 일정을 발견하기도 했다. 둘 사이의 은밀한 만남이 한계점에 이른 것이었다.

은밀하게 일을 처리하려 했던 근본적인 이유는 로알드가 가족을 그대로 유지하면서 리시에 대한 거의 집착에 가까운 사랑의 욕구를 잘 조화시켜 보려고 했기 때문이다. 어쩌면 로알드는 시간이 가면 그녀에 대한 자신의 욕망이 누그러질 거라고 바랬는지도 모른다. 하지만 그건 절대 누그러지는 것이 아니라 점점 강해지는 사랑이었다. 그들은 끊임없이 이야기를 나누었고, 그녀가 멀리 떠나 있을 때는 편지로 그가 그녀를 얼마나 사랑하는지 말하고 싶은 마음을 참지 못했다.

> 내 사랑아, 당신은 내 기억력이 멍하고 마치 꿈처럼 희미할 뿐이라고 생각할지 모르겠소. 어떤 면에서는 당신이 옳을 수도 있소. 하지만 그건 나에게 전혀 관심 없는 것들이기 때문일 거요. 하지만 나에게 중요한 일에 대해서는 모든 세세한 일까지 다 기억할 수 있다오. 당신도 알다시피 지금처럼, 당신이 멀리 떠나 있을 때 나는 우리의 마지막 만남의 그 멋진 순간들로 돌아가, 그 순간을 다시 살아보며 조금은 위로받는다오. 그 놀라운 순간들…… 그리고 그 이전의 순간으로…… 그보다 더 전의 순간들로…… 우리가 함께했던 그 많은 순간으로…… 황홀한 순간들, 기적 같은 순간들. 내 인생에서 가장 최고의 순간들. 당신에게 어떻게 이 고마운 마음을 전할 수 있을는지……. 다만 지금처럼 당신을 하늘만큼 땅만큼 사랑할 수밖에.[46]

하지만 리시는 상황이 달랐다. 물론 서로 느끼는 감정은 같았지만 리시는 로알드와 결코 함께 살 수 없다고 믿었다. 그건 로알드가 가정을 무너뜨릴 이혼을 원하지 않기 때문이었다. 테사도 아빠가 엄마와 헤어지는 결심을 하기까지는 여러 해가 걸렸다는 점에 동의했다. 하지만 그녀가 바라본 이유는 좀 더 신랄했다. 엄마나 아이들에게 고통을 주고 싶지 않아서라기보다는 집시하우스에서 아빠의 글 쓰는 생활방식을 바꾸고 싶지 않았기 때문이라고 추측했다.

아빠는 집과 집필실을 잃고 싶지 않았고, 이혼으로 어떤 결정이 나게 될지 몰랐다. ……물론 아이들을 잃고 싶지도 않았을 것이다. 하지만 그 무엇보다 아빠는 집필실을 좋아했다고 생각한다. 그는 다른 곳에서는 생각도 할 수 없고 글을 쓸 수도 없었다. ……그곳에는 평안함이 있었다. 그는 늘 같은 시간표대로 움직였다. 평생을 살면서 그건 항상 일정했다. 그는 같은 시간에 일어났고, 같은 시간에 아이들을 학교에 데려다 주었다. 그리고는 같은 시간에 보온병에 커피를 타서 넣고 편지에 답장하고 집필실로 들어가 일정 시간까지 일했다. 그리고는 《월드 앤드 원World and One》이라는 뉴스를 듣고, 블러드 메리를 한잔하고 점심을 먹었다. 그리고는 낮잠을 잤다. 그러고 나서 경마를 보았다. 돈을 걸고는 다시 일어나 커피를 들고 집필실로 들어갔다. 그리고 6시 15분 전까지 있었다. 6시부터는 스카치를 홀짝홀짝 마시기 시작했다. 그다음 개들을 밖으로 데리고 나가 산책을 시키면서 오줌을 누게 했다. 그리고는 잠자리에 들었다. 그런 생활이 방해받는다고 생각해 보라. 리시와의 관계가 정말 심각해졌을 때, 아빠는 그런 생활을 20년째 해오고 있었다.[47]

복잡하게 가려졌던 비밀은 결국 다 드러나기 시작했다. 팻은 자신의 의심이 1975년 여름에 드디어 확인되었다고 주장했다. 그녀와 로알드가 커즌 하우스 클럽에서 리시와 저녁을 먹고 있는데, 갑자기 자신이 리시의 손님이 된 듯한 기분이 들었다고 했다. 저녁을 먹고 난 뒤 코트룸에서 리시가 돌아다보더니 그런 표정을 지었다고 했다.

"아주 분명하게 당신은 그를 잃었어요. 이제 그는 내 것이에요.'라고 쓰여 있었어요. 나는 그때 확신했고 지금도 그렇게 확신해요. 아무도 그녀의 눈에 쓰여 있는 뜻을 제가 잘못 읽었다고 할 수 없어요."

다음 날 나이트브리지 식당에서 팻은 단도직입적으로 테사에게 아빠가 리시와 만나고 있느냐고 물었다. 테사는 그렇다고 시인했다. 팻은 흥분했다. 나중에 로알드와 대면했을 때, 그녀는 그가 당황하기는커녕 마치 '자신의 절망을 보고 묘하게 기뻐하는 듯'했다고 했다.[48] 팻은 로알드가 이 모든 거짓이 다 끝나서 홀가분해하는 상태를 오해했던 것이다. 로알드를 끔찍한 괴물로 그리고 싶은 팻의 마음도 충분히 이해할 만했다. 그녀는 속았고, 버려진 기분이 들었다. 하지만 이런 절망감을 아이들에게 쏟아 부으려고 작정한 것은 용서받을 수 없는 태도였다. 그녀는 11살이었던 오필리아의 방으로 쳐들어가서 아빠가 자신을 배신했다는 소식을 터뜨렸다. 오필리아는 울음을 터뜨렸다. 로알드는 자동차를 타고 가서 공중전화로 리시에게 전화를 걸었다. 리시는 전화를 받은 다음 날 집시하우스로 왔다. 긴장과 격한 감정이 오가는 만남에서 리시와 로알드는 팻이 과민반응을 보이는 거라고 안심시키려 했다. 로알드는 리시와 친구로 지내고 싶지만, 이혼은 원하지 않는다고 했다. 리시는 두 사람이 아무도 행복해질 수 없는 상황을 만들어냈음을 깨달았다.

팻은 달의 집안은 이혼은 용서하지 않아도 부정은 용납하는 집안이라는 생각이 들었다. 로알드의 누이들은 그를 내버려두라고 압력을 넣었다. 팻은 달의 가족이 항상 섹스에 관해 상당히 개방적이라는 것도 알고 있었다. 달 집안의 특징이었다. 로알드는 1949년에 자기 생각을 솔직하게 밝혔다. 로알드는 혼전 동거에 대해 진지하게 썼다.

"성별이 다르고 어떤 면에서는 낯선 두 사람 사이의 사랑은 그렇게 솔직하지도 단순하지도 그리고 영원하지도 않다. 그렇게 때문에 젊은 사람들은 그들의 사랑과 성공적인 동반자가 될 수 있는지 알아보는 기회를 가져야 한다."[49]

달 가족의 경험을 되돌아보면 그들은 이런 철학을 그대로 생활에 반영하고 있었다. 어머니 소피—몰랐을 수도 있고, 지쳤을지도 모르고 어쩌면 그다지 관심도 없었을지 모르지만—는 집안을 다스리며 섹스는 그다지 금기시하지 않았다. 앨필드는 가장 자유분방하여 레슬리 한센과 결혼하기로 마음먹기 전까지 어머니와 함께 사는 지붕 아래서 몇 남자와 잠자리를 했다. 그중에는 앨프리드 첸홀스와 데니스 펄도 있었다. 펄은 그녀의 어린 여동생인 엘스와도 잠자리를 했고, 악명 높은 바람둥이 첸홀스도 여러 번 엘스와 아스타를 한꺼번에 유혹하려고 시도하기도 했다.

거의 30년이 지난 후 이런 역사는 갑자기 새로운 짜릿함을 가져다주었다. 그건 53살의 데니스가 첫 번째 부인과 헤어진 다음 엘스의 딸 18살 먹은 루와 사랑에 빠진 것이다. 두 사람의 사랑이 진지하다는 것을 알게 된 로알드는 그들을 지지한 첫 번째 사람이었다. 1972년 그와 리시의 관계가 막 시작될 무렵, 데니스와 루는 결혼했다. 달은 오랜 친구가 다시 한가족이 되어 좋았다. 하지만 팻은 이 집안의 섹스에 관한 윤리관이 특이한 걸 다시 한 번 굳게 느끼게 되었다. 팻도 한때는 이런 자유분방한 태도를 허락하기도 했다. 언젠가 집시하우스에서 친구 몇몇과 저녁을 한 후 로알드는 지쳐서 일찍 잠자리에 들었다. 그는 문에 이런 쪽지를 써서 붙여놓았다. "같이 자고 싶으면 깨워." 팻은 나중에 이 층으로 올라가서 쪽지를 보았다. 하지만 그를 깨우려 했지만 실패했다. 다음 날 밤, 일찍 잠자리에 든 쪽은 팻이었다. 그녀는 모든 사람이 볼 수 있게 쪽지를 남겼다. 거기에는 간단히 이렇게 쓰여 있었다. "만약 자고 싶으면 혼자 실컷 자요!"[50]

그러나 뇌졸중 이후로 그녀는 이런 강한 가부장 중심의 다이내믹을 감당할 힘이 점점 줄어들었다. 이러한 난국을 해결한 사람은 리시였다. 리시는 로알드와의 관계를 끊어 문제를 해결하기로 했다. 그녀는 팻에게 편지를 썼다.

"당신에 대한 존경과 애정으로 저는 두 분에게서 떠나려고 합니다. 맑은 정신으로 생각해보니 이 순간 우리 누구도 행복하지 않다는 것을 깨달았습니다. ·····당신께 이런 불행한 상황을 가져온 점에 대해 저도 슬픕니다. 시간이 지나 다 잘 해결되기를 희망합니다."[51]

이성적이고 너그러운 행동이었지만 아무것도 해결되지 않았다. 로알드는 비참했다. 그는 리시와 함께 했던 시간을 너무나 그리워했다. 좌절감에 팻을 사납게 대했다. 그는 마저리 클립스턴에게 아내가 '게으르고, 어리석고, 형편없는 주부이고, 형편없는 엄마이며 제대로 하는 게 하나도 없으며 이런 망할 놈의 결혼을 왜 참고 살아야 하는지 모르겠다'고 말했다.[52] 1975년 팻이 미국으로 건너가 《초원의 집 A Little House on the Prairie》을 찍는 동안, 그는 자신의 마음을 설명하려는 마음에 차분하게 편지를 썼다. 그는 아내에게 사랑한다, 떠날 생각은 없다, 없는 동안에 리시를 만나지도 않았고, 그녀가 돌아오기 전까지는 그럴 생각이 없다고 썼다. 그러나 다시 리시를 만날 수 있게 좋은 마음으로 허락해 달라고 했다.

난 아마도 가끔은 그녀와 함께 있는 시간을 찾게 될 것 같소. 그건 섹스는 아니오. 당신은 그렇게 생각하겠지만. 약속하는데 그런 것이 아니오. 난 지금은 섹스 없이도 행복하오. 그런 면에서는 이제 무척 지쳤다는 생각이 든다오. 아마 그런 생활을 하면 이제는 완전히 지치겠지. 당신은 아닐지 모르지만. 하긴 당신은 나보다 젊으니까. 나는 덩치가 큰 사람이오, 나처럼 190센티미터가 넘는 덩치 큰 사람들은 다른 사람보다 육체적으로 빨리 지친다오. 요즘에는 정말 피곤한 날들이 많았소. ……그래서 내가 하고 싶은 것은…… 당신과 함께 계속 살면서, 이따금, 자주는 아니고, 리시와 만나 점심을 해도 당신이 전혀 질투하지 않고 사랑하면서 살아가는 일이오. ……물론 이건 리시에게는 분명히 말도 안 되게 부당한 일이지. 리시가 오래 참지 않을 거라 바라고 있소. 그녀에게는 앞이 보이지 않는 관계이니까 말이오. ……나는 오래전에 그녀에게 당신을 떠날 가능성이 없다고 못 박았던 적이 있소. 그녀도 알고 있는 일이오. 그녀와 나는 미래가 없소. 그녀를 위해서, 그리고 나를 위해서 자연스럽게 끝나도록 그냥 잠시 내버려두오. 결말이 빨리 나게 당신이 할 수 있는 최고의 방법은 질투하지 말고 그냥 아무렇지 않게 받아들이는 것이오. 항상 우리 가족은 우리가 죽을 때까지 이대로 계속될 거라는 사실을 염두에 두고 마음을 편하게 가져요.[53]

두 사람의 관계는 2년 동안 중단되었다. 하지만 결혼이 이미 깨졌다는 것은 알 만한 사람은 다 알았다. 오필리아는 리시가 '슬픔과 양심의 가책'을 느끼고 있었고, 아빠는 '리시가 없어 허무해' 했다고 했다.[54] 1975년 가족은 전혀 즐겁지 않은 상태로 노르웨이로 여름휴가를 갔다. 그들이 함께한 마지막 여행이 되었다. 로알드의 친구들은 그가 걱정되었다. 마리앤 굿맨은 이렇게 기억했다. "로알드는 그런 결혼생활이 너무 비참하다고 생각했어요. 그건 아이들도 마찬가지였죠. 팻은 촬영을 마치고 그곳에 왔는데, 자기 이야기나 상 받은 이야기를 했어요. 펠리시티는 아마 로알드가 처음으로 사랑한 여자였던 것 같아요."[55] 데니스 펄도 당시 친구가 진정한 사랑에 빠져서 '그 어떤 것도 펠리시티를 포기하게 할 수 없었을 거'라고 했다.[56] 그러나 이런 막막한 생활은 계속되었다. 그는 조절하여 점점 더 심술궂어지고 툭하면 사람들과 싸움을 벌였다. 집에서 감도는 긴장감에 스트레스를 받던 테사는 여러 사람과 관계를 맺었는데, 대부분은 나이 많은 남자였고, 그중에는 50살이었던 피터 셀러스Peter Sellers도 있었다. 로알드는 그녀가 혼자만의 공간을 가질 수 있게 원스워스에 집을 하나 사주었다. 19살이 되었을 때 테사는 배우였던 줄리안 홀로웨이Julian Holloway와 동거했다. 그리고 20살이 되었을 때, 그녀는 아기 소피의 어머니가 되어 있었다.

로알드는 첫 손주를 갖게 되어 너무나 기뻤다. 하지만 테사의 방탕한 삶이 신경에 거슬렸다. 1980년 그는 당시 15살이었던 막내딸 루시에게 편지를 써서 테사가 작은 정원이 황폐해지게 내버려두었다고 불평했다.

"어제 윌리와 나는 르노에 전동잔디깎기기계, 삽, 삼지창, 갈퀴, 빗자루 같은 걸 싣고 로즈힐 거리까지 갔단다. 거기서 엉망이 된 테사의 정원을 치우는 데 4시간이나 걸렸지. 꽃밭을 다듬고 덤불과 나무를 전지하고 잔디를 깎았더니 이제 볼만해졌어. 왜 테사와 유모 모린Maureen이 이런 일을 못하는지 알 수가 없구나. 정원을 이렇게 쓰레기 더미로 만드는 것은 정말 어리석은 일이야. 크지도 않은데. 가꾸기 쉽잖니. 개똥도 널려 있더구나. 매일 삽으로 파묻어야 해."[57]

테사의 대모인 마리앤 굿맨은 로알드가 테사의 버릇을 잘못 들이고 있다고 생각했다. 굿맨은 테사가 자퇴했을 때도 모델이나 연기를 하면서 떠돌지 않게 학교로 돌려보내야 했다고 말했다. 마리앤이 이렇게 야단쳤을 때, 로알드의 답을 듣고 마리앤은 놀랐다. 그는 '아이들하고 멀어질까 봐' 그리고 '테사가 나를 평생 미워할까 봐' 말을 못했다고 했다.[58]

    1970년 후반, 로알드는 두 어린 자식인 오필리아와 루시에게서 위로를 찾으려고 했다. 두 아이는 다행스럽게 집안의 심각한 사고의 충격에서도 그다지 큰 상처를 받지 않았다. 오늘날까지도 이 둘은 뇌졸중을 일으키기 전의 엄마 모습을 기억하지 못하기 때문에 테사나 테오와 달리 가족에 대해 전혀 다르게 생각했다. 루시는 가족사에 크게 두 부분이 있다고 묘사했다. "비극적인 시대가 있었고…… 그리고 나의 시대, 평온하고 아름다운 시대지요."[59] 그들과 함께 로알드는 걱정거리에서 벗어나 어린이다운 순수함과 환상의 세계로 도피했다. 과수원에 살면서 비행기 날개만큼 긴 다리로 긴 파이프를 이용해 침실 유리창으로 아이들에게 행복한 꿈을 불어넣는 착하고 선한 거인은 그가 가장 좋아하는 이야기가 되었다. 어느 날 저녁 두 여자아이가 거의 잠들었을 무렵, 로알드는 사다리를 기어 올라가 마치 자신이 거인인양 대나무 막대기를 커튼 사이로 집어넣고는 낮은 저음으로 휘-익 하는 소리를 냈다. 루시나 오필리아는 그의 장난에 속지 않았지만 다음 날 아침 아빠가 실망할까 봐 아무 말도 하지 않았다. 그들은 자신들도 '행복한 꿈'이 필요하다는 것을 알았고, 그리고 이런 게임은 자신들에게보다는 아빠에게 더 필요하다는 것도 잘 알고 있었다. 오필리아는 이렇게 회상했다. "당시 아빠는 아주 상처받기 쉬운 상태였던 것 같아요. 그래서 저는 아무 말도 하지 않았어요."[60] 이 거인은 나중에 《내 친구 꼬마 거인》의 주인공이 되었으며, 1975년 《우리의 챔피언 대니》에 처음 모습을 나타냈다.

원래는 《Danny》라는 이름의 이 책은 어쩌면 달의 가장 솔직하고 서정적인 동화일 것이다. 9살짜리 아들과 홀아비인 아빠 사이의 감동적인 이야기이며, 로알드가 무척이나 선망하던 집시 정신으로 의식적으로 돌아가고 싶은 마음을 나타냈다. 대니의 아빠는 《Fifty Thousand Frogskins》에 나오는 자동차 중매인인 고든 허즈의 자비로운 모습이다. 그와 똑같이 주유소를 하고 있으며, 똑같이 자동차를 고치고, 똑같이 집시들의 마차에서 산다. 다만 이번에는 주인공이 사기꾼이 아니라 소년의 가장 친한 친구이다. 보통 달은 주인공인 어린이가 아주 특이한 친구들―희한한 거인과 초콜릿 공장을 가진 별난 사람, 거대한 곤충 무리, 학교 선생님, 혹은 파이프 담배를 피우는 할머니같이―를 가진 것처럼 그렸지만, 대니의 아빠는 로알드가 남들에게 보여주고 싶은 자기 모습을 살짝 가린 인물이다. 그는 연을 날리고, 건포도와 수면제로 꿩을 밀렵하고, 밤하늘로 높이 날아가는 기구를 만들고, 눈으로 미소를 짓는 사람이다. 대니의 아빠는 일반 규범이나 관습에 구속받지 않으며 불공평하거나 부당하다고 생각되면 언제든 법을 어길 마음의 준비도 되어 있다.

로알드는 10살짜리 오필리아에게 집시하우스 과수원 주위로 낡은 모리스 마이너를 운전할 수 있게 가르치기도 했는데, 일 년 후에 오필리아가 몰래 자기 친구를 만나러 가면서 버킹엄셔의 작은 도로로 자동차를 몰고 간 것을 발견했어도 눈 하나 깜짝하지 않았다. 대니의 아빠 역시 아들이 고객이 수리를 맡긴 자동차를 몰아도―물론 긴박한 상황일 때만―허용한다. 로알드처럼 대니의 아빠는 '구닥다리'가 아니라 '톡톡 튀는 재치가 발랄한' 사람이었고 '학식이 깊은 사람은 아니었다'. 하지만 대니는 독자들에게 그가 '아주 멋진 이야기꾼'이라고 말한다.[61]

17장 부드럽고 따뜻한 사랑　675

로알드가 가족 내의 긴장과 스트레스로부터 영웅과 악당, 한밤중 숲으로의 모험으로 가득 찬 이상적인 세계로 도피했음은 어렵지 않게 상상할 수 있다. 하지만 대니 뒤에 숨어 있는—책은 낙천적으로 '온 가족'에게 바쳤는데—것은 어린 오필리아와 루시에게 곧 끝나게 될 결혼생활에 대한 일종의 사과였다. 실생활과 책의 내용이 평행을 이루는 것은 너무나 분명했다. 대니의 엄마는 4개월 때 남편에게 아이를 남기고 죽는다. 그는 아들을 씻기고, 먹이고, 기저귀를 갈아 준다. '남자가 하기에 쉬운 일은 아니었다'고 하면서 이렇게 덧붙인다. "특히 살림하면서 동시에 돈도 벌어야 하기 때문이다." 대니는 아빠가 자기를 얼마나 사랑하는지 알았고, 자기를 위해 무슨 일이라도 할 사람이라는 것도 잘 알았다. 하지만 그는 또한 아빠에게는 이해할 수 없는 부분이 있는 것도 알고 있었다. 아빠에게는 비밀과 욕망이 있었는데, 그 '욕망이 얼마나 강했는지' 아빠는 자는 아이를 버리고 한밤중에 숲으로 간다. 그건 어린아이가 이해할 수 없는 욕구였다. 대니는 이야기 도중에 아빠가 완벽한 사람이 아니라는 사실을 발견한다. 그는 이렇게 결론을 내린다.

"어른들은 정말 복잡한 사람들이다. 엉뚱하기도 하고 비밀도 많다. 어떤 사람들은 정말 그 누구보다 엉뚱하며, 그 누구보다도 더 어두운 비밀을 가지고 있다. 여러분의 부모님을 비롯해 모든 어른은, 여러분이 알게 되면 기가 막혀 입이 다물어지지 않을 정도로 아주 희한한 습관을 두서너 개 가지고 있다."[62]

대니 아빠의 비밀은 한밤중 숲의 유혹과 밀렵에 대한 사랑이었다. 마침내 그는 아들과 비밀을 나눌 수 있을 것 같이 느낀다. 로알드의 갈망 역시 복잡하고 고민스러운 것이었다. 아마도 설명하기가 더 고통스러운 것이었는지도 모른다.

성적 욕망, 기능 장애, 좌절감이 그의 마지막 성인 단편집인 《Switch Bitch》에 자주 등장한다. 책이 출판된 1974년, 영국의 작가이며 기자였던 저스틴 윈틀Justin Wintle과의 인터뷰에서 로알드는—자신도 궁금해하며—자기 글이 '섹스에 완전히 빠져 있다'는 것을 알게 된다. 그는 '초기 작품에는 전혀 나타나지 않았던' 주제라고 언급했다.[63] 초기 비행에 관한 이야기에선 전혀 다루지 않았던 주제인 것은 사실이었다. 하지만—노엘 카워드의 관찰에 따르면—1950년대 초, 《당신을 닮은 사람》을 출판한 후 섹스는 달의 소설에 꽤 비중 있게 나온다. 대부분은 남자를 자기도취에 빠진 놈—교활하고 남을 교묘히 다루는 여성 포식자의 불쌍한 희생양—으로 묘사하는 희극적인 부분에 나왔다. 달의 풍자 방식은 섹스를 유머러스하고 그로테스크 하다고 생각한 스위프트식이었다. 그는 찰스 마시에게 《Kiss, Kiss》에서 '여성들을 실제 그들의 모습 그대로 야만스럽고 육감적인 존재로 보이도록' 노력했다고 썼다. 남자라는 불쌍한 존재는 자기 것이라고 부를 수도 없는 엄청난 음경에서부터 눈이 뜨이지 않게 자라는 그저 뼈와 가죽으로 이루어진 어린 소년에 불과했다고 했다.[64] 달의 생각에 그것을 감지하지 못하는 이유는 자신이 중요한 존재라고 느끼는 자만심 때문이었다. 1961년 텔레비전 시리즈였던 《웨이 아웃》의 소개말에서 달은 남자를 짝을 유혹하려고 '목젖을 부풀리는' 개구리에 비유했다. "암컷이 오면 폴짝폴짝 날뛰지만 수컷은 대단한 에고이스트라 어느새 암컷을 잊어버린다."[65] 또 다른 시리즈에서는 로알드가 관객들에게 암거미를 소개한다. "반쯤 눈이 먼 포식자인 거미는 손에 잡히는 거라면 뭐든지 심지어 수거미까지 잡아먹는다."[66] 《Switch Bitch》의 이야기 4편은 이런 희극적인 우화와는 전혀 다르다. 두 편은 과장된 희극이면서 그가 가장 좋아하는 존재, 해적질하듯 섹스에 탐닉하는 오스왈드 삼촌을 다루지만, 나머지 단편들은 달의 개인적인 좌절감과 긴장감을 그대로 비추는 씁쓸한 슬픔이 섞여 있다.

70세 생일에 출판된 냉소적인 《Two Fables》를 제외하면 《Switch Bitch》는 달의 마지막 성인 단편집이다. 그는 이 작품이 이 영역에서의 마지막이었음을 슬퍼하면서 위대한 챔피언인 앨프리드 크노프와 이런 상실감을 나누었다. 이따금 서로 의견이 충돌했지만 로알드는 크노프에게 깊은 애정이 있었고, 그를 '세상에서 가장 훌륭한 출판업자'라고 생각했으며, 그와의 '개인적인 동지애'는 출판업계의 그 누구보다 더 의미 있는 것이라고 했다.[67] 크노프도 칭찬했다. 그는 작가를 처음부터 대단히 높이 평가했다. 로알드의 단편에 대한 개인적인 열정으로 《당신을 닮은 사람》을 곧바로 출판했고, 성공을 확신하여 로알드에게 신혼여행 경비를 빌려주기도 했는데, 책이 판매되기 시작하면 로알드가 빚진 돈이 얼마건 간에 갚을 수 있을 거라 확신했기 때문이다. 크노프는 달의 고민을 들어주는 사람이기도 했다. 예를 들어 1963년, 로알드는 자신의 단편 이야기 병에 '침전물'이[68] 거의 남아 있지 않다면서 다음 2년 동안 또 다른 단편집을 준비할 수 있을지 자신이 없다고 크노프에게 털어놓았다. 크노프는 계속 그를 격려해 주었고, 로알드의 '세련미와 박학다식'함을 높이 칭찬하면서, 자신의 '지나치게 높은 기준치'를 타협시킬 생각은 하지 말라고 했다.[69]

3년 뒤 팻의 사고에도 로알드는 크노프에게 단편집으로 '복귀'하겠다고 약속했다.[70] 회사의 실제 편집일에서 막 손을 뗀 크노프는 죽기 전에 꼭 보고 싶다는 희망을 전했다.[71] 그런데 그가 로알드의 복귀를 보았던 것이다.

그러나 단편작가로서 자신에 대한 믿음이 급격히 식어가던 로알드는 이제는 '결말이 어떻게 될지 모르면서 뼈대와 초기 줄거리만 가지고 작품을 시작할 수 있는' 자신감이 없었다.[72] 다행스럽게 성인 작품을 쓰는 자신의 재능에 대한 자신감이 식어갈 무렵 동화작가로의 믿음은 꽃을 피우기 시작했다.

《우리의 챔피언 대니》를 끝낸 지 얼마 지나지 않아 로알드는 앨프리드 크노프에게 편지를 보내 자신의 일상적인 걱정과 아이들을 위해 작품을 쓰면서 느끼는 기쁨을 전했다. 여러 해가 걸려서야 꽃을 피우는 큰 나무처럼 그는 늦게 피기 시작한 꽃망울에 기쁨을 느끼기 시작했다.

> 이제는 정말 나이를 먹은 것 같습니다. 예순으로 들어선 지금에 말입니다. 당신에게 이 말만은 할 수 있을 것 같습니다. 새로운 책이나 이야기를 만들어내는 데 필요한 모멘트를 다시 작동시키는 것이 점점 힘들어집니다. 9달 전에 어린이 책을 끝내고 그 이후엔 주로 정원일을 하고 있습니다. 하지만 이런 말씀도 드릴 수 있습니다. 어른을 위한 책을 썼던 작가는 아무리 성공하고 칭송받았더라도 어린이를 위해 글을 쓰면서 느끼는 이 기쁨의 반도 느끼지 못한다는 겁니다. 독자들도 믿을 수 없을 만큼 즉각적인 반응과 열의를 보이며 기뻐합니다. 제가 무엇을 하고 있는지 안다는 것은 진정한 기쁨입니다.[73]

이런 만족감은 로알드의 남아 있던 15년 동안 점점 늘어갔다. 하지만 어른을 위한 작품을 쓰고 싶은 욕망이 결코 완전히 사라진 것은 아니었다. 1970년 후반에 오스왈드 삼촌이라는 인물을 주인공으로 어른을 위한 코믹한 작품을 구상한 로알드는 마침내 《기상천외한 헨리 슈거 이야기The Wonderful Story of Henry Sugar and Six More》라는 제목으로 출간했다. 이런 장르 중에서 마지막이고 가장 길었던 작품은 돈 많은 바람둥이 헨리 슈거라는 인물 이야기이다. 달이 1948년에 경험하고 썼던 신비주의 인도인이었던 쿠다 벅스Kuda Bux 같은 헨리는 카드 게임을 할 때 남의 카드를 꿰뚫어볼 수 있는 능력을 연마하여 결국 도박장에서 수백만 달러를 벌어들인다. 이런 이야기들 속에는 로알드의 초기 작품을 연상시키는 따뜻함과 감성이 넘쳐난다. 헨리 슈거는 '세상에서 가장 훌륭한 변장술'을 가진 친구인 맥스 에인절만과 함께 변장하고 전 세계를 누비며 카지노들을 속여서 엄청난 돈을 벌어들이고는 전 세계에 있는 고아들을 돕는다. 슈거는 돈 버는 법을 가르쳐 주었지만 동시에 돈에 '극도의 불쾌감'을 느끼게 했던 찰스 마시 같은 인물이다.[74] 그 또한 그를 만들어낸 창조자처럼 돈으로 사랑을 살 수 없다는 사실을 알았다.

로알드는 여전히 리시를 사랑했다. 하지만 헤어져 지내는 동안 그녀를 볼 기회는 거의 없었다. 1976년 내내 집시하우스에서 자동차로 10분 떨어진 공중전화로 몰래 연락하며 지냈다. 원하지는 않았지만 일은 얽혀버렸고 그런 상황 때문에 리시에 대한 감정은 점점 강해지고 격렬해졌다. 공중전화를 통한 대화마저 하지 못하게 되자 그는 10대처럼 울적해했다.

내 사랑에게

오늘 아침 체셤으로 자동차를 몰고 갔다 돌아오는 길은 삭막하기 그지없소. 바라고 바라던 전화도 할 수 없으니. 돌아오는 길에 빨간색 공중전화 부스를 보고 차를 세울 뻔했다오. 난 공중전화 부스로 들어가 017206313을 걸어 따르르르릉 하고 당신의 아파트에 전화소리가 울려 퍼지게 하고 싶었다오. 이제는 유령으로만 보이는 당신에게 내가 아직 여기서 당신을 간절히 원하고 있다고 알리고 싶었소.

저 전화부스는 내게 너무나 익숙하오. 그 안으로 들어서면 울타리 너머로 누군가가 뿌듯한 마음으로 정성스럽게 채소를 기르는 작은 정원을 바라다볼 수 있소. 2달 전 그는 땅을 갈았지. 그러더니 채소를 심기 시작했소. 나는 그가 두 이랑에 감자를 심고 한 이랑에 양파, 또 하나에는 양상추와 파, 그리고 이르기는 하지만 레디시 심는 것을 보았다오. 공중전화 부스로 들어갈 때마다 하루하루 달라지는 모습을 볼 수 있었소. 하지만 주인은 한 번도 보지 못했지.

당신은 지금 햇빛 아래 누워 길고 아름다운 다리를 갈색으로 태우고 있소? 나는 과수원에 앉아 보온병에 들어 있는 커피를 마시고 아이들을 위한 짧은 작품을 써야 한다고 자신을 채찍질하고 있소. 이번 이야기는 방 안에 있는 사물들을 바라다보기만 해도 조금씩 움직이게 할 수 있는 능력을 발견하게 된 아이 이야기라오. 지난밤 나는 멋진 닭이 깃털 대신 아름다운 꽃을 피우는 꿈을 꾸었소. 정말 좋았소, 난 당신이 진짜 좋아.

이 세상 그 무엇보다 당신이 좋다오.

사랑하는
R [75]

리시가 보여준 연애편지 세 통은 그녀에 대한 강렬하고 애틋한 로알드의 사랑을 잘 보여준다. 둘이 함께 있는 모습을 본 사람은 대번에 알 수 있다. 나도 1985년 그들을 처음 만났을 때, 알아차릴 수 있었다. 당시 나는 복잡한 배경에 대해서는 아무것도 모르고 있었다. 하지만 두 사람이 얼마나 사랑하는 사이인지는 금방 알 수 있었다. 그들을 알면 알수록, 로알드가 그녀의 아름다움이나 배경―로알드는 종종 그녀의 귀족적인 배경을 언급해서 그녀를 당황하게 하기도 했지만―말고도 그저 그녀와 가까이 있다는 사실 하나로도 기쁨을 느끼는 것을 알 수 있었다. 그는 여전히 집시하우스에서 지배적이고 독불장군 같은 면을 보였지만―친구인 레너드 피그 Leonard Figg는 미소를 지으며 로알드를 '전제주의적'이라고 묘사한 적도 있다―리시는 그에게 딱 맞는 짝이었다. 그녀는 육체의 에너지와 힘을 내뿜었다. 그녀는 그가 모든 면에서 의지할 수 있는 사람이었다. 모든 것을 혼자서 할 수 없을 거라는 사실을 받아들이기 시작했기 때문에, 그건 로알드에게는 참으로 중요한 사실이었다. 일찍이 1953년에 클라우디아 마시는 자메이카에서 로알드의 어머니에게 편지를 보낸 적이 있었다. 그녀는 로알드가 다쳤기 때문에 다른 사람들보다는 좀 더 안정할 필요가 있다고 하면서 '자신이 원하는 만큼 일할 수 없는데 본인은 할 수 있다고 생각해요'라고 전했다.[76] 그 이후 로알드에게 항상 부족했던 것은 편안한 휴식이었다. 하지만 책임감이 그에게 얼마나 큰 타격을 주었는지 알아차린 사람은 거의 없었다. 로알드는 그만큼 잘 감추고 살아왔던 것이다.

    1970년대 초 크노프의 새 편집자 밥 고틀립과 아내 마리아 투시는 집시하우스에 저녁을 먹으러 갔다. 두 사람은 로알드가 무슨 일이든 자신만만하게 해내는 것을 보고 놀라움을 금치 못했다. 음식을 살피고, 대화를 주도하고, 온 주위로 에너지를 뿜어대고 있었다. 저녁을 다 먹은 후에 투시는 그가 잠시 오필리아와 루시가 잠이 들었는지 살피러 이 층으로 올라갔던 일을 기억했다. 로알드가 돌아온 후 그녀는 쿠억에서 그를 유심히 살펴보았다. 그는 그녀가 보고 있는 걸 몰랐다. 그녀는 그때 전혀 다른 모습을 보고 충격을 받았다. 손님을 대접하던 눈부시게 빛나는 밝은 얼굴은 사라져버리고 없었다. 대신 '얼굴 전체가 피곤함에 지쳐 일그러져 있었다.' 하지만 그녀와 눈이 마주치자 그는 순간 제 모습으로 돌아갔고, 두 사람은 러시아 화가들에 대해 곁딴 대화를 나누었다. 투시는 '너무나 완벽하게 보이는 것이 사실은 무너지고 있던 한계점'이었음을 알아차렸다. 그리고 로알드도 '그야말로 비극적인 인물'―자신의 삶을 좌지우지 하그 싶었던 작가가 이제는 점점 자신의 통제를 벗어난 환경과 여러 사고의 희생자가 되어 가던―이 될 위험에 빠져 있었다.[77]

지치고 좋지 않은 건강을 숨기고 사는 것이 힘에 부치고 있었다. 1977년 3월에 받은 넓적다리관절 이식 수술은 자신이 얼마나 나약한지, 그리고 팻이 자신을 돌볼 능력도 마음도 없음을 깨닫게 해준 경우였다. 성베드로 학교를 같이 다녔던 오랜 친구인 더글러스 하이턴은 런던 병원에 있는 로알드에게 가 보고 싶은 마음에 집시하우스에 전화를 걸어 언제가 좋겠냐고 물었다. 그의 기억으로는 팻이 '아주 냉담하고 차가웠다'고 했다.[78] 그는 팻에게서 따뜻함을 느낄 수 없어 충격을 받았고, 로알드가 기분 전환을 위해 스스로 병실에 양탄을 가져다 놓았다는 사실에 가슴이 뭉클하기도 했다. 너무나 우울했던 어느 날, 로알드는 리시에게 전화를 걸어 얼굴이라도 꼭 봐야겠다고 했다. 그녀는 곧바로 달려왔고 두 사람은 그 이후로 로알드가 출장을 가게 되면 몰래 만났다. 리시는 호텔에 투숙할 때 피오나 커즌 Fiona Curzon이라는 이름을 사용했다. 리시는 로알드가 여행 가고 싶어 했던 유일한 이유였다. 그 이유 말고는 이제 그레이트미센던을 떠나고 싶지 않았다.

　로알드는 집시하우스를 사랑했고, 늘 같았던 자신의 일상을 좋아했다. 그는 음악 듣는 것을 좋아했고, 토요일 저녁의 스누커 당구 게임을 좋아했다. 양란을 기르는 온실도 좋아했는데, 거기엔 어머니가 물려준 거대한 선인장도 있었다. 선인장이 얼마나 컸는지 정기적으로 온실 천장을 높여야 할 정도였다. 그는 누이들 가까이 살고 싶었다. 올리비아의 무덤도 가까이 있었다. 이 지방에 대한 추억은 거의 30년이 되어가고 있었다. 그는 칠턴 땅에 깊숙이 뿌리박고 살아왔으며, 테사의 표현을 빌리면 '완전히 습관에 젖은 존재'였다.[79] 런던에서 지내던 테사도 자주 방문했다. 테오는 거의 집에서 살았다. 다른 형제와 마찬가지로 학교를 그다지 좋아하지 않아 결국은 개인교사에게 교육을 받았는데, 그럴 수 있어서 아주 좋아했다. 머리에 사고를 당해 생각하는 게 느렸지만 그 이외에는 비교적 정상적인 삶을 살았다. 그는 가까운 곳으로 일하러 다녔고, 손님이 오면 늘 현관에서 맞이했다. 그 역시 집시하우스의 규칙적인 생활을 좋아했다. 네이샤는 집시하우스에 놀러 가면, 테오가 '강아지처럼 귀여웠고' '시키는 대로 잘 따르고' '늘 기분이 한결' 같았는데 '어쩐지 나이 든 사람 같았다'고도 했다. 테오는 네이샤의 동생인 샬럿을 '그림자처럼' 쫓아다녔으며, 저녁 전에 술을 한 잔씩 할 때는 늘 얼음 통을 맡아 관리했다고 했다. 그는 '깔끔했다'. 네이샤는 테오가 로알드와 둘만 있어도 아마 저녁 식사 전에 옷을 갈아입었을 거라고 상상했다. 그러나 루시와 오필리아는 완전히 반대였다. 두 아이는 로알드의 보헤미안 성향을 그대로 가지고 있었다. 네이샤는 두 아이가 '야생마' 같았는데, '신발도 안 신고 양말도 안 신고 꾀죄죄하고 지저분했다'고 기억했다.[80]

1978년 팻은 영국의 텔레비전 쇼였던 《디스 이즈 유어 라이프This is Your Life》에 출연했는데, 그건 유명한 연예인이 전혀 예상치 못한 과거의 지인들을 만나는 프로그램이었다. 할리우드와 연극계 스타들이 팻의 학교 선생님, 친구 그리고 가족들과 함께 출연해 그녀의 업적과 특별했던 재활 결과에 대해 칭송을 보냈다. 로알드는 자화자찬식 잔치에 처음부터 죽 부자연스러운 듯 심통 난 얼굴로 앉아 있었다. 마지막에 팻이 다정하게 손을 잡으려 했지만 로알드는 냉정하게 손을 뿌리치고는 주머니 속에 넣었다.[81] 그녀는 굴욕스러웠다. 하지만 그 프로그램은 로알드에게 사람들 앞에서 했던 자신의 가식적인 행동이 어떻게 되었는지를 일깨우는 자리이기도 했다. 그는 리시가 정말로 그리웠다. 매일매일 그의 가장 큰 기쁨이었던 그녀와의 시간을 다 빼앗겨버린 듯했다. 그는 그녀를 육체적으로 그리워했으며 그녀와의 대화를 갈망했다. 그 무엇보다 그는 너무나 늦게 만나고 순식간에 빼앗겨 버린 '부드럽고 따뜻한' 사랑이 그리웠다. 끊임없는 허리 통증은 이런 부당함에서 오는 고통을 점점 더 악화시켰다. 그의 호전적이고 심술궂은 면이 밖으로 나오기 시작했다. 암울한 시기였다. 오필리아까지 아빠의 '쾌활함'이 사라졌음을 눈치챘다.[82] 학교에서 집으로 와 지내는 주말은 길기만 했다고 기억했다. 팻의 어머니는 《디스 이즈 유어 라이프》를 준비하는 동안 로알드가 집시하우스에서 지내지 못하게 해서 불평하는 편지를 썼다. 로알드는 팻에게 장도에게 보낼 편지를 받아 적게 했다. 그나 팻은 둘 다 다시는 그녀를 보고 싶지 않다는 가슴에 상처가 되는 편지였다. 팻은 '둘 사이에 평생 계속된 적대감이 곪아 터지는 것 같았다'고 했다.[83]

그해 로알드는 입원해서 또다시 척추수술을 받았다. 로알드는 전혀 두렵지 않았다. 집을 벗어나고 싶은 마음이 간절했기 때문이다. 그는 오필리아에게 이렇게 말했다.

"여기가 정말 마음에 든단다. 난 아기 침대에 있던 갓난아기 이후로 이렇게 평화로운 안정을 가져본 적이 없는 것 같구나. 나는 그저 누워서 책을 읽고 텔레비전을 조금 보고 있단다. 그리고 얼마 안 되는 손님도 맞이하고. 아주 좋아. 다음 주면 아마 집으로 돌아가게 될 거다. 그럼 이렇게 편안하지는 않겠지."[84]

1979년 BBC방송국의 오래된 라디오 프로그램인 《데저트 아일랜드 디스크스Desert Island Discs》와의 인터뷰에서 그는 홀로 고립되기를 희망한다고 털어놓았다. 무인도에 홀로 있는 것도 괜찮으냐고 묻는 말에 그는 이렇게 대답했다. "이렇게 말하기는 미안하지만 그랬으면 좋겠습니다."[85] 오필리아는 1978년 책의 그림작가와 회의하기 위해 글래스고에 가 있던 아빠에게 호텔로 전화를 걸었다가 반대편에서 들려오는 리시의 목소리를 들었다. 오필리아는 못 들은 척했지만 무슨 일이 벌어지고 있는지 알아차렸다. 그녀의 마음은 갈팡질팡했다. 그녀는 다시 이중생활이 시작되는 것이 화가 나기도 했지만, 리시가 아빠의 생활로 돌아와 다행스럽다는 생각도 들었다. 나중에 오필리아는 아빠가 그저 즐기기 위해 스코틀랜드로 간 것이 아니라 자비를 베풀기 위해서였음을 알게 되었다.

스코틀랜드로 가는 도중, 리시의 딸인 샬럿이 타고 가던 차가 길에서 벗어났다. 그녀는 유리창 밖으로 튀어 나가, 혼수상태로 글래스고의 로열 병원에 실려 갔다. 샬럿은 두개골이 심하게 파손되었다. 리시는 병원에 도착하자마자 로알드에게 전화를 걸어 도움을 청했다. 로알드는 바로 스코틀랜드까지 날아가 의학적인 치료에 대해 조언도 해주고 도움도 주었다. 샬럿이 혼수상태에서 눈을 떴을 때, 로알드를 보았다고 기억했다. '아주 길고 큰 키의 마른 남자'가 병실에 있던 개수대 너머로 몸을 기울이고 있었던 것이다. 그 역시 수술을 받은 지 얼마 되지 않았다. 그는 의대생이었던 그녀의 남자친구에게 등에 있는 붕대를 갈아줄 수 있느냐고 물었다. 샬럿은 이렇게 덧붙였다. "로알드가 그곳에 온 것은 비밀이었어요. 하지만 엄마를 정말 많이 도와주었어요."[86] 샬럿이 요양하기 위해 런던으로 돌아왔을 때, 오필리아는 네이샤에게 전화를 걸어 점심을 먹자고 했다. 네이샤는 이렇게 기억했다. "우리는 슬론 가에 있는 아케이드에서 만났어요. 우리가 얼마나 가까웠는지 기억해요. 오필리아도 나를 보고는 이렇게 말했어요, '언니네 엄마와 우리 아빠가 만나고 있어. 이 시계, 이건 아빠가 산 게 아니거든, 언니네 엄마가 산 거야, 그렇지?'" 네이샤는 엄마가 로알드와 관계를 맺고 있다고 확신한 것이 그때가 처음이었다. 속았다는 생각에 가슴이 아팠다. 하지만 그건 '엄청난 사랑'이었다.[87] 샬럿도 인정했다. 그녀는 나에게 이렇게 말했다. "정말 가슴 아픈 일이었어요. 하지만 저렇게 서로 사랑하는 사람들을 본 적이 없어요."[88]

오필리아의 분노도 곧 누그러졌다. 얼마 지나지 않아 오필리아는 사고 후에도 여러 주일 동안 샬럿의 두개골에서 계속 나오는 유리조각들을 뽑으러 리시의 아파트로 갔다. 그녀는 나중에 이렇게 썼다.

"리시 아줌마를 만나러 가는 것은 배신하는 것 같았어요. 하지만 사실 난 아줌마를 좋아했어요. 그녀를 다시 만나게 되어서 가슴이 떨렸어요."

몇 시간이 지난 후 리시는 그녀를 밖으로 내보내며 샬럿이 피곤하다며 쉬어야 한다고 했다. 그끔 자신이 그곳에서 나온 지 몇 분 후, 아빠의 진한 파란색의 BMW가 아파트에 멈추어 서는 것을 숨어서 보았다. 그녀는 이상하게 안심이 되었다.

팻은 자신이 머물던 아파트 가까이서 또다시 밀애가 시작되었다고 의심하면서 아이들을 스파이로 보냈다. 하지만 오필리아와 루시의 마음은 엄마에 대한 충성심과 리시 없이는 아빠가 비참해진다는 사실 사이에서 갈라졌다. 아이들은 리시가 있으면 아빠의 지친 표정이 사라지는 걸 보았다. 리시가 아빠의 기분을 바꾸어주고, 애정이 넘치는 사랑스러운 사람으로 만드는 걸 알고 있었다. 그리고 아빠를 돌봐줄 사람이 필요한 것도 알았다. 로알드에게는 리시가 촬영 때문에 종종 집을 떠나야 하는 것도 참기 어려웠다. 그는 그녀에게 이 '무자비하고, 끔찍하고, 망할 놈의' 일을 그만두고 도금사가 되는 훈련을 받으라고 했다. 그러면 자주 볼 수 있을 거라고 했다. 그녀는 곧 그의 말을 들었다. 리시는 〈시티 앤드 더 길즈City and the Guilds〉에서 기술 과정을 들은 다음, 다른 세 기술자와 함께 카버스 앤드 길더스Carvers and Gilders라는 회사를 세웠다. 소니아 오스트리안에게 헤어진 이유를 설명하면서 로알드는 다시 한 번, 어쩌면 솔직하지 못하게 그가 원하는 것은 그저 커피를 타줄 사람이었다고 했다.[89] 종종 로알드와의 문제에서 팻의 편을 들었던 소니아는 왜 로알드가 그런 기분이 들었는지 이해할 수 있다고 인정했다. 팻도 로알드가 약해지기 시작했을 때, 자신이 그를 돌보아줄 상태가 아니었다고 인정했다. 그러니 오필리아가 리시가 들어와 '무너져 버리고 있던 가족'을 구해주기를 바랐던 것도 놀랄 일은 아니었다.

엄마는 버림을 받았고 우리는 마치 물에 빠져 죽는 기분이었다. 물론 그건 엄마의 잘못이 아니었다. 엄마 역시 정원 가꾸기와 골동품을 좋아했지만, 그들의 결혼생활은 오래되어 곪았고, 엄마는 아빠의 재능과 홀로 있기를 즐기는 아빠를 원망하기 시작했다. 엄마는 스스로 할 수 있는 일이 별로 없었고, 아빠는 늙어가면서도 여전히 엄마를 돌봐주어야 했다. 아빠는 지쳤고 엄마는 그런 아빠에게 화가 났다. 엄마는 아빠가 리시 아줌마를 사랑하는 것과 거짓말 하는 것을 용서할 수 없었고 이제는 남편과 아이들에게서 버림받은 기분이었던 것이다. 사춘기 소녀로서 그런 상황에 놓인 것이 끔찍이 초조했다. 우리는 엄마에게 잘해드리려고 했지만 엄마는 우리 모두를 배신자라고 생각했다. 어떻게 우리가 엄마를 배신한 여자를 사랑할 수 있느냐고 했다.[9C]

1979년 팻은 코네티컷 주 베들레헴에 있는 베네딕트 수사 소속의 수녀원인 레지나 로디니 수녀원을 찾았다. 그곳의 수녀원장인 돌로레스 하트 Dolores Hart는 예전에 배우였고 엘비스 프레슬리 Elvis Presley가 스크린에서 처음으로 키스했던 배우로 유명했다. 게리 쿠퍼의 딸인 마리아는 이곳을 이렇게 소개했다. "뉴잉글랜드에 있는 아주 소박한 곳이에요. ……소나무, 단풍나무, 꽃나무들이 가득한 깊은 계곡에 자리 잡고 있지요." 팻은 그곳에서 3일을 보내면서 무너지는 결혼생활을 받아들이려고 마음의 준비를 했다. 그해 여름, 팻은 처음으로 '마사의 빈여드'에 가보았다. 루시와 오필리아와 함께였다. 팻은 밀리 던녹과 그의 남편 집에서 머물렀다. 그녀는 그 섬에 홀딱 반했다.[91] 테오는 나중에 함께 했는데, 가족은 캘리포니아로 휴가를 갔지만 로알드는 같이 가지 않고 영국에 남아 있었다.

1980년에 팻은 빈여드의 에드거타운에 집 하나를 장만했다. 채퍼퀴딕

만의 건너편 쪽이었다. 허먼 멜빌의 에이햅 선장의 모델이었던 고래잡이 배의 선장이 소유했던 곳이었다. 로알드는 다음 해 잠시 방문했지만, 돌아가는 길에 《보스턴 글로브》에 '사람들은 매일매일 같이 있다 보면 지겨워지니 가끔은 서로 떨어져 있을 필요가 있다'고 했다.[92] 그는 집으로 돌아간 다음 팻에게 그가 얼마나 지쳤는지 분명히 말했다.

　　사랑하는 팻에게

　　나는 며칠 동안 냄비에 푹푹 삶아진 더러운 손수건이 된 것 같은 기분으로 오늘 아침 도착했다오. 여행 내내 내가 얼마나 여행을 싫어하고 번잡스러운 공항에서 바쁘게 오가는 일을 지겨워하는지 생각했소. 그리고 내가 얼마나 집시하우스에 앉아 있는 걸 좋아하는지 말이오.

　　나는 이제 더위를 참을 수가 없소. 온종일 땀만 흘리는 것 같고. 이 썩은 몸뚱이를 움직이려면 얼마나 힘든 노력이 필요한지 아마 사람들을 모를 거요. 정말 고통스럽소.

　　나는 그렇게 늙은 것은 아니지. 예순이라는 나이가 요즘 기준으로 보면 그렇게 늙은 것은 아니고 이 나이의 많은 사람이 여기저기 잘도 뛰어다니지. 하지만 두 번의 넓적다리관절수술로 근육이 없는 종아리와 여섯 번에 걸친 척추수술 때문에 나는 확실히 실제보다 10년은 더 늙었을 것이오. 어쩌면 더할지도 모르지.

　　나는 사람들 앞에서 고통을 드러내지 않으려 하오. 하지만 앉거나 눕지 않으면 고통을 벗어나지 못한다오. 그렇게 해도 반 정도만 벗어날 수 있고. 이번 여행에서 나는 한 번도 고통에서 자유로웠던 적이 없었소. 3~4잔의 술을 마시고, 진통제를 맞아야 겨우 정상인 듯 느끼게 돈다오. 그래야 겨우 사람들하고 어울리며 농담을 한다오. 하지만 나는 이런 식으로 계속하고 싶지 않소.

조용히 내가 사랑하는 집시하우스에서 살고 싶소. 책이나 쓰고, 좋아하는 이야기를 지어내고, 일주일에 서너 번 스누커나 치면서 말이오. 그리고 일주일 두 번은 런던으로 올라가 내가 아주 즐기는 블랙잭을 하고 싶소. 육체의 장애 속에서 그나마 좋아하는 일들이라오. 이제 여행을 다니는 시절은 끝난 것 같소. 자동차를 타고 2~3시간 가는 여행이나, 선선할 때 프랑스의 포도밭을 다니는 정도는 모르겠지만. 하지만 그게 한계인 것 같소.

빈야드는 내 취향이 아닌 것 같소. 만약 괜찮다고 해도 그건 거짓말일 것이오. 더위도, 사람도, 내가 하는 일을 할 수 없다는 것이 다 나하고는 맞지 않는 것 같소. 이미(지금은 오후 6시이고 돌아온 지 10시간이 되었소) 나는 만족을 느끼고 있다오. '집'에 있으니까. 내일부터 나는 일주일에 7일, 글 쓰는 일로 돌아갈 수 있을 것 같소. 수요일에 스누커를 할 것이오. 그리고 날씨가 선선하면 등이 조금 덜 아프겠지.

우리가 빈야드에서 작은 비행기를 타고 보스턴 공항에 도착해 많은 짐을 들고 악몽을 꾸듯 테오의 비행기 표를 사기 위해 동분서주했던 동안, 나는 커다란 공항 유리창 밖으로 몸을 던질까 하는 생각마저 들었소. 등을 붉게 달군 칼로 후벼 파는 듯한 고통에 그러고 싶은 충동이 얼마나 컸는지 모른다오.

자, 우리가 여기까지 온 것 같소. 이제 모든 사람에게 제발 나를 장거리 여행에서 빼달라고 노래 불러야 할 것 같소. 이제는 그렇다고 솔직하게 말을 해야 할 때인가 보오.

나는 가족 모두를, 특히 당신을 사랑하지만 이 늙은 소년을 그저 한 자리에서 식물처럼 살게 해주시오.

사랑하는

달[93]

팻도 결혼생활의 문제점을 잘 알고 있었고, 나중에 '로알드와 내가 가까웠을 때는 위기가 닥쳤을 때뿐이었다'고 했으면서도, 그녀 역시 결혼이 끝나고 있다는 사실을 완전히 받아들이지 못했다.[94] 점점 그녀도 집에서 멀리 떨어져 지내는 시간이 늘어났다. 로알드는 그녀가 한 강의당 '4000달러씩 받으면서 알래스카, 텍사스, 미시간 등…… 미국서 신 나게 돌아다니고 있다'고 표현했다. 로알드는 덕 보가드에게 이렇게 말했다. "나는 이보다 더 나쁜 돈벌이는 없는 것 같소. 하지만 그녀는 완전히 중독되어 버렸습니다."[95] 이제 두 사람이 함께 있으면 분위기는 정말 치명적이었다. 1980년 크리스마스는 특히 심했다. 오필리아는 팻이 '우울해하고' 기이하게 행동해서 '참을 수 없을 정도로 긴장감이 흘렀다'고 했다.[96] 로알드는 이전보다 더 냉정하게 굴었고, 아이들도 거리를 두었다. 우울한 휴가는 로알드가 리시를 다시 만나고 있다는 사실이 드러난 저녁에 극한 상황에 이르렀다. 팻은 '거의 정신 나간 사람 같았다.'[97] 이제는 그녀가 떠나야 한다는 것이 분명했다. 그녀는 뉴욕에 있는 소니아 오스트리안에게 전화를 걸었고, 그녀는 마음의 결정을 내릴 때까지 와서 지내라고 했다.

그날 밤, 팻은 자고 있는 로알드의 귀에 대고 '죽어버리라'고 속삭였다고 했다. 다음 날 온 가족이 팻을 배웅하러 공항으로 나갔다. 게이트를 통과하면서 팻이 어깨 너머로 돌아다보니 로알드가 깔깔거리며 큰 소리로 웃고 있었다. 그녀는 이렇게 썼다. "내 인생에서 가장 끔찍한 모습이었다. 로알드는 마치 악마 같았다. 나는 다시는 돌아보지 않았다."[98]

결국 일 년 동안 힘들게 영혼을 찾던 팻은 베들레헴의 수녀원에서 위안을 받았다. 그리고는 이혼에 합의했다. 그녀는 로알드를 미워했고, 리시를 원망했으며, 결혼이 이제 끝난다는 생각에 절망했다. 뇌졸중은 '그녀에게서 과거를 빼앗아 간 것'이다. 이제 현재에 내린 닻이 없어진 셈이었다. 그녀는 '거지할머니'가 되는 것은 아닌지 겁이 났다. 그들의 관계에 한 번도 '진실한 애정⋯⋯ 진실한 사랑'이 없었음을 인정했다. 그녀에게 가장 가슴 아픈 것은 로알드가 자신에게 성실하지 못했다는 점이었다.[99] 1982년 그녀는 한 기자에게 이렇게 말했다. "이제 이혼하게 되어 무척 겁이 납니다. ⋯⋯저는 어떤 일이 일어날지 확실히 모르겠어요."[100]

그녀는 뉴욕 이스트 강이 내다보이는 맨해튼 북동부에 아파트를 구했다. 1983년 7월 초 런던의 법정에서 결혼한 지 30년 만에 퍼트리샤 닐과 로알드 달은 구체적으로 명시되지는 않았지만 논쟁의 여지가 없는 달의 행동으로 말미암은 불만으로 이혼이 허락되었다. 둘 다 참석하지 않았다. 팻은 여전히 이혼 과정에서[101] 자신이 경제적인 면에서 손해 보았다고 주장했지만, 그건 로알드의 잘못이라기보다는 변호사의 잘못이었다. 로알드는 나중에 그녀에게 적당한 돈을 지급했다. 그해 크리스마스에 팻은 집시하우스로 돌아와 그녀의 물건을 챙겼다. 올리비아가 그린 그림을 가져갈까 하다가 로알드가 아이의 죽음으로 얼마나 슬퍼했는지 기억해내고는 망설였다. 그녀는 그를 위해 그림을 두고 가기로 했다.[102]

18장

신 나는 폭발

《윌리 윙카와 초콜릿 공장》에서 움파룸파인 역할을 한 배우들과 함께. 1970년.

달. 집필실.

집시하우스 앞에서 애완염소 알마와 함께 한 달.

로알드는 리시와 함께여서 이전의 여러 해보다 행복했지만, 그런데도 생애 마지막 몇 년 동안 지나치게 솔직하고 무절제하고 급한 성격으로 문제를 일으키는 사람으로 악명 높았다. 1985년, 그를 처음 만나기 전에 나는 그가 상당히 호전적일 거라며 조심하라는 말을 들었다. 상관이었던 나이절 윌리엄스는 이 일이 '불가능'할 거라고 했다. 촬영하는 동안 일이 제대로 진행되지 않을 때, 사실 나는 위험하다고 느꼈다. 하지만 촬영과 편집을 하는 동안, 유머러스한 그의 성격에 오히려 더 많이 놀랐다. 그러나 어쩐지 늘 조건부 승인을 받는 듯한 느낌이 들기는 했다. 그건 발을 한 번 잘못 디디면 일이 뒤틀릴지도 모른다는 것이었다. 저녁 초대를 받으면, 특이하게도 반드시 공연해야 했는데, 보통은 노래를 불렀다. 그건 로알드에게도 마찬가지였다. 그와의 대화는 항상 남다른 관찰력과 예상치 못한 생각으로 가득했고, 그것을 능숙한 말솜씨로 풀어냈다. 물론 가끔은 유머가 도를 넘기도 했다. 어떤 대화가 이루어질지는 아무도 예측할 수 없었다. 집에 초대되는 손님은 섹스, 종교, 돈 혹은 정치 견해 등에 대한 개인적인 질문을 예상하고 와야 했다. 그 어떤 것도 금기사항은 없었다. 식탁에서는 어떤 이야기도 가능했다. 그러나 마지막에 결론을 내리는 사람은 반드시 로알드여야 했다. 팻은 이렇게 말했다. "성공을 거두었지만 남편은 원만해지지 못했어요. 오히려 그와는 반대로 인생은 이 차선이지만 우선권은 늘 자기가 가져야 한다는 확신만 강해졌을 뿐이죠."

로알드는 자신의 급한 성격을 잘 알고 있었다. 일상의 사소한 일들에 화가 나면 이따금씩 부당하다고 생각되는 더 심각한 일에 대해 폭발했는데, 그러고 나선 어떤 일이 벌어질지 결과를 예상하지 못해서 일어난 일이라고 재치 있게 둘러댔다. 그는 1972년에 이렇게 썼다.

"나는 어른들만 있는 모임에 가면 쉽게 싫증이 난다. 저녁에 위스키와 포도주를 너무 마신다. 초콜릿도 지나치게 많이 먹는다. 담배도 너무 많이 피운다. 그러다 허리에 통증이 오면 성질이 나빠진다. 나는 손톱을 항상 깨끗이 다듬지 않는다. 이제 아이들에게 잠자리에서 책을 읽어주지 않는다. 나는 말에 돈을 걸고 돈을 잃는다. 어머니날이건 아버지날이건 무슨 날이 싫고 사람들이 선물을 사고 보내는 것도 싫다. 내 생일도 싫어한다. 나는 대머리가 되어가고 있다."²

그 이후 13년 동안 그는 《타임스The Times》에 이런저런 일들에 대해 투덜거렸다. 요즘엔 학교에서 아이들에게 숙제를 내주지 않는다고 했고, 공항 엑스레이 검사의 효율성에 대해서도 의혹을 제기했다. 그건 자신의 넓적다리관절에 박은 쇠 두 개를 감지해내지 못했기 때문이다. 또 1980년 모스크바 올림픽을 운동선수들보다는 텔레비전 방송국들이 보이콧해야 한다고 주장했다. 작가협회 회장과 저명한 임원 23명의 능변과 특유의 장황함을 비난하기도 했다.³ 좀 더 논란의 소지가 있는 주제, 경찰의 폭력성이나 살만 루슈디에 관한 파트와*, 그리고 1982년의 레바논 전쟁 등에 대해 큰 소리로 떠들었다. 그런 맥락에서는 사람들의 감정을 상하게 하거나, 관계가 끊어질 정도로 심하게 자신의 생각을 주장하는 데 조금도 망설이지 않았다. 예의범절, 대화술, 민감성 같은 건 찾기 어려웠고, 화를 내뿜을 때는 그게 남에게 얼마나 손해를 입히고 상처가 되는지 조금도 생각해보지 않는 것 같았다. 가족을 비롯한 모든 사람이 감정 폭발이 길게 가지 않는다는 것도 잘 알았고, 기분이 엉망일 때는 어리석을 정도로 남에게 상처를 준다는 것도 잘 알고 있었다. 아들인 테오는 이렇게 말했다.

*fatwah, 이슬람법에 따른 사형 선고. ―옮긴이 주

"아빠는 좋은 성질도 있고 나쁜 성질도 있어요. 마음에 들지 않으면 그대로 말을 하죠. 그냥 솔직하게요. 그는 모든 사람에 대해 당신만의 느낌 즉 의견을 가지고 있어요. 그건 좋다와 싫다로 간단히 나뉘죠. 아빠를 건드리지 않는 게 좋을 거예요. 아빠는 규칙 어기기를 좋아해요. 하지만 늘 자신이 옳기를 바라죠. 아빠는 정말 고집스러운 분이거든요."[4]

리시는 그가 쉽게 우울해하거나 성미가 급해지는 것은 대부분 건강이 나빠져서 그랬다고 했다. 특히 고질적인 요통이 일상을 지배했기 때문이라고 했다. 하지만 좀 더 근본적인 요인도 있었다. 그를 알았던 사람들 대부분은 실라 세인트 트렌스가 말했던 '남을 지배해야 하는 성격'과 '주도권을 잡아야 적성이 풀리는 성격'에 가끔 놀랐다.[5] 어맨다 콘키는 로알드가 자신에게 반응하는 사람들과 함께 있는 것을 좋아한다고 했다. 자기 엄마가 딸과 계속 가까운 관계였던 이유는 그녀 역시 '논쟁을 즐겼기' 때문이라고 했다. 하지만 전투적이고 인습에 얽매이지 않는 특이한 성격을 잘 받아들이지 못하는 나약한 사람들에게 결과는 고통스러웠다. 조카딸인 루 록스데일은 자기 아버지에 대해 삼촌이 함부로 말을 해서 얼마나 화가 났는지 식탁에서 일어나 버렸다. 한편, 로알드가 여자보다 남자들하고 잘 어울리지 못한다는 것을 알았던 레슬리 오말리는 문제를 일으키고 싶어 하는 로알드의 장난에 희생양이 된 적도 있었다. 오필리아는 오말리가 어리석게도 자기는 언제나 버터와 마가린을 구별할 수 있다고 자신 있게 말하자, 아빠가 신이 나서 저질렀던 일을 기억했다. 로알드는 눈을 가리고 시험해 보자면서 부엌에 갔다가 빵 두 조각을 가지고 나타났다. 그리고는 이렇게 말했다. "한쪽에는 버터를 발랐고 다른 한쪽에는 마가린을 발랐어. 자, 말해봐, 어느 쪽이 어느 쪽인지." 오말리는 반복해서 맛을 보다가 결국에는

전혀 모르겠다고 인정했다. 로알드는 그때 장난스럽게 양쪽 다에 버터를 발랐다고 털어놓았다.[6]

팸 론디스Pam Lowndes는 로알드를 손님이자 이웃으로서 '무례하고……공격적이고 욕쟁이'라고 표현했다. 하지만 그런 단점은 그의 '인습에 얽매이지 않는 신선함'과 매력적인 '빙퉁그러진 유머감각'으로 다 보상된다고 덧붙였다. 그녀는 호의적으로 결론을 내렸다. "그는 무슨 일이든 부드럽게 넘어가지 않았어요. ……그리고 그에게 맞서지 않는 사람에겐 절대 참아주지 않았지요. 이것 참, 매력적인 사람이에요."[7]

아마 이런 권위적인 성향은 어린 나이에 가족을 책임지고, 자신의 입지가 거의 도전받지 않았던 가정에서 점점 커졌을 것이다. 어린 시절에 어머니에게 보낸 편지도 어머니가 곧이곧대로 실행해야 하는 지시사항—거의 명령에 가까운—으로 가득했다. 그녀 역시 고집스러웠고, 한편으론 영어의 뉘앙스를 잘 몰랐기 때문에 이런 권위적인 태도에 눈도 깜짝하지 않았다. 그건 그녀의 딸들도 마찬가지였다. 1939년 탕가니카에서 8페이지짜리 편지를 쓰다 로알드는 갑자기 24살 먹은 누나 앨필드가 런던에 있는 자신이 좋아하는 치과의사를 찾아보라는 충고를 계속 무시하고 있음을 깨닫고는 굵은 글자로 이렇게 명령을 내렸다.

"누나에게 당장 레슬리 라이트에게 가라고 하세요. 그가 엉터리는 아니라고 하세요. 그 의사가 나를 얼마나 잘 치료했는지 몰라요. 지난 3개월 동안 나는 여드름도, 부스럼도 나지 않았어요. 아주 최고예요. 앨프 누나—오늘 당장 레슬리 라이트에게 가. 걱정하지 말고. 선생님이 절대로 누나를 겁탈하지 않아."

이런 위협적인 태도는 식구들에게만 국한된 것은 아니었다. 뭐든 용납

하지 못하고 고집 피우는 성격은 가끔 허세의 가면을 벗어버리고 싶은 욕구로 나타났다. 이웃이며 외교관이었고 집주인이었던 레너드 피즈는 로알드가 가끔은 교양 없이 굴었지만, 대부분은 무례하게 굴 이유가 있던 사람들이었다고 인정했다.[8]

마리앤 굿맨도 로알드는 '못된 사람들에게만 못되게 굴었다'고 주장했다. 하지만 그녀의 남편은 로알드의 '냉소적이고 빈정거리는 성격'이 '원한이 있어서' 나오는 것이라고 느꼈다.[9] 굿맨 의사는 로알드가 자신이 원하는 만큼 남들이 진지하게 받아들여 주지 않자 화가 나서 점점 더 호전적으로 논쟁을 벌이고 싶어 한다고 보았는데 그게 옳았다. 로알드는 기존 세력에게 좋은 인상을 주고 싶은 욕구를 포기했으며, 고분고분하고 기분만 맞추려는 의견에 소용돌이를 일으키면서 자극을 주는 역할을 하겠다고 마음먹었던 것이다. 그는 권위나 지식을 가진 사람들에게 가시 역할 하는 것을 즐겼다.

오필리아는 미소를 지으며 '아빠의 논쟁은 늘 세련미가 부족했다'고 회상했다.[10] 마리앤 굿맨도 익히 알았던 사실이다. 그녀는 '다른 남자 적을 공격하고 싶어 하는' 그의 권투선수 같은 기질을 알고 있었다. 특히 잘 알려진 사람과 싸우는 것을 즐겼다고 덧붙이면서 이렇게 말했다. "그는 충격 주는 걸 좋아했어요." 뉴욕에서 그녀가 주최한 저녁 파티 때, 로알드가 아주 유명한 《라이프》 잡지의 사진기자였던 앨프리드 아이젠스타트Alfred Eisenstaedt 옆에 앉았던 일을 이야기해 주었다. 포드주를 몇 잔 마신 다음, 로알드는 사진이란 진정한 예술의 형태가 아니라는 위험한 발언을 했다. 아무 뜻 없이 그저 자극하기 위해 불쑥 꺼낸 말이었다. 논쟁이 벌어지자 아이젠스타트는 결국 식탁에서 일어났다. 몇 년 후 플로리다 해변에서 얼마 떨어지지 않은 캡티바 섬에서 살던 루시 달은 아빠에게 이웃인 화가 로버트 라우션버그Robert Rauschenberg를 소개했다. 루시는 아빠와 그가 잘 어울릴 거로 생각했다. 그녀는 이렇게 기억했다. "아빠는 예술을 논하다 결국 그와 한판 벌였어요. 그날 저녁은 정말 엉망이 되었지요."[11] 굿맨 부인은 철학적으로 이렇게 결론을 내렸다. "로알드는 공평한 사람은 아니에요. 아주 모순적인 사람이지요." 오필리아는 아빠가 '가장 사랑하는 사람들'하고 있을 때만 자신감이 충만해지고 덜 상처받는다고 느끼는 것 같다고 했다. 그러나 그녀 역시 아빠가 집이라는 아주 편안한 분위기 속에서도 결과에 대해 아무 생각 없이 그저 논쟁에 끼어드는 즐거움을 절대로 놓치지 않았다고 했다.[12]

가끔 이렇게 문제를 일으키고 싶어 하는 마음은 그저 장난치고 싶은 개구쟁이 같은 장난기에 불과했다. 테사의 친구인 콘키도 로알드가 사람을 공연히 괴롭히고 싶은 거의 사춘기 소년 같은 성향이 있는 것 같았다고 했다. "집시하우스에 앉아서 이야기를 나누는 경우가 많았어요. 놀라울 정도로 분위기가 집시다웠지요." 이따금 분위기가 바뀌면서 로알드는 싸움을 시작했고, 보통은 아주 '장난스럽고...... 유치하게 굴다가 빙퉁그러져 분위기가 아주 어색해졌다'고 했다.[13] 콘키는 대체로 그런 일들을 가볍게 여겼다. 그녀는 12살 때 노르웨이로 같이 갔던 휴가도 기억했다. 로알드는 묵고 있던 호텔의 식당에서 수프가 뜨겁지 않다는 이유로 두 번이나 돌려보냈다. 6살이었던 오필리아조차 무척 부끄러워했다. 그녀는 술에 취한 아빠가 신경을 거슬리게 한 웨이터에게 다가가서 그가 들고 있던 아스파라거스 수프 그릇을 가슴 쪽으로 밀치는 바람에 옅은 녹색 수프가 빳빳하게 풀을 먹인 하얀 셔츠에 묻었다고 했다. 이런 호전적인 행동에 '충격받고 수치스러움을 느낀' 웨이터는 주방으로 돌아갔다. 콘키의 기억에 따르면, 로알드는 미소를 지으며 탁자로 돌아와 주방에서 일하는 직원들이 아마 수프를 데우면서 침을 뱉고 있을 거라고 했다.

식당은 종종 로알드의 이런 호전적인 성격을 자극하는 곳이 되었다. 리시가 프랑스에 있을 때, 로알드는 크림이 상했다고 주장하며 크렘프레쉬를 (계속 아니 라고 하는데도) 돌려보낸 적이 있었다. 가장 볼만했던 것은 쿠존 하우스 클럽에서 저녁을 먹다 로알드가 벌떡 일어나는 바람에 식당 전체가 쥐죽은 듯 고요해졌던 일인데, 그는 책임자가 최근에 바뀌면서 식당이 상스러워지고 완전히 개판이 되었다고 떠들었다. 경호원 두 명이 그를 건물에서 쫓아냈다.

로알드의 이런 행동은 단순한 심술이 술기운을 빌어 터져 나온 것인지도 모른다. 리시도 그의 '내면의 주인'을 잃게 하는 것이 바로 술이었다고 인정했다. 33살이었던 테오가 붙인 별명처럼 로알드는 '말벌 집'이었을 때도 있었다.[14] 쿠존 하우스 클럽에서 저녁을 먹던 날, 함께 있었던 테시는 아빠가 장황한 연설을 마친 다음에 화가 났다기보다는 오히려 '흡족'해하며 자리에 앉았다고 했다. 테시는 아빠가 그리스 출신 부자 친구에게 깊은 인상을 심어주려고 한 행동으로 보았다. 편집자였던 레이너 언윈이 즐겁게 회상하듯 '무정부주의적'인 태도와 '악명을 즐기는 그의 성향'이었을 것이다. 로알드가 너무나 매력적인 사람에서 한순간 참을 수 없을 정도로 무례한 사람으로 돌변하는 역설적인 면이 있었다고 회상했다. 언윈은 그가 《우리의 챔피언 대니》 문제로 앨런&언윈을 떠나기로 했을 때, 근본 원인은 아마도 그들이 그에게 '충분한 관심을 두지 않았기 때문이었을 거'라고 추측했다. 언윈은 그와의 결별을 담담히 받아들였는데, 달과 관계를 갖을

때 이미 눈을 크게 뜨고 시작했고, '다루기' 힘든 사람이라는 명성을 익히 알고 있었기 때문이었다.[15]

조너선케이프Jonathan Cape의 톰 마쉴러Tom Maschler는 달이 출판사를 옮긴 주된 이유는 케이프에 앨런&언원에는 없던 아동 분야의 전문가가 있었기 때문이라고 생각했다. 하지만 조너선케이프가 양장본에 대해 상당히 유리한 인세를 달에게 제시했고, 지나칠 정도로 외향적인 마쉴러가 새로 영입한 작가의 '삶에 대한 엄청난 열정'을 드러내놓고 칭송했던 것도 작용했을 것이다. 이런 이유로 앨런&언원에서 조너선케이프로 옮겼을 때는 감정 대립이 거의 없었다. 하지만 1980년 초 앨프리드 크노프와의 결별은 훨씬 더 고약하고 시간이 걸렸다.

68세가 된 크노프는 1960년에 출판사를 랜덤하우스에 팔았다. 그는 은퇴하기 전까지 5년간 편집장으로 남아 있겠다는 요구 조항을 조건으로 내걸었다. 우선 그의 회사에서 일했던 밥 번스타인에게 운영을 맡겼는데, 당시 그는 43살이었고 다음 해에 랜덤하우스의 사장이자 대표이사가 되었다. 1968년에는 사이먼&슈스터에서 온 유능하고 젊은 편집자인 밥 고틀립이 인계했다. 머리가 늘 부스스했던 고틀립은 신실하고 엄청난 학식을 가진 사람이었다. 번스타인은 그를 '판단력이나 두뇌나 민첩성에서······ 우리 시대의 가장 위대한 편집자 중 하나······'라고 치켜세웠다.[16] 그는 나중에 《뉴요커》의 편집자가 되었다.

로알드는 처음에 두 남자를 무척 좋아했다. 번스타인이 자기를 대하는 방법이 마음에 들어서 그를 '영리한 친구이자 위대한 설득자'라고 칭찬했다.[17] 또한 그의 기민한 사업 통찰력을 존경했다. 예를 들어 《찰리와 초콜릿 공장》의 판매를 위해 허쉬Hershey의 적극적인 지원을 얻어내려던 시도에서 잘 나타났다. 번스타인과 부인 헬렌이 런던에 왔을 때, 달은 쿠존 하우스 클럽의 도박장으로 데리고 가서 블랙 잭 하는 법을 가르쳐 주었다. 그리고 헨리 무어Henry Moore의 아주 귀중한 석판화를 선물하고는 그들을 데리고 허트퍼드서로 조각가를 만나러 가기도 했다. 번스타인은 당시의 로알드를 '매력적이고 훌륭한' 사람으로 기억했다.[18] 고틀립은 더한 표현을 했다. 그는 자기 보스가 '달을 숭배한다'고 생각했다.

고틀립은 조금은 조심스러운 사람이었다. 하지만 그 역시 처음에는 새로 영입한 작가의 매력에 푹 빠졌다. 그는 아무 일도 하지 않으면서 계속 회사에 출근하던 앨프리드 크노프를 상대하는 일에 스트레스를 받고 있었다. 그에게 늙은 크노프는 전설적인 인물이라기보다는 고약한 영감일 뿐이었다. '리어 왕을 부엌에 데려다 놓은 듯'하다고 표현했다.[19] 둘 사이에 끈끈한 애정은 없었다. 더욱이 어린이 책 편집자가 아니었던 고틀립이 자기 의지와는 상관없이 로알드의 책 편집을 맡게 된 것이다. 달은 크노프가 특별히 좋아하는 작가였고, 밥 번스타인은 지위가 낮은 사람과 일을 하게 되면 로알드의 기분이 상할까 염려했다. 고틀립은 어린이 책 부서의 그 누구도 달과 일하고 싶어 하지 않았다고 했다.

처음에는 모든 일이 순조로웠다. 로알드는 고틀립의 박학다식함에 흥분했고, 편지에서 그를 존경하는 듯 '눈부시게 멋진 고틀립'이라고 표현했다.[20] 그의 아이가 태어나자 열렬히 축하하면서 '고틀리브리히, 고트리블링, 고틀립친'*이라고 했다.[21] 고틀립은 달과 일하는 것이 '흥미롭다'고 했고, 적어도 처음 얼마 동안은 그를 숭배했다.[22] 그와 집시하으스를 방문했

---

*독일어 철자를 이용한 말장난으로, 이름에 '사랑스러운', '좋아하는', '귀여운' 등의 뜻을 덧붙인 말이다. —옮긴이 주

던 마리아 투시는 '진짜 마법 같은' 곳이라면서 아주 마음에 들어 했다.[23]

하지만 달과 밥 번스타인의 사업 관계에 긴장이 감돌기 시작했다. 그건 달이 《멋진 여우 씨》의 인세를 10퍼센트에서 15퍼센트로 올려달라고 강하게 요구했기 때문이다. 달은 처음에 그 제안을 영국에 출장 온 파비오 코엔에게 했는데, 집시하우스에서 '저녁을 잘 대접'하고 나서 팻이 자러 이층으로 올라간 사이에 뒤통수를 친 것이다. 로알드는 마이크 왓킨스에게 이렇게 말했다.

"그 사람은 놀라서 의자에서 넘어졌어요. 다시 일어나더니 이마를 훔치더군요. 그리고 숨을 깊이 들이쉬고는 그건 불가능하다고 했어요."

그러고 나서 로알드는 그에게 대안을 제시했다. 레이너 언윈과 맺었던 똑같은 계약을 하겠다고 한 것이다. 위험부담률 50 : 50, 수익률 50 : 50. 이 제안에 로알드의 표현을 빌리면, 코엔은 《찰리와 초콜릿 공장》에 나오는 바이올렛 뷰리가드처럼 되었다고 했다. 얼굴이 벌겋게 달아오르더니 침을 튀겨가며 말을 했다.[24] 코엔은 뉴욕으로 돌아와 그의 제안을 보스에게 전했다. 1969년 5월 한 달 동안 번스타인과 달은 상세한 숫자와 예상 판매량을 편지로 주고받으며 격렬한 협상을 벌였다. 서로 불만은 나타냈지만 욕을 주고받은 것은 아니었다. 이런 타협은 주로 달과 편집자 사이에서 일어났다. 그 이후로 어떤 타협이든 그런 과정을 거쳤다. 머리 폴린저는 로알드와 일하는 것이 '기쁨'이었는데, 왜냐하면 그가 아주 예리한 사업기질을 가지고 있었기 때문이라고 했다. 그는 자신이 무엇을 원하는지 알았다. 교활했고, 책략에도 아주 능숙했다.[25]

1969년 초 협상은 끝나는 듯 보였다. 번스타인은 최후의 제안을 했다. "제가 제시한 숫자에 대해 확신이 서지 않는다니 유감입니다. 하지만 정확하게 계산해서 나온 숫자입니다. 우리가 제시할 수 있는 숫자는 여기까지입니다." 그리고는 조금 부드럽게 자기 부부가 가을에 영국으로 갈 것 같은데, 기분이 우울하고 하퍼Harper를 위해 글을 쓰고 있다 혜도 방문할 기회를 준다면 기쁘겠다고 말했다.²⁶ 번스타인은 이렇게 하면 문제가 해결될 거라고 여겼다. 달도 상당한 이익을 볼 것이고, 크노프에 대한 충성심 때문에라도 그가 받아들일 거로 생각했다. 그러나 그는 상대방의 도탁에 대한 열정을 과소평가했다. 달은 조금도 물러서지 않고는 번스타인에게 자기 조건이 관철되지 않으면 7월 초에 크노프로부터 《멋진 여우 씨》를 공식적으로 거둬들이겠다고 했다.

로알드는 물론 허풍을 떨고 있었다. 협상 초기에 에이전트에게 이렇게 말했다.

"나는 어떤 상황에서도 랜덤하우스를 떠날 생각이 없습니다. 그들은 찰리와 제임스를 대단히 잘 대해 주었고, 번스타인과 좋은 관계를 유지하고 있습니다."²⁷

두 달 후 그 생각을 다시 한 번 확인했다.

"난 크노프를 떠나고 싶지 않습니다. 어쩐지 그렇게 하면 찰리와 제임스에 대해 그들이 열의를 잃어 판매가 줄어들지도 모르니까요."²⁸

그러나 아슬아슬한 지경까지 밀고 나가는 성격 때문에 번스타인과의 관계는 점점 더 악화되었다. 마이크 왓킨스는 전화를 걸어 자기 고객이 '어리석고' '비이성적'이었다고 하면서, 자신도 달이 숫자를 믿지 못한다는 사실에 몹시 기분이 나빴다고 했다.²⁹ 로알드는 랜덤하우스를 '극한 상황'까지 몰고 가고 싶지 않았다. 그래서 에이전트에게 자기 대신 '적당히 타협하고 친구가 되어 달라고' 부탁했다.³⁰ 하지만 왓킨스는 이런 미묘한 상황을 제대로 처리하지 못했다. 그저 번스타인에게 조금 물러서 달라고만 하면 되었는데, 그는 그렇게 하지 못했다. 협상이 거의 이루어지던 7월 2일, 번스타인은 로알드에게 농담 삼아 말했다. 이제는 출판업자로서보다는 작가로서의 자리에 충실하라고. 그는 자신이 성난 황소 앞에서 붉은 천을 휘두르고 있다는 사실을 알지 못했다. 로알드는 버럭 화를 냈다. 그는 왓킨스에게 번스타인의 태도가 '완전히 정신이 나간 듯' 하다고 했다.

"나는 물건을 파는 사람입니다. 그리고 파는 위치에서는 원하는 가격을 얼마든지 부를 수 있는 겁니다. 사는 처지에서는 필요 없다고 할 수 있고요. 절대 나에게 해서는 안 되는 말은 나보고 가격을 정하는 일에서 빠지라는 겁니다. 물론 출판업자들은 작가가 그렇게 해주기를 바라죠. 솔직히 나는 BB에게 짜증이 납니다. 우정이라는 가면 뒤에서 벌어지는, 편지를 통한 주먹질과 무자비한 사업가의 모습 말입니다."[31]

며칠 후 화가 난 로알드는 가족들을 데리고 노르웨이로 휴가를 떠났다. 협상은 해결되지 않은 상태로 남았다.

로알드가 영국으로 돌아왔을 때, 이 난국을 해결한 사람은 밥 고틀립이었다. 로알드는 영리한 젊은 편집자에게 찬사를 보내면서 왓킨스에게 '훌륭한 젊은이이고 완벽한 동료'라면서 돈 문제보다는 작가에게 관심이 많다고 했다. "공식 중개인으로 번스타인과 나 사이에 일어난 무시무시한 의견 충돌에 단번에 종지부를 찍어주었다고 생각한다."[32] 고틀립의 성공은 개인적인 카리스마가 이루어낸 결과였고, 로알드에겐 자신의 에이전트가 협상을 엉망으로 이끌었음을 분명히 할 수 있었다. 마이크 왓킨스를 희생양으로 만든 것은 아주 효과적인 방법이었다. 로알드는 어차피 그를 존경하지도 않았고 그의 의견을 구하는 일도 거의 없었다. 아주 중요한 결정에서도 마찬가지였다. 그가 이 에이전트를 고수한 이유는 작고한 왓킨스의 어머니에게 마음의 빚을 느끼고 있었기 때문이다. 10월 20일 로알드는 그에게 이제 계약에 관해서 '왈가왈부'할 때가 아닌 것 같다고 전했다.

"나는 계약에 사인하고 싶소. 나는 밥 고틀립을 믿어요. 그는 작가에게 지저분한 일을 하는 사람이 아닙니다. 오히려 그 반대죠. 그래서 그가 나에게 제시한 어떤 계약도 맺을 마음이 있소. ······나는 그의 말을 믿을 것이오."33

당분간 랜덤하우스와의 관계는 제 기능을 발휘했다. 하지만 고틀립은 '우리가 전화로 10초면 해결할 수 있는 일을 복잡하게 만들었다'고 왓킨스를 비난했다.34 그러나 그 이후로 로알드 문학의 중심은 런던으로 옮겨가게 되었다.

이 시기에 달은 어둠에서 나와 그토록 원하기도 했고 혐오하기도 했던 런던에서 주목받기 시작했다. 위험한 괴짜라는 명성은 어린이 책이 점점 널리 알려지면서 더 두드러졌다. 그 때문에 존경받는 문학계의 주류에서 점점 더 멀어져가는 것도 사실이었다. 그래도 로알드는 여전히 주류에 끼어들 수 있기를 바랐다. 1981년에도 로알드는 여전히 첫 번째 소설이었던 《당신을 닮은 사람》이 성공할지도 모른다고 생각하면서 실패의 원인을 맥스웰 퍼킨스의 갑작스러운 죽음으로 돌렸다. 그는 이런 기분을 앨프리드 크노프에게 털어놓았는데, 편지에서―오래된 상처가 여전히 뼈아프게 남아 있는지 30년도 더 지나서―이렇게 밝혔다.

"(퍼킨스에 대한) 저의 신뢰는 절대적이었어요. 맥스 덕분에 정말 좋은 책이 될 수 있었는데. 하지만 제가 원고를 넘긴 지 일주일 뒤에 그가 죽었어요. ······맥스가 사라지자 전 방향을 잃었고, 그러다 단편으로 흘러들어

가게 된 거죠."³⁵

단편과 동화를 쓰는 일은 달에게 이류 작가가 되었다고 느끼게 했다. 미국과 영국 문학계의 주류에서 이방인이 되었다고 생각했다. 하지만 영국의 문학지식인들을 경멸했고, 대신 배우와 미술가와 장인들을 더 좋아했다. 물론 달은 인정하기 싫었겠지만, 어느 정도는 동료 작가들에게 압도당하는 기분이 들어서일지도 모른다. 리시는 로알드와 함께 80세였던 미학자인 피터 퀘널Peter Quennell이 주최한 저녁 파티에 초대되었던 날을 기억했다. 대화가 지나치게 학구적이어서 로알드는 완전히 제외당하는 느낌이 들었다. 그는 바싹 얼고 짜증 난 상태로 일찍 자리를 떴다. 그건 30년 전인 1956년에 실라 세인트 로렌스가 그에게 또 다른 고객인, 좌익 계열의 소설가이며 라디오 출연자였던 마가니타 래스키Marghanita Laski에게 선물을 전해달라고 했을 때도 마찬가지였다. 로알드는 여러 주 동안 얼버무리면서 어떻게든 만나는 자리를 피해 보려고 했다. 하지만 선물을 전달해야 했을 시간에서 몇 달이 지난 후 결국 그와 팻은 햄스테드 히스에 있는 '아름다운 작은 집'으로 저녁을 먹으러 갔다. 달은 나중에 실라에게 이렇게 썼다.

"정말 보기만 해도 겁나는 여자였소. 조금은 따분했고. 지나치게 박식한 단어만 쓰더군. 모든 것을 사회주의 이론으로 바꾸고 말이야. 내가 한 번도 들어보지도 못한 단어를 사용하고 250단어로 이루어진 문장으로 질문했다오. 대단히 솔직한 여자이기는 한데 즐거움도 모르고 유머러스한 면도 없었고. 하지만 당신 말처럼 대단한 인물인 것 같더군."³⁶

이건 로알드에게서 좀처럼 볼 수 없는 불안을 보여준 편지였다. 학자-집시이며 자칭 고등교육을 받지 않은 점을 기쁘고 떳떳하게 생각했던 로알드였지만 박학다식한 사람과 만나면 자신이 어딘지 부족하다고 느꼈다.

그런 상처는 항상 결과를 남겼다. 로알드는 일반적인 견해를 파기하고 좀 더 극단적이고 충격적이고 신경을 건드리는 사람이라는 가면을 쓰고 살 필요가 있다고 느꼈던 것 같다. 그러나 1970년 초기까지는 어떻게 해야 할지 몰랐다. 영국에서 그는 특이한 시골 이단자이며, 우아한 여배우와 결혼했고, 상업적인 성공을 거둔 작가로 알려졌다. 《찰리와 초콜릿 공장》이 베스트셀러가 되기 전까지는 그의 이런 성향이 논쟁거리가 되진 않았다. 적어도 책의 성공은 대부분 입에서 입으로 소문난 결과였다

수년 동안 거의 모든 중요한 어린이 책 출판사는 그의 책을 무시하고 상스럽다고 평했다. 심지어 오늘날에도 몇몇 출판사는 여전히 그렇게 생각한다. 한 출판업자는 자신이 두 번이나 출판을 거절했다는 이야기를 자랑스럽게 한다. 미국에서도 책의 내용이 품위가 없고 저속하다는 이유로 도서관에 비치하기를 거절한 도서관 사서들의 적대적인 행동에도 성공을 거둔 것이다. 사서들은 항상 장애가 되었다. 1961년 영향력이 있는 《라이브러리 저널》은 《제임스와 슈퍼 복숭아》에 대해 단호하게 비아냥거리는 듯한 비평을 했다.

비평가인 에셀 L. 하인즈Ethel L. Heins는 '흥미롭고 독창적인 주제'라는 점은 인정하지만 스펀지 아줌마와 스파이크 아줌마의 폭력적인 언어나 기이한 등장인물들에는 불만을 나타냈다. 그녀의 결론은 '추천할 만한 작품 아님'이었다.[37] 로알드는 그럴 때는 애처로운 태드가 가장 최선이라는 현명한 결정을 내리고는 이렇게 반응했다. "하느님, 에설 하인즈로부터 저를 보호하소서!"[38] 1968년 《뉴욕 타임스》가 로알드에게 사서들에 대한 반론의 글을 써달라고 부탁했을 때도 신중하게 거절했다. 그는 마이크 왓킨스

에게 이렇게 썼다.

"내 책에 대한 사서들의 태도를 대놓고 비난하고 싶지 않습니다. 이미 아는 사실입니다. 그들이 잘못하고 있다는 것도 압니다. 하지만 《타임스》에 반론을 쓴다면 오히려 상황을 더 악화시킬 것입니다. 아무도 심판한테 신발을 바꿔 신으라고 할 수는 없으니까요······."[39]

그러나 이런 신중한 태도는 그리 오래가지 않았다. 다음 해, 예상 밖으로, 로알드의 잘못은 아니었지만,《찰리와 초콜릿 공장》이 유명세를 타게 되었다. 책을 영화로 만든다는 소문이 퍼지자, 제작자인 데이비드 월퍼David Wolper는 NAACP*로부터 책이 근본적으로 인종을 차별하므로 영화로 제작하는 계획에 반대한다는 편지를 받았다. 웡카의 공장에서 일하는 노동자인 움파룸파인들이 '그 어떤 백인도 가보지 못한 가장 깊고 어두운 정글 출신'이라는 점에서 아프리카의 피그미를 암시한다고 보았다.[40]

로알드에게 이런 추측은 엄청난 충격이었다. 그는 한 번도 자신의 상상 세계의 일부분이 이런 모욕을 받게 될지 몰랐다. 또한 당시 미국 사회의 모든 공적인 일을 좌지우지하던 물결의 기세가 얼마나 맹렬했는지도 이해하지 못했다. 인권은 격렬한 사회의 이슈였고, 블랙팬서**의 활동은 최고조에 달해 있었고, 마틴 루터 킹Martin Luther King, Jr.이 살해당하는 일까지 벌어진 상황이었다. NAACP에게 움파룸파인들은 미국 흑인들이 극복하려는 노예의 전형적인 모습을 강하게 부각했다고 본 것이다. 협회에서 영화를 상영하는 영화관은 모두 보이콧할 것이며, 제목의 '초콜릿'이라는

---

*National Association for the Advancement of Colored People, 흑인 지위 향상을 위한 모임
**Black Panther, 1965년에 결성된 미국의 급진적인 흑인인권운동단체이다. "흑인의 강인함과 존엄을 표현하기에는 검은 표범이 가장 알맞다"는 스토클리 카마이클Stokely Carmichael의 말에서 유래된 결사의 이름이다. —옮긴이 주

단어조차 인종차별적인 느낌을 준다는 과장된 소문이 일파단파로 퍼져 나갔다. 제작자들은 움파룸파의 원래 모습과 심지어 제목까지 바꿔야 하는 스트레스를 받게 되었다.

릴리언 헬먼은 로알드를 돕기 위해 나서 NAACP에게 편지를 썼다. 하지만 받은 대답은 모호했다. "《찰리와 초콜릿 공장》에 대한 반대는 NAACP가 그 책 자체를 인정하지 않는다는 말입니다. 또 영화가 책의 판매를 촉진하지 않기를 바란다는 말입니다. 해결책은 움파룸파인을 백인으로 만들고 영화 제목을 바꾸는 것입니다."[41] 로알드는 움파룸파인의 피부색을 바꾸는 일에만 찬성하면서 일을 아주 교묘하게 잘 처리했다. 하지만 NAACP 관계자들은 책이 팔리는 것을 원치 않으니 영화 제목도 바꾸라고 단호하게 주장했다. 로알드는 번스타인에게 이런 말도 안 되는 태도에 가슴이 무너졌으며, 왜 NAACP 사람들이 그의 이야기를 '끔찍하고 비열한 반 깜둥이 책'으로 보는지 모르겠다고 불평했다. 화가 난 로알드는 그들의 태도가 '그야말로 나치 같다'고 했다.[42] 그는 앨프리드 크노프에게는 좀 더 슬픈 어조로 썼다. "책이 NAACP에 의해 금지되었어요. 그들은 제가 은근히 반 흑인 내용을 썼다고 생각하나 봅니다. 하지만 전 그런 생각을 꿈에도 해본 적이 없습니다."[43] 이상한 점은 르알드가 처음에 찰리를 흑인 아이로 그리려고 한 것을 잊었다는 점이다. 이 열띤 논쟁 당시 주고받은 편지 속에는 그런 내용이 없었다. 결국 타협이 이루어졌다. 로알드는 책에서도 영화에서도 움파룸파인을 '흑인이 아닌' 인물로 하기로 했다.[44] 영화에서는 초록색 머리에 주황색 피부의 난쟁이로 그렸다. 영화 제목도 《Willy Wonka and the Chocolate Factory》*로 바꾸었다.

*우리나라에는 《초콜릿 천국》이라는 제목으로 소개되었다. —옮긴이 주

로알드는 '좋은 장점들'이 많다고 인정하면서 간신히 영화를 참고 보았다.[45] 하지만 영화는 정말로 마음에 들지 않았다. 고전이 되기는 했지만, 그는 언제나 영화를 '싸구려'라고 대단하게 여기지 않았다.[46] 음악도 쓰레기 같았고, 영국에서 개봉했을 때, 〈Candyman〉이라는 노래는 삭제하려고 했다. 그는 감독을 맡았던 멜 스튜어트Mel Stuart를 지독하게 혐오했다. 로알드는 그가 '재능도 없고 소질도 없다'고 생각했다.[47] 대본 여기저기를 수정한 젊은 작가 데이비드 셀처David Seltzer도 싫었다. 데이비드는 스튜어트가 고용한 대본 작가였다. 달은 원작의 상당 부분을 물로 씻어버렸다고 생각했다.[48] 또 윙카를 맡았던 진 와일더Gene Wilder의 연기도 마음에 들지 않았다. 그는 '허세가 많고'[49] 산뜻하고 통통 튀는 맛이 부족했기 때문이었다.[50] 그는 윙카 역으로 스파이크 밀리건Spike Milligan이나 피터 셀러스를 뽑지 않은 것이 후회스러웠다. 로알드의 요구로 밀리건은 오디션을 위해 수염도 밀어버렸고, 피터 셀러스는 로알드에게 직접 전화를 걸어 '그 역을 하고 싶다고 거의 애걸하다'시피 했다.[51] 두 사람 다 와일더 때문에 제외되었다. 로알드는 30만 달러라는 대본료를 받았지만, 너무 화가 나서 영화에 전혀 관여하지 않고 오히려 텔레비전이나 잡지에다 영화를 반대하는 운동을 펼까도 생각했다.[52] 그건 그의 분노의 최고점이었다.

영화의 인기는 책의 판매를 늘렸고, 결과적으로 분노도 누그러졌지만 그 일로 달은 '매우 우울해했다'.[53] 결국 그건 로알드의 영화에 대한 마지막 도전이었다. 머리 폴린저의 표현을 빌리면, 이후 '그는 영화 일에는 전혀 관심이 없었다. 영화를 위해 일하는 것도 싫어했고, 영화와 관련된 모든 사람을 싫어했다. 언제나.'[54]

인종차별 논란으로 그는 악명을 얻었다. 레이너 언윈은 그것이 책의 판매에는 유리한 일이라고 했다. 하지만 로알드의 작품에 인종차별적인 내용이 조금도 없음은 분명했다. 게다가 도서관 사서를 짜증 나게 만드는 책들은 대체로 아이들에게는 흥미로운 책이라는 것도 알았다.⁵⁵ 이런 문제는 우습긴 했지만 크노프의 편집자들을 한동안 긴장시켰고 작품을 가늠하게 만들었다. 편집자들은 달의 책을 다시 한 번 훑었고, 혹시나 공격받을 만한 요소가 있는지 살폈다. 파비오 코엔은 《멋진 여우 씨》에서는 '삽'*이라는 단어에 신경이 쓰였다. 로알드에게 그런 걱정을 전하자 그는 뜻부에도 보우들러 박사**나 가질 만한 열정으로 대답했다.

"삽이라는 단어 대신 사용할 만한 단어를 생각해보죠. 기계적인 삽(shovel)을 이미 이야기에서 사용했으니 그것도 마땅치는 않다요. '분노로 얼굴이 까맣게 변했다'는 표현도 분명히 바꿔야 하겠죠."⁵⁶

하지만 2년 뒤 그의 태도는 원래대로 돌아왔고, 친숙하고 냉소적인 초연함이 다시 나타났다. 《찰리와 거대한 유리 엘리베이터Charlie and the Great Glass Elevator》의 초고에서 그는 중국 대통령을 '노란색 전화'를 사용하고 우스꽝스러운 말투로 말하는 사람으로 그렸다. 코엔은 이런 표현이 인종차별적으로 느껴질까 우려했다. 불쾌감을 줄 수 있는 글귀는 결국 삭제했지만, 로알드는 편집자가 과민 반응한다고 반박하는 태도로 바뀌었다. 그는 밥 고틀립에게 조롱하듯 말했다.

"파비오 나과 권투선수의 반란…… 나는 마이크 왓킨스 사무실에 알아보려고 합니다. 내 갑옷에 금이 갔는지 말입니다."⁵⁷

이상한 것은 도서관 사서들이 《찰리와 초콜릿 공장》에 나오는 인종 문

---

*Spade. 이 단어에도 흑인이라는 뜻이 있다. —옮긴이 주
**Dr. Bowdler, 외설적인 느낌이 드는 단어들은 절대 말하거나 글로 쓰거나 인쇄되지 말아야 한다고 주장했던 사람이다. —옮긴이 주

제에 대해 불평하기 시작한 시기가 NAACP와의 갈등이 시작된 시점이었다. 그때까지는 아무도 그런 느낌을 받지 않았다는 반대 증거이기도 했다. 달이 위스콘신 주 매디슨에 있는 네 사람에게 받은 편지는 아주 전형적인 예이다. 그들은 달에게 '상당히 유감스럽다'면서 책에 '인종차별적인 암시'가 있음을 발견했다고 했다. 그들은 참으로 불행한 일이라면서, '어린아이를 위한 동화를 쓰는 훌륭한 작가들이 아주 드문 세상에서, 그리고 당신은 가장 훌륭한 작가 중 하나인데 말입니다' 하고 덧붙였다. 그러나 책은 '모든 인간 중에 작고 검은 인간들……'을 언급했기에, '도서관 선반에 자리를 마련할 수 있을까?' 하는 문제에 직면하게 되었다고 했다.[58] 달은 '자신이 전혀 의도하지 않은 불쾌감을 상대방이 느꼈다는 사실에 너무나 기가 막혔다'고 답장을 보내면서 되도록 이른 시일에 문제를 바로잡도록 노력해 보겠다고 안심시켰다.[59] 그리고 그대로 했다. 이후에 나온 개정판에는 아프리카의 피그미족이라는 암시가 없었다. 단지 '황갈색' 머리에 '장미처럼 하얀색' 피부의 난쟁이라고 나와 있었다.[60] 그때는 이미 책이 가장 훌륭하고 가장 인기 있는 책 목록에 자리를 차지한 후였다. 로알드는 아동문학에서 자신이 대단한 위치를 차지하고 있다는 자신감에, 마빈 프룬Marvin Prune―자신이 결국 없애버린―에 대해 빼놓았던 부분을 유명한 청소년 문학잡지였던 《혼 북 매거진The Horn Book Magazine》에 보냈다. 로알드는 그들이 출판하기를 원할 거로 생각했다.

발췌해놓았던 부분은 편집자로부터 전혀 예기치 않았던 격렬한 반발을 불러일으켰다. 폴 하인즈Paul Heins라는 편집자는 캐나다 출신의 동화작가 엘리노어 캐머런Eleanor Cameron에게 〈매클루언, 젊음과 문학〉이라는 기사를 쓰게 했다. 그건 텔레비전 세대에 대한 공격이었고, 특히 동료이자 캐나다 출신의 미디어 이론주의자이며 비평가였던 마셜 매클루언Marshall McLuhan에 관한 것이었다. 매클루언은 텔레비전 세대의 사도였고, '지구촌', '미디어는 메시지다'라는 말을 만들어낸 사람이었다. 학식 높은 전문가였으며, 자존심이 대단한 지식인이었고, '대학 캠퍼스'란 말을 만들어냈고, 텔레비전을 인간 신경조직의 연장이라고 주장했던 인물이었다. 그는 용어나 이론에 집착했던 사람으로 로알드와는 가치관이 아주 달랐다. 달은 분명히 매클루언이 누구인지도 몰랐을 것이다. 그리고 텔레비전이 아이들에게 미치는 영향을 멸시했던 것만큼 그를 멸시했을 것이다. 그는 《찰리와 초콜릿 공장》에서도 텔레비전을 '바보상자'라고 하면서, 움파룸파 사람들은 모든 부모에게 '역겹고 상스럽고 더럽고 쓰레기 같은' 텔레비전을 없애고 대신 '아름다운 책 선반'을 마련해 주라고 했다. 텔레비전은 '충격적이고 끔찍한 쓰레기 같은 내용으로' 아이들의 '상상력을 다 죽인다'고 했다.[61]

물론 이번이 처음은 아니었지만 로알드는 오해받는 운명을 타고난 사람이 되어 버렸다. 캐머런은 자신들과의 공통점을 무시하고 《찰리와 초콜릿 공장》을 텔레비전 기후 아동문학의 끔찍한 선구자로 간주했다. 미국 전역에서 선생님들이 책을 소리 내어 읽어줄 때마다 아이들이 최면에 걸린 듯 책에 푹 빠진다는 점을 인정하면서도 동화 중에서 가장 최악의 작품이라고 조롱했다. "이 책은 사탕 같다. 아주 재미있고 위안을 주기도 한다. ······하지만 더 좋은 맛을 느낄 수 없게 아이들 입맛을 망쳐버린다." 그녀는 이 책을 매정하게도 달이 가장 좋아했던 E. B. 화이트의 《샬롯의 거미줄》에 비유하더니, 말도 안 되게 《찰리와 초콜릿 공장》에 '사디즘이 넘쳐난다'고 주장했다. 모든 내용이 '엉터리'라고 했다. 그리고는 '허울만 그럴

듯한 텔레비전 쇼의 하나' 같으며, 세실 B. 드밀Cecil DeMille의 성서 서사극―대중을 현혹하는 피와 방탕 그리고 고문이 난무하는―에 비교하면서 윌리 윙카는 '농담과 고함'만 가득한 전형적인 텔레비전의 쇼맨이라고 주장했다. '느낌표는 그의 개성의 하나'이고, 책은 싸구려에 저질이며 추악하고 가학적이라고 하면서 T. S. 엘리엇Eliot을 인용*해 이 책이 아이들에게 해를 주지는 않을까 염려된다고 했다.[62]

그야말로 갑자기 불어 닥친 매서운 공격이었다. 로알드가 엄청난 상처를 받았다고 해도 놀랍지 않을 것이다. 그는 얼룩말과 슬리퍼를 잊고 연필을 들고 캐머런의 '악의적인' 비평에 대해 열띤 반박을 담은 답장을 쓰기 시작했다. 아들의 건강을 위해 그렇게 오랫동안 싸워왔던 자신이 어떻게 아이들에게 해가 될 이야기를 쓰겠느냐고 반문했다. 그건 '남을 전혀 배려하지 않는 끔찍한 생각'이라며 원망했다. 그는 캐머론이 자신의 성격에 대해 '미묘한 암시'를 하고 미국 선생님들에게 '선심 쓰는 태도'를 취했다며 개탄했다. 그리고는 그녀가 '현실감각이 완전히 모자란' 상태라고 주장했다. 지난 15년 동안 자신은 아이들에게 잠자리 동화를 읽어주었으며, 그동안 5000개의 이야기들은 아이들을 '멋지고 즐겁고 행복하게' 해주는 데 도움이 되었다고 했다.[63]

물론 그가 할 수 있는 최선의 방어책은 아니었지만, 상처받고 화가 났을 때 냉정하고 이성적인 논박을 할 수 있는 능력이 로알드에겐 없었다. 차라리 전 세계의 아이들이 자신의 책으로 책을 읽게 되고, 책을 좋아하게 되었다고 편지를 보냈다며 반박하는 게 훨씬 나았을 것이다. 그는 1966년에

---

*엘리엇은 텔레비전에 관해, 수백만 명이 동시에 같은 농담을 즐기게 해주면서도 그들을 여전히 외롭게 만든다고 했다. ―옮긴이 주

마이크 왓킨스에게 이런 편지를 보냈다.

"미국의 아이들이 보내는 편지가 일주일에 50~60통이 됩니다. 저는 아이들 모두에게 우편엽서로 답장을 보내려고 합니다."[64]

로알드는 늘 부지런하게 성심성의껏 답장하는 사람이었다. 기분이 여느 때보다 좋거나, 아이의 편지가 남다른 놀라운 상상력을 담고 있으면 여자아이건 남자아이건 좀 더 의미 있는 답장을 받았다. 훗날 스포츠기자이자 텔레비전 앵커가 된 키스 올버맨Keith Olbermann은 7살짜리 지도반장이었을 때 뉴욕의 헤이스팅스언허드슨에서 작가가 되는 꿈과 성공에 대해 길게 편지를 써서 로알드에게 보낸 적이 있었다. 그의 답장은 너무나 사려 깊고 너그러웠고 친절했고 유머가 가득했다.

　사랑하는 키스 군에게

　미래의 동료 작가에게서 편지를 받아 얼마나 기쁜지 모르겠구나. 일반 독자들에게서 받는 평범한 편지보다 훨씬 의미 있는 편지란다. '지도반장'인 너는 네 편지가 이 작은 마을에 도착하기까지 얼마나 먼 길을 왔을지 쉽게 계산해볼 수 있을 거야. 수천 킬로미터나 되겠지. ……몸소 걸어 다니며 우편물을 배달하는 집배원 아저씨가 오늘 아침 내 문을 노크하더니 이렇게 말했단다. '미국의 헤이스팅스에 있는 키스 올버맨 씨에게서 편지가 왔군요' 하고 말이다. 그래서 내가 이렇게 물었단다. '어떻게 아십니까?' 그랬더니 그분이 이렇게 대답했단다. '봉투에 쓰여 있으니까요.' 그는 아주 호기심 많은 아저씨거든. 항상 나에게 편지를 보내는 사람이 누군지 궁금해한단다. 집배원 아저씨가 물었어. '올버맨이 누구죠?' 나는 편지를 뜯어 읽었단다. 그

리고는 이렇게 대답했지. '작가랍니다. 나보다 훨씬 더 많은 책을 썼어요.'

나중에 올버맨의 부모는 그 지역 신문사에 아이가 받은 답장이 '어린 시절에 엄청난 영향을 끼쳤다'고 했다. 올버맨 부인은 그 편지가 '지치고 찌든 세상에 아직도 이렇게 좋은 사람이 있다는 걸 증명'한 것이라고 했다. '모든 어른이 아이들에게 이렇게 넘치는 사랑과 애정을 보여준다면 정말 멋진 세상이 되지 않겠느냐'고 했다.[65]

아이들을 위해 쓴 책이 좋고 나쁜 것은 아이들 스스로 판단해야 하지 않겠느냐는 달의 주장은 진심에서 우러나온 것이었다. 1962년 로알드는 《제임스와 슈퍼 복숭아》의 어린이 비평가에게 '지금까지 무척 많은 어른 비평가들이 비평을 썼지만, 그들 중 누구 하나도 자신이 무슨 소리를 하고 있는지 알지 못했다. 그건 남자들이 여자가 쓴 모자에 대해 비평하는 것과 같기 때문이다'라고 했다. 이런 태도는 그 이후 그의 작품을 혹평하는 비평가들을 대하는 방법이 되었다.[66] 호평하는 어른도 있었고 많은 선생님과 사서에게서 격려의 편지를 받기도 했지만, 그는 캐머런의 기사와 유명한 어린이 공상소설 작가였던 어슐러 K. 르귄Ursula K. Le Guin이 보낸 불쾌한 편지 때문에 크나큰 마음의 상처를 받았다. 르귄은 자기 아이가 《찰리와 초콜릿 공장》에 완전히 빠져서 책을 다 읽으면 곧장 다시 읽기 시작한다고 했다. 그녀의 결론은 책이 아이들의 내적인 세계와 멋진 교감을 했다기보다는, 책의 영향으로 '보통 때는 상냥하던' 아이가 '몹시 신경질적'이 되었다고 했다.[67]

로알드는 이런 비난에 '기운이 빠졌다'. 그는 랜덤하우스의 리처드 크린슬리Richard Krinsley에게 편지를 썼다.

"기사 때문에 다른 책을 쓸 흥미를 잃었습니다. 저는 그 이후 단 한 줄도 쓰지 않았고 쓰고 싶지도 않습니다. 저는 테오, 오필리아, 루시와 함께 체스를 두고 양란을 기르는 데 열중하고 있어요. 개인적으로 책을 싫어한다는 암시와 내가 어린 독자들에게 해를 끼치고 있을지도 모른다는 이야기는 정말 신경 쓰입니다. 이런 일들 때문에 아이들을 위해 글을 쓰면서 느끼던 깊은 기쁨과 글을 쓰고 싶던 열정을 다 잃어버렸습니다."[68]

그의 자책감은 그렇게 오래가지 않았다. 《찰리와 초콜릿 공장》의 후속작인 《찰리와 거대한 유리 엘리베이터》를 끝낸 지 얼마 지나지 않아 《우리의 챔피언 대니》의 집필을 시작했다. 하지만 그때도 성인 소설가로서의 야망은 줄어들지 않았다. 어쩌면 고틀립의 소설 편집자로서의 명성이 한 몫을 했을지도 모른다.

로알드는 다시 한 번 어른을 위한 소설인 《나의 삼촌 오스왈드My Uncle Oswald》에 다시 손을 대기 시작했다. 1919년에 시작했던 시끌벅적한 악당을 소재로 한 코믹한 이 책은 표면적으로는 달이 허구로 만든 인물인 오스왈드 헨드릭스 코넬키어스의 일기에서 시작된다. 그는 1964년에 나온 단편인 〈손님〉에 처음 등장했던 20세기 초의 카사노바 같은 인물이었다. 세속적이고 냉소적인 성격의 오스왈드는 멋진 조수인 야스민 하우컴리의 매력과 가장 강력한 성욕을 촉진하는 약을 미끼로 사용하여 세상에서 가장 위대한 천재의 정자를 거둬 명석한 아이를 가지고 싶어 하는 여자들에게 팔아 돈을 벌려는 사람이었다. 로알드는 창립 25주년 기념으로 또 다른 오스왈드 이야기를 써달라는 《플레이보이》 잡지의 요청에 기운을 얻어 한 작은 에피소드가 책으로 태어났다고 기자에게 전했다.[69] 그는 나중에 그 이야기가 '자기가 쓴 책 중에서 가장 길고 가장 지저분한' 책이었다고 했다.[70] 달은 특히 이 책을 쓰기 위해 했던 조사가 무척 흥미로웠다고 했다. 그는 많은 지방도서관 사서들에게 20세기를 주름잡았던 유명한 작가, 미술가, 음악가, 과학자들에 대해 조사를 해달라고 부탁했다. 그들은 그 자료가 어떻게 이용될지는 전혀 몰랐는데, 로알드는 그래서 더욱 신 났다. 첫 원고에 그는 이렇게 썼다.

"나는 위선이 싫다. 나는 모든 위선자를 싫어한다. 하지만 나는 장난을 좋아한다. 난 정말 장난꾸러기가 좋다."[71]

소설에 대한 로알드의 메모는 아주 흥미롭다. 'D. H. 로렌스Lawrence : 1919년 이탈리아로 떠나다(프리다). 성교 불능! / 라벨Ravel : 샴 고양이를 기른다. 미혼. / 디아길레프Diaghilev : (동성연애자) 유혹을 받았다.'[72] 그는 케임브리지에 있는 과학자와 정자를 보관하는 방법에 대해 진지하게 편지를 주고받았다. 그리고 《밀크 마케팅 보드Milk Marketing Board》에 있는 전문가와 정액을 주입하는 방법에 의논했다. 1978년 12월 그는 밥 고틀립에게 책은 이제 '두께가 2인치'를 넘는다면서 주제는 '성교'라고 했다.* 고틀립은 책을 읽고 싶다고 했다. 그리고는 농담 삼아 '성교'에 대해서는 '아직 기억한다'고 했다.[73] 두 사람이 주고받은 편지를 살펴보면, 고틀립은 《나의 삼촌 오스왈드》를 편집하는 걸 즐겼다. 고틀립은 초고에 미술가가 너무 많다면서 이야기 중에 좀 더 많은 '시대의 거물'이 더 들어갔으면 좋겠다고 했다. 나중에 그는 로알드에게 스트라빈스키의 성기 크기에 대한

---

*흥미롭게도 달은 《나의 삼촌 오스왈드》가 성교에 관한 책이 아니라고 단호하게 말했다. "그 책은 노골적으로 성교를 언급하는 심각한 작가들을 위한 괴물 같은 책이며, 오스왈드 삼촌은 이런 끔찍한 책들에 대한 패러디이다. ……존 업다이크John Updike와 《커플Couples》을 보라. 그건 쓰레기다. 단지 쓰레기일 뿐이다!" —로알드 달, 《퍼블리셔스 위클리》와 인터뷰, 1980년 6월 6일.

몹시 상스러운 부분을 빼버리라고 설득했다. "그의 성기 크기에 대한 부분을 뺐으면 좋겠습니다. S부인이 아직 살아 있고(그리고 아주 훌륭하시죠), 그녀가 상처받을 것 같아서요."74 로알드는 고틀립의 정보가 기뻤다. "당신의 평은 아주 훌륭합니다. 당신의 지적해준 요점도 아주 유용하고 어떤 것은 아주 훌륭하고요. 정말 감사합니다."75

책은 아저씨의 일기가 '매우 과학적이고 역사적인 중요성'을 지녔다고 주장하는 달의 짧은 서론과 함께 출판되었다. 도믹한 자만심이 달에게 가장 좋아하는 주제를 다시 한번 잘 다루어볼 기회를 제공했다. 남성들의 성적 행동의 우스꽝스러운 본능, 과거의 많은 남성 유명 인사들의 건방진 태도를 비웃어볼 기회를 주기도 했다. 말도 안 되는 예상치 못한 광란의 성적 충동을 묘사할 기회도 주었다. 다시 한 번 남성은 성기의 욕구에 지배받는 이상하게도 불쌍한 존재로 그려졌다. 많은 우스꽝스러운 삽화 중에 사색적인 지그문트 프로이트Sigmund Freud가 팔을 '늙은 까마귀처럼' 펄럭이며 히스테리컬하게 '얼간이 같은 자식이 살아나서 바지 속에서 가치 지팡이처럼 삐죽이 나오자', 무슨 일이 벌어지고 있는지 분석하는 그림이었다. 야스민은 동성연애자인 마르셀 프루스트Marcel Proust를 유혹하기 위해 조심스럽게 바나나를 사용해 사내아이로 변장했는데, 꼭 '기계로 만든 바닷가재' 같은 느낌이 드는 그림이었다. 반면에 독선적인 조지 버나드 쇼George Bernard Shaw를 '완전 여자에 남성미가 없다'고 무시했는데, 알고 보니 '총각'이었다.76 오스왈드의 잘 훈련된 눈은 그의 창조자처럼 초연한 자세로 인간 행동의 어리석음을 잘 찾아냈다. 하지만 실제로 달이 자신을 오스왈드 아저씨로 생각했을까? 그는 호주 출신 기자인 테리 레인Terry Lane에게 그가 죽기 일 년 전에 한 인터뷰에서 이렇게 말했다. "그건 그저 바람이었죠. 나는 그런 사람이 되고 싶었습니다. 아마 모든 남자가 그러기를 바랄 겁니다."[77]

로알드가 《나의 삼촌 오스왈드》를 쓰던 시기에 재정적인 걱정거리가 그의 어깨를 짓누르고 있었다. 1970년 내내 크노프는 그의 요청에 따라 인세를 월급처럼 지급했다. 연봉으로 치면 6만~7만 5000달러 정도였다.[78] 작가의 수입이 매우 불규칙하다는 단점뿐만 아니라 영국의 높은 개인 소득 세율을 피하는 아주 효과적인 방법이었다. 마거릿 대처Margaret Thatcher가 1979년에 집권하면서 세율을 줄이기 시작했지만, 연봉 2만 파운드 이상의 소득에 대한 세율은 여전히 60퍼센트였고, 그 이상의 이자나 배당수익에 관해서는 75퍼센트였다. 그래서 로알드는 미국에서 들어오는 125만 달러에 달하는 인세에 대한 '탐욕스러운 세무서 직원'의 방해를 어떻게 하면 최소한으로 할 수 있는지에 온 신경을 집중시켰던 것도 어쩌면 당연했을지 모른다.[79]

1970년 커비 브로콜리가 추천한 세무 관련 변호사의 충고로 로알드는 단편 저작권을 리히텐슈타인에 있는 안릭Anric에 팔았다. 인기 있던 앵글리아 텔레비전 시리즈 《예상치 못한 이야기Tales of the Unexpected》에서 나오는 모든 수입을 이 회사로 송금했다. 회사는 달이 청구서를 보내면 액수와 날짜에 맞추어 달에게 돈을 송금했다. 헤라르트 슐래피Gerard Schlaeppi라는 스위스 로잔 출신 은행원이 관리했다. 그리고 달은 자회사를 설립했는데, 앞날을 내다보지 못하고 이카로스Icarus라는 이름으로 스위스에 사업자 등록을 했다. 달은 크노프에게 그곳으로 큰 액수의 인세를 부쳐달라고 했다. 그가 나중에 톰 마쉴러에게 '반 합법적'이었다고 털어놓았던 책략이었다.[80]

밥 번스타인은 이 책략에 따라주었다. 하지만 이 방법에 문제점이 있는 것도 로알드에게 알려주었다. 미국의 세무 조사에 걸리지 않기 위해선 이카루스가 출판사에 이런 지급을 정당하게 보이게 할 수 있는 서비스를 제공해야 했다. 크노프의 변호사들은 다루기 어려운 작가를 붙잡아놓을 수 있는 절호의 기회로 보고 인세를 4번에 걸쳐 나누어 지급하는 계약을 했다. 즉, 새로운 책 네 권에 미리 지급하는 방식이었다. 로알드는 알칸 코피사로우Alcan Copisarow—알고 보니 테사의 학교 친구의 부모였다—라는 법률전문가를 고용해 뉴욕으로 날아가 번스타인과 협상하게 했다. 처음에 모든 것이 순조롭게 흘러가는 것처럼 보였다. 달은 신이 나서 변호사인 존 래드스톤John Radstone에게 코피사로우는 랜덤하우스에 나오는 인세와 그에 따른 이자를 '다른 곳으로' 송금해주기 바란다고 전했다. 그러나 곧 그의 기분이 달라졌다. 협상은 성공하지 못했다.

결국 달은 그다지 내키지 않았던 네 권에 대한 계약에 사인했다. 그 바람에 법률 비용만 10만 달러를 써야 했다.[81] 네 권 중 첫 번째가 《나의 삼촌 오스왈드》였고, 이후 그보다 짧은 동화책 세 권이 이어졌다. 그는 그 계약이 근본적으로 부당하다고 믿었다. 더욱이 그는 태어나 처음으로 출판업자에게 조정되는 느낌을 받았고, 빨리 글을 써야 하는 스트레스를 받았다. 《나의 삼촌 오스왈드》는 거의 끝났지만, 새로운 동화는 시작도 하지 않은 상태였다. 두 번째, 세 번째가 될 《멍청씨 부부 이야기The Twits》와 《조지, 마법의 약을 만들다》을 시작했을 때는 이미 계획을 실행하는 데 문제가 생기기 시작했다. 달과 그림작가인 퀜틴 블레이크Quentin Blake 사이에 특이하게 인세 분배 문제가 있었고, 거기에 에이전트의 중개료 문제도 포함되었다. 그리고 원고를 수정할 필요도 있었다. 달은 자신이 고안한 방법을 혼란스러워했다. 그는 1980년에 고틀립에게 이렇게 말했다. "이 모든 것이 너무 복잡합니다. 제가 감당하기가 벅찹니다."[82] 한 달 후 되도록 이번 일에서 빠지고 싶어 했던 고틀립도 복잡해서 잘 이해되지 않는다고 했다. "분명한 것은 이 모든 일의 사업적인 측면을 나나 당신이나 다 이해하지 못하고 있다는 겁니다. 저는 이 상황이 정말 싫습니다."[83]

문학적인 면에서는 고맙게도 모든 것이 간단했다. 고틀립은 상대방에게 불쾌하기 짝이 없는 장난을 치는데 기쁨을 느끼는 기괴한 남편과 아내에 대한 코믹한 내용의 《멍청씨 부부 이야기》의 적나라한 유머를 마음에 들어 했다. "전 이 책이 정말 마음에 듭니다. 당신이 옳아요. 우리가 원하는 것은(원해야 하는 것은) 충실한 내용입니다. 달콤하고 아름다운 겉치레가 아니고 말입니다."[84] 그는 코 푸는 장면에 대한 특별히 자세한 묘사를 지우고, 미국 독자들이 더 잘 이해할 수 있게 몇 가지를 바꾸면 어떻겠냐고 제안했다. 로알드는 코 푸는 장면을 삭제하는 데는 동의했지만 다른 제안들은 거의 거절했다. 그는 설득력 있게 물었다.

"그들이 출판하기 전에 《크리스마스 캐럴Christmas Carol》을 미국화했습니까? 아니면 제인 오스틴Jane Austen의 소설을 바꾸었나요? 아이들이 스스로 판단하게 둡시다. '롱니커'*가 뭔지 스스로 알아보게 두자고요."[85]

《조지, 마법의 약을 만들다》에서도 고틀립의 '문학적인 재능'은[86] 책의 규모나 마지막의 '감정적인 결말'에 관해 로알드에게 유용한 조언을 줄 수 있었다. 하지만 이런 진실한 의견 교환 뒤에는 이미 벌어놓은 인세 때문에 새로운 책을 넘겨야 하는 스트레스가 서서히 모습을 드러내기 시작했다. 랜덤하우스의 어린이 책 부서는 작가가 출판사와 거리를 두고 거만하게

---

*long knicker, 무릎까지 내려오는 반바지. —옮긴이 주

군다고 원망하기 시작했다. 고틀립을 대신해 몰래 책을 편집하던 프랜시스 포스터Frances Foster는 그에게 결말에 허점이 있지만, '입을 다물거나' 작가에게 말하기 전에 '시간을 벌어야' 할 것 같다고 했다. 이카로스의 책략이 모든 사람을 짜증 나게 만들고 있었다. 달은 처음에는 다분히 장난스럽게 그 원고를 '이카로스 주식회사 주인의 요청에 따라' '직접' 랜덤하우스에 보낸다며 시작했다.[87] 그러나 한 달 뒤에 고틀립은 달에게 이 '끔찍한 계약'은 시간 낭비고, 실행하기가 너무나 복잡하다고 불평했다.[88] 로알드는 새로 나올 책 두 권의 인세를 올려달라고 했으며, 그건 계약에 또 다른 수정을 요구하는 일이었다.

마지막 원고의 결말 부분이 만족스럽지 못하다고 생각한 랜덤하우스의 법률팀은 달이 수정하기 전까지는 다음번 인세 지급을 보류하는 게 어떠냐고 제안했다. 변호사들이 고틀립에게 이렇게 썼다. "이카로스는 《조지, 마법의 약을 만들다》를 제출하는 즉시 지급해달라고 하지만, 계약서에는 (랜덤하우스가) 만족하고 받아들일 수 있는 원고가 제출될 때 지급한다고 되어 있습니다. 위의 제목에 해당하는 원고가 2월에, 어쩌면 그전에 제출되었지만, 로알드에게 마지막 장을 다시 써달라고 한 것으로 알고 있습니다. 만약 상황이 이렇다면 지급은 마지막 장을 로알드가 만족스럽게 수정할 때까지는 이루어지지 않을 겁니다."[89] 로알드가 자신에게 유리하게 만든 방책이 이제 그에게 불리하게 작용하기 시작했다.

더욱이 로알드는 앨프리드 크노프나 실라 세인트 로렌스, 앤 왓킨스 혹은 톰 마슐러를 매혹시켰던 것만큼 고틀립을 사로잡지 못했다. 1980년 3월, 그가 고틀립에게 공손하게 가장 좋아하는 연필을 보내달라고 부탁했을 때, 그 요청은 먼저 처리되지 않았다. 로알드는 계속 이 연필로만 글을 써왔다. 수년 동안 앤 왓킨스와 실라 세인트 로렌스는 그를 위해 영국으로 연필을 부쳐주었다. 그런 그가 출판사에게 직접 요청한 것을 보면, 아마도 마이크 왓킨스와의 관계가 악화하는 징조였을지도 모른다. 마이크 왓킨스는 이제 주 에이전트가 아니라 머리 폴린저의 부대리인이었다. 고틀립은 바쁜 사람이었다. 그는 어쩌면 12개도 넘는 원고를 검토하고 있었을 것이고, 고객을 돌보는 일에 익숙하지 않았을지도 모른다. 3개월 동안 달의 편지에는 답장이 없었다. 6월에 로알드는 다시 썼다. "아주 오래전에 당신이나 당신의 비서에게 제발 딕슨타이콘데로가 연필 2 5/10 미디엄을 보내줄 수 있느냐고 요청했습니다. 제 편지를 받았습니까?" 고틀립이 혹시 귀찮아할지도 모른다는 생각에 그는 이렇게 덧붙였다.

"30년 전 글을 쓰기 시작한 후로 다른 연필은 써본 적이 없습니다. 끝에 작은 고무가 달린 종류입니다. 누구든 보내주시면 대단히 감사하겠습니다. 항공편으로요. 얼마인지 알려주면 수표를 보내드리겠습니다."[90]

일주일 후 고틀립의 비서가 답장을 보냈다. "죄송하지만 저희가 운이 없나 봅니다. 딕슨타이콘데로가 연필을 파는 곳을 더 이상 찾을 수가 없네요. 보내는 것은 가장 비슷한 종류랍니다. 판매원이 우리에게 딕슨타이콘데로가와 아주 비슷하다고 했어요. 하지만 상자당 65달러나 하니 한꺼번에 많이 사기 전에 한번 써보시는 것이 좋을 듯합니다."[91] 불행한 점은 아무도 이 연필이 로알드에게 얼마나 중요한 것인지 인식하지 못했던 것이다. 그는 답장을 보냈다. "끝에 지우개도 달려 있지 않군요. 너무 딱딱합니다. 색깔도 다르고요."[92] 그러면서 로알드는 저지시티에 있는 연필제조회사에 전화를 걸어 아직도 그 연필을 만드는지 물어봐 달라고 부탁했다. 연필은 제조되고 있었고, 지금도 많은 미국 학교에서 사용하는 것을 보면 고틀립의 비서가 찾지 못했다는 것이 이상할 따름이다. 하지만 물어봤던 가게들에 대한 자세한 사항이나 편지에 적힌 가격을 보면, 적어도 근처 문방구를 다섯 군데 이상 돌아다닌 것은 분명하다. 물론 로알드는 이 사실을 몰랐다. 미국 출판사들이 이제 작가에게 재능을 발휘하는 데 꼭 필요한 아주 중요한 도구를 공급해주는 일조차 꺼린다는 느낌만 들었다. 결론은 분명했다. 자신이 랜덤하우스에게 더 이상 제대로 대접받지 못하고 귀하게 여겨지지도 않는다는 것이다.

그해 여름, 인세 문제에 대한 폭풍이 서서히 일기 시작했다. 인세 지급이 '합법적'이기만 하면 방법에 대해서는 전혀 신경 쓰지 않던 고틀립은 로알드의 요구가 '과도하고…… 상식을 벗어나고…… 비현실적이며 수용 불가능'하고, 한편 그들 사이에 '적대감'이 점점 파도처럼 밀려들기 시작하는 것을 깨달았다. 물론 로알드도 아팠고 지쳤고 스트레스에 시달리고 있었다. 팻과의 결혼 생활도 막바지로 치닫고 있었다. 그는 앨프리드 크노프에게 도움을 청했다. 하지만 이 리어왕은 이미 노쇠하여 그를 도와줄 힘이 없었다. 그는 로알드에게 이렇게 썼다. "나는 사무실에서 들은 것만 알고 있을 뿐이네. 그러니 너무 많은 질문은 하지 말게. 자네의 문제는 자네에게 들을 것밖에는 모르겠어. 옛정을 생각해서 말인데, 그들이 자네를 회사에서 쫓아내지 않기만을 바란다네. 그것만으로도 자네의 명성에는 도움이 될걸세."[93] 만약 마이크 왓킨스가 좀 더 명민하고 수완이 좋았다면 폭풍을 막아 줄 수도 있었을 것이다. 하지만 로알드는 왓킨스의 판단을 더는 믿지 않았고, 왓킨스도 그저 자기 몫만 챙기는 일 외에는 거의 하는 일이 없었다. 조만간 폭발은 일어나게 되어 있었다.

1980년 8월 로알드는 고틀립에게 마지막이자 네 번째 책을 보냈다. 그건 아이들을 위한 재치 있는 시를 모은 《무섭고 징그럽고 끔찍한 동물들 Dirty Beasts》이었다. 그는 이렇게 썼다.

"이카로스가 시간 절약을 위해 당신에게 직접 보내라고 했습니다. 톰 마쉴러와 그의 일당이 일일이 다 읽었고, 우리는 정확하고 가장 경제적인 길이로 맞추는 데 협의했습니다. 모두 만족합니다. ……이로써 당신과 이카로스 사이의 계약은 완료된 것으로 믿습니다. 당신이 지급해야 하는 몫에 대해서는 슐래피 씨와 접촉하리라 믿습니다."[94]

고틀립은 책에 대한 장황한 비난의 답장을 보냈다. 그리고는 '자신은 계약에 관한 문제에는 전혀 관여하지 않는다'는 점을 일깨웠다. 사업 면은 자기 소관이 아니라는 주장이었다. 사업상 자신은 승산이 없다고 했다.[95] 3주가 지난 다음에도 로알드는 아무 소식을 듣지 못하자 화가 났다. 그는 화가 나서 편지를 보냈다.

"네 권의 책에 대한 크노프와 외국 회사와의 극악무도했던 계약이 이제 완료되었다는 점에 대해 당신이나 아니면 다른 누구에게서라도 답을 듣고 싶습니다. 작은 아량과 배려면 됩니다. 내 목을 죄는 이 망할 놈의 계약은 체결 이후부터 마치 흡혈귀처럼 내 피를 빨아대고 있습니다."[96]

고틀립은 아동도서부에서 연락할 거라고 답을 보냈고, 10월 20일에 달은 원고가 접수되었으며 마지막 저작료가 지급되었다는 편지를 받았다.

2달 후 머리 폴린저는 고틀립에게 여러 번 문의했음에도 불구하고 슐래피 씨는 아직 돈을 받지 못했다고 불만스런 편지를 보냈다. 달은 이제 랜덤하우스의 모든 행동에 점점 화가 나기 시작했다. 1981년 1월 로알드는 고틀립에게 《멍청씨 부부 이야기》 표지에 자기 이름이 너무 작게 나왔다고 편지를 보냈다. 고틀립은 달의 이름이 크게 인쇄되었어야 한다는 점은 인정했지만, 나머지 부분에 대한 대답은 다분히 신경질적이었다.

"저는 책을 만드는 일에는 관여하지 않습니다. 편집 일이 끝나면 6층에 있는 친구들에게 전달됩니다. 그리고 나면 프랜시스 포스터가 다 알아서 할 겁니다. 명심하십시오. 저는 크노프의 아동도서부와는 아무런 관련이 없습니다. 제가 자진해서 당신 책을 검토하겠다고 했을 때만 그쪽 일에 관여했던 겁니다. 저는 출판업자도 아니고, 디자이너도 아니며 사장도 아닙니다. 그래서 지난 몇 년 동안의 여러 불편한 일들이 정말 불쾌하기 짝이 없었습니다. 저는 어떤 일도 해결할 수 있는 권한도 없으면서, 이 21층에서 둘 사이에 아니 여러 사람의 갈등 속에서 전달자라는 유쾌하지 못한 역할을 해왔습니다. 당신의 비난은 프랜시스에게 전달하겠습니다. 분명히 그녀에게서 연락을 받으실 겁니다."[97]

로알드는 이 편지를 엄청난 모멸감으로 받아들였을 것이다. 그는 성공했지만 여전히 '아동도서부'의 한 부분이며, 명석한 고틀립이 그나마 관용을 베풀어 봐주고 있었다는 점을 일깨우는 듯한 내용이었기 때문이다.

프랜시스 프스터는 천진난만하게도 다음날 표지 디자인에 대해 변명하려고 달에게 연락하고는 되도록 기분을 맞추려고 노력했다. "선생님을 만족하게 해 드리고 싶었는데…… 실망하셨다니 정말 죄송합니다. ……정말 만족시켜드리고 싶은 소중한 작가분이신데 말입니다. ……저희가 제대로 일 처리를 못한 것 같습니다. 어떻게 하면 좋을까요? 저희와 가깝게 직접 연락하면 만족하실 만한 방향으로 일을 처리할 수 있을 것 같습니다. 밥 고틀립이 중간에 없어도 되지 않겠습니까?"[98] 달에게 이건 마지막 지푸라기였다. 런던에 있는 톰 마쉴러는 항상 열심히 그를 '돌보면서' '그림과 편집'에 이르기까지 '일일이 모든 세부사항'을 살펴주고 있었기에,[99] 달에게 랜덤하우스의 태도는 냉담하고 건방져 보이는 게 사실이었다.

달은 자신을 몰래 속이고 작성한 '끔찍할 정도로 부당한 계약'에 대해 불만을 표시하고, 밥 고틀립이 개인적으로 그를 위해 중개해줄 생각도 없다는 사실을 개탄한다는 내용의 편지를 법률팀으로 보냈다. 그는 "내 편을 들어주려고 하지도 않았고 나를 보호해주려고 하지도 않았다"고 불만을 표시했다. 결과는—이제 그가 자유의 몸이 되었기에—달은 다른 출판사로 옮기는 것을 고려 중이라고 했다. 그는 이렇게 결론을 내렸다.

"경솔하게 하는 말이 아닙니다. 저는 1943년부터 랜덤하우스와 일을 해왔습니다. 그리고 앨프리드 크노프와는 여전히 가까운 친구이고 정기적으로 편지를 주고받는 사이입니다. 머리를 맞대고 의논할 수 있게 그가 계속 사무실에서 일하고 있다면 얼마나 좋을까요. 되도록 빨리 답을 듣고 싶습니다. 그렇지 않으면 밥 고틀립에게 취소한다고 말하겠습니다."[100]

같은 날 달은 밥 고틀립에게 편지를 보내 랜덤하우스 법률팀의 '각종 공격'으로부터 자신을 보호해주지 못했다며 비난했다. 그리고는 '4권의 고통스러운 계약' 문제에 대해서도 '자신을 속였다'고 했다. 그는 《무섭고 징그럽고 끔찍한 동물들》을 끝으로 크노프를 떠나겠다는 위협을 반복하면서 '진심이라고' 했다.[101] 고틀립은 역공격을 했다. 지난 2년 동안 로알드의 주장은 '거만하고 예의가 없는 면'에서 타의 추종을 불허했다면서 불만을 나타냈다. "당신은 이제 이곳에 있는 다른 사람들—당신에게 답을 줄 수 있는 위치가 아닌 사람들—에게조차 함부로 굴고 있습니다. 한동안 당신이 육체적으로 고통을 겪고 있어 그런 행동들을 묵인했습니다. 하지만 이제는 당신이 이런 생떼를 쓰는 일이나 남을 괴롭히는 것을 즐긴다고 믿게 되었습니다." 다음은 그의 편지의 내용이다.

현재의 계약이 만료되면 크노프를 떠나겠다는 당신의 위협으로 겁먹을 사람은 아무도 없습니다. 번스타인과 저는 당신이 사업적인 이유로 우리를 떠나는 것이 아쉽겠지만, 그렇다고 당신이 우리에게 보이는 무례함을 참아 넘길 정도는 아닙니다. 저는 편집자로서 당신을 위해 열심히 일했지만 이미 오래전에 그만들 결심을 했습니다. 사실 당신은 당신의 책을 출판하는 이 모든 경험을 전혀 즐겁지 못하게 만들었습니다. 참으로 비생산적인 과정이었다고 생각합니다.

분명하게 말씀드리자면 당신이 한 위협을 이제는 저희가 하겠습니다. 저희에게 예의를 갖추어 주시지 않는다면 저희도 당신의 책을 이제는 출판하지 않겠습니다. 저를 비롯해 그 누구도 이런 무례한 편지에는 답을 보내지 않을 것입니다.

안타까운 마음으로

밥[102]

고틀립은 나에게 이른바 '엿 먹어라' 식의 원칙을 썼다고 했다. "(작가들로부터) 어느 정도는 투정을 받아줍니다. 그들이 쓴 책 때문이죠. 긴장하고 예민한 쪽은 그들 쪽이니까요. 그런데 더는 받아줄 수 없는 순간이 옵니다. 그럼 자유롭게 '엿 먹어라' 식으로 말하게 되죠. 물론 드문 예외는 있지만, 회사의 사활이 걸릴 만큼 중요한 작가는 없습니다."[103] 그는 그 편지를 보냈을 때 랜덤하우스에 있던 모든 사람이 '책상에 올라가 환호성을 보냈다'고 주장했다.[104]

집시하우스에서 달은 편지를 받고 놀랐다. 이틀 후 그는 89세의 앨프리드 크노프에게 고틀립과 주고받은 편지 사본과 함께 편지를 보내면서 왜

18장 신 나는 폭발 733

그가 회사를 떠나야 하는지를 설명했다.

"당신이 알고 싶으실까 봐 말씀드리는데, 저는 누구와도 잘 지내는 편한 사람입니다. 글을 써온 지난 37년 동안 어떤 출판사와도 불화를 겪은 적이 없습니다. 저는 시골에서 조용히 살면서 그저 제 일만 묵묵히 해오고 있습니다. 누군가가 정말 심하게 행동할 때만 화를 냅니다. 물론 저는 한 번도 출판사 직원들에게 못되게 군 적이 없고 거만하게 군 적도 없습니다. 이런 불화에 대해 궁색하게 말씀드리고 싶지는 않지만, 그저 당신이 알고 있었으면 하는 마음으로 편지를 보냅니다. 우리의 우정은 언제가 영원할 것입니다. ……"[105]

고틀립은 달이 '한풀 꺾였을 것'이라고 생각했다. 달의 '큰 문제'는 번스타인과의 문제였다고 생각했다. 그는 이렇게 회상했다. "어느 순간 달이 우리를 피 빨아먹는 유대인이라고 생각하는 것이 확실해졌다. ……우리는 유대인이었지만 아주 너그러운 사람들이었다. ……모든 사람이 로알드의 기분을 맞추기 위해 별짓을 다 했다. 그리고 원하는 것은 무엇이든 주었다. 그는 통제 불가능한 사람이었다."[106] 로알드는 그 의견에 동의하지 않았다. 단지 소득세를 내지 않으려고 이 곤혹스러운 일에 스스로 뛰어들었다는 사실을 무시한 채, 랜덤하우스에게 사취당했다고 생각했다. 그는 자존심이 상했다. 그것도 매우 심하게. 5년 후에도 그는 여전히 랜덤하우스가 자신에게 '더러운 짓'을 했다고 신랄하게 비난했다.[107] 달의 그다음 미국 출판사 책임자였던 로저 슈트라우스Roger Straus는 달이 그 일로 얼마나 상심했는지 생생하게 기억했다. 달은 나중에 랜덤하우스가 자신을 '거의 고전에 가까운 여섯 권의 책을 써낸 작가'가 아니라 '출판사의 거대한 계획에 방해되는 무용지물'로 취급했다고 주장했다.[108]

그러나 로알드의 태도에 반유대적 감정이 있었다는 고틀립과 번스타인의 의견은 증명하기 어렵다. 이 소동과 관련된 모든 편지를 조사해도 두 사람을 유대인으로 언급한 것은 하나도 찾을 수 없었다. 이후 25년 동안 두 사람 역시 단 하나의 특정한 사례도 기억하지 못했다. 막연히 그랬을지도 모른다는 추측만 했던 것이다. 어쩌면 로알드가 전화로 통화할 때 그런 말을 했을지는 모른다. 그러나 그랬을 가능성도 거의 없다. 모든 협상은 그가 대서양 건너편으로 전화한 적이 거의 없었던 시절에 일어난 일이기 때문이다. 어떤 경우에라도 그와 가장 가깝고 그의 편을 든 많은 사람, 알칸 코피사로우와 머리 폴린저의 아내 지나, 케이프에 있던 톰 마쉴러, 그리고 새로운 미국 출판업자인 로저 슈트라우스도 유대인이었다. 로알드가 '생명이 단축될까 봐' 최악의 싸움에서 보호하려고 했던 앨프리드 크노프 역시 유대인이었다.[109] 어쩌면 고틀립과 번스타인의 기억은 2년 뒤 로알드가 동시대의 정치 역사상 가장 악명 높은 논쟁에 휘말렸던 일 때문에 덧칠되었을지도 모를 일이다. 그건 로알드가 1982년에 이스라엘의 레바논 침공에 관한 책에 서평을 썼던 일이었다.

《갓 크라이드God Cried》는 이스라엘 군대가 침공하면서 베이루트 주민에게 저지른 잔혹한 행동에 대한 보고서를 묶어놓은 140페이지짜리 큰 판형의 책이었다. 호주 출신의 종군기자인 토니 클리프턴Tony Clifton이 썼는데, 전쟁으로 말미암은 민간인 사상자 숫자에 초점을 맞춘 책이었다. 전쟁으로 무고하게 희생된 사람들—심하게 사지가 절단된 사람들과 죽은 아이들—의 생생한 사진들이 책 속에 포함되어 있었다.[110] 테사는 편집장인 나임 아탈라Naim Attallah에게 아빠가 《리터러리 리뷰Literary Review》에 서평을 쓰고 싶어 할지도 모른다고 제안했다. 로알드가 'International

Help For Children'이라는 기관을 통해 팔레스타인 아이들을 위한 교육재단에 기부한 것을 알고 있었기 때문이었다. 얼마 전엔 침공 당시 베이루트의 병원에서 일했던 영국인 외과의사 폴린 커팅Pauline Cutting을 만나 깊은 인상을 받은 것도 알고 있었다.[111]

로알드는 처음에는 거절했다. 그는 어떤 종류이건 논평 쓰는 것을 싫어했다. 하지만 책을 읽자마자 그는 그 전쟁이 부당하다는 생각이 들었다. 책의 내용과 '가슴 아픈' 사진들에 저항할 수가 없었다. 그는 생각을 바꾸었다. 결과는 〈전혀 신사답지 않은 사건Not a Chivalrous Affair〉이라는 제목의 논평으로, 2페이지 반에 달했다. 글은 이렇게 시작했다.

> 1941년 6월, 나는 우연히 비시 정부 하의 프랑스와 나치에 대항하여 영국 공군 전투기를 몰고 팔레스타인 하늘을 날아가고 있었다. 히틀러는 독일에 있었고, 가스실이 세워졌다. 그리고 유대인 대량학살이 시작되었다. 우리는 유대인 남자들, 여자들 그리고 아이들을 위해 가슴이 찢어지는 듯한 슬픔을 느꼈다. 우리는 독일인을 혐오했다.
>
> 정확하게 41년이 지난 1982년 6월, 이스라엘 군대가 팔레스타인에서 레바논으로 이름을 바꾼 지역으로 북침을 시작했다. 주민에 대한 대량학살이 시작되었다. 우리는 레바논과 팔레스타인 남자들, 여자들 그리고 아이들에 대해 가슴이 찢어지는 슬픔을 느낀다. 그리고 우리는 모두 이스라엘 사람들을 혐오하기 시작했다.[112]

팔레스타인의 아름다운 풍경과 친절한 사람들에 대해 '여전히 생생한 기억'을 가지고 있다고 자주 언급했던 로알드는 저녁 식사 시간에 수도 없이 연습했지만 한 번도 인쇄물로 남긴 적이 없었던 불꽃 튀는 웅변술을 동원해 이스라엘 정부를 비난했다. 마리안 굿맨은 그가 특정 지역의 전쟁 속에서 희생자가 되는 사람들을 옹호하기 위해 충격을 주고 싶은 욕망을 이용했다고 했다. 그녀는 이렇게 말했다. "만약 어떤 사람이 말이 많다면 그는 똑같은 방법으로 그를 대했을 겁니다. 하지만 로알드는 자기를 방어하지 못하는 사람들을 공격한 적은 한 번도 없어요. 그에게는 보호본능이 있었죠."113 이번 경우에도 그의 웅변술은 비록 팔레스타인인들에 대한 동정심으로 시작되었지만, 자신의 통제를 벗어나 마치 유대인 독자들의 화를 돋우기 위해 쓴 논평처럼 느껴졌다. 가장 화근이 되었던 점은 이스라엘을 나치 독일과 반복해서 비교한 점이었다. 메나헴 베긴Menachem Begin과 당시 국방부 장관이었던 아리엘 샤론Ariel Sharon을 전범으로 낙인찍고, 그들의 행동으로 전 국가가 죄를 짓게 하였다고 했다. 달은 이렇게 결론을 내렸다. "이스라엘도 독일처럼 세상에서 어떻게 행동해야 할지 배우기 위해 겸손히 무릎을 꿇어야 하지 않겠느냐?"114 그는 쓰자마자 작은 메모와 함께 편집장에게 부쳤다. "정확하지 않거나 분별없는 말을 썼다면 곧바로 나에게 알려주십시오.' 115

리시는 그가 쓴 글을 보고 더럭 겁이 났다. 그가 보내기 전에 자신에게 보여주지 않은 것에 어리둥절해하면서, 고삐 풀린 듯한 그의 분노가 상상할 수도 없을 정도로 유대인의 감정을 자극할 것임을 바로 알아차렸다. 그녀는 달에게 내용을 수정하라고 설득했다. 하지만 그는 거절했다. 그의 태도는 웰링턴 공작처럼 '출판해서 욕을 먹든지'* 하는 식이었다. 달은 리시

---

*웰링턴 공작이 정부였던 해리엇 윌슨과의 관계를 폭로하겠다는 존 스톡데일에게 보내는 편지에서 썼던 말이다. ―옮긴이 주

와 휴가를 떠났다 돌아와 보니 그가 없는 동안 엄청난 싸움에 불이 붙었음을 알게 되었다. 달의 '섬뜩한 상상력'과 '고약한 마음'에 대한 수년 동안의 기사들이 그의 발목을 잡았다. 모든 대중 매체에서 그를 반유대인으로 낙인찍었다. 그에게는 성난 편지들과 전화가 빗발쳤다. 심지어 살해 협박도 받았다. 그는 사태를 바로 잡기 위해 《타임스》에 편지를 보냈다. 그는 자신을 반유대인이라고 하는 것은 자신이 카다피Qaddafi를 비난한다고 해서 반 아랍이라고 부르는 것만큼 어리석다고 했다. 그는 자신이 '반유대인'이 아니라 '반이스라엘'이라고 선언했다.[116] 하지만 이미 늦은 감이 있었다. 그는 며칠 뒤 《뉴 스테이츠먼The New Statesman》의 마이크 코렌Mike Coren 에게 전화를 걸어 사태를 더 악화시켰다. 그는 전화로 "유대인들에게는 상대방에게 반감을 일으키는 무엇인가가 있는 것 같다. 어쩌면 그건 유대인이 아닌 사람들에게 너그럽지 못하기 때문······히틀러 같은 놈이 괜히 그들을 못살게 굴었겠느냐"고 했던 것이다.[117]

여러 면에서 그 말은 아주 중요했다. 그건 보통 사람들에게도 로알드가 궁지에 몰리면 화해의 태도가 아니라 더 공격적인 태도를 보인다는 걸 보여주었다. 사막에서 추락한 이후로 다른 사람들—특히 기존 문학계 사람들—이 어떻게 생각하는지는 거의 신경 쓰지 않는 퉁명스러움을 분명히 드러낸 경우였다. 또 다른 경우에서는—이번에는 미국의 한 영화 제작자와의 싸움에서—, 덕 보가드에게 보낸 개인적인 편지에서, 그는 두 번도 생각하지 않고 감독을 '잘못된 종류의 유대인'으로 묘사하고 그의 단점을 과장해서 비난했다. 로알드는 어린이 동화책을 쓸 때 사용한 원칙을 그대로 적용했을 뿐이었다. 그는 오필리아의 친구이자 인터뷰하러 왔던 작가이자 에이전트인 마크 맥코맥Mark McCormack의 아들 토드 맥코맥Todd Mc-

Cormack에게 이렇게 말했다.

"내 등장인물들을 흥미롭게 만드는 유일한 방법은 그들이 가진 좋은 성격이나 나쁜 성격을 과장해서 보여주는 것이네. 그래서 어떤 사람이 심술궂거나 못됐거나 혹은 잔인하다면, 그를 아주 심술궂고, 아주 못 되고, 아주 잔인하게 그려야 한다는 거지. 그리고 그들이 흉측하게 생겼다면 아주 흉측하게 그려야 한다네. 그래야 아주 재미있고 사람들에게 큰 충격을 준다고 생각하거든."[118]

이런 맥락에서 자신에게 불쾌하게 굴었던 제작자의 단점을 마치 자기 동화책에 나오는 인물을 묘사하듯 전했던 것이다. 이 경우 바로 멍청씨가 떠오른다.

"그의 얼굴에는 지저분한 검은 털이 숭숭 나 있더군. 흉할 정도로 뚱뚱하고 40대인데 벌써 무기력해 보였네. 말이 많고, 이기적이고, 거만하고, 자기 만족적이고, 무자비하고, 치욕스럽고, 음탕하고, 그리고 교활하기까지 했어."[119]

의심의 여지 없이 보가드는 로알드가 어떻게 생각하는지 금방 느낄 수 있었다.

가끔 이런 식으로 화가 나서 폭발했을 때 달이 한 말을 보면 극단적으로 들린다. 하지만 로알드에게는 그저 예사로운 일일 뿐이었다. 어른이 된 후 50년 넘게 주고받은 편지를 보면, 한때 자신의 신경을 거슬렸던 많은 사람과 그들의 극적에 관해 냉혹하게 일반화시켜 비난한 말들이 곳곳에 보인다. 영국인들, 프랑스인들, 네덜란드인들, 독일인들, 스웨덴인들, 아일랜드인들, 이라크인들, 미국인들과 이스라엘인들―유대인들―도 다 희생자다. 친구이나 가족도 벗어날 수 없었다. 네이샤 크로슬랜드는 집시하우스로 데려왔던 남자친구가 대학을 나와 스스로 지식인으로 생각한다는 이유로 로알드가 그를 '완전히 조롱거리'로 만들었던 것을 기억했다.[120] 그녀의 동생인 샬럿도 같은 생각이었다. "마치 파리를 납작하게 뭉개듯 밟아버렸죠."[121] 오필리아는 어린아이였을 때 아빠가 논쟁에 휩쓸리면 사람들이 있건 없건, 언제나 자기 마음대로 하기 위해 과장하거나 부풀리는 경향이 있다고 했다. "나는 오래전부터 아빠가 논쟁에 흥미가 없다는 것을 알았어요. 아빠는 그냥 소동을 일으키고 싶었던 거예요."[122]

로알드를 잘 아는 사람들은 저녁을 먹는 식탁에서 대학살이 시작될 거라는 것을 이해했다. 조금 더 사람들이 모인 곳이면 상황은 그렇게 간단하지 않았다. 그 영역으로 들어갈 때 아빠의 행동을 제일 참지 못했던 사람은 오필리아였다. 그녀는 이렇게 말했다.

"나는 아빠가 사람들 앞에서 논쟁을 벌이는 문제는 특별히 예민하게 신경 쓰지 않았어요. 하지만 아빠가 왜 그런 짓을 할 필요가 있었는지 생각해봤죠. 몇몇은 아빠가 굳게 믿는 사실이기도 하고 가끔은 그래서 존경스러워요. 아빠가 인기를 얻거나 사람들에게 인정받으려고 하는 행동이 아니거든요. 사실 아빠는 굳게 믿는 바에 대해서는 그것이 가져올 결과나 다른 사람들이 다칠지도 모른다는 생각은 하지 않고 말해버리거든요."[123]

이런 면에서는 머리 폴린저도 같은 생각이었다. 로알드는 '대단한 지식인이 아니었기에' 무슨 말이건 '형편없이 준비하고는 제대로 표현도 못 하는' 사람이었다. 그럼에도 폴린저는 그가 그저 사회의 인습을 타파하고, '선동자가 되는 것…… 그저 반응을 보기 위해 터무니없는 말을 하고 싶은 욕구'가 있었다고 했다. 가장 악명이 높았던 소동 뒤에 숨은 동기는 그저 사람들의 관심을 받기 위함이었을 뿐이라고 했다. 그는 확신하듯 말했다.

"로알드와 함께 한 30년 동안, 한 번도 그에게서 반 유대인적인 성향을 느낀 적이 조금도 없습니다. 단 한 번도."[124]* 물론 다른 사람들은 그런 견해를 받아들이기 힘들었을 것이다.

그러나 말년에 접어들면서 로알드는 아주 능숙한 연설자이며 뛰어난 대변인으로 바뀌었다. 이런 발전은 아주 느리고 점진적이었다. 그는 그저 저녁 식사 자리에서 편안하게 충격적인 말을 일삼던 사람이었다. 전쟁 동안은 초조해하고 마지못해 일어나는 연설가였다. 연단으로 올라가기 위해 독한 술을 한 잔 마셔야 할 정도였다. 1961년 《웨이 아웃》을 발표할 때 멋지게 허세를 부려보기도 했지만, 1960년대와 1970년대에는 공적인 자리에 나서는 것을 되도록 피했다. 그는 1971년 아동도서 페스티벌에서 청중들에게 이렇게 말했다.

"제 문제는 제가 무대체질이 아니라는 겁니다. 아마 이미 읽어보셨겠지만, 제 책에서 보듯이 독서량도 부족하고, 다른 사람들에게 말하는 재주가 없습니다. 어린이들에게 말하는 것은 물론입니다. 제가 할 '일'이 있으면 기꺼이 가서 제 '일'을 하면 되겠지만, 잘 하지 않습니다. 제가 어린이들 사이에 나타난다는 것이 기쁨을 주거나 빛을 밝혀준다는 말도 믿을 수가 없습니다."[125]

4개월 후 똑같은 맥락에서 로알드는 억스브리지의 원탁에서 연설해달라는 초대를 거절했다.

---

*로알드 달은 1983년 9월 1일 《타임스》에 보낸 편지에 "나에게도 노르웨이인인 할머니 허셀베르그와 증증조부인 프라우스에서 물려받은 유대인의 피가 조금 흐르고 있습니다"라고 썼다. 하지만 프라우스와 달의 조상 사이는 모호한 부분이 있다. 1856에 태어난 엘런 월러스는 그의 할머니인 헤셀베르그이고, 그녀는 스코틀랜드 출신이다. 엘런의 아버지는 조지 월러스이고, 어머니는 1835년생인 소피 훈딘데, 둘 중 하나가 유대인일 가능성 역시 매우 희박하다. 1851년이 되어서야 유대인의 일부가 노르웨이에 왔고, 1892년에 노르웨이 전국에 사는 유대인은 단 214명뿐이었다.

"우선 저는 형편없는 연설가입니다. 둘째, 저는 그냥 제가 하던 일만 하려고 합니다. 돌아다니면서 연설하게 되면 여기저기서 흔히 보이는 끔찍한 존재―작가―연설가―가 될 테니까요."[126]

하지만 10년 후 그는 텔레비전 토크쇼에 자주 등장해《예상치 못한 이야기》시리즈를 소개하기도 하고, 반항적이고 외설적인 장황한 연설로 책의 판매를 부추기도 하고, 조각가와 의학재단 그리고 대학토론회에도 즐겁게 갔다. 가끔은 사람들의 기대에 부응하기도 했고, 때로는 위험한 발언도 서슴지 않았다. 골동품 딜러들의 교묘한 술책, 자위행위의 위험성, 꽉 끼는 바지 속의 탱탱한 엉덩이, 수염을 기르는 남자들의 지저분한 본능, 호색한인 텔레비전 인물 브루스 포시스Bruce Forsyth의 기이한 행동 등 이런 모든 주제가 아주 능수능란하고 위험한 유머를 즐기는 남자의 제분소에서 돌아가는 재료가 되었다. 하지만 남의 신경을 건드리고 싶은 원초적인 욕구는 결코 사라지지 않았다. 옥스퍼드 대학에서는 로맨스가 엉터리라고 주장하기에 앞서 당시 학생회장이었던 루퍼트 소메즈Rupert Soames의 신경을 건드렸다. 저녁 식사를 하면서 쓸데없이 그의 할머니이자 윈스턴 처칠의 부인 클레멘틴Clementine을 '따분하고 별 볼 일 없는 인물'이었다고 한 것이다.[127] 이건 소동을 일으키고 싶은 그의 전형적인 모습이다.

《갓 크라이드》에 대한 논평을 쓴 지 2~3개월이 지났을 때,《타임스》의 피터 레넌Peter Lennon이 로알드 달 인물 분석을 했다. 그때 달은 그 논평을 '너무 빨리 감정적으로 썼기 때문에' 어쩌면 도를 넘어섰을지도 모른다고 인정했다. 레넌은 달이 '그저 국제정치 논쟁의 관습을 받아들이지 않았던 것뿐'이었다고 결론을 내렸다.[128] 그건 사실이었다. 그는 1989년에도 똑같은 행동을 했다. 그는 영국의 대중매체에서 유일하게 소설가 살만 루슈디를 비난하는 목소리를 낸 사람이었다. 루슈디가 소설 《악마의 시》에서 예언자 모하메드를 비방했다는 이유로, 아야톨라 호메이니Ayatollah Khomeini는 루슈디에게 파트와를 선고했다. 로알드는 루슈디가 자신의 출판업자와 직원들의 목숨을 위험에 빠뜨렸다는 이유로 그를 '위험한 기회주의자'라고 비난하고,[129] 책을 출판하기 전에 스스로 검열하지 않았다고 비난한 것은 참으로 아이러니한 일이었다.

죽기 얼마 전의 한 인터뷰에서 달은 이 일에 대해 이야기하기를 거부했다. 그건 사람들 사이에서 감정의 소용돌이를 일으킬지도 몰라서였다.

"내가 하고 싶은 말은 모든 작가는 자신의 검열자가 되어야 한다는 것입니다. 어느 정도는 말이죠. 내가 '작가협회의 일원'이라고 마음대로 할 수는 없는 거니까요. 그들은 다른 사람들과는 달리 원하는 것은 무엇이든 출판할 수 있는, 신이 주신 권리를 가지고 있다고 생각하는 사람들이니까요. 우리는 누구나 스스로 검열해봐야 합니다. 내 동화도 엄청난 검열 과정을 겪습니다. 나는 모든 성적인 암시는 피합니다. 그리고 폭력적인 것도요."[130]

여기서 다시 똥 묻은 개가 겨 묻은 개를 나무라는 격이 된다. 대부분의 경우, 누구라도 로알드가 스스로에 대해 검열할 수 있는 능력이 거의 없다는 점에 동의할 것이다. 그는 일관성에도 관심이 없다. 강하게 자기주장을 하는 것이 훨씬 중요하기 때문이다.

밖으로 폭발하는 성질 뒤에는 아주 강한 내적 갈등이 있다. 조카인 니컬러스는 이렇게 말했다. "삼촌은 정의감을 상당히 중요하게 생각하세요. 하지만 자신과 관련된 문제에서는 거의 그런 생각을 하지 못하죠." 니컬러스는 화랑 주인으로서 화랑에서 전시하는 위대한 화가들과 삼촌에게 공통

점이 있다고 생각했다.

"그들은 통찰력이 있고 아주 명석하지만 자기 자신을 잘 이해하지 못하는 것 같습니다. 그들이 세상을 바라보는 관점을 자신을 바라볼 때는 적용시키지 못하거든요. 자기는 다르다고 생각하는 거죠. ……로알드 삼촌은 완전 흑과 백입니다. 하지만 그가 정말 원하는 것은 중립지대예요. 하지만 삼촌은 절대 그곳을 찾지 못하는 것 같아요."[131]

니컬러스는 가족들이 영국의 중산층에 속하지 않는다는 인식이 그런 묘한 상황과 맞물려 있는 것 같다고 했다. 그래서 삼촌은 자신이 그 사회에 제대로 맞지 않는다고 생각하기 때문에 사람들의 의견을 겁내지 않았다는 것이다.

하지만 이런 소동을 일으키고 싶어 하는 욕구 깊숙이 좀 더 근본적인 이유가 숨어 있을지도 모른다. 머리 폴린저는 로알드가 자신이 믿지도 않는 의견을 툭 던졌다고 했다. "베토벤은 정말 엉터리 음악가인 것 같죠?" 그건 그저 대화하려는 것이었다. 그러나 오필리아는 아빠의 빙퉁그러진 성격이 어느 정도는 전쟁으로 생긴 염세주의와 관련 있을 거라고 보았다. 사람들에게 충격을 주고 싶어 하는 욕구도 마찬가지라고 보았다. "아빠는 모든 사람이 잔인한 행동을 할 수 있다고 느꼈어요. 아빠는 인생이 충격적이기 때문에 중요하다고 느낀 거죠. ……그리고 사람들에게 충격을 주는 일이 가장 진실하고 현실적이라고 생각한 것 같아요."[132] 피터 레넌과의 인터뷰에서 달은 어른들이 '그다지 호감 가지 않는 존재'라고 하면서[133] 자신은 아이들과 있을 때 더 행복하다고 털어놓았다. 아이들은 훨씬 솔직하고 다루기 쉽기 때문이었다.

로알드는 그 어떤 경우에도 버럭 화를 내고 싶은 욕구를 오랫동안 높이 평가했다. 1983년 12월 《뉴욕 타임스》에 기사를 쓰면서 그는 앨프리드 크노프가 그런 성격을 가지고 있다고 추켜세웠다. 로알드는 그를 '마음속 한쪽에서는 서서히 타들어가는 퓨즈가 있고 다른 한쪽에는 다이너마이트가 있는' 엄청난 분노를 가진 남자로 묘사했다. 그는 이렇게 말했다. "그건 아주 좋은 현상이에요. 왜냐하면 폭발은 늘 흥미진진하니까요."[134] D. H. 로렌스는 그의 문학 영웅 중 하나였다. 로렌스의 논쟁적인 글은 로알드에게는 아주 매력적이었다. 마이크 왓킨스에게 보낸 편지에 이렇게 썼다.

"조금이라도 가치 있는 기사는 항상 논쟁적이어야 합니다. 모든 비평가 중 최고였던 로렌스는 평생 논쟁을 불러일으키지 않는 글은 쓴 적이 없지요. 그가 말한 것은 분노와 경멸로 부글부글 끓어올랐으니까요."[135]

그렇지만 리시는 토알드가 한 번도 침착하게 결정을 내리지 않았다는 점에 가끔 실망하기도 했다.[136] 그는 즉흥적으로 행동하는 걸 좋아했고 그의 반응은, 네이샤의 기억에 따르면, '머리보다는 가슴에서 나온' 것이었다.[137] 더욱이 남에게 도전받는 일에 익숙하지 않았던 로알드가 우아하게 자신의 패배를 인정하는 것은 불가능했다. 조카딸인 아스트리는 로알드가 '가족 내의 중요한 결정은 스스로 하고 아무도 그 결정에 대해 이렇다저렇다 의견을 내지 않았다'고 했다.[138] 삼촌이 그 어떤 경우에도 사과하는 것을 본 적이 없다고 했던 사람은 니키 록스데일만은 아니었다.

1971년 로알드는 오필리아와 루시가 다니던 갓스토우 중학교 교장선생님과 싸운 적이 있었다. 그는 교실을 새로 짓는 일에 돈을 기부했는데, 퍼트리샤 피츠모리스 켈리Patricia Fitzmaurice Kelly에게 편지를 써서는, 재건축 결과를 보았더니 자신이 '속고' '사기를 당한' 듯 같다고 호되게 비난했다. 내용은 적절하지 않았고 지나치게 격앙되어 있었다. 그는 교실이 컴컴한 '굴' 같고, 오늘날 영국의 어느 곳에서도 '용서될 수 없는' 학교라고 했다.[139] 피츠모리스 켈리 양도 답장을 보냈다. 그의 편지 때문에 '하늘이 무너지는 고통을 받았다'면서 침착하게 쓰면서 그의 돈을 돌려주겠다고 했다. 그리고는 그렇게 심하게 생각한다면 아이들의 교육을 위해 전학을 생각해보라고 했다.[140] 그건 10년 전 실라 세인트 로렌스와의 '문제의 소용돌이'를 떠올리게 하는 일이었다. 하지만 로알드는 곧바로 반응하기 전에 자기의 성격에 대해 생각했다. 그리고는 흥미롭게도 완전히 꼬리를 내렸다.

"제 편지의 단어, 그리고 사용한 문구가 용서받지 못할 정도로 끔찍했다는 점을 인정합니다. 제 문제는 가끔 도가 지나쳐, 편지를 읽는 사람에게 미칠 영향을 전혀 생각지 못한다는 점입니다. ……선생님을 비롯한 모든 분과의 싸움을 당장 그만두고 싶습니다. 제가 매우 존경하는 분들이니까요. 무슨 일이 있어도 제가 하겠다고 했던 일을 취소할 생각은 없습니다. 그리고 딸들을 전학시킬 생각도 없습니다. 그러니 제가 한 말을 용서하시고 저희와 함께 《Willy Wonka and The Chocolate Factory》 시사회에 같이 가시죠. 앞으로는 책과 이야기만 쓰지 절대 편지는 쓰지 않겠습니다."[141]

그러나 절대적인 초연함이나 방관자의 태도를 보이는 것은 그의 본성이 아니었다. 그는 지나치게 충동적이고 즉흥적이었다. 1988년 그와 루시는 자동차를 몰고 하이드파크를 지나가다가 몇몇 경찰관들이 체포를 거부하는 한 흑인을 구타하는 것을 보았다. 로알드는 무자비한 폭력을 행사했다고 경찰들을 공식적으로 고소했다. 오필리아는 이렇게 기억했다. "아빠는 정말 그 장면을 보고 기겁했어요. 거의 순진한 어린아이처럼요. 조금도 경찰에 반감을 품은 사람은 아니었어요. 단순하기는 해도 정의감에 불타는 분이었는데, 불의를 목격했던 거죠."[142] 이 일은 법정까지 갔다. 법정에서 경찰은 달이 허구의 소설을 쓰는 작가라는 사실을 이용했다. 달은 자신이 '상황을 잘 관찰하고 세세한 일들을 기억하는 일'에 뛰어나다고 주장했지만[143] 다른 증인들은 사건에 대한 그의 이야기를 반박했다. 고소당한 피해자가 달이 현실을 과장했다고 해서 사건은 기각되었다. 작가에게는 아주 유용한 과장하는 습관이 일상생활에서는 부작용을 일으킨 경우였다. 로알드는 일단 생각을 정하면 후퇴는 고사하고 중립적인 태도도 거의 취할 수 없기에, 비이성적이고, 남에 대한 배려도 없고, 일관성이 없는 사람으로 비치는 것이다. 그러다 보니 오해받는 경우가 많았다. 그가 가장 좋아하는 《내 친구 꼬마 거인》처럼, 그의 말은 의도와 아주 다르게 나오는 경우가 있는 것 같았다 말도 안 되는 소리를 한다는 비난을 받을 때, 거인의 대답은 항상 아이들처럼 단순하다.

"내가 뜻하는 것과 내가 말하는 것은 전혀 다른 거라고."[144]

19장

마법사와 놀라운 인물

1970년대 초반, 집시하우스 앞에 모인 달의 가족들. 왼쪽부터 시계 방향으로 테사, 달, 테오, 팻, 오필리아, 루시.

1970년대와 1980년대를 거치면서 로알드는 아이들의 마음을 꿰뚫어볼 수 있는 능력을 갖췄다는 자신감이 점점 더 커졌다. 나이가 들면서 몸은 점점 여기저기 아팠고, 믿기 어렵게도 1980년 중반에는 20대 때보다 키가 2인치나 줄었다. 하지만 어린 시절에 대한 통찰력과 아이들이 어떻게 생각할까에 대한 감각은 더욱 확실해졌다. 일흔에 접어들어서도 순수한 시각이 전혀 혼탁해지지 않았다는 것은 놀라운 일이었다. 그는 이렇게 썼다.

"어린이의 마음은 컴컴한 숲과도 같다. 그곳에는 일어난 일들은 금방 잊어버리는 꿈처럼 비밀스럽고 반은 문명화되지 않은 일들로 가득하다. 그래서 어른들이 40년이나 50년 후, 자신이 어린 소년이나 소녀였을 때 어떤 마음이었는지 명확하고 완벽하게 기억해내는 것을 쉬운 일이 아니다. 하지만 나는 할 수 있다. 난 할 수 있다고 확신한다."[1]

어린 독자들에게서 매일매일 쏟아지는 편지들은 그의 확신을 뒷받침해주었고, 동호작가로서의 자신의 운명이나 위치를 확신하게 했는데, 그건 그가 런던 문학계의 아성에 속하지 못하고 배제되었다는 실망에 위로가 되었다. 비평가들이나 도서관 사서들은 여전히 그의 작품을 하찮게 여기지만, 그와 그의 작품에 완전히 빠진 두터운 어린 독자층은 섭섭함을 달래주었고, 그는 고마움과 동시에 자부심을 느낄 수 있었다. 그는 자신을 아이들의 대리인이자 대변인이라고 말하기 시작했다. 딸 오필리아는 '어른들을 절대로 믿지 않았던' 염세주의자가 그를 사랑하는 어린 독자들에 의해 다시 태어난 '노인아이'가 되었다고 했다.

1982년 1월 로알드는 패러슈트라우스&지로에 있는 32살의 새토운 편집자 스티븐 록스버러에게 자신을 소개하는 편지를 보냈다.

"제가 미리 경고합니다. 애석하지만, 당신은 막 꽃을 피우기 시작해 앞으로 오랫동안 일하게 될 30대의 젊은 작가를 다루는 것이 아닙니다. 저는 60년과 그리고 반년을 더 살았으며, 여섯 번의 척추 판막제거수술(전쟁에서 부상당해서)을 받은 사람입니다. 저에게 얼마나 많은 잠재력이 남아 있는지 저도 모릅니다. 제가 어른 소설을 쓸 수 있을지 단편집을 낼 수 있을지 스스로도 의심스럽습니다. 하지만 이 늙은 불꽃이 희미하게 연기라도 피울 수만 있다면, 아이들을 위한 책은 계속 쓸 생각입니다. 저는 일을 좋아합니다. 일주일에 7일 내내 일하지 않으면 불행할 정도거든요."[2]

1980년대 내내 몸이 자주 아팠고 1990년에 죽음을 맞이했지만, 그의 마지막 10년은 가장 활발하게 작품 활동을 했던 시기였다. 하지만 그는 글 쓰는 일이 여전히 영감에 의해서라기보다는 기교라고 보았고, 작가에게 필요한 일은 '고통을 참아낼 수 있는 끝없는 인내심…… 앉아서 일하고 또 하고 또 하고…… 다시 쓰고, 또 쓰고, 또 고쳐 쓰는' 능력이라는 생각을 버리지 않았다.[3]

책을 쓸 수 있는 그의 추진력은 리시 덕분이었다. 리시는 카버스앤길더스에서 퇴직하고 집시하우스의 분위기 전체를 바꾸었다. 그녀가 집시하우스에 들어와 사는 것은 결코 쉬운 일은 아니었다. 수년 동안 가족들을 속였다는 사실이 원망과 분노를 낳았기 때문이었다. 처음에는 로알드의 아이들도 리시가 집에 들어오는 것을 못마땅하게 여겼다. 리시의 세 딸은 달의 무리에 삼켜진 것 같았다.[4] 네이샤는 '세 딸 중 하나'였다가 이제는 '한 무리 중 하나'로 바뀌었다고 기억했다. 하지만 리시는 목표를 세워놓고 헤쳐나가기로 마음먹었다. 로알드와 리시는 더는 아이를 낳지 않기로 했다. 두 사람은 가족의 혼란을 최소화하려고 했다. 리시는 집안 분위기를 좀 더 차분하고 편안하며 안정적으로 만드는 데 초점을 맞추었다. 집은 더 아름다워야 했다. 그리고 조금은 더 사적인 곳이어야 했다.

　수영장과 온실은 본채와 분리된 별채와 당구실을 만들기 위해 없앴다. 일 층에 있던 손님방은 그들의 침실이 되었다. 정원도 새로 설계했다. 어린 시절 조카들에게 아름다운 추억을 만들어주었던 집시하우스를 마음대로 드나들 수 있었던 일은 점점 제한되었다. 로알드는 구조를 변경하는 작업에 몹시 불평했다. 그는 오랜 학교 친구인 더들러스 하이터에게 이렇게 말했다. "집 내부 전체가 뜯겨 나가고 새로 디자인되고 있다네. 우리가 요리하고 앉아서 먹는 곳만 빼고는 온 집 안에 흙과 벽돌, 그리고 먼지를 풀풀 날리는 일꾼들만 가득해."[5] 테사는 집을 고칠 때처럼 아빠가 성을 잘 내고 기분이 안 좋았을 때가 없었던 것 같다고 했다. 하지만 결과적으로는 그가 말년을 매우 편안하게 보낼 수 있는 아주 안락하고 차분한 환경이 만들어졌다.[6]

　좀 더 차분해진 환경 속에서 로알드는 편하게 쉴 수 있었다. 거의 모든 사람은 리시가 있어서 로알드가 훨씬 더 행복해진 것을 알 수 있었다. 그녀는 기쁜 마음으로 로알드를 돌보았고 두 사람은 함께 있어 빛이 났다. 톰 마쉴러는 이렇게 말했다. "그들처럼 서로 깊이 사랑하는 사람들을 본 적이 없어요. 리시는 모든 것을 다 해결하는 사람이었어요."[7] 로알드도 새 아내에게—그들은 1983년 브릭스턴 구청에서 결혼했다—1985년의 호주 출신 가정부였던 샌디 앤더슨Sandy Anderson을 가장하여 집시하우스에서의 생활에 대해 글을 써 고마움을 표현했다. 샌디 앤더슨은 그 전해에 로알드가 대장암 수술을 받는 동안 그를 도와주었던 가정부였다. 그는 3인칭 화법으로 이렇게 썼다.

　"펠리시티는 46살 된 아주 사랑스러운 여성이다. 그녀는 아름답고, 유쾌하고 영리하고…… 아내로서 더 바랄 나위가 없는 사람이다. 그녀는 온 힘을 기울여 남편을 돌본다. 그녀 없이 남편이 해나갈 수 있을지 모르겠다. 그는 그녀를 깊이 사랑하며 그녀도 그를 무척 사랑한다. 두 사람이 함께 있는 것을 보는 것만도 참 기분 좋은 일이다."[8]

처음에 리시를 원망하던 아이들조차도 아빠가 변한 것을 인정하지 않을 수 없었다. 루시는 리시가 강인하고 활력이 넘치고 긍정적이고 그리고 남의 도움이 필요한 사람이 아니라서 아빠에게 '동기를 부여했고' 다른 누구보다 아빠를 '만족하게 했다'고 했다.[9] 오필리아는 아빠가 육체적으로도 편안해진 걸 알아차렸다. "아빠는 사람들의 뺨에 뽀뽀하는 것도 편안해했고 갑자기 우리를 껴안아주는 일도 많아졌어요. 무뚝뚝했던 면이 사라진 거죠."[10] 샬럿은 로알드가 엄마를 '좀 더 강하게' 만들었다고 했다. 엄마가 전에는 많이 힘들어했던 것을 잘 알고 있었기 때문이다. 리시의 주도권에 대한 욕심은 로알드만큼이나 강했다. 블레이크는 리시가 로알드에게 새로운 '평정심'을 가져다주었는데, 그건 그녀가 '경쟁 구도에 있는 자아'가 아니었기 때문이다.[11] 모든 사람은 그가 작품을 풀어내는 능력 또한 놀라울 정도로 늘어난 것을 알았다.

여러 해 동안 산만한 시간을 보낸 로알드는 사랑과 새롭게 발견한 안정 속에서 자신이 가장 기쁨을 느끼는 일, 글쓰기에 집중할 수 있었다. 1970년 라디오 인터뷰에서 그는 집필실로 걸어 올라가 문을 닫고 의자에 앉아 느끼는 기쁨은 성적 희열과도 같다고 한 적이 있었다.

> 당신은 완전히 다른 사람이 됩니다. 이리저리 돌아다니면서 자식을 돌보고 밥을 먹고 온갖 하찮은 일을 하는 사람이 아니라 이제는 완

전히 다른 세상으로 들어가는 겁니다. 방에 있는 모든 커튼을 내립니다. 유리창 밖을 내다보지 않습니다. 그리고는 책상을 비추는 작은 불을 켭니다. 당신이 살던 세상에 있는 모든 것들이 사라지고 종이를 쳐다보며 당신이 하는 일에 완전히 몰입합니다. 당신은 잠깐 다른 사람이 됩니다. 시간도 완전히 사라집니다. 당신은 아침 9시에 시작하지만 시계를 다시 쳐다보게 되는 때는, 당신이 배가 고파졌을 때고 그건 점심시간이라는 말입니다. 당신은 서너 시간이 어떻게 지나갔는지 모릅니다. 그러니 당신이 다음번에 음악가나 작가를 만나게 되면 생김새가 지극히 평범하다고 해도 놀라지 마십시오. 그들도 어느 정도는 평범하니까요. ……내가 아는 모든 훌륭한 예술가들, 헤밍웨이, 스타인벡, E. B. 화이트, 터버Thuber는 일상생활에서는 아주 정상적인 사람처럼 행동합니다. ……그들도 평범한 사람입니다. 다만 한쪽 뇌에 비밀의 방을 가지고 있는데, 홀로 일하러 들어갈 때만 불을 켜는 곳이지요.[12]

랜덤하우스와의 네 권에 대한 혐오스러운 계약에 따른 '재정적인 사악함'[13]으로부터 자유로워진 로알드는 조금 더 긴 등화를 시작할 준비가 되어 있었다. 그건 5년 만이었다. 그는 1981년 시간 대부분을 그 책에 쏟았고, 10월에 덕 보가드에게 '이제 빛이 보인다. ……어제 이제껏 쓴 어떤 동화보다도 긴 책을 끝냈다. 일주일에 7일씩, 600시간을 일했다'고 했다.[14] 이 이야기는 수년 전에 아이디어 책에 써놓은 작은 메모에서 시작되었다. "한 남자를 잡아서 병에다 담는다—머릿속에 든 아이디어, 생각, 이런저런 지식, 농담—들이 병 속에서 사납게 요동치는 것을 본다."[15] 그는 이 인물을

《우리의 챔피언 대니》에서 잠시 시도해본다. 이제 그는 《내 친구 꼬마 거인》에 모두 바친다.

　사망한 지 20주년 되는 올리비아에게 바친 이 책은 로알드가 자기 책 중에서 가장 좋아한 책이 되었다. 다른 장편들과 마찬가지로 이 책은 완성되기까지 복잡한 과정을 겪었다. 맨 처음 원고에는 조디라는 남자주인공이 나오는데, BFG는 '엉터리 말'—특이하고 사랑스러운 성격을 나타내는 알아듣기 어려운 영어—을 거의 하지 않았다. BFG는 결국 나중의 주인공이 된, 로알드의 첫 대손녀의 이름을 딴 소피라는 주인공에게 이렇게 말한다. "아까도 말했지만, 난 분명하게 무엇을 얘기하고 싶은지는 알지만, 어째서인지 하다 보면 뒤죽박죽 횡설수설이 된단 말이다."[16] 희한한 언어와 독특한 새로운 성격의 주인공은 로알드가 패러슈트라우스&지로의 스티븐 록스버러에게 보낸 최종판에 이미 제자리를 잡고 있었다. 케이프에 있던 톰 마쉴러는 영국에서는 이미 이대로 출판할 수 있다고 생각했고, 로알드는 들떠 있었다. 그러나 로알드는 중요한 부분을 수정할 힘이 남아 있지는 않았지만, 조금 더 낫게 만들 여지는 있다고 생각했다. 그는 록스버러에게 이렇게 썼다.

　　지금껏 썼던 책 중에 가장 긴 동화입니다. 시간이 지나면 20년 동안 줄어들지 않고 꾸준하게 나가는 찰리나 제임스만큼 독보적인 위치를 확보하리라 생각됩니다. 저는 제 작품에 혹독한 평을 하는 사람이고 이 분야에서 일한 지도 오래되었습니다. 그래서 이런 의견을 가볍게 내지 않습니다. 하지만 편집자로서 이 책에서 손보아야 할 내용에 대해 제안할 의견이 있으신지요? 물론 중요한 줄거리에 대한 것은 아닙니다. 그럴 수는 없습니다. 하지만 사소한 내용에 대한 논평은 얼마든지 환영입니다. 표현이 잘못되었군요. 불필요한 문장들이 있으면 말입니다. 나쁜 문장이라든지, 시시한 농담이라든지. 아시겠지만 톰 마쉴러는 훌륭한 그림 편집자입니다. 아마도 이 분야의 일인자일지도 모르지요, 하지만 글에 대해서는 아니니까요.[17]

록스버러와 달은 여러 분야에서 참 잘 어울리는 사람들이었다. 빅토리아 시대의 동화책을 학문적으로 연구한 전문가인 록스버러는 대학 생활에 환멸을 느끼고 1978년 패러슈트라우스에 작지만 귀중한 아동도서부에 보조로 들어왔다. 재능이 뛰어났던 록스버러는 1981년엔 편집장이 될 정도였다. 자기주장이 강했고 열심히 일하는 사람이었고 힘이 넘쳤다. 하지만 그는 달을 맡아 걱정이 되었다. 머리 폴린저와 톰 마쉴러로부터 작가가 편집을 호의적으로 받아들이지 않는 사람이라는 말을 미리 들었기 때문이었다. 그렇지만 그는 받은 원고를 다듬을 필요가 있다고 믿었다. 그는 숨을 깊이 들이마시고는 로알드에게 '꼼꼼한' 내용이 담긴 편지를 썼다. 11페이지에 달하는 편지 속에는 사소한 문제들도 있었지만 《내 친구 꼬마 거인》이 구성상 어떻게 좋아질 수 있는지에 대한 중요한 제안들과 거인의 특이한 언어를 어떻게 다듬을 수 있는지에 대한 것도 들어 있었다. 그는 심지어 로알드에게 중요한 논평자인 사서들의 기분을 상하게 할지도 모를, 정도가 심한 구절도 포함되어 있다고 했다. 그는 떨리는 마음으로 편지를 보냈다.

그는 걱정할 필요가 없었다. 로알드는 그의 의견을 열렬히 환영하면서 자신도 장황한 의견을 적어서 답장을 보냈다. 록스버러에게 이러한 반응은 '편집자의 꿈'이었다.[18] 로알드에겐 더욱 좋은 일이었다. 앤 왓킨스와 실라 세인트 로렌스 이후로 거의 경험해 보지 못했던 사려 깊고, 감각적이고 비평적인 목소리를 다시 찾았기 때문이었다. 그는 인생에서 다시 찾은 이 추진력을 열렬히 환영하면서 횡설수설하는 《내 친구 꼬마 거인》의 엉터리 말로 이렇게 전했다.

《내 친구 꼬마 거인》에 대한 당신의 편집 능력과 노고에 대해 저는 완전히 학, 억 소리만 납니다. 편집자들을 40년 동안 상대해 봤지만 이런 일은 처음입니다. 고틀립은 길어야 2페이지 정도였습니다. 마쉴러는 전혀 없었고요. 레이너 언윈도 마찬가지였고요. 마이클 조지프도. ……당신의 논평 중 98퍼센트가 그야말로 건전한 제안이고 그중 몇 개는 대단히 중요합니다. 책을 검토하기가 무척 어려우셨을 것 같군요. 제가 책을 쓸 때도 그랬으니까요. 하지만 그럴 만한 가치는 충분했습니다. ……후롭스코틀(거품이 아래로 내려가는 맛 난 뽀글뽀글 주스)과 뿡뿡이(후롭스코틀을 마시면 나오는 놀랍고 요란한 방귀 소리)가 한 번만 사용하고 말기에는 아까운 일화라는 당신의 생각은 옳습니다. 그래서 저는 조금 더 나아가 BFG가 여왕 앞에서 뿌웅 놀이를 하게 만들었습니다. 조금은 상스러울지는 모르겠습니다. 하지만 당신과 나는 어린아이들이 신이 날 거라는 것을 잘 압니다. 이건 아이들을 위한 책입니다. 당신 나라의 노처녀 사서들 보고 맘대로 하라 하십시오. 저는 그들의 비평에는 전혀 상관하지 않습니다. 그들이 시끄럽게 떠들수록 이 책은 더 잘 될 테니까요.

당신의 편지 내용 중 단 한 가지가 신경이 쓰입니다. 마지막 문장에, "……이대로 출판할 수 있고 제법 성공을 거둘 수 있습니다……" 라고 쓰여 있는데 '제법'이라는 단어가 걱정스럽습니다. 두 가지 의미가 있습니다. 하나는 '적당한'이라는 뜻이고, 나머지는 '매우'라는 뜻입니다. 전자는 매우 일상적인 사용법이고, 만약 그런 뜻이라면 초조해집니다. 솔직히 적당한 성공을 거둘 책을 써야 한다는 말인데, 저는 이 책이 그저 적당한 성공을 거두기를 바라지는 않으니까요. 어쨌든 저는 당신이 이 책에 쏟은 피, 땀 그리고 눈물에 무한히 감사드립니다.[19]

록스버러의 답장은 매우 신속하고 간결했다.

"제가 정정하겠습니다. 《내 친구 꼬마 거인》은 엄청난 성공을 거둘 것입니다. ……그리고 당신의 친절한 말씀에 몸 둘 바를 모르겠습니다. 당신이 해주신 칭찬은 저에게는 그야말로 의미 있는 칭찬입니다. 당신이 다시 쓰신 장면들은 훌륭합니다. BFG가 여왕 앞에서 뿌웅 거린 새로운 장면은 제가 읽은 내용 중에 가장 재미있었습니다. 사무실에 있는 사람들이 다들 소리 내어 웃었습니다."[20]

록스버러가 로알드에게 런던을 방문할 예정이라고 하자, 그는 곧바로 집시하우스에서 점심을 하자고 그를 초대했다. 그러나 록스버러는 그 만남이 좋은 생각인지는 확신이 없었다. 그와 작가가 할 이야기가 있을까? 그는 나중에 이렇게 말했다. "저는 매사추세츠의 가난한 마을에서 태어났습니다. 그런데 지금 영국으로 건너가, 그것도 위대한 로알드 달과 함께 앉아 있으니 말입니다." 런던에서 그레이트미센던까지의 40분 동안 기차를 타고 가면서 어리석은 짓이나 당황스러운 행동을 하지 않게 그와의 만

남을 피할 수 있으면 피하고 싶다는 생각도 들었다. 로알드가 역으로 그를 마중 나왔다. 점심을 먹으면서 모든 걱정은 다 사라졌고, 두 사람은 서로 생각하는 방식이 같은 걸 즉시 알아차렸다.[21] 여전히 작가에게 경이로움을 느끼고 있었지만 '수줍음이 많고 위축 되었던 편집자'는 작가와 문학적인 취향도 같고—두 사람 다 헤밍웨이를 좋아했다— 또한 포도주를 즐기고 나무로 만든 물건과 목수 일에 대단한 지식이 있다는 사실을 알게 되었다. 록스버러는 한 때 캐비닛 마감일을 한 적도 있었다.

그날 오후 런던으로 돌아온 그는 그 만남에 별다른 사고가 없어서 안심되었다. 하지만 그가 얼마나 큰 인상을 남겼는지는 전혀 알지 못했다. 다음 날 저녁, 여러 회의를 거친 후 록스버러는 첼시에 있는 친구 집에 있었는데, 로알드가 런던까지 차를 몰고 올라와 그에게 자신의 새 책《마녀를 잡아라The Witches》의 원고를 직접 건네주었던 것이다. 로알드는 젊은 편집자에게 아직은 아무에게도 보여주지 않은 원고라는 짧은 메모까지 남겼다. 록스버러가 톰 마쉴러에게 전화를 걸어 어떻게 해야 하느냐고 물었을 때 마쉴러는 단 한마디의 충고를 했다. '하던 일을 다 멈추고 원고를 읽어라'라는 것이었다. 마쉴러는 록스버러에게 이렇게 말했다. "달은 꼭 서둘러야 할 때만 서두르는 사람이야." 그날 밤, 록스버러는 원고를 읽었다. 그리고는 다음 날 아침, 그는 기차를 타고 그레이트미센던으로 내려가 로알드와 책에 대해 의논했다.[22]

《내 친구 꼬마 거인》은 로알드가 스티븐 록스버러와 공동 작업을 한 첫 작품일 뿐만 아니라 그의 모든 동화책과 함께 생각나는 그림작가와 작업한 최초의 장편동화였다. 퀜틴 블레이크. 블레이크는 1978년에 달의 책에 처음으로 참여했다. 유아를 위한 첫 번째 책이었던《침만 꼴깍꼴깍 삼키다 소시지가 되어버린 악어 이야기The Enormous Crocodile》의 그림작가를 찾을 수 없다고 불평하자, 머리 폴린저의 부인인 지나가 46세인 화가를 그의 미래의 동반자로 제의했던 것이다.²³ 지나는 동화책 분야에서 아주 성공적이고 덕망 있는 에이전트였다. 로알드는 그녀의 의견을 존중했고, 자주 그녀의 조언을 구했다. 나중에는 두 사람을 맺어준 공을 세운 마쉴러도 찬성했고, 두 사람의 만남은 곧바로 성공을 거두었다. 블레이크의 화려하고 재치 있고 상상력이 넘치지만 한 편으로는 약간 위험한 듯한 그림들은 아프리카 정글에서 아이들을 사냥하는 게걸스럽고 교활한 악어들의 무질서한 묘사와 번뜩이는 대조를 이루었다.

두 사람은 다시 한 번 랜덤하우스에서 출판한 네 권의 책 중 두 권―《멍청씨 부부 이야기》와 《조지, 마법의 약을 만들다》―에서 공동 작업을 했다. 블레이크의 재치 있는 그림이 끔찍한 두 심술쟁이를 놀라울 정도로 잘 표현해냈고, 또한 불평불만 가득한 조지의 할머니와 그녀의 '뿌연 갈색 이빨'과 '작은 강아지 똥구멍같이 생긴 삐죽이 나온 할머니의 입'을 잘 그려냈다.²⁴ 이상하게도 《무섭고 징그럽고 끔찍한 동물들》의 그림은(1984년에 블레이크가 다시 그리기는 했지만) 원래는 로즈데리 포셋Rosemary Fawcett이 그렸는데, 그건 어쩌면 그녀가 리시와 그리 멀지 않은 곳에 살았고 로알드에게는 그녀를 방문할 그럴듯한 기회를 주었기 때문이었을 것이다. 더욱 이상했던 것은 블레이크와 달리 《내 친구 꼬마 거인》 작업을 시작할 때까지 한 번도 만난 적이 없었다는 점이다. 톰 다쉴러는 어쩌면 고의적으로 두 사람을 만나지 못하게 했던 것 같다.

블레이크는 처음 둘의 관계가 상당히 사무적이었다고 기억했다. "나는 조금은 초조하고 그가 두려웠습니다."²⁵ 그리고 《내 친구 꼬마 거인》 작업은 출발이 원만하지는 않았다. 마쉴러는 블레이크에게 24장이나 되는 책에 겨우 12장의 그림만 그리라고 했다. 로알드는 더 많은 그림을 주장했다. "그가 인세를 받지 않기 때문에 그저 후닥닥 되도록 적게 그리고 싶어 하는 거라는 내 생각이 옳지 않기를 바랍니다."[26] 며칠 후 블레이크 탓이 아니라는 것을 알게 된 로알드는 마쉴러에게 화가 나서 편지를 보냈다.

이렇게 중요한 동화책을 단지 열두 개의 그림만 넣어서 출판한다는 일은 허용할 수가 없습니다. 내가 (로저 슈트라우스를 통해) 당신이 블레이크에게 《내 친구 꼬마 거인》에 들어가는 그림에 300파운드 이상 주기를 꺼렸다는 이야기를 들었습니다. 그러니 당연히 그는 열두 장의 그림을 그렸겠지요! 이건 인색하기가 극에 달한 겁니다. 또한 제 책에 대한 모독입니다. 당신이 판 구덩이에 빠졌으니 스스로 최선을 다해 나오도록 하십시오. 여느 다른 책들만큼 《내 친구 꼬마 거인》에 삽화가 적절하고 완벽하게 그려지지 않는 한 저는 책의 출판에 동의할 수 없습니다. 이 문제로 길게 전화 통화를 하고 싶지 않습니다. 왈가왈부하고 싶지도 않습니다. 그러기에는 무척 화가 납니다. 이 문제가 제대로 해결될 때까지 조용히 있고 싶습니다. 되도록 이른 시일 안에 해결되기를 빕니다.[27]

마쉴러는 재빨리 백기를 들었다. 그리고 블레이크에게는 더 좋은 제안이 이루어졌다. 그건 처음부터 다시 시작하는 것이었다. 이 과정에서 로알드와 블레이크는 마침내 직접 만날 수 있었고, 그는 동화를 쓴 로알드의 상상력이 얼마나 세세한지, 그리고 BFG라는 인물과 그가 얼마나 가까운지를 깨닫게 되었다. 처음에 달은 주인공이 검은 도자, 작업복에 커다란 검은 부츠를 신고 있다고 묘사했다. 하지만 그림을 본 후 그는 즉시 EFG가 조금 더 온순하고 사랑스러워 보일 필요가 있음을 알았다. 새 책에 대해 블레이크와 의논하면서 로알드는 노르웨이 샌들을 '울룩불룩한 갈색 종이 봉투'에 포장하여 그에게 보내주기도 했는데,[28] 주인공의 모습을 제대로 그릴 수 있게 도와주려는 것이었다.

하지만 거인은 그를 만들어낸 로알드만을 모델로 삼았다고는 할 수 없었다. 다른 인물들도 많았다. 그중에는 늘 달 곁에 있었던 건축업자인 윌리 손더스도 있었는데, 그의 커다란 귀는 BFG 귀의 영감이 되었다. 로알드는 록스버러에게 이렇게 말했다.

"나는 블레이크와 함께 《내 친구 꼬마 거인》이 조금 더 신기하고 우스꽝스럽게 보일 수 있도록 노력하고 있소. 어느 정도 합의했는데, 그러다 보니 거인이 입고 있는 옷에 대한 묘사를 조금 바꾸어야 할 것 같소."[29]

블레이크의 기억으로는 로알드가 자기의 판단을 100퍼센트 자신 있어 하는 것 같았다. 특히 이야기의 막바지에 이르러 아이들을 잡아먹는 거인들을 포위해서 체포하는 장면에서 특히 그랬다고 한다. 로알드는 블레이크에게 말했다. "헬리콥터를 볼 수 있어야 하오. 아이들은 헬리콥터를 좋아하거든." 블레이크는 그의 열정을 잘 맞춰주었다. 두 사람 사이에 흔히 볼 수 있는 농담과 조롱이 오고 갔지만 한 번도 나쁜 감정은 없었다. 그는 이렇게 말했다. "책의 내용이나 단어에 관해 작업할 때는 작가와 함께해야 한다는 것이 제 믿음입니다." 로알드는 '나를 녹초로 만들었을지' 모르지만 그의 의도에는 항상 '애정이 담겨 있었습니다.'[30]

《내 친구 꼬마 거인》을 쓰는 것은 '배터리에 들어 있는 많은 에너지를 빼앗는 작업'이었다고[31] 달은 인정했다. 하지만 다시 충전될 때까지 기다리지 못하고 그는 《마녀를 잡아라》작업을 시작했다. 로알드의 막내딸인 루시는 아빠의 놀라운 원동력 뒤에 리시가 있는 것을 알았다. 루시는 아빠가 리시에게 감동을 주고 싶어 하는 걸 느꼈다. 아빠가 점잖게 행동해야 한다고 느낄 때는 리시가 곁에 있을 때뿐이었다고 했다. 루시는 이렇게 회상했다.

"하지만 리시가 아빠를 너무 몰아붙였다고 생각되기도 해요. 아빠 안에서 불이 일어나고 있는 걸 알았던 것 같아요. ……그렇다고 '어서 타올라서 뭔가 근사한 것을 써내 봐요, 당신에게는 아직 그럴 능력이 있어요' 하고 드러내놓고 말했다고는 생각하지 않아요. 그저 둘 사이의 상호작용이었을 거예요. 아빠는 일하면서 행복해했어요. 그 모습을 지켜보는 리시도 행복해했고요."[32]

톰 마쉴러도 로알드가 몸이 아프고 많은 고통을 느꼈을 텐데도 능력을 발휘하는 모습을 보고 '존경심이 솟았다'고 했다. "그는 놀라울 정도로 작품에 욕심이 있었고 항상 자기 능력의 한계를 뛰어넘으려고 노력했다."[33]

1984년, 달은 아주 어린아이들을 위해 또 다른 책을 쓰기 시작했다. 《창문닦이 삼총사The Giraffe and the Pelly and Me》—친구들, 기린, 펠리컨, 춤추는 원숭이들의 도움으로 유리창 닦는 사업을 시작한 어린 소년 이야기였다. 블레이크가 그린 화려하고 멋진 그림으로 가득한 이 책은 문학에서 수플레*—단순하면서 가볍고 쉽게 먹어치울 수 있다는 점에서—라고 할 수 있었다. 하지만 이렇게 편안하게 보이는 면 뒤에는 7개월에 걸친 힘든 작업이 있었다. 그리고 300페이지에 이르는 편집과 수정을 겪은 파일

*계란 흰자를 거품 내어 구운 음식. —옮긴이 주

이 있었다.³⁴ 다시 한 번 스티븐 록스버러가 중요한 역할을 했다. 거의 집착에 가까운 세세한 편집은 '마치 아침이 오기 전에 관 사이와 문지방에 뿌려진 모래를 한 알 한 알 주어야만 하는 뱀파이어'에 비유되었다.³⁵ 로알드의 묘사는 그보다는 단순했다. 로알드는 로저 슈트라우스에게 이렇게 말했다. "스티븐 록스버러에게 만세 삼창을!"³⁶

로알드가 느끼는 육체의 고통은 점점 심해졌고, 그 때문에 글 쓰는 작업은 어려워지기도 하고 한편으로는 쉬워지기도 했다. 리시가 곁에 있었고, 아이들이 다 자라서 자신이 책임지고 해내야 했던 많은 일에서 자유로워졌다. 훌륭한 요리사들과 가정부들을 쉽게 구해서 집시하우스의 삶은 훨씬 안락해졌다. 그리고 그가 사랑하는 정원은 리시와 전문가들의 손에 맡겼다. 그는 덕 보가드에게 이렇게 말했다.

"60이 넘으면 정원은 새들에게 맡겨야 하는걸세. 길 건너 늙은이들이 죽어라 힘들게 땅을 파면서 일을 하는 게 보이지만……나는 이제 정원 일을 하지 않네. 그냥 지켜만 보지."³⁷

로알드는 침대에 몸져누워 있지 않은 한, 스티븐 록스버러에 따르면 자주 누워 있었지만, 남아 있는 에너지를 모두 글 쓰는 작업에 쏟았다. 여러 해 동안 이런 상황을 갈망했지만 그럴 기회가 주어지지 않았다. 그는 자신을 '몸속에 쇠붙이가 가득한 늙은이'라고 하면서 밖에 나가기보다는 일인용 의자에 편안하게 앉아 무릎에 글 쓰는 판을 놓고 다리를 가방에 얹어 놓기를 좋아하는 '허약한 몸'이라고 했다.³⁸ 그렇다고 다른 즐거움을 다 포기한 것은 아니었다. 예전보다 자주는 아니었고 결코 무모하지도 않았지만 (늘 200파운드 정도를 걸었다) 그는 여전히 도박하러 다녔다.³⁹ 그리고 1982년 산 훌륭한 보르도 포도주를 쌓아둘 정도로 포도주에 대한 열정이 있었는데, 그 훌륭한 포도주를 1000박스나 사두어, 그중 몇 병은 집시하우스의 지하실에 여전히 남아 있다.

리시의 보살핌 속에서 가족들에게 둘러싸인 채, 달은 이제 자부심으로 가득 한 늙은 사자처럼 보였다. 1988년에 톰 마쉴러와 전무이사인 그레이엄 칼턴 그린Graham Carleton Greene은 런던의 개릭 클럽에 방을 빌려 로알드의 생일 파티를 했다. 그들은 달에게 원하는 사람은 누구든지 초대해도 좋다고 했다. 가정적이었던 로알드는 제일 먼저 리시를 초대했고 올 수 있는 자녀를 다 초대했다. 특별 손님으로 뉴스 앵커였던 프랭크 덜레이니 Frank Delaney, 여배우였고 칼럼니스트였던 조애나 럼리Joanna Lumley, 그리고 오랫동안 만나지 못했던 프랜시스 베이컨을 불렀다. 럼리는 뜻밖의 초대에 놀라움을 감추지 못했다. 두 사람은 전에 한 번 텔레비전 라이브 쇼에서 만났는데, 그때 로알드가 그녀를 '몰아붙여' 혹시 화가 난 것은 아닌가 걱정했기 때문이었다. 하지만 그녀는 초대를 받아 기뻐했으며, 특히 베이컨을 만나고 싶어 했다. 베이컨은 말쑥하게 차려입고 전혀 술도 마시지 않은 채 '8시 정각'에 모두를 놀라게 하며 나타났다. 럼리는 로알드가 무척이나 유쾌한 사람이었다고 기억했다. 로알드가 글 쓰는 일은 예술의 최고 형태라고 했으며, 저녁을 먹다 긴 식탁 너머로 달이 베이컨에게 말을 붙이자, '베이컨의 작고 검은 눈동자가 반짝'였던 것도 기억했다. 그러다 덜레이니가 대화에 '끼어들어' 달의 신경을 건드리자 달은 식사를 끝내자마자 집으로 돌아가겠다고 했다. 럼리는 이렇게 기억했다. "우리는 갑자기 초콜릿 무스를 삼켜야 했고, 마시지도 않은 포도주를 그대로 두고 서로 코트를 챙기기 바빴어요. ……너무나 멋진 저녁이 끔찍하게 끝났던 거죠."[40]

집시하우스에서 편안하게 지낼 때도 달은 기분 좋게 있다가 종종 눈 깜짝할 사이에 변해 깐깐하게 성질을 부렸다. 집에서는 언제나 기운이 넘치고, 팍팍 튀었다. 샬럿의 친구인 마이클 데 라스 카사스Michael de las Casas는 1987년에 저녁을 먹으러 집시하우스에 간 적이 있었다. 로알드는 그에게 그의 할머니인 에일린 플렁켓Aileen Plunket이 한때 엄청난 부를 소유했던 '우아한 기니스 소녀들'* 중 하나인데, 40년 전 그가 워싱턴에 있을 때 사귀던 '연상의 여인' 중의 하나였다고 말했다. 그는 마이클에게 할머니를 만나면, 장식용 벽난로에서 불이 나는 바람에 소방관들이 들이닥쳐 저녁 파티가 끝났던 일을 기억하시냐고 물어보라고 했다. 그가 몇 주일 후 할머니에게 물어봤을 때, 플렁켓의 눈이 반짝였다. 82살의 할머니가 이렇게 말했다. "그건 저녁 파티가 아니었어. 나는 섹스하려고 그를 초대했어. 불이 나자 연기가 우리가 있던 침실 문 아래로 밀려 들어와서 멈출 수밖에 없었단다." 마이클이 로알드를 다시 만났을 때 이야기를 전하자 그는 시익 웃더니 다음번에는 다 같이 기차 객실에서 만나 저녁을 먹자고 제의했다. 마이클이 물었다. "왜요?" 로알드는 이렇게 답했다. "할머님께 여쭤봐!" 할머니는 나중에 손자에게 이야기를 들려주었다. 어느 날 밤, 워싱턴에서 뉴욕으로 오는 기차 안에서 그녀와 로알드가 사랑을 나누었는데, 로알드는 등이 아파서 큰 고생을 했다고 했다. 그녀는 마이클에게 이렇게 말했다. "나에게서 몸을 떼어 일어날 수가 없었지. 차장을 불러 떼어달라고 해야 했단다."

달은 언제나 자신을 '장난꾸러기 학생'으로 생각했다. 그리고 인생은 기쁨과 특별한 '일'로 가득 찰 필요가 있다고 믿었다. 그는 전혀 예상치 못했

---

*어니스트 기니스Guinness의 세 딸로 아름답기로 소문이 나 사교계를 휩쓸었다. 할아버지 에드워드 기니스는 19세기 영국에서 두 번째로 부자였다고 한다. —옮긴이 주

던 특별한 선물을 주는 기쁨을 즐겼다. 블레이크가 집시하우스를 떠나려는데, 로알드가 주문했던 해산물 바구니가 그제야 도착했다. 그는 로알드가 굴 두 개를 손에 쥐여 주었던 일을 기억했다. 의붓딸인 네이샤는 그의 톡톡 튀는 열정과 '반짝이는 눈빛'이 너무나 매력적이었다고 회상했다. 그리고 영광스러운 꿈에 대한 열망도 전혀 줄어들지 않았다. 그는 토드 맥코맥에게 이렇게 말했다.

"이 나이에도 나는 영광스러운 꿈을 꿉니다. 골프 시합에서 우승하거나 윔블던 대회에 나가 우승하는 꿈을 꿔요. 나는 어둠 속에 누워서 생각하죠. ······잠을 청하면서 말입니다. ······어떤 일이 일어날까 상상해요. ······나는 침대에 누워 모두를 다 이기는 꿈을 꿉니다. 그래서 모든 사람이 깜짝 놀라죠. 정말 재미있어요. 그건 책도 마찬가지예요. 자신이 책의 주인공이 되었다고 생각하는 거죠. ······그게 나라고 말입니다."[41]

그는 가끔 자신을 비웃었다. 1984년 노퍽에 있는 학교가 기숙사 건물 하나를 그의 이름을 따서 부르기로 했다는 기사를 보고 그는 교장선생님에게 편지를 보냈다.

"저는 조금 놀랐습니다. ······물론 대단히 영광스럽게 생각합니다. ······이미 아이들이 운동장 가장자리에 서서 교내 대항 시합을 하면서 '자 어서, 달', '달려라! 달!' 하는 소리가 들리는 듯합니다. 또 많은 아이가 욕을 해대는 소리도요."[42]

스티븐 록스버러는 달이 새로운 열정을 일으키게 한 주요한 요인이었다. 로저 슈트라우스는 로알드와 편집자 사이의 관계를 '미친 애착'이라고 했다. "달은 그와 사랑에 빠진 듯했어요." 그리고 패러슈트라우스 내에선 록스버러가 로알드의 딸 중 하나와 결혼할지도 모른다는 소문이 있었다고 했다.⁴³ 록스버러는 진심으로 로알드에게 '깊은 애정'을 느꼈고, 그와 함께 있으면 '그의 제자'가 된 듯했다고 말했다. 한편 로알드는 그의 관심을 무척 기뻐하며 받아들였는데, 문학계 지식인들로부터 주목받지 못했기 때문에 더욱 그러했다. 그들이 함께 일하면 할수록 관계는 더욱 깊어지고 전문적이 되었다. 록스버러는 로알드가 자신의 '모든 세세한 논평'—넓게는 개념이나 구성상의 문제부터 문장구조에 이르기까지—에 '매우 적극적인 반응'을 보이는 걸 알았다. 둘은 함께 있는 것을 즐겼다. 록스버러는 이렇게 기억했다. "로알드는 선동하기를 좋아했어요. ……상대방이 반응하길 원했죠. 상대방이 발끈하는 걸 좋아했어요."⁴⁴

이런 새로운 발전에 그 누구보다 기뻐한 사람은 달의 영국 에이전트인 머리 폴린저였다. 폴린저는 1979년부터 로알드의 전 세계의 저작권을 관리했다. 그는 1960년에 달이 아버지 로렌스 폴린저와 합류했을 때부터 달을 위해 일했다. 두 사람이 가까워진 적은 없었지만 머리는 처음부터 달을 '우상 숭배하듯' 했고, '역동적이고 멋지고 엄청 키가 큰' 사람으로 기억했다. 그는 1961년 뉴욕의 한 파티를 회상하면서 애정 어린 마음으로 이렇게 말했다. "난 그의 엄청난 키가 마음에 들었어요." 로알드는 모든 사람 위로 우뚝 섰고, 더블샷을 넣은 마티니를 마치 물처럼 꿀꺽꿀꺽 마셨다고 했다. 그리고 로알드는 '다른 사람들과 눈을 맞추고 이야기를 듣기 위해 다리를 넓게 벌리고 서야 했다고 했다.⁴⁵ 대조적으로 자신은 마르고 왜소하며 세련되고 우아하다고 생각했다. 오필리아는 그를 도자기 찻잔으로 대접해야 차를 마시는 사람으로 기억했고, 1984년부터 1990년까지 로알드를 위해 일했던 마지막 비서 웬디 크레스Wendy Kress는 머리를 '강직하고 머리에 기름을 발랐으며 구식이기는 했지만…… 항상 신사였다'고 기억했다.⁴⁶

아버지인 로렌스는 머리와 조금 달랐다. 머리는 자기 아버지가 '매우 엄격하게 집안을 다스렸던 빅토리아 시대의 독재자 유형이었으며, 사업도 그런 식으로 경영했다'고 했다.[47] 로알드가 로렌스에게 처음 느꼈던 믿음은 그의 아들에게 그대로 옮겨갔는데, 그는 로알드의 영국에서의 일상생활을 일일이 다 맡아서 다루었다. 로알드는 머리의 부인인 지나Gina의 판단력을 존경했다. 그와 팻이 그들의 아들인 에드먼드Edmund의 대부모가 되었을 땐 무척 기뻐했다. 이렇게 폴린저 가족 역시 달의 대가족에 들어가게 되었다. 로알드는 1964년 마이크 왓킨스에게 이렇게 편지를 썼다.

"지난 일요일에 머리의 아들을 봤습니다. 정말 예쁜 아이예요. 그와 지나는 마치 그들의 첫 번째 알이 부화하는 것을 본 앵무새 같더군요. 그들은 둥지의 가장자리에 앉아서 깃털을 다듬으며 목으로 쿵쿵 소리를 내고 있습니다."[48]

몇 달 후 로알드는 폴린저 가족 모임에 참석했다. 그는 왓킨스에게 이렇게 말했다.

"로렌스가 너그러운 할아버지 모습으로 보이고 싶어 과시하듯 행동하더군요. 그런데 아주 푼돈만, 동전 정도만 쓰더라고요, 손자가 셋이었는데, 한 번에 한 명씩에게만 용돈을 주고 말입니다. 그는 '아이들을 볼 때마다 몇 푼씩 주지요' 하고 말하더군요. 그래서 제가 물었죠. '얼마나 자주 만나십니까?' 아마 질문이 불편했던 모양입니다. 코를 요란하게 여러 번 풀어 답이 들리지 않게 했어요. 그래서 다시 물었죠. 대답은 '자주 보죠. 일 년에 두서너 번 정도.' 그렇게 따지면 각 손자에게 일 년에 9페니씩 준다는 계산이 나오더군요."[49]

5년 후 머리는 한 푼도 받지 않고 아버지의 에이전트를 그만두었다. 하지만 로리 리Laurie Lee와 퍼넬러피 라이블리Penelope Lively와 함께 12명 정도 되는 고객 중에서 가장 '이익을 가져다주는 작가' 중 하나였던 로알드는[50] 그가 회사를 설립할 수 있게 한 버팀목이 되어주었다. 그는 로렌스 폴린저에게 이렇게 말했다.

"머리는 오랫동안 내 일을 가장 효율적으로 다루어준 사람이고, 많은 계약의 미묘한 사항을 잘 아는 유일한 사람입니다. 만약 다른 사람이 그의 일을 맡게 되면 저는 강할 겁니다. 당신도 그런 일이 벌어지는 걸 원치 않겠지요."[51]

같은 날 그는 마이크 왓킨스에게 '머리를 100퍼센트 지지한다'고 편지를 써서 보냈다.[52]

하지만 로렌스 폴린저는 싸워 보지도 않고 수지가 남는 그객을 포기할 생각은 없었다. 곧 로알드는 마이크 왓킨스에게 '늙은 염소가 '심술을 부린다'면서 "그가 당신이 닦아놓은 일에……앞으로 맺는 계약에 자기 몫이 있다고 주장하지 못하게 용기 있는 편지를 써야겠다고 했다.' 머리는 예전의 아버지 회사가 '심술을 부리는 점'에 대해 사과하면서 이런 분쟁의 원인인 자신을 용서해달라고 사과했다. 그는 이렇게 말했다. "제 얼굴이 화끈거립니다. 저 가족 때문에 창피합니다. ……이렇게 편지까지 쓰게 해서 말입니다. ……그렇게 단호하고 논박할 수 없는 편지로 제게 보여주신 마음에 깊은 감사를 드립니다. 요즘 같은 시기에 제게 얼마나 큰 도움이 되는지 모르겠습니다. 뭐라고 해야 이 감사한 마음을 다 전할 수 있을지 모르겠습니다."[53] 두 가족은 로알드가 《찰리와 초콜릿 공장》을 그들의 더아들인 에드먼드에게 바친다고 하여—찰스 마시를 빼면 직계 가족 외에 이런 헌정을 받은 사람은 에드먼드가 유일했다—한 가족처럼 더욱 가까워졌다.

그러다 1976년, 운명의 장난처럼 테오를 위해 로알드가 고안해낸 선트가 에드먼드의 생명을 살려냈다. 가벼운 자동차 사고로 병원에 입원했을 때, 검진해 보니 신경이 심각하게 손상되어 있었다. 머리가 그의 고객을 '우리 가족이 힘들 때 항상 우리에게 힘을 주는 탑' 같은 분들이라고 느낀 것도 놀라운 일은 아니다.[54]

달과 폴린저는 멋진 팀을 이루었다. 폴린저는 로알드가 '아주 명석한 사업가'인 점이 좋았고,[55] 계약이나 협상에서 항상 중심을 잡아주어 고마웠다. 지나는 가끔 편집 일에 관여했지만, 머리는 거의 참여하지 않았다. 록스버러는 이렇게 회상했다. "그는 한 번도 의견을 내지 않았어요. ……그의 전공은 사업이었죠."[56] 그러나 폴린저는 달의 협상 기술을 칭송했지만, 달은 복잡한 재정 문제에 대해서는 잘 이해하지 못했다. 1986년 초 달은 영국의 국세청으로부터 그의 스위스 회사인 이카로스와 안럭에 대해 상세한 사항을 문의하는 편지를 받았다. 로알드의 변호사는 국세청에 있는 세무감사원 C. C. 화이트White 씨를 만나러 갔다. 그리고는 화이트가 로알드의 '국외 고용 계약'에 대해 자세하게 질문할 거라고 보고했다. 그는 이런 조사가 '보통은 단호하고 납득가지 않을 만큼 공격적'이라고 했다.[57]

달은 이카로스를 설립하자마자 후회했다. 그는 회사를 설립하고 일 년이 지났을 때, 변호사에게 '모든 게 짜증 난다'면서 자신은 '회계와 숫자에 거의 백치 수준'이니 영국에서 소득세를 낼 수 있게 빨리 지급해달라고 했다.[58] 하지만 외국에서 들어오는 수입이 설명하기 힘들 만큼 스위스 회사와 복잡하게 얽혀 있고, 회사를 설립하는 데 돈이 너무 많이 들어가서 해명하는 것은 선택할 수 있는 문제가 아니었다. 세무 감사가 모든 것을 바꾸어 놓았다. 시작은 좋지 않았다. 로알드는, 스스로 말한 대로, 처음부터 필요한 서류를 엉망으로 적어내서 화이트는 더 화를 내게 되었다.[59] 처음에 되도록 최소한의 정보만 주려 했던 회계사의 전략은 역효과를 내었던 것이다. 로알드는 리시의 충고에 따라 새 변호사와 회계사를 고용했다. 빌 게펜Bill Gefen과 앨런 랭그리지Alan Langridge였다.

그들은 국세청에 모든 것을 밝히고, 두 스위스 회사의 비정상적인 운영을 달이 재정 상황에 거의 무지한 탓으로 돌리려고 했다. 그들이 거짓말을 하는 것은 아니었다. 그의 마지막 세무 변호사인 마틴 굿윈Martin Goodwin은 로알드의 숫자 감각은 '정말 촌스러웠다'고 웃으며 말했다.[60] 게펜과 랭그리지는 로알드가 스위스 은행가였던 슐래펴에게 겁먹었던 것 같다고 했는데, 어느 정도는 진실을 과장한 면이 있었다.[61] 1986년 9월 로알드는 새로운 책략을 지지했다. 그는 게펜에게 이렇게 말했다.

"우리는 가능하면 화이트를 모든 면에서 도와야 합니다. 개인적으로 그가 나에게 호의적이라고 느끼고 있으니, 계속 그렇게 될 수 있게 노력하려고 합니다. 나는 이 일을 질질 끌고 싶지 않아요."[62]

그건 놀랄 만한 일은 아니었다. 일 년 전에 로알드는 대장암으로 큰 수술을 3번이나 받았고, 그의 표현으로는, '간신히 생명을 유지하고' 있었다. 여전히 '끊임없이 입원과 퇴원을 반복했고 …… 항생제 두 종류를 엄청나게 오래 복용하는 중'이었다.[63]

그는 엄청난 벌든이 부과될 것을 알고 있었다. 9월 말, 그는 영국 국세청에 40만 파운드를 냈고, 3달 후에 또다시 10만 파운드를 냈다. 그러나 심의는 계속되었다. 크리스마스 직전에는 비서인 웬디 크레스에게, 우리가 화이트에게 조금 더 빨리 움직이라고 격려하는 차원에서 선물을 보내는 게 어떻겠냐고 물었다. 리시는 그건 좋은 생각이 아니라며 그를 말려야 했다. 화이트가 마침내 국세청 일을 매듭짓기 위해 마지막 제안을 했을 때, 그는 앨런 랭그리지에게 협상의 세세한 부분은 이해하지 못한다고 털어놓으며 말했다.

"저는 화이트의 편지를 전혀 이해하지 못하겠습니다. 하지만 그가 도와주려는 것 같기는 해요. 스위스 회사인 이카로스와 안릭을 없애라는 명령을 받았습니다. ……나머지는 전혀 이해를 못 하니 할 말이 없습니다."[64]

1987년 1월에 결국 협상이 타결되었다. 전부 합해 71만 7000파운드의 빚을 졌다. 그는 스위스의 회사를 폐쇄하고, 미국의 문고판 저작권을 밴텀Bantam에서 펭귄Penguin으로 넘기면서 그 빚을 갚았다. 그 계획은 로저 슈트라우스가 짜낸 것인데, 밴텀의 소유주가 바뀌면 판권을 넘길 수 있는 권한이 로알드에게 있다는 계약 조건을 알았기 때문이었다.* 로알드는 이 점에 대해 출판사에게 고마워했다. 그리고 '마법 같은 일 처리'를 보여준 회계사에게 고마움을 전했다.[65] 1987년 9월, 마침내 국세청에서 모든 일이 완전히 정리되었다며 보낸 편지를 받았을 때, 로알드는 편지를 액자에 넣어 보관하려는 생각마저 했다고 고백했다.[66] 화이트는 달에게 '인내와 협조'에 감사한다고까지 했다. 하지만 성격상 마지막 장식은 로알드가 해야 했다.

"당신의 마지막 말은 내가 아홉 살 때 처음으로 받은 자전거 선물보다 더 큰 기쁨을 주었소. 이제 우리 일이 매듭지어졌으니, 이제 이 곤란한 상황에서 빠져나올 수 있게 나를 도와준 당신에게 아무런 편견 없이 작은 선물을 보낼 수 있을 것 같습니다."[67]

달은 그에게 직접 사인한 동화책 몇 권을 보냈다.

---

*밴텀은 뉴하우스 매거진 그룹Newhouse magazine group에 회사를 팔았다.

1980년 대 동안 그의 책은 더 큰 성공을 거두었다. 《내 친구 꼬마 거인》이 출판된 지 일 년 후인 1983년에 나온 《마녀를 잡아라》는 리시와 결혼한 해라서 그녀에게 바쳤는데, 책은 또 한 번의 큰 성공을 거두었다. 이 책을 두고 록스버러와 주고받은 편지는 본문 내용뿐 아니라 정치적인 내용까지 다양한 의견을 나눈 아주 흥미롭고 힘이 넘치는 것이었다. 록스버러는 이렇게 말했다. "그는 참을성이 없었고…… 빨리 움직이기를 원했어요. …… 저는 일 년에 서너 번 영국으로 건너갔죠."[68] 록스버러는 껄껄 웃으면서 자신의 개방적인 모습이 로알드를 세 배나 불안하게 했던 모양이라고 했다. 왜냐하면 그가 조업해야 하는 이야기는, 평화로운 영국의 해변 마을인 본머스로 내려와 모든 아이를 '으깨고, 부……수고, 짓찧고 뭉……개 버리려는' 두 얼굴의 민머리에 독수리 발톱처럼 생긴 손가락을 가진 사악한 마녀들에 대한 것이기 때문이었다. 그는 여성들뿐만 아니라 화학요법 때문에 머리카락을 다 잃은 아이들의 기분을 상하게 할까 봐 걱정이라고 했다.[69]

로알드는 록스버러가 괜한 걱정을 하고 있다고 생각했다. 우선 이야기 속에서 중요한 역할을 하는 주인공 소년의 할머니를 '누구보다 착한 사람'으로 그렸으니 자신을 '여성혐오자'라고 하는 것은 옳지 않다고 했다. 자기가 록스버러만큼 여자들의 심기를 건드리는 문제에 대해서는 걱정하지 않는 것 같다면서 '이런 종류의 문제는 내 책에서 늘 일어나는 일이라 무시합니다'라고 했다. 하지만 록스버러가 신경을 많이 써주어 고맙다면서 그와 같은 편집자는 한 번도 만난 적이 없었다며 과소 과장된 언어로 추어올렸다. 다시 한 번 로알드는 자신이 독자들을 잘 이해한다고 굳게 믿었다. 그는 이렇게 결론을 내렸다. "나는 어른들이 책에 대해 이러쿵저러쿵하는 소리에는 전혀 신경 쓰지 않습니다."[70]

책은 가벼운 듯한 이야기체와 무시무시한 유머뿐 아니라, 중간쯤에선 여왕 마녀가 서술자인 소년을 생쥐로 만들어 버리는 놀라운 구성으로 상당히 중요한 의미가 있다. 이후부터 독자들은 생쥐의 관점으로 세상을 바라보게 되는 것이다. 더 나아가 마지막 페이지에서 달은, 대단한 감각과 노련미와 절제된 감정표현으로 삶과 죽음의 문제를 다루고 있다. 그에게 생쥐의 짧은 삶은 절대 감추어선 안 되는 문제였다. 생쥐가 된 주인공이 자신의 삶이 짧아졌으며, 86살의 할머니와 같이 죽을 거라는 사실을 깨닫는 순간은 슬픔이 아니라 어린이다운 따뜻함과 말로 표현하지는 않았지만 깊이 가슴으로 느끼는 감동의 순간이었다. 생쥐와 할머니는 할머니의 레이스가 코를 간지럽힐 정도로 서로 바싹 붙어 앉아 생쥐의 심장이 얼마나 빨리 뛰는지 이야기를 나눈다. 할머니는 생쥐에게 밤에 생쥐가 할머니 옆 베개에 누워 있으면 마치 윙하고 울리는 듯 들린다고 말한다.

> 그 후 할머니와 나는 오랫동안 아무 말도 하지 않고 불 앞에 앉아 있었다. 세상에는 참으로 놀라운 일들이 많다는 생각이 들었다. 할머니가 물었다. "애야, 너 정말 평생 생쥐로 살아가는 게 괜찮겠니?" 내가 대답했다. "전 정말 아무렇지도 않아요. 사랑해주는 사람이 있는데 자기가 무엇인지, 어떻게 생겼는지가 무슨 문제가 되겠어요."[71]

그림을 그린 블레이크는 로알드가 이 상황을 멋지게 묘사해 깊은 감명을 받았다. 하지만 동시에 로알드가 자신도 모르게 가족의 소중함보다 있을 법하지 않은 애정 어린 우정의 승리를 높이 기리는 것도 참으로 놀라운 일이었다. 이것은 달의 강한 특징인 '반항'—그가 살아 있는 동안엔 제대로 인식되고 인정받지는 못했던—이었다. 그건 그에게 매우 중요한 문제였다. 리시는 영화감독인 니컬러스 뢰그Nicholas Roeg가 영화화할 대본을 보여주었을 때, 로알드가 할머니와 생쥐 사이의 사랑을 보여주는 마지막 장면에서 울었던 일을 기억했다. 책의 원본에 충실했던 이 대본이, 생쥐가 다시 소년으로 돌아오는 대본에 밀려났던 일은 로알드에게는 경악을 금치 못할 일이었다. 그는 워너브러더스가 요점을 완전히 파악하지 못했다고 느꼈다.

　책으로 출판된 《마녀를 잡아라》는 기대 이상으로 로알드가 살아온 삶에 대한 세세한 일들을 문뜩문뜩 보여주고 있다. 이름 없는 서술자는, 생쥐와 놀기를 좋아하고, 부모님이 노르웨이 출신이며 옛날이야기를 들려주는 커다란 덩치의 할머니와 매년 여름 고향으로 멋진 휴가를 다닌다. 서술자를 통해 우리는 로알드의 어린 시절을 엿볼 수 있다. 앞부분에 어린 시절이 상당히 길게 묘사되어 있었다. 하지만 록스버러는 앞 세 장이 다른 책에 더 잘 맞을 거라며 삭제하자고 로알드를 설득했다. 물론 그냥 버릴 내용은 아니었다. 록스버러는 이미 다른 계획이 있었다. 그는 이렇게 제안했다. "어쩌면 선생님의 아주 어린 시절이나 소년 시절에 대한 이야기를 쓸 때 오히려 잘 어울리지 않겠습니까?"[72] 씨앗은 이미 기름진 땅에 떨어졌고, '솔직한 내용'의 자서전이 '이기주의의 절정'이라고 생각했던 로알드는[73] 새로운 원고를 다듬기 시작했고, 자신이 어머니에게 보낸 편지들—어머니는 편지들을 푸른색 리본에 묶어 전부 보관했다—을 뉴욕에 있는 록스버러에게 검토해 달라고 보냈다.[74] 일 년 후, 이 내용을 담은 초고—사진, 편지의 요약 서류들과 그림—를 출판할 준비가 되어 있었다. 그 작품이 《발칙하고 유쾌한 학교》였다.

《발칙하고 유쾌한 학교》와 2년 뒤 1986년에 출판된 후속작 《Going Solo》는 록스버러가 기대했던 대로 출판되자마자 어린 독자들에게 선풍적인 인기를 끌었다. 이미 머리 폴린저가 '로알드 달 현상'이라고 표현하는 신드롬이 일어났다.[75] 이 두 권은 사실에 충실하려고 했지만, 100퍼센트 진실은 아니었다. 블레이크의 말처럼, 그건 '자서전, 회상 그리고 상상력의 혼합'이었다. 왜냐하면 달은 '항상 정확하게 쓰기보다는 이야기를 흥미롭게 만들려는 경향'이 있었기 때문이었다. 하지만 책을 편집하면서 록스버러는 달도 몰랐던 그의 진실을 알려주기도 했다. 예를 들어 어머니가 그의 성장에 얼마나 중요한 역할을 했는가 하는 점이었다. 그랬더니 달은 록스버러에게 정식으로 자기 전기를 써보는 게 어떻겠냐고 제안했다. 그 제안을 받은 록스버러는 '놀랍기도 하고 영광스럽기도 하고 한편 상당히 우쭐하는 기분'도 들었다.[76] 그는 차분하게 그 제안을 받아들였지만 혹시 로알드가 '어떤 이유에서든지 마음이 바뀌면' 기꺼이 철회하겠다고 분명히 의사를 밝혔다.[77]

전기는 달이 사망한 후에 완성할 생각이었지만 록스버러는 바로 시작했다. 달의 편지를 그대로 베끼고, 그레이트미센던에서 달의 누이들과 간단한 인터뷰를 하기도 했다. 뉴욕으로 돌아간 록스버러는 80대 후반이었던 클라우디아 마시를 만나기도 했다. 21살이었던 오필리아는 록스버러에게 여자친구를 데리고 그레이트미센던으로 들어와 지내면서 전기를 쓰면 어떻겠냐고 제안하는 편지를 보냈다면서 그가 가족들과 얼마나 가까운 사이였는지를 알려주었다. 오필리아는 농담을 섞어 이렇게 적었다. "죽을 때까지 여기서 살아도 돼요. 땔감 담당자가 되던지, 스누커 코치를 하면서 책을 쓰세요. 어쩌면 우리는 아빠의 전기를 한 열두 권쯤으로 길게 늘여 쓸 수도 있을걸요……." 오필리아는 그가 가족들과 '편안하고 안락하게' 잘 적응했고, 로알드와 리시는 그와 함께 있는 것을 좋아했다고 했다. 아빠와 그의 정치적인 관점이 서로 다르다고 했더니, 리시는 '젊어 한때 지나가는 과정'일 거라고 농담했다.[78] 그때가 둘 사이의 우정의 정점이었다.

1980년 중반 로알드의 자녀는 모두 성인이 되었다. 오필리아는 아이티로 여행할 생각이었고, 제3세계의 의료봉사에서 삶의 열정을 발견했다. 테사는 미국 출신의 금융업자인 제임스 컬리James Kelly와 결혼했는데, 집시 하우스에게 그리 멀지 않은 곳에서 살았다. 1884년에 딸 클로버Clover를 낳았고 1986년에 아들 루크Luke를 낳았다. 한편 루시는 결혼해서 남편 마이클Michael과 플로리다 해안의 캡티바 섬에서 살았다. 로알드는 둘의 결혼을 찬성하지 않았다. 신부용 자동차에 딸을 태우고 가면서 그 어느 때보다 반항적이고 선동적으로 만약 그녀가 마음을 바꿔 결혼을 포기하면 수만 달러에 이르는 피로연 비용을 다 주겠다고 했다. 루시는 결혼을 강행했다. 테오는 여전히 집에서 살았다. 놀라운 일은 로알드는 가족에게 모든 것을 바쳤지만, 아이들은 어떤 면에서는 아빠가 자신들을 키운 방식을 좋게 생각하지 않았다. 루시는 아빠가 조금 더 엄격한 규율 속에서 아이들을 키워야 하지 않았을까 생각했다. 의붓딸 네이샤의 말대로 달의 아이들이 지나치게 방탕하게 살았다는 말에 동의했다. 아이들은 십 대 시절, 다들 마약을 경험했다. 이런 습관 때문에 루시는 아주 대담해져서, 아빠의 도박용 돈을 슬쩍 하기도 하고 포도주 창고에서 물건을 훔쳤으며, 전쟁 전에 할머니와 고모들이 아빠에게 선물한 금으로 만든 담배 케이스를 훔쳐 전당포에 팔기도 했다.[79]

돌이켜보니 루시는 아빠가 십 대들을 이해하지 못했다고 했다. 그래서 자기도 렙턴에서 끔찍한 시간을 보냈는데도 아이들을 모두 기숙사 학교에 보낸 것 같다고 했다. 오필리아는 기숙사 학교를 좋아했지만, 테사와 루시는 그렇지 못했다. 루시는 아빠에게 제발 기숙사 학교에 보내지 말라고 간청했는데, 아빠는 '강해질 필요가 있다'면서 부탁을 들어주지 않았다고 했다. 그건 루시가 승마시합에서 뛰어넘기에 나갔을 때도 똑같았다. 로알드는 그녀를 차로 시합장까지 데려다주고는 돌아올 때는 혼자 걸어오라고 가버렸다. 마치 승마 시합을 보지 않을 것처럼 행동했지만, 루시가 노란색 모자를 쓰고 관중석에 있던 아빠를 보았다는 것은 몰랐다. 그녀는 아빠가 '드러내놓고 애정을 표현하는 것을 어색해한다'고 느꼈다. 로알드가 성베드로학교에 다닐 때 그러했듯이, 루시도 자신의 처참한 운명을 벗어나기 위해 꾀병을 부렸다. 루시는 심각한 두통을 호소하여 고통스러운 건강 검진을 받기도 했다. 다시 학교로 돌아갈 시간이 돌아오자 아빠가 데려다 주지 못하게 차를 망가뜨리려고까지 했다. 결국 그녀는 학교의 한 건물에 불을 질렀고 퇴학을 당했다. 루시는 이 일로 아빠에게 따끔하게 혼난 기억은 없었다. 하지만 아빠가 자기를 데리러 학교에 왔을 때, 사건에 대해 이야기 꺼내지조차 못하는 걸 느꼈다. 대신 로알드는 루시를 런던으로 보내 테사와 함께 살게 했다.

"아빠는 나를 어떻게 해야 할지 모르는 것 같았어요. 조금도 모르셨던 거죠. 아빠는 사춘기 아이들에게 관심이 없었던 것 같아요. 사춘기 아이들을 좋아하지 않았어요. 전혀 이해하지 못하는 것 같았어요."[80]

십 대의 자녀에게 보인 달의 태도는 자신의 예민했던 사춘기 시절이 어떠했는지 알려주었다. 로알드는 사람들과 대화하면서 감정적이었던 시절에 대해 거의 언급하는 법이 없었고 글로 표현하는 일도 피했다. 나중에 성인 작품들에서 주로 성 문제를 다루었던 작가에게는 다른 동화작가들과 마찬가지로, 성적인 관심을 갖게 되는 사춘기의 시작이 순수함과 환상으로 가득한 마법의 세계에 종지부를 찍는 것처럼 보였던 것이다. 향기로운 어린아이들의 정원에 어른이 침범해 들어간 것과 같은 것이었다. 《선데이 익스프레스 매거진Sunday Express Magazines》에 〈열여덟 살에 내가 알고 싶었던 것들Things I Wish I'd Known When I Was Eighteen〉이라는 제목으로 쓴 기사에서는 상당히 솔직한 마음으로 자신이 십 대들의 섹스에 대해서는 거의 아는 바가 없음을 보여주었다.

나는 요즘 아이들을 괴롭히는 난잡한 성생활의 공포를 겪을 필요가 없었다는 것이 무척 다행스럽다. 어리석기 짝이 없는 어린 소년과 소녀들은 성관계를 토끼나 소들처럼 문란하게 취급한다. ······여러분 중에는 이런 이야기를 믿지 못하는 사람도 있을 것이다. 하지만 1930년대에는 여자아이를 침대 근처까지 데려가려면 적어도 6개월 동안 공을 들여야 했다. 여자아이에게 꽃도 자주 선물해야 하고, 형편이 어려워도 먹을 것을 사줘야 했고, 대단히 신중하게 행동해야 했다. 조급하게 서둘렀다가는 헤어짐을 당했다. 오랫동안 열심히 공들여 마지막에 성공했다고 해도, 그 이후에 계속 관계를 맺을 수는 없었다. 요즘 여자아이들은 남자 집에 들어가거나, 남자가 여자의 집으로 들어가 '동거'하기도 한다. 마치 낡은 소파를 집에 들여놓는 것만큼 아무렇지도 않게 이루어진다. 두 사람은 휴가를 갔다가 돌아와서는 눈도 깜짝하지 않고 만나지 않기도 한다. 내가 열여덟 살이었을 때 이런 쓰레기 같은 삶에 휩쓸리지 않았다는 것이 너무나 다행스럽다.

그는 마약에 관해서는, 이 나라에 있는 모든 학교의 상급반 학생들은, 남자건 여자건 학교 수업 외에 익명의 마약중독자 모임에 참석하게 해야 한다고 역설했다.

"그저 강연 몇 번 듣게 하고 영화 몇 편 보여주는 것은 소용없습니다. 아이들이 모임에 참석하여 어린 중독자들이 마약과 도둑질에 대해 들려주는 끔찍한 이야기를 직접 귀 기울여 들어보게 해야 합니다. 마지막 학년 일 년 동안 일주일에 한 번씩 의무적으로 듣게 해야 합니다."[81]

아빠가 테오를 다루는 방법에 가장 반기를 들었던 사람은 루시였다. 루시는 1970년대 말, 테사가 집을 떠나고, 오필리아가 기숙사에서 생활할 때, 테오와 아빠와 함께 살았다. 아빠가 오빠에게 너무 많은 것을 요구해서 오빠가 안타깝기만 했다. 루시는 이렇게 말했다. "저는 다 보았어요. 아빠가 항상 오빠를 너무 심하게 몰아붙였어요. 그리고 테오 오빠는 자신이 아빠를 실망시키고 있다고 생각했죠." 아들이 16살이 되었을 때, 로알드는 이제 아들 교육을 그만두어야겠다고 생각했다. 로알드는 가정교사를 해고하고 제빵사가 되어야 한다고 일방적으로 정했다. 테오를 근처에 있던 전문대학에 보내 기술을 익히게 한 다음 재정적인 곤란을 겪던 근처 빵집과 동업을 하게 했다. 로알드는 사업에 필요한 돈을 투자해 주었다. 루시는 이렇게 기억했다. "정말 불행한 일이었어요. 테오는 새벽 3시면 일어나서 4시엔 일하러 가야 했어요. 집에 돌아왔을 때는 온 팔에 베인 상처와 덴 상처가 가득했죠. 절대 제대로 될 리가 없었어요."

빵집이 망하자 로알드는 아들을 위해 골동품 가게를 내어주려고 했다.

로알드는 그 사업에 5만 파운드를 투자해, 집시 하우스의 텅 비어 있던 수영장에 얼마나 많은 물건을 가져다 놓았던지 마치 집이 '골동품 슈퍼마켓' 같이 되어 버렸다.[82] 로알드에게는 아주 '의미가 있는 큰일'이었다. 그는 그것이 '테오의 미래'가 될 거라고 믿었다.[83] 하지만 아빠와는 달리 테오는 가구에는 전혀 흥미가 없었기 때문에 어차피 망하게 되어 있었다. 이런 식으로 두 사람 사이에 긴장감이 맴돌기도 했다.

지배적이고 성공한 아버지를 둔 다른 아이들처럼 테오도 로알드에게 인정받고 싶어 했지만 번번이 그의 높은 기대치에 부응하지 못하고 지쳐 갔다. 로알드의 비서였던 웬디 크레스는 테오가 불확실한 일들, 수시로 바뀌는 환경, 돌작스러운 변화를 무척 싫어했다고 덧붙이면서 이렇게 말했다. "그는 아빠를 숭배했죠, 파이프 담배까지 피우면서 아빠를 흉내 내려고 많이 애썼어요." 웬디의 기억으로는, 한번은 로알드가 병원에서 막 퇴원했을 때, 리시가 회복을 위해 그를 데리고 와이트 섬에 간 적이 있었다. 로알드는 그 무렵 가장 좋아하던 화가였던 반 고흐의 작은 초상화를 호텔에 가져가고 싶었다. 그래서 테오에게 타르로 방수 칠한 담요로 그림을 포장해 자동차 트렁크에 넣으라고 시켰다. 자동차에 짐을 싣던 리시는 그림까지 가져가는 것은 어리석다고 생각하여 테오에게 다시 집 안에 가져다 놓으라고 했다. 그랬더니 아빠는 자동차에 그림을 놔두라며 테오를 야단쳤다. 웬디는 당시를 이렇게 기억했다. "테오는 멍한 표정으로 마비된 사람 같았어요. 어찌할 바를 몰랐죠. 겨드랑이에 반 고흐 그림을 끼고는 우왕좌왕했어요."[84] 결국 테오는 근처 슈퍼마켓에서 일하는 데 단족했다. 로알드가 세상을 떠난 다음 몇 년 후에 테오는 결혼하고 플로리다로 건너가 가정을 이루었다.

자식들을 키우면서 이런 문제를 겪던 로알드는 당시 마지막 장편 동화인 《마틸다》와 씨름하고 있었다. 초고를 읽었던 모든 사람은 로알드가 정신이 나갔다고 생각했다. 여주인공인 마틸다 웜우드는 원래 '사악하게 태어났고', 이야기의 클라이맥스는 마틸다가 염력으로 경마의 승부를 조작해 가장 좋아하는 선생님의 재정 문제를 해결하는 장면이었기 때문이다. 그녀는 그러다 죽어간다. 지나 폴린저는 원고에 대해 심각하게 망설였다. 그녀는 줄거리가 불필요할 정도로 '야만적'이고 '공격적'이라면서 이렇게 회상했다. "엄청나게 큰 충격을 받았어요."[85] 스티븐 록스버러는 원고를 읽고 무척이나 실망해서[86] 원고를 받았다고 연락하지도 않았다. 록스버러가 망설이자 로알드도 마음의 상처를 받았는데, 그는 처음으로 편집자의 의견을 갈망했다. 자신도 원고에 문제가 있음을 알았다. 그는 나중에 이렇게 털어놓았다. "나도 무척 힘들었어요. 잘못 잡았어요. ……주인공인 어린 소녀는 계속 바뀌었어요."[87] 로저 슈트라우스조차 로알드가 '실망하고…… 초조해' 하는 상황임을 눈치챌 수 있었다.[88]

이런 냉담한 분위기를 알아차린 록스버러는 상황을 바로 잡고 작가와의 오랜 우정을 다지기 위해 무던히 애를 썼다. 그는 책을 의논하기 위해 세 번이나 달을 만나러 영국으로 건너갔다. 하지만 이 모든 과정에서 달은 지쳤고, 앞으로 장편을 다시 쓸 수 있을까 걱정하기도 했다. 1988년 그는 토드 맥코맥에게 이렇게 말했다.

"다시 처음부터 책을 쓰기 시작했소. 모든 단어를 다시 썼지. ……아주 흥미로운 작업이었소. 전엔 한 번도 해보지 못한 경험이니까. 아마 나이가 많이 들어서인지 이제는 그리 능숙하지 못한 것 같소. 시간도 많이 걸리고. ……이제는 만족스럽소. 내 생각에는 괜찮은데. 요전에는 그렇게

못 했지."⁸⁹

스티븐 톤스버러와 공동 작업을 하면서 느꼈던 따뜻한 분위기는 이제 사라지고 없었다. 록스버러는 저녁을 먹으면서 메를로 포도와 소비뇽 포도 중에 어떤 것을 먼저 수확하는가를 놓고 벌였던 논쟁을 떠올렸다. 양쪽 다 자기주장을 조금도 굽히지 않았다. "우린 오래된 부부 같았어요. 그저 티격태격했죠. 그러다 저는 화가 났어요."⁹⁰ 로저 슈트라우스는 록스버러가 너무 당당해져서 '로알드 자신보다 자기가 작가에 대해 더 잘 안다'고 자신했던 모양이라고 했다.⁹¹ 록스버러는 그 의견에 동의하지 않았다. 하지만 그의 집착이 '(로알드를) 지치게' 했을지도 모른다고는 했다. 그는 작가가 그저 '혼자 내버려두기'를 원한다고 생각했다. 그리고는 웃긴 차원으로까지 일이 번졌다. 록스버러가 집시하우스를 방문하면서 달이 굉장히 싫어하는 턱수염을 기르고 간 것이다. 웬디 크레스는 그가 '지저분하고…… 으스스하고…… 마치 히피 같았다'고 했다. 그녀 역시 어쩌면 록스버러가 조금 주제넘지 않나 하는 생각이 들었다고 했다.⁹² 머리 폴린저는 이렇게 돌아다보았다. "로알드가 그렇게 신뢰했던 깨끗하게 면도한, 명민한 편집자가…… 완전히 엉망이 되었을 뿐 아니라 이제는 실제로 망할 놈의 턱수염까지 길렀던 것이다."⁹³

《마틸다》의 원고 검토에는 많은 시간이 걸렸다. 로알드는 리시에게 록스버러에겐 에너지가 너무 많고 자기에겐 너무 없다고 불평을 늘어놓았다. 더욱이 록스버러는 작품 편집뿐 아니라 계약에도 책임이 있었기 때문에 수정이 완료된 후에 매듭지을 계약에 대해서도 협상 중이었다. 로알드는 성격답게 FSG의 최초의 제안을 거절했다. 록스버러는 아마 책을 편집하는 데 많은 시간이 걸려서 그런가 보라며 회사에 암시를 주었다. 록스버러가 투자한 편집시간에 대해 돈을 매겼다는 뜻으로 받아들인 달은 화가 났다. 달은 그의 도움을 인정하면서도 '회사가 이런 식으로 편집에 돈을 매기는 경우는 처음'이라고 덧붙였다. 그러나 가장 중요한 것은 록스버러가 가장 힘이 들고 논란이 된 이 책의 가치를 그다지 높이 평가하지 않았음을 로알드가 눈치챈 것이었다. 로알드는 펭귄으로 옮기겠다고 장황한 편지를 보냈다.

……나는 당신이 《마틸다》의 최종본을 마음에 들어 하는지 아닌지 확신이 서지 않습니다. 3주 만에 제대로 되었는지 알아보려고 전화를 걸었을 때, 내가 들은 답은(이 두 단어는 제 머릿속에 박혔지요) '괜찮을 듯합니다'였습니다. 그 말은 케이프의 말과 대단한 대조를 이룹니다. 그들은 열의를 보이고, 소매를 걷어붙이고는 봄에 출판하려고 이미 계획을 세웠습니다. ……그러니 이 일 때문에 얼마나 내 마음이 불편했는지 말하지 않는다면 솔직하지 못한 것 같습니다. ……결국 제 의무는 가족에게 있습니다. 의리 때문에 제 작품에 대해 최선의 조건을 얻지 못할 수는 없습니다. 리시와 오필리아도 마지못해 동의했습니다. 이제 다른 곳으로 가야 한다고 생각하니 많이 슬픕니다. 하지만 FSG에서 당신이 맡은 의무 때문에 예전에 해주었던 훌륭한 편집을 앞으로는 해줄 수 없으니 어쩔 수가 없겠지요.[94]

록스버러는 작가는 계약상의 문제를 에이전트에게 맡겨야 하는 거라고 주장하면서 '협상 언어'는 '친구 사이에 쓰는 용어'가 아니라고 했다.[95] 그는 로알드의 논박에 적의가 가득한 걸 대단히 안타깝게 생각하면서, 이번 사태가 자기 책임이라면 사죄한다고 했다. 하지만 소용이 없었다. 두 사람의 관계는 그렇게 끝이 났다.

로알드는 몸이 아팠다. 최근의 대장암 수술은 성공적이었지만, 무척 힘들어했다. 펭귄의 피터 마이어Peter Mayer는 그에게 새로운 에너지를 주었고, 더 나은 인세를 보장해 주었다. 로저 슈트라우스는 로알드에게 마음을 바꿔달라고 설득했지만 그의 태도는 단호했다. 수트라우스가 100만 파운드에 달하는 세금 문제를 해결해준 일을 이야기하자 로알드는 잠시 망설였지만, 그런 언급이 '신사답지 못한' 행동이라고 단호하게 거절했다. 하지만 로알드는 이렇게 말했다. "우리는 영원히 친구로 남을 겁니다."⁹⁶ 로알드가 펭귄으로 옮겨버리는 바람에 록스버러가 준비하던 전기는 묻혀버렸다. 하지만 적대감이 남지는 않았다. 다만 후회는 조금 남았다. 비토 로알드가 다른 곳으로 옮겨가 실망했지만, 록스버러는 그와 함께 6권의 책을 출판했다는 점을 자랑스럽게 생각했다. 그리고 로알드와 가까웠던 친분을 소중하게 여겼다. 그리고 그는 작가의 심리를 아주 잘 이해했다. 그는 이렇게 회상했다.

"그분은 저를 자기 생활에 넣어주었습니다. 저는 많은 애정과 존경심을 가지고 있습니다. 그는 저에게는 아버지 같은 분이에요. 그건 틀림없습니다. ……그는 최고급만 취급하는 분입니다. 가장 훌륭하고, 가장 명확하고, 가장 유명하고, 가장 풍족하고. ……만약 당신의 별이 하늘에서 떨어지면 ……당신은 어느새 가장 처참하고, 가장 비참하고, 가장 어리석은 하찮은 존재가 되는 거죠. 그는 모든 것을 흑백 논리로 보니까요."⁹⁷

달은 펭귄으로 옮기면서 재정 이익을 얻는 것 말고도 퍼핀 출판사Puffin Books의 젊은 사장인 리즈 애튼버러Liz Attenborough에게 친밀감을 느꼈다. 그녀는 로알드가 '그 누구보다 훌륭한 전문가'라는 사실을 인정했으며, 그녀가 너무 어리다는 염려를 극복한 후, 로알드는 비서를 통하지 않고 그녀가 직접 전화를 받아주어 무척 기뻐했다. 곧 두 사람은 서로의 가족들 이야기를 나누었고, 가끔은 그녀의 아이들에게 자신의 원고를 어떻게 보았는지 조언을 구하기도 했다. 그는 동화책에 대한 그녀의 열정적인 논평을 좋아했고, 그녀가 정기적으로 어떤 책이 가장 많이 팔리는지 판매 차트와 목록을 만들어 보여주는 일도 너무나 마음에 들어 했다.[98]

독자들에게 인기 있다는 것은 그에게 상당히 의미 있는 일이었다. 그건 꼭 돈과 연결되어서가 아니었다. 오필리아는 이렇게 기억했다.

"아빠는 돈을 즐길 수 있어야 한다는 의식이 강했어요. 하지만 아무 의미 없는 공허한 마음으로 돈을 즐기는 사람은 아니었어요. 아빠는 돈을 나누어주는 것을 좋아했어요. 그리고 돈에 대해 너그러웠죠. 돈으로 할 수 있는 모든 선물이나 기쁜 일을 늘 놀라워했고, 돈으로 할 수 있는 매우 진지한 일들도 좋아했어요."

그녀는 자기가 학교 다닐 때 썼던 〈인생에서 가장 멋진 것은 공짜다The Best Things in Life are Free〉라는 짧은 이야기를 기억했다. 오필리아가 아빠에게 이 이야기를 했더니, 아빠는 무뚝뚝하게 인생에서 가장 멋진 몇몇 일들은 결코 공짜가 아니라고 했다. 예를 들어 '가장 훌륭한 의학 치료' 같은 일이다. "아빠는 학교가 나에게 공짜로 즐길 수 있는 숲이나 들판 같은 것을 이야기하게 하고 싶어 했던 것을 알았어요. 하지만 아빠는 그런 뻔한 것은 그다지 흥미롭게 생각하지 않았죠. 아빠는 그런 것들에서는 그다지 큰 기쁨을 느끼지 못한다고 했어요."[99]

같은 맥락에서 달은 자신의 그림들을 보험에 들고 싶어 하지 않았다. 이유는 세 가지였다.

"우선 나는 그림을 단지 그림이 주는 아름다움과 기쁨 때문에 내 방에 걸지. 일단 그림을 보험에 들게 되면 그림의 가치에 대해서 의식하게 될 테니 그런 생각이 미적 아름다움보다 앞서게 되거든. 둘째로 나는 악당들이 보험회사의 서류에 얼마나 접근하기 쉬운지 알기 때문이야. 셋째로 나는 도둑들이 그림을 훔치는 일은 아무 의미가 없다고 생각해. 물론 더 훌륭한 그림들도 잘 훔쳐낼 거야. 하지만 난 그 그림들을 도로 사들일 생각이 없어. 그러니 그림을 훔쳐내도 아무 짓도 못 하는 거지. 만약 집이 불타버린다면 그럼 그건 그저 운이 나쁜 거야. 나는 그림을 무척 그리워하겠지만, 어차피 돈이 그런 손실에 대해 아무 보상도 못 해줄 거니까."[100]

1975년 립턴에서 학생들에게 한 연설에서 그는 찰스 마시의 명언 '돈은 주위 사람에게 뿌릴 때만 좋은 것이다'를 반복했다.[101] 말년에 로알드는 개인적으로나 자신이 후원하던 재단을 통해 대단히 너그럽게 기부했다. 그는 《거꾸로 목사님 The Vicar of Nibbleswicke》이라는 단편을 썼다. 그리고는 책의 저작권을 난독증재단에 경매로 내어놓았다. 케이프와 퍼핀은 1만 파운드에 저작권을 사들였다. 그는 그레이트 오스몬드 스트리트 어린이 병원을 비롯한 많은 의료단체를 위해 기금을 조성했다. 1987년 그는 《You Only Live Twice》의 원고를 PEN(국제펜클럽)에 기부했다.

이런 기부는 대부분 조용하게 개인적으로 이루어졌다. 리즈 애튼버러가 기억하는 전형적인 사례가 있다. 그녀는 집시하우스의 저녁 식사에 초대되었다. 그녀는 두 딸의 어머니가 보낸 편지를 가져갔는데, 딸들이 장애가 심해서 한 대에 1만 파운드나 하는 전동휠체어가 필요하다며 혹시 도와줄 수 있는지 퍼핀에 편지를 보낸 것이다. 애튼버러는 로알드가 책에 사인을 해주면 그 책을 팔아 휠체어를 사는 데 도움을 받을까 싶어서 책을 한 권 가져왔다. 편지를 읽은 로알드는 여인의 딱한 사정에 가슴이 아파 위층으로 올라가서는 그의 작품을 모두 가지고 내려왔다. 그와 블레이크(그날 저녁 그도 손님이었다)는 각 책에 사인했다. 일주일 후 로알드는 애튼버러에게 전화를 걸었다. 방금 그 어머니에게 전화를 걸었고, 딸들의 문제로 길게 통화했다고 했다. 결국 전동휠체어 한 대 값인 1만 파운드짜리 수표를 보냈다. 그리고는 나머지 한 대 값을 어떻게 모을 수 있는지 어머니에게 조언했다. 애튼버러는 어안이 벙벙했다. "아마 저한테만 이야기했을 거예요. ……그건 아주 전형적인 그의 모습이죠. 그는 늘 그런 식으로 일했어요."[102]

아프거나 다친 아이들은 이런 너그러움의 혜택을 받았다. 물론 다른 수혜자들도 있었다. 달은 팻의 이혼 수당을 올려주었고, 조카들에게 재정적인 도움도 주었다. 자신을 도와주는 사람들에게 크리스마스 칠면조에서부터 외국의 명절에는 거위까지 선물을 보내기도 했다.

간혹 어떤 사람들은 이런 관계를 '주인이 하인'에게 베푸는 것 같다고 느꼈다.[103] 하지만 대부분은 전혀 속물적인 면이 없는 순수한 자비로 보았다. 친절함이 깃든 작은 행동이 로알드에게는 큰 의미였다. 1980년에 가족들과 스위스에서 휴가를 보낼 때, 그는 호텔에서 취리히 시내까지 손님들을 태우고 다니는 케이블카 운전자가 보잘것없는 작은 시가를 피우면서 큰 기쁨을 느끼는 것을 알아보았다. 케이블카가 덜컹덜컹하며 산 위를 오갈 때, 만족스러운 듯 한 모금씩 피우고, 차에 올라타는 손님들의 표를 받으러 나갈 때는 연기가 나는 꽁초를 창턱에 두는 것을 알았다. 어느 날, 로알드는 취리히에서 가장 비싼 시가를 사서 운전자가 나간 동안 조용히 꽁초를 새 시가로 바꾸어놓았다. 그렇다고 운전자가 새것을 발견하고 어떤 표정을 짓는지 보려고 남아 있지 않았다. 그가 기뻐할 것을 아는 것으로 충분했다.

톰 마쉴러가 신경쇠약에 걸려 프랑스에서 요양할 때도 비슷한 일이 있었다. 로알드는 그에게 엄청나게 길고 흥미로운 내용의 편지를 써 보냈다. 런던에서 벌어지던 일에 관한 것이었다. 그저 그를 즐겁게 하려는 것이었다. 마쉴러는 깜짝 놀랐다. "시도 들어 있었고, 가십도 있었고 이런저런 이야기들도 있었지요. 모든 세계가 다 들어 있는 것 같았어요. 나만을 위한 작은 책이었어요. 놀라울 정도로 너그러운 행동이었습니다."[104]

그는 자신에게 가장 중요한 사람들이 보낸 편지에 온갖 정성을 다해 열심히 답장해주었다. 그건 어린 독자들이었다. 네브래스카의 한 외딴 병원에 있던 아이, 발달이 늦어 엄마가 읽는 걸 도와주던 뉴질랜드의 한 어린 소년, 자선 경매를 여는데 로알드의 옷을 팔고 싶다던 아부다비의 영국학교, 그리고 다발성경화증을 가진 뉴사우스웨일스의 어린 소녀까지, 모두 답장을 받았다. 답장을 받지 못한 사람은 거의 없었다. 머리 폴린저는 이렇게 기억했다. "그는 아이들과 있는 것을 좋아했어요. 그리고 아이들의 반응을 좋아했죠."[105]

달은 아이들과 판타지를 공유했다. 이야기가 아이들에게 좋은 역할을 하는 엄청난 힘이 있다고 생각했으며, '사실'이라는 것은 치명적이라고 느꼈다. 《뉴욕 타임스》에 이런 글을 쓴 적이 있었다.

"가장 좋은 아이들은, 의심할 여지 없이 판타지를 꿈꾸며 자란 아이들이다. 가장 끔찍한 아이들은 사실을 아는 아이들이다."[106]

앨프리드 크노프는 1960년대에 달이 '마법사'이며 이 시대의 가장 놀라운 인물 중 하나'라고 표현했는데, 그건 대단한 통찰력이었다.[107] 20년 후 중년에 접어든 마법사는 그의 분야에서 가장 나이 많은 전문가가 되어 있었던 것이다. 그는 어떻게 충격을 주는지 어떻게 겁을 주는지, 그래서 독자들을 의자 가장자리 앉아 초조하게 기다리게 할 방법을 알고 있었다. 그는 어린아이를 미소 짓게 할 수도, 큰 소리로 깔깔 웃게 할 수도 있었다. 천직을 해나가면서 그는 열성분자가 되어버렸다. 셀 수 없이 많은 문맹 퇴치 운동에 기여했다. 그의 표현으로는, 그의 '열정적인 목적'은 아이들이 편안하게 책을 접하고 읽을 수 있게 가르치는 것이었다.[108] 그는 매일매일 힘든 일과 학교 수업으로 가득 한 생활에서 아이들을 끌어내어 놀랍고 흥미롭고 믿을 수 없는 세상으로 올려보내고 싶었던 것이다.[109]

그는 구습을 타파하는 자기 위치에 흡족해했다. 자신을 무시하는 것만큼이나 어린아이를 무시하는 이 세상에서 아이들을 대신해 목소리를 낸다는 사실에 자부심이 있었다. 그는 죽기 몇 달 전에 강의 메모 하나를 적어놓았다. 아이들에게 어른은 거인처럼 보이기 때문에 결과적으로 '엄마건 아빠건 선생님이건' 그들의 무의식 속에서는 모두 '적'으로 간주한다고 했다. "하지만 어른들은 이런 사실을 깨닫지 못한다. 내가 부모나 선생님들을 악당으로 그리는 책을 쓸 때, 즉 《마틸다》에서처럼 아이들은 정말 좋아한다. ……이건 아이들이 '야호! 드디어 우리 마음이 어떤지 이해해주는 어른이 나타났구나!' 하고 소리칠 수 있기 때문이다."[110] 그는 이런 철학을 10년 전에 이미 그의 재능을 밝히고 나설 때 보여주었다.

무엇이 훌륭한 동화작가를 만드는가? 작가는 어린아이를 즐겁게 해주기 위해서뿐만 아니라 그들에게 읽는 습관을 들이겠다는 진심에서 우러나온 강한 바람을 가지고 있어야 한다.

……작가는 광대 같은 인물이 되어야 한다. ……그는 간단한 장난, 농담, 수수께끼 그리고 그 밖의 다른 어린이다운 것들을 좋아해야 한다. 그는 틀에 박힌 생각이 없어야 하고 항상 창의적이어야 한다. 그는 그야말로 최고로 멋진 이야기를 알고 있어야 한다. 그는 무엇이 아이들을 사로잡고 무엇이 아이들을 따분하게 하는지도 알고 있어야 한다. 아이들은 깜짝 놀라는 것을 좋아한다. 스릴도 좋아한다. 직접 행동하는 것을 좋아하며 유령도 좋아한다. 그리고 아이들은 보물찾기도 즐기고 초콜릿과 장난감 그리고 돈도 좋아한다. 마법도 좋아하고 낄낄 웃는 것도 좋아한다. 아이들은 악당들이 끔찍한 최후를 맞는 것을 기뻐한다. 아이들은 영웅을 좋아하고 영웅이 승자가 되는 것도 좋아한다.

하지만 아이들은 자세한 설명과 장황한 등장, 화려한 문체를 싫어한다. 그들은 그 어떤 종류라도 길게 묘사한 글을 싫어한다. 모든 아이는 좋은 글과 서투른 문장을 날카롭게 잘 가려낸다. 아이들은 위협적인 요소가 담긴 이야기를 좋아한다. 커다란 악어가 작은 아이에게 묻는다. "내가 하고 싶은 게 무엇인지 아니? 나는 점심으로 아주 통통하고 육즙이 많은 아이를 먹고 싶어." 아이들은 그런 종류를 좋아한다. 아이들이 또 어떤 것들을 좋아할까? 새로운 발명품. 참신한 방법. 특이함. 비밀스러운 정보. 나열하자면 길다.

하지만 그 무엇보다 당신이 아이들을 위해 글을 쓸 때 명심해야 할 일은 아이들은 어른만큼의 집중력을 가지고 있지 않다는 것이다. 아이들은 쉽게 지루해하고 산만해진다. 그러니 당신의 이야기는 매 페이지 아이들의 애를 태워야 하고 흥을 돋워야 한다. 그렇게 때문에 항상 당신은 자신에게 '너무 느린가? 너무 지루한가? 아이들이 읽다가 그만두는 것은 아닌가?'라는 질문을 해야 한다. 그런 질문에 '아니다'라는 답보다는 '그렇다'라는 답을 자주 해야 한다. 만약 그렇지 못하면 다 지우고 다시 쓰기 시작해야 한다.[111]

20장

이제는 처절한 싸움은 없다

1970년대 중반의 리시 크로슬랜드.

달과 리시. 1988년경.

1990년 1월 르알드는 리시와 오필리아, 그리고 리시의 막내딸인 로리나 Lorina를 데리고 자메이카로 휴가를 떠났다. 그들은 섬 북쪽 해안에 있는 자메이카 인에 머물렀다. 2차세계대전 이후에 찰스 마시가 세운 식민지 스타일의 아늑한 호텔이었다. 로알드에게 호텔과 분위기는 추억을 떠오르게 했다. 1940년대에 윌리엄 스티븐슨, 팝 헌틀리, 비버브룩 경, 노엘 카워드, 이언 플레밍과 함께 해변을 걷고, 베란다에서 저녁 술을 들이키던 곳이었다. 이제 한 사람만 빼고는 모두 유령이 되어 있었다. 그곳에서 찰스 마시는 무너지던 팻과의 결혼생활을 회복시키는 데 도움을 주었고, 그러다 갑작스럽게 모기에게 물려 뇌염 희생자가 되었던 것이다.

그러나 로알드는 추억에 잠기려고 그곳을 찾은 것이 아니었다. 비록 일흔셋의 나이에 접어들었고 걸음걸이는 관절염에 걸린 기린 같았지만, 그는 여전히 현재에 충실하게 살아갔고, 사랑하는 사람들과 함께 있는 걸 즐기고 있었다. 우아한 암사자 세 마리에 둘러싸인 백발의 사자처럼. 웨슬리 대학에서 학위를 시작하기 위해 보스턴으로 이사 간 지 얼마 되지 않은 오필리아는 그때의 휴가를 '거대한 마침표' 같은 시간이었다고 회상했다. 아빠가 '질병의 무거운 무게에 짓눌리지 않았던' 마지막 시간이었다고 했다. 해변에서 커다란 억새를 엮어 만든 파라솔 아래 다 같이 앉아, 아빠는 책을 읽기도 하고, 야한 운행시를 지어내고─항상 즐기던 놀이였다─마치 구조대원처럼 다른 손님들을 관찰하다가 한 사람을 골라내서 근사한 이야기를 지어내면서 시간을 보냈다. 로알드는 무척 지쳐 있었지만 카리브 해의 햇볕과 함께 머무는 사람들, 그리고 그를 압박하는 스트레스가 없어 생기가 돌았다.

한편 26살의 로리나는 기분이 그다지 좋지 않았다. 그녀는 고질적인 두통에 시달렸다. 귀에서는 끊임없이 이명이 들렸다. 언젠가 오필리아에게 귓속에 벌레가 들어 있는 건 아닌지 봐 달라고 했다. 조용하고 말수가 적었던 미인인 로리나는 당시 하퍼스Harper's의 패션담당 매니저였는데, 두 언니보다 얼굴 생김생김이나 피부색에서 강한 인디언 혈통임을 보이고 있었다. 로알드는 호리호리하고 날카로운 눈빛 때문에 그녀를 '버마고양이'라고 불렀다. 그녀로부터 어떤 반응을 끌어내는 걸 좋아했지만 거의 성공하는 법이 없었다. 이명과 두통이 사라지지 않자 로알드는 그 지방의 의사를 불렀는데, 의사는 중이염이라는 진단을 내리며 항생제를 처방했다. 런던으로 돌아왔을 때 또 다른 의사는 내이염—내이의 바이러스성 염증—이라고 또다시 잘못 진단했다. 사실 그때까지 아무도 찾아내지 못했지만 로리나는 급성 뇌종양을 앓고 있었다. 자신의 삶이 얼마 남지 않았다는 사실을 전혀 모른 채, 바쁘고 흥미로운 생활을 '계속' 해나갔다. 자메이카에서 돌아온 지 얼마 되지 않아 그녀는 잡지 촬영을 하려고 남아프리카로 날아갔다.

다시 영국으로 돌아오니, 영국의 2월 날씨는 예년과 달리 따뜻하고 맑았다. 기온도 15도 정도였다. 흰 수선화와 나팔수선화가 집시하우스의 정원에서 꽃을 피우고 있었다. 예년보다 수 주일이나 빠른 개화였다. 일기예보는 앞으로도 따뜻하고 맑은 날이 계속될 거라고 했다. 어느 날 저녁, 11시쯤 전화가 울렸다. 로알드와 리시는 침실에 있었고, 오필리아가 침대 가장자리에 앉아 리시의 발을 마사지해주고 있었다. 그녀는 전화를 받았다. 낯선 목소리가 달 씨를 찾고 있었다. 오필리아는 아빠에게 수화기를 건넸다. 그녀는 이렇게 회상했다. "모든 것이 그 순간 멈추었다. 나는 침대 끝에 서 있었다. 그리고 수화기를 받아든 아빠의 표정을 살폈다. 아빠는 아무 말도 하지 않았다. 아빠는 입을 다물지 못했다 그리고는 겁에 질린 눈으로 나를 올려다보았다. 나는 그때 이미 로리나가 죽은 것을 알았다. 그리고 리시 아줌마가 이제는 예전 같을 수 없다는 사실을 짐작했다."[1] 로리나는 뇌종양으로 말미암은 갑작스러운 동맥류 파열로 공항에서 즉사했다.

그 끔찍한 일로 로알드와 리시는 절망에 빠졌다. 그해 봄은 깊은 겨울로 빠졌다. 아무것도 리시에게 위로가 되지 못했다. 하지만 로알드는 늘 그랬듯이 남 앞에서 우는 모습을 보이는 것이 힘들었다. 그리고 아내의 슬픔을 덜어주지 못하는 자신의 무능력을 너무나 슬퍼했다. 어떤 것도 리시에게 위로가 되지 못했다. 도와줄 힘은 없었지만 로알드는 최선을 다해 긍정적인 모습을 보였다. 리시가 자기 딸 옆에 묻히고 싶다고 했을 때 로알드는 그 옆의 묘지를 6개나 샀다. 루시는 아빠가 침착하게 일을 처리하려고 노력했다고 기억했다. 그건 장례식 때도 마찬가지였다. "모든 것이 사업을 처리하는 것 같았어요." 플로리다에서 날아오는데, 로알드가 아무렇지 않게 '집으로 가서 일상으로 돌아가라'고 해서 얼마나 놀랐는지 몰랐다고 했다. 아빠가 자신의 아픈 상처를 감출 필요가 있다고 신호를 보내는 거라고 느꼈다. 아니면 '고통을 참아낼 수 있는 능력이 없다'는 신호였던 것 같았다고 했다. 그리고는 30년 전 올리비아가 죽었을 때도 똑같이 행동했던 것이 떠올랐다. "아빠는 (올리비아의 죽음 후) 자신의 마음을 열지 않겠다고 무의식적으로 결심했던 것 같아요. 어떤 형태의 슬픔이나 상실에도 마음의 문을 단단히 닫았지요. ……그 이후 다시는 열린 적이 없었어요. ……아빠가 절대 언급하지 않았던 것이 바로 올리비아였어요. 절대!"[2]

로리나의 죽음으로 그의 병세가 악화되었다. 그가 얼마나 쇠약해지기 시작했는지 다들 깜짝 놀랐다. 샬럿은 이렇게 말했다. "아저씨는 자기 캣을 하는 것 같았어요. 마지막 지푸라기였어요. 아저씨는 집안에 또다시 저주가 내렸다고 생각했어요."³ 네이샤는 엄마가 달을 간호하기 위해 슬픔을 빨리 이겨내야 했다고 말했다.

자메이카로 가기 전에 로알드는 앞이 잘 안 보인다고 했다. 그는 피를 0.5리터씩 제거하기 위해 한 달에 두 번 런던을 오갔다. 눈 주위 모세관의 압력을 낮출 수 있을 거라는 가정에서였다. 이 실험적인 방법은 효과가 있는 듯했다. 하지만 그 때문에 예상치 못하게 그가 허약해지고 있었다. 원치 않던 무기력함 속에서도 달은 마시가 가르쳐주고 리시 덕분에 삶에서 가능하게 된 마음의 평화를 얻어 휴식할 수 있었다. 그는 이런 감정을 이렇게 표현했다.

"마음의 고요함이 마치 따뜻한 안개처럼 내려앉았다. 처절했던 갈등은 이제 다 지나갔다. 모든 움직임이 느려지고 있다. 세상이 내 것이 된 것 같다. 서두를 것이 없다. 대단한 것을 이루어내려던 끝없는 싸움은 이제 끝이 났다."⁴

이건 그가 글 쓰는 일을 그만두겠다는 것도, 자신이 정한 일정 기준을 없애겠다는 것이 아니라 《마틸다》 이후로 정말 마음으로 준비되지 않으면 무엇인가를 끝내야 한다는 스트레스를 받지 않겠다는 뜻이었다.

그는 여러 작은 일들에 매달려 있었다. 높은 아파트에 사는 두 중년 남녀와 거북이 이야기, 기차 난간의 안전 가이드, 요리책, 사계절에 대한 서정적인 묘사, 두 편의 어른 우화와 고별 동화책이 되어 버린 《민핀The Minpins》 등이다. 하지만 여전히 글 쓰는 작업은 그에게 흥분을 불러일으켰고, 그건 젊은 공군 무관보였을 때 워싱턴에서 한밤중에 기름으로 불을 밝히면서 비행에 관한 글을 썼을 때만큼 열정적이었다. 거의 50년이 지나서야 글을 쓰는 과정에 대해 조금은 낙천적인 생각을 하게 되었지만, 여전히 간신히 버티는 정도였다. 그는 이렇게 썼다.

"일단 책을 쓰기 시작하면 오래된 흥분의 불꽃이 일지 않을 수 없다. 마지막 페이지까지 몰아치는 여세와 힘은 그 어느 때보다 강하다."[5]

뼈마디가 '미칠 것처럼' 아팠지만 그는 결코 지치지 않았다. 죽음이 그 어느 때보다 가까워졌지만 죽음 자체가 공포의 대상은 아니었다. 전에도 수없이 경험했기 때문이기도 하지만 피터 팬 같은 그의 성향이 모든 일을 근사한 모험으로 여겼기 때문이다.

"아주 희한한 것은, 솔직히 나는 노인이었지만 아주 늙었다는 생각이 들지 않아요. 돋뚱이는 산산이 부서져 가고 있지만 마음은 별개의 것이라 그 어느 때보다 젊죠. 내가 정신적으로 너무나 커버린 어린아이, 낄낄거리는 아이, 어린이들의 우스갯소리를 즐기고 똑똑노크놀이와 초콜릿과 사탕을 즐기는, 반 이상은 완전히 어른이 되지 못한 아이라고 믿고 있어요."[6]

조카인 니컬러스 록스데일에게 늘 기쁨이었던 '톡톡 튀는 장난기', 조카딸 알렉산드라 앤더슨Alexandra Anderson이 기억하는 '낄낄거리고 싶어 하는 욕구', 블레이크가 기억하는 '무시무시한 묘사에 대한 사랑'이 항상 새롭고 예상치 못한 일에 대한 끊임없는 매혹과 결합하여 로알드에게 세상을 살아가는 원동력이 되었던 것이다. 이따금 분을 참지 못하고 폭발한 적은 있었지만, 그를 둘러싼 우주에는 항상 해가 밝게 내리쬐었다. 두려움도 슬픔도 권태감도 없는 곳이었다. 말년의 책 대부분은 이런 화창함에 대한 따뜻한 증인들이 되었다.

《아북거, 아북거Esio Trot》는 호피 씨라는 한 중년 싱글 남자의 이야기이다. 그는 이웃인 실버 부인을 진심으로 사랑했다. 그는 자신의 사랑을 그녀가 기르는 애완동물인 거북이 알피를 조금씩 자라나게 하는 마법으로 보여주었다. 블레이크는 그 이야기를 '두 개의 방에서 이루어지는 사랑'이라고 적절하게 표현했다. 사악함이나 그로테스크한 인물이 전혀 나오지 않는 우화인데, 블레이크는 로알드가 리시에 대한 사랑을 근거로 썼다고 느꼈다.[7] 그래서 호피 씨의 창의적이고 상상력이 풍부한 문제 해결 능력에서는 그를 창조한 인물의 성향이 많이 드러난다고 보았다. 아주 뛰어난 인지력이었다. 호피 씨는 수줍음을 타고 과묵하고 초조해하는 성격이다. 대체로 사람들 앞에서 보이는 로알드의 모습은 아니었다. 그러나 그의 비서였던 웬디 크레스는 상관이 유머러스하고 호전적이며 가끔 화나게 했지만, 사실은 '내성적이고, 수줍음을 타고, 절대 속을 알 수 없는 사람'이었다고 했다.[8] 실버 부인의 거북이를 쑥쑥 자라게 만드는 마법의 주문, '아북거, 아북거! 라져커 점점! 라져커 점점! 서어 자, 서어 자, 아북거! 쑥쑥 라라자, 쑥쑥 라져커! 쑥쑥 라거크! 쑥쑥 라라자, 쩍부쩍부 라라자! 럭무럭무 라라자!'는 물론 마법의 주문이 아니고 그저 흥미로운 말놀이였으며, 호피 씨가 애완동물 가게에서 온갖 크기의 거북이를 사놓고 실버 부인이 눈치채지 못하게 며칠에 한 번씩 거북이를 바꾸어놓은 것이었다.

1990년 5월 20일 《타임스》에 서평을 기고한 소설가 수전 힐Susan Hill은 '우리가 한 번도 만나지 못했던 로알드 달이며, 부드럽고 새로운 모습으로 솔직하게 소박하고 사랑스러운 이야기'를 하고 있다고 했다. '무례함이나 어두운 면이 조금도 없는' 그리하여 어떤 부모든 선생님이든 불평할 수 없는' 이야기라고 했다.

《아북거, 아북거》는 60페이지 동안 단 한 명의 어린아이도 등장하지 않는 단순하고 특이한 이야기이다. 반면 《민핀》은 말년의 달의 특징이 잘 나타나 있는 책이다. 마음이 따뜻하고 장난기가 많은 한 소년이 모험을 찾다가, '악마의 숲'에서 모험을 발견한다. 그는 작은 사람들을 발견하고, 백조의 등에 타고 하늘 나는 법을 배우며, 궁극적으로 깊은 숲 속에 사는 끔찍한 괴물을 물리친다는 이야기이다. 문장이나 주제에서 많은 부분이 로알드의 스칸디나비아 뿌리를 느끼게 한다. 또 그의 오랜 친구 그렘린에게 다시 한 번 모자를 벗으며 인사를 건네고 있다. 전시 동안의 그의 사촌들처럼 민핀들은 흡착신을 신고 땅 위를 걸어 다니고, 허리케인이나 스핏파이어 같은 전투기를 올라타는 대신 새의 등을 타고 날아다닌다. 새를 타고 날아다니는 주제는 로알드가 어린 시절 읽었던 토마스 키텔센의 노르웨이 동화에 많이 나오는데, 아마 그의 머릿속에 오래 남아 있었던 것 같다. 오필리아는 어렸을 때 아빠가 삼키면 잉크 새의 등을 타고 날 수 있을 정도로 작아지게 만드는 분홍색 알약 이야기를 해주었던 것을 기억했다.[9] 톰 마쉴러는 로알드가 1980년대 초에 《민핀》을 쓸 생각을 했지만 그동안은 옆으로 치워두었다고 했다. 그러다 기력이 약해진다고 느끼기 시작한 1989년에 다시 시작했다고 했다.

　돌이켜보니 책은 작별의 시처럼 읽히는 것 같다. 규모는 어떤 것보다 크고, 톤은 좀 더 시적이며, 범위는 《Some Time Never》 이후로 기념비적일 만큼 방대한 것 같다. 어린이문학의 전형적인 규범을 깨면서 자신의 이름을 알렸던 작가치고는 이상하게도 구식으로 그리고 형이상학적으로 돌아간 듯했다. 그건 비행의 기쁨을 다시 불러일으킨 점에서도 그러하다. 더욱이 그가 블레이크와 일을 한 후 처음으로 덜 특이하고, 조금 더 서사적인 사람이 그림을 맡아주길 원했다. 그가 패트릭 벤슨Patrick Benson을 선택한 이유는 책의 마지막 페이지에서 분명해진다. 작은 빌리는 곧 자신이 백조의 등을 타기에는 너무나 커질 거라는 사실을 깨닫는다. 그래서 거대한 하얀 새가 마지막으로 그를 등에 태운다. 이 신비롭고 초자연적인 비행은 상징적인 의미가 있다. 어린 빌리가 사춘기에 접어드는 것이다. 그의 마법 같던 어린 시절은 곧 끝날 것이고, 그는 재미없는 어른들의 세계와 마주해야 한다. 로알드 앞에는 조금 다른 절대적인 여행이 놓여 있었다. 하지만 둘의 여행은 너무나 비슷하다. 둘 다 친숙한 곳을 떠나 새로운 곳으로 모험을 떠나는 것이다. 둘 다 가장 사랑하는 사람들에게 작별을 고해야 한다. 놀라운 하늘 풍경, 물 그리고 바위가 새와 소년의 첫 비행을 압도하면서 《Some Time Never》 마지막에서 모든 인간의 결점을 용서해주는 절대적이고 자비로운 자연의 힘을 상기시키고 있다.

백조는 수없이 긴 시간을 날아서 지구의 표면에 있는 거대한 구멍에 도착했다. 마치 입을 떡 벌린 듯한 모습이었다. 백조는 천천히 미끄러지듯이 이 엄청난 분화구 위를 빙빙 돌더니 그 안으로 들어갔다. 그들은 어두운 구멍으로 점점 깊이 들어갔다. 갑자기 아래에서 햇빛이 비추듯 밝아졌다. 어린 빌리는 엄청난 크기의 호수를 볼 수 있었다. 아름다운 푸른색이었다. 그리고 그 호수 위에는 수천 마리의 백조들이 유유히 헤엄쳐 다니고 있었다. 푸른 물에 떠 있는 순백의 백조들은 그야말로 아름다운 광경이었다.[10]

톰 마쉴러는 로알드가 죽기 몇 달 전까지 이 책에 집중해서 매달렸다고 기억했다. "그는 제대로 될 때까지 멈추지 않았지요."[11]

인간은 죽을 수밖에 없는 운명이라는 것이 그의 마음을 암울하게 했다.

그는 바쁘게 재정 문제를 정리했다. 1989년 11월, 그는 조너선케이프에게 인세 지급이 6개월 이상 지체되면서 이자가 한 푼도 붙지 않았다며 불평했다. 그의 계좌가 있는 런던 중심가 은행의 일 년 이자가 14퍼센트나 되니 출판사들이 이런 식으로 수천 파운드의 이익을 챙기는 거라고 지적했다.[12] 머리 폴린저에게는 '찬성할 만한 젊은 파트너를 정하거나……아니면 상속자들에게 앞으로 계속해서 충분한 액수를 지불할 수 있는 또 다른 에이전트를 정하지 않으면' 앞으로 장기간 그의 에이전트와 계약하지 않겠다고 하여 그를 실망시켰다.[13] 그는 폴린저가 하이네만에서 일하던 어맨다 콘키를 고용하기를 원했다. 그는 한때 저작권을 전부 팔아 버릴 거라고 위협하기도 했다. 로알드는 폴린저가 앞으로 30~40년 동안 능력 있고 애정 있는 직원들에 의해서 자신의 에이전트가 운영될 거라고 보장할 수 없는 게 걱정되었다. 그는 폴린저를 '자신이 틀렸다고 인정하지 못하는 사람'이라고 낙인찍어 버렸다. "우리는 종종 생각을 틀린다. 나도 그렇다. 자신의 잘못을 인정하는 사람을 만나는 것은 항상 기분이 좋은 일이다." 뜻밖의 일은 아니지만 머리는 이런 비난을 개인적인 공격으로 받아들였다. 하지만 그는 그 호전적인 발언 뒤에 감추어진 새로운 면을 깨닫지 못했을지도 모른다. 그건 로알드가 자신이 가고 난 후의 세계를 준비하고 있었다는 사실이다.

1989년 11월 회계사인 앨런 랭그리지는 로알드에게 세금 전문가인 마틴 굿윈과 상담해 보라고 했다. 로알드가 자신이 죽은 뒤에 저작권을 어떻게 하는 것이 가장 나은 방법인지 걱정했기 때문이다. 1990년 1월 집시하우스에서 점심을 하면서 달은 그의 권리들을 어떻게 처리하는 것이 가장 최선인지에 대해 물었고, 굿윈은 이런 토론에서 리시가 '중요한 부분'을 차지하는 걸 알게 되었다. 그는 이렇게 말했다. "리시에게 모든 책에 대한 권리를 부여하는 것 같았고, 로알드는 그녀를 100퍼센트 신뢰했다." 그는 또한 로알드와 리시가 함께 책을—달이 가장 좋아하는 요리법과 가족의 자전적인 일화 모음집—쓰려고 계획한 것도 알았다. 책의 이름은 《Memories with Food at Gipsy House》라고 부를 예정이었다.

굿윈은 달에게 상속세를 최소화할 수 있을 거라고 하면서, 리시를 동업자로 만들어 현재 가진 모든 저작권을 넘기고, 리시가 그의 작품의 이익을 통제할 수 있게 하면 될 것 같다고 했다. 로알드는 그 계획을 '빠른 속도'로 진행하기로 했다. 달&달Dahl&Dahl 회사를 만들고는 굿윈에게 집시하우스로 건너와 아이들에게 설명해달라고 부탁했다. 굿윈의 기억에 따르면, '상담하는 것이 아니라 통보하는 형태'였다. 로알드는 그답게 직설적이었다. 그는 아이들에게 이렇게 말했다.

"나는 모든 것을 리시에게 남긴다. 리시가 너희에게도 저작권 문제도 다 잘 알아서 하리라 믿는다. 그리고 너희들도 그랬으면 좋겠다."[14]

루시는 자신은 물론이고 형제들이—상당한 양의 특정한 선물과 유산을 제외하고—아빠의 유언장에서 제외되었다는 사실에 충격을 받았다. 루시는 리시의 권한에 제한이 있느냐고 물었다고 했다. 그 질문에 대한 굿윈의 대답은 분명히 이랬다고 기억했다. "예, 그녀가 원하면 자기 몫을 마음대로 가질 수 있습니다." 로알드는 그저 이렇게 중얼거렸다. "좋아." 루시는 '끔찍한' 생각이 들었다. 굿윈은 런던으로 돌아갔고 아빠는 쉬기 위해 침실로 들어갔다.

루시는 자식들이 아빠가 돌아가시면 엄청난 양의 유산을 받을 거라고 믿으며 자랐다고 했다. 그래서 모두 충격받았던 것이다. 그녀는 슬픈 듯 이렇게 말했다. "갑자기 우리 유산이 제로가 된 거예요. 우리는 아빠가 6개월 이상 살지 못할 거라고 걸 알고 있었거든요." 서로 의논한 후 테사와 오필리아는 루시에게 아빠의 침실에 들어가 그들의 생각을 말해보라고 했다. 루시는 이렇게 말했다. "제가 들어갔어요. ……아빠는 텔레비전을 보면서 침대에 누워 있었어요. 확실히 지쳐 있었죠. 제가 아빠에게 말했어요, '아빠, 방금 아빠가 우리에게 말해준 계획이 마음에 들지 않아요. …… 우리는 모든 것이 리시 아주머니에게 돌아가고 우리에게 한 푼도 돌아오지 않는다는 사실이 마음에 들지 않아요.' 그랬더니 아빠가 이렇게 말했어요. '흠, 네가 리시 아주머니를 믿지 않는다면 당장 꺼져!'" 요즘 루시는 이 이야기를 아빠와 그렇게 다르지 않게 껄껄거리며 말한다. 지난 20년 동안 리시가 달의 자산을 얼마나 잘 운용하는지, 수입을 얼마나 공정하게 배분하는지 잘 알기 때문이다. 하지만 아빠의 그런 결정 때문에 한때 리시 아주머니에게 등을 돌렸던 적이 있었다고 했다. "우린 리시 아주머니를 그다지 좋아하지 않았어요. 그건 아주머니가 우리 몫을 다 가졌으니까요."[15] 사실 로알드는 자식들에게 이득이 되는 일에 조금도 소홀하지 않았다. 어맨다 콘키를 폴린저 에이전트에 집어넣는 일에 실패하자, 그는 그녀에게 자신의 유언장 집행을 맡겼다. 어맨다는 처음에는 그의 부탁을 받고 놀랐다. 물론 그녀는 받아들였다. 그리고 자신이 달의 자식들을 대표하는 '보험카드'가 되어주기를 부탁한 것이라는 사실을 곧 깨달았다.[16]

로알드는 기력이 점점 쇠약해지자 명성에 대한 욕구도 줄어들었다. 주변 사람들은 그가 여러 해 동안 기사 작위를 받고 싶어 했다는 사실을 잘 알고 있었다. 노력했지만 성공하지 못했고, 가끔은 아주 서툴게 작위를 위해 로비도 벌였다. 사실 1980년대 초 그릇된 여론 때문에 작위를 받지 못한 것도 사실이었다. 하지만 《갓 크라이드》와 살만 루슈디 사건이 없었더라도 조심성이 많은 정부 관리들이 위험인물로 악명 높은 그에게 작위를 수여했을 것 같지는 않다. 1985년 그는 OBE(Office Of the Order of British Empire)라는 조금 낮은 작위를 제의받았지만 거절했다.[17] 그는 정치적으로 마거릿 대처 총리의 팬이었고 그녀에게 꽃을 보낸 적도 있었지만, 그의 보수주의 성향은 논리에 따른 것이라기보다는 그저 항상 이단주의적인 면에서 나온 것이었다. 그래서 그가 1988년 국립학교의 읽기능력평가 조사를 담당했던 문학과교육위원회에 임명되었던 것은 상당히 의외였다. 어쩌면 그 일을 자신의 명성을 회복할 기회로 보았을지도 모른다. 하지만 그릇된 판단이었다. 왜냐하면 그 자리에 오래 머물지 못했기 때문이다. 비서였던 웬디는 '일이 너무 따분해서' 결국 그만두었다고 했다. 하지만 그 위원회의 회장을 맡았던 브라이언 콕스Brian Cox는 그렇게 간단한 상황이 아니었다고 했다. 그는 달의 자유로운 영혼이 교육부 장관이었던 케네스 베이커Kenneth Baker와 코드가 맞지 않아 강제로 쫓겨났다고 했다. 콕스는 달의 자리가 어린이문학의 실천주의자로서의 관점보다는 언어학 전공의 우파 계열에 의해 채워졌다고 주장했다. 마지막까지 로알드는 아무 생각 없이 만들어진 관습에 가시 역할을 했던 것이다.

그의 몸은 1990년 4월 간단한 수술을 받고 입원한 테사를 방문하러 갔을 때 눈에 띄게 쇠약해져 있었다. 로알드는 갑자기 의자에서 일어서지도 못할 만큼 기운이 없었다. 검사해보니 철아구성빈혈이었는데, 생명을 위협하진 않았지만 고질적인 병이었다. 스테로이드와 정기적인 수혈로 몇 년은 더 버틸 수 있을 것 같았다. 여름에는 테오의 30번째 생일을 위해 집시하우스에 초대된 팻과 화해했다. 여러 해 동안 팻은 로알드에게 버림받

앉다는 사실 때문에 슬픔에 잠겨 살았다. 그녀는 자서전에서 그 시기에 리시를 머릿속에서 지울 수가 없었다고 털어놓았다. "다른 일에 집중해야 하는데도 무서운 독처럼 그 시간을 다 망쳐버렸다."¹⁸ 하지만 이혼 후 로알드는 팻에게 너그러웠고 다른 위안도 주었다. 팻은 이혼하고 나서 루시와 오필리아가 미국으로 건너오자 아이들의 생활에 더 함께하는 느낌이 들었던 것이다. 그녀는 하느님에게 더 가까이 다가갔다고도 느꼈다. 그래서인지 자신도 모르게 용서할 수 있는 마음의 여유가 생긴 것이었다. 곧 리시와 팻은 서로에 대한 원한을 잊고 다시 한 번 친구가 되었다.

호주에 다녀온 후, 로알드는 곧 옥스퍼드에 있는 존 래드클리프 병원에 입원했다. 검사를 통해 빈혈이 아주 드문 백혈병의 일종인 골수섬유증으로 악화하고 있다는 사실을 알게 되었다. 하지만 수년 동안의 음주 습관에도 간은 아주 건강한 상태라는 것을 알고는 기뻐하기도 했다. 병원에 입원한 아빠를 병문안 온 오필리아는 그 어느 때보다 아빠가 옛날 생각에 젖어 있는 걸 알았다. 그는 전쟁 동안에 자신이 겪은 경험과 전기를 쓸 가능성에 대해 이야기하기도 했다. 그리고 자신이 기르는 강아지와 대화를 나누고 싶어 하는 한 여자아이 이야기도 했다. 그녀는 아빠가 점점 더 어린아이처럼 쉽게 상처받고 더 순진무구해지고 있다고 느꼈다. 그녀는 나중에 이렇게 썼다. "아빠는 자신에 대한 자신감을 잃었다. 나는 아빠를 보호하고 싶다는 생각이 강하게 들기 시작했다."¹⁹ 그러나 말년에도 규칙을 깨고 싶어 하는 그의 장난기 어린 본성과 애정은 절대 그를 떠나지 않았다. 그건 병원에서 담배 피우는 일에서 특히 뚜렷하게 나타났다. 어느 날 그는 공동 부엌의 가스대에서 담뱃불을 붙이려다 눈썹을 다 태운 일이 있었다. 한 번은 카르티에 컬런을 피우면서 들키지 않으려고 유리창 밖으로 몸을 내밀었다가 유리창에 끼였던 일도 있었다. 간호사들은 그를 끌어당기며 낄낄 웃어댔다. 한편 옆방에 입원한 환자는 화를 내며 유리창으로 담배 연기구름이 피어오른다고 불평했다. 또 한 번은 강아지 데려오는 게 허락되지 않자, 애완강아지 초퍼를 바구니에 넣어 유리창으로 4~5층까지 끌어당겨 얼굴이라도 보려고 했다.

인턴이었던 톰 솔로몬Tom Solomon—지금은 아주 저명한 신경과 전문의가 된—은 환자의 못 말리는 유머 감각에 여러 번 놀랐다. 담당의사인 혈액학자 데이비드 웨더롤David Weatherall 경은 로알드의 '엄청난 매력'과 그를 치료하던 의료진들에 미친 대단한 영향력을 기억했다. 로알드는 모든 간호사에게 별명을 붙였다. 그중 하나는 러시아 발레리나였다. 그리고 병원 측에서 간호사들에게 유니폼이 아니라 평상복을 입고 근무하는 실험을 했을 때, 로알드는 리시를 보내 모두에게 옷을 사주게 했다. 리시는 이렇게 기억했다. "로알드는 정말 터무니없는 일이라고 생각했어요. 환자들은 누가 간호사인지 아닌지 알 수 없을뿐더러 간호사들에게도 스트레스를 주는 일이라고 느꼈죠." 그러나 로알드는 리시를 막스&스펜서 백화점으로 보내 셔츠와 카디건을 종류대로 사오게 한 다음, 간호사들을 병실로 불러서 마음대로 고르라고 했다. 리시는 흐뭇하게 웃으면 이렇게 말했다. "마치 진열대에서 물건을 파는 것 같았어요."[20]

로알드와 데이비드 웨더롤은 가끔 밤늦도록 대화했고, 로알드는 정확한 의학적인 판단과 모차르트 오페라에 대한 지식으로 의사에게 깊은 인상을 심어주었다. 그는 결코 우울해하거나 비통해하지 않았다. 그는 그해 늦은 여름 어린 독자에게 편지를 썼다. "요즘 몇 개월 동안 정신이 또렷하지 않습니다. 자지 말아야 하는 시간에도 졸음이 오고, 책을 쓰거나 진을 마시고 여자들을 쫓아다닐 수 있을 정도의 멋진 에너지가 끓어오르지 않아요." 하지만 그의 어린 독자들은 그가 무덤에 갈 거라고는 생각하지 않았다. 그들에게 이렇게 말했기 때문이다. "저는 보통은 이겨냅니다. 이전에도 여러 번 해냈거든요."[21]

그는 9월과 10월 사이에 여러 번 병원을 들락날락했다. 11월 중순 오필리아는 긴 주말 휴가를 보내기 위해 보스턴에서 집으로 왔다가 급격하게 악화된 아빠를 보고 놀랐다. 그는 자동차가 있는 곳까지 걸어가지도 못했다. 그의 죽음이 얼마 남지 않은 게 확실했다. 하지만 그의 삶에 대한 기쁨은 전혀 줄지 않았는데, 그는 오필리아에게 포트와인을 제대로 따르는 법을 가르치면서 무척이나 즐거워하고 있었다. 그녀는 이틀 후 보스턴으로 돌아갔는데, 아파트에 도착하자마자 루시로부터 곧장 돌아오라는 전갈을 받았다. 아빠의 병세가 악화되어 병원에 입원했다는 소식이었다. 그녀는 아파트 문을 닫고 곧장 공항으로 향했다. 톰 솔로몬은 로알드의 누이 엘스가 침대 곁에 앉아 죽음에 대해 두려워할 것 없다며 위로했다고 기억했다. 하지만 오필리아가 병원에 도착했을 때, 로알드는 기력을 회복했다. 그는 딸에게 1940년 비행기 추락 이후 가장 끔찍한 날이었다고 했다. "거의 죽는 줄 알았단다." 로알드는 천천히 속삭이는 듯한 목소리로 자식 중에서 누가 불타는 비행기 안에서 자기를 꺼내줄 수 있을지 곰곰이 생각했다. 그는 딸에게 이렇게 말했다. "나는 둥지에서 떨어지는 게 두렵지는 않아. 올리비아가 할 수 있었다면 나도 할 수 있어."[22] 그는 매시간 약해지고 있었다. 그리고 자제할 수 없었다. 고통은 그치지 않았다. 오필리아는 이렇게 기억했다. "밤은 길고 슬펐어요. 이야기하는 것도 엄청난 힘이 들었어요."[23]

로알드를 어떻게 해야 할지에 대해 가족 간에 갈등이 있었다. 리시는 가능하면 오랫동안 그를 살려두고 싶었다. 자식들은 아빠가 너무 고통스러워한다고 생각했다. 그들은 아빠에게 모르핀을 투여하기를 바랐다. 죽음을 재촉할 수도 있었지만 고통을 덜어줄 수도 있었다. 밤에 되었을 때 테사는 병실에 있던 아빠가 할머니와 올리비아에게 잠꼬대하는 소리를 들었다. "마치 아빠가 그들을 만나는 것 같았어요. ……그러더니 잠에서 깨어나 나에게 '테디, 우리가 어떻게 해야 하지?' 하고 물었어요." 이런 식으로 며칠이 계속되었다. 하지만 매일 아침 테사가 아빠에게 최후의 진통제가 필요하겠다고 느낄 때, 리시가 도착하면 그는 '마치 아무 일도 없다는 듯, 전혀 고통이 없다는 듯 기운을 차렸다'.[24] 오필리아에게도 아빠가 '오로지 리시'를 위해 싸우는 것처럼 보였다.[25] 그는 숨 쉬는 것조차 버거워했다. 이제는 산소마스크를 하고 있었다. 11월 22일 위기가 다가오고 있는 것 같았다. 회복 불가능할 정도로 약했지만 로알드는 자신과 테사 사이의 벌어진 틈을 메울 수 있었다. 병실에서 여러 밤을 보낸 후 테사는 옥스퍼드로 올라가 친구와 지내기로 했다. 방을 나서다 테사는 아무 생각 없이 즉흥적으로 아빠의 축축한 이마에 입 맞추었다. 그녀는 아빠가 육체적인 접촉을 싫어하는 걸 알았지만, 그래도 그렇게 했다. 그녀가 '내 인생의 사랑'이라고 받들었던 남자, 그녀에게 애정을 보이는 데 인색했던 사람이 나지막한 목소리로 그녀를 '진심으로 사랑한다'고 말했다. 테사는 너무나 감격해서 안경을 벗어 벽에 던졌다.[26]

그날 밤 로알드는 아주 목이 말랐다. 오필리아는 물을 조금 먹이려고 했다. 하지만 물을 삼킬 힘도 없는 것을 알았다. 그는 다시 잠이 들었다. 오필리아는 귤 즙을 짜서 그의 바싹 마른 입술에 한두 방울을 떨어뜨렸다. 그는 잠에서 깨어 딸을 올려다보고는 반복해서 이렇게 말했다. "있잖니. 난 두렵지 않아. 그냥 너희가 너무 보고 싶을 것 같구나." 그건 그가 마지막으로 한 말이었다. 얼마 지나지 않아, 리시가 옆방에서 자다가 로알드가 있는 방으로 왔다. 이제 리시도 단 하나의 선택만 남았다는 것을 깨달았다. 솔로몬은 새벽 3시로 기억했다. 달의 가족들, 이전에는 어쩐지 서로 제 기능을 발휘하지 못하는 것 같았던 가족들이 하나로 뭉쳤다. 간호사가 모르핀을 주사하려고 준비하는 동안 로알드는 완전히 의식을 잃은 것 같았다. 오필리아와 리시는 차이코프스키의 바이올린 협주곡을 틀었다. 로알드가 가장 좋아하던 곡 중의 하나였다.

로알드는 사람들을 또 한 번 놀라게 했다. 주삿바늘이 그의 몸을 찌르자 그는 눈을 다시 뜨고는 이렇게 중얼거렸다. "아야! 제기랄." 그게 마지막 말이었다. 그가 숨을 거두자 리시는 그를 한쪽 팔로 안고 나머지 손으로 '마치 얌전히 재우려는 듯' 그의 눈을 감겨주었다. 테사는 침대 발밑에서 '마치 그를 수호하는 보초병처럼 팔짱을 끼고' 서 있었다.[27] 루시는 밖에서 기다렸다. 그녀는 이미 아빠와 마지막 대화를 나누었던 것이다. 그는 루시에게 자식들을 잘 돌보라고 타일렀다.[28]

그가 숨을 거둔 지 한 시간이 지나자 신문사에서 병원으로 전화가 빗발쳤다. 어떤 사람들은 그가 에이즈로 죽었다는 소문이 사실인지 알고 싶어 했다. 악명이 죽어서까지 그를 쫓아다녔던 것이다. 로알드가 오랫동안 살았던 에일즈버리 예일을 거쳐 집시하우스로 자동차로 돌아오는 길에 리시와 오필리아는 아무 말 없이 조용히 차에 앉아 있었다. 더 할 말이 없었다. 그때 갑자기 하얀 비둘기 두 마리가 나무에서 휙 날아와 그들 옆을 지나갔다. 날개가 거의 자동차 승객 자리를 스칠 뻔했다. 비둘기들은 다시 숲으로 돌아가기 전에 1마일이나 자동차를 따라 날았다. 리시와 오필리아는 또 다른 세계의 모습을 두 눈으로 확인한 듯했다.

루시는 아빠가 제때 돌아가셨다고 생각했다. 집시하우스에서 죽음이란 금기 사항이 아니었다. 수년 전에 아빠와 엘스 그리고 앨필드 고모가 스스로 할 수 있는 안락사 세트를 주문하자는 이야기를 나누었던 일을 기억했는데, 그들은 존엄성을 지킬 수 없는 삶을 원하지 않았다. 그녀는 이렇게 말했다. "아빠는 지쳤고 마음의 준비가 되어 있었어요. 누군가가 제대로 10년을 더 살 수 있게 해준다고 제의했다면 아마 받아들였겠지만 병이 너무 깊었어요. 아빠는 이겨낼 수 없다는 것을 아셨을 거예요. 그때 테사는 제임스와 이혼해서 돈이 많았어요. 오필리아도 잘 지냈어요. 저는 결혼해서 아이가 둘이었고요. 테오도 괜찮았으니까요. 모두 잘 지냈고, 아빠는 그걸 알고 싶어 했던 거예요. 아빠가 책상을 깨끗하게 치운 것 같은 느낌이에요. 모든 것이 잘 정리가 되었거든요."[29]

오필리아는 아빠가 '많이 후회하면서' 돌아가셨을 거라고 느꼈다. 유머 감각은 어쩌면 그의 인생에서 가장 중요한 것이었는데, 나중에는 그것마저 잃기 시작했다고 했다. "아빠는 손을 놓고 싶어 했던 것 같아요. 고통에서 벗어나고 이제 투쟁도 그만두고 싶어 하셨어요." 그런 태도는 170년 전 그루의 교회 화재 사건에서 그의 조상이 보여준 치열한 삶의 의지와는 거리가 멀었다. 그리고 로알드의 삶에 있었던 수많은 에피소드—특히 1940년 불타는 비행기 안에서 빠져나오려고 했던 의지력—에서 보여주었던 모습과도 거리가 있었다. 하지만 이상하게도 그의 초기 이야기 〈어느 늙디늙은 남자의 죽음〉에 나오는 전투기 비행사의 죽음이 생각난다.

그는 몸에 있는 모든 근육을 편안하게 이완시켰다. 그는 더는 싸울 의지가 없었다. 싸우지 않는 것이 얼마나 편안한가 생각했다. 싸울 필요가 없었다. 그렇게 오랫동안 그렇게 많이 싸웠던 것은 바보짓이었다. 하늘에 먹구름이 가득한데 햇빛을 보게 해달라고 기도하는 것은 어리석은 짓이다. ……이편이 훨씬 좋다. 유유히 산책할 수 있는 숲이 어딘가에 있다는 것이 훨씬 좋다. 숲을 싸우듯이 산책할 수는 없다. 어딘가에 내가 같이 잠자리하고 싶은 여자가 있을 것이다. 여자와 싸움을 하면서 잠자리를 할 수는 없다. 싸우면서는 아무것도 제대로 할 수 없다. 특히 인생을 싸우면서 살아갈 수 없다. 이제 내가 하고 싶은 일을 할 것이다. 그러면 더는 처절한 싸움이 없을 것이다."[30]

로알드가 죽은 다음 며칠 후, 데이비드 웨더롤은 리시에게 다음과 같은 조문을 보냈다.

"환자를 진료하며 살았던 30년 동안 나는 이렇게 감동했던 적이 없으며, 이런 특권을 누렸던 적이 없었습니다. 로알드는 대우 특별한 분이셨습니다. 의료진들과 간호사들에게 이렇게 큰 영향을 주신 분이 없었습니다. 모두가 너무나 큰 상실감을 느낍니다. 그분을 아주 자랑스럽게 생각하셔야 합니다. 저는 그분이 끝까지 뛰어난 지적 능력을 지니셔서 얼마나 다행스러운지 모릅니다. 그리고 침착하고 위엄 있게 돌아가셨습니다. 아마 그분에게는 대단히 중요한 일이었을 겁니다."[31]

톰 솔로몬도 로알드가 좋은 모습으로 갔다고 생각했다. 그리고 그가 어린이날에 세상을 떠났다는 것도 얼마나 적절한지 몰랐다. 많은 사람이 소식을 듣고 놀라워했다. 그렇게 대단한 사람이, 본결적으로 아주 강한 사람이 떠났다는 것은 상상하기가 어려웠다. 아스트리 뉴먼Astri Newman은 그를 거의 '불사조'처럼 여겼다. 점점 쇠약해져 가기는 했지만 블레이크도 로알드가 '영원히 살 거라고' 생각했다.

아빠가 돌아가시고 몇 주일이 지나 오필리아는 집필실로 돌아갔다. 아무것도 변한 것은 없었다. 마루에는 여전히 먼지가 쌓여 있었고, 거미줄과 담뱃재도 있었다. 딕슨타이콘데로가 연필은 '가는 로켓처럼 날카롭게 깎여 있었는데 ……그가 쓰다 만 곳에서 언제든 다시 시작할 수 있게 위를 향해 꽂혀 있었다.'[32] 초록색 천에 싸인 판 위에는 그가 항상 사용하던 줄이 쳐진 노란색 공책이 놓여 있었다. 새로운 이야기를 쓰기 위해 메모를 끼적인 종이도 있었다. 그림도 몇 개 그려져 있었다. "세상에서 가장 똑똑한 남자의 이름은 빌리 버블러였다." 이렇게 시작하고 있었다.

그는 원하는 건 무엇이든지 만들어낼 수 있다. 그에게는 바퀴와 철사, 본드가 들어 있는 양동이, 그리고 공처럼 말아놓은 긴 줄과 여러 색깔의 연기를 내뿜는 끈적거리며 거품을 내는 액체가 들어 있는 엄청난 크기의 냄비가 있는 멋진 작업실이 있다. 오래된 오토바이 바퀴도 있고, 당근이 가득 들어 있는 바구니, 전기 제품들과 재봉틀, 탄산음료수를 만드는 기계와 목욕통, 소의 이빨과 쌀 푸딩 그리고 낡은 구두까지 버블러 씨가 훌륭한 발명품을 만들어낼 수 있는 오만가지 물건들이 다 있다.[33]

완성되지 않은 다른 아이디어들도 있었다. 캐시와 그 아이가 키우는 강아지 지프가 숲으로 들어가 집시 여인을 만나는데, 그 여인은 캐시에게 강아지와 이야기하는 법을 가르쳐준다. 꿈을 통해 미래를 내다볼 수 있는 한 아이의 이야기. 대여섯 가지의 유령 이야기—그 중 가장 흥미롭다—와 책에 나오는 등장인물들이 아이가 책을 읽어줄 때만 살아난다는 것을 알고 오래 살기 위해 아이가 책을 다 읽기 전에 다른 아이를 찾아내려고 한다.[34]

육체에서 기운이 빠져나가고 있었지만 달의 창의적인 두뇌는 작은 집필실에서 항상 열심히 돌아갔다. 그는 마지막으로 병원에 입원하기 전까지 이야기를 만들어내고 있었던 것이다. 스티븐 록스버러는 완성되지 않은 이야기들이 있다는 사실에도 놀라지 않았다. 로알드의 마음속에 더 큰 책'이 있다고 확신했기 때문이었다. 이야기들을 완성하기에 부족한 것은 육체적인 힘뿐이었다. 록스버러는 이렇게 회상했다. "집필실에서 나가기 전까지 글을 쓰고 계셨을 겁니다." 톰 마쉴러도 같은 생각이었다.[35] 그는 "많은 작가가 25살이나 30살에 걸작을 내고는 그다음부터는 내리막길을 걷습니다"라고 하면서 만약 달이 20년을 더 살았다면 아마 20권쯤 더 썼을 것이고, 그중 몇 권은 그전 작품보다 더 훌륭했을 거라고 주장했다.[36] 그럴 정도로 로알드에게는 못다 한 이야기가 너무나 많은데, 세상 사람들이 그런 이야기를 잃고 말았던 것이다. 그러나 그 어떤 작가도 그만큼 특이하고 파란만장한 삶을 살지는 않았을 것이다. 글 쓰는 일이 아니었더라도 그의 삶 자체는 놀랄 만했다. 그러한 삶을 넘치는 에너지와 열정 그리고 온 힘을 다해 살았던 것이다. 그는 미국의 시인 에드나 세인트 빈센트 밀레이Edna S. Vincent Millay의 시 중 그가 가장 좋아했던 4행에 충실하게 살았다.

내 촛불은 양쪽에서 타들어가나니

이 밤도 넘기지 못하겠구나,

하지만 아, 나의 적이여, 오, 나의 친구여

그래도 불빛은 사랑스럽나니.³⁷

펭귄 출판사 사장인 피터 마이어Peter Mayer는 그레이트미센던의 오래된 교회에서 행한 로알드의 장례식에서 이 구절을 읊었다. 장례식에는 많은 친구가 로알드에게 작별을 고하기 위해 모였다. 추도문에서 마이어는 로알드를 위대한 작가이며 훌륭한 '가족인', 뿐만 아니라 '자선 사업가이며 수호자'라고 칭송했다. 수도 없이 많이 베풀었던 자비로운 행동 외에도 마이어는 뜻밖에도 '살만 루슈디' 위기에서 개인적으로 자신을 '많이 아껴주었던' 일에 고마움을 표시했다. 달이 공공연히 반기를 들었던 《악마의 시》 출판을 결심했던 남자에게서 들은 예상치 못했던 발언이었다. 마이어는 로알드가 무섭게 반대했지만 한편으로는 도움을 주고 싶어 했다고 했다. 그는 추모자들 앞에서 이렇게 말했다.

"나를 찾아내 편지를 보내고 고민해야 할 문제들을 알려주었습니다. 그는 거의 드라마 같았던 출판을 어떻게 진행해야 할지 방법을 고민해주었지요. ……그는 나와 의견이 달랐습니다. ……하지만 머리건, 손이건, 마음이건 모든 방법을 다 동원해서 나를 보호해주고 싶어 했습니다."³⁸

이것이 바로 로알드 달의 모순적인 면이다. 그는 마치 불꽃 같았다. 예측 불허이고, 변덕스럽고, 흥미롭다. 그는 당신에게 즐거움을 주지만 동시에 위험하다. 가까이 다가가면 데일 수도 있다. 그가 화를 잘 내고 발끈하는 것 같아도, 난폭함은 어느새 사라지고 그 자리에 유머와 친절함이 들어서 있다. 당신은 그가 다음에 어떤 행동을 할지 전혀 알 수 없을 것이다.

물론 로알드는 자식들에게는 더할 나위 없는 아빠였다. 물론 다른 아빠들처럼 단점은 있었지만 항상 충실하고 애정이 넘쳤다. 그 누구와도 바꿀 수 없는 사람이었다. 그의 누이들, 조카들도 대가족을 이끌던 강한 인물을 잃었다. 로알드는 니키 록스데일의 표현처럼 40년 동안 '구루' 같았다. 그래서 그가 떠나자 그들을 묶고 있던 끈이 풀렸다. 그 누구도 그가 가졌던 통제할 수 없는, '엄청난' 에너지를 대신할 수 없을 것이다.[39] 그래서 가족들은 점점 흩어졌다. 가장 가까운 동료는 천재를 잃었다고 느꼈다. 그가 죽은 뒤 20년이 지났지만 머리 폴린저와 그의 아내는 그를 이런 식으로 표현했다. 두 사람은 절대 충족될 수 없는 불을 잃었다고 탄식했다.[40] 한편 톰 마쉴러는 '그 누구보다 훌륭한 이야기꾼'이었고, '단 하나의 천재'였다고 했다.[41] 로알드를 잘 알지 못했던 사람들에게는 쇼맨이었고, 충직한 친구였으며, 너그러운 주인이고, 자비로운 고용주였으며, 스누커 테이블에서는 좋은 파트너이고, 유명한 친구들을 많이 아는 척하던 점잔 빼는 남자였고, 전혀 믿을 수 없는 증인이기도 하고, 간혹 조심해야 할 사람이기도 했을 것이다.

섬뜩하다는 명성에도 로알드 달과 함께 시간을 지낸 사람들은 그가 전혀 그렇지 않다는 것을 알고 있다. 블레이크는 이렇게 말했다.

"그에게 어두운 면이 있다고는 한 번도 생각도지 않았어요. ……물론 까다로운 부분은 있었지요. ……하지만 아마 넓은 의미로 그저 자기 식대로 무엇이든 하고 싶어서 그렇게 비추어졌을 겁니다."[42]

가끔 그는 정도에서 벗어났지만 그의 지각은 날카로웠고 거의 늘 단호했다. 그가 루시에게 자산의 전권을 넘겨서 다른 의원회가 운영하게 하지 않겠다던 결심은 매우 정확한 판단이었다. 테사의 오랜 학교 친구인 어맨다 콘키—리시가 하이네만에서 뽑아 운영을 도와달라고 했던—와 함께 리시는 애정과 전문성, 그리고 야망을 품고 그의 지적 재산권을 잘 운영했다. 그녀는 그의 작품을 근거로 한 영화, 연극, 오페라, 뮤지컬, 그리고 콘서트를 다 통제했다. 그녀는 박물관을 개관하고 그의 이름을 딴 이야기센터도 열었다. 그리고 두뇌와 혈액 질병을 앓는 어린아이를 돕는 의료재단 일도 시작했다. 자부심도 있고 능숙하기도 한 정원사처럼 그녀는 지난 20년간 문학가로서의 달의 명성을 놀라울 정도로 잘 다듬고 키웠다. 이따금 원망도 했지만, 그녀의 의붓자식들이 그 공적을 제일 먼저 인정했다.

나는 항상 달에게 찰스 다윈 같은 면이 있다고 생각했다. 둘 다 자연의 세계에 매료되어 있었다. 둘 다 인간과 동물의 아주 세세한 행동들을 관찰하기 좋아했다. 둘 다 그들이 본 것으로 이야기를 만들어 나갔다. 그리고 둘 다 그들이 주장하는 가설을 겁 없이 뛰어난 상상력으로 잘 표현했다. 물론 로알드는 과학자라기보다는 환상가였다. 하지만 그런 종류의 과학, 궁극의 지식을 찾고자 하는 욕구는 그를 깊이 사로잡았다. 그는 단조로움과 평범함을 넘어 조금 더 풍부하고 풍요로운 우주에 닿기를 갈망했다. 소설을 통해 다가간 우주의 문 뒤에는 기쁨도 있었고 간혹 고통도 있었다. 그가 현실에서 무엇을 하든 그의 마음은 항상 다른 곳에 가 있었다. 리시는 그가 밤에 서너 시간밖에 자지 않고 뒤척였다고 했다. 그 역시, 머릿속으로 다른 곳에 가 있을 때는 잠을 청하기가 불가능하다고 말한 적이 있었다. 그는 토드 맥코맥에게 이렇게 말했다.

"머리가 윙하고 돌아요. 침대에 누워 불을 꺼도 머릿속으로는 항상 책을 쓰고 있으니까요. 사실 너무 피폐해지는 과정입니다. 끝내기 전까지는 머릿속에서 지울 수 없으니까요. 정말 없애버릴 수가 없어요."[43]

오필리아는 이런 정신적인 분리현상을 잘 알고 있었다. 오필리아는 이렇게 회상했다. "아빠가 혼자서 책을 읽고 있을 때도 아빠의 셋째손가락은 비밀스러운 리듬에 맞춰 톡톡 움직였어요."[44] 그는 초기 작품, 〈소리 잡는 기계〉에 나오는 아마추어 발명가 클라우스너 같았다. 그에게 가까이 눈에 보이는 세상은 궁극적으로 감지할 수 있는—그렇게 할 수만 있다면—세상의 가장 보잘것없는 시작점이었다. "저는 믿어요." 그는 느릿느릿 말했다. 그는 우리를 늘 둘러싼 소리의 세계가 있는데 우리가 들을 수 없다고 믿는다고 했다. 우리가 들을 수 없는 초음파 영역에서 멋진 음악이 만들어지고 있을지도 모르고 미묘한 화음과 무섭게 들리는 소리가 있을지도 모른다고 했다. 그리고 너무나 강력한 음악이라서 우리 귀가 그 소리를 들을 수 있게 되면 우리가 미쳐버릴지도 모른다고 했다.[45]

그 무엇보다 '가정적인 남자'였다고 한 스티븐 록스데일의 말은 아마 옳을 것이다. 하지만 그는 또 자신을 훌륭한 '작가'로 보았다. 달이 문학적인 기교면에서 매우 존경했고 1988년 오필리아와 함께 앙티브로 찾아가 만나기도 했던 그레이엄 그린은 자기 책을 자식처럼 여긴다고 했다. 그건 로알드도 마찬가지였다. 책 한 권 한 권은 그가 받은 영감과 기교의 정화이고 마음속에서 각각 특별한 한 부분들을 차지하고 있다. 책의 씨앗은 '평범한 세상'이 아니라 다른 세계, 모든 생각이 변하고 작가가 더는 '평범한 사람'이 아닌 상상의 세계에 뿌려진 것이다.[46] 그는 씨앗들을 집필실에서 영양분을 주면서 키웠고 그들이 자라나는 모습과 아름다움에 기쁨을 느꼈다. 또 씨앗들을 비평과 거절로부터 보호했다. 그는 그들을 사랑했다.

세상 밖의 사람들에게는 그가 자신의 재능을 가볍게 여기는 것처럼 보였을지도 모른다. 자신을 '일반 대중을 즐겁게 하는' '단순한 오락인'이라고 하면서 작가들은 자신을 너무 심각하게 생각한다고 주장하기도 했다. 그러나 속으로는 자신을 그 이상으로 생각했다. 책을 끝내는 과정이 너무나 고통스러웠고, 끝내고 나서는 '마치 아들을 잃은 어머니처럼' 방황하기도 했다.[47] 오필리아는 그런 경험 때문에 아빠가 '혼란스러워했다'고 했다.[48] 이야기꾼으로서, 자신이 '독자를 지루하게 할지도 모른다는 끊임없는 공포'에 굴복하지 않는 한 환상의 세계가 늘 현실의 세계를 이겼다.[49] 객관성이나 진실성은 그가 추구하는 목적이 아니었다. 그는 이렇게 반박했다.

"아이들을 가장 즐겁게 하는 방법은 판타지를 쓰는 것이다. 나는 순수하게 만들어내거나 지어낸 이야기가 아니면 한 번도 쓰고 싶지 않았다."[50]

어른들은 가끔 이런 태도를 문제 삼았지만 아이들은 한 번도 그러지 않았다. 그가 아이들에게 확실하게 사랑받는 것도 그 이유이다.

말년에 로알드는 많은 어린아이와 소통했다. 날마다 수백 통에 이르는 아이들의 팬레터가 있었다. 그는 전 세계의 아이들이 자기에게 집으로 차를 마시러 오라고 초대하고 싶어 한다는 것을 자랑스러워했다. 여전히 어른 비평가들에게 거절당하는 느낌을 이겨내기 위해 어른 독자들보다 어린 독자들을 높이 생각했다. 어쩌면 그것이 도도한 방어수단이었을지도 모르지만, 출판계에서 여전히 그를 무시하는 태도가 일반화되어 있는 걸 생각하면 이해할 만했다. 그건 1990년 그의 죽음 후에 나온 여러 조의문에서도 명백히 보였다. 하지만 그것 역시 진심일 것이다.

로알드가 죽은 뒤 20년 동안 상황이 얼마나 변했는지 알게 되면 그는 무척 놀라고 또 뿌듯해할 것이다. 어린이문학의 사회적인 위치와 그리고 J. K. 롤링Rowling과 필립 풀먼Philip Pullman에서 앤서니 호로비츠Anthony Horowitz와 마이클 로젠Michael Rosen에 이르기까지 이 장르의 현존하는 위대한 작가들이 그의 작품에 쏟아 붓는 칭찬들만 봐도 그렇다. 문학상이 난무하는 세상에서 달이 어린이문학으로 단 한 개의 상밖에 받지 못했다는 것은 이해하기 어렵다. 그의 위치 변화와 그가 일인자일 수 있는 장르의 위치 변화가 명성과 인정을 갈망했던 그에게 분명히 엄청난 기쁨을 주었을 것이다. 하지만 마음속으로는 그것이 얼마나 공허한 갈망이었는지도 잘 알 것이다. 이야기를 통해서 수백만 어린이들의 내적 세계에 도달할 수 있었다는 사실을 알고 있다면 그보다 값지고 보람된 일이 없기 때문이다. 그는 죽기 전에 그런 느낌을 이렇게 표현했다.

"가끔 글을 쓰는 내 팔이 10만 킬로미터쯤 되어 연필을 잡은 손이 세상을 가로질러 아이들이 사는 집과 다니는 학교의 교실에까지 닿는다고 생각하면 가슴이 떨립니다. 정말 스릴이 넘치죠."[51]

나는 그가 더 멋진 묘비명을 원해도 좋았을 것 같다.

달과 리시의 결혼식에 모인 달 가족과 리시 가족. 왼쪽부터 루시, 소피(부케를 든 테사의 딸), 오필리아, 로리나, 샬럿, 네이샤, 테오, 테사, 리시, 달.

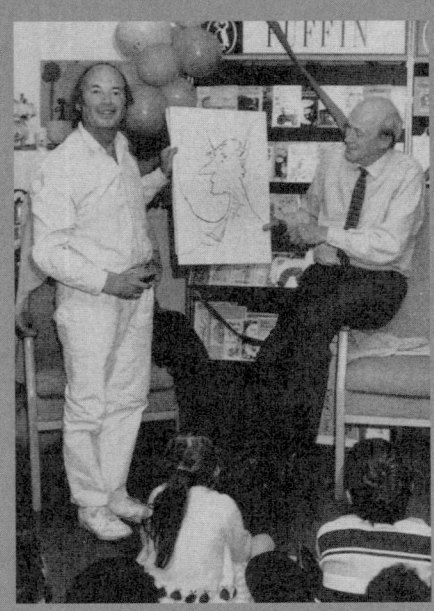

《내 친구 꼬마거인》의 그림을 아이들에게 보여주고 있는 달과 블레이크.

연을 날리러 가는 달과 테오. 1965년.

주

로알드 달의 저작물과 편지 인용에 대한 일러두기

1. 달은 맞춤법을 정확히 지키지 않았고, 특이하게 사용했다. 그래서 이 책에선 달의 잘못된 문장을 교정했지만, 특별한 재미와 웃음을 주려고 달이 일부러 잘못 쓴 부분은 수정하지 않았다.
2. 인물 이름, 책 이름, 페이지 번호는 원 텍스트의 표기대로 두었다. 날짜는 편지, 대담, 인터뷰, 기고문 등의 경우에는 월/일/년으로 표기했고, 책이나 방송, 영화의 경우에는 년도나 년월을 표기하였다.

주에 사용한 약어

CMP   Charles Marsh Papers
찰스 마시의 문서, 로버트 하스켈Robert Haskell 소장

FSG   Farrar, Straus Giroux Archives
패러슈트라우스지로 기록보관소, 뉴욕

GHPP   Gipsy House Private Papers
집시하우스의 개인 문서들

HGC   Howard Gotlieb Archival Research center
하워드 고틀립 기록보관센터, 보스턴 대학교

HRCH   Harry Ransome Center for the Humanities
해리 랜섬 인문학 센터, 텍사스 대학교

LDC   Lucy Dahl Collection
루시 달 컬렉션

PNC   Patricia Neal Collection
퍼트리샤 닐 컬렉션

RDMSC   Roald Dahl Museum and Story Centre
로알드 달 박물관과 이야기센터

WLC   Watkins Loomis Collection
왓킨스 루미스 컬렉션, 컬럼비아 대학교

서문 _ 이고르 스트라빈스키와 함께한 점심

1. Roald Dahl, *A Dose of Dahl's Magic Medicine*의 인터뷰, 09/28/96.

1장 _ 아웃사이더

1. *Memoirs of Gunder Paulsen* (1821-1872), MS, University of Oslo, Anne Livgaard Lindland 옮김.
2. Dr. Johan Petter Hesselberg, 저자에게 보낸 편지, 01/07/08.
3. Dr. Johan Petter Hesselberg, 저자에게 보낸 편지, 01/07/08.
4. Johan Petter Hesselberg 박사에게 진심으로 감사드린다. 그는 나에게 헤셀베르그 가문에 대한 상세한 이야기를 들려주었다. 1980년대 후반 *Boy*가 출간된 후, 달을 방문하여 집시하우스에서 저녁을 먹은 후 집안 이야기를 들려주었다고 회상했다.
5. Ophelia Dahl, 저자와의 대화, Boston, 11/01/07.
6. 가장 심한 것은 Eleanor Cameron이 *Charlie and the Chocolate Factory*을 비평한 논문인 "McLuhan, Youth and Literature," *The Horn Book Magazine* (1972년 10월)일 것이다.
7. *Bookmark*, BBC Television, 1985.
8. Roald Dahl, *Boy* (London: Jonathan Cape, 1984), p. 9.
9. 위의 책, p. 51.
10. 위의 책.
11. Louise (Lou) Pearl, 저자와의 대화, 05/09/08.
12. Douglas Highton, 저자와의 대화, 11/08/07.
13. Alfhild Hansen, *A Dose of Dahl's Magic Medicine*의 인터뷰, 09/28/86.
14. Christiania, Probate Court, Record Protocol no. 15, Series D, 8/7—1922-4/12-1923, p. 113.
15. *Boy*, p. 13.
16. Sarpsborg Church Register, MINI 1, 1859-1869.
17. Felicity Dahl, 저자와의 대화, 11/19/06.
18. *Boy*, p. 15.
19. Sarpsborg Church Register, MINI 1, 1859-1869, Kristiania 인구조사, 1900.
20. Stephen Roxburgh, 저자와의 대화, 03/14/09.
21. Alexandra Anderson, 저자와의 대화, 11/14/07.
22. *Boy*, p. 15.
23. 위의 책.
24. Alfhild Hansen, 저자와의 대화, 08/07/92.

25. Henrik Ibsen, *Ghosts* (1881).
26. Kingsley Amis, *Memoirs* (London: Hutchinson, 1991), pp. 305-7.
27. Roald Dahl (Oscar의 증손자), 저자와의 대화, 02/08.
28. *Boy*, p. 15
29. 위의 책.
30. Roald Dahl, *Hairy Faces* (?1986)—RDMSC RD 6/2/1/125.

2장 _ 태양을 가리다

1. B. G. Charles, *Old Norse Relations with Wales* (Cardiff, 1934).
2. Herbert Roese, "Cardiff's Norwegian Links," *Welsh History Review*, vol. 8, no. 2 (1996년 12월).
3. Hjalmar Karsen, *A Little Bit of Norway in Wales, Recollections of Norwegian Seamen's Churches*에서 인용, Norwegian Church Cultural Centre, Cardiff, 2006
4. Peter Perser, 저자와의 대화, 06/10/07.
5. 이 사진첩은 해럴드의 딸인 엘런이 지니고 있었으며, 지금은 증손녀인 브라이어니에게 있다.
6. Bryony Dahl, 저자와의 대화, 01/17/08.
7. Marriage Settlement of Marie Baurin-Gressier—RDMSC RD 20/08.
8. Felicity Dahl, 저자와의 대화, 08/28/07.
9. Bryony Dahl, 저자와의 대화, 01/17/08.
10. 랜다프 페어워터에 있는 이 집은 현재 타이컨이라고 부른다.
11. Ellen Dahl. Ellen의 조카인 Bryony Dahl의 기억.
12. Alfhild Hansen, 저자와의 대화, 08/07/92.
13. Louise (Lou) Pearl, 저자와의 대화, 09/05/03.
14. Tessa Dahl, 저자와의 대화, 10/22/07; Astri Newman, 저자와의 대화, 10/15/07; Else Logsdail, "Casseroled Ptarmigan", *Memories with Food at Gipsy House* (London: Viking, 1991), p. 61.
15. Margaret Edwards, 저자와의 대화, 01/07/98.
16. 누나인 Alfhild는 로알드가 8파운드(약 3.6킬로그램)의 몸무게로 태어났다고 했다.
17. J. Harry Williams, 로알드 달에게 보낸 편지, 10/02/76—RDMSC RD 16/1/2.
18. Alfhild Hansen, 저자와의 대화, 08/07/92.
19. J. Harry Williams, 로알드 달에게 보낸 편지, 10/02/76—RDMSC RD 16/1/2.
20. Harald의 계갑 속에 들어 있던 잘린 신문기사—RDMSC RD 20/07.
21. Alfhild Hansen, 저자와의 대화, 08/07/92.
22. Louise (Lou) Pearl, 저자와의 대화, 05/09/03.

23. Alfhild Hansen, 저자와의 대화, 08/07/92.
24. *Boy*, p. 21.
25. 위의 책.
26. Journal of Harald Dahl (Else Dahl 옮김), Ophelia Dahl 제공. Harald의 일기는 엘스 달이 지니고 있었지만, 그녀가 죽은 후 잃어버린 것으로 보인다. 책에 인용한 이 부분만 얻을 수 있었다.
27. Alfhild Hansen, 저자와의 대화, 08/07/92.
28. 위의 책.

3장 _ 소년

1. Roald Dahl, *Charlie's Chocolate Boy*—WLC Box 23.
2. Roald Dahl, *The BFG* (London: Jonathan Cape, 1962), p. 38.
3. Roald Dahl, *Matilda* (London: Jonathan Cape, 1988), p. 10.
4. *Treasure Islands*, Julia Eccleshere와의 인터뷰, BBC Radio 4, 4/15/88.
5. *Memories with Food at Gipsy House*, 나중에 *The Roald Dahl Cookbook*으로 재출간 (New York: Penguin, 1996).
6. Alfhild Hansen, *A Dose of Dahl's Magic Medicine*의 인터뷰, 09/28/86.
7. Asta Anderson, 저자와의 대화, 1997.
8. *Boy*, p. 53.
9. 위의 책. p. 62.
10. Bryony Dahl, 저자와의 대화, 01/17/08.
11. Glamorganshire County Record Office Probate Office, 05/20/20, 배 주인인 Oscar Dahl과 미망인인 Sofie Magdalene Dahl에게—158, 917 10s.
12. Roald Dahl, *James and the Giant Peach* (New York: Knopf, 1960), pp. 1-2.
13. *Boy*, p. 23.
14. Roald Dahl, *More About Boy* (London: Puffin Books, 2008), p. 19.
15. 위의 책, p. 21.
16. *Boy*, p. 35.
17. Mrs. Ferris, Jeremy Treglown, *Roald Dahl* (New York: Harcourt Brace & Co., 1994) 재인용, p. 19.
18. *Boy*, p. 33.
19. 위의 책, p. 46.
20. 위의 책, pp. 48, 71-72.
21. John Cleese, 저자와의 대화, 1999.
22. Douglas Highton, 저자와의 대화, 11/08/07.

23. *Boy*, p. 71.
24. Douglas Highton, 저자와의 대화, 11/08/07.
25. *Boy* 와 Dahl, 어머니에게 보낸 편지, 01/23/27—RDMSC 13/1/2/19.
26. Dahl, 어머니에게 보낸 편지, 03/17/26—RDMSC 13/1/1/42.
27. Dahl, 어머니에게 보낸 편지, 03/10/26—RDMSC 13/1/1/37.
28. *Boy*, p. 103.
29. Dahl, 어머니에게 보낸 편지, 09/23/25—RDMSC 13/1/1/1.
30. *Boy*, p. 90.
31. Roald Dahl, St. Peter's School Report—RDMSC 13/2/1-51.
32. Dahl, 어머니에게 보낸 편지, 05/29/27—RDMSC 13/1/2/39.
33. Dahl, St. Peter's School Report—RDMSC 13/2/1-51.
34. Dahl, 어머니에게 보낸 편지, 06/02/29—RDMSC 13/1/4/16.
35. Dahl, St. Peter's School Report—RDMSC 13/2/1-51.
36. Douglas Highton, 저자와의 대화, 11/08/07.
37. Roald Dahl, *International School Publications*과의 인터뷰, 03/06/79—RDMSC RD 12/1/10/1.
38. Douglas Highton, 저자와의 대화, 11/8/07.
39. Dahl, 어머니에게 보낸 편지, 10/02/27—RDMSC 13/1/3/3.
40. Dahl, 어머니에게 보낸 편지, 09/25/27—RDMSC 13/1/3/2.
41. Dahl, 어머니에게 보낸 편지, 06/05/27—RDMSC 13/1/2/41.
42. Dahl, 어머니에게 보낸 편지, 12/1/27—RDMSC 13/1/3/7.
43. Roald Dahl, *The Roald Dahl Diary* (London: Jonathan Cape, 1991).
44. Dahl, 어머니에게 보낸 편지, 11/29/25—RDMSC 13/1/2/16.
45. Dahl, 어머니에게 보낸 편지, 11/29/25—RDMSC 13/1/1/16.
46. Dahl, 어머니에게 보낸 편지, 02/14/26—RDMSC 13/1/1/31.
47. Dahl, 어머니에게 보낸 편지, 06/03/27—RDMSC 13/1/2/40.
48. Dahl, 어머니에게 보낸 편지, 02/27/27—RDMSC 13/1/2/28.
49. Dahl, 어머니에게 보낸 편지, 03/13/27—RDMSC 13/1/2/30.
50. Dahl, 어머니에게 보낸 편지, 02/05/28—RDMSC 13/1/3/20.
51. Dahl, 어머니에게 보낸 편지, 03/10/29—RDMSC 13/1/4/08.
52. Dahl, 어머니에게 보낸 편지, 11/21/26—RDMSC 13/1/1/37.
53. Dahl, 어머니에게 보낸 편지, 11/13/27—RDMSC 13/1/3/11.
54. Dahl, 어머니에게 보낸 편지, 02/06/27—RDMSC 13/1/2/23.
55. Roald Dahl, *Children's Books* (1988)—RDMSC RD 6/2/1/30과 6/2/1/36.
56. Roald Dahl, 시험지—RDMSC 13/1/2/32.
57. Dahl, 어머니에게 보낸 편지, 02/06/27—RDMSC 13/1/2/24.
58. Justin Wintle과 Emma Fisher, *The Pied Pipers* (London: Paddington Press, 1974),

p. 111.
59. *Desert Island Discs*, BBC Radio, 10/27/79.
60. Wintle과 Fisher, *The Pied Pipers*, p. 60.
61. *Boy* 복사본, Douglas Highton 소장.
62. *Boy*, pp. 97, 65.
63. 위의 책, pp. 113, 112, 114.
64. *Boy*—초고—RDMSC RD 2/23/1/106.
65. Dahl, 어머니에게 보낸 편지, 02/28/28—RDMSC 13/1/3/23.
66. Dahl, 어머니에게 보낸 편지, 01/20/27—RDMSC 13/1/2/18.
67. Dahl, 어머니에게 보낸 편지, 02/13/27—RDMSC 13/1/2/25.
68. Dahl, 어머니에게 보낸 편지, 07/08/28—RDMSC 13/1/3/39.
69. Dahl, 어머니에게 보낸 편지, 03/24/29—RDMSC 13/1/4/10.
70. Dahl, 어머니에게 보낸 편지, 10/29/29—RDMSC 13/1/3/09.
71. Dahl, 어머니에게 보낸 편지, 11/17/29—RDMSC 13/1/5/14.
72. Dahl, 어머니에게 보낸 편지, 03/25/28—RDMSC 13/1/3/28.
73. Dahl, 어머니에게 보낸 편지, 12/09/29—RDMSC 13/1/5/18.
74. Dahl, 어머니에게 보낸 편지, 10/24/26—RDMSC 13/1/2/6.
75. Dahl, 어머니에게 보낸 편지, 02/07/26—RDMSC 13/1/1/29.
76. Dahl, 어머니에게 보낸 편지, 06/17/28—RDMSC 13/1/3/35.
77. Dahl, 어머니에게 보낸 편지, 02/05/28—RDMSC 13/1/3/20.
78. Dahl, 어머니에게 보낸 편지, 08/01/29—RDMSC 13/1/4/17.
79. Dahl, 어머니에게 보낸 편지, 04/03/27—RDMSC 13/1/2/34.
80. Douglas Highton, 저자와의 대화, 11/08/07.
81. Ben Reuss, 저자와의 대화, 02/09/98.
82. Asta Anderson, 저자와의 대화, 1997.
83. *The Roald Dahl Diary*, 12월
84. Else Logsdail, 저자와의 대화, 1997.
85. Asta Anderson, *"Cauliflowers and Shrimps", Memories with Food at Gipsy House*, p. 106.
86. Asbjørnsen's collections은 노르웨이에서 1883~1887년 사이에 출간되었다; Moe's collection, 1907.
87. 노르웨이에서 이 그림은 *Syg Kjaerlighed*로 알려져 있다. 1893년 작품.
88. Leif Østby, *Theodor Kittelsen* (Oslo: Dreyers Forlag, 1975).
89. Alfhild Hansen, 저자와의 대화, 08/07/92.
90. *The Roald Dahl Diary*.
91. *Boy*, p. 79.
92. Roald Dahl, *Danny The Champion of the World* (London: Jonathan Cape, 1975)

p. 73.

4장 _ 랩턴 학교

1. Ben Reuss, 저자와의 대화, 02/09/98.
2. Denton Welch, *Maiden Voyage* (London: Routledge, 1943), p. 24.
3. Thomas Arnold, John Tucker 목사에게 보낸 편지, 03/02/1828.
4. Alan Hamilton, "Children Say Farewell to Roald Dahl," *The Times*, 11/30/90.
5. *Boy*, p. 126.
6. *Boy*—초고—RDMSC RD 02/23/1.
7. Nancy Deuchar, 저자와의 대화, 12/04/07.
8. Tim Fisher, 저자와의 대화, 09/17/07.
9. *Boy*, p. 146.
10. Sir Charles Pringle, 저자와의 대화, 12/05/07.
11. Rachel Drayson, 저자에게 보낸 편지, 10/20/07.
12. Nancy Deuchar, 저자와의 대화, 12/04/07.
13. Dahl, 어머니에게 보낸 편지, 03/19/33—RDMSC RD 13/1/8/31.
14. Graham Greene, *A Sort of Life* (London: Bodley Head, 1971), p. 72.
15. *Boy*—초고—RDMSC RD 2/23/1/147.
16. *Boy*, pp. 143, 140, 128.
17. Roald Dahl, *Galloping Foxley, Collected Stories* (New York: Knopf, 2006), p. 420.
18. Tim Fisher, 저자와의 대화, 09/17/07.
19. *Boy*—초고—RDMSC RD 2/23/1/154.
20. *Boy*, p. 126.
21. *Boy*—초고—RDMSC RD 2/23/1/166.
22. 위의 책—RDMSC RD 2/23/1/166-7.
23. 위의 책—RDMSC RD 2/23/1/161.
24. 위의 책—RDMSC RD 2/23/1/158.
25. 위의 책—RDMSC RD 2/23/1/159.
26. Tim Fisher, 저자와의 대화, 09/17/07.
27. *Bookmark*, BBC Television, 1985.
28. *Boy*—초고—RDMSC RD 2/23/1/160.
29. *Boy*—초고—RDMSC RD 2/23/1/156. Middleton은 학교를 졸업한 지 4년 만인 1937년에 자동차 사고로 사망했다.
30. *Boy*, p. 128.
31. *Galloping Foxley*, p. 420.

32. *Boy*, p. 129.
33. *Boy*—초고—RDMSC RD 2/23/1/151.
34. *Galloping Foxley*, pp. 417-18.
35. Alfhild Hansen, 저자와의 대화, 08/07/92.
36. Repton School Reports—RDMSC RD 13/2/58-90.
37. Dahl, 어머니에게 보낸 편지, 01/18/30—RDMSC RD 13/1/5/9.
38. Dahl, 어머니에게 보낸 편지, 05/30—RDMSC RD 13/1/5/38.
39. Dahl, 어머니에게 보낸 편지, 01/31—RDMSC RD 13/1/6/22.
40. Dahl, 어머니에게 보낸 편지, 03/15/31—RDMSC RD 13/1/6/27.
41. Dahl, 어머니에게 보낸 편지, 12/30—RDMSC RD 13/1/6/14.
42. Dahl, 어머니에게 보낸 편지, 12/31—RDMSC RD 13/1/7/27.
43. Dahl, 어머니에게 보낸 편지, 11/31—RDMSC RD 13/1/7/18.
44. Dahl, 어머니에게 보낸 편지, 05/30—RDMSC RD 13/1/5/46.
45. Dahl, 어머니에게 보낸 편지, 04/31—RDMSC RD 13/1/6/33.
46. Dahl, 어머니에게 보낸 편지, 09/02/30—RDMSC RD 13/1/5/24.
47. Dahl, 어머니에게 보낸 편지, 06/31—RDMSC RD 13/1/6/43.
48. Ben Reuss, 저자와의 대화, 02/09/98.
49. Nicholas Arnold, 저자와의 대화, 01/16/08.
50. Dahl, 어머니에게 보낸 편지, 02/33—RDMSC RD 13/1/8/26.
51. Dahl, 어머니에게 보낸 편지, 05/01/32—RDMSC RD 13/1/7/39.
52. Dahl, 어머니에게 보낸 편지, 12/32—RDMSC RD 13/1/8/15.
53. Ben Reuss, 저자와의 대화, 02/09/98.
54. *Boy*, p. 149.
55. Dahl, 어머니에게 보낸 편지, 06/31—RDMSC RD 13/1/6/48.
56. David Atkins, "Writers Remembered: Roald Dahl," *The Author*, vol. CIII, no. 1 (1992년 봄), p. 24.
57. Roald Dahl, 학교 영어 교육에 관한 연설, c. 1965—RDMSC RD 6/2/1/23.
58. Dahl, 어머니에게 보낸 편지, 10/31—RDMSC RD 13/1/7/7.
59. Roald Dahl, *Nursery Rhymes*—RDMSC RD 13/3/39.
60. Roald Dahl, *Dreams*—RDMSC RD 13/3/3/23.
61. Atkins, "Writers Remembered: Roald Dahl," p. 24.
62. 달은 BBC Television과의 인터뷰에서 이 표현을 사용했다.—BBC, *Wogan with Sue Lawley*, 1988.
63. Roald Dahl, *Laughter*—RDMSC RD 13/3/3/1.
64. Dahl, 어머니에게 보낸 편지, 06/03/34—RDMSC RD 13/1/9/42.
65. Dahl, 어머니에게 보낸 편지, 01/18/30—RDMSC RD 13/1/6/14.
66. Atkins, "Writers Remembered: Roald Dahl," p. 24.

67. Dahl, 어머니에게 보낸 편지, 01/18/30—RDMSC RD 13/1/5/9.
68. *Boy*—초고—RDMSC RD 2/23/1/149.
69. Dahl, 어머니에게 보낸 편지, 02/04/34—RDMSC RD 13/1/9/24.
70. *Boy*—초고—RDMSC RD 2/23/1/155.
71. Dahl, 어머니에게 보낸 편지, 01/31—RDMSC RD 13/1/7/10.
72. Welch, *Maiden Voyage*, pp. 30, 66, 48.
73. 위의 책, pp. 55-56.
74. Sir Charles Pringle, 저자와의 대화, 12/05/07.
75. Anna Corrie, 저자와의 대화, 10/08/07.
76. Dahl, 어머니에게 보낸 편지, 07/33—RDMSC RD 13/1/8/44.
77. Nancy Deuchar, 저자와의 대화, 12/04/07.
78. Atkins, "Writers Remembered: Roald Dahl," p. 24.
79. James Methuen-Campbell, Denton Welch, *Writer and Artist* (London: Tartarus Press, 2002), p. 22.
80. Atkins, "Writers Remembered: Roald Dahl," p. 24.
81. Dahl, 어머니에게 보낸 편지, 01/33—RDMSC RD 13/1/8/20.
82. Dahl, 어머니에게 보낸 편지, 05/33—RDMSC RD 13/1/8/37.
83. Dahl, 어머니에게 보낸 편지 05/07/33—RDMSC RD 13/1/8/35.
84. Dahl, 어머니에게 보낸 편지 05/14/33—RDMSC RD 13/1/8/36.
85. Dahl, 어머니에게 보낸 편지, 05/33—RDMSC RD 13/1/8/37.
86. S. S. Jenkyns, Mrs. Dahl에게 보낸 편지, 06/14/33—RDMSC RD 13/1/8/43.
87. Dahl, 어머니에게 보낸 편지, 06/33—RDMSC RD 13/1/8/42.
88. Ben Reuss, 저자와의 대화, 02/09/98.
89. Nicholas Arnold, 저자와의 대화, 01/16/08. Nicholas는 Michael Arnold의 세 아들 중 하나로, 논쟁의 주제가 무엇이든 별로 신경 쓰지 않았다.
90. *Boy*, p. 131.
91. Ben Reuss 저자와의 대화, 02/09/98.
92. *Boy*, p. 132.
93. Ben Reuss 저자와의 대화, 02/09/98.
94. Asta Anderson와 Else Logsdail, 저자와의 대화, 01/03/98.
95. *Boy*, p. 132.
96. Dahl, 어머니에게 보낸 편지, 05/15/33—RDMSC RD 13/1/7/42.
97. *Boy*, p. 132.
98. 이 책은 렙턴 학교 기록보관실에 있다.
99. Roald Dahl, 렙턴에서의 연설, 11/21/75—RDMSC RD 6/1/1/25.
100. Dahl, 어머니에게 보낸 편지, 11/32—RDMSC RD 13/1/8/15.
101. Dahl, 렙턴에서의 연설, 11/21/75—RDMSC RD 6/1/1/25.

102. John Bradburn, *The Daily Telegraph*에 보낸 편지, 05/06/88.
103. *Boy*, p. 148.
104. Dahl, 어머니에게 보낸 편지, 05/07/33—RDMSC RD 13/1/8/35.
105. Dahl, 어머니에게 보낸 편지, 12/30—RDMSC RD 13/1/6/17.
106. Else Logsdail, 저자와의 대화, 01/03/98.
107. Dahl, 어머니에게 보낸 편지, 02/04/34—RDMSC RD 13/1/9/24.
108. Ben Reuss, 저자와의 대화, 02/09/98.
109. Ophelia Dahl, 저자와의 대화, 03/18/08.
110. B. L. L. Reuss의 편지, Treglown 재인용, p. 31.
111. Dahl, Repton School Report (1934년 여름)—RDMSC RD 13/2/90.

5장 _ 멀고 먼 나라로

1. Roald Dahl, *Newfoundland Journal*—"The Long March"—RDMSC RD 13/5/1.
2. Dahl, 어머니에게 보낸 편지, 08/13/34—RDMSC RD 13/1/9/57.
3. Dennis Clarke, *Public School Explorers in Newfoundland* (London: Putnam, 1935).
4. Dahl, *Newfoundland Journal*—"The Long March"—RDMSC RD 13/5/1.
5. Dahl, *Newfoundland Journal*—RDMSC RD 13/5/2.
6. Dennis Pearl, 저자와의 대화, 01/03/98.
7. Dahl, *Newfoundland Journal*—RDMSC RD 13/5/2.
8. Dahl, *Newfoundland Journal Notes*—RDMSC RD 13/5/1.
9. *Boy*, p. 154.
10. Mr. MacPherson의 회고, Outpost Archive Centre, Shell/BP, The Hague.
11. 위의 책.
12. Dahl, 어머니에게 보낸 편지, 07/14/36—RDMSC RD 14/2/8.
13. Antony Pegg, Treglown 재인용, p. 33.
14. Dahl, 어머니에게 보낸 편지, 02/32—RDMSC RD 13/1/7/32.
15. Alfhild Hansen, 저자와의 대화, 08/07/92.
16. Alexandra Anderson, 저자와의 대화, 11/14/07.
17. Dahl, 어머니에게 보낸 편지, 12/31—RDMSC RD 13/1/7/20.
18. Dahl, 어머니에게 보낸 편지, 09/33—RDMSC RD 13/1/9/4.
19. Dahl, 어머니에게 보낸 편지, 11/32—RDMSC RD 13/1/8/14.
20. Dahl, 어머니에게 보낸 편지, 06/33—RDMSC RD 13/1/8/40.
21. Dahl, 어머니에게 보낸 편지, 07/33—RDMSC RD 13/1/8/52.
22. Dahl, 어머니에게 보낸 편지, 08/35—RDMSC RD 14/2/1.
23. Dahl, 어머니에게 보낸 편지, 08/13/35—RDMSC RD 14/2/2.

24. Roald Dahl, *Double Exposure*, 미출간 스케치 (c. 1938)—RDMSC RD 9/1.
25. Dahl, 어머니에게 보낸 편지, 08/13/35—RDMSC RD 14/2/2.
26. *Boy*, p. 155.
27. Roald Dahl, Sunday Express Book Award에서의 연설, 11/29/89—RDMSC RD 6/1/2/35.
28. Roald Dahl, "A Book That Changed Me," *The Independent*, 06/15/90—RDMSC RD 6/2/1/39.
29. Dahl, 어머니에게 보낸 편지, 03/03/29—RDMSC RD 13/1/4/07.
30. Roald Dahl, Dartford Golf Club 50주년 기념문—RDMSC RD 6/2/1/43.
31. Treglown, p. 34.
32. 탕가니카에서 어머니에게 보낸 편지, 10/16/38, 로알드는 자신이 그 지역에서 최고 선수이며, 핸디캡 2라고 자랑했다.—RDMSC RD 14/3/07.
33. Dennis Pearl, 저자와의 대화, 01/03/98.
34. 위의 책.
35. Ophelia Dahl, 저자와의 대화, 03/17/08.
36. Treglown, p. 37.
37. Dahl, 어머니에게 보낸 편지, 04/14/36—RDMSC RD 14/2/7.
38. Dennis Pearl, 저자와의 대화, 01/03/98.
39. Atkins, "*Writers Remembered: Roald Dahl,*" p. 24.
40. Alfhild Hansen, 저자와의 대화, 08/07/92.
41. Louise (Lou) Pearl, 저자와의 대화, 05/09/08.
42. Dahl, 어머니에게 보낸 편지, 05/20/34—RDMSC RD 13/1/9/40.
43. Louise Pearl, 저자와의 대화, 05/09/08.
44. Alfhild Hansen, 저자와의 대화, 08/07/92.
45. Dennis Pearl, 저자와의 대화, 01/03/98.
46. John Wilkinson, 저자와의 대화, 10/18/07.
47. Treglown, p. 36.
48. Louise Pearl, 저자와의 대화, 05/09/08.
49. Felicity Dahl과 Louise Pearl, 저자와의 대화, 03/14/08와 05/09/08.
50. Roald Dahl, *Going Solo* (London: Jonathan Cape, 1936), p. 13.
51. Dahl, 어머니에게 보낸 편지, 10/38—RDMSC RD 14/3/6.
52. Dahl, 어머니에게 보낸 편지, 10/38—RDMSC RD 14/3/1.
53. Dahl, 어머니에게 보낸 편지, 10/16/38—RDMSC RD 14/3/7.
54. Dahl, 어머니에게 보낸 편지, 10/28/38—RDMSC RD 14/3/9.
55. *Going Solo*, p. 32.
56. Dahl, 어머니에게 보낸 편지, 12/08/38—RDMSC RD 14/3/15.
57. Dahl, 어머니에게 보낸 편지, 04/02/39—RDMSC RD 14/3/31.

58. Dahl, 어머니에게 보낸 편지, 07/11/39—RDMSC RD 14/3/45.
59. Dahl, 어머니에게 보낸 편지, 02/26/39—RDMSC RD 14/3/26.
60. Dahl, 어머니에게 보낸 편지, 07/13/39—RDMSC RD 14/3/49.
61. Dahl, 어머니에게 보낸 편지, 02/39—RDMSC RD 14/3/21.
62. Dahl, 어머니에게 보낸 편지, 11/25/38—RDMSC RD 14/3/13.
63. Dahl, 어머니에게 보낸 편지, 03/05/39—RDMSC RD 14/3/27.
64. Felicity Dahl, 저자와의 대화, 03/10/10.
65. Dahl, 어머니에게 보낸 편지, 01/39—RDMSC RD 14/3/19.
66. Dahl, 어머니에게 보낸 편지, 03/05/39—RDMSC RD 14/3/27.
67. Dahl, 어머니에게 보낸 편지, 03/19/39—RDMSC RD 14/3/28.
68. Dahl, 어머니에게 보낸 편지, 05/28/39—RDMSC RD 14/3/39.
69. Dahl, 어머니에게 보낸 편지, 04/02/39—RDMSC RD 14/3/31.
70. Dahl, 어머니에게 보낸 편지, 04/09/39—RDMSC RD 14/3/32.
71. Dahl, 어머니와 누이들에게 보낸 편지, 11/25/38—RDMSC RD 14/3/13.
72. Dahl, 어머니에게 보낸 편지, 11/25/38—RDMSC RD 14/3/13.
73. *Going Solo*, p. 34.
74. Dahl, 어머니에게 보낸 편지, 01/39—RDMSC RD 14/3/19.
75. *Going Solo*, p. 34.
76. Dahl, 어머니에게 보낸 편지, 11/38—RDMSC RD 14/3/14.
77. *Going Solo*, p. 61.
78. *Charlie's Chocolate Boy*—초고, 1961—RDMSC RD 2/7/1.
79. Dahl, 어머니에게 보낸 편지, 05/14/39—RDMSC RD 14/3/37.
80. Dahl, 어머니에게 보낸 편지, 05/02/39—RDMSC RD 14/3/22.
81. Dahl, 렙턴에서의 연설, 11/21/75—RDMSC RD 6/1/1/25, Australian Broadcasting Corporation, Terry Lane과의 라디오 인터뷰, 1989.
82. Roald Dahl, *Poison, Collier's magazine*, 06/03/50—RDMSC RD 4/18/5.
83. Dahl, 어머니에게 보낸 편지, 10/14/39—RDMSC RD 14/3/58.
84. Dahl, 어머니에게 보낸 편지, 08/27/39—RDMSC RD 14/3/52.
85. Dahl, 어머니에게 보낸 편지, 03/26/39—RDMSC RD 14/3/29.
86. Dahl, 어머니에게 보낸 편지, 08/13/39—RDMSC RD 14/3/51.
87. Dahl, 어머니에게 보낸 편지, 05/14/39—RDMSC RD 14/3/37.
88. Dahl, 어머니에게 보낸 편지, 04/16/39—RDMSC RD 14/3/33.
89. Dahl, 어머니에게 보낸 편지, 12/38—RDMSC RD 14/3/17.
90. Dahl, 어머니에게 보낸 편지, 03/05/38—RDMSC RD 14/3/27.
91. Dahl, 어머니에게 보낸 편지, 12/38—RDMSC RD 14/3/16.
92. Roald Dahl, Ann Watkins에게 보낸 편지, 12/08/43—RDMSC RD 1/1/70.
93. Dahl, 어머니에게 보낸 편지, 12/16/38—RDMSC RD 14/5/2/40.

94. Dahl, 어머니에게 보낸 편지, 06/05/39—RDMSC RD 14/3/40.
95. Dahl, 어머니에게 보낸 편지, 07/11/39—RDMSC RD 14/3/45.
96. Dahl, 어머니에게 보낸 편지, 06/05/39—RDMSC RD 14/3/40.
97. Winston Churchill, 영국 하원에서의 연설, 10/5/38.
98. Dahl, 어머니에게 보낸 편지, 04/09/39—RDMSC RD 14/3/32.
99. Dahl, 어머니에게 보낸 편지, 03/19/39—RDMSC RD 14/3/28.
100. Dahl, 어머니에게 보낸 편지, 09/30/39—RDMSC RD 14/3/57.
101. Dahl, 어머니에게 보낸 편지, 05/14/39—RDMSC RD 14/3/37.
102. Dahl, 어머니에게 보낸 편지, 08/27/39—RDMSC RD 14/3/54.
103. Malcolm MacDonald에게 보내는 Mark Young 경의 보고서, 09/15/39—Public Record Office, CO 323/1657/82.
104. Dahl, 어머니에게 보낸 편지, 09/15/39—RDMSC RD 14/3/55.
105. Roald Dahl, *The Sword*, *Atlantic Monthly* (August 1943), p. 79.
106. Roald Dahl, *Lucky Break*, *The Wonderful Story of Henry Sugar and Six More* (London: Jonathan Cape, 1977), p. 220.
107. *Going Solo*, pp. 71, 73.
108. 위의 책, pp. 79, 83.
109. 위의 책, p. 80.
110. Dahl, 어머니에게 보낸 편지, 09/30/39—RDMSC RD 14/3/57.
111. Dahl, 어머니에게 보낸 편지, 10/14/39—RDMSC RD 14/3/58.
112. Dahl, 어머니에게 보낸 편지, 11/14/39—RDMSC RD 14/3/62.
113. 위의 책.
114. Dahl, 어머니에게 보낸 편지, 11/18/39—RDMSC RD 14/3/63.
115. *Going Solo*, p. 87.
116. Dahl, 어머니에게 보낸 편지, 12/04/39—RDMSC RD 14/3/65.
117. *Going Solo*, p. 94.
118. Dahl, 어머니에게 보낸 편지, 08/14/40—RDMSC RD 14/4/3.

6장 _ 전투기 추락 사고

1. Alfhild Hansen, 저자와의 대화, 08/07/92.
2. See Derek O'Connor, "Roald Dahl's Wartime Adventures," *Aviation History* (2009년 1월).
3. *Going Solo*, p. 96.
4. Dahl, 어머니에게 보낸 편지, 02/20/40—RDMSC RD 14/4/7.
5. Dahl, 어머니에게 보낸 편지, 02/26/40—RDMSC RD 14/4/8.

6. Dahl, 어머니에게 보낸 편지, 06/24/40—RDMSC RD 14/4/20.
7. Dahl, 어머니에게 보낸 편지, 02/20/40—RDMSC RD 14/4/7.
8. *Going Solo*, p. 8과 Dahl, 어머니에게 보낸 편지, 03/14/40—RDMSC RD 14/4/10.
9. Dahl, 어머니에게 보낸 편지, 05/03/40—RDMSC RD 14/4/17.
10. Dahl, 어머니에게 보낸 편지, 06/26/40—RDMSC RD 14/4/24.
11. Dahl, 어머니에게 보낸 편지, 07/24/40—RDMSC RD 14/4/28.
12. *Going Solo*, p. 98.
13. Dahl, 어머니에게 보낸 편지, 08/28/40—RDMSC RD 14/4/32.
14. Dahl, 어머니에게 보낸 편지, 05/17/40—RDMSC RD 14/4/19.
15. *Going Solo*, p. 105.
16. Dahl, 어머니에게 보낸 편지, 11/20/40—RDMSC RD 14/4/38.
17. *Going Solo*, p. 105.
18. Roald Dahl, *Shot Down Over Libya, Saturday Evening Post*, 08/01/42.
19. Dahl, 어머니에게 보낸 편지, 11/20/40—RDMSC RD 14/4/38.
20. Roald Dahl, *Beware of the Dog*, Harper's (초판, 1944년 10월); 단편집 *Over to You*, 1946; *Collected Stories*, (Everyman), p. 49.
21. *Going Solo*, p. 112.
22. 위의 책, p. 113.
23. Dahl, 어머니에게 보낸 편지, 01/20/40—RDMSC RD 14/4/38.
24. Forced Landings and Flying Accident cards in RAF Museum, London, NW9.
25. *Going Solo*, pp. 105-6.
26. Mr. G. Day, 저자에게 보낸 편지, Ministry of Defence (Air Historical Branch), 07/23/07.
27. *Going Solo*, p. 100.
28. O'Connor, "*Roald Dahl's Wartime Adventures,*" p. 46.
29. Ophelia Dahl, *Memories of My Father*, 미출간 MS.
30. Roald Dahl, Barbara McDonald에게 보낸 편지, 04/24/53, 그녀의 딸이 Roald Dahl Museum and Story Centre에 기증하였다.
31. Roald Dahl, *A Piece of Cake* (1942), *Collected Stories*, pp. 129-30.
32. Dahl, 어머니에게 보낸 편지, 01/29/41—RDMSC 14/4/44.
33. Dahl, 어머니에게 보낸 편지, 01/02/41—RDMSC RD 14/4/42.
34. Lesley O'Malley (née Pares), 저자와의 대화, 1998.
35. Dahl, 어머니에게 보낸 편지, 02/17/41—RDMSC RD 14/4/46.
36. Dahl, 어머니에게 보낸 편지, 03/07/41—RDMSC RD 14/4/48.
37. *Going Solo*, p. 118.
38. Roald Dahl, *The Times*에서 Peter Lennon과의 인터뷰, 12/12/83.
39. Ophelia Dahl, *Memories of My Father*, 미출간 MS.

40. Ryan Hall, Richard C. W. Hall, Marcia J. Chapman. "Definition, Diagnosis and Forensic Implications of Postconcussional Syndrome." *Psychosomatics*, 46 (June 2005), pp. 195-202 참고.
41. *James and the Giant Peach*, p. 95.
42. *The Minpins* (London: Jonathan Cape, 1991), p. 41.
43. *The Wonderful Story of Henry Sugar and Six More*, p. 116.
44. Dahl, 어머니에게 보낸 편지, 03/07/41—RDMSC RD 14/4/48.

7장 _ 다윗과 골리앗

1. Roald Dahl, Address Book—RDMSC AC 1/185.
2. "Jonah" Jones, 84연대의 C.O., T. H. Wisdom, *Wings Over Olympus: The Story of the Royal Air Force in Libya and Greece* (1942), p. 169에서 인용.
3. Roald Dahl, *Katina, Collected Stories*, pp. 25-27.
4. *Going Solo*, (FSG), p. 122.
5. 위의 책, p. 123.
6. Roald Dahl, *The Ginger Cat*, 미출간 단편, 1945—RDMSC RD 5/14/1-3.
7. *Going Solo*, p. 123.
8. 위의 책, pp. 124, 130, 128.
9. 위의 책, p. 124.
10. Roald Dahl, *Death of an Old, Old Man, Collected Stories*, p. 87.
11. *Going Solo*, p. 134.
12. James Oswald Gale, 미출간 회고록. 공군 대위인 Gale은 33연대의 장비장교였다. 그는 전쟁 후에도 RAF에 남아 있었으며, 공군 준장이 되었다.
13. Keith Skilling, Wikipedia의 Hawker Hurricanes 항목 인용, 2008년 8월.
14. *Going Solo*, p. 134.
15. Dahl, Roger Burlingame에게 보낸 편지, 04/28/45—RDMSC RD 1/1/1/200.
16. Dahl, Harold Matson에게 보낸 편지, 05/13/42—RDMSC RD 1/1/1/3.
17. *Katina*, p. 37.
18. *Going Solo*, p. 152.
19. 33연대의 Vernon "Woody" Woodward와의 인터뷰, Hugh Halladay, *Woody: A Fighter Pilot's Album* (Toronto: Canav Books, 1987)에서 인용.
20. Gale, 미출간 회고록.
21. Christopher Buckley, *Greece and Crete 1941* (London: HMSO, 1952), p. 97.
22. *Going Solo*, p. 169.
23. *Katina*, p. 42.

24. *Going Solo*, p. 172.
25. *Katina*, p. 43.
26. Gale, 미출간 회고록.
27. Dahl, 어머니에게 보낸 편지, 05/06/41—RDMSC RD 14/4/52.
28. *Going Solo*, p. 201.
29. Dahl, 어머니에게 보낸 편지, 05/15/41—RDMSC RD 14/4/54.
30. *Going Solo*, pp. 187-88.
31. Dahl, 어머니에게 보낸 편지, 06/28/41—RDMSC RD 14/4/57.
32. Dahl, 어머니에게 보낸 편지, 06/20/41—RDMSC RD 14/4/56.
33. *Going Solo*, pp. 193-94, 198.
34. 위의 책, p. 199.
35. Dahl, 어머니에게 보낸 편지, 06/28/41—RDMSC RD 14/4/57.
36. Alfhild Hansen, 저자와의 대화, 08/07/92.
37. Roald Dahl, "My Time of Life," *The Sunday Times*, 10/4/86.
38. *Going Solo*, p. 208.
39. Alexandra Anderson과 Louise Pearl, 저자와의 대화, 11/14/07과 05/09/08.
40. Ophelia Dahl, 저자와의 대화, 03/17/08.
41. Roald Dahl, *Searching for Mr. Smith*, 1979, Browse & Darby Catalogue, 1983.
42. *Bookmark*, BBC Television, 1985.

8장 _ 살아 있지만 지상에 얽매이다

1. Roald Dahl, John Logsdail에게 보낸 편지, 06/08/40—Louise Pearl 소장.
2. Elizabeth Bowen, "London 1940," *Collected Impressions* (London: Longmans Green & Co., 1950).
3. Else Logsdail과 Asta Anderson, 저자와의 대화, 01/03/98.
4. Alfhild Hansen, 저자와의 대화, 08/07/92.
5. 위의 책.
6. 위의 책.
7. Astri Newman, 저자와의 대화, 10/15/07.
8. Pat Brazier, 저자와의 대화, 10/04/09.
9. Jeremy Lang, 저자와의 대화, 12/01/08.
10. 위의 책.
11. Pauline Hearne, 저자에게 보낸 편지, 09/12/09.
12. Roald Dahl, *The Gremlins* (New York: Walt Disney/Random House, 1943).
13. Barry Farrell, *Pat and Roald* (London: Hutchinson, 1970), p. 68과 Wintle과 Fisher,

The Pied Pipers, pp. 102-3.
14. Wintle과 Fisher, *The Pied Pipers*, p. 103.
15. William Stevenson, *A Man Called Intrepid* (Guilford, CT: Lyons Press, 1976), p. 169.
16. 위의 책.
17. Roald Dahl, 전기 작가로 지명한 Stephen Roxburgh에게 보낸 자료—HRCH KNOPF.
18. Dahl, 어머니에게 보낸 편지, 04/14/42—RDMSC RD 14/5/1/1.
19. Dahl, 어머니에게 보낸 편지, 04/21/42—RDMSC RD 14/5/1/2.
20. Dahl, 어머니에게 보낸 편지, 04/14/42—RDMSC RD 14/5/1/1.
21. Dahl, 어머니에게 보낸 편지, 04/21/42—RDMSC RD 14/5/1/2.
22. Treglown, p. 56.
23. Michael Ignatieff, *Isaiah Berlin: A Life* (New York: Henry Holt, 1998), p. 111.
24. *Time magazine*, 4/7/41.
25. Dahl, 어머니에게 보낸 편지, 05/13/42—RDMSC RD 14/5/1/4.
26. Stevenson, *A Man Called Intrepid*, p. 169.
27. Treglown, p. 56.
28. *Lucky Break*, p. 225.
29. 위의 책, p 229.
30. 당시, 달은 300달러를 76파운드로 환산했다.—Dahl, 어머니에게 보낸 편지, 05/13/42—RDMSC RD 14/5/1/4.
31. Harold Matson, Katherine Swan에게 보낸 편지, 05/11/42—RDMSC RD 1/1/1.
32. *Lucky Break*, p. 229.
33. 1945년경 *Over to You*에 실을 단편을 쓸 때 남아 있던 초기 자료.
34. *Going Solo*, p. 101.
35. Dahl, 어머니에게 보낸 편지, 08/07/42—RDMSC 14/5/1/11.
36. Dahl, 어머니에게 보낸 편지, 05/13/42—RDMSC RD 14/5/1/4.
37. *Lucky Break*, p. 227.
38. Dahl, *Shot Down Over Libya*, Saturday Evening Post, 08/01/42.
39. *Lucky Break*, p. 233.
40. 그는 실제로 그렇게 했다. 예를 들면, *Collier's* magazine 편집자 Thomas Beck에게 보낸 편지, 1942년 8월—RDMSC RD 1/4/8.
41. 예를 들면, Wintle과 Fisher, *The Pied Pipers*, p. 102.
42. *Boy*, p. 160.
43. *Going Solo*, p. 101.
44. Dahl, 어머니에게 보낸 편지, 05/13/42와 06/42—RDMSC RD 14/5/1/4, RD 14/5/1/5.

45. Astri Newman의 자료.
46. Dahl, 어머니에게 보낸 편지, 10/04/42—RDMSC RD 14/5/1/17.
47. Dahl, 어머니에게 보낸 편지, 12/15/42—RDMSC RD 14/5/1/24.
48. Dahl, 어머니에게 보낸 편지, 10/20/42—RDMSC RD 14/5/1/18.
49. Dahl, 어머니에게 보낸 편지, 12/15/42—RDMSC RD 14/5/1/24.
50. 달은 어머니에게 보낸 편지에서 Travers에 대해 이렇게 묘사했다. "내가 지금까지 만난 사람 중에서 가장 지저분하고 작은 남자예요, 그렇지만 진짜 멋지고 끝내주게 웃겨요."—09/04/42—RDMSC 14/5/1/14.
51. Dahl, 어머니에게 보낸 편지, 12/15/42—RDMSC RD 14/5/1/24.
52. Dahl, 어머니에게 보낸 편지, 04/21/42—RDMSC RD 14/5/1/2.
53. Dahl, 어머니에게 보낸 편지, 08/07/42—RDMSC RD 14/5/1/10.
54. Dahl, 어머니에게 보낸 편지, 05/13/42—RDMSC RD 14/5/1/4.
55. Dahl, 어머니에게 보낸 편지, 08/07/42—RDMSC RD 14/5/1/10.
56. 위의 책.
57. Roald Dahl, James Beck에게 보낸 편지, 08/20/42—RDMSC RD 1/4/8.
58. Dahl, 어머니에게 보낸 편지, 06/22/42—RDMSC RD 14/5/1/6.

9장 _ 동화 같은 이야기

1. Dahl, 어머니에게 보낸 편지, 06/22/42—RDMSC RD 14/5/1/6.
2. Roald Dahl, *Gremlin Lore*—RDMSC RD 2/1/1.
3. Aubrey Morgan, 공군 준장 William Thornton,에게 보낸 편지, 08/21/42—RDMSC RD 1/4/1/9.
4. Dahl, 어머니에게 보낸 편지, 06/22/42—RDMSC RD 14/5/1/6.
5. Walt Disney, Sidney Bernstein에게 보낸 전신, 07/14/42—RDMSC RD 1/4/1/5.
6. 위의 책.
7. Roald Dahl, William Teeling에게 보낸 편지, 11/30/42—RDMSC RD 1/4/1/74.
8. Disney 내부 자료, Jim Korkis, "The Trouble with Gremlins," *Hogan's Alley Magazine*, 15에서 인용.
9. Roald Dahl, Jim Bodrero에게 보낸 편지, 08/03/42—RDMSC RD 1/4/1.
10. Roald Dahl, Thomas Beck에게 보낸 편지, 08/20/42—RDMSC RD 1/4/1/8.
11. Vernon MacKenzie, Aubrey Morgan에 대한 회고, 08/20/42—RDMSC RD 1/4/1/10.
12. Harold Matson, Roald Dahl에게 보낸 전보, 09/01/42—RDMSC RD 1/4/1/18.
13. Roald Dahl, John Rose에게 보낸 편지, 08/25/42—RDMSC RD 1/4/1/12.
14. John Rose, 로알드 달에게 보낸 편지, 08/27/42—RDMSC RD 1/4/1/17.

15. Dahl, 어머니에게 보낸 편지, 10/04/42—RDMSC RD 14/5/1/17.
16. Dahl, 어머니에게 보낸 편지, 09/04/42—RDMSC RD 14/5/1/14.
17. Dahl, 어머니에게 보낸 편지, 10/04/42—RDMSC RD 14/5/1/17.
18. Korkis, "The Trouble with Gremlins."에서 인용.
19. Dahl, 어머니에게 보낸 편지, 11/10/42—RDMSC RD 14/5/1/20.
20. Roald Dahl Sol Rosenblatt에게 보낸 편지, 10/01/42—RDMSC RD 1/4/1/46.
21. Korkis, "The Trouble with Gremlins."
22. Charles Solomon, The Disney That Never Was (New York: Hyperion, 1995), p. 50.
23. Leonard Maltin, Introduction to The Gremlins (Milwaukie, OR: Dark Horse Books, 2006).
24. Dahl, 어머니에게 보낸 편지, 10/01/42—RDMSC RD 14/5/1/16.
25. Douglas Bisgood, Walt Disney에게 보낸 편지, 09/20/42, Korkis, "The Trouble with Gremlins."에서 인용.
26. Walt Disney, 로알드 달에게 보낸 편지, 10/01/42—RDMSC RD 1/4/1/48.
27. Roald Dahl Walt Disney에게 보낸 편지, 10/07/42—RDMSC RD 1/4/1/52.
28. Roald Dahl Walt Disney에게 보낸 편지, 09/02/42—RDMSC RD 1/4/1/21.
29. Roald Dahl Edmond Witalis에게 보낸 편지, 09/30/42—RDMSC RD 1/4/1/45.
30. Roald Dahl Walt Disney에게 보낸 편지, 09/02/42—RDMSC RD 1/4/1/21.
31. Dahl, 어머니에게 보낸 편지, 11/27/42—RDMSC RD 4/5/1/21. Brocks(1915-1995)는 John F. Kennedy의 동료이자 정치가인 Torbert Macconald와 결혼하였다.
32. Roald Dahl. Notes on Visiting Los Angeles 06/24/43—RDMSC RD 1/4/1/139.
33. Bill Justice, Justice for Disney (Dayton, OH: Tomart Publications, 1992), Korkis, "The Trouble with Gremlins."에서 인용.
34. Dahl, 어머니에게 보낸 편지, 11/27/42—RDMSC RD 14/5/1/21.
35. 위의 책.
36. Roald Dahl Walt Disney에게 보낸 편지, 10/07/42—RDMSC RD 1/4/1/52. 아직 해결되지 않고 남아 있는 문제이다. 출간된 책의 내용에서는 그렘린이 초록색 중절모나 중산모를 썼다고 쓰여 있지만, 그려진 그림에선 비행용 헬멧을 쓰고 있다.
37. Dahl, 어머니에게 보낸 편지, 11/27/42—RDMSC RD 14/5/1/21.
38. Roald Dahl. Walt Disney에게 보낸 편지, 12/02/42—RDMSC RD 1/4/1/79.
39. Roald Dahl, 공군 준장 William Thornton에게 보낸 편지, 11/18/42—RDMSC RD 1/4/1/68.
40. Korkis, "The Trouble with Gremlins."
41. Hamish Hamilton, 로알드 달에게 보낸 편지, 08/25/42—RDMSC RD 1/4/1/15.
42. Roald Dahl, Richard Feck에게 보낸 편지, 12/08/42—RDMSC RD 1/4/1/80.
43. William Teeling, 로알드 달에게 보낸 편지, 02/11/43—RDMSC RD 1/4/1/96.

44. J. B. Hogan, 로알드 달에게 보낸 편지, 08/23/42—RDMSC RD 1/4/1/14.
45. Treglown, p. 69.
46. William Teeling, 로알드 달에게 보낸 편지, 02/11/43—RDMSC RD 1/4/1/96.
47. Clement Caines, 공군 준장 William Thornton에게 보낸 편지, 01/25/43—RDMSC RD 1/4/1/95.
48. Dahl, 어머니에게 보낸 편지, 12/05/42—RDMSC RD 14/5/1/23, William Teeling에게 보낸 편지, 03/16/43—RDMSC RD 1/4/1/107. 독수리연대는 영국 공군이 만든 미국인 자원 조종사 부대이다. 미국이 진주만 공습을 받기 전에 히틀러와 싸우기 위해 결성되었다.
49. Dahl, 어머니에게 보낸 편지, 02/13/43—RDMSC RD 14/5/2/4.
50. Roald Dahl, William Teeling에게 보낸 편지, 03/16/43—RDMSC RD 1/4/1/107.
51. C. G. Caines, Asst. Under Secretary of State for Air, 공군 준장 William Thornton에게 보낸 편지, 01/25/43—RDMSC RD 1/4/1/95.
52. Roald Dahl, Walt Disney에게 보낸 편지, 01/01/43—RDMSC RD 1/4/1/85.
53. Roald Dahl, Walt Disney에게 보낸 편지, 05/19/43—RDMSC RD 1/4/1/129.
54. Roald Dahl, *Stop Picking on Gremlins*, MS, 03/09/43—RDMSC RD 1/4/1/105.
55. Dahl, 어머니에게 보낸 편지, 02/13/43—RDMSC RD 14/5/2/4.
56. Viscount Halifax, 로알드 달에게 보낸 편지, 04/29/43—RDMSC RD 1/4/1/124.
57. Eleanor Roosevelt, 로알드 달에게 보낸 편지, 05/27/43—RDMSC RD 1/4/1/136.
58. Lucille Ogle, 로알드 달에게 보낸 편지, 12/07/43—RDMSC RD 1/4/1/145.
59. Roy Disney, 로알드 달에게 보낸 편지, u.d.—RDMSC RD 1/4/1/154.
60. 1943년에 영국 공군 기금은 그렘린을 상품화해서 368달러를 벌었다.—RDMSC RD 1/4/1/132.
61. Walt Disney, 로알드 달에게 보낸 편지, 05/26/43—RDMSC RD 1/5/1.
62. Dahl, 어머니에게 보낸 편지, 04/17/43—RDMSC RD 14/5/2/11.
63. Dahl, 어머니에게 보낸 편지, 04/17/43-RDMSC RD 14/5/2/11.
64. Korkis, "The Trouble with Gremlins."
65. Walt Disney, 로알드 달에게 보낸 편지, 07/02/43—RDMSC RD 1/5/1.
66. Walt Disney Archive, Korkis, "The Trouble with Gremlins."에서 재인용.
67. Justice, Justice for Disney, 위의 책에서 재인용.
68. Walt Disney, 로알드 달에게 보낸 편지, 12/18/43—RDMSC RD 1/4/1/147.
69. Robin Allan, *Walt Disney and Europe* (London: John Libby & Co., 1999), p. 186.
70. Roy Disney, 로알드 달에게 보낸 편지, 04/24/45—RDMSC RD 1/4/1.
71. Roy Disney, 로알드 달에게 보낸 편지, 04/17/45—RDMSC RD 1/4/1.
72. Roald Dahl, J. B. Hogan에게 보낸 편지, 09/03/42—RDMSC RD 1/4/1/23.
73. Dahl, 어머니에게 보낸 편지, 12/15/42—RDMSC RD 14/5/1/24.
74. Dahl, 어머니에게 보낸 편지, 03/23/43—RDMSC RD 14/5/2/9.

75. Dahl, 어머니에게 보낸 편지, 06/17/43—RDMSC RD 14/5/2/19.
76. Roald Dahl, Henry Wallace에게 보낸 편지, 01/13/43—RDMSC RD 15/5.
77. Valerie Pascal, *The Disciple and His Devil* (New York: Dell Publishing, 1970), p. 72.
78. 위의 책, pp. 73-75.
79. 위의 책, pp. 83-87.
80. Wallace의 전기 작가인 Dwight Macdonald의 언급, 1947년, Philip Kopper, *Anonymous Giver A Life of Charles Marsh* (Washington, D.C.: Public Welfare Foundation, 2000), p. 77에서 재인용.
81. John C. Culver와 John Hyde, *American Dreamer, the Life and Times of Henry Wallace* (New York: W. W. Norton, 2000), pp. 134-35.
82. Columbia University Oral History, *Reminiscences of Paul H. Appleby*, p. 12.
83. Dahl, 어머니에게 보낸 편지, 12/28/42—RDMSC RD 14/5/1/26.
84. Dahl, 어머니에게 보낸 편지, 01/07/43—RDMSC RD 14/5/2/1.
85. Thomas M. Pryor, *New York Times*, 01/10/43.
86. Andrew R. Kelley, *Washington Times-Herald*, 01/11/43.
87. Dahl, 어머니에게 보낸 편지, 01/07/43—RDMSC RD 14/5/2/1.
88. Dahl, 어머니에게 보낸 편지, 04/17/43—RDMSC RD 14/5/2/11. 그 해 여름, Hawks는 달에게 Guy Gibson 시나리오와 "Dam Buster" 영화대본을 써달라고 졸랐다.— Roald Dahl, *Notes on Los Angeles*, 06/24/43—RDMSC RD 1/4/1/139.
89. Roald Dahl, *An Eye for a Tooth*, 나중에 *Teat for Tat*로 제목이 바뀌었다가 최종 제목은 *An African Story*가 되었다. 이 작품은 *Over to You*에 실렸다.
90. Roald Dahl, *Only This*, *Ladies' Home Journal*, 1944, *Collected Stories*, p. 19.
91. *Katina*, p. 38.
92. *The Ginger Cat*—RDMSC RD 5/14/1-3.
93. Edward Weeks, 로알드 달에게 보낸 편지, 12/20/43—RDMSC RD 1/1/1/82/1.
94. Edward Weeks, 로알드 달에게 보낸 편지, "Lincoln's birthday," 02/12/43—RDMSC RD 1/1/1/18.
95. Graham Payn과 Sheridan Morley, eds., *The Noël Coward Diaries* (London: Weidenfeld & Nicolson, 1982), 01/29/46, p. 50.
96. Dahl, 어머니에게 보낸 편지, 11/27/43—RDMSC RD 14/5/2/38.
97. Roald Dahl, Mr. King에게 보낸 편지, 11/24/43—RDMSC RD 1/1/1/61.
98. Roald Dahl, Harold Matson에게 보낸 편지, 10/01/42—RDMSC RD 1/2/1/45.
99. Dahl, 어머니에게 보낸 편지, 10/12/43—RDMSC RD 14/5/2/34.
100. Sheila Lewis Crosby (née St. Lawrence), 저자와의 대화, 07/21/08.
101. Dahl, 어머니에게 보낸 편지, 10/12/43—RDMSC RD 14/5/2/34.
102. Winston Churchill, *The Second World War*, Vol. 4: *The Hinge of Fate* (1950), p.

742.
103. Ian Colvin 참고, *Flight 777* (London: Evans Bros., 1957), Ronald Howard, *In Search of My Father* (London: William Kimber & Co., 1981).
104. José Rey-Ximena, *El Vuelo del Ibis* (Madrid: Ediciones Facta, 2008)에서 인용.
105. David McCullough, *Truman* (New York: Simon & Schuster, 1992), p. 294.
106. Dahl, 어머니에게 보낸 편지, 06/27/43—RDMSC RD 14/5/2/16.

10장 _ 비밀과 거짓말

1. Roald Dahl, *My Year* (London: Jonathan Cape, 1993), pp. 38-39.
2. Marion Goodman, 저자와의 대화, 03/11/07.
3. Lucy Dahl, 저자와의 대화, 10/09/08.
4. Roald Dahl, Address book에 남긴 메모—RDMSC AC 1/185.
5. Ernest Cuneo Papers, Box 107, CIA file—FDR Library, Hyde Park, Thomas E.에서 재인용. Mahl, *Desperate Deception—British Covert Operations in the US 1939-44* (Washington D.C.: Brassey's, 1998), pp. 15-16. Cuneo는 워싱턴의 젊은 법률가로 뉴욕시장 Fiorello La Guardia를 위해 일했다. BSC에서 일하던 캐나다 여자와 결혼했다. Cuneo, 저자와의 대화, 03/20/07.
6. Roald Dahl, *A Man Called Intrepid*, CBC Television과의 인터뷰, 1974.
7. Ivar Bryce, *You Only Live Once, Memories of Ian Fleming* (London: Weidenfeld & Nicol-son, 984), pp. 62-63.
8. Joel Raphaelson, ed., *The Unpublished David Ogilvy* (New York: Crown, 1986), p. 101.
9. Alfhild Hansen, 저자와의 대화, 08/07/92.
10. Alfhild Hansen, 저자와의 대화, 1997.
11. Mahl, *Desperate Deception*, p. 202 참고.
12. H. Montgomery Hyde Papers, Churchill College, Cambridge, 3-21, February 1942.
13. Roald Dahl, CBC documentary에서 인터뷰, *A Man Called Intrepid*, 1974.
14. Reginald "Rex" Benson, Diaries, Anthony Cave Brown, *"C": The Secret Life of Sir Stewart Graham Menzies, Spymaster to Winston Churchill* (New York: Macmillan, 1987), p. 480에서 인용.
15. H. G. Nicholas, ed., *Washington Despatches 1941-45: Weekly Political Reports from the British Embassy* (Chicago: Chicago University Press, 1981), p. 381.
16. Eugene Pulliam Kopper, *Anonymous Giver: A Life of Charles Marsh*, p. 37에서 재인용.
17. Antoinette Haskell, 저자와의 대화, 01/14/98.

18. Kopper, *Anonymous Giver*, p. 66.
19. 로알드 달이 Charles Marsh에 대해 Stephen Roxburgh에게 묘사한 내용—FSG Archives.
20. George Brown, 건설업계의 거물, Kopper, *Anonymous Giver*, p. 64에서 재인용.
21. Roald Dahl, Anthony Cave Brown에게 보낸 편지, 10/04/85—RDMSC RD 16/1/2.
22. Roald Dahl, Charles Marsh에게 보낸 편지, 날짜 없음. 1944년 이른 봄으로 추정—CMP.
23. Antoinette Haskell, 저자와의 대화, 01/14/98.
24. Ralph Ingersoll, *But in the Main It's True* (Charles Marsh 미출간 전기), 1975, Howard Gotlieb Archival Research Center, Boston University.
25. Antoinette Haskell, 저자와의 대화, 01/14/98.
26. Roald Dahl, Anthony Cave Brown에게 보낸 편지, 10/04/85—RDMSC RD 16/1/2.
27. Antoinette Haskell, 저자와의 대화, 01/14/98.
28. Lord Halifax (Dahl), 'Stanley Marsh'에게 보낸 편지, 12/02/44—CMP.
29. Charles Marsh, 로알드 달에게 보낸 편지, 07/27/45—CMP.
30. Antoinette Haskell, 저자와의 대화, 01/14/98.
31. Roald Dahl, Helen Ogden Reid에게 보낸 편지, 06/29/43—RDMSC RD 15/5/96.
32. Ingersoll, *But in the Main It's True*.
33. 위의 책.
34. Dahl, 어머니에게 보낸 편지, 03/19/43—RDMSC RD 14/5/2/8.
35. Cited in Jennet Conant, *The Irregulars: Roald Dahl and the British Spy Ring in Wartime Washington* (New York: Simon & Schuster, 2008), p. 20.
36. Kopper, *Anonymous Giver*, p. 70.
37. Antoinette Haskell, Conant에서 인용, *The Irregulars*, p. 23에서 인용.
38. Kopper, *Anonymous Giver*, p. 74.
39. Ralph Ingersoll, *But in the Main It's True*, 1975 (미출간), chap. 8, p. 2, Howard Gotlieb Archival Research Center, Boston University.
40. Kopper, *Anonymous Giver*, p. 98.
41. Dahl, 위의 책, p. 70에서 인용.
42. 위의 책, p. 80.
43. Roald Dahl, Anthony Cave Brown에게 보낸 편지, 10/04/85—RDMSC 1/16/2.
44. Henry Agard Wallace의 일지, 10/03/44, University of Iowa, Special Collections, Iowa City, Iowa.
45. Roald Dahl, Anthony Cave Brown에게 보낸 편지, 10/04/85—RDMSC 16/1/2.
46. Henry A. Wallace, *Our Job in the Pacific* (New York: Institute of Pacific Relations, 1944), p. 24.
47. Roald Dahl, Anthony Cave Brown에게 보낸 편지, 10/4/85—RDMSC RD 16/1/2.

48. Nicholas, ed., *Washington Despatches 1941-45*, p. 376 참고.
49. Henry Agard Wallace의 일지, 10/03/44, University of Iowa, Box 19, NB 32, p. 2.
50. Dahl, 어머니에게 보낸 편지, 07/17/43—RDMSC RD 14/5/2/23.
51. Berlin, Nicholas, ed., *Washington Despatches 1941-45*, p. 250에서 인용.
52. Cave Brown, *"C,"* p. 484.
53. Roald Dahl, Anthony Cave Brown에게 보낸 편지, 10/04/85—RDMSC RD 16/1/2. 어머니에게 보낸 편지, 06/17/43—RDMSC RD 14/5/2/19에서 처음으로 진급한 걸 알렸다.
54. Dahl, 어머니에게 보낸 편지, 06/25/43—RDMSC RD 14/5/2/20.
55. Roald Dahl, *Post War Air Lines*—RDMSC RD 15/5.
56. Jeffrey Engel, *Cold War at 30,000 Feet* (Cambridge, MA: Harvard University Press, 2007), p. 30 참고.
57. 위의 책, pp. 31-45 참고.
58. Mary Louise Patten, Joe Alsop에게 보낸 편지, 07/30/43, Conant, *The Irregulars*, pp. 171-72에서 인용.
59. Dahl, 어머니에게 보낸 편지, 07/17/43—RDMSC RD 14/5/2/23.
60. Mary Louise Patten, Alsop에게 보낸 편지, 07/30/43, Conant, *The Irregulars*, p. 172에서 인용.
61. Dahl, 어머니에게 보낸 편지, 07/23/43—RDMSC RD 14/5/2/24.
62. Mary Louise Patten, Alsop에게 보낸 편지, 07/30/43, Conant, *The Irregulars*, p. 172에서 인용.
63. Dahl, 어머니에게 보낸 편지, 10/12/43—RDMSC RD 14/5/2/34.
64. Roald Dahl, William Teeling에게 보낸 편지, 05/31/43—RDMSC RD 15/5/104/1-2.
65. Dahl, 어머니에게 보낸 편지, 06/25/43—RDMSC RD 14/5/2/20.
66. Roald Dahl, *Visit to Hyde Park*—RDMSC RD 15/5/94/5.
67. Bill Macdonald, *The True Intrepid* (Raincoast Books, 2001), p. 244.
68. Dahl, *Visit to Hyde Park*—RDMSC RD 15/5/94/6.
69. Dahl, *Visit to Hyde Park*—RDMSC RD 15/5/94/3.
70. Dahl, *Visit to Hyde Park*—RDMSC RD 15/5/94/9.
71. Roald Dahl, Charles Marsh에게 보낸 편지, 날짜 미상, 08/43—CMP.
72. Charles Marsh, 로알드 달에게 보낸 편지, 08/17/43—CMP.
73. William Teeling, 로알드 달에게 보낸 편지, 08/10/43—RDMSC RD 15/5/83/1.
74. Charles Marsh Papers at Lyndon B. Johnson Library, University of Texas, Austin, Conant, *The Irregulars*, pp. 179-80에서 인용.
75. J. B. Hogan에게 받은 편지에 대한 달의 코멘트, 07/14/43—RDMSC RD 15/5/91.
76. J. B. Hogan, 로알드 달에게 보낸 편지, 07/14/43—RDMSC RD 15/5/91.
77. Roald Dahl, Transcript of Canadian Broadcasting Corporation documentary on

William Stephenson, Conant, *The Irregulars*, p. 180에서 인용.
78. Roald Dahl, Anthony Cave Brown에게 보낸 편지, 10/04/85—RDMSC RD 16/1/2.
79. Dahl, 어머니에게 보낸 편지, 10/19/43—RDMSC RD 14/5/2/35.
80. J. B. Hogan, 로알드 달에게 보낸 편지, 12/07/42—RDMSC RD 15/5.
81. J. B. Hogan, 로알드 달에게 보낸 편지, 12/43—RDMSC RD 15/5/68.
82. Roald Dahl, J. B. Hogan에게 보낸 편지, 01/29/44—RDMSC RD 15/5/59.
83. *Desert Island Discs*, BBC Radio, 10/27/79.
84. Roald Dahl, Roger Burlingame에게 보낸 편지, 04/28/45—RDMSC RD 1/1/1/200.
85. Macdonald, *The True Intrepid*, p. 238.
86. W. Roxburgh, Albert L. Cox에게 보낸 편지, 05/12/44—RDMSC RD 15/5/40.
87. Roald Dahl, Anthony Cave Brown에게 보낸 편지, 10/04/85—RDMSC 16/1/2.
88. Roald Dahl, 연설문 초고, 날짜 미상.—RDMSC RD 6/1/1/5.
89. Roald Dahl, *Notes on Dinner with Max Beaverbrook, William Stephenson, Michael Henderson—Montego Bay*, c. 1947, *Ideas Book* No. 1—RDMSC RD 11/1, p. 30 참고.
90. Peter Masefield, Privy Seal 경의 참모, 로알드 달에게 보낸 편지, 08/19/44—RDMSC RD 15/5/45.
91. Conant, *The Irregulars*, p. 177.
92. Stevenson, *A Man Called Intrepid*, pp. 17, 169.
93. Dahl, 어머니에게 보낸 편지, 07/22/44—RDMSC RD 14/5/3/14.
94. Stevenson, *A Man Called Intrepid*, p. 17.
95. Roald Dahl, Bill Macdonald과의 인터뷰, The True Intrepid, p. 239.
96. William Stephenson, *Point of Departure, A Foreword by Intrepid* in Stevenson, *A Man Called Intrepid*, p. xi.
97. Hugh Trevor-Roper, "*Superagent,*" Review of Stevenson's *A Man Called Intrepid* in The New York Review of Books, 03/13/76.
98. Dahl은 Bill Macdonald에게, Stephenson의 전쟁 수행력에 대한 기여는 놀라웠지만, 첩보활동에서 물러난 말년의 삶에 대해서도 주목해야 한다고 말했다.—Macdonald, *The True Intrepid* p. 238.
99. 위의 책, p. 246.
100. Antoinette Haskell, 저자와의 대화, 01/14/98.
101. Stevenson, *A Man Called Intrepid*, p. 170.
102. Macdonald, *The True Intrepid*, p. 241.
103. Dahl, 어커니에게 보낸 편지, 12/08/43—RDMSC RD 14/5/2/39.
104. Nigel West, ed., *British Security Coordination* (London: St. Ermin's Press, 1998), p. xi.
105. Roald Dahl이 Davis Haines에게, Kopper, *Anonymous Giver*, p. 79에서 인용.

106. Roald Dahl, Anthony Cave Brown에게 보낸 편지, 10/04/85 RDMSC RD 16/1/2.
107. Roald Dahl, Bill Macdonald에게 보낸 편지, 08/03/90, *The True Intrepid*, p. 250 에서 인용.
108. Henry Agard Wallace의 일지, 06/16/43, University of Iowa, Special Collections, Iowa City, Iowa.
109. Beatrice Gould, 로알드 달에게 보낸 편지, 01/06/44—RDMSC RD 1/1/1/87.
110. Antoinette Haskell, 저자와의 대화, 01/14/98.
111. Creekmore Fath, Treglown, p. 59에서 인용.
112. Dahl, 어머니에게 보낸 편지, 01/13/44—RDMSC RD 14/5/3/1.
113. Dahl, 어머니에게 보낸 편지, 11/03/44—RDMSC RD 14/5/3/6.
114. 위의 책.
115. Dahl, 어머니에게 보낸 편지, 03/29/44—RDMSC RD 14/5/3/8.
116. Henry Agard Wallace의 일지, 1935-46, University of Iowa, Special Collections, Iowa City, Iowa.
117. 위의 책.
118. Dahl, 어머니에게 보낸 편지, 02/21/43—RDMSC RD 14/5/2/5.
119. Henry Agard Wallace의 일지, 1935-46, University of Iowa, Special Collections, Iowa City, Iowa.
120. Roald Dahl, Charles Marsh에게 보낸 편지, 날짜 미상, 1948년 초—CMP.
121. Dahl, 어머니에게 보낸 편지, 07/09/42—RDMSC RD 14/5/1/8.
122. Dahl, 어머니에게 보낸 편지, 02/21/43—RDMSC RD 14/5/2/5.
123. Treglown, p. 60.
124. Dahl, 어머니에게 보낸 편지, 03/31/43—RDMSC RD 14/5/2/10.
125. Treglown, p. 59.
126. Dahl, 어머니에게 보낸 편지, 04/18/44—RDMSC RD 14/5/3/10.
127. Dahl, 어머니에게 보낸 편지, 08/25/44—RDMSC RD 14/5/3/19.
128. Antoinette Haskell, 저자와의 대화, 01/14/98; Charles Marsh가 Roald Dahl에게 보낸 편지, 12/22/46—RDMSC RD 16/1/1.
129. Dahl, 어머니에게 보낸 편지, 08/05/44—RDMSC RD 14/5/3/16.
130. Roald Dahl, *Love*, *Ladies' Home Journal* (1949년 3월).
131. Treglown, p. 77.
132. Dahl, 어머니에게 보낸 편지, 03/11/44—RDMSC RD 14/5/3/6.
133. Treglown, p. 79.
134. Felicity Dahl, 저자와의 대화, 10/22/08.
135. Treglown, p. 79.
136. Roald Dahl, *What I would do if I were him and had to give a speech*—RDMSC RD 15/5/92/1-2.

137. Dahl, Culver and Hyde, *American Dreamer: The Life and Times of Henry Wallace*, p. 343에서 인용.
138. 1944년 2월, William Stephenson은 런던에 보내는 보고서에서 "jettison" Wallace가 대통령이 될 거라고 했다. —H. Montgomery Hyde, *The Quiet Canadian* (London: Hamish Hamilton, 1962), p. 192.
139. Culver and Hyde, *American Dreamer*, p. 373에서 인용. Wallace는 Jesse Jones에 의해 상공부 장관이 되지만, 1946년에 물러난다.
140. Henry Agard Wallace의 일지, 1935-46, University of Iowa, Special Collections, Iowa City, Iowa.
141. Conant, *The Irregulars*, p. 267.
142. Dahl, 어머니에게 보낸 편지, 08/09/44—RDMSC RD 14/5/3/17.
143. Dahl, 어머니에게 보낸 편지, 08/18/44—RDMSC RD 14/5/3/18.
144. Roald Dahl, George van Riper에게 보낸 편지, 09/04/44—RDMSC RD 15/5/33.
145. Dahl, 어머니에게 보낸 편지, 09/16/44—RDMSC RD 14/5/3/21.
146. Dahl, 어머니에게 보낸 편지, 10/24/44—RDMSC RD 14/5/3/26.
147. Roald Dahl, Ann Watkins에게 보낸 편지, 10/23/44—RDMSC RD 1/1/1/144.
148. Dahl, 어머니에게 보낸 편지, 11/10/44—RDMSC RD 14/5/3/28.
149. Dahl, 어머니에게 보낸 편지, 11/18/44—RDMSC RD 14/5/3/29.
150. Dahl, 어머니에게 보낸 편지, 01/08/45—RDMSC RD 14/5/4/1.
151. Dahl, 어머니에게 보낸 편지, 03/45—RDMSC RD 14/5/4/9.
152. Roald Dahl, Claudia Haines에게 보낸 편지, 날짜 미상—CMP.
153. Dahl, 어머니에게 보낸 편지, 03/26/45—RDMSC RD 14/5/4/13.
154. 위의 책.
155. Roald Dahl, Claudia Haines에게 보낸 편지, 날짜 미상—CMP.
156. Dahl, 어머니에게 보낸 편지, 04/18/45—RDMSC RD 14/5/4/20.
157. Dahl, 어머니에게 보낸 편지, 05/21/45—RDMSC RD 14/5/4/26.
158. Charles Marsh, *How Truman Came Through*, 07/28/44—Papers of Henry Agard Wallace, University of Iowa, Special Collections, Iowa City, Iowa.
159. Cave Brown, "C," p. 486.
160. Hyde, *The Quiet Canadian*, pp. 227-28.
161. David Stafford, *Camp X* (Toronto: Lester and Orpen Dennys, 1986), pp. 253-54.
162. Dahl, 어머니에게 보낸 항공 사진 우편, 07/06/45—RDMSC RD 14/5/4/35.
163. Evelyn Davis, Norm Killian와의 인터뷰, 03/07.
164. Dahl, 어머니에게 보낸 항공 사진 우편, 08/10/45—RDMSC RD 14/5/4/40.
165. Dahl, 어머니에게 보낸 항공 사진 우편, 08/01/45—RDMSC RD 14/5/4/37.
166. Roald Dahl, David Stafford에게 보낸 편지, Stafford, *Camp X*, p. 253에서 인용.
167. Macdonald, *The True Intrepid*, p. 243.

168. Liz Drake, Ophelia Dahl에게 보낸 편지, 04/02/93.
169. West, ed., *British Security Coordination*, p. xi.
170. Alfhild Hansen, 저자와의 대화, 08/07/92.
171. Bill Stevenson, David Ogilvy에게 보낸 편지, University of Regina 83-7, Box 9 801.4.
172. Macdonald, *The True Intrepid*, p. 238.
173. William Stephenson, 로알드 달에게 보낸 편지, 06/20/45—RDMSC RD 15/5/2.
174. Dahl, 어머니에게 보낸 편지, 09/08/45—RDMSC RD 14/5/4/44.
175. Dahl, 어머니에게 보낸 편지, 09/15/45—RDMSC RD 14/5/4/45.
176. Dahl, *Someone Like You*, *Collected Stories*, p. 76.
177. Henry Agard Wallace의 일지, 17/10/45—University of Iowa, Special Collections, Iowa City, Iowa.
178. Macdonald, The True Intrepid, p. 246.

11장 _ 학자이며 집시

1. John Lehmann, *The Ample Proposition* (London: Eyre & Spottiswood, 1966), pp. 30, 70.
2. Artemis Cooper, *Writing at the Kitchen Table* (New York: Ecco Press, 1999), pp. 131-32.
3. Christopher Isherwood, *London Magazine* (1956년 8월), pp. 45-47. David Kynaston, *Austerity Britain* (London: Bloomsbury, 2007).
4. Roald Dahl, Charles Marsh에게 보낸 편지, 02/20/46—CMP.
5. Dahl, 어머니에게 보낸 편지, 01/10/41—RDMSC RD 14/4/43.
6. Wintle과 Fisher, *The Pied Pipers*, p. 104.
7. Roald Dahl, Ann Watkins에게 보낸 편지, 02/20/46—WLC Box 22.
8. Roald Dahl, Ann Watkins에게 보낸 편지, 04/02/46—WLC Box 22.
9. Roald Dahl, Ann Watkins에게 보낸 편지, 04/10/46—WLC Box 22.
10. Roald Dahl, Ann Watkins에게 보낸 편지, 03/30/46—WLC Box 22.
11. Roald Dahl, Charles Marsh에게 보낸 편지, 02/20/46—CMP.
12. Roald Dahl, Ann Watkins에게 보낸 편지, 04/10/46—WLC Box 22.
13. Charles Marsh, 로알드 달에게 보낸 편지, 날짜 미상 (1946년 1월로 추정)—CMP.
14. *New York Times Book Review*, 02/10/46.
15. *The New Yorker*, 02/02/46.
16. Orville Prescott, *New York Times Book Review*—날짜 미상, Charles Marsh Papers.

17. Roald Dahl, Sunday Express Book Award에서 한 연설, 11/29/89—RDMSC RD 6/1/2/35.
18. Roald Dahl, Ann Watkins에게 보낸 편지, 09/14/45—WLC Box 22.
19. Roald Dahl, Charles Marsh에게 보낸 편지, 04/02/46—CMP.
20. *Someone Like You Collected Stories*, pp. 76-77.
21. Ann Watkins, 로알드 달에게 보낸 편지, 02/45—RDMSC RD 1/1/1/174. 달은 자신의 이야기가 멜로드라마 같고 피비린내가 난다면, 그건 삶 자체가 그렇기 대문이라고 답장을 보냈다.—02/07/45—RDMSC RD 1/1/1/175.
22. Roald Dahl, *Some Time Never* (New York: Scribner's, 1948), pp. 8, 57-58.
23. Roald Dahl, Ann Watkins에게 보낸 편지, 02/20/46—WLC Box 22.
24. *Some Time Never*, p. 145.
25. Roald Dahl, Ann Watkins에게 보낸 편지, 11/17/46—WLC Box 22.
26. Roald Dahl, Ann Watkins에게 보낸 편지, 04/10/46—WLC Box 22.
27. Roald Dahl, *World Leaders*, 미출간 (c. 1945)—RDMSC RD 5/15.
28. Dahl, 어머니에게 보낸 편지, 10/31—RDMSC RD 13/1/7/9.
29. Dahl, 어머니에게 보낸 편지, 05/30—RDMSC RD 13/1/5/39. 그 인물은 Chancellor 경인 John Sankey이다.
30. *Post War Air Lines*—RDMSC RD 15/5.
31. Lesley O'Malley, 저자와의 대화, 1992.
32. Roald Dahl, Charles Marsh에게 보낸 편지, 11/09/47—CMP.
33. Roald Dahl, Claudia Haines에게 보낸 편지, 04/20/46—CMP.
34. Roald Dahl, Charles Marsh에게 보낸 편지, 07/19/46—CMP.
35. Roald Dahl, Charles Marsh에게 보낸 편지, 09/05/46—CMP.
36. Charles Marsh, 로알드 달에게 보낸 편지, 09/10/46—RDMSC RD 16/1/1.
37. Roald Dahl, Claudia Haines에게 보낸 편지, 날짜 미상—CMP.
38. Roald Dahl, Charles Marsh와 Claudia Haines에게 보낸 편지, 09/26/46—CMP.
39. Roald Dahl, Charles Marsh와 Claudia Haines에게 보낸 편지, 04/17/47—CMP.
40. Roald Dahl, Charles Marsh에게 보낸 편지, 07/22/47—CMP.
41. Roald Dahl, *Nineteen Fifty What?*, 미출간 단편—RDMSC RD 5/7.
42. Roald Dahl, Charles Marsh에게 보낸 편지, 11/09/47—CMP.
43. Roald Dahl, Charles Marsh에게 보낸 편지, 09/28/46—CMP.
44. *Some Time Never*, pp. 8, 44-45.
45. 위의 책.
46. 위의 책, p. 46.
47. 위의 책, pp. 29, 129.
48. Roald Dahl, Roger Burlingame에게 보낸 편지, 04/28/45—RDMSC RD 1/1/1/200.
49. *Some Time Never*, pp. 129, 29.

50. 위의 책, p. 125.
51. 위의 책, pp. 112, 160, 167.
52. 위의 책, pp. 103-4.
53. 위의 책, pp. v, 221.
54. 위의 책, 243-44, 204.
55. Ophelia Dahl, 저자와의 대화, 03/17/08.
56. Roald Dahl, Ann Watkins에게 보낸 편지, 03/30/46, 05/16/46—WLC Box 22.
57. Roald Dahl, Ann Watkins 사무실의 Nancy에게 보낸 편지, 06/25/46—WLC Box 22.
58. Roald Dahl, Ann Watkins에게 보낸 편지, 10/01/46—WLC Box 22.
59. *Some Time Never*, p. 79.
60. Asta Anderson, 저자와의 대화, 01/03/98.
61. Some Time Never, p. 79.
62. Roald Dahl, Charles Marsh에게 보낸 편지, 날짜 미상, 1947년 11월로 추정—CMP.
63. Roald Dahl, Ann Watkins에게 보낸 편지, 12/03/46—WLC Box 22.
64. Alfhild Hansen, 저자와의 대화, 08/92.
65. Roald Dahl, *Fifty Thousand Frogskins*, pp. 87, 111, 121—RDMSC RD 3/2/2.
66. Roald Dahl, Claudia Haines에게 보낸 편지, 날짜 미상, 1946년 12월로 추정—CMP.
67. Roald Dahl, Ann Watkins에게 보낸 편지, 12/23/46—WLC Box 22.
68. Roald Dahl, Ann Watkins에게 보낸 편지, 12/26/46—WLC Box 22.
69. Roald Dahl, Charles Marsh에게 보낸 편지, 09/05/46—CMP.
70. Roald Dahl, *The Mildenhall Treasure, The Wonderful Story of Henry Sugar and Other Stories*. 서문.
71. Roald Dahl, Ann Watkins에게 보낸 편지, 11/27/46—RDMSC RD 1/1/2/18/1-2.
72. Ann Watkins, 로알드 달에게 보낸 편지, 12/04/46—RDMSC RD 1/1/2/19.
73. Roald Dahl, Ann Watkins에게 보낸 편지, 12/45—WLC Box 22.
74. Maxwell Perkins, 로알드 달에게 보낸 편지, 01/20/47—RDMSC RD1/1/2/27.
75. Ann Watkins, 로알드 달에게 보낸 편지, 06/02/47—RDMSC RD 1/1/2/52.
76. John Hall Wheelock, 로알드 달에게 보낸 편지, 06/09/47—RDMSC RD1/1/2/53.
77. John Hall Wheelock, 로알드 달에게 보낸 편지, 06/24/47—RDMSC RD1/1/2/55.
78. John Hall Wheelock, 로알드 달에게 보낸 편지, 07/21/47—RDMSC RD1/1/2/65.
79. John Hall Wheelock, 로알드 달에게 보낸 편지, 11/06/47—RDMSC RD1/1/2/94.
80. Jamie (Hamish) Hamilton, 로알드 달에게 보낸 편지, 08/26/47—RDMSC RD 1/1/2/73.
81. Roald Dahl, Ann Watkins에게 보낸 편지, 03/30/46—WLC Box 22.
82. Roald Dahl, Ann Watkins에게 보낸 편지, 01/25/48—WLC Box 22.
83. Roald Dahl, Ann Watkins에게 보낸 편지, 11/04/46—WLC Box 22.

84. Anna Corrie, 저자와의 대화, 10/08/07.
85. Roald Dahl, Ann Watkins에게 보낸 편지, 03/30/46—WLC Box 22.
86. Roald Dahl, Miss Hazard에게 보낸 편지 *Saturday Review*, 09/11/45—RDMSC RD 1/1/1/252.
87. Tessa Dahl, 저자와의 대화, 01/17/09.
88. Saturday Evening Post, 09/13/47—WLC Box 22.
89. David Weatherall 경, 저자와의 대화, 10/07/09.
90. Roald Dahl, Ann Watkins에게 보낸 편지, 04/12/48—WLC Box 22.
91. Roald Dahl, Ann Watkins에게 보낸 편지, 05/01/48—WLC Box 22.
92. *New York Times Book Review*, 06/24/48; *Saturday Review*, 04/03/48.
93. Peter Wyld, 로알드 달에게 보낸 편지, 05/26/48—RDMSC RD 1/1/2/123.
94. Roald Dahl, Sheila St. Lawrence에게 보낸 편지, 06/24/60—WLC Box 24.
95. Ophelia Dahl, 저자와의 대화, 03/17/08.
96. Roald Dahl, Mrs. J. Goldstein에게 보낸 편지, 10/11/71—RDMSC RD 1/1/7/180.
97. Roald Dahl, Ann Watkins에게 보낸 편지, 01/02/45—RDMSC RD 1/1/1/159.
98. Roald Dahl, Ann Watkins에게 보낸 편지, 04/18/48—WLC Box 22.
99. Roald Dahl, Ann Watkins에게 보낸 편지, 10/04/49—WLC Box 22.
100. Roald Dahl, "The Amazing Eyes of Kuda Bux," 07/48, *Argosy* (July 1952)—RDMSC RD 4/24/1.
101. Roald Dahl, 미출간 기고문, *Burgess and Maclean*, 07/51—RDMSC RD 5/6.
102. 위의 책.
103. Roald Dahl, *Foreign Intelligence*, 미출간 단편, 1947—RDMSC RD 5/5.
104. Roald Dahl, Ann Watkins에게 보낸 편지, 05/01/48—WLC Box 22.
105. Peter Watt, 로알드 달에게 보낸 편지, 02/13/48—RDMSC RD 1/1/2/109.
106. Ann Watkins, 로알드 달에게 보낸 편지, 01/30/48—RDMSC RD 1/1/2/107.
107. Roald Dahl, Ann Watkins에게 보낸 편지, 01/15/48—WLC Box 22.
108. Alfhild Hansen, 저자와의 대화, 08/92.
109. Louise (Lou) Pearl, 저자와의 대화, 05/09/08.
110. Anna Corrie, 저자와의 대화, 10/08/07.
111. Louise Pearl, 저자와의 대화, 05/09/08.
112. Lucy Dahl, 저자와의 대화, 10/09/08.
113. Roald Dahl, *The Soldier*, Collected Stories, pp. 200, 192, 199.
114. Ann Watkins, 로알드 달에게 보낸 편지, 03/02/48—RDMSC RD 1/1/2/112.
115. Dahl, 어머니에게 보낸 편지, 02/26/48—RDMSC RD 14/5/5/2.
116. Lemina Lawson Johnson, 저자에게 보낸 편지, 11/30/09.
117. Dahl, 어머니에게 보낸 편지, 02/10/48—RDMSC RD 14/5/5/1.
118. Roald Dahl, Ann Watkins에게 보낸 편지, 07/26/48—WLC Box 22.

119. Roald Dahl, Ann Watkins에게 보낸 편지, 05/25/48—WLC Box 22.
120. *Meet My Sister*라고 했던 이 이야기는 *Girl Without a Name*이란 제목으로 *Today's Woman*에서 출간되었다(1951년 11월). *Woman's Journal*에서는 1951년 12월— RDMSC RD 4/21.
121. Roald Dahl, Ann Watkins에게 보낸 편지, 06/08/48—WLC Box 22.
122. Roald Dahl, Ann Watkins에게 보낸 편지, 01/15/48—WLC Box 22.
123. Roald Dahl, Ann Watkins에게 보낸 편지, 07/21/48—WLC Box 22.
124. Roald Dahl, Ann Watkins에게 보낸 편지, 11/16/48—WLC Box 22.
125. Roald Dahl, Ann Watkins에게 보낸 편지, 07/15/46—WLC Box 22.
126. Alfhild Hansen, 저자와의 대화, 08/07/92.
127. Alexandra Anderson, 저자와의 대화, 10/14/07.

12장 _ 밀렵꾼

1. Roald Dahl, 렙턴에서의 연설, Nov. 21, 1975—RDMSC RD 6/1/1/25.
2. Charles Marsh, 로알드 달에게 보낸 편지, 02/18/46—RDMSC RD 16/1/1.
3. Roald Dahl, Charles Marsh에게 보낸 편지, 04/06/48—CMP.
4. Roald Dahl, Ann Watkins에게 보낸 편지, 05/01/48—WLC Box 22
5. Roald Dahl, Ann Watkins에게 보낸 편지, 04/28/50—WLC Box 22.
6. Roald Dahl, Charles Marsh와 Claudia Haines에게 보낸 편지, 10/29/49—CMP.
7. Roald Dahl, Ann Watkins에게 보낸 편지, 04/28/50—WLC Box 22.
8. Roald Dahl, Charles Marsh와 Claudia Haines에게 보낸 편지, 01/25/49—CMP.
9. Roald Dahl, Charles Marsh에게 보낸 편지, 04/06/48—CMP.
10. Roald Dahl, Charles Marsh에게 보낸 편지, 09/20/48—CMP.
11. Nicholas Logsdail, 저자와의 대화, 04/24/08.
12. 위의 책.
13. Tessa Dahl, 저자와의 대화, 01/17/09.
14. Roald Dahl, *Introduction to Ah Sweet Mystery of Life* (London: Michael Joseph, 1989), p. vii.
15. Sue Elder (née Taylor), 저자와의 대화, 02/12/09.
16. Dahl, *Introduction to Ah Sweet Mystery of Life*, p. viii.
17. Sue Elder와 Jenny Taylor, 저자와의 대화, 02/12/09, 10/27/09.
18. Jenny Taylor, 저자와의 대화, 10/27/09.
19. Dahl, *Introduction to Ah Sweet Mystery of Life*, p. viii.
20. Jenny Taylor, 저자와의 대화, 10/27/09. Brazil은 나중에 *Danny The Champion of the World*의 Victor Hazel 모델이 되었다.

21. Roald Dahl, Ann Watkins에게 보낸 편지, 10/08/49—WLC Box 22.
22. Nicholas Logsdail, 저자와의 대화, 04/24/08.
23. Dahl, *Fifty Thousand Frogskins*, pp. 157, 123, 28—RDMSC RD 3/2/2.
24. 위의 책, pp. 35, 31, 5.
25. Ann Watkins, 로알드 달에게 보낸 편지, 02/27/51—WLC Box 22.
26. *Fifty Thousand Frogskins*, p. 62.
27. Dahl, 렙턴에서의 연설, Nov. 21, 1975—RDMSC RD 5/1/1/25.
28. Dahl, *Introduction to Ah Sweet Mystery of Life*, pp. viii, ix.
29. See Kynaston, *Austerity Britain*, 1945-51, p. 201.
30. Roald Dahl, *The Ratcatcher, Claud's Dog, Collected Stories*, p. 314.
31. *Fifty Thousand Frogskins*, pp. 172, 52-53, 51—RDMSC RD 3/2/2.
32. Ralph Ingersoll, *But in the Main It's True* (Charles Marsh의 미출간 전기), 1975—Howard Gotlieb Archival Research Center, Boston University.
33. Roald Dahl, *The Kumbak II*—RDMSC RD 5/4.
34. Roald Dahl, *Ideas Book* No. 1—RDMSC RD 11/1.
35. 위의 책.
36. 위의 책.
37. Roald Dahl, Harold Ross에게 보낸 편지, 04/14/49—RDMSC RD 1/1/2/174.
38. Ann Watkins, 로알드 달에게 보낸 편지, 04/19/49—RDMSC RD 1/1/2/175.
39. Roald Dahl, Ann Watkins에게 보낸 편지, 04/14/49—WLC Box 22.
40. Ann Watkins, 로알드 달에게 보낸 편지, 04/20/49—RDMSC RD 1/1/2/176.
41. Peter Wyld, 로알드 달에게 보낸 편지, 04/20/49—RDMSC RD 1/1/2/177/1.
42. Harry Maule, Ann Watkins에게 보낸 편지, 08/09/49—WLC Box 22.
43. Roald Dahl, Ann Watkins에게 보낸 편지, 04/29/49—WLC Box 22
44. Dahl, *Introduction to Ah Sweet Mystery of Life*, p. vi.
45. Sofie Magdalene Dahl, Charles Marsh에게 보낸 편지 11/04/45—CMP.
46. Alfhild Hansen, 저자와의 대화, 08/07/92.
47. Roald Dahl, Ann Watkins에게 보낸 편지, 08/01/49—WLC Box 22
48. Roald Dahl, Charles Marsh에게 보낸 편지, 날짜 미상 1946년으로 추정—CMP.
49. *Searching for Mr. Smith* (1979), Browse & Darby catalogue, 1983
50. Alice Kadel, 저자와의 대화, 08/14/09.
51. Malcolm Yorke, *Matthew Smith: His Life and Reputation* (London: Faber & Faber, 1997), p. 179에서 인용.
52. Dahl, 어머니에게 보낸 편지, 09/23/44—RDMSC RD 14/5/3/22.
53. Roald Dahl, *Article for Architectural Digest* (1980년 7월)—RDMSC RD 6/2
54. Roald Dahl, Association of Master Carvers에서의 연설, 11/02/82—RDMSC RD 6/1/1.

55. Alfhild Hansen, 저자와의 대화, 08/07/92.
56. Roald Dahl, Association of Master Carvers에서의 연설, 11/02/82—RDMSC RD 6/1/1.
57. Lesley O'Malley (née Pares), 저자와의 대화, 1998.
58. Alice Kadel, 저자와의 대화, 08/14/09.
59. Roald Dahl, Claudia Marsh에게 보낸 편지, 06/09/57—CMP.
60. Roald Dahl, Claudia Haines에게 보낸 편지, 08/26/52—CMP.
61. Roald Dahl, Charles Marsh와 Claudia Haines에게 보낸 편지, 05/22/50—CMP
62. Alice Kadel, 저자와의 대화, 08/14/09.
63. Roald Dahl, Matthew Smith에게 보낸 편지, 날짜 미상(c. 1950년 6월), Guildhall Art Gallery (No. 966).
64. 위의 책.
65. Matthew Smith, 로알드 달에게 보낸 편지, 06/28/50—RDMSC RD 16/1/2.
66. Roald Dahl, *Nunc Dimittis* (원제 *Twenty Years Younger*), *Collected Stories*, p. 157.
67. Roald Dahl, Skin (원제 A Picture for Drioli), 위의 책, pp. 177, 165.
68. Payn과 Morley, eds., *The Noël Coward Diaries*, 5/22/51, p. 69.
69. Macdonald, *The True Intrepid*, p. 247.
70. Roald Dahl, Ann Watkins에게 보낸 편지, 06/04/46—WLC Box 22.
71. Payn과 Morley, eds., *The Noël Coward Diaries*, 2/14/54, p. 231.
72. Charles Marsh, 로알드 달에게 보낸 편지, 07/27/45—CMP.
73. Antoinette Haskell, 저자와의 대화, 01/14/98.
74. Charles Marsh, 로알드 달에게 보낸 편지, 02/18/46—RDMSC RD 16/1/1.
75. Charles Marsh, 로알드 달에게 보낸 편지, 06/27/43—RDMSC RD 15/5/95/1.
76. Roald Dahl, Charles Marsh에게 보낸 편지, 날짜 미상—CMP.
77. Roald Dahl, Charles Marsh와 Claudia Haines에게 보낸 편지, 02/07/49—CMP.
78. Roald Dahl, Charles Marsh에게 보낸 편지, 날짜 미상, 05/25/49—CMP.
79. Roald Dahl, Charles Marsh에게 보낸 편지, 07/30/47—CMP.
80. Charles Marsh, 로알드 달에게 보낸 편지, 06/11/46, 12/22/46—RDMSC RD 16/1/1.
81. Roald Dahl, Charles Marsh와 Claudia Haines에게 보낸 편지, 09/26/46—CMP.
82. Roald Dahl, Charles Marsh에게 보낸 편지, 07/20/47—CMP.
83. Roald Dahl, Charles Marsh에게 보낸 편지, 05/20/46—CMP.
84. Roald Dahl, Ann Watkins와 Charles Marsh에게 보낸 편지, 05/20/46—WLC Box 22와 CMP.
85. Charles Marsh, 로알드 달에게 보낸 편지, 10/12/47—RDMSC RD 16/1/1.
86. Roald Dahl, Charles Marsh에게 보낸 편지, 07/26/46—CMP.
87. Charles Marsh, Claudia Marsh에게 쓴 글, 08/19/50—CMP.

88. 그 계약은 Claudia Haines의 보증으로, 1950년 8월 17일 오슬로의 그랜드 호텔에서 이루어졌다.
89. Roald Dahl, Charles Marsh에게 보낸 편지, 07/26/46—CMP.
90. Anna Corrie, 저자와의 대화, 10/08/07.
91. Lesley O'Malley (née Pares), 저자와의 대화 1998.
92. *Memories with Food at Gipsy House*, p. 107.
93. Roald Dahl, Claudia Haines에게 보낸 편지, 10/04/50—CMP.
94. 위의 책, 달은 Astri 대신 조카인 Astrid로 잘못 언급했다.
95. Roald Dahl, Claudia Haines에게 보낸 편지, 10/23/50—CMP.
96. Roald Dahl, Claudia Haines에게 보낸 편지, 11/18/50—CMP.
97. Roald Dahl, Claudia Haines에게 보낸 편지, 10/04/50—CMP.
98. Roald Dahl, Claudia Haines에게 보낸 편지, 11/18/50—CMP.
99. Roald Dahl, 손으로 쓴 노트, c. 1950—RDMSC RD 1/1/2/244
100. *Fifty Thousand Frogskins*, pp. 8-10—RDMSC RD 3/2/2
101. Ann Watkins, 로알드 달에게 보낸 편지, 02/27/51—WLC Box 23.
102. Roald Dahl, 렙턴에서의 연설, 11/21/75—RDMSC RD 6/1/1/25.
103. Roald Dahl, Ann Watkins에게 보낸 편지, 06/04/46—WLC Box 22.
104. Roald Dahl, Charles Marsh에게 보낸 편지, 07/26/46—CMP.
105. Roald Dahl, 렙턴에서의 연설, 11/21/75—RDMSC RD 6/1/1/25.
106. Archie Gordon, Internal Memo to Miss Rowley, BBC Written Archives, Caversham— RCONTI (1948-54).
107. Roald Dahl, Archie Gordon에게 보낸 편지, 09/05/51, BBC Written Archives, Caversham— RCONTI (1948-54).
108. Martha Gellhorn, Treglown, p. 84에서 인용.
109. Roald Dahl, Ann Watkins에게 보낸 편지, 08/01/49—WLC Box 22.
110. Jean Macy (Ann Watkins Agency), Ned Brown에게 보내는 편지, 12/27/49—WLC Box 22.
111. Ann Watkins, 로알드 달에게 보낸 편지, 03/02/50—WLC Box 22.
112. Ann Watkins, 로알드 달에게 보낸 편지, 03/14/50—WLC Box 22.
113. Jean Parker Waterbury, 로알드 달에게 보낸 편지, 05/25/50—WLC Box 22.
114. Roald Dahl, Ann Watkins에게 보낸 편지, 12/26/50—WLC Box 23.
115. Roald Dahl, Ann Watkins에게 보낸 편지, 02/07/51—WLC Box 23.
116. Roald Dahl, Ann Watkins에게 보낸 편지, 02/14/51—WLC Box 23.
117. Ann Watkins, Roald Dahl에게 보낸 전보, 02/26/51—WLC Box 23.
118. Ann Watkins, 로알드 달에게 보낸 편지, 02/27/51—WLC Box 23.
119. Roald Dahl, Ann Watkins에게 보낸 카드, 03/15/51—WLC Box 23.

13장 _ 섬뜩한 이야기의 거장

1. Sheila Lewis Crosby (née St. Lawrence), 저자와의 대화, 07/21/08.
2. Felicity Dahl, 저자와의 대화, 01/29/09.
3. Roald Dahl, Claudia Haines에게 보낸 편지, 09/10/51—CMP.
4. Sofie Magdalene Dahl, Claudia Haines에게 보낸 편지, 16/12/51—CMP.
5. Dahl, 어머니에게 보낸 편지, 12/18/51—RDMSC RD 14/5/16/7.
6. Dahl, 어머니에게 보낸 편지, 02/27/52—RDMSC RD 14/5/7/6.
7. Sofie Magdalene Dahl, Claudia Haines에게 보낸 편지, 03/27/52—CMP.
8. Sofie Magdalene Dahl, Claudia Haines에게 보낸 편지, 01/04/53—CMP.
9. Claudia Haines, Sofie Magdalene Dahl에게 보낸 편지, 01/17/53—RDMSC RD 14/5/8/3.
10. Felicity Dahl, 저자와의 대화, 11/03/09.
11. Neal, As I Am, p. 152.
12. *The Hasty Heart*에 대한 비평, *The New Yorker*.
13. Patricia Neal, 저자와의 대화, 03/21/07.
14. Neal, *As I Am*, p. 154.
15. Patricia Neal, 저자와의 대화, 03/21/07.
16. Barry Farrell, *Pat and Roald* (London: Hutchinson, 1970), pp. 124-25.
17. Dahl, 어머니에게 보낸 편지, 12/30/52—RDMSC RD 14/5/7/33.
18. Neal, *As I Am*, p. 155.
19. Farrell, *Pat and Roald*, pp. 124-25.
20. Neal, *As I Am*, p. 155.
21. 위의 책.
22. Patricia Neal, 저자와의 대화, 03/21/07.
23. Ingersoll, *But in the Main It's True*, Howard Gotlieb Archival Research Center, Boston University.
24. Roald Dahl, Claudia Haines에게 보낸 편지, 날짜 미상 (?1952)—CMP.
25. Dahl, 어머니에게 보낸 편지, 12/19/52—RDMSC RD 14/5/7/32.
26. Roald Dahl, Claudia Haines에 대한 기록, 날짜 미상—CMP.
27. Else Logsdail, Charles Marsh와 Claudia Haines에게 보낸 편지, 01/15/53—CMP.
28. Sofie Magdalene Dahl, Claudia Haines에게 보낸 편지, 06/23/53—CMP.
29. Neal, *As I Am*, p. 159.
30. Patricia Neal, 저자와의 대화, 03/21/07.
31. Neal, *As I Am*, p. 157.
32. Louella Parsons, untitled article, 06/16/53, Stephen Michael Shearer, *Patricia Neal: An Unquiet Life* (Louisville, KY: University Press of Kentucky, 2006), p. 153에서 인

용.
33. Patricia Neal, Jean Valentino와 Chloe Carter에게 보낸 편지, 03/03/53, 위의 책, p. 154.
34. Patricia Neal, 저자와의 대화, 03/21/07.
35. Neal, *As I Am*, p. 158.
36. Roald Dahl, Sheila St. Lawrence에게 보낸 편지, 01/16/54—WLC Box 23.
37. Neal, *As I Am*, p. 162.
38. Dahl, 어머니에게 보낸 편지, 05/16/53—RDMSC 14/5/8/18.
39. Roald Dahl, Matthew Smith에게 보낸 편지, 05/14/53—Guildhall Art Library (No. 682).
40. Diane Johnson, *Dashiell Hammett: A Life* (New York: Random House, 1983), p. 211.
Pat Neal은 Hammett가 자신에게 끌렸다고 했는데, 그것이 달에게 부정적인 영향을 미친 것으로 보인다.—Patricia Neal, 저자와의 대화, 03/21/07.
41. Neal, *As I Am*, p. 166.
42. Dahl, 어머니에게 보낸 편지, 05/23/53—RDMSC RD 14/5/8/19.
43. Claudia Haines, Sofie Magdalene Dahl에게 보낸 편지, 06/20/53—RDMSC RD 14/5/8/21.
44. Neal, *As I Am*, p. 167.
45. Roald Dahl, Eura Neal에게 보낸 편지, 05/26/53, Shearer, *Patricia Neal*, p. 156에서 인용.
46. *The Buckinghamshire Advertiser*, 7/10/53.
47. Patricia Neal, 저자와의 대화, 03/21/07.
48. Roald Dahl, Ann Watkins와 Sheila St. Lawrence에게 보낸 편지, 09/04/51—WLC Box 23.
49. Gus Lobrano, Sheila St. Lawrence에게 보낸 편지, 06/20/52—WLC Box 23
50. Bob Gottlieb, 저자와의 대화, 06/24/08.
51. Alfred Knopf, *Introduction to Recent Publications by Borzoi Books* (1953년 겨울).
52. Alfred Knopf, Harold Straus에 대한 기록, 03/21/52—HRCH KNOPF 102.8.
53. Alfred Knopf, Ann Watkins에게 보낸 편지, 06/17/52—WLC Box 23.
54. Roald Dahl, Eura Neal에게 보낸 편지, 05/26/53, Shearer, *Patricia Neal*, P. 156에서 인용.
55. Dahl, 어머니에게 보낸 편지, 02/52—RDMSC RD 14/5/7/5.
56. Dahl, 어머니에게 보낸 편지, 03/21/52—RDMSC RD 14/5/7/8.
57. Claudia Haines, Sofie Magdalene Dahl에게 보낸 편지, 12/03/51—CMP.
58. Roald Dahl, Charles Marsh에게 보낸 편지, 01/25/49—CMP.

59. John Selby, 로알드 달에게 보낸 편지, 05/28/52—RDMSC RD 1/1/2/305.
60. Dahl, 어머니에게 보낸 편지, 05/18/52—RDMSC RD 14/5/7/15.
61. Claudia Haines, Mrs. Dahl에게 보낸 편지, 10/03/52—RDMSC RD 14/5/7/21.
62. Claudia Haines, Mrs. Dahl에게 보낸 편지, 04/25/52—RDMSC RD 14/5/7/12/1.
63. Anna Corrie, 저자와의 대화, 10/08/07.
64. Louise (Lou) Pearl, 저자와의 대화, 05/09/08.
65. Theo Dahl, 저자와의 대화, 09/17/07.
66. Felicity Dahl, 저자와의 대화, 11/20/06.
67. Patricia Neal, 저자와의 대화, 03/21/07.
68. Anna Corrie, 저자와의 대화, 10/08/07.
69. Sofie Magdalene Dahl, Claudia Marsh에게 보낸 편지, 08/09/53—CMP.
70. Sofie Magdalene Dahl, Claudia Marsh에게 보낸 편지, 09/13/53—CMP.
71. Patricia Neal, 저자와의 대화, 03/21/07.
72. Sofie Magdalene Dahl, Claudia Marsh에게 보낸 편지, 10/01/53—CMP.
73. Nicholas Logsdail, 저자와의 대화, 04/24/08.
74. Neal, As I Am, p. 165.
75. Dahl, 어머니에게 보낸 편지, 09/17/53—RDMSC 14/5/8/24.
76. Neal, As I Am, p. 180.
77. Dahl, 어머니에게 보낸 편지, 09/17/53—RDMSC RD 14/5/8/24.
78. Dahl, 어머니에게 보낸 편지, 10/03/53—RDMSC RD 14/5/8/26.
79. Patricia Neal, Sofie Magdalene Dahl에게 보낸 편지, 09/21/53—RDMSC RD 14/5/8/25.
80. Patricia Neal, Sofie Magdalene Dahl에게 보낸 편지, 10/17/53—RDMSC RD 14/5/8/29.
81. Dahl, 어머니에게 보낸 편지, 03/14/53—RDMSC 14/5/8/11.
82. *Time magazine* (1953년 12월).
83. John Hutchens, *Review of Someone Like You, New York Herald Tribune*, 11/21/53.
84. Roald Dahl, Harold Strauss에게 보낸 편지, 04/29/60—HRCH KNOPF 280.1 (1960).
85. Patricia Neal, Sofie Magdalene Dahl에게 보낸 편지, 03/29/54—RDMSC RD 14/5/9/14a.
86. Neal, *As I Am*, p. 180.
87. Dahl, 어머니에게 보낸 편지, 01/11/54—RDMSC RD 14/5/9/3.
88. Dahl, 어머니에게 보낸 편지, 05/03/54—RDMSC RD 14/5/9/20.
89. Dahl, 어머니에게 보낸 편지, 01/11/54—RDMSC RD 14/5/9/3.
90. Roald Dahl, Charles와 Claudia Marsh에게 보낸 편지, 1954년 1월—CMP.
91. Charles Marsh, 로알드 달에게 보낸 편지, 01/19/54—CMP.

92. Roald Dahl, Charles Marsh에게 보낸 편지, 날짜 미상, 1954년 1월—CMP.
93. Neal, *As I Am*, p. 180.
94. Claudia Marsh, Sofie Magdalene Dahl에게 보낸 편지, 03/22/65—RDMSC RD 14/5/11/13.
95. Patricia Neal, 저자와의 대화, 03/21/07.
96. Roald Dahl, Charles Marsh에게 보낸 편지, 날짜 미상, 1954—CMP.
97. Gloria Vanderbilt, *It Seemed Important at the Time* (New York: Simon & Schuster, 2004), pp. 138, 142.
98. Patricia Neal, Sofie Magdalene Dahl에게 보낸 편지, 03/29/54—RDMSC RD 14/5/9/14a.
99. Marian Goodman, 저자와의 대화, 03/11/07.
100. Dahl, 어머니에게 보낸 편지, 01/24/52—RDMSC RD 14/5/7/3.
101. Roald Dahl, 날짜 미상(1950년대 중반으로 추정), *Ideas Book* No. 4—RDMSC RD 11/4/14/1.
102. Farrell, *Pat and Roald*, p. 128.
103. Jane Pepper, 저자와의 대화, 07/27/09.
104. Roald Dahl, Charles와 Claudia Marsh에게 보낸 편지, 날짜 미상, 1954—CMP.
105. Neal, As I Am, p. 184.
106. Dahl, 날짜 미상(1950년대 중반으로 추정), *Ideas Book* No. 4—RDMSC RD 11/4/14/1.
107. Roald Dahl, Sheila St. Lawrence에게 보낸 편지, 09/08/53—WLC Box 23.
108. Roald Dahl, Sheila St. Lawrence에게 보낸 편지, 06/24/54—WLC Box 23.
109. Roald Dahl, Sheila St. Lawrence에게 보낸 편지, 09/08/53—WLC Box 23.
110. David Hughes, 날짜 미상, *Time and Tide*의 리뷰—WLC, Box 23.
111. Nicholas Logsdail, 저자와의 대화, 04/24/08.
112. Susan Vivian (née Denson), 저자와의 대화, 11/03/09.
113. Anna Corrie, 저자와의 대화, 10/08/07.
114. Nicholas Logsdail, 저자와의 대화, 04/24/08.
115. Roald Dahl, Sheila St. Lawrence에게 보낸 편지, 09/05/50—WLC Box 23.
116. Roald Dahl, Sheila St. Lawrence에게 보낸 편지, 06/16/54—WLC Box 23.
117. Roald Dahl, Sheila St. Lawrence에게 보낸 편지, 07/02/54—WLC Box 23.
118. Roald Dahl, Sheila St. Lawrence에게 보낸 편지, 09/06/54—WLC Box 23.
119. Roald Dahl, Sheila St. Lawrence에게 보낸 편지, 08/09/54—WLC Box 23.
120. Dahl, 어머니에게 보낸 편지, 11/26/52—RDMSC RD 14/5/7/29.
121. Cheryl Crawford, *One Naked Individual* (New York: Bobbs-Merrill, 1977), p. 254.
122. Cheryl Crawford, 로알드 달에게 보낸 편지, 05/20/55—RDMSC RD 1/1/3/186.

123. Neal, *As I Am*, p. 186.
124. Roald Dahl, Cheryl Crawford에게 보낸 편지, 05/16/55—RDMSC RD 1/1/3/185.
125. Roald Dahl, Sheila St. Lawrence에게 보낸 편지, 07/02/54—WLC Box 23.
126. Roald Dahl, Sheila St. Lawrence에게 보낸 편지, 10/02/56—WLC Box 23. 달이 언급한 남자배우는 아마도 Meredith Edwards일 것이다.
127. Sheila St. Lawrence, 로알드 달에게 보낸 편지, 09/27/56—RDMSC RD 1/1/3/257.
128. Roald Dahl, Sheila St. Lawrence에게 보낸 편지, 10/08/56—WLC Box 23.
129. Patricia Neal, Claudia Marsh에게 보낸 편지, 04/27/55, 05/06/55—CMP.
130. Anna Corrie, 저자와의 대화, 10/08/07.
131. Patricia Neal, 저자와의 대화, 03/21/07.
132. Neal, *As I Am*, p. 190.
133. 위의 책.
134. Roald Dahl, Sheila St. Lawrence에게 보낸 편지, 06/13/55—WLC Box 23.
135. Roald Dahl, Claudia Marsh에게 보낸 편지, 06/09/57—CMP.
136. Roald Dahl, Sheila St. Lawrence에게 보낸 편지, 09/03/56—WLC Box 23.
137. Roald Dahl, Charles와 Claudia Marsh에게 보낸 편지, 07/56—CMP.
138. Roald Dahl, Charles와 Claudia Marsh에게 보낸 편지, 07/56, 08/04/57—CMP.
139. Roald Dahl, Charles와 Claudia Marsh에게 보낸 편지, 07/56—CMP.
140. Patricia Neal, Claudia Marsh에게 보낸 편지, 04/27/57—CMP.
141. Ophelia Dahl, *An Awfully Big Adventure*, BBC, 01/12/98.
142. Roald Dahl, *Ideas Book* No. 4—RDMSC RD 11/4.
143. Roger Angell, Sheila St. Lawrence에게 보낸 편지, 09/09/58—WLC Box 24.
144. Alfred Knopf, 로알드 달에게 보낸 편지, 08/05/59—HRCH KNOPF 253.1 (1959).
145. Roald Dahl, Alfred Knopf에게 보낸 편지, 08/11/59—HRCH KNOPF 253.1 (1959).
146. Armitage "Mike" Watkins, Murray Pollinger에게 보낸 편지, 09/29/65—RDMSC RD 1/2/2.
147. Alfred Knopf, 로알드 달에게 보낸 편지, 04/26/57—HRCH KNOPF 253.1 (1959).
148. Roald Dahl, Sheila St. Lawrence에게 보낸 편지, 04/29/57—WLC Box 24.
149. Roald Dahl, Sheila St. Lawrence에게 보낸 편지, 09/14/57—WLC Box 24.
150. Sheila St. Lawrence, 로알드 달에게 보낸 편지, 06/05/57—RDMSC RD 1/1/3/282.
151. Neal, *As I Am*, p. 173.
152. Marian Goodman, 저자와의 대화, 03/11/07.
153. Dahl, *Ideas Book* No. 3—RDMSC RD 11/3/14-24.
154. Roald Dahl, Alfred Knopf에게 보낸 편지, 05/02/60—HRCH KNOPF 280.1 (1960).
155. Ophelia Dahl, *Memories of My Father*, 미출간 MS.
156. Roald Dahl, Todd McCormack과의 인터뷰, *The Author's Eye* (1986).
157. 위의 책.

158. Roald Dahl, Sheila St. Lawrence에게 보낸 편지, 05/05/59—WLC Box 24.
159. *James and the Giant Peach*, p. 5.
160. 위의 책, p. 40.
161. Armitage Watkins, Laurence Pollinger에게 보낸 편지, Laurence Pollinger가 로알드 달에게 보낸 편지, 08/16/60—RDMSC RD 1/1/4/195에서 재인용.
162. Sheila Lewis Crosby, 저자와의 대화, 07/21/08.
163. Sheila St. Lawrence, 로알드 달에게 보낸 편지, 04/27/60—WLC Box 24.

14장 _ 소용돌이치는 사건들

1. Murray Pollinger, 저자와의 대화, 10/30/08.
2. Charles Pick, *Finding New Authors*, pp. 59ff—FSG.
3. Roald Dahl, Sheila St. Lawrence에게 보낸 편지, 04/06/60—WLC Box 24.
4. 위의 책.
5. Roald Dahl, Sheila St. Lawrence에게 보낸 편지, 05/04/60—WLC Box 24.
6. Roald Dahl, Sheila St. Lawrence에게 보낸 편지, 05/06/60—WLC Box 24.
7. Helga Greene, Sheila St. Lawrence에게 보낸 편지, 05/16/60—WLC Box 24.
8. Roald Dahl, Sheila St. Lawrence에게 보낸 편지, 05/13/60—WLC Box 24.
9. Sue Vivian, 저자와의 대화, 11/02/09.
10. Roald Dahl, Sheila St. Lawrence에게 보낸 편지, 06/17/60—WLC Box 24.
11. Alan Higgin, 저자와의 대화, 08/04/09.
12. Astri Newman, 저자와의 대화, 10/15/07.
13. Alan Higgin, 저자와의 대화, 08/04/09.
14. Wally Saunders, 저자와의 대화, 08/97.
15. Roald Dahl, Sheila St. Lawrence에게 보낸 편지, 05/20/60—WLC Box 24.
16. Roald Dahl, Sheila St. Lawrence에게 보낸 편지, 05/22/60—WLC Box 24.
17. Roald Dahl, Sheila St. Lawrence에게 보낸 편지, 06/24/60—WLC Box 24.
18. Sheila St. Lawrence, 로알드 달에게 보낸 편지, 07/02/60—WLC Box 24.
19. Roald Dahl, Sheila St. Lawrence에게 보낸 편지, 07/11/60—WLC Box 24.
20. 위의 책.
21. Alan Higgin, 저자와의 대화, 08/04/09.
22. Roald Dahl, Sheila St. Lawrence에게 보낸 편지, 07/12/60—WLC Box 24.
23. Sheila St. Lawrence, 로알드 달에게 보낸 편지, 07/31/60—WLC Box 24.
24. Roald Dahl, Sheila St. Lawrence에게 보낸 편지, 08/17/60—WLC Box 24.
25. Armitage Watkins, Laurence Pollinger에게 보낸 편지, Laurence Pollinger가 로알드 달에게 보낸 편지, 08/16/60—RDMSC 1/1/4/195에서 재인용.

26. Roald Dahl, Bob Bernstein과 Bob Gottlieb에게 보낸 편지, 10/20/69—RDMSC RD 1/4/2/75.
27. Roald Dahl, Anne McCormick에게 보낸 편지, 02/10/81—RDMSC RD 1/1/10/9.
28. Roald Dahl, Sheila St. Lawrence에게 보낸 편지, 09/06/60—WLC Box 24.
29. Roald Dahl, Sheila St. Lawrence에게 보낸 편지, 08/17/60—WLC Box 24.
30. Roald Dahl, Sheila St. Lawrence에게 보낸 편지, 08/20/60—WLC Box 24.
31. Dahl, *Ideas Book* No. 4—RDMSC RD 11/4/17/1.
32. Dahl, 무제 MS (1960년 12월), *Ideas Book* No. 4—RDMSC RD 11/4/17/1.
33. Roald Dahl, *Pig, Collected Stories*, p. 634.
34. Dr. Edmund Goodman, 저자와의 대화, 01/12/98.
35. Roald Dahl, *A Note on Theo's Accident*—RDMSC RD 11/2.
36. Susan Vivian, 저자와의 대화, 11/02/09.
37. Sonia Austrian, 저자와의 대화, 01/15/98.
38. Dr. Edmund Goodman, 저자와의 대화, 01/12/98.
39. Roald Dahl, 제목이 없는 연설, c. 1971—RDMSC RD 6/1/17.
40. Neal, *As I Am*, p. 220.
41. Dahl, 어머니에게 보낸 편지, 02/26/61—RDMSC RD 14/5/10/8.
42. Dahl, 어머니에게 보낸 편지, 02/18/61—RDMSC RD 14/5/10/10.
43. Roald Dahl, America's Hobby Center에 보낸 편지, 04/26/50—WLC Box 22 참고.
44. Ophelia Dahl, *Memories of My Father*, 미출간 MS.
45. Roald Dahl, Speech Rehabilitation Institute에서의 연설, 04/29/71—RDMSC RD 6/1/1/6.
46. Kenneth Till, Jeremy Treglown과의 인터뷰, Treglown, p. 143.
47. Roald Dahl, Sheila St. Lawrence에게 보낸 편지, 10/20/61—WLC Box 25.
48. Roald Dahl, Armitage Watkins에게 보낸 편지, 01/13/62—WLC Box 25.
49. Dahl, Speech Rehabilitation Institute에서의 연설, 1985—RDMSC RD 6/1/1/7.
50. Kenneth Till, "A Valve for the Treatment of Hydrocephalus," *The Lancet*, 1 (1964), p. 202.
51. *Going Solo* (FSG 1986), p. 110.
52. See Dahl, Speech Rehabilitation Institute에서의 연설, 1985—RDMSC RD 6/1/1/7.
53. Dahl, 어머니에게 보낸 편지, 11/26/52—RDMSC RD 14/5/7/29.
54. Dr. Edmund Goodman, 저자와의 대화, 01/12/98.
55. Roald Dahl, *George's Marvellous Medicine* (London: Jonathan Cape, 1981).
56. Sonia Austrian, 저자와의 대화, 01/15/98.
57. Neal, *As I Am*, pp. 217, 219.
58. Roald Dahl, Sheila St. Lawrence에게 보낸 편지, 06/24/57.
59. Roald Dahl, Sheila St. Lawrence에게 보낸 편지, 03/13/59—WLC Box 24.

60. Farrell, *Pat and Roald*, p. 65.
61. Nicholas Logsdail, 저자와의 대화, 04/24/08.
62. Tessa Dahl, 저자와의 대화, 01/17/09.
63. John Betjeman, 로알드 달에게 보낸 편지, 01/01/61—RDMSC RD 16/1/2.
64. John Betjeman, Patricia Neal에게 보낸 편지, 01/23/61—RDMSC RD 16/1/2.
65. John Betjeman, 로알드 달에게 보낸 편지, 02/04/63—RDMSC RD 16/1/2.
66. Sheila St. Lawrence, 로알드 달에게 보낸 편지, 09/12/61—WLC Box 25.
67. Alfred Knopf, 로알드 달에게 보낸 편지, 07/05/60—HRCH KNOPF 280. 1(1960).
68. Roald Dahl, Armitage Watkins에게 보낸 편지, 01/26/62—WLC Box 25.
69. Roald Dahl, Virginia Fowler에게 보낸 편지, 08/20-22/60—WLC Box 24.
70. Aileen Pippett, *New York Times*, 11/12/61.
71. Roald Dahl, Armitage Watkins에게 보낸 편지, 01/13/62—WLC Box 25.
72. Armitage Watkins, 로알드 달에게 보낸 편지, 08/22/61—WLC Box 25.
73. Sheila Lewis Crosby, 저자와의 대화, 07/21/08.
74. Neal, *As I Am*, p. 241.
75. Paul Newman, Stephen Michael Shearer와의 인터뷰, 09/30/03, Shearer, *Patricia Neal*, p. 222.
76. Patricia Neal, Lloyd Shearer와의 인터뷰, *Long Island Sunday Press* (1963).
77. Neal, *As I Am*, p. 229.
78. Patricia Neal, Sonia Austrian에게 보낸 편지, 05/17/60, Ophelia Dahl 소장.
79. Patricia Neal, Sonia Austrian에게 보낸 편지, 07/26/61, Ophelia Dahl 소장.
80. Barbara Faul, "An American in Buckinghamshire," *Housewife* (January 1963).
81. Tessa Dahl, *Working for Love* (New York: Delacorte Press, 1989), p. 23.
82. Roald Dahl, Sheila St. Lawrence에게 보낸 편지, 06/30/55—WLC Box 23.
83. Roald Dahl, *Olivia*—RDMSC RD 7/2.
84. Sheila St. Lawrence, 로알드 달에게 보낸 편지, 08/08/55—RDMSC RD 1/1/3/209.
85. Roald Dahl, Sheila St. Lawrence에게 보낸 편지, 05/21/56—WLC Box 23.
86. Anna Corrie, 저자와의 대화, 10/08/07.
87. Nicholas Arnold, 저자와의 대화, 01/16/08.
88. Alfhild Hansen, 저자와의 대화, 08/07/92.
89. Neal, *As I Am*, p. 198.
90. Nicholas Arnold, 저자와의 대화, 01/16/08.
91. Patricia Neal, Sheila St. Lawrence에게 보낸 편지, 08/14/57—WLC Box 24
92. Neal, *As I Am*, pp. 198-99.
93. 위의 책, p. 230.
94. Patricia Neal, Lloyd Shearer와의 인터뷰, *Long Island Sunday Press* (1963).
95. Neal, *As I Am*, p. 231.

96. Dahl, *Olivia*—RDMSC RD 7/2.

15장 _ 전환점

1. Dahl, *Olivia*—RDMSC RD 7/2.
2. Roald Dahl, Armitage Watkins에게 보낸 편지, 11/26/62—WLC Box 25.
3. Neal, *As I Am*, p. 233.
4. 위의 책.
5. Tessa Dahl, 저자와의 대화, 10/22/07.
6. Alfhild Hansen, Eura Neal에게 보낸 편지, Shearer, *Patricia Neal*, p. 228에서 인용.
7. Tessa Dahl, *Working for Love*, pp. 36-37.
8. Patricia Neal, 저자와의 대화, 01/15/98.
9. Sonia Austrian, 저자와의 대화, 01/15/98.
10. Neal, *As I Am*, pp. 240, 238.
11. Davidson, 로알드 달에게 보낸 편지, 12/10/62—RDMSC RD 16/1/2.
12. Lord Fisher of Lambeth, 로알드 달에게 보낸 편지, 12/14/62—RDMSC RD 16/1/2.
13. Roald Dahl, *A Christmas Message for Children—What I Told Lucy and Ophelia About God*—RDMSC RD 7/1/3/1.
14. Farrell, *Pat and Roald*, pp. 78, 135.
15. Alfhild Hansen, 저자와의 대화, 08/07/92.
16. Roald Dahl, Stephen Merrick과의 인터뷰, *Argosy* (1986년 8월).
17. Roald Dahl, *A Dose of Dahl's Magic Medicine*의 인터뷰, 09/28/86.
18. Dahl, 어머니에게 보낸 편지, 05/33—RDMSC 13/1/8/38.
19. Neal, *As I Am*, p. 238.
20. Patricia Neal, Jean Valentino와 Chloe Carter에게 보낸 편지, 11/29/62, Shearer, *Patricia Neal*, p. 229에서 인용.
21. Tessa Dahl, *Working for Love*, p. 45.
22. Louella Parsons, 무제 기사, 02/19/63—NYPL.
23. Tessa Dahl, *Working for Love*, pp. 35, 38-39.
24. Patricia Neal, Jean Valentino와 Chloe Carter에게 보낸 편지, 09/02/63, Shearer, *Patricia Neal*, p. 234에서 인용.
25. *A Streetlamp and the Stars: The Autobiography of Father Mario Borrelli* (New York: Coward-McCann, 1963).
26. International Help for Children, Report No. 3, 1964—WLC Box 26.
27. Roald Dahl, Armitage Watkins에게 보낸 편지, 10/24/63—WLC Box 25.
28. *Boy*, p. 134.

29. Roald Dahl, *Charlie's Chocolate Boy, Draft II*—RDMSC RD 2/7/1/2.
30. 위의 책.
31. Roald Dahl, Armitage Watkins에게 보낸 편지, 08/14/61—WLC Box 25.
32. Roald Dahl, Sheila St. Lawrence에게 보낸 편지, 08/14/61—WLC Box 25.
33. Sheila St. Lawrence, 로알드 달에게 보낸 편지, 09/16/61—WLC Box 25.
34. Dahl, *Charlie's Chocolate Boy, Draft II*—RDMSC RD 2/7/1/2.
35. Sheila St. Lawrence, 로알드 달에게 보낸 편지, 09/12/61—WLC Box 25.
36. Roald Dahl, Sheila St. Lawrence에게 보낸 편지, 09/16/61—WLC Box 25.
37. Roald Dahl, Alfred Knopf에게 보낸 편지, 04/19/63—HRCH KNOPF 375.5 (1963).
38. Roald Dahl, Armitage Watkins에게 보낸 편지, 09/14/62—WLC Box 25.
39. Roald Dahl, Armitage Watkins에게 보낸 편지, 09/03/62—WLC Box 25.
40. Roald Dahl, "Let's Build a Skyscraper, but Let's Find a Good Book First," *New York Times Book Review*, 11/01/1964—WLC Box 26.
41. Virginie Fowler, 로알드 달에게 보낸 편지, 05/21/63—HRCH KNOPF 375.6 (1963).
42. Bob Bernstein, 로알드 달에게 보낸 편지, 04/26/63—HRCH KNOPF 375.6 (1963).
43. Alfred Knopf, 로알드 달에게 보낸 편지, 07/06/64—HRCH KNOFF 403.5 (1964).
44. Blanche Knopf, 로알드 달에게 보낸 편지, 07/16/64—HRCH KNOPF 403.5 (1964).
45. Roald Dahl, Peggy Caulfield에게 보낸 편지, 02/24/78—RDMSC RD 1/1/9/106.
46. *Charlie and the Chocolate Factory* (Viking Edition). p. 158.
47. Kopper, *Anonymous Giver*, p. 136.
48. Roald Dahl, Alfred Knopf에게 보낸 편지, 02/04/63—HRCH KNOPF 375.6 (1963).
49. Roald Dahl, *Introduction to Roald Dahl's Book of Ghost Stories* (New York: Farrar, Straus & Giroux, 1983), p. 15.
50. Roald Dahl, Alfred Knopf에게 보낸 편지, 04/19/63—HRCH KNOPF 375.6 (1963).
51. *Introduction to Roald Dahl's Book of Ghost Stories*, p. 15.
52. Roald Dahl, Alfred Knopf에게 보낸 편지, 02/04/63—HRCH KNOPF 375.6 (1963).
53. Roald Dahl, *The Magic Finger* (London: Puffin Books, 1995 ed), p. 8.
54. Alfred Knopf, Virginie Fowler에게 보낸 메모, 05/04/65—HRCH KNOPF 454.8.
55. Patricia Neal, Armitage Watkins에게 보낸 편지, 06/03/63 25—WLC Box 26.
56. *International Help for Children, Report No. 1*, March 1964—WLC Box 26.
57. Susan과 John Vivian, 저자와의 대화, 11/03/09.
58. Roald Dahl, Armitage Watkins에게 보낸 편지, 08/20/63—WLC Box 25.
59. Neal, *As I Am*, p. 244.
60. 위의 책, p. 248.
61. Roald Dahl, Armitage Watkins에게 보낸 편지, 07/13/64—WLC Box 26.
62. Dahl, 어머니에게 보낸 편지, 03/18/61—RDMSC RD 14/5/10/15.
63. Roald Dahl, Sheila St. Lawrence에게 보낸 편지, 09/14/57—WLC Box 24.

64. Armitage Watkins, 로알드 달에게 보낸 편지, 01/24/64—WLC Box 26.
65. Roald Dahl, Letter to Marion McNamara, 01/20/64—WLC Box 26.
66. Roald Dahl, Armitage Watkins에게 보낸 편지, 02/16/64—WLC Box 26.
67. Roald Dahl, Armitage Watkins에게 보낸 편지, 03/31/64—WLC Box 26.
68. Roald Dahl, Peggy Caulfield에게 보낸 편지, 04/27/64—WLC Box 26.
69. Roald Dahl, Armitage Watkins에게 보낸 편지, 03/01/64—WLC Box 26.
70. Miscellaneous Reviews—날짜 미상—WLC Box 27.
71. Roald Dahl, Dirk Bogarde에게 보낸 편지, 01/09/81—Dirk Bogarde Collection, Howard Gotlieb Archival Research Center, Boston University.
72. Arno Johanson, "Pat Neal: Her Luck Has Changed At Last," Parade magazine, 10/14/64.
73. Neal, As I Am, p. 253.
74. Patricia Neal's medical notes, compiled by Charles Carton, 1965년 1월—Copy Ophelia Dahl 소장.
75. Roald Dahl, "My Wife Patricia Neal," Ladies' Home Journal (1965년 9월).
76. Dahl, 어머니에게 보낸 편지, 02/27/65—RDMSC RD 14/5/11/6.
77. Roald Dahl, Speech Rehabilitation Institute에서의 연설, 04/29/71, 1985년 재연설—RDMSC RD 6/1/1/7.
78. Time magazine, 03/26/65.
79. Edmund Goodman, 저자와의 대화, 01/12/98.
80. Neal, As I Am, p. 256.
81. Patricia Neal의 뇌졸중이 일어난 후 24시간 동안 있었던 일을 알기 위해 많은 자료를 검토하였다. 여기에는 Patricia Neal의 의료기록과 Barry Farrell의 Pat and Roald을 위해 달과 팻이 쓴 기록, 달이 쓴 "My Wife Patricia Neal"(Ladies' Home Journal, 1965년 9월), Patricia Neal 자서전, As I Am과 Tessa Dahl의 소설적인 자서전 Working for Love 등이 있다. 그 외에도 Sheena Burt, Angela Kirwan, Margaret Ann Vande Noord, Eura Neal 등과 영국의 가족들에게 보낸 달의 편지를 참고하였다. 대부분의 자료는 그레이트미센던의 로알드 달 박물관에 있는 것들이다. 또 Patricia Neal, Else Logsdail, Tessa Dahl과 인터뷰하였으며, Jeremy Treglown의 Roald Dahl과 Stephen Michael Shearer의 Patricia Neal, an Unquiet Life를 참고하였다. 자료들의 내용이 서로 맞지 않는 부분도 있었지만, 의료 기록과 초기 기록에 의존해 최대한 객관적으로 서술하였다.
82. Patricia Neal, An Evening with Patricia Neal에서의 연설, 1967년 3월—WLC Box 27.
83. Roald Dahl, William and Mary, Collected Stories, pp. 477, 482.
84. Farrell, Pat and Roald, p. 137.

16장 _ 불굴의 의지

1. Neal, *As I Am*, p. 254.
2. Margaret Ann Vance Noord, Sofie Magdalene Dahl에게 보낸 편지, 02/24/65—RDMSC RD 14/5/11/5.
3. Tessa Dahl, *Working for Love*, pp. 61, 76.
4. Dahl, 어머니에게 보낸 편지, 03/16/65—RDMSC RD 14/5/11/12.
5. Art Berman, "Patricia Neal Partly Paralyzed, Five Months Pregnant, Husband Says," *Los Angeles Times*, 03/19/65.
6. Dahl, 어머니에게 보낸 편지, 03/27/65—RDMSC RD 14/5/11/15.
7. Jean Alexander, Stephen Michael Shearer와의 인터뷰, 09/16/03, Shearer *Patricia Neal*, p. 260에서 인용.
8. Roald Dahl, *Introduction to Val Eaton Griffith, A Stroke in the Family* (Harmondsworth, UK: Penguin, 1970), p. 50.
9. Neal, *As I Am*, pp. 259, 262.
10. Louella Parsons, "Hollywood Snapshots" (n.d.) PNC, Shearer, *Patricia Neal*, p. 260에서 인용.
11. Neal, *As I Am*, p. 265.
12. Claire Carton, Stephen Michael Shearer와의 대화, Shearer, *Patricia Neal*, p. 260에서 인용.
13. Else Logsdail, Eura Neal에게 보낸 편지, 03/22/65, PNC, 위의 책, p. 261.
14. Neal, *As I Am*, p. 263.
15. Marjorie Clipstone, Alfhild Hansen에게 보낸 편지, 04/24/65—RDMSC RD 14/5/11/20.
16. Neal, *As I Am*, p. 265.
17. Claudia Marsh, Alfhild Hansen에게 보낸 편지, 03/04/65—RDMSC RD 14/5/11/8.
18. Sheena Burt, Sofie Magdalene Dahl에게 보낸 편지, 04/27/65—RDMSC RD 14/5/11/22.
19. Patricia Neal's medical notes, compiled by Charles Carton, 1965년 1월. Ophelia Dahl 소장.
20. Dahl, 어머니에게 보낸 편지, 04/11/65—RDMSC 14/5/11/18.
21. Dahl, *Introduction to Eaton Griffith, A Stroke in the Family*, p. 9.
22. Patricia Neal, Stephen Michael Shearer와의 인터뷰, 2005년 6월, Shearer, *Patricia Neal*, p. 261에서 인용.
23. Dahl, 어머니에게 보낸 편지, 04/21/65—RDMSC RD 14/5/11/19.
24. Dahl, *Introduction to Notes for Treating Recovering Stroke Patients*—RDMSC RD 12/5/6/49.

25. Neal, *As I Am*, p. 272.
26. Roald Dahl, ABC Radio Terry Lane과의 인터뷰, 1989.
27. Pam Lowndes, 저자와의 대화, 02/22/10.
28. Roald Dahl, *Introduction to Notes for Treating Recovering Stroke Patients*—RDMSC RD 12/5/6/49.
29. Neal, *As I Am*, p. 254.
30. Tessa Dahl, *Working for Love*, p. 87.
31. Pam Lowndes, 저자와의 대화, 02/22/10.
32. Valerie Easton Griffith, Stephen Michael Shearer과의 인터뷰, Shearer, *Patricia Neal*, p. 272에서 인용.
33. Dahl, *Introduction to Notes for Treating Recovering Stroke Patients*—RDMSC RD 12/5/6/49.
34. Patricia Neal, *An Evening with Patricia Neal*에서의 연설, 1967년 3월—WLC Box 27.
35. Roald Dahl, Speech Rehabilitation Institute의 연설, 04/29/71—RDMSC RD 6/1/1/6.
36. Tessa Dahl, *Working for Love*, p. 112.
37. Patricia Neal, 저자와의 대화, 03/21/07.
38. Neal, *As I Am*, p. 279.
39. Neal, *As I Am*, pp. 289, 275, 310.
40. Tessa Dahl, 저자와의 대화, 10/22/07.
41. Neal, *As I Am*, p. 271.
42. Bob Thomas, "Pat Neal Hopes to Work," *Los Angeles Mirror-Times*, 01/31/66, Shearer, *Patricia Neal*, p. 273에서 인용.
43. Gereon Zimmermann, "Does Everyone Love Pat Neal? Oh Yes!," *Look magazine*, 02/18/69, p. 84.
44. Farrell, *Pat and Roald*, p. 111.
45. Neal, *As I Am*, p. 290.
46. 위의 책, 294.
47. Patricia Neal, Cindy Adams와의 인터뷰, *Long Island Press*, 04/03/68—WLC Box 27.
48. Judith Crist, *New York magazine*, Shearer, *Patricia Neal*, p. 289에서 인용; *Time magazine*, 10/18/68.
49. Susan Vivian, 저자와의 대화, 11/02/09.
50. Dahl, "My Wife: Patricia Neal," *Ladies' Home Journal* (1965년 9월)—RDMSC RD 6/3/8.
51. Roald Dahl, Eura Neal에게 보낸 편지, 11/01/65, Shearer, *Patricia Neal*, p. 268에서 인용.

52. Farrell, *Pat and Roald*, pp. 126, 139.
53. Marian Goodman, 저자와의 대화, 03/11/07.
54. Roald Dahl, Armitage Watkins에게 보낸 편지, 06/22/65—WLC Box 26.
55. Neal, *As I Am*, p. 285.
56. Dahl과 Farrell은 책에 대한 권리를 50:50으로 나누었다. Armitage Watkins, Murray Pollinger에게 보낸 편지, 10/13/66—WLC Box 27 참고.
57. Patricia Neal, Barry Farrell에게 보낸 편지, 02/10/69—WLC Box 28.
58. Barry Farrell, 로알드 달과 Patricia Neal에게 보낸 편지, 05/20/69—WLC Box 28.
59. Roald Dahl, Armitage Watkins에게 보낸 편지, 05/27/69—WLC Box 28.
60. Roald Dahl, Dirk Bogarde에게 보낸 편지, 01/09/81—Dirk Bogarde Collection, Howard Gotlieb Archival Research Center, Boston University.
61. Farrell, *Pat and Roald*, p. 211.
62. Marian Goodman, 저자와의 대화, 03/11/07.
63. Roald Dahl, Michael Parkinson과의 인터뷰, BBC Television, 1982.
64. Maria Tucci, 저자와의 대화, 06/24/08.
65. Neal, *As I Am*, p. 267.
66. Val Eaton Griffith, Treglown, pp. 208-09.
67. Untitled newspaper article—PNC, Shearer, *Patricia Neal*, p. 284에서 인용.
68. Tessa Dahl, *Working for Love*, p. 110.
69. Neal, *As I Am*, p. 289.
70. Roald Dahl, ABC Radio Terry Lane과의 인터뷰, 1989.
71. Roald Dahl, Armitage Watkins에게 보낸 편지, 01/23/65—WLC Box 26.
72. Armitage Watkins, 로알드 달에게 보낸 편지, 10/28/64—RDMSC RD 1/1/5/220.
73. Roald Dahl, ABC Radio Terry Lane과의 인터뷰, 1989.
74. Roald Dahl, Armitage Watkins에게 보낸 편지, 04/09/65—WLC Box 26.
75. Roald Dahl, Alfred Knopf에게 보낸 편지, 07/26/65—HRCH KNOPF 657.3.
76. Lucy Dahl, 저자와의 대화, 10/09/08.
77. Roald Dahl, Peggy Caulfield에게 보낸 편지, 10/18/65—WLC Box 26.
78. Roald Dahl, Armitage Watkins에게 보낸 편지, 08/23/66—WLC Box 27.
79. Missy Schwartz, Robert Altman과의 인터뷰, *Entertainment Weekly*, 06/12/66.
80. Pearson, *The Life of Ian Fleming*, p. 240.
81. Roald Dahl, Chesham High School에서의 연설, 01/13/78—RDMSC RD 6/1/15.
82. Pearson, *The Life of Ian Fleming*, p. 231.
83. Roald Dahl, ABC Radio Terry Lane과의 인터뷰, 1989, Armitage Watkins에게 보낸 편지, 03/21/66—WLC Box 27.
84. Roald Dahl, *Playboy magazine*에 보낸 초고, 1967년 6월—RDMSC RD 6/2/1/5.
85. Harold Bloom, Henry Saltzman에게 보낸 편지, 03/08/67—RDMSC RD 1/5/5 참

고.
86. Roald Dahl, Armitage Watkins에게 보낸 편지, 04/13/66—WLC Box 27.
87. Treglown, p. 178.
88. Farrell, *Pat and Roald*, p. 152.
89. Roald Dahl, ABC Radio Terry Lane과의 인터뷰, 1989.
90. Roald Dahl, Armitage Watkins에게 보낸 편지, 03/21/66—WLC Box 27 참고.
91. Alan Higgin, 저자와의 대화, 08/04/09.
92. Albert "Cubby" Broccoli, 로알드 달에게 보낸 편지, 07/29/66—RDMSC RD 1/5/5, Roald Dahl, Armitage Watkins에게 보낸 편지, 07/07/66—WLC Box 27.
93. Roald Dahl, Alfred Knopf에게 보낸 편지, 16/12/66—HRCH KNOPF 524.12.
94. Roald Dahl, Armitage Watkins에게 보낸 편지, 07/07/66—WLC Box 27.
95. Roald Dahl, B. Indick에게 보낸 편지, 07/13/77—RDMSC RD 1/1/9/67.
96. Ken Hughes, Treglown, pp. 183-84에서 인용.
97. Roald Dahl, Irving Lazar에게 보낸 편지, 12/20/68—RDMSC 1/5/5.
98. Roald Dahl, *Bedtime Stories*, 1970—RDMSC RD 12/1/2.
99. Roald Dahl, William Dozier에게 보낸 편지, 04/02/68—RDMSC 1/5/5.
100. Roald Dahl, William Dozier에게 보낸 편지, 03/28/68—RDMSC 1/5/5.
101. Joy Cowley, 로알드 달과 Patricia Neal에게 보낸 편지, 08/29/70—RDMSC RD 1/5/9.
102. Irving Lazar, Roald Dahl에게 보낸 전보, 03/19/69—RDMSC RD 1/5/9.
103. Roald Dahl, Irving Lazar에게 보낸 편지, 07/20/69—RDMSC RD 1/5/9.
104. Ken Russell, 로알드 달에게 보낸 편지, 날짜 미상—RDMSC RD 1/5/9.
105. Roald Dahl, Allen Hodshire에게 보낸 편지, 08/20/69—RDMSC RD 1/5/9.
106. Roald Dahl, Joe Schoenfeld에게 보낸 편지 (at William Morris), 12/19/69—RDMSC RD 1/5/5.
107. Allen Hodshire, Young Street Productions에게 보낸 편지, 09/14/70—RDMSC RD 1/5/9.
108. Roald Dahl, Irving Lazar에게 보낸 편지, 10/12/70—RDMSC RD 1/5/9.
109. Roald Dahl, Allen Hodshire에게 보낸 편지, 05/27/71—RDMSC RD 1/5/9.
110. Shearer, *Patricia Neal*, p. 293.
111. Rex Reed, "Pat Neal's Portrait of Courage," *New York Sunday Times*, 11/0870.
112. Roald Dahl, Allen Hodshire에게 보낸 편지, 05/27/71—RDMSC RD 1/5/9.
113. Roald Dahl, Stephen Merrick과의 인터뷰, Argosy (1966년 8월).
114. Roald Dahl, Claude Gallimard에게 보낸 편지, 10/29/71—RDMSC RD 1/2/3/146.
115. Neisha Crosland, 저자와의 대화, 03/20/09.
116. Patricia Neal, Sofie Magdalene Dahl에게 보낸 편지, 02/09/65—RDMSC RD 14/5/11/2.

117. Farrell, *Pat and Roald*, p. 138.
118. Roger Angell, Armitage Watkins에게 보낸 편지, 04/19/65—WLC Box 26
119. Roald Dahl, Armitage Watkins에게 보낸 편지, 04/27/65—WLC Box 26.
120. Roald Dahl, A. C. Spectorsky에게 보낸 편지, 04/17/65—WLC Box 26.
121. 1968년 3월 31일, 로알드 달이 받은 인세는 다음과 같다. *Charlie* 68만 1,658달러, *James* 25만 2,714달러, *Kiss Kiss* 1만 7,290달러, *Someone Like You* 1만 5,074달러—HRCH KNOPF 1334.5.
122. 로알드 달의 작품을 거절한 출판사는 다음과 같다. Michael Joseph, Hamish Hamilton, Hart-Davis Chatto & Windus, Golden Pleasure Books, Hutchinson, The Bodley Head, Faber & Faber, Weidenfeld & Nicholson, Collins, Cassell—Armitage Watkins, 로알드 달에게 보낸 편지, 04/22/65—WLC Box 26.
123. Roald Dahl, Armitage Watkins에게 보낸 편지, 12/02/64—WLC Box 26.
124. Roald Dahl, Blanche Knopf에게 보낸 편지, 11/27/64—HRCH KNOPF 1334.5.
125. Roald Dahl, Armitage Watkins에게 보낸 편지, 12/5/64—WLC Box 26.
126. Armitage Watkins, 로알드 달에게 보낸 편지, 07/22/65—WLC Box 26.
127. Rayner Unwin, 저자와의 대화, 01/04/98.
128. Murray Pollinger, 저자와의 대화, 10/30/08.
129. Murray Pollinger, Armitage Watkins에게 보낸 편지, 11/25/65—WLC Box 26, Rayner Unwin, 저자와의 대화, 01/04/98.
130. Roald Dahl, *Mr. Fox*, 3쇄판, 1968—RDMSC RD 2/9/3.
131. Roald Dahl, *Mr. Fox*, 초고, 1968—RDMSC RD 2/9/1.
132. Walter Retan (Random House), Bob Bernstein에게 보낸 편지, 07/16/68—HRCH KNOPF 1334.5.
133. Roald Dahl, *Boggis, Bunce and Bean* (*Fantastic Mr. Fox*의 초기 원고)—RDMSC RD 2/9/6/45.
134. Bob Bernstein, 로알드 달에게 보낸 편지, 07/17/68—RDMSC RD 1/1/6/205/2.
135. Roald Dahl, Bob Bernstein에게 보낸 전보, 07/18/68—HRCH KNOPF 1334.5.
136. Roald Dahl, Bob Bernstein에게 보낸 편지, 07/21/68—RDMSC RD 1/1/6/206.
137. Fabio Coen, 로알드 달에게 보낸 편지, 11/20/68—RDMSC 1/4/2/1/1-2.
138. Roald Dahl, Fabio Coen에게 보낸 편지, 11/25/68—RDMSC RD 1/4/2/2.
139. Fabio Coen, 로알드 달에게 보낸 편지, 05/13/70—RDMSC RD 1/2/3/15.
140. Roald Dahl, *The Last Act*, *Collected Stories*, p. 697.
141. Patricia Neal, *An Awfully Big Adventure*, Music Link International, 1998.
142. Amanda Conquy, 저자와의 대화, 02/22/10.

17장 _ 부드럽고 따뜻한 사랑

1. Farrell, *Pat and Roald*, p. 102.
2. Nicholas Logsdail, 저자와의 대화, 04/24/08.
3. Lemina Lawson Johnson, 저자에게 보낸 편지, 11/30/09.
4. Roald Dahl, Charles Marsh와 Claudia Haines에게 보낸 편지, 05/22/50—CMP.
5. Nicholas Logsdail, 저자와의 대화, 04/24/08.
6. Susan Vivian, 저자와의 대화, 02/11/09.
7. Tim Fisher, 저자와의 대화, 09/17/07.
8. Roald Dahl, Alfred Knopf에게 보낸 편지, 12/14/67—HRCH KNOPF 482.1.
9. Patricia Neal, Stephen Michael Shearer와의 대화, 2005년 6월; Neal, *As I Am*, p. 299.
10. Alexandra Anderson, 저자와의 대화, 11/14/07.
11. Dahl, *Only This, Collected Stories*, p. 19.
12. Roald Dahl, *The Witches* (London: Jonathan Cape, 1983), pp. 14-15.
13. Farrell, *Pat and Roald*, pp. 204-6, 215.
14. Roald Dahl, Alfred Knopf에게 보낸 편지, 12/14/67—HRCH KNOPF 482.1.
15. Tessa Dahl, 저자와의 대화, 10/22/07.
16. Roald Dahl, Bob Bernstein에게 보낸 편지, 08/11/68—HRCH KNOPF 1334.5.
17. Neal, *As I Am*, p. 309.
18. Felicity Dahl, 저자와의 대화, 11/20/06.
19. Felicity Dahl, 저자와의 대화, 02/05/10.
20. Neal, *As I Am*, pp. 320, 318.
21. Patricia Neal, 저자와의 대화, 03/21/07.
22. Annabella Power, Treglown, p. 208.
23. Liccy Dahl, 저자와의 대화, 02/05/10.
24. Ophelia Dahl, 저자와의 대화, 03/17/08.
25. Roald Dahl, Felicity Crosland에게 보낸 편지, 날짜 미상, Felicity Dahl Collection.
26. Charlotte Crosland, 저자와의 대화, 03/12/10.
27. Neisha Crosland, 저자와의 대화, 03/20/09.
28. Tessa Dahl, *Working for Love*, p. 127.
29. *The Gipsy House Cookbook*, p. 21.
30. Neal, *As I Am*, p. 320.
31. Ophelia Dahl, *Memories of My Father*, 미출간 MS.
32. Tessa Dahl, *Working for Love*, p. 130.
33. Tessa Dahl, 저자와의 대화, 10/22/07.
34. Treglown, p. 199.

35. Maria Tucci, 저자와의 대화, 06/24/08.
36. Marian Goodman, 저자와의 대화, 03/11/07.
37. Tessa Dahl, 저자와의 대화, 10/22/07.
38. Tessa Dahl, *Working for Love*, p. 152.
39. Tessa Dahl, 저자와의 대화, 10/22/07.
40. Patricia Neal, 저자와의 대화, 03/21/07.
41. Neal, *As I Am*, pp. 325-26.
42. Neisha Crosland, 저자와의 대화, 03/20/09.
43. Neal, *As I Am*, p. 327.
44. Tessa Dahl, 저자와의 대화, 10/22/07.
45. Lucy Dahl, 저자와의 대화, 10/09/08.
46. Roald Dahl, Felicity Crosland에게 보낸 편지, 09/19/74—Felicity Dahl Collection.
47. Tessa Dahl, 저자와의 대화, 10/22/07.
48. Neal, *As I Am*, pp. 331-32.
49. Roald Dahl, "Love," *Ladies' Home Journal* (1949년 3월).
50. Louise (Lou) Pearl, 저자와의 대화, 05/09/08.
51. Felicity Crosland, Patricia Neal에게 보낸 편지 (1975), Neal, *As I Am*, p. 337에서 인용.
52. Neal, *As I Am*, p. 336.
53. 위의 책, p. 339.
54. Ophelia Dahl, *Memories of My Father*, 미출간 MS.
55. Marian Goodman, 저자와의 대화, 03/11/07.
56. Dennis Pearl, Treglown, p. 214에서 인용.
57. Roald Dahl, Lucy Dahl에게 보낸 편지, 10/16/80—Collection of Lucy Dahl.
58. Marian Goodman, 저자와의 대화, 03/11/07.
59. Lucy Dahl, Treglown, p. 198에서 인용.
60. Ophelia Dahl, *Memories of My Father*, 미출간 MS.
61. *Danny The Champion of the World*, p. 17.
62. 위의 책, pp. 10, 38, 33.
63. Wintle과 Fisher, *The Pied Pipers*, p. 110.
64. Roald Dahl, Charles와 Claudia Marsh에게 보낸 편지, 08/31/55—CMP.
65. Roald Dahl, Introduction to *The Croaker*—RDMSC RD 8a/2.
66. Roald Dahl, Introduction to *I Heard You Calling Me*—RDMSC RD 8a/2.
67. Roald Dahl, Alfred Knopf에게 보낸 편지, 09/19/74—HRCH KNOPF 653.2.
68. Roald Dahl, Alfred Knopf에게 보낸 편지, 11/18/63—HRCH KNOPF 375.6.
69. Alfred Knopf, 로알드 달에게 보낸 편지, 11/26/63—HRCH KNOPF 375.6.
70. Roald Dahl, Alfred Knopf에게 보낸 편지, 12/16/66—HRCH KNOPF 524.12.

71. Alfred Knopf, 로알드 달에게 보낸 편지, 12/21/66—HRCH KNOPF 524.12.
72. Wintle과 Fisher, *The Pied Pipers*, p. 110.
73. Roald Dahl, Alfred Knopf에게 보낸 편지, 1/11/75—HRCH KNOPF 653.2.
74. *The Wonderful Story of Henry Sugar and Six More*, pp. 192, 179.
75. Roald Dahl, Felicity Crosland에게 보낸 편지, 05/14/76—Felicity Dahl Private Collection.
76. Claudia Haines, Sofie Magdalene Hesselberg에게 보낸 편지, 01/17/53—RDMSC RD 14/5/8/3.
77. Maria Tucci, 저자와의 대화, 06/24/08.
78. Douglas Highton, 저자와의 대화, 11/08/07.
79. Tessa Dahl, 저자와의 대화, 10/22/07.
80. Neisha Crosland, 저자와의 대화, 03/20/09.
81. Shearer, *Patricia Neal*, p. 320.
82. Ophelia Dahl, 저자와의 대화, 03/17/08.
83. Neal, *As I Am*, p. 346.
84. Roald Dahl, Ophelia Dahl에게 보낸 편지, 날짜 미상—Ophelia Dahl Private Connection.
85. *Desert Island Discs*, BBC Radio, 10/27/79.
86. Charlotte Crosland, 저자와의 대화, 03/12/10.
87. Neisha Crosland, 저자와의 대화, 03/20/09.
88. Charlotte Crosland, 저자와의 대화, 03/12/10.
89. Sonia Austrian, 저자와의 대화, 01/15/98.
90. Ophelia Dahl, *Memories of My Father*, 미출간 MS.
91. Neal, *As I Am*, pp. 348, 350.
92. Roald Dahl, Susan Slavetin과의 인터뷰, *Boston Globe*, 1980.
93. Roald Dahl, Patricia Neal에게 보낸 편지, 날짜 미상—PNC.
94. Neal, *As I Am*, p. 352.
95. Roald Dahl, Dirk Bogarde에게 보낸 편지, 10/07/81—Howard Gotlieb Collection, University of Boston.
96. Ophelia Dahl, *Memories of My Father*, 미출간 MS.
97. Neal, *As I Am*, p. 358.
98. 위의 책.
99. Patricia Neal, 저자와의 대화, 03/21/07.
100. Joe Leyden, *Houston Post*, March 1982—PNC, Shearer, *Patricia Neal*, p. 332에서 인용.
101. Patricia Neal, 저자와의 대화, 03/21/07.
102. Neal, *As I Am*, p. 366.

18장 _ 신 나는 폭발

1. Neal, *As I Am*, p. 305.
2. Roald Dahl, 자서전을 위한 구술 (1972)—RDMSC RD 6/2/1/9.
3. Roald Dahl, *The Times*에 보낸 편지, 08/20/77, 09/20/80, 06/20/80 (RD 1/2/6/151), 08/02/85.
4. Theo Dahl, 저자와의 대화, 09/17/07.
5. Sheila Lewis Crosby 저자와의 대화, 07/21/08.
6. Lesley O'Malley (née Pares), 저자와의 대화, 1992.
7. Pam Lowndes, 저자와의 대화, 02/22/10.
8. Sir Leonard Figg, 저자와의 대화, 02/22/10.
9. Marian Goodman, 저자와의 대화, 03/11/07.
10. Ophelia Dahl, 저자와의 대화, 1998.
11. Lucy Dahl, 저자와의 대화, 10/09/08.
12. Ophelia Dahl, 저자와의 대화, 1998.
13. Amanda Conquy, 저자와의 대화, 01/05/98.
14. Patricia Neal, Sonia Austrian에게 보낸 편지, 01/24/64—Ophelia Dahl Collection.
15. Rayner Unwin, 저자와의 대화, 01/04/98.
16. Robert Bernstein, 저자와의 대화, 06/25/08.
17. Roald Dahl, Bob Bernstein에게 보낸 편지, 05/08/63—HRCH KNOPF 1354.5.
18. Robert Bernstein, 저자와의 대화, 06/25/08.
19. Robert Gottlieb, 저자와의 대화, 06/24/08.
20. Roald Dahl, Yvonne MacManus of Leisure Books에게 보낸 편지, 05/14/71—RDMSC RD 1/1/7/158.
21. Roald Dahl, Bob Gottlieb에게 보낸 편지, 03/16/71—RDMSC RD 1/1/7/106.
22. Robert Gottlieb, 저자와의 대화, 06/24/08.
23. Maria Tucci, 저자와의 대화, 06/24/08.
24. Roald Dahl, Armitage Watkins에게 보낸 편지, 04/14/69—WLC Box 28.
25. Murray Pollinger, 저자와의 대화, 10/30/08.
26. Bob Bernstein, 로알드 달에게 보낸 편지, 06/03/69—WLC Box 28.
27. Roald Dahl, Armitage Watkins에게 보낸 편지, 03/08/69—WLC Box 28.
28. Roald Dahl, Armitage Watkins에게 보낸 편지, 06/07/69—WLC Box 28.
29. Armitage Watkins, Bob Bernstein과의 전화 대화, 06/10/69—WLC Box 28.
30. Roald Dahl, Armitage Watkins에게 보낸 편지, 06/18/69—WLC Box 28.
31. Roald Dahl, Bob Bernstein에게 보낸 편지, 07/07/69—WLC Box 28.
32. Roald Dahl, Armitage Watkins에게 보낸 편지, 09/03/69—WLC Box 28.
33. Roald Dahl, Armitage Watkins에게 보낸 편지, 10/20/69—WLC Box 28.

34. Bob Gottlieb, Armitage Watkins에게 보낸 편지, 10/22/69—WLC Box 28.
35. Roald Dahl, Alfred Knopf에게 보낸 편지, 05/13/81—HRCH KNOPF 553.1 (1981).
36. Roald Dahl, Sheila St. Lawrence에게 보낸 편지, 07/05/56—WLC Box 23.
37. Ethel L. Heins, *review of James and the Giant Peach*, *Library Journal*, 11/15/61.
38. Roald Dahl, Sue Mason에게 보낸 편지, 02/05/62—HRCH KNOPF 1334.7.
39. Roald Dahl, Armitage Watkins에게 보낸 편지, 01/12/68—WLC Box 27.
40. *Charlie and the Chocolate Factory*, p. 73.
41. John Morsell, Lillian Hellman에게 보낸 편지, 12/03/69—RDMSC RD 1/5/8/27/1.
42. Roald Dahl, Bob Bernstein에게 보낸 편지, 10/01/69—RDMSC RD 1/5/8/16/1.
43. Roald Dahl, Alfred Knopf에게 보낸 편지, 07/25/70—HRCH KNOPF 530.2.
44. Roald Dahl, Armitage Watkins에게 보낸 메모, 날짜 미상—WLC Box 28, Rayner Unwin에게 보낸 편지, 04/05/72—RDMSC RD 1/4/3/32.
45. Roald Dahl, Stan Margulies에게 보낸 편지, 05/04/71—RDMSC RD 1/5/8.
46. *Desert Island Discs*, BBC Radio, 10/27/79.
47. Roald Dahl, Irving Lazar에게 보낸 편지, 12/01/70—RDMSC RD 1/5/8/101.
48. Roald Dahl, David Wolper에게 보낸 편지 초고—RDMSC RD 1/5/8/54.
49. Roald Dahl, James Stuart (Quaker Oats)에게 보낸 편지, 06/28/71—RDMSC RD 1/5/8.
50. Roald Dahl, Stan Margulies에게 보낸 편지, 05/04/71—RDMSC RD 1/5/8.
51. Roald Dahl, Irving Lazar에게 보낸 편지, 01/70—RDMSC RD 1/5/8.
52. Roald Dahl, David Wolper에게 보낸 전보 초안—RDMSC RD 1/5/8/58.
53. Roald Dahl, James Stuart에게 보낸 편지, 06/28/71—RDMSC RD 1/5/8.
54. Murray Pollinger, 저자와의 대화, 10/30/08.
55. Rayner Unwin, 저자와의 대화, 01/04/98.
56. Roald Dahl, Fabio Coen에게 보낸 편지, 12/3/69—RDMSC RD 1/4/2/92.
57. Roald Dahl, Bob Gottlieb에게 보낸 편지, 03/23/72—RDMSC RD 1/4/3.
58. Librarians of Madison Public Library, 로알드 달에게 보낸 편지, 04/20/72. RDMSC RD 1/3/9/167/1-2.
59. Roald Dahl, Librarians of Madison Public Library에 보낸 편지, 04/25/72—RDMSC RD 1/3/6/9/167/3.
60. *Charlie and the Chocolate Factory*, p. 85.
61. 위의 책, p. 146.
62. Cameron, *"McLuhan, Youth and Literature," The Horn Book Magazine*. "상상력이 풍부한 작품은, 작가가 알든 모르든, 우리 인간에게 많은 영향을 미친다. 우리도 인간으로서 받아들이든 말든 어쨌든 영향을 받는다."—T. S. Eliot, *Essays Ancient and Modern* (New York: Harcourt, 1936), p. 102.
63. Roald Dahl, *"Charlie and the Chocolate Factory: A Reply," The Horn Book Maga-*

zine (February 1973).
64. Roald Dahl, Armitage Watkins에게 보낸 편지, 05/22/66—WLC Box 27.
65. Roald Dahl, Keith Olbermann에게 보낸 편지, Greenburgh [N Y] *Independent*, April 7, 1966—WLC Box 27.
66. Roald Dahl, Michael Untermeyer에게 보낸 편지, 01/13/62—WLC Box 25.
67. Ursula K. Le Guin, *The Horn Book Magazine* 편집자에게 보낸 편지 (1973년 4월).
68. Roald Dahl, Richard Krinsley에게 보낸 편지, 12/20/72.
69. Roald Dahl, *Travel and Leisure*의 Richard Story에 보낸 편지, 01/23/79.
70. Roald Dahl, Parkinson과의 인터뷰, BBC Television, 1978년 12월.
71. Roald Dahl, *My Uncle Oswald*, 초고—RDMSC RD 2/1/15/4.
72. Roald Dahl, *My Uncle Oswald*를 위한 메모—RDMSC RD 2/15/2/9-14.
73. Bob Gottlieb, 로알드 달에게 보낸 편지, 12/78—RDMSC RD 1/1/9/130.
74. Bob Gottlieb, 로알드 달에게 보낸 편지, 05/04/79—RDMSC RD 1/5/16.
75. Roald Dahl, Bob Gottlieb에게 보낸 편지, 05/18/79—HRCH KNOPF 823.7.
76. Roald Dahl, *My Uncle Oswald* (London: Michael Joseph, 1979), pp. 164, 184, 189.
77. Roald Dahl, ABC Radio Terry Lane과의 인터뷰, 1939—RDMSC RD 12/1/35.
78. Roald Dahl, Armitage Watkins에게 보낸 편지, 날짜 미상 (1972 file)—WLC Box 28.
79. Roald Dahl, Marion McNamara에게 보낸 편지 (Ann Watkins Inc.), 01/07/69—WLC Box 28.
80. Roald Dahl, Tom Maschler에게 보낸 편지, 05/11/87—FSG.
81. Roald Dahl, Roger Straus에게 보낸 편지, 01/07/82, Tom Maschler, 05/11/87—FSG.
82. Roald Dahl, Bob Gottlieb에게 보낸 편지, 01/29/80—HRCH KNOPF 823.8.
83. Bob Gottlieb, 로알드 달에게 보낸 편지, 02/12/80—HRCH KNOPF 823.8.
84. Bob Gottlieb, 로알드 달에게 보낸 편지, 10/08/79—HRCH KNOPF 823.7.
85. Roald Dahl, Bob Gottlieb에게 보낸 편지, 12/04/79—HRCH KNOPF 823.8.
86. Bob Gottlieb, 로알드 달에게 보낸 편지, 04/05/80—HRCH KNOPF 823.8.
87. Roald Dahl, Bob Gottlieb에게 보낸 편지, 01/24/80—HRCH KNOPF 823.8.
88. Bob Gottlieb, 로알드 달에게 보낸 편지, 02/28/80—HRCH KNOPF 823.8.
89. Gerald Hollingsworth, Bob Gottlieb에게 보낸 메모, 03/18/80—HRCH KNOPF 823.8.
90. Roald Dahl, Bob Gottlieb에게 보낸 편지, 06/08/80—HRCH KNOPF 823.8.
91. Karen Latuchie, 로알드 달에게 보낸 편지, 06/14/80—HRCH KNOPF 823.8.
92. Roald Dahl, Karen Latuchie에게 보낸 편지, 07/01/80—HRCH KNOPF 823.8.
93. Alfred Knopf, 로알드 달에게 보낸 편지, 06/10/80—HRCH KNOPF 550.7.
94. Roald Dahl, Bob Gottlieb에게 보낸 편지, 08/06/80—HRCH KNOPF 823.8.

95. Bob Gottlieb, 로알드 달에게 보낸 편지, 09/09/80—HRCH KNOPF 823.8.
96. Roald Dahl, Bob Gottlieb에게 보낸 편지, 09/22/80—RDMSC RD 1/4/11.
97. Bob Gottlieb, 로알드 달에게 보낸 편지, 02/03/81—HRCH KNOPF 823.8.
98. Frances Foster, 로알드 달에게 보낸 편지, 02/04/81—HRCH KNOPF 823.8.
99. Roald Dahl, Bob Gottlieb에게 보낸 편지, 02/10/81—HRCH KNOPF 823.8.
100. Roald Dahl, Anne McCormick에게 보낸 편지 (법률팀), 02/10/81—RDMSC RD 1/1/10/9.
101. Roald Dahl, Bob Gottlieb에게 보낸 편지, 02/10/81—HRCH KNOPF 823.8.
102. Bob Gottlieb, 로알드 달에게 보낸 편지, 03/05/81—HRCH KNOPF.
103. Bob Gottlieb, 저자와의 대화, 06/24/08.
104. Bob Gottlieb, Treglown, p. 233에서 인용.
105. Roald Dahl, Alfred Knopf에게 보낸 편지, 03/12/81—HRCH KNOPF 553.1.
106. Bob Gottlieb, 저자와의 대화, 06/24/08.
107. Roald Dahl, Janet Schulman에게 보낸 편지, 10/15/86—RDMSC RD 1/1/10/88.
108. Roald Dahl, Gerald Harrison에게 보낸 편지 (Random House), 05/21/87—FSG.
109. Roald Dahl, Roger Straus에게 보낸 편지, 01/07/82—FSG.
110. Tony Clifton과 Catherine Leroy, *God Cried* (London: Quartet Books, 1983).
111. Felicity Dahl, 저자와의 대화, 11/20/06.
112. Roald Dahl, "Not a Chivalrous Affair," *The Literary Review* (1983년 8월).
113. Marian Goodman, 저자와의 대화, 03/11/07.
114. Dahl, "Not a Chivalrous Affair."
115. Roald Dahl, Gillian Greenwood에게 보낸 편지, 06/27/83—RDMSC RD 1/2/7.
116. Roald Dahl, *The Times*에게 보낸 편지, Sept. 15, 1983.
117. Mike Coren, "Tale of the Unexpected," *The New Statesman*, 08/26/83에서 인용.
118. Todd McCormack, *The Author's Eye*.
119. Roald Dahl, Dirk Bogarde에게 보낸 편지, 01/09/81—Howard Gotlieb Collection, University of Boston.
120. Neisha Crosland, 저자와의 대화, 03/20/09.
121. Charlotte Crosland, 저자와의 대화, 03/12/10.
122. Ophelia Dahl, *Memories of My Father*, 미출간 MS.
123. Ophelia Dahl, 03/17/08.
124. Murray Pollinger, 저자와의 대화, 01/22/98.
125. Roald Dahl, Whitworth Festival에게 보낸 편지, 01/14/72—RDMSC RD 1/2/3/173.
126. Roald Dahl, Mr. R. A. Bowles에게 보낸 편지, Programme Secretary, The Round Table of Uxbridge, 05/19/72—RDMSC RD 1/2/3/197.
127. Jeremy Stubbs, 저자와의 대화, 10/08/07.
128. Peter Lennon, Roald Dahl과의 인터뷰, *The Times*, 12/22/83.

129. Roald Dahl, *The Times*에게 보낸 편지, 02/27/89—RDMSC RD 1/6/17.
130. Roald Dahl, ABC Radio Terry Lane과의 인터뷰, 1989—RDMSC RD 12/1/35.
131. Nicholas Logsdail, 저자와의 대화, 04/24/08.
132. Ophelia Dahl, 저자와의 대화, 03/17/08.
133. Roald Dahl, Peter Lennon과의 인터뷰, *The Times*, 12/22/83.
134. Roald Dahl, "Let's Build a Skyscraper," *New York Times Book Review*, Christmas 1964.
135. Roald Dahl, Armitage Watkins에게 보낸 편지, 10/01/64—WLC Box 26.
136. Felicity Dahl, 저자와의 대화, 11/19/06.
137. Neisha Crosland, 저자와의 대화, 03/20/08.
138. Astri Newman, 저자와의 대화, 10/15/07.
139. Roald Dahl, Patricia Fitzmaurice-Kelly에게 보낸 편지, 11/09/71—Ophelia Dahl Collection.
140. Patricia Fitzmaurice-Kelly, 로알드 달에게 보낸 편지, 11/16/71—Ophelia Dahl Collection.
141. Roald Dahl, Patricia Fitzmaurice-Kelly에게 보낸 편지, 11/17/71—Ophelia Dahl Collection.
142. Ophelia Dahl, 저자와의 대화, 03/17/08.
143. Roald Dahl, Police Complaints Commission에게 보낸 편지, 07/89—RDMSC RD 1/6/9.
144. *The BFG*, p. 52.

19장 _ 마법사와 놀라운 인물

1. Roald Dahl, "Books Remembered and Books of Today," 1990년 5월 *WETA magazine*에 "Roald Dahl Speaks Out"이라는 제목으로 실렸다.—RDMSC RD 6/2/136.
2. Roald Dahl, Stephen Roxburgh에게 보낸 편지, 01/07/82—RDMSC RD 1/4/14/8/1-2.
3. Roald Dahl, *Bedtime Stories*를 위한 인터뷰, Los Angeles, 1970.
4. Neisha Crosland, 저자와의 대화, 03/20/09
5. Roald Dahl, Douglas Highton에게 보낸 편지, 날짜 미상 (c. 1984)—Douglas Highton 소장.
6. Tessa Dahl, 저자와의 대화, 10/22/07.
7. Tom Maschler, 저자와의 대화, 02/09/98.
8. Roald Dahl, *Ten Days with Roald Dahl*, 06/17/85—RDMSC RD 6/7.
9. Lucy Dahl 저자와의 대화, 10/11/08.

10. Ophelia Dahl, *Memories of My Father*, 미출간 MS.
11. Quentin Blake, 저자와의 대화, 01/19/09.
12. Roald Dahl, Bedtime Stories를 위한 인터뷰, Los Angeles, 1970.
13. Roald Dahl, Stephen Roxburgh에게 보낸 편지, 12/29/81—RDMSC RD 1/4/14/6.
14. Roald Dahl, Dirk Bogarde에게 보낸 편지, 10/07/81—Howard Gotlieb Collection, University of Boston.
15. Roald Dahl, *Ideas Book*—RDMSC RD 11/2.
16. *The BFG*, p. 56.
17. Roald Dahl, Stephen Roxburgh에게 보낸 편지, 12/29/81—RDMSC RD 1/4/14/6.
18. Stephen Roxburgh, 저자와의 대화, 01/13/98.
19. Roald Dahl, Stephen Roxburgh에게 보낸 편지, 03/01/82—RDMSC RD 1/4/14/21.
20. Stephen Roxburgh, 로알드 달에게 보낸 편지, 03/05/82—RDMSC RD 1/4/14/27.
21. Stephen Roxburgh, 저자와의 대화, 03/13/09.
22. 위의 책.
23. Gina Pollinger, 저자와의 대화, 04/10/09.
24. Roald Dahl, *George's Marvellous Medicine*, (1981), p. 8.
25. Quentin Blake, 저자와의 대화, 01/06/98.
26. Roald Dahl, Tom Maschler에게 보낸 편지, 02/17/82—RDMSC RD 1/4/14/16.
27. Roald Dahl, Tom Maschler에게 보낸 편지, 02/21/82—RDMSC RD 1/4/14/17.
28. Quentin Blake, 저자와의 대화, 01/06/98.
29. Roald Dahl, Stephen Roxburgh에게 보낸 편지, 04/07/82—RDMSC RD 1/4/14/34.
30. Quentin Blake, 저자와의 대화, 01/06/98 and 01/19/09.
31. Roald Dahl, Stephen Roxburgh에게 보낸 편지, 01/07/82—RDMSC RD 1/4/14/8/1-2.
32. Lucy Dahl, 저자와의 대화, 10/09/08.
33. Tom Maschler, 저자와의 대화, 02/09/98.
34. Roald Dahl, *The Giraffe and the Pelly and Me*에 대한 글, Jonathan Cape in-house newsletter 06/25/85, 나중에 *The Roald Dahl Treasury*에 포함되어 출간되었다.—RDMSC RD 6/2/1/21.
35. Stephen Roxburgh, 로알드 달에게 보낸 편지, 09/26/84—FSG.
36. Roald Dahl, Roger Straus에 대한 편지, 08/17/84—FSG.
37. Roald Dahl, Dirk Bogarde에게 보낸 편지, 10/22/81—HGC.
38. Roald Dahl, Knopf 팸플릿을 위한 자전적 글—RDMSC RD 6/2/1/18.
39. *Memories with Food at Gipsy House*, p. 227.
40. Joanna Lumley, 저자와의 대화, 01/18/09.
41. Roald Dahl, Todd McCormack과의 인터뷰, *The Author's Eye*.
42. Roald Dahl, Mr. Kentzer에게 보낸 편지, Headmaster of Redgate Middle School,

09/17/84-RDMSC RD 1/2/8/52.
43. Roger Straus, 저자와의 대화, 01/15/98.
44. Stephen Roxburgh, 저자와의 대화, 03/13/09 and 01/13/98.
45. Murray Pollinger, 저자와의 대화, 10/30/08.
46. Wendy Kress, 저자와의 대화, 08/05/09.
47. Murray Pollinger, 저자와의 대화, 10/30/08.
48. Roald Dahl, Armitage Watkins에게 보낸 편지, 05/15/64—WLC Box 26.
49. Roald Dahl, Armitage Watkins에게 보낸 편지, 10/31/64—WLC Box 26.
50. Murray Pollinger, 저자와의 대화, 10/30/08.
51. Roald Dahl, Lawrence Pollinger에게 보낸 편지, 02/14/69—RDMSC RD 1/2/2/241.
52. Roald Dahl, Armitage Watkins에게 보낸 편지, 02/14/69—WLC Box 28.
53. Murray Pollinger, 로알드 달에게 보낸 편지, 03/04/69—RDMSC RD 1/2/2/253.
54. Murray Pollinger, 저자와의 대화, 04/10/09.
55. Murray Pollinger, 저자와의 대화, 10/30/08.
56. Stephen Roxburgh, 저자와의 대화, 03/13/09.
57. John Libson, 로알드 달에게 보낸 편지, 05/02/86—GHPP.
58. Roald Dahl, John Eadstone에게 보낸 편지, 04/29/80—GHPP.
59. Roald Dahl, Murray Pollinger에게 보낸 편지, 05/23/86—GHPP.
60. Martin Goodwin, 저자와의 대화, 02/23/10.
61. Bill Geffen, Inland Revenue에 보낸 보고서 초안, 1986년 7월—GHPP.
62. Roald Dahl, Bill Geffen에게 보낸 편지, 09/26/86—GHPP.
63. Roald Dahl, Inland Revenue의 C. G. White에게 보낸 편지, 07/28/86—GHPP.
64. Roald Dahl, Alan Langridge에게 보낸 편지, 01/13/87—GHPP.
65. Roald Dahl, Alan Langridge에게 보낸 편지, 02/23/87—GHPP.
66. Roald Dahl, Alan Langridge에게 보낸 편지, 09/16/87—GHPP.
67. Roald Dahl, Inland Revenue의 C. G. White에게 보낸 편지, 09/15/87—GHPP.
68. Stephen Roxburgh, 저자와의 대화, 03/13/09.
69. *The Witches*, p. 73.
70. Roald Dahl, Stephen Roxburgh에게 보낸 편지, 04/22/83—FSG.
71. The Witches, p. 197.
72. Stephen Roxburgh, 로알드 달에게 보낸 편지, 04/28/83—RDMSC RD 1/4/15.
73. Roald Dahl, Stephen Roxburgh에게 보낸 편지, 05/16/83—FSG.
74. Stephen Roxburgh, 저자와의 대화, 03/13/09.
75. Murray Pollinger, 저자와의 대화, 04/10/09.
76. Stephen Roxburgh, 저자와의 대화, 01/13/98 and 03/13/09.
77. Stephen Roxburgh, 로알드 달에게 보낸 편지, 05/03/85—FSG.
78. Ophelia Dahl, Stephen Roxburgh에게 보낸 편지, 09/25/85.

79. Lucy Dahl, 저자와의 대화, 10/09/08.
80. 위의 책.
81. Roald Dahl, "Things I Wish I'd Known When I Was Eighteen," 미출간 글, Sunday Express Magazine—RDMSC RD 1/2/7.
82. Roald Dahl, Lucy Dahl에게 보낸 편지, 02/09/82—LDC.
83. Roald Dahl, Lucy Dahl에게 보낸 편지, 02/11/82—LDC.
84. Wendy Kress, 저자와의 대화, 08/05/09.
85. Gina Pollinger, 저자와의 대화, 04/10/09.
86. Stephen Roxburgh, 저자와의 대화, 03/13/09.
87. Todd McCormack과의 인터뷰, The Author's Eye.
88. Roger Straus, 저자와의 대화, 01/15/98.
89. Todd McCormack과의 인터뷰, The Author's Eye.
90. Stephen Roxburgh, 저자와의 대화, 03/13/09.
91. Roger Straus, 저자와의 대화, 01/15/98.
92. Wendy Kress, 저자와의 대화, 08/05/09.
93. Murray Pollinger, 저자와의 대화, 04/10/09.
94. Roald Dahl, Stephen Roxburgh에게 보낸 편지, 01/15/88—RDMSC RD 1/4/20.
95. Stephen Roxburgh, 로알드 달에게 보낸 편지, 01/26/88—RDMSC RD 1/4/20.
96. Roger Straus, 저자와의 대화, 01/15/98.
97. Stephen Roxburgh, 저자와의 대화, 03/13/09, 01/13/98.
98. Liz Attenborough, 저자와의 대화, 02/08/10.
99. Ophelia Dahl, 저자와의 대화, 03/17/08.
100. Roald Dahl, "Gipsy House," Architectural Digest (1980년 6월)—RDMSC RD 6/2/1/16.
101. Roald Dahl, 렙턴에서의 연설, 11/21/75—RDMSC RD 6//1/25.
102. Liz Attenborough, 저자와의 대화, 02/08/10.
103. Anna Corrie, 저자와의 대화, 10/08/07.
104. Tom Maschler, 저자와의 대화, 02/09/98.
105. Murray Pollinger, 저자와의 대화, 04/14/09.
106. Roald Dahl, "Let's Build a Skyscraper," New York Times Book Review, 11/01/44.
107. Alfred Knopf, 로알드 달에게 보낸 편지, 12/21/66—HRCH KNOPF 524.12.
108. Roald Dahl, ABC Radio Terry Lane과의 인터뷰, 1989.
109. Roald Dahl, Helen Edwards와의 인터뷰, Bedtime Stories, California, 1970년 7월.
110. Roald Dahl, Notes for Dr. Streule's lecture to Bristol, 1990년 9월—RDMSC RD 6/2/1/41.
111. Roald Dahl, A Note on Writing Books for Children (The Writer, Boston,

10/04/75)—RDMSC RD 6/2/1/12.

20장 _ 이제는 처절한 싸움은 없다

1. Ophelia Dahl, *Memories of My Father*, 미출간 MS.
2. Lucy Dahl, 저자와의 대화, 10/09/08.
3. Charlotte Crosland, 저자와의 대화, 03/12/10.
4. Roald Dahl, "My Time of Life," *The Sunday Times*, 1986년 10월—RDMSC RD 6/2/1/27.
5. Roald Dahl, "On Grandmothers," *Puffin Post*, 07/20/82—RDMSC RD 6/2/1/20.
6. "My Time of Life."
7. Quentin Blake, 저자와의 대화, 01/19/09.
8. Wendy Kress, 저자와의 대화, 08/05/09.
9. Ophelia Dahl, 저자와의 대화, 03/17/08.
10. Roald Dahl, *The Minpins* (London: Jonathan Cape, 1991), p. 43.
11. Tom Maschler, 저자와의 대화, 02/09/98.
12. Roald Dahl, Anthony Cheetham에게 보낸 편지, 11/17/89—RDMSC RD 1/2/9.
13. Roald Dahl, Murray Pollinger에게 보낸 편지, 11/16/89—RDMSC RD 1/2/9/3.
14. Martin Goodwin, 저자와의 대화, 02/23/10.
15. Lucy Dahl, 저자와의 대화, 10/09/08.
16. Amanda Conquy, 저자와의 대화, 02/22/10.
17. Roald Dahl, N. L. Wicks에게 보낸 편지, 11/18/85—RDMSC RD 16/1/2.
18. Neal, *As I Am*, p. 363.
19. Ophelia Dahl, *Memories of My Father*, 미출간 MS.
20. Felicity Dahl, 저자와의 대화, 02/06/10.
21. Roald Dahl, Newsletter No. 2, Puffin Books, 1990년 여름. (1호는 1990년 4월에, 3호는 달의 사후에 발간되었다.)—RDMSC AC 56.
22. Ophelia Dahl, 저자와의 대화, 03/17/08.
23. Ophelia Dahl, *Memories of My Father*, 미출간 MS.
24. Tessa Dahl, 저자와의 대화, 10/22/07.
25. Ophelia Dahl, 저자와의 대화, 03/17/08.
26. Tessa Dahl, 저자와의 대화, 10/22/07.
27. Ophelia Dahl, *Memories of My Father*, 미출간 MS.
28. Lucy Dahl, 저자에게 보낸 이메일, 10/13/08.
29. Lucy Dahl, 저자와의 대화, 10/09/08.
30. *Death of an Old, Old Man*, Collected Stories, p. 94.

31. David Weatherall, Felicity Dahl에게 보낸 편지, 날짜 미상—Felicity Dahl Collection.
32. Ophelia Dahl, *Memories of My Father*, 미출간 MS.
33. Roald Dahl, *Mr. Bubbler Notes*—RDMSC RD 11/3/23.
34. Roald Dahl, Notes와 Sketches—RDMSC RD 11/3/3, RD 11/3/19, RD 11/3/24/3.
35. Stephen Roxburgh, 저자와의 대화, 03/13/09.
36. Tom Maschler, 저자와의 대화, 02/09/98.
37. Edna St. Vincent Millay, *A Few Figs from Thistles* (1920).
38. Peter Mayer, Roald Dahl의 장례식 연설물, 11/29/90.
39. Nicholas Logsdail, 저자와의 대화, 04/24/08.
40. Murray, Gina Pollinger, 저자와의 대화, 04/10/09.
41. Tom Maschler, 저자와의 대화, 02/09/98.
42. Quentin Blake, 저자와의 대화, 01/19/09.
43. Todd McCormack과의 인터뷰, The Author's Eye.
44. Ophelia Dahl, *Memories of My Father*, 미출간 MS.
45. Roald Dahl, *The Sound Machine*, *Collected Stories*, p. 204.
46. Roald Dahl, Oxford Union에서의 연설, 03/29/81—RDMSC RD 6/1/6.
47. Roald Dahl, 저자와의 대화, 1985.
48. Ophelia Dahl, 저자와의 대화, 03/17/08.
49. Roald Dahl, 미출간 글(1965)—RDMSC RD 6/2/1/23.
50. Roald Dahl, Helen Edwards와의 인터뷰, *Bedtime Stories*, California, 1970년 7월.
51. Roald Dahl, *Ten Days with Roald Dahl*, 06/17/85—RDMSC RD 6/7.

출판 도서 목록 및 기타 자료

단편집과 동화 등 국내에서 출간된 작품은 원제 뒤에 한국어판 제목, 옮긴이, 출판사, 년도 순으로 적었습니다.

단편 _ 초판

The Sword, Atlantic, August 1943
Katina, Ladies' Home Journal, March 1944
Only This, Ladies' Home Journal, September 1944
Beware of the Dog, Harper's, October 1944
Missing: Believed Killed, Tomorrow magazine, November 1944
They Shall Not Grow Old, Ladies' Home Journal, March 1945
Madame Rosette, Harper's, August 1945
Death of an Old, Old Man, Ladies' Home Journal, September 1945
Someone Like You, Town and Country, November 1945
Collector's Item (나중에 Man from the South로 제목 바꿈), Collier's, September 1948
The Sound Machine, The New Yorker, September 1949
Poison, Collier's, June 1950
Girl Without a Name, Today's Woman, November 1951
Taste, The New Yorker, December 1951
Dip in the Pool, The New Yorker, January 1952
A Picture for Drioli (나중에 Skin으로 제목 바꿈), The New Yorker, May 1952
My Lady Love, My Dove, The New Yorker, June 1952
Mr. Feasey, The New Yorker, August 1953
Lamb to the Slaughter, Harper's, September 1953
The Devious Bachelor (나중에 Nunc Dimittis로 제목 바꿈), Collier's, September 1953
Edward the Conqueror, The New Yorker, October 1953
Galloping Foxley, Town and Country, November 1953
The Way Up to Heaven, The New Yorker, February 1954
Parson's Pleasure, Esquire, April 1958

The Champion of the World, The New Yorker, January 1959
The Landlady, The New Yorker, November 1959
Mrs. Bixby and the Colonel's Coat, Nugget, December 1959
A Fine Son (나중에 Genesis and Catastrophe로 제목 바꿈, Playboy, December 1959
In the Ruins, first published in the program of the World Book Fair, June 1964
The Visitor, Playboy, May 1965
The Last Act, Playboy, January 1966
The Great Switcheroo, Playboy, April 1974
The Butler Did It (나중에 The Butler로 제목 바꿈), Travel and Leisure, May 1974
Bitch, Playboy, July 1974
Ah, Sweet Mystery of Life, The New Yorker, September 1974
The Hitchhiker, Atlantic Monthly, August 1977
The Umbrella Man, Tales of the Unexpected, New York: Vintage ed., Random House, 1979
Mr. Botibol, More Tales of the Unexpected, London: Michael Joseph, 1980
Vengeance Is Mine, Inc., More Tales of the Unexpected
The Bookseller, Playboy, January 1987
The Surgeon, Playboy, January 1988

단편집

Over to You. New York: Reynal & Hitchcock, 1946
개 조심. 권민정 옮김, 강, 2007
    Death of an Old Old Man 어느 늙디늙은 남자의 죽음, An African Story 아프리카 이야기, A Piece of Cake, Madame Rosette 마담 로제트, Katina 카티나, Yesterday Was Beautiful 어제는 아름다웠네, They Shall Not Grow Old 그들은 늙지 않으리, Beware of the Dog 개 조심, Only This 오직 이뿐, Someone Like You 당신 같은 사람

Someone Like You. New York: Alfred A. Knopf, 1953
당신을 닮은 사람. 윤종혁 옮김, 동서문화사, 2003
    Taste 맛, Lamb to the Slaughter 맛있는 흉기, Man from the South 남쪽에서 온 사나이, The Soldier 군인, My Lady Love, My Dove 나의 사랑스러운 아내여, 나의 비둘기여, Dip in the Pool 바다 속으로, Galloping Foxley 잘 나가는 폭슬리, Skin 피부, Poison 독, The Wish 소원, Neck 목, The Sound Machine 음향 포획기, Nunc Dimittis 고백, The Great Automatic Grammatizator 위대한 자동 문장 제조기, Claud's Dog 클라우드의 개: The Ratcatcher 쥐 잡는 사나이, Rummins 라민즈 씨, Mr. Hoddy 호디 씨, Mr. Feasey 피지 씨

Kiss Kiss. New York: Alfred A. Knopf, 1960
    The Landlady, William and Mary, The Way Up to Heaven, Parson's Pleasure, Mrs. Bixby and the Colonel's Coat, Royal Jelly, Georgy Porgy, Genesis and Catastrophe, Edward the Conqueror, Pig, The Champion of the World

Switch Bitch. New York: Alfred A. Knopf, 1974
    The Last Act, Bitch, The Great Switcheroo, The Visitor

The Wonderful Story of Henry Sugar and Six More. New York: Alfred A. Knopf, 1977
기상천외한 헨리 슈거 이야기. 권민정 옮김, 강, 2006
    The Boy Who Talked with Animals 동물과 이야기하는 소년, The Hitchhiker 히치하이커, The Mildenhall Treasure 밀덴홀의 보물, The Swan 백조, The Wonderful Story of Henry Sugar 기상천외한 헨리 슈거 이야기, Lucky Break: How I Became a Writer 행운 : 나는 어떻게 작가가 되었는가, A Piece of Cake 식은 죽 먹기: 나의 첫 번째 이야기

Two Fables. London: Viking, 1986
    The Princess and the Poacher, Princess Mammalia

The Best of Roald Dahl 1990
맛. 정영목 옮김, 강, 2005
    Parson's Pleasure 목사의 기쁨, The Visitor 손님, Taste 맛, Dip in the Pool 항해 거리, Mrs Bixby and the Colonel's Coat 빅스비 부인과 대령의 외투, Man from the South 남쪽 남자, Edward the Conqueror 정복왕 에드워드, The Way Up to Heaven 하늘로 가는 길, Skin 피부, Lamb to the Slaughter 도살장으로 끌려 가는 어린 양

세계 챔피언. 박종윤 외 옮김, 강, 2005
    Claud's Dog 클로드의 개(The Champion of the World 세계 챔피언, The Ratcatcher 쥐잡이 사내, Rummins 러민스, Mr. Hoddy 호디 씨, Mr. Feasey 피지 씨) Genesis and Catastrophe 탄생과 재앙, Georgy Porgy 조지 포지, Royal Jelly 로열 젤리, Galloping Foxley 달리는 폭슬리, The Sound Machine 소리 잡는 기계, William and Mary 윌리엄과 메리

출간도서 _ 초판

The Gremlins. Walt Disney/Random House, 1943

Some Time Never: A Fable for Supermen. Scribner's, 1948
    (이 책의 영국판은 *Sometime Never*라는 제목으로 출간되었다. 이 책에서는 미국판 제목인 *Some Time Never*를 사용하였다.)

James and the Giant Peach. Alfred A. Knopf, 1961
    제임스와 슈퍼 복숭아, 지혜연 옮김, 시공주니어, 2004

Charlie and the Chocolate Factory. Alfred A. Knopf, 1964
　찰리와 초콜릿 공장. 지혜연 옮김, 시공주니어, 2004
The Magic Finger. Harper & Row, 1966
　요술 손가락. 김난령 옮김, 열린어린이, 2008
Fantastic Mr. Fox. Alfred A. Knopf, 1970
　멋진 여우 씨. 햇살과나무꾼 옮김, 논장, 2007
Charlie and the Great Glass Elevator. Alfred A. Knopf, 1972
　찰리와 거대한 유리 엘리베이터. 지혜연 옮김, 시공주니어, 2000
Danny The Champion of the World. Alfred A. Knopf, 1975
　우리의 챔피언 대니. 지혜연 옮김, 시공주니어, 2006
The Enormous Crocodile. Alfred A. Knopf, 1978
　침만 꼴깍꼴깍 삼키다 소시지가 되어버린 악어 이야기. 김수연 옮김, 주니어김영사, 2005
My Uncle Oswald. Michael Joseph, 1979
　나의 삼촌 오스왈드. 정영목 옮김, 강, 2009
The Twits. Jonathan Cape, 1980
　멍청씨 부부 이야기. 지혜연 옮김, 시공주니어, 1997
George's Marvellous Medicine. Jonathan Cape, 1981
　조지, 마법의 약을 만들다. 김연수 옮김, 시공주니어, 2000
Roald Dahl's Revolting Rhyme. Jonathan Cape, 1982
　백만장자가 된 백설 공주. 조병준 옮김, 베틀북, 2010
The BFG. Jonathan Cape, 1982
　내 친구 꼬마 거인. 지혜연 옮김, 시공주니어, 2001
Dirty Beasts. Jonathan Cape, 1983
　무섭고 징그럽고 끔찍한 동물들. 김수연 옮김, 주니어김영사, 2007
The Witches. Jonathan Cape, 1983
　마녀를 잡아라. 지혜연 옮김, 시공주니어, 2003
Roald Dahl's Book of Ghost Stories. Farrar, Straus & Giroux, 1983.
Boy: Tales of Childhood. Jonathan Cape, 1984
　로알드 달의 발칙하고 유쾌한 학교. 정회성 옮김, 살림Friends, 2010
The Giraffe and the Pelly and Me. Jonathan Cape, 1985
　창문닦이 삼총사. 김연수 옮김, 1997
Going Solo. Jonathan Cape, 1986
Matilda. Jonathan Cape, 1988
　마틸다. 지혜연 옮김, 시공주니어, 2004
Rhyme Stew. Jonathan Cape, 1989
Esio Trot. Jonathan Cape, 1990

아북거, 아북거. 지혜연 옮김, 시공주니어, 1997
The Vicar of Nibbleswicke. Random Century Group, 1991
거꾸로 목사님. 장미란 옮김, 열린어린이, 2009
The Minpins. Jonathan Cape, 1991
민핀. 우ㅁ경 옮김, 시공주니어, 1999
Roald Dahl's Guide to Railway Safety. British Railways Board, 1991
Memories with Food at Gipsy House (with Felicity Dahl). Viking, 1991
나중에 The Roald Dahl Cookbook으로 재출간되었다.
The Roald Dahl Diary. Jonathan Cape, 1991
나중에 My Year로 재출간되었다.
The Roald Dahl Treasury. Jonathan Cape, 1997
More About Boy. Puffin Books, 2008

미출간 목록

The Kumbak II, short story, 1926
The Ginger Cat, short story, c. 1945
World Leaders, short story, c. 1945
Foreign Intelligence, short story, 1947
The Dogchild, short story, 1948
Nineteen Fifty What?, short story, 1950
"Maclean and Burgess: The Great Vanishing Trick," article, 1951

희곡

The Honeys. Performed at the Longacre Theater, New York, 1955

영화 대본 및 텔레비전 시나리오

Lamb to the Slaughter, for Alfred Hitchcock Presents, April 13, 1958
William and Mary, for Way Out, March 1, 1961
You Only Live Twice, 1967
Chity Chitty Bang Bang (Ken Hughes와 공동작업), 1968
Willy Wonka and the Chocolate Factory, 1971

The Night Digger, 1971

기사

"Shot Down Over Libya," Saturday Evening Post, August 1942.
"Let's Build a Skyscraper," New York Times Book Review, Nov. 1, 1944.
"He Plowed Up $1,000,000" (The Mildenhall Treasure로 제목 바뀜), Saturday Evening Post, September 1947.
"Love," Ladies' Home Journal, May 1949.
"The Amazing Eyes of Kuda Bux," Argosy magazine, July 1952.
"My Wife: Patricia Neal," Ladies' Home Journal, September 1965.
"What I Told Ophelia and Lucy About God," Redbook, November 1970.
"Charlie and the Chocolate Factory: A Reply," The Horn Book Magazine, February 1973.
"A Note on Writing Books for Children," The Writer (Boston), October 1975.
"Gipsy House," Architectural Digest, June 1980.
"On Grandmothers," Puffin Post, July 1982.
Searching for Mr. Smith, Browse & Darby Catalogue, 1983.
"Not a Chivalrous Affair," The Literary Review, August 1983.
"My Time of Life," The Sunday Times, Oct 1986.
"Roald Dahl Speaks Out," WETA magazine, March 1990.

참고 도서

Allan, Robin. Walt Disney and Europe. London: John Libby & Co., 1999.
Amis, Kingsley. Memoirs. London: Hutchinson, 1991.
Asbjørnsen, Peter Christian, and Jørgen Moe. Norske Folkeeventyr, 1841-44, trans. by George Webbe Dasent as Popular Tales from the Norse. Edinburgh: Edmonston & Douglas, 1859.
Atkins, David. "Writers Remembered: Roald Dahl," The Author, Spring 1992.
Berman, Art. "Patricia Neal Partly Paralyzed, Five Months Pregnant, Husband Says," Los Angeles Times, March 19, 1965.
Borrelli, Mario. A Streetlamp and the Stars. The Autobiography of Father Mario Borrelli of Naples. New York: Coward-McCann, 1963.
Bowen, Elizabeth. London 1940 in Collected Impressions. London: Long-mans

Green & Co., 1950.
Bryce, Ivan. *You Only Live Once. Memories of Ian Fleming*. London: Weidenfeld & Nicolson, 1984.
Buckley, Christopher. *Greece and Crete 1941*. London: HMSO, 1952.
Cameron, Eleanor. "McLuhan, Youth and Literature," *The Horn Book Magazine*, October 1972.
Cave Brown, Anthony. *"C": The Secret Life of Sir Stewart Graham Menzies, Spymaster to Winston Churchill*. New York, Macmillan, 1987.
Charles, B. G. *Old Norse Relations with Wales*. Cardiff, 1934.
Churchill, Winston S. *The Hinge of Fate*. Boston: Houghton Mifflin, 1950.
Clarke, Dennis. *Public School Explorers in Newfoundland*. London: Putnam, 1935.
Clifton, Tony, and Catherine Leroy. *God Cried*. London: Quartet Books, 1983.
Coldstream, John. Dirk Bogarde, *The Authorised Biography*. London: Weidenfeld & Nicolson, 2004.
Colvin, Ian. *Flight 777: The Mystery of Leslie Howard*. London: Evans Bros., 1957.
Conant, Jennet. *The Irregulars: Roald Dahl and the British Spy Ring in Wartime Washington*. New York: Simon & Schuster, 2008.
Cooper, Artemis. *Writing at the Kitchen Table*. New York: Penguin, 2000.
Cox, Brian. *Cox on Cox: An English Curriculum for the 1990s*. London: Hodder & Stoughton, 1991.
Crawford, Cheryl. *One Naked Individual*. Indianapolis: Bobbs-Merrill Company, 1977.
Culver, John C., and John Hyde. *American Dreamer, the Life and Times of Henry Wallace*. London: W. W. Norton, 2000.
Dahl, Tessa. *Working for Love, A Novel*. New York: Delacorte Press, 1989.
Day, Barry, ed. *The Letters of Noël Coward*. New York: Alfred A. Knopf, 2007.
Engel, Jeffrey. *Cold War at 30,000 Feet*. Cambridge, MA: Harvard University Press, 2007.
Farrell, Barry. *Pat and Roald*. London: Hutchinson, 1970.
Forester, John. *Novelist & Storyteller: The Life of C. S. Forester*. Lemon Grove, CA. 2000.
Graves, Charles. *The Thin Blue Line*. London: Hutchinson, 1941.
Greene, Graham. *A Sort of Life*. London: The Bodley Head, 1971.
Greenfield, George. *Desert Episode*. London: Macmillan, 1945.
Hall, Ryan C. W., Richard C. W. Hall, and Marcia J. Chapman, "Definition, Diagnosis and Forensic Implications of Postconcussional Syndrome," *Psychosomatics Journal of the Academy of Psychosomatic Medicine*, 46, June 2005.
Halladay, Hugh. *Woody: A Fighter Pilot's Album*. Toronto: Canav Books, 1987.

Hodgson, Lynn-Philip. *Inside Camp X*. New York: Mosaic press, 2000.
Howard, Ronald. *In Search of My Father: A Portrait of Leslie Howard*. London: William Kimber & Co., 1981.
Hyde, H. Mongomery. *The Quiet Canadian*. London: Hamish Hamilton, 1962.
Ibsen, Henrik. *Ghosts* (1881), trans. R. Farquharson Sharp. New York: J. M. Dent & Sons, 1911.
Ignatieff, Michael. *Isaiah Berlin: A Life*. New York: Henry Holt, 1998.
Johanson, Arno. "Pat Neal: Her Luck Has Changed At Last," *Parade magazine*, Oct. 14, 1964.
Johnson, Diane. *Dashiel Hammett: A Life*. New York: Fawcett Columbine, 1983.
Justice, Bill. *Justice for Disney*. Dayton, OH: Tomart Publications, 1992.
Keene, Alice. *The Two Mr. Smiths: The Life and Work of Sir Matthew Smith*. London: Lund Humphries, 1995.
Knopf, Alfred. *Introduction to Recent Publications*. Borzoi Books, Catalogue, 1953.
Kopper, Philip. *Anonymous Giver: A Life of Charles Marsh*. Washington, DC: Public Welfare Foundation, 2000.
Korkis, Jim. "The Trouble with Gremlins", *Hogan's Alley Magazine*, 15 (2007).
Kynaston, David. *Austerity Britain 1945-51*. London: Bloomsbury, 2007.
Lehmann, John. *The Ample Proposition*. London: Eyre & Spottiswoode, 1966.
Macdonald, Bill. *The True Intrepid*. Raincoast Books, 2001.
Mahl, Thomas E. *Desperate Deception-British Covert Operations in the US 1939-44*. Washington, DC: Brassey's, 1999.
Maltin, Leonard. *Introduction to The Gremlins*. Milwaukie, OR: Dark Horse Books, 2006.
Maschler, Tom. *Publisher*. London: Picador, 2005.
McCullough, David. *Truman*. New York: Simon & Schuster, 1992.
Methuen-Campbell, James. *Denton Welch, Writer and Artist*. London: Tartarus Press, 2002.
Moorehead, Caroline. *Martha Gellhorn, a Life*. New York: Vintage, 2004.
Muller, Ingrid. The Jewish Community of Oslo. Web site of Det Mosaiske Trossamfund, www.dmt.oslo.no.
Neal, Patricia. *As I Am*. New York: Simon & Schuster, 1988.
Nicholas, H. G., ed. *Washington Despatches 1941-45: Weekly Political Reports from the British Embassy*. Chicago: Chicago University Press, 1981.
O'Connor, Derek. "Roald Dahl's Wartime Adventures," *Aviation History*, January 2009.
Ogilvy, David. *Confessions of an Advertising Man*. New York: Atheneum, 1976.
Østby, Leif. *Theodor Kittelsen*. Oslo: Dreyers Forlag, 1975.

Pascal, Valerie. *The Disciple and His Devil*. New York: Dell Publishing, 1970.
Paul, Barbra "An American in Buckinghamshire," *Housewife magazine*, January 1963.
Payn, Graham, and Sheridan Morley, eds. *The Noël Coward Diaries*. London: Weidenfeld & Nicolson, 1982.
Pearson, John. *The Life of Ian Fleming*. London: Jonathan Cape, 1966.
Raphaelson, Joel, ed. *The Unpublished David Ogilvy*. New York: Crown, 1986.
Reed, Rex. "Pat Neal's Portrait of Courage," *New York Sunday Times*, Nov. 8, 1970.
Rey-Ximena, José. *El Vuelo del Ibis*. Madrid: Ediciones Facta, 2008.
Roese, Herbert E. "Cardiff's Norwegian Links," *Welsh History Review*, vol. 8 no. 2, December 1996.
Schapmeier, Edward L., and Frederick Schapmeier. *Prophet in Politics: Henry A. Wallace and the War Years, 1940-65*. Ames, IA: Iowa State University Press, 1970.
Shale, Richard. *Donald Duck Joins Up: The Walt Disney Studio During World War II*. Ann Arbor, MI: UMI Research Press, 1982.
Shearer, Stephen Michael. *Patricia Neal: An Unquiet Life*. Louisville: University Press of Kentucky, 2006.
Shores, Christopher, Brian Cull, and Nicola Malizia. *Air War for Yugoslavia, Greece and Crete 1940-1941*. London: Grub Street, 1987.
Solomon, Charles. *The Disney That Never Was*. New York: Hyperion, 1995.
Stafford, David. *Camp X*. Toronto: Lester and Orpen Dennys, 1986.
Stephenson, William. "Point of Departure, A Foreword by Intrepid," in Stevenson, *A Man Called Intrepid*.
Stevenson, William. *A Man Called Intrepid*. Guilford, CT: Lyons Press, 1976.
Thomas, Andrew. *Hurricane Aces, 1941-45*. Long Island City, NY: Osprey Publishing, 2003.
Till, Kenneth. "A Valve for the Treatment of Hydrocephalus," *The Lancet*, 1964.
Treglown, Jeremy. *Roald Dahl: A Biography*. New York: Harcourt, Brace & Co., 1994.
Trevor-Roper, Hugh. "Superagent," Review of *A Man Called Intrepid*, the *New York Review of Books*, May 13, 1976.
Vanderbilt, Gloria. *It Seemed Important at the Time*. New York: Simon & Schuster, 2004.
Wallace, Henry A. *Our Job in the Pacific*. New York: Institute of Pacific Relations, 1944.
_____, and John Morton Blum. *The Price of Vision: The Diary of Henry A. Wallace, 1942-46*. Boston: Houghton Mifflin, 1973.
Welch, Denton. *Maiden Voyage*. London: Routledge, 1943.
West, Nigel, ed. *British Security Coordination*. London: St. Ermin's Press, 1998.

Williams, David. *A Little Bit of Norway in Wales*. Recollections of Norwegian Seamen's Churches. Norwegian Church Cultural Centre, Cardiff, 2006.

Wintle, Justin, and Emma Fisher. *The Pied Pipers*. London: Paddington Press, 1974.

Wisdom, T. H. *Wings Over Olympus: The Story of the Royal Air Force in Libya and Greece*. London: George Allen & Unwin, 1942.

Yorke, Malcolm. *Matthew Smith, His Life and Reputation*. London: Faber & Faber, 1997.

Zimmermann, Gereon. "Does Everyone Love Pat Neal? Oh Yes!" *Look* magazine, Feb. 18, 1969.

미출간 참고 자료

Appleby, Paul H. Reminiscences. *Department of Oral History*, Columbia University.

Dahl, Ophelia. *Memories of My Father*.

Gordon, Archie. *Papers*, BBC Written Archives, Caversham, Surrey.

Gale, James Oswald. *Memoirs*.

Dahl, Roald. *Transcript of Interview*. John Pearson Papers, Manuscript Department, Lilly Library, Indiana University, Bloomington.

Hyde, H. *Montgomery*. Papers, Churchill College, Cambridge.

Ingersoll, Ralph. *But in the Main It's True* (Charles Marsh의 미출간 전기, 1975). Howard Gotlieb Archival Research Center, Boston University.

Marsh, Charles. *How Truman Came Through* (1944). Papers of Henry Agard Wallace, Special Collections, University of Iowa.

Paulsen, Gunder. *Memoirs, 1821-1872*, trans. Anne Livgaard Lindland. University of Oslo.

Wallace, Henry Agard. *Diaries 1935-46*. Special Collections, University of Iowa.

라디오와 텔레비전 인터뷰

Interview with Helen Edwards for Bedtime Stories, California July 1970.

Roald Dahl, *Interviewed for A Man Called Intrepid*, CBC Television, 1974.

Parkinson, BBC Television, December 1978.

Bookmark, BBC Television, 1985.

A Dose of Dahl's Magic Medicine, an appreciation of the writer Roald Dahl (audiotape) 9/28/1986—RDMSC RD 12/1/27.

Todd McCormack, *The Author's Eye*, 1986.

Radio interview with Terry Lane, April 1989, © Australian Broadcasting Corporation, 1990.

An Awfully Big Adventure. BBC Television Jan. 1, 1993

작가 후기

이 책을 쓰는 데 도움을 준 많은 사람에게 감사의 마음을 전한다. 우선 로알드 달의 가족들 특히 내게 이 책을 써보라면서 아버지의 놀라운 문헌들을 언제든 자유롭게 이용할 수 있게 해준 오필리아 달에게 고마움을 보낸다. 다른 형제들인 테사와 테오, 그리고 루시도 너그럽게 시간을 할애해주고 개인 문서들을 볼 수 있게 해주었다. 퍼트리샤 닐과 리시 달도 아무 조건 없이 도와주었다.

달의 친척들 모두도 무척 많은 도움을 주었다. 로알드의 세 누이이자 나이가 무척 많은 엘필드 한센, 엘스 록스데일과 아스터 앤더슨을 인터뷰할 수 있어서 얼마나 다행이었는지 모른다. 귀중한 시간을 내어 나와 이야기를 나누고, 낡은 서랍과 트렁크와 다락방에서 부모님의 편지와 사진들을 찾아내어 몇 주 동안 나에게 빌려준 그들의 자녀들에게도 무한한 감사를 드린다. 특히 아스트리 뉴먼, 아나 코리, 루 펄, 데니스, 니컬러스 록스데일과 알렉산드라 앤더슨에게 감사드린다. 루이스 달의 아이들인, 브라이어니와 애슐리 달도 많이 도와주었고, 내가 프랑스까지 찾아갔던 오스카 달의 증손자인 로알드 달도 마찬가지다. 어느 날 저녁에 그를 차에 태우고 집시하우스까지 갔으니, 내가 리시를 로알드 달에게 소개한 사람이라고 자신 있게 주장해도 될 것이다.

달의 가족사와 어린 시절에 대해 인터뷰하고, 소중한 정보를 준 사람들은 다음과 같다. 존 클리스, 요한 피터 헤셀베르그, 라우던 옙센, 피터

퍼슨, 허버트 E. 뢰스, 엘리노 '툴' 스트롬스랜드, 마리앤 스트롬스랜드, 올리비에 뷰린 그레시에, 니콜라스 아널드, 낸시 되차르, 레이철 드래이슨, 마거릿 에드워즈, 팀 피셔, 더글러스 하이턴, 찰스 프링글 경, 벤 뢰스. 전투기 조종사 시절의 로알드에 대해서는 바버라 도즈, 뎁 포드, 존 로, 레슬리 오말리(결혼 전은 피어스), 로버트 스티트에게 감사드린다. 그렌던언더우드 시절에 대해서는 팻 브래지어, 폴린 헌, 제러미 랭에게 감사드린다. 로알드의 워싱턴 시절에 대해서는 제닛 코난트, 조너선 쿠니오, 앙투아네트 하스켈, 로버트 헤게만, 놈 킬리안, 그리고 빌 맥도날드가 도와주었다. 그중에서도 할아버지인 찰스 마시에게 보낸 로알드의 편지를 소장한 로버트 하스켈에게 더욱 고마움을 느낀다. 로버트는 대단히 너그러운 사람이었고, 내가 버지니아의 농장에 머물며 엄청난 양의 편지를 검토할 수 있게 해주었을 뿐 아니라, 롱리어와 라판하노크 지방에 있는 할아버지의 집을 볼 수 있게 데려다주기도 했다.

그 후의 달의 삶에 대해서 많은 정보를 준 사람들은 다음과 같다. 린다 앰브로즈, 미란 아프라하미안, 소니아 오스트리안, 리즈 애튼버러, 베로니카와 마리우스 배런, 밥과 헬렌 번스타인, 퀜틴 블레이크, 어맨다 콘키, 사라 콘키, 샬럿 크로슬랜드, 네이샤 크로슬랜드, 마이클 드 라스 카사스, 소피 달, 수 덴슨, 수 엘더, 폴 파머, 크리스토퍼 피그, 레너드 피그 경, 에드와 마리안 굿맨, 마틴 굿윈, 밥 고틀립, 앨런 히긴, 캘리 호프-몰리, 앨리스 카델(결혼 전 킨), 루크 켈리, 웬디 크레스, 레미나 로슨 존슨, 실라 루이스 크로스비(결혼 전 세인트 로렌스), 팸 론디스, 조애나 럼리, 톰 마쉴러, 로지 메넴, 제인 페퍼, 지나와 머리 폴린저, 스티븐 록스버러, 윌리 손더스, 톰 솔로몬, 로저 슈트라우스, 제니 테일러, 마리아 투시, 수

비비안(오전 덴슨), 레이너 언윈, 데이비드 경과 웨더롤 부인 그리고 존 윌킨슨.

무척 열심히 원고를 읽어주고 사려 깊은 논평을 해준 어맨다 콘키에게 특히 감사하며, 밀리센트 로저스의 전기를 위해 조사하면서 모은 정보를 넓은 아량으로 함께 나누어준 세리 번즈에게도 감사의 마음을 전한다.

로알드의 전기는 주요 기관과 그들이 보관한 문서 없이는 절대 쓸 수 없었을 것이다. 글래모건 지역 기록보관소의 헤더 마운트조이, 웰시 노르웨이인협회 회장인 에이버릴 골드스워디, 렙턴학교 사무처장 폴 스티븐스, 프라이어리 기숙사사감 존 골딩, 셸 회사의 여러 기록보관 담당자들, 영국탐험학교의 저스틴 워윅과 에밀리 콕스, 영국공군박물관의 하몬드-스미스 양. 112연대 웹 사이트 운영자인 롭 브라운. 아테네 전투에 관한 장의 교정을 맡아준 데이브 게일, 보스턴 대학 하워드 고틀립 문서보관소의 아담 딕슨, 텍사스 주립대학 해리랜섬 인문학 센터의 소장 패트리스 S. 폭스. BBC방송국 기록보관센터의 트리시 헤이즈, 아이오와 주립대학 특수문서도서관의 자크 뢰슬러. 마지막으로 (덜 중요해서 아니라) 컬럼비아 대학 희귀서적과 원고보관소의 타라. C. 크레이그.

바니 샘슨과 다이앤 설리번은 처음부터 자료들을 모으고 정리하는 데 도움을 주었다. 다이앤은 1985년에 BBC에서 함께 일했고, 내가 처음으로 로알드에 대한 텔레비전 영화를 만들었을 때 자기 시간을 할애해서 전시 동안에 로알드가 쓴 편지를 복사해주었다. 최근에는 제이크 윌슨이 족제비처럼 예민하게 가장 접근하기 어려운 곳에서 지치지 않고 정보를 탐색했으며, 늘 내가 신중할 수 있게 도와주었다. 그의 날카롭고 예리한 감각의 도움을 받은 것은 나로서는 더할 나위 없는 행운이었다. 로알드 달 박물관과 이야기센터의 최초 기록보관인인 리즈 위팅햄도 이 책을 시작할 수 있게 도와주었지만, 그녀의 후임인 제인 브랜필드의 친절과 노력, 명석함과 너그러움이 없었다면 이 책을 끝내지 못했을 것이다. 그녀에게 무한한 감사를 보낸다.

이 책을 출판하는 데도 여러 사람의 도움을 받았다. 우선 런던 유나이티드 에이전트의 캐롤라인 도네이, 올리비아 헌트, 세인트 존 도널드, 뉴욕의 조 패그나멘타, 로스앤젤레스의 마이클 시겔에게 감사드린다. 그리고 수많은 질문과 궁금증을 인내심으로 받아준 뉴욕 사이먼&슈스터의 편집자인 사라 호치만과 그녀의 조수인 미셜 보베, 또 런던 하퍼프레스의 아라벨라 파이크, 리처드 레이시, 리처드 존슨, 존 본드에게도 감사드린다. 또한 사이먼&슈스터의 데이비드 로센달, 토론토에 있는 맥넬랜드앤스튜어트의 다이나 포브스에게도 감사드린다. 그들의 조언과 경험을 얻을 수 있었던 나는 엄청난 행운아였다. 친절하게도 초기부터 이 책을 읽고 조언해준 앨런 샘슨도 고마웠다. 나를 재치 넘치는 밥 고틀립에게 안내해준 데보라 로저스에게도 감사하며, 비공식적이었지만 의학적인 조언을 해준 뉴욕과 로스앤젤레스의 숀과 조 리보 박사에게도 감사드린다. 이 부분에서 어떤 실수가 있다면 그것은 전적으로 내 잘못이다.

마지막으로 내 훌륭한 친구인 피터 애시와 스티븐 워커에게 경의를 표한다. 원고를 처음으로 읽어주었으며, 책의 완성이 끝이 보이지 않을 만큼 멀어져 보일 때도 내가 계속할 수 있게 열정을 불러일으키고, 격려와 충고를 아끼지 않았던 친구들이다. 그리고 단 하나의 독자만 염두에 두고 이 책을 써보라고 제안해준 존 맹거에게도 감사드린다. 그 독자는 재치가 번뜩이는 소볼드 블로우이다. 적어도 내 상상력에는 그렇다. 아직이 책에 대한 그의 비평을 듣지 못했다.

다시 한 번 나는 리시와 오필리아 달에게 감사의 마음을 전한다. 그들은 나 같은 새내기에게 달의 전기를 맡겨주었다. 처음부터 그들은 '로알드를 생생하게 살아나게' 하라고 했다. 나는 항상 그렇게 하려고 노력했지만, 그들의 바람대로 되었는지 시간이 지나면 밝혀질 것이다.

맞춤법이 엉망인 사람들이나 혹은 엄격한 정확성을 요구하는 사람들은 틀림없이 내가 달의 특이하고 믿을 수 없는 맞춤법을 자주 교정해서 짜증을 냈을지도 모른다. 아마 달은 나에게 이 점만은 고마워해야 할 것이다.

작품 찾아보기

A Piece of Cake 201, 253
An African Story 173
Beware of the Dog 195
Boy: Tales of Childhood 15
Charlie and the Chocolate Factory 13, 546
Charlie and the Great Glass Elevator 715
Chity Chitty Bang Bang 628
Claud's Dog 419, 465
Danny The Champion of the World 12
Death of an Old Old Man 367
Dirty Beasts 730
Esio Trot 801
Fantastic Mr Fox 11, 643
Fifty Thousand Frogskins 382, 415, 419, 443, 445, 447, 449, 453, 465, 675
Foreign Intelligence 418
Galloping Foxley 115
Genesis and Catastrophe 505
George's Marvellous Medicine 543
God Cried 735
Going Solo 32, 35, 161, 168, 172, 173, 178, 180, 181, 182, 192, 210, 217, 219, 224, 227, 231, 232, 256, 542, 778
James and the Giant Peach 71, 506
Katina 216
Kiss Kiss 128, 138, 395, 503, 507, 515, 516, 517, 518, 526, 531, 547, 563, 677
Lucky Break: How I Became a Writer 179
Man from the South 399
Matilda 71
McLuhan, Youth and Literature 717
Memories with Food at Gipsy House 806
My Lady Love, My Dove 444
My Uncle Oswald 500, 721
Nineteen Fifty What? 373
Not a Chivalrous Affair 736
Nunc Dimittis 432
Only This 294
Pat and Roald 616
Pig 505, 508, 531, 532
Poison 171
Royal Jelly 505
Shot Down Over Libya 192, 201, 254, 255, 256, 286
Skin 435
Some Time Never 374, 377, 380, 382, 383, 384, 387, 388, 392, 393, 394, 395, 399, 409, 423, 445, 509, 641, 803, 804
Someone Like You 221, 454, 656
Switch Bitch 677, 678
Taste 465
The BFG 70
The Champion of the World 12
The Dogchild 421
The Enormous Crocodile 761
The Ginger Cat 217, 296
The Giraffe and the Pelly and Me 764
The Gremlins 272
The Honeys 493, 498, 502

The Kumbak II 420
The Last Act 636, 644
The Magic Finger 580
The Mildenhall Treasure 386
The Minpins 208, 800
The Night Digger 632
The Patricia Neal Story 619
The Roald Dahl Cookbook 571
The Soldier 401, 445
The Sound Machine 420
The Swan 209
The Twits 725
The Vicar of Nibbleswicke 789
The Visitor 636
The Wish 491
The Witches 71, 629, 760
The Wonderful Story of Henry Sugar 680
They Shall Not Grow Old 367
Things I Wish I'd Known When I Was Eighteen 781
Two Fables 678
William and Mary 503
Willy Wonka and the Chocolate Factory 713, 746
Working for Love 566, 607, 621, 661
World Leaders 370
Yesterday Was Beautiful 159
You Only Live Twice 626, 789

갓 크라이드 735, 742, 808
개 조심 198, 298, 350, 356, 366, 385, 388, 423, 434, 437, 585
거꾸로 목사님 789
고별 432
군인 401, 445
그들은 늙지 않으리 367

기상천외한 헨리 슈거 이야기 680
나의 사랑스러운 아내여 나의 비둘기여 444, 465,
나의 삼촌 오스왈드 500, 721, 722, 724, 725
남쪽 남자 399, 445
내 친구 꼬마 거인 70, 71, 93, 747, 756, 758, 759, 760, 761, 762, 763
달리는 폭슬리 115, 116
당신 같은 사람 221, 359, 368, 395
독 171, 446
로열 젤리 505
마녀를 잡아라 629, 653, 760, 764, 775, 777
마틸다 71, 415, 629, 784, 785, 786, 792, 800
맛 465, 466, 503
멋진 여우 씨 11, 529, 640, 644, 645, 706, 707, 715
멍청씨 부부 이야기 725, 726, 730
무섭고 징그럽고 끔찍한 동물들 730, 761
민핀 208, 293, 800, 802, 803
밀덴홀의 보물 386, 388, 396
발칙하고 유쾌한 학교 15, 32, 34, 35, 36, 41, 42, 58, 73, 78, 83, 90, 92, 110, 114, 115, 116, 125, 126, 136, 138, 139, 140, 157, 181, 182, 256, 778
백조 209, 293
소리 잡는 기계 420, 422, 446, 465
소원 491
손님 636, 637, 721
식은 죽 먹기: 나의 첫 번째 이야기 192, 222, 253, 254, 297
아북거 아북거 801, 802
어느 늙디 늙은 남자의 죽음 367. 814
어제는 아름다웠네 159

열여덟 살에 내가 알고 싶었던 것들 781
오직 이뿐 204, 652
요술 손가락 580, 640
우리의 챔피언 대니 12, 70, 100, 674, 679, 703, 721, 756
윌리엄과 메리 503, 593
전혀 신사답지 않은 사건 736
제임스와 슈퍼 복숭아 71, 76, 208, 506, 508, 509, 510, 511, 516, 526, 548, 549, 574, 629, 637, 638, 711, 720
조지 마법의 약을 만들다 543, 725, 726, 727, 761
찰리와 거대한 유리 엘리베이터 165, 715, 721
찰리와 초콜릿 공장 13, 69, 70, 168, 208, 546, 569, 575, 577, 578, 579, 587, 631, 635, 637, 706, 711, 712, 713, 715, 717, 720, 721, 771
창문닦이 삼총사 764
침만 꼴각꼴각 삼키다 소시지가 되어버린 악어 이야기 761
카티나 216, 225, 295
탄생과 재앙 505
팻과 달 616
퍼트리샤 닐 이야기 619
피부 421, 433, 445, 466, 468
행운 179, 192, 252, 255, 256, 271

그림 저작권

Copyright ⓒ Roald Dahl (France), 28 위

Copyright ⓒ Bryony Dahl, 28, 아래

Copyright ⓒ RDNL: permission courtesy of Roald Dahl Museum and Story Centre, 8, 50, 68, 102 위와 아래 오른쪽, 146, 188, 212, 236, 304 아래, 362 아래, 408, 452, 514, 556, 596, 696, 750, 796, 824 위

Reproduced by permission of Repton School, 102 아래 왼쪽

Copyright ⓒ Disney Enterprises, Inc., 262 위

Copyright ⓒ Hultoon Archive/Getty Images, 262 아래 왼쪽

Copyright ⓒ Bettmann/CORBIS, 262 아래 오른쪽

Copyright ⓒ Thomas D. McAvoy/Time Life Pictures/Getty Images, 304 위 왼쪽

Copyright ⓒ Hans Wild/Time & Life Picture/Getty Images, 304 위 오른쪽

Copyright ⓒ Robert Haskell; reproduced with his permission, 362

Copyright ⓒ Leonard McCombe/Time & Life Pictures/Getty Images, 648, 824 아래 오른쪽

Copyright ⓒ Puffin Books, 824 아래 오른쪽

지은이 도널드 스터록

도널드 스터록은 1961년 태어나서 영국과 남아프리카공화국에서 자랐다. 옥스퍼드 대학교에서 현대사를 전공했으며, BBC방송국의 음악과 예술 부문에서 제작자 및 감독으로 10년 동안 근무했다. 스터록은 30편 이상의 다큐멘터리를 제작하였으며, 작품 다수는 국제무대에서 큰 성공을 거두었으며, 많은 상을 수상했다. 1985년에 로알드 달에 대한 다큐멘터리를 제작하였는데, 로알드 달이 TV 방송에서 숨김없이 자신의 작품세계와 삶에 대해서 이야기한 것은 전례 없는 일이었다. 로알드 달이 타계하자 스터록은 BBC방송국의 요청에 따라 기존의 다큐멘터리 영화의 확장판을 제작하였으며, 이 다큐멘터리 영화는 지금도 유럽과 미국에서 정기적으로 방영되고 있다.

옮긴이 지혜연

이화여자대학교 영문학과를 졸업했고, 미국 미시건 대학교에서 영어영문학 석사학위를 받았다. 현재 전문 번역가로 활동하고 있다. 로알드 달의 대표작인 《찰리와 초콜릿 공장》, 《마틸다》, 《제임스와 슈퍼복숭아》 등을 우리말로 옮겼으며, 그 외에도 《도서관》, 《톰 소여의 모험》, 《잠옷 파티》 등 수많은 어린이 책을 우리말로 옮겼다.

천재 이야기꾼
로알드 달

초판 인쇄	2012년 4월 5일
초판 발행	2012년 4월 19일
지은이	도널드 스터록
옮긴이	지혜연
펴낸이	진선희
펴낸곳	도서출판 다산기획
등록	제313-1993-103호
주소	(121-841) 서울 마포구 서교동 451-2
전화	02-337-0764 전송 0505-115-0764
ISBN	978-89-7938-066-8 03840

* 잘못 만들어진 책은 바꿔드립니다.